Le Routard

# Australie Côtes Est et Nord + Red Centre 2023-2024


Cofondateurs : Philippe GLOAGUEN et Michel DUVAL

Directeur de collection et auteur
Philippe GLOAGUEN

Secrétaire général
Gavin's CLEMENTE-RUIZ

Rédacteurs en chef
Amanda KERAVEL (France)
Benoît LUCCHINI (Étranger)

Directrice administrative
Bénédicte GLOAGUEN

Conseiller à la rédaction
Pierre JOSSE

Responsable voyages
Carole BORDES

Direction éditoriale
Élise ERNEST

Rédaction
Isabelle AL SUBAIHI
Emmanuelle BAUQUIS
Mathilde de BOISGROLLIER
Marie BURIN des ROZIERS
Camille CAMPET
Véronique de CHARDON
Laura CHARLIER
Florence CHARMETANT
Fiona DEBRABANDER
Anaëlle HASCOËT
Géraldine LEMAUF-BEAUVOIS
Alain PALLIER
Anne POINSOT
Alexia POULAIN


hachette

# TABLE DES MATIÈRES

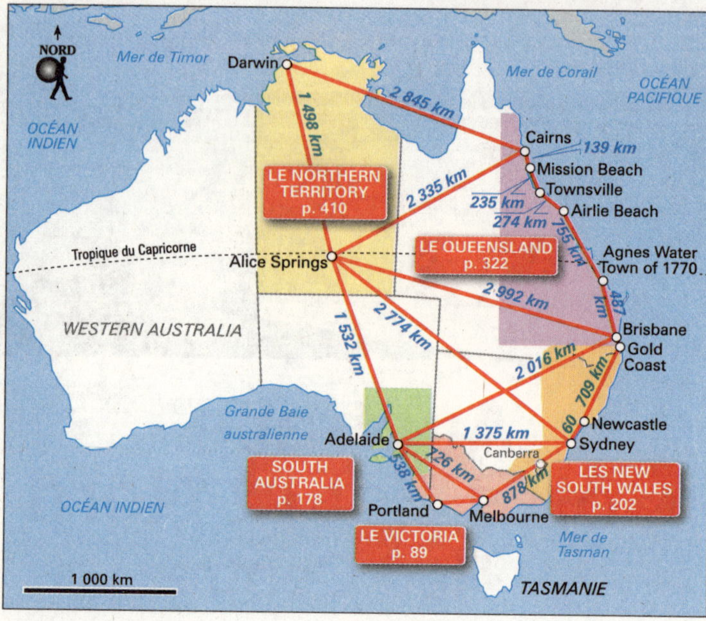


## PRÉAMBULE



## COMMENT Y ALLER ? ........................ 37



## AUSTRALIE UTILE ........................ 48

## Pictogrammes du Routard

**Établissements**
- Hôtel, auberge, chambre d'hôtes
- Camping
- Restaurant
- Terrasse
- Pizzeria
- Boulangerie, sandwicherie
- Pâtisserie
- Glacier
- Café, salon de thé
- Café, bar
- Bar musical
- Club, boîte de nuit
- Salle de spectacle
- Boutique, magasin, marché

**Infos pratiques**
- Office de tourisme
- Poste
- Accès Internet
- Hôpital, urgences
- Adapté aux personnes handicapées

**Sites**
- Présente un intérêt touristique
- Point de vue
- Plage
- Spot de surf
- Site de plongée
- Recommandé pour les enfants
- Inscrit au Patrimoine mondial de l'Unesco
- Pas de côté

**Transports**
- Aéroport
- Gare ferroviaire
- Gare routière, arrêt de bus
- Station de métro
- Station de tramway
- Parking
- Taxi
- Taxi collectif
- Bateau
- Bateau fluvial
- Piste cyclable, parcours à vélo

### « OSONS LE PAS DE CÔTÉ »

**Le surtourisme ?** Tous concernés. Et pourtant, à l'écart des grands flux touristiques, il existe plein de pépites méconnues, souvent oubliées des circuits trop encombrés. Ici un site ignoré ; là un quartier secret ; plus loin un village caché au charme discret, avec un troquet d'une autre époque. Il existe une infinité de lieux peinards que l'on a envie de mettre en avant avec ce pictogramme. Un vagabondage enfin calme favorisé aussi par les **visites aux heures creuses**. Vive le *slow trip* !

**#osonslepasdecote**

## Important : dernière minute

Entre deux parutions du *Routard,* des événements fortuits (conditions sanitaires, catastrophes naturelles mais aussi formalités, taux de change, conditions d'accès aux sites, fermetures inopinées, etc.) peuvent modifier vos projets de voyage. Pour éviter les déconvenues, nous vous recommandons de consulter la rubrique « Guide » par pays de notre site • **routard.com** • et plus particulièrement les dernières ***Actus voyageurs.***

NORD
MER DE TIMOR
voir carte Top End
Jabiru
Darwin
Litchfield NP
Kakadu NP
Stuart
Pine Creek
Katherine
Nitmiluk NP
Mataranka
Timber Creek
Victoria Hwy
Hwy
Daly Waters
Dunmarra
Elliott
Stuart Hwy
Wyndham
Gibb River Track
Warmun
Purnululu NP
Derby
Halls Creek
OCÉAN INDIEN
Broome
Great Northern Hwy
Fitzroy Crossing
LE NORTHERN TERRITORY p. 410
Tanami Desert
Tanami Rd
Tennant Creek
Route
Port Hedland
Great Sandy Desert
Dampier
WESTERN AUSTRALIA
Barrow Creek
Stock
West MacDonnell NP
87
Exmouth
Ningaloo Marine NP
Newman
Wattarka NP
Alice Springs
Kings Canyon
Coral Bay
Tropique du Capricorne
Canning
Gibson Desert
Yulara
Ayers Rock
Erldunda
Road
Carnarvon
Shark Bay
North West Coastal Hwy
Great Northern Hwy
Uluru-Kata Tjuta National Park
Gunbarrel Hwy
Marla
Monkey Mia
Meekatharra
Warburton
Mt Magnet
Geraldton
Nullarbor Plain
Brand Hwy
Kalgoorlie
NULLARBOR NP
Eucla
94
Norseman
Penong
Great Eastern Hwy
Esperance Hwy
Cocklebiddy
Baird Bay
Perth
Balladonia
Albany Hwy
Mansell Hwy
Esperance
Grande Baie australienne
Albany
OCÉAN INDIEN
Sites inscrits au Patrimoine mondial de l'Unesco
Autoroutes
Autres routes goudronnées
Pistes

Pour les cartes détaillées des régions, voir les chapitres concernés.
MER D'ARAFURA
Détroit de Torrès
Thursday Island
Bamaga
Gove Peninsula
Nhulunbuy (Gove)
Weipa
Rokeby NP
Golfe de Carpentarie
MER DE CORAIL
Great Barrier Reef
Cape York Peninsula
Lakefield NP
Laura
voir carte Queensland
Cape Tribulation – Daintree NP
Port Douglas
Green Island
Atherton Tablelands
Cairns
Croydon
Mission Beach
Dunk Island
Wet Tropics of Queensland
Carpentaria Hwy
Gulf Track
Matilda Hwy
Kennedy Level
Bruce Hwy
Magnetic Island
Townsville
Three Ways
Karlu Karlu
Barkly Hwy
Camooweal
Wauchope
Sandover
Mt Isa
Richmond
Flinders Hwy
Great Dividing Range
Airlie Beach
Proserpine
Whitsunday Islands
Hamilton Island
Mackay
Plenty Hwy
Kennedy Developement Road
A 2
voir carte Red Centre
LE QUEENSLAND p. 322
Rockhampton
Agnes Water/ Town of 1770
Lady Elliot Island
Finke
Simpson Desert
Landsborough Hwy
Fraser Island
Hervey Bay
Rainbow Beach
Warrego Hwy
Noosa
Track
Oodnadatta
Oodnadatta Track
L. Eyre
Birdsville
Brisbane
Gold Coast
Coober Pedy
Marree
Strzelecki Track
Mitchell
71
42
15
Byron Bay
Newell Hwy
N. England Hwy
Pacific Hwy
Woomera
Flinders Ranges
White Cliffs
Coffs Harbour
Broken Hill
Hwy
32
Ceduna
Port Augusta
Barrier
Kinchega NP
LES NEW SOUTH WALES p. 202
Hunter Valley
Port Macquarie
Eyre Peninsula
Barossa Valley
Greater Blue Mountains Area
Newcastle
Port Lincoln
Adelaide
Sturt Hwy
Parkes
24
20
Sydney
Sydney Opera House
Duke Hwy
LE VICTORIA p. 89
Great
31
CANBERRA
ACT
voir carte New South Wales
Kangaroo Island
voir carte South Australia
Hume
Princes Hwy
OCÉAN PACIFIQUE SUD
Grampians NP
Melbourne
SOUTH AUSTRALIA p. 178
Gr. Ocean Rd.
Royal Exhibition Building & Carlton Gardens
Twelve Apostles
Mornington Peninsula
Wilsons Promontory NP
Phillip Island
voir carte Victoria
King Island
Flinders Island
Détroit de Bass
MER DE TASMAN
Launceston
Hobart
TASMANIE
500 km

# L'AUSTRALIE

# LA RÉDACTION DU ROUTARD

**La saga du *Routard* :** en 1971, 2 étudiants, Philippe et Michel, avaient une furieuse envie de découvrir le monde. De retour du Népal germe l'idée d'un guide différent qui regrouperait tuyaux malins et itinéraires sympas, destiné aux jeunes fauchés en quête de liberté. 1973. Après 19 refus d'éditeurs et la faillite de leur 1re maison d'édition, l'aventure commence vraiment avec Hachette. Aujourd'hui, le *Routard*, c'est plus d'une cinquantaine d'enquêteurs impliqués et sincères. Ils parcourent le monde toute l'année dans l'anonymat et s'acharnent à restituer leurs coups de cœur en toute indépendance.

**Merci à tous les Routards qui sont solidaires de nos convictions :** liberté et indépendance d'esprit ; découverte et partage ; sincérité, tolérance et respect des autres.

## NOS SPÉCIALISTES AUSTRALIE

**Fiona Debrabander :** franco-britannique, passionnée d'histoire, de musique et de cinéma, elle apprécie autant prendre le thé après un trek qu'un café au comptoir, les bains de foule sur les marchés que les bains de minuit en bord de mer. Avide de rencontres et de nature, au coin de la rue ou au bout du monde, elle sillonne la planète avec l'envie de partager ses découvertes.

**Claude Hervé-Bazin :** passionné d'îles perdues et de nature très sauvage, il décline le voyage et l'écrit depuis l'âge de 17 ans. Un métier ? Non, une pulsion qui pousse à additionner les heures de vol, les road trips et les formules de politesse (dans toutes les langues) pour vérifier si l'herbe est plus verte ailleurs, si les couettes sont plus douillettes et les hommes plus heureux.

**Benoît Lucchini :** corse, élevé au grain du 9-3, il a commencé avec une carte Interrail à 17 ans. Il arpente les terres chaudes (l'Afrique) avec passion deux ans plus tard puis les mers froides d'Alaska comme pêcheur (illégal) de saumon sur un chalutier américain, avant un grand tour du monde. Son credo depuis plus de 35 ans au *Routard* : multiplier les rencontres, s'émerveiller et écrire pour partager ses émotions avec les voyageurs.

## UN GRAND MERCI À NOS AMI(E)S SUR PLACE

**Pour cette nouvelle édition, nous remercions particulièrement :**

- **Antoine Streiff,** pour ses connaissances sur le pays, sa collaboration active et sa passion communicative ;
- **Susi Miller,** de l'office de tourisme d'Australie, pour ses riches recommandations ;
- **Pierre Vivès,** d'Australia's Outback, fervent défenseur de l'Australie du Sud et du Northern Territory ;
- **Sihame Haddane** et **Lidwine Bernardin,** pour leur aide efficace et leurs bons plans ;

- **Susanne Stellberg,** de l'office de tourisme de Melbourne, et **Alison Peake,** de Slow Food Melbourne ;
- **Astrid Richard, Hugo Baye** et **Lila Ribouchon,** passionnés de Melbourne, pour leurs précieux conseils ;
- **Peter Sullivan,** pour son énergie à faire connaître les petits quartiers de Sydney ;
- **Lolita Laurant,** à Airlie Beach, pour sa disponibilité et ses conseils avisés ;
- **Katherine** et **Mary-Jane,** à Town of 1770, pour leur accueil amical, leurs bons plans et le plus beau coucher de soleil du Queensland ;
- **Dan Salisbury, Donna et sa bande,** pour une soirée mémorable à Mission Beach ;
- **Peter White** et **Mark Batema,** à Ayers Rock Resort, pour leur accueil et leur disponibilité ;
- **Kristen Clarke,** à Alice Springs, pour une plongée dans la vie locale ;
- **Martin Rutily** et **Maike Schneider,** rencontrés par bonheur sur la Mereenie Loop ;
- **Katharine Thornton,** pour tous ses bons plans australiens ;
- **Carla Le Nouy,** pour son aide efficace ;
- **tous les Australiens rencontrés au hasard du voyage,** pour leur accueil chaleureux !

## NOS ENQUÊTEURS-FURETEURS

**Nous tenons à remercier tout particulièrement Loup-Maëlle Besançon, Thierry Bessou, François Chauvin, Grégory Dalex, Fabrice Doumergue, Cédric Fischer, Carole Fouque, Guillaume Garnier, Nicolas George, Michelle Georget, David Giason, Claude Hervé-Bazin, Emmanuel Juste, Fabrice de Lestang, Éric Milet, Pierre Mitrano, Louis Nagot, Olivier Page, Jean-Sébastien Petitdemange, André Poncelet, Thomas Rivallain et Jean Tiffon pour leur collaboration régulière.**

Guillem Aurenche, Andrea Blin, Jean-Jacques Bordier-Chêne, Philippe Coupy, Agnès Debiage, Jérôme Denoix, Tovi et Ahmet Diler, Clélie Dudon, Agustina Ernesta, Alain Fisch, Hermine Frachon, Adrien et Clément Gloaguen, Simon Hafi, Chloé Iacono, Lawrence Lemoine, Maeva Libessart, Marine Lucas, Lise Machu, Elisa Moreau, Martine Partrat, Odile Paugam et Didier Jehanno, Orianne Pouchard, Marva Prevost, Alexia Rambaud, Prakit Saiporn, Lara Tantawi, Sarah Toson, Lucas Truffier-Blanc, Emma Vadillo Quesada.

# DU CÔTÉ D'HACHETTE-LIVRE

**Direction :** **Sidonie Chollet**

**Direction éditoriale :** **Élise Ernest**

**Édition :** **Margaux Lefebvre**

**Cartographie :** **Frédéric Clémençon** et **Aurélie Huot**

**Fabrication :** **Nathalie Lautout, Liza Sacco** et **Aude Cauchet**

**Relations presse :** COM'PROD, **Fred Papet** et **Laëtitia de Cerval.** ☎ 01-70-69-04-69. • info@comprod.fr • **Martine Levens** (Belgique) ☎ +32-47-568-35-76.

**Contact Partenariats :** **Jérôme Denoix** • jeromedenoix@gmail.com •

**Contact Partenariats et régie pub :** **Florence Brunel-Jars** • fbrunel@hachette-livre.fr •

**Silhouette du Routard :** **Clément Gloaguen** (d'après Solé) ; **couverture :** **le-bureau-des-affaires-graphiques.com** ; **maquette intérieure :** **le-bureau-des-affaires-graphiques.com, Thibault Reumaux** et **npeg.fr**

Green Island, sur la Grande Barrière de corail

*« Ne t'inquiète pas si la fin du monde arrive aujourd'hui, c'est déjà demain en Australie. »*
*Charles M. Schulz*

**Voici une terre des antipodes, une terre époustouflante d'envergure et de nature,** taillée dans la démesure, par la force des vents, la puissance de la mousson, les chaleurs extrêmes et les vagues parfaites. Une terre première déchiffrée par les légendes du Dreamtime – à la source des croyances aborigènes. On touche ici d'un peu plus près à l'origine du monde et à la puissance du temps qui passe et du temps qu'il fait. **Tout est unique, en Australie. Tout y est extrême.**

Qu'y a-t-il de comparable entre les plages dorées des New South Wales (QG des surfeurs), les terres brûlées de l'*outback,* les rivières et les *billabongs* peuplés de crocodiles géants du Top End, les sublimes lagons turquoise de la Grande Barrière de corail, les colonies de manchots de l'océan Austral et les impénétrables forêts humides qui s'étirent le long de la côte est ? Entre l'étonnante modernité des grandes villes et l'isolement incompréhensible du bush ? Pas grand-chose à vrai dire.

**Ce qui fait l'unité de ce pays, ce n'est pas sa terre, c'est sa population, son mode de vie.** Les Anglais développèrent une certaine idée de la civilisation, fondée sur le travail. Les Australiens inventèrent en plus celle du plaisir de vivre !

À plus de 20h de vol de la vieille Europe, l'île-continent, grande comme 14 fois la France, dégage un **fort pouvoir d'attraction.** Ceux qui en reviennent (notamment les étudiants munis du Permis Vacances Travail) chantent tous les mêmes louanges : état d'esprit positif, mode de vie cool et rythme équilibré, cadre enchanteur, rapport à la nature très puissant, population ouverte, souriante, sportive… Bref, **une authentique qualité de vie.** Tels sont les fondamentaux de l'*Australian way of life.* Vous verrez, on s'y fait vite !

# NOS COUPS DE CŒUR

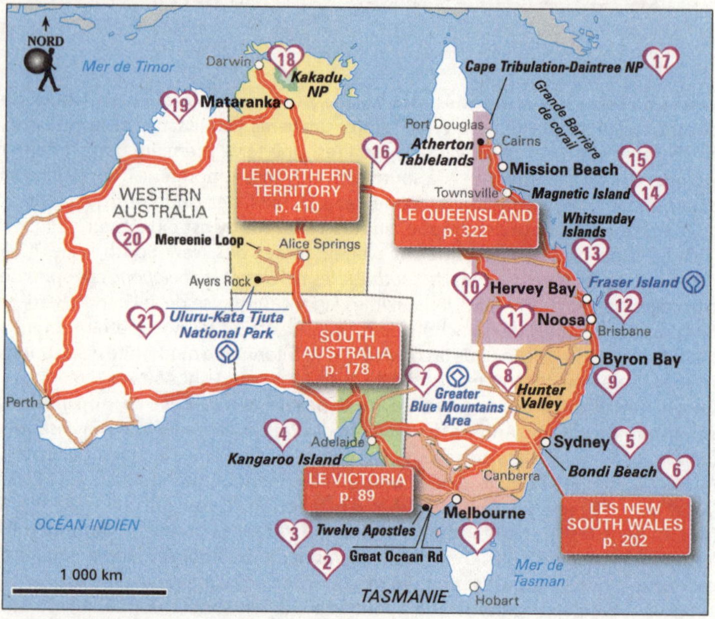


**1 Arpenter les *lanes* (ruelles) de Melbourne, une des capitales mondiales du graff, et explorer les quartiers de Fitzroy et Collingwood**

Hosier Lane, AC/DC Lane, Meyers Place, Caledonian Lane, la ville offre l'une des plus spectaculaires concentrations de *street art* au monde. Une débauche d'idées et de talents à découvrir au cours d'une balade dans le CBD ou les quartiers branchés de Fitzroy et Collingwood, où se mêlent cultures bohème, *hipster, trendy* et autres déclinaisons… Des quartiers victoriens horizontaux au charme fou. *p. 95, 126*

***Bon à savoir :** le programme Flash Forward, sponsorisé par la ville, promeut la création de nouvelles œuvres de* street art *et installations de rue. Infos :* • *flash-fwd.com* •

© Giuglio Gil / hemis.fr

2 **Déguster à petites lampées la Great Ocean Road, l'un des musts du Victoria.**

À l'ouest de Melbourne, voilà un itinéraire de rêve : 243 km de goudron tortueux épousant par moment l'océan Indien jusqu'à sentir le souffle de ses embruns, entre côtes déchiquetées, phares et plages magiques, pénétrant parfois dans de merveilleuses forêts d'eucalyptus et de fougères arborescentes XXL, où les koalas vous observent du coin de l'œil. *p. 153*

*Bon à savoir : la Great Ocean Walk, longue de 104 km, longe elle aussi cette sublime côte sauvage dans une grande solitude. Une des plus belles randonnées du monde !*

3 **Tomber en amour avec les Twelve Apostles : une des merveilles naturelles du Victoria.**

Ces 12 Apôtres sont des aiguilles, des lambeaux de falaise, isolés dans la mer, attaqués par le sable, les vagues et les embruns, taraudés et usés… En réalité, on n'en compte plus que 7 aujourd'hui, mais au crépuscule, ils apparaissent dans un sublime contrejour. Pour peu qu'il y ait des brumes de chaleur, ça devient carrément biblique ! Au-delà, toutes les falaises du littoral ont été ciselées en formations improbables, arches marines et criques secrètes… *p. 166*

*Bon à savoir : les meilleures photos se prennent le matin, entre 1h et 1h30 après le lever du soleil, lorsque les roches prennent des teintes d'incendie.*

© Flpa/hemis.fr

**4 Sauter de bonheur à Kangaroo Island !**

Pour les amoureux de nature intacte, désireux de découvrir tous les animaux du pays en un seul lieu, cette île se révèle une véritable arche de Noé, le conservatoire de nombreuses espèces du continent australien (sauf le lapin et le dingo). Partir donc à leur recherche dans une nature préservée, mélange de bush, forêts de gommiers, côtes rocheuses et spectaculaires falaises, par de bonnes routes en terre battue… *p. 191*

***Bon à savoir :*** *en haute saison, beaucoup de monde, pensez à réserver la traversée en ferry bien à l'avance.*

5 **Boire un verre sur les quais de l'Opéra de Sydney, à la tombée du jour.** Le plus bel édifice de la ville, devenu le symbole même du pays, est bordé d'un long quai transformé le soir en un immense bar. Une halte indispensable pour vivre l'illumination de l'Opéra, mais aussi celle du Harbour Bridge voisin, en admirant le va-et-vient des bateaux. Un rituel auquel s'adonnent nombre d'habitués de tous âges ! *p. 239*
Bon à savoir : *ne pas venir trop tard si vous voulez vous asseoir sur la longue balustrade de pierre qui permet de profiter confortablement de la vue.*

6 **Surfer (ou essayer !) à Bondi Beach, l'une des plus fameuses plages de Sydney.**
C'est dans cette station balnéaire chic et cool que s'expriment sans doute le mieux le mode de vie et la décontraction des Sydneysiders. Outre le surf, on y trouve d'excellents restos, des bars animés et une ambiance vraiment sympa. *p. 255*
Bon à savoir : *les surfeurs expérimentés se réservent la partie droite de la plage (en regardant la mer). Si vous êtes débutant, cantonnez-vous à la gauche.*

7 **Explorer les Blue Mountains, au gré des centaines de sentiers balisés.** Ces vieilles montagnes dressent leur barrière, longtemps jugée infranchissable, à moins de 2 h à l'ouest de Sydney. Elles veillent sur des vallées profondes modelées par des rivières puissantes et des batteries de cascades et de chutes d'eau. Au sommet : des eucalyptus, par forêts entières. Au fond : une végétation profuse, tropicale. *p. 267*

*Bon à savoir : venir en semaine car c'est la destination de week-end favorite des habitants de Sydney. Résultat : le prix des hébergements double !*

**8 Sillonner les vignobles de la Hunter Valley.**
L'ondulation des collines aux airs de Toscane australienne donne de la rondeur à des vins pleins de soleil. Découverte des domaines viticoles, étapes gourmandes et nuit dans un *B & B* douillet, voici une journée à la rencontre d'une autre Australie, où l'on délaisse la chope (de bière) pour préférer le ballon (avec modération !). *p. 278*
***Bon à savoir :*** *venir en semaine car les prix grimpent en flèche le week-end. Pour être libre de ses mouvements, louer un véhicule (à plusieurs). Sinon, profiter d'une excursion organisée par un* backpacker *de Sydney ou Newcastle.*

© Paul Kingsley/Alamy/hemis.fr

**9 Passer 2 jours à Byron Bay, *the coolest town in the country* !**
Ambiance très agréable, mélange de décontraction et de savoir-vivre. On mange local, on circule à vélo, on échange facilement et on se retrouve sur la plage à la tombée du jour pour faire de la musique. Le point le plus oriental du continent offre par ailleurs quelques-unes des plus belles vagues du pays. Aborigènes, surfeurs, hippies, écolos et… routards ont depuis toujours trouvé à Byron Bay leur petit paradis ! *p. 307*
***Bon à savoir :*** *pour profiter pleinement du mode de vie local, éviter de venir en pleines vacances scolaires d'été (décembre-février).*

© Martin Berry/Alamy/Hemis

(10) **Approcher les baleines à bosse à Hervey Bay, le meilleur spot d'Australie pour observer ces championnes du saut hors de l'eau.**

Ces géantes des océans peuvent mesurer jusqu'à 16 m de long et peser près de 45 t, soit le poids de 8 éléphants ! Attention, elles migrent par la côte est de juillet à novembre et ne sont visibles que d'août à octobre, voire tout début novembre. *p. 348*

***Bon à savoir :*** *fuyez les navires de 150 places et préférez ceux de petite capacité, un poil plus chers mais, au moins, on ne se bouscule pas à la rambarde.*

**11 Arpenter les sentiers du Noosa National Park, un des plus beaux parcs du pays.**

Randonneurs et amoureux de la nature s'y régaleront, entre océan et forêt d'eucalyptus. Certains sentiers longent le rivage et on peut accéder à la plage pour faire une pause avant de réactiver ses gambettes. Les marcheurs les plus chanceux (et les plus attentifs) auront peut-être l'occasion d'apercevoir un koala. p. 346

*Bon à savoir : les koalas passent plus de 20h par jour, presque immobiles, accrochés à leurs branches d'eucalyptus. Levez la tête et ouvrez l'œil !*

(12) **Se baigner dans un lac à Fraser Island, la plus grande île de sable au monde.**

Si la plage principale s'étend sur plus de 120 km (on ne rigole pas !) et que piquer une tête dans les vagues est tentant, méduses et requins empêchent toute baignade. Les lacs, nombreux et splendides, nous consolent de leurs eaux turquoise ou bleu marine. Et on a de la place pour étaler sa serviette ! *p. 357*

*Bon à savoir : le lac McKenzie, un des plus beaux, est une étape privilégiée des tour-opérateurs. Le site se retrouve vite bondé. Venir très tôt le matin ou en fin d'après-midi. Sinon, préférer un lac voisin.*

(13) **Survoler les paradisiaques Whitsunday Islands, un archipel dont les 74 îles s'étalent entre le continent et la Grande Barrière de corail.**

Au sol, les plages de sable immaculé, la végétation vert profond et les eaux variant de l'azur au marine déploient une palette de couleurs incroyables. Vu du ciel, le tableau sur la mer de Corail est encore plus beau et l'atterrissage, simplement magique. *p. 373*

*Bon à savoir : l'hébergement sur les îles est hors de prix. Seuls les resorts de luxe se sont implantés et les rares petits hôtels sont plutôt branchés.*

14 **Être aimanté par Magnetic Island, une île adorable abritant l'une des plus grandes colonies de koalas du nord du pays.**

À quelques encablures de Townsville, Magnetic Island dégage une tranquillité absolue doublée de la fameuse douceur insulaire. L'île offre de nombreuses possibilités de balade : 23 plages et un fort, à rejoindre à pied ou en voiture, en ouvrant l'œil pour observer les koalas sauvages agrippés à leur eucalyptus, juste avant de faire trempette ou d'observer les *cauliflowers corals*. En prime, d'excellentes petites adresses locales, dont une de nos auberges de jeunesse préférées abritant un sanctuaire de koalas. p. 380

*Bon à savoir : 2 compagnies de ferry font la traversée, dont une assurant le transport des véhicules. Infos : • sealinkqld.com.au • et • fantaseacruisingmagnetic.com.au •*

15 **Faire étape à Mission Beach, au cœur des Wet Tropics.**
Un territoire qui abrite les rares casoars, ces gros oiseaux en voie de disparition, à la tête bleu vif ornée d'un casque proéminent. Leur coup de griffe peut être mortel ! Balades le long de la Cassowary Coast ou dans la forêt pluviale, à la découverte des faune et flore locales, d'une grande richesse (60 % des papillons australiens vivent ici !). Une étape très relax, l'occasion de buller quelques jours dans un environnement tropical préservé. *p. 383*
***Bon à savoir :*** *outre les méduses qui affluent dans l'eau de novembre à mars, la plage est fréquentée par des crocodiles marins… Ici ce n'est pas* Twist à Saint-Tropez *!*

16 **S'offrir une belle parenthèse verte dans les Atherton Tablelands, entre Mission Beach et Cairns.**
En une journée, on fuit la chaleur de la côte pour ce vaste plateau fertile égayé de bananeraies, de champs de canne à sucre, traversé par une vieille ligne de chemin de fer. Au programme : plongée dans la forêt tropicale (Mamu Tropical Skywalk), visite d'une nurserie pour bébés chauves-souris (unique au monde), d'un village « historique » de mineurs, de plantations de thé et de café ; le tout ponctué de petits arrêts gourmands. Enfin, à Kuranda, village minier reconverti dans le tourisme, on relie Cairns par le train panoramique ou par le Skyrail qui offre une vue sensationnelle sur la forêt humide et les montagnes. *p. 388*
***Bon à savoir :*** *il est quasi indispensable d'avoir un véhicule pour faire étape au gré de ses envies.*

17 **Explorer la Daintree Rainforest jusqu'à Cape Tribulation, l'une des plus anciennes forêts primaires du monde, au bord de l'océan.**

Le parfum d'aventure commence dès la traversée en bac sur la rivière, où des panneaux préviennent de la présence éventuelle de crocos… Tout au long des 40 km qui mènent à Cape Tribulation, on trouve toutes sortes d'hébergements et de pauses gourmandes, mais aussi de nombreuses activités : des sentiers aménagés dans la forêt (d'où émerge parfois un casoar), de longues plages (mais gare aux méduses pendant l'été austral !), des balades à cheval, un centre de découverte de la forêt, un immense verger de fruits exotiques, des sorties en mer, etc. p. 405

*Bon à savoir : situé à 40 km au nord de Port Douglas, le bac assure la traversée tous les jours de 6h à minuit.*

© William Mullins/Alamy/Hemis

### 18 Louer un 4x4 pour explorer l'intimité de l'immense Kakadu National Park.

Le parc national occupe un territoire sauvage grand comme la moitié de la Suisse ! Si une partie des sites rupestres aborigènes et des marais riches d'oiseaux et de crocodiles est accessible par le goudron, c'est en 4x4 qu'il faut s'enfoncer dans l'arrière-pays, pour découvrir, au pied des escarpements, des gorges et des piscines naturelles formant autant d'oasis. Les plus beaux ? Aux Gunlom Upper Pools, les bassins se perchent au-dessus d'une falaise, avec un panorama imprenable sur les plaines inondables à distance. p. 427

***Bon à savoir :** en raison de la mousson, la bonne période pour visiter le Top End est inversée par rapport au reste de l'Australie ; à Kakadu, on vient de préférence entre juin et septembre.*

© Alamy / hemis.fr

### 19 Plonger dans les eaux chaudes des sources de Mataranka.

Recevant surtout des touristes australiens, la région de Mataranka, assez isolée, est réputée pour ses délicieuses sources chaudes qui jaillissent au beau milieu de la forêt tropicale. De véritables édens, notamment aux Bitter Springs, où l'on se laisse dériver au gré du (faible) courant d'une petite rivière tiède, entre palmiers, eucalyptus et roseaux. Aux Thermal Pools, à l'aube, en saison sèche, la vapeur enveloppe comme un voile magique les bassins et la forêt. p. 443

***Bon à savoir :** c'est en saison sèche qu'il faut venir. Durant la mousson, les crocodiles d'estuaire se laissent emporter par les inondations et on en retrouve parfois aux portes du désert ! Ils sont ensuite évacués…*

© Steve Swayne / Gettyimage.fr

**20 Faire un circuit dans le Red Centre en suivant la Mereenie Loop.**
À moins d'opter pour un circuit organisé, le meilleur moyen de découvrir la région est de louer un 4x4 afin d'emprunter la Mereenie Loop, une longue piste qui permet de rallier Alice Springs et les West MacDonnell Ranges depuis le Watarrka Kings Canyon National Park. Une véritable petite aventure au cœur de l'*outback*, à prolonger par une halte à la vieille mission luthérienne d'Hermannsburg et dans la fantastique Palm Valley. *p. 472*
***Bon à savoir :*** *achat d'un permis obligatoire (6,50 $) pour parcourir la Mereenie Loop et diverses précautions avant de prendre la route.*

© ImageBroker/Alamy/hemis.fr

**21 Explorer le parc national d'Uluru-Kata Tjuta, pour admirer de près Uluru.**
Ce « rocher » de grès rouge s'élève au milieu du désert, au centre de l'Australie. C'est un des symboles mythiques du pays et un lieu sacré pour les Aborigènes depuis plus de 30 000 ans. Les dômes de Kata Tjuta, à une cinquantaine de kilomètres, sont tout aussi spectaculaires. Un territoire à visiter seul, au gré des quelques sentiers accessibles, ou en excursion guidée. *p. 459*
***Bon à savoir :*** *éviter l'été (décembre-février), où les températures peuvent grimper jusqu'à 45 °C ! La haute saison correspond à l'hiver et au début du printemps (de juin à mi-octobre).*

© HP Huber/Sime/Photononstop

Parc National d'Uluru-Kata Tjuta

# ITINÉRAIRES CONSEILLÉS

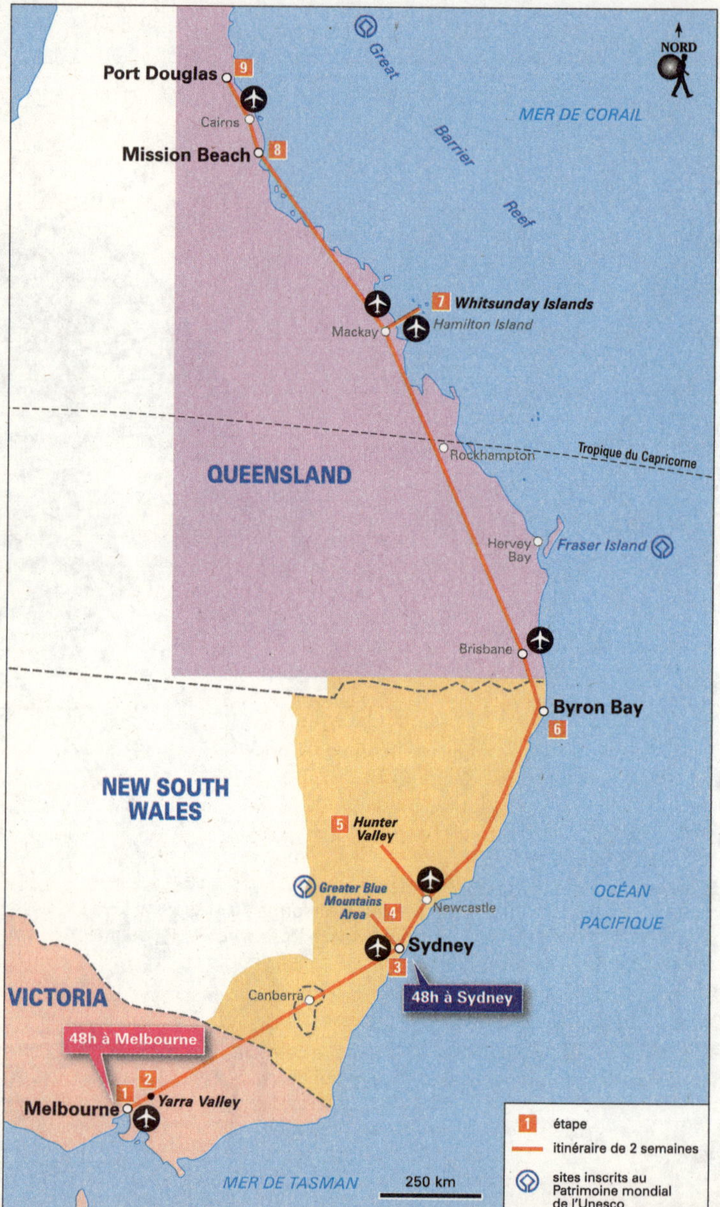

En avion, en bus, en voiture ou en van pour un *road trip,* il faudra choisir la meilleure option selon le temps dont vous disposez et votre porte-monnaie pour aborder ce pays-continent. Compte tenu des distances, il peut être intéressant de combiner plusieurs moyens de transport selon les régions : ici bus, ailleurs avion, plus loin véhicule de location pour quelques jours. Un tour de l'Australie, grand ou petit, se prépare méticuleusement, afin de ne pas passer tout son voyage dans les transports.

## 48h à Melbourne ou à Sydney

### 2 jours à Melbourne

• Consacrer la 1re journée au centre historique : les grands édifices victoriens, les délicieuses galeries commerciales du XIXe s, le charmant *Queen Victoria Market,* l'effrayante prison *(Old Gaol),* le Parlement (accessible à tous) bâti dans le sillage de la ruée vers l'or, la *State Library of Victoria* et sa splendide salle de lecture octogonale. Saupoudrez le tout de *street art* du côté d'Hosier Street et AC/DC Lane, de musées d'art, filez prendre un verre dans un bar planqué dans l'une des ruelles du CBD, secouez… Voilà Melbourne !

• Le 2e jour, se laisser envoûter par les beautés subtropicales des *Royal Botanic Gardens* et les parcs des belles demeures du XIXe s – *Como House, Rippon Lea Estate.* Puis filer à la plage de St Kilda et arpenter Chapel St ou Fitzroy *by night.*

### 2 jours à Sydney

• Impossible de débuter ailleurs que dans cette Sydney Cove qui a vu naître la ville, entre la péninsule de The Rocks, les quais des ferries sillonnant la baie et l'emblématique Opéra planté sur sa pointe. Dans la foulée, les *Royal Botanic Gardens* invitent à une pause sur ses pelouses et à une balade dans ses jardins mirifiques, peuplés d'ibis et de cacatoès. Au crépuscule, retour face à l'Opéra pour un verre dans les bars de marins historiques de The Rocks.

• Le 2d jour, il faut explorer le CBD (Central Business District), les musées et les édifices historiques de Macquarie Street - à commencer par Hyde Barracks. Puis s'offrir un tour dans le quartier de Newtown ou de Paddington, que l'on pourra substituer à une excursion à la rencontre des baleines en saison. Sinon, prendre un ferry pour Manly, pour admirer la ville depuis la baie.

## 2 semaines

• **1re semaine :** 3 jours pour l'essentiel de **Melbourne (1)** et ses environs. Enrichir le parcours de 24h ou 48h pour monter à la plateforme du *Melbourne Skydeck,* visiter les musées de *Federation Square,* l'*Immigration Museum* et le *Melbourne Museum,* et tester les restos italiens de Cartlon pour finir dans les boîtes de Fitzroy.

Dans le programme, intercaler une balade dans la **Yarra Valley (2),** pour visiter une ou deux caves de l'un des plus célèbres vignobles du pays.

Cap vers **Sydney (3)** pour 3 jours : reprendre le parcours de 48h, puis faire un tour au Taronga Zoo, et passer l'après-midi à Bondi Beach. Si l'on est marcheur, passer une journée dans les **Blue Mountains (4),** à 2h de Sydney : panoramas splendides et randonnées extra. Si l'on est amateur de vins, opter pour une virée d'une journée à la **Hunter Valley (5).** Pour les surfeurs, étape incontournable à **Byron Bay (6),** *the coolest place in Australia,* propice aux sports nautiques mais aussi au farniente (plages superbes)…

• **2de semaine :** s'envoler vers l'**archipel des Whitsunday Islands (7)** pour une croisière de 2-3 jours dans un décor de carte postale. Cap ensuite sur **Mission Beach (8),** étape tranquille de bord de mer, au cœur de la végétation tropicale (Wet Tropics). Poursuivre au nord du littoral jusqu'à **Port Douglas (9),** étape coup de cœur dans le Northern Queensland.

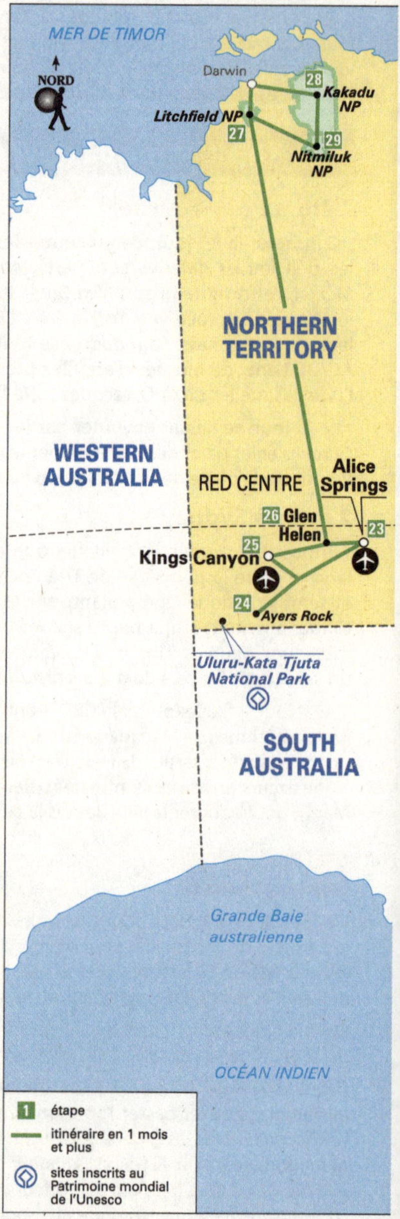


## 1 mois et plus

• **1re semaine :** 3 jours à **Melbourne (1)** et découverte des environs immédiats, en arpentant la **Yarra Valley (2)** et ses fameux vignobles… Filer ensuite sur la merveilleuse **Great Ocean Road (3)** pour atteindre son point d'orgue, les **Twelve Apostles (4).** On peut poursuivre la route le long du littoral jusqu'à **Adelaide (5)** et surtout **Kangaroo Island (6),** pour un séjour alliant culture et nature. Retour à Melbourne par la route ou vol direct vers Sydney et les New South Wales.

• **2e semaine :** après 3 jours à **Sydney (7),** passer une journée aux **Blue Mountains (8),** puis une autre dans la **Hunter Valley (9),** à la découverte (modérément !) de l'un des plus anciens vignobles australiens. Remonter la côte vers le nord, en faisant halte une journée à **Newcastle (10)** ou **Port Macquarie (11),** et une autre à **Coffs Harbour (12),** avant de se poser 3 jours à **Byron Bay (13).**

• **3e semaine :** cap vers le Queensland. Étape de 1 ou 2 jours à **Brisbane (14)** pour y déambuler de marché en café, avant de passer la soirée dans un des bars étudiants. Filer ensuite vers la très branchée **Noosa (15)** pour se la couler douce ou arpenter les sentiers du superbe parc national. Ensuite, direction **Hervey Bay (16)** pour approcher – en saison – les baleines à bosse. De là, embarquement pour **Fraser Island (17),** pour 2 jours de camping et de randonnées en mode Robinson Crusoé.

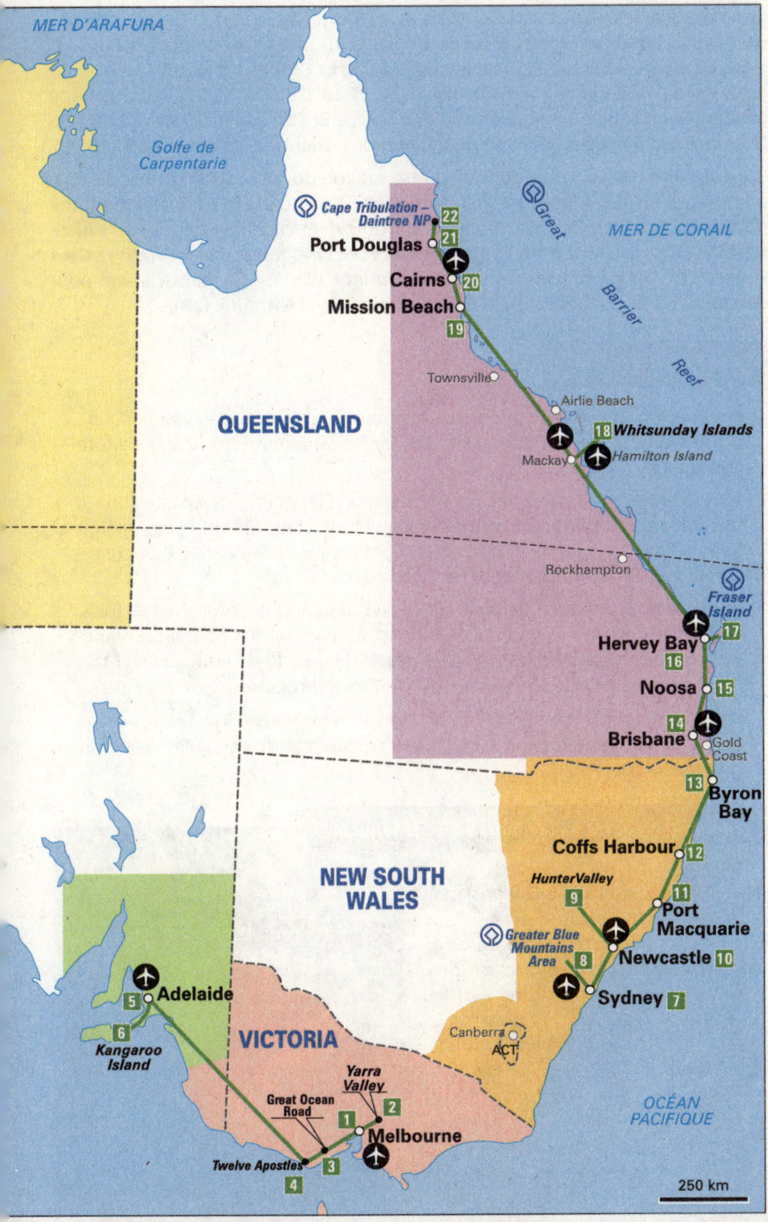
MER D'ARAFURA
Golfe de Carpentarie
Cape Tribulation – Daintree NP
22
21
Port Douglas
Cairns
20
Mission Beach
19
Great Barrier Reef
MER DE CORAIL
Townsville
Airlie Beach
18 Whitsunday Islands
Mackay
Hamilton Island
QUEENSLAND
Rockhampton
Fraser Island
17
Hervey Bay
16
Noosa
15
14
Brisbane
Gold Coast
13
Byron Bay
Coffs Harbour
12
HunterValley
9
11
Port Macquarie
NEW SOUTH WALES
Greater Blue Mountains Area
8
Newcastle
10
Sydney
7
Adelaide
5
6
Kangaroo Island
VICTORIA
Canberra
ACT
Yarra Valley
2
Great Ocean Road
1
Melbourne
Twelve Apostles
3
4
OCÉAN PACIFIQUE
250 km

• **4e semaine :** emprunter la Bruce Highway pour un long trajet vers Airlie Beach et s'accorder au moins 2 jours dans l'archipel des **Whitsunday Islands (18).** Croisières, farniente sur des plages paradisiaques et sorties plongée vers la Grande Barrière de corail. Cap au nord vers **Mission Beach (19),** une étape tranquille dans un superbe environnement. Poursuivre jusqu'à **Cairns (20)** et y faire un court séjour pour découvrir les environs. Filer ensuite vers **Port Douglas (21)** pour une étape prolongée : balade ou baignade sur la Four Mile Beach, superbes excursions vers la Grande Barrière de corail ou **Cape Tribulation – Daintree National Park (22).**

• **5e semaine :** découverte du Red Centre seul ou du Top End et du Red Centre, à rejoindre en avion pour gagner du temps (la route est longue et monotone depuis la côte est). On peut se contenter du circuit classique depuis/vers **Alice Springs (23)** via **Uluru-Kata Tjuta National Park (24), Kings Canyon (25)** et **Glen Helen (26),** ou lui ajouter la boucle du *Nature's Way,* en gagnant Darwin pour découvrir les **parcs de Litchfield (27), Kakadu (28)** et **Nitmiluk (29).**

## SI VOUS ÊTES...

**Plutôt ville et culture :** Sydney et Melbourne en tête, mais aussi Brisbane ou Adelaide… Le Top End et le Red Centre s'ouvrent, eux, sur la culture aborigène.

**Plutôt plage :** vous avez l'embarras du choix ! Des plages de Sydney (Bondi et Manly) à celles de la côte est, Byron Bay, Mooloolaba, Airlie Beach, Mission Beach, Port Douglas... Et puis tous les îlots autour de la Grande Barrière de corail, qui regorgent de plages paradisiaques.

**Plutôt nature :** là aussi, le choix est vaste ! Des parcs nationaux du Victoria, des New South Wales ou du Queensland, en passant par Kangaroo Island, dans le South Australia, les paysages désertiques du Red Centre et le fantastique parc de Kakadu dans le Northern Territory, les possibilités sont infinies...

**En famille :** privilégiez les parcs, le littoral et ses plages. À défaut, certains jardins botaniques et parcs zoologiques permettent de découvrir la flore et la faune locales.

*Le koala, vedette locale mais espèce menacée*

© Robert Cicchetti/Shutterstock.com

## Interview #experienceroutard

**Par la rédaction du *Routard***

**En quoi cette destination est-elle unique ?**

L'Australie reste un pays mythique pour les amateurs de nature et de grands espaces. C'est un des territoires les plus variés au monde, qui se découvre idéalement en road trip, en prenant le temps de faire étape le long de la côte ou dans l'*outback*. Et puis ce n'est pas un mythe, l'accueil des Australiens est particulièrement chaleureux, émaillant le voyage de rencontres mémorables !

**Une activité à faire absolument ?**

Observer les baleines en saison, le long de la côte est, débusquer les koalas et les kangourous dans leur espace naturel, dans les nombreux parcs nationaux ou sur la bien nommée île de Kangaroo Island, faire un baptême de plongée ou explorer les fonds marins le long de la Grande Barrière de corail, randonner dans le Red Centre à la découverte de Uluru (Ayers Rock) et de la culture aborigène, et tout simplement siroter une bière autour d'un barbecue avec les Australiens, histoire de partager une tranche de vie en toute simplicité !

**Des souvenirs de voyage ?**

Une nuit passée à observer les étoiles dans le désert du Red Centre, en compagnie d'astronomes passionnés, une autre à refaire le monde avec les locaux et routards de passage dans un bar d'une petite station balnéaire du Queensland, et cette rencontre insolite tôt le matin, dans le jardin d'une belle maison d'hôtes avec un... casoar (oiseau rare) !

**La spécialité culinaire à goûter absolument ?**

Le steak de kangourou ! Il est proposé dans de nombreux restos, en burger ou cuisiné de façon gastronomique. Pour rester dans le registre « exotique », goûter à la viande de crocodile ou au barramundi, un immense poisson d'eau douce. Mais les végétariens seront aussi comblés car leur régime alimentaire connaît un grand succès en Australie, notamment au petit déjeuner, très varié et équilibré. Côté boissons, outre le vin à goûter, c'est le royaume des bières locales ; sinon, le café est élaboré ici dans les règles de l'art !

**Quelques musiques emblématiques ?**

Rien de tel que de parcourir le pays en écoutant des légendes australiennes comme Nick Cave, AC/DC ou le tube *Beds are burning*, de Midnight Oil. Ce groupe a aussi milité pour la défense de l'environnement et des peuples aborigènes. Ce qui fait une habile transition pour dire qu'on trouve partout des compilations de musique aborigène. Sinon, dans un registre électro, il y a Flume ou Flight Facilities.

# LES QUESTIONS QU'ON SE POSE AVANT LE DÉPART

Infos détaillées dans le chapitre « Australie utile » *p. 48*

## ➢ Quels sont les documents nécessaires ?

Passeport valide pour toute la durée de votre séjour et obtention d'un visa obligatoire, en ligne : ● *immi.homeaffairs.gov.au* ● Pour un séjour de tourisme de 3 mois maximum (renouvelable pendant 1 an), les ressortissants de l'UE et les Suisses doivent se procurer un ***visa eVisitor, gratuit.*** Pour les Canadiens, il s'agit du visa ***Electronic Travel Authority (ETA),*** dans les mêmes conditions (mais frais de 20 $) ; il peut être demandé exclusivement par une appli dédiée. Le visa ***Tourist stream*** (145 $) permet de voyager en Australie jusqu'à 12 mois d'affilée. Quant au ***Working Holiday Visa,*** payant (495 $), il s'adresse aux jeunes de 18-30 ans (35 ans pour les Français et les Canadiens !) souhaitant travailler sur place. Il est valable 1 an et renouvelable 2 fois sous certaines conditions. Mauvaise nouvelle pour les Suisses : eux n'y ont pas droit ! Par ailleurs, ***permis international*** obligatoire si vous comptez conduire.

## ➢ Quelle est la meilleure saison ?

Dans l'hémisphère Sud, les saisons sont inversées par rapport à l'hémisphère Nord. L'été s'étend donc de décembre à février et l'hiver de juin à août. Étant donné l'immensité du territoire, chaque région connaît des spécificités. Dans le Queensland, le soleil brille 300 jours par an, mais attention à la mousson entre janvier et mars, en particulier dans le Nord. Dans le Top End, c'est pire : mieux vaut ne pas venir entre novembre et mars, tant il pleut ! Les New South Wales et le Victoria (plus humide sur la côte) peuvent s'avérer frisquets en hiver, mais restent agréables toute l'année. Enfin, la meilleure saison pour Uluru et le Northern Territory s'étend de mai à octobre ; après, les températures dépassent facilement les 40 °C. Et de façon générale, mieux vaut aussi éviter la saison des grandes vacances australiennes, de décembre à février, lorsque les prix grimpent en flèche.

## ➢ Quel est le taux de change ? Comment payer sur place ?

Le taux de change actuel est d'environ 1,45 $ (australien) pour 1 €, avec une variation ces dernières années entre 1,40 et 1,70 $. Pour vos paiements sur place, le mieux est de retirer des espèces avec votre carte internationale, mais plutôt des grosses sommes pour éviter d'accumuler les commissions bancaires. Sinon, une carte de paiement (*Visa, MasterCard* ou *American Express*) est indispensable, ne serait-ce que pour louer une voiture ou réserver une chambre d'hôtel.

## ➢ Quel budget prévoir ?

Globalement, tout coûte assez cher. Pour limiter les frais, réservez les vols ou parcours en bus longtemps à l'avance, profitez des *lunch specials* et des *early birds* dans les restos, et des *happy hours* dans les bars. Faites vos courses et cuisinez dans votre auberge de jeunesse ou votre motel et... allez en boîte avant 22h ou 23h (entrée souvent gratuite). On peut camper gratuitement (ou pour presque rien) dans une *rest area,* dans certains *campgrounds* ou *roadhouses.* Bref, il y a plein de moyens malins pour limiter les frais.

## ➢ Comment se déplacer dans le pays ? Quels sont les moyens de transport ?

Location ou achat d'un van pour les voyageurs au long cours, bus éventuellement, avion (plein de vols *low-cost*) pour ceux qui ne restent pas très longtemps, location de voiture en se cantonnant dans 2 ou 3 États maximum, voire covoiturage, etc. Si l'on ne dispose que de quelques semaines, mieux vaut se limiter à 1 ou 2 régions.

## ➢ Y a-t-il des problèmes de sécurité ?

L'Australie est un pays très sûr, au taux de criminalité très bas. Le vrai danger (toute proportion gardée !) vient des éléments naturels, insectes, serpents, crocodiles ou risques éventuels en cas de baignade en mer (méduses et requins).

## ➢ Quel est le décalage horaire ?

L'Australie possède 3 fuseaux horaires. On ajoute + 8h à + 10h à l'heure de Paris dans les États du Queensland, des New South Wales, de Victoria et en Tasmanie selon la saison, + 7h30 à 9h30 dans le Northern Territory et le South Australia et + 6h à + 8h en Western Australia. Attention, certains États appliquent les changements d'heure d'été et d'hiver, mais pas tous... Voir la rubrique « Décalage horaire » dans le chapitre « Australie utile ».

## ➢ Quel est le temps de vol moyen ?

Tout dépend de la compagnie aérienne, de l'escale (en Asie ou au Moyen-Orient) et de la destination finale. Mais compter en moyenne 25h de voyage (!).

## ➢ Côté santé, quelles précautions prendre ?

Aucun vaccin n'est exigé pour débarquer sur le sol australien. Il est simplement recommandé d'être à jour de ses vaccinations « universelles ». Prendre aussi ses précautions contre le soleil (qui tape fort en Australie), les insectes et autres pépins qui peuvent arriver en bord de mer ou en plein bush.

## ➢ Peut-on y aller avec des enfants ?

Bien sûr ! Malgré le voyage assez long et fatigant, l'Australie offre plein d'activités familiales. Parcs animaliers, aquariums et balades dans les parcs nationaux sont autant d'occasions d'observer la nature et les animaux. Côté plage, la quasi-totalité des villes ont des aires de baignade surveillées et il y a parfois même des aires de jeux à côté.

## ➢ Quelle(s) langue(s) parle-t-on ?

Les Australiens parlent anglais avec un accent prononcé, mais qui ne devrait pas vous poser trop de difficultés si vous avez un niveau correct, sauf peut-être au fin fond du bush ! En ville, on croise des communautés venues des 4 coins du monde, sans compter un nombre important d'expatriés ou de jeunes Français qui semblent apprécier les bourgades isolées !

## ➢ Qu'est-ce qu'on mange ?

Dans les pubs, on sert beaucoup de burgers, pizzas, frites et autres plats du type *junk food*. Pour quelques dollars de plus, on peut s'offrir de bons barbecues et tester la viande de kangourou, d'émeu ou de croco. Goûtez aussi les produits frais de la pêche sur la côte (assez cher). Les végétariens et autres amateurs de nourriture saine trouveront leur bonheur dans les grandes villes, qui sont à la pointe pour les régimes *veggie* et *gluten-free*. Sandwichs, petits plats pleins de céréales, fruits et légumes frais, muesli et produits maison sont au menu. Le tout souvent issu de l'agriculture bio.

## ➢ Est-ce qu'on voit beaucoup d'animaux ?

Les koalas ne subsistent en nombre que dans certaines zones très spécifiques. Quant aux kangourous et autres wallabies, on les compte par dizaines... renversés au bord des routes, mais on les observe plus difficilement en pleine nature. Normal, ils ne sortent qu'au crépuscule. Dans le Top End, aucun problème pour voir les grands crocodiles d'estuaire et des myriades d'oiseaux ! L'Australie est aussi un super spot pour observer les baleines – et les mignons petits pingouins sur les côtes du Victoria et de la NSW. On vous donne quelques clés dans le guide pour savoir où et quand vous aurez le plus de chances de croiser les animaux emblématiques du pays.

### ➢ Et les requins ? Et les méduses ?

L'Australie est le pays où l'on recense le plus d'attaques de squale au monde. Mais restons raisonnables : surveillance des côtes, filets antirequins, zones de baignade délimitées, si vous nagez où c'est autorisé, vous ne risquez pas grand-chose. Les méduses sont bien plus enquiquinantes, car quasi invisibles et pour certaines mortelles. La baignade est déconseillée d'octobre à mai, notamment sur les côtes du Queensland. Dans le Top End, c'est à cause des crocos d'estuaire que l'on reste sur la terre ferme : pas de baignade là-bas.

# COMMENT Y ALLER ?

## EN AVION

### Les compagnies régulières

Au départ de Paris, en raison de la distance, tous les vols à destination de l'Australie comportent au moins une escale ou une correspondance. Comptez minimum 23h d'avion selon les correspondances.

▲ **AIR FRANCE**
*Infos et résas : ☎ 09-69-39-36-54 (appel non surtaxé ; 7j./7), sur • airfrance.fr •, et en agences de voyages.*
➢ Assure 1 vol/j. à destination de Sydney, de Melbourne, de Brisbane, d'Adelaide et de Perth via Singapour, et plusieurs vols/sem pour Sydney, Melbourne et Brisbane via Shanghai.

▲ **CATHAY PACIFIC**
*Infos et résas : ☎ 01-57-32-95-34. • cathaypacific.com •*
➢ Cathay Pacific propose 1 vols direct/j. Paris-Hong Kong. Depuis Hong Kong, la compagnie dessert Adelaide, Brisbane, Cairns, Melbourne, Perth et Sydney. Possibilité de combiner, sans frais, la ville d'arrivée et de départ. Selon le billet, possibilité de *stopover* à Hong Kong sans supplément ; mais aussi de profiter du *Pass Asie* pour visiter 1 à 3 destinations supplémentaires. Voyager entre la France et l'Australie permet l'accès à des tarifs réduits sur les vols domestiques en Australie avec les compagnies *Qantas, Virgin Australia* et *Jetstar.*

▲ **ETIHAD AIRWAYS**
*Infos et résas : ☎ 01-57-32-43-43 (lun-ven 9h-17h). • etihadairways.com •*
➢ Dessert Brisbane, Melbourne ainsi que Sydney, via Abu Dhabi.

▲ **QANTAS**
*Infos et résas : ☎ 01-57-32-92-83 (France), ☎ 044-511-12-37 (Suisse) et ☎ 032-27-00-67-81 (Belgique). • qantas.com •*
➢ La compagnie australienne assure 1 vol/j. depuis Paris-CDG vers Sydney et Melbourne via Londres. En partenariat avec *Emirates,* vols directs depuis Dubaï pour Adelaide, Brisbane et Perth. Avec le *Walkabout Pass,* Qantas propose des tarifs avantageux sur tout le réseau domestique, avec plus de 50 villes et sites pour visiter l'Australie.

▲ **QATAR**
*Infos et résas : ☎ 01-86-99-56-85. • qatarairways.com •*
➢ Vols tlj au départ de Paris vers Melbourne, Perth, Sydney et Adelaide, via Doha.

▲ **SINGAPORE AIRLINES**
*Infos et résas : ☎ 0821-230-380 (0,12 €/mn). • singaporeair.com •*
➢ Dessert quotidiennement les principales villes australiennes depuis Paris, via Singapour, soit Adelaide, Brisbane, Melbourne, Perth et Sydney. Dessert également Cairns, Darwin et Canberra.

▲ **THAI AIRWAYS INTERNATIONAL**
*Infos et résas : ☎ 01-48-64-62-67. • thaiairways.fr •*
➢ Dessert Brisbane, Melbourne, Perth et Sydney, via Bangkok.

## LES ORGANISMES DE VOYAGES

### En France

▲ **ALLIBERT TREKKING**
*– Paris : 37, bd Beaumarchais, 75003. ☎ 01-44-59-35-35. • allibert-trekking.com • Lun-sam 10h-12h30, 13h30-18h. Agences également à Chapareillan, Lyon, Nice et Toulouse.*

Née en 1975 d'une passion commune entre 3 guides de montagne, Allibert propose aujourd'hui des voyages aux 4 coins du monde tout en restant une entreprise familiale. Découvrir de nouveaux itinéraires en respectant la nature et les cultures des régions traversées reste leur priorité. Pour chaque pays, différents niveaux de difficulté. Allibert est le 1er tour-opérateur certifié Tourisme responsable.

### ▲ ASIA

*• asia.fr •*

*– Paris : 1, rue Dante, 75005. ☎ 01-44-41-50-10. Lun-ven 9h-18h30 ; sam 10h-13h, 14h-17h. Agences également à Lyon, Nice, Marseille et Toulouse.*

Asia, leader des voyages en Asie, propose des voyages personnalisés en individuel notamment en Australie et Nouvelle-Zélande. Dans chaque pays, Asia met son expertise au service de ses clients pour réaliser le voyage de leurs envies. Connaissance du terrain et du patrimoine culturel, respect de l'environnement et authenticité, c'est au plus près des populations et toujours dans l'esprit des lieux qu'Asia vous fait découvrir le pays.

### ▲ AUSTRALIE SUR MESURE

*• australie-sur-mesure.com •*

Contactez Australie sur Mesure, une agence locale de confiance, pour organiser votre voyage en Australie. Ses conseillers, fins connaisseurs du terrain et de la réalité du pays, vous accompagnent dans la préparation de votre voyage, en couple, en famille ou en groupe d'amis. Vous avez ainsi accès à un service personnalisé en bénéficiant d'un prix accessible. Membre de la communauté *bynativ,* Australie sur mesure propose un maximum de garanties et de services : règlement en ligne sécurisé, possibilité de souscrire une assurance voyage et de bénéficier de garanties solides en cas d'imprévu. De quoi voyager de façon authentique et en toute tranquillité.

### ▲ CERCLE DES VOYAGES

*– Paris : 4, rue Gomboust (angle 31, av. de l'Opéra), 75001. ☎ 01-40-15-15-17. • cercledesvoyages.com • Lun-ven 9h-20h, sam 10h-18h30.*

Le vrai voyage sur mesure, à destination de l'Australie et de la Nouvelle-Zélande. Cercle des Vacances propose un large choix de voyage adapté à chaque client : circuits privés, voyages au volant d'une voiture de location, voyage en camping-car, circuits en petits groupes, combinés, voyages de noces... Les experts Cercle des Vacances partagent leurs conseils et leurs petits secrets pour faire de chaque voyage une expérience inoubliable. Cercle des Vacances offre également un service liste de mariage gratuit. Les petits plus qui font la différence : survol de la ville en hydravion, leçon de surf, marche sur les glaciers, dégustation de vin dans un vignoble, etc.

Cercle des Vacances est également spécialiste du billet d'avion WHV (Visa Vacances Travail), et propose des tarifs et conditions très avantageux pour partir 1 an en Australie ou en Nouvelle-Zélande.

### ▲ COMPTOIR DES VOYAGES

*• comptoirdesvoyages.fr • Lun-sam 9h30-18h30.*

*– Paris : 2-18, rue Saint-Victor, 75005. ☎ 01-53-10-30-15.*

*– Bordeaux : 26, cours du Chapeau-Rouge, 33800. ☎ 05-35-54-31-40.*

*– Lille : 76, rue Nationale, 59160. ☎ 03-28-04-68-20.*

*– Lyon : 10, quai Tilsitt, 69002. ☎ 04-72-44-13-40.*

*– Nice : 62, rue Gioffredo, 06000. ☎ 04-97-03-64-80.*

*– Marseille : 12, rue Breteuil, 13001. ☎ 04-84-25-21-80.*

*– Toulouse : 43, rue Peyrolières, 31000. ☎ 05-62-30-15-00.*

En plus de 30 ans, Comptoir des Voyages s'est imposé comme la référence incontournable du voyage sur mesure en immersion, avec plus de 90 destinations sur les 5 continents. Ses conseillers-spécialistes construisent des voyages uniques en s'adaptant à votre budget, vos goûts et vos envies. Pour favoriser les rencontres et l'immersion dans la vie locale, ils privilégient des hébergements typiques et des expériences authentiques. Sur place, des *greeters* francophones partagent avec vous conseils et bonnes adresses le temps d'un café. Sur votre

Émilie, notre Welcome Host à Uluru

Smartphone, l'application mobile *Luciole* vous informe sur le déroulé de votre voyage et vous guide grâce à un GPS hors connexion.
Comptoir des Voyages est membre d'Agir pour un Tourisme Responsable depuis 2009, labellisation ATR renouvelée par Ecocert Environnement en 2019.

### ▲ LA ROUTE DES VOYAGES

*• laroutedesvoyages.com • Lun-ven 9h-19h (18h ven). Rdv conseillé.*
*– Paris : 10, rue Choron, 75009. ☎ 01-55-31-98-80.*
*– Angers : 6, rue Corneille, 49000. ☎ 02-41-43-26-65.*
*– Annecy : 4 bis, av. d'Aléry, 74000. ☎ 04-50-45-60-20.*
*– Bordeaux : 19, rue des Frères-Bonie, 33000. ☎ 05-56-90-11-20.*
*– Lorient : 42, av. de la Perrière, 56100. ☎ 06-15-48-82-69. Sur rdv lun-mer.*
*– Lyon : 59, rue Franklin, 69002. ☎ 04-78-42-53-58.*
*– Toulouse : 27, rue Perchepinte, 31000. ☎ 05-62-27-00-68.*
25 ans d'expérience de voyage sur mesure sur les 5 continents ! 15 pays en Europe complètent à présent leur offre. Cette équipe de voyageurs passionnés a développé un vrai savoir-faire du voyage personnalisé : écoute, conseils, voyages de repérage réguliers et correspondants sur place soigneusement sélectionnés avec qui l'agence travaille en direct. Son engagement à promouvoir un tourisme responsable se traduit par des possibilités de séjours solidaires à insérer dans les itinéraires de découverte individuelle. Elle a aussi créé un programme de compensation solidaire qui permet de financer des projets de développement locaux.

### ▲ MONDE AUTHENTIQUE

*– Paris : 5, rue Thorel, 75002. ☎ 01-53-34-92-71. Ⓜ Bonne-Nouvelle. Lun-ven 9h30-19h, sam 9h-18h ; ou à domicile sur Paris, Aix, Bordeaux, Chartres, Lille, et Marseille (participation de 80 €, déductible des frais de voyage).*
*• monde-authentique.com •*
Envie de sortir des sentiers battus, de découvrir ce qu'un pays peut proposer de meilleur ? Depuis 2003, *Monde Authentique* propose des itinéraires individuels à l'écart des sentiers battus sur des destinations originales. En parfaits artisans et connaisseurs du monde, les 20 créateurs de voyage maîtrisent à la perfection les destinations sur lesquelles ils travaillent. *Monde Authentique* s'adresse à des clients exigeants, désireux de faire de beaux voyages.

### ▲ NOMADE AVENTURE

*• nomade-aventure.com • Lun-sam 9h30-18h30.*
*– Paris : 40, rue de la Montagne-Sainte-Geneviève, 75005. ☎ 01-46-33-71-71.*
*– Lyon : 10, quai Tilsitt, 69002. ☎ 04-72-44-13-50.*
*– Toulouse : 43, rue Peyrolières, 31000. ☎ 05-62-30-10-77*
Nomade Aventure propose des circuits inédits, à réaliser en famille, entre amis, avec ou sans guide. Également la possibilité d'organiser, hors de groupes constitués, un séjour libre en toute autonomie et sur mesure. Spécialiste de l'aventure avec plus de 600 itinéraires (de niveau tranquille, dynamique, sportif ou sportif +) faits d'échanges et de rencontres avec les habitants, Nomade Aventure donne la priorité aux expériences authentiques à pied, à VTT, à cheval, à dos de chameau, en bateau ou en 4x4.

### ▲ TERRES D'AVENTURE

*• terdav.com •*
*– Paris : 30, rue Saint-Augustin, 75002. ☎ 01-70-82-90-00. Lun-sam 10h-18h. ☎ 01-70-82-90-00.*
*– Agences également à Bordeaux, Grenoble, Lille, Lyon, Marseille, Nantes, Rennes, Strasbourg et Toulouse.*
Depuis 1976, Terres d'Aventure, spécialiste du voyage à pied, propose aux voyageurs passionnés de marche et de rencontres des randonnées hors des sentiers battus à la découverte des grands espaces de notre planète. Voyages à pied, à cheval, en bateau... Sur tous les continents, des aventures en petits groupes ou en individuel encadrées par des professionnels expérimentés sont proposées. Les hébergements dépendent des sites explorés : camp d'altitude, bivouac, refuge ou petit hôtel. Les voyages sont

conçus par niveaux de difficulté : de la simple balade en plaine à l'expédition sportive en passant par la course en haute montagne.
En province, certaines de leurs agences sont de véritables *Cités des Voyageurs* dédiées au voyage. Consultez le programme des manifestations sur leur site internet.

**▲ TERRE VOYAGES**
*– Paris : 28, bd de la Bastille, 75012. ☎ 01-44-32-12-80. • terre-voyages.com • Lun-ven 9h-18h30, sam 10h-18h.*
Les créateurs de voyages de Terre Voyages sont des fins connaisseurs, des experts des pays proposés, car tous natifs ou passionnés de leur destination. Ils sauront écouter vos attentes pour créer une offre de voyage sur mesure qui réponde à vos envies de découverte et vous proposeront une approche authentique des cultures et des peuples dans le respect de leur environnement naturel et au juste prix. Pour tous les voyageurs qui attendent d'une échappée lointaine plus qu'une simple visite mais, au contraire, une véritable connaissance et un apprentissage responsable des différentes cultures de l'Australie, Terre Voyages est le spécialiste qu'il leur faut.

**▲ VOYAGEURS DU MONDE**
*• voyageursdumonde.fr •*
*– Paris : La Cité des Voyageurs, 55, rue Sainte-Anne, 75002. ☎ 01-42-86-16-00. Lun-sam 9h30-19h. Avec une librairie spécialisée sur les voyages.*
*– Également des agences à Bordeaux, Grenoble, Lille, Lyon, Marseille, Montpellier, Nantes, Nice, Rennes, Rouen, Strasbourg et Toulouse.*
Parce que chaque voyageur est différent, que chacun a ses rêves et ses idées pour les réaliser, Voyageurs du Monde conçoit, depuis plus de 30 ans, des projets sur mesure. Les séjours proposés sur 120 destinations sont élaborés par leurs 180 conseillers voyageurs. Spécialistes par pays et même par région, ils vous aideront à personnaliser les voyages présentés à travers une trentaine de brochures d'un nouveau type et sur le site internet où vous pourrez également découvrir les hébergements exclusifs et consulter votre espace personnalisé. Au cours de votre séjour, vous bénéficiez des services personnalisés Voyageurs du Monde, dont la possibilité de modifier à tout moment votre voyage, l'assistance d'un concierge local, la mise en place de rencontres et de visites privées et l'accès à votre carnet de voyage via une application iPhone et Android. Voyageurs du Monde est membre de l'association ATR (Agir pour un tourisme responsable) et a obtenu sa certification Tourisme responsable AFAQ AFNOR.

Voir aussi au sein de chaque ville les agences locales que nous avons sélectionnées.

***Comment aller à Roissy et à Orly ?***
Toutes les infos sur notre site *• routard.com •* à l'adresse suivante : *• bit.ly/aeroports-routard •*

Conservez dans votre bagage cabine vos médicaments, vos divers chargeurs et appareils, ainsi que vos objets de valeur (clés et bijoux). Et, on ne sait jamais, ajoutez-y de quoi vous changer si vos bagages n'arrivaient pas à bon port avec vous.

## En Belgique

**▲ CONNECTIONS**
*Infos et résas : ☎ 070-233-313. • connections.be •*
Fort d'une expérience de plus de 20 ans dans le domaine du voyage, Connections dispose d'un réseau de 32 *travel shops* dont un à Brussels Airport. Connections propose des vols dans le monde entier à des tarifs avantageux et des voyages destinés à des voyageurs désireux de découvrir la planète de façon autonome. Connections propose également une gamme complète de produits : vols, hébergements, locations de voiture, autotours, vacances sportives, excursions, etc.

**▲ CONTINENTS INSOLITES**
*– Bruxelles : rue César-Franck, 44 A, 1050. ☎ 02-880-55-41. • continents-insolites.com • Lun-ven 10h-18h, sam 10h-16h30 sur rdv.*
Continents Insolites, organisateur de voyages lointains sans intermédiaire, propose une gamme étendue de formules de voyages détaillées sur leur site internet.
– *Voyages découverte sur mesure :* à partir de 2 personnes. Un grand choix d'hébergements soigneusement sélectionnés : du petit hôtel simple à l'établissement luxueux et de charme.

**▲ PAMPA EXPLOR**
*– Bruxelles : av. du Parc, 10, 1060. ☎ 02-340-09-09. • pampa.be • Lun 13h-19h, mar-ven 10h-19h, sam sur rdv 10h-18h.*
Spécialiste des voyages « à la carte », Pampa Explor propose plus de 70 % de la « planète bleue », selon les goûts, attentes, centres d'intérêt et budgets de chacun. Pampa Explor privilégie des découvertes authentiques et originales. Pour ceux qui apprécient la jungle et les Pataugas ou ceux qui préfèrent les voyages de luxe. En individuel ou en petits groupes, mais toujours « sur mesure ».

**▲ TERRES D'AVENTURE**
*– Bruxelles : chaussée de Charleroi, 23, 1060. ☎ 02-543-95-60. • terdav.com • Lun-sam 10h-19h.*
Voir le texte dans la partie « En France ».

**▲ VOYAGEURS DU MONDE**
*– Bruxelles : chaussée de Charleroi, 23, 1060. ☎ 02-543-95-50. • voyageurs dumonde.com •*
Le spécialiste du voyage en individuel sur mesure. Voir le texte dans la partie « En France ».

## En Suisse

**▲ ROUTE DES VOYAGES**
*☎ 078-400-83-94. • laroutedesvoyages.com •*
Rendez-vous par téléphone. Voir le texte dans la partie « En France ».

**▲ TERRES D'AVENTURE**
*– Genève : 19, rue de la Rôtisserie, 1204. ☎ 022-519-12-20. • geneve@terdav.com • Lun-ven 10h-19h, sam 9h-18h.*
Voir le texte dans la partie « En France ».

**▲ VOYAGEURS DU MONDE**
*• voyageursdumonde.com •*
*– Genève : rue de la Rôtisserie, 19, 1204. ☎ 022-519-12-10. Lun-ven 9h30-19h, sam 9h30-18h30.*
*– Lausanne : rue du Bourg, 6, 1003. ☎ 021-519-10-65. Lun-ven 9h-18h30, sam sur rdv.*
Le spécialiste du voyage en individuel sur mesure.
Voir le texte dans la partie « En France ».

## Au Canada

**▲ EXOTIK TOURS**
*Infos : • exotiktours.com • ou auprès de votre agence de voyages.*
Exotik Tours offre une importante programmation en été comme en hiver sur la Méditerranée et l'Europe. Dans la rubrique « Grands voyages », le voyagiste suggère des périples en petits groupes ou en individuel. Au choix : l'Australie, l'Amérique du Sud, le Pacifique sud, l'Afrique (Afrique du Sud, Kenya, Tanzanie), l'Inde et le Népal.

**▲ EXPÉDITIONS MONDE**
*• expeditionsmonde.com •*
Expéditions Monde est à l'avant-garde du voyage d'aventure, de découverte, de trekking, à vélo, et d'alpinisme sur tous les continents. Les voyages en petits groupes facilitent les déplacements dans les régions les plus reculées et favorisent l'interaction avec les peuples locaux pour vivre une expérience authentique. Expéditions Monde offre aussi la possibilité de voyager en Europe à pied, ou à vélo en liberté.

**▲ EXPLORATEUR VOYAGES**
*– Montréal : 328 Ontario Est, H2X 1H6. ☎ 514-847-1177. • explorateurvoyages.com • Lun-jeu 9h-18h (20h ven) ; fermé le w-e.*
Cette agence de voyages montréalaise propose une intéressante production maison, axée sur les voyages d'aventure en petits groupes (5 à 13 personnes max) ou en individuel. Ses itinéraires

originaux, en Océanie, en Amérique latine, en Asie, en Afrique et au Moyen-Orient, se veulent respectueux des peuples et des écosystèmes guidés par un accompagnateur de l'agence. Intéressant pour se familiariser avec ces différents circuits : les soirées Explorateur (gratuites), avec présentation audiovisuelle.

**▲ TOURS CHANTECLERC**

*Infos et résas : • tourschanteclerc.com •*

Tours Chanteclerc est un tour-opérateur qui publie différentes brochures de voyages : Europe, Amérique du Nord, Amérique du Sud, Asie et Pacifique sud, Afrique et le Bassin méditerranéen en circuits ou en séjours. Il s'adresse aux voyageurs indépendants qui réservent un billet d'avion, un hébergement (dans toute l'Europe), des excursions ou une location de voiture. Également spécialiste de Paris, le tour-opérateur offre une vaste sélection d'hôtels et d'appartements dans la capitale française.

# AUSTRALIE UTILE

## ABC de l'Australie

- ❑ ***Superficie :*** 7 688 485 km².
- ❑ ***Population :*** 26,6 millions d'hab. (pour 20 à 50 millions de kangourous !).
- ❑ ***Capitale :*** Canberra (427 000 hab.).
- ❑ ***Densité :*** 3,5 hab./km².
- ❑ ***Langue officielle :*** anglais.
- ❑ ***Monnaie :*** dollar australien.
- ❑ ***Régime :*** monarchie constitutionnelle, fédération et démocratie parlementaire. L'Australie est membre du Commonwealth.
- ❑ ***1er ministre :*** Anthony Albanese est le chef du gouvernement depuis mai 2022, mais le chef de l'État est le roi Charles III.
- ❑ ***Âge moyen :*** 38 ans.

# AVANT LE DÉPART

## Adresses utiles

### En France

■ ***Ambassade d'Australie :*** *4, rue Jean-Rey, 75015 Paris. ☎ 01-40-59-33-00. • france.embassy.gov.au • Ⓜ Bir-Hakeim. Lun-ven 9h-17h.*

### En Belgique

■ ***Ambassade d'Australie :*** *56, av. des Arts, 1000 Bruxelles. ☎ 02-286-0500. • belgium.embassy.gov.au • Lun-ven 8h30-17h.*

### En Suisse

S'adresser à l'ambassade et à la représentation consulaire d'Australie en ***Belgique.***

### Au Canada

■ ***Ambassade d'Australie :*** *suite 710-50, O'Connor St, Ottawa, K1P 6L2. ☎ (613) 236-0841. • canada.embassy.gov.au • Lun-ven 8h30-17h (16h30 ven).*

■ ***Consulat honoraire :*** *suite 1100, South Tower, 175 Bloor St, East Toronto, M4W 3R8. ☎ (416) 323-4280.*

■ ***Consulat honoraire :*** *suite 2050, 1075 West Georgia St, Vancouver, V6E 3C9. ☎ (604) 694-6160.*

## Formalités

**Pensez à scanner passeport, carte de paiement, billets d'avion et *vouchers* d'hôtel.** Ensuite, adressez-les-vous par e-mail, en pièces jointes. En cas de perte ou de vol, rien de plus facile que de les récupérer. Les démarches administratives en seront nettement accélérées. Et tâchez de ne pas transférer tous ces documents sur une clé USB, car si quelqu'un de mal intentionné tombait dessus, il aurait toutes les infos à disposition...

– ***Passeport :*** en cours de validité pour toute la durée du voyage et jusqu'à 6 mois après la date de votre retour.
– Les ***mineurs*** doivent être munis de leur propre pièce d'identité (carte d'identité ou passeport). Pour l'autorisation de sortie du territoire lorsque les enfants ne sont pas accompagnés par un de leurs parents, chaque pays a mis en place sa propre régulation. Ainsi, pour les ***mineurs français,*** une loi entrée en vigueur en janvier 2017 a ***rétabli l'autorisation de sortie du territoire.*** Pour voyager à l'étranger, ils doivent être munis d'une pièce d'identité (carte d'identité ou passeport), d'un formulaire signé par l'un des parents titulaires de l'autorité parentale et de la photocopie de la pièce d'identité du parent signataire. Renseignements auprès des services de votre commune et sur • *service-public.fr* •
– ***Visa : obligatoire.*** Du court séjour touristique au road trip de plusieurs mois, les Français, Belges, Suisses et Canadiens doivent obtenir un visa pour entrer et séjourner sur le territoire australien. Toutes les démarches se font en ligne, sur le site : • *immi.homeaffairs.gov.au* • ou par appli dans certains cas (Canadiens notamment).
– ***eVisitor Visa :*** il s'adresse aux Européens et permet de rester maximum 3 mois en Australie (séjour touristique ou professionnel). Son obtention se fait en ligne ; elle est gratuite et quasi instantanée (ça peut prendre quelques jours). Seuls les Canadiens doivent demander un *Electronic Travel Authority (ETA),* dont les frais d'émission sont de 20 $. Les 2 visas sont valables 1 an. Vous pouvez donc entrer plusieurs fois sur le territoire dans l'année, à condition que votre séjour n'excède pas 3 mois à chaque fois.
– ***Tourist Stream Visa :*** il permet de rester 6 ou 12 mois, pour un séjour touristique ou un voyage d'affaires. *Compter 145 $ min.*
– ***Student Visa :*** il est destiné aux étudiants inscrits dans un établissement australien et donne la possibilité de travailler sans limite de temps depuis la crise du Covid (auparavant : 20h par semaine). Il reste valable toute la durée des études (sauf si l'on change de champ d'études). *À partir de 630 $.*
– ***Working Holiday Visa (WHV) :*** se reporter à la rubrique « Travailler en Australie ».

■ ***Action-Visas.com :*** *10-12, rue du Moulin-des-Prés, 75013 Paris. ☎ 01-45-88-56-70. Fax : 01-45-88-59-84.* • *action-visas.com* • *Ⓜ Place-d'Italie (sortie « Bobillot » bd Blanqui). Ouv lun-ven 9h30-12h, 13h30-18h30 ; sam 9h30-13h. Prix du service entre 33 et 50 € selon destinations plus les frais consulaires. Réduc de 8 €/pers pour nos lecteurs pour chaque destination : prendre alors l'option paiement par chèque et déduire directement sur le total indiqué cet avantage en indiquant « routard » sur votre bon de commande.* Cette agence sérieuse s'occupe d'obtenir votre visa pour toutes destinations. Délais rapides, traitement immédiat du dossier dès réception (aucune attente) et service fiable. Pour la province, demandez le visa par correspondance quelle que soit la destination. Les commandes de visas peuvent s'effectuer sur le site internet qui est actualisé quotidiennement et vous recevrez directement les formulaires et la liste des pièces à fournir. Réception d'un courriel sur votre messagerie à chaque étape du processus d'obtention du visa. Par ailleurs, Action-Visas prélève 1 € de sa marge commerciale pour financer un projet humanitaire qui peut être suivi en direct sur leur site internet.

– Précisons que, en plus du visa, ***chaque visiteur doit être vacciné contre le Covid*** (au moins 2 fois) ; en apporter la preuve et, au moment où nous mettons sous presse, continuer à remplir le formulaire DPD *(Digital Passenger Declaration)* à cet effet. Les tests PCR ne sont cependant plus exigés par l'Australie.
– ***Permis de conduire international :*** même si certains loueurs australiens ne l'exigent pas, il est ***obligatoire*** et valable uniquement s'il est accompagné de votre permis de conduire national. Les démarches se font uniquement par Internet et peuvent prendre jusqu'à 3 semaines. Il est gratuit et valable 3 ans. Pour télécharger le formulaire et connaître les documents à fournir, consulter le site • *service-public.fr* •
– ***À savoir :*** amis routards accros à la ***cigarette,*** sachez que le tabac en Australie est hors de prix : 50 $ le paquet en moyenne (record du monde !), un peu plus cher

encore si vous êtes dans un coin reculé... En outre, les plus de 18 ans n'ont le droit d'apporter dans le pays qu'un paquet neuf (maximum 25 cigarettes) et un autre déjà ouvert, ou 25 g de tabac. Au-delà, il faut payer de fortes ***taxes*** – y compris sur les paquets autorisés ! Ceux qui ne déclareraient pas leur tabac sont susceptibles, outre la confiscation desdites cigarettes, de recevoir une belle amende (dès l'arrivée !), voire de se faire expulser.

## Assurances voyages

### Assurance rapatriement et séjour en Australie

Une évacuation médicale depuis l'Australie coûtant très cher, il est essentiel de souscrire une assurance voyage couvrant (très bien) les frais de rapatriement. Les assurances voyage *Routard* courte durée et longue durée d'*AVI International* couvrent les frais de rapatriement en illimité.

### *Visa Working Holiday* et activités manuelles

Une assurance spécifique *Working Holiday* est nécessaire, comme l'assurance voyage *Working Holiday* d'*AVI International* : l'extension Sports et Loisirs vous couvrira lors de vos activités manuelles ou agricoles.

### L'OSHC ou la Sécurité sociale étudiante australienne

Depuis le 1er juillet 2010, le gouvernement australien impose à tous les étudiants étrangers de souscrire à l'OSHC *(Overseas Student Health Cover),* obligatoire à partir de 3 mois d'études et pour toute la durée du visa étudiant. Il existe plusieurs *student visas* selon la durée et les cours suivis ; ils permettent également de travailler jusqu'à 20h par semaine et à temps plein pendant les vacances.

L'OSHC intervient en 1re ligne pour la prise en charge de vos frais médicaux en Australie ; elle vous permet de vous faire rembourser vos dépenses médicales (consultations, analyses, radiographies, médicaments ou frais d'hospitalisation).

– ***À savoir :*** le niveau des remboursements est très éloigné des frais réels à avancer car ils sont basés sur le tarif conventionnel australien. Par exemple, pour une consultation médicale, il faut payer entre 60 et 80 $, mais le montant de la prise en charge de l'OSHC est de 14 $. L'OSHC n'est donc pas une assurance voyage : en cas de rapatriement vers la France, elle ne prend rien en charge, ni pour tout problème de responsabilité civile. Il est donc impératif de souscrire une assurance voyage complémentaire. Certains courtiers en France, comme *AVI International,* vous permettent de souscrire l'assurance OSHC avant votre départ, ainsi que des couvertures complémentaires vous permettant d'avoir un niveau de prise en charge optimal.

■ ***Assurance Routard par AVI International :*** *Le Colisée Gardens, 10, av. de l'Arche, CS 70126, 92419 Courbevoie Cedex.* ☎ *01-44-63-51-00.* • *avi-international.com* • Ⓜ *La Défense.* Enrichie au fil des années par les retours des lecteurs, *Routard Assurance* est devenue une assurance voyage référence des globe-trotters. Tout est inclus : frais médicaux, assistance rapatriement, bagages, responsabilité civile... Avant votre départ, appelez *AVI* pour un conseil personnalisé. Besoin d'un médecin, d'un avis médical, d'une prise en charge dans un hôpital ? Téléchargez l'appli mobile AVI international pour garder le contact avec *AVI Assistance* et disposez de l'un des meilleurs réseaux médicaux à travers le monde. *AVI Assistance* est disponible 24h/24 pour une réponse en temps réel. De simples frais de santé en voyage ? Envoyez les factures à votre retour, *AVI* vous rembourse sous une semaine.

■ ***AVA :*** *25, rue de Maubeuge, 75009 Paris.* ☎ *01-53-20-44-20.* • *ava.fr* • Ⓜ *Cadet.* Un autre courtier fiable pour ceux qui souhaitent s'assurer en cas de décès-invalidité-accident lors d'un voyage à l'étranger, mais surtout pour bénéficier d'une assistance rapatriement, perte de bagages et annulation. Attention, franchises pour leurs contrats d'assurance voyage.

■ ***Pixel-Assur :*** *18, rue des Plantes, BP 35, 78601 Maisons-Laffitte.* ☎ *01-39-62-28-63.* ● *pixel-assur.com* ● *RER A : Maisons-Laffitte.* Assurance de matériel photo et vidéo tous risques dans le monde entier. Devis basé sur le prix d'achat de votre matériel. Avantage : garantie à l'année.

## Carte internationale d'étudiant (carte ISIC)

Elle prouve le statut d'étudiant dans le monde entier et permet de bénéficier de tous les avantages, services et réductions dans les domaines du transport, de l'hébergement, de la culture, des loisirs, du shopping...
La carte ISIC permet aussi d'accéder à des avantages exclusifs (billets d'avion spécial étudiants, hôtels et auberges de jeunesse, assurances, cartes SIM internationales, location de voitures...).

***Renseignements et inscriptions***

– ***En France :*** ● *isic.fr* ●
– ***En Belgique :*** ● *isic.be* ●
– ***En Suisse :*** ● *isic.ch* ●
– ***Au Canada :*** ● *isiccanada.com* ●

## Carte d'adhésion internationale aux auberges de jeunesse (carte FUAJ)

Cette carte vous ouvre les portes des 4 000 auberges de jeunesse du réseau *HI-Hostelling International* en France et dans le monde. Vous pouvez ainsi parcourir 90 pays à des prix avantageux et bénéficier de tarifs préférentiels avec les partenaires des auberges de jeunesse *HI*. Enfin, vous intégrez une communauté mondiale de voyageurs partageant les mêmes valeurs : plaisir de la rencontre, respect des différences et échange dans un esprit convivial. Il n'y a pas de limite d'âge pour séjourner en auberge de jeunesse. Il faut simplement être adhérent.

***Renseignements et inscriptions***

– ***En France :*** ● *hifrance.org* ●
– ***En Belgique :*** ● *lesaubergesdejeunesse.be* ●
– ***En Suisse :*** ● *youthhostel.ch* ●
– ***Au Canada :*** ● *hihostels.ca* ●

Si vous prévoyez un séjour itinérant, vous pouvez réserver plusieurs auberges en une seule fois en France et dans le monde : ● *hihostels.com* ●

# ARGENT, BANQUES, CHANGE

## Monnaie australienne

À l'été 2022, 1 euro vaut environ 1,45 dollar australien (indiqué $ dans ce guide). C'est le taux de change moyen que nous avons appliqué dans ce guide. Pour 0,69 €, on obtient donc 1 $.

– ***Pièces de monnaie :*** il existe des pièces de 5, 10, 20 et 50 cents, 1 et 2 dollars.

***PLASTIC MONEY***

*Les Australiens furent les 1ers à utiliser des billets plastifiés, en polymère, dès 1988. Plus difficiles à imiter et bien plus résistants que le papier (pratiquement indéchirables), ils sont aussi plutôt écolo, car totalement recyclables.*

– ***Billets :*** on trouve des billets de 5, 10, 20, 50 et 100 $, tous de couleurs différentes. À noter : feu la reine d'Angleterre Elizabeth II apparaît sur le billet de 5 $, toujours en circulation, et qui devrait être « remplacée » par des figures australiennes. La reine apparaît aussi sur les pièces de monnaie qui, elles, vont désormais arborer l'effigie du roi Charles III.

## Banques

Elles sont en général ouvertes seulement en semaine, de 9h (ou 9h30) à 16h (17h le vendredi).

## Argent liquide et change

**Il est très vivement conseillé d'avertir votre banque avant votre départ** (pays visité et dates). En effet, votre carte peut être bloquée dès le 1er retrait pour suspicion de fraude... C'est de plus en plus fréquent. Ainsi, cela vous évitera de vous retrouver rapidement dans l'embarras ! Vous pouvez aussi relever votre plafond pendant votre déplacement. Utile surtout pour les cautions des locations de voiture et les garanties dans les hôtels. Enfin, n'oubliez pas de **VÉRIFIER LA DATE D'EXPIRATION DE VOTRE CARTE DE PAIEMENT.**

– On trouve des distributeurs automatiques *(ATM)* presque partout, accessibles 24h/24 dans les villes. Ceux des banques ne prennent pas tous de commission supplémentaire – votre banque s'en chargera déjà largement... Dans les lieux isolés, on trouve plus souvent les *ATM* dans les supérettes ou à la réception de certains AJ, hôtels, lodges (avec surcommission de quelques dollars). Même chose en ville : les petits distributeurs coûtent plus cher.
– Pour retirer de l'argent aux distributeurs, choisir « *Withdrawal* » (« retrait »). Ensuite, vous avez 3 options : *cheque, savings* ou *credit.* Dans la grande majorité des cas, opter pour « *Credit* ».
– On peut ***régler un maximum d'achats avec une carte de paiement.*** En Australie, comme aux États-Unis, on utilise le *plastic money* à tout bout de champ ! Attention toutefois, les banques européennes appliquant généralement une commission fixe pour chaque transaction, mieux vaut les utiliser pour les achats d'un montant qui ne soit pas trop faible.

***Petite mesure de précaution :*** si vous retirez de l'argent dans un distributeur, utilisez de préférence les distributeurs attenants à une agence bancaire. En cas de pépin (carte avalée), vous aurez un interlocuteur dans l'agence pendant les heures ouvrables.

– Si certaines banques pratiquent le change, ce n'est pas leur cœur de métier. En ville ou dans les zones touristiques, mieux vaut s'adresser aux ***petits bureaux de change*** s'il en existe. À Sydney et Melbourne, ils ont presque tous fermé durant la crise du Covid... quelques-uns commencent à rouvrir, généralement avec des horaires limités. Là encore, attention à la commission. En général, plus la somme changée est grosse, plus elle est proportionnellement faible.

## Cartes de paiement

En Australie, une carte de paiement est indispensable, presque obligatoire même, ne serait-ce que pour louer une voiture ou réserver une chambre d'hôtel. Même si vous avez tout réglé avant le départ par l'intermédiaire d'une agence, on prendra systématiquement l'empreinte de votre carte dès votre arrivée.
ATTENTION, il est très (très) courant qu'un supplément soit ajouté pour les paiements par CB – en général entre 0,7 et 1,5 %.

– Lors de vos achats, on vous posera très souvent la question : « ***Debit or credit ?*** » Si vous n'avez pas de compte en Australie, la réponse est « *credit* ».
– À la caisse d'un supermarché ou d'un magasin, on peut aussi vous demander : « ***Any cash out ?*** » (« Voulez-vous retirer du liquide ? »). Il est en effet possible d'obtenir directement de l'argent liquide à la caisse : on précise le montant souhaité (maximum 100 $) et il est ajouté à la note des courses. On règle ensuite l'ensemble par carte et on vous remet la somme en cash. Pratique et sans aucun frais supplémentaire !
Avant de partir, notez bien le numéro d'opposition propre à votre banque (il figure souvent au dos des tickets de retrait, sur votre contrat, ou à côté des distributeurs de billets), ainsi que le numéro à 16 chiffres de votre carte. Bien entendu, conservez ces informations en lieu sûr et séparément de votre carte.
Par ailleurs, l'assistance médicale se limite aux 90 premiers jours du voyage et l'assistance véhicule aux cartes haut de gamme (renseignez-vous auprès de votre banque).

## ACHATS

Si les porte-clés koalas, peluches kangourous et autres gadgets envahissent les boutiques de souvenirs, on a du mal à dégoter des cadeaux *made in Australia.* Voici quelques idées.

– ***Artisanat aborigène :*** en tête des souvenirs (et des clichés) australiens, on retrouve le ***didgeridoo,*** une longue trompe au son grave, profond et « bourdonnant ». Il est généralement taillé dans une branche d'eucalyptus (de 1 m à 1,80 m de long) naturellement évidée par les termites. Les Aborigènes s'en servaient pour des rituels religieux ou pour communiquer à distance. Quant à vous, bon courage pour en sortir une jolie mélodie ! Autre objet emblématique du pays : le ***boomerang,*** lui aussi généralement décoré. Côté art, les ***peintures,*** qui ont longtemps recouvert les parois rocheuses, sont maintenant couchées sur toile. Beaucoup appartiennent au style *dot painting,* fait de petits points, même si une nouvelle génération d'artistes a tendance à évoluer vers des représentations plus contemporaines. Les tableaux aborigènes ne sont pas forcément hors de prix. À Alice Springs, par exemple, en septembre-octobre, l'expo-vente *Desert Mob,* à l'Araluen Arts Centre, voit pas mal de pièces proposées à moins de 500 $.
Attention à bien différencier le vrai du faux ! L'artisanat trouvé en boutique de souvenirs se révèle souvent *made in China.* Mieux vaut acheter ces objets dans des galeries spécialisées, dont une partie des bénéfices est reversée à la communauté.

### RETOUR À L'ENVOYEUR

*À l'origine, le boomerang est un outil de chasse aborigène. Il est conçu pour revenir à son expéditeur, mais... il faut faire preuve d'une dextérité certaine. Désormais, certains ont 3 ou 4 pales, et il en existe même pour les gauchers !*

– ***Akubra :*** le chapeau le plus connu d'Australie, popularisé par Crocodile Dundee *himself.* Ce couvre-chef aux larges bords est pratique pour se protéger du soleil et de la pluie. On en trouve de 20 à 200 $ selon la matière et la qualité. Très pratiques, ils sont conçus pour être pliés et rangés dans un sac. Parfait pour les grosses chaleurs de l'*outback...* un poil folklorique au retour !
– ***Bijoux en opale :*** immanquable si vous passez à Coober Pedy,

### CHAPEAU BAS !

*La marque Akubra est devenue célèbre bien avant le film Crocodile Dundee, car elle a équipé les soldats australiens pendant les 2 guerres mondiales. À l'origine, les chapeaux étaient en feutre poil (de lapin), mais on en trouve désormais en cuir et même en tissu. Aujourd'hui, en Australie comme pour le Stetson aux États-Unis, on ne dit plus un chapeau, mais un Akubra.*

dans le South Australia. La ville produit 80 % des opales mondiales. On trouve aussi quelques gisements dans le Queensland. D'une base bleue, la pierre revêt des effets nacrés et d'autres touches de couleur moirées comme le jaune, le vert et le rouge.
– ***Chaussures UGG :*** un peu passées de mode, mais toujours aussi confortables, ces bottes fourrées se trouvent partout en ville, vendues un poil moins cher que chez nous. Portez-les à l'australienne (ou à la californienne), avec seulement un bas de maillot et un tee-shirt !
– ***Vins australiens :*** l'Australie est réputée pour ses vignobles. Elle est aujourd'hui la 5e nation exportatrice au monde. Nos cépages préférés ? Ceux de la Barossa Valley (*Penfolds, Petaluma, Peter Lehmann,* etc.), des Grampians *(Mount Langi Ghiran),* de la Margaret River *(Cape Mentelle)* ou de la Yarra Valley *(Spear Gully).*

## BUDGET

Le coût de la vie en Australie est globalement plus élevé que celui de la France ou de la Belgique. La remarque vaut particulièrement pour le logement (hôtels au 1er chef), mais aussi pour la nourriture, les boissons (5 $ le café, 8-12 $ la bière !), les loisirs et les excursions. Seuls les camping et *backpackers* (auberge de jeunesse) permettent de faire un peu baisser la note (en dortoir, s'entend).
**ATTENTION, on vous rappelle qu'il est très fréquent qu'un supplément soit ajouté pour les paiements par CB (0,7-1,5 %).**

### Hébergement

Nous indiquons les ***tarifs pour 2 personnes,*** exception faite des *backpackers* (auberges de jeunesse), où le prix est donné par personne pour les dortoirs. Au camping, on paie souvent par personne pour les emplacements sans électricité et par emplacement pour ceux avec électricité (pour 2 ou 4 personnes, ou même parfois plus). Les tarifs incluent toujours les taxes.
***Les prix varient selon le caractère touristique de la ville/région visitée, la saison, le confort bien sûr et, le plus souvent, le jour de la semaine*** (semaine ou week-end). Jongler avec ces données peut vous faire économiser un paquet de dollars.
– Le plus économique est de circuler en voiture ou en van et de ***camper dans les parcs.*** Certains terrains sont même gratuits. On vous mentionne l'application *Wikicamps* dans la rubrique « Hébergement » plus loin, indispensable pour dégoter tous les emplacements. Sinon, la règle est simple : plus le tarif est bas, plus les services sont réduits.
– ***Backpackers (auberges de jeunesse) :*** un lit en dortoir oscille entre 20 et... 70 $ par personne, selon la saison, la capacité du dortoir et la demande. En Australie, les AJ sont passées en tarification dynamique, comme les hôtels... Résultat, les prix varient beaucoup en fonction de la demande. C'est aussi évidemment le cas pour leurs chambres privées, qui oscillent généralement ***entre 60 et 150 $*** (voire moins dans les régions paumées), mais peuvent aussi dépasser les 200 $ quand tout le monde cherche une chambre !
– ***Petits hôtels, motels et pubs :*** compter entre 70 et 200 $, sans ou avec salle de bains. En centre-ville, on trouve des tarifs un peu plus intéressants dans les pubs, qui disposent souvent de quelques chambres à l'étage. Tranche de vie locale garantie !
***Important :*** ceux qui voyagent à plusieurs seront ravis d'apprendre que les chambres possèdent parfois 2 lits doubles pouvant donc accueillir 4 personnes. Le supplément par personne est souvent compris entre 15 et 25 $ (mais peut grimper à 50 $). La plupart des chambres disposant de cafetière ou bouilloire, et souvent d'un petit frigo, ça permet de se bricoler un ***petit déj*** économique.

– ***Bed & Breakfast :*** ils se raréfient. Les plus modestes démarrent autour de 80-100 $ la double (en général avec salle de bains partagée), mais beaucoup tournent autour de 200-250 $, voire plus. Comme partout, le petit déjeuner est inclus.
– ***Variations de prix et vacances scolaires :*** sur la côte est, la haute saison *(peak season)* s'étire grosso modo de septembre à février, selon les régions, sachant que les grandes vacances d'été débutent vers mi-décembre pour s'achever fin janvier. La période de Noël et du Nouvel An, ainsi que les longs week-ends, les périodes de festivals ou autres événements sont propices à une explosion des tarifs. Mais il faut aussi compter avec les ***petites vacances,*** dont les dates varient d'un État à l'autre : vacances d'automne (2 semaines courant avril), d'hiver (2 semaines entre fin juin et mi-juillet), de printemps (1 ou 2 semaines entre mi-septembre et mi-octobre). Bref, pour tenir le budget, tous à vos calendriers !

***Fourchettes de prix***
– ***Bon marché (backpackers, campings et petits hôtels) :*** environ 20-50 $ le lit en dortoir (parfois jusqu'à 60-70 $) ou l'emplacement de camping (pour 2) et 60-120 $ la chambre double.
– ***Prix moyens :*** environ 120-180 $ pour les petits hôtels, pubs et quelques *B & B*.
– ***Plus chic :*** 180-300 $, avec des variations selon les régions.
– ***Très chic :*** plus de 300 $.

## Nourriture

On indique les tarifs pour un plat, voire une entrée et un plat, jamais pour un repas complet. Les Australiens se contentent souvent d'un plat de pub le midi, ou d'une grosse salade. Le soir, dans un vrai resto, les tarifs grimpent très vite.

***Fourchettes de prix***
– ***Bon marché :*** jusqu'à 18 $.
– ***Prix moyens :*** 18-30 $.
– ***Chic :*** 30-50 $.
– ***Très chic :*** plus de 50 $.
Cela étant défini, attention ! Sachant qu'il est presque toujours nécessaire de réserver dans les grandes villes pour avoir une table dans les bons restos, une nouvelle politique très discutable s'est établie : la prise de numéro de carte de paiement et le débit d'une somme forfaitaire si vous n'honorez pas votre réservation. Cette *cancellation fee* peut être de 20, 30, voire 80 $ ! Et certains exigent une annulation au moins 24h à l'avance pour ne pas vous débiter. Il arrive même que certains établissements débitent cette somme quand un seul des convives ne vient pas. *Outrageous*, comme on dit ici !
À cela s'ajoute une autre pratique éhontée, désormais très commune à Sydney et Melbourne (notamment) : l'ajout d'un supplément de 10 % le week-end, voire de 15 % les jours fériés... !

## Transports

– ***Voiture ou van personnels :*** voyageurs au long cours, vous êtes ici chez vous. Posséder son propre véhicule est le moyen le plus économique de circuler en Australie si vous disposez de beaucoup de temps (minimum 2 mois). On achète une voiture ou un van, on circule et on le revend à la fin du voyage. Bon, facile à dire, moins facile à faire, sauf si l'on s'organise bien. Jetez un œil aux annonces sur les sites internet et pages *Facebook* (notamment des expatriés français), et dans les *backpackers* (AJ) pour trouver la perle rare ! Depuis le Covid, le marché *backpackers* n'a pas vraiment repris.
– ***Bus longues distances :*** pratique et pas si cher quand on rapporte le tarif au kilomètre. Reste que, compte tenu des trajets à parcourir, c'est un budget à calculer au plus près si vous ne voulez pas avoir de surprises (voir la rubrique « Transports » plus loin). Des forfaits intéressants sont proposés.

– ***Location de voiture :*** en combinant sauts de puce en avion et location de voiture, on peut s'en sortir honorablement, surtout si l'on est 4. Pour une voiture catégorie A, comptez entre 50 et 100 $/jour selon les agences et les promos, avec ou sans CDW (mais on y tient difficilement à 4 avec des bagages). Si vous ne visitez que les grandes villes, la voiture est parfaitement inutile. Pour un 4x4, c'est une autre histoire : plutôt 120-200 $/jour.
– ***Avion :*** même si vous avez un budget serré, l'avion peut constituer un mode de déplacement économique, grâce aux *low-cost* et aux promos. En ouvrant l'œil, vous gagnerez un temps fou et vous ferez des économies substantielles. Pour l'écologie, c'est autre chose...
– ***Train :*** globalement pas pratique, cher et très lent. On ne fait même pas d'économies ! Certaines gares ne sont pas situées dans les villes mêmes, et il faut payer le bus pour s'y rendre.
– ***Transports en commun :*** dans les grandes villes, ils ne sont pas bon marché (par exemple, 3,20 $ le ticket dans Sydney), mais on peut facilement concilier un trajet en bus ou train avec la marche. Il existe aussi toutes sortes de *passes*.
– ***Vélo :*** pratique en ville. Il y a des loueurs dans chaque ville et certains *backpackers* en proposent à la location pour un prix modique (5-25 $/jour). Certains prêtent même des VTT.

### Stationnement

Dans la plupart des villes, le ***parking*** est payant. Compter 4-8 $/h dans le cœur des grandes agglomérations, un peu moins en périphérie. Quand il est gratuit dans le centre des petites bourgades, le stationnement est limité à 1 ou 2h. À Sydney ou Melbourne, pour 24h, on a vite fait de débourser 50 à 80 $ !

### Loisirs, sites et musées

Ne sous-estimez pas ce poste. Si les musées pratiquent en général des prix raisonnables (10-15 $, certains même gratuits), l'entrée des sites et attractions purement touristiques est très chère : 30, 40, 50 $... voire plus. Heureusement, il y a des réductions pour étudiants et familles. Pour les excursions à la journée, sorties de surf, plongée, kayak et autres, on atteint vite les 120-150 $ (voire 200 $ et plus)...

### Taxes et pourboires

La taxe sur les biens et les services *(Goods and Services Tax, **GST**)* est de 10 %. ***Elle est incluse*** dans tous les prix affichés. Le ***pourboire*** n'a aucun caractère obligatoire en Australie, que ce soit dans les pubs, les bars ou autres. Libre à vous d'arrondir la somme si vous le désirez, mais personne ne vous fera la grimace si vous ne laissez rien. En revanche, dans les restos un peu classe, il est de tradition de laisser 10 % du montant de la note.

## CLIMAT

L'Australie connaît la même alternance de saisons que nous, mais elles sont logiquement inversées par rapport à l'hémisphère Nord. Ici, on fête Noël en maillot de bain ! Compte tenu de la taille du pays, il y a toujours un endroit où il fait bon vivre. Mais l'inverse est aussi valable. Pensez à bien planifier votre voyage en fonction du climat de la région visitée, pour ne pas arriver en pleine saison des pluies dans le Top End ou subir l'été brûlant à Uluru !

### New South Wales (Sydney)

À l'est de la cordillère, sur la côte, entre Sydney, Newcastle et Wollongong, le climat est subtropical humide ; c'est-à-dire que les étés sont chauds et pluvieux,

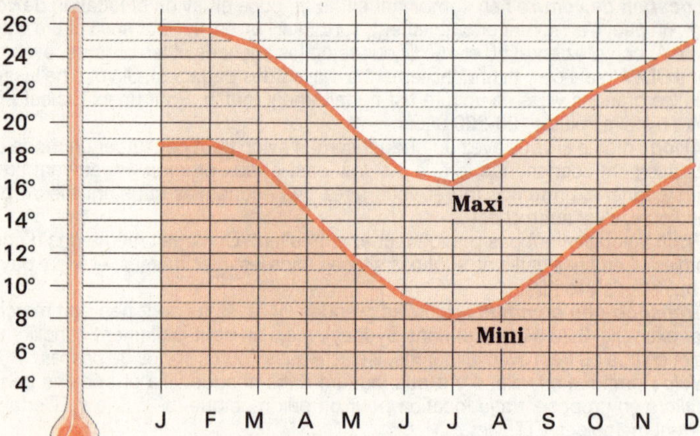


**Moyenne des températures atmosphériques**

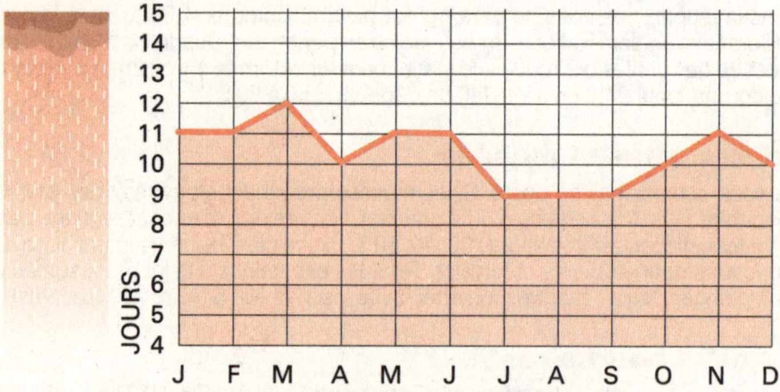


**Nombre de jours de pluie**

**AUSTRALIE (Sydney)**

les hivers en général assez courts et frais. En fait, Sydney et les New South Wales sont agréables, quelle que soit la saison. À l'ouest de la cordillère, vers l'intérieur du continent, le climat change et devient plus aride et chaud.

## Victoria (Melbourne)

Si Melbourne est régulièrement consacrée « ville la plus agréable du monde », c'est aussi grâce à son climat, plaisant tout au long de l'année. Pas de sécheresse ni de chaleur intense comme au nord, mais une véritable alternance de saisons, très appréciable dans ce pays d'extrêmes, avec toutefois des étés assez chauds, de décembre à février, et des hivers frais, de juin à août. Mais attention : la ville est connue pour sa météo changeante au quotidien, le ciel bleu et dégagé peut soudain faire place aux gros nuages gris et à une pluie battante ! Pour preuve : on la surnomme la « Ville aux quatre saisons en une journée » ! Le Victoria est d'ailleurs l'État le plus humide d'Australie après la Tasmanie.

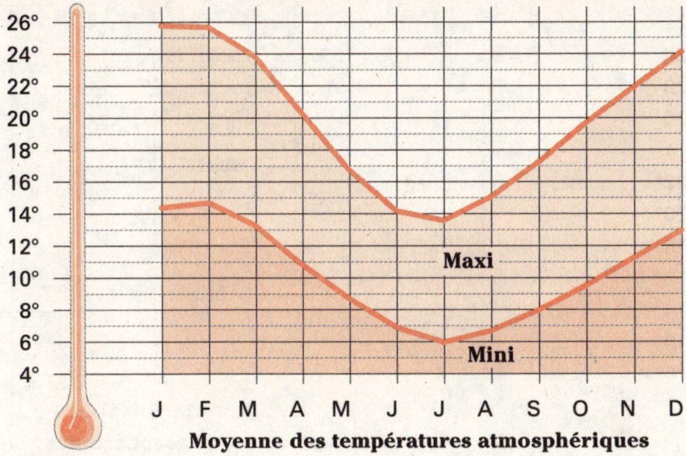


**Moyenne des températures atmosphériques**

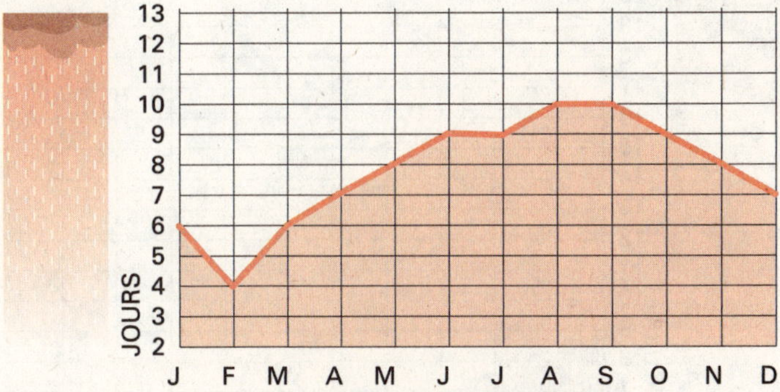


**Nombre de jours de pluie**

**AUSTRALIE (Melbourne)**

## South Australia (Adelaide)

Le littoral sud bénéficie d'un climat méditerranéen avec des étés chauds et secs, et des hivers doux. Sur Kangaroo Island, en revanche, le climat est tempéré, comme dans la capitale Adelaide. Dans l'intérieur des terres, c'est une autre histoire : l'état du South Australia est le plus sec de tout le pays, avec un record de température enregistré en 1950 dans le hameau d'Oodnadatta à 50,7 °C (égalé en 2022 en Western Australia) ! Ces dernières années, et à l'instar des New South Wales, le sud de l'Australie a subi d'importantes périodes de sécheresse et souffert de *bush-fires* de très grande ampleur, principal fléau climatique de la région en été.

## Queensland (Cairns)

300 jours de soleil par an : le « Sunshine State » porte bien son nom ! Le Queensland est dominé par 2 saisons très marquées : des étés très chauds et humides, de

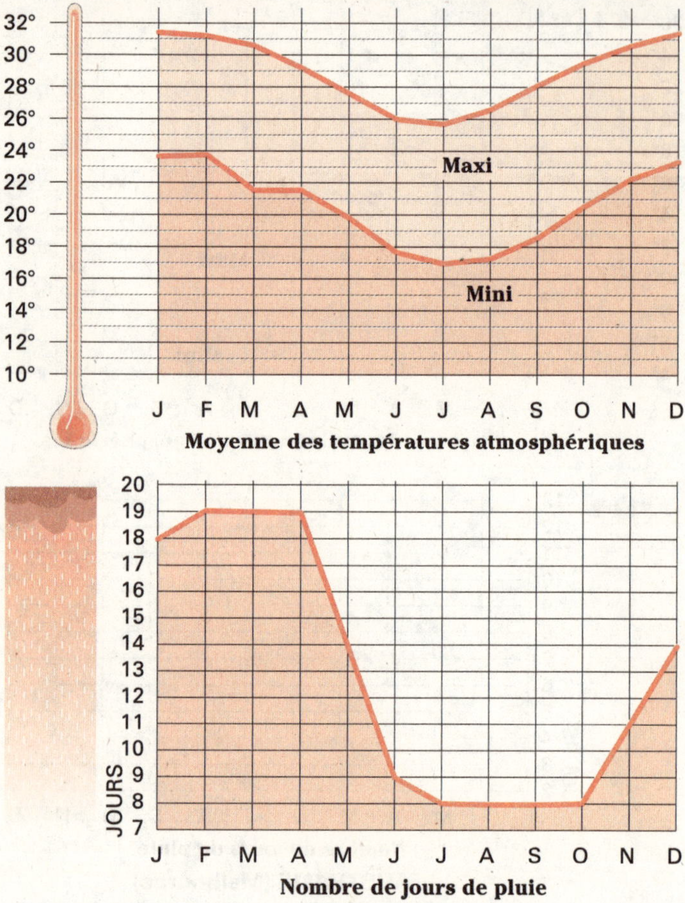


**AUSTRALIE (Cairns)**

novembre à mai, et des hivers doux et secs, de mai à septembre. L'extrême nord de l'État est davantage touché par les moussons, de janvier à mars. Autour de la cordillère, le climat passe de tropical à subtropical, puis tempéré en allant vers le sud. Et en se dirigeant vers le centre du pays, on passe du bush à l'*outback*, avec un climat beaucoup plus sec et chaud.

## Northern Territory

La saison la plus favorable à une visite du Territoire du Nord se situe entre mai et octobre. Dans le Top End, la mousson est finie, le soleil est à nouveau au beau fixe et il fait bon (25-32 °C) sans que cela soit étouffant. Dans le Red Centre, les journées sont alors douces et ensoleillées, suivies de nuits fraîches, flirtant régulièrement avec le zéro. L'été (de décembre à février) y est caniculaire, avec des

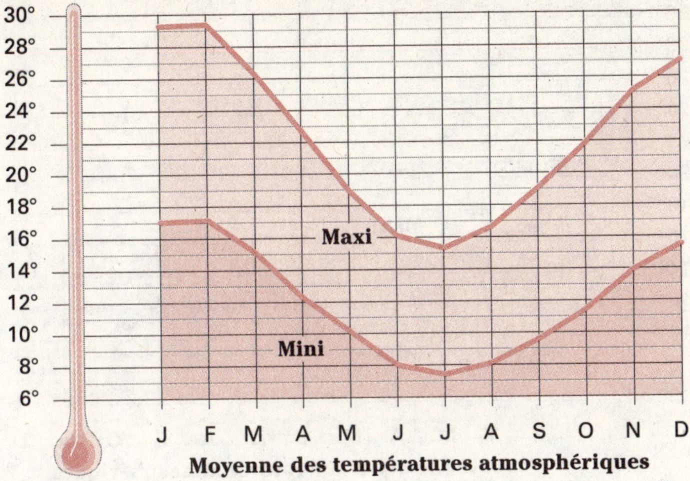


Moyenne des températures atmosphériques

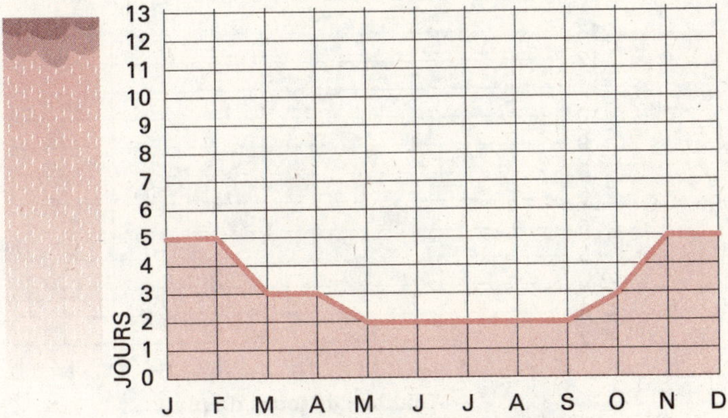


Nombre de jours de pluie

AUSTRALIE (Alice Springs)

températures qui dépassent les 40 °C ! Visiter la région à cette période devient vite éprouvant ; c'est d'ailleurs la saison creuse. Plus au nord, la pluie incessante entrave les déplacements.

## Catastrophes naturelles

Le pays de tous les extrêmes subit d'importantes catastrophes naturelles, tout au long de l'année. Il connaît en particulier des épisodes de sécheresse, amplifiés par le réchauffement climatique et la détérioration de la couche d'ozone. Les feux de brousse sont fréquents. Les Australiens se rappellent le *Black Saturday,* où 173 personnes ont perdu la vie lors d'un violent incendie en 2009. Plus récemment, les incendies dévastateurs de fin 2019-début 2020 ont marqué

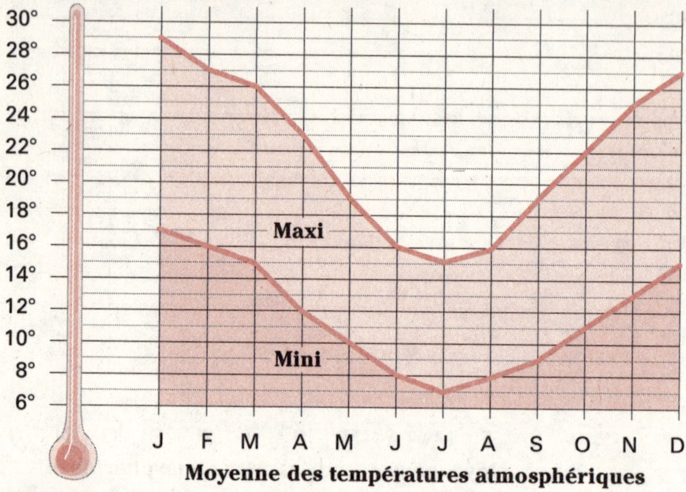


**Moyenne des températures atmosphériques**

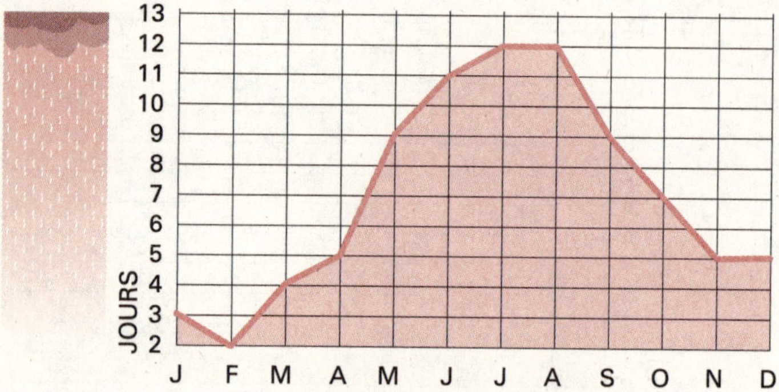


**Nombre de jours de pluie**

**AUSTRALIE (Adelaide)**

les esprits. Bilan : pas moins de 33 morts, 5 900 édifices détruits, 3 milliards de vertébrés morts et 100 milliards de dégâts !

Outre les feux qu'elles contribuent à provoquer, les périodes de sécheresse, de plus en plus longues, créent parfois de véritables pénuries d'eau, aux répercussions catastrophiques pour les fermiers et éleveurs. Le passage au nouveau millénaire s'est accompagné du *Millennium Drought,* qui a particulièrement touché le sud de l'Australie de 1995 à 2009. A contrario, en 2021-2022, l'eau a ravagé les NSW, avec de grandes inondations dans la région de Sydney... Une redite des grandes inondations du Queensland en 2011 et 2017.

Et on ne vous parle même pas d'un autre phénomène climatique tout aussi dévastateur : les cyclones. Le nord du pays est particulièrement exposé. En 1974, *Tracy* a détruit 80 % des bâtiments de Darwin.

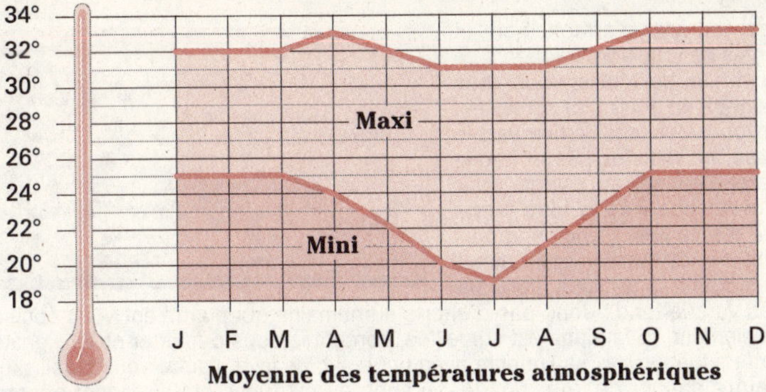


Moyenne des températures atmosphériques

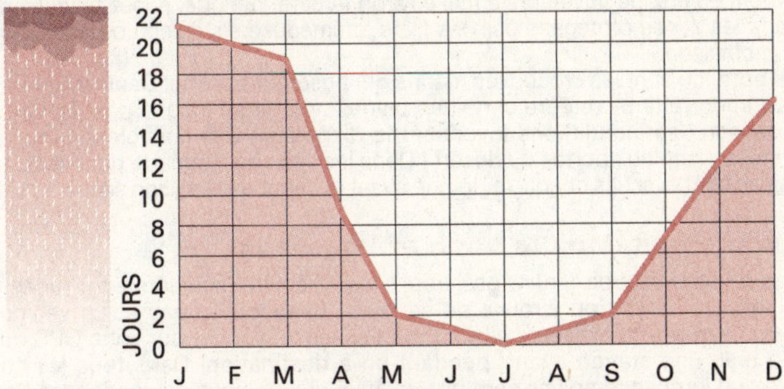


Nombre de jours de pluie

AUSTRALIE (Darwin)

## DANGERS ET ENQUIQUINEMENTS

En dehors des quartiers pauvres, comme Redfern et Waterloo à Sydney (au demeurant en cours de gentrification), l'Australie est un pays très sûr, au taux de criminalité très bas. Un comble pour un pays peuplé à l'origine par des bagnards !

### Drogues

La législation sur les drogues douces, cannabis en tête, varie dans chaque État. Le Territoire de la Capitale a dépénalisé la possession de petites quantités (en dessous de 50 g) pour les résidents de plus de 18 ans et autorise même la plantation de 2 plants par personne ! Elle pourrait même être à terme le 1er territoire à la légaliser. La plupart des autres États restent cependant, pour l'heure, assez sévères en la matière. Dans ce pays si encadré par les lois, certains îlots comme le petit village hippie de Nimbin (NSW) surprennent par la grande liberté avec laquelle circulent les drogues douces ! Les drogues dures sont, quant à elles, très sévèrement sanctionnées.

## Baignade

Les courants d'arrachement et lames de fond sont fréquents en Australie, surtout si vous vous baignez en zone non surveillée. Si vous vous faites attirer vers le large, ne résistez pas et nagez parallèlement au rivage pour être ramené vers la terre ferme par les vagues. Le plus important est de garder son calme. Ces courants ne vous attireront pas vers le fond : donc pas d'efforts surhumains qui pourraient vous épuiser inutilement. Si la plage est surveillée, contentez-vous de flotter et de signaler votre situation aux sauveteurs avec un seul bras levé, l'autre vous stabilisant. L'autre danger de la baignade, ce sont les méduses qui sévissent généralement en été, de novembre à mai environ. À cette période, nagez uniquement dans les zones protégées par des filets antiméduses *(stingers)* ou portez une combinaison.

Au nord, ce sont les crocodiles marins qui posent problème. Dans le Top End, peu importe la beauté de certaines plages : on ne se baigne pas. Durant la mousson, les inondations favorisent la dispersion des bestioles, certaines années jusqu'aux portes du désert ! Dans les lieux de baignade organisés, les *salties* sont évacués chaque automne avant le début de la saison sèche...

### BLOODY SUNDAY

*Le 6 février 1938, alors que 750 personnes se baignaient à Bondi Beach, d'énormes vagues obligèrent les 80 sauveteurs présents à secourir 245 nageurs en 20 mn ! Malheureusement, 5 d'entre eux périrent lors de ce funeste jour appelé* Black Sunday.

## Excursions dans le bush et l'*outback*

Pas d'improvisation (enfin, pas trop) ! Ces 2 environnements sont rudes et isolés. Un GPS, 1 ou 2 roues de secours, beaucoup d'eau et un véhicule révisé seront vos meilleurs alliés. Pour l'essence, vérifiez sur votre GPS qu'il y a bien une station avant, pendant ou à destination. Dans tous les cas, avoir un jerrican rempli ne sera pas un luxe, croyez-nous d'expérience ! Pour les road trips sur les pistes isolées, il est conseillé de prévenir un tiers de votre itinéraire et de votre heure d'arrivée probable. Si votre véhicule vous lâche au milieu de nulle part, la règle nº 1 est de ne pas s'en éloigner. On déconseille aussi fortement la conduite de nuit : poussière, absence d'éclairage, kangourous sur le chemin... Plus d'informations dans le chapitre « Transports ».

## Les *bushfires,* feux de forêt

Un fléau pour l'Australie. De début octobre à fin février, le Victoria et la Nouvelle-Galles du Sud connaissent de violents incendies, ravageant le bush. Pour les éviter, certains jours, il est interdit d'allumer un feu *(Total Fire Bans).* La radio, la télévision ou Internet permettent de se tenir au courant, ainsi que, en NSW, une application gouvernementale extrêmement bien pensée pour smartphone : *MyFirePlan.* Dans les régions aborigènes, les feux sont aussi très fréquents mais là, en général, ils sont allumés sciemment, en début de saison sèche, pour éviter que de grands feux incontrôlables ne surviennent plus tard.

– Pour les risques liés à la ***faune,*** se référer à la rubrique « Santé » plus loin.

# DÉCALAGE HORAIRE

L'Australie est divisée en 3 fuseaux horaires : Australian Western Standard Time ou ***AWST*** (UTC + 08:00) pour l'Australie-Occidentale ; Australian Central Standard

Time ou ***ACST*** (UTC + 09:30) pour le Territoire du Nord et l'Australie-Méridionale ; et Australian Eastern Standard Time ou ***AEST*** (UTC + 10:00) pour les États de l'est, ainsi que la Tasmanie.

***Attention :*** le Northern Territory, le Western Australia et le Queensland n'appliquent pas le changement d'heure d'été (en vigueur, dans les autres États, entre le 1er dimanche d'octobre et le 1er dimanche d'avril). Il n'y a plus alors 3 fuseaux horaires dans le pays, mais 5 ! À cette période, lorsqu'il est 10h à Paris, il est 19h30 à Adelaide, 20h à Sydney et Melbourne. En juillet, retranchez 2h : lorsqu'il est midi à Paris, il est 20h à Sydney.

### *HAPPY NEW YEAR !*

*On croit souvent que les Néo-Zélandais et les Australiens sont les 1ers à fêter le Nouvel An, mais il n'en est rien. Ils se font voler la vedette par les habitants des îles Samoa, Tonga et Kiribati !*

## ÉLECTRICITÉ

Les prises sont alimentées en 220-240 V, soit un voltage presque identique à la France. Les prises de courant sont à 3 fiches plates, dont 2 obliques (une spécificité australienne !), d'où la ***nécessité d'utiliser un adaptateur.*** On en trouve dans les boutiques de souvenirs et les auberges de jeunesse des régions les plus touristiques ; ailleurs, c'est nettement plus aléatoire.

## FÊTES ET JOURS FÉRIÉS

Sympa : il est fréquent qu'un jour férié soit décalé au lundi si celui-ci tombe un samedi ou un dimanche !

– ***Jour de l'an :*** *1er janv.* Les feux d'artifice tirés la nuit de la Saint-Sylvestre (New Year's Eve) sont un must, surtout à Sydney !

– ***Australia Day :*** *26 janv.* Fête nationale célébrant l'arrivée des colons à Sydney Cove en 1788. L'événement, appelé *Anniversary Day, Invasion Day* ou *Foundation Day* (selon le point de vue), est marqué notamment par la remise des Australians of the Year Awards.

– ***Pâques :*** *fin mars-avr.* Les vendredi, samedi et lundi sont fériés. En 2023, le dimanche de Pâques tombe le 9 avril ; en 2024, ce sera le 31 mars.

– ***Labour Day :*** *dates variables selon les États.* Le 2e lundi de mars pour le Victoria et la Tasmanie (le 1er en Australie-Occidentale), le 1er lundi de mai pour le Northern Territory et le Queensland, et le 1er lundi d'octobre pour Canberra, la NSW et le South Australia.

– ***Anzac Day :*** *25 avr.* Considéré par beaucoup comme la véritable fête nationale. Cette date commémore la sanglante bataille de Gallipoli, qui opposa pendant la Première Guerre mondiale les troupes ottomanes à l'ANZAC, corps d'armée réunissant les soldats australiens et néo-zélandais.

– ***King's Birthday :*** *en principe, 1er lun de juin.* Si l'anniversaire du roi Charles III est le 14 novembre, ce jour férié marque en fait la fondation de la 1re colonie britannique en Australie (Swan River Colony). Célébré dans tout le pays, la date est cependant variable selon les États (dans le Queensland, c'est le 1er lundi d'octobre et en Australie Occidentale le 4e lundi de septembre).

– ***Noël et Boxing Day :*** *25-26 déc.* Ici, dans l'hémisphère Sud, on fête Noël au soleil ! *Boxing Day* marque souvent le début des soldes et des grandes compétitions sportives.

### NOIR C'EST NOIR

*Dans l'État de Victoria, si une ampoule grille dans votre chambre d'hôtel, ne touchez à rien ! Une loi stipule que seuls les électriciens formés et reconnus sont autorisés à le faire.*

# HÉBERGEMENT

Il y en a pour tous les goûts et tous les budgets, de l'hôtel standard au camping (parfois même gratuit) en passant par les auberges de jeunesse et les *B & B*. À Sydney, Melbourne, le long de la Grande Barrière de corail et dans les grands parcs du Northern Territory, pensez toutefois à réserver durant la haute saison. À cette période, tout est pris d'assaut !

## Auberges de jeunesse *(backpackers)*

Présents dans quasiment toutes les villes, les *backpackers* offrent en général un assez bon rapport qualité-prix en dortoir et, dans une moindre mesure, en chambres privées (avec ou sans salle de bains) – exception faite des périodes très chargées car ils appliquent désormais une tarification dynamique, comme les hôtels... Bonne alternative pour les couples, ces dernières ne sont pas bon marché, mais le prix est souvent inférieur à celui d'un hôtel – et on profite de tous les services. Les AJ disposent généralement d'un espace commun où cuisiner et ranger ses vivres, un salon-TV, un coin laverie et le wifi (parfois payant). Salles de bains et sanitaires sont généralement collectifs, mais pas toujours. Les draps et taies d'oreiller sont le plus souvent fournis et certaines auberges offrent un petit déjeuner basique (café, thé, pain, confitures, pancakes) – plus rare, néanmoins, depuis le Covid. Les dortoirs peuvent être mixtes ou réservés aux filles. Pas de limite d'âge pour y séjourner.

Si vous aimez votre petit confort et votre intimité, passez votre chemin : même si le phénomène s'est beaucoup atténué depuis la crise du Covid (qui a vu fermer nombre d'établissements), beaucoup de *backpackers,* dans les zones les plus touristiques, sont très festifs et on y dort peu. Beaucoup possèdent leur(s) propre(s) bars et certains ont même une boîte de nuit (mieux vaut alors demander une chambre loin des espaces de vie...) ! A contrario, ils restent de formidables vecteurs de rencontres et d'échanges avec les voyageurs et les locaux (de nombreux étudiants australiens logent en auberge). C'est là que vous pourrez partager vos bons plans et peut-être faire connaissance avec vos prochains compagnons de route. Surveillez les tableaux de petites annonces présents dans la plupart des *backpackers* (notamment pour trouver un job) et n'hésitez pas à y déposer la vôtre pour acheter ou vendre une voiture, par exemple.

Traditionnellement, beaucoup de *backpackers* proposent des soirées *free BBQ* ou *pizza night* : un bon plan pour manger pas cher, voire gratuitement (là encore, plus rare depuis le Covid) ! À cela s'ajoutent toutes sortes d'activités et excursions : *beer pong*, *bar crawling* (tournée des bars), visites de ville et des environs, etc.

***Attention,*** certaines auberges laissent vraiment à désirer question propreté et confort, sachez-le (on évite de vous les indiquer s'il y a des alternatives). Et cela ne s'est pas arrangé récemment. Pour survivre durant le Covid, beaucoup se sont converties aux *long term stays* et les résidents y ont souvent pris leurs aises...

Une cinquantaine d'auberges sont affiliées au ***réseau international YHA Hostelling International*** *(• yha.com.au •).* Les membres paient environ 10 % de moins en moyenne sur leurs nuitées.

## Camping et caravaning

Avec son climat ensoleillé en été et ses sites exceptionnels, l'Australie est le paradis du *roadtripping.* Résultat : on trouve partout ou presque des ***campings*** pour planter la tente, garer son camping-car ou louer un bungalow *(cabin).* Ces derniers sont plus ou moins confortables, avec ou sans sanitaires et cuisine. La plupart des campings disposent de barbecues en plein air, sanitaires et douches communes, piscine, raccordement à l'électricité... Dans les coins reculés du bush, certains campings accueillent les voyageurs gratuitement sur les emplacements

sans électricité ; on ne paie alors que pour la douche ! Il existe aussi des ***aires de camping et caravaning gratuites*** (*free camp* ou *rest area*) à l'extérieur des villes, souvent avec sanitaires et parfois même avec douches et barbecues. On peut y rester plusieurs nuits. Les points de distribution d'eau potable sont plus rares (pensez aux réserves !). Attention : ces aires sont souvent complètes en haute saison dans les zones les plus touristiques... Prévoir une solution de repli. Les centres d'informations touristiques vous les indiqueront, ou procurez-vous le précieux guide ***Camps*** (● *campsaustraliawide.com* ●), en version papier (70-80 $) ou application mobile (10 $). Également sur l'appli ***WikiCamps,*** payante (8 $), mais sans doute la plus complète avec près de 10 000 références, dont campings et *backpackers* (● *wikicamps.com.au* ●) !
À noter encore : l'existence des ***swags.*** Ces lits de bivouac, surtout utilisés par les agences pendant les excursions camping, permettent de passer la nuit sous les étoiles dans un relatif confort – même s'il peut faire bien froid l'hiver dans le désert...

## Pubs

Culture britannique oblige, c'est une véritable institution en Australie. Certains pubs proposent des chambres à l'étage. Leurs tarifs sont en général attractifs, même si le confort peut être minimaliste (chambre étroite, salle de bains ou sanitaires communs, ou alors vraiment riquiqui). L'isolation phonique n'est souvent pas terrible, alors même que de très nombreux pubs organisent des concerts le soir... Dans le bush, les pubs font souvent aussi *bottle store* (vente d'alcool) et l'ambiance peut paraître un peu glauque... Vous voilà prévenu !

## Hôtels et motels

Toutes les catégories d'établissement sont représentées : du motel assez lugubre à l'hôtel de luxe en passant par les boutiques-hôtels et les auberges de charme.
Les ***motels*** affichent les tarifs les plus attractifs – sans pour autant être bon marché. On y a toujours droit à une chambre avec salle de bains et, souvent aussi, cafetière/bouilloire et frigo, voire micro-ondes. Bon plan : les quadruples (avec 2 lits doubles) sont parfois quasiment au même prix que les doubles.
Les ***hôtels*** haut de gamme et ceux des grandes ***chaînes internationales*** sont surtout présents dans les grandes villes. Quelle que soit la catégorie choisie, leurs chambres sont généralement bien équipées. La plupart possèdent une piscine, une salle de sport, voire un *rooftop* aménagé ; ils disposent en outre de divers services. Mais les prix grimpent vite, même dans les petites villes. Les budgets plus serrés pourront trouver de bons plans dans les chaînes comme *Holiday Inn* et *Ibis,* ou en réservant par Internet pour les périodes de basse saison et hors vacances scolaires australiennes (voir aussi ● *laterooms.com* ●). Autre conseil : en ville, n'hésitez pas à vous éloigner du centre !

## *Bed & Breakfast*

Il en existe encore un peu partout sur la côte est, même s'ils tendent plutôt à disparaître. Bungalows en bord de plage, anciennes fermes aménagées, cottages, chambres chez l'habitant... Vous n'aurez que l'embarras du choix – à condition d'y mettre le prix, notamment en haute saison. Comme son nom l'indique, le petit déjeuner est inclus. Dans les autres régions, ils sont moins nombreux. Pour plus d'idées, voyez ● *bedandbreakfast.com.au* ● *ozbedandbreakfast.com* ●

## Location et colocation d'appartements

Une solution idéale si vous souhaitez séjourner quelque temps dans une ville. Du simple studio avec kitchenette au grand appartement aménagé (cuisine, machine

à laver, hi-fi, etc.) avec 2 ou 3 chambres, le rapport qualité-prix est bon, notamment en basse saison. À plusieurs, ça devient vraiment intéressant.
***Conseil :*** optez pour la colocation ! Les Australiens en sont fans et proposent souvent de louer une chambre dans leur appartement ou maison pour 1 semaine ou 2. Une solution bon marché (moins chère que la location) et idéale pour goûter à la vie locale. Jetez un œil aux petites annonces dans les quotidiens ou les panneaux d'affichage et même sur Facebook, où de nombreuses pages sont dédiées à la coloc, ville par ville.

### *Wwoofing*

Avec le *Wwoofing (World Wide Opportunities on Organic Farms),* vous êtes nourri et logé dans une ferme ou une exploitation agricole en échange de 4h à 6h de travail par jour (max 38h/semaine). On goûte un peu à la vie de cow-boy ou de pionnier du bush. On met la main à la pâte en s'occupant du bétail, en réparant les clôtures, en préparant le stand pour le marché... La plupart des fermes revendiquent un mode de vie écolo, voire alternatif. Pour obtenir les adresses des structures participantes (annuaire), il faut adhérer (70 $) via le site ● *wwoof.com.au* ●

## LANGUE

L'anglais est, certes, la langue officielle en Australie, mais vous entendrez régulièrement parler italien, chinois ou grec dans les artères des grandes villes, multiculturalisme oblige. Les langues aborigènes se comptaient par centaines avant l'arrivée des colons ; certaines étaient même réservées aux seuls initiés. Après avoir connu un déclin marqué, consécutif au placement en internat forcé des jeunes aborigènes, elles font désormais de la résistance. Une centaine, appartenant pour la plupart au groupe *Pama-Nyungan,* est encore parlée au quotidien, même si leur nombre de locuteurs ne cesse de baisser. Seules 12 sont enseignées dans les écoles – comme l'aranda dans la région d'Alice Springs, jusqu'au niveau universitaire.

> **G'DAY !**
>
> *Attention : les mots typiquement australiens comme « G'day » et « mate » utilisés par les étrangers sont souvent perçus comme de la condescendance... À utiliser avec parcimonie !*

### Accent

L'accent australien, de plus en plus marqué à mesure que l'on s'éloigne des villes, est connu pour être prononcé et assez nasillard, ce qui peut rendre la compréhension parfois difficile, en particulier au début du voyage... Rassurez-vous, avec un peu de pratique et d'immersion, on s'y fait !
Les sons en « ay » ou « a » anglais se transforment ici en « i ». Ainsi, « day » se prononcera « die ». Gare aux quiproquos ! De même, les sons en « ou » se prononceront « ea », « you » devenant ainsi « yeah ». Enfin le -i/-y, comme dans « buy », sonnera plus comme -oi/-oy, devenant ainsi « boy ».

> **CAN YOU REPEAT PLEASE ?**
>
> *L'accent australien est d'autant plus particulier que les 1ers colons étaient souvent bagnards, donc parlaient un anglais peu châtié. Les autres étaient d'origine irlandaise et utilisaient le gaélique. Ils ont aussi un sacré penchant à raccourcir certains mots courants. Même Facebook y a droit : ici, on parle de « Facey » !*

Les Australiens remplacent aussi le -er par -a, « forever » devenant ainsi « foreva ». Même traitement pour le -ing qui devient -in, « fishing » devenant « fishin ».
Pour être à l'aise, ne pas oublier le ***Guide de conversation du routard en anglais,*** avec tous les mots qui sauvent !

## Argot *(slang)*

Les Australiens possèdent un argot assez riche, modelé par leur culture du « cool ». Vous noterez qu'ils adorent abréger les mots !

| **Australien** | **Français** |
|---|---|
| *Arvo* | Après-midi |
| *Avo* | Avocat |
| *Aussie* | Australien |
| *Barbie* | Barbecue |
| *Bathers* | Maillot de bain |
| *Billabong* | Étendue d'eau stagnante |
| *Bloke* | Type, mec |
| *Brekkie* | Petit déjeuner (dérivé de *breakfast*) |
| *Cheers* | Merci, salut, à plus |
| *Chips* | Frites |
| *Coldie* | Bière (servie fraîche, ici !). Alternative : *a cold one* |
| *Esky* | Glacière, indispensable pour le *barbie* ! |
| *Footie* | Football australien |
| *G'day !* | Abréviation de *Good day !* (formule de salutation) |
| *Good on ya !* | Bien joué ! |
| *I'm stuffed* | Je suis fatigué |
| *Mate* | Copain, pote, mec (le « guy » américain) |
| *Mozzie* | Moustique |
| *No worries* | Pas de soucis |
| *Pohm* | *Prisoner of her Majesty* : les Anglais ! |
| *Roo* | Kangourou |
| *Servo* | Station-service |
| *Shark biscuit* | Bodyboard (ou un enfant à la plage...) |
| *She'll be right !* | Ça va le faire ! |
| *Sheila* | Femme |
| *Stinger* | Méduse |
| *Swag* | Lit de bivouac |
| *Togs* | Maillot de bain |
| *Tucker* | Nourriture (*bush tucker* dans le bush...) |

# LIVRES DE ROUTE

– ***Piège nuptial,*** de Douglas Kennedy (Pocket, coll. « Littérature », 2010). Un classique dans la catégorie polar. Nicholas Hawthorne, pigiste raté approchant la quarantaine, tombe un jour sur une carte routière de l'Australie. Il plaque tout et s'envole pour Darwin, où il ira de désillusion en désillusion, d'aventure en mésaventure. Le roman a eu un succès fou et a été adapté au cinéma puis transposé en B.D. Peut-être pas le visage le plus flatteur de l'Australie, mais difficile de l'oublier une fois la dernière page tournée...
– ***Les oiseaux se cachent pour mourir,*** de Colleen McCullough (Pocket, coll. « Littérature », 2011). Plusieurs histoires s'entremêlent dans ce roman qui retrace la vie dans une grande ferme de l'*outback,* de 1915 à 1969. On se souvient de l'histoire d'amour interdite entre Meggie et Ralph, homme d'Église tiraillé entre ses

convictions religieuses et cette attraction qui le dévore. Ce roman à l'eau de rose est le livre australien le plus vendu au monde depuis sa parution en 1977 !

– ***L'Homme chauve-souris,*** de Jo Nesvø (Folio, coll. « Folio Policier », 2013). Un bon petit polar qui suit les aventures de Harry Gole, un inspecteur de la police norvégienne envoyé à Sydney pour enquêter sur le meurtre de l'une de ses compatriotes. En plus de s'adapter au changement brutal de climat et de culture, Harry va faire équipe avec Andrew, un Aborigène travaillant à la police criminelle. L'occasion de lire quelques légendes aborigènes pas piquées des hannetons...

– ***Nos voisins du dessous,*** de Bill Bryson (Payot, coll. « Petite Bibliothèque Payot », 2005). Grand classique dans un registre plus léger, le périple en Australie de Bill Bryson, célèbre auteur américain de récits de voyage humoristiques. L'auteur s'aventure partout dans le pays et affectionne les petites bébêtes australiennes, mais on ne vous en dit pas plus ! Un bon petit bouquin, bien dans l'esprit d'autodérision des Aussies.

– ***La Mort d'un lac,*** d'Arthur Upfield (10/18, coll. « Grands Détectives », 1991). Un homme disparaît en plein bush, dans les années 1950. On pense à une noyade accidentelle, sauf que le corps reste introuvable, et que la victime avait une bonne somme d'argent sur elle... L'enquête est menée par Napoléon Bonaparte, un Aborigène se faisant passer pour un dresseur de chevaux.

– ***La Vengeance du wombat / Le Koala tueur / L'Ivresse du kangourou,*** de Kenneth Cook (Autrement, coll. « Littératures », 2010-2012). 3 petits recueils de nouvelles où les situations cocasses s'enchaînent pour l'auteur, bonhomme d'âge mûr qui se retrouve dans des aventures insolites au cœur du bush. Beaucoup d'humour.

– ***Le Chant des pistes,*** de Bruce Chatwin (LGF, coll. « 3145 », 1990). Livre autobiographique. L'auteur est venu étudier les *songlines,* ces chants aborigènes qui décrivent un cheminement à la fois physique et spirituel, celui du « Temps du Rêve ». À lire pour tenter de voir le monde avec les yeux d'un Aborigène.

– ***Cloudstreet,*** de Tim Winton (Rivages, 2005). Les Lamb et Pickles, 2 familles que tout sépare, doivent partager la même résidence de 1943 à 1963. Magnifique métaphore sur la société australienne, ce roman mélange subtilement humour, drame et récits empruntés à la mythologie aborigène.

– ***Terra Australis,*** de L. F. Bollée et Philippe Nicloux (Glénat, coll. « 1 000 Feuilles », 2013). Très belle B.D. sur la découverte de l'Australie. Ce pavé de 500 pages en noir et blanc nous plonge au cœur de l'histoire des colons anglais de la *First Fleet* et de leur périple dans cette terre inconnue.

– ***Pistes de rêves. Voyages en terre aborigène,*** de Barbara Glowczewski et Jessica de Largy Healy (Le Chêne, 2005). Magnifique livre de photos réalisé par l'une des plus éminentes expertes en la matière, ayant vécu plus de 10 ans avec les Aborigènes. De quoi vous donner envie de plonger au cœur de cette culture et de ce peuple fascinants.

– ***Inside Tracks. Robyn Davidson's Solo Journey Across the Outback,*** de Rick Smolan (Hardie Grand Books, 2014). Un beau livre pas banal, relatant la traversée de Robyn Davidson, seule, dans l'*outback* australien... à dos de chameau ! Surnommée « Camel Lady », elle passa 2 ans à apprendre les rudiments de la survie et à dresser ses chameaux avant d'embarquer, en 1977, pour cet incroyable périple.

– ***Les Nouveaux Chants du kangourou,*** de Maia Ponsonnet (Autrement, 2008). L'auteure a passé 5 ans en Terre d'Arnhem, au centre de l'Australie, dans une communauté aborigène. Elle en a tiré ce recueil de 6 petites nouvelles qui évoquent la vie quotidienne et les préoccupations actuelles des Aborigènes : chef de clan roublard, représentant du gouvernement fraîchement promu, rêves de jeunesse et ravages de l'alcool... L'équivalent littéraire de la très belle série TV *Redfern Now,* à voir si le sujet vous intéresse !

– ***Les Noces sauvages,*** de Nikki Gemmel (10/18, 2001). L'histoire d'une jeune artiste vagabonde à la recherche de son père qui vit dans une communauté aborigène. Un roman poignant sur la quête de cette jeune femme empreinte de liberté avec, en toile de fond, le sujet épineux de la difficile coexistence entre les Blancs et les Aborigènes.

# POSTE

La poste australienne met souvent plus de 2 semaines pour acheminer un courrier vers l'Europe et pourtant le timbre est à... 3,50 $ ! Les bureaux sont généralement ouverts du lundi au vendredi de 9h-10h à 17h-17h30 et souvent aussi le samedi matin en ville.
Renvoyer ses affaires superflues en Europe coûte cher : minimum 210 $ pour un colis de 20 kg par bateau (2-3 mois) et 250 $ par avion (10-20 jours) chez *Australia Post* (• *auspost.com.au* •) ! À comparer avec • *packsend.com.au* • et • *jetta.com.au* • Avec ce dernier, on peut espérer s'en tirer à 6-8 $/kilo pour l'Europe.

# SANTÉ

## Vaccinations

Aucun vaccin exigé pour débarquer sur le sol australien en dehors du Covid (voir « Avant le départ – Formalités »). Il est simplement recommandé d'être à jour dans ses vaccinations « universelles » : diphtérie, tétanos, polio, coqueluche, rougeole, oreillons, hépatite B. L'encéphalite japonaise peut sévir dans le nord du Queensland, en période de mousson. C'est une maladie grave (un tiers de décès, un tiers de séquelles neurologiques) transmise par les moustiques. Si vous résidez longtemps dans cette région, le vaccin Ixiaro® peut être indiqué.
– ***Centres de vaccination :*** pour connaître les centres de vaccination partout en France, dans les DOM-TOM, en Belgique et en Suisse, consulter le site : • *astrium.com/espace-voyageurs/centres-de-vaccinations-internationales.html* •

## Accès aux soins et assurances

Dans toutes les villes, on trouve facilement des pharmacies bien fournies, des consultations (compter environ 70 $ pour 10-15 mn de consultation chez un généraliste !) et des hôpitaux au top en centre-ville ou en proche périphérie. Même au fin fond de l'*outback,* on peut faire appel au *Royal Flying Doctor Service,* dont les « médecins volants » viennent vous secourir en avion au milieu de nulle part.
Si on accède facilement aux soins, ils peuvent coûter très cher. Avant de partir pour un long séjour, il faut absolument souscrire à une assurance. Souvent, les voyageurs optent pour la Caisse des Français à l'étranger (CFE) qui leur permet de garder un lien avec le système social français. Certains compilent avec une « assurance santé expatriés » proposée par des assureurs français. À vous de voir, selon votre profil et votre situation sur place.

## Gare aux rayons !

Sur place, l'ennemi public n° 1 plane juste au-dessus de votre tête ; ce soleil puissant qui attire tous les touristes est un vrai danger pour votre peau. Selon le site du gouvernement, 2 Australiens sur 3 seront diagnostiqués d'un cancer de la peau avant leurs 70 ans. Les rayons UV sont très puissants, n'hésitez pas à vous tartiner toutes les 2h de protection solaire indice 30 ou 50. Évitez de rôtir sur la plage entre 10h et 14h et couvrez-vous avec tee-shirt et chapeau quand vous faites une randonnée. Et buvez, buvez, buvez à longueur de journée pour éviter la déshydratation.

## Morsures, piqûres...

Du ciel, remettons les pieds sur terre où de nombreuses bestioles, aussi petites soient-elles, peuvent vous causer bien du souci. Dans certaines auberges de jeunesse, les ***bed bugs*** (ou punaises de lit) mènent la vie dure aux routards. Présentes dans les matelas, dans les meubles, sur le parquet, ces minuscules bestioles (pas plus de 5 mm) piquent dans la nuit. Si des points rouges gonflés et urticants apparaissent au matin sur votre peau, ne cherchez pas plus loin, les *bed bugs* ont fait un festin de votre sang. Les piqûres disparaissent en 5 jours environ et ne nécessitent pas de soin particulier. Pour éviter de trimbaler les punaises à la prochaine auberge, lavez tous vos vêtements au moins à 60 °C et passez-les au sèche-linge. Rincez aussi à l'eau chaude valise ou sac à dos. Malgré tout, ces bestioles peuvent s'accrocher à vous plusieurs semaines et il n'existe aucun traitement corporel pour s'en débarrasser.

Voici d'autres demoiselles très dangereuses auxquelles il ne faut surtout pas se frotter : la ***box jellyfish*** et la ***jellyfish irukandji*** (voir la rubrique « Faune et flore » dans le chapitre « Hommes, culture, environnement » en fin de guide). Ces méduses évoluent surtout d'octobre à mai dans les eaux du Nord, le long du Queensland et du Northern Territory. À cette période, la baignade est fortement déconseillée et le port de la combinaison est presque obligatoire. Quelques précautions sur place : lisez les panneaux et ne vous baignez pas dans les eaux à risque ; choisissez les plages fréquentées, équipées de filets antiméduses. En cas de piqûre, appliquez du vinaigre (disponible au niveau des panneaux d'information de la plage) ou à défaut de l'eau de mer, retirez le tentacule avec un textile et filez à l'hôpital. Surtout, ne frottez pas la partie touchée, vous feriez éclater les cellules urticantes et le résultat serait pire.

Loin des côtes, dans l'*outback,* le principal danger reste les morsures de serpents et d'araignées, rarissimes et en général pas mortelles, mais mieux vaut enfiler des chaussures montantes et des vêtements couvrants. En cas de morsure, consultez rapidement un médecin qui vous prescrira un antivenin.

Piqûre encore, mais cette fois-ci dans les airs. On recense parfois des épidémies de dengue dans le Queensland, surtout autour de Townsville et Cairns. Contrairement à nombre de ses cousins, le moustique-tigre pique surtout en journée. Les symptômes se traduisent par une forte fièvre, des courbatures, des douleurs articulaires. Pour vous protéger, pulvérisez de l'antimoustiques sur vos vêtements et sur le corps, évitez de camper près d'eau stagnante et dormez si possible sous une moustiquaire. En cas de piqûre, consultez un médecin.

Enfin, pour tous nos lecteurs qui partent travailler en PVT dans le domaine du *fruit-picking,* pensez à bien vous protéger du soleil, mais aussi à porter des vêtements couvrants et des gants pour éviter l'irritation de la peau par les fruits acides. Et attention quand vous secouez un arbre pour faire tomber des fruits, des serpents peuvent s'y loger (expérience vécue par l'un de nos lecteurs !).

– ***Numéro d'urgence en Australie :*** *☎ 000.* Un seul numéro dans tout le pays, qui regroupe les services de la police, des pompiers et le service d'aide médicale d'urgence.

– Les produits et matériels utiles aux voyageurs, assez difficiles à trouver dans le commerce, peuvent être achetés par correspondance sur le site • *sante-voyages.com* • Infos complètes toutes destinations, boutique web, paiement sécurisé, expéditions Colissimo Expert ou Chronopost *(☎ 01-45-86-41-91 ; lun-ven 14h-19h).*

## SITES INTERNET ET APPLICATIONS MOBILES

La sélection ci-dessous serait incomplète si nous ne mentionnions pas les groupes Facebook dédiés à l'Australie, sans cesse alimentés par de bons plans. À consulter avant et pendant le voyage ! À savoir : beaucoup d'applications pour smartphones nécessitent de changer de pays dans les paramètres de votre compte, sur l'App Store ou Google Play.

• ***routard.com*** • Le site de voyage n° 1, avec plus de 800 000 membres et plusieurs millions d'internautes chaque mois. Pour s'inspirer et s'organiser, près de 300 guides destinations actualisés, avec les infos pratiques, les incontournables et les dernières actus, ainsi que les reportages terrain et idées week-end de la rédaction. Partagez vos expériences avec la communauté de voyageurs : forums de discussion avec avis et bons plans, carnets de route et photos de voyage. Enfin, vous trouverez tout pour vos vols, hébergements, voitures et activités, sans oublier notre sélection de bons plans, pour réserver votre voyage au meilleur prix.

***Sites généralistes***

- **australia.com** • Site officiel de l'office de tourisme australien, bien fichu et complet (en français).
- **parksaustralia.gov.au** • Site officiel des parcs nationaux du pays.

***Sites et applis pratiques***

- **australia-australie.com** • Site incontournable des francophones passionnés de l'Australie, détaillant notamment le Visa Vacances Travail *(WHV)*. Plein d'articles sur des régions et spots à découvrir aussi.
- **australie-guidebackpackers.com** • Un autre site de Français amoureux de l'Australie. Plein de bons plans pour les routards. Guide (gratuit) à télécharger en PDF très orienté *backpackers* et Working Holiday Visa.
- **gumtree.com.au** • *Appli gratuite.* Incontournable site fourre-tout pour les *backpackers* ! Recherche d'appartement, vente de meubles ou de vans, annonces de jobs, etc. Un must. L'application est aussi ultrapratique.
- **seek.com.au** • *Appli gratuite.* Le site n° 1 pour rechercher un boulot en Australie. Très complet.
- **WiFiFinder** • *Appli gratuite (mais cartes hors ligne payantes).* Permet de trouver les spots de wifi gratuits ou payants autour de vous.
- **thehappiesthour.com** • *Appli gratuite.* Répertorie une (petite) partie des bars et restaurants qui pratiquent *happy hour* et plats ou menus à prix réduits.
- **toiletmap.gov.au** • Ce site vous permet de repérer les toilettes et douches publiques !

***Sites pour tailler la route***

- **Waze** • *Appli gratuite.* Désormais incontournable, cette appli très au point permet, une fois que l'on s'est connecté pour entrer sa destination, de se déconnecter du réseau 3G pour rouler hors forfait tout en continuant à être guidé vocalement et visuellement (à condition de maintenir activée la géolocalisation, bien sûr). Et si l'on reste connecté : infos en temps réel, alertes, etc.
- **CityMaps2Go** • *Appli gratuite.* Très pratique, permet de télécharger des cartes (que l'on peut visionner hors forfait) et les données Wikipédia de toutes les villes australiennes.
- **backpackr.org** • *Appli gratuite.* Réseau social pour les *backpackers* souhaitant voyager à plusieurs.
- **fuelmap.com.au** • *Appli gratuite.* Bien pratique pour trouver la station-service la plus proche et, surtout, la moins chère ! Fonctionne avec les infos transmises par les utilisateurs.
- **transportnsw.info** • Calcule automatiquement vos trajets en transport en commun à Sydney et dans les NSW.
- **wikicamps.com.au** • *Payant : 7,99 $.* Indispensable, son coût est vite rentabilisé ! L'application, qui fonctionne sans connexion, répertorie les campings, points de chute à petits prix ou même gratuits. Idéal pour les routards faisant le tour du pays.

# TÉLÉCOMMUNICATIONS

## Communications nationales

– Les ***numéros de téléphone fixe*** australiens sont composés de 10 chiffres. Les 2 premiers, commençant toujours par un 0, servent à identifier la région :
– **02** est l'indicatif des New South Wales et de l'ACT ;
– **03** pour le Victoria et la Tasmanie ;

– **07** pour le Queensland ;
– **08** pour l'Australie-Méridionale, le Territoire du Nord et l'Australie-Occidentale.
Les 4 chiffres suivants identifient la ville ou le quartier, puis viennent 4 autres chiffres aléatoires. Exemple : 02-XXXX-XXXX.
– Les ***numéros de téléphone portable*** australiens sont aussi composés de 10 chiffres, avec l'indicatif **04.** Les 2 chiffres suivant le 04 identifient l'opérateur. Exemple : 04-XX-XXX-XXX.
– ***N° national d'urgences :*** ☎ *000.*
– ***Renseignements :*** ☎ *1223 (payant).* • *whitepages.com.au* •
– ***Pour appeler un portable depuis un fixe ou un autre portable,*** il faut composer le numéro en entier (avec l'indicatif 04).
– ***Pour appeler un fixe depuis le même État,*** il est possible de composer le numéro sans l'indicatif.
– Les ***numéros gratuits*** depuis un poste fixe en Australie commencent par 1-300 ou 1-800.
– 3 opérateurs téléphoniques se partagent le marché en Australie : *Telstra, Optus* et *TPG Telecom.* Les villes sont très bien couvertes, à l'inverse des petits coins de l'*outback* ou du bush. *Telstra* aurait le réseau le plus étendu, argument non négligeable lorsque l'on part en road trip (ses forfaits sont un peu plus chers).

## Communications internationales

– ***France → Australie :*** 00 + 61 (indicatif de l'Australie) + indicatif de l'État sans le 0 + numéro du correspondant. Exemple : 00 + 61 + 2-XXXX-XXXX.
– ***Pour appeler un portable en Australie depuis l'étranger,*** la numérotation est identique (exemple : 00 + 61 + 4-XXXX-XXXX).
– ***Australie → France :*** 00 + 11 + 33 (indicatif de la France) + numéro du correspondant sans le 0.
– ***Pour appeler l'étranger,*** utilisez les applications *Viber, WhatsApp* ou *FaceTime* (gratuites). Si votre correspondant ne les a pas, restent les ***cartes prépayées*** à utiliser depuis un poste fixe, la solution la plus économique. Elles sont en vente dans les bureaux de presse, de poste et les tabacs, sous diverses appellations : *Ring me, Monster Minutes, Hello World, Day to Day, Global Call, Mega Minutes, Call Anywhere,* etc. (de la moins chère à la plus chère). Dans ce secteur, c'est la guerre des prix ! Les bon marché sont toutefois moins fiables en termes de connexion.

## Le téléphone portable en voyage

On peut utiliser son propre téléphone portable en Australie avec l'option « International ». Renseignez-vous auprès de votre opérateur sur les conditions d'utilisation de votre portable à l'étranger. Certains opérateurs, comme *Free,* permettent de téléphoner et de surfer sur Internet gratuitement dans le pays.
– ***À savoir :*** pour être sûr que votre appareil est compatible avec votre destination, renseignez-vous auprès de votre opérateur.
– ***Activer l'option « International » :*** elle est en général activée par défaut. Pensez sinon à contacter votre opérateur pour souscrire à l'option (gratuite), au moins 48h avant le départ.
– ***Le « roaming » ou itinérance :*** c'est un système d'accords internationaux entre opérateurs. Concrètement, cela signifie que lorsque vous arrivez dans un pays, le nouveau réseau s'affiche automatiquement. Vous recevez rapidement un SMS de votre opérateur qui propose un ***pack voyageur*** plus ou moins avantageux, incluant un forfait limité de consommations téléphoniques et de connexion Internet.
– ***Forfaits étranger inclus :*** certains opérateurs proposent des forfaits pour lesquels ***35 jours de roaming par an sont offerts*** dans le monde entier. On peut donc cumuler plusieurs voyages à l'étranger sans se soucier de la facture au

retour. Attention, si SMS, MMS et appels sont souvent illimités, la connexion Internet est, elle, limitée. D'autres opérateurs offrent carrément le ***roaming toute l'année vers certaines destinations.*** Renseignez-vous.

– ***Tarifs :*** ils sont propres à chaque opérateur et varient en fonction des pays (le globe est découpé en plusieurs zones tarifaires). ***N'oubliez pas qu'à l'international, vous êtes facturé aussi bien pour les appels sortants que les appels entrants, idem pour les textos.*** Donc quand quelqu'un vous appelle à l'étranger, vous payez aussi. Soyez bref ! D'autant qu'avec l'Australie, c'est CHER !

– ***Acheter une carte SIM sur place :*** une option avantageuse pour certaines destinations. Il suffit d'acheter à l'arrivée une carte SIM locale chez l'un des opérateurs *(Optus, Telstra, TPG Telecom...),* dans une boutique de téléphonie ou à l'aéroport (on en trouve même parfois des gratuites). On vous attribue alors un numéro de téléphone local, à vous d'ajouter un petit crédit de communication. Attention, on ne peut plus vous joindre sur votre numéro habituel mais uniquement sur ce nouveau numéro (sauf bien sûr si vous avez un portable double SIM). Avant de payer, essayez cette carte SIM dans votre téléphone – préalablement débloqué – afin de vérifier si celui-ci est compatible. Ensuite, les cartes pour recharger votre crédit de communication s'achètent facilement dans le commerce.

## Connexion internet en voyage

– ***Se connecter au wifi*** à l'étranger est le seul moyen d'avoir accès au Web gratuitement si vous ne disposez pas d'un forfait avec *roaming* offert. Le plus sage consiste à ***désactiver la connexion*** « données à l'étranger » (dans « Réseau cellulaire »). On peut aussi mettre le portable ***en mode « Avion »*** et activer ensuite le wifi. Attention, le mode « Avion » empêche, en revanche, de recevoir appels et messages.

– Une fois connecté au wifi, vous avez accès à tous les services de la ***téléphonie par Internet. WhatsApp, Messenger*** (la messagerie de Facebook), ***Viber, Skype*** permettent d'appeler, d'envoyer des messages, des photos et des vidéos aux 4 coins de la planète, sans frais. Il suffit de télécharger – gratuitement – l'une de ces applis sur son smartphone. Elle détecte automatiquement dans votre liste de contacts ceux qui utilisent la même appli.

## Internet et wifi

Le wifi est largement disponible en Australie, en particulier dans les grandes villes, où il y a de nombreux ***hotspots wifi gratuits.*** Hôtels, bars et restaurants en disposent aussi, bien sûr, bien que certains facturent encore la connexion (!) – alors même qu'elle n'est pas toujours très bonne... Dans le bush et l'*outback,* c'est pire. Quand le wifi est disponible, il est généralement payant, parfois fort cher. En revanche, il est gratuit dans certains hotspots gouvernementaux dans le Northern Territory, comme à Kata Tjuta (Uluru) et aux Devil's Marbles (NT), autant dire au fin fond de nulle part ! Dans les bourgades intermédiaires, misez donc sur les cafés, routiers et certains ***fast-foods*** *(McDo),* où la connexion est illimitée.

***Attention piratage !***

Les wifi publics sont de véritables passoires ! Il est devenu très facile, même pour un débutant, de s'introduire sur un réseau. La seule parade véritablement fiable est de ne fréquenter que des sites « certifiés ». Ils commencent par « https:// » et affichent souvent un petit cadenas à côté de l'adresse. Dans ce cas, vos transmissions sont cryptées et donc sécurisées. Les sites les plus sensibles, comme ceux des banques, ont tous une connexion certifiée. Si vous utilisez un ordi en libre-service, évitez, dans la mesure du possible, d'entrer votre mot de passe ou toute information sensible ! En tout état de cause, pensez à bien vous déconnecter et à ne pas cliquer sur l'option « enregistrer mon mot de passe ». Une quantité phénoménale de ces postes est infectée par des « enregistreurs de frappes », qui peuvent transmettre vos données à un destinataire mal intentionné.

# TRANSPORTS

## Avion

L'avion reste le moyen de transport le plus rapide et le plus utilisé par les Australiens pour traverser le pays. Plusieurs compagnies *low-cost* relient les différentes capitales et grandes destinations touristiques, mais les liaisons avec les aéroports de moindre importance sont surtout assurées par *Qantas,* la compagnie nationale, et *Rex Airlines*, et les prix sont un peu plus élevés. Un bon plan : si vous arrivez en Australie avec *Qantas,* vous aurez droit aux tarifs *Explorer* qui permettent de voyager pour vraiment pas cher sur les vols intérieurs, ainsi que vers la Nouvelle-Zélande (dès 43-75 € selon la zone, hors frais additionnels et taxes). On rappelle aux voyageurs lourdement chargés que les compagnies *low-cost* facturent souvent – en plus du prix du billet – les bagages en soute...

– ***Qantas :*** *☎ 01-57-32-92-83 en France et ☎ 131-313 en Australie (24h/24). • qantas.com •*

– ***Virgin Australia :*** *☎ 00-61-7-3295-2296 depuis la France et ☎ 136-789. • virginaustralia.com •*

– ***Jetstar :*** *☎ 00-61-3-9645-5999 depuis la France et ☎ 131-538. • jetstar.com •*

– ***Rex (Regional Express) :*** *☎ 131-713 ou (02) 6393-5550. • rex.com.au •*

## Bus

Quelques compagnies de bus se partagent le marché des longues distances en Australie, mais ***Greyhound*** se taille la part du lion, même si son réseau reste modeste comparé aux États-Unis – et les fréquences réduites depuis la crise du Covid (1 seul Sydney-Melbourne par jour au printemps 2022 !). Les tarifs point à point ne sont pas les plus compétitifs, mais les différentes offres ou *passes* sont intéressants *(• greyhound.com.au/passes •).* Le must : le *Whimit,* valable sur tout le réseau, pour 15 à... 120 jours, à tarifs très attractifs (349-749 $) ! Il existe une version spécifique côte est, valable de Melbourne à Cairns (7 à 30 jours, 249-389 $).

Entre Sydney, Melbourne et Adelaide, ***Firefly Express*** *(• fireflyexpress.com.au •)* propose des prix très intéressants, mais ses liaisons sont là encore réduites.

Sur la côte est, ***Premier Motor Service*** *(• premierms.com.au •)* affiche des tarifs point à point plus compétitifs que ceux de *Greyhound* mais, au printemps 2022, la ligne Sydney-Brisbane-Cairns (avec changement) n'avait pas encore rouvert. Autre bémol, l'organisation est parfois plus aléatoire.

Renseignez-vous en outre au sujet des ***Hop-on Hop-off Buses.*** Il s'agit de réseaux de bus pour *backpackers* avec systèmes de forfait qui permettent de voyager librement pour une période donnée, sur un itinéraire donné. Comme le nom l'indique, on s'arrête à n'importe quelle escale du parcours pour reprendre un autre bus plus tard. L'option, très populaire auprès des jeunes voyageurs, a connu un sérieux coup d'arrêt avec le Covid... Voyez auprès des agences des grosses auberges, qui les promouvaient jadis activement.

## Train

Assez peu populaire *down under,* le voyage en train est pour ainsi dire limité à la côte est, au Victoria et à la région d'Adelaide. Ailleurs, seules 2 grandes lignes mythiques traversent le pays, le *Ghan* (nord-sud) et l'*Indian Pacific* (est-ouest),

| Temps de trajet moyen / Distances en km | ADELAIDE | AGNES WATER | AIRLIE BEACH | ALICE SPRINGS | BRISBANE | CAIRNS | GOLD COAST | MELBOURNE | MISSION BEACH | NEWCASTLE | PORTLAND | SYDNEY | TOWNSVILLE |
|---|---|---|---|---|---|---|---|---|---|---|---|---|---|
| ADELAIDE | | 2 350 | 2 625 | 1 531 | 2 016 | 2 970 | 2 047 | 726 | 2 858 | 1 525 | 538 | 1 375 | 2 625 |
| AGNES WATER | 25h | | 706 | 2 714 | 487 | 1 290 | 571 | 2 015 | 1 178 | 1 270 | 2 292 | 1 410 | 943 |
| AIRLIE BEACH | 29h | 9h | | 2 286 | 1 166 | 621 | 1 250 | 2 470 | 508 | 1 762 | 2 746 | 1 886 | 273 |
| ALICE SPRINGS | 16h | 30h | 27h | | 2 992 | 2 418 | 3 052 | 2 257 | 2 306 | 2 771 | 2 069 | 2 774 | 2 073 |
| BRISBANE | 21h30 | 5h30 | 12h30 | 34h | | 1 701 | 83 | 1 681 | 1 589 | 782 | 1 958 | 923 | 1 354 |
| CAIRNS | 34h | 15h | 7h | 28h | 20h | | 1 833 | 2 957 | 139 | 2 295 | 3 075 | 2 419 | 348 |
| GOLD COAST | 22h | 6h30 | 13h | 34h | 1h | 20h | | 1 713 | 1 669 | 705 | 2 058 | 846 | 1 434 |
| MELBOURNE | 8h | 22h | 27h | 24h | 18h | 32h | 18h | | 2 841 | 1 028 | 359 | 878 | 2 607 |
| MISSION BEACH | 32h30 | 14h | 6h | 26h | 18h30 | 2h | 19h | 31h | | 2 183 | 2 963 | 2 307 | 235 |
| NEWCASTLE | 16h | 14h | 20h | 29h30 | 9h | 25h30 | 8h | 10h | 24h | | 1 373 | 161 | 1 950 |
| PORTLAND | 6h | 25h | 30h | 22h | 21h30 | 35h30 | 22h | 4h | 34h | 14h | | 1 223 | 2 730 |
| SYDNEY | 14h | 16h | 21h | 29h30 | 10h | 27h | 10h | 8h30 | 25h | 2h | 12h | | 2 074 |
| TOWNSVILLE | 30h | 11h15 | 3h | 24h | 16h | 4h | 16h45 | 28h | 3h | 22h | 31h | 23h | |

mais elles ne s'adressent qu'aux plus fortunés. Elles ne voient plus en effet circuler que des trains touristiques de grand luxe, vendus en forfait, avec diverses excursions en chemin, à une clientèle pour l'essentiel âgée (*● journeybeyondrail.com.au ●*). Attention, les services ne reprendront pour la plupart que pour la saison 2023.
– ***Le Ghan :*** d'Adelaide à Darwin. Il doit son nom aux chameliers afghans qui, il y a 150 ans, effectuaient ce trajet. L'itinéraire passe par le Cœur Rouge, avec escale à Alice Springs.
– ***L'Indian Pacific :*** de Sydney à Perth. 4 352 km de rails chauffés à blanc par le soleil, pour 4 jours de voyage. La verdure des Blue Mountains laisse rapidement la place à l'*outback,* jusqu'à la gare d'Adelaide. Puis vient la traversée de la terrible plaine de Nullarbor (« sans arbre ») avant de rejoindre l'Ouest et Perth.
La même compagnie propose de relier Adelaide à Brisbane en 3 jours par le ***Great Southern*** ou plus simplement Adelaide à Melbourne (1 jour) par l'***Overland,*** seule option abordable et déjà en service.
Mieux : *QueenslandRail* longe une bonne partie de la côte est, notamment avec le ***Spirit of Queensland,*** de Brisbane à Cairns (*● queenslandrailtravel.com.au ●*), qui circulait récemment 4-5 fois par semaine (à partir de 220 $). Les *backpackers* ont droit à 2 *passes* spécifiques, le *Queensland Coastal Pass* et le *Queensland Explorer Pass*.

## Location de véhicule

Le road trip fait partie intégrante du fantasme australien. Préférez réserver votre véhicule en ligne, avant le départ, bien souvent les grosses compagnies y font d'importantes ristournes.
Attention : votre permis français n'est pas valide *down under.* Il faudra se procurer un ***permis international*** pour pouvoir conduire ici (sans oublier d'emporter ***aussi*** votre permis national !).

### *Les assurances*

À moins de posséder une carte de paiement *Gold* ou *Premier* (qui couvrent la franchise en cas de pépin), on vous recommande fortement de prendre l'assurance proposée par votre loueur, appelée ***LDW (Loss Damage Waiver)*** ou ***CDW (Collision Damage Waiver).*** Pour une vingtaine d'euros par jour, vous serez couvert en cas de dégâts matériels. À ne pas négliger, surtout si la conduite à gauche vous effraie ! D'autres assurances sont proposées : la ***LIS (Liability Insurance Supplement)*** ou ***SLI (Supplemental Liability Insurance),*** qui couvrent les tiers en cas d'accident. Attention si vous louez un 4x4 et que vous vous trompez de carburant (diesel) : cette erreur n'est jamais couverte par les assurances et peut revenir très, très cher.

### *Conduire en Australie*

– Les routes sont en bon état et les Aussies respectueux du code de la route.
– Héritage anglais oblige, ici c'est ***conduite à gauche.*** Tout est inversé, notamment le sens des ronds-points, les sorties d'autoroute et, dans la plupart des cas, les commandes d'essuie-glaces et de phares/clignotants. Rassurez-vous, on s'y fait très rapidement.
– Il va aussi falloir s'habituer à la ***conduite automatique.*** Sur votre boîtier de vitesses :
• la ***position P*** correspond au mode parking. C'est une double sécurité avec le frein à main ;
• la ***position R*** pour « reverse », la marche arrière ;
• la ***position N*** pour « neutral », le point mort ;
• la ***position D*** comme « drive », permet de faire avancer le véhicule.

Certains véhicules proposent, en dessous du R, les ***positions 1, 2 ou 3***, à utiliser comme des vitesses lorsque vous manquez de puissance dans les montées !

– Si vous comptez vous aventurer dans le bush ou l'*outback*, un bon conseil : ***4x4 uniquement*** ! Les compagnies de location interdisent l'usage de leurs véhicules 2x4 sur les pistes et se dégagent de toute responsabilité en cas de panne ou d'accident. Les autochtones, même s'ils sont toujours enclins à donner un coup de main, ne sont pas forcément nombreux à passer par là ! Si vous deviez faire venir une dépanneuse de la bourgade la plus proche, cela pourrait vous coûter plusieurs centaines (voire un bon millier) de dollars... Qui plus est, les pistes sont dans des états très variables, en fonction de la saison (mousson au nord en hiver) mais aussi de leur entretien (ou non) par les ponts et chaussées locaux (et de sa fréquence). Partout ou presque, elles présentent de longs passages de tôle ondulée.

Les 4x4 ont aussi l'avantage de posséder un ***pare-buffle,*** bien utile en cas de rencontre fortuite avec un kangourou (notamment). On croise des cadavres partout sur les bords des routes...

***Quelques règles à connaître***

– La ***vitesse maximale*** est en général de 100-110 km/h sur autoroute et sur route dans les zones vides de population, 60-90 km/h sur les routes secondaires et 25-60 km/h dans les zones urbaines, à quelques exceptions près. Dans le Northern Territory, par exemple, on a le droit de pousser jusqu'à 130 km/h dans les coins les plus reculés de la Stuart Hwy, même si ce n'est pas une autoroute. Attention, les ***contrôles routiers*** sont globalement nombreux, les ***radars*** pas forcément signalés (notamment dans le Victoria) et les ***amendes*** aussi salées que l'eau des océans – et envoyées directement à votre loueur. Celui-ci appliquera des frais administratifs supplémentaires.

– Si vous sortez d'un bar, sachez que la ***limite d'alcoolémie autorisée*** au volant est de ***0,05 g/l.*** Autant dire : rien.

– Certains loueurs interdisent la ***conduite de nuit*** dans l'*outback*. Pour cause : entre la poussière, le manque d'éclairage et les animaux pris dans vos phares, c'est toujours risqué.

– ***Rendez le véhicule avec le réservoir plein.*** Un tarif surtaxé est généralement appliqué pour chaque litre d'essence manquant.

***Précautions élémentaires***

– Faites le plein avant de prendre la route pour un long trajet et emportez un jerrican (en vente dans les stations-service). Les stations sont parfois très éloignées et une ***panne d'essence*** en plein *outback* peut devenir une vraie galère ! Ici, le diesel coûte un peu plus cher que l'essence et, plus on s'éloigne des villes, plus ça grimpe (jusqu'à + 50 % dans les coins les plus reculés).

– Vérifiez bien le bon état de la ***roue de secours*** ! Les routes et surtout les pistes australiennes peuvent être rudes pour les pneus... Sur les sections les plus caillouteuses, pensez à diminuer légèrement la pression, ça vous évitera peut-être une crevaison. Le conseil vaut aussi pour les passages très sableux mais, là, ce serait plutôt pour ne pas s'ensabler !

– Pensez à prendre de bonnes ***réserves d'eau*** pour les longs trajets : en cas de panne, vous aurez de la marge... Et quoi qu'il arrive, la règle d'or est d'attendre qu'une autre voiture croise votre chemin ; ne jamais s'éloigner de son véhicule.

– En cas d'***accident*** impliquant un autre véhicule, établir un constat détaillé. Prendre l'identité et les coordonnées du conducteur ainsi que celles des témoins (passagers compris), le maximum de photos des dégâts sur chaque véhicule et si possible, réaliser un schéma des circonstances de l'accident. À faire signer en accord avec l'autre partie. Contactez ensuite rapidement l'assurance.

– N'oubliez pas de vérifier le climat des différentes régions au moment où vous souhaitez les traverser. Débarquer à Kakadu en pleine mousson pourrait vous jouer bien des tours...

#### *Stationnement*

En ville, pas toujours évident de ***décrypter les panneaux de stationnement*** (on vous rassure, même les locaux sont parfois un peu perdus !). Quelques petits tuyaux pour éviter une contravention (assez salée) :
– la flèche sur le panneau indique si l'information concerne le stationnement à sa gauche ou à sa droite ;
– les indications « 1/4P », « 1P », « 2P », etc. indiquent la durée de stationnement autorisé (1/4P = un quart d'heure, 1P = 1h, etc.) ;
– les plages horaires et les jours sont souvent précisés. Exemple : « 1P. 10 am-5 pm. Mon-Fri » signifie que vous pouvez vous garer à cette place « pendant 1h max, de 10h à 17h du lundi au vendredi ». En dehors de ces horaires, le stationnement est illimité ;
– *Meter* ou *Ticket* indique que le stationnement est payant aux horaires et pour la durée indiqués sur le panneau ;
– *Loading Zone* ou *Taxi Zone* sont des aires de livraison ou de taxi, donc interdiction de stationner ;
– *Clearway :* interdiction de stationner aux horaires indiqués.

#### *Compagnies nationales*

Il est généralement plus intéressant de louer une voiture auprès des compagnies locales, meilleur marché et offrant un service de qualité souvent équivalente. Citons 2 agences qui ont fait leurs preuves : *● apollocarrentals.com.au ● britz.com.au ●*

#### *Compagnie internationale*

■ ***BSP Auto :*** *☎ 01-43-46-20-74 (tlj 9h-21h30, w-e 20h). ● bsp-auto.com ● Réduc de 5 % aux lecteurs de ce guide avec le code « ROUTARD23 ».* Les prix proposés sont attractifs et comprennent le kilométrage illimité et les assurances. *BSP Auto* propose exclusivement les grandes compagnies de location sur place, assurant un très bon niveau de service. Les plus : vous ne payez votre location que 5 jours avant le départ.

## Covoiturage

Le covoiturage est une pratique assez répandue en Australie, notamment chez les *backpackers.* Que vous cherchiez une place ou que vous ayez des sièges libres, consultez les sites *● coseats.com ●* et *● hophopride.com.au ●* ainsi que les groupes Facebook dédiés au sujet.

## Relocation

Cette option, certes beaucoup moins souple que la location, mais hyper économique, peut remplacer avantageusement l'avion ou le bus : lorsqu'un véhicule de location n'est pas rendu dans son agence d'origine, il doit souvent être rapatrié, et certaines agences vous proposent de faire le boulot à leur place, en participant même parfois aux frais d'essence (ou en vous « louant » le véhicule 1 ou 5 $ par jour !). En contrepartie, le trajet et sa durée vous seront imposés. Voir par exemple *Apollo (● apollocamper.com/reloc.aspx ● ), Imoova (● imoova.com ●)* et *Drive Now (● drivenow.com.au ●).*

## Road trip

L'Australie se découvre hors des sentiers battus. Si vous avez du temps, partez pour un long voyage à la découverte du pays !

bsp-auto.com
+33 1 86 26 90 80
7j / 7
DES PRIX FOUS NÉGOCIÉS POUR VOTRE LOCATION DE VOITURE EN AUSTRALIE !
SIXT
Hertz
dollar.
Thrifty
Budget
enterprise
AVIS
Europcar
REMISE DE 5% SUR TOUTES VOS RÉSERVATIONS AVEC LE CODE ROUTARD23
0€
J-5
KILOMÈTRES ILLIMITÉS
ASSURANCES INCLUSES
ANNULATION GRATUITE
PAYEZ 5 JOURS AVANT LE DÉPART
'ZÉRO FRANCHISE' À PETIT PRIX

***Achat ou location ?***

Sur place, 2 options s'offrent à vous : l'achat ou la location. Si vous n'êtes pas pressé, et que votre budget vous le permet, l'***achat d'un van*** *(campervan)* est une bonne option, d'autant plus que la revente vous permettra de ne pas trop y perdre de plumes. Le van reste d'ailleurs la solution privilégiée par beaucoup, car il permet le plus souvent d'y dormir à l'arrière. Beaucoup sont équipés d'un frigo, d'un évier, de table et chaises... Transport et hébergement à la fois, plutôt pratique ! Attention toutefois, le van consomme bien plus de carburant qu'une voiture... Pour les road trips plus courts, il est bien sûr possible de ***louer/acheter une voiture*** et de dormir sous tente (on trouve ces dernières en vente pour une poignée de dollars dans les *Walmart* par exemple).

Privilégiez un ***véhicule 4x4*** si vous envisagez de sortir des sentiers battus... Les vans 4x4 sont plus rares, mais offrent la parfaite combinaison !

– Pour la ***location,*** passez directement par une société spécialisée dans les road trips, comme *Wicked Campers* (● wickedcampers.com.au ●), *Jucy* (● jucy.com.au ●), *Britz* (● britz.com/au ●), *Mighty* (● mightycampers.com.au ●) ou encore *Travellers Autobarn* (● travellers-autobarn.com.au ●). Tarifs dès 50-60 $/jour. Attention, certains appliquent des frais de *drop off* si vous ne restituez pas le véhicule là où vous l'avez loué.

– Pour l'***achat,*** consultez le bon vieux *Gumtree* (● gumtree.com.au ●), qui vous rendra décidément plus d'un service en Australie ! Ou le site de revente des véhicules *Britz* (notamment) : ● rvsalescentre.com.au ● ou *Autobarn* : ● campervan-sales.travellers-autobarn.com.au ● Si vous logez en auberge de jeunesse, vous pouvez aussi jeter un coup d'œil aux petites annonces, mais elles sont rarement actualisées, d'où le risque de perdre pas mal de temps à faire le tri.

Évitez d'acheter un modèle qui dépasse les 200 000 km. Demandez bien entendu à conduire le véhicule quelques kilomètres pour vérifier que tout fonctionne. L'état des pneus est à prendre en compte, car ils risquent de souffrir sur les routes pleines de cailloux... Idem pour le pare-brise : attention aux petits impacts, qui ne peuvent que s'agrandir sur les pistes cahoteuses. Et testez les freins, cela pourrait sauver la vie de quelques kangourous (oui !).

***La paperasse***

Si vous n'êtes pas le roi de la mécanique, mieux vaut demander à un garage d'inspecter le véhicule avant l'achat *(pre-purchase inspection)*. Il existe des services spécialisés, comme *Check-It* (● checkit.com.au ●) et *Vehicle Inspections Australia* (● vehicleinspectionsaustralia.com.au ●). S'il est conforme et en état de rouler, on vous délivrera un ***Roadworthy Certificate (RWC),*** ou *Certificate of Roadworthiness.* Il est d'ailleurs obligatoire dans certains États, notamment le Queensland et le Victoria – dans ce cas, c'est le vendeur qui doit le fournir à l'acheteur.

Pensez à vérifier que le véhicule n'est pas volé, et surtout, qu'il n'a pas d'amendes impayées, sur ● ppsr.gov.au ●

Le ***rego*** (*registration,* sorte de carte grise) est obligatoire pour tout véhicule en circulation. Ce papier doit être renouvelé tous les 6 à 12 mois selon les États... Il est donc important de bien vérifier sa date d'expiration, au risque d'alourdir la note et de se compliquer sérieusement la vie. Certains véhicules immatriculés dans les New South Wales (ceux de plus de 5 ans, notamment) et le Northern Territory doivent en effet subir un contrôle technique pour renouveler le *rego* et celui-ci ne peut être pratiqué que dans l'État concerné... N'allez donc pas acheter un 4x4 du NT à Sydney juste avant l'expiration de son *rego,* il vous faudrait filer dare-dare jusqu'à Alice Springs pour le faire contrôler et renouveler les papiers... C'est pour cela que les véhicules immatriculés en Australie-Occidentale ont la préférence de la plupart des acheteurs, car cet État ne pratique pas de contrôle technique du tout, ni au moment de l'achat (là, c'est à vos risques et périls), ni au moment du renouvellement du *rego* – qui se fait facilement en ligne, sans avoir besoin de se déplacer. Autre bonne solution : faire ***annuler le rego en cours*** pour réimmatriculer son véhicule dans l'État où on l'achète. Contactez le bureau des transports de l'État du *rego* d'origine (frais administratifs à prévoir). En tout état de cause, privilégiez avant tout le bon état du véhicule !

***L'assurance***

L'***assurance*** alourdira elle aussi la facture s'il faut la renouveler. La ***Compulsory Third Party Insurance*** est, comme son nom l'indique, une assurance obligatoire au tiers, comprise dans le *rego.* Elle vous assurera en cas de blessures infligées à autrui (inconnus comme vos propres passagers), mais prévoyez quelques semaines de *fruitpicking* pour rembourser tous les autres frais, car ce sera pour votre pomme ! Il est donc plus que judicieux de souscrire au moins une assurance ***Third Party Property Damage,*** qui couvre les dégâts matériels causés à autrui, sans pour autant vider le portefeuille. La ***roadside assistance*** vous couvre, elle, pour les pannes mécaniques : pas trop chère et bien utile, surtout quand on tombe en rade en plein bush et qu'il faut faire remorquer le véhicule ! L'***assurance tout risque*** *(comprehensive insurance)* est, elle, beaucoup plus chère.

– ***À savoir :*** les nouveaux arrivants en Australie atterrissent en majorité à Sydney. Les road trips y débutent le plus souvent, mais y finissent plus rarement, car les distances sont telles que le retour à la case départ est peu envisageable. Mieux vaut acheter un véhicule dans une grande ville type Melbourne ou Brisbane, où l'offre est supérieure à la demande, pour le revendre à Sydney, où il sera beaucoup plus courtisé !

***Let's hit the road !***

D'abord, si vous utilisez un van, c'est pour économiser sur l'hébergement. Votre outil indispensable est donc le ***CAMPS*** *(● campsaustraliawide.com ●).* Ce guide (70-80 $ en version papier ; 10 $ l'appli) répertorie plus de 13 000 emplacements où vous aurez le droit de passer la nuit, le plus souvent gratuitement ! Les équipements sont variables, souvent il s'agit juste d'aires nues. Mais en Australie, le barbecue public n'est jamais loin, même au milieu de nulle part ! À savoir : bon nombre de vans ont déjà leur CAMPS, inutile de vous le procurer avant l'achat du véhicule.

– Si l'envie vous prend de faire du ***camping sauvage,*** sachez que c'est totalement interdit, que la police australienne patrouille et sanctionne régulièrement, avec des amendes à 3, voire 4 chiffres (en particulier sur toute la côte est)...

– Pour votre tambouille, le plus simple sera d'utiliser les ***barbecues publics,*** gratuits : une véritable institution en Australie. N'oubliez pas de bien les nettoyer en partant.

– Dans un pays aussi chaud, une bonne ***douche*** rafraîchissante n'est pas un luxe ! En cherchant un peu, on en trouve dans à peu près toutes les villes. N'hésitez pas à demander aux offices de tourisme locaux, ils sont habitués à répondre à cette question. Si vous optez pour la douche sur la plage, utilisez du savon biodégradable, afin d'éviter de vous attirer la foudre des locaux ! Sinon pensez aux ***douches solaires portables,*** peu encombrantes et à très bon prix.

– Enfin, si l'idée de parcourir plusieurs milliers de kilomètres seul vous effraie, rien de plus facile que de dégoter un ***compagnon de route.*** Les voyageurs du monde entier cherchant à partager les frais d'un voyage sont légion ici ! Voir notre rubrique « Covoiturage ».

– Voir aussi toutes nos informations pratiques dans la sous-rubrique « Location de véhicule ».

## TRAVAILLER EN AUSTRALIE

Avec la mise en place d'un visa spécifique combinant vacances et travail (le *WHV*), l'Australie est devenue pour beaucoup de jeunes Européens une destination très prisée le temps d'une année (ou 2), pour se forger une belle expérience, en mêlant voyage et petits boulots. Alors, comment passer une année au pays d'« Oz » ? Quels sont les pièges à éviter et les petites astuces à connaître ? On vous fait confiance pour l'improvisation ; pour tout le reste, c'est par ici !

## Avant le départ : le *Working Holiday Visa (WHV)* / Permis Vacances Travail (PVT)

Véritable graal pour plus de 200 000 jeunes, dont environ 16 000 francophones chaque année (pré-Covid), le *WHV* – ou PVT (Permis Vacances Travail) – permet de séjourner 1 an en Australie et, surtout, d'y travailler. Restrictions : il s'adresse aux routards de 18 à 30 ans (35 ans pour les Français et les Canadiens), sans enfant à charge, détenteurs d'un passeport et d'une assurance médicale valides tout le long du séjour. Il exige aussi (en théorie) d'avoir au moins 5 000 $ sur son compte bancaire. À noter : les Suisses n'y ont pas droit. La demande se fait en ligne, sur le site de l'immigration australienne, pour un visa 417 : ● *immi.homeaffairs.gov.au* ● L'obtention est en général assez rapide (de quelques jours à un mois) et coûte 495 $.

Une fois le ***visa 417*** en poche, vous accédez aux mêmes droits du travail que les Australiens, à condition toutefois de signer un contrat de 6 mois maximum auprès d'un même employeur (1 an dans le Northern Territory pour certains secteurs) – en 2022, la règle des 6 mois a été suspendue pour cause de manque de main-d'œuvre. Autre détail d'importance : vous avez 2 mois, après votre arrivée en Australie, pour vous mettre au taf !

Attention, ce visa devenant de plus en plus populaire, certains organismes ont flairé le filon et proposent des « ***packs d'arrivée*** » prêts à l'emploi, mais... rarement avantageux. Les services proposés, tels que l'obtention d'un *Tax File Number,* l'ouverture d'un compte en banque ou d'une ligne téléphonique, sont généralement rapides, faciles à mettre en place et surtout... gratuits !

Il est possible d'***étendre le WHV*** pour une année de plus à condition d'avoir travaillé au moins 88 jours dans un secteur éligible dans certaines zones géographiques « rurales » – à savoir le tourisme, la pêche et l'industrie perlière, l'agriculture, les mines, le bâtiment et les travaux d'élagage dans les zones dévastées par les incendies de 2019-2020 (attention, tous les jobs et les lieux ne sont pas recevables et un nombre minimal d'heures par semaine est exigé – en général, une semaine de travail normale). Rendez-vous sur le site officiel de l'immigration et vérifiez les nombreux critères. Ne les négligez pas : on ne compte plus les jeunes tombés amoureux de ce pays, mais dans l'impossibilité d'y passer une année de plus car ils n'ont pas fait les bons jobs au bon endroit... Dans le cas contraire, vous pourrez même demander une 3e année – mais, là, il faut avoir travaillé au moins 6 mois recevables (179 jours). Attention, il n'est plus possible de renouveler son visa via le *Wwoofing* et autres activités bénévoles.

## Hébergement

Séjourner plusieurs semaines en hôtel ou en auberge de jeunesse peut vite grever votre budget. La solution la plus courante consiste donc à loger les 1ers jours en auberge, pour parcourir tranquillement les annonces de ***location*** *(rental)* ou de ***colocation*** *(share house),* et tenter de trouver la perle rare.

– Le ***site d'annonces*** *Gumtree* (● *gumtree.com.au* ●) suffit souvent à dégoter la chambre de vos rêves. Dans les grandes villes, les prix oscillent entre 200 et 300 $ la semaine pour une chambre en colocation.

– Concernant les ***formalités administratives,*** pas de panique, tout est simple et rapide ici ! Le plus souvent, une pièce d'identité, une avance sur le loyer et une caution *(bond)* suffisent. Attention, car, en général, le propriétaire vous demandera du liquide. Pensez à augmenter vos plafonds de retrait avant le départ !

– ***Vérifiez la durée du bail*** *(caution)* ainsi que celle du préavis *(prior notice).* Inutile de signer un bail d'un an si vous comptez partir en road trip à la fin du

mois. La plupart des propriétaires accepteront toutefois de résilier le bail si vous trouvez quelqu'un pour vous remplacer.
– Il n'est pas rare de voir des annonces dans un immeuble avec salle de sport et piscine, à un prix sensiblement supérieur.
– Bien entendu, si vous optez pour une *share house* (colocation), rencontrez vos colocataires avant de signer !

## Ouvrir un compte bancaire

L'ouverture d'un compte devient vite indispensable si vous comptez passer du temps en Australie. C'est le seul moyen de toucher votre paie avec un travail déclaré.
Il existe 4 grandes ***banques en Australie,*** implantées dans tous les États : *CommBank, Westpac, ANZ* et *NAB.* Pour ouvrir un compte courant auprès de ces agences, rien de plus simple : un passeport et une adresse (même française) suffiront ! Vous obtenez un « *day to day banking account* » et une carte de retrait *(debit card)* – cette dernière parfois limitée et ne permettant pas d'achat en ligne. Renseignez-vous sur les options.
Une fois ce compte ouvert, vous pourrez effectuer un ***virement depuis votre compte européen,*** soit par Internet si votre banque le permet, soit en fournissant à votre conseiller les coordonnées de votre compte australien (SWIFT ou IBAN). Selon le montant et votre banque, des frais assez importants seront appliqués, essayez donc de ne faire qu'un seul gros virement.

## Être joignable

Avant de prospecter pour un appart et/ou un travail, devenez joignable ! Si vous comptez utiliser votre propre ***téléphone portable*** en Australie, vérifiez avant le départ que votre mobile est bien débloqué auprès de votre opérateur, une démarche gratuite après 6 mois d'engagement. Puis procurez-vous une carte SIM locale. Peu importe l'opérateur si vous restez en ville. En revanche, en dehors, il n'y a qu'une seule bonne option : *Telstra.* Chez les autres, la couverture hors des zones urbaines est très mauvaise (voire inexistante), y compris pour les appels ! On recharge son crédit de communication facilement sur le site internet de l'opérateur, depuis l'application sur son smartphone, voire dans les grandes surfaces. Lire aussi la rubrique « Télécommunications ».

## À savoir

Avant d'entreprendre votre recherche d'emploi, vous devez obtenir un ***Tax File Number*** (TFN), indispensable pour l'employeur. Le plus efficace est de vous rendre au bureau local de l'*Australian Taxation Office* (liste sur • ato.gov.au • ; ☎ *132-861*). La demande est gratuite et il est délivré dans la foulée. On peut aussi faire la démarche ***en ligne,*** mais ça peut prendre 1 mois !

## Quel(s) emploi(s) ?

Pour trouver du travail, un bon conseil : faites preuve d'imagination ! Le nombre de détenteurs de *Working Holiday Visa* a connu une forte augmentation jusqu'en 2020, poussant à une concurrence entre eux. Cela étant, en 2022, la situation s'est inversée : récemment rouvert aux étrangers, le pays a besoin de main-d'œuvre et les *backpackers* ne sont pas encore assez nombreux pour couvrir tous les besoins. C'est peu dire qu'on vous accueillera à bras ouverts !

### *À la campagne*

Pour postuler à un ***emploi agricole,*** vous pouvez consulter les annonces sur *Gumtree* (• *gumtree.com.au* •) ou *Jobsearch* (• *jobsearch.gov.au* •), mais les

fermiers reçoivent beaucoup de demandes par ce biais. Alors, mieux : prenez la route avant le début de la saison et allez directement frapper à leur porte, vous aurez plus de chances de décrocher un job !
Sinon, certaines ***agences d'intérim*** proposent des annonces dans le secteur, comme • *madec.edu.au* •.
– Le ***fruitpicking*** (« récolte de fruits ») est sans aucun doute l'activité la plus recherchée par les détenteurs d'un *WHV*, car elle entre dans les critères d'obtention pour un 2e visa. Les salaires peuvent être versés en fonction du nombre d'heures travaillées, mais aussi au rendement *(piece rate)*, une aubaine pour les plus acharnés ! Consultez par exemple • *jobsearch.gov.au/harvest* • Les moins vaillants préféreront le « ***packing*** », qui consiste à empaqueter les fruits récoltés, à l'abri du soleil, sur une chaise. Le « ***pruning*** » (élagage) ou le « ***planting*** » sont beaucoup plus exigeants. Si vous êtes en forme, cela reste un bon moyen de gagner rapidement de quoi financer le reste de votre voyage.
***Attention :*** la demande est si forte que quelques ***pratiques douteuses*** courent autour du *fruitpicking*, notamment sur Internet. Lorsqu'un employeur vous demande de l'argent en échange d'un travail et d'un logement, fuyez ! Et si les conditions de travail vous semblent louches, pensez à vérifier dès les 1ers jours la réputation du patron et de sa ferme sur Internet.
Par ailleurs, ce travail manuel nécessite quelques ***précautions.*** Certains fruits, comme les mangues ou même le raisin, peuvent être très acides et irritent la peau (achetez des gants). Bien entendu, un chapeau ou une casquette ainsi qu'une bonne hydratation préviendront les insolations et les coups de soleil. Enfin, faites un tour à la Croix-Rouge, à l'Armée du Salut ou dans les friperies du coin pour acheter de vieilles fringues et ne pas abîmer vos vêtements.
– Pour les plus courageux n'ayant pas peur de mouiller leur chemise dans un environnement difficile, le « ***mining*** » (travail dans les grandes mines à ciel ouvert) est probablement le secteur qui paie le mieux ! Rendez-vous sur : • *miningemployment.com.au* • ou • *seek.com.au/mining-jobs* •

### *En ville*

À vous les métiers liés aux services et au tourisme !
– Ceux qui souhaitent postuler dans les hôtels, les bars et les restaurants devront d'abord obtenir le certificat ***Responsible Service of Alcohol (RSA),*** une formation au service de boissons alcoolisées et à sa législation – qui varie localement. Elle est obligatoire. Son prix est variable selon les États (49-150 $) et la formule choisie, mais il est possible de le passer en ligne et de télécharger son certificat, par exemple sur • *eot.edu.au/online-courses/RSA/* • (on ne paie qu'après avoir réussi !). La formation, validée via une série de questions assez simples, prend plusieurs heures, loin d'être marrantes. Elle est théorique : on vous apprend qu'il ne faut pas servir les femmes enceintes, les personnes déjà en état d'ébriété, etc. ***Attention :*** si le *RSA Australia* est valide dans QLD, NT, SA, WA, ACT et TAS, les autres RSA ne sont valides que dans un État donné. Ne passez donc pas le RSA NSW à Sydney pour travailler à Perth !
– Il est aussi possible, si vous travaillez dans un bar qui possède une machine à sous, que votre employeur vous demande le ***Responsible Certificate of Gambling (RCG),*** sur le même principe. De fait, en Australie on joue beaucoup, et peu de voyageurs pensent à ce filon. À bon entendeur... Beaucoup de centres de formation proposent des packs RSA + RCG, mais attention, il n'est pas possible de le passer en ligne pour 4 territoires : NSW, VTC, ACT et SA.
– Dans un domaine plus spécifique, les Australiens étant amateurs de café sous toutes ses formes, il peut être utile de posséder un diplôme de ***barista.*** Il est obtenu après une courte formation où vous apprendrez, par exemple, l'art de préparer un *double latte vanilla soy milk* ! Là encore, de nombreux centres existent, comme • *australianbaristaschool.com.au* • Ne passez pas la formation en ligne : impossible d'apprendre à préparer toute la variété de cafés spéciaux sans un peu de pratique !

Dans tous les cas, votre motivation et votre détermination parleront plus aux recruteurs australiens que votre expérience. Enfin, sachez que le pays a la culture du **pourboire.** Si vous avez le contact facile, cela fera un apport vraiment non négligeable à votre salaire.
– Enfin, dans un registre plus musclé, les ***métiers du bâtiment*** peuvent aussi rapporter gros. Il vous faudra pour cela être détenteur de la *White Card.* Ce certificat peut s'obtenir après une formation en ligne (par exemple sur ● *eot.edu.au/online-courses/white-card/* ●) pour tous les territoires sauf SA, NT et ACT, où une formation physique est obligatoire. Pour les offres, préférez les ***agences d'intérim*** en ville. ● *seek.com.au* ● *randstad.com.au* ● *adecco.com.au* ●

# URGENCES

## Numéros nationaux

– ***Urgences générales :*** ☎ *000.* Ce numéro regroupe la police, les pompiers et les ambulances.

– ***Centre antipoison*** *(Emergency Poison Advice)* **:** ☎ *131-126.*

## Urgences consulaires

■ ***Ambassade de France :*** *6 Perth Ave, Yarralumla, ACT 2600, Canberra.* ☎ *+ 61 (0)2 6216-0100 ou* 📱 ***0419-015-294 en cas d'urgence grave uniquement.*** ● *au.ambafrance.org* ●

## Perte/vol de carte de paiement

En cas de perte, de vol ou de fraude, quelle que soit la carte que vous possédez, chaque banque gère elle-même le processus d'opposition et le numéro de téléphone correspondant.

– ***Carte Bleue Visa :*** *numéro d'urgence (Europ Assistance) :* ☎ *(00-33) 1-41-85-85-85 (24h/24).* ● *visa.fr* ●
– ***Carte MasterCard :*** *numéro d'urgence :* ☎ *(00-33) 1-45-16-65-65.* ● *mastercardfrance.com* ●
– ***Carte American Express :*** *numéro d'urgence :* ☎ *(00-33) 1-47-77-72-00.* ● *americanexpress.com* ●

## Besoin urgent d'argent liquide

Vous pouvez être dépanné en quelques minutes grâce au système ***Western Union Money Transfer.*** L'argent vous est transféré en moins de 1h. La commission, assez élevée, est payée par l'expéditeur. Possibilité d'effectuer un transfert auprès d'un des bureaux *Western Union* ou, plus rapide, en ligne, 24h/24 par carte de paiement (*Visa* ou *MasterCard*).
Même principe avec d'autres organismes de transfert d'argent liquide comme ***MoneyGram, PayTop*** ou ***Azimo.*** Transfert en ligne sécurisé, en moins de 1h.
Dans tous les cas, se munir d'une pièce d'identité. Toutefois, en cas de perte/vol de papiers, certains organismes permettent de convenir d'une question/réponse-type pour pouvoir récupérer votre argent. Chacun de ces organismes possède aussi des applications disponibles sur téléphone portable. Consulter les sites internet pour connaître les pays concernés, les conditions tarifaires (frais, commission) et trouver le correspondant local le plus proche : ● *westernunion.com* ● *moneygram.fr* ● *paytop.com* ● *azimo.com/fr* ●
– Autre solution, envoyer de l'argent *par* ***la Banque postale*** : le bénéficiaire, muni de sa pièce d'identité, peut retirer les fonds dans n'importe quel bureau de poste du réseau local. Le transfert s'effectue avec un mandat ordinaire international (jusqu'à 3 500 €) et la transaction prend 4-5 jours en Europe (8-10 jours

vers l'international). Plus cher, mais plus rapide, le mandat express international permet d'envoyer de l'argent (montant variable selon la destination – 34 pays au total) sous 2 jours maximum, 24h lorsque la démarche est faite en ligne. *Infos : • labanquepostale.fr •*

## Perte/vol de téléphone portable

Suspendre aussitôt sa ligne permet d'éviter de douloureuses surprises au retour du voyage ! Voici les numéros des 4 opérateurs français, accessibles depuis la France et l'étranger :

– ***Free :*** *depuis la France : ☎ 3244 ; depuis l'étranger : ☎ + 33-1-78-56-95-60.*
– ***Orange :*** *depuis la France : ☎ 0800-100-740 ; depuis l'étranger : ☎ + 33-969-39-39-00.*
– ***SFR :*** *depuis la France : ☎ 1023 ; depuis l'étranger : 📱 + 33-6-1000-1023.*
– **Bouygues Télécom :** *depuis la France comme depuis l'étranger : ☎ + 33-800-29-1000.*

Vous pouvez aussi demander la suspension de votre ligne depuis le site internet de votre opérateur.
Avant de partir, notez (ailleurs que dans votre téléphone portable !) votre numéro IMEI, utile pour bloquer à distance l'accès à votre téléphone en cas de perte ou de vol. Comment avoir ce numéro ? Il suffit de taper sur votre clavier *#06#.

# LE VICTORIA

• Carte *p. 90-91*

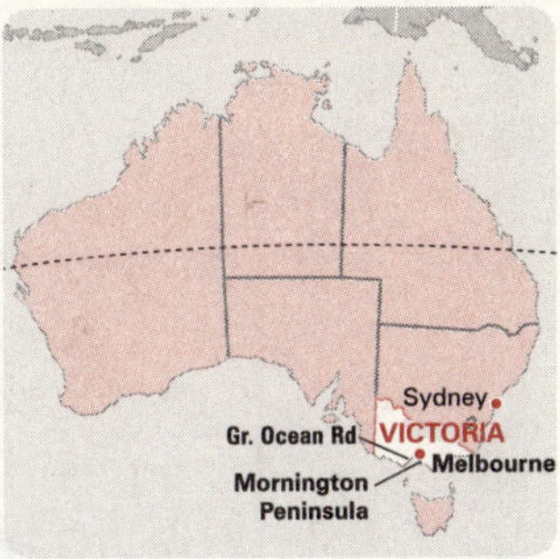


**Étendu sur 227 444 km², l'État de Victoria est à la fois le plus austral et le plus petit du pays (presque la moitié de la France quand même !), Tasmanie exceptée. Il est aussi le plus urbanisé et celui possédant la plus grosse densité de population : 88 % de ses 6,65 millions d'habitants vivent en ville, dont 77 % dans l'agglomération de Melbourne, l'épicurienne et vibrionnante capitale de l'État, fière de son rôle culturel. Historiquement parlant, le Victoria fut d'abord une zone agricole, devenue, à l'issue de la ruée vers l'or de 1851, une importante région industrielle et commerçante. C'est aujourd'hui, économiquement parlant, le 2ᵉ État d'Australie après les NSW, produisant 22 % du PIB sur seulement 3 % du territoire national ! Le secteur agricole reste néanmoins très important, avec plus du tiers de la récolte de fruits du pays, 15 millions de moutons, 2 millions de vaches et les 2/3 de la production de lait. Les secteurs de la pêche (ormeaux et langoustes notamment) et de l'aquaculture sont eux aussi très dynamiques.**

**Dans un pays marqué au cœur par une certaine monotonie, le Victoria se distingue par ses contrastes fulgurants : adossé au nord-ouest à l'*outback*, le territoire s'ouvre au centre sur des plateaux couverts de vignes, pour échouer au nord-est au pied des Alpes victoriennes (on y skie !) et, au sud, sur les fantastiques falaises et plages du littoral de l'océan Indien. Le climat est à l'avenant : très varié. Globalement doux et tempéré sur la côte, volontiers pluvieux, nettement plus chaud au nord-ouest et froid dans le *high country,* au nord-est ! Touristiquement parlant, chaque région a ses atouts, mais aucune davantage que cette côte étonnamment sauvage, entre plages isolées du Wilson Promontory National Park, faune peu farouche de Phillip Island et fabuleuse *Great Ocean Rd* tutoyant de près 250 km d'un littoral réjouissant, enveloppé d'une forêt humide grouillant (notamment) de koalas.**

## MELBOURNE ET SES ENVIRONS

### MELBOURNE

env 5,1 millions d'hab.

• Plan général *p. 92-93* • Centre (plan I) *p. 96-97* • Chapel St (plan II) *p. 99* • St Kilda (plan III) *p. 101* • Carlton et Fitzroy (plan IV) *p. 103*

**2ᵉ agglomération urbaine d'Australie, important centre commercial, industriel et surtout culturel, Melbourne a été élue « Ville la plus agréable à vivre au monde » plusieurs années de suite par *The Economist,* avant de reculer un peu au classement (sans pour autant quitter le Top 10). Considérée comme**

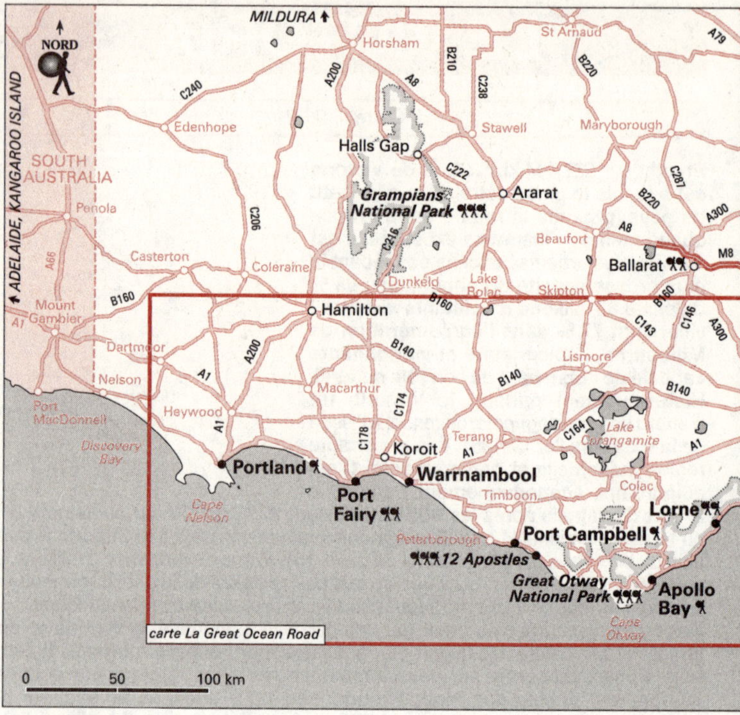


**plus « branchée » et européenne que Sydney, conservant davantage de son architecture victorienne, elle est encensée pour sa qualité de vie, son goût des bonnes tables et sa vie nocturne débridée (qui rebondit doucement post-Covid), balayant tous les styles, de l'alternatif au bohème en passant par les lieux ultrabranchés et exclusifs. Pour les amateurs du genre, c'est une des capitales mondiales du *street art* (graffs et *murals*), élevé ici au rang de beaux-arts ! L'offre culturelle est riche, notamment côté théâtres et musées, le centre-ville ouvert et convivial et la confrontation de styles architecturaux détonnante. Comme San Francisco, c'est une grande cité pour « trekkeurs urbains », à parcourir à pied ou en profitant de l'excellent réseau de trams, gratuits dans le centre et rayonnant vers des quartiers périphériques aux personnalités fort différentes, mais marquées. Bref, vous avez compris, Melbourne, on aime bien !**

## UN PEU D'HISTOIRE

### Aux origines

En 1802, l'explorateur John Murray est le 1er à pénétrer dans une baie profonde et très bien protégée de la côte sud, qu'il nomme Port King en l'honneur du gouverneur – rapidement rebaptisée Port Phillip par l'intéressé. Le territoire est occupé par les Aborigènes kulin et les 1ers contacts ne sont guère pacifiques... Dès l'année

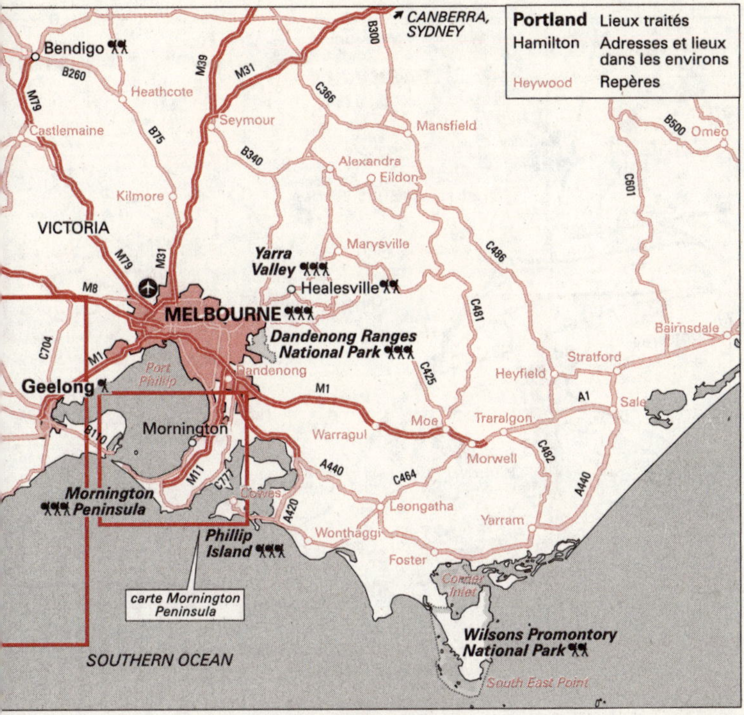


## LE VICTORIA



suivante, les autorités des NSW, craignant que les Français ne tentent d'occuper la région, décident de fonder une colonie pénitentiaire dans la baie. Le projet est cependant vite abandonné, en faveur de la Tasmanie.

En 1835, un certain John Batman (ça ne s'invente pas !) et un John Fawkner débarquent peu ou prou en même temps, désireux d'établir une colonie. Ils se partagent le territoire qui, dès l'année suivante, avec l'assentiment des autorités, intègre le nouveau district de Port Phillip (ancêtre en taille réduite de l'État de Victoria). Dans la foulée, le gouverneur Bourke décide du plan de construction et du nom de la ville : ce sera Melbourne, en l'honneur de William Lamb, 1er ministre britannique de l'époque et vicomte de Melbourne. Fin 1839, un surintendant du district est nommé : Charles La Trobe. D'origine française (par son arrière-grand-père protestant), marié à une Suissesse, l'homme mène tambour battant le développement de la ville, aménageant hôpital, ponts, jardin botanique... En 1847, la reine Victoria accorde à Melbourne le titre officiel de *City.* Le Victoria est créé en 1851, elle en devient naturellement la capitale.

### Marvellous Melbourne

Quelques jours seulement après l'accession du Victoria au statut de colonie à part entière, quelques pépites sont découvertes dans les monts Yarra. En septembre, les journaux commencent à répandre la nouvelle, attirant à Melbourne une horde d'apprentis orpailleurs. L'exploration se poursuit et de nouveaux filons s'ajoutent,

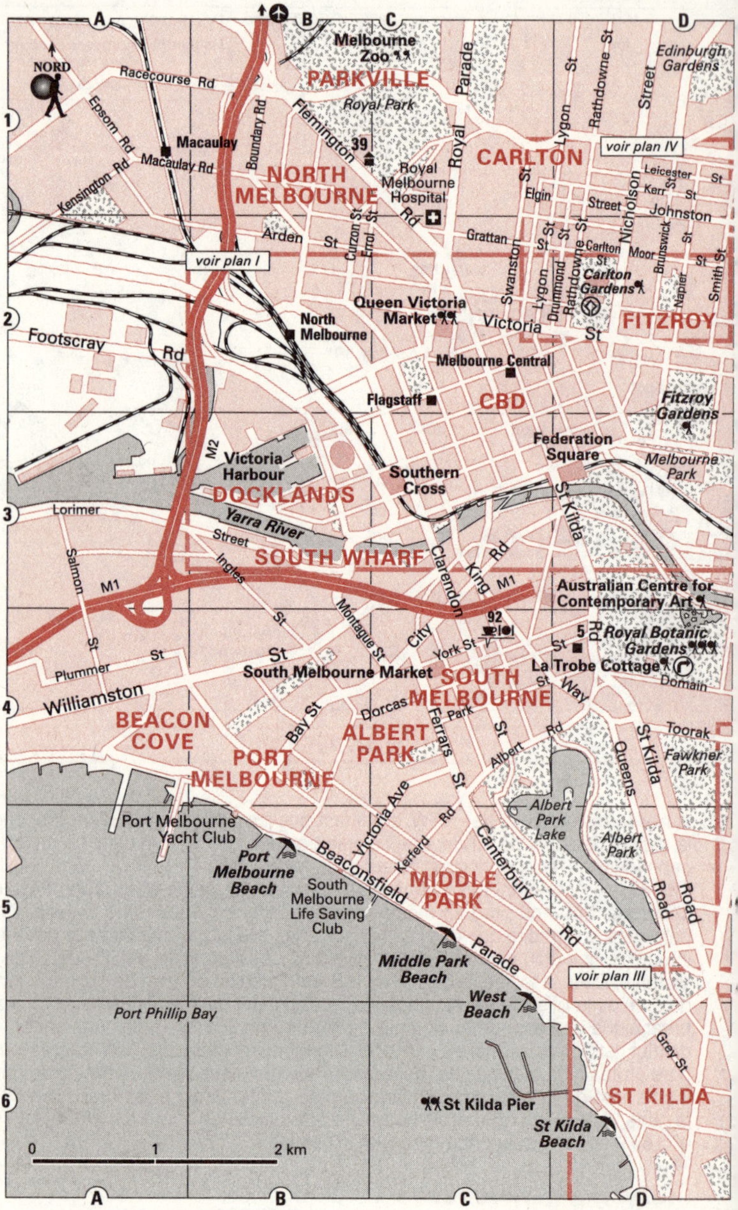
NORD
A
B
C
D
1
2
3
4
5
6
Melbourne Zoo
PARKVILLE
Royal Park
Edinburgh Gardens
Racecourse Rd
Epsom Rd
Macaulay
Macaulay Rd
Kensington Rd
Boundary Rd
Flemington Rd
39
Royal Melbourne Hospital
Royal Parade
Lygon St
Rathdowne St
Street
voir plan IV
CARLTON
NORTH MELBOURNE
Leicester St
Kerr St
Elgin Street
Johnston St
Arden St
Curzon St
Errol St
Grattan St
Swanston St
Drummond St
Rathdowne St
Carlton St
Nicholson St
Moor St
Brunswick St
Napier St
Smith St
Carlton Gardens
voir plan I
Queen Victoria Market
North Melbourne
Victoria St
FITZROY
Footscray Rd
Melbourne Central
Flagstaff
CBD
Fitzroy Gardens
M2
Victoria Harbour
DOCKLANDS
Southern Cross
Federation Square
Melbourne Park
Lorimer Street
Yarra River
St Kilda Rd
SOUTH WHARF
Salmon St
M1
Ingles St
Clarendon St
King St
Rd
Australian Centre for Contemporary Art
Montague St
92
5
Royal Botanic Gardens
City Rd
York St
St
La Trobe Cottage
Domain
Plummer St
South Melbourne Market
SOUTH MELBOURNE
Williamston Rd
Way
Dorcas St
Park St
BEACON COVE
Bay St
ALBERT PARK
Ferrars St
Albert Rd
Toorak
Fawkner Park
PORT MELBOURNE
Queens Road
St Kilda Road
Victoria Ave
Rd
Albert Park Lake
Albert Park
Port Melbourne Yacht Club
Port Melbourne Beach
Beaconsfield Parade
Kerferd Rd
Canterbury Rd
South Melbourne Life Saving Club
MIDDLE PARK
Middle Park Beach
voir plan III
West Beach
Port Phillip Bay
Grey St
ST KILDA
St Kilda Pier
St Kilda Beach
0
1
2 km

■ **Adresse utile**

**5** Consulat honoraire de France (D4)

**Où dormir ?**

**39** The Larwill Studio (B-C1)

**Où prendre un petit déj ? Où manger ?**

**72** Easey's (E1)

**Où déguster un bon café ?**

**92** St Ali (C4)

**MELBOURNE – Plan général**

favorisant une véritable ruée vers l'or. La population de la ville explose, passant de 29 000 habitants en 1851 à 123 000 dès 1854, puis 500 000 en 1860 ! Les déçus se reconvertissent dans l'agriculture, alimentant à leur tour la machine économique. Une fabuleuse période d'euphorie économique de 40 ans s'ouvre, surnommée *Marvellous Melbourne.* S'appuyant sur le plus grand port du pays, on construit à tour de bras de magnifiques bâtiments civils, aujourd'hui prestigieux témoignages des années pionnières, tels le Parlement, la bibliothèque d'État, le Trésor public, la Cour suprême, la poste centrale, la résidence du gouverneur et la cathédrale St Paul. Dès 1856, les syndicats obtiennent la journée de 8h ! En 1861, avec la création de la 1re Bourse australienne, Melbourne devient le siège de nombreuses grandes banques et un centre financier de 1er plan.



## Croissance et chute spectaculaires

Dans les années 1880, Melbourne est l'une des villes les plus riches de l'Empire britannique et – dit-on alors – peut-être la plus prospère au monde. Boulimie immobilière, développement du chemin de fer et expos internationales (en 1880, puis 1888) marquent profondément l'époque. Mais, comme toujours, les bonnes choses ont une fin. La bulle économique éclate et une violente crise frappe la ville en 1891 : banques, entreprises de construction et des dizaines d'autres font faillite, favorisant une crise nationale. Cette triste parenthèse refermée, le développement reprend, sur un rythme bien moins effréné. Melbourne devient même, en 1901, le siège du gouvernement fédéral (le Parlement déménagera à Canberra en 1927).

## Une certaine stabilité

Si les années 1920-1930 sont dures, la population continue néanmoins d'augmenter : elle atteint 1 million d'habitants. Melbourne regagne même un poids important pendant la Seconde Guerre mondiale, puisqu'elle abrite, de 1942 à 1944, le QG du général MacArthur, et voit de nombreuses entreprises militaires s'établir en périphérie – lui assurant à nouveau la place de 1re ville industrielle du pays. L'expansion continue après le conflit, stimulée par le prix élevé de la laine et par une importante vague d'immigration. La ville profite des Jeux olympiques de 1956, les 1ers de l'hémisphère Sud, pour se moderniser et y gagne une notoriété nouvelle.

## La 2e ville du pays

Dans les années 1989-1992, de grosses difficultés économiques frappent le Victoria. Melbourne plonge et Sydney regagne en importance. Pour sortir la ville du marasme, le gouvernement libéral de l'État lance une double politique : de coupes budgétaires dans les services publics, de privatisations mais aussi de grands travaux d'urbanisation. Ainsi émergent Federation Square, le Melbourne Museum – à l'architecture d'avant-garde – et le Crown Casino. La ville se voit attribuer l'organisation du Grand Prix automobile d'Australie. De retour sur les rails, elle continue de s'agrandir et d'attirer, peaufinant son image de cité culturelle, toujours aux avant-postes de l'innovation. Depuis les années 2000, elle s'affirme même comme la capitale d'État la plus dynamique d'Australie, séduisant toujours plus de visiteurs et beaucoup d'étudiants.

## Topographie urbaine et démographie

Ville nouvelle, Melbourne s'édifia au XIXe s dans le cadre du « rêve australien » : puisqu'il y avait de la place, autant tracer de larges rues et avenues et assurer à chaque famille une maison individuelle avec jardin. Dès l'origine, de nombreux et vastes espaces verts publics furent réservés. Le développement concomitant d'un réseau de trams et trains de banlieue favorisa ce plan d'urbanisme et fit de Melbourne une ville particulièrement étendue (quasi 40 km de large sur 60 km de long, en incluant les villes de banlieue les plus éloignées), qui lui vaut une densité de population plutôt réduite pour une métropole.

Au fur et à mesure des vagues d'immigration, les quartiers se sont en partie constitués sur des bases ethniques. Les 1ers et les plus nombreux furent les sujets de Sa Majesté : Anglais et Irlandais d'avant l'indépendance. Dans le sillage de la ruée vers l'or, les candidats à l'aventure débarquèrent des 4 coins du monde, mais surtout d'Europe et de Chine. C'est alors que commença à se former le ***Chinatown*** de la ville, le plus ancien d'Australie. Dans les années 1930 et après la Seconde Guerre mondiale surtout, l'immigration se diversifia : Juifs d'abord, puis Grecs et Italiens en nombre. On dit d'ailleurs que Melbourne serait la 3e plus grande ville grecque du monde après Athènes et Thessalonique ! Une sorte de quartier grec s'est développé autour de Lonsdale Street, entre Swanston et Russell, dans le CBD. Les Italiens, eux, ont longtemps représenté le tiers de la population de ***Carlton,*** juste au nord du CBD ; ils y sont désormais largement minoritaires. Depuis les années 1970, la plupart des immigrants viennent d'Asie : Vietnam, Cambodge, Inde, Sri Lanka, Malaisie, Philippines, Chine encore... Une chose est sûre : Melbourne continue d'attirer. Jusqu'à l'épisode du Covid, environ 50 000 personnes s'y installaient chaque année, venant notamment d'autres régions australiennes – mais pas que... Le chiffre est éloquent : plus de ¼ de la population est né à l'étranger et 58 % des habitants ont au moins un de leurs 2 parents né en dehors du pays. Selon le recensement de 2016, les habitants de Melbourne sont originaires de 200 pays et territoires (autant dire : tous !), parlent 233 langues et pratiquent 116 religions différentes !

### *TOMORROW IS NOW*

*C'est à Melbourne que l'Australie teste la « banlieue écolo de demain », dans le nouveau quartier de YarraBend, près du fleuve Yarra, à 6,5 km du CBD. Parmi ses principes fondateurs : le tout-technologie et le développement durable et responsable – panneaux solaires et autres énergies renouvelables, systèmes peu gourmands en énergies, utilisation de matériaux recyclés, priorité donnée aux véhicules électriques, voies cyclables, rooftops verts...*



## Melbourne quartier par quartier

– ***Central Business District*** *(CBD ; plan général, C-D2-3)* **:** c'est à la fois le centre historique et le quartier des affaires. Construit en damier, il voit se confronter d'anciens édifices de styles victorien, Art nouveau ou Art déco, des gratte-ciel lambda et des tours contemporaines. Entre elles se tisse un surprenant réseau d'étroites ruelles *(lanes)* alignant bars branchés et restos gastro *vegan, world food,* etc. On y trouve aussi parmi les plus fascinantes concentrations de *street art.* Le CBD s'arpente très facilement à pied.

– ***Docklands*** *(plan général, B3)* **:** à l'ouest du CBD, passé les voies de chemin de fer, l'ancien port s'est mué en un quartier résidentiel huppé, avec l'énorme Marvel Stadium aux avant-postes.

– ***Carlton*** *(plan général, C-D1-2)* **:** juste au nord-est du CBD, c'est historiquement le quartier italien, dont Lygon Street est la colonne vertébrale. Reste une grosse poignée de restos transalpins et, côté est, les Carlton Gardens, abritant à la fois le Royal Exhibition Building (Unesco) et le Melbourne Museum. Accessible à pied.

– ***Fitzroy et Collingwood*** *(plan général, D-E1-2, et plan IV)* **:** à l'est de Carlton et au nord-est du CBD, ces 2 quartiers regorgeant de *terrace houses* victoriennes, longtemps habités par les classes populaires, puis par les immigrés, ont pris un coup de vieux, puis un coup de jeune... Tagués de la tête aux pieds, ils cultivent aujourd'hui, d'un lieu à l'autre, un esprit village alternatif, entre bohème, artiste, hipster et *trendy.* Récemment, les bobos locaux ont gagné du terrain et les prix ont grimpé. Fitzroy se déroule autour de la longue Brunswick Street, sur un axe nord-sud, et Collingwood autour de Smith Street, qui lui

■ **Adresses utiles**

- 1 Melbourne Visitor Hub (C3)
- 2 Melbourne Visitor Booth (C2-3)
- 3 Melbourne Visitor Centre (C2)
- 4 Fitzroy Gardens Visitor Centre (D3)
- 5 Police (C2)
- 9 Raffles Forex (C3)
- 11 Pharmacies Chemist Warehouse et My Chemist (C3)

**Où dormir ?**

- 9 Flinders Backpackers (C3)
- 21 Space Hotel (C2)
- 24 Melbourne Central YHA (C3)
- 25 Melbourne Metro YHA (C2)
- 26 Selina CBD Melbourne (C3)
- 27 Pegasus Apart' Hotel (C2)
- 28 Alto Hotel on Bourke (C3)
- 29 City Centre Budget Hotel (D2)
- 30 Quest Jolimont (D3)
- 31 Jasper Hotel (C2)
- 34 The Victoria Hotel – Rydges (C-D3)
- 35 Miami Hotel Melbourne (B2)
- 36 Ovolo Laneways (D2)
- 49 The Hotel Windsor (D2)

**Où prendre un petit déj ? Où manger ?**

- 26 Metro Burgers (C3)
- 50 ShanDong MaMa mini (C3)
- 51 11 inch Pizza (C3)
- 52 Pellegrini's (D2)
- 54 Hakata Gensuke (D2)
- 55 Don Don (C2)
- 56 Phở Thìn (C2)
- 57 Cookie (C2)
- 58 Brick Lane (C2)
- 59 MoVida Next Door (D3)
- 60 The Meatball and Wine Bar et Chin Chin (D3)
- 61 Cumulus INC (D3)
- 63 Lucy Liu (D3)

# MELBOURNE – Centre (plan I)

**64** Box Seafood (C-D3)
**65** Lulu's Char Koay Teow (C3)
**66** Manchester Press et Captains of Industry (C2-3)
**68** Cargo (B3)
**80** Auction Rooms (B2)

## Où déguster un bon café ?

**52** Pellegrini's (D2)
**58** Brick Lane (C2)
**65** Brother Baba Budan (C3)
**66** Manchester Press et Captains of Industry (C2-3)
**80** Auction Rooms (B2)
**90** Traveller (D2)
**91** Shortstop Coffee & Donuts (C2)

## Où s'offrir une pâtisserie ou une glace ?

**92** Cucina Caffè e torta (C3)
**95** Gelateria Pidapipó (C3)

## Où boire un verre ?
## Où sortir ?

**49** The Cricketers Bar (D2)
**57** Roof Top Bar & Burger Shack et Cookie (C2)
**59** MoVida Next Door (D3)
**60** The Meatball & Wine Bar (D3)
**100** Asian Beer Café (C2)
**101** Section 8 et Ferdydurke (C2)
**102** Whisky + Alement (C-D2)
**103** Riverland (D3)
**104** Ponyfish Island (C3)
**105** Chuckle Park (C3)
**106** Carlton Club (C-D2)
**107** Young & Jackson (C3)
**108** Bartronica (C3)
**109** Cherry (D2)
**111** Loop Roof (D2)

est parallèle. Les 2 alignent une multitude d'établissements d'une profonde originalité (mode, design, disquaires, friperies, galeries) et une vie nocturne intense. Après une virée, on regagne aisément le centre (CBD) en tram.
– **Chapel St** *(plan général, E4-5-6, et plan II)* **:** au sud-est de la ville, ce très long axe nord-sud (facilement atteint en tram) traverse pas moins de 3 quartiers. Du nord vers le sud : ***South Yarra,*** chic et cher, avec gratte-ciel, restos huppés et boutiques de grandes griffes, sans trop d'âme ; ***Prahran,*** plus tout-venant, réputé pour son grand marché de produits frais ; puis enfin ***Windsor,*** notre coin préféré, radicalement alternatif et poumon local d'une vie nocturne un brin débridée, collectionnant les fripes, enseignes loufouques et décalées...
– ***St Kilda*** *(plan général, D-E5-6, et plan III)* **:** après les pavés, la plage. Plutôt tranquille en semaine, le quartier, résidentiel au sens large, se la joue branché au centre le week-end. Tout-Melbourne semble alors vouloir y prendre l'air. Le vieux Luna Park centenaire et sa longue jetée lui donnent un sympathique air rétro, tandis qu'Acland Street, au centre, aligne une étonnante collection de pâtisseries !



## Arrivée à l'aéroport

✈ ***Aéroport*** *(hors plan général par B1)* **:** *à 22 km au nord-ouest.* ☎ *(03) 9297-1600.* • *melbourneairport.com.au* • Le terminal international (T2) dispose de nombreux services : point d'informations au rez-de-chaussée, change, distributeurs, wifi et même des douches ! Les 3 autres terminaux, situés de part et d'autre (pratique pour les transferts !), sont nationaux : *Qantas* au T1, *Virgin* au T3, les autres compagnies au T4. Agences de location de voitures aux T1 et T3. Pas de poste, mais des boîtes.

### Rejoindre le centre-ville

2 solutions : le bus ou le taxi. Pas de train ni métro !
– ***SkyBus :*** *au niveau Arrivées des T1 et T3 (bornes).* ☎ *1-300-759-287.* • *skybus.com.au* • *Départ env ttes les 15 mn, tlj 4h30-minuit dans les 2 sens. Compter 19,75 $/pers ; 32 $ A/R.* Le bus va jusqu'à la Southern Cross Station (20 à 45 mn de trajet). Là, au coin de Spencer et Bourke St, accès au tram gratuit.
– ***Taxi :*** *devant ts les terminaux. Env 70 $ le trajet pour 25-30 mn.*

## Transports urbains

Melbourne est très bien desservie par les transports urbains.

➢ ***Tram, métro, bus ou train :*** ☎ *1-800-800-007 (n° gratuit ; tlj 6h-minuit, tte la nuit ven et sam).* • *ptv.vic.gov.au* • Le réseau de tram de Melbourne, inauguré en 1885, est le plus étendu au monde. Il dessert toute la ville jusqu'à la plage de St Kilda, à raison de 24 lignes étirées sur 250 km, se croisant toutes à un moment donné dans le CBD (centre). Très populaire, ***la* City Circle Line (n° 35)** ***fait le tour du CBD,*** avec des rames rétro de couleur vieux bordeaux (ttes les 12 mn, 10h-18h – jusqu'à 21h jeu-sam). Information essentielle : ***les trams sont tous gratuits dans le CBD,*** jusqu'à Docklands et jusqu'au Queen Victoria Market (des panneaux l'indiquent aux stations) ! En outre, une quinzaine de lignes de métro irriguent la ville. Quant aux trains, ils desservent toutes les directions, avec de nombreuses fréquences, mais vous seront moins utiles.
– ***Tarifs :*** *pour les zones 1 et 2 (qui couvrent l'essentiel), compter 9,20 $/j. lun-ven, 6,70 $ w-e et j. fériés, ou 4,60 $ pour 2h. Ou achetez un* myki Pass *valable 7 j. pour 46 $.*
– *myki Card :* si on reste dans la zone gratuite du CBD, inutile de se la procurer. En revanche, pour aller plus loin, elle est indispensable. Cette carte rechargeable, utilisable sur toutes les lignes de tram, bus et métro, est vendue 6 $ (réduc ; non remboursables) ; ensuite

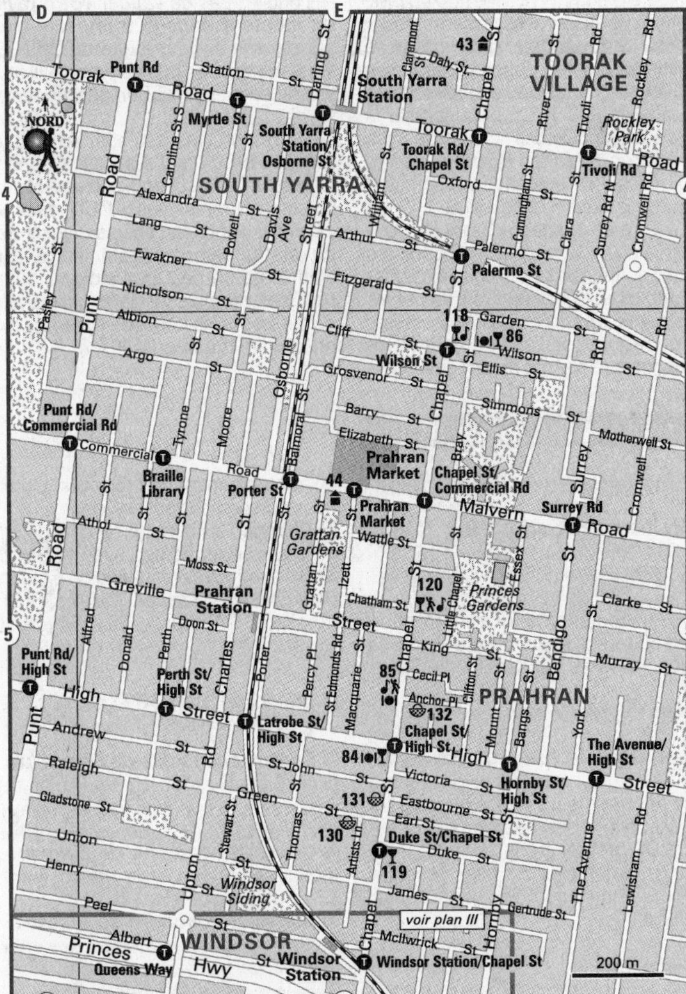


## MELBOURNE – Chapel St (plan II)

■ **Adresse utile**

**6** Médecin francophone (hors plan par E5)

**Où dormir ?**

**43** The Olsen (E4)
**44** The Cullen (E5)

**Où manger ?**

**84** Lucky Coq (E5)
**85** Colonel Tan's (E5)
**86** Leonard's House of Love (E5)

**Où boire un verre ?**
**Où sortir ?**

**84** Lucky Coq (E5)
**85** Revolver Upstairs (E5)
**86** Leonard's House of Love (E5)
**118** Bridie O'Reilly's (E5)
**119** Yellow Bird (E5)
**120** Reveller's Bar (E5)

**Achats délirants**

**130** Stupid Vintage (E5)
**131** Tibbs & Bones (E5)
**132** Shoe Me (E5)

on ajoute la somme désirée *(top up myki money)*. Pensez-y avant d'embarquer car, en cas de contrôle, si votre carte ne contient plus assez d'argent pour payer le trajet en cours, vous écoperez d'une amende de 273 $ ! On peut acheter la carte aux guichets des stations de tram, de métro ou de train quand il y en a, dans certaines épiceries (notamment tous les *7-Eleven*), ainsi qu'au PT Hub de la gare de Southern Cross *(lun-ven 7h30-18h30, w-e 9h-17h)*, dont les employés très aimables vous expliqueront toutes les subtilités ! Pour recharger, c'est pareil, sauf qu'on peut aussi utiliser les bornes des stations de tram ou de métro, et faire son *top up* en ligne.

– N'oubliez pas de ***valider votre myki en montant dans le tram,*** sauf bien sûr dans la zone gratuite du CBD. Si vous voyagez en bus ou en train, il faut valider en montant ET en descendant.

➢ ***Parking :*** ceux qui sont en voiture auront bien du mal à se garer sans y laisser un bras... Non seulement les places sont rares dans le CBD, mais en plus elles sont (très) chères et le temps de stationnement (très) limité. Ça s'améliore un peu en s'éloignant. On peut par exemple se garer sans limite de temps sur les bords de la Yarra, près du Jardin botanique *(1 $/h, lun-ven 7h30-18h30)*.



## Adresses et infos utiles

### Informations touristiques

ℹ ***Melbourne Visitor Hub*** *(plan I, C3,* ***1****)* **:** *90-130 Swanston St.* ☎ *(03) 9658-9658.* • *whatson.melbourne.vic.gov.au* • Ⓣ *Melbourne Town Hall. Tlj 9h-17h.* Excellente documentation touristique sur Melbourne et toute la région. Annexes dans la Bourke Street Mall *(plan I, C2-3,* ***2*** *; tlj 10h-16h)*, au Queen Victoria Market *(plan I, C2,* ***3*** *; ven 9h30-15h, w-e 9h30-16h)* et au *Fitzroy Gardens Visitor Centre* *(plan I, D3,* ***4*** *; tlj 10h-16h)*. Renseignez-vous pour savoir si le service de *greeters* a été réactivé – des habitants du coin qui vous promènerons pendant 2-3h pour le seul plaisir de faire connaissance... le minimum est de leur offrir un verre !

### Poste

Divers bureaux de poste en ville, le principal étant :

✉ ***Poste centrale*** *(GPO ; plan I, C2)* **:** *angle Elizabeth et Lonsdale St. Lun-ven 9h-17h, sam 9h-12h30.*

### Banques, change

– *Attention :* les *ATM* présents dans certaines boutiques et bars sont à éviter car ils perçoivent en général une commission importante. Préférer les ***distributeurs*** des grandes banques... qui n'en prennent pas toujours. On en trouve un peu partout en ville.

■ ***Change :*** les bureaux de change ont pour ainsi dire disparu avec le Covid. On en a retrouvé un au pied du *Flinders Backpackers* : ***Raffles Forex,*** *35 Elizabeth St. Tlj 9h (10h w-e)-18h (plan I, C3,* ***9****)*.

### Représentations diplomatiques

■ ***Consulat honoraire de France*** *(plan général, D4,* ***5****)* **:** *342A St Kilda Rd.* ☎ *(03) 9690-6075.* • *bbrvic.com/fr* • *Lun-ven 9h-13h, plus 14h-17h lun-jeu sur rdv.*

■ ***Consulat honoraire de Belgique :*** 📱 *0411-959-400.* • *pierre@oss.com.au* • *Seulement sur rdv.*

■ ***Consulat honoraire de Suisse :*** *7 Yertchuk Ave,* ***Ashwood,*** *à 17 km au sud-est de Melbourne.* ☎ *(03) 8637-7175.* • *melbourne@honrep.ch* •

### Santé, urgences

■ ***Police*** *(plan I, C2,* ***5****)* **:** *202 Bourke St.* ☎ *(03) 9637-1100.*

■ ***Pharmacies :*** très nombreuses. En voici 2 dans le CBD : ***Chemist Warehouse*** *(plan I, C3,* ***11****) : 345 Bourke St, 1er étage.* ☎ *(03) 9671-3833. Tlj 8h (9h w-e)-21h. Ou tt près* ***My Chemist*** *(plan I, C3,* ***11****) : 128-132 Elizabeth St.* ☎ *(03) 9663-6704. Lun-ven 8h-19h, w-e 9h-18h.*

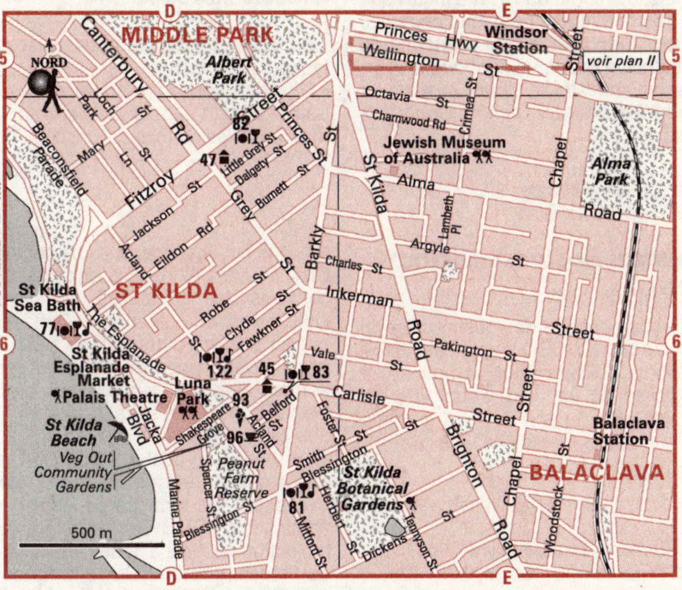


## MELBOURNE – St Kilda (plan III)

**Où dormir ?**
**45** X-Base (D6)
**47** Selina St Kilda (D6)

**Où manger ?**
**77** Republica (D6)
**81** Iddy Biddy (D6)
**82** Banff (D6)
**83** Juana Taco (D6)

**Où s'offrir une pâtisserie ou une glace ?**
**93** 7 Apples Gelato (D6)
**96** Monarch Cakes (D6)

**Où boire un verre ? Où sortir ?**
**77** Republica (D6)
**81** Iddy Biddy (D6)
**122** The Dogs Bar (D6)

***The Royal Melbourne Hospital*** *(plan général, C1-2)* **:** *300 Grattan St,* ***Parkville.*** ☎ *(03) 9342-7000. Tlj 24h/24.* Attention ne s'occupe que des adultes, pas des enfants !

■ ***Médecin francophone*** *(hors plan II par E5,* ***6****)* **:** ***Dr Belinda Minc,*** *Airlie Women's Clinic, 1 Airlie Ave, Prahran.* ☎ *(03) 9525-1941.*

## Vie culturelle et loisirs

Melbourne possède nombre de prestigieux théâtres et salles de spectacle : l'iconique ***Princess Theatre*** (et sa magnifique façade), qui enchante les habitants depuis 1854 ; ***Her Majesty's Theatre*** (le Maj pour les intimes), qui accueille les plus grands shows ; le ***National Theatre*** (ancien cinéma de 1921), entre danse et musique ; l'***Australian Shakespeare Company,*** dont même les Anglais sont jaloux ; le ***Regent Theatre*** et son incroyable hall d'entrée, et tant d'autres... Melbourne, capitale australienne de la musique, est une adepte forcenée du concert live ; nombreux festivals toute l'année, dans les salles de spectacle mais aussi les bars, parcs et la rue.

– Près de la National Gallery of Victoria, sur St Kilda Rd, l'***Arts Centre Melbourne*** *(plan I, D3),* un vaste complexe culturel et musical à l'architecture hardie, coiffé par une flèche métallique de 162 m évoquant quelque chose de la tour Eiffel, est le port d'attache de l'*Australian Ballet,* du *Melbourne Symphony Orchestra,* d'*Opera Australia* et de la *Melbourne Theatre Company.* Rien que ça !

***Quelques sites utiles***

- **halftix.com** • Billets pour les spectacles à prix discount.
- **ticketek.com.au** • Vente et résas pour la plupart des salles de spectacle, mais aussi les matchs et concerts.

## Où dormir ?



### *Central Business District (CBD)*

On vous conseille de vous installer en priorité dans le CBD, central et inhabituellement vivant pour un *downtown* anglo-saxon. Ici, la vie nocturne est trépidante...

### Backpackers (auberges de jeunesse)

**Flinders Backpackers** *(plan I, C3, **9**) : 35 Elizabeth St, level 3. ☎ (03) 9620-5100. • flindersbackpackers.com.au • Ⓣ Flinders St. Dortoirs (3-12 lits) 30-33 $/pers ; doubles avec ou sans sdb env 65-95 $ ; petit déj inclus.* Hyper centrale, bon marché, très bien tenue, riche de nombreux services, avec sanitaires communs impeccables et petit déj à volonté inclus, cette auberge a vraiment tout pour plaire ! Ce n'est pas une petite chose, mais un mastodonte de 500 lits, répartis en une multitude de catégories – seules 6 chambres ont leur propre salle de bains et seuls quelques *dorms* ont la clim (mais tous ont casier, lampe et prise individuelles). Pour se divertir, il y a la salle de cinéma, un billard et des *diner nights.* Grande cuisine, laverie toute neuve, *rooftop* et même des casiers alphabétiques pour récupérer son courrier, comme à la poste restante jadis ! Accueil multilangues, souvent en français.

**Space Hotel** *(plan I, C2, ou plan IV, D2, **21**) : 380 Russell St. ☎ (03) 9662-3888. • spacehotel.com.au • Ⓣ Swanston St. Dortoirs (4-8 lits) 30-45 $/pers (exceptionnellement jusqu'à 60 $) ; doubles sans ou avec sdb env 90-200 $. Forfaits longue durée.* Sous son nom d'hôtel, c'est bien une AJ, à cela près que celle-ci ne lésine ni sur l'espace, ni sur le confort. On y trouve à la fois des dortoirs plaisants et des chambres modernes, lumineuses, de bon confort. Certaines ont un balcon, d'autres une salle de bains privée – sinon, les sanitaires sont nombreux et bien tenus. Petits plus : les voyageurs en solo trouveront ici des *singles* (rares en AJ) et les familiales pour 4 ne coûtent pas plus cher que 4 nuitées en dortoir ! En prime : exceptionnelle terrasse panoramique dominant le CBD avec piscine-jacuzzi, projection de films à la demande, salle de fitness, grande cuisine tout équipée, BBQ, laverie, bar... colombien (le *Pachanga*). Une de nos adresses préférées, c'est dit !

**Selina CBD Melbourne** *(plan I, C3, **26**) : 250 Flinders St. 📱 0422-716-090. • selina.com • Ⓣ Flinders St Station. Dortoirs (4-8 lits) env 22-37 $/pers ; doubles sans ou avec sdb env 80-270 $.* Fondée au Panamá, cette chaîne d'auberges a rapidement conquis le monde grâce à ses chambres pimpantes dignes d'un bon hôtel (avec clim et... plantes vertes !) et ses parties communes plus proches d'un magazine de déco que d'une AJ traditionnelle... D'ailleurs, ici, on ne parle pas de dortoir, mais de *community room* ! Amples, dotés de très bons matelas, avec prise individuelle, ils ont un casier dessous et des rideaux pour s'isoler. Cela n'empêche pas de faire le plein de services et d'activités : bar au sous-sol avec billard et *chill-out area* noyée de coussins, cuisine et espace de *co-working* pleins de plantes au rez-de-chaussée, *pizza night* le mardi, *movie night* le mercredi dans une salle aux gros poufs bien cosy, danses latinos le vendredi, etc.

**Melbourne Central YHA** *(plan I, C3, **24**) : 562 Flinders St. ☎ (03)*

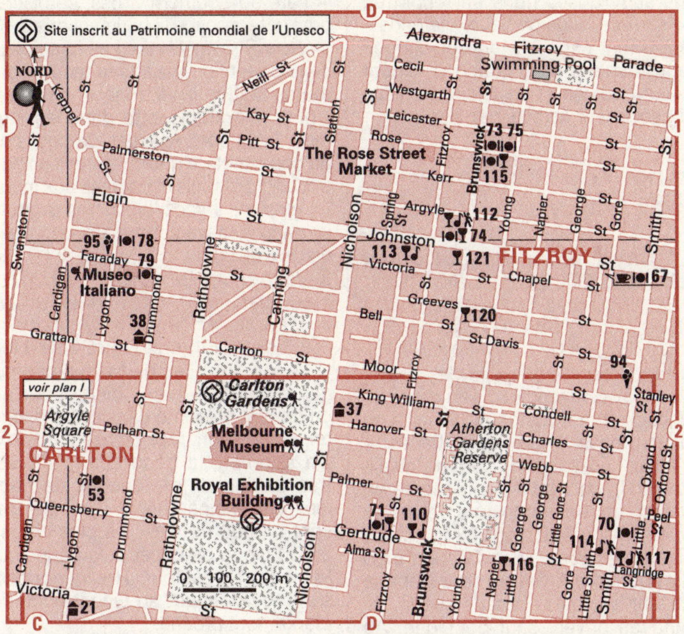


## MELBOURNE – Carlton et Fitzroy (plan IV)

**Où dormir ?**

- **21** Space Hotel (D2)
- **37** The Nunnery (D2)
- **38** Best Western Plus Travel Inn (D2)

**Où prendre un petit déj ? Où manger ?**

- **53** Hakata Gensuke (D2)
- **67** Faraday's Cage (D2)
- **70** Huxtaburger et Bowl Bowl (D2)
- **71** Marion (D2)
- **73** Vegie Bar (D1)
- **74** Rice Paper Scissors (D1-2)
- **75** Transformer (D1)
- **78** Brunetti (D1-2)
- **79** D.O.C. Carlton (D2)

**Où déguster un bon café ?**

- **67** Faraday's Cage (D2)

**Où s'offrir une glace ?**

- **94** Messina (D2)
- **95** Gelateria Pidapipó (D1-2)

**Où boire un verre ?**
**Où sortir ?**

- **71** Marion (D2)
- **74** Rice Paper Scissors (D1-2)
- **110** The Workers Club (D2)
- **112** Bar Open (D1)
- **113** The Old Bar (D2)
- **114** Yah Yah's (D2)
- **115** Kewpie (D1)
- **116** The Everleigh (D2)
- **117** The New Guernica (D2)
- **120** Black Cat (D2)
- **121** Naked for Satan (D2)

*9621-2523. • yha.com.au • Ⓣ Southern Cross. Réception 8h-minuit. Dortoirs (4-8 lits) env 29-46 $/pers ; doubles sans ou avec sdb env 75-150 $.* Cette grande AJ officielle sur 4 niveaux est localisée dans un secteur un peu glauque (on a dit : un peu), mais central. Elle dispose de 230 lits répartis en chambres privées et dortoirs assez inégaux. Certains *dorms* (tous avec lumière individuelle, *lockers* et salles de bains partagées) ont une fenêtre, d'autres sont pour ainsi dire aveugles. Et côté chambres, ça varie de la double *ensuite* petiote mais guillerette avec clim, frigo et bouilloire (façon hôtel) aux

2 lits superposés dans un recoin un peu sombre, sous de hauts plafonds... L'ensemble est bien tenu et chaque étage dispose de 6 douches. Super cuisine équipée et populaire terrasse pour socialiser, laverie, bar, BBQ.

## De bon marché à prix moyens

**City Centre Budget Hotel** *(plan I, D2,* ***29****) : 22-32 Little Collins St. ☎ (03) 9654-5401. ● citycentrebudgethotel.com.au ● Ⓣ Spring St. Doubles 80-210 $ (85-150 $ en général) ; familiales (jusqu'à 4 pers) 125-250 $.* Sa façade un peu décrépie coincée entre 2 parkings ne fait pas vraiment envie, mais l'essentiel est à l'intérieur ! À 2 pas du Parlement (quelle situation !), ce petit hôtel présente en général un des meilleurs rapports qualité-prix du CBD, avec 38 chambres joliment décorées, avec TV, petit frigo et kit pour le café. Revers de la médaille justifiant les tarifs : pas de clim ni de sanitaires privés, sauf pour une. Au final : plutôt intime, très bien tenu et accueil affable. Sur la spacieuse terrasse, cuisine équipée et laverie.

**Pegasus Apart' Hotel** *(plan I, C2,* ***27****) : 206 A'Beckett St. ☎ (03) 9284-2400. ● pegasussuites.com.au ● Ⓣ La Trobe St. Studios env 120-450 $. Parking 25 $.* Autant on ne vous les conseille pas quand les prix s'envolent, autant, quand ils plongent sous les 150 $ (en semaine, en général), ces studios retrouvent tout leur intérêt. Plutôt spacieux, avec clim, kitchenette et coin bureau (voire canapé), ils ne sont certes pas de toute 1re jeunesse, mais ils font l'affaire si l'on n'est pas trop pointilleux. Les suites familiales ont une chambre pour enfant avec jeux vidéo ! Petit bonus : piscine, « spa » et salle de sport.

## De plus chic à très chic

**Alto Hotel on Bourke** *(plan I, C3,* ***28****) : 636 Bourke St. ☎ (03) 8613-3417. ● altohotelonbourke.com.au ● Ⓣ Southern Cross. Doubles env 180-300 $ ; apparts également.* À 2 pas de la gare de Southern Cross, ce discret petit hôtel occupe le bâtiment gris de la *Victoria Railway Union*. Les chambres, sans prétention mais bien tenues, ont toutes station iPod, frigo et bouilloire – plus une kitchenette dans les studios. Elles sont égayées de coussins de couleur et de quelques vues en noir et blanc de la ville encadrées aux murs. Il y a même un coin biblio très mignon, un parking (payant) et un accès inclus à un club de gym.

**Jasper Hotel** *(plan I, C2,* ***31****) : 489 Elizabeth St. ☎ (03) 8327-2777. ● jasperhotel.com.au ● Ⓣ Franklin. Doubles env 190-370 $.* Super bien situé, ce 4-étoiles de taille moyenne genre boutique-hôtel, bien dans l'air du temps, présente dans sa catégorie un assez bon rapport qualité-prix. On apprécie la décoration raffinée, très design et les touches de couleur. Les moins chères *(king deluxe)* sont un peu étroites, les plus chères avec balcon ou accès à la cour. Tout le confort possible. Resto correct, s'approvisionnant au Queen Victoria Market tout proche.

**Quest Jolimont** *(plan I, D3,* ***30****) : 153-155 Wellington Parade S. ☎ (03) 9668-1200. ● questapartments.com.au ● Ⓣ Jolimont Rd/Wellington Parade. Apparts env 225-350 $.* Marre des piaules étriquées ? Ici, l'espace est roi, avec des apparts de 1 ou 2 chambres (minimum : 45 m²) comprenant tous un salon séparé, une cuisine complète et une salle de bains avec machine à laver. L'adresse est un poil excentrée mais, à bien y regarder, on est au Parlement en 10 mn à pied et les jardins de Fitzroy sont juste de l'autre côté de l'avenue. Parking libre dans la rue de 23h à 7h.

**The Victoria Hotel – Rydges** *(plan I, C-D3,* ***34****) : 215 Little Collins St. ☎ (03) 9669-0000. ● independentcollection.com.au ● Ⓣ Swanston St. Doubles env 175-380 $ ; petit déj-buffet 20 $. Parking 30 $.* On ne peut guère plus central, les 4 lignes de tram les plus importantes sont à 3 mn à pied ! Cet hôtel historique (1880), un temps repris par *Ibis*, dispose de chambres spacieuses aux hauts plafonds, de bon confort (clim) mais à la déco sobre – très sobre. Du fonctionnel d'un bon rapport qualité-prix avec, en prime, centre de remise en forme, piscine intérieure chauffée, jacuzzi et spa, resto-cafétéria et bar (avec billard).

**Ovolo Laneways** (plan I, D2, **36**) : *19 Little Bourke St.* ☎ *(03) 8692-0777.* • *ovolohotels.com* • Ⓣ *Parliament. Studios (2 pers) env 280-460 $. Parking 20 $.* Son nom, faisant référence aux ruelles qui quadrillent le CBD, dit déjà de quoi il retourne : ici, on mise avant tout sur une clientèle hipster, branchée et aisée... On joue aussi sur la qualité des services, avec des chambres colorées vraiment plaisantes, arborant un élégant design et offrant tout le confort imaginable. Il y a même un *penthouse* avec salon, 2 chambres, jacuzzi et vaste terrasse... Si on réserve en direct, on a droit, pour le même prix, au petit déj inclus, au minibar, au 1er *drink* au bar, à la laverie et au wifi ultrarapide ! Une adresse chic, cool et funky. Dans le genre, une vraie réussite.

**The Hotel Windsor** (plan I, D2, **49**) : *111 Spring St.* ☎ *(03) 9633-6000.* • *thehotelwindsor.com.au* • Ⓣ *Bourke St. Doubles env 270-490 $.* Sa façade opulente et son entrée surmontée du blason de la famille royale rappellent le rang de cet illustre hôtel bâti en 1883. L'établissement, situé juste en face du Parliament House, affiche aujourd'hui 5 étoiles et soigne sa déco victorienne, son confort et son service. Une belle adresse pour une plongée à l'époque de l'Empire britannique, même si ça commence un peu à dater de-ci de-là. Vous pouvez d'ailleurs vous contenter d'y fréquenter le vénérable *Cricketers Bar* (voir « Où boire un verre ? ») ou d'y prendre le traditionnel *afternoon tea,* une institution *typically British* qui fait la réputation de la maison depuis 130 ans *(mer à 12h-12h30, ven-dim à 12h ou 14h30-15h)* !

### West Melbourne, North Melbourne, Carlton et Fitzroy

Plus pratiques que charmants, West et North Melbourne se partagent entre secteurs résidentiels et grands axes de circulation. Plus à l'est, proche du CBD, Carlton, le quartier « italien », est mignon, avec plein de maisons victoriennes, et tout près du Melbourne Museum. Idem à Fitzroy, l'animation nocturne en prime.

## Backpackers (auberges de jeunesse)

**The Nunnery** (plan IV, D2, **37**) : *116 Nicholson St.* ☎ *1-800-032-635 (n° gratuit) ou (03) 9419-8637.* • *nunnery.com.au* • Ⓣ *Hanover St. Réception 8h-12h, 17h-20h30 (9h30-13h30 dim). Dortoirs (3-12 lits) env 26-36 $/pers ; doubles env 85-120 $ ; triples et quadruples et forfaits à la sem ; petit déj continental inclus.* Notre adresse préférée à Fitzroy ! Dans un quartier calme et verdoyant, à 2 pas du Melbourne Museum, cette auberge occupe une élégante demeure de 1888 de style géorgien, reconvertie ultérieurement en... couvent des sœurs de la Charité ! Elle en a conservé un somptueux escalier intérieur, des papiers peints désuets, des vitraux, un vaste lounge avec canapés moelleux et vieille cheminée, toutes sortes de coins et recoins, sans oublier quelques objets et clins d'œil religieux. Pas sûr, pour autant, qu'un séjour ici vous vaille la rémission de vos péchés... Hors temps de Covid, les BBQ et *pub crawls* sont plutôt la norme. Dortoirs et chambres sont logés à la même enseigne : parquets, hauts plafonds, sanitaires communs pour tous ou presque (impeccables). Cuisine équipée (un peu petite), consigne à bagages.

**Melbourne Metro YHA** (plan I, C2, **25**) : *78 Howard St.* ☎ *(03) 9329-8599.* • *yha.com.au* • Ⓣ *Queensberry St. Dortoirs (4-8 lits) env 23-39 $/pers ; doubles sans ou avec sdb 75-110 $ ; familiale (4 lits) env 90-150 $. Parking 15 $ (réserver).* Ce n'est déjà plus le CBD, mais le début de West Melbourne. Le bâtiment en brique rouge se niche dans un coin tranquille, plutôt résidentiel, avec une voisine discrète : l'église St Mary's. Les dortoirs sont généralement assez étroits, mais de bon confort : chauffage, bonne literie, éclairage individuel, *lockers*... Idem pour les chambres privées. Grande cuisine alignant 16 feux de cuisson (!), salle à manger, salon avec billard, belle terrasse panoramique avec BBQ, garage à vélos.

### De bon marché à prix moyens

**_Miami Hotel Melbourne_** *(plan I, B2,* ***35****)* **:** *13 Hawke St.* ☎ *(03) 9321-2444.* • *themiami.com.au* • Ⓣ *Victoria/Errol St. Doubles env 100-135 $ ; triples et quadruples pas beaucoup plus cher (max 180 $). Parking 5 $.* On vous l'accorde, ce n'est pas Miami Beach, ni même le plus beau secteur de la ville... Pour autant, ce petit hôtel-motel aligne une poignée de chambres d'un bon rapport qualité-prix, tout en restant à distance de marche raisonnable du CBD – et surtout du Queen Victoria Market. Les moins chères ne sont pas grandes, mais impeccables, avec 1 grand lit, salle de bains, plus frigo et machine à café dans un coin. Le meilleur ? On s'y gare pour seulement 5 $ par jour (à condition de réserver en direct). Accueil vraiment gentil.

### De plus chic à très chic

**_Best Western Plus Travel Inn_** *(plan IV, D2,* ***38****)* **:** *angle Grattan et Drummond St.* ☎ *(03) 9347-7922.* • *thetravelinn.com.au* • Ⓣ *Swanston St. Doubles env 180-280 $.* C'est un hôtel de chaîne de taille moyenne, à l'architecture contemporaine, sans caractère ni charme particulier, mais fonctionnel et à prix encore abordables. On apprécie le calme du quartier résidentiel, avec quelques belles adresses de restos (italiens) dans le coin, le caractère spacieux des chambres et leur confort. Grande et belle piscine extérieure chauffée, resto, bar et parking.

**The Larwill Studio** *(Arts Series ; plan général, B-C1,* ***39****)* **:** *48 Flemington Rd.* ☎ *(03) 9032-9111 ou 1-800-278-468 (n° gratuit).* • *artserieshotels.com.au/larwill* • Ⓣ *Gatehouse. Studios env 180-360 $.* Le lieu appartient à une petite chaîne hôtelière originale célébrant à sa manière un artiste contemporain australien, dans chacun de ses 6 établissements. Ici David Larwill, au style « primitivo-naïf » évoquant un peu Basquiat. C'est le moins cher de tous, pourtant même souci du design subtil et coloré, même qualité de confort (au top) et, en prime, pas mal de chambres avec vue sur le Royal Park. Une belle adresse chic et *arty*, dans l'air du temps. Seul bémol : l'éloignement (relatif) du centre.

## Autour de Chapel St

Pas de raison prioritaire de séjourner dans le secteur, sauf si vous voulez être aux 1res loges du Prahran Market et de l'animation de Chapel St. Le CBD est à 15-20 mn de tram/train.

### De plus chic à très chic

**The Olsen** *(plan II, E4,* ***43****)* **:** *637-641 Chapel St.* ☎ *(03) 9040-1222 ou 1-800-278-468 (n° gratuit).* • *artserieshotels.com.au/olsen* • Ⓜ *South Yarra. Studios env 200-420 $ ; apparts et penthouses très chers.* Luxe, calme et volupté... Ce boutique-hôtel au cadre raffiné et coloré abrite des chambres vraiment classe et spacieuses (avec kitchenette), genre studio, au luxueux design. Comme les 5 autres établissements de la chaîne, il met à l'honneur un artiste contemporain australien : ici, le paysagiste abstrait John Olsen. Spa avec superbe piscine.

**The Cullen** *(plan II, E5,* ***44****)* **:** *164 Commercial Rd (entrée sur Grattan St).* ☎ *(03) 9098-1555 ou 1-800-278-468 (n° gratuit).* • *artserieshotel.com.au/cullen* • Ⓜ *Prahran. Studios env 200-400 $ ; apparts et penthouses très chers.* Un autre de ces 6 établissements de chaîne qui célèbrent à leur manière un artiste. Ici Adam Cullen, peintre australien contemporain (décédé en 2012) au style coloré et un peu brutal, souvent décrit comme « grunge », incluant chats morts, victimes de meurtres et représentations diverses et variées du brigand Ned Kelly... L'hôtel se trouve à 2 pas du marché de Prahran. Même style actuel, même décoration sophistiquée et colorée, mêmes prestations que l'*Olsen* (studios).

## St Kilda

Pour la plage, le Luna Park, l'animation nocturne le week-end (et même en semaine), les petits restos pas chers et les pâtisseries à se damner d'Acland St...

## Backpackers (auberges de jeunesse)

**X-Base** (plan III, D6, **45**) : *17 Carlisle St.* ☎ *(03) 8598-6200 ou 1-800-242-273 (nº gratuit).* • *stayatbase.com* • Ⓣ *Luna Park. Dortoirs (4-10 lits) env 25-45 $/pers ; double avec sdb env 120 $.* Installée dans une grosse structure moderne et pimpante, cette auberge mise sur le confort, avec des dortoirs lumineux, aux grandes baies vitrées, possédant tous leur propre salle de bains et la clim. Les filles ont leurs propres *sanctuary dorms* (6 lits). Doubles plus ou moins spacieuses, de bon confort. Outre les prestations habituelles (cuisine, lounge, bar, *job search...*), on vous prêtera des jeux pour la plage ! Plein d'activités gratuites aussi : karaoké, *trivia night,* disco le vendredi *(6 $),* soirées avec DJ et *after parties,* voire même spectacles comiques.

**Selina St Kilda** (plan III, D6, **47**) : *24 Grey St.* 📱 *0411-714-827.* • *selina.com* • Ⓣ *Grey St. Dortoirs (4-6 lits) 22-54 $/pers ; doubles sans ou avec sdb env 70-240 $.* À moins de 1 km de la plage, l'antenne « balnéaire » du *Selina* s'est installée dans le *St Kilda Coffee Palace,* un bâtiment ancien de caractère, rénové, dont il a conservé les hauts plafonds. Comme en ville, l'ambiance est cosy, avec salon plein de coussins, touches de déco, espace de *co-working.* Les dortoirs, violets (!), ont de bons matelas, des rideaux individuels, mais ni prise ni lampe individuelle. Les chambres, elles, sont impec', quelle que soit la catégorie – les plus chères n'ont rien à envier à des hôtels bien plus dispendieux et les familiales sont étonnamment spacieuses. Si vous êtes du genre sociable, vous êtes au bon endroit : à chaque jour ou presque son activité, entre cinéma *(free popcorn !)* et *pub crawl. Rooftop.*



# Où prendre un petit déj ? Où manger ?

La réputation de Melbourne n'est plus à faire auprès des *foodies.* Plus encore qu'à Sydney, la ville regorge de tables chics et *trendy* (chères), d'adresses de cuisines ethniques et, au-delà, de restaurants proposant différents types de fusion – notamment panasiatique. On s'y perd un peu tant l'offre balaie large, mais on apprécie le dynamisme, les produits souvent très frais et la volonté de bien faire. Un peu moins de mélanges de goûts et ce serait parfait !

## Central Business District (CBD)

Viser les *lanes, places, narrow and little streets,* discrètes... Les étages anonymes aussi livrent parfois leur lot de belles surprises...

### Bon marché

**Restos du Queen Victoria Market** *(Vic Market Place Food Hall ; plan I, C2)* : Ⓣ *Queen Victoria Market. Tlj sauf lun et mer 6h (9h dim)-14h (17h ven, 15h sam, 16h dim).* D'ici à ce que vous lisiez ces lignes, on peut espérer que le *food court* du marché, en pleine cure de rajeunissement, sera à nouveau ouvert. On adore ses façades de boutiques victoriennes côté Victoria St.

**Hakata Gensuke** (plan I, D2, **54**) : *168 Russel St.* ☎ *(03) 9663-6342.* Ⓣ *Russel St. Tlj 11h30-22h. Plats env 17-19 $.* Hakata est une ville japonaise proche de Fukuoka, dont la spécialité est les ramens *Tonkotsu,* des nouilles baignant dans un délicieux bouillon d'os de porc agrémenté d'herbes, déclinées en 7 versions (dont une noire). Cette petite cantine contemporaine applique la recette à la lettre et fait ses nouilles elle-même. Miam ! Il y a aussi les ramens *God Fire* et leurs 3 niveaux de piments – le 1er est déjà assez costaud ! Et de délicieux *gyozas* (raviolis). *Succursale à Carlton, 126 Lygon St (plan IV, D2, **53**) ; tlj 11h30-21h30).*

**Phở Thìn** (plan I, C2, **56**) : *389 Lonsdale St (en fait sur Hardware Lane). ☎ (03) 9193-8668. Ⓣ Elizabeth St/Lonsdale St. Tlj 10h30-20h30. Plats 16-17,50 $.* Il faut voir la queue dès l'heure du petit déj pour le croire ! Cette gargote judicieusement amarrée sur une ruelle piétonne se résume surtout à un comptoir où l'on va passer commande, à une terrasse et à un choix de 6 phôs, ces excellentes soupes de nouilles-repas vietnamiennes. Attention, tout est au bœuf ou au poulet – même le phô végétarien, au bouillon de bœuf.

**ShanDong MaMa mini** (plan I, C3, **50**) : *5 Centre Pl. 0416-662-992. Ⓣ Flinders St Station. Dans la ruelle au niveau du 258 Flinders St. Plats env 5,50-16 $.* On n'aurait pas imaginé une gargote comme ça en Australie, plaquée dans une ruelle sombre nanifiée par les immeubles voisins – plutôt dans une allée glauque de Hong Kong ou de Bangkok. Ici, on mange chinois à tout petits prix : des raviolis sautés à la poêle surtout, des plats de riz ou de nouilles à la vapeur, plus des *buns* au porc ou au bœuf aromatisés de 10 épices, de coriandre, de cacahuète et de sésame grillé. Un doute ? On vous montrera les photos. Et parce que c'est l'Australie : une quinzaine de bières pour étancher sa soif.

**Don Don** (plan I, C2, **55**) : *198 Little Lonsdale St. ☎ (03) 9670-7113. Ⓣ Elizabeth St. Tlj 11h-21h. Plats env 9-12 $.* Installé dans un bel édifice de brique rouge de style edwardien, ce mini-japonais très populaire auprès des jeunes ne désemplit pas ! Une seule et bonne raison : les prix d'avant-guerre, alliés aux généreuses quantités. Ce n'est certes pas au niveau de *Hakata Gensuke* en termes de qualité des bentos et des mets (une bonne douzaine au choix). Un mur d'images de geishas tente de faire oublier la salle banale.

## De bon marché à prix moyens

**Manchester Press** (plan I, C2-3, **66**) : *8 Rankins Lane. ☎ (03) 9600-4054. Ⓣ Bourke St Mall. Tlj 8h30-15h (15h30 w-e). Petits déj 10-24 $.* Ce café branché se planque lui aussi dans une de ces ruelles typiques du CBD. On s'y réveille sur une musique douce, devant un *bowl* santé (*açai*, pudding de *chia*...) ou, moins risqué peut-être, un bagel de compet' débordant de bonnes choses. L'origine du café est affichée au tableau. Côté déco, c'est du classique du genre : batteries de luminaires XXL, grandes tables en bois patiné, quelques plantes et un corset de briques blanchies.

**Lulu's Char Koay Teow** (plan I, C3, **65**) : *27-31 Hardware Lane. 0401-263-939. Ⓣ Little Bourke St/Queen St. Lun-sam 11h-15h et 17h-20h (20h30 ven-sam), dim 10h30-15h30 ; en continu le sam. Plats env 16-20 $.* Vous avez des souvenirs émus de vos soirées à écumer les stands de *street food* de Penang ? Filez chez *Lulu's* pour un flashback 100 % authentique, 100 % malais – terrasse sur ruelle piétonne en prime. Le *char koay teow* (et son cousin le *char mee*) sont des plats de nouilles (plates dans le 1er cas) sautées aux crevettes et/ou saucisse chinoise. Attention au sambal : ça pique un peu, beaucoup, passionnément, à la folie. Et si vous tombez bien, vous pourrez peut-être participer à un *live durian opening*, l'opération à cœur ouvert de ce gigantesque fruit malais très recherché mais à l'odeur exécrable !

## Prix moyens

**Brick Lane** (plan I, C2, **58**) : *33 Guildford Lane. 0416-198-743. Ⓣ Melbourne Central Station. Tlj 7h30 (8h w-e)-15h. Pas de résa le w-e. Plats 15-24 $.* Cette adresse hyper hype se cache dans une ruelle un peu secrète, que les habitants ont décidé de fleurir (ça change des poubelles et des tags). Sur la façade de brique, une vieille inscription conservée : *Grange Printing & Office Supplies...* Drôle d'impression quand l'assiette arrive : est-ce un petit déj ou un arc-en-ciel ? Sous les pommes pochées à la cannelle, les framboises, les fraises, les myrtilles, la confiture, les amandes effilées et les fleurs de capucine, on ne voit même plus la gaufre ! Au *lunch*, on avale une salade de quinoa ou de patates douces aux épices marocaines, une tartine de kale et de pesto aux noix. Ou une gaufre... au maïs et au piment ! Plus Melbournien, tu meurs.

**Captains of Industry** (plan I, C2-3, **66**) : *2 Somerset Pl. ☎ (03) 9670-4405. Ⓣ Bourke St Mall. Tlj sauf dim-lun 11h-18h (21h ven). Plats env 17-20 $.* Ici, on coupe les cheveux en 4. Planqué à l'étage d'un bâtiment de brique anonyme, dans une ruelle typique, ce lieu hybride et insolite regroupe café, coiffeur, cordonnier et boutique de whisky ! Tout ce qu'il faut pour vous requinquer si vous êtes au bout du rouleau... et même un sacré tatoueur à l'étage supérieur. On croirait un café des années 1940, resté dans son jus, avec ses cirages sur le bahut et ses tables de machines à coudre. Par beau temps, tout le soleil y entre. Un endroit bien sympathique pour prendre un bon café, une viennoiserie, ou luncher d'une salade ou d'un sandwich plein de bonnes choses. Tout est à l'ardoise.

**11 inch Pizza** (plan I, C3, **51**) : *Equitable Pl. ☎ (03) 9602-5333. Ⓣ Collins St/Elizabeth St. Accès à la hauteur du 349 Little Collins St. Tlj 11h (17h w-e)-22h. Pâtes et pizzas 18-24 $.* *11 inches,* si vous vous posez la question, ça fait exactement 27,94 cm. Une bonne taille, donc ! Grande comme un mouchoir de poche, cette pizzeria propose aussi des pâtes : on choisit sa forme, puis sa sauce et, hop, on s'installe sur les tables de la ruelle piétonne, avec une lampe de chevet le soir. Familial, jeune et décontracté.

**Pellegrini's** (plan I, D2, **52**) : *66 Bourke St. ☎ (03) 9662-1885. Ⓣ Parliament. Lun-sam 8h-23h30, dim 12h-20h30. Compter env 20 $.* Fondé en 1954 par 2 frères italiens, aux mains de la famille de leurs successeurs depuis 1974, *Pellegrini's* est une icône melbournienne, d'ailleurs classée par le National Trust ! Un délicieux café rétro à la salle en longueur dallée de noir et blanc, partagée entre 2 comptoirs enchâssés entre le mur et le bar, au-dessus duquel s'empile une flottille de souvenirs et quelques vieux objets d'origine incertaine. Devant : une batterie de tabourets hauts bien alignés très 60s. On y commande une gargantuesque assiette de spaghettis bolognaise *(al dente),* des lasagnes, un risotto, un minestrone. Rien de spectaculaire, mais l'ambiance est là. Les morfals suivront avec un cheesecake et termineront d'un bon cappuccino à réveiller un mort. Accueil pressé, brut de décoffrage, mais gentil au fond.

## De prix moyens à plus chic

**MoVida Next Door** (plan I, D3, **59**) : *163 Flinders St. ☎ (03) 9663-3038. Ⓣ Russel St/Flinders St. Mer-jeu 17h-22h, ven-sam 12h-23h, dim 12h-22h ; fermé lun-mar. Tapas et* raciones *6-37 $.* En face, Federation Square. Dans le prolongement, le QG de l'art du graff à Melbourne, Hosier Lane. Profitant de cette position hautement stratégique, ce micro-resto/bar débite, à l'espagnole, vins au verre, *albariño* bien frais, cocktails, tapas et *raciones* au bon goût de là-bas, mais faisant le plein de produits frais australiens – notamment marins, présentés sur leur lit de glace. Les moules sont tasmaniennes mais au xérès et *a la plancha,* les figues 100 % *aussies,* mais au fromage de chèvre. De l'authentique. De la qualité. Et une bien belle ambiance qui invite à se détendre et sourire.

**Cookie** (plan I, C2, **57**) : *252 Swanston St. ☎ (03) 9663-7660. Ⓜ Lonsdale St/Swanston St. Tlj de 12h (16h lun-mar) jusque tard. 3 tailles de plats 15-48 $.* Accessible par un escalier sombre au 1er étage de l'ancien siège du Parti communiste australien (!), indécelable depuis la rue, *Cookie* fait malgré tout le plein. Un cocktail pour commencer (60 propositions !), une petite assiette pour continuer, rebelote, une autre plus grosse pour éponger... C'est comme ça que ça se passe, ici. La cuisine est à dominante thaïe, donc épicée (voire incendiaire). Quant au cadre, il navigue (sur un océan de bière et de vin) entre *beer hall* centre-européen et loft new-yorkais, avec long bar en marbre (superbe !), lumières tamisées et balcon sur rue en prime. Avec une centaine de bières en stock et une carte des vins de 30 pages, vous ne risquez pas la déshydratation... Service souriant et dynamique.

**The Meatball and Wine Bar** *(plan I, D3,* ***60****) : 135 Flinders Lane. ☎ (03) 9654-7545. Ⓣ Russel St/Flinders St. Mar-mer à partir de 17h, jeu-dim à partir de 12h, jusque tard ; fermé lun. Plats 28-32 $.* Dans un cadre un peu élégant de brique nue, plancher en bois et comptoir en cuivre, les habitués viennent avaler ici leur dose de *comfort food,* comme disent les Zanglo-Saxons lorsqu'ils parlent de ces choses simples et satisfaisantes pas toujours bonnes pour la ligne... Ici, héritage italien oblige, c'est de boulettes qu'il s'agit. Pour tous les goûts, à toutes les sauces. *Choose a ball – Choose a sauce,* précise le menu. Elles sont fabriquées avec de bons produits et elles s'invitent même dans les spaghettis ! Des gnocchis, aussi. Au dessert, tenter le *Whoopie Mac* (glace entre 2 macarons) !

**Metro Burgers** *(plan I, C3,* ***26****) : 12 Degraves St. ☎ (03) 9671-4069. Ⓣ Flinders St Station. Dans une ruelle face à la gare. Tlj 11h (9h w-e)-21h (22h ven-sam). Plats 18-37 $.* À côté de plusieurs auberges, le *Metro* ne perd pas le nord : il vise la clientèle des jeunes tout juste atterris et affiche au menu des burgers volontiers instagrammables : émeu, kangourou et même crocodile d'estuaire, de quoi faire bisquer les potes de l'autre côté du monde. Le wagyu est australien, aussi, et il y a même des *breakfast burgers* !

## De plus chic à très chic

**Cumulus INC** *(plan I, D3,* ***61****) : 45 Flinders Lane. ☎ (03) 9650-1445. Ⓣ Spring St/Flinders St. Tlj à partir de 17h (12h ven-dim). Petits plats 5-26 $ ; autres plats 38-58 $.* Dans le quartier artistique, l'adresse hésite entre chic et décontracté. Plus de place ? On vous installera au long comptoir de marbre, dos à la cuisine ouverte. La carte, évolutive, puise largement dans le vivier des produits de saison. En dehors de l'incontournable *slow-roasted lamb shoulder* (à partager), beaucoup surfent sur les charcutailles, les salades, les assiettes type tapas à partager, les fromages et les desserts. C'est bon, voire très bon, mais cher, voire très cher et les portions sont un peu justes. Idem côté vins... Attention, on n'y va pas en amoureux, c'est souvent bondé et bruyant. Pour oublier l'addition et bien digérer, la visite aux *murals* alentour s'impose.

**Chin Chin** *(plan I, D3,* ***60****) : 125 Flinders Lane. ☎ (03) 8663-2000. Ⓣ Russels St/Flinders St. Tlj de 11h jusque tard. Compter env 50 $ ; formules env 75-90 $.* De l'ancien entrepôt livrant une grande salle illuminée par de multiples baies et un élégant bar en arc de cercle, débordent des tables jusque sur le trottoir. Midi comme soir, c'est *packed* (à touche-touche) ! Le menu au design « Mao » annonce une cuisine néo-asiatique riche en propositions, butinant entre currys, BBQ, sashimis, plats de riz et nouilles, barramundi et salade de porc caramélisé – notamment. Si vous hésitez, dites seulement « *Feed me* » et on vous servira une petite sélection de bonnes choses *(min 2 pers).* Mais ne venez pas si vous cherchez une cuisine authentiquement asiatique. Autre bémol : le volume XXL de la musique qui empêche de parler. Bar au sous-sol.

**Lucy Liu** *(plan I, D3,* ***63****) : 23 Oliver Lane (juste avt Russell St). ☎ (03) 9639-5777. Ⓣ Russell St/Flinders St. Tlj de 12h jusque tard. Petits plats 16-25 $ ; autres plats 24-46 $ ; formules 5-7 plats 58-75 $.* Lucy Liu, c'est la tueuse du film *Kill Bill.* Pas d'inquiétude, vous ne risquez pas votre peau en pénétrant dans l'étroit couloir rougeoyant menant à cet ancien entrepôt reconverti en resto hautement *trendy,* avec cuisine ouverte. On a affaire ici à une nouvelle cuisine asiatique très moderne, un poil sophistiquée et saisonnière, accordant une large place aux petits plats à partager, raviolis et *dim sum* à la chinoise. On y sent des influences japonaises, thaïes, coréennes, chinoises et même indiennes, avec des associations osées... Comme souvent, musique criarde, pas franchement idéale pour converser !

**Box Seafood** *(plan I, C-D3,* ***64****) : 189 Collins St. ☎ (03) 9663-0411. Ⓣ Town Hall/Collins St. À côté du théâtre. Tlj sauf dim-lun et mar midi.*

*Plats 28-48 $.* Salle en longueur assez sombre, cadre d'une certaine sobriété, atmosphère ronronnante, loin de la fureur d'autres adresses plus hype, le *Box Seafood* est fidèle à son nom, mitonnant une élégante cuisine à base de poissons et fruits de mer à la fraîcheur garantie – certes dispendieuse. On s'y presse avant et après les spectacles au Regent Theatre voisin.

## *Fitzroy et Collingwood*

Sur fond d'architecture du XIXe s, témoignage de leur passé ouvrier et populaire rhabillé de tags, Fitzroy et Collingwood assument une identité bien à eux, alternative, manifestée par une pléthore de lieux originaux, aux ambiances parfois improbables.

## De bon marché à prix moyens

**Faraday's Cage** *(plan IV, D2,* **67***) : 325-329 Gore St. ☎ (03) 8589-1568. Ⓣ Johnston St/Brunswick St. Tlj sauf lun 7h30 (8h w-e)-16h. Plats 7,50-25 $.* Jolie découverte. Cette boulangerie artisanale et *coffee-shop,* installée dans un ancien entrepôt aux murs de brique rouge, donne sur une ruelle calme, avec quelques tables en terrasse. Certains viennent acheter du bon pain frais (*sourdough, multigrain,* etc.) ou une viennoiserie au comptoir, les autres s'attablent face à un petit déj/*lunch* sain et copieux : granola, *hotcakes* à la ricotta, *bowls,* röstis aux poireaux, jus frais et délicieux cafés... Atmosphère très relax et accueil sympathique. Une adresse typique du quartier : alternative et cool !

**Huxtaburger** *(plan IV, D2,* **70***) : 106 Smith St. ☎ (03) 9417-6320. Ⓣ St Vincent Plaza. Tlj 11h-22h (minuit ven-sam). Burgers 10-17 $.* Dans un cadre totalement banal et peu confortable, les meilleurs burgers du coin, en 16 options (dont 5 végétariennes). La viande est super bien grillée. Attention, frites, *onion rings* ou *cole slaw* se paient séparément. *Autres succursales : 357 Collins St (CBD ; accès par Flinders Lane) et 203 High St (Prahran).*

**Bowl Bowl** *(plan IV, D2,* **70***) : 96 Smith St. ☎ (03) 9417-7448. Ⓣ St Vincent Plaza. Tlj du mat au soir. Plats 14-25 $.* Originaire de Chengdu, dans le Sichuan, le boss, Kun Fu (si, si !), est passé par de nombreuses cuisines chinoises et australiennes réputées. Enfin installé dans son propre resto, il sert une cuisine du Sichuan richement dotée en raviolis (vapeur ou frits), frais et parfumés à souhait, délicieux *spring rolls* (tiens, au canard, ça change !), ramens, *chow mein,* plats de riz et autres spécialités véganes. On est sûr d'y trouver chaussure à son pied, même si l'on n'est pas très friand d'huile pimentée (la maison fabrique carrément la sienne !). À déguster dans une petite salle allongée à la déco soignée, entre jolie vaisselle chinoise dépareillée, ombrelles, plantes et terrasse couverte à l'arrière. Très bon – non, excellent – accueil !

**Easey's** *(plan général, E1,* **72***) : 48 Easey St. ☎ (03) 9417-2250. Ⓣ Keele St/Smith St. Tlj 12h (11h w-e)-22h (23h ven-sam). Résa obligatoire. Burgers env 14-23 $.* Voilà l'un des lieux les plus insolites de Melbourne : 3 wagons de métro sur un toit, au 5e étage d'un immeuble ! Un seul a été transformé en resto par 3 potes très impliqués dans le graff. Inutile de dire qu'il faut réserver pour trouver une place, même si c'est un peu à perpète... Sinon on peut manger en terrasse, entre les wagons, avec la même vue sur la ville. Spécialité maison : de *juicy* burgers et leurs croustillantes frites (vendues séparément), du classique *cheese* à l'insurmontable *Metropolitan mayhem,* empilant 4 couches de bœuf, 2 galettes de patates, cheddar et tout le toutim... Jolie petite sélection de cidres à la pression. Un lieu prisé des bandes d'amis. Pour digérer, faites le tour des fresques et graffs aux alentours aussi.

**Vegie Bar** *(plan IV, D1,* **73***) : 380-382 Brunswick St. ☎ (03) 9417-6935. Ⓣ Leicester St/Brunswick St. Tlj 11h-22h (22h30 ven-sam). Cake shop tlj 11h-21h (21h30 ven-sam). Pizzas 19-25 $ ; plats 21-27 $.* LE végétarien de Fitzroy, indéboulonnable, se divise en 3 : le *take-away,* le *cake shop Girls & Boys* (avec son choix de smoothies chérots et de *nourish bowls* mêlant fruits et graines), et le resto à proprement parler, entre sol brut et briques. La carte navigue vers tous les horizons végétariens, collectionnant phô (vietnamien), *mee goreng* (malaisien), dahl (indien), *bowls,* currys, samossas, burger de tofu, burrito mexicain et pizzas – copieux. Là, jus de fruits frais et smoothies côtoient aussi quelques vins au verre et cocktails qu'on déguste dans la verdoyante courette. Attention, la rapidité n'est pas toujours au rendez-vous (euphémisme) !



## De chic à très chic

**Marion** *(plan IV, D2, **71**) : 53 Gertrude St. ☎ (03) 9419-6262. Ⓣ Gertrude St/Brunswick St. Tlj à partir de 17h (12h ven-dim). Petits plats 10-23 $ ; autres plats 30-44 $ ; menu de saison 85 $.* Au pied d'un immeuble du XIXe un peu décrépi, l'adresse jure par son élégance. La star, ici, c'est le vin – couvrant en partie les murs et nappant les grands verres qui s'entrechoquent. La sélection, sans cesse renouvelée en fonction des arrivages et des découvertes, comprend plus de 20 choix au verre, du monde entier. Tchin. Petit, chic, plein d'énergie, le lieu joue les accords au gré des saisons, puisant sans limite dans la corne d'abondance australienne pour offrir une courte carte de petits et grands plats qui évitent les juxtapositions hasardeuses ! En cave, encore : des vins iconiques.

**Rice Paper Scissors** *(plan IV, D1-2, **74**) : 307 Brunswick St. ☎ (03) 9486-0066. Ⓣ Johnston St/Brunswick St. Tlj 12h-15h, 17h-21h30 (23h ven-sam) ; ouv en continu le w-e. Menu (5 plats) 45 $.* L'intérieur, en grosse pierre noire, est assez sombre ; on préfère nettement la terrasse sur rue, même s'il peut y faire frais en soirée et que les places y sont chères ! Ici aussi, la cuisine, soignée, lorgne du côté asiatique – panasiatique, comme souvent, invitant à la table petits plats et influences thaïs, vietnamiens, birmans, etc. Le classique : le menu de 5 petits plats, végétariens ou non (on peut panacher), toujours joliment présentés et souvent relevés. Les cocktails sont hyper inventifs, comme cette *Chiang Mai Bloody Mary* qui décoiffe ou *That lychee drink.* Petite sélection de bières et vins aussi. Accueil et service à la fois sympa et très personnalisés. *Autre adresse : 15 Hardware Lane (CBD).*

**Transformer** *(plan IV, D1, **75**) : 99 Rose St. ☎ (03) 9419-2022. Ⓣ Leicester St/Brunswick St. Tlj sauf lun-mar à partir de 17h30. Formules* Feed me *64-84 $ (pas de carte).* Dans cet ancien entrepôt de matériel électrique joliment transformé, aux grillages tissés de lierre et aux lumières tamisées, les chefs préparent une cuisine végétarienne de luxe (non, ce n'est pas incompatible !) pour une clientèle *trendy* et stylée, mais pas figée. Les mets, à base de beaux produits et légumes de qualité, font montre d'une belle et fraîche créativité, sur des notes de fusion assez marquées. Sophistiqué et délicieux, mais venez en toute connaissance de cause : ici, pas de carte, mais seulement des menus pas donnés !

## Carlton et North Melbourne

À Carlton, tout se concentre dans ***Lygon St,*** LA rue des restos italiens... pas toujours satisfaisants. On a fait le tri pour vous ! Autre option, plus excentrée : ***Errol St,*** dans North Melbourne, dont on apprécie l'ambiance authentique de quartier-village, en marge de l'excitation du CBD et des coins touristiques.

## Prix moyens

**Brunetti** *(plan IV, D1-2, **78**) : 380 Lygon St. ☎ (03) 7034-7066. Ⓣ Lygon St/Elgon St. Tlj en continu 5h-22h (minuit ven-sam). Petits déj 12,50-25 $ ; plats 22-31 $.* Un grand coup de cœur pour ce fleuron du quartier italien, devenu au fil du temps un superbe complexe gastronomique, vitrine du meilleur de la cuisine transalpine ! Dès l'entrée, on salive devant les vitrines de ses savoureux gâteaux (la *torta di arancia* est une tuerie !), puis les centaines de propositions de snacks, *arancini*, *focaccie*, *piadine* et autres sandwichs, pâtes du jour, pizzas au feu de bois... Quant aux glaces, elles sont à se damner... Un choix véritablement gargantuesque, à des prix raisonnables. On commande au comptoir. Si le côté « cafétéria sans charme » du lieu vous rebute un peu, direction la terrasse sur rue, prisée par habitués et familles.

**Auction Rooms** (plan I, B2, **80**) : 103-107 Errol St. ☎ (03) 9326-7749. Ⓣ North Melbourne Town Hall/Queensberry St. Tlj 7h (7h30 w-e)-16h. Petits déj 13-30 $. On ne traverse pas la ville pour venir jusque-là, mais si on réside dans le coin, l'option est bonne pour un petit déj ou un *lunch* de qualité (menu unique), quoique cher. L'ancienne salle des ventes, haute de plafond, lumineuse et aérée, au vénérable plancher en bois et vieille brique à nu, s'étire vers une grande terrasse sur rue accueillante. Il y a quelque chose de *trendy* dans l'air, assurément. Et dans l'assiette aussi : la carte (courte) est si inventive qu'on ne sait même plus quoi commander ! Dans votre granola s'invitent du blé soufflé, des graines rôties au *tahini* (pâte de sésame), un yaourt au coco... Bref, ça décoiffe. Même les gâteaux du jour jouent volontiers l'originalité. Le café est bon, sans trop de surprise, lui !

**D.O.C. Carlton** (plan IV, D2, **79**) : 295 Drummond St. ☎ (03) 9347-2998. Ⓣ Lygon St/Elgin St. Tlj de 17h (12h w-e) jusque tard. Salades 14-19 $ ; pizzas 19-31 $. Ne parlez pas de resto italien, c'est un « bar à pizzas et mozzarella » ! Appellation mise à part, les produits de la Botte ont assurément la vedette ici – d'où cette *Denominazione di Origine Controllata* (DOC) brandie en étendard. Ici, la mozza joue au repas de plein droit, en salade bien sûr, avec diverses verdures, mais aussi accompagnée de saucisses ou de *bresaola* (viande séchée). Il y a même une dégustation de 3 mozzarellas (classique, fumée et bufflonne), plus des lasagnes (à la mozza !) et des desserts (sans mozza !). Le niveau sonore atteint des sommets éprouvants mais, heureusement, il y a la terrasse ! *Succursale au 330 Lygon St* (delicatessen).

## *Autour de Chapel St*

### Bon marché

**Lucky Coq** (plan II, E5, **84**) : 179 Chapel St (angle High St). ☎ (03) 9525-1288. Ⓜ Windsor. Tlj sauf lun-mar 12h30-3h (cuisine jusqu'à 22h). Pizza 8 $ tlj tte la journée ; burgers 18-21 $. Levez le nez : le coq doré coiffant le bar jaune plante le cadre. On vient ici avant tout pour l'élément liquide, mais aussi pour les bonnes et croustillantes pizzas (même au Nutella ou à la banane), à ingurgiter dans un cadre éclectique et bigarré, un *coqtail* ou une bière à la main. Ici, des fauteuils et canapés si profonds qu'on n'a plus envie de se relever. Là, une mappemonde au plafond. Et partout, une musique tonitruante, parfois servie par des DJs. Sympathique *rooftop bar*. Si vous venez tard, ne chatouillez pas les videurs...

**Leonard's House of Love** (plan II, E5, **86**) : 3 Wilson St. 📱 0428-066-778. Ⓜ South Yarra. Tlj 17h (12h ven-dim)-1h (3h ven-sam). Burgers 14-17 $. Dans une rue tranquille, ce drôle de chalet de montagne précédé d'un *beer garden*, fort populaire auprès des jeunes, cache un curieux salon vintage avec boule à facettes et objets chinés, et 2 tables de billard. L'endroit est réputé pour son copieux burger de poulet frit et son cheeseburger, à arroser d'un verre de vin ou d'une bonne bière (comme la *Leonard's Bathtub Lager* et la *Brooklyn* pression). Incontournable dans le secteur.

### Prix moyens

**Colonel Tan's** (plan II, E5, **85**) : 231 Chapel St. ☎ (03) 9521-5985. Ⓜ Prahran. Tlj sauf dim-lun 17h-23h (22h ven-sam). Petits plats 14-16 $ ; autres plats 17-27 $. On adore l'approche, l'escalier raide, la réception évoquant l'entrée d'un mystérieux bouge asiatique aux couleurs ocre et rouge fanées, dans des lumières expressionnistes tamisées... Dans un festival de lustres, la grande salle évolue dans les mêmes tonalités, entre baroque et récup. Affalez-vous sur les 1[res] banquettes pour un bon cocktail, avant de déguster une appétissante cuisine d'inspiration thaïe généreusement servie. Vedette de la carte : le *Penang lamb curry,* tendre et parfumé à souhait, issu d'élevages en plein air et de potagers bio. Sinon, des woks, des nouilles et 3 autres currys au choix, des salades... Belle sélection de bières à la pression. Super musique de fond. Le soir, l'endroit se transforme en club électro (voir ***Revolver's Upstairs*** dans « Où boire un verre ? Où sortir ? »).

## *St Kilda*

### Bon marché

**Banff** (plan III, D6, **82**) : *145 Fitzroy St.* ☎ *(03) 9525-3899.* Ⓣ *Fitzroy St. Tlj sauf lun-mar 12h-23h. Happy hours tlj 15h-18h et 21h-22h. Plats 9-16 $.* C'est le café du coin, fondé en 1942, bien sympa, bien pratique, dé-con-trac-té, situé à 2 pas de l'auberge *Selina.* Cheminée, petites tables rondes de café à la française, bouquins dans un coin, l'intérieur est cosy. Pour ne rien gâcher, le service est jeune et dynamique, la musique à l'avenant et on peut manger à toute heure sans se ruiner. Des snacks. Des salades. Une *focaccia.* Des pâtes. Un risotto. Et surtout des pizzas particulièrement pas chères. Bref, rien de *fancy,* mais tout ce qu'il faut, dans une belle ambiance renforcée par un joli petit choix de vins au verre et de bières. Oh ! et cette graaaande terrasse. Alléluia !

**Juana Taco** (plan III, D6, **83**) : *21 Carlisle St.* ☎ *(03) 9534-4200.* Ⓣ *Barkly St/Carlisle St. Tlj 17h-23h (minuit ven-sam). Compter 16 $ les 3 tacos, 29 $ les 6.* À Melbourne, il y a beaucoup de restaurants inspirés par les cuisines du monde. Et il y a les vrais. Ici, pas de doute : *vamos a Mexico !* Devanture et murs rose bonbon, *booths* vert amande, 2 squelettes musiciens perchés au-dessus, 2 fauteuils de roi argentés et, dans l'assiette, du classique de chez classique : *tacos y tacos, enchiladas y quesadillas,* à arroser d'une Corona en v.o. et de cocktails à thème – *Mexican mule,* margaritas divers et variés (dont un au... wasabi !). Olé !

Voir aussi ***Iddy Biddy*** *(plan III, D6, **81**)* dans « Où boire un verre ? Où sortir ? ».

### De plus chic à très chic

**Republica** (plan III, D6, **77**) : *10-18 Jacka Blvd.* ☎ *(03) 8598-9055.* Ⓣ *Esplanade. Face à la plage. Tlj de 12h jusque tard. Concerts ven 18h-21h, sam 15h-21h, dim 14h-17h. Plats 16-47 $ ; pizza party à 16 $ le lun à partir de 17h.* Installé dans l'ancien édifice des bains, sur la promenade littorale, le resto se tourne frontalement vers la mer à coups de grandes baies vitrées. Joli, mais bruyant. Par beau temps, l'immense terrasse, avec ses balancelles, fait de l'œil. La carte, assez courte, ratisse néanmoins large, histoire de plaire à tous : salades, burger, *pasta alla Norma,* risotto, *fish & chips,* pizzas, viande et fruits de mer, concoctés avec de bons produits locaux. Pour étancher sa soif : une dizaine de vins au verre et des cocktails. À indiquer, l'exceptionnelle qualité du service, attentionné et efficace. Même sans résa, on tâchera toujours de trouver une solution (avec le sourire).

## *Docklands*

C'est le nouveau quartier de standing aménagé sur les flancs de l'ancien port. Rien de romantique et, à vrai dire, les lieux, qui peinaient déjà à décoller avant le Covid, n'en ont l'air que plus morts depuis... Les week-ends de la belle saison, ça va un peu mieux. Si jamais vous trainez par-là, voilà une adresse pour faire escale.

### De plus chic à très chic

**Cargo** (plan I, B3, **68**) : *55A New Quay Promenade.* ☎ *(03) 9670-0999.* Ⓣ *Central Pier-Stop D2. Tlj à partir de 11h. Plats 14-36 $.* On y vient pour la rotonde de verre avancée sur l'eau, face au port, avec une terrasse sur le flanc. La cuisine est très correcte, mais on paie assurément le cadre. Rien de très original à vrai dire : burgers, tacos, pizzas, moules, paella... À côté, ***Berth*** lui ressemble beaucoup *(tlj 11h-22h ; plats 18-39 $),* en un peu plus cher (ce qui ne se justifie pas).

## Où déguster un bon café (et plus si affinités) ?

À Melbourne, le café est plus qu'un savoir-faire : c'est une religion ! Les habitants sont des amateurs éclairés et affirment qu'on boit ici le meilleur café du monde... Rien que ça ! Il est assurément différent du nôtre, plus crémeux, plus dense, plus riche, souvent plus aromatique et proposé par crus de différentes origines. Les Australiens sont si difficiles en la matière que Starbucks a dû fermer l'essentiel de ses magasins dans le pays ! La manière de préparer le café est un sujet inépuisable. Quant à la nomenclature, elle n'aide pas à s'y retrouver. Si on identifie facilement l'*espresso,* on hésite d'abord un peu face au *long black* (2 shots d'expresso, un peu allongé), au *flat white* (le même, avec mousse de lait) et au *latte* (lait au café !). Le plus rigolo, c'est que ce sont les immigrés russes qui ont lancé le café en Australie, dans les années 1920. Les Italiens ont pris la suite en important les 1ers percolateurs dans les années 1950-1960.

■ ***Hidden Secrets Tours*** *(● hiddensecretstours.com.au ●)* propose des *Cafe Culture Walks* plusieurs fois par semaine... Parfait pour découvrir de nombreuses adresses cachées et voir qui, parmi eux, réussi à faire les plus beaux dessins dans la mousse. Les plus doués des *baristas,* comme on dit, font même des koalas !

☕ ***Brother Baba Budan*** *(plan I, C3, **65**) : 359 Little Bourke St. ☎ (03) 9347-8664. Ⓣ Bourke St Mall. Tlj 7h (8h w-e)-17h.* Malgré le nombre important de chaises (au plafond !), on est quand même obligé de s'asseoir sur des tabourets ! Pas grave, on déguste dans ce *coffee-shop* mouchoir de poche – *hip* depuis des lustres – un des meilleurs cafés de la ville, agrémenté de quelques viennoiseries. Volume sonore un peu élevé, dommage... La maison appartient au « roi du café » *Seven Seeds,* qui distribue ses produits dans plus d'une vingtaine de *coffee-shops* locaux et possède aussi 2 autres antennes en ville, dont ***Traveller*** dans le CBD *(2/14 Crossley St ; lun-ven 7h-16h, fermé w-e ; plan I, D2, **90**).*

☕ ***Shortstop Coffee & Donuts*** *(plan I, C2, **91**) : 12 Sutherland St. 📱 0499-366-883. Tlj 8h-17h. Compter env 6 $ le donut.* Et hop, encore une adresse nichée dans une ruelle, au pied des gratte-ciel du CBD. Les costards s'y pressent le matin pour happer un *designer donut,* si l'on ose dire – des petites bombes, au miel et sel de mer, au matcha, au citron meringué... Attention, on s'en met partout ! Un café et ça repart (il y a quelques tables, aussi).

☕ 🍽 ⛱ ***St. Ali*** *(plan général, C4, **92**) : 12-18 Yarra Pl, South Melbourne. ☎ (03) 9132-8966. Ⓣ 12 : Clarendon St/York St. Tlj 7h-15h (16h w-e).* C'est l'un des pionniers, fondé en 2005 dans une rue de South Melbourne, un peu loin de tout. N'empêche, les hipsters y filent dare-dare pour le choix et la qualité des cafés, là pour le cadre décalé à l'esprit industriel bombardé d'électro (ancien hangar au toit en contreplaqué !), le service précis et sympa, et la bonne cuisine dans le *move.* Ici, le yuzu, c'est déjà dépassé : pour accompagner votre burger de barramundi, vous aurez droit au citron caviar australien, dont les petites billes éclatent sous la langue.

☕ ⛱ Voir aussi, dans le CBD, ***Brick Lane*** *(plan I, C2, **58**),* ***Manchester Press*** *(plan I, C2-3, **66**)* et ***Captains of Industry*** *(plan I, C2-3, **66**),* ainsi que ***Pellegrini's*** pour un vrai *espresso* ou cappuccino à l'italienne *(plan I, D2, **52**)* ; à North Melbourne, l'***Auction Rooms*** *(plan I, B2, **80**)* ; et dans le quartier de Fitzroy, ***Faraday's Cage*** *(plan IV, D2, **67**),* décrit dans la rubrique « Où prendre un petit déj ? Où manger ? ».

☕ ***Market Lane :*** *● marketlane.com.au ●* Une *success story* à l'australienne ! Tellement populaire que 6 adresses ont ouvert à Melbourne depuis 2009 – notamment 2 au *Queen Victoria Market* et 1 au marché de Prahran. Goûtez

LE VICTORIA

le *coffee spritz,* mélange d'eau gazeuse glacée et de café *espresso.* Étonnant et rafraîchissant ! Cours de préparation et torréfaction.

## Où s'offrir une pâtisserie ou une glace ?

### Central Business District (CBD)

***Cucina Caffè e torta*** *(plan I, C3,* ***92****) : 314 Little Collins St. 0434-595-885. Collins St/Elizabeth St. Tlj 8h-18h30 (19h30 ven). Plats 11-24 $.* Stratégiquement posté à l'entrée sud de la splendide Royal Arcade (1870), le lieu est parfait pour une pause sucrée ou un réveil matin. Tables rondes à la parisienne, coins banquettes cosy, tables débordant sur la galerie, le feeling est très européen ici. Dans l'assiette : un tiramisù de compétition, une mousse noisette-caramel salé, des macarons, des gâteaux plus ou moins inconnus, mais aussi des petits déj servis toute la journée, une gaufre au sirop d'érable, des sandwichs, les tagliatelles de la *nonna...*

### Fitzroy, Carlton et Collingwood

***Messina*** *(plan IV, D2,* ***94****) : 237 Smith St. ☎ (03) 9417-0488. Hodgson St/Smith St. Tlj 12h-22h (22h30 ven-sam).* *Messina,* c'est le glacier emblématique de l'Australie, avec une vingtaine d'adresses à travers le pays (dont 4 vers Melbourne). Chez *Messina,* on ne plaisante pas : la ferme maison fournit le lait, la machine à fabriquer le *dulce de leche* (une sorte de caramel) a été importée d'Argentine et l'entreprise a même acheté une plantation de noisetiers en Italie pour se fournir à la source ! Après avoir fait patiemment la queue, on pioche parmi une quarantaine de parfums (dont 5 nouveaux chaque semaine) : des classiques, des moins classiques, des sorbets de fruits frais, des associations subtiles aussi, façon poire-rhubarbe, nougat italien, orange sanguine et le surprenant *pandan* (une plante aromatique d'Asie) & *coconut* !

***Gelateria Pidapipó*** *(plan IV, D1-2,* ***95****) : 299 Lygon St. Lygon St. Tlj 12h-23h.* C'est le glacier incontournable du quartier italien de Melbourne. Ici, on fabrique les glaces sous vos yeux et on ne lésine pas sur les portions. Une vingtaine de parfums, certains originaux : mascarpone et fruits rouges, *fior di latte,* beurre de cacahuète, confiture de figues, melon, etc. Succursale dans le CBD *(8 Degraves St ; plan I, C3,* ***95*** *; lun-mer 14h-22h, jeu-dim 12h-22h).*

### St Kilda

Étonnant : Acland St, la rue principale de St Kilda, aligne pas moins de 4 pâtisseries à l'européenne, que l'on croirait sorties d'une gravure de l'entre-deux-guerres. Certaines sont presque centenaires, comme ***Monarch Cakes,*** au n° 103 *(plan III, D6,* ***96*** *; lun-ven 8h-18h, w-e 8h30-18h30),* d'origine polonaise, fondée en 1934 et connue pour son *plum cake* et son *chocolate kougelhoupf* piqué aux Alsaciens (l'orthographe s'est perdue en chemin !)... Chez ***Le Bon,*** à 20 m, c'est le strudel qui est à l'honneur depuis 3 générations. Mais, bon, les gâteaux d'***Europa*** ont meilleure gueule...

***7 Apples Gelato*** *(plan III, D6,* ***93****) : 75 Acland St. ☎ (03) 9537-3633. Belford St/Acland St. Tlj 10h30-22h. Congés : de mi-juil à mi-août.* Un des meilleurs glaciers de la côte. Certes moins de parfums qu'au *Messina,* mais savoureux aussi... voire surprenant, comme ces glaces au *bubble gum* ou au Ferrero rocher !

## Où boire un verre ? Où sortir ?

Question bars, pubs, clubs et boîtes, Melbourne offre la même diversité et abondance que pour les restos ! Petite note préalable, toutefois : la législation impose une amende de 19 000 $ aux établissements qui servent les moins de 18 ans et ceux qui sont déjà bourrés... résultat, les videurs font très souvent du zèle et il suffit de plaisanter un peu fort pour se voir virer comme un malpropre.

– Infos complètes sur la vie culturelle et nocturne : ● *beat.com.au* ● Pour tout savoir des concerts du moment, suivez la rubrique *Gig Guide.*

### *Central Business District (CBD)*

Dans le CBD, pas de continuité de l'animation sur au moins 2 km comme sur Brunswick St ou Smith St (Fitzroy), ou Chapel St plus au sud... Ici, les adresses se dispersent au gré des *lanes* et ruelles taguées persillant le cœur de gratte-ciel de la ville. La pépinière d'étudiants du MIT n'est pas loin, ça amène du monde !

**Ponyfish Island** *(plan I, C3,* ***104****) : Southbank Pedestrian Bridge (entre Southbank Promenade et Flinders Walk, sous l'Evan Walker Bridge).* Ⓣ *Flinders St Station. Tlj 11h-1h. Cocktails 19-22 $ ; bières 7-13 $.* L'un des secrets les mieux gardés de Melbourne ! Un bar caché, sous l'un des ponts surplombant la Yarra River, formant un îlot festif entouré d'eau et habité d'*happy people.* Assez calme le midi, il ne désemplit plus à partir de 17h. Cocktails inventifs, bière faite maison (la *Ponyfish Unlikely Lager* !), pizzas, charcuterie et plateau de fromages à grignoter. Un spot intimiste et romantique, pour admirer le coucher du soleil.

**Riverland** *(plan I, D3,* ***103****) : 1-9 Federation Wharf (en contrebas du Princes Bridge).* ☎ *(03) 9662-1771.* Ⓣ *Flinders St Station. Tlj sauf lun-mar 11h-20h (22h ven-sam). Cocktails 15-22 $ ; vins au verre 11-24 $.* De grandes terrasses face aux quais, en bordure de la Yarra, à l'ombre de quelques arbres : idéal pour faire une pause. Le *beer garden* est devenu le QG favori des trentenaires (et plus !) pour l'*afterwork.* Quelques plats à partager pour éponger... Juste à côté, le **Pilgrim** *(15-19 Federation Wharf ;* ☎ *(03) 9654 9575 ; ven-dim 12h-20h)* : même concept, un brin plus inventif.

**Young & Jackson** *(plan I, C3,* ***107****) : angle Flinders et Swanston St.* ☎ *(03) 9650-3884.* Ⓜ *Flinders St. Tlj de 8h (10h w-e) jusque tard. Cocktails 16-18 $.* Ce fut un hôtel, c'est aujourd'hui l'un des plus vieux pubs de la ville (1861), fort bien restauré, déclinant plancher en bois et plafond en étain au rez-de-chaussée, où la bière coule dru à la pression (une bonne trentaine de choix). Au 1er étage, la ravissante *Chloé,* qui provoqua nombre de soupirs et de tics nerveux au XIXe s, après avoir été présentée au Salon de Paris en 1875, a droit à son propre bar, rétro à souhait. Elle le mérite. Reste encore, au-dessus, le mini-*Y&J Rooftop,* avec ses alcôves en brique.

**Whisky + Alement** *(plan I, C-D2,* ***102****) : 270 Russel St.* ☎ *(03) 9654-1284.* Ⓣ *La Trobe. Tlj sauf lun-mar 16h-1h (23h dim).* Derrière la façade noire anonyme et le rideau de velours, on pénètre dans une petite salle à l'éclairage (très) tamisé, d'où émergent un comptoir et une incroyable sélection de whiskies. Des centaines de références, dont le plus beau choix de *Scotch malts* du pays et quelques bouteilles parmi les plus rares de la planète ! Comme son nom l'indique, la maison propose d'accorder ces arômes avec un choix tout aussi exhaustif de bières artisanales. C'est le principe du *boilermaker* : un whisky et une bière associés, à faire alterner, gorgée après gorgée. Sinon, quelques bons cocktails et vins au verre. Atmosphère feutrée de *speakeasy* ; on aime.

**Chuckle Park** *(plan I, C3,* ***105****) : 322 Little Collins St.* Ⓣ *Collins St/Elizabeth St. Mer 15h-23, jeu 15h-minuit, ven-sam 15h-1h ; fermé dim-mar.* Happy hours *mer-ven 15h-19h. Cocktails 18-22 $ ; bières 9-15 $.* Un bout de barrière en bois pastel, des loupiotes suspendues dans des bocaux, des fausses fleurs à gogo, un faucon et un flamant rose d'opérette, un bout de caravane vintage niché au fond d'une ruelle et, hop, voilà un bar ! 100 % Melbourne. On y sirote la sangria au pichet, un cocktail classique (ou pas).

**The Cricketers Bar** *(plan I, D2,* ***49****) : 111 Spring St.* ☎ *(03) 9633-6170.* Ⓣ *Bourke St/Spring St. Tlj sauf dim-lun 12h-23h (22h dim).* Celui-là, c'est pour l'histoire. Pour l'occasion de pénétrer dans le très chic *Hôtel Windsor* (5 étoiles au compteur). Un vieux pub rétro au grand bar rectangulaire envahissant, dédié à la cause des joueurs de cricket. Les vieilles photos en noir et blanc y voisinent avec des battes signées. Vous ne savez pas par qui ? Nous non plus. De toutes façons, le cricket, on n'y comprend rien.

***Loop Roof*** *(plan I, D2,* ***111****) : 3/23 Meyers Pl. 0481-785-190. Ⓣ Spring St/Bourke St. Tlj sauf lun-mar 16h (14h sam, 12h30 dim)-23h (1h ven-sam) ; level 4 jeu-sam à partir de 17h et dim à partir de 14h30. Snacks 12-28 $. Cocktails 18-25 $.* Une oasis verdoyante suspendue au-dessus du CBD, surmontant un jardin vertical : voilà la promesse du *Loop Roof* et de ses 2 larges terrasses sur 2 niveaux, baignées de ciel bleu. On y distille la vue, des cocktails inventifs, plus quelques pressions et vins *aussies,* au milieu d'une petite jungle de plantes vertes. Trop chaud ? Les brumisateurs entrent en jeu. Petit choix de snacks de qualité.

***Roof Top Bar & Burger Shack*** *(plan I, C2,* ***57****) : 252 Swanston St (au sommet de la Curtin House). Ⓣ ou Ⓜ Melbourne Central. Tlj 12h-1h.* Un incontournable de Melbourne, dans le même immeuble que le *Cookie* (voir « Où prendre un petit déj ? Où manger ? »), mais au 6e étage – l'ascenseur ne fonctionne pas la nuit, autant le savoir ! Beaucoup de monde s'y presse en été pour la superbe vue sur la ville et pour un bon burger dans une ambiance jeune et décontractée. Avant le Covid, de décembre à avril, des séances de cinéma étaient organisées presque tous les soirs, espérons qu'elles reviennent d'ici l'été 2022-2023.

***Bartronica*** *(plan I, C3,* ***108****) : 335 Flinders Lane. ☎ (03) 9629-9921. Ⓣ Flinders St. Tlj sauf lun-mar 15h (14h sam)-23h (1h ven-sam) ; devrait rouvrir mar à terme.* Le lieu favori des geeks et amateurs de jeux vidéo vintage, en sous-sol. Entre 2 cocktails, que diriez-vous d'une partie de flipper ou de *Street Fighter, Donkey Kong* ou *Pacman* sur de vieilles bornes d'arcade (une vingtaine en tout) ? On peut même louer un salon privé pour s'affronter à *Mario Kart* entre potes ! Le patron est resté un grand enfant et se permet quelques facéties niveau bande-son. Miniterrasse au calme.

***Asian Beer Café*** *(plan I, C2,* ***100****) : 211 La Trobe St ; au 3e niveau du centre commercial Melbourne Central Dome, près du Hoyts. ☎ (03) 9825-8989. • asianbeercafe.com.au • Ⓣ ou Ⓜ Melbourne Central Station. Tlj de 12h jusque tard. Happy hours tlj 16h-18h et 19h-21h. Cocktails 12-19 $ ; vins au verre 7-9 $.* Étonnant, ce centre commercial : sous le dôme de verre tient une vieille usine en brique tout entière ! Côté *Asian Beer Café,* on se la joue plutôt Bouddhas à toutes les sauces, lanternes et grosses tables rugueuses, émaillant la succession de salles sombres longeant le bar rougeoyant et débouchant sur une vaste terrasse bruyante donnant sur la *State Library* – blindée de jeunes le week-end. Les boissons sont parmi les moins chères du CBD ; beaucoup de cocktails à base de vodka et *towers* de pink gin daiquiri, rose fluo ! Petite restauration de pizzas, burgers, etc. Soirées DJs vendredi et samedi.

***Carlton Club*** *(plan I, C-D2,* ***106****) : 193 Bourke St. ☎ (03) 9663-3246. • thecarlton.com.au • Ⓜ Parliament. Tlj de 15h (12h jeu-sam) jusque tard, voire très, très tard.* On pourrait presque entonner *Welcome to the Jungle* des Guns N'Roses en arrivant ici ! Pas moins de 3 bars s'offrent à vous. Le *Carlton Bar,* le principal, au niveau 1, fastueusement coloré, au super décor présidé par Gerald la girafe et Wally l'autruche... Le *Hasti Bala Bar* au 3e, encore plus exotique avec sa belle tête d'éléphant veillant sur le DJ. Sur le *Palmz Deck,* c'est tout juste si on n'a pas besoin d'un coupe-coupe pour se faire une place dans cette savane festive et bigarrée ! Lorsqu'il fait beau, le *Palmz Rooftop,* au sommet, propose l'une des plus belles vues sur la *skyline* à travers l'écran de sa luxuriante végétation. Bon choix de bières, dont une douzaine à la pression, snacks et restauration plus élaborée.

***Section 8*** *(plan I, C2,* ***101****) : 27-29 Tattersalls Lane. 0430-291-588. • section8.com.au • Ⓣ ou Ⓜ Melbourne Central. Tlj 12h-23h (1h jeu-sam). CB refusées.* En plein air dans une ruelle un brin lugubre, sur un ancien parking coincé entre 2 entrepôts, ça ressemble à un lieu totalement bricolé et éphémère, et pourtant c'est peut-être la boîte la plus top et la plus chaude du CBD underground ! Le bar tient dans un container, on s'assoit sur des palettes, il y a des graffitis partout et la musique monte à des niveaux himalayesques. C'est bourré à craquer tous les jours, 365 jours par an (venir tôt !), ça danse frénétiquement et la température des corps semble parfois plus élevée que dans les meilleurs bars de Kinshasa... Souvent, des DJs vraiment extra. Tous les types de musiques pourvu que ça bouge : rock, pop, électro... Possibilité de se restaurer également. Boissons à prix abordables.

**Ferdydurke** (plan I, C2, **101**) : *31 Tattersalls Lane (niveaux 1 et 2). ☎ (03) 9639-3750. • ferdydurke.com.au • T ou M Melbourne Central. Tlj sauf dim-lun 17h-1h (3h ven-sam).* *Ferdydurke* ? C'est le titre d'une œuvre surréaliste de Witold Gombrowicz : y retrouverait-il ses petits ? Échouent ici ceux qui débordent de *Section 8* et/ou qui apprécient le côté « squat dans son jus » des lieux. Après avoir grimpé l'escalier bien tagué et graffé, on parvient au bar, sombre, percé de baies en plein cintre, puis à sa terrasse, nettement moins congestionnés que chez le voisin, dans un niveau sonore qui permet de s'entendre parler... Sympa pour boire un des bons cocktails maison. En principe, DJs ou groupes live du jeudi au samedi.

**Cherry** (plan I, D2, **109**) : *68 Little Collins St. ☎ (03) 9661-0407. • cherrybar.com.au • T Bourke St/Spring St. Tlj sauf lun-mar 18h (14h dim)-1h (5h ven-sam, 3h dim). Concerts 10-20 $ (gratuits 2-3 soirs/sem).* Voilà l'un des QG de la scène rock australienne, réputé pour sa programmation de *lives* et son atmosphère au top. Bière, gros son balayant large et pogos à gogo au rendez-vous ! Fort possible que vous partagiez un godet avec un chanteur ou un guitariste connu, les rockers au grand cœur aimant s'y retrouver. DJs en *before* et en *after* des concerts.

Voir aussi **Cookie** (plan I, C2, **57**) pour un bon cocktail et **MoVida Next Door** (plan I, D3, **59**) ou **The Meatball & Wine Bar** (plan I, D3, **60**) pour un bon verre de vin.

## Fitzroy et Collingwood

**Fitzroy** et **Collingwood** sont vraiment l'épicentre de la vie nocturne à Melbourne, 2 quartiers où pullule un choix illimité de lieux originaux, d'ambiances (certaines improbables), de graffs et *murals*... Outre les établissements qui suivent, pas mal d'adresses de la rubrique « Où prendre un petit déj ? Où manger ? » sont également des lieux très fréquentables le soir, où l'on peut juste boire un verre.

**The Everleigh** (plan IV, D2, **116**) : *150-156 Gertrude St (1er étage). ☎ (03) 9416-2229. Entrée discrète sur le côté, derrière le resto* Belles. *T Napier St/Gertrude St. Tlj sauf lun 17h-1h.* Un vieil escalier en bois craquant se hisse jusqu'à ce *speakeasy* pur jus, qui vous transplante en un coup de cuillère à pot dans un entre-deux-guerres aussi discret que feutré. Bande-son, déco, tenues des barmen/maids, trophées aux murs, on s'offre ici un vrai petit voyage dans le temps, à travers la brume des lumières tamisées. Puriste dans l'âme, méticuleux en toute chose, le boss collectionne les récompenses pour ses cocktails exsudant la Belle Époque.

**Black Cat** (plan IV, D2, **120**) : *252 Brunswick St. ☎ (03) 9419-6230. T St David St/Brunswick St. Tlj 14h-minuit (1h jeu-sam).* Ouvert depuis 40 ans, ce *beer garden* devenu institution se plante au pied d'un bel immeuble de caractère, à l'ombre d'un palmier. Troquet la journée (son café est réputé), il se mue en bar branché le soir, jonglant entre mobilier dépareillé (très 70s), profonds fauteuils et canapés semés de coussins dont on se relève difficilement. Ici, les grands miroirs renvoient des visages épanouis et l'apéro du soir se révèle un grand moment, surtout en terrasse. Expos de tableaux, supers DJs vendredi ou samedi.

**Naked for Satan** (plan IV, D2, **121**) : *285 Brunswick St. ☎ (03) 9416-2238. T Bell St/Brunswick St. Tlj à partir de 12h.* Tons orange et chauds,

LE VICTORIA

longue banquette de cuir rouge, alambics en cuivre et bibliothèque de bouteilles pour décor, voici une autre icône locale. Ne cherchez ni Satan, ni serveurs ou serveuses nus : *Satan,* c'est le diminutif de *Satanovich,* un émigré russe qui, au moment de la Grande Dépression, y distillait déjà de la vodka ! La tradition est restée, avec une vingtaine de breuvages infusés à la pêche, la violette, le gingembre, ou carrément en version *naked bitch* (cerise-piment)... On descend son verre en grignotant d'excellents *pintxos.* La sangria tient également la route. Bar et resto assez réputés sur le *rooftop* (le *Naked upstairs*).

***Kewpie*** *(plan IV, D1,* ***115****) : 376 Brunswick St (angle Rose St).* ☎ *(03) 9419-8600.* Ⓣ *Alexandra Parade. Tlj sauf lun-mar de 16h (12h ven-dim) jusque tard. Pizzas 5-8 $ tlj, tte la journée.* Happy hours *17h-19h.* Le *kewpie,* c'est le gros bébé en celluloïd qui toise la façade de ce vieil immeuble décrépi, pour toute enseigne. Très apprécié des hipsters, de la communauté queer et des étudiants pour ses bonnes pizzas à prix mini, mini, mini, le lieu cache un *rooftop beer garden* vraiment sympa et accueille de nombreuses soirées (dont le *Glow Down* du vendredi et une *house party* le samedi). Le plus inattendu : le *drag trivia* le mercredi !

***The Workers Club*** *(plan IV, D2,* ***110****) : 51 Brunswick St.* ☎ *(03) 9415-6558.* • *theworkersclub.com.au* • Ⓣ *Gertrude St/Brunswick St. Tlj de 12h (17h lun) jusque tard. Lun, cover 5 $. Concerts env 7-23 $.* Au coin d'un édifice du XIXᵉ s, le vieux troquet ouvrier a été revisité d'une fresque en hommage aux Rolling Stones. Ici, les musiques rock sont à l'honneur, avec des concerts tous les jours sauf le lundi – lorsque débarque un DJ pour une super *party* abreuvée et nourrie à coups de promo.

***Bar Open*** *(plan IV, D1,* ***112****) : 317 Brunswick St.* ☎ *(03) 9415-9601.* Ⓣ *Johnston St/Brunswick St. Tlj 16h-3h.* C'est ce que les Zanglos appellent un *dive bar,* un vieux bar de quartier, où l'on plonge dans l'âme du coin, reflétée au fond des verres et dans la pénombre rosée qui étreint les murs. De temps en temps, des petits groupes enflamment les lieux, rock un jour, reggae ou jazz un autre et toujours un peu soul. Le samedi, les vieux *tunes* de l'après-guerre resurgisse sur les photographes pour la *Slow Grind Fever.* La nuit de danse la plus lente de tout Melbourne !

***The Old Bar*** *(plan IV, D2,* ***113****) : 74-76 Johnston St.* ☎ *(03) 9417-4155.* • *theoldbar.com.au* • Ⓣ *Johnston St/Brunswick St. Tlj 15h-3h. Concerts : env 20 $.* Un vieux rade qu'on aime bien, intime, *grungy,* patiné par des années de beuveries, conjuguant fresques, affiches jaunies ou déchirées, tête de licorne au-dessus du bar et tapisserie d'Elvis dans la courette du fond (ne lui mettez pas les doigts dans le nez, non mais !). Entre bohème et rock, les excellents concerts (notamment en fin de semaine) attirent foule. Parfois des expos d'art et des hommages à des écrivain(e)s aussi. Bref, un brin de vie culturelle, un accueil sympa...

***Yah Yah's*** *(plan IV, D2,* ***114****) : 99 Smith St.* • *yahyahs.com.au* • Ⓣ *Smith St. Jeu-sam 21h-5h, plus certains dim (entrée gratuite 21h-22h). Cover : 17,50 $.* « Un club pour les zombies » : voilà ce que promettent les patrons de ce lieu incontournable de la scène indépendante et underground de Melbourne. Un club « dans son jus », mi-rétro, mi-cracra (!) : moquettes à l'ancienne, banquettes ondulantes et canapés en cuir surannés, murs couleur pourpre, lustre chinois XXL... Le jeudi est assurément queer (*Thursgay,* avec *dragshows*) ; le vendredi et le samedi accumulent groupes live et DJs *all night long.*

– Juste à côté, superbe boutique de vinyles avec des milliers de références : ***The Searchers*** *(99 Smith St ;* • *the searchers.com.au* • *; lun-sam 10h-18h, dim 11h-17h).* Il y en a jusqu'au plafond !

***The New Guernica*** *(plan IV, D2,* ***117****) : 64 Smith St.* ☎ *(03) 9650-4494.* • *newguernica.com* • Ⓣ *Gertrude St/Smith St. Jeu-sam 21h-4h, plus certains dim. Sinon, fermé dim-mer. Jeu : entrée libre jusqu'à 23h. Sinon, cover : 10-35 $.* Une des meilleures boîtes électro-techno de la ville, alias *NG* ou *Guerns* pour les intimes. La réputation de son indémodable rave du jeudi et de ses DJs n'est plus à faire ! Programmation pointue et public de connaisseurs. Attention, ça filtre pas mal à l'entrée : ni bermuda ni tongs et *happy vibes* de rigueur !

Voir aussi **Marion** *(plan IV, D2, **71**)* pour un bon verre de vin et **Rice Paper Scissors** *(plan IV, D1-2, **74**)* pour un cocktail.

## Autour de Chapel St

Comme à Fitzroy et Collingwood, bars, pubs et boîtes se succèdent presque sans discontinuité de South Yarra à Windsor. On préfère largement le secteur de South Prahran/North Windsor, entre James St et Greville St, conjuguant vraie identité et furieuse animation.

**Yellow Bird** *(plan II, E5, **119**)* **:** *122 Chapel St. ☎ (03) 9533-8983. • yellowbird.com.au • Ⓜ Windsor. Tlj 8h-1h. Plats 14,50-22,50 $.* On sert ici le petit déj toute la journée dans un cadre super coloré, kitsch et désuet. Le comptoir se noie dans les fleurs artificielles, les oiseaux et les affiches de concerts. En fin d'après-midi, la terrasse commence à être bondée... Puis congestionnée et très bruyante quand s'avance la nuit. Bon choix de burgers (pour les faims inextinguibles le *Whole Lotta*) et quelques snacks mexicains, pimentés de rock plutôt hard.

**Bridie O'Reilly's** *(plan II, E5, **118**)* **:** *462 Chapel St. ☎ (03) 9827-7788. • chapelst.bridieoreillys.com.au • Ⓜ Cliff St/Chapel St. Tlj 11h30-1h (3h w-e). Concerts ven-dim.* Le plus grand pub irlandais de Melbourne est en quelque sorte le temple de la bière : normal, il occupe une ancienne église, repeinte en vert de la tête à la moquette (à l'intérieur, pas l'extérieur) ! Mezzanine tranquille, débauche de faux acajou, vitraux, cheminée, le cadre est élégant. Vaste et agréable terrasse devant, retransmissions de concerts et matchs de *footy* ou de rugby, musique folk live en fin de semaine. *What's not to like,* comme on dit par ici ? Les prix, un peu chers. Cuisine correcte, mais venez plutôt y prendre un verre ou profiter des *daily specials.*

**Revolver Upstairs** *(plan II, E5, **85**)* **:** *229-231 Chapel St. • revolverupstairs.com.au • Ⓜ Prahran. Même adresse, même maison que* Colonel Tan's. *Tlj sauf lun-mar, de 18h jusque tard. Cover : 20-25 $ en général.* Parmi les plus anciens clubs de Melbourne, le *Revs* n'a jamais faibli ni passé de mode. On y danse dans le noir quasi complet, dans un cadre très coloré, un poil destroy. Une des meilleures programmations du coin, assez pointue : techno, électro, house, excellents DJs internationaux et *live music* du jeudi au samedi. Ici, on danse de dimanche 7h jusqu'au lundi matin, avant d'aller au boulot, frais comme un gardon *(Revolver Sundays).*

**Revellers' Bar** *(plan II, E5, **120**)* **:** *274 Chapel St. 📱 0410-423-992. Ⓜ Prahran. Ven-sam 21h30-5h/7h. Entrée libre jusqu'à 23h.* Petit, mais costaud ! Dans ce bar large comme 3 rangs de patates, on danse à 20 cm de la scène sur la musique de groupes locaux *groovy* ou de DJs qui en ont sous le capot. Le vendredi, c'est pur rétro en flashback sur les années 1970-2000. Le samedi, ça dépend – du disco au R'n'B, tout est possible. Pour vous désaltérer, tentez le *Marc-E-Marc,* un cocktail XXL tout bleu.

Voir aussi le **Lucky Coq** *(plan II, E5, **84**)* et **Leonard's House of Love** *(plan II, E5, **86**)*, plus haut dans « Où prendre un petit déj ? Où manger ? ». Même pour ne boire qu'un verre, 2 endroits super !

## St Kilda

**Iddy Biddy** *(plan III, D6, **81**)* **:** *35-39 Blessington St. ☎ (03) 9525-3320. • iddybiddy.com.au • Ⓣ 96 (terminus). Tlj de 8h jusque tard. Plats 12-28 $. Bières, vins au verre ou cidre 6-14 $.* Là où se termine Acland St, commence *Iddy Biddy,* le bar-resto branché du coin, flanqué d'une terrasse et d'une fresque communautaire sur le côté. Le cadre est gentiment éclectique et bohème : vieilles tables en bois, voilures pourpres, étagères rythmées de plantes artificielles... On grignote un bagel, un snack, un burger (joli choix), une pizza ou une salade en sirotant tranquillement sa mousse ou en attendant l'heure du *live (jeu-dim et* open mic *le mer).* Petits déj aussi.

LE VICTORIA

***The Dogs Bar*** *(plan III, D6,* ***122****)* **:** *54 Acland St. ☎ (03) 9088-5556. • dogsbar.com.au • Ⓣ 96 (terminus). Tlj sauf lun à partir de 17h (12h w-e).* Derrière la grille à la *Citizen Kane* et les 2 chiens enchaînés s'ouvre un bar pas féroce du tout dont la devise est on ne peut plus simple : *good vibes, great tunes, awesome tacos.* On confirme, notamment côté musical, avec des musiciens locaux tous les soirs, de jeudi à dimanche (18h-20h). La carte, elle, pioche surtout dans le sud des USA.

Voir aussi ***Republica*** *(plan III, D6,* ***77****)*, décrit dans « Où prendre un petit déj ? Où manger ? ».

## Achats délirants

***Stupid Vintage*** *(plan II, E5,* ***130****)* **:** *40 Green St. 0493-258-667. Tlj 11h-18h (19h ven, 17h dim).* Derrière une grande façade toute taguée, 2 seins géants trônent au-dessus du comptoir. Ici, on shoppe décalé... dans le temps, surtout : fringues et accessoires remontent l'horloge, direction le siècle passé. D'ailleurs, il y a même un distributeur de pellicules et de recharges de Polaroïd. Ressortez donc votre vieux réflex.

***Tibbs & Bones*** *(plan II, E5,* ***131****)* **:** *143 Chapel St. 0413-737-796. Tlj 12h (11h sam)-17h (18h ven, 16h dim).* Vous rêviez d'un maillot de bain tournesols ? D'un bob en moumoute ? D'un manteau panthère sans panthère ? De plateformes à ergots ? *Tibbs & Bones,* c'est le retour du disco, les rêves de licorne des petites filles et *Barbie gone wild,* tout en même temps... !

***Shoe Me*** *(plan II, E5,* ***132****)* **:** *216 Chapel St. 0448-655-451. Tlj 12h-18h (16h w-e).* Un magasin spécialisé dans les chaussures plateforme ? Si, si, ça existe. Des basses, des qui remontent jusqu'à l'entrejambe, des souliers de verre en plastique aussi, des chaussons à fourrure, des talons aiguilles pour drags en taille 16 (notre 50 fillette)... Difficile de résister (nan, on plaisante !).

LE VICTORIA

# À voir. À faire

## CENTRAL BUSINESS DISTRICT (CBD)

### Autour de Swanston Street, jusqu'au Queen Victoria Market

Swanston St est l'épine dorsale du CBD. La plupart des grands édifices d'État du XIXe s s'alignent ici ou à proximité. L'artère, très animée, regorge de boutiques, cafés, boîtes et clubs.

**St Paul's Cathedral** *(plan I, C-D3)* **:** *angle Flinders et Swanston St. ☎ (03) 9653-4220. • cathedral.org.au • Ⓣ Swanston St/Flinders St. Face à la Flinders St Station. Lun-ven 10h-18h, sam 10h-15h, dim réservé aux services. GRATUIT.* Siège de l'Église anglicane d'Australie et du diocèse de Melbourne, ce lourd bâtiment néogothique a remplacé en 1891 l'église originelle devenue trop petite. Il a été dessiné par l'architecte britannique William Butterfield, qui refusa de venir surveiller les travaux car il était en désaccord avec les matériaux employés ! Les 3 flèches, culminant à 96 m, ne furent achevées qu'en 1926, dans un matériau différent. Rien de vraiment remarquable à l'intérieur, si ce n'est le retable venant d'Italie, en marbre, albâtre et mosaïques incrustées, et le grand orgue aux tuyaux ornementés bicolores, fabriqué à Brixton par le plus grand facteur d'orgues de l'époque. Carillon de 13 cloches.

**Town Hall** *(plan I, C3)* **:** *90-120 Swanston St. ☎ (03) 9658-9658. Ⓣ Town Hall/Collins St. Visites suspendues depuis le Covid, se renseigner.* L'imposant hôtel de ville, édifié en 1870, mêle styles victorien et Empire, avec un portique assez lourdaud ajouté en 1887 et une tour d'horloge dont la pendule mesure 2,44 m de diamètre ! Très endommagé par un incendie en 1925, il a été reconstruit à l'identique, grand orgue de la salle de réception (9 568 tuyaux) inclus. C'est le siège du gouvernement local mais y sont aussi organisés expos, spectacles et concerts (les Beatles en 1964 !).

*** The Block Arcade*** *(plan I, C3) : 282 Collins St. ☎ (03) 9654-5244. • theblock.com.au • Autres accès au 317 Little Collins St et 98 Elizabeth St. Tlj 8h (9h dim)-18h (20h ven, 17h w-e).* Cette magnifique galerie de 1892, en quinconce, fait penser aux plus belles galeries commerçantes européennes de l'époque, avec son ravissant pavage en mosaïques, son imposante rotonde octogonale et sa grosse vingtaine de luxueuses boutiques. Visez un peu le plafond avec une fresque (classée) de 1907 de la boutique *L'Occitane,* côté Collins St. Plusieurs cafés occupent la galerie.



***The Royal Arcade*** *(plan I, C3) : 308 Little Collins St. 0438-891-212. • royalarcade.com.au • Autres accès au 335 Bourke St et 148-152 Elizabeth St. Tlj 7h (8h sam, 9h dim)-19h (21h ven).* Prolongeant d'une certaine manière la Block Arcade juste au nord, cette autre galerie commerciale chic est encore plus ancienne. Inaugurée en 1870, elle est typiquement victorienne, avec une structure en fer forgé soutenant une verrière et des boutiques toutes identiques. Côté sud, les automates géants Gog et Magog, modelés d'après le Guildhall londonien, sonnent fidèlement midi. Plusieurs adresses invitent à une halte, dont une branche du chocolatier *Koko Black* et, à l'autre bout, la sympathique *Cucina Caffè e torta* (voir « Où s'offrir une pâtisserie ou une glace ? »).

***The Old GPO*** *(plan I, C2-3) : Elizabeth et Bourke St. Ⓣ Bourke St Mall/Elizabeth St.* Remontant surtout à 1859-1867, l'ancienne poste centrale, mêlant des influences de style Second Empire français et néoclassiques, est surmontée d'une *Clock Tower* qui sert toujours de référence comme point central de la ville. Signe des temps, elle a été reconvertie en galerie commerciale... Pénétrez chez *H&M* pour jeter un œil à ses hautes galeries à arcades.

***QV*** *(Queen Victoria Village ; plan I, C2) : angle Swanston et Lonsdale St. • qv.com.au • Ⓜ Melbourne Central Station. Tlj 10h-19h (21h ven, 18h sam, 17h dim).* Ce vaste centre commercial encadrant un atrium a succédé à l'ancien hôpital de 1911, dont seul demeure le ***Queen Victoria Women's Centre*** *(210 Lonsdale St ; • qvwc.org.au • ; lun-ven 9h-17h).* Sacré contraste entre les tours de verre et cet élégant bâtiment de brique rouge de style edwardien, doté d'un porche monumental noir. Propose un riche et éclectique programme d'expos et rencontres.

***State Library Victoria*** *(plan I, C2) : 328 Swanston St. ☎ (03) 8664-7000. • slv.vic.gov.au • Ⓜ Melbourne Central Station. Ⓣ La Trobe. Autres entrées sur La Trobe St et Russell St. Tlj 10h-18h (17h Dome Galleries). GRATUIT. Visites guidées à thème (dont une générale à 11h15).*

QG des étudiants de la ville et exemple parfait de l'architecture victorienne, la bibliothèque de l'État du Victoria a été inaugurée dès 1856. Elle est à la fois la plus ancienne d'Australie et l'une des plus fréquentées au monde ! Aujourd'hui comme hier, elle voit se côtoyer salles de lecture et de recherche et salles d'expositions.

En y pénétrant par son entrée principale, sur Swanston St, on salue Jeanne d'Arc (à droite de l'entrée), avant de rejoindre *La Trobe Reading Room,* une spectaculaire salle de lecture octogonale très rétro, surmontée d'une énorme coupole. Des ascenseurs grimpent au 6e niveau pour un point de vue dominant, et permettent de voir en redescendant l'expo de livres rares des *Dome Galleries* (niveau 4). Au-delà, au centre du bâtiment, la *Cowen Gallery* présente des collections d'art évoquant l'histoire de la ville, dont une vue de Reinhold Hofmann peinte en 1836 sur toile de coton. De part et d'autre, les *North* et *South Rotundas* accueillent des expos – la 2de présentant notamment l'armure en acier (44 kg !) que s'était confectionné le

bandit Ned Kelly, gloire funeste de l'Australie victorienne (voir ci-dessous Old Melbourne Gaol). Dernière étape, au fond : la vaste *Redmond Barry Reading Room,* sous sa verrière.
La librairie organise des conférences sur tous les sujets, des ateliers, des rencontres, des expos temporaires, le tout généralement gratuit. Cafétéria (*Mr Tulk*, à gauche de l'entrée principale).

**Old Melbourne Gaol** *(ancienne prison ; plan I, C2)* **:** *377 Russell St.* ☎ *(03) 9656-9889.* • *oldmelbournegaol.com.au* • Ⓣ *Russell St/La Trobe. Tlj sauf lun-mar, Vendredi saint et Noël, 10h-17h. Entrée : 30 $ ; 17 $ 5-15 ans ; réduc et forfait famille.* Night Tour *(à partir de 12 ans) env 2 fois/sem (résa impérative sur Internet) : 38 $ ; réduc.*

S'il n'y avait qu'un musée à visiter à Melbourne, ce serait celui-ci. Plus qu'un musée d'ailleurs, cette vieille prison inaugurée dès 1841 et assez rapidement agrandie, propose une plongée dans un univers. L'envers de la médaille de l'essor australien. Dans les cellules, empilées sur 3 étages et conservées dans leur jus, s'affiche une triste réalité. Des portraits de condamnés, hommes et femmes de tous les horizons (surtout lors de la ruée vers l'or). Des panneaux brossent sans reluire leurs réalités : gardes, punitions (avec la table à fouetter), pendaisons (135 répertoriées), évasions... Au XIX$^{e}$ s, les nouveaux venus étaient systématiquement mis à l'isolement et affublés d'un *silence mask,* une sorte de cagoule opaque en toile de jute, pour être « cassés ». Parmi les plus célèbres *inmates* (prisonniers) figure Ned Kelly, pendu ici même en 1880. Ce fils de forçat irlandais, mi-braqueur mi-Robin des Bois, commença sa vie comme voleur de bétail aux côtés de son père avant de passer aux attaques de banques en bande organisée... Lors de leur dernière confrontation avec la police, lui et ses amis s'étaient équipés de heaumes !
Juste à côté, la *Police Watch House,* édifiée en 1908 pour accueillir les délinquants en attente de leur procès, n'a fermé qu'en 1994. Des visites insolites y sont désormais proposées : un sergent ou une sergente y admoneste les visiteurs comme s'ils étaient accusés *(ttes les 30 mn à partir de 11h).* Les accros pourront aussi s'inscrire aux *Night Tours* (2 options) destinés à nous faire frissonner.
En ressortant, jetez un coup d'œil à la ***City Court*** de 1911, au portail néo-roman en grès *(angle La Trobe et Russell St).*

> ## LA GUEULE DE L'EMPLOI
> *Au XIX$^{e}$ s, une pseudo-science prend son essor : la phrénologie. Késéksa ? Ni plus ni moins que l'étude du caractère des individus et de leurs déviances en fonction de leurs caractéristiques morphologiques... Une bosse sur le crâne mal placée... un voleur ou un assassin, à coup sûr ! Pour prouver leurs théories, les spécialistes multiplièrent les masques mortuaires de prisonniers exécutés. On peut en voir de nombreux à l'Old Melbourne Gaol.*

**Queen Victoria Market** *(plan général et plan I, C2)* **:** *entre Peel, Elizabeth et Victoria St.* ☎ *(03) 9320-5822.* • *qvm.com.au* • Ⓣ *19, 57, 58 et 59. À la frontière nord du CBD. Mar, jeu et ven 6h-15h, sam 6h-16h, dim 9h-16h, plus marché nocturne saisonnier* (Night Market) *le mer 17h-22h en juin-août et nov-avr (avec concerts). Fermé lun.* Foodie tours *ven et sam à 10h, avec dégustations (durée 2h ; 89-99 $).*
INCONTOURNABLE ! Ouvert en 1878, ce superbe marché, étendu sur 7 ha, se divise en 2 parties. Il y a d'abord, dans le triangle formé par Elizabeth, Terry et Queen St, le ***Meat and Fish Hall*** de 1884, à la propreté clinique, où sont vendus viande (surtout) et poisson. Au fronton : un haut-relief peint représentant un taureau, une vache et 3 moutons. Étonnant : toutes les viandes sont découpées à l'avance et très soigneusement disposées. Côté sud, le ***Dairy Produce Hall*** regroupe vendeurs de fruits et légumes bio et *delicatessen* (saucissons, fromages, olives, pâtes, boulangers...). Courant 2022, les petits restos du *foodcourt* sont en pleins travaux de rénovation.

Entre Queen et Peel St, des halles métalliques semi-ouvertes, occupant une superficie 3 fois supérieure, regroupent d'autres vendeurs de fruits et légumes et tous les autres commerces : vêtements, design, gadgets, cuir, artisanat, tissus, souvenirs...

## **Chinatown** *(plan I, C2-3)*

Pas très grand, le Chinatown de Melbourne est contenu dans un rectangle formé par Lonsdale, Swanston, Bourke et Spring St, sur 6 pâtés de maisons, avec *Little Bourke St* comme épine dorsale et ses 5 portes majestueuses à la toiture incurvée. Fondé en 1854 au moment de la ruée vers l'or, c'est aujourd'hui le plus ancien quartier chinois du monde occidental, après San Francisco. Il n'est à vrai dire pas hyper spectaculaire, malgré quelques jolies séries de lanternes et de néons. Sauf lors du *Nouvel An chinois,* courant janvier-début février, lorsque le *Dai Loong Millennium Dragon,* le plus grand dragon du monde, ressort du *Chinese Museum* pour parader.
• *chinatownmelbourne.com.au* •

***Museum of Chinese Australian History*** *(plan I, D2) : 22 Cohen Pl, dans une ruelle perpendiculaire à Lonsdale St et Little Bourke St.* ☎ *(03) 9662-2888.* • *chinesemuseum.com.au* • *Tlj sauf j. fériés 10h-16h. Entrée : 11 $ ; réduc.* Créé en 1985, il occupe l'ancien entrepôt en brique d'un fabricant de meubles du XIXe s. On commence la visite à l'étage supérieur pour redescendre petit à petit :
– *3e étage :* les Chinois d'Australie. Au travers de photos et objets (costumes notamment), on suit l'itinéraire des migrants et les diverses lois discriminatoires dont ils furent victimes aux XIXe et XXe s. Si le 1er Chinois s'installa dans le coin dès 1818, les 1ers travailleurs n'arrivèrent vraiment qu'en 1848 pour remplacer les bagnards dans les tâches les plus ardues. La ruée vers l'or favorisa le mouvement et, bientôt, naquirent sociétés culturelles et entreprises chinoises. Dans les années 1858-1870, pas moins de 12 compagnies de théâtre et d'opéra chinois faisaient la tournée des zones aurifères !
– *2e étage :* la dynastie Han (qui régna sur la Chine de 206 av. J.-C. à 220 apr. J.-C.), âge d'or de l'histoire du pays et berceau de nombreuses avancées économiques, culturelles et technologiques. De magnifiques objets d'art y sont exposés : statuettes, céramiques, objets rituels en jade et une incroyable « armure » intégrale en plaques de jade destinée à permettre la conservation du corps du défunt dans l'au-delà ! Et aussi : un ancêtre du sismographe.
– *1er étage :* expositions temporaires.
– *Sous-sol :* l'histoire chinoise de la ruée vers l'or australienne à travers les yeux d'un migrant. On embarque avec lui sur le bateau : ça bouge et ça craque ! D'autres reproductions – réussies – évoquent la vie à la mine, les croyances et la vie quotidienne. Également la reproduction d'un minitemple et d'un théâtre chinois.
– *Rez-de-chaussée :* on y remonte par une rampe en spirale au long de laquelle se déroule le *Dai Loong Millennium Dragon,* un colossal dragon de papier confectionné en Chine en 2002, qui exige au moins 20 personnes pour être manié – et jusqu'à 200 au moment du Nouvel An chinois ! Tout autour : autres dragons, lions, lanternes.

## ***Les allées du street art***

C'est l'un des musts de Melbourne ! Si l'impermanence règne en la matière (spéculation immobilière oblige), la folle collection de *street art* des ruelles de la ville en fait une des capitales mondiales du genre. On regrettera juste que graffs et tags sans valeur couvrent des fois bien vite des *murals* de grande qualité... On vous les présente dans un ordre logique pour une balade à thème.

– ☻☻☻ **Hosier Lane** (plan I, D3) : *en face de Federation Sq.* La plus spectaculaire concentration de *street art* de la ville ! Même Banksy y est passé, mais ses graffs ont fini par disparaître, eux aussi.

– ☻☻ **AC/DC Lane** (plan I, D3) : *à 200 m à l'est de la précédente par Flinders Lane.* Hommage à l'un des plus grands groupes de rock australiens avec, au fond à gauche, une représentation en relief du chanteur Bon Scott qui semble émerger des briques. Juste un peu avant : une Kalachnikov collée au mur et peinte en blanc ! On enchaîne directement sur **Duckboard Place,** avec tout un tas d'autres fresques et graffs, avant de retrouver Flinders Lane.

– ☻ **Strachan Lane** (plan I, D3) : *63 Exhibition St. De Duckboard Pl, prendre Flinders Lane vers la droite, puis Exhibition à gauche ; Strachan et la 1re ruelle à gauche* Une impasse bien cachée avec 3 fresques colorées entourant la *Harley House.* L'une d'elles montre Alice (au pays des merveilles) et le lapin blanc.

– ☻☻ **Meyers Place** (plan I, D2) : *à 350 m au nord-est du précédent par Exhibition, puis Little Collins à droite ; c'est la 3e ruelle à gauche.* On y vient avant tout pour la grande et splendide jungle urbaine de Mike Makatron, couvrant tout un édifice.

– ☻ **Presgrave Place** (plan I, C3) : *à 800 m à l'ouest du précédent par Little Collins St, puis prendre Howey Pl et encore à gauche.* Une ruelle accessible par une ruelle... autant dire qu'il faut bien chercher ! Ici, les œuvres jouent le tridimensionnel avec des tas de petits dessins encadrés, côte à côte.

– ☻☻ **Caledonian Lane** (plan I, C2) : *entre Little Bourke St et Lonsdale St, à 450 m au nord du précédent.* Pas très longue, mais grosse densité de *murals,* surtout des façades entières peintes dans cette ruelle vivante livrée au gros trafic de camions de livraison.

– ☻ **Blender Lane** (plan I, C2) : *110 Franklin St, tt près du Queen Victoria Market.* *Lane* presque secrète. Dommage que les tags aient largement chassé les fresques ces derniers temps.

– ☻ Tous les autres quartiers affichent leur pesant de graffs et *murals* : **Fitzroy** (dans les rues perpendiculaires à Brunswick notamment), **Chapel St, Richmond, Yarra St, St Kilda...**

➢ Si vous avez l'âme artistique, consultez le site de **Flash Forward,** un programme sponsorisé par la ville de Melbourne pour créer 40 nouvelles œuvres et installations dans les ruelles. • *flash-fwd.com* •

## Autour de Federation Square et Flinders Street

☻ Aux marges sud du CBD, le complexe culturel de Federation Square *(plan I, D3)* a été inauguré en 2002 pour le centenaire de la Fédération des États australiens. Autour d'une vaste place piétonne en pente se regroupent plusieurs institutions culturelles à l'architecture contemporaine plutôt controversée, des cafés, restaurants et, côté fleuve, l'***Atrium,*** à la structure en métal et verre « fracturée » en centaines de triangles. L'ensemble, toujours animé, contraste vivement avec la vénérable et voisine gare...

☻☻ 👪 ***Australian Centre for the Moving Image*** (ACMI ; plan I, D3) : *Federation Sq, entrée sur Flinders St. ☎ (03) 8663-2200. • acmi.net.au • Ⓣ Swanston St/Flinders St. Tlj 12h (10h w-e)-17h.* Ce musée un peu différent se consacre à la célébration de l'image sous toutes ses formes. Partant du théâtre d'ombres wayang (javanais), l'expo principale, « son et lumière », explore l'histoire du cinéma mais aussi la façon d'en faire (techniquement parlant), l'essor de la télé, ses métiers, ses costumes, l'importance grandissante des effets visuels et toute la nouvelle culture digitale. Sujet oblige, l'ensemble est hyper interactif : on peut « collectionner » les expériences et données et se les faire envoyer sur son mail, jouer sur de vieilles consoles et jeux d'arcade, ou apprendre à construire un storyboard. Intéressant.

☻ 👪 ***The Ian Potter Centre – NGV Australia*** (plan I, D3) : *Federation Sq, entrée sur Flinders St. ☎ (03) 8620-2222. • ngv.vic.gov.au • Ⓣ Swanston St/Flinders*

*St. Tlj 10h-17h. GRATUIT (sauf certaines expos internationales).* C'est le principal musée d'art australien indigène et non indigène de Melbourne, depuis la période coloniale jusqu'à aujourd'hui : peintures, sculptures, photos, estampes, textiles répartis sur une vingtaine de salles aux grands espaces d'exposition. Ces œuvres furent léguées par *Ian Potter,* un industriel et philanthrope. La collection permanente, au 2e niveau, retrace l'évolution de l'art australien, largement influencé par les grands mouvements internationaux : paysages des 1ers temps à valeur plus illustrative qu'artistique, sujets naturalistes mettant en avant les réalités *aussies* (*Shearing the rams* de Tom Roberts), influences des impressionnistes et de l'Art nouveau, etc. Plus surprenant : les œuvres aborigènes traditionnelles et contemporaines exposées en contrepoint et les toiles naïves de Kevin Charles Hart, qui réunissent chacune plusieurs scènes distinctes !

Agréable *Crossbar Café* au 3e niveau.

***Koorie Heritage Trust*** *(plan I, D3)* **:** *Yarra Building, Federation Sq. ☎ (03) 8662-6300. • koorieheritagetrust.com • Derrière ACMI, côté rivière. Ⓣ Swanston St/Flinders St. Tlj sauf j. fériés 10h-17h. GRATUIT (donation bienvenue).* Géré par le peuple koorie, 1ers habitants de cette terre, le musée organise surtout des expos temporaires d'artistes à l'héritage aborigène. On peut aussi grimper au 3e étage, où une petite collection d'objets anciens est exposée au milieu des bureaux du trust.

***Flinders Street Station*** *(plan I, C3)* **:** *angle Flinders et Swanston St.* Une des icônes architecturales de la ville et 1re gare construite en Australie (remaniée en 1909 en pur style victorien). C'est d'ici que partit le 1er train à vapeur en 1854. Plus de 80 000 voyageurs y transitent encore quotidiennement et des générations d'habitants se sont donné rendez-vous sous l'iconique batterie de (9) pendules indiquant les prochains départs des différentes lignes.

***Immigration Museum*** *(plan I, C3)* **:** *400 Flinders St. ☎ (03) 8341-7777. • museumsvictoria.com.au/immigrationmuseum • Ⓣ Market St/Flinders St. Tlj sauf Vendredi saint et Noël 10h-17h. Entrée : 15 $ ; réduc ; gratuit jusqu'à 16 ans.* Installé dans la *Customs House,* l'ancien bâtiment des douanes de 1856-1876, ce musée traite d'une thématique sensible en Australie. Exception faite des Aborigènes (3,3 % de la population), tout le monde est un immigrant ou descendant d'immigrant dans ce pays ! Il s'agit non seulement de retracer l'***histoire de l'immigration*** vers ces terres, mais aussi celle de son ***contrôle*** – instauré dès 1836. Dans les vitrines, des vies entières décrites de façon détaillée et attachante.

Le déroulé, d'abord chronologique, reprend les grandes vagues de populations venues s'installer aux antipodes – bagnards, Irlandais, Britanniques presque exclusivement durant plus d'un siècle. « Gardons le cap sur un noble idéal : celui d'une Australie blanche, d'une Australie blanche

## ON N'ARRÊTE PAS LE PROGRÈS

*Dans les années 1850, il fallait aux immigrants environ 80 jours pour rallier à la voile Melbourne depuis l'Europe. À la fin du XIXe s, la vapeur permit de réduire le temps de trajet à 40-45 jours et dans les années 1950 à 28-30 jours. En avion, avec le Constellation, on parvint à 56-60h. Aujourd'hui, 23-28h... Difficile de faire mieux !*

## TESTS DE LANGUE OBLIGATOIRES !

*Pour limiter l'immigration asiatique à partir de 1901, les autorités pratiquèrent l'exclusion au faciès. Puis on imposa les tests de langue... Les Maltais, par exemple, devaient le passer en néerlandais (sûr, à ce compte-là, que Corto Maltese aurait été refoulé !). Et cette pratique dura jusqu'en 1958...*

comme neige, dirais-je ; soyons purs et sans tâche », déclare ainsi en 1901 un membre de la chambre basse du Parlement, le révérend James Black (!) Ronald. Corollaire de cette politique, les mesures de discrimination anti-étrangers (et notamment anti-Chinois) sont longtemps monnaie courante. On chasse aussi l'opium et les publications obscènes – au rayon desquelles sont rangés *Les Cent Contes drolatiques* de Balzac, puis les comics américains d'horreur et de crime. Le mal vient d'ailleurs, nécessairement... L'assouplissement progressif des lois discriminatoires voit l'immigration méditerranéenne (italienne, grecque, juive) prendre le relais, mais le suprématisme blanc n'est aboli qu'en 1973... et les excuses officielles du gouvernement aux Aborigènes présentées en 2008. Édifiantes affiches, tableaux chronologiques, souvenirs personnels illustrent le propos. L'ensemble est intéressant, quoiqu'un peu daté. On jette au passage un œil sur le *Long Room,* la grande salle néoclassique où officiaient les douaniers, avant de grimper à l'étage, où des expos plus contemporaines, pas inintéressantes, traitent de l'identité à travers une approche quasi philosophique. Qu'est-ce qui fait qui l'on est ? Ce que l'on croit ? Sommes-nous tous un peu racistes ?

LE VICTORIA

***Sea Life Melbourne Aquarium*** *(plan I, C3)* **:** *angle King et Flinders St.* • *visitsealife.com/melbourne* • Ⓣ *Melbourne Aquarium/Flinders St. Tlj sauf mar-mer 10h (9h30 w-e)-17h ; pdt vac scol tlj 9h30-17h ; dernier accès 1h avt.* ***Résa en ligne actuellement obligatoire.*** *Entrée : 47 $ ; 32 € 3-15 ans ; réduc sur Internet et autres.* Installé entre l'autoroute et la Yarra, cet aquarium ne vaut pas vraiment son prix : petit, mal foutu, vite vu (1h maximum), plutôt déprimant... et à réserver obligatoirement. Ceux qui ont du temps et de l'argent à revendre pourront toujours venir y découvrir les bestioles des mers australes qui y vivent, notamment des pingouins et manchots dans leur élément « naturel », un crocodile et des requins de Port Jackson. On les plaint. On peut assister aux repas des animaux mais mieux vaut éviter les activités proposées en « extra », vraiment trop chères.

**QUAND BEYONCÉ INSPIRE LES ARCHITECTES...**

*C'est l'une des nouvelles attractions du CBD avec ses 68 étages, ses 226 m, ses 660 appartements de luxe, son cinéma pour résidents et son golf virtuel : la* Premier Tower, *achevée en 2021, rend indirectement hommage à... Beyoncé ! L'architecte s'est, dit-il, inspiré des images du clip* Ghost *de la chanteuse américaine pour dessiner la forme organique et renflée de ce building hors du commun. Bientôt un nouveau lieu de pèlerinage pour les fans de l'artiste ?*

## *EAST MELBOURNE*

***Parliament House*** *(plan I, D2)* **:** *Spring St. ☎ (03) 9651-8911.* • *parliament.vic.gov.au/visit* • Ⓣ *Parliament. Lun-ven 8h30-17h30 ; fermé le w-e. Visite lun-ven (sauf j. fériés et périodes de sessions) à 9h30, 15h et 16h (durée : 45 mn) ; visites supplémentaires pdt vac scol du Victoria. Départ du vestibule ; arriver 15 mn avt (contrôles,* ***avoir son passeport****). GRATUIT.*
Agrandi au fil du temps et des besoins, le Parlement du Victoria réunit l'édifice historique de 1856 et une aile contemporaine cachée à l'arrière. Au XIXe s, c'était le plus grand bâtiment civil du pays. L'architecte s'inspira, dit-on, de l'hôtel de ville de Leeds, alors considéré comme l'un des plus beaux édifices publics au monde. Dans les années 1880, une colonnade et un portique furent ajoutés. Outre le Parlement du Victoria, celui de l'État fédéral a aussi siégé ici, de 1901 à 1927, avant de déménager à Canberra.

La ***visite, obligatoirement, guidée,*** permet de découvrir les 2 Chambres et quelques autres espaces (l'ordre peut varier), tout en apprenant plein de choses intéressantes sur le fonctionnement de l'institution (les parlementaires sont élus pour 4 ans).

– *Upper House :* modelée sur la House of Lords londonienne, fastueusement néoclassique, elle a de la gueule avec ses colonnes et ses moulures dorées à l'or fin (23,5 carats) ! L'argent coulant à flots lors de la ruée vers l'or, il n'a fallu que 10 mois pour la bâtir, une paille. Les stucs du plafond représentent des roses Tudor et les armes anglaises surmontent le fauteuil de la reine Elizabeth II. Vous ne pourrez pas vous y asseoir, mais sur les sièges en velours rouge des députés, si !

### LA LIBERTÉ ENCHAÎNÉE

*Au plafond de la salle haute du Parlement du Victoria, à Melbourne, les anges incarnent les vertus. Regardez bien : sur la droite, au centre, celui symbolisant la liberté est... enchaîné. Vraiment ? À l'origine, sa chaîne était brisée mais un ouvrier étourdi l'a « réparée » durant les travaux de restauration ! Elle a été laissée.*

– *La Bibliothèque parlementaire :* datant de 1860, néoclassique et décorée à la feuille d'or, elle aussi, elle est superbe avec sa coupole centrale et ses étagères lourdes de bouquins.

– *Lower House :* datant elle aussi de 1856, elle adopte une dominante verte et a perdu en partie son cachet. Au plafond : 3 chandeliers géants aux 3 997 bougies. Ce sont des copies, les originaux ayant été subtilisés pendant un nettoyage... À Sydney, les mauvaises langues affirment que le responsable était un parlementaire bourré qui voulait organiser une soirée fine !

– On jette un œil aux jardins, où les parlementaires disposent d'un terrain de boulingrin (boules anglaises) et d'un... barbecue !

– Lors des sessions du Parlement, il est possible d'assister aux séances des 2 Chambres (voir sur leur site les dates précises).

**Old Treasury Building** *(plan I, D2-3) : 20 Spring St. ☎ (03) 9651-2233. ● oldtreasurybuilding.org.au ● Ⓣ Spring St/Collins St. Tlj sauf sam 10h-12h, 13h-15h. GRATUIT.* Considéré comme l'un des plus élégants édifices de la ville, le Trésor a été bâti en 1862 par un architecte de... 19 ans, J. J. Clark ! La manne de la ruée vers l'or – qui nécessita sa construction –, lui a permis d'élever une sorte de palais néo-Renaissance, symbole de l'opulence de l'époque... Aujourd'hui, le musée abrite une expo sur l'histoire de la ville et ses liens à la Yarra River et aux Aborigènes kulin, abordés à travers de nombreux documents, cartes, photos et anecdotes historiques. Au sous-sol, les *vaults,* les anciennes salles fortes où l'on stockait l'or, servent de cadre à une expo sur la ruée, avec une réplique (ne rêvez pas) de la plus grosse pépite jamais découverte : 71 kg ! On voit aussi les quartiers de l'administrateur, qui vécut ici avec ses 8 enfants de 1916 à 1928. Expos temporaires.

**Fire Services Museum** *(plan I, D2) : 39 Gisborne St (angle Victoria Parade). ☎ (03) 9662-2907. ● fsmv.net.au ● Ⓣ St Vincent Plaza.* ***Fermé jusqu'à nouvel ordre,*** *sinon théoriquement jeu-ven 9h-15h et dim 10h-16h. Entrée : 10 $.* Installé dans la pittoresque caserne d'origine des pompiers de la ville, ce musée des Soldats du feu est géré par des bénévoles, dont d'anciens pompiers, bien sûr. Riches collections de véhicules, de la pompe à bras aux engins modernes, des milliers d'objets et souvenirs liés à l'activité, uniformes, photos dramatiques et plein d'anecdotes distillées avec faconde par les guides.

**Fitzroy Gardens** *(plan I, D2-3) : entre Lansdowne St, Albert St, Clarendon St et Wellington Parade. ☎ (03) 9658-9658. ● fitzroygardens.com ● Ⓣ Botanic Gardens. Jardins accessibles 24h/24 ; Visitor Centre et Cook's Cottage tlj 10h-16h. GRATUIT. Visite du Cook's Cottage : 7,20 $ ; réduc.* Ce vaste parc public de

26 ha, créé dès 1848, porte le nom d'un ancien gouverneur. S'il n'a ni le charme ni la richesse du Jardin botanique, il offre une agréable parenthèse de sérénité, rythmée par la visite du ***Cook's Cottage,*** la jolie petite demeure de pierre des parents du navigateur James Cook (1755), importée du Yorkshire et remontée ici pierre par pierre en 1934 pour commémorer le centenaire de Melbourne. Même le lierre qui recouvrait la façade fut scrupuleusement replanté ! Vous y trouverez tout sur la vie de Cook et ses voyages, un joli mobilier ancien, quelques bénévoles en costumes d'époque et une atmosphère de vieille Angleterre. Si on ne visite pas les serres de 1920, le *Conservatory,* de style *Spanish Mission,* propose 5 présentations de fleurs et plantes ornementales au fil de l'année.

Au sud des Fitzroy Gardens, nos lecteurs les plus sportifs ou amateurs iront visiter le ***National Sports Museum*** *(plan I, D3 ; • nsm.org.au • ; tlj 10h-17h ; entrée : 30 $, réduc)* et jeter au passage un œil au MCG, le *Melbourne Cricket Ground (billet combiné : 40 $),* l'un des terrains de sport fétiches des Australiens, fondé dès 1853. Près de 100 000 places !

## *CARLTON ET NORTH MELBOURNE*

Carlton, c'est le quartier historiquement italien, où l'on compte encore pas mal de restos transalpins (voir « Où manger ? »). C'est aussi là que l'on trouve les Carlton Gardens, dans lesquels ont été bâtis le Royal Exhibition Center (1880), puis le Melbourne Museum.

***Royal Exhibition Building*** *(plan I et plan IV, D2)* **:** *9, Nicholson St. • museumsvictoria.com.au/reb • Ⓣ Melbourne Museum. En principe, visite guidée (env 1h) tlj à 14h sauf pdt certaines grandes manifestations (☎ 13-11-02). Départ du foyer du Melbourne Museum. Entrée : 10 $ ; réduc.* Au milieu des arbres centenaires et des pelouses de rêve des ***Carlton Gardens,*** ce splendide bâtiment cruciforme de brique, bois, acier et ardoise, a été bâti pour accueillir les Expositions universelles de 1880 et 1888 – les 1[res] à se tenir en Australie, en pleine période d'euphorie économique. Surmonté d'un dôme imposant orné de clochetons évoquant quelque chose de Saint-Pierre de Rome (!), le lieu accueillit le 1er Parlement australien en 1901. Il a été inscrit au Patrimoine de l'humanité par l'Unesco en 2004 en tant que rare témoin encore en activité de la grande époque des Expos universelles. Aujourd'hui, il continue d'abriter de grands événements culturels et commerciaux. La visite permet de découvrir son riche décor intérieur (peintures murales, ornements).

***Melbourne Museum*** *(plan I et plan IV, D2)* **:** *11, Nicholson St, Carlton Gardens. ☎ (03) 8341-7777 ou 13-11-02. • museumsvictoria.com.au/melbourne museum • Ⓜ Melbourne Museum/Rathdowne St. Tlj sauf Vendredi saint et Noël 9h-17h. Entrée : 15 $ (25 $ avec IMAX) ; réduc ; gratuit jusqu'à 15 ans.*
Construit en 2000 dans un style assez avant-gardiste, il présente un vaste éventail de sections très éclectiques : tout à la fois musée des Sciences et d'Histoire naturelle, sections ethnographiques et historiques... On se perd un peu dans ses immenses volumes, car il n'y a pas de fil conducteur évident, pas de logique muséologique. Bon, reste un musée de grande qualité, mais décousu, voilà !

*Rez-de-chaussée*

– ***Forest Gallery :*** face à l'entrée, cet espace reconstitue un pan de nature australienne dans un espace en verre : zones humides plantées de fougères arborescentes (coup d'œil « dans » la rivière), bush avec ses grands eucalyptus, serre et volière. Des panneaux évoquent leurs habitants et les cycles des saisons.

– ***Science and Life Gallery :*** à gauche, elle regroupe plusieurs sous-sections, dont la principale, intitulée *Dinosaur Walk,* expose pas moins de 17 moulages de squelettes de dinosaures et d'authentiques œufs de sauropodes. Très belle collection de fossiles et minéraux également (des pépites !), plus des sections consacrées aux espèces marines disparues et aux insectes. Les enfants adorent glisser la tête dans la cloche émergeant au milieu de la vraie fourmilière !

– ***Triceratops :*** au fond de la *Science and Life Gallery,* cette section nous plonge 67 millions d'années en arrière, dans une pièce sombre d'où émerge... un tricératops, bien sûr. Toute l'expo qui suit lui est consacrée. Son cerveau était gros comme une (petite) carotte ! À la sortie, coup d'œil aux dinosaures géants vus du haut.

– ***First Peoples – Wominjeka :*** à droite de l'entrée, cette très intéressante section (*Wominjeka* signifie « bienvenue ») présente la complexité de toutes les ethnies aborigènes du Victoria, leurs langues, et s'attarde sur les traditions, cérémonies et croyances de ceux que l'on désigne sous le nom de Koories – les descendants des Aborigènes de la région de Melbourne. Liens au temps long, à la terre, arrivée des Européens, variole, difficulté du « vivre ensemble », tous les aspects de leurs réalités est abordé, jusqu'à aujourd'hui. Des photos font écho aux très belles collections de vannerie, créations animales, boucliers, bijoux, boomerangs et autres outils.

– ***Te Vainui o Pasifika :*** au fond de la galerie *First Peoples,* cette section évoque la culture polynésienne à travers quelques beaux objets (peu nombreux) et des embarcations traditionnelles permettant de retracer comment les Polynésiens colonisèrent l'essentiel du plus grand océan du monde, d'Hawaii à l'île de Pâques à la Nouvelle-Zélande, en trouvant leur route dans les étoiles.

*1er étage*

– ***The Melbourne Story :*** toute l'histoire de la ville à travers un empilement d'objets plus ou moins improbable, façon inventaire à la Prévert : vieille diligence du temps de la ruée vers l'or, réplique de la plus grosse pépite découverte en 1858 (63 kg quand même !), maquettes de bateaux de l'immigration, chasse d'eau et vitraux victoriens, gramophone, cinéma rétro, reproduction d'une maison de famille très modeste et même le cheval de course mythique Phar Lap qui, dans les années 1920-1930, gagna 37 courses et rapporta des millions... Il trône désormais là, dûment naturalisé !

**Museo Italiano** (plan IV, D2) **:** *199 Faraday St. ☎ (03) 9349-9000. • coasit.com.au/museoitaliano • Bus nos 200 et 207. Tt près de Lygon St, la grande rue italienne. Tlj sauf dim-lun 10h (13h sam)-17h. GRATUIT.* Saviez-vous qu'entre 1876 et 1975, 25 millions d'Italiens ont émigré ? Parmi eux, 39 000 ont choisi l'Australie. Ce musée un peu nostalgique raconte leur histoire à travers petit film, photos, objets et témoignages – notamment les temps difficiles de la rupture avec la mère patrie, le rude voyage, le choc des 1res années d'installation à Carlton. Il évoque aussi tout ce que l'Italie a apporté à la culture australienne – à commencer par la machine à expresso ! Celle que l'on peut voir date de 1954.

***Melbourne Zoo*** *(plan général, B-C1)* **:** *Elliott Ave, Parkville. ☎ 1-300-966-784. • zoo.org.au/melbourne • Ⓜ Royal Park. Ⓣ 58 depuis William St (arrêt devant le zoo). Bus no 505. Tlj 9h-17h. Entrée : 40 $ ; réduc ; gratuit jusqu'à 3 ans et 4-15 ans le w-e et pdt vac scol (sinon 20 $).* Le plus vieux zoo d'Australie (1862) abrite 320 espèces – dont 27, endémiques à l'Australie et menacées, font l'objet de programmes de reproduction en captivité. Sinon, l'essentiel de la faune africaine, asiatique et australienne est là, avec même une petite section reconstituant le bush où vivent koalas et kangourous. La *Butterfly House* (papillons) plaît aussi beaucoup aux petits (et aux grands !). Nombreuses activités ludiques et animations tout au long de la journée : repas des animaux, rencontre avec les soigneurs et vétérinaires, et même visite avant l'ouverture du zoo *(mar-jeu à 8h, supplément de 47 $).*

## AU SUD DE LA YARRA

Sur la rive sud du fleuve, face au CBD, l'ancien secteur industriel de ***Southbank*** a vu pousser les gratte-ciel de bureaux et d'appartements depuis les années 1990.

Rien de très séduisant dans le secteur, mais quelques attractions (dont l'énorme Crown Casino !) et des berges le long desquelles on peut se promener pour une vue sur le CBD. Au-delà s'étendent ***South Melbourne*** (marché réputé) et, au sud-est, ***South Yarra, Prahran, Windsor*** et ***Balaclava,*** reliés par la très longue et très festive Chapel St. La plage de St Kilda se trouve juste un peu plus loin et, au large, les quartiers résidentiels cachent 2 belles demeures historiques entourées de fastueux jardins.

## *À Southbank*



***National Gallery of Victoria*** *(plan I, D3) : 180 St Kilda Rd. ☎ (03) 8620-2222. • ngv.vic.gov.au • Ⓣ Arts Precinct/St Kilda Rd. Tlj sauf Noël 10h-17h. GRATUIT.* Habitués du Louvre, inutile de courir. Ce musée de qualité, le 1er du pays, ouvert en 1861, est consacré à l'art international (l'art australien et aborigène est présenté au *Ian Potter Centre NGV*) et ses collections ont avant tout vocation à permettre aux Melbourniens de faire connaissance avec les grands axes de l'art mondial. On y trouve de belles pièces, mais rien que l'on n'ait vraiment vu ailleurs.

**ENLÈVEMENT D'UNE SABINE**

*En 1986, un groupe surnommé The Australian Cultural Terrorists déroba* La Femme qui pleure *de Picasso, récemment achetée par la National Gallery pour une somme record, pour protester contre le faible intérêt du gouvernement de l'époque pour les arts et la culture. Ses exigences ? Une augmentation du budget de la culture de 10 % et la création d'un prix pour les jeunes artistes. Le tableau fut retrouvé intact 2 semaines plus tard, dans une consigne de gare, sans que l'on sache jamais qui était derrière l'enlèvement.*

– Le ***rez-de-chaussée*** se consacre aux arts décoratifs et à la mode à travers des expos exclusivement temporaires.
– Au ***1er niveau,*** on trouve les collections d'arts asiatiques : époques gandhara (bouddhisme de l'actuel Pakistan), Japon (avec une étonnante collection de coquillages laqués utilisés dans le jeu de *kai-awase*), Chine surtout, Corée et Inde un peu (belle frise de temple). Une section séparée se consacre à l'art européen et anglais du XIIIe au XVIe s. Citons quelques toiles remarquables comme ce *Man of Sorrows* (Homme de douleurs) dans les bras de la Vierge de Memling et ce *Saint George terrassant le dragon* d'Uccello.
– On poursuit avec les arts européens au ***2e niveau,*** cette fois jusqu'au XXe s. Il y a de tout, en petite quantité : des Flamands (dont un *Calvaire* de Brueghel le Jeune aux tons inhabituellement bleutés et un portrait de... Louis XIII par Rubens (salle 22), les grands Anglais, l'incontournable Canaletto, un cabinet de collectionneur aux murs couverts de toiles, des Français et Espagnols académiques, dont une très (très) grande esquisse de *Sainte Geneviève ravitaillant Paris assiégée* par Puvis de Chavanne (16c) et une jolie petite sélection d'impressionnistes et modernes (15a à 15c) – joli portrait de femme de Degas, *La Maison à Rueil* de Manet, de nombreuses céramiques de Picasso, un joli portrait du peintre Manuel Humbert par Modigliani, des costumes d'Yves Saint Laurent, etc. Toujours au même étage : une petite section fourre-tout regroupant archéologie méditerranéenne, égyptienne (assez pauvre) et méso-américaine.
– Le ***3e niveau*** accueille des expos temporaires.
Un restaurant, une cafét', un café et le *Tea Room,* version moderne d'une tradition immémoriale.

***Melbourne Skydeck*** *(plan I, C3) : 7 Riverside Quay. ☎ (03) 9693-8888. • melbourneskydeck.com.au • Tlj sauf lun-mar 12h-22h (dernier accès à 20h).*

*Entrée : 28 $ en ligne, 29,50 $ sur place ; 18 $ 4-16 ans (supplément de 12 $ pour la* Edge Experience*) ; réduc. Forfait* Ultimate *incluant ttes les attractions : 58 $ ; 42 $ enfants.*

À 297,3 m, la *Eureka Tower* fut brièvement, en 2006, le plus haut édifice résidentiel du monde. On commence par une belle maquette du CBD imprimée en 3D, une série de *fun facts* et, en option, une séance de réalité virtuelle de 11 mn dans des fauteuils qui vibrent et pivotent sur 180°, tandis que défilent des images emblématiques de Melbourne. Puis vient l'essentiel : l'ascenseur le plus rapide de l'hémisphère Sud grimpe en 38 secondes au ***Skydeck*** du 88e étage (perché juste sous le sommet à 285 m), d'où l'on découvre par temps clair un panorama à 360°, jusqu'à 75 km à la ronde. Le 108, le plus haut building de la ville et le 2d du pays (316,7 m), est juste en face, avec ses étranges cubes jaunes protubérant à mi-hauteur... On peut se contenter de la vue, s'offrir une coupe de Bollinger au bar, rejouer la réalité virtuelle sur une planche chahutée par le vent qui s'avance au-dessus du vide, prendre l'air pour de vrai sur le bout de terrasse grillagée ou, unique au monde, rentrer dans le cube de verre hydraulique du *Edg,* au sol également transparent, qui s'avance au-dessus du vide pour quelques minutes de vertige garanties... Les parois, d'abord opaques, deviennent progressivement transparentes ! Tout cela, vous vous en doutez, est en option, et cher. Durant les vacances, la queue est néanmoins souvent très longue.

### BLING-BLING !

*92 étages, 3 680 marches, 52 000 m² de vitrage...* La Eureka Tower *pèse 200 000 t et nécessita 110 000 t de béton. Au sommet, 2 réservoirs d'eau de 300 000 l ont été installés pour compenser l'oscillation, qui peut atteindre 60 cm par jour de grand vent... Chaque année est organisée la* Eureka Stair Climb, *une course sur 1 642 marches (seulement !), la plus haute du monde. Au fait, pourquoi les 10 derniers étages de la tour brillent-ils tant au soleil ? Parce que de l'or pur 24 carats entre dans la composition des panneaux de verre !*

**Polly Woodside** *(Maritime Museum ; plan I, C3)* **:** *21 South Wharf Promenade, South Wharf. ☎ (03) 9656-9889. • nationaltrust.org.au/vic • Ⓣ Casino. Ouv seulement certains w-e et pdt vac scol (4 visites guidées/j.), consulter le site. Entrée : 16 $ ; 9,50 $ enfants (3-15 ans) ; réduc et forfait famille.* Le *Polly Woodside* est un 3-mâts lancé en 1885 à Belfast (Irlande du Nord), spécialisé dans le transport de charbon et de blé entre l'Angleterre et l'Amérique du Sud, puis entre l'Australie et la Nouvelle-Zélande. Il est installé aujourd'hui dans un dock en bois d'origine, qui servit à la réparation navale pendant plus d'un siècle. On visite l'intérieur du bateau, bien préservé : objets, machines, souvenirs divers liés à la vie à bord, l'équipage, les traditions maritimes, etc. Petit film sur la rude vie des marins de l'époque.

***Australian Centre for Contemporary Art*** *(ACCA ; plan général, C-D3)* **:** *111 Sturt St. ☎ (03) 9697-9999. • acca.melbourne • Ⓣ Grant St/Sturt St. Tlj sauf lun 10h (11h w-e et j. fériés)-17h. GRATUIT.* Dans un vaste bâtiment rouille-brun aux lignes disloquées, les salles lumineuses accueillent de riches expos d'art contemporain australien et international. Rien de permanent, mais toujours les tendances les plus avant-gardistes !

➢ ***Lancer de hache*** *(plan général, C4)* **:** *82-86 Clarke St. ☎ (03) 8648-7298. • lumberpunks.com • Tlj à 11h, 13h, 15h, 17h et 19h (sessions de 1h30). Compter 45 $.* Si, si, vous avez bien lu. Le lancer de hache est un sport reconnu en Australie, avec sa fédération et ses compétitions ! En attendant d'en arriver là, vous pourrez vous entraîner ici, sur un fond de hard rock motivant. Pas mal famé du tout, rassurez-vous !

## Parcs et belles demeures

*Royal Botanic Gardens* (plan général, D4) : *Birdwood Ave, South Yarra. ☎ (03) 9252-2300. • rbg.vic.gov.au • Ⓣ 3, 3A, 5, 6, 16, 64, 67 et 72. Tlj de 7h30 à la tombée du jour. Visites guidées thématiques payantes.* Si l'on préfère un peu le Jardin botanique de Sydney, un peu plus fouillis et ouvert sur la mer, celui de Melbourne n'en fait pas moins partie des plus beaux au monde ! À 2 km du centre, cette vaste parenthèse de sérénité de 38 ha trouve ses origines dès 1846. Ce lieu adoré des Melbourniens pour flâner, pique-niquer et jogger, abrite aujourd'hui pas moins de 8 500 espèces de plantes du monde entier, réparties en sections géographiques ou thématiques remarquablement dessinées, alternant grand et petit lac, denses bosquets, arbres vénérables et vastes pelouses venant mourir au bord de l'eau. Si la *Fern Gully* s'impose comme l'une des plus exotiques et agréables promenades ombragées du parc, avec son foisonnement de grandes fougères arborescentes, on aime aussi beaucoup la collection de camélias (en fleur en septembre-octobre), celle de cycas, la roseraie, le *Herb Garden,* le jardin d'initiation pour les enfants *(mer-dim 10h-19h30)...* Lorsque vous commencez à fatiguer, dirigez-vous sur le plus vaste des 2 plans d'eau, côté nord du parc : vous pourrez y faire une agréable pause à *The Terrace* (genre self), dont l'immense terrasse (comment ça, vous vous en doutiez ?) se pose face aux roseaux, d'où émergent gallinules et mouettes voraces. Avec un peu de chance, vous croiserez aussi canards, cygnes noirs et cacatoès. Un enchantement permanent.

**La Trobe Cottage** (plan général, D4) : *Dallas Brooks Dr. ☎ (03) 9656-2800. • nationaltrust.org.au/vic • Juste au-dessus du Jardin botanique (porte E). Ouv oct-avr seulement, dim 13h-16h. Visite guidée env 45 mn.* C'est dans un cottage en tout point identique (celui-ci est une copie réalisée en 1960) que vécut le 1er administrateur de la colonie, Charles La Trobe, de 1839 à 1854, avec sa femme Sophie et leurs jeunes enfants. Il fut central dans le développement de Melbourne. La maisonnette en bois d'origine a été importée d'Angleterre en pièces détachées, cheminée comprise ; elle ne comptait que 2 pièces modestes, auxquelles se sont adjointes plusieurs dépendances – dont les cuisines, en face. Aux murs, on peut voir les aquarelles que peignait La Trobe, artiste à ses heures et grand amoureux des plantes, à l'origine de la création du Jardin botanique. Et le piano de Madame (il fallait bien s'occuper).

**Como House** (plan général, F4) : *Williams Rd. ☎ (03) 9656-9889. • national trust.org.au/vic • Au nord-est de South Yarra. Parc tlj 9h (10h dim)-17h ; visite guidée de la maison mer et ven à 14h, plus le w-e à 11h, 12h30 et 14h, sauf j. fériés (durée : 1h). Entrée : env 16,50 $ ; réduc.* Bâtie en 1847 dans un style Regency mâtiné d'influences italiennes, cette belle demeure s'entoure presque entièrement d'une véranda sur 2 niveaux qui lui donne des airs de belle du Sud (américain). Plusieurs familles de la haute société locale s'y succédèrent, dont les Armytage, qui y résidèrent durant 95 ans – le 1er, George, un Anglais vivant à Bruxelles, dut en partir à cause des guerres napoléoniennes. Le mobilier et les portraits de famille datent surtout de l'époque du fils, Charles ; beaucoup de pièces furent rapportées d'Europe par Carolyn, qui vécut un temps à Paris après la mort de son mari.

### LE MOUTON FAIT LES BAS DE LAINE

*Les Armytage, longtemps propriétaires de Como House, étaient à la tête d'une douzaine de grands élevages de moutons. L'argent coulait à flots au XIXe s : la demeure fut l'une des 1res à être électrifiées en ville et, chaque vendredi soir, en hiver, elle accueillait un grand bal de 150 invités triés sur le volet. La grande salle de bal était alors décorée de fleurs et, parfois, un chanteur d'opéra était invité.*

Inattendu vu l'histoire familiale : le portrait de Napoléon dans le petit salon ! De nombreux détails montrent le faste de la maisonnée, comme ces canapés surélevés dans la salle de billard pour bien voir le jeu et ces toilettes cachées à l'intérieur d'une fausse commode dans l'une des chambres ! Dans la cuisine, la collection de cloches sonnant les petites bonnes est impressionnante... Il faut ensuite prendre le temps de parcourir le vaste parc arboré de la propriété.

|●| ***The Stables of Como :*** *☎ (03) 9827-6886. Sandwichs et brunch 16-20 $ ; plats 20-35 $.* Même si les prix sont un poil élevés, l'escale est bien agréable pour avaler un sandwich, une pizza au feu de bois, un risotto ou un poisson. On peut y prendre le *high tea* dans sa formule traditionnelle (ou non) et ils proposent même un pique-nique de luxe à dévorer dans le parc (mais cher : 99 $) !

***Rippon Lea Estate*** *(hors plan général par E6) :* *192 Hotham St, Elsternwick. ☎ (03) 9523-6095 ou 9656-9889. • ripponleaestate.com.au • À 3 km au sud-est de la plage de St Kilda. Ⓣ 67 (arrêt 42) ou bus nos 216 et 219. Tlj 10h-16h (dernière entrée à 15h30). Visite guidée de la maison (env 40 mn), env ttes les 1h, jusqu'à 14h. Entrée : 15 $ ; réduc.*
Le domaine couvrait jadis 24 ha. Il en reste 5,7, occupés par un ***extraordinaire jardin victorien*** dans lequel on se fond directement, passé l'entrée. Végétation exubérante, arbres rares et centenaires, vastes espaces gazonnés, étang foisonnant de papyrus, de canards, de foulques et de tortues, petits ponts, massifs de dahlias et de fleurs destinées aux bouquets, potager, verger (on y fait du cidre en mars), l'ensemble est d'un charme fou. Mais rien ne vaut la sublime *Fernery,* une collection de fougères arborescentes typique de son époque, protégée par une énorme structure métallique qui crée comme une canopée artificielle. C'est la plus grande de l'hémisphère Sud et l'une des dernières du genre au monde à avoir été préservée. L'ensemble était alimenté en eau par un système d'irrigation qui puisait dans la nappe phréatique grâce à des moulins à vent.
La maison nichée au cœur de ce délicieux jardin se visite. *Rippon Lea House* reste fermement attachée au souvenir de Louisa (Lulu) Jones, qui fit don du domaine au National Trust à sa mort. Dans les années 1930, cette riche héritière fit remodeler la maison dans un style plus hollywoodien que *British,* avec une belle piscine creusée dans l'axe de la salle de bal – cœur vibrant des soirées de la bonne société dans l'entre-deux-guerres. L'aménagement des pièces date aussi de cette époque, avec de surprenants papiers peints japonais gaufrés à l'or. Plusieurs films ont été tournés ici, dont quelques scènes de *Mission Impossible,* avec Tom Cruise. Mais le plus extraordinaire, dans tout ça, c'est la facilité avec laquelle on accède aux espaces. Rien ne vous empêche de venir avec votre pique-nique et de vous installer sous la véranda. De vous mettre au piano un instant durant la visite. D'apporter votre raquette de tennis et de tâter du vieux terrain enherbé (rebonds fâcheux à prévoir)... Rippon Lee, on adore !

## ST KILDA

St Kilda, c'est avant tout la ***plage*** *(plan III, D6).* Une grande plage populaire de 700 m de long, la plus proche du centre-ville – à laquelle on peut accéder facilement par le tram ou même en ferry depuis Port Melbourne (bien cher, cela dit). Les baignades mixtes y furent autorisées... en 1927. Elle est longée par une promenade littorale bordée de l'ancien établissement des bains (piscine) et marquée par l'emblématique jetée du *St Kilda Pier.* Quand la météo s'y prête, on pratique *kitesurf,* paddle, volley-ball, etc. Attention, de novembre à mars, l'alcool est interdit sur tout le littoral !
*• stkildamelbourne.com.au •*

***St Kilda Pier*** *(plan général, C6 et hors plan III par D6) :* ***travaux d'aménagement en cours jusqu'en 2024.*** Ce large ponton construit en 1956 à

LE VICTORIA

l'occasion des Jeux olympiques de Melbourne (il servait alors de marina) est l'un des endroits préférés des locaux pour se promener, pêcher et profiter du coucher du soleil sur la marina et la lointaine *skyline* de la ville. Un ravissant pavillon edwardien se dresse au bout de la jetée. Datant de 1904, il a été reconstruit à l'identique après avoir brûlé en 2003. Au crépuscule ou à l'aube, on peut voir parmi les rochers des *little penguins*, les manchots pygmées, la plus petite espèce de pingouin (1 kg !). Ils seraient un millier à avoir élu domicile ici depuis le milieu des années 1970. Une plateforme d'observation devrait être aménagée d'ici 2024.

***St Kilda Luna Park*** *(plan III, D6)* **:** *18 Lower Esplanade. ☎ (03) 9525-5033. • lunapark.com.au • Ⓣ Luna Park. Ouv tlj pdt vac scol et le w-e, de 11h jusqu'à 18h-23h selon la saison ; en sem seulement du printemps à l'automne, j. et horaires très fluctuants.* Single Ride *(une seule attraction) : 15 $ ; réduc.* Unlimited Rides *(attractions illimitées pdt 1 j.) : 51,50 $ ; 4-12 ans 41,50 $ ; forfait famille.* Inauguré en 1912, c'est le plus ancien Luna Park d'Australie. On adore sa monumentale et pittoresque entrée en forme de bouche ouverte, devenue iconique. Une vingtaine d'attractions vous sont proposées dans une atmosphère bon enfant, entre autres le traditionnel train fantôme datant de 1936 *(Ghost Train)* et le diabolique *Great Scenic Railway*, le grand 8 historique en bois, le plus ancien du monde encore en fonctionnement ! Jetez un coup d'œil au ***Palais Theatre*** voisin, un cinéma furieusement Art déco, bâti par les 1ers proprios du Luna Park (et encore actif).

***Jewish Museum of Australia*** *(plan III, E6)* **:** *26 Alma Rd. ☎ (03) 8534-3600. • jewishmuseum.com.au • Ⓣ Alma Rd/St Kilda Rd. Tlj sauf lun, sam et j. fériés 10h-17h. GRATUIT sauf expos temporaires (15-20 $, réduc).* Ce bâtiment moderne peint d'une grande fresque abrite 4 galeries permanentes et 2 dédiées aux expos temporaires. Plus de 20 000 objets y tournent régulièrement. Grands sujets traités : 4 000 ans d'histoire juive ; croyances et traditions millénaires (objets cultuels) ; fêtes religieuses ; sans oublier bien sûr une section consacrée spécifiquement aux juifs d'Australie, avec de riches témoignages de familles immigrées et de leurs descendants (lettres, photos, vêtements).

***St Kilda Botanical Gardens*** *(plan III, D-E6)* **:** *Blessington St (et Herbert St). ☎ (03) 9209-6777. Ⓣ 96 (terminus). Accès libre tlj de l'aube au crépuscule. Serre 10h30-15h30 lun-ven, de l'aube au crépuscule les w-e et j. fériés.* Ce grand parc public, plus espace vert que jardin botanique, remonte à 1859. Larges allées bordées de palmiers, vastes pelouses, grands arbres séculaires, l'espace est serein, agréable, avec un petit étang et, en saison, un des plus jolis *rose gardens* de Melbourne. Des opossums y vivent et on peut y voir toutes sortes d'oiseaux – dont le *rainbow lorikeet*, un perroquet particulièrement coloré.

## Marchés

– ***Queen Victoria Market*** *(plan général et plan I, C2)* **:** *entre Peel, Elizabeth et Victoria St. • qvm.com.au •* Fantastique marché. Voir plus haut la rubrique « À voir. CBD ».

– ***Prahran Market*** *(plan II, E5)* **:** *163 Commercial Rd, Prahran. • prahranmarket.com.au • Ⓜ South Yarra ou Prahran. Ⓣ Prahran Market. Ⓣ 72 : Prahran Market. Mar et jeu-sam 7h-17h, dim 10h-15h.* Avec son titre de « *Food lover's market* », il tient résolument tête au Queen Victoria Market quant à la qualité des produits (en particulier les légumes et fruits anciens). C'est le plus ancien marché d'Australie : inauguré en 1864 sur Greville St, il s'est installé ici en 1891 (sa façade néoclassique date de cette époque). Nombreuses activités pour petits et grands : musique live le week-end (12h-15h) et tour guidé gastronomique du marché le 3e samedi du mois à 9h45 notamment *(durée 1h15 ; 25 $ ; résa obligatoire).*

– ***South Melbourne Market*** *(plan général, C4)* **:** *322-326 Coventry St, South Melbourne. • southmelbournemarket.com.au • Ⓣ 96 : South Melbourne Station/Light*

*Rail. Ouv mer et ven-dim 8h-16h (17h ven).* C'est le 3e larron du grand trio de marchés de produits de bouche de Melbourne, fondé dès 1867. Il occupe aujourd'hui une immense halle principalement moderne, avec une multitude de cafés, *delicatessen* et petits restos. Beaucoup de locaux le fréquentent. Quelques commerces non alimentaires aussi.

– ***Veg Out St Kilda Farmers' Market*** *(plan III, D6)* **:** *Peanut Farm Reserve, entre Chaucer St et Spencer St, St Kilda. • vegoutfarmersmarket.org.au • Ⓣ 96 : The Espanade (terminus). 1er sam du mois 8h30-13h.* On y retrouve tous les produits des fermes du Victoria, bio ou non : fruits et légumes, viandes, beurre, confitures, vins, miels, fromages, pains, fleurs, pistaches... Pas de plastique, apportez votre panier.

Non loin de là et dans le même esprit, faire un saut au ***Veg Out Community Gardens St Kilda*** *(angle Shakespeare Grove et Chaucer St ; • vegout.org.au •)* : un jardin communautaire de 140 parcelles où les locaux viennent planter, jardiner (en 100 % bio)... ou exposer des œuvres d'art, sur un ancien terrain de boulingrin ! Ouvert à tous. Esprit bab' & relax.

– ***St Kilda Esplanade Market*** *(plan III, D6)* **:** *Upper Esplanade, St Kilda. • stkildaesplanademarket.com.au • Ⓣ Luna Park. Dim 10h-17h (16h mai-sept).* Depuis 1970, ce grand marché d'artisanat regroupe plus de 80 exposants alignés le long du Jacka Blvd. Il y a du beau et du moins beau, mais l'animation est sympathique et il y a aussi des *food stalls* pour se nourrir.

– ***Slow Food Melbourne Farmers' Market*** *(plan général, F2)* **:** *63 The Avenue, Spotswood. • slowfoodmelbourne.com.au • Train : Spotswood (30 mn à l'ouest de la Southern Cross Station). Le 4e sam du mois 8h-13h.* Très populaire marché de petits producteurs affichant une charte de qualité et d'intégrité dans les méthodes de production, garantissant les meilleurs fruits, légumes, viandes, charcuteries et condiments, fromages artisanaux, vins, miels, pains, etc. Pas de sacs plastique, apporter son panier.

– ***The Rose Street Market*** *(plan IV, D1)* **:** *60 Rose St, Fitzroy. • rosestmarket.com.au • Ⓣ Leicester St/Brunswick St. W-e 10h-16h.* Un marché qui rassemble plus de 60 artistes et designers : mode, mobilier, bijoux, peinture... Tous les genres, artistes débutants ou confirmés, à tous les prix... Sinon, plongez-vous dans le *street art* du quartier et achetez un pan de mur. Non, on rigole, mais il y a des œuvres de Banksy qui ont été découpées par des proprios malins et revendues des dizaines de milliers de dollars...

## Fêtes et manifestations

Une bonne soixantaine d'événements tout au long de l'année, dans tous les domaines, pour tous les goûts... Musicaux et sportifs, voici les plus importants. Infos et dates sur le site de l'office de tourisme.

– ***Janvier*** **:** le célèbre Australian Open de tennis et festival de musique Sugar Mountain *(1 j. fin janv),* réputé pour sa scène à 360°. *• sugarmountainfestival.com •*

– ***Février*** **:** Nouvel An chinois ; Twenty20 International Cricket au MCG ; Londsdale Street Greek Festival.

– ***Mars*** **:** Melbourne International Flower and Garden Show (au Royal Exhibition Building) ; Melbourne Fashion Festival ; Melbourne Food & Wine Festival (à cheval sur mars-avril).

– ***Avril*** **:** Grand Prix d'Australie de Formule 1 ; Melbourne International Comedy Festival ; Melbourne Queer Film Festival ; Anzac Day (le 25 avril).

– ***Mai*** **:** Good Beer Week ; Human Rights Arts & Film Festival ; Melbourne International Animation Festival.

– ***Juin*** **:** Rising (art et musique) ; Good Food and Wine Show.

– ***Juillet*** **:** Run Melbourne (au parc olympique) ; Melbourne Magic Festival (début fin juin).

– ***Août :*** Melbourne International Film Festival ; Melbourne Day (30 août).
– ***Septembre :*** AFL Grand Final (finale nationale du tournoi de foot) ; Royal Melbourne Show ; Melbourne Fringe Festival ; Melbourne International Coffee Expo (avec concours du meilleur *barista* !) ; Melbourne Writers Festival.
– ***Octobre :*** Melbourne International Jazz Festival, pendant 10 jours. Une référence dans le pays ! ● *melbournejazz.com* ● ; Melbourne Fashion Week ; et le marathon.
– ***Novembre :*** Melbourne Cup (course hippique le 1er mardi du mois) ; Eureka Stair Climb (course de 1 642 marches à l'*Eureka Tower*).
– ***Décembre :*** Melbourne Music Week ; The Big Design Market (au Royal Exhibition Building) ; Christmas Festival ; Cricket Boxing Day Test et... New Year's Eve !



## QUITTER MELBOURNE

### En bus

***Terminal des bus*** *(Southern Cross ; plan I, C3) : 205 Spencer St, à l'ouest du CBD, attenant à la gare de Southern Cross, côté nord. Accès par le tram gratuit.* Consignes à bagages (attention, celles sur les « quais » sont à 16 $/j., celles cachées près de la sortie sur Spencer St, face au quai 56, à seulement 10 $/j. !). Agences de location de voitures *Avis-Budget, Europcar* et *Sixt*.

■ ***Greyhound :*** *Bay 55. ☎ 1-300-473-946 (nº gratuit). ● greyhound.com.au ● Lun-ven 8h-16h30 ; fermé w-e.* Dessert quasiment tout le pays avec des fréquences réduites depuis le Covid – notamment toute la côte est jusqu'à **Cairns** par **Canberra** et **Sydney.** Les liaisons vers **Adelaide** sont encore suspendues au moment où nous mettons sous presse.

■ ***Firefly :*** *à côté de Greyhound. ☎ 1-300-730-740 (nº gratuit). ● fireflyexpress.com.au ●* Pour **Adelaide** (bus nos 70 et 80) : départs à 7h15 et 20h15 (env 9h30 de trajet) ; pour **Sydney** (bus nº 31) : départ à 19h (env 11h30 de trajet).

### En avion

2 aéroports à Melbourne.

✈ ***Melbourne Airport*** *(Tullamarine ; hors plan général par B1) : à 22 km au nord-ouest du centre (CBD). ☎ (03) 9297-1600. ● melbourneairport.com.au ●* Vols internationaux et nationaux (voir « Arrivée à l'aéroport »).

■ ***Qantas :*** *☎ 131-313. ● qantas.com ●* Départs du T1. Une quinzaine de destinations intérieures assurées en vol direct en 2022, dont toutes les grandes villes du pays... Certaines liaisons secondaires n'ont pas encore repris.

■ ***Virgin Australia :*** *☎ 136-789. ● virginaustralia.com ●* Départs du T3. Vols à prix intéressants pour Adelaide, Brisbane, Canberra, la Gold Coast, Sydney... Plein de destinations suspendues depuis le Covid.

■ ***Jetstar :*** *☎ 131-538. ● jetstar.com.au ●* Départs du T4. Vols *low-cost* vers Adelaide, Brisbane, Cairns, Darwin, Gold Coast, Hobart (Tasmanie), Perth, Sydney... C'est la compagnie qui propose le plus de vols depuis le Covid !

■ ***Regional Express :*** *☎ 131-713. ● rex.com.au ●* Départs du T4. Spécialiste des petites villes des NSW, SA et QLD, *Rex* dessert aussi Adelaide, Canberra, Sydney, Brisbane et la Gold Coast en vol direct.

■ ***Air New Zealand :*** *● airnewzealand.com ●* Vols pour Auckland *(270-500 $)* et correspondances pour les îles du Pacifique : Tahiti, Fidji, îles Cook, Nouvelle-Calédonie...

■ ***Aircalin :*** *☎ 1-300-655-737. ● aircalin.com ●* Vols de/vers Nouméa (pas donnés !).

✈ ***Avalon Airport :*** *80 Beach Rd, à **Lara.** ☎ (03) 5227-9100. ● avalonairport.com.au ● À 50 km au sud-ouest de Melbourne et 21 km au nord de Geelong.* Vols domestiques *Jetstar* vers Sydney et Gold Coast et, en temps normal, vols *Air Asia* vers Kuala Lumpur. SkyBus depuis *Southern Cross Station.*

## En train

Tous les trains longues distances partent de *Southern Cross Station (plan I, C3).*

➢ ***Ballarat*** *(1h20-1h30 de trajet) :* avec *V/Line* *( ● vline.com.au ●).* Ttes les 40 mn env, 5h10-23h50 lun-ven, ttes les 1h env, le sam (7h10-23h10) et le dim (8h10-20h45).

➢ ***Bendigo*** *(1h50-2h15) :* avec *V/Line* également, ttes les 1h env, 6h25-minuit lun-ven, 7h-minuit le sam, 7h40-22h30 le dim.

➢ ***Geelong*** *(1h) :* ttes les 20-40 mn.

➢ ***Adelaide :*** desservie par l'*Overland.* Départs les lun et ven à 8h05 ; 830 km couverts en env 10h. Pas de bureau à la gare, on réserve en ligne *(● journeybeyondrail.com.au ●).* Compter 125-285 $ l'aller selon la classe.

➢ ***Sydney :*** desservie par l'*XPT* avec 2 trains/j., mat et soir ; env 900 km de trajet en un peu plus de 11h. Billets à partir de 80-95 $. S'adresser au comptoir *NSW Train Link* *(tlj 7h30-20h),* au milieu de la gare, ou réserver en ligne *(● transportnsw.info ●).*

LE VICTORIA

# AUTOUR DE MELBOURNE

## LA YARRA VALLEY

**Superbe vallée au nord-est de Melbourne, à 1h de route à peine, abritant parmi les plus prestigieux vignobles du Victoria. C'est là que démarra la grande aventure du vin. On compte aujourd'hui au moins 850 vignobles dans tout l'État et environ 200 d'entre eux se trouvent à moins de 2h de Melbourne. Beaucoup se visitent. L'occasion de jouir d'une lumineuse campagne au long de douces et ondoyantes collines. En fond, les reliefs bleutés des *monts Dandenong.* Dans la lumière dorée du soir, c'est carrément magique ! Sympathique village de *Warburton.* Quant à *Marysville,* il se reconstruit courageusement après les terribles incendies de 2009.**

## À voir

***Healesville Sanctuary :*** *Badger Creek Rd, à* ***Healesville.*** *☎ 1-300-966-784 (nº gratuit). ● zoo.org.au/healesvillesanctuary ● À env 1h de route de Melbourne par la Eastern Freeway (M3), puis la Maroondah Hwy. Tlj 9h-17h (dernier accès à 15h30). Entrée : 40 $ ; réduc ; gratuit moins de 4 ans (et 16 ans pdt w-e et vac scol du Victoria).* L'occasion d'aller rendre visite aux kangourous et koalas dans des conditions exceptionnelles, mais aussi d'observer de près des animaux peu connus : l'alpine she-oak skink (un genre de gros lézard en voie d'extinction) ou difficile d'approche comme l'ornithorynque, le hibou aboyeur, le python à col noir, le dingo, de pittoresques variétés de perroquets et cacatoès et les minuscules *mountain pygmy* et *leadbeater's possums.*

***TarraWarra Museum of Art :*** *311 Healesville-Yarra Glen Rd, à* ***Healesville.*** *☎ (03) 5957-3100. ● twma.com.au ● Tlj sauf lun 11h-17h. Entrée : 11 $ ; réduc ; gratuit jusqu'à 12 ans.* L'art ne saurait être absent d'une telle nature privilégiée. Ne pas manquer ce musée niché au sein d'un merveilleux environnement. Expos tournantes d'œuvres contemporaines les plus pointues.

# DANDENONG RANGES NATIONAL PARK

**À environ 40 km à l'est de Melbourne, ces monts *(ranges)* culminent modestement à 600 m. Nombre de belles balades ombragées à travers de denses forêts de ginkgos (l'arbre aux 40 écus), frênes et hautes fougères, dans la fraîcheur des sous-bois et des ruisseaux. Grandes variétés de fleurs. Très agréables aires de pique-nique.**

*Infos : • parkweb.vic.gov.au •*



## À voir. À faire

**National Rhododendron Gardens :** *The Georgian Rd, à* ***Olinda.*** *Tlj 10h-17h. Accès libre.* Ces jardins botaniques offrent, comme le nom l'indique, leur lot de rhododendrons et camélias. Meilleure période de septembre à novembre. Olinda est en outre un village artistique tout à fait charmant.

**Alfred Nicholas Memorial Gardens :** *14 Sherbrooke Rd, à* ***Sherbrooke.*** *☎ (03) 8627-4699. À mi-chemin d'Olinda et de Belgrave. Tlj 10h-17h. Accès libre.* Joli lac où l'on peut canoter. L'occasion également de découvrir, au long de pittoresques sentiers, de belles essences d'arbres comme les *ash trees* (genre d'eucalyptus pouvant atteindre 60 m), érables du Japon, bouleaux blancs, ormes et chênes centenaires, etc. Au printemps, superbes azalées.

➢ **Eastern Sherbrooke Lyrebird Walk :** *dans la forêt de Sherbrooke ; 7,1 km ; boucle d'env 2h.* Superbe randonnée assez sportive (quelques passages raides) et une exceptionnelle opportunité d'apercevoir le *lyrebird,* cet oiseau au chant unique.

**SkyHigh Mount Dandenong :** *26 Observatory Rd, au sommet du* ***Mount Dandenong.*** *☎ (03) 9751-0443. • skyhighmountdandenong.com.au • Accès libre 10h-21h (jusqu'à 22h ven-sam). Véhicule payant : 8 $.* Au sommet du mont Dandenong (633 m), observatoire où par beau temps on a une vue grandiose sur Melbourne et la baie de Port Phillip (encore plus féerique au crépuscule). Beau jardin et labyrinthe végétal, où est nichée une cafétéria. Restauration possible (du petit déj au dîner) à l'excellent bistrot du *SkyHigh* (cuisine australienne).

### MÉNURE SUPERBE

*Appelé aussi* lyrebird *(oiseau-lyre), cet oiseau est l'un des meilleurs bruiteurs du monde animal : il est capable d'imiter une infinie variété de sons, du chant de ses congénères aux bruits d'un moteur, d'un marteau ou encore de l'obturateur d'un appareil photo ! À l'instar du paon, le mâle est doté d'une queue à longues plumes en panache. Il est assez commun dans le Victoria et les New South Wales.*

➢ **Puffing Billy :** *1 Old Monbulk Rd, à* ***Belgrave.*** *☎ (03) 9757-0700. • puffingbilly.com.au • Env 2 à 4 départs/j. Pdt vac scol, résa très conseillée. Ticket (A/R) : 36 $ jusqu'à Menzies Creek, 61 $ jusqu'à Lakeside, 79 $ pour Gembrook ; réduc ; gratuit moins de 4 ans.* De Belgrave à Gembrook en passant par Emerald ou Menzies Creek, un train à vapeur vintage recrée les émotions des 1ers pionniers et enchante les mômes (entre autres parce qu'ils peuvent laisser pendre leurs jambes dehors !). Sur 24 km, il traverse de denses forêts et franchit quelques ravins sur de solides ponts de bois. À Gembrook, marché local le 4e dimanche du mois.

## SUR LA ROUTE DES CHERCHEURS D'OR

**Pour celles et ceux séjournant longtemps en Australie, voici 2 intéressantes excursions depuis Melbourne.**

★★ D'abord, ***Ballarat,*** 113 km à l'ouest. On y découvrit de l'or en 1851. Ce fut l'un des gisements les plus riches du monde. Des dizaines de milliers de *gold diggers* affluèrent et créèrent la ville. Aujourd'hui, Ballarat (98 000 habitants) est l'une des plus séduisantes villes historiques du pays. Abondance d'édifices pittoresques, comme sur la *Lydiard St,* bordée de magnifiques bâtiments victoriens baroques aux façades élaborées, le *théâtre royal...* Voir le *parc à thème sur la ruée vers l'or,* le *Gold Museum* et le *musée sur la rébellion d'Eureka.*

### LA RÉVOLTE DE BALLARAT

*En 1854 éclata à Ballarat une révolte de mineurs dénonçant les brimades de la police et le prix des licences d'exploitation. La barricade d'Eureka en demeura le symbole le plus fort. On y lut même une déclaration d'indépendance, ébauche d'une République australienne. Le mouvement fut impitoyablement écrasé par l'armée et la police, mais cela provoqua l'indignation du peuple australien et éveilla les consciences.*

★★ L'autre ville, c'est ***Bendigo,*** 150 km au nord-ouest de Melbourne. C'est ici qu'on découvrit, en 1851, les 1ers filons. Une vraie folie ! 30 ans après, la ville alignait plus de 1 300 mines... Sans compter les puits verticaux qui furent creusés parfois sous la ville même et dont certains atteignaient 1 400 m de profondeur ! Bendigo se couvrit d'édifices prestigieux de style néobaroque. L'exploitation de l'or cessa en 1954, avec cependant quelques nouvelles tentatives dans les années 1990. Aujourd'hui, Bendigo est fière de son patrimoine architectural, notamment sur l'avenue Pall Mall et ses environs proches où l'on peut admirer le *Shamrock Hotel,* la poste, le temple maçonnique de style néopalladien... Ne pas manquer de visiter la *Central Deborah Goldmine* (sur Violet St). Une mine d'or authentique, l'une des dernières qui ferma. Allez, tenue de mineur et casque de rigueur pour la descente. 412 m de profondeur, sur une vingtaine de niveaux (heureusement visite proposée sur différents niveaux : pour le dernier, ne pas être claustrophobe).

# MORNINGTON PENINSULA

• Carte *p. 143*

**Au sud-est de Melbourne, vaste péninsule qui a curieusement la forme d'une tête de rhinocéros. Occupée par la nation *boon wurrung* avant l'arrivée des Anglais. La très grande majorité des 135 000 habitants vit sur la côte ouest, dans de petites villes qui sont presque des prolongations de Melbourne. Climat particulièrement tempéré, lieu de vacances et de week-ends fort populaire. En été, la population double quasiment, surtout des habitants de la grande ville qui y possèdent des résidences secondaires (pas nécessairement luxueuses d'ailleurs), louent des villas ou des appartements.**
**Pour qui a du temps, la péninsule offre nombre de sites intéressants et d'activités. Ce n'est qu'une succession de campagnes vallonnées, de vergers**

**et oliveraies, parsemés de petits parcs nationaux et on y trouve plus de 200 vignobles (on en visite certains). Nombreuses plages, bien sûr, bordées des fameuses *beach houses* ou cabines de bain aux couleurs criardes (appelées aussi *bathing boxes*), populaire carte postale et emblèmes de la région ! Pour les golfeurs, la péninsule abrite 7 des plus beaux terrains du pays. Nombreuses et pittoresques randonnées dans des paysages idylliques, lumineux, notamment le *Two Bays Trails,* long de 26 km et traversant des reliefs changeant sans cesse de visage...**

## Comment y aller ?

### En voiture et en bateau

➢ ***De Melbourne :*** prendre la M1, puis la M3 jusqu'à Frankston et suivre la côte jusqu'à Mornington, direction Portsea.

➢ ***De la Great Ocean Rd :*** ferry de Queenscliff à Sorrento. ☎ *(03) 5257-4500.* • *searoad.com.au* •

### En train + bus

➢ ***De Melbourne :*** de *Flinders Street Station,* train pour Frankston, puis bus nº 788 pour Portsea, via Mornington et Sorrento.

LE VICTORIA

## Adresse et info utiles

🛈 ***Mornington Peninsula Tourism :*** *359B Point Nepean Rd, à **Dromana.*** ☎ *(03) 5950-1579 ou 1-800-804-009 (nº gratuit).* • *visitmorningtonpeninsula.org* • *Tlj 9h-17h.*

– ***Wine Food Farmgate :*** on mange, on boit et on déguste superbement bien sur la péninsule ! Vignobles, auberges à la ferme, restaurants, petits producteurs et épiceries fines ont eu la bonne idée de s'unir pour proposer plus de 80 adresses (mer, campagne, collines) à découvrir à partir de la ville de Mornington. Produits de saison, souvent bio et venant de l'agriculture durable. Infos sur le site de l'office de tourisme : • *visitmorningtonpeninsula.org* •

## *MORNINGTON*

À une soixantaine de kilomètres du centre de Melbourne, Mornington est une agréable petite ville, porte d'entrée de la péninsule. Réputée pour ses belles et grandes plages, c'est ***une des destinations privilégiées des citadins pour passer la journée ou le week-end.***
Centre-ville plaisant avec restos, bars, magasins, etc. Quelques bâtisses historiques au long de Main St (notamment la *Court House,* datant de 1860). Le 1er bureau de poste ouvrit en 1856 dans une petite bourgade s'appelant à l'époque Schnapper Point et qui prit définitivement le nom de Mornington en 1864.
Pour gagner la plage, les bons restos et le port de plaisance, suivre Main St tout du long en direction du port.
Côté culture, la *Peninsula Regional Gallery (Civic Reserve, Dunns Rd ;* ☎ *(03) 5950-1580 ; tlj sauf lun 10h-17h)* fournit un excellent panorama de l'art contemporain du coin. À 2 pas de là, une ravissante roseraie.
– ***Marché local*** le mercredi matin sur Main St, et ***Mornington Farmers Market*** le 2e samedi du mois.
– ***Main Street Mornington Festival :*** chaque année à la mi-octobre, une journée pour célébrer l'art de vivre et les traditions de la péninsule (vins, arts, cuisine, musique, etc.), avec des animations en centre-ville.

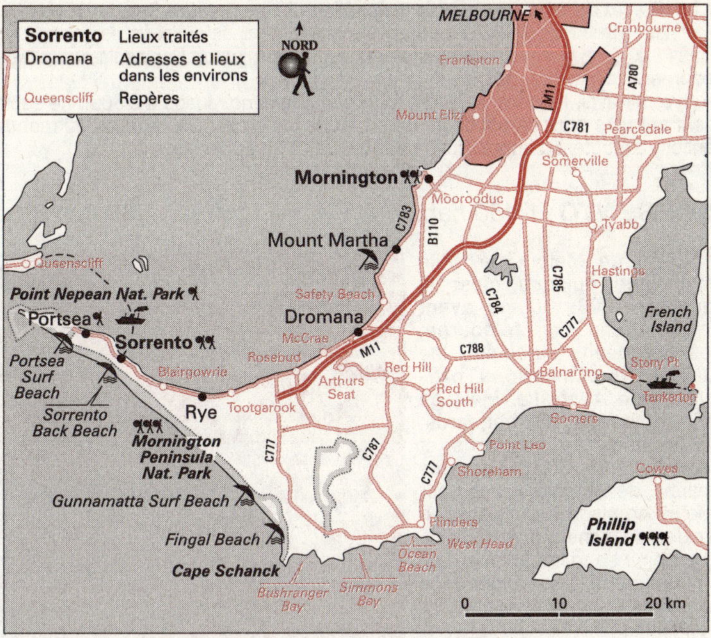




# MORNINGTON PENINSULA

## Où manger ?

|●| ⋖ ***The Rocks :*** *1 Schnapper Point Dr.* ☎ *(03) 5973-5599. Tlj sauf mar 11h30-21h. Petits plats 15-20 $ ; poisson env 30-45 $.* Dans la catégorie plus chic, les prix suivent, mais on y sert une cuisine assez élaborée et joliment dressée. Au tableau noir, la pêche du jour. À déguster dans une grande salle ouverte avec vue panoramique.

## *LA ROUTE DE MORNINGTON À SORRENTO*

Route côtière vraiment plaisante. Peu construite, pas de gros complexes hôteliers. Certes, beaucoup de villas, mais pas toujours luxueuses ni prétentieuses et certaines même modestes. Splendide plage de ***Mount Martha*** et superbes points de vue depuis *Martha Point.* À propos, un p'tit break pour respirer, laissez donc la voiture et empruntez le chemin bien balisé de *Mount Martha* au *Briars Historic Park* à travers le bush.
À ***Dromana,*** ne pas manquer de s'arrêter au *Tourist Office.* Plein de doc sur la région et personnel pro. Marché local *Dromana Drive In,* Nepean Hwy, les 2e et 4e dimanches du mois (et tous les dimanches de janvier).
Depuis Dromana, départ de la ***Arthurs Seat Loop Scenic Drive,*** boucle de 20 km dans les terres. Paysages superbes et nombreux départs de chemins de randonnée.

Prenez de la hauteur avec le téléphérique ***Eagle Arthurs Seat*** *(1085 Arthurs Seat Rd ; ☎ (03) 5987-0600 ; • aseagle.com.au • ; tlj sauf Noël à partir de 10h ; ticket : 20 $, réduc)* : superbe panorama sur la Mornington Peninsula et sur Melbourne. À faire en famille !
À ***Rye,*** mi-avril, l'étonnant *Rye Beach Sand Sculpting.* Jusqu'à 3 500 t de sable sont utilisées pour ce concours de sculpture sur sable. Des artistes du monde entier y exécutent d'impressionnantes œuvres d'art éphémères.

## *SORRENTO (1 450 hab.)*

À 90 km de Melbourne. Ville historique puisque c'est là que, en 1803, 30 ans avant la fondation de Melbourne, les Européens établirent une des ***1res implantations officielles en Australie.*** Mélange hétéroclite de 300 bagnards, 16 épouses de bagnards et leurs enfants, 50 soldats, des marins, des fonctionnaires pour mettre en place l'administration et des paysans pauvres pleins d'espoir... Le manque d'eau mit fin rapidement à l'expérience qui se transporta à Hobart, en Tasmanie.
Plus tard, dans les années 1830, le site se révélant remarquable et le problème d'eau résolu, une 2de tentative réussit et la ville se développa. En 1863, un député du Parlement de l'État de Victoria (et plus tard 1er ministre), sir Charles Gavan Duffy, y acheta une propriété et encouragea à investir dans la ville. Il fut à l'origine du nom, Sorrento, trouvant la côte ici aussi belle que la célèbre côte italienne... La ville prospéra au point de créer une ligne de chemin de fer Sorrento-Melbourne en 1890 (mais elle ferma en 1920). Elle fut d'ailleurs une des 1res du continent à construire un palais de justice, un hôpital public, un bureau de poste.
Ainsi, aujourd'hui, Sorrento offre un intéressant ***Heritage Walk,*** une vingtaine d'édifices de la 2de moitié du XIXe s, la plupart construits dans un beau calcaire blanc extrait des carrières locales. D'ailleurs, la région a fourni une grande partie des pierres qui ont façonné Melbourne.
Sorrento est une ville agréable, à taille humaine, qui vit surtout la journée (le soir, pas grand-chose à faire !) et reste le meilleur point de départ pour rayonner dans la péninsule. Toute l'activité (restaurants, magasins) est concentrée sur Ocean Beach Rd et Melbourne Rd.

### GOD BLESS THE QUEEN !

*Sir Charles Gavan Duffy fut l'un des dirigeants de la rébellion des Young Irlanders (en 1848) et l'un des inventeurs du drapeau tricolore irlandais. Persécuté pour son combat en faveur de l'Irlande libre, il finit par émigrer en Australie. Avocat, brillant orateur, il fut élu député, puis, en 1871, 1er ministre de l'État de Victoria. Il fit scandale lors d'un repas organisé à l'occasion de la visite de la reine d'Angleterre. Levant son verre, il remercia Sa Majesté (ironiquement) de l'avoir épargné en 1848 et d'avoir commué la peine de mort des Young Irlanders en bagne en Australie... Ce qui leur permit de réussir socialement et politiquement !*

## Comment y aller ?

➢ ***En ferry :*** il relie Sorrento à Queenscliff Harbour. *☎ (03) 5257-4500. • searoad.com.au •* Départ ttes les heures 7h-18h (19h les w-e en fév, à Pâques, *Labour Day* et 26 déc-31 janv). De Queenscliff Harbour à Sorrento, mêmes horaires. Trajet : env 45 mn. En hte saison, conseillé de réserver. Prix (aller) : voiture 65 $ ; passager 12 $ ; réduc ; gratuit pour les vélos.

## Adresses utiles

**Sorrento Beachside Visitor Centre :** *angle Ocean Beach Rd et George St. ☎ (03) 5984-1478. Tlj 10h-16h.*
**Poste :** *66 Ocean Beach Rd.*

## Où dormir à Sorrento et dans les environs ?

### De prix moyens à plus chic

**Sorrento Beach Motel :** *780 Melbourne Rd. ☎ (03) 5984-1356. • sorrentobeachmotel.com.au • À partir de 150 $. Réduc sur Internet.* Le seul motel de la ville. Une vingtaine de chambres de plain-pied. Situé un poil à la périphérie, dans un environnement bucolique, presque à la campagne (compter 15-20 mn à pied du centre). Motel de luxe aux chambres spacieuses, avec parquet et tout le confort : kitchenette, clim, minibar, frigo, TV, baignoire-spa (pour certaines), etc. Terrasse privée, BBQ, aire de pique-nique, machine à laver.
**Oceanic Appartments :** *234 Ocean Beach Rd. 0490-901-188. • oceanicsorrento.com.au • Studios à partir de 185 $. Promos sur Internet.* Le grand luxe sans faire (trop) mal au porte-monnaie ! Architecture design, intérieur et chambres d'une blancheur immaculée. Excellent confort général. Terrasse privée, BBQ. À quelques minutes de Back Beach.
**Mercure Portsea Golfclub & Resort :** *46 London Bridge Rd,* **Portsea.** *☎ (03) 5981-6100. • mercureportsea.com.au • À partir de 110 $. Parking privé. Réduc sur Internet.* Lové au cœur d'un superbe parcours de golf (réputé dans la région), voilà un pied-à-terre idéal pour séjourner au vert. Panorama sur la campagne environnante, réveil au chant des oiseaux, vue imprenable au coucher du soleil... Grande chambre bien équipée (TV, clim, kit pour petit déj...) avec terrasse privative. Demander celles situées à l'étage. Également un restaurant.

## Où manger ?

**Mr Morce :** *182 Ocean Beach Rd. ☎ (03) 5984-1838. • mrmorce.com.au • Tlj sauf lun-mar 8h-22h30 (ouv tlj pdt vac scol). Compter 20-35 $.* Happy hour *(boissons et charcuterie) mer-dim 17h-18h.* L'une des plus belles adresses de la péninsule (rien que ça !). Resto chaleureux et intime au cadre de style contemporain. Carte courte (un bon signe !) : poisson du marché, gnocchis à la citrouille, porc braisé, *tataki* de bœuf... En dessert, on vous conseille le financier à la pomme et au beurre salé ou le chocolat fondant à la rhubarbe et glace vanille. Belle carte de vins de la région. Microterrasse qui s'anime aux beaux jours. Service efficace et souriant. Un sans-faute !
**Cakes and Ale :** *102 Ocean Beach Rd. ☎ (03) 5984-4995. Tlj midi et soir. Menu 29,50 $. Cakes and Ale,* roman de 1930 de l'écrivain britannique William Somerset Maugham, racontait les aventures d'une muse d'écrivains durant l'entre-deux-guerres... Ici, l'inspiration se trouve du côté de l'assiette. La viande est à l'honneur, sublimée par des farandoles d'épices et de sauces et une imagination culinaire sans faille (quelques *guests* de renom se mettent derrière les fourneaux 1 ou 2 fois par mois !). Grand choix de vins locaux et internationaux. Plantes suspendues et tableaux pop art pour colorer ce grand espace blanc immaculé. Soirées à thème autour du vin ou de la littérature. Accueil « comme à la maison ».
**Flat BLK :** *136 Ocean Beach Rd. Tlj sauf mar 7h30-15h (plus tard le w-e). Compter 5-12 $.* Une petite bicoque rouge et intimiste, accolée à une belle maison en pierres apparentes. Devant l'entrée trône un vieux wagon de tramway beau comme un sou neuf !

Pâtisseries maison *(banana cake, lemon tart, caramel slice)* et petite restauration classique (bagels, burgers). Milk-shakes et boissons chaudes. Un chouette endroit, notamment pour le p'tit déj !

## À voir. À faire

★★ ***Sorrento Museum :*** *827 Melbourne Rd (et Ocean Beach Rd). ☎ (03) 5984-0255. • nepeanhistoricalsociety.asn.au • W-e, vac scol et j. fériés (sauf Vendredi saint et Noël) 13h30-16h30. Entrée : 5 $ ; réduc.*
Abrité dans une élégante bâtisse en pierre calcaire de 1877, ancien siège de l'Institut de mécanique. L'imposante et impressionnante sphère électrique (datant de 1908), juste devant l'entrée, donne le ton ! La Société d'histoire locale a patiemment collecté pendant des années objets, documents, photos, témoignages liés à l'histoire de la ville... Souvenirs d'école, objets domestiques, un zeste d'archéologie, du matériel de pêcheur, de jolies robes en soie de 1874, des maquettes de bateaux, de vieilles bouteilles, beaucoup d'outils des pionniers ou des menuisiers légués par un collectionneur du coin... Résultat, un musée très complet à l'aspect un poil fourre-tout du fait de la richesse et de la grande variété des collectes. Les sections historiques et ethnographiques s'imbriquent, se répondent, et ça donne du charme à cet immense cabinet de curiosités.
Ne pas manquer les ***Pioneer Memorial Gardens,*** jardins attenant au musée qui rendent hommage aux pionniers de la région de Sorrento. Plusieurs belles variétés d'arbres et de fleurs.

LE VICTORIA

➢ ***Sorrento Heritage Walk :*** certes, le passé de l'Australie est vraiment court. Toutefois, on peut partir avec un certain plaisir à la découverte de la vingtaine de bâtiments du XIXe s. D'autant plus qu'une bonne dizaine d'entre eux se tiennent dans Ocean Beach Rd (ou tout proche). Récupérer l'intéressante brochure à l'office de tourisme qui détaille bien chaque bâtiment.

➢ ***Million Dollar Views :*** voilà une pittoresque et cool promenade de 2 km vers Portsea, un genre de Malibu local. Surplombant légèrement la mer, on peut admirer les blanches et rustiques (mais très chères) maisons sur pilotis des riches au bout de leur ponton de bois. L'occasion également de jouir de ravissants et paisibles points de vue.

➢ ***Observation des dauphins :*** excursions au départ de Sorrento avec l'agence *Polperro Dolphin Swims,* plusieurs fois primée pour son engagement en faveur de l'écologie et de la sauvegarde du monde marin. Possibilité de nager avec les dauphins ou de faire du snorkelling. *Sorrento Pier, Esplanade. ☎ (03) 5988-8437. • polperro.com • Tlj oct-avr. Départ à 8h et 12h. 65 $ pour les observer (réduc), 150 $ pour nager avec. Durée : 3-4h.*
Plusieurs belles plages pour se baigner ou profiter du bord de mer. Nos préférées ? Sorrento Back Beach et Diamond Bay.

### *MORNINGTON PENINSULA NATIONAL PARK*

★★★ De Portsea jusqu'à Cape Schanck, tenter la ***Coastal Walk,*** une merveilleuse randonnée sur une côte préservée, alternant les points de vue saisissants et les plages sauvages (environ 26 km).
À ***Cape Schanck,*** pittoresques formations de grès rouge, et ne pas manquer de visiter le phare *(tte l'année 10h-17h).* Possibilité de dormir dans les anciens cottages (1859-1939) du gardien. Dans un environnement de rêve, simple, propre (de 1 à 3 chambres). *☎ (03) 5988-6184.*
Les plus belles plages de surf : ***Gunnamatta*** (7 km après Cape Schanck) et, à hauteur de Sorrento, ***Sorrento Back Beach*** et ***Portsea Surf Beach.***

Pas beaucoup de temps, contentez-vous de la superbe balade de ***Point Nepean,*** à la pointe de la péninsule (environ 7 km). Départ de la *Quarantine Station* (à côté de *Point Nepean Information Centre*) par bus *(ttes les 30 mn, 10h30-15h30 ; 10 $, réduc).* Possibilité de louer des vélos (la meilleure option). Tout au bout du bout de la péninsule, un trésor caché : plusieurs fortifications militaires datant de 1880 et utilisées jusqu'à la fin de la Seconde Guerre mondiale. L'ensemble est encore en super état ! Un jeu de cache-cache géant dans les tunnels, les forteresses, les abris, les caves... Un témoignage patrimonial et historique qui nous fait plonger dans la vie des soldats de cette époque.

– ***Point Nepean Information Centre :*** *☎ (03) 5984-6014. ● parkweb.vic.gov.au ● Tlj sauf Noël 10h-17h.* Propose des fiches et une carto de la randonnée fort bien faites. Possibilité de louer des audioguides.

### LE TRAGIQUE ET AQUATIQUE DESTIN DE HAROLD HOLT !

*Harold Holt, 1er ministre australien, possédait une villa à Portsea. Peu après sa nomination, le 17 décembre 1967, il partit se baigner à la Cheviot Beach, pourtant réputée pour ses courants très dangereux ! Ses amis le virent disparaître dans les flots et on ne retrouva jamais son corps. Comme 1er ministre, il ne laissa pas un grand souvenir, mais Melbourne tint cependant à l'honorer d'un monument... une piscine municipale !*



# PHILLIP ISLAND

env 10 500 hab.

**À environ 2h (150 km) au sud de Melbourne, Phillip Island est un peu le point sur le i, le bout d'Australie dont on rêve, un gros morceau de nature (101 km²) suffisamment développé pour être confortable, mais plein d'une vivacité revigorante. Pendant que certains golfent, nous on préfère butiner de plage en plage le nez au vent, compter les wallabies qui apparaissent au jour déclinant (par centaines !), assister à la parade des petits pingouins, voire embarquer vers les îlots aux otaries. Que de faune !**

## Comment y aller ?

➢ ***En bus :*** avec *V/Line (☎ 1-800-800-007 ; ● vline.com.au ●)* depuis le terminal des bus de Southern Cross Station, via Koo Wee Rup. Compter 2h30 de trajet et 16 $. Autre option en prenant le métro jusqu'à Dandenong, puis le bus ; c'est plus long (3h30) mais moins cher (8,60 $).

➢ ***En voiture :*** Phillip Island est facilement accessible par un pont. Venant ou repartant vers la *Great Ocean Rd,* si vous voulez éviter la traversée de Melbourne et privilégier un itinéraire plus bucolique, prenez le ferry Queenscliff-Sorrento avant de traverser la jolie péninsule de Mornington *(☎ (03) 5257-4500 ; ● searoad.com.au ● ; ttes les 1h à l'heure pile, 7h-18h dans les 2 sens ; env 85 $ pour 2 avec une voiture).*

➢ ***En ferry :*** de *Stony Point* (à l'est de Crib Point, sur la côte orientale de la Mornington Peninsula), ferry uniquement passagers pour French Island et Cowes *(☎ (03) 5257-4565 ; ● westernportferries.com.au ● ; 4-5 traversées/j. ; compter 13,50 $, réduc ; vélo 4 $).*

– Pas vraiment de transports publics dans l'île (rien qui permette de visiter les principaux sites en tout cas).

## Adresse utile

**The Phillip Island Visitor Information Centre :** *895 Phillip Island Rd,* ***Newhaven.*** *☎ 1-300-366-422 (n° gratuit). • visitphillipisland.com.au • Situé 1 km après le pont. Tlj sauf Noël 9h-17h (18h pdt vac scol d'été).* Excellentes infos sur les possibilités de l'île et réservation gratuite de logement.

## Où dormir ?

***Phillip Island YHA :*** *Big Wave Complex, 10-12 Phillip Island Rd,* ***Newhaven.*** *☎ (03) 5956-6123. • yha.com.au • Réception 9h-19h (17h hiver). Dortoirs (4-12 lits) 25-40 $/pers ; doubles env 100-135 $.* Juste après être descendu du pont menant à l'île, on découvre ce grand bâtiment moderne caché derrière le magasin *Rip Curl.* Larges terrasses, balcons, espaces ouverts, lumineux, l'architecture est à la fois plaisante et *eco-friendly.* On choisit entre dortoirs, chambres doubles de bon confort et chambres familiales, sans ou avec salle de bains. En prime : 2 cuisines très bien équipées, cheminées où crépitent un bon feu en hiver, clim, pièces communes spacieuses, super *rooftop* pour bronzer, BBQ, location de vélos et de planches de surf juste à côté, activités multiples. Le *one stop shop,* comme on dit ici.

***The Seahorse Motel :*** *29-31 Chapel St,* ***Cowes.*** *☎ (03) 5952-2003. • seahorsemotel.com.au • Doubles env 110-160 $.* À proximité immédiate du petit centre-ville de Cowes, ce motel très bien tenu propose à la fois des chambres classiques, des studios avec kitchenette et des suites de 2 chambres, pratiques pour les familles. Rien d'extravagant, mais certaines sont bien spacieuses et toutes sont confortables, avec clim réversible et douche puissante. En bonus : un accueil vraiment très souriant.



# À voir. À faire

On vient avant tout à Phillip Island pour voir des animaux. Mais comme souvent en Australie, ici, il faut payer pour les approcher... Le plus simple, c'est d'acheter à l'avance sur Internet les entrées des sites que l'on veut voir. Ils sont 5, gérés par *Phillip Island Nature Parks (☎ (03) 5951-2800 ; • penguins.org.au •).* On peut acheter des billets individuels, ou le *4 Parks Pass,* valide 6 mois *(58-105 $ selon le lieu d'observation choisi pour les pingouins).* Si ça peut vous consoler, les recettes dégagées sont investies dans la recherche et la conservation ! Mais Phillip Island est aussi un hotspot pour l'observation des oiseaux migrateurs, cormorans, impressionnantes spatules blanches, ibis, cygnes noirs... Pas moins de 346 espèces ont été recensées sur l'île.

***Koala Conservation Centre :*** *1810 Phillip Island Rd, entre Newhaven (à 10 km) et Cowes (à 5 km). Tlj 10h-16h30. Entrée : 13,70 $.* C'est un simple bois d'eucalyptus le long de la route. Un sentier le parcourt en 1,6 km, mais on vient avant tout pour les 2 grands enclos où vivent 4-5 koalas (dans chacun) en semi-liberté. Ils sont parfois perchés au sommet des arbres, comme dans la nature, mais parfois à 2 m des passerelles en bois sur pilotis, qui permettent de bien les approcher (sans toucher, évidemment !). De toutes façons, ils sont comme tous les koalas : presque tout le temps endormis !

***Penguin Parade :*** *à Summerlands, près de la pointe sud-ouest de l'île, à 11 km de Cowes et 20 km de Newhaven. Tlj au coucher du soleil (venir 1h avt). Pdt vac scol, réserver bien à l'avance. Entrée : 27,70-75 $.* ***Photos interdites.*** L'arrivée sur le parking, gigantesque, refroidit un peu. Le *Visitor Center* n'est pas moins grand... On y retire ses billets et on attend le feu vert, 1h avant l'arrivée des pingouins, pour pouvoir accéder aux sites d'observation, à travers une lande sableuse que traversent 2 promenades en bois : des gradins bétonnés contre la plage pour l'option la moins chère *(general viewing),* une plateforme qui s'avance pour ceux qui ont un billet *Penguins Plus* et, le nec plus ultra, un affût vitré creusé à la hauteur du sable *(Underground viewing).* Pour le *general viewing,* ne traînez pas ! Mieux vaut grelotter un peu et prendre d'emblée un des meilleurs postes, tout contre le sable, à l'extrémité gauche ou droite des gradins (vers lesquelles les pingouins se canalisent naturellement). Ceux qui ont prévu le coup viennent avec pull, manteau et couverture. Pas inutile ! Il faut attendre la nuit tombante pour voir arriver les 1ers pingouins. Pour vous faire patienter, un ranger vous présentera l'animal, micro en main... Les myopes auront sans doute un peu de mal à les distinguer, d'autant qu'ils ne sont pas grands (30 cm) et bleu sombre sur le dos, jusqu'à ce qu'ils s'approchent des dunes pour filer vers leurs terriers. On pourrait imaginer qu'ils sont pressés, sachant qu'ils viennent de passer 12h en mer, à 30 bornes au large, à plonger sans interruption pour pêcher ! Mais ils s'attendent souvent pour remonter en groupes, remettent leur plumage en place... Environ 2 000 se montrent chaque jour, mais ils sont bien plus sur l'île : environ 32 000, un chiffre en expansion qui fait de Phillip Island leur ***plus grande colonie au monde.***

Même si la plage est très belle, on a vite fait de la perdre de vue et on préfère autant voir les pingouins. Alors n'hésitez pas : quittez votre poste d'observation pour remonter les *boardwalks* : vous constaterez qu'ils sont partout et beaucoup plus près (!), en train de regagner leurs nids, parfois très éloignés – jusqu'à 2 km dans l'intérieur des terres ! Pas bêtes, eux aussi empruntent les chemins les mieux balisés ! Pendant un moment, un brouhaha vous entoure et là, ça devient magique. Et puis on croise souvent aussi wallabies, oies de Barents et même bandicoots, ces drôles de rats marsupiaux au long nez (menacés).

***Antarctic Journey :*** *1320 Ventnor Rd, à la pointe, à l'extrémité sud-ouest de l'île. Tlj 10h-16h30 (18h w-e et j. fériés). Entrée : 13,70 $ ; réduc.* Idéalement situé face à un magnifique panorama marin, le *Nobbies Ocean Discovery Centre* s'est offert une cure de jeunesse avec cette nouvelle exposition conçue en 2 temps, en partenariat avec le WWF. Au *Lab,* on découvre d'abord les écosystèmes des îles subantarctiques australiennes et de l'Antarctique, à travers différents modules plus ou moins interactifs – saurez-vous, par exemple, différencier les cris de différentes espèces de pingouins ? Puis on plonge dans une section immersive, avec 8 écrans géants (jusqu'à 6 m !) projetant de superbes images de faune et de paysages glacés. Propulsé sur un bout de banquise par la grâce de la réalité virtuelle, on se retrouve même entouré de pingouins ou nez à nez avec une orque !

Visite achevée, allez donc vous balader sur la passerelle en bois longeant la côte sauvage de haut. Vivifiant !

➢ ***Seal cruise :*** *avec* **Ecoboat Adventures,** *11-13 The Esplanade, The Jetty Triangle, Cowes. ☎ 1-300-763-739. ● wildlifecoastcruises.com.au ● Tlj à 14h, plus 11h et 16h30 en hte saison ; durée : 2h. Compter 92 $/pers ; 4-15 ans 64 $ ; réduc dont tarif famille.* Flottant au large de la pointe ouest de Phillip Island, passé The Nobbies, les Seal Rocks, des îlots bas battus par le ressac, abritent ***l'une des plus importantes colonies d'otaries à fourrure d'Australie...*** Au moment des naissances (6 000 chaque année), on peut y dénombrer jusqu'à 25 000 animaux ! On en voit en moyenne plutôt 5 000, ce qui est déjà pas mal. Ils sont dans l'eau, sur les rochers, le regard inquisiteur. Il y en a partout ! La plus forte concentration a lieu d'octobre à décembre, période de reproduction, mais l'automne a aussi ses avantages, avec des tas de jeunes particulièrement curieux. Il y a toutefois un prix à payer : ça secoue souvent dans le détroit de Bass...

Phillip Island, ce sont aussi de splendides points de vue côtiers, sur le littoral sud. La très longue ***Woolamai Surf Beach.*** La belle ***Smiths Beach*** au très large tapis de sable (on s'y baigne par temps calme et l'on y surfe, aussi). La sauvagerie iodée de ***Pyramid Rock*** découverte depuis le *lookout* éponyme, atteint par une piste de 3 km (nombreux wallabies en fin de journée) – un îlot pyramidal face à une pointe rocheuse battue par les vents. Et l'extraordinaire virginité de ***Berrys Beach,*** inaccessible d'octobre à mars car les pluviers à camail y nichent à même le sable. Une plage immense semée de rochers au centre, encadrée de falaises et d'une corolle de végétation. Même si on ne peut pas y descendre, le point de vue est superbe. Dans la 2de quinzaine de septembre, après un périple de 15 000 km accompli en 2 mois, y atterrissent les *mutton birds,* venus du Japon, d'Alaska ou de Sibérie. Ils y nichent au fond de terriers de 1 m de profondeur ! Pour une baignade sereine, les familles préfèrent la côte nord, offrant des plages de sable fin plus tranquilles.

### GRAS COMME DES MOUTONS !

*Le shearwater, un genre de pétrel, a été surnommé « mutton bird » par les 1ers colons australiens à cause de sa chair bien grasse. Chassé pour sa viande, sa graisse fournissait aussi de l'huile. Cet étrange oiseau revient quasiment le même jour chaque année (autour du 24 septembre), nidifie au même endroit et s'accouple avec la même femelle pendant de nombreuses années ! Sens inouï du timing et du partage des tâches domestiques, les œufs sont couvés par le mâle les 15 premiers jours, par la femelle les 15 jours suivants !*

***Churchill Island :*** *246 Samuel Arness Dr. Tlj 10h-16h30, dernière entrée 30 mn avt. À 3,5 km au nord de Newhaven. Entrée : 13,70 $ ; réduc.* Partie intégrante des sites gérés par *Phillip Island Parks,* cette petite île de 57 ha, reliée à Phillip Island par un pont, a vu s'installer la 1re ferme du Victoria, dès 1801. Restaurée, elle joue aujourd'hui le rôle de témoin vivant, avec ses vrais animaux. On peut assister à la traite, à la tonte des moutons (le week-end), voir les chiens rassembler les moutons, etc. Également des sentiers de balade et un sympathique café *(lun-ven 10h-16h, w-e 9h-16h).*

## WILSONS PROMONTORY NATIONAL PARK

**Situé à 200 km de Melbourne, le Prom, comme on l'appelle ici, est probablement l'un des plus beaux parcs d'Australie ! Un petit coin de paradis sur terre, le point le plus méridional de l'île-continent. Il faisait autrefois partie de la bande de terre qui reliait l'Australie à la Tasmanie et, pour les Aborigènes brataualung, le territoire se dénommait le Wamoon, où ils venaient trouver refuge il y a plus de 6 500 ans, lorsqu'ils étaient attaqués par d'autres tribus. Le parc abrite aujourd'hui plus de 30 mammifères, 180 espèces d'oiseaux et 700 espèces de plantes dont beaucoup sont typiques de la Tasmanie : le Prom est une véritable arche de Noé ! En outre, la vie marine est particulièrement riche ici, attirant par conséquent pingouins et phoques, que l'on peut facilement observer, tout comme les baleines à bosse en saison.**

**Malgré sa popularité et sa proximité avec Melbourne, le *Prom* conserve un aspect sauvage, renforcé par son statut de péninsule et l'accès assez compliqué sans véhicule. Certains tours proposent d'y passer la journée au départ de Melbourne, mais on vous le déconseille, sauf si vous n'avez pas plus de temps à consacrer à ces 505 km² de nature spectaculaire !**

## Comment y aller ?

➢ ***En voiture :*** depuis Melbourne, compter 2h30-3h de route. Prendre la M1 (Monash Freeway) puis la M420/A440 (South Gippsland Freeway) jusqu'à Meeniyan. De là, emprunter la C444 (Meeniyan-Promontory Rd) jusqu'à l'entrée du parc.
– Dans le parc national, voiture, 2-roues ou vélo obligatoires (impossible de tout faire à pied !). Service de navettes au sein du parc, mais franchement pas l'idéal.
– ***Tidal River*** (où l'on trouve le *Visitor Centre* et les hébergements) est à 30 mn environ de l'entrée du parc. Routes en mauvais état, conduire prudemment. ***Attention,*** pas de station-essence à Tidal River, prévoir (stations à Yanakie, Fish Creek et Foster).

## Adresses et infos utiles

ℹ ***Visitor Information Centre :*** *Main Rd. ☎ 131-963. • parks.vic.gov.au • À l'entrée du parc, à **Tidal River,** près des campings et des hébergements. Tlj 8h30-16h.* Bonne documentation générale. Réservations d'hébergements obligatoires avant d'arriver sur le site, via le *Visitor Centre* (téléphone ou Internet).
– Attention, il n'y a qu'une seule ***supérette*** pour tout le parc, à Tidal River. Horaires très variables (mis à jour sur le site du *Visitor Centre*). Produits de base et accessoires de camping. Prévoir en amont si on compte prolonger le séjour.
– La pêche est autorisée dans le parc : licence obligatoire et uniquement dans les zones indiquées (plages et plateformes réservées notamment).
– ***Urgences :*** ***Tidal River Duty Officer,*** *☎ (03) 0024-7594. 24h/24.*

## Où dormir ?

– ***Camping sauvage interdit*** à l'intérieur du parc.
⛺ 🏠 La plupart des visiteurs logent à ***Tidal River.*** On y trouve un camping (480 emplacements dont une vingtaine avec électricité) et quelques cottages. Réservation possible un an à l'avance... Et c'est plus que conseillé car c'est souvent plein en fin de semaine et en haute saison ! Contacter directement le *Visitor Centre* ou réserver par Internet.
⛺ 🏠 Possibilité aussi de passer la nuit dans l'un des cottages à proximité du phare de ***South Point*** ou de camper à 2h de là (voir plus loin la *Great Prom Walk* dans « À voir. À faire »).
– Sinon, l'auberge de jeunesse la plus proche se trouve à Foster, à 30 mn environ de l'entrée du parc :
🏠 ***Foster YHA :*** *40 Station Rd, Foster. ☎ (03) 5682-2171 ou 📱 0427-875-735. • promcoastyha.com.au • Réception ouv tte l'année, 7h-21h. Dortoir 30 $ ; double 70 $.* Toute petite AJ (3 chambres à peine !) propre et très bien équipée, dans une maison de ville. Cuisine partagée et petit salon-TV. Bien pour une étape sur la route à l'aller ou au retour de la visite du parc national.

# À voir. À faire

L'idéal est de passer quelques jours à explorer le Wilsons Promontory. Ici, les wombats ne se cachent pas, les phoques et léopards des mers viennent régulièrement faire un tour sur les plages (celles-ci sont d'ailleurs faciles d'accès) et les randonnées sont belles et nombreuses.
La ***marche*** est le meilleur moyen pour découvrir le parc dans toute sa diversité. Plus de 130 km de sentiers parcourent le *Prom,* autant dire que vous avez l'embarras du choix !

Attention aux courants si vous voulez faire du ***snorkelling,*** particulièrement au large d'Oberon Beach. Pour les adeptes de ***plongée,*** l'endroit est particulièrement intéressant. Le parc est la partie visible d'une chaîne de montagnes sous-marines qui atteint la Tasmanie. Les phoques s'y réfugient pour les naissances, notamment près de *Kanowna Island.* Les bébés naissent entre novembre et décembre, mais c'est une très mauvaise idée de planifier une plongée à cette période, car ces petits sont des mets faciles, très appréciés des requins blancs... qui connaissent bien le calendrier des naissances !
En hiver, il est possible d'***observer les baleines à bosse*** migrer, en compagnie d'orques et de fausses orques. Ouvrez l'œil vers le large donc.

L'une des balades les plus accessibles et qui permet en prime d'apercevoir des animaux (kangourous, émeus et wombats notamment) est la ***Prom Wildlife Walk*** (2,3 km, environ 45 mn). Noter toutefois que le crépuscule et l'aube sont les meilleurs moments, lorsque les animaux quittent leurs cachettes pour chercher de quoi se nourrir.



L'une de nos randonnées préférées : la ***Squeaky Beach Nature Walk.*** Facile et accessible à tous : 5 km sur une plage de sable blanc à travers les théiers et les banksias. Le nom de la plage (*squeaky* signifie « grinçant » en français) est dû au bruit que fait le sable sous vos pieds !

Les adeptes de plage – ou ceux qui ne veulent pas beaucoup marcher – iront directement à ***Norman Beach*** à Tidal River.

La grimpette jusqu'au ***Mount Oberon*** n'est pas bien longue (certaines parties un peu plus difficiles que d'autres toutefois) et offre un superbe panorama au sommet. Dans le même esprit, il y a aussi le sentier de ***Pillar Point,*** un peu plus au sud.

Pour ceux qui ne veulent pas détacher leurs yeux du détroit de Bass, entre le parc et la Tasmanie, opter pour le sentier qui part de Tidal River vers ***Oberon Bay,*** avec à mi-parcours une belle baignade dans cette baie au sable blanc et aux eaux turquoise...

Un peu moins connue, mais tout aussi belle, citons enfin la balade de ***Darby Saddle*** vers ***Tongue Point,*** avec de superbes points de vue via ***Sparkes, Fairy Cove*** et ***Lookout Rocks*** sur ***Whisky Bay.***

Pour les amateurs de ***grandes randonnées,*** le *Prom* offre de très beaux circuits sur plusieurs jours. Là encore, le niveau n'est pas très élevé, mais il faut compter avec un sac assez lourd et plus de matériel, ce qui suppose une certaine logistique. Attention, l'eau potable n'est disponible qu'à Tidal River, penser à faire des réserves pour les nuits en campement.
– Le sud de la péninsule est le plus prisé avec un circuit, le ***Great Prom Walk,*** qui traverse le parc d'ouest en est.
Le 1er jour, départ de Tidal River jusqu'à ***Refuge Cove.*** Compter 5h de marche (environ 17 km), récompensée par une baignade dans les eaux de ***Sealers Cove*** ou de ***Refuge Cove.***
Le 2e jour, direction le ***Lightstation,*** phare du Wilsons. Le sentier longe la côte est et permet une très, très belle baignade à ***Waterloo Bay.*** Le soir, possibilité de dormir au phare, au ***Lighthouse Cottage,*** une expérience assez inoubliable. Sinon, camping un peu plus loin, au ***Roaring Meg,*** contre quelques dollars et 2h de marche supplémentaires.
Le 3e jour, retour à Tidal River. Les plus vaillants peuvent prolonger la balade jusqu'à ***South Point*** : il s'agit du point le plus austral de l'Australie ! Compter 2h de plus pour ce petit détour. Rejoindre Tidal River en passant par ***Halfway Hut, Oberon Bay*** et ***Norman Bay.***

# LA GREAT OCEAN ROAD

• Carte *p. 154-155*

**L'une des plus belles routes d'Australie (et du monde, dit-on !), l'un des musts de l'État du Victoria. De Torquay à Port Fairy, sur près de 250 km, succession de paysages variant quasiment à chaque virage. Impressionnantes formations rocheuses, plages de rêve pour les surfeurs. Parfois longeant des côtes déchiquetées, la route se révèle tellement escarpée qu'on ne s'étonne guère du nombre de navires qui sombrèrent ou se fracassèrent sur les falaises. À un endroit donné, elle acquit même le nom de *Shipwreck Coast* (« côte des naufrages »).**

**Lorsque la route se révèle infidèle à la mer et s'enfonce dans les terres, c'est pour traverser de merveilleuses forêts où les koalas ne vous aideront pas vraiment à respecter les temps de route... et lorsque les falaises prennent des teintes d'incendie dans les brumes de chaleur crépusculaire, la voiture s'arrête parfois d'elle-même... S'il y a du vent de face, c'est pour vous forcer aussi à ralentir et à admirer le travail des hommes, à déguster tout doucement une nature miraculeusement préservée. Eh oui, il faut rendre hommage aux milliers de soldats démobilisés après la guerre 1914-1918 qui, au pic et à la pelle, creusèrent, taraudèrent, ciselèrent pendant 15 ans la roche pour rendre toutes ces merveilles accessibles...**

### DES BIENFAITS – PARFOIS – DES NAUFRAGES !

*En 1924, les travailleurs exténués eurent l'occasion de profiter d'une pause inattendue. Un bateau à vapeur s'échoua sur les récifs près de Cape Patton. Plus de 500 barils de bière et 120 caisses d'alcool partirent à la mer. Pas perdus pour tout le monde. Une grande partie fut récupérée par les ouvriers du chantier. Un vrai jackpot obtenu grâce à un bateau portant le beau nom de...* Casino *! Inutile de dire que le travail ne reprit pas tout de suite... La pause dura, dit-on, près de 2 semaines !*

## UN PEU D'HISTOIRE

La décision de construire la route fut prise par les autorités en 1919. Jusqu'alors le trafic commercial ne s'effectuait que par bateau, essentiellement pour relier et approvisionner les petites colonies disséminées sur la côte. La nécessité de créer cette route devenait également criante pour le développement économique du Victoria. Le percement de la route fut alors considéré comme une sorte de mémorial aux morts de la guerre. Cela permettait en outre aux soldats, revenus pour beaucoup traumatisés, de se réinsérer dans la nation et d'avoir du travail. Ils furent 3 000 à travailler sur cette route jusqu'en 1932. Elle avançait à raison de 3 km par mois. Travail dangereux ; quelques sections furent particulièrement difficiles et certains y laissèrent leur vie.

## GEELONG

180 000 hab.

**Dernière étape avant d'aborder officiellement la Great Ocean Rd. Grand port, 2e ville industrielle de l'État après Melbourne. Dans l'agglomération, on trouve les usines Ford (voitures), la fonderie d'aluminium Alcoa et la raffinerie de**

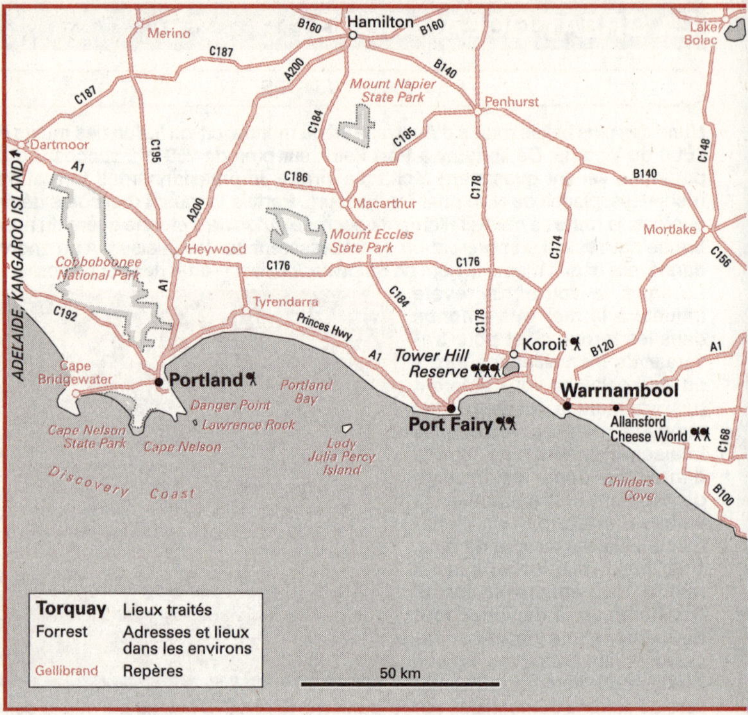


pétrole Shell. L'économie prospéra longtemps aussi avec le commerce de la laine, des années 1880 jusqu'aux années 1970. La 1re ferme d'élevage date de 1835, le 1er moulin à laine de 1868. Dans une grande halle, elle était vendue aux enchères. Autour, de nombreux entrepôts assuraient le stockage. Un beau musée lui est consacré aujourd'hui. Autre *landmark* de la ville : sa *Geelong Grammar School,* où étudia l'élite de l'État, dont Rupert Murdoch et même le prince Charles.

Depuis quelques années, le front de mer se trouve dans un dynamique processus de rénovation, avec des quais joliment aménagés, de vieux entrepôts transformés en cafés et restos, et le développement de lieux culturels. Les anciens bains d'*Eastern Beach* ont retrouvé de belles couleurs.

Tous les 2 ans s'y tient l'*Australian International Airshow,* la grand-messe de l'aviation.

## Adresse et info utiles

**i** ***Geelong & Great Ocean Road Visitor Centre :*** *Princes Hwy, Little River.* ☎ *(03) 5283-1735 ou 1-800-755-611 (nº gratuit).* ● *visitgreatoceanroad.org.au* ● *Tlj 9h-17h.*

➢ ***Bus :*** pour ***Port Campbell*** et ***Warrnambool,*** tlj par ***Torquay, Anglesea, Lorne*** et ***Apollo Bay,*** à 10h20. Bus direct pour ***Portland.***

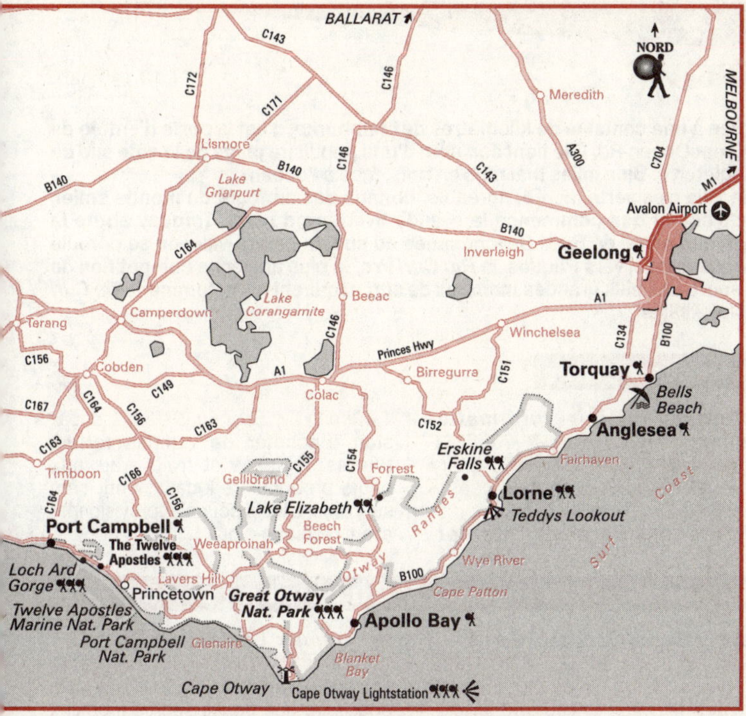


LE VICTORIA

# LA GREAT OCEAN ROAD

## À voir

***National Wool Museum :*** *26 Moorabool St (angle Brougham St). ☎ (03) 5272-4701. ● nwm.vic.gov.au ● Situé à un bloc du front de mer. En été, navette gratuite depuis la gare ttes les 10-15 mn. Tlj 9h30 (10h w-e)-17h. Entrée : 10 $ ; réduc.* Abrité dans l'un des solides entrepôts où l'on stockait la laine, une belle bâtisse de 1872. C'est le plus grand musée de la laine d'Australie. Il raconte l'histoire de cette industrie, du 1er mouton qui posa sa patte sur le continent en 1788 à aujourd'hui. Section consacrée à l'élevage, au travail de la ferme, à la tonte... Une autre détaille tous les aspects de l'industrie textile, nombreuses machines de transformation. Démonstration d'un métier à tisser Jacquard datant de 1910. Intéressantes expos temporaires. Boutique, vous le devinez, particulièrement fournie.

***Narana Aboriginal Cultural Centre :*** *410 Surf Coast Hwy, Charlemont. ☎ (03) 5241-5700. ● narana.com.au ● Tlj 9h-17h (16h le w-e). GRATUIT.* Au sud de la ville, en direction de Torquay. Très intéressante présentation des cultures aborigènes. En prime, un grand *Native Garden,* une lumineuse galerie de peinture (expos temporaires), l'*Education Centre,* une cafétéria fort agréable et une boutique richement fournie en *arts and crafts* traditionnels. Boomerangs, superbes didgeridoos décorés, tissus et vêtements, herbes du bush, souvenirs divers. Diverses manifestations culturelles sont organisées au cours de l'année, consulter leur site internet.

## TORQUAY

10 140 hab.

**Située à une centaine de kilomètres de Melbourne, c'est la porte d'entrée de la Great Ocean Rd. Elle tient son nom d'une populaire plage de la côte sud de l'Angleterre. Bien jolies maisons en bois, face à l'océan.**
**Une ville très verte, aérée, agréable, connue des surfeurs du monde entier, car c'est ici que commença la grande aventure du surf. Torquay abrite la mythique plage de *Bells Beach,* située au sud du centre-ville, où se déroule chaque année, vers Pâques, la *Rip Curl Pro,* la plus ancienne compétition de ce sport. Les plus grandes marques de surf naquirent ici, notamment *Rip Curl* et *Quicksilver.***



### Adresses utiles

***Torquay Visitor Information Centre :*** *77 Beach Rd.* ☎ *(03) 5261-4219.* • *visitgreatoceanroad.org.au* • *À l'entrée de la ville, à droite, à côté du musée du Surf.* Excellente doc.

***Torquay Farmers Market :*** *1 Merrijig Dr. Sam 8h30-13h.* L'occasion d'acheter de bonnes tartes, tourtes, légumes et fruits frais aux petits producteurs locaux. Petit café sur place. L'idéal pour s'approvisionner avant un pique-nique !

### Où dormir ? Où manger ? Où boire un verre ?

***Bells Beach Backpackers :*** *51-53 Surfcoast Hwy.* ☎ *(03) 5261-4029.* • *bellsbeachbackpackers.com.au* • *Dortoirs (4-6 lits) env 35-38 $/pers ; double 100 $. 2 nuits min en saison.* Une grande bâtisse toute blanche dans un coin arboré. Très bien tenue et excellent accueil. Dortoirs et chambres de bon confort : *lockers,* machine à laver et à sécher. Sanitaires impeccables. Belle cuisine équipée et BBQ. Plein d'infos à glaner. Location de planches.

On trouve 3 restos sur *The Esplanade,* en front de mer, à privilégier le midi : ***Fisho's*** (cuisine australienne et poisson), ***Bomboras*** (mexicain) et ***Pho Lklore*** (vietnamien). Pas de la grande cuisine, mais de quoi se remplir la panse à prix raisonnables, attablé de préférence sur la pelouse en terrasse.

***Torquay Larder :*** *5 Gilbert St.* ☎ *(03) 5261-3309. Tlj 8h-16h.* Petite épicerie et cafétéria de qualité, idéale pour faire une pause sucrée (cookies et biscuits maison, délicieux cheese-cakes, etc.) ou prendre un snack avant/après la plage. Bons cafés également, et de savoureux milk-shakes.

***Boardriders Bar 61 :*** *angle Beach Rd et Surfcoast Hwy.* C'est un immense et superbe magasin ouvert en 2015 par la marque iconique (malgré la faillite de sa branche américaine). Architecture raffinée sur 2 étages, pièces lumineuses (grandes baies jusqu'au sol). Outre le magasin lui-même (planches en général assez chères), on y trouve un café et un *roof-top bar.*

## À voir

***Surf City Plaza :*** *Surfcoast Hwy, à l'entrée de la ville, à droite.* On y trouve l'office de tourisme et le musée du Surf, ainsi que les boutiques spécialisées où rien ne manque pour pratiquer, plus bars, restos...

***Australian National Surfing Museum :*** *Surf City Plaza, Surfcoast Hwy.* ☎ *(03) 5261-4606.* • *australiannationalsurfingmuseum.com* • *Tlj sauf Noël 9h-17h.*

*Entrée : 12 $ ; réduc.* C'est le plus important musée au monde consacré à ce sport, il ne décevra pas les aficionados. Histoire du surf depuis un siècle, sa popularisation, toutes les formes et matières utilisées à travers le temps. Petite salle de projection pour admirer les plus belles performances des champions à Torquay et lors des compétitions internationales. Découvrez aussi l'*Australian Surfing Hall of Fame* : tous les super caïds de la planche avec leur pedigree et la bio de leurs plus beaux exploits. Pittoresques planches décorées. Pour finir, bien entendu, vous trouverez tous les objets, photos, livres, gadgets, souvenirs liés au surf, ainsi qu'une boutique.

***Beach Front :*** ceux qui ne pratiquent pas le surf apprécieront la balade sur le front de mer, en surplomb des flots. Superbe plage au fond d'une baie cernée de pins maritimes pliés par les vents. Sur les pentes, d'épaisses pelouses où familles et amoureux se détendent. En longeant la côte à pied, on parvient au ***Danger Point,*** le point mythique où commença la grande aventure du surf. Sentiers bien balisés. Monument aux morts des 2 guerres mondiales qui nous rappelle que Torquay fut militarisé et fortifié car on craignait une invasion japonaise. Tout le coin en face de *Danger Point* est une zone maritime protégée.



## ANGLESEA

2 500 hab.

**Gentille station balnéaire offrant une longue et très belle plage. Connue pour ses kangourous gris et wallabies amateurs de golf. C'est bondé en été surtout la semaine de Noël et du Jour de l'an... Les surfeurs possèdent leur propre plage à l'ouest de la ville : *Guvvo's,* réputée avoir des vagues plus fortes que la grande plage. La *Point Roadknight Beach* possède également ses partisans. Paisible *Anglesea River* dont les rives accueillent les familles pour pique-niquer. Sympathique marché du dimanche matin.**
**En septembre, intéressant *Angair Wildflower Festival.* En effet, Anglesea est réputée pour ses fleurs, en particulier de rares orchidées.**

### Où dormir ?

***Anglesea Backpackers :*** *40 Noble St. ☎ (03) 5263-2664. • angleseabackpackers.com • Bien fléché en venant de Torquay. Dortoirs (6 lits) 30-35 $/pers ; double avec sdb 120 $.* Petite AJ établie dans une maison particulière avec jardin. Essentiellement des lits en dortoirs, une chambre triple avec salle de bains privative et une familiale avec sanitaires communs. Simple, assez rustique, mais propre et atmosphère presque familiale. Cuisine équipée, machine à laver et BBQ. Prêt de vélos pour aller voir les kangourous du golf à côté. Accueil affable.

## LORNE

1 050 hab.

• Plan *p. 159*

**Dans un superbe cadre bucolique, très populaire station balnéaire, une des préférées des familles. Particulièrement fréquentée en été, vous vous en**

**doutez. Quelques adresses de charme pour dormir. En outre, culture pas absente, puisqu'on y découvre une fascinante galerie d'art dans un environnement sublime.**

## Adresse et info utiles

**Lorne Visitor Centre** (plan A1) **:** *15 Mountjoy Parade. ☎ (03) 5289-1152. • lornevictoria.com.au • Tlj 9h-17h.* Bien documenté sur les randonnées locales, excellent matériel.

➢ **Bus :** pour **Melbourne,** tlj à partir de 7h30, changement à Geelong. Pour **Warrnambool,** tlj à 11h05 ; correspondance à **Apollo Bay.**

## Où dormir à Lorne et dans les environs ?

### De bon marché à prix moyens

**Great Ocean Road Backpackers and Cottages** (plan A1, **10**) **:** *10 Erskine Ave, à Lorne. ☎ (03) 5289-1070. • greatoceanroadcottages.com • À 20 m du pont, repérer* Foodworks *(puis à 30 m sur la droite). Dortoirs env 35-40 $/pers ; double avec sanitaires communs 85 $ ; cottages 150-190 $ (250 $ pour 4) selon saison.* L'une des AJ les plus séduisantes de la côte. À 2 pas de l'animation et de la plage, mais bien isolée sur sa colline au milieu d'une exubérante végétation. Accueil pro. Dortoirs avec mezzanine impeccables. Cuisine et BBQ, chauffage, laverie. Super véranda avec vue. Attention, ici on ne badine pas avec le silence et la tranquillité des lieux, cuisine et salle commune fermées à 22h. Chambres doubles vraiment plaisantes. Quant aux cottages en location, à mi-pente, enfouis dans la végétation, ils présentent un remarquable rapport qualité-prix. Très confortables, cosy, pouvant accueillir de 2 à 5 personnes. Kitchenette parfaitement équipée. Un vrai coup de cœur !

**Grand Pacific Hotel** (plan B2, **11**) **:** *268 Montjoy Parade, à Lorne. ☎ (03) 5289-1609. • grandpacific.com.au • Double env 160 $. Plat env 28 $ ; pizza 20 $.* Grand hôtel vintage de 1875 surplombant l'océan, avec multiples balcons-vérandas. Chambres de bon confort. Resto correct. Quelques appartements (1 à 3 chambres) à louer dans l'annexe à côté. Sympathique p'tit clin d'œil à la nostalgie.

### Très chic

**Lemonade Creek Cottages** (hors plan par A1, **12**) **:** *690 Erskine Falls Rd, à Lorne. ☎ (03) 5289-2600. 📱 0427-840-000. • lemonadecreekcottages.com • Sur la route des chutes d'Erskine. Bungalows env 290-340 $.* Ensemble de charmants bungalows avec véranda disséminés dans un parc de 18 ha à l'exubérante végétation. Chacun d'eux avec une vue incomparable sur le vallon où les kangourous viennent en voisins parfois. Cadre chaleureux, mobilier ancien, manteaux de cheminée en bois, beaux tissus. Tout le confort rêvé, clim, grande cuisine super équipée, TV, large salon, spa... Grande piscine chauffée (28 °C), couverte l'hiver ; tennis. Et puis de très agréables compagnons... les koalas. Les oiseaux sont également nombreux à venir rendre visite aux hôtes. En particulier, le coloré *crimson rosella* et les ludiques et bavards cacatoès à huppe... Romantiques promenades fleuries alentour. Idéal en amoureux ou pour un voyage de noces. Accueil adorable de la *landlady.* Une de nos adresses préférées.

**Qdos** (plan A2, **13**) **:** *Allenvale Rd. ☎ (03) 5289-1989. • qdosarts.com • À seulement quelques km de la ville, en pleine forêt. Doubles env 300-400 $.* C'est la luxueuse chambre d'hôtes de la galerie *Qdos.* Dans le genre, probablement notre plus belle adresse chic de la région. Complètement en harmonie avec la nature environnante, idéale pour ceux qui veulent échapper à la TV et au téléphone fixe... Ici, on n'entend que la brise fraîche rapportant le

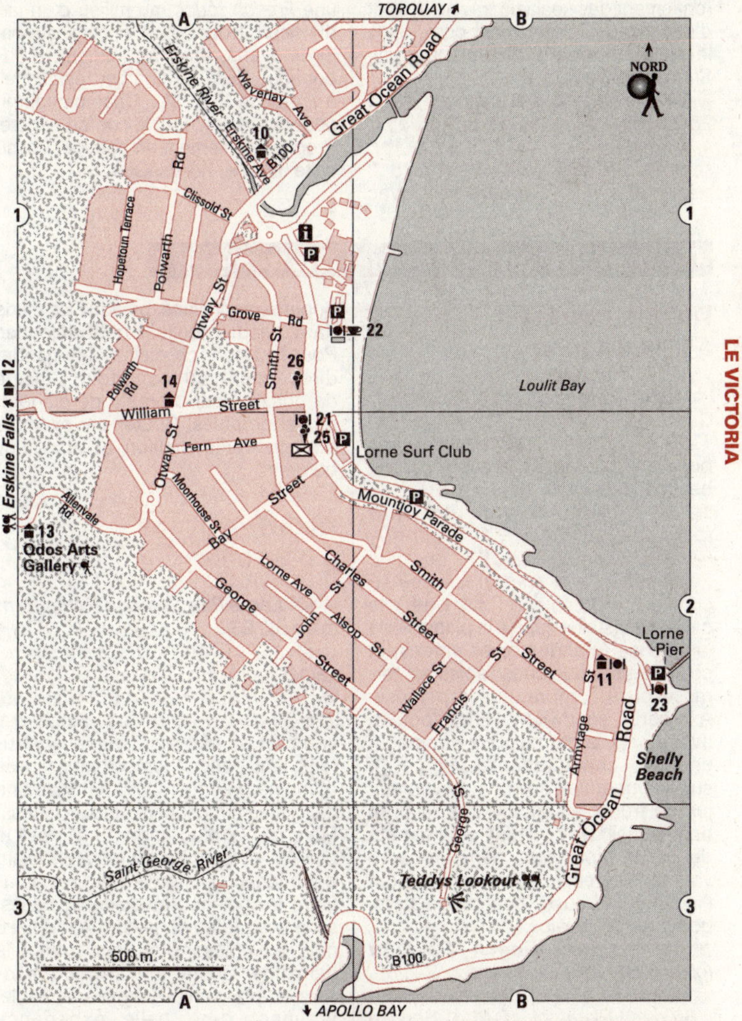


# LORNE

■ **Adresse utile**

- Lorne Visitor Centre (A1)

**Où dormir ?**

- 10 Great Ocean Road Backpackers and Cottages (A1)
- 11 Grand Pacific Hotel (B2)
- 12 Lemonade Creek Cottages (hors plan par A1)
- 13 Qdos (A2)
- 14 La Perouse B & B (A1)

**Où prendre un petit déj ? Où manger ?**

- 21 Salty Dog (A2)
- 22 HAH – Health and Hire et Lorne Beach Pavilion (A-B1)
- 23 Lorne Pier Seafood Restaurant (B2)

**Où s'offrir une bonne glace ?**

- 25 Fruits of the Forest (A2)
- 26 Stone Cold Ice Creamery (A1)

ronflement des koalas à travers la forêt d'eucalyptus... Totalement cosy, dans le style japonisant. Confort intégral. *Sundeck* privé.

**La Perouse B & B** *(plan A1, **14**)* **:** *26A William St, à Lorne. 0418-534-422 ou 0407-211-393. • laperouselorne.com.au • Double env 375 $, petit déj inclus.* Superbe villa avec une *French touch,* au milieu d'un jardin fleuri. Pour celles et ceux qui ont les moyens, voici un luxueux *B & B boutique* dans un quartier résidentiel, à 2 pas de Main St... Chambres lumineuses et cosy. Tout le confort espéré. Propose également un cottage. Possibilité de dîner hors saison.

## Où prendre un petit déj ? Où manger ?

### De bon marché à prix moyens

***Salty Dog*** *(plan A2, **21**)* **:** *shop 1, Cumberland Resort. ☎ (03) 5289-1300. Tlj 11h-18h (20h ven-sam).* Très populaire *fish & chips* là aussi, propre, beaucoup de choix.

***HAH – Health and Hire*** *(plan A-B1, **22**)* **:** *81 Mountjoy Parade. 0406-453-131. Lun-ven 8h30-16h45, w-e 8h-17h (service en continu). Plats env 10-25 $.* Une jolie cafétéria installée face à la plage. Salle lumineuse (grandes baies vitrées) et chaleureuse, quelques tables en terrasse ou à l'ombre, sur la pelouse. À la carte, sandwichs variés (poulet, avocat, épinards, basilic et fromage, chorizo, champignons, *veggie...*), super *smoothies bowls* et savoureux jus de fruits. Ambiance très relax et bon accueil. Un bon plan pour le petit déj ou un repas sain, dans un cadre vraiment agréable. Comme son nom l'indique, fait aussi location de surfs, bodyboards et vélos.

***Lorne Beach Pavilion*** *(plan A-B1, **22**)* **:** *81 Mountjoy Parade. ☎ (03) 5289-2882. Tlj 9h (8h sam)-18h (16h dim). Plats env 16-30 $.* Service en continu. Au milieu du front de mer. Superbement placé, presque les pieds dans l'eau. Excellent petit déjeuner. Pour le *lunch,* on passe commander directement au comptoir. Cuisine de qualité pour un resto de plage et prix abordables. Goûter par exemple aux gnocchis maison et aux *juicy* burgers...

### De prix moyens à plus chic

***Lorne Pier Seafood Restaurant*** *(plan B2, **23**)* **:** *Great Ocean Rd. ☎ (03) 5289-1119. Venant d'Anglesea, traverser la ville, puis à gauche (devant le Grand Pacific Hotel). Tlj 11h-15h30, 18h-20h. Plateau env 45 $.* Le vrai caboulot de pêcheur. Simple, chaleureux, tenu par une sympathique famille d'origine grecque. On y retrouve une délicieuse atmosphère des Cyclades... Mais ici, le plus important, c'est le poisson et les fruits de mer, ruisselant de fraîcheur. Conseillé pour les amateurs, le copieux plateau de crustacés, servi avec frites et salade. Au tableau noir, les poissons du jour cuits à la demande. Goûter à la *seafood marinara* et à la paella. Terrasse agréable. Vraiment, une belle expérience culinaire.

## Où s'offrir une bonne glace ?

***Fruits of the Forest*** *(plan A2, **25**)* **:** *shop 2, Cumberland Resort. ☎ (03) 5289-2433. À côté de la poste et du Salty Dog. Tlj 9h-17h.* Clientèle fidèle pour la grande variété de glaces (un poil plus chères que la normale), le *fruit yogourt,* les smoothies, jus de fruits frais et snacks divers...

***Stone Cold Ice Creamery*** *(plan A1, **26**)* **:** *114 Mountjoy Parade. ☎ (03) 5289-1301.* Une bonne cinquantaine de parfums et une belle sélection de sorbets. Curieuse *Rainbow Ice Cream* !

## À voir

Ne pas manquer le ***Teddys Lookout*** *(plan B3)*, à l'extrémité de George St, le plus pittoresque point de vue sur la côte, l'embouchure de la rivière George et la Great Ocean Rd. Quelques chances d'apercevoir koalas et kangourous en route. Petite plateforme aménagée avec chouette panorama.

***Qdos Arts Gallery*** *(plan A2)* **:** *Allenvale Rd.* ☎ *(03) 5289-1989.* ● *qdosarts.com* ● *À 3 km de la ville. Tlj sauf mar-mer (hors janv et vac scol) 9h-17h ; en hiver, ven-lun seulement. Fermé 2 dernières sem de mai et en août.* L'une des plus importantes galeries d'art de la côte, située dans une belle forêt d'eucalyptus et autres belles essences. Expos de qualité dans des salles lumineuses. Sculptures dans le parc. Le proprio, Graeme Wilkie, est artiste lui-même. Au début, il n'y avait que son atelier. Le lieu se prêtait d'ailleurs remarquablement à l'inspiration, sorte d'amphithéâtre dominant la forêt.



## DANS LES ENVIRONS DE LORNE

***Erskine Falls*** *(hors plan par A1)* **:** *à env 10 km de Lorne, par une belle forêt d'eucalyptus (bien indiquée).* Spectaculaire chute d'eau de 30 m dans un environnement extra. Pour s'y rendre, sentier bien balisé : haut de la chute à 80 m du parking (on peut s'arrêter là) et base à 220 m, mais escalier assez raide pour les genoux fragiles.

# APOLLO BAY

1 800 hab.

● Plan *p. 163*

**Avant de découvrir la plus grande station balnéaire de la Great Ocean Rd, la route est magnifique depuis Lorne. Succession de points de vue sauvages à flanc de falaises, de petites forêts d'eucalyptus et fougères arborescentes, alternant avec verts pâturages... Et puis, tout à coup, une longue plage de sable fin, protégée par de verdoyantes collines et de vrais bateaux de pêche. Bon camp de base pour explorer Cape Otway et le Great Otway National Park proches.**

### Adresse et infos utiles

***Visitor Centre*** *(plan A1)* **:** *Great Ocean Rd, entrée de la ville (venant de Melbourne).* ☎ *(03) 5237-6529.* ● *visitapollobay.com* ● *À hauteur du resto* The Vista. *Tlj 9h-17h.* Bon matériel touristique. Vend les billets pour le parc d'Otway, en principe avec une petite réduction.

– ***Community Market*** *(marché ; plan A1)* **:** *sam 8h30-13h, sur Great Ocean Rd.* L'occasion de rencontrer les habitants et petits producteurs, et de faire emplette de bons produits locaux.

➢ ***Bus :*** ☎ *1-800-800-007.* ● *ptv.vic.gov.au* ● Env 4 bus/j., tlj pour ***Melbourne*** ; changement à Geelong. Pour ***Warrnambool,*** 1 bus/j. en sem vers 13h.

### Où dormir ?

#### Backpackers (auberges de jeunesse)

***Apollo Bay Eco YHA*** *(plan A1,* ***10****)* **:** *5 Pascoe St.* ☎ *(03) 5237-7899.* *0432-019-488.* ● *apollobay@yha.com.au* ● *À 200 m de l'arrêt du bus. Réception 8h30-11h, 16h-20h30. Dortoir env 40 $/pers ; double 120 $ ; familiale (4 pers) 160 $.* Dans un quartier tranquille, au milieu d'un environnement arboré, une très séduisante AJ écolo. Un genre de villa moderne à l'américaine, sur un étage, avec larges baies vitrées. Tous les modes de logement en 24 chambres, du minidortoir de 4 personnes à la familiale, en passant par des chambres doubles fort plaisantes. 2 cuisines équipées, 2 salons confortables (chauffage au bois d'appoint), grande terrasse protégée sur deck, tout ça est vraiment spacieux. En prime, plein d'infos sur les activités et randos locales, ainsi qu'un accueil pro et affable.

**Surfside Backpacker** *(plan B2, **11**) : angle Great Ocean Rd et Gambier St. ☎ (03) 5237-7263. 0419-504-402 ou 0419-322-595. • surfsidebackpacker.com • Dortoirs (3-6 lits) 30-35 $/pers, sanitaires communs ; doubles env 90-100 $.* Hyper bien située, à 2 pas de la plage (juste de l'autre côté de la route) et dans un coin tranquille. On apprécie cette AJ pour la qualité d'accueil et son côté un poil décalé : un des bâtiments en bois est un ancien hôpital, certains dortoirs sont meublés de lits superposés (excellente literie) du village olympique des jeux de Sydney, l'un d'entre eux possède sa propre cuisine... La salle commune offre, à travers sa large baie, la plus belle vue qui soit sur l'océan ! Piano et billard. Vaste jardin avec pelouse et peuplé de nombreux oiseaux. Certains soirs, grands feux de camp conviviaux *(fire pit).* Mon tout se révèle d'un joyeux éclectisme et parfaitement tenu (sanitaires impeccables).

**Apollo Bay Backpackers Lodge** *(plan A1, **12**) : 23 Pascoe St. ☎ (03) 5237-7850 ou 1-800-157-280 (nº gratuit). 0413-504-402. • apollobaybackpackerslodge.com.au • Résa conseillée en hte saison. Dortoirs (5-6 lits) 27-30 $ ; doubles à partir de 75 $ ; apparts 100-150 $, 2 chambres 120-180 $, et spa.* Une AJ qui ressemble davantage à un hôtel. Petit complexe horizontal en brique offrant dortoirs et confortables appartements à louer pour un prix modéré. Tout autour, vastes pelouses. À l'étage, 4 dortoirs nickel, solides lits en bois, cuisine équipée, agréable salon-salle à manger. Chauffage. Quant aux appartements, ils peuvent loger jusqu'à 6 personnes, avec cuisine tout équipée et une salle à manger-salon spacieuse.

### Plus chic

**Comfort Inn « The International »** *(plan B1, **14**) : 37 Great Ocean Rd. ☎ (03) 5237-6100. • theinternational.info • Double env 240 $. Réduc sur le site internet.* Plaisant petit hôtel horizontal en brique rouge. Tout le confort attendu : chambres spacieuses, clim et chauffage, frigo, four à micro-ondes, large TV à écran plat, laverie pour les hôtes, etc. Certaines chambres avec bains à remous et quelques familiales. À l'extérieur, petite piscine haricot.

## Où prendre un petit déj ? Où manger ?

### De bon marché à prix moyens

**Fishermen's Co-op** *(plan B2, **20**) : Trafalgar St. ☎ (03) 5237-6591. Lun-sam 9h30-16h, dim 10h-15h. Repas env 15-20 $.* L'adresse est tenue par la coopérative des pêcheurs locaux, une garantie de fraîcheur à des prix plus que raisonnables. Quelques tables dehors au soleil pour déguster un des meilleurs *fish & chips* de la région. Possibilité de choisir son poisson : barramundi, *snapper,* grenadier, calamar... Bon *fish cake,* fruits de mer suivant arrivage (huîtres, moules, etc.).

**Sandy Feet Café** *(plan A1, **21**) : 139 Great Ocean Rd. ☎ (03) 5237-6995. Tlj 8h-17h (21h w-e, plus tard en été). Plats env 20-35 $.* D'abord, ce resto est une bénédiction, un des rares à être ouvert le dimanche et à servir un peu plus tard que les autres. Cadre fort agréable pour une saine cuisine servie généreusement. Pas mal de choix pour le petit déj ou le *lunch,* avec des plats simples et variés. Accueil chaleureux et service efficace.

**Thaihouse** *(plan A1, **23**) : 18 Pascoe St. ☎ (03) 5237-6766. Tlj*

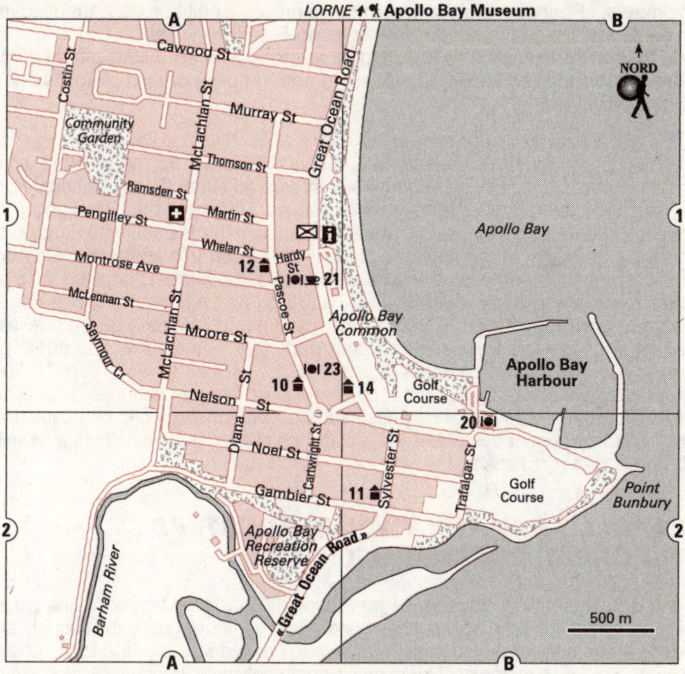


APOLLO BAY

| | |
|---|---|
| **Adresse utile**<br>Visitor Centre (A1)<br><br>**Où dormir ?**<br>**10** Apollo Bay Eco YHA (A1)<br>**11** Surfside Backpacker (B2)<br>**12** Apollo Bay Backpackers Lodge (A1) | **14** Comfort Inn « The International » (B1)<br><br>**Où prendre un petit déj ? Où manger ?**<br>**20** Fishermen's Co-op (B2)<br>**21** Sandy Feet Café (A1)<br>**23** Thaihouse (A1) |

*17h-22h. Plats env 15-35 $.* BYO. Le cadre évoque davantage une cafétéria qu'un resto, mais on y sert une bonne petite cuisine thaïe à prix corrects. Spécialité de *tom yam* et de *laksa noodle soup,* entre autres. Petite terrasse sur rue calme.

## À voir. À faire à Apollo Bay et plus au nord

***Apollo Bay Museum*** *(hors plan par B1)* **:** *6250 Great Ocean Rd. ☎ (03) 5237-7441. À env 2,5 km au nord du Visitor Centre. W-e et pdt vac scol 14h-17h. Entrée : 10 $ ; réduc.* Abrité dans la Old Cable Station, qui ouvrit en 1936 et ferma en 1976. Histoire des 1res familles de pionniers et des 1res communications, souvenirs aborigènes, vestiges d'épaves, anecdotes locales, photos

anciennes... Pour ceux qui ont du temps, le musée a édité un dépliant décrivant un petit itinéraire historique de la ville *(Apollo Bay History Trail).*
- Au ***Visitor Centre,*** infos sur les randonnées locales et les guides offrant d'intéressantes balades en kayak de mer sur la côte ou des portions piétonnes de la *Great Ocean Walk.*

**Lake Elizabeth :** *à 43 km au nord d'Apollo Bay et 6 km de Forrest, sur la C119. Camping 13,90 $/empl. (• parks.vic.gov.au •).* Formé en 1953 après un glissement de terrain, ce superbe lac, intégré au Great Otway National Park, est engoncé dans une végétation réjouissante. Depuis le petit camping noyé sous les eucalyptus, très basique mais fort plaisant (tentes seulement, apporter son eau), on rejoint le plan d'eau à pied (1 km) par un très joli sentier. De nombreux arbres morts émergent encore, fantomatiques. Mais si l'on vient ici, c'est avant tout dans l'espoir d'observer, à l'aube ou au crépuscule, le très discret *platypus* **(ornithorynque).** C'est l'un des endroits d'Australie où on a le plus de chance d'en voir. Pour cela, on peut participer à une sortie en canoë, par exemple avec *Otway Eco Tours (• platypustours.net.au • ; 85 $, réduc).* Taux de réussite annoncé : 95 % ! Vous aurez aussi de bonnes chances de voir des jardiniers satinés, ces drôles de passereaux qui construisent des berceaux dans lesquels ils disposent des objets (de préférence bleus !) pour séduire leur femelle. Et, le soir, des vers luisants !

LE VICTORIA

## D'APOLLO BAY AUX TWELVE APOSTLES : THE GREAT OCEAN WALK

L'une des plus belles randonnées au monde ! Sur 104 km, on enchaîne plages désertes, mystérieuses dunes, sites historiques de naufrages, sublimes falaises, exubérantes séquences forestières, marais, cascades dans la brume, phares majestueux... Pas moins de 7 aires de camping balisent l'itinéraire de façon régulière (séparés de 10 à 16 km maximum), mais on est là dans une nature sauvage, en autonomie presque totale. Le sentier est boueux lorsqu'il pleut, il y a des serpents venimeux et le portable ne passe pas partout !
- ***Infos pratiques :*** *• greatoceanwalk.com.au •*
- ***Météo :*** *• bom.gov.au/marine •*
- ***Camping :*** résa obligatoire sur le site *• parkstay.vic.gov.au •* au moins 2 semaines à l'avance, toujours dans un sens est-ouest. Emporter son eau (dans les campings, uniquement réservoirs d'eau de pluie, parfois à sec en été).
- Bien sûr, ne pas manquer de se procurer la ***carte officielle*** : *Information Guide and Map to the Great Ocean Walk.*
- Service de ***shuttle*** sur l'itinéraire, qu'on peut appeler si l'on veut interrompre la marche ou juste faire transporter son sac d'un point à un autre ou se faire livrer des vivres : *0428-379-278. • greatoceanroadshuttle.com.au •* Propose aussi des randos organisées de 3 à 6 jours.

## GREAT OTWAY NATIONAL PARK

**Voici l'un des grands moments de la Great Ocean Rd. Le ruban de goudron quitte la mer pour s'enfoncer dans une superbe forêt d'eucalyptus, dont on cherche avidement du coin de l'œil les pensionnaires : les koalas. On peut choisir de les observer lorsque plusieurs voitures sont arrêtées au bord du talus (c'est un signe !) ou alors tenter de les trouver soi-même... Pas si facile. Ils sont souvent haut perchés dans**

**les branches et se recroquevillent en boule pour dormir près de 20h par jour (fainéants !). Un nid de frelons asiatiques ? Non, un koala qui ronfle, balloté par le vent. Le plus dur, c'est de trouver le 1er ! On a de bonnes chances d'en voir dans les bois de *manna gums* sur la route du phare. C'est leur eucalyptus favori, reconnaissable à ses longues feuilles effilées un peu brillantes. Mais il n'y a pas que des koalas : il y a aussi beaucoup d'oiseaux et, au fond des vallons, de fantastiques forêts de fougères arborescentes.**

## Où dormir dans le coin ?

***Bimbi Park :*** *90 Manna Gum Dr, à mi-chemin du phare (bien indiqué). ☎ (03) 5237-9246. • bimbipark.com.au • Camping à partir de 25 $ ;* bunkhouse *env 45 $/pers ; bungalows 90-250 $ selon confort, capacité et saison.* Petit complexe touristique en pleine nature. Plutôt simple, mais bien tenu. Logement pour toutes les bourses, du camping au logement en van ou cabanon rustique, en passant par le bungalow de standing. Kitchenette équipée, petite terrasse. *Camp kitchen* et BBQ. Hors saison, les bungalows les plus « luxueux » se révèlent vraiment intéressants. En outre, la maison organise de séduisantes balades équestres, c'est même l'une de ses plus anciennes activités (super balades en forêt ou sur les plages). Beaucoup d'autres activités proposées, aire de jeux pour les enfants, *pizza nights,* escalade, *treetop walk,* etc.

***Lightstation B & B :*** *☎ (03) 5237-9240. • lightstation.com/stay • Résa obligatoire. Double env 310 $, petit déj inclus.* Pour celles et ceux aspirant à dormir dans un site exceptionnel, c'est le rêve, ce phare ! Au choix, l'ancienne demeure du chef de la station ou celle du manager. Avantage : quand les visiteurs ont quitté les lieux à 17h, le site vous appartient (et on peut même suivre une visite guidée au coucher du soleil). Cottages simples mais de bon confort et joliment meublés.

LE VICTORIA

# À voir

***Shelly Beach :*** *à env 7 km à l'ouest d'Apollo Bay, repérer le très discret panneau marron au niveau d'un large embranchement, sur la gauche.* La route s'infiltre d'emblée dans une cathédrale de grands eucalyptus dépassant 40 m, 50 m. Regardez bien : on voit souvent des koalas en chemin, dès le niveau de l'intersection ! Et d'autres au niveau du « parking » terminal. De là, un charmant sentier descend en 15 mn à une anse croquignolette, passant des *gum trees* aux fougères arborescentes, puis au kelp. Contournez la pointe : une immense plage sauvage se déroule devant vous.

***Cape Otway Lightstation :*** *à env 30 km à l'ouest d'Apollo Bay, prendre l'embranchement à gauche (bien indiqué) et continuer jusqu'au bout sur 12 km. ☎ (03) 5237-9240. • lightstation.com • Tlj sauf mer-jeu 10h-17h (dernière entrée à 16h30). Entrée : 20 $ ; réduc (moins 2 $ si billet acheté dans les* Visitor Centres *de Lorne et d'Apollo Bay ou sur Internet).* On visite le phare et toutes ses dépendances. C'est l'un des plus anciens du pays, construit dès 1848 au bord d'une falaise, offrant une vue imprenable sur l'océan de son sommet. De juin à octobre, on peut espérer voir passer des baleines ! En prime : la station du télégraphe de 1859, utilisée comme école entre 1882 et 1933, la demeure du chef de station, le centre d'interprétation et un petit centre culturel aborigène. Le bunker à radar fut construit à la suite du naufragé d'un navire américain qui sauta sur une mine allemande en 1942.

***The Lighkeeper's Cafe :*** *tlj sauf mer-jeu 10h30-16h.* Boissons chaudes, tartes et scones – plus de *lunch* récemment.

➢ **_Rando de Parker Inlet au cap Otway (ou vice versa) :_** *départ du sentier au camping de Parker Hill. Durée : env 2h.* Non seulement on peut y passer la nuit, mais on peut aussi descendre, au préalable, dans l'adorable crique sableuse de Parker Inlet, cachée derrière un haut promontoire boisé qui la protège de l'océan. La balade en elle-même part d'en haut et longe la côte en direction des anses de Crayfish Bay, au platier rocheux déchiqueté par le ressac. À marée basse, une piscine naturelle s'y forme, où l'on peut essayer de voir les langoustes *(crayfish)* ! Grottes et chenaux percent aussi le littoral. Pas mal d'escaliers ensuite jusqu'au phare.

**_Melba Gully :_** *à 3 km à l'ouest de Laver's Hill, tt au nord-ouest du parc.* On se dit d'abord que le site de pique-nique, cerné de végétation, est charmant. Puis on se laisse emporter par le sentier qui, doucement, descend dans le vallon-gorge. Il dessine une boucle de 1,5 km (env 45 mn). La végétation, de plus en plus dense, voit se multiplier les fougères arborescentes. Bientôt, elles sont partout, formant une extraordinaire forêt dense, agrippée aux pentes, de part et d'autre d'un ruisseau dégoulinant d'humidité. On en a rarement vu de plus belles – et pourtant, on en a vu... Si vous dormez dans le coin, revenez à la nuit tombée : le coin scintille de vers luisants !



## THE TWELVE APOSTLES

**L'une des plus iconiques images du Victoria State. Et avec raison. Ces 12 Apôtres (en fait, ils ne sont plus que 8 ou 9) sont des aiguilles, des pitons échappés de la falaise, isolés dans la mer, attaqués par le sable, les vagues et les embruns, taraudés et usés... L'un d'eux s'est effondré il y a quelques années. Bon, pas de panique, il en restera toujours assez pour vos enfants et vos petits-enfants... Au crépuscule, ils apparaissent dans un sublime contre-jour et pour peu qu'il y ait des brumes de chaleur, ça devient carrément biblique ! Le matin, au contraire, les 1ers rayons du soleil viennent les dorer, et les roches jouent à cache-cache avec la lumière et les ombres. Meilleur moment, une heure après le lever du soleil...**
**Pour accéder à l'observatoire, nécessité de passer par le *Visitor Centre.* Grand parking. Un chemin passe ensuite sous la route côtière pour parvenir au site.**
**Les *Gibson Steps,* chemin et volée de marches permettant d'accéder à la plage, sont fermés lorsque la mer est trop déchaînée !**
**Vers *Princetown,* séduisant paysage sur l'embouchure de la rivière et les *wetlands.* Superbes couleurs en fin d'après-midi.**

### Où dormir ? Où manger dans le coin ?

**_12 Apostles Camping :_** *32 Post Office Rd, à* ***Princetown.*** *☎ (03) 5598-8119. • apostlescampingpark.com.au • Situé 6 km à l'ouest des Apostles et à 5 mn de la Great Ocean Walk. Camping 35 $ pour 2 ; chambres env 90-110 $.* Sympathique camping familial s'ouvrant sur un large horizon. Emplacements bien délimités, sanitaires corrects. Également des bungalows simples, propres, avec ou sans salle de bains, véranda et fauteuils pour jouir de la vue sur les *wetlands* pendant les soirées paisibles. Quelques kangourous en voisins.

**_Princetown Tavern 12 Apostles Inn :_** *31 Post Office Rd, à* ***Princetown.*** *☎ (03) 5598-8068. • 12apostlesinn.com.au • Double env 120 $. Repas env 15-25 $ le midi, 30 $ le soir.* Sur le côté du resto, 3 chambres classiques de plain-pied (avec salle de bains). Bien tenu. Au resto, cuisine correcte dans l'ensemble (un peu d'attente parfois) : burgers, *fish & chips, pasta,* pizza... Quelques plats à emporter également. Accueil affable, bon feu qui crépite dans la cheminée en hiver.

**12 Apostles Motel :** *314 Booringa Rd, à* ***Princetown.*** *☎ (03) 5598-8277 ou 1-800-351-233 (nº gratuit). • twelveapostles.com.au • À 3 km dans les terres. En saison, double env 210 $ et cottages 210-270 $.* Environnement idyllique. Quelques chambres façon motel, simples, propres, avec clim, chauffage, TV à écran plat, sèche-cheveux, couvertures électriques. Intéressants cottages à louer jusqu'à 6 personnes. Bon confort (clim, machine à laver, BBQ...). Bucolique et super accueil des hôtes. Piscine couverte. Aire de jeux. Possibilité de dîner (bons produits locaux).

## SUR LA ROUTE DE PORT CAMPBELL

**Loch Ard Gorge :** *à 3 km à l'ouest des Twelve Apostles ; bien moins fréquenté.* Une petite arche dans la mer et une profonde échancrure calcaire et arborée qu'on atteint par des escaliers. Tout en bas, mignonne plage protégée et quelques grottes. Il faut imaginer que s'y déroula en 1878 l'un des plus dramatiques naufrages sur cette côte. Un voilier, le *Loch Ard,* chargé d'immigrants, s'y fracassa une nuit de tempête. Seulement 2 rescapés sur les 54 personnes à bord, un marin, Tom Pearce, et une passagère, Eva Carmichael, qui ne savait pas nager. Ils se réfugièrent dans une grotte. Âgés de 19 ans tous les 2, la légende leur prêta par la suite une romance, mais aucune preuve...

### UN DES PLUS GRANDS CIMETIÈRES MARINS DU MONDE !

*Pas un hasard qu'on ait nommé cette côte* « The Shipwreck Coast »*... Principalement au XIXe s, plus de 200 bateaux furent victimes des tempêtes et des récifs, s'écrasant sur ces meurtrières falaises. Une cinquantaine d'épaves ont été répertoriées. Parfois des panneaux sur la route racontent leur histoire. Quelques agences programment même des* Shipwreck Coast Tours...



## PORT CAMPBELL

600 hab.

**À 260 km de Melbourne, à la frontière du parc national de Port Campbell, un petit village lové au fond d'une crique. Fondé dans les années 1870, il a su conserver charme et naturel. Au centre du village, on trouve la seule plage de la côte offrant une possibilité de se baigner en sécurité. Avant vous, un capitaine baleinier apprécia l'endroit (il lui donna même son nom). Quelques excellentes adresses pour dormir et se restaurer en font une étape idéale.**

### Adresse et info utiles

**Visitor Information Centre :** *26 Morris St. ☎ 1-300-137-255. • visitvictoria.com • Tlj 9h-17h.* Personnel sympa et pro. Bons renseignements sur les randonnées locales et la *12 Apostles Gourmet Trail* (pour nos lecteurs épicuriens). Fascinante petite expo sur les naufrages locaux, souvenirs, témoignages, vestiges.

➢ ***Bus :*** liaisons avec *V/Line (☎ (03) 8363-4427 ou 1-800-800-007 – nº gratuit ; • vline.com.au •).* Pour Melbourne, tlj, en principe à 9h30. Pour Warrnambool, 1 bus/j. en sem seulement dans l'ap-m.

## Où dormir ?

### De bon marché à prix moyens

■ ***Port Campbell Guest House & Flashpackers :*** *54 Lord St.* ▯ *0407-696-559. • portcampbellguesthouse.com • Double avec sdb 90 $ ;* motel suites *à partir de 125 $ ;* motel suite family *(avec kitchenette) 160 $.* On aime bien le côté petite auberge à l'ancienne, avec un caractère intime et relax, convivial et familial. Simple, remarquablement tenu et accueil particulièrement affable. Bref, on s'y sent vraiment bien. Choix entre doubles avec lits superposés ou chambres plus confortables. Cuisine aménagée.

■ ***Port Campbell Hostel :*** *18 Tregea St. ☎ (03) 5598-6305. • portcampbellhostel.com.au • Dortoirs (4-8 lits) 36-45 $/pers, sanitaires communs ; doubles avec sdb 140-150 $.* Quasiment un hôtel. Grande bâtisse moderne et nickel, des dortoirs aux confortables chambres doubles. Spacieuses, aérées, cosy, en particulier les familiales. Local à vélos et location de VTT. BBQ. Cuisine équipée et laverie.

■ ⛱ ***Portside Motel :*** *62 Great Ocean Rd (Lord St, en face du poste de police). ☎ (03) 5598-6084 ou 1-800-629-343 (nº gratuit). • portsidemotel.com.au • Double env 180 $ ; familiales 210-355 $.* À 2 pas des restos, un motel à la plaisante architecture et offrant une dizaine de chambres spacieuses et lumineuses (baies descendant jusqu'au sol). L'appart avec 2 chambres est génial pour les familles. Tout le confort désiré, clim, kitchenette, petite terrasse privée. *Laundry.* Environnement verdoyant, accueil pro et souriant, bonnes infos à glaner. Que demander de plus ?

## Où manger ?

|●| ***12 Rocks Beach Bar :*** *en face de la plage (angle Lord St). ☎ (03) 5598-6123. Tlj 9h30-21h30 (9h-22h30 en été). Plats 23-35 $ ;* lunch *moins cher.* L'emplacement privilégié, l'immense salle, le grand choix des mets, l'atmosphère totalement relax en font l'un des restos préférés des familles et des jeunes. Adorablement bruyant (tiens, un oxymore !). Pas de service à la table, on paie à la caisse et on vous donne le plat. Cuisine très correcte, bien servie et prix raisonnables. Au tableau noir, les plats du jour et, les pêcheurs n'étant guère loin, écrevisses fraîches et choix extensif de fruits de mer. Bons gâteaux. Des tables face à la plage, coucher de soleil très réussi !

|●| ***The Alcove Café & Ice Bar :*** *34 Lord St. ☎ (03) 5598-6003. Tlj 6h-15h30.* Vous en ferez donc le resto des petits déjeuners et du *lunch,* c'est leur cœur de métier. Outre la qualité de la cuisine et la fraîcheur des produits, on adore le décor fait de proverbes, dictons et aphorismes souvent drôles (et ayant du fond). Tiens, par exemple : « Non, nous n'avons pas le wifi, parlez entre vous ! » Décor évoquant également un peu le voyage. Au milieu de la salle, le banc de glaces (ah, celles à l'orange-cardamome ou au caramel beurre salé !) et aussi milk-shakes, smoothies, jus de fruits ou de légumes, excellents cappuccinos et muffins... Accueil au diapason !

|●| ***Waves :*** *29 Lord St. ☎ (03) 5598-6111. Tlj service en continu 8h-20h.* Salle de style contemporain sans charme particulier (tables, chaises en formica, décor sobre), mais visiblement ce qui compte, c'est le contenu

de l'assiette. Plats classiques et bien tournés, moules fraîches et parfumées, belle pièce de bœuf Angus, tendre *lamb curry*... Seul bémol, atmosphère un peu conformiste et service parfois distant.

## À voir

**Historical Museum :** *42 Lord St. ☎ (03) 5598-6390. Mer-jeu et w-e 11h-16h ; en hiver, w-e seulement. Petite contribution.* Dans une grande demeure particulière, petit musée d'histoire locale animé par des bénévoles. Les 1ers temps de la colonisation, témoignages, souvenirs, photos, vestiges récoltés des naufrages, objets domestiques, tranches de vie du village, personnages. À l'extérieur, vénérable buggy et machines agricoles.

## DANS LES ENVIRONS DE PORT CAMPBELL

Quelques pittoresques concrétions sur la route de Warrnambool. À 6 km, ***The Arch,*** spectaculaire anse de calcaire rattachée à la terre, où les vagues s'engouffrent furieusement. Peu après, ***London Arch*** (ex-London Bridge), autre arche naturelle de calcaire. Il y en eut d'ailleurs 2 jadis, évoquant le célèbre pont de Londres. L'une d'elles s'effondra en 1990. De ce fait, rebaptisée *London Arch.* Enfin, juste après, un escalier mène jusqu'au pied des rochers et à ***The Grotto,*** petite grotte creusée dans la falaise.

***Allansford Cheese World :*** *5330 Great Ocean Rd, à* ***Allansford.*** *☎ (03) 5565-3130 ou 27. ● cheeseworld.com.au ● Lun-ven 9h-17h, w-e 10h-16h. Dégustations des fromages de l'usine (lun-ven 9h-16h30, w-e 10h-15h30).* Créée en 1888. Énorme usine fromagère s'annonçant bien avant, grâce à la noria de camions citernes chargés de lait et circulant sur les routes locales. Elle propose une cafétéria, un magasin avec dégustations régulières, une vidéo montrant le fonctionnement de l'usine et un musée du fromage.

– ***Cheese Museum :*** *GRATUIT.* D'une grande richesse, un authentique musée ethnographique ! Tout le processus de travail depuis 125 ans, pittoresques machines agricoles, la 1re trayeuse mécanique, outils divers, l'atelier de mécanique, collection de vénérables tracteurs. Dans un autre hangar, plus de 100 vieilles machines... On reste impressionné par la *Ruston Hornsby Engine* qui commandait générateurs et divers équipements.

***Cafétéria :*** *tlj 12h-14h.* Dans un immense hangar décoré de fresques, dégustation sous diverses formes des fromages de la maison (*ploughman lunch* et un copieux *cheese platter* pour 2). Les mômes adorent les milk-shakes maison et les glaces fabriquées à Timboon, ville des environs.

***Boutique :*** rayons regorgeant de fromages de la production locale, plus beaucoup provenant du monde entier, ainsi que des produits d'épicerie fine (condiments, miels, confitures, vins...).

# WARRNAMBOOL

29 000 hab.

**Une des plus grosses cités de l'État, fondée en 1855. Une vraie ville, avec son trafic, son université... Une jolie côte aussi, avec, vers Logans Beach, des baleines au rendez-vous chaque année (de fin mai à juin et de septembre à la 1re quinzaine d'octobre). Théâtre également, en octobre, de l'une des plus**

**anciennes et plus dures courses cyclistes au monde : la *Melbourne-Warrnambool Classic...* et cela depuis 1895 ! Vivante, active, mais aucun charme particulier, donc inutile d'y séjourner. Cependant, quelques attractions valent une étape comme le *Flagstaff Hill Maritime Village* et la visite des galeries d'art.**

## Arriver – Quitter

➢ ***En train :*** pour Melbourne par Geelong. Plusieurs départs/j.

➢ ***En bus :*** 1 bus/j. en sem pour Port Campbell. Pour Port Fairy, avec la compagnie *South Western (☎ (03) 5562-1866).* En principe, 4-5 bus/j. (Route 8). Départ de Koroit St.

## Adresse utile

ℹ ***Warrnambool Visitor Centre :*** *89 Merri St. ☎ 1-800-637-725 (nº gratuit). • visitwarrnambool.com.au/visitor-information • Tlj 9h-17h.*

## À voir

***Flagstaff Hill Maritime Village :*** *89 Merri St. ☎ 1-800-556-111 (nº gratuit). • flagstaffhill.com • Tlj sauf Noël 9h-17h (dernier ticket à 16h). Entrée : 18 $ ; réduc. Le soir, spectacle* Shipwrecked ! (Sound and Light Show) *: horaires variables selon saison ; entrée : 30 $, réduc enfants. Billet combiné : 43 $.*
Bienvenue à la Warrnambool du XIXᵉ s. Dans l'enceinte de l'ancien fort, reconstitution du village historique, avec son port, ses commerces et artisans, ses habitations traditionnelles. Visite d'abord du riche musée. Quelques musts : la reconstitution d'un navire, intéressante description de la vie à bord, maquettes de bateaux, collection d'objets maritimes, vidéos montrant des naufrages. Trouvailles et vestiges divers d'épaves.
Village reconstitué sur une colline, ce qui donne du relief et une chouette appréhension de l'ensemble. Les mômes vont adorer. La maison du toubib sur le port donne une bonne idée d'un intérieur bourgeois du XIXᵉ s. L'église, le port et sa goélette, l'atelier de réparation des bateaux, le pub des marins, l'agence maritime, le marchand de cordes, l'imprimerie et ses vénérables bécanes, l'atelier du tonnelier, l'école et tant d'autres lieux chaleureux...
Recommandé également, le ***Shipwrecked ! (Sound and Light Show)*** racontant lumineusement le célèbre naufrage du *Loch Ard* en 1878. Commence à la tombée de la nuit, horaires variant sur l'année. Bien sûr, grande boutique très fournie et café.

***Galeries d'art :*** la ville abrite un certain nombre de galeries de qualité et d'ateliers d'artistes. L'office de tourisme en a listé une dizaine, dont la plus célèbre, la ***Warrnambool Art Gallery*** *(26 Liebig St ; ☎ (03) 5559-4949 ; • thewag.com.au • ; lun-ven 10h-17h, w-e et j. fériés 10h-15h).* Élégant bâtiment horizontal d'un blanc immaculé, entouré de beaux arbres. Presque un petit musée. Créé en 1886 (qui disait que baleiniers et chercheurs d'or étaient des rustres incultes ?). Collections de peintures européennes et expos d'œuvres contemporaines et d'avant-garde. Intéressante boutique.

## DANS LES ENVIRONS DE WARRNAMBOOL

***Tower Hill Reserve :*** *à 18 km à l'ouest de la ville, sur Princes Hwy. ☎ (03) 5565-9202. 📱 0448-509-522. • towerhill.org.au • Tlj 10h-16h. GRATUIT.*

Niché dans le cratère d'un ancien volcan (irruption il y a 30 000 ans, il dort maintenant). Ce fut, en 1892, le 1er parc national du Victoria. Lac et zones humides abritant de nombreuses espèces : kangourous, koalas, émeus, cygnes noirs et toutes sortes d'oiseaux aquatiques. Le paysage entouré par les parois du cratère est absolument superbe. But de promenade très populaire pour les familles locales. Ne manquez pas la balade pédestre de 1,5 km au départ du *Visitor Centre,* qui longe l'étang. Petites randonnées et observation des oiseaux. Aires de pique-nique (BBQ électriques). Possibilité de visites guidées.
– Visite également du ***Worn Gundidj Visitor Centre*** *(tlj 10h-16h),* une coopérative qui présente de façon intéressante la culture et l'artisanat aborigènes.



# PORT FAIRY

2 600 hab.

• Plan *p. 173*

**À 410 km de Melbourne par la route côtière, à la lisière du Victoria State, ne pas manquer cette ultime étape d'un magnifique itinéraire : Port Fairy, adorable petite cité, ancien port de baleiniers et de chasseurs de phoques. Totalement horizontale, avec un centre-ville faisant penser à une petite ville de l'Ouest américain : larges rues et allées de grands pins de Norfolk, maisons de caractère, églises de pionniers en belle pierre, vieilles boutiques à véranda et jolie marina... L'occasion d'une agréable balade à la recherche des demeures d'époque (une cinquantaine de maisons sont classées par le *National Trust*) et de faire le tour de Griffiths Island, petite réserve naturelle au bord de l'océan.**
**Aujourd'hui, c'est un des plus grands ports de pêche du Victoria (langoustine, requin, thon abalone). Il compte 2 600 habitants, mais la population grimpe jusqu'à 10 000 personnes en été, 40 000 pendant le festival folk !**

## UN PEU D'HISTOIRE

Ce sont des baleiniers qui donnèrent le nom de *Fairy* à la baie en 1828 (le nom de leur bateau). Un riche avocat de Sydney, en 1843, vint y acheter des terres à bas prix à condition d'y construire une ville et de favoriser l'arrivée d'immigrants. Il assécha les marais, construisit un port et le baptisa *Belfast* en 1854 (sa ville de naissance en Irlande du Nord). Cependant il spécula un peu trop, ne favorisa pas le développement local et fit beaucoup de mécontents. L'économie s'effondra et les investisseurs privilégièrent alors Warrnambool. Suite à une pétition des habitants, en 1887, le Parlement lui redonna son nom d'origine : *Port Fairy...* Puis la ville périclita définitivement, passa à côté de l'industrialisation et s'endormit. Ce qui explique son état de conservation exceptionnel. Reste aussi le port de pêche, toujours très actif, qui ajoute du caractère à l'ensemble.

## Adresse et info utiles

ℹ ***Port Fairy Visitor Information Centre*** *(plan A1) : Railway Pl, Bank St.* ☎ *(03) 5568-2682.* • *visitportfairy-moyneshire.com.au* • *Tlj sauf Noël 9h-17h.* Bien documenté. S'y procurer le dépliant *Port Fairy Historic Walks* pour découvrir la ville.
➢ ***Bus :*** pour ***Warrnambool,*** puis train *V/Line (• vline.com.au •),* ou pour ***Melbourne*** par ***Apollo Bay.***

## Où dormir ?

### Backpacker (auberge de jeunesse)

■ ***Port Fairy YHA*** *(plan A1, **10**) : 8 Cox St. ☎ (03) 5568-2468. • portfairyhostel.com.au • Réception 9h-10h30, 17h-21h. Dortoirs 26-30 $/pers.* Une gentille petite AJ en pleine ville. Nichée dans une belle demeure historique (celle du fondateur de la ville), au fond d'un jardin. L'intérieur exhale un vieux charme, une atmosphère intime et chaleureuse. Une cinquantaine de lits répartis en dortoirs ou chambres privatives. Cuisine équipée. Billard et cheminée où crépite un bon feu. BBQ, location de vélos et prêt de matériel de pêche.

### De prix moyens à plus chic

■ ***Merrijig Inn*** *(plan A1, **11**) : 1 Campbell St. ☎ (03) 5568-2324. 📱 0409-564-616. • merrijiginn.com • Bar ouv à 16h (sauf mar-mer). Doubles 150-240 $, petit déj inclus.* La plus ancienne auberge du Victoria (1842). 2 types de chambres : dans la partie ancienne *(attic)*, assez petites, mansardées, mais pleines de charme. Mobilier ancien, lit en fer. Sinon, des chambres contemporaines et spacieuses. Salle commune avec cheminée aux 1ers frimas. Abrite également un restaurant réputé. Agréable jardin.

■ ***Comfort Inn – Seacombe House*** *(plan A1, **12**) : 22 Sackville St. ☎ (03) 5568-1082. • seacombehouse.com.au • Doubles avec sanitaires communs 110 $, avec sdb privée 165-195 $.* Dans une des plus anciennes demeures de la ville, auberge également depuis le début (1847). À l'époque, le bâtiment, construit par un certain capitaine John Sanders (il venait de faire naufrage et avait envie de changer de métier), était considéré comme le plus élégant de la ville (et digne de Sydney). Chambres de caractère d'une blancheur immaculée, certes pas trop grandes, mais à des prix très modérés. À côté, le *Comfort Inn,* la partie moderne propose évidemment des chambres plus traditionnelles d'excellent confort. Cottages à louer également. Accueil pro et aimable. Au rez-de-chaussée, un resto chic réputé (voir « Où prendre un petit déj ? Où manger ? »).

■ ***Central Motel*** *(plan A1, **13**) : 56 Sackville St. ☎ (03) 5568-1800 ou 1-800-886-608 (nº gratuit). • portfairymotel.com.au • Doubles 150-180 $ selon confort. Parking privé.* Un classique motel, un peu en retrait de la rue principale. Correct, fonctionnel : une vingtaine de chambres communicantes, frigo, minibar, couvertures électriques, sèche-cheveux, TV... Jardin et BBQ.

■ ***Douglas Riverside*** *(plan A1, **14**) : 85 Gipps St. ☎ (03) 5568-1016. 📱 0450-832-792. • douglasriversideportfairy.com.au • Doubles à partir de 180 $ ; 2 beaux cottages de 3 chambres (6-7 pers) 550-650 $.* Un petit hôtel de charme super bien situé, proche du centre. Édifié à partir d'une grande maison de 1852 et divisé en plusieurs unités dans un immense jardin. Accueille les voyageurs depuis plus d'un siècle. Son gazon descend jusqu'à la rivière Moyne. Chambres tout confort spacieuses et cosy ou studios.

■ ***54 on Bank*** *(plan A1, **15**) : 54 Bank St. 📱 0428-792-975. • 54onbank.com.au • Doubles 185-215 $ selon saison ; appart et cottage (4-5 pers) 230-325 $ selon saison.* Jonathan et Rochelle sont tombés amoureux du village et ont décidé de s'y établir. Belle maison à l'entrée de Port Fairy, avec 7 vastes chambres tout équipées (kitchenette, clim, etc.). Également un appart tout confort (1 chambre avec lit *king size,* salon-salle à manger avec canapé-lit, clim, TV...), ainsi qu'un cottage pouvant accueillir 5 personnes. Le tout très au calme.

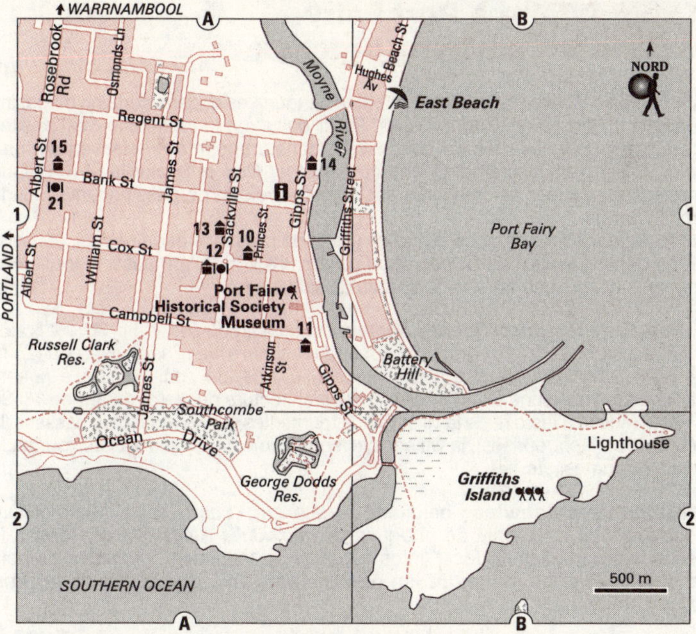


## PORT FAIRY

**Adresse utile**

- Port Fairy Visitor Information Centre (A1)

**Où dormir ?**

- **10** Port Fairy YHA (A1)
- **11** Merrijig Inn (A1)
- **12** Comfort Inn – Seacombe House (A1)
- **13** Central Motel (A1)
- **14** Douglas Riverside (A1)
- **15** 54 on Bank (A1)

**Où manger ?**

- **12** The Stag Inn (A1)
- **21** Blakes (A1)

## Où manger ?

### Plus chic

**Blakes** (*plan A1,* ***21***) **:** *57 Bank St. ☎ (03) 5568-1287. Tlj sauf lun 17h30-21h.* On adore l'atmosphère compassée de cet excellent resto, installé dans l'une des plus vieilles maisons à l'entrée du village. Nappes blanches et service très cordial. On y déguste une authentique cuisine australienne, largement influencée par les produits de la mer. Excellent *clam chowder* en entrée, poissons et crustacés d'une grande fraîcheur, mais aussi des viandes juteuses et bien cuites.

***The Stag Inn*** (*plan A1,* ***12***) **:** *22 Sackville St. ☎ (03) 5568-3229 ou 1082. C'est le resto de* la Seacombe House. *Tlj sauf dim-lun 18h-23h.* Vous pénétrez une bien belle et vieille auberge (1847) qui régale son monde depuis bien longtemps. Cuisine révélant un chef pro et talentueux, plein d'inspiration. Assez cher, mais rigoureuse sélection de produits locaux. Belle liste des vins.

LE VICTORIA

## À voir. À faire à Port Fairy et dans les environs proches

**Historic Walks :** se procurer à l'office de tourisme et dans certains magasins le dépliant *Port Fairy Historic Walks.* Partir ensuite à la recherche des 36 sites disséminés dans les rues du centre-ville, dans un périmètre relativement restreint. C'est particulièrement riche au carrefour Cox et Sackville St (prodigue en élégants édifices et demeures anciennes). Bref, 2h de passionnante balade architecturale.
Enfin, vagabonder autour de la marina (ports de plaisance et de pêche), et assister au débarquement du poisson au *Fisherman's Wharf.* Voir aussi la vieille *Fisherman's Warehouse* et l'abri du bateau de sauvetage.

***Port Fairy Historical Society Museum*** *(plan A1)* **:** *30 Gipps St.* ☎ *(03) 5568-2263.* • *historicalsociety.port-fairy.com* • *Mer et sam 14h-17h, dim 10h30-12h30 (seulement sam 14h-16h de mi-juil à fin août). Entrée : 5 $ ; gratuit jusqu'à 12 ans.*
Abrité dans l'ancienne Court House (belle architecture de pierre datant de 1859). C'est le musée d'histoire de la ville. Expos tournantes sur les industries passées (la pêche, les 1res entreprises), la vie sociale, sous forme de photos, objets, journaux, livres, costumes, etc.

LE VICTORIA

– ***Nombreuses activités :*** baignade et surf sur l'*East Beach.* Minicroisière pour aller voir la colonie de phoques de *Lady Julia Percy Island.* Partir à la pêche avec un pêcheur local (infos à l'office de tourisme)... Activités de golf, randonnée cycliste sur les 37 km de l'ancienne voie de chemin de fer *Port Fairy-Warrnambool...*

***Griffiths Island*** *(plan B2)* **:** à l'embouchure de la Moyne, une île riche en plantes, fleurs, animaux et surtout oiseaux. Longue de 1,5 km, large de 800 m. Son phare, construit en 1859, est toujours en fonction (désormais à l'énergie solaire) et la balade pour s'y rendre, le long d'une petite voie pavée de dalles, est vraiment agréable. Beaucoup de chances de rencontrer des *black wallabies,* cygnes noirs, petits porcs-épics, lézards à langue bleue, serpents-tigres et beaucoup d'oiseaux aquatiques (environ 80 sortes).
Surtout, l'île est l'un des lieux de nidification des fameux ***mutton birds.*** Le mieux, récupérer le petit dépliant consacré à ces étranges oiseaux et à leurs mœurs, vraiment intéressant ! Pour ne pas les perturber, bien rester sur les chemins balisés. Chaque année, entre septembre et avril, plus de 50 000 d'entre eux viennent se poser sur l'île. Un gros contingent arrive, venant des îles Aléoutiennes (près de l'Alaska) curieusement autour du 24 septembre et cela régulièrement chaque année... Possibilité de les observer quand ils reviennent de leur quête de nourriture pour les petits. Départ des adultes (après période des amours et de l'élevage des petits) vers la mi-avril. Les p'tits jeunes s'envolent à leur tour début mai... Un timing très précis !

## Festivals

– ***Port Fairy Folk Festival :*** *pdt le w-e de Labour Day.* Ce festival de musique folk a fêté plus de 40 ans d'existence, une institution !
– ***Spring Music Festival :*** *mi-oct.* Musique classique et contemporaine. L'un des plus importants de l'État.
– ***Moyneyana Festival :*** *Noël-26 janv.* Depuis maintenant 70 ans, la règle est : chaque jour il doit se passer quelque chose à Port Fairy. Arts, musique, gastronomie, carnaval, compétitions sportives, jour des enfants, marchés paysans... Impossible de citer tous les événements, on vous laisse la surprise !

## DANS LES ENVIRONS DE PORT FAIRY

**Koroit :** *à 16 km, vers Warrnambool.* Les amoureux de l'Irlande s'arrêteront dans ce village fondé vers 1857 par les immigrants irlandais. Histoire d'un break pour écluser une vieille pinte de Guinness. Nombreux signes et témoignages de la Verte Erin. Surtout ne pas manquer l'émouvant et dynamique ***Koroit Irish Festival,*** fin avril-début mai. Musique irlandaise dans les pubs, défilé des *bagpipes* et des costumes traditionnels, concerts de qualité... *Infos : ● koroitirishfestival.com.au ●*

**Grampians National Park :** *à env 1h15 de route et 95 km au nord de Port Fairy ; direction Warrnambool, puis Penhurst/Dunkeld.*
Pour ceux qui disposent d'un peu de temps, car ce n'est pas la porte à côté. Mais ça vaut la peine de prévoir une journée pendant le voyage ! C'est l'une des merveilles naturelles du Victoria. Massif montagneux, tout en vagues de sommets ondulants dont les crêtes prennent au soleil couchant de flamboyantes teintes orangées. Paradis des randonneurs, le parc reçoit plus d'un million de visiteurs chaque année. Pour d'excellentes raisons : il contient un tiers des plantes de l'État (dont certaines endémiques), de nombreux mammifères et plus de 200 espèces d'oiseaux (dont un ravissant petit perroquet, le loriquet arc-en-ciel). Question animaux, on est gâté, ils sont venus, ils sont tous là : kangourous, koalas, bandes bavardes de cacatoès blancs à huppe et tous leurs cousins bigarrés...
Le parc abrite également de beaux exemples de peintures rupestres, car il fut longtemps un lieu sacré pour les Aborigènes (visites guidées des sites, infos dans les *Visitor Centres*). Nombreux lieux exceptionnels comme les *chutes de Mackenzie et de Silverband,* les *Balconies, Halls Gap,* le lac *Bellfield,* le *Grand Canyon* et l'extraordinaire panorama depuis le sommet des *Pinnacles.* Beaucoup de campeurs, surtout le week-end et lors des vacances scolaires, penser à réserver.

***Halls Gap Visitor Centre :*** *117 Grampians Rd. ☎ (03) 5361-4000 ou 1-800-065-599 (nº gratuit). ● visitgrampians.com.au ●* C'est également là qu'on achète le permis de camping *(env 15 $/véhicule).* Autres *Visitor Centre* à **Hamilton** *(Lonsdale St ; ☎ 1-800-807-056)* et **Ararat** *(91 High St ; ☎ 1-800-657-158).*

***Brambuck Backpackers :*** *330 Grampians Rd, à* ***Halls Gap.*** *☎ (03) 5356-4250. ● brambuk.com.au/backpackers.htm ● Env 30 $/pers ; doubles à partir de 75 $.* Bonnes infos et, bien sûr, un bon lit en dortoir de 4 à 12 places ou chambres privatives, le tout dans une belle structure. Cuisine, salle à manger, salon TV, laverie, BBQ.

## PORTLAND

10 500 hab.

**C'est la dernière ville avant la frontière de l'État d'Australie du Sud, agrémentée de la plus grande baie en eau profonde après Melbourne. En 1800, un explorateur anglais du nom de James Grant lui donna son nom en l'honneur du secrétaire d'État, le duc de Portland.**
**Quelques atouts de la ville retiennent l'attention, comme le nombre important d'édifices anciens de caractère et le beau Musée maritime. Un vieux *cable tram* de 1886 suit la côte depuis Henty Park sur 8 km et passe par le vieux château d'eau-musée.**

## Adresse et info utiles

**Visitor Information Centre :** *Lee Breakwater Rd. ☎ 1-800-035-567. • visitportland.com.au • Tlj sauf Noël 9h-17h.* Excellente documentation (ça devient une habitude !). Propose un *Admella Discovery Trail* racontant l'histoire d'un des pires naufrages survenus en Australie (en 1859, avec 89 victimes). Ne pas manquer l'excellent petit musée maritime attenant.

➢ **Bus :** avec *V/Line (• vline.com.au •),* 3-4 départs/j. pour **Port Fairy, Koroit, Warrnambool, Geelong** et **Melbourne** (route directe). Pour **Mount Gambier** (Australie du Sud), 1 bus/j. à 18h40.

## Où dormir ? Où manger ?

Si on a dormi à Port Fairy, pas de raisons de faire étape à Portland. Une bonne adresse quand même !

**Gordon Hotel & Restaurant :** *63 Bentinck Rd. ☎ (03) 5523-1121 ou 1191. Doubles avec sanitaires communs env 80-90 $. Repas 25-30 $.* Très central. Intéressante architecture du XIXe s (date de 1842) avec un avant-porche à arcades. D'ailleurs, on croise d'autres pittoresques bâtiments sur le même trottoir. Le *Gordon* est l'une des plus anciennes licences d'hôtel sans interruption. Chambres simples, parmi les moins chères de la ville. Resto offrant également une très honnête cuisine dans une immense salle genre cafétéria. Bon choix à la carte : burgers, *chilli chicken, mixed grill, roast of the day, pasta...* Le plateau de *seafood,* fort bon, est frais et bien servi. *Live music* le week-end.

## À voir

**Portland Maritime Discovery Centre :** *Lee Breakwater Rd. ☎ (03) 5523-2671. À côté du Visitor Centre. Tlj 9h-17h.* Petit musée à la muséographie claire et agréable, démarrant avec un imposant squelette de baleine retrouvée morte en 1987 (14 m de long et 35 t). Impressionnante vidéo, maquettes de bateaux, harpon de 1880 et grand requin (5,70 m de long pour 2 t). Photos insolites qui font sourire, comme le concours de beauté « Star of the Sea » en 1953. Nombreuses trouvailles rapportées d'épaves et la chaloupe qui sauva 19 personnes sur le *SS Admella* en 1859. Matériel de pêche varié, rames géantes et outils de fabrication des bateaux, collection de coquillages, balises...

**Motor & Car Museum :** *angle Glenelg et Percy St. ☎ (03) 5523-5795. Tlj sauf Vendredi saint et Noël 10h-16h. Entrée : 8 $ ; réduc.* Pour les amateurs de voitures anciennes, à ne pas manquer bien sûr. Riches collections, plus les motos, tracteurs et un vénérable tram de 1920. Quelques jeux interactifs pour les enfants.

**World War II Memorial Lookout** *(mémorial de la Seconde Guerre mondiale)* **:** *Wade St. ☎ (03) 5523-3938. Tlj sauf Vendredi saint et Noël 10h-16h. Entrée : 4 $ ; réduc.* Sur la route côtière (vers Port Fairy, pas loin du centre). Installé dans l'ancien château d'eau. Pour le pittoresque tour d'horizon à 360° qu'il livre sur Portland.

**Old Portland Cemetery :** *à 3 km de l'entrée de la ville, à gauche de la Henty Hwy (venant de Port Fairy).* Ouvert en 1844, fermé en 1959 (un certain Robert Burns à 93 ans, pourtant grand fumeur de cigares, non, on rigole, c'était pas le poète !). Immense gazon arboré qui contint jusqu'à 2 000 tombes. Divisé en 4 parties : catholiques, presbytériens, *Church of England* et *Wesleyan Church* (méthodistes). Beaucoup disparurent (tombes en bois détruites par de violents incendies, dégradations naturelles, pluies et tempêtes). Il reste les plus solides, les plus pittoresques, pierres tombales sculptées et sépultures de personnalités (1ers pionniers, gros marchands, notables), comme le capitaine James Fawthrop, sauveteur de nombreux passagers lors du célèbre naufrage de l'*Admella* (1859). Plan du cimetière en principe dans une boîte à l'entrée (ou au *Visitor Centre*).

– Quelques autres petits musées et attractions : ***History Museum,*** abrité dans l'ancienne mairie de 1863 (charrue du 1er pionnier en 1834), ***Botanical Garden*** (13 000 dahlias plantés et 300 variétés de roses), la ***Customs House,*** le ***Heywood Model Train*** (musée des Trains miniatures), le ***parcours des bâtiments anciens*** et demeures vintage (récupérer la carte *Walk Portland's Pride*)... Tous les renseignements au *Visitor Centre.*

# SOUTH AUSTRALIA

• Carte *p. 179*

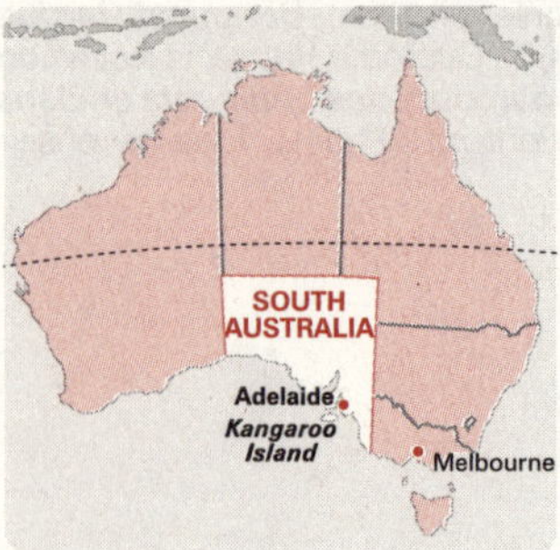


**État beaucoup moins touristique et fréquenté que son voisin de l'Est, on aurait tort cependant d'ignorer Adelaide, sa capitale, une ville aérée et verdoyante, avec une riche offre culturelle. Pour les amoureux de nature intacte, à une petite centaine de kilomètres, Kangaroo Island, grande comme la moitié de la Corse, offre un vrai dépaysement, une très belle occasion d'observer des animaux et de magnifiques balades où l'on a peu de chances de rencontrer son voisin de palier ! Enfin, pour nos lecteurs(trices) amateurs(trices) de bons vins, c'est dans cette région que l'on trouve la *Barossa Valley,* vallée viticole la plus célèbre d'Australie. Quant à la *Limestone Coast,* elle se révèle prodigue en côtes sauvages, lagunes désertes, lacs roses, villages et lieux hors du temps...**

## UN PEU D'HISTOIRE

La 1re carte de la côte fut établie par le géographe François Baudin et le navigateur Matthew Flinders en 1802. La colonisation débuta quasi en même temps que celle de l'État de Victoria, mais contrairement à ce qui se passa pour ce dernier, elle s'effectua sans forçat grâce aux fonds rapportés par la vente de terres. En effet, ***les 1ers colons furent des communautés religieuses*** qui aspiraient à des relations de paix, et souhaitaient mettre en place une économie respectant l'équilibre entre agriculteurs, artisans, travailleurs des villes et gens de la finance. La ***colonie*** fut ***officialisée en décembre 1838,*** puis devint ***autonome en 1856.***
Autre aspect original de l'État : être à l'avant-garde des droits politiques... C'est ainsi que ***l'Australie du Sud fut le 2e État au monde à accorder le droit de vote aux femmes en... 1894*** (pour mémoire, la France, en 1945 !). Et bien sûr également le droit d'être élues au Parlement. C'est ainsi que Catherine Helen Spence fut la 1re femme candidate à un poste politique. En tant que déléguée pour l'Australie du Sud, elle participa à la convention qui mit en place la Constitution du pays.
***En 1976, l'État fut aussi le 1er à avoir un gouverneur aborigène.*** À Adelaide, on ressent d'ailleurs, peut-être plus qu'ailleurs, cette atmosphère de liberté et de tolérance.

## LA CÔTE DU VICTORIA À ADELAIDE

**Pour ceux qui ont un véhicule et du temps, plutôt que d'emprunter la route intérieure, flâner sur la côte permet de traverser des paysages sauvages, surtout le long de l'interminable lagune du Coorong National Park (140 km de long). L'occasion d'y voir les plus importants lieux de nidification des pélicans. La lagune commence au lieu-dit *42 Mile Crossing* et finit un peu avant Goolwa. On vous mentionne quelques étapes.**

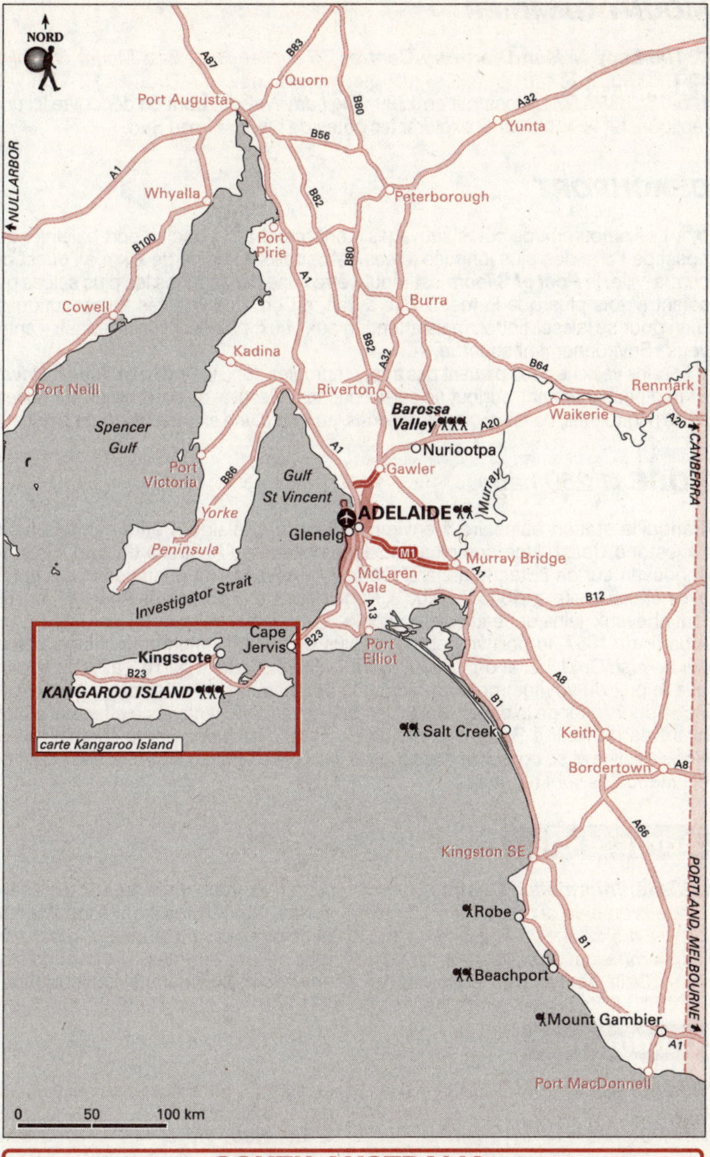


## SOUTH AUSTRALIA

## *MOUNT GAMBIER*

**The Lady Nelson Discovery Centre :** *35 Jubilee Hwy, East Mount Gambier. ☎ 1-800-087-187 (nº gratuit). • mountgambier.sa.gov.au • Lun-ven 9h-17h, w-e 10h-16h. GRATUIT.* Construit en 1799, *The Lady Nelson,* dont on découvre ici une réplique, fut le 1er bateau à explorer les côtes de l'Australie du Sud.

## *BEACHPORT*

Les amoureux de côtes sauvages s'arrêteront à cet ancien port baleinier qui possède l'une des plus longues jetées d'Australie. À moins de 2 km à l'ouest du centre-ville, le ***Pool of Siloam*** est réputé être l'une des lagunes les plus salées qui soient (7 fois plus que la mer !). Elle aurait, dit-on, des qualités thérapeutiques. Bien pour se laisser flotter, mais attention aux yeux, pas de « splish splash » entre vous ! Environnement superbe.

Et si les yeux ne vous piquent pas trop, empruntez donc la ***Bowman Scenic Drive*** : 8 km d'enchantement, surtout au soleil couchant. Festival de panoramas sur dunes, baies mignonnes, *coves* et plages désertes, au long d'une exubérante route en lacet...



## *ROBE* *(1 250 hab.)*

Tranquille station balnéaire à environ 335 km d'Adelaide. Petite capitale de la Limestone Coast. Une des plus anciennes cités de l'Australie du Sud. C'est le 4e gouverneur de l'État, le général *Frederick Robe,* qui lui donna son nom après avoir choisi le site en 1845. Au XIXe s, Robe devint le 2e port après Adelaide, exportant chevaux, laine et peaux de mouton.

À partir de 1857, le port vit débarquer plus de 16 000 immigrants chinois attirés par la *Rush Gold.* L'État de Victoria ayant instauré une taxe de 10 $ à l'arrivée (plus que le prix du voyage) pour en réduire le flot, beaucoup tentaient de passer par Robe pour éviter de la payer. Malgré les 320 km supplémentaires à effectuer à pied avant de parvenir à Ballarat et Bendigo... Puis, dédaignée par le chemin de fer, Robe déclina et se consacra alors à la pêche. Une chance pour vous, ses homards et langoustes sont réputés.

### Adresse utile

**Visitor Information Centre :** *Mundy Terrace, en face du Foreshore. ☎ (08) 8768-2465 ou 1-300-367-144 (nº gratuit). • robe.com.au • Lun-ven 9h-17h, w-e 10h-14h.* Ne pas manquer de visiter le petit mais très intéressant centre d'interprétation. Documents, témoignages, anciennes photos, surtout celles, terribles, de la condition des Aborigènes durant la colonisation.

### Où dormir ?

**Lakeview Motel :** *2 Lakeside Terrace. ☎ (08) 8768-2100. • robelakeviewmotel.com.au • Venant du sud, après avoir longé les 2 lacs, tourner à gauche dans Harold St (juste avt la station Mobil), puis, après le dos-d'âne, à droite. Doubles 130-210 $ selon taille et saison.* Un peu en hauteur, surplombant le lac, un motel plaisant et très bien situé. Chambres de bon confort et, surtout, un accueil particulièrement pro et chaleureux.

**The Robe Hotel :** *4 Mundy Terrace (prolongement de Victoria St). ☎ (08) 8768-2077. • robehotel.com.au • Doubles à partir de 90 $.* Dans un hôtel historique (de 1947, belle véranda au 1er étage). Chambres de bon aloi, sobres, avec salle de bains. Excellent resto au rez-de-chaussée.

## Où prendre un petit déj ? Où manger ?

**Union Café :** *17-19 Victoria St. ☎ (08) 8768-2627. Tlj 6h30 (8h w-e)-15h (8h w-e). Petits déj env 12-26 $ ; plats env 20-25 $.* Cadre banal pour de bons petits déjeuners. Goûter donc au *carrot orange cake* !

**Resto du Robe Hotel :** *voir plus haut « Où dormir ? ».* *Attention, ferme tôt : 20h30 (21h déc-janv). Plat env 30 $.* On commande et on paie d'abord. Cuisine très correcte et copieux *seafood platter.* Petit *salad bar* gratuit. Atmosphère ronronnante.

**Sails at Robe :** *2 Victoria St. ☎ (08) 8768-1954. Tlj sauf dim 17h30-20h, plus mer-sam 12h-14h. Résa recommandée. Plats env 35-46 $.* BYO. Le resto le plus chic de la ville. Grande salle lumineuse, longue banquette au fond pour une cuisine pleine d'inspiration. Côté poisson, le chef connaît bien. Venant d'une famille de pêcheurs de requins, il a une tendresse particulière pour les produits de la pêche locale. Et un principe immuable : légumes et fruits de saison. Son *southern rock lobster* vient honorer sa carte d'octobre à mai (à réserver avant 14h). Sinon, huîtres, moules au curry, etc. Jolie présentation des mets. Plateau de fruits de mer avenant. Merveilleux desserts.

## À voir. À faire

Robe compte au moins 80 sites et demeures historiques. Pensez à courir au *Visitor Information Centre* pour récupérer l'itinéraire. Notamment la vieille prison, la croquignolette *Customs House* convertie en musée, le *Caledonian Inn,* une des plus anciennes maisons de la ville (1859). Belle pierre blanche. Toutes les poutres de l'étage proviennent de vestiges récupérés sur des bateaux naufragés. Lors du naufrage du *Livingstone,* le patron ferma l'auberge plusieurs jours pour aller tenter de sauver les passagers du bateau...

Partez à la recherche des plus belles ***plages*** locales, et surtout n'oubliez pas d'explorer l'adorable *Little Dip Conservation Park.* Sublime coucher de soleil sur *Guichen Bay...*
*Hooper Beach* est réputée pour ses rochers et petits bassins propices pour pique-niquer et faire trempette. De leur côté, les randonneurs reviendront enchantés de leur balade sur les falaises ou les rugueux sentiers locaux... Cartes, plans, faune à observer, pratique du kayak, surf à Long Beach et toutes ces sortes de choses... Infos au *Visitor Information Centre.*

➢ ***42 Mile Crossing :*** c'est là que, venant de Robe, les 4x4 entament leur découverte de la *Ocean Beach* et là aussi que s'arrêtent les véhicules classiques. Les 3 km depuis la Princes Hwy jusqu'au camping sont accessibles à tous les véhicules. Reste alors 1,3 km à pied à travers les dunes, pour bénéficier d'une 1re vue grandiose du Southern Ocean. Bien vérifier les périodes de nidification : à certains moments, la plage est interdite aux 4x4.

### *SALT CREEK*

*À mi-chemin de Kingston et Goolwa, à 2h30 d'Adelaide.* Déjà, le nom du bled sonne un poil western. Quelques bâtiments épars, un derrick de puits de pétrole commémoratif et c'est tout. Salt Creek est le point de départ d'une grande randonnée de 27 km qui retourne à *42 Mile Crossing.* Cependant, on n'est pas obligé de tout faire ! En cours de route, 2 balades sympa et bien plus courtes s'offrent à vous : une entre les 2 petits lacs, l'autre à partir de *Tea Crossing* pour gagner la grande dune à travers la lagune.

SOUTH AUSTRALIA

## Où dormir ?

**Coorongdunes Holiday Accommodation :** *62 Salt Creek Rd. 0407-978-985. Compter 130 $ pour 2 ; 15 $/pers supplémentaire ; loc de draps 10 $.* Cadre contemporain, chambres fonctionnelles, bien tenues et pouvant loger jusqu'à 7 personnes. Cuisine équipée.

## À faire

***Balade vers la lagune et les lacs roses :*** à faire à pied ou en voiture. En sortant de la station-service, reprendre la route vers Kingston. Tourner tout de suite à droite et suivre la route en terre battue longeant à gauche un grand lac quasi à sec avec, sur les bords, de beaux arbres noueux et torturés. Puis 2 petits lacs salés de couleur rose qui s'assèchent progressivement. Chaque niveau de l'eau laisse des traînées blanches du plus bel effet graphique... Sur les lacs, pas mal d'oiseaux, dans les alentours, une toute petite chance de voir le kangourou gris, un échidné ou encore un émeu...
Au bout de 6-7 km, on parvient au lieu-dit ***Tea Tree Crossing,*** un des lieux de camping rudimentaires du coin. Les locaux pensent qu'une voiture normale peut emprunter la piste menant à la lagune, mais il y a quand même quelques passages sablonneux. Garer plutôt le véhicule et continuer à pied. Arrivée à la lagune. En été, normalement à sec et il n'y a pas de marée à craindre. En face, la haute dune de la ***Younghusband Peninsula,*** parfois recouverte d'une épaisse végétation. Repérer en face, à droite, la petite langue de sable qui parvient à la lagune, ça sera votre seule chance de grimper sur la dune. En effet, la végétation à la base sur des kilomètres se révèle d'une densité incroyable et quasi infranchissable. Sol de la lagune assez ferme, quelques passages avec flaques d'eau.
Du haut de la dune, vue remarquable sur l'***Ocean Beach.*** Sur des dizaines de kilomètres, pas âme qui vive...

### DES LACS ULTRASALÉS

*Ils doivent leur couleur à une algue microscopique. De façon à résister à la forte concentration en sel, cette algue sécrète un pigment rouge. Plus l'évaporation est importante, plus la concentration en sel augmente. À leur tour, les algues augmentent leur sécrétion de pigment. Si le ciel est lumineux, le lac prend alors une teinte rouge violacée étonnante...*

# ADELAIDE

env 1 300 000 hab.

• Plan *p. 185*

**Adelaide est une ville très agréable, verte et aérée. Dès sa conception, on intégra de grands espaces verts, parcs et jardins, rues et places très larges. C'est concrètement la réalisation du vieux rêve d'Alphonse Allais : une ville à la campagne... Bien entendu, en grande partie horizontale, donc très étendue, mais les points d'intérêt sont assez centraux. La ville est coupée en 2 par la *Torrens River* et ses jardins, véritable poumon vert pour les citoyens.**
**Sur le plan architectural, on y découvre nombre d'édifices anciens et historiques. Des rues entières présentent une belle homogénéité. Même si des immeubles contemporains s'insèrent entre des immeubles anciens, ils sont**

**rarement plus hauts et cela crée une diversité de styles réjouissante. Son centre-ville, dessiné en damier, permet une circulation automobile cohérente et pratique (en revanche, parking difficile).**
**Jusqu'aux années 1960, Adelaide, pétrie de religion, apparaît un peu confite, puritaine et trop calme. Cependant, à partir des années 1960-1970, elle s'ouvre aux arts, à la culture, à la gastronomie, tout en se préservant des excès reprochés à la côte est. Et c'est cet équilibre entre art de vivre maîtrisé et traditions qui fait une partie du charme de la ville. Rues moins fiévreuses et folles qu'à Melbourne et Sydney, mais une qualité et un mode de vie plus reposants, plus faciles... À l'image des musées gratuits et de ce *Rundle Mall,* la longue artère commerçante de la ville, tout à la fois animée et bon enfant. L'importance accordée aux arts aborigènes dans les galeries et les musées ne démontre-t-elle pas également une reconnaissance (certes tardive) des talents des peuples premiers et une volonté de réparation pour les violences de la colonisation ? Résumons tout ça en un seul mot : Adelaide, une ville authentique !**

## Arriver – Quitter

### En train

***Great Southern Rail*** assure les liaisons avec 3 lignes vers l'est, le nord et l'ouest du pays. *Infos et résas : ☎ (08) 8213-4401 ou 1-800-703-357 (n° gratuit). • journeybyondrail.com.au •*

➢ ***Melbourne*** *(Overland)* **:** départ d'Adelaide tte l'année jeu et dim 6h55, arrivée 18h50 ; départ de Melbourne lun et ven 8h05, arrivée 18h. Prix réduit pour les détenteurs d'une carte internationale d'étudiant ou *YHA*.

➢ ***Alice Springs*** *(Ghan)* **:** départ d'Adelaide tte l'année dim 12h15, arrivée lun 13h45 ; départ d'Alice Springs jeu 12h45, arrivée le lendemain 12h55.

➢ ***Perth*** *(Indian Pacific)* **:** départ d'Adelaide tte l'année jeu 9h40, arrivée sam 15h ; départ de Perth dim 9h, arrivée mar 7h20.

### En avion

✈ ***Aéroport*** *(hors plan par A2)* **:** *1 James Schofield Dr ; à seulement 6,5 km du centre (env 15 mn). ☎ (08) 8308-9211. • adelaideairport.com.au •* Vols domestiques et internationaux avec *Qantas (Emirates), Singapore Airlines, Air New Zealand, Jetstar* et *Virgin Australia*.

➢ Vols pour ***Brisbane, Darwin, Melbourne, Sydney*** (1h50), ***Perth*** et ***Kangaroo Island.***

***Rejoindre le centre-ville***

– ***Bus :*** avec *Adelaide Metro,* prendre le bus J1X (ttes les 30 mn lun-ven) ; w-e, bus J3 ou J1 (ttes les heures, dès 7h) jusqu'à *North Terrace*.
– ***Taxi :*** compter 30 $.

## Adresses et infos utiles

***Visitor Information Centre*** *(zoom B2)* **:** *25 Pirie St. ☎ 1-300-588-140 (n° gratuit). • experienceadelaide.com.au • Lun-ven 9h-17h. Annexe au* Rundle Mall *(zoom B1) ouv le w-e 10h-17h.* Excellente documentation et infos sur la ville.

***Royal Adelaide Hospital*** *(zoom B1)* **:** *Port Rd. ☎ (08) 7074-0000.* Service d'urgences.

***Midnight Pharmacy*** *(zoom B2,* ***1****)* **:** *angle Wakefield St et Frome St. ☎ (08) 8232-4445. Tlj 9h-minuit.*

### Circuler en ville

– ***À pied :*** certes, du fait de l'étendue de la ville, on se fatiguera un peu plus. Mais c'est une ville facile, quadrillée dans le centre (on ne s'y perd pas) et avec quelques beaux espaces verts.
– ***Bus et tram :*** le *Free City Connector Bus* assure le transport gratuitement en cercle autour du centre-ville. Tram gratuit également entre South Terrace et North Terrace. Itinéraires et horaires à l'office de tourisme.

– ***Stationnement :*** autant le savoir, les autorités sont impitoyables sur le stationnement, payant partout en ville ! Reste les parkings, souvent assez chers...

■ ***Suburban Taxis :*** *☎ 131-008. ● suburbantaxis.com.au ●*

## Où dormir ?

### Backpackers (auberges de jeunesse)

***Adelaide Central YHA*** *(zoom A2,* ***14****) : 135 Waymouth St. ☎ (08) 8414-3010. ● yha.com.au ● Dortoirs (4-8 lits) à partir de 40 $/pers ; double avec sdb 110 $. Promos sur Internet.* C'est l'AJ officielle, fort bien tenue et au staff sympa. Dortoirs spacieux, excellente literie (draps fournis). Très grande et plaisante salle commune, avec billard et ping-pong (compétitions). Belle cuisine équipée. Pancakes offerts tous les matins. Activités le soir (genre pizza-musique). Accueil pro.

***Adelaide Travellers Inn*** *(zoom B2,* ***15****) : 220 Hutt St. ☎ (08) 8224-0753. ● adelaidebackpackers.com.au ● Lit en dortoirs à partir de 26 $/pers ; doubles sans ou avec sdb env 80-100 €. Parking privé gratuit.* Appartient au groupe *Nomads.* Quartier tranquille et plein de restos, pas loin du centre. Environ 80 lits répartis en dortoirs de bon confort. Cuisine équipée. Parties communes agréables et colorées. Long balcon convivial. Location de vélos et consigne à bagages gratuite.

### Prix moyens

***Majestic Minima Hotel*** *(plan B1,* ***16****) : 146 Melbourne St. ☎ (08) 8334-7766 ou 1-800-779-954 (n° gratuit). ● majestichotels.com.au ● Doubles avec sdb env 120-140 $. Parking payant.* Situé dans un quartier branché, au nord de la rivière Torrens, à 50 m d'un lieu de nuit plus que torride. Le concept de cet hôtel est totalement original. Comment proposer la qualité d'un 3-étoiles et de superbes chambres design à prix serrés ? Tout simple : réduire les frais au minimum ! Pas de réception, on s'enregistre par téléphone et on paie par carte. Chambres petites (14 m²), mais avec tout le confort souhaité et un décor soigné peu commun (fresques vraiment top !). Lit *king size,* clim, frigo, coffre électronique, fer à repasser, etc. Terrasse avec vue sublime. Au rez-de-chaussée, quelques chambres donnent sur un mur aveugle, mais elles restent plaisantes et colorées. Au fait, penser à réserver, la formule plaît beaucoup !

***Adabco Boutique Hotel*** *(zoom B2,* ***17****) : 223 Wakefield St (et Frome). ☎ (08) 8100-7500. ● adabcohotel.com.au ● Doubles à partir de 130 $ ; petit déj continental en sus.* Proche des transports publics. Élégant hôtel en pierre à bossage et fenêtres style gothique vénitien. Cadre intérieur mélangeant vintage et décor sophistiqué. Chambres dans un sobre style contemporain. Clim, TV, sèche-cheveux, minibar, frigo, coffre... Quelques chambres familiales. Belle cuisine commune à chaque étage pour ceux qui souhaitent se concocter de petits repas. Salon vraiment cosy et cour aménagée agréable. Dans cette catégorie, un de nos meilleurs rapports qualité-prix.

**Adresses utiles**

- Visitor Information Centre (zoom B2)
- 1 Midnight Pharmacy (zoom B2)

**Où dormir ?**

- 14 Adelaide Central YHA (zoom A2)
- 15 Adelaide Travellers Inn (zoom B2)
- 16 Majestic Minima Hotel (B1)
- 17 Adabco Boutique Hotel (zoom B2)
- 18 Majestic Roof Garden (zoom B2)

**Où manger ? Où boire un verre ? Où sortir ?**

- 30 Laksa House (zoom B2)
- 31 Casa Blabla (zoom A2)
- 32 The Lion Hotel (B1)
- 33 Stag Hotel (zoom B2)

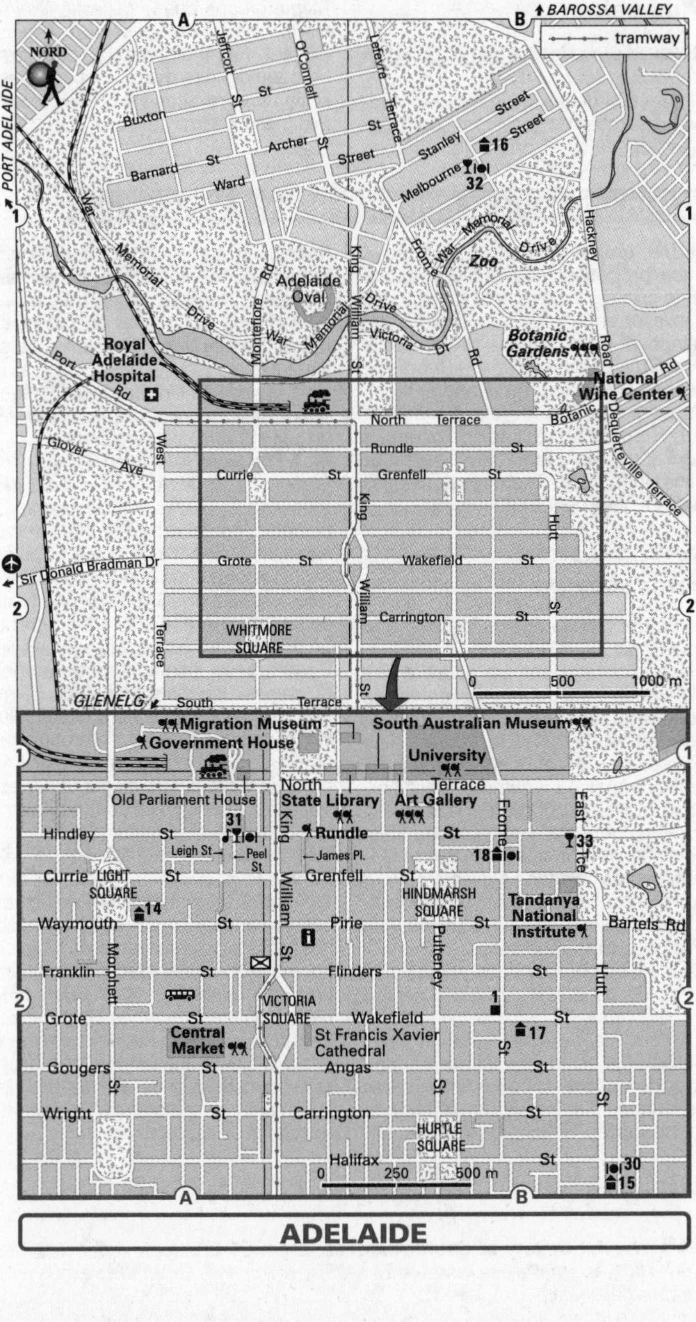


# ADELAIDE

SOUTH AUSTRALIA

## Plus chic

🏠 |●| ***Majestic Roof Garden*** *(zoom B2, **18**) : 55 Frome St. ☎ (08) 8100-4400 ou 1800-008-499 (n° gratuit). ● roofgardenhotel.com.au ● Doubles 220-300 $. Promos sur Internet.* Même groupe que le *Majestic Minima Hotel,* mais plus classique. Proche de tout. Pas moins de 120 chambres contemporaines hyperfonctionnelles : lit *king size,* minibar, TV, clim, etc. Salle de fitness. Resto.

## Où manger ? Où boire un verre ? Où sortir ?

La très grande majorité des cafés et pubs proposent souvent une excellente cuisine. 2 allées *(lanes)* piétonnes à investir et où vous trouverez nécessairement votre bonheur : ***Leight St*** et ***Peel St.*** Arpenter également ***Rundle St*** (le prolongement du Rundle Mall). Super animation le soir. De même, sur ***Hindley St,*** à l'autre extrémité du Rundle Mall. Enfin, ***Melbourne St*** dans North Adelaide propose quelques authentiques pépites nocturnes.



### De bon marché à prix moyens

|●| ***Laksa House*** *(zoom B2, **30**) : 214 Hutt St. ☎ (08) 8223-4302. Tlj 17h-21h. Plats 17-29 $.* Dans un cadre d'une blancheur immaculée, la clientèle de quartier et les gourmets *on the budget* viennent se délecter de *laksa,* une épaisse soupe malaisienne de viande, fruits de mer ou légumes. C'est parfumé et ça nourrit bien. Plats faits à la demande à partir de produits frais. Poulet *sambal* ou aux échalotes et gingembre très demandé également. Pour quelques dollars de plus, excellent *chef special* (poisson, calamar ou crevettes). Quelques plats végétariens.

|●| 🍸 ♪ ***Casa Blabla*** *(zoom A2, **31**) : 12 Leigh St. ☎ (08) 8231-3939. ● casablabla.com ● Tlj sauf lun-mer 17h (16h ven-sam)-3h30.* Beau et chaleureux décor un poil baroque, dans une pénombre rougeoyante, murs de brique, plantes vertes et lampes sophistiquées. Spécialités de cocktails, rhums, tapas et pizzas. Pour avoir une table le week-end, résa conseillée. Animation musicale assez éclectique : du flamenco aux danses orientales, en passant par le *limbo*. Possibilité de se restaurer.

|●| 🍸 En face, le ***Udaberri,*** bar basque plus classique, plus calme... Clientèle un poil *trendy.* Bons *pintxos.*

|●| 🍸 ***The Lion Hotel*** *(plan B1, **32**) : 161 Melbourne St (et Jerningham). ☎ (08) 8367-0222. Tlj de 7h30 jusque tard.* Heureux hôtes du *Majestic Minima Hotel,* ils n'auront que la rue à traverser ! D'abord, c'est une belle architecture coloniale de 1871 (ancienne brasserie), ensuite elle abrite aujourd'hui un des lieux les plus animés de la ville. Dehors sous la magnifique véranda ouvragée, comme à l'intérieur. Clientèle 25-35 ans *trendy* sans excès. Plusieurs grandes salles aux atmosphères souvent différentes, on s'y perdrait presque. Possibilité bien sûr de se restaurer à partir de 8h en continu (cuisine très correcte). Une valeur sûre !

🍸 ***Stag Hotel*** *(zoom B2, **33**) : 299 Rundle St. ☎ (08) 8311-0392. Tlj sauf lun 12h-2h.* Le plus élégant bâtiment vintage du coin : véranda et balcon en fonte travaillée, petite tourelle sur le toit. À l'intérieur, ancienne cheminée, glaces biseautées, profonds fauteuils... Petit salon avec belles peintures modernes. Bar lumineux avec ces insolites tuyaux de cuivre rouge livrant la bière. Le week-end, beaucoup, beaucoup de monde et très bruyant (mais personne ne semble s'en plaindre). Possibilité de se restaurer.

## À voir

★★★ ***The Art Gallery of South Australia*** *(zoom B1-2) : North Terrace. ☎ (08) 8207-7000. ● artgallery.sa.gov.au ● Tlj sauf Noël 10h-17h. GRATUIT ; expos temporaires payantes.*

Construit en 1900 en forme de temple grec. 2e musée d'art du pays. D'abord, on aime beaucoup l'intérieur du bâtiment, ces hautes salles de style un poil classico-baroque, avec verrières et beau parquet. Mais surtout, ce qui frappe, c'est la très originale muséographie, ce parti pris de faire coexister des œuvres d'époque très différentes, mais sur une même thématique... Ainsi un primitif religieux peut-il côtoyer un « pompier » du XIXe s sur le thème de la pauvreté. Le *Collecteur d'impôts* de Pieter Brueghel le Jeune flirte avec une œuvre très moderne de Rainer Fetting, éclectisme réjouissant ! Superbe *Study for Figure IV* de Francis Bacon...
À l'entresol, toute une série de Georges Rouault et une œuvre de Kulpidja, grand artiste aborigène des Territoires du Nord. Intéressant *I am at the door* de Imants Tillers, artiste de Sydney, à la peinture particulièrement originale ! Puis la muséographie change... Au lieu de confronter 2 artistes, parti pris de créer des salles complètement thématiques : le voyage, la séduction... Plus surprenant, parfois des œuvres digitales s'intercalent.
– *Galerie n° 17 :* œuvres contemporaines aborigènes.

**South Australian Museum** *(zoom B1-2) : North Terrace. ☎ (08) 8207-7500. • samuseum.sa.gov.au • Tlj 10h-17h. GRATUIT (certaines expos payantes).*
Importante section sur les ***cultures aborigènes*** : masques, pirogues creusées dans l'écorce des *redgum trees* (une variété d'eucalyptus), casse-tête et boomerangs, mortiers, outils en pierre. Étonnante variété des formes de pointes de harpons et de lances. Vannerie, pharmacopée, techniques du feu et de la pêche...
Les enfants apprécieront certainement la vaste section consacrée aux ***animaux du monde,*** naturalisés (et parfois en piteux état...), en particulier l'impressionnant squelette de baleine (16 m de long).
On découvre aussi l'imposante ***météorite Murnpeowie.*** Vos enfants vont pouvoir ainsi toucher la plus ancienne chose de leur vie : cette masse de fer et de nickel de 2,5 t est vieille de... 4 500 millions d'années (presque aussi âgée que le système solaire !).

*Rez-de-chaussée*
Sur la mezzanine, galerie des ***cultures du Pacifique*** : ouverte en 1895, elle est toujours dans son jus, témoignage de la muséographie du XIXe s. Collection de masques, totems, armes, vanneries, objets domestiques. Collection de lances des îles Salomon.
Au même niveau, une autre section consacrée aux cultures aborigènes. Ici, c'est la production artistique, avec une exceptionnelle collection de boucliers peints. Souvent une vraie carte d'identité, orné de symboles, signes totémiques de leur clan ou tribu (et toujours liés aux rêves et aux ancêtres).

**TOUR DE BABEL**

*Sait-on seulement qu'en Nouvelle-Guinée et sur quelques îles alentour les habitants parlent approximativement... 1 000 langues et idiomes ? Ce qui correspond à 25 % des langages parlés dans le monde !*

Au 2e niveau, ***galerie de la biodiversité*** : présentation de l'incroyable diversité de la vie sauvage de l'État dans ses 4 composantes environnementales, climatiques et géographiques : zones aride, tempérée, côtière et marine. Pour cette dernière, on évalue à 80 % la vie marine des eaux de l'État qui n'existe dans aucune autre partie du monde ! Nombreux poissons naturalisés et très intéressante galerie d'ornithologie.
Le 3e niveau est consacré aux ***pierres et fossiles*** : riche galerie de minéralogie. Chercher la fascinante gypsum d'une mine du pays, la crocoïte de Tasmanie, les fins dessins de la malachite, les sulfures et les jolies lazurites... Au fond, galeries de fossiles dont un plésiosaure (grand vertébré aquatique) et la plus grosse ammonite d'Australie.

**University** *(zoom B1-2) : derrière le South Australian Museum, entre Kintore Ave et Frome Rd. ☎ (08) 8313-5925 ou 5286.* Fondée en 1874 et acceptant dès

SOUTH AUSTRALIA

le début les femmes, situation exceptionnelle dans le monde, reléguant les pays occidentaux de l'époque au stade du Moyen Âge pour les droits des femmes… Elle produisit 3 Prix Nobel. 1re femme chirurgien diplômée en 1891 ! Balade sympa sur le campus pour se rendre au ***Elder Hall*** abritant un conservatoire de musique à l'élégante architecture néogothico-romane.
♩ Concerts populaires (jazz et classique) au cours de l'année. *Infos : • https://able.adelaide.edu.au/music/engage/concert-series •*

**Migration Museum** (zoom B1) **:** *82 Kintore Ave. ☎ (08) 8207-7580. • migration.history.sa.gov.au • Tlj 10h-17h. GRATUIT ; expos temporaires payantes.*
Situé derrière la *State Library,* installé dans des bâtiments coloniaux en pierre bleue traditionnelle. Il a symboliquement pris la place du *Adelaide's Destitute Asylum* qui accueillit, de 1852 à 1918, tous les pauvres, SDF et laissés-pour-compte de la colonisation… Toute l'histoire de l'immigration à travers une muséographie interactive. Vous saurez tout sur les 1res étapes de la colonisation, les difficultés et surtout l'impact sur la vie des Aborigènes. Puis le problème des réfugiés et les débats suscités dans le pays récemment. Passionnant « Forum » où les différentes communautés présentent l'histoire de leur propre intégration dans le pays. Nombreux documents et témoignages, papiers d'identité, photos, objets familiers…

**State Library** (zoom B1-2) **:** *North Terrace, à côté du South Australian Museum. ☎ (08) 8207-7250. • slsa.sa.gov.au • En principe tlj 8h (12h w-e)-17h (19h lun-mar).*
Bibliothèque construite dans un style Renaissance française de 1866 à 1884. Voir l'extraordinaire *Mortlock Wing,* un des plus beaux exemples de l'architecture victorienne tardive (elle peut parfois être réservée pour un événement privé). Immense salle à doubles galeries, avec verrière zénithale, un charme incroyable.
Expos diverses. Voir *The Treasures Wall,* présentation des trésors de la bibliothèque (et qui tournent) : incunables, manuscrits, photos vintage, archives…

**Government House** (zoom B1) **:** *entre King William Rd et Kintore Ave. Ouv au public certains dim et j. fériés 10h-16h. GRATUIT.* C'est l'édifice public le plus ancien de la ville (1855). Tous les gouverneurs de l'État y vécurent, sauf le 1er. Elle abrita la 1re piscine de la colonie.

**Tandanya National Aboriginal Cultural Institute** (zoom B2) **:** *253 Grenfell St. ☎ (08) 8224-3200. • tandanya.com.au • Tlj sauf dim 10h-17h (14h30 sam). GRATUIT.*
C'est le centre culturel aborigène le plus ancien du pays. Installé dans une ancienne usine à la façade de brique rouge et pierre blanche. Grands volumes intérieurs qui abritent des expos temporaires thématiques de qualité. L'occasion de découvrir les plus grands artistes contemporains aborigènes.
Pour vos souvenirs et cadeaux, ne pas manquer la boutique. Grand choix et prix attractifs pour les tableaux (avec certificat d'authenticité). En outre, l'institut programme régulièrement des événements culturels, notamment le *Survival Day* en janvier et le *Spirit Festival* en mars.

***Rundle St*** *(zoom B2)* **:** c'est la grande rue commerciale d'Adelaide. Dès 1837, John Rundle, membre de la Chambre des communes et patron de la puissante *South Australia Company,* donna son nom à la rue. En 1895, ce fut la 1re voie à bénéficier de l'éclairage électrique. La zone piétonne fut créée à partir de 1972.
Indépendamment de son côté commercial, c'est avant tout un conservatoire de l'architecture du XIXe s. Certaines portions de la rue peuvent aligner 4 ou 5 édifices de caractère cohabitant avec des immeubles plus contemporains. Plusieurs grands cafés aux balcons ouvragés et à véranda sont restés dans leur jus et donnent du caractère à leur portion de rue.

**Adelaide Central Market** (zoom A2) **:** *Grote St. ☎ (08) 8203-7494. • adelaidecentralmarket.com.au • Mar 7h-17h30, mer-jeu 9h-17h30, ven-sam 7h-21h (15h sam). Fermé dim-lun et j. fériés. Tours guidés pour les gourmets (à partir de 85-95 $/pers) : • topfoodandwinetours.com.au •*

Construit en 1869, mais la façade date de 1900. Depuis, il nourrit la population sans relâche et plutôt bien. Plus de 80 commerçants sous le même toit, ça en fait l'un des plus grands marchés d'alimentation de l'hémisphère Sud. Près de 9 millions de visiteurs par an ! La très grande majorité des commerçants ne propose que des fruits et légumes régionaux de saison.
Noter les célébrations du mois : juillet, le citron ; août, les truffes ; septembre, les fruits de mer ; octobre, le café ; novembre, les piments... En période de Noël, fête de tous les sens et horaires d'ouverture étendus.

**Botanic Gardens** (plan B1) : *Botanic Rd. ☎ (08) 8222-9311. • environment.sa.gov.au/botanicgardens • Autres entrées sur Hackney Rd et Plane Tree Dr. Tlj 7h15 (9h w-e et j. fériés)-17h, 17h30, 18h30, 19h ou 21h selon saison. Accès libre. Visite guidée gratuite jeu à 10h30 (sauf si la température excède 36 °C) ; départ du parking entrée Lampert Rd. Audioguide disponible.* Immense parc de 51 ha, ouvert en 1857. Outre ses romantiques allées, ses étangs, ses fontaines et ses nombreuses statues, on découvre la *Palm House* de style victorien et sa sublime verrière, importée d'Allemagne en 1875. Puis le *Rose Garden,* la balade la plus entêtante du parc. Le *Bicentennial Conservatory* fut construit à l'occasion du bicentenaire de la découverte de l'Australie pour conserver les espèces tropicales en danger du sud Pacifique et de l'océan Indien. Quelques bâtiments historiques comme le *Santos Museum of Economy Botany* de 1879 et *The Goodman Building* de 1909 qui abrite aujourd'hui l'administration du jardin. Et partout de grandes pelouses pour faire une pause dans un cadre superbe.

**National Wine Centre** (plan B1) : *au sud-est du jardin (Hackney Rd et Botanic Rd). ☎ (08) 8313-3355. • nationalwinecentre.com.au • Tlj 8h (9h w-e)-17h (21h ven et 18h sam), dim 9h-19h.* Présentation des 120 meilleurs vins australiens, apprentissage du *wine testing,* dégustation et visite guidée. Possibilité de se restaurer également. Agréable terrasse, accueil pro et affable.

SOUTH AUSTRALIA

## DANS LES ENVIRONS D'ADELAIDE

### GLENELG (3 500 hab.)

*À 10 km au sud-ouest d'Adelaide. Ⓣ Victoria Sq (trajet : 20-25 mn).*
**La plage la plus populaire.** C'est ici, en 1836, que débarquèrent les 1ers colons avec le 1er gouverneur qui fit une déclaration officialisant l'établissement de la colonie. Un vénérable eucalyptus, planté à cette occasion, est toujours là sur MacFerlane St.
Le coin était habité par des Aborigènes du groupe Kaurna. Pas de problème pour les déloger militairement, une épidémie de variole importée s'en chargea.
Plusieurs kilomètres de sable blanc bordés de pins araucarias et peu de surfeurs (vagues trop petites, ils vont beaucoup plus au sud, sur *Middleton Beach*). En revanche, quelques *windsurfers.* Animée Jetty Rd où se concentrent cafés et restos. Le cœur de la ville est Moseley Sq, avec sa vieille poste de 1912 et l'hôtel de ville flanqué de sa tour-horloge de 1875 (même architecte que la grande poste et la mairie d'Adelaide). Un vieux tram de 1929 continue de circuler les week-ends et lors des vacances scolaires. Cependant, aujourd'hui, Glenelg perd peu à peu son côté pépère et familial. Résidences et condominiums poussent comme des champignons, avec un développement de la marina...
Ne pas manquer de visiter le **Bay Discovery Centre** *(☎ (08) 8179-9599 ; tlj 10h-16h ; GRATUIT, mais donation bienvenue),* musée d'histoire locale installé dans le Town Hall sur Moseley Sq. Très intéressante présentation de l'histoire culturelle et sociale de la ville à travers photos, témoignages, images d'archives et techniques audiovisuelles contemporaines.

## PORT ADELAIDE (1 300 hab.)

*À une quinzaine de km au nord-ouest d'Adelaide.* À l'époque, site du port mal choisi. Ainsi, les débuts furent très rudes pour les immigrants (débarquement difficile, niveau de l'eau trop bas pour les gros bateaux, manque d'eau potable, moustiques...) au point qu'il acquit le surnom de *Port Misery.* Le port fut alors reconstruit plus loin dans une zone réunissant de bonnes conditions de débarquement et, vers 1870, il fonctionnait à plein rendement. La ville a su conserver son caractère ancien, le charme de ses rues fleurant bon le XIXe s, les vénérables balcons de fonte, les vieux entrepôts coloniaux des docks et, surtout de nombreux pubs où subsiste encore l'esprit marin. En outre, avec 3 passionnants musées, c'est une destination également séduisante pour les enfants (prévoir du temps).

➢ Train depuis *Adelaide Train Station* ou bus nos 150, 151 et 265 depuis le centre-ville.

**Visitor Information Centre :** *66 Commercial Rd. ☎ (08) 8405-6560. • visitportadelaideandcoast.com.au • Mer-dim et j. fériés 10h-17h. Fermé lun-mar.* Visites guidées du centre historique (y compris les pubs !). À ce propos, récupérer la très houblonnée brochure « *The Port Heritage Pub Trail* »... hic !



## À voir

**South Australian Maritime Museum :** *126 Lipson St. ☎ (08) 8207-6255. • samaritimemuseum.com.au • Tlj 10h-17h. Entrée : 15 $ ; réduc.* Fondé en 1872, probablement le plus ancien du pays de ce type. 3 étages d'expo dans un ancien entrepôt dont on a gardé les énormes solives et colonnes bien usées et patinées, ce qui donne charme et atmosphère à la visite. Vastes salles, nombreuses vitrines présentant instruments et livres de bord, maquettes de bateaux, souvenirs des naufrages les plus dramatiques. Grimper également à bord d'un navire traditionnel et aller méditer sur les conditions de voyage dans les cabines de 3e classe au XIXe s... Une pièce unique, l'ancre de l'*Investigator,* le bateau de l'explorateur Matthew Flinders, et l'une des plus belles collections de figures de proue au monde. Plus une section consacrée aux dauphins et aux écosystèmes marins. Très intéressantes expos temporaires.

**National Railway Museum :** *76 Lipson St. ☎ (08) 8341-1690. • natrailmuseum.org.au • Tlj 10h-16h30 (dernière entrée à 16h). Entrée : 17 $ ; réduc.* Une vingtaine de locomotives à découvrir (dont d'énormes à vapeur) et visite des wagons (dont certains luxueux). Bien sûr, également, toute l'histoire du chemin de fer et sa place dans le développement économique de l'État. Intéressante section sur la vie difficile des femmes accompagnant leur mari sur les chantiers de construction du chemin de fer du temps de la colonisation et, en revanche, aussi le côté émancipateur lorsqu'elles remplacèrent les hommes pendant la Seconde Guerre mondiale. Tout sur le système délicat des aiguillages et l'histoire insolite du *Tea and Sugar Train.* Pittoresque collection de trains miniatures et même un circuit qui fonctionne.

En été, possibilité d'une sympathique promenade de 4 km en train à vapeur, avec le **Semaphore and Fort Glanville Tourist Railway.** *Départ depuis la Semaphore Jetty. Oct-avr, seulement dim et j. fériés ; pdt vac scol, tlj départs 11h-16h. Durée : 30 mn A/R. Ticket : 10 $ ; réduc.*

**Aviation Museum :** *66 Lipson St. ☎ (08) 8240-1230. • saam.org.au • Tlj 10h30-16h30. Entrée : 10 $ ; réduc.* Y sont exposés le fameux Douglas C-47, héroïque Spitfire qui gagna la bataille d'Angleterre, et bien d'autres appareils mythiques. Plus des moteurs d'avion, des *propellers* (hélices), un simulateur de vol, une expo sur le travail des contrôleurs aériens... Visite spéciale de 2h englobant la visite du célèbre F-111.

– Pour les fans d'avions de chasse, autre ***musée*** au Parafield Airport, à 30 mn au nord d'Adelaide *(☎ (08) 8258-2277 ; • classicjets.com • ; tlj sauf mar 10h-15h ; ticket : 12 $, réduc).*

## *BAROSSA VALLEY*

À 1h de route à peine au nord d'Adelaide par la National Hwy A1, puis la M20, découvrez la merveilleuse Barossa Valley et ses vignes légendaires. Ici pousse le plus célèbre vignoble australien. Une véritable oasis, une Toscane ou une Drôme provençale avec palmiers, gommiers et eucalyptus ! Ce qui frappe le plus, ce sont ces alignements impeccables de pieds de vigne, sur une terre rouge-orangé, ces collines doucement ondoyantes, ces villages avec clochers... Nature totalement harmonieuse. En fait, vous êtes dans une vallée du Rhin, car nombre de vignobles ont été fondés par des immigrants allemands. Membres d'Églises protestantes minoritaires, ils furent nombreux à fuir les persécutions religieuses.
Le *Barossa Scenic Drive* est un itinéraire touristique d'une soixantaine de kilomètres balisé et qui permet de visiter l'essentiel. Bonnes infos et carte détaillée disponibles notamment au *Visitor Center* de Tanunda.
Quelques villages coups de cœur rythment la balade : ***Bethany, Angaston*** (fondé en 1841 par des Anglais, sympathique marché le samedi matin), ***Tanunda*** (le plus allemand de tous, plusieurs temples luthériens et charcuteries d'outre-Rhin !), ***Nuriootpa, Greenock, Seppeltsfield...*** À propos, pour faire votre choix, les meilleurs millésimes : 1998, 2002 et 2012.
Shiraz rouge (notre syrah des côtes-du-rhône) et riesling blanc sont, ici, les cépages vedettes. On compte environ 80 caves *(cellar doors)* ouvertes au public. Les plus importantes : *Rockford Wines, Penfolds, Jacob's Creek, Peter Lehmann, Grant Burge Wines, Seppeltsfield* et tant d'autres que vous découvrirez au détour d'une route.
Ne pas manquer la cave *Penfolds* fondée en 1844 par un Anglais. Elle produit le nectar le plus fameux et aussi le plus cher : un shiraz appelé *Grange*. Faites chauffer la carte de paiement, au moins 1 000 $ pour une très grande année ! Ici, initiation et dégustation se révèlent un grand moment et un souvenir impérissable...
Pittoresque cave de *Seppeltsfield* avec le mausolée de son fondateur. À la cave *Rockford Wines,* les apparences sont trompeuses ! À part la maison principale datant de 1850, tous les autres bâtiments ont été construits il y a une trentaine d'années. Cela dit, ce fut une bonne idée !
Un peu de temps, au retour, permet de musarder par la pittoresque ***Gorge Rd*** (n° 58). Elle sinue à travers une jolie forêt au-dessus de la *Torrens River.*



# KANGAROO ISLAND

• Carte *p. 192-193*

**Située à 110 km au sud-ouest d'Adelaide, c'est la 3e plus grande île australienne après la Tasmanie et l'île Melville. Assez isolée, d'approche difficile à l'époque, elle échappa à la colonisation de masse et préserva ainsi sa nature et sa faune. C'est ce que viennent chercher aujourd'hui les visiteurs : une nature sauvage (béton absent), des animaux en liberté et des paysages contrastés que l'on explore via un réseau routier en bonne partie en terre battue, mais carrossable (que l'on peut emprunter avec un *SUV*). Le tout saupoudré de belles étapes gastronomiques n'utilisant quasiment que les bons produits de l'île...**

## UN PEU DE GÉOGRAPHIE...

Avec une superficie de 4 405 km² (la moitié de la Corse !) et environ 4 300 habitants (0,97 hab./km²), c'est presque une île déserte. Elle mesure 155 km de long sur 55 km de large, et est en très grande partie couverte de bush et de forêts.
L'économie est basée sur le tourisme et l'agriculture : quelques céréales, des vignes, apiculture (miel délicieux et réputé dans tout le pays), élevage de moutons, pêche (notamment les *marrons,* petites écrevisses de rivière).
Les axes principaux sont goudronnés et les routes secondaires en terre battue ou en gravillons. Mais pas d'inquiétude, tout à fait carrossables, elles furent tracées uniquement pour joindre les phares et les champs des paysans. Ce qui explique que peu d'entre elles longent vraiment les côtes. Côté climat : les hivers, entre juin et septembre, sont doux et humides ; les étés en général chauds et secs. Pas d'excès, les températures restent en toutes saisons modérées : en été de 20 à 25 °C et en hiver de 12 à 16 °C en moyenne.

## ... ET DE ZOOLOGIE !

D'abord, les ***kangourous*** qu'on pense rencontrer sur le bord des routes agitant des drapeaux de bienvenue. Non, ceux qu'on trouve en 1er sur le bord des routes sont morts, écrasés à l'aube ou au crépuscule pour avoir eu la mauvaise idée de traverser et de s'arrêter au beau milieu à la vue des phares de voiture. Le kangourou d'ici, la vraie vedette de l'île, croit donc que ce sont des projecteurs... le naïf ! Donc, s'il vous plaît, à l'aube et à la tombée de la nuit, soyez très prudent ! Autre variété de kangourou sur l'île, le ***tammar wallaby,*** encore plus petit que le wallaby classique et proche de l'extinction sur le continent.

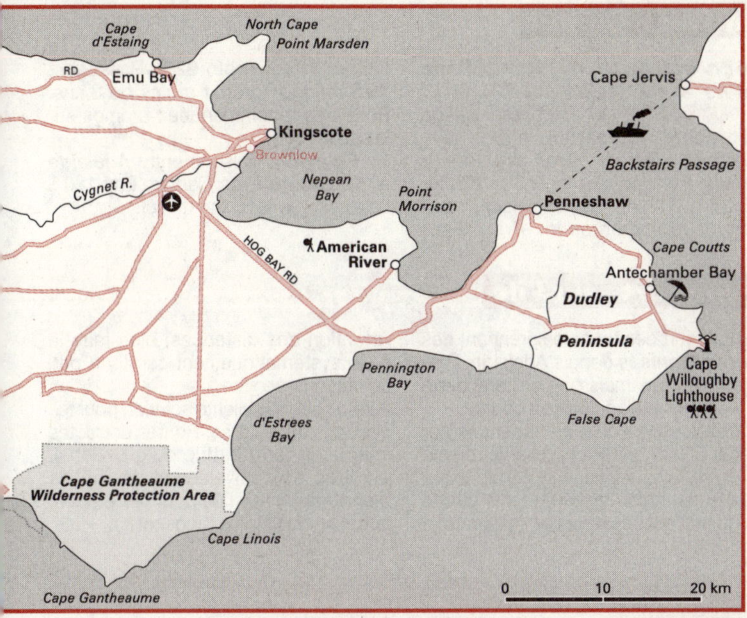


KANGAROO ISLAND



Grosse colonie de ***phoques à fourrure*** et d'***otaries*** que l'on peut observer et approcher dans le sud-ouest de l'île (accès payant). Au hasard des pistes et chemins, mais surtout dans le Flinders Chase National Park, on rencontre l'***echidna*** à nez court, un genre de petit porc-épic amateur de fourmis. En hiver, au moment des amours, les mâles forment un « *mating train* » (jusqu'à 8 sujets peuvent suivre une femelle). Les ***koalas*** sont aussi bien présents, trop même, puisqu'il n'y a pas plus assez d'arbres pour les nourrir. Depuis quelques années, les autorités ont d'ailleurs entrepris une politique de stérilisation et/ou d'exportation sur le continent pour en limiter le nombre sur l'île. Autre personnage étrange, le ***Rosenberg goanna,*** magnifique lézard pouvant presque atteindre 1 m (quasi un minivaran). Il se nourrit de petits reptiles, jeunes oiseaux et œufs. Son dessert : finir les restes des kangourous sur le bord des routes... Enfin, on trouve différentes variétés de ***possums,*** les rats de bush ou de marais, le serpent-tigre à tête noire et le *pygmy copperhead* (tous 2 venimeux), 6 grenouilles et ***chauves-souris endémiques*** et le ***cacatoès de Latham,*** dont c'est le dernier refuge... Quant au mythique ***ornithorynque,*** introduit en 1924 pour empêcher son extinction, on le découvre essentiellement par le sentier aménagé le long des trous d'eau près de la *Rocky River.*

## UN PEU D'HISTOIRE

Les Aborigènes vécurent longtemps sur l'île, mais il n'y en avait plus lorsque les 1ers navigateurs anglais arrivèrent en 1802. L'explorateur français Nicolas Baudin s'y intéressa également et vint avec son bateau *Le Géographe* faire des relevés pour ses cartes. Quelques noms français témoignent de son passage (cap du Couedic, baie d'Estrées...). Malgré l'état de guerre entre la France et l'Angleterre, la cohabitation entre l'explorateur Matthew Flinders et Baudin fut cordiale. À l'époque, une 1re tentative de colonisation échoua. Ce n'est qu'en 1836 que Kingscote fut fondée.

## Arriver - Quitter

➢ ***En bateau :*** ferry depuis ***Cape Jervis*** avec *Sealink (☎ 131-301 ; • sealink.com.au •)*. En basse saison (juin-août), 4 départs/j. à 9h, 12h, 15h et 18h (arriver 30 mn avt). Retour depuis ***Penneshaw*** à 7h30, 10h30, 16h30 et 19h30. En hte saison, rotations supplémentaires. Prix aller : voiture 165 $, moto 92 $. Passager : 55 $ ; réduc ; gratuit moins de 3 ans. Résa très recommandée ; promos sur le site internet.

➢ ***En avion :*** liaisons entre ***Adelaide*** et ***Kingscote*** avec *Qantas*. Env 180 $ l'aller simple et 35 mn de vol.

## Transports sur l'île

– La plupart des touristes prennent des ***tours organisés*** depuis Adelaide. Pratique bien sûr, mais on perd en liberté et la visite se fait au pas de course.

– ***Location de voitures :*** agences sur place. En haute saison, réserver bien à l'avance. Bien vérifier si la conduite sur les routes secondaires en terre battue ou de nuit est couverte par l'assurance. Attention aux distances, bien faire le plein systématiquement car il y a peu de stations-service.

– ***Vélo :*** une excellente solution pour les cyclistes dans l'âme. Routes correctes (même en terre battue ou gravillons), pas trop de dénivelées et des hôtels bien répartis sur l'île pour les étapes. Location de vélos à Kingscote.



# PENNESHAW

290 hab.

**Point d'arrivée du ferry. Nicolas Baudin jeta l'ancre dans la baie et un de ses marins grava une inscription sur un rocher pour marquer l'événement. Le coin abrite également une petite colonie de pingouins sur le déclin (les chiens y provoquent des dégâts énormes). Possibilité de visite guidée pour les observer (infos au *Visitor Information Centre*). Voir aussi le petit musée d'histoire locale.**

## Adresse utile

🛈 ***Visitor Information Centre :*** *Howard St. • tourkangarooisland.com.au • kangarooislandvisitorcentre.com.au • En haut de la côte, sur la gauche en venant du ferry. Tlj 9h (w-e et j. fériés 10h)-16h.* Excellente brochure générale. Réservation d'hôtels, attractions et ferry.

# DUDLEY PENINSULA

**Bonne intro à l'île, dans la lumière du matin. Pour rejoindre le Cape Willoughby, jolie route, 1/3 bitumée, 2/3 en terre battue, avec un peu de gravillons et quelques légers passages de tôle ondulée vers la fin. Cependant carrossable de bout en bout ; rouler doucement, c'est tout ! Paysages paisibles, collines veloutées, prairies descendant en pente douce vers la mer. Pour voir les 1ers kangourous vivants, s'arrêter le long d'une des futaies un peu épaisses qui longent la route. Ils sont souvent là derrière dans les**

**champs et prairies à dormir, brouter le gazon ou batifoler… Ne pas faire de bruit, ils sont assez craintifs la plupart du temps…**

– Au passage, ***Dudley Wines,*** un vignoble qui se visite *(☎ (08) 8553-1333 ; ● dudleywines.com.au ● ; jeu-lun 10h30-16h30 ; fermé mar-mer).* Dégustation en terrasse sur le *Clifftop,* devant un superbe paysage.

Arrivée au **Cape Willoughby.** Autour du phare majestueux, vertigineuses falaises, toutes les nuances de vert dans un environnement totalement serein, et quelques kangourous qui viennent le soir en voisins…

## Où dormir ? Où manger ?

***Sea Dragon Lodge :*** *peu avt le phare. 0401-727-234. ● sea dragonlodge.com.au ● Compter 500-1 200 $/nuit selon taille et saison, jusqu'à 4 pers ; en* B & B, *480-1 400 $. Tarifs dégressifs.* Dans un sublime environnement, luxueux lodges accrochés à la colline, face à la mer. Plusieurs formules, du *B & B* au lodge pour 8 personnes. Cadre design d'une grande finesse, grandes pièces de charme, confort absolu et terrasse de rêve… Possibilité de se restaurer (cuisine assez élaborée).

## À voir

***Cape Willoughby Lighthouse :*** *☎ (08) 8553-4466. Visite guidée (45 mn) tlj à 10h et 13h. Entrée : 17,50 $ ; réduc ; visite express (20 mn) tlj à 12h et 15h : 10,50 $.* Construit en 1852, 1er phare d'Australie du Sud. Il servait non seulement pour guider les bateaux, mais aussi, depuis 1881, de station météorologique. Les gardiens transmettaient manuellement les infos toutes les 3h (aujourd'hui tout est automatisé). Anecdotes sur la rude existence de gardien de phare absolument passionnantes. Petite salle avec quelques témoignages du passé : photos, objets et souvenirs divers.

***Antechamber Bay :*** *sur la route du phare.* L'une des plus belles plages de l'île. 3 km de sable doré bordé par le Lashmar Conservation Park.

# AMERICAN RIVER

**Adorable village s'étageant en partie sur une colline dans un sympathique environnement. Le lieu dut plaire à Matthew Flinders puisque c'est là qu'il choisit de débarquer en 1802. L'année suivante, une bande de chasseurs de phoques américains y résida plusieurs mois. Ils en profitèrent pour se construire un nouveau *schooner* de 35 t avec le bois alentour et ils le baptisèrent *Independence.* Du passage de ces éphémères touristes, la ville garda un bon souvenir et y gagna son nom (même si, en fait, il n'y a pas de *river* dans le coin et que « American Bay » eût été plus adéquat !). Le 1er pionnier permanent s'installa en 1842. Ce n'est qu'en 1967 que le village reçut l'électricité.**

**Une association de passionnés d'histoire et de bateaux s'est lancée dans une folle aventure : reconstruire l'*Independence* comme mémoire et patrimoine du village…**

## Où manger ?

***Oyster Farm :*** *Tangara Dr. ☎ (08) 8553-7122. Tlj 11h-15h.* Ostréiculteur qui a créé son propre restaurant ; fraîcheur assurée. Comptoir ou tables haut perchées. Le genre de caboulot qu'on adore : simple, accueil franc et petites recettes sophistiquées. En effet, les huîtres sont déclinées au wasabi, tabasco, soja, gingembre... ou simplement grillées. Intéressant *aquaplatter* pour 2 : 2 douzaines d'huîtres, *marrons* (petites écrevisses locales), filets de poisson, *coleslaw* et fromage de l'île ; *grilled marrons* au poids. Une adresse insolite.

# KINGSCOTE

2 050 hab.

• Plan *p. 197*

**La petite capitale de l'île fut fondée le 27 juillet 1836 par les 1ers arrivants, après 152 jours de voyage depuis l'Angleterre. Officiellement, ce fut la 1re implantation coloniale en Australie du Sud, et il fut même envisagé un moment qu'elle devienne capitale de l'État. Une idée vite abandonnée compte tenu du manque de ressources de l'île, et on se rabattit alors sur Adelaide. À l'époque, un mûrier *(Old Mulberry Tree)* fut planté à *Reeves Point*, le point de débarquement. Il y est toujours et produit encore des fruits. Petit musée racontant l'histoire de la ville dans le *Hope Cottage*, l'une des 1res maisons de la colonie (1859). Il y en eu 3 identiques à l'époque, construites par des chercheurs d'or qui avaient trouvé le bon filon et les avaient baptisées *Faith*, *Hope* et *Charity*.**
**Aujourd'hui, Kingscote concentre tous les services et la moitié de la population de l'île.**

SOUTH AUSTRALIA

## Où dormir ?

### *Backpacker* (auberge de jeunesse)

🏠 ***Kangaroo Island Central*** *(plan B2, **10**) : 19 Murray St. ☎ (08) 8553-2787. À 500 m du repas des pélicans. Dortoirs (4-8 lits) et 3 doubles env 30-45 $/pers.* AJ à la structure simple, mais confort correct. Cuisine équipée, machine à laver, draps fournis, consigne à bagages. Grand jardin agréable.

### De bon marché à prix moyens

⛺ 🏠 ***Kingscote Tourist Park*** *(hors plan par A2, **11**) : angle First et Third St, Browlow. ☎ (08) 8553-2394. • kingscotetouristpark.com.au • À 3 km au sud-ouest de la ville, à côté d'une plage, dans un grand parc arboré. Camping 31-45 $/empl. selon saison ; bungalows 65-160 $ selon taille et saison.* Grand choix de bungalows, du *Basic Fishermen's Cottage* (cuisine équipée, mais sanitaires communs et draps à apporter ou à louer) à ceux pouvant recevoir 6 ou 7 personnes et offrant tout le confort souhaité. Le tout simple, fonctionnel et propre. La providence des petits budgets.

🏠 ***Kangaroo Island Cabins*** *(hors plan par A2, **12**) : 136 Playford Hwy. ☎ (08) 8553-0149. 📱 0438-875-812. • kangarooislandcabins.com.au • Vers l'aéroport, peu après l'*Island Beehive*, sur la droite. Chalets 135-230 $ selon taille.* À 1 km de la route, au calme total. Ensemble de confortables chalets dans un immense parc arboré, en pleine nature. Parfois, les kangourous viennent brouter aux alentours. Excellent confort : 1 ou 2 chambres, cuisine équipée, grande cuisine, salle de bains, véranda...

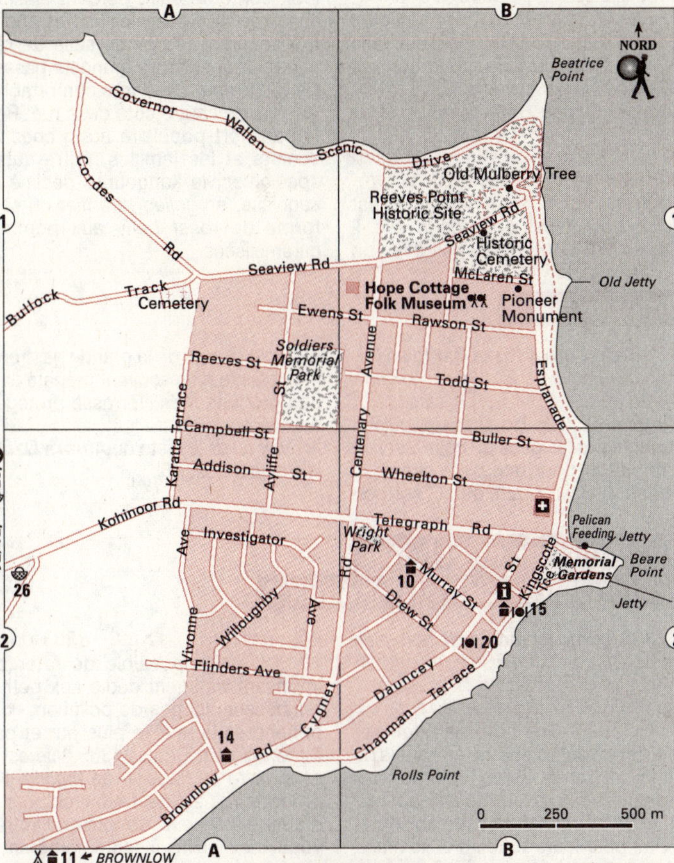


## KINGSCOTE

| | |
|---|---|
| **Où dormir ?** | **Où manger ?** |
| **10** Kangaroo Island Central (B2) | **15** Aurora Ozone Hotel (B2) |
| **11** Kingscote Tourist Park (hors plan par A2) | **20** Bella Cafe & Pizza Bar (B2) |
| **12** Kangaroo Island Cabins (hors plan par A2) | **Où déguster et acheter de bons produits artisanaux ?** |
| **14** Seaside Inn (A2) | **25** Kangaroo Island Spirit (hors plan par A2) |
| **15** Aurora Ozone Hotel (B2) | **26** Island Beehive (A2) |

Certains chalets avec la clim, d'autres un ventilo. BBQ et laverie pour tous, sans oublier un accueil sympathique. Un remarquable rapport qualité-prix.

### Plus chic

**Seaside Inn** (plan A2, **14**) : *7 Cygnet Rd.* ☎ *(08) 8553-2707.* ● *kangarooislandseasideinn.com.au* ● *Resto midi et* *soir (résa conseillée). Doubles env 130-220 $ selon confort et saison.* Élégant motel en brique, un peu surélevé, face à la mer. Chambres de grand confort. Les *executive* sont avec spa.

***Aurora Ozone Hotel*** *(plan B2,* ***15****) : 67 Chapman Terrace. ☎ (08) 8553-2011. 0402-313-730. • ozonehotelki.com.au • Double env 200 $. Intéressantes réduc sur Internet.* C'est le grand hôtel historique de la ville. Il brûla en 1918, fut reconstruit avec un look contemporain, perdant ainsi de son charme. Seules les vieilles photos qui décorent la grande salle de restaurant rappellent sa grandeur passée. Cela dit, chambres très confortables. Annexe de l'autre côté de la rue. Restaurant fort populaire aussi chez les seniors et les familles. Entre autres spécialités, le kangourou décliné en saucisse, en *grilled rare filet* ou sous forme de *roast belly* aux pommes caramélisées.

## Où manger ?

***Bella Cafe & Pizza Bar*** *(plan B2,* ***20****) : 54 Dauncey St. ☎ (08) 8553-3228. Tlj sauf dim-lun 12h (16h sam)-20h. Plats env 19-25 $.* Un snack populaire fréquenté par les gens du coin. Service au comptoir pour des plats simples : salades, burger, pizza, etc. C'est bon et copieux, pas de la grande gastronomie mais le plus souvent préparé avec des produits frais. Terrasse protégée. Accueil agréable.

Voir aussi le resto du ***Aurora Ozone Hotel*** *(plan B2,* ***15****).*

## Où déguster et acheter de bons produits artisanaux ?

***Kangaroo Island Spirit*** *(hors plan par A2,* ***25****) : Playford Hwy (et Cygnet River). ☎ (08) 8553-9211. À quelques km, bien indiqué de la route. Tlj 10h30-17h30.* Une adresse originale, car c'est la seule distillerie artisanale de tout l'État. Jon et Sarah Lark, de vrais passionnés des saveurs, n'utilisent que des ingrédients naturels (de saison et de l'île) pour leurs liqueurs et ils manifestent un savoir-faire hors pair pour les créer. Tester leur limoncello, l'anisette ou le *Pink Lily Strawberry,* un vrai bonheur (bon, d'accord, avec modération). Une seule devise : qualité avant quantité ! Séduisante boutique où l'on peut prendre un café ou déguster un *affogato* (une glace arrosée de liqueur !).

***Island Beehive*** *(plan A2,* ***26****) : 59 Playford Hwy. ☎ (08) 8553-0080. Tlj 9h-17h.* Impossible de rater cet imposant bâtiment dédié aux petites butineuses. Ici pas de pollution, vous obtiendrez le miel le plus pur et parfumé qui soit. Depuis 1885, l'île est le sanctuaire de l'abeille de Ligurie. Nul prédateur, pas de frelon chinois ni d'abeille tueuse... D'emblée, à l'entrée, vous êtes invité à tester différentes variétés de miel, puis à étudier toutes les utilisations du miel. On a bien aimé le *stringy bark,* au goût légèrement fumé. Original, du chouchen pétillant ! Sinon, boutique où l'on retrouve l'abeille partout (jouets, gadgets, même des chaussettes !). Rayon épicerie fine. Petite cafétéria.

# À voir

***Hope Cottage Folk Museum*** *(plan B1) : Centenary Ave (et Seaview Rd). ☎ (08) 8553-2656. • hopecottagemuseum.com • Fermé en août. Tlj 13h (10h janv)-16h. Entrée : 6 $ ; réduc.* Les collections évoquent bien ce que furent les 1res années des pionniers. Riche partie ethnographique : du mobilier ancien, des vêtements, des vestiges des naufrages alentour, quelques machines et outils agricoles, l'atelier du forgeron, la vieille loge maçonnique, la lanterne du 1er phare de Willoughby (1872, fabriquée à Birmingham), une machine à laver électrique de 1913 et même un vieux garage des années 1950... Les bénévoles qui gèrent le musée adorent donner des explications et raconter des anecdotes.

# LE RESTE DE L'ÎLE

## AU SUD

**Seal Bay Conservation Park :** *à env 45 mn de Kingscote. ☎ (08) 8553-4463. ● sealbay.sa.gov.au ● Tlj 9h-17h (dernier billet 1h avt). Accès au* boardwalk *(sentier en planches de 400 m de long), où l'on voit les animaux (mais de loin) : 17 $ ; réduc. Visite accompagnée ttes les 45 mn 9h-12h15, 13h15-16h (pdt vac scol, 12 visites supplémentaires) : 38 $ ; réduc. Là, pour le coup, on se retrouve très près...*
On découvre cette importante colonie de lions de mer et d'otaries, bien entendu, dans un environnement idéal. C'est la 3e d'Australie et la plus accessible, profitez-en ! Dans les meilleures conditions de visite (à savoir en visite accompagnée), on peut se retrouver à 10 m d'eux !
La colonie comprend environ 1 000 lions de mer. Ils furent quasiment décimés entre 1803 et 1836, chassés pour leur peau et huile – parmi les 1ers produits d'exportation.
Protégés depuis, les lions de mer trouvent désormais sur ces côtes rocheuses des abris pour leurs petits et des dunes pour se protéger du vent. Pour se nourrir, ils passent 3 jours en mer et sont capables de plonger de 900 à 1 200 fois, parfois à plus de 250 m (80 m pour les femelles) de profondeur. Les mâles qui dominent un groupe peuvent peser plus de 300 kg. Un lion de mer qui a réussi à échapper aux requins vivra jusqu'à 20 ans.

**Little Sahara :** *3733 South Coast Rd. ☎ (08) 8559-4296. ● kioutdooraction.com.au ● Tlj 9h-17h (plus tard en hte saison). Sandboard (surf des sables) 37 $/h et 47 $/j. Possibilité de faire du kayak sur la rivière Harriet : pour 4h, env 50 $ le kayak simple et 80 $ le kayak double.* Peu après Seal Bay, une autre curiosité, mais géologique cette fois : d'immenses et hautes dunes à perte de vue. Assez jeunes, elles n'ont que 7 000 ans et la plus haute s'élève à 70 m. On y accède d'abord par des chemins bordés d'une très riche végétation et de magnifiques fleurs sauvages. On est souvent accompagné par l'espiègle *blue wren* (le mérion superbe), avec sa tête aux plumes bleu foncé, turquoise et noires. Les amateurs de surf sur sable *(sandboarding)* peuvent louer une planche et s'en donner à cœur joie.

***Vivonne Bay :*** *à env 20 km de Seal Bay, sur la South Coast Rd.* Une des plus belles plages de l'île. Plage en demi-lune parfaite et eaux turquoise. Quelques surfeurs quand le vent est favorable.

## À L'OUEST

### Hanson Bay Wildlife Sanctuary

*South Coast Rd. À env 100 km de Kingscote.* Le *Visitor Centre* propose un intéressant ***Nocturnal Tour.*** Commence à la tombée de la nuit et dure environ 2h. Guides compétents qui savent repérer les animaux. Réservation bien sûr obligatoire. Autre balade, la ***Koala Avenue Walk*** *(ouv de 8h au coucher du soleil).* Le parc abrite une grosse colonie de koalas. Avec un peu de chance, peut-être croiserez-vous aussi un *goanna* (le varan local) ou un échidné...

***Visitor Centre & Café :*** *sur la route côtière (à 3,5 km à l'ouest de la route menant aux bungalows). ☎ (08) 8559-7344. ● hansonbay.com.au ●* C'est là qu'on réserve les balades et les bungalows.

*Hanson Bay Cabins :* résas auprès du Visitor Centre. Selon saison, compter 190-300 $ pour 2 ; 30-50 $/pers supplémentaire selon bungalow. Résa 3 nuits min de mi-déc à mi-janv, 2 nuits le reste de l'année. Bungalows situés à 4 km au sud de la route côtière, sur une presqu'île, au sommet d'une colline verdoyante, dans une nature totalement sauvage. Certaines chambres sont dotées de baies vitrées descendant jusqu'au sol, livrant ainsi un prodigieux panorama sur l'immense plage de sable blanc et les environs. Bon confort général. Nombreux oiseaux à découvrir lors d'une des plus populaires randonnées du coin : le *Hanson Bay Hike* (18 km aller-retour). Ici nidifie, entre autres, le *hootie* à œil et bec rouges.

## Flinders Chase National Park

South Coast Rd. À 110 km de Kingscote. Occupant toute la partie ouest, c'est le ***plus grand parc de l'île*** (328 km²). Pour celles et ceux qui possèdent du temps, beaux sentiers balisés menant à des coins magnifiques. En particulier, pour observer les ornithorynques, suivre le *Platypus Waterhole Walk* sur 3 km. Avoir beaucoup de patience, ils sont du genre timide. Mais les 2 grandes « vedettes » du parc s'atteignent en voiture. À 16 km du *Visitor Centre,* au cap du Couedic. C'est Baudin qui baptisa le cap du nom de cet officier breton de la marine royale. Probablement parce qu'il participa aux expéditions de l'explorateur Yves de Kerguelen, mais surtout pour son héroïque combat en 1779 contre une frégate anglaise pendant la guerre d'indépendance américaine. Il mourut de ses blessures et une rue du 14e arrondissement de Paris porte son nom.

***Visitor Centre :*** ☎ (08) 8553-4470. • parks.sa.gov.au • Tlj 9h-17h. Entrée : 11 $ ; 16 $ pour 2 j. ; réduc. Récupérer le plan du parc pour planifier les balades. C'est aussi ici que l'on réserve les emplacements de camping et les cottages.

***Kangaroo Island Wilderness Retreat :*** Lot 1, South Coast Rd. ☎ (08) 8559-7275. Selon saison, doubles 180-320 $. Plats env 30-40 $. Au milieu d'une belle nature, toutes les formules de logement : chambres traditionnelles, appartements, lodges... Restaurant de haut niveau. Spécialité de *seafood medley* et de *kangaroo loin* au vin rouge.

## À voir

***Remarkable Rocks :*** ce sont les iconiques rochers qui servent en grande partie d'image de marque à l'île. Un enchantement lorsque le soleil couchant vient frapper leurs flancs rongés par un lichen aux couleurs rouge-orange, les transformant en teintes d'incendie... Prodigieux chaos rocheux, usé, laminé, voire torturé par la mer en formes totalement apocalyptiques... Changeant à chaque pas, évoquant par un jeu d'ombres et de lumières, nombre de silhouettes étranges et d'interprétations...

***Admiral's Arch :*** par un escalier en bois, on parvient au niveau de la mer à une immense arche dentelée de stalactites. Là aussi, lorsque le site est baigné de lumière, c'est l'une des plus belles cartes postales du voyage. Une colonie d'otaries y a également élu domicile.

### AU NORD-OUEST

## Stokes Bay

La particularité de la plage de Stokes Bay, c'est d'être secrète ! On n'y parvient qu'en s'insinuant dans un chaos rocheux par un très étroit tunnel démarrant du parking. Si une pancarte n'en indiquait pas l'entrée, impossible de découvrir cette petite anfractuosité menant à l'une des plus chouettes plages de l'île, au fond d'une petite baie tranquille, avec des mares pour les enfants.

**The Rockpool Café :** *Stokes Bay. ☎ (08) 8559-2277. De sept à mi-mai, tlj 11h-17h (20h pdt vac scol). Repas 25-35 $.* Probablement la gargote la plus sympa de l'île, à l'entrée de la plage la plus insolite. Quasi les pieds dans l'eau, dans un superbe environnement bucolique. Terrasse protégée. Ici, on commande surtout le *Rockpool Café Seafood Cone,* délicieux assortiment de poisson local grillé, Saint-Jacques, calamar, crevettes, chips, salade du jardin et sauce tartare maison... Accueil jeune et sympa. Pendant les vacances, beaucoup de monde.

# LES NEW SOUTH WALES

• Carte *p. 203*

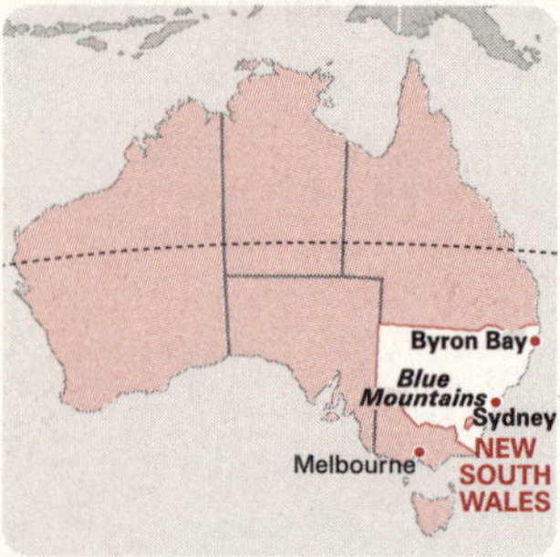


**Vastes comme une fois et demie la France, les New South Wales (Nouvelle-Galles du Sud) concentrent presque 1/3 de la population du pays (8,2 millions d'habitants). Avant l'arrivée des Anglais, on estime que les Aborigènes étaient entre 100 000 et 500 000 dans ce qui n'était encore qu'un vaste territoire sans limites (chiffres aussi imprécis que controversés).**
**Les NSW, comme on les désigne communément, restent avant tout, dans l'imaginaire européen, attachés à Sydney, étendard du pays. Même si Melbourne tente de lui faire un peu d'ombre, la capitale de l'État reste un pôle d'attraction majeur, au caractère cosmopolite et ouvert, offrant un judicieux équilibre entre urbanité et espaces naturels, tolérance et progressisme.**
**À ses portes, d'épaisses *rainforests* nappent les vallées des belles Blue Mountains, dont la résilience face aux grands incendies de 2019-2020 est assez stupéfiante malgré l'étendue des dégâts (2/3 du territoire ont été touchés). Plus au nord, changement de paysage, la Hunter Valley, entièrement dessinée par l'homme, est une halte viticole de renom.**
**En remontant la côte vers Brisbane, on découvre d'agréables stations balnéaires où les surfeurs les plus aguerris trouveront les vagues les plus fameuses du pays, ourlant des plages immenses. Si Newcastle offre un paysage industriel, Port Macquarie et Coffs Harbour sont de sympathiques villes balnéaires, populaires, jeunes et familiales. Au menu : activités sportives en pagaille, excursions dans l'arrière-pays et remarquables sentiers de randonnée le long de la côte sauvage. Si vous voulez vivre à fond l'*Australian way of life,* posez votre sac quelques jours à Byron Bay, un vrai coup de cœur !**

## SYDNEY ET SES ENVIRONS

### SYDNEY

5,4 millions d'hab.

• Pour la carte de la baie de Sydney et pour les plans du centre, de The Rocks (zoom 1) et de Kings Cross et Potts Point (zoom 2), se reporter au plan détachable en fin de guide. • Plan Surry Hills *p. 215* • Plan Newtown *p. 219* • Plan Bondi Beach *p. 257* • Plan Manly *p. 263*

**Un opéra comme figure de proue, une baie devenue mythique, un dynamisme à faire pâlir bien des capitales européennes, des habitants à l'incroyable**

# LES NEW SOUTH WALES

décontraction, des quartiers-villages à la forte identité... et une histoire sortie de la poche d'une poignée de bagnards. Qui aurait pu imaginer qu'un peu plus de 2 siècles après l'arrivée des 1ers navires pleins de *convicts,* qui n'avaient pas choisi de s'embarquer pour ces hostiles contrées, s'élèverait ici l'une des cités les plus cool, les plus modernes, les plus cosmopolites de la planète ?
Entre vieux relents d'Angleterre et esprit cool californien, les habitants de Sydney aiment travailler certes, mais ils adorent aussi prendre du bon temps entre amis. Après le boulot, on desserre la cravate, on quitte le costard pour un maillot de bain à fleurs et la mallette en cuir pour une planche de surf, et l'on partage une bière bien fraîche sur les quais

**de l'Opéra. Du plaisir, encore du plaisir, les habitants de Sydney sont des hédonistes, toujours en étroit lien avec leur environnement.**
**Quelle autre grande cité propose une telle harmonie entre urbanisme et nature, doublée d'une ouverture d'esprit aussi vaste que l'océan ? Plus qu'une capitale à visiter, Sydney offre avant tout un style de vie. Il suffit, un dimanche, de prendre un peu de hauteur et d'observer la baie constellée de milliers de petites voiles blanches qui dansent au soleil. Et quand on zoome, quartier par quartier, la ville distille des notes variées, des sonorités complémentaires, que l'on se plaît à découvrir et à additionner par petites touches. On bosse dans le CBD (Central Business District), on passe en revue le vieux quartier de The Rocks en quête d'une histoire encore toute fraîche, on jogge au Royal Botanical Garden, le samedi on chine sur le marché de Paddington, on teste un nouveau resto *vegan* dans le quartier tendance de Newtown, ou on va bronzer sur la remarquable plage de Bondi... Au fil des balades à pied ou à vélo (très prisé) apparaissent toute la complexité et la richesse de cette vaste cité qui, loin d'être monolithique, propose une étonnante palette d'ambiances, toujours liées entre elles par un style de vie funky, hissé au niveau d'un véritable art de vivre.**

### IT'S 5 PM, TIME TO HAVE FUN !

*Les Sydneysiders quittent rarement le boulot après... 17h. « Why ? » demande-t-on benoîtement. « ... Parce que si tu n'as pas fini ton job à cette heure-ci, c'est que tu n'es pas bon ! » Après le boulot, place au pub, à la plage, au surf, à la famille ou aux copains. Quitter tard le boulot ? Une atteinte au savoir-vivre australien !*



## UN PEU D'HISTOIRE

### Aux origines

Après avoir longtemps occulté l'histoire aborigène du pays, les références aux 1ers habitants de la région sont devenues monnaie courante – un peu mécaniques, certes, mais quasi systématiques. Une chose est sûre : les Aborigènes sont présents à Sydney quand les Anglais mouillent dans la baie en 1788.
Fouilles et gravures rupestres (notamment celles des grottes de Glenbrook dans la région des Blue Mountains) attestent d'une présence sur le territoire des NSW depuis au moins 20 000 ans. Dans la baie de Sydney vivent principalement les Gadigals, un des 29 clans de la nation Eora. Ils campent, pêchent et chassent à l'emplacement même de l'actuel CBD (Central Business District) ! Vers l'ouest, jusqu'aux Blue Mountains, vivent les Dharug, vers le sud les Dharawal. Le gouverneur Phillip estime la population aborigène de la région immédiate à environ 1 500 personnes. Difficile, cependant, d'accorder un grand crédit à ce chiffre dans le chaos qui suit l'arrivée des

### BARANGAROO

*Avant de désigner un quartier de Sydney (toujours en travaux) à l'ouest du port, Barangaroo était le patronyme de la (2de) femme de Bennelong, qui servit d'interprète à Arthur Phillip, le fondateur de la colonie. Combative et pugnace, elle s'élevait en permanence contre les lois anglaises qui rejetaient la culture aborigène et contraignaient son peuple à obéir à un système social auquel il n'appartient pas. Reconnaissance tardive d'une femme qui a su rester debout.*

colons, entre morts innombrables dues à la variole, assassinats et tentatives de se cacher des Anglais. Difficile aussi, à posteriori, de démêler l'écheveau des clans et de leurs liens ; les témoignages de l'époque tendent toutefois à prouver qu'ils parlent des langues et pratiquent des cérémonies d'initiation différentes.

## La folle aventure de la *First Fleet*

La région de Sydney peut se targuer d'être la toute 1re explorée par les Anglais. Mandaté par le roi George III, James Cook longe la côte est du nouveau continent dès 1770 à bord de l'*Endeavour* et jette l'ancre dans une baie profonde, rapidement baptisée *Botany Bay* (à 10 km au sud de l'actuel CBD). Une génération passe puis, le 18 janvier 1788, après 8 mois de mer, le 1er navire de la *First Fleet* (« 1re flotte »), placée sous le commandement du capitaine Arthur Phillip, atteint à son tour Botany Bay. Les 10 autres vaisseaux suivent de près avec, à leur bord, environ 800 *convicts* (bagnards) – la plupart condamnés pour de menus vols, larcins ou malversations (rarement des crimes de sang). Leur mission : fonder une colonie pénitentiaire. Juste au nord, la future Sydney Cove, plus profonde, bordée de terres fertiles, riche en eau et encore mieux protégée, offre un excellent site d'implantation. Le débarquement commence. 6 des 11 navires transportent les bagnards (3/4 d'hommes, 1/4 de femmes), 3 goélettes sont chargées de vivres et de matériaux, tandis que les 2 autres vaisseaux regroupent marins et militaires, certains avec leurs familles. Tous ont en main un aller simple pour le paradis. Ce sera l'enfer. Du moins jusqu'au tout début du XIXe s.

## L'installation de la 1re colonie pénitentiaire

Hasard ou coïncidence, quelques jours plus tard, les 2 vaisseaux du célèbre explorateur français La Pérouse, *L'Astrolabe* et *La Boussole,* font escale à Botany Bay. Anglais et Français se regardent poliment, mais en chiens de faïence (on ne compte plus les antécédents belliqueux entre les 2 pays !), mais personne n'est là pour se faire la guerre. Les Français passent sagement leur chemin.
L'implantation de la colonie n'est pas une sinécure. On parle même des « Années de famine » pour désigner la période initiale, durant laquelle maladies, malnutrition, déprime due à l'éloignement et surtout conflits avec les Aborigènes font des ravages. Les terres rendent mal, les techniques de culture sont approximatives, la sécheresse qui sévit n'arrange rien et, cerise sur le gâteau, les bagnards, que l'on fait trimer sans relâche, n'ont pas été sélectionnés en fonction de leurs compétences... Beaucoup sont malades ou en mauvaise santé. Le taux de mortalité est élevé et la colonie, renommée d'après le secrétaire d'État à l'Intérieur, Lord Sydney, végète.

## La tragédie des peuples premiers

Les Gadigals se demandent d'abord qui sont ces drôles d'hommes : des diables ou des opossums, ainsi agrippés aux mâts de leurs navires ? Les tout 1ers contacts sont néanmoins bons. Le capitaine Phillip a une dent de devant qui manque : les anciens pensent qu'il a été initié, comme eux, accentuant la confiance ! Quelques jours durant, marins anglais et Aborigènes dansent même ensemble. La trêve est toutefois de courte durée. La manière dont sont traités les bagnards sidère les Gadigals et le sens de la propriété britannique s'accommode mal du mode de vie aborigène – et vice versa.
Le pire fléau est invisible. La variole et, dans une moindre mesure, la grippe et la rougeole, font des ravages parmi la population locale, sans immunité contre ces maladies. Profitant de cet état de fait, les Anglais s'emploient, à partir de novembre 1789, à capturer les survivants. Parmi eux, le chef des Wangal, Bennelong, est traité avec certains égards : mis aux fers, mais habillé d'un costume de soie !

L'homme apprend l'anglais et se rapproche du capitaine Phillip. Enfin désentravé, il s'enfuit et, au printemps suivant, selon un rituel codifié, se venge en blessant Phillip d'un coup de lance – sans le tuer.
Les Anglais n'y vont pas avec le dos de la cuillère : vexations, punitions, confiscation des terres et donc des possibilités de cultures qui provoquent des famines, mauvais traitements, interdictions de pratiquer les rituels, pillages et meurtres. Malgré les bonnes intentions affichées du gouverneur Phillip de développer des relations « cordiales » avec les « indigènes », c'est de plus en plus la loi du plus fort qui s'applique. Après l'assassinat du garde-chasse McIntyre en décembre 1790, les relations virent pour de bon à l'aigre. Quelques exceptions notables sont à souligner, tel l'officier Watkin Tench qui noue notamment des liens d'amitié avec Bennelong. Mais les relations interculturelles restent particulièrement difficiles. En 3 ans, tandis que débarquent 2 autres flottes chargées en tout de près de 4 500 autres bagnards, les Gadigals sont pour ainsi dire exterminés. Du clan de 60 personnes qui habitait à la pointe de la baie à l'arrivée des Anglais, seuls 3 survivants demeurent en 1791. Le flambeau de la résistance est repris par le chef Pemulwuy, qui fédère Eora, Dharug et Dharawal dans une série d'attaques sur les exploitations des colons. Divers épisodes de guerre à petite échelle s'ensuivent, jusqu'après la mort en 1802 de Pemulwuy – dont la tête décapitée est envoyée en Angleterre dans une jarre...

### UN ABORIGÈNE EN ANGLETERRE

*En 1792, le capitaine Phillips, démissionnaire, rentre en Angleterre... avec 4 kangourous et en compagnie de 2 Aborigènes, dont Bennelong. Ils visitent la cathédrale St Paul, la tour de Londres, vont au théâtre et sont peut-être même reçus par le roi. Le capitaine Phillip et son épouse prennent soin d'eux. Si son compagnon meurt de maladie en Europe, Bennelong réussit à regagner l'Australie en 1795. Abandonnant son rôle d'ambassadeur, il se retire alors dans le bush et y meurt en 1813, à la tête d'un clan d'une centaine de personnes. Le personnage, longtemps controversé, est aujourd'hui reconnu avoir permis d'établir une période d'entente relative entre colons et Aborigènes – repoussant sans doute un peu leur fin.*



## Des *convicts* aux *settlers*

Les gouverneurs se succèdent mais le début du XIXe s reste marqué par le chaos. En 1804, les bagnards (beaucoup d'Irlandais) se révoltent puis, 4 ans plus tard, les troupes du New South Wales Corps, chargées de défendre la colonie, s'en prennent au gouverneur William Bligh (celui de la mutinerie du *Bounty* !), qui tente de mettre un terme à leur contrebande de rhum... ! Bligh est fait prisonnier et, 2 ans durant, la colonie est dirigée par un des conspirateurs.
En 1810, le gouverneur Macquarie vient enfin reprendre la colonie en main. C'est lui qui, en 11 ans, met véritablement la ville sur les rails de la modernité, faisant passer Sydney de l'état de gros village à celui de petite cité : il dessine de nouveaux quartiers, rase les zones insalubres, trace et pave les rues, ouvre banque, hôpitaux, églises, écoles, casernes... Hôtels, pubs, tavernes et bordels suivent, comme de bien entendu. Les quais sont redessinés et le Royal Botanic Garden s'organise en un site de cultures maraîchères et de recherches scientifiques. Après leur libération, les bagnards, contraints à la relégation pour une durée égale à la moitié de leur peine, contribuent à développer toutes sortes de commerces. Certains de ces *emancipists*, comme on les nomme, sont même appelés par Macquarie à des fonctions importantes – à l'exemple de l'architecte-bagnard Francis Greenway et du docteur-bagnard William Redfern, considéré comme le père de la médecine australienne ! Concomitamment, la bureaucratie se renforce et, pour les bagnards encore incarcérés, les conditions de vie se détériorent et le contrôle

s'accentue, avec la construction en 1819 des Hyde Park Barracks, où ils sont empilés à 70, puis 140 par dortoir (sans compter les rats).
Malgré l'insécurité qui perdure dans les rues (beaucoup d'anciens *convicts* retournent à leurs 1res amours...), la nouvelle de l'essor de Sydney parvient jusqu'à Londres et, à partir des années 1820, les 1ers *settlers* (colons) libres tentent l'aventure australienne, alors que le marasme économique plonge l'Angleterre dans la misère. Des milliers de nouveaux colons arrivent chaque année, certains avec famille à charge. Des femmes seules, aussi. Ainsi, bientôt, les bagnards de la 1re heure ne forment-ils plus la majorité de la population. Un équilibre hommes-femmes s'établit peu à peu, notamment grâce à l'arrivée, à partir de 1848, d'Irlandaises fuyant la famine (à chacune est offerte une *travel box* comprenant vêtements, bas et couvre-chefs). Les déportations de bagnards s'achèvent la même année. À ce moment, déjà, Sydney possède sa propre assemblée municipale.

## Ruée vers l'or et développement à toute vapeur

Avec l'arrivée de l'eau courante et du gaz, d'ingénieurs, des terres mieux cultivées, de meilleurs outils pour produire et, surtout, l'accroissement régulier de la population, le sentiment d'isolement s'estompe. Sydney n'est plus l'appendice d'une lointaine terre maternelle, mais un pays en soi. On ouvre de nouvelles routes vers les Blue Mountains, l'élevage de moutons et les cultures se développent sur de riches terres nouvellement découvertes... mais les Aborigènes ont de moins en moins leur place dans ce monde.
La découverte d'or en 1851 à 200 km à l'ouest de Sydney accélère notablement le mouvement. Les filons sont riches et le 1er *Mint* (Monnaie) hors d'Angleterre est inauguré 4 ans plus tard dans une aile de l'hôpital ! Le port voit débarquer des candidats-orpailleurs du monde entier, y compris de Chine. Malgré la concurrence de Melbourne, elle-même enrichie par sa propre ruée vers l'or, la population de Sydney est multipliée par 5 en 20 ans, atteignant 200 000 habitants. Nouvelle richesse aidant, les infrastructures se développent à vitesse grand V : réseau ferroviaire et de trams, grands hôtels, puis 1ers hauts buildings... En 1879, Sydney accueille son exposition internationale. À la fin du siècle, l'économie en surchauffe provoque crise financière, chômage et grèves massives.



## Le tournant du XXe s

La Grande-Bretagne victorienne règne sur 1/4 du monde et, aux antipodes, tout va à nouveau bien. La création du Commonwealth australien, en 1901, favorise une industrialisation rapide de Sydney. La population dépasse bientôt le million d'habitants. Les gratte-ciel poussent, musées et parcs embellissent la cité, les échanges économiques avec l'Asie s'intensifient et une civilisation des loisirs se développe autour des plages (la baignade, d'abord jugée indécente, est finalement autorisée en 1903 !). La Première Guerre mondiale n'épargne pas les jeunes conscrits de Sydney, mais la Grande Dépression a des conséquences beaucoup plus directes. En 1932, toutefois, les 2 côtés de la baie sont reliés par le remarquable Harbour Bridge, dont les travaux rabotent une partie du secteur historique The Rocks. Plus à l'ouest, les quartiers ouvriers accueillent les grandes vagues d'immigration parmi lesquelles les Italiens et les Grecs, mais aussi les Asiatiques qui se concentrent dans Chinatown, au sud du quartier des affaires. Ce Central Business District justement (appelé CBD) n'en finit pas de s'étendre à partir de Circular Quay, devenu le cœur de Sydney. Les universités fleurissent... Qu'elle est loin, la petite colonie pénitentiaire ! Sydney est désormais une cité cosmopolite, dynamique et riche, qui traite d'égale à égale avec les grandes capitales asiatiques, autant qu'avec l'Europe. Durant la Seconde Guerre mondiale, Sydney est utilisée comme une importante base militaire pour les troupes américaines. Près de 2 millions de soldats y passent, notamment durant leurs permissions. Et aussi 3 mini sous-marins japonais, qui tentent de s'infiltrer dans le port !

## La consécration

Sydney change de visage. Après la réforme de 1973, l'immigration méditerranéenne cède la place à des vagues venues du monde entier – et, de plus en plus, d'Asie. Au même moment, la ville enflamme l'imagination du monde avec l'inauguration tant attendue de l'Opéra de Sydney. Au centre, les édifices victoriens et édouardiens laissent peu à peu la place à une forêt de buildings modernes, tandis que les banlieues s'étendent toujours plus loin vers l'ouest, le nord et le sud. Seule une mobilisation citoyenne empêche au quartier historique de The Rocks d'échapper aux pelleteuses et aux bétonneuses... Mais beaucoup d'autres secteurs succombent à la voracité de la spéculation immobilière. La ville n'en revient pas moins en une des journaux en l'an 2000 à l'occasion des Jeux olympiques d'été. La voici propulsée ville-monde, au même titre que Londres ou Paris.

## Sydney quartier par quartier



Sydney est une ville de quartiers. Ils sont bien distincts les uns des autres et chacun dégage sa propre atmosphère.

– ***The Rocks et Circular Quay*** *(zoom 1 et plan centre détachables, C-D2)* **:** The Rocks est le plus ancien quartier de la ville. Une butte plutôt agréable à explorer, conservant une poignée de bâtiments du XIXe s. Il domine Sydney Cove et, en vis-à-vis, Bennelong Point, où a été bâti l'Opéra de Sydney. Au fond de l'échancrure, Circular Quay, où s'ancrèrent les navires de la *First Fleet,* est aujourd'hui le point de départ et d'arrivée de tous les ferries qui desservent la baie.

– ***Central Business District*** *(CBD ; plan centre détachable, C-D3-4)* **:** le *downtown* de Sydney, véritable petit Manhattan avec ses gratte-ciel, ses rues bondées dans la journée, désertées le soir, ses hôtels chers et ses businessmen en costume qui marchent avec entrain, accrochés à leur portable. Il est bordé à l'est par le superbe Royal Botanic Garden, qui s'étend jusqu'au littoral et est lui-même prolongé au sud par le grand Hyde Park.

– ***Darling Harbour*** *(plan centre détachable, B-C4-5)* **:** tout au fond de l'entonnoir de la longue Pyrmont Bay, découpée sur le flanc sud-ouest du CBD, se dressent buildings, hôtels de chaînes, centres commerciaux et attractions (à commencer par le Musée maritime), sans oublier une litanie de bars dans certains secteurs. Juste au nord, ***Barangaroo,*** en pleine mutation, est dominé depuis 2020 par la torsade du remarquable *Crown Sydney* (271,3 m).

– ***Central Station et Chinatown*** *(plan centre détachable, B-C5-6)* **:** au sud du CBD, on trouve quelques bons *backpackers* autour de cette grande gare et, juste au nord-ouest, un petit Chinatown.

– ***Surry Hills*** *(plan Surry Hills)* **:** juste à l'est de Central Station, voici un de ces quartiers-villages avec son lot de maisons victoriennes, où l'on sent bien l'indépendance d'esprit des habitants – habitants de Sydney, certes, mais avant tout « Surryhilliens » !

– ***Kings Cross*** *(zoom 2 détachable, F4-5)* **:** à l'est du CBD et au nord-est de Surry Hills, ce fut longtemps le quartier général des *backpackers* avec ses nombreuses AJ et ses petits hôtels à prix moyens, ses chouettes bars, clubs et restos, mais beaucoup ont succombé au Covid et le quartier peine un peu à se relever. Son axe principal reste Darlinghurst St, quartier rouge gentiment interlope, desservi par le train. Au nord, dominant l'étroite baie de Woolloomooloo, s'étend le chic quartier de ***Potts Point,*** résidentiel, alignant de superbes maisons victoriennes.

– ***Paddington*** *(plan centre détachable, F-G5-6)* **:** assez loin au sud-est du CBD, passé Kings Cross, ce quartier résidentiel et charmant offre probablement la plus belle concentration de maisons victoriennes de la ville, dans une atmosphère bobo et bébelle.

– ***Newtown*** *(plan Newtown)* **:** c'est le quartier alternatif de la ville par excellence. Hipster, cool et funky : voilà sa marque de fabrique. Rien à voir ni visiter, mais il n'est pas inutile d'y traîner ses guêtres pour mieux comprendre la ville.

– ***Bondi Beach*** *(plan Bondi Beach)* **:** à 30-40 mn en train et/ou bus du centre-ville, ce quartier de Sydney se considère comme une ville à part entière. C'est LA plage emblématique de la ville, hyper fréquentée le week-end, notamment par une jolie jeunesse dorée, qui vient aussi bien y bronzer que chevaucher les vagues. Incontournable.

– ***Manly*** *(plan Manly)* **:** à 30 mn de ferry au nord de Circular Quay, cette autre plage-quartier distille sa propre ambiance, plus tranquille, plus familiale (la baignade y est plus sure). La traversée en bateau de la baie... évite de devoir se payer une croisière.

## Arrivée à l'aéroport

✈ ***Aéroport*** *(hors plan centre détachable par E6)* **:** *à 8 km au sud du centre-ville.* Il compte 3 terminaux : 1 international (1) et, à 4 km de là, 2 domestiques (le T3 pour *Qantas*, le T2 pour les autres compagnies). Dans tous les cas : point d'information et distributeurs. On trouvait récemment juste un bureau de change au T1.

➢ ***Liaison entre le terminal international (1) et les 2 terminaux domestiques (T2 et T3) :*** ils sont reliés par le *T-Bus*, une navette gratuite, qui dessert les 3 terminaux de manière un peu irrégulière (ttes les 20-30 mn), tlj 6h30-21h30. Au T1, elle se prend au fond du hall des arrivées, à gauche, derrière le *McDo.* Trajet : 10-15 mn. Avant, après ou pour aller plus vite, prenez le train (1 station ; 1 mn 30), payant *(7 $).* Départs ttes les 7-15 mn, 4h20 (4h40 w-e)-0h57 (0h27 w-e). Les passagers des vols *Qantas* internationaux ayant un vol national en connexion redéposeront leur sac au comptoir du *Qantas Domestic Transfer* (tout au bout du hall des arrivées A) après avoir passé la douane et prendront le bus *Qantas* gratuit juste devant.

■ ***Location de voitures :*** on trouve tous les loueurs internationaux au T1 comme aux T2/T3. Si vous restez à Sydney, on déconseille vraiment de louer une voiture : se garer est compliqué et coûte cher, voire très cher. En revanche, au moment où vous voudrez quitter la ville, sachez que l'on trouve des agences dans le centre.

### Rejoindre le centre-ville

La crise du Covid a vu disparaître les navettes. Elles pourraient revenir, mais le train est vraiment pratique et rapide...

– ***En train*** *(Airport Link)* **:** au T1, accès à la station tout au bout du hall des arrivées A, au-delà du *McDo.* Plus besoin d'acheter son billet à l'automate, il suffit désormais de toucher la borne avec sa carte de crédit ou son smartphone (ApplePay et GooglePay acceptés) à la station de départ ET à la station d'arrivée, en sortant (n'oubliez pas). Attention toutefois, les banques prennent souvent des commissions disproportionnées sur les petites sommes (sauf cartes sans commission fixe)... Départs ttes les 7-15 mn, 4h20 (4h40 w-e)-0h57 (0h27 w-e). Adulte : 19,80 $, enfant 4-15 ans : 15,80 $. La ligne (T8) dessert d'abord le terminal domestique (T2-T3), puis les 6 stations du centre : Central, Museum, St James, Circular Quay, Wynyard St et Town Hall. Pour Kings Cross, il faut changer à Central.

– ***En taxi :*** compter minimum 45-55 $... et parfois davantage quand le chauffeur fait un détour exprès (ça nous est arrivé)...

## Transports à Sydney et dans la baie

• Pour le plan du réseau des trains et celui des ferries, se reporter au plan détachable.

Pour tous les transports dans Sydney et à travers les NSW, appeler le ☎ *131-500* ou consulter • *transportnsw.info* • Très complet. Bureaux

LES NEW SOUTH WALES

d'information et vente/recharge de l'*Opal Card* à **Central Station** *(lun-sam 8h-18h, dim et j. fériés 9h-17h)* et à **Circular Quay,** face au *Wharf* 5 *(mêmes horaires).*

## L'*Opal* Card

Les informations valables pour les transports en commun au départ de l'aéroport le sont pour tout le réseau : à savoir, il n'est plus nécessaire d'acheter de billet physique (certaines stations ne disposent d'ailleurs même plus d'automates), ni même d'avoir une *Opal Card* ; ***on peut utiliser directement une carte de crédit ou son smartphone aux bornes.*** Quelques précautions s'appliquent néanmoins : attention aux commissions bancaires (CB étrangères), à toujours utiliser la même CB ou le même appareil pour ne pas être facturé plus que nécessaire et à bien revalider à la borne de sortie (sinon, tarif maximum appliqué) ! Autre inconvénient, le système *contactless* exige d'avoir une CB ou smartphone par personne (on ne peut pas payer pour 2 d'un coup). Et aussi, la facturation étant journalière, les commissions bancaires s'accumulent.

Bref, pour toutes ces raisons, on peut préférer se procurer une bonne vieille ***Opal Card,*** utilisable sur tous les moyens de transport sans restrictions (ferries inclus). Gratuite, on l'obtient en ligne si l'on a une adresse australienne, ou sinon aux bureaux de Central Station et Circular Quay (voir ci-dessus), dans quelques stations de train, ainsi que dans certains supermarchés *(Coles, Woolworths),* supérettes *(7-Eleven, EzyMart, WH Smith)* et maisons de la presse. On met minimum 10 $ sur la carte (5 $ pour les moins de 15 ans ; attention minimum 35 $ pour les recharges à l'aéroport), on utilise les transports comme on veut et la somme correspondant aux trajets est déduite au fur et à mesure. Compte tenu de leur coût assez élevé (3,20-10,80 $), mieux vaut mettre un minimum pour ne pas y revenir trop souvent. • *opal.com.au* •

– *Important :* un montant maximum est prélevé chaque jour (sauf aéroport). Il s'élève à 16,30 $ pour 24h, 50 $ la semaine. Le week-end et les jours fériés, la carte se bloque à 8,15 $.

– Pour les modes de paiement *contactless*, une réduction de 30 % (sauf ferries) s'applique en outre en dehors des *peak hours* (soit 10h-15h et après 19h lun-ven, le w-e et les j. fériés).

– *Rappel :* ***validez la carte quand vous passez les portillons, mais ÉGALEMENT EN SORTANT*** (sinon la carte continue à vous débiter).

## En train

Ce que l'on appelle à Sydney « *train* » est une sorte de métro/RER (souvent souterrain en ville). C'est le moyen le plus pratique pour relier un quartier à un autre. Desservant les banlieues jusqu'à 100 km à la ronde, les 8 lignes convergent pour la plupart vers les 7 stations du centre-ville. Elles fonctionnent de tôt le matin à tard le soir (horaires variables en fonction des lignes), avec des fréquences entre 6 et 20 mn selon les jours et le moment de la journée.

## En bus

Si le réseau est important, il n'est pas très utile pour les touristes, sauf pour se rendre à Bondi (voir « Comment y aller ? ») – avec le bus n° 333 depuis Circular Quay (ou depuis Hyde Park sur Liverpool St), ou le n° 389 depuis Darling Harbour, via Paddington (plus long). Lorsque les trains font halte (minuit-4h40), des bus de nuit prennent le relais – intéressant pour revenir de Newtown (N10, N30 ou N40) ou circuler entre Kings Cross et le CBD (N91).

## À pied

Avec le train qui dessert les principaux quartiers, l'exploration de la ville à pied est le meilleur moyen de circuler.

## À vélo

Si vous séjournez un moment en ville, pourquoi ne pas vous offrir 1 ou 2 journées de vélo ? L'option peut être séduisante du côté des plages de Bondi et plus encore de Manly – puisqu'on peut mettre les vélos gratuitement sur les ferries (mais aussi dans le train).

### En ferry

La baie de Sydney, très découpée, se décompose en une multitude de ports et de quais, aménagés au fond de baies aux allures de petits fjords. Les 3 plus centraux sont ***Woolloomooloo,*** une baie historiquement militaire, ***Darling Harbour,*** à l'ouest, dédiée au tourisme et au shopping, et le plus important – de loin –, ***Circular Quay,*** véritable carrefour maritime d'où partent des centaines de ferries chaque jour vers tous les coins et recoins de la baie. Le trafic à Circular Quay, c'est un peu comme le métro aux heures de pointe, carrefour de la plupart des lignes de train et des ferries. Le quai compte plusieurs débarcadères et des panneaux électroniques indiquent tous les départs. Plein de balades possibles !

## Adresses et infos utiles

### Informations touristiques et culturelles

ℹ ***Sydney Visitor Centre*** *(zoom 1 détachable, **4**)* **:** *12-21 Playfair St, angle Argyle, The Rocks.* ☎ *(02) 8273-0000.* • *sydney.com* • *Tlj 9h-17h.* Grand office de tourisme avec brochures, cartes et plein d'infos. Résas possibles d'hôtels et *backpackers,* vente de toutes les attractions en ville et en NSW en général, ainsi que de la *iVenture Card* (détails dans la rubrique « À voir »). Ceux qui séjourneront un moment à Sydney trouveront aussi des infos utiles sur le site de la ville. • *cityofsydney.nsw.gov.au* •

ℹ ***Tourist Information Desk*** *(plan centre détachable, D3, **3**)* **:** *Customs House, 31 Alfred St, Circular Quay. Tlj 9h-17h.*

### Postes

✉ Plusieurs ***bureaux de poste*** en ville. • *auspost.com.au* • Dans le CBD, par exemple *(plan centre détachable, C4)* : *1 Martin Pl (angle George), tlj sauf dim 8h15-17h30 (sam 10h-14h).* Ou à Potts Point *(zoom 2 détachable, F4)* : *50-58 Macleay St, tlj sauf dim 12h-17h (sam 9h30-13h).*

### Représentations diplomatiques

■ ***Consulat de France*** *(plan centre détachable, C4, **6**)* **:** *31 Market St, St Martins Tower, 26e étage.* ☎ *(02) 9268-2400 ou* 📱 *0419-015-294 (nº d'urgence).* • *au.ambafrance.org/-Sydney-* • *Lun-ven 9h-12h30.*

■ ***Alliance française*** *(plan centre détachable, C4, **7**)* **:** *257 Clarence St.* ☎ *(02) 9292-5700.* • *afsydney.com.au* • *Médiathèque lun-jeu 12h-18h15, ven-sam 9h30-14h30.* Une belle Alliance, dynamique en diable, qui propose de nombreuses activités : bistro philo, club bouquins et même des *murder parties* en partenariat avec certains musées de la ville ! Les membres ont droit à 5-25 % de réduction dans certains restos et épiceries de la ville.

■ ***Consulat de Belgique*** *(plan centre détachable, D3, **8**)* **:** *43 Phillip St.* ☎ *(03) 8272-0666.* • *enquiries@belgianconsulatesydney.com* • *Sur rdv.*

■ ***Consulat de Suisse*** (hors plans) **:** *101 Grafton St (angle Grosvernor), Tour 2, 23e étage, Bondi Junction.* ☎ *(02) 8383-4000.* • *eda.admin.ch/australia* • *Lun-ven 9h-12h, plus mer 14h-16h.*

### Banques, change

■ ***Distributeurs et change :*** on trouve des distributeurs dans tous les quartiers. Dans le CBD, ils tendent à se regrouper vers ***Martin Pl*** et sur ***George St,*** notamment à l'angle de Hunter St. *Attention :* les petits *ATM* présents dans certaines boutiques, les bars et les AJ sont à éviter soigneusement, car ils perçoivent en général une commission additionnelle (souvent 5 $). Les bureaux de change, eux, ont presque disparu avec la crise du Covid. Ils reviendront sans doute au fur et à mesure mais, pour l'heure, vous en trouverez au moins un au 569 George St *(plan centre détachable, C5, **5** ; lun-ven 11h-17h, horaires très réduits le w-e).*

## Santé, urgences

■ ***Pharmacies :*** *aucune n'est ouverte 24h/24 et beaucoup ont réduit leurs horaires d'ouverture depuis la crise du Covid...*

– ***Blakes Pharmacy*** *(zoom 2 détachable, F4-5, **9**) : 20 Darlinghurst Rd, Potts Point. ☎ (02) 9358-6712. Lun-ven 9h-23h, w-e 9h-21h.*

– ***Amcal+*** *(zoom 2 détachable, F5, **15**) : 82-94 Darlinghurst Rd, Kings Cross. ☎ (02) 8084-7504. Lun-sam 7h30-21h, dim 10h-19h, j. fériés 10h-16h.*

– ***Sydney Cove Chemist*** *(zoom 1 détachable, **10**) : 97 George St, The Rocks. ☎ (02) 9247-2625. Tlj 9h-16h.*

✚ ***Sydney Hospital*** *(plan centre détachable, D4, **12**) : 8 Macquarie St, dans le CBD. ☎ (02) 9382-7111. ● seslhd.health.nsw.gov.au ●* Urgences 24h/24.

✚ ***St Vincent Hospital*** *(zoom 2 détachable, E-F6, **13**) : 390 Victoria St, Darlinghurst. ☎ (02) 8382-1111. ● svhs.org.au ●* Urgences 24h/24.

■ ***Médecins francophones*** *(hors plans) :* ***Dr Gérard Barold,*** *Bondi Junction Medical Practice, 231 Oxford St, Bondi Junction. ☎ (02) 9389-9699. Consultations lun ap-m et jeu sur rdv. Ou* ***Dr Marie-Judith Saw*** *(notamment pour la pédiatrie), Woollahra Family Medical Practice, 147 Edgecliff Rd, Woollahra. ☎ (02) 7201-2343. Consultations lun et jeu 8h-18h, mar et ven 8h-16h ; fermé mer, w-e et j. fériés.*

## Laveries

■ ***Laverie*** *(plan centre détachable, D6, **14**) : 234 Elizabeth St (près de Central Station). Tlj sauf dim et j. fériés 9h (10h sam)-17h.* Fait également consigne à bagages.

■ ***Laundrlab*** *(zoom 2 détachable, F5, **14**) : 190-192 Victoria St (Kings Cross). Tlj 6h-23h (dernière machine à 22h).* Impeccable !

## Location de vélos

■ ***Bonza Bike Tours*** *(zoom 1 détachable, **11**) : 30 Harrington St, The Rocks. ☎ (02) 9247-8800. ● bonzabiketours.com ● À 2 pas de l'office de tourisme. Tlj 9h-17h. 4h : 30 $ ; 24h : 40 $ ; j. supplémentaire : 15 $. Également des tours guidés à vélo tlj (cher).* Pratique, bons vélos, fournis avec casque et cadenas ; vélos enfant aussi.

# Où dormir ?

## The Rocks

### Backpacker (auberge de jeunesse)

***Sydney Harbour YHA*** *(zoom 1 détachable, **40**) : 110 Cumberland St. ☎ (02) 8272-0900. ● sydneyharbour@yha.com.au ● Dortoirs (4-6 lits) env 38-64 $/pers (hic !), doubles 150-265 $ ; petits déj 4,50-8 $.* Cette grande AJ hypermoderne a été édifiée au-dessus d'un site archéologique. Oh ! pas de quoi s'esclaffer : des fondations de maisons du XVIIIe s, relevées de quelques objets du quotidien d'autrefois exposés dans les vitrines. Côté hébergement, les dortoirs et chambres privées, répartis sur 4 étages, sont impeccables, aseptisés certes, mais très bien équipés : clim et salle de bains *ensuite* pour tous, bouilloire en chambre, casier, liseuse... La TV et la vue sont en option pour les doubles (une douzaine avec vue sur l'Opéra). Dans les immenses parties communes, grand salon coloré très 70s, cuisine design et spacieuse, salon-TV façon salle de ciné... Cerise sur le pompon, la superbe terrasse sur le toit, bien équipée (tables et transats), qui offre une vue extra sur l'Opéra *(ouv jusqu'à 22h30).* L'une des meilleures AJ de Sydney... mais à quel prix !

### Plus chic

***The Lord Nelson Brewery Hotel*** *(plan centre détachable, C2, **42**) : 19 Kent St. ☎ (02) 9251-4044.*

*• lordnelsonbrewery.com • Doubles 210-250 $ (2 nuits min le w-e).* Au cœur du quartier historique de The Rocks, le plus vieil hôtel de Sydney tient bon la barre depuis... 1841 ! Au 2e étage de ce beau bâtiment de pierre, une poignée de chambres lumineuses et pleines d'un charme classique, toutes avec salle de bains. Au rez-de-chaussée le pub-brasserie s'anime gentiment le midi et en début de soirée (mais aucune nuisance sonore dans les chambres).

## Central Business District (CBD) et alentour

### Backpacker (auberge de jeunesse)

**Base – Nomads Backpackers** *(plan centre détachable, C5,* ***45****) : 477 Kent St. ☎ (02) 9267-7718. • stayatbase.com • sydney@nomadsworld.com • Dortoirs (4-10 lits) env 24-46 $ ; doubles sans ou avec sdb 80-120 $.* Cette énorme AJ a connu des jours meilleurs, mais tente de rebondir. On y trouve quelque 500 lits répartis sur 4 étages, en dortoirs et chambres privées, avec ou sans salle de bains *ensuite*. Tous mériteraient un bon nettoyage, comme les moquettes des couloirs d'ailleurs, pour faire disparaître cette odeur tenace de vieille chaussette... Avantage des grandes structures, pas mal de services : consigne à bagages et laverie (payants), mais aussi une cuisine équipée (un peu petite pour une si grande AJ), un grand salon avec de gros canapés en cuir moelleux, une table de ping-pong et, juste à côté, une agence *Job Search Australia (lun-ven 9h-17h30)* qui propose un tas de boulots pour les *WHV (Working Holiday Visa)* et le *Scary Canary*, le bar-boîte préféré des *backpackers* ! Attention, le wifi est limité en journée et payant entre 19h et 7h...

### De prix moyens à plus chic

**Megaboom City Hotel** *(plan centre détachable, C4,* ***43****) : 93 York Street (1er étage). ☎ (02) 9996-8888. • megaboomhotel.com.au • Doubles 115-230 $.* Ce petit hôtel modeste, tenu par une famille chinoise, a 2 avantages : une situation en plein CBD et des prix très attractifs pour peu que l'on réserve longtemps à l'avance. Pour le reste, on a vu plus joyeux et plus design (déco années 1990), mais c'est propre.

**Little National Hotel Sydney** *(plan centre détachable, C3,* ***44****) : 26 Clarence Rd. ☎ (02) 9135-0222. • littlenationalhotel.com.au • Juste au-dessus de la station de métro Wynyard (sortie ouest). Doubles env 220-280 $.* Tout est dans le nom : ici les chambres sont plus petites que la moyenne, mais la remarque vaut aussi pour les prix ! Tout commence par un employé solitaire devant une porte. Un coup d'ascenseur et, zou, voilà le lobby, ample et débordant d'œuvres d'art. Suivent des couloirs sombres, illuminés par les numéros des chambres. La porte passée, le store nappant la baie vitrée s'ouvre automatiquement sur la *skyline* de Sydney ! Un grand lit se niche, pile-poil, dans cette alcôve, face à une TV encastrée XXL. Rien de trop ici, mais tout est savamment pensé pour rationaliser l'espace et le confort. Et puis si cela ne vous suffit pas, il y a la *Big Room*, pour une cinquantaine de dollars de plus. En bonus : un lounge sacrément spacieux autour d'une cheminée design et un *rooftop* dans le prolongement. Au fait, on ne vous a pas dit ? Le personnel amènera à votre porte vos commandes *Uber eats* ou *Deliveroo*, couverts inclus...

**Travelodge Wynyard** *(plan centre détachable, C3,* ***46****) : 7-9 York St. ☎ (02) 9274-1222. • tfehotels.com • Doubles env 170-390 $.* Au cœur du CBD, un hôtel moderne de 22 étages, aux chambres spacieuses, fonctionnelles et de bon confort, alliant mobilier en bois clair et moquettes sombres. Demandez celles qui donnent sur York St, l'autre côté étant franchement encastré au milieu des buildings (vue sur mur). Globalement un assez bon rapport qualité-prix, surtout dans un quartier pas franchement réputé pour ses établissements abordables. Salle de remise en forme.

### Très chic

**QT Hotel** *(plan centre détachable, C4, **48**)* : *49 Market St.* ☎ *(02) 8262-0000.* • *qthotelsandresorts.com/sydney-cbd* • *Réception au 1er étage. Doubles 320-495 $ ; suites jusqu'à plus de... 1 000 $.* Planté au cœur du CBD, accolé au *State Theater* (dont il occupe une partie des locaux), voici un des hôtels les plus chic et *trendy* de la ville, pensé pour ceux qui apprécient quand l'hôtellerie de luxe ose faire un pas de côté. Ça commence par l'ascenseur qui diffuse une musique spécifique en fonction du nombre de personnes qui l'occupent (si on est seul, *lonely music* ; à 2, chansons romantiques ; à 3 et plus, rythmes effrénés !). Puis on pénètre dans le hall tout noir, avec son canapé rouge et son mur de valises. Des couloirs feutrés mènent aux 200 chambres, superbement décorées, très design, jouant avec les effets de matière. Et c'est vraiment réussi : parquet, super matelas, tapis, minibar, *coffee maker*... Superbe spa. Une indéniable personnalité. Il y a même des chambres avec coin spécial pour les chiens-chiens !

## Du côté de Darling Harbour

### Très chic

**The Woolstore 1888 by Ovolo** *(plan centre détachable, B4-5, **49**)* : *139 Murray St, Pyrmont.* ☎ *(02) 8586-1888.* • *ovolohotels.com/ovolo/1888darling harbour* • *Doubles env 300-450 $, petit déj continental, minibar, laverie,* happy hour *et fitness room inclus !* Sur le flanc ouest de Darling Harbour se concentrent nombre d'hôtels de chaîne XXXL. À leur différence, celui-ci, installé dans un entrepôt de laine de 1888, ne manque pas d'âme. Ses 90 chambres exhibent toutes les mêmes plafonds hauts de 3 m, murs de brique brute et poutres en eucalyptus vintage, saupoudrés de touches design contemporaines et de grandes œuvres d'art pétulantes à la Mondrian. Un mariage détonnant. Certaines chambres ne sont pas géantes (les *Shoebox*), d'autres bien plus grandes en duplex. Une chose est sûre : le confort est aux petits oignons *(5 stars)* et les lits assez douillets pour ne pas avoir à compter les moutons ! En bonus : un bar à vins cosy et un Internet ultrarapide.

## Autour de Central Station et à Surry Hills

C'est finalement par ici qu'il reste le plus d'AJ de qualité !

### Backpackers (auberges de jeunesse)

**Wake Up !** *(plan centre détachable, C6, **50**)* : *509 Pitt St.* ☎ *(02) 9288-7888.* • *wakeup.com.au* • *Face à Central Station. Dortoirs (4-10 lits) 36-65 $/pers ; doubles env 110-140 $.* Dans la catégorie des poids lourds du *backpackers business,* voilà un mastodonte qui a de quoi étaler plus d'un adversaire : 560 lits répartis sur 7 étages, cuisine commune, laverie, grand bar-discothèque au sous-sol ouvert tous les jours (murs bruts, plafond en bois et bar majestueux : waouh !) et pléthore d'activités gratuites (soirées pizzas, karaoké, *city tour,* excursion à Bondi Beach, etc.). Les dortoirs et chambres, *ensuite* ou non, sont parfaitement tenus, la plupart bénéficiant de grandes baies vitrées en arc de cercle et d'une hauteur sous plafond remarquable. Résultat, un maximum de lumière et d'espace. Café au rez-de-chaussée.

**Big Hostel** *(plan centre détachable, D6, **51**)* : *212 Elizabeth St.* ☎ *(02) 9281-6030.* • *bighostel.com* • *Dortoirs (4-8 lits) env 31-36 $/pers ; doubles 110-120 $.* Ne vous arrêtez pas à sa façade peu avenante et à sa localisation contre la route passante et les voies de chemin de fer... En pénétrant dans le *Big Hostel,* on comprend toute l'ironie de son nom de baptême. Pas d'AJ industrielle au programme, mais des chambres et dortoirs spacieux et hauts de plafond. Pas de lumière ni prise individuelle, mais tout le monde a droit à la clim (et le 2e étage est exclusivement réservé aux filles). Le reste est cosy et tout en douceur, à l'image des canapés au cuir épais au

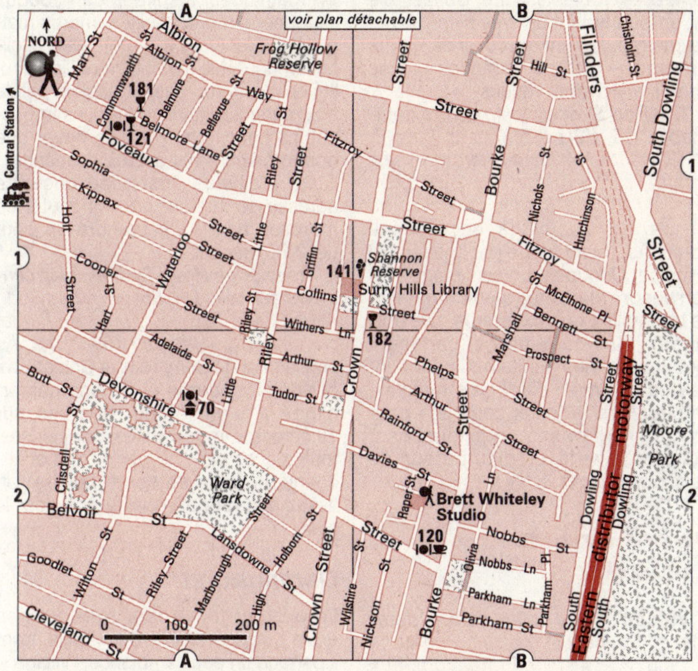


SYDNEY – Surry Hills

**Où dormir ?**

- 70 Shakespeare Hotel (A2)

**Où prendre un petit déj ? Où manger ?**

- 70 Shakespeare Hotel (A2)
- 120 Bourke Street Bakery (B2)
- 121 Keg and Brew (A1)

**Où faire une pause sucrée ? Où boire un bon café ?**

- 120 Bourke Street Bakery (B2)
- 141 Messina (A-B1)

**Où boire un verre ? Où sortir ?**

- 121 Keg & Brew (A1)
- 181 Tokyo Bird (A1)
- 182 The Clock (B1-2)

rez-de-chaussée, de l'accueil et de la clientèle, plus familiale que festive. Petit *rooftop* avec BBQ, guitares à disposition dans le salon et cuisines ouvertes 24h/24. Avec un peu de chance, le petit déj gratuit sera revenu d'ici à ce que vous lisiez ces lignes.

***Sydney Central YHA*** *(plan centre détachable, C6,* ***53****) : 11 Rawson Pl (angle Pitt). ☎ (02) 9218-9000. • stay@yha.com.au • Dortoirs (4-8 lits) env 32-50 $/pers ; doubles sans ou avec sdb 120-290 $... Parking 35 $.* Cet *hostel,* qui occupe la totalité d'un immeuble de 8 étages, est sans doute la plus grosse « machine » de Sydney : 90 dortoirs, 54 chambres, une laverie 1 étage sur 2, 2 cuisines (dont une énooorme), un espace de *co-working,* une salle de cinéma et encore un *rooftop* couvert avec piscine ! Les dortoirs, avec moquette récente et de grandes fenêtres dans la plupart, ont tous la clim (centralisée), *locker,* lumière et prise individuels, mais partagent les salles de bains ; les chambres privées sont, elles, toutes *ensuite.* L'ensemble est un peu froid mais très bien tenu et devrait rapidement retrouver sa bonne ambiance « club de vacances », avec soirées et activités variées.

**The Pod Sydney** *(plan centre détachable, C5,* ***52****) : 396 Pitt St, level 6. ☎ (02) 8959-1293. • thepodsydney.com.au • Réception 9h-23h. Dortoirs 37,70-69 $/pers ; doubles env 100-210 $.* Voilà encore une bonne AJ, (bien) tenue par une famille chinoise. Occupant un seul étage, elle conviendra davantage aux amateurs de tranquillité qu'aux fêtards. Les dortoirs (mixtes ou féminins) partagent tous les mêmes sanitaires mais sont de qualité : avec clim, gros matelas, gros *lockers,* rideaux complets pour chaque lit, prises individuelles... Cuisine, laverie et distributeur de boissons/snacks.

## De prix moyens à plus chic

**Vulcan Hotel** *(plan centre détachable, B6,* ***56****) : 500 Wattle St. ☎ (02) 9211-3283. • vulcanhotel.com.au • Doubles env 165-225 $.* Dans un quartier résidentiel calme, ce gentil petit boutique-hôtel à l'ambiance feutrée a été fondé en 1894 comme... club de jazz. Derrière la façade gris mat et les fenêtres rappelant des vitraux, on retrouve les mêmes teintes dans les 46 chambres, lumineuses et bien tenues, toutes avec salle de bains privative, clim et frigo (2 ont un joli balcon donnant sur la cour-patio). Si vous êtes seul(e), attention aux *single shoe box rooms,* vraiment étroites. Sinon, un excellent rapport qualité-prix, à 10-15 mn à pied de Darling Harbour et de l'animation de Haymarket. Pour le petit déjeuner, un café de poche au rez-de-chaussée. Laverie.

**Shakespeare Hotel** *(plan Surry Hills, A2,* ***70****) : 200 Devonshire St (angle Steel St). ☎ (02) 9319-6883. • shakespearehotel.com.au • Double 200 $.* Les chambres de pub ne sont pas toujours très reluisantes. Les 5 piaules de celui-ci, rénovées dans le style des années 1900, sont un peu chères mais sympathiques. Inspirées de l'époque victorienne (donc assez sombres malgré leurs fenêtres sur rue), elles déclinent moquettes à motifs, mobilier rétro, lits en cuivre (ou pas) et papiers peints aux murs. Sanitaires communs impeccables pour tous. Pour se payer une bonne bière, il n'y a qu'à descendre ! C'est d'ailleurs aussi une chouette adresse de quartier pour grignoter un morceau (voir « Où prendre un petit déj ? Où manger ? »).

**Travelodge Hotel Sydney** *(plan centre détachable, D5,* ***55****) : 27 Wentworth Ave. ☎ (02) 8267-1700. • travelodge.com.au • Doubles env 160-270 $.* Au croisement de Surry Hills et Chinatown, cet hôtel moderne et de bon confort aligne 410 chambres réparties sur 18 étages – impeccables, spacieuses, toutes avec salle de bains, clim et kitchenette. Salle de sport, laverie. Un assez bon rapport qualité-prix pour le coin.

## Darlinghurst

Le quartier forme une zone tampon entre Kings Cross et Surry Hills, dont il partage un peu l'ambiance « village ».

## Bon marché

**Darlo Bar** *(zoom 2 détachable, E5,* ***57****) : 306 Liverpool St. ☎ (02) 8587-4800. • darlobar.com.au • Doubles env 104-129 $.* Le *Darlo Bar* est un de nos chouchous dans le quartier (voir « Où boire un verre ? »), mais c'est aussi un bon endroit pour installer ses pénates sans se ruiner. Ses 8 chambres un peu rétro, 2 étages au-dessus du bar (avec entrée séparée), sont parmi les moins chères de la ville. Les salles de bains sont partagées, mais toutes ont clim, TV, frigo et thé/café à dispo. Beaucoup d'ambiance au bar !

## De prix moyens à plus chic

**Sydney Boutique Hotel** *(zoom 2 détachable, F5,* ***58****) : 114 Darlinghurst Rd. ☎ (02) 8018-5636. • thesydneyboutiquehotel.com • Doubles env 150-340 $.* « Boutique » est sans doute un grand mot, mais ce petit hôtel de 16 chambres est à la fois récent, de bon confort (clim), bien propre et à prix (généralement) abordables. Quelques-unes ont un balcon et la plupart une fenêtre qui s'ouvre (ça change !). Bon, on aimerait quelques mètres carrés de plus, mais on ne peut pas tout avoir...

**Medusa Hotel** *(zoom 2 détachable, E5,* ***60****) : 267 Darlinghurst Rd. ☎ (02) 9331-1000. • medusa.com.au • Doubles env 190-300 $.* Une adresse assez rare, offrant 18 chambres dans une superbe maison victorienne couleur brique, caractéristique du quartier. L'intérieur a été superbement agencé (voir la salle de bains camouflée avec sa porte coulissante, ses panneaux amovibles). Jeu des matières, opposition des couleurs, douceur des ambiances... et plein de trouvailles décoratives. Certaines chambres donnent sur une courette, d'autres ont une kitchenette et les plus chères (catégorie *Grand Room*) sont ultraspacieuses, avec de hauts plafonds. Une hôtellerie qui décoiffe, avec le sourire en prime.

## Kings Cross, Potts Point et Woolloomooloo

King's Cross regroupait avant le Covid le plus grand nombre de *backpackers* de la ville ; beaucoup ont fermé et d'autres sont encore en plein questionnement... Si l'ambiance côté Darlinghurst est un peu glauque, plus on approche de Potts Point (au nord), mieux c'est. Large choix de restos, bars de quartier et boîtes branchées.

### Backpackers (auberges de jeunesse)

**Original Backpackers** *(zoom 2 détachable, F4,* ***22****) : 160-162 Victoria St. ☎ (02) 9356-3232. • originalbackpackers.com.au • Dortoirs (4-10 lits) 29-31 $ ; doubles avec sanitaires privés 79-89 $ ; petit déj léger inclus.* Ce vieux *backpacker* occupe une jolie maison victorienne à la cour verdoyante. L'ensemble n'est pas de 1re fraîcheur, mais la vingtaine de dortoirs, mixtes ou pour filles, ont l'immense avantage d'être encore là ! Certains avec sanitaires intérieurs, tous avec ventilo, casiers, frigo et rideaux autour des lits – pas de prises et lumières individuels en revanche, vieille maison oblige. Thé, café et BBQ à dispo. Une généreuse cuisine flanque la cour. Et pour ceux qui rechercheraient un job, un panneau affiche les offres.

**Summer House Kings Cross** *(zoom 2 détachable, E5,* ***23****) : 153 Forbes St. ☎ (02) 9189-7360. • staysummerhouse.com/kingscross • Dortoirs (4-12 lits) env 26-44 $, petit déj inclus.* Aux marges de King's Cross, pas très loin de la baie de Woolloomooloo et des Royal Botanic Gardens, cette AJ occupe une petite maison victorienne sur une rue calme. L'ambiance est bon enfant, l'accueil souriant et les installations très correctes, avec un grand salon, une cour et une cuisine bien équipée. Les dortoirs sont fonctionnels (bon matelas, 2 prises par lit !). En prime : activités, thé et café à dispo, location de planches de surf.

**Sydney Central Backpackers** *(zoom 2 détachable, F4,* ***26****) : 16 Orwell St. ☎ (02) 9358-6600. • sydneybackpackers.com.au • Dortoirs (4-6 lits) 24-31 $ ; doubles 30-90 $ ; petit déj compris.* Refait à neuf avant le Covid, ce *backpacker* sobre accueillait surtout récemment des travailleurs en *long stay.* Mieux vaut donc appeler à l'avance, car il n'y a pas toujours quelqu'un à la réception. Au choix : petits dortoirs mixtes ou pour filles (*locker* seulement dans les *deluxe*) et chambres privées tout aussi étroites, certaines avec un micro-coin cuisine. Tout le monde partage les mêmes salles de bains. BBQ sur le *rooftop* sympa, cuisine commune, laverie.

**Jolly Swagman Backpackers** *(zoom 2 détachable, F4,* ***25****) : 27 Orwell St. ☎ (02) 9358-6400 ou 1-800-805-870 (n° gratuit). • jollyswagman.com.au • Min 3 j. Doubles 80-84 $.* On vous l'indique plus qu'on vous le conseille. Sur un bout de placette au calme, plantée de palmiers, cette AJ devrait changer de physionomie dans les mois à venir. Déjà, depuis le Covid, on n'y propose plus de lit, mais seulement des chambres privées pour 2 à 4 personnes (certes aménagées comme des dortoirs), avec ventilo et frigo. Une a déjà été rénovée, avec salle de bains privée, d'autres devraient l'être ; en attendant elles partagent les mêmes sanitaires.

## Prix moyens

🏠 ***Mariners Court Hotel*** *(zoom 2 détachable, F4,* ***59****) : 44-50 McElhone St. ☎ (02) 9320-3888. • marinerscourt.com.au • Doubles env 130-180 $.* Parmi les rares *budget hotels* du coin, cet établissement familial de 42 chambres se trouve à seulement 200 m de la baie de Woolloomooloo, au pied de Potts Point – et donc pas bien loin du Royal Botanic Garden. On apprécie sa localisation bien au calme dans une rue aux jolies maisons victoriennes et son bon rapport qualité-prix. Côté confort : clim et ventilo, petit balcon, frigo, bouilloire et micro-ondes. Aucune prétention ici, mais tout ce qu'il faut.

🏠 ***Hotel 59*** *(zoom 2 détachable, F5,* ***27****) : 59 Bayswater Rd. ☎ (02) 9360-5900. • hotel59.com.au • Doubles 145-155 $.* Tout petit hôtel à la déco très Berlin-Est (avant la chute du Mur)... Les 9 chambres (toutes avec salle de bains) sont bien tenues par George, le sympathique proprio. Une bonne solution pour les budgets un peu serrés qui cherchent une alternative aux *backpackers.* Demandez une des chambres à l'étage, plus lumineuses.

## Plus chic

🏠 ***The Maisonette Hotel*** *(zoom 2 détachable, F4,* ***29****) : 31 Challis Ave. ☎ (02) 9357-3878. • themaisonette.com.au • Min 2 nuits à certaines dates. Doubles avec sdb env 155-200 $ ; pas de petit déj.* Petit boutique-hôtel d'une vingtaine de chambres, superbement situé dans une rue tranquille et résidentielle de Potts Point, dans un coquet édifice de brique. Si les chambres *single* sont vraiment riquiqui (8 m²) et avec salle de bains partagée, les doubles sont 2 fois plus grandes, avec tout le confort (clim, frigo), moquette et murs aux tons gris-bleu (salles de bains étroites, cela dit).

🏠 ***Hotel Challis*** *(zoom 2 détachable, F4,* ***28****) : 21-23 Challis Ave. ☎ (02) 9192-9000. • hotelchallispottspoint.com • Réception 8h-20h. Doubles 150-380 $.* Dans une ruelle calme et verdoyante de Potts Point, ce bel édifice du XIXᵉ s à arcades (sur 3 niveaux), aux délicats balcons de fer forgé, se prolonge à l'intérieur par d'élégants salons d'accueil. Le *Challis* offre une cinquantaine de chambres de qualité, assez sobres, bel équilibre entre structure classique et confort (ascenseur, clim, frigo), aux tonalités taupe, beige ou gris. Belles finitions et literie toute douce. Les *compact doubles* sont moins chères mais vraiment toutes petiotes. Laverie.

🏠 ***Bayswater Boutique Lodge*** *(zoom 2 détachable, F5,* ***30****) : 56-60 Bayswater Rd. 📱 0423-774-373. • bayswaterboutiquelodge.com.au • Doubles 170-210 $.* Tout au bout de la rue, pas longtemps avant la double voie, ce joli petit bâtiment gris de 2 étages abrite une quinzaine de chambres et studios de bon aloi, pas géants mais plutôt jolis, répartis de part et d'autre d'un escalier nappé de moquette qui craque à chaque pas. Kitchenette, TV et ventilo pour tous, salle de bains en prime pour certains studios (tous les autres partagent). L'ensemble est bien tenu, on dirait même plutôt cosy et l'accueil est agréable.

🏠 ***Holiday Inn*** *(zoom 2 détachable, F5,* ***31****) : 203 Victoria St. ☎ (02) 9368-4000 ou 0811-980-002 (résas). • ihg.com • Doubles env 165-350 $.* À côté de la station Kings Cross, cet hôtel de chaîne de près de 300 chambres se divise en 2 parties : un long édifice sur 3 étages et un autre tout rond qui s'élève sur 8 niveaux. Dans l'un comme dans l'autre, des chambres spacieuses à l'équipement de qualité, avec mobilier de bois clair, literie impeccable et baignoire dans la plupart des chambres. L'animation de Darlinghurst est à 2 pas et, pourtant, tout est calme. Plutôt une bonne affaire si l'on réserve bien à l'avance.

## *Newtown*

### Backpacker (auberge de jeunesse)

🏠 ***Summer House*** *(plan Newtown, B1,* ***74****) : 5-11 Egan St. ☎ (02) 9550-3236.*

LES NEW SOUTH WALES

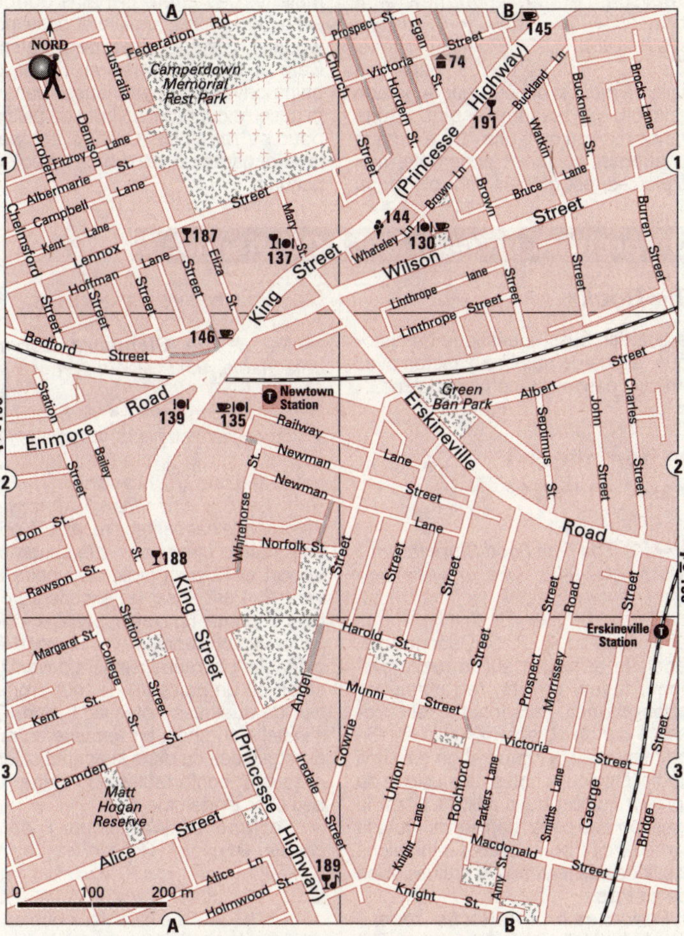


## SYDNEY – Newtown

### Où dormir ?

**74** Summer House (B1)

### Où prendre un petit déj ? Où manger ?

**130** Rising Sun Workshop (B1)
**135** Cuckoo Callay (A2)
**137** Mary's (A1)
**138** The Grounds of Alexandria (hors plan par B2)
**139** Golden Lotus Vegan (A2)

### Où faire une pause sucrée ?

**144** Messina (B1)
**145** Campos (B1)
**146** Black Star Pastry (A2)

### Où boire un verre ? Où sortir ?

**187** Courthouse Hotel (A1)
**188** Earl's Juke Joint (A2)
**189** The Union Hotel (A3)
**190** Young Henry's (hors plan par A2)
**191** Newtown Hotel (B1)

• *staysummerhouse.com/newton* • *Accueil 9h-17h. Dortoirs (4-8 lits) sans ou avec sdb 32-36 $/pers ; doubles 97-167 $ ; petit déj inclus.* Dans une ruelle calme, on pénètre par le garage dans ce qui ressemble plus à une grande maison qu'à une AJ – à l'image du quartier en fait. L'ensemble, aux 26 piaules, est globalement bien tenu mais un peu étroit. Certains dortoirs avec frigo (*locker,* lumière et prise individuels), d'autres avec petit balcon. Café et thé à disposition. Salles de bains privées ou communes. Dans la minuscule courette, un bout de piscine pour se rafraîchir. Cuisine équipée, laverie, garage à vélos et... 1 place de parking !

## Où prendre un petit déj ? Où manger ?

### The Rocks

Le quartier, aussi touristique qu'historique, aligne de nombreux restos avec terrasse, pas tous recommandables...

### De bon marché à prix moyens

**The Fine Food Store** *(zoom 1 détachable,* ***94****) : dans une rue piétonne, angle Kendall et Mill Lanes. ☎ (02) 9252-1196. Tlj 8h-15h. Petits déj et lunches 11-23 $.* Décontracté, tranquille et ouvert sur la ruelle piétonne (avec étroite terrasse), ce *coffee-shop* à personnalité est fréquenté par de nombreux habitués. On commande au comptoir et on est servi à table. Quelques notes de musique du moment flottent dans l'air, facilitant la digestion des petits déj (servis toute la journée), des bons *wraps,* sandwichs ou salades de légumes et graines. Rien que du frais.

**Pancakes on the Rocks** *(zoom 1 détachable,* ***96****) : 22 Playfair St. ☎ (02) 9247-6371. Tlj 24h/24. Pancakes 8-17 ; petits déj 11-25 $.* « *We never close* », ainsi se définit cette adresse. Loin d'être la plus raffinée du secteur, elle propose, vous l'avez compris, des pancakes copieux, déclinés de nombreuses manières, à dévorer (notamment) à la sortie d'un bar, quand la faim vous dévore et que tout est fermé. On préfère la grande salle aérée et lumineuse de l'étage. 5 autres adresses dans la région, notamment à Darling Harbour *(Harbourside Shopping Centre ; lun-jeu 9h-21h30, ven 8h30-22h, w-e 7h30-22h ; plan centre détachable, B4,* ***96****).*

### De prix moyens à chic

**The Glenmore** *(zoom 1 détachable,* ***93****) : 96 Cumberland St. ☎ (02) 9247-4794. Pour y accéder, remonter légèrement Argyle St et juste avt de passer sous le pont, grimper les escaliers sur la droite (Argyle Stairs), puis à gauche. Tlj 11h-minuit (1h ven-sam). Petits plats 14-22 $ ; autres plats 19-40 $.* Ce bar centenaire, réputé pour son *rooftop* offrant une vue canon sur le port et l'Opéra (voir « Où boire un verre ? ») est aussi un excellent spot pour grignoter un burger, partager *chicken wings* ou supions avec un verre, ou s'attabler plus sérieusement devant un steak ou un poisson – le tout aromatisé de quelques notes de fusion. On s'installe au choix en terrasse au rez-de-chaussée ou dans les petits salons cossus et confortables de l'étage. Un peu cher, évidemment...

**Fortune of War** *(zoom 1 détachable,* ***91****) : 137 George St. ☎ (02) 9247-2714. Tlj 11h30-21h (bar plus tard). Live music le soir jeu-dim. Plats de pub 19-33 $.* Le plus vieux pub de la ville, fondé en 1828 (voir « Où boire un verre ? Où sortir ? »), propose une carte de pub de bon aloi, très traditionnelle, sur laquelle se font du coude *chicken wings* (épicées), burgers, *nachos, fish & chips,* ragoût de bœuf à la Guinness et steaks costauds pour les carnivores. Vu les tarifs, la sauce pourrait ne pas être payante en plus...

**Australian Heritage Hotel** *(zoom 1 détachable,* ***92****) : 100 Cumberland St. ☎ (02) 9395-5155. Tlj sauf lun-mar 11h-minuit (cuisine 12h-22h). Pizzas et plats 17-35 $.* On n'y dort (malheureusement) plus, mais le bar, parmi les plus anciens de la ville, a conservé sa chaleureuse ambiance et sa déco fourre-tout façon brocante. On est à peine à 5 mn du CBD et des buildings de bureaux et nous voilà plongés dans un de ces rades typiques et sympathiques des petites villes d'Australie ! La carte, quoique courte, explore au-delà des classiques de pub, avec plusieurs options végétariennes et une pizza *coat of arms,* moitié émeu-moitié kangourou (2 tailles) ! Bien aussi pour une mousse à partager au comptoir avec les locaux. Y'a le choix : pas moins de 130 *microbrews* et une dizaine de vins *aussies* au verre, aussi. Santé.

**Fish at the Rocks** *(plan centre détachable, C2,* ***95****) : 29 Kent St. ☎ (02) 9252-4614. Lunch lun-ven 12h-14h et tlj 17h-20h, sauf j. fériés. Plats 36-42 $. Vins au verre 11-24 $.* La salle bleue, bien mise mais sans chichis, avec juste ce qu'il faut de vieilles photos de bateaux encadrées aux murs, fait écho au titre : ici, les poissons ont le beau rôle. Barramundi au four dans son curry coco, ragoût de fruits de mer, saumon de Tasmanie et autres *king prawns,* tout est d'une grande fraîcheur. Bon choix de vins au verre.

## Central Business District (CBD)

### Bon marché

**Hunter Connection** *(plan centre détachable, C3,* ***100****) : entrées au 7-13 Hunter St, 310 George St ou 109 Pitt St. Lun-ven seulement, horaires variables selon les établissements (max 6h-18h). Sandwichs et plats 5-16 $.* Le *food court* de cette galerie marchande regorge de gargotes proposant des plats simples vraiment pas chers. Chaque midi, costards-cravates et bleus de travail s'installent au coude à coude pour manger chinois, coréen, thaï, vietnamien, indonésien, japonais, malaisien... Difficile de choisir ! Allez, on vous file un petit tuyau : les sandwichs vietnamiens de chez **Phuong** sont délicieux, et les *bentos* (plateaux-repas) pas chers du coréen ***Manna Healthy Way*** valent le détour. Zéro glamour pour les yeux (galerie marchande oblige) mais les papilles (et le porte-feuille) apprécieront. Galerie vitrée, mais les places sont chères !

### De prix moyens à chic

**The Duke of Clarence** *(plan centre détachable, C4,* ***101****) : 152-158 Clarence St. ☎ (02) 8999-3850. Tlj sauf lun 12h-minuit (1h jeu, 2h ven-sam, 20h dim). Plats 22-30 $.* On aime beaucoup ce pub planqué au fond d'un cul-de-sac en T, avec micro-terrasse à l'avant, banquettes et recoins chaleureux à l'intérieur, dans une déco de bibliothèque (voir aussi « Où boire un verre ? »). Cheminée, fauteuils qui en imposent, superbe bar... le cadre est cosy à souhait pour ingurgiter un excellent *pub grub* aux accents d'outre-Manche, façon *roast beef, fish & chips, bangers & mash* (saucisses-purée). Le dimanche, c'est rôti de bœuf, de porc ou d'agneau – ou citrouille rôtie pour les végétariens ! En option : *Yorkshire pudding* et *pigs in blankets* (saucisses enroulées de bacon...). *British,* on vous dit !

**Ash St. Cellar** *(plan centre détachable, C3,* ***102****) : 1 Ash St. ☎ (02) 9114-7302. Lun-ven 7h30-22h30 ; fermé w-e et j. fériés. Petits déj 13-18 $ ; plats à partager (ou non) 12-35 $. Verres de vin 14-40 $ (sauf l'Yquem à 125 $ !) ; bouteilles à partir de 65 $.* Ce joli bar à vins offrant des flacons du monde entier (voir « Où boire un verre ? Où sortir ? ») propose une petite carte de planches de charcuterie ou de fromage, ainsi qu'une poignée de plats chauds bien exécutés. Déco soignée, terrasse agréable. Une adresse qui a de la classe, mais à l'ambiance bonne franquette.

**Reign** *(plan centre détachable, C4,* ***99****) : 455 George St, Queen Victoria Building (1er étage). ☎ (02) 8023-7608. Tlj 12h (10h w-e)-18h (22h jeu-ven, 16h w-e). Petits plats à partager 10-24 $ à l'unité ou 75-90 $ pour un assortiment (5-7 plats). Brunch au champagne ou prosecco (unlimited !) le w-e 85-159 $.* On y vient avant tout pour le décor : une vaste salle lumineuse et haute de plafond, aux tonalités blanc et rose de gâteau à la crème, enchâssée à l'extrémité du Queen Victoria Building, face à de grandes baies vitrées en demi-lune dominant la statue de la reine, sur le parvis. Un bien joli cadre pour un brunch au champagne *(bottomless !)*, un en-cas de qualité ou juste pour un verre de *bubbly*. Cher !

## Très chic

**Gowings Bar and Grill** *(plan centre détachable, C4, **48**)* **:** *49 Market St. ☎ (02) 8262-0064. Tlj sauf dim-lun 15h (12h jeu-ven)-minuit. Plats 29-75 $. Vins au verre 13-29 $.* Au 1er étage du superbe et décalé *QT Hotel* (voir « Où dormir ? »), cette adresse sombre, chic et chère conjugue large cuisine ouverte, superbe mur de bouteilles et service distingué et décontracté tout à la fois... C'est l'une des adresses en vue de la ville, où l'on se retrouve au bar pour se montrer devant un *cannolo* au caviar... Si le versant *steakhouse* domine, avec des viandes succulentes (dont les T-bones coupés à la table, à partager), la carte n'est pas exempte de touches italiennes, notamment du côté des produits de la mer. Plus abordables et raccord : les pâtes maison. Beau choix de vins au verre.

**Mr Wong** *(plan centre détachable, C3, **103**)* **:** *3 Bridge Lane (ruelle parallèle à Bridge St). ☎ (02) 9114-7317. Tlj sauf dim 12h-15h, 17h30-22h (23h ven-sam). Plats 22-62 $.* Toujours l'un des restos les plus prisés du quartier, voire de la ville. On s'y presse pour déguster une cuisine cantonaise à tendance fusion, inventive et légère, d'une grande finesse. Parmi les spécialités : les *dim sum,* ces « bouchées » typiques, à la vapeur ou frites, façon tapas chinoises, dont sont proposés des assortiments du moment. On peut s'en tirer sans trop essorer son portefeuille si l'on s'en tient aux plats de nouilles (2 tailles) et riz, ou en ressortir ruiné si l'on craque pour les fruits de mer ou les dés d'Angus et Wagyu... La salle, sur 2 niveaux, avec cuisine ouverte, est décorée avec goût, à mi-chemin entre le rustique et l'industriel. Vous saupoudrez d'une légère pincée de musique jazzy, d'un éclairage tamisé et vous obtenez l'un de nos coups de cœur à Sydney. Beaucoup d'attente le midi.

# À proximité de l'Opéra et du Royal Botanic Garden

## De bon marché à prix moyens

**Café at The Art Gallery** *(zoom 2 détachable, E4, **104**)* **:** *The Domain, dans la Art Gallery of New South Wales (entrée gratuite),* lower level *(niveau bas). ☎ (02) 9225-1819. Tlj 10h-16h (20h mer). Sandwichs, salades et petits plats 10-20 $.* Inutile d'être fan d'art pour venir dans ce beau musée dévorer une excellente salade, un bon bagel ou l'un des quelques plats de saison de qualité que concocte cette cafétéria au cadre agréable (options véganes). Vous commandez au comptoir et on vient vous servir à table – ou sur la petite terrasse extérieure, si vous préférez. Bon choix de gâteaux aussi, et même des scones pour le 11h ou le 4h !

**Bodhi** *(zoom 2 détachable, D4, **105**)* **:** *2-4 College St (prendre les escaliers qui descendent sur la droite, quand on est face à la cathédrale St Mary's). ☎ (02) 9360-2523. Tlj sauf lun-mar 11h-15h (16h dim), 17h-22h. Petites assiettes 10,50-13,50 $.* Le *Bodhi,* c'est tout un concept ! Sur cette agréable terrasse nichée dans le Phillip Park, le service du midi se fait selon la tradition chinoise du « *Yum Cha* » *(dim sum* et thé). Autant vous prévenir : ici, personne ne vient prendre votre commande ! Les serveurs déambulent de table en table avec les propositions du moment. On regarde, on questionne, on demande le prix et on choisit. Les recettes de ces petites tapas traditionnellement cantonaises (beignets de légumes ou poulet, poches au tofu, rouleaux à la vapeur, etc.) prennent ici un tour panasiatique, avec quelques notes japonaises et même indiennes. Un poil cher (comptez au moins 2 assiettes par personne pour être repu), mais produits bien frais. Le soir, plats à la carte uniquement.

### *Autour de Central Station : Chinatown, Haymarket et Darling Harbour*

#### Bon marché

☕ 🍽 ***Joe Black Cafe*** *(plan centre détachable, D5,* ***113****) : 27 Commonwealth St.* ☎ *(02) 8097-8646. Lun-ven 6h-14h ; fermé w-e. Petits déj et plats 7-20 $.* Parfait pour un petit déj ou un déjeuner sur le pouce, ce café d'habitués est tenu par un patron fort sympathique et dynamique qui parle même un peu français. Granola au sirop d'érable, œufs et omelettes, tartine d'avocat et *bircher* précèdent salades et « *sangas* » (tartines) au *lunch.* Bons jus frais, bons cafés et bande-son rock pas envahissante.

🍽 ***Chon Siam*** *(plan centre détachable, C6,* ***114****) : 83 Campbell St.* ☎ *(02) 9212-6588. Tlj 11h-21h30. Soupe de nouilles 5 $ ; all-day special 11 $ ; autres plats max 15 $.* Moins cher, impossible ! Les habitués y viennent au mépris de l'accueil brut de décoffrage pour ses bonnes soupes de nouilles à prix plancher (le bol est petit, certes) et ses plats du jour à tarifs vraiment canon. Côté déco : un comptoir, quelques tables aux chaises et tabourets en plastique et basta. Pour être mieux assis, il y a la ***Yok Yor Thai Food Factory*** en face, également recommandable, mais sans plus de chichis.

🍽 ***Sushi Hub Central*** *(plan centre détachable, C6,* ***115****) : 815-825 George St.* ☎ *(02) 9281-1258. Tlj 8h-20h (19h w-e). Rolls 3,30-4,80 $ ; udons env 9-11 $.* Ici, les sushis ne vous coûteront pas un bras – un doigt, à peine. Lancé en 2006 dans les NSW, *Sushi Hub* compte désormais 120 adresses dans toute l'Australie ! Sa recette ? Des *rolls* et des sashimis d'assez bonne qualité à prix riquiqui, servis dans un cadre de cafét'. Il y a les classiques, les moins classiques, la catégorie « dragon » pour s'enflammer les papilles et même le « *hand roll* », un cornet de *nori* (algue) dans lequel on met ce qu'on veut ! *Sushi train* (la couleur de l'assiette fait le prix), *bentos,* misos, service rapide, et hop. Un petit coup d'éponge sur la table, *maybe* ?

#### De bon marché à prix moyens

🍽 ***Sydney Fish Market*** *(plan centre détachable, A5,* ***126****) : Bank St et Pyrmont Bridge Rd, au bord de la Blackwattle Bay. Tlj (sauf Noël) 7h-16h. Fish & chips dès 12 $.* Le plus grand marché aux poissons de l'hémisphère Sud compte une aile où s'aligne une dizaine de stands proposant poissons, crustacés ou coquillages, mais aussi sushis, sashimis et salades de fruits de mer. On peut citer le ***Nicholas Seafood, Peter's*** et le ***Fish Market Café.*** Tout y est de 1re fraîcheur ! Éviter seulement les huîtres, rincées à l'eau du robinet... Des tables permettent de déguster sur place, dans un joyeux brouhaha, ou à l'extérieur, face au quai, en compagnie des mouettes (voraces). Pas de vin, mais rien ne vous empêche d'acheter une bouteille de vin blanc sec dans une boutique du marché. Eh ! eh !

🍽 ***Chinatown Noodle King*** *(plan centre détachable, C5,* ***116****) : 357 Sussex St.* ☎ *(02) 9264-8890. Tlj 11h-14h, 17h30-23h30. Plats 14-25 $.* C'est une gargote, assurément, un couloir flanquant les cuisines semi-ouvertes, débouchant sur une salle assourdissante lorsqu'elle est pleine d'étudiants. À peine assis, une théière atterrit sur votre table. Appuyez sur le buzzer quand vous êtes prêts à commander (ou payer)... La spécialité maison : les raviolis *(dumplings).* Le moins cher et le plus rapide : les nouilles sautées *(stir-fried noodles),* faites maison. Accueil presque souriant.

🍽 ***Chat Thai*** *(plan centre détachable, C6,* ***106****) : 20 Campbell St.* ☎ *(02) 9211-1808. Tlj 10h-22h (minuit jeu-sam). Plats 14-38 $ (un poil plus cher le soir).* Pris d'assaut midi et soir, ce super resto thaï déroule une carte invraisemblable de longueur, avec de nombreux choix dans les 15-20 $. On s'installe au coude à coude sur de belles tables en bois verni au rez-de-chaussée ou en mezzanine, entre mur de brique et poutres apparentes. C'est bon, copieux, abordable et le service est efficace : une leçon de savoir-faire culinaire. Avis toutefois aux papilles sensibles, les plats sont souvent très relevés. 3 autres adresses à Sydney, notamment une à Manly.

**Mamak** *(plan centre détachable, C5,* ***107****) : 15 Goulburn St. ☎ (02) 9211-1668. Au rdc du* Palace Hotel. *Tlj 11h30-14h (15h w-e), 17h30-21h30 (22h30 ven-sam). Plats 18-26 $.* *Mamak,* à Kuala Lumpur, désigne les stands indo-malais de bord de route. Pour ceux qui ne connaissent pas, voici l'endroit idéal pour un baptême. Car chez *Mamak,* c'est du typique de chez typique : *rotis* (crêpes) et *satays* (brochettes), concoctés dans les fourneaux ouverts sur la salle (on rentre d'ailleurs par la cuisine, rien à cacher !) par une équipe de cuistots efficaces et rapides. On vous conseille les *rotis canai,* de délicieuses crêpes salées ou sucrées. Attention au niveau d'épices ! Souvent bondé le soir, on comprend vite pourquoi.

**Dae Jang Kum** *(plan centre détachable, C5,* ***108****) : 35-37 Goulburn St. ☎ (02) 9211-0890. Tlj 12h-minuit. Bentos 12-16 $ le midi ; plats 16-52 $.* Une adresse qui tourne à plein régime le week-end grâce à sa cuisine coréenne typique : savoureux plats de viande (porc sauce piquante, anguille fumée, etc.) ou formules BBQ à faire griller à table sur des pierrades. Les portions sont copieuses pour des tarifs globalement abordables et, pour patienter, on vous amènera un plateau avec une dizaine de condiments/mises en bouche. Attention, ça pique (souvent) ! Côté cadre, imaginez une cantine améliorée à la déco de faux tournesols tout au long des murs...

## *Surry Hills*

### De bon marché à prix moyens

**Bourke Street Bakery** *(plan Surry Hills, B2,* ***120****) : 633 Bourke St (angle Devonshire St). ☎ (02) 9699-1011. Tlj 7h-18h (17h w-e, 16h j. fériés). Compter 5-10 $.* Minuscule et pourtant fameux dans le quartier ! On y vient pour la collection de pains bien dorés qui nous font de l'œil, pour un excellent café, une viennoiserie, une tarte maison du jour ou un gâteau, un sandwich toasté de qualité ou une copieuse *pie* pour un déjeuner léger. La maison marche si bien qu'elle a essaimé dans toute la région de Sydney.

**Single O Surry Hills** *(plan centre détachable, D6,* ***109****) : 60-64 Reservoir St. ☎ (02) 9211-0665. Lun-ven 7h-15h30, w-e 8h-15h. Plats env 15-25 $.* Né à Surry Hills dans les années 2000, ce *coffee-shop* bien dans l'air du lieu – et du temps – s'est d'abord lancé dans les cafés « *single origin* » importés du monde entier. Éco-responsables et équitables, ils sont désormais torréfiés grâce à l'énergie solaire. Face au succès, la carte s'est enrichie de petits déj et *lunches* surfant sur la mode du bio, des graines, des *superfoods...* Rien que du bon, servi (avec le sourire) dans de la jolie céramique, à des yuppies en partance pour le boulot ou en break. Pas toujours facile de savoir ce qu'on a dans l'assiette, mais c'est bon !

**Two Good Eggs Cafe** *(plan centre détachable, D5,* ***117****) : 148 Goulburn St (angle Brisbane St). ☎ (02) 9283-9694. Tlj 7h (8h w-e)-15h. Petits déj et plats 11-25 $.* Aux portes du CBD, ce *coffee-shop* discrètement installé dans une rue latérale ne fait que du classique : des œufs (pochés) au réveil avec bacon, *hashbrowns* et champignons, des sandwichs relativement familiers, des *wraps* pas trop inventifs. Ça fait parfois du bien. Les prix se tiennent et le cadre, avec tableaux aux murs, est à la fois simple et agréable.

**Keg & Brew** *(plan Surry Hills, A1,* ***121****) : 26 Foveaux St (angle Commonwealth St). ☎ (02) 9212-1740. Tlj 11h30-22h (21h dim). Plats du jour 12,50-15 $ ; sinon 18-30 $.* Ce vieux pub qu'on aime bien (voir « Où boire un verre ? »), et que les résidents de Surry Hills fréquentent assidûment, gâte non seulement les gosiers grâce à de jolies *craft beers* (bières locales), mais remplit les panses pour pas cher, avec un copieux plat de pub chaque midi (burger, rumsteak, moules, *schnitzel...* selon les jours). Idéal pour les grosses faims. Sinon burgers, viandes, autres classiques de pub et... pizzas cuites directement dans le four du *rooftop* !

**Shakespeare Hotel** *(plan Surry Hills, A2, **70**) : 200 Devonshire St (angle Steel St). ☎ (02) 9319-6883. Tlj sauf dim à partir de 16h (midi ven-sam). Plats 16-25 $.* On apprécie bien ce pub de quartier (alias *The Shakey*) où les d'habitués se retrouvent autour d'une bière, d'une assiette de frites, d'un burger ou d'une *Guinness pie,* un œil sur les courses et un autre sur les serveurs qui valsent. On les comprend : on est rarement déçu, surtout pour ce prix ! Le décor n'a quasi pas changé depuis la fondation en 1879...

## De prix moyens à plus chic

**Thai Nesia** *(zoom 2 détachable, E6, **123**) : 243 Oxford St. ☎ (02) 9361-4817. Tlj sauf lun 17h30-21h30 (22h ven-sam). Plats 19-44 $.* BYO. Dans une partie sans relief de la commerciale Oxford St (comprenez : moche), voici un discret resto thaï, engoncé dans une déco sombre de temple un peu théâtrale, avec bouddha sur son autel et lourds rideaux verts brodés d'or. La clientèle fidèle et la qualité régulière des plats servis en font l'un des piliers culinaires du secteur, avec des préparations copieuses – des simples *fried rices* et *pad thais* aux poissons entiers, en passant par les excellentes crevettes *choo chee* ou à la citronnelle. Service efficace.

**The Winery** *(zoom 2 détachable, D6, **98**) : 285A Crown St. ☎ (02) 8322-2007. Tlj 12h-23h (minuit ven-sam). Petits plats à partager 14-29 $ ; sinon 27-42 $. Menus et brunch 65-90 $.* Ce bar à vins-resto, à l'ambiance branchée décontractée, se cache au fond d'une ruelle, entre élégante salle ouverte mêlant plantes vertes et boules disco, terrasse abritée et cour-jardin touffue avec vue sur la *skyline* du CBD. Un bien joli cadre pour picorer parmi un choix de petits plats ou de *mains* jonglant entre produits frais locaux, tonalités méditerranéennes et notes de fusion. Tout est présenté avec soin, plutôt copieux, et les desserts tiennent aussi leur promesse. Belle sélection de vins au verre, de tous les horizons.

# Darlinghurst

Le CBD est tout près, Surry Hills au sud, Kings Cross un peu plus loin au nord-est. Bref, si certains secteurs de Darlinghurst manquent de personnalité, vous avez de bonnes chances d'y passer !

## De bon marché à prix moyens

**Bar Reggio** *(zoom 2 détachable, E5, **111**) : 135 Crown St. 📱 0400-378-152. Tlj sauf dim et j. fériés, de 12h jusque tard. Pizzas et pâtes env 15-25 $ ; viandes jusqu'à 37 $.* BYO. Si la fresque de la courette fait un peu faux, les cuistots et serveurs sont assurément italiens dans cette trattoria sans prétention fréquentée par de nombreux habitués. Pâtes, pizzas et plats du jour à l'ardoise contentent tout le monde depuis 1992 ! C'est copieux, bruyant et bon enfant. Un bon coup de serpillière et ce serait parfait.

**Sushi on Stanley** *(zoom 2 détachable, E5, **112**) : 85 Stanley St. ☎ (02) 9357-6465. Tlj 12h-15h, 17h30-20h30. Combos sushis-sashimis-rolls 10-23,50 $.* On serait passé tout droit devant cet échantillon de salle et ses 5 tables sur rue si la foule arrivée du CBD ne s'y pressait pas le midi. Les sushis sont préparés à la commande en assortiments de toutes les tailles, à tous les prix. On peut aussi se laisser tenter par un *combo set* avec teriyaki et/ou tempuras ; dans ce cas, une soupe miso est incluse. Également des *udons.*

## De prix moyens à chic

**Bills** *(zoom 2 détachable, F5, **110**) : 433 Liverpool St. ☎ (02) 9360-9631. Tlj 7h30-15h. Plats 15-36 $.* Les grandes baies vitrées illuminent ce café dépouillé, avec une grande table de bois clair au centre et quelques-unes plus petites autour. Depuis plus de 20 ans, on sert ici de beaux petits déj, brunchs et *lunches* de qualité ratissant dans toutes les cuisines d'Australie et d'ailleurs, façon *full aussie, ricotta hotcakes,* salades améliorées (au gravlax ?

*why not ?*) ou saumon miso-piment. On a aimé le sérieux et l'application de l'équipe dans la préparation des boissons (délicieuses, qui plus est !). Quelques jolis gâteaux sous cloche aussi. Bon service.

**Govinda's** *(zoom 2 détachable, F5,* ***80****) : 112 Darlinghurst Rd. 0425-333-086. Resto jeu-dim 17h30-21h30. Ciné 1-6 séances/j. 14h-21h. Dîner 25 $ ; ciné 20 $.* L'un des lieux les plus insolites de Sydney ! On commence par un dîner végétarien sous forme de buffet (dans une salle plutôt terne), avant de grimper à l'étage pour rejoindre la micro-salle de cinéma ! Ici, pas de fauteuil : on est... allongé sur des banquettes ! Programmation de longs-métrages de tous horizons (parfois français). Réservation plus que conseillée car les places sont limitées. Une expérience à tenter absolument ! C'est aussi un cercle de méditation indienne.

**Malabar** *(zoom 2 détachable, F5,* ***97****) : 274 Victoria St. ☎ (02) 9332-1755. Tlj 12h-14h30 (sauf lun-mar) et 17h30-22h (23h ven-sam). Plats 20-31 $.* BYO. Ce resto élaborant une fine cuisine du sud de l'Inde ne passe pas inaperçu avec ses colonnes et larges baies vitrées arrondies. À l'intérieur, la salle joue l'élégance : murs habillés de photos anciennes en noir et blanc, tables soigneusement dressées et lumière tamisée en soirée. Outre les incontournables naans, currys et *dosa* (crêpes géantes), goûtez donc le curry de poisson à la Goa, qui réveille aussi les papilles ! Plein d'options pour les végétariens. Service impeccable.

## Kings Cross et Potts Point

### De bon marché à prix moyens

Darlinghurst Rd et Baywater Rd foisonnent de petites adresses ethniques proposant kebabs, pizzas, burgers, *pide* ou sandwichs à emporter, souvent ouverts tard. Parmi ceux-ci, on vous conseille volontiers **Friggitoria** pour une bonne assiette de *pasta fresca* ou un snack à la sicilienne *(zoom 2 détachable, F5,* ***87****; lun-ven 12h-22h, sam 13h-22h, dim 17h-22h ; plats 15-22 $).* Son voisin ***Plateia Where Friends Meet,*** un peu moins cher, décline tous les bons classiques grecs *(zoom 2 détachable, F5,* ***87*** *; lun-jeu 11h-22h, ven-sam 11h-minuit, dim 13h-22h ; plats 11-22 $).* La moussaka y est notamment excellente et les affamés s'attaqueront au *mixed grill.*

**Room 10 – Piña** *(zoom 2 détachable, F4,* ***84****) : 10 Llankelly Pl. ☎ (02) 7251-8025. Tlj 7h-15h. Petits déj 12-15 $ ; plats 10-25 $.* Pour un petit déj sur le pouce ou un en-cas minute, installez-vous sur les tables basses et tabourets disposés sur le trottoir de cette ruelle piétonne, au calme. Au menu : petits déj servis toute la journée (combos moins chers pour 2), sandwichs, burgers et salades imaginatifs (un peu trop ?). C'est frais et le café est excellent.

**Gypsy Espresso** *(plan centre détachable, F4,* ***81****) : 81 Macleay St. ☎ (02) 8356-9264. Tlj 7h-15h. Petits déj et plats 12-22 $.* Besoin d'un booster de caféine ? Filez chez *Gypsy.* Les tables sur le trottoir vous font de l'œil (l'intérieur est trop serré) et les petits déj aussi. Muesli, granola figues-noix, gaufres, œufs... Miam, tout est bon ! Le midi, on enchaîne avec un (excellent) sandwich, une jolie salade ou un *wrap.* Service efficace et sympathique.

**Thai Power** *(zoom 2 détachable, F4,* ***83****) : 136 Victoria St. ☎ (02) 8354-0434. Tlj 11h-21h30. Plats 13-27 $ ; lunch special 12 $ (lun 11h-16h, w-e 12h-16h). CB refusées.* Gargote à la salle sombre mais plutôt bien mise, ouverte sur la rue, avec 2 tables sur le trottoir, où l'on déguste une cuisine thaïe copieuse et sans chichis : soupes, *noodles, pad thaï,* etc. Prisée des *backpackers* et employés du quartier. Service rapide et efficace.

**Nung Len** *(zoom 2 détachable, F4,* ***82****) : 89 Macleay St. ☎ (02) 9331-2255. Tlj 11h30-22h30 (23h ven-sam). Plats 12-25 $.* Contrairement au précédent, ce resto thaï a investi dans la déco : murs lie-de-vin et miroirs, tables en bois sombre, panneaux à la feuille d'or, bouddha doré, luminaires et osier. Joli. Le patron thaï et sa famille concoctent une cuisine du pays, populaire et goûteuse : *thai style fried rice, tom yum noodle soup, sweet chili combo* et quelques jolis currys. C'est frais, bon et copieux. Reste à travailler l'accueil…

**Uliveto** *(zoom 2 détachable, F5, **86**)* **:** *33 Bayswater Rd. ☎ (02) 9357-7331. Tlj 7h-17h. Petits déj 12-25 $ ; lunches 18-32 $.* À mi-chemin du café australien et du resto moyen-oriental, *Uliveto* propose une carte alignant aussi bien petits déj que sandwichs, burgers ou moules de Tasmanie. Le granola est excellent, blindé de fruits de saison et les traditionnels œufs du matin sont bien accompagnés : halloumi, feta, champignons frais, saumon fumé au gré de vos envies. Pour faire glisser le tout : de grands cocktails de jus énergisants. Grande terrasse au calme.

### De chic à très chic

**Fratelli Paradiso** *(zoom 2 détachable, F4, **88**)* **:** *12-16 Challis St. ☎ (02) 9063-8180. Tlj sauf dim-lun 12h-23h. Plats 30-48 $.* Salle ouverte sur la rue, tout en noir et blanc, avec beaucoup de tenue et de décontraction. Carte courte (les plats sont inscrits à l'ardoise), 100 % italienne, à base de produits frais. Ça tourne régulièrement, mais on retrouve toujours un bon choix de *lasagnetta,* raviolis et risotto. Une cuisine raffinée faute d'être copieuse.

## Paddington

Quelques adresses aux influences italiennes dans le quartier.

### Bon marché

**Paddington Alimentari** *(plan centre détachable, G6, **131**)* **:** *2 Hopetoun St. ☎ (02) 9358-2142. Lun-ven 7h-17h, sam 7h30-16h ; fermé dim. Compter env 12 $.* Épicerie italienne où l'on prépare de bons gâteaux et un super café. Savoureuses charcuteries en vitrine, italiennes évidemment.

### De prix moyens à chic

**10 William St.** *(plan centre détachable, G6, **133**)* **:** *10 William St. ☎ (02) 9360-3310. Tlj sauf dim à partir de 17h (12h ven-sam). Plats 22-50 $.* Une façade noire très discrète, un resto-couloir, un comptoir de poche et d'étroites tables bordées d'une banquette, voilà pour le cadre. Dans l'assiette, une bonne cuisine italienne puisant dans le vivier local. Plats pas donnés, mais bien réalisés. Question vins, l'Italie côtoie la France et l'Australie, mais rien au verre et des tarifs tendance prohibitifs !

## Newtown

### Prix moyens

**Rising Sun Workshop** *(plan Newtown, B1, **130**)* **:** *1C Whateley St. ☎ (02) 9550-3891. Tlj 8h-15h30, plus mer-sam à partir de 18h. Plats 15-25 $.* D'un côté, certains débarquent avec leur bécane pour la réparer dans l'atelier collaboratif. De l'autre, le resto s'est installé entre murs en brique, poutres métalliques et lampe-phare de moto ! Face à la cuisine ouverte, davantage de graphistes hipsters que de vrais *Hell's Angels,* venus aspirer un gros bol de ramens (la spécialité)… dès le petit déjeuner, ou mâchonner l'une des 2 salades aux notes asiatiques. Accueil pas irréprochable…

**Cuckoo Callay** *(plan Newtown, A2, **135**)* **:** *324A King St. ☎ (02) 9557-7006. Lun-ven 5h30-14h30, w-e 7h-15h. Petits déj et plats 13-23 $.* Pas besoin de faire des kilomètres : ce café occupe l'ancienne gare victorienne, attenante à la station de métro Newtown. Un cadre croquignolet avec, en vedette, un drôle de coucou turquoise et violet greffé d'une tête de chien et de cornes de cerf et d'orignal… Pour le petit déj, pourquoi pas un *cereal killer* ? Pas de sang versé, juste de l'écrasé de mangue. Et au déjeuner, un *pimp mi-goreng* qui enflamme les papilles ? Et si vous venez avec toutou, commandez-lui un *puppachino* (foie-lait de chèvre) !

**Golden Lotus Vegan** *(plan Newtown, A2, **139**)* **:** *341-343 King St. 0459-576-888. Tlj 17h30-22h30, plus jeu-dim 12h-15h. Plats env 16-22 $. BYO.* La mode *vegan* a conquis Newtown et les adresses pullulent dans le

LES NEW SOUTH WALES

quartier. Voici sans doute la meilleure d'entre elles, qui ne désemplit jamais ! Ce resto tenu par des Vietnamiens réinvente les grands classiques asiatiques en mode 100 % *fresh/healthy*, en utilisant faux poulet et faux poisson à base de soja ou seitan. Service un peu pressant (maximum 1h par table !).

**Mary's** *(plan Newtown, A1,* ***137****) :* *6 Mary St. ☎ (02) 9550-4995. Tlj 16h (12h ven-dim)-minuit (22h dim). Burgers 21-22 $.* Ne cherchez pas d'enseigne, il n'y en a pas. Disons que la façade, dans une ruelle pas très avenante, fait penser à une minuscule chapelle entièrement taguée, ça devrait vous suffire. Cet ex-club de sport, clinique et église, a achevé sa mutation en spot alternatif tendance Berlin. On y sert de délicieux burgers *(cheese, spicy chicken...)* dans une atmosphère sombre, au rez-de-chaussée ou en mezzanine, épicés de hard rock surdosé. On ne s'y attend pas, mais la carte des vins vaut le détour. Évitez de trop boire, cependant, la maison annonce d'emblée « les pires toilettes du district »...

**The Grounds of Alexandria** *(hors plan Newtown par B2,* ***138****) : bât. 7A, 2 Huntley St. ☎ (02) 9699-2225. Tlj 7h30-15h30. Petit déj et lunch 14-26 $.* Sans doute l'un des lieux les plus originaux de Sydney ! Un peu à l'écart du quartier (mieux vaut être véhiculé) cette immense ex-fabrique de gâteaux a été transformée en resto, sans abandonner son aspect d'usine. Les familles y viennent le week-end pour déjeuner, certes, mais aussi pour passer un bon moment. La carte, courte, aligne *all day breakfast, bowls* débordant de légumes (avec viandes en option), tacos de poisson, burger de référence ou *brisket* (poitrine de bœuf) cuit 16h. En option : de remarquables gâteaux en vitrine et un excellent café. Après le repas, on se promène dans les allées, entre les bâtiments industriels : un fleuriste, un bout de marché (le week-end), des kiosques à glaces et à beignets, ainsi qu'une mini-ferme. Il y a aussi le **Potting Shed** pour un verre, un en-cas ou le dîner, dans un cadre réjouissant de centaines de plantes en pots. *Tlj 11h30 (15h lun-mar)-21h (21h30 ven-sam).*

LES NEW SOUTH WALES

## Où faire une pause sucrée ? Où boire un bon café ?

### The Rocks

**La Renaissance Patisserie** *(zoom 1 détachable,* ***140****) : 47 Argyle St. ☎ (02) 9241-4878. Tlj 8h-17h (16h30 lun-mar, 16h j. fériés). Compter 5-10 $.* Pour les nostalgiques, un petit bout de France au cœur du quartier historique. Gérée par un chef pâtissier bien de chez nous, on y trouve viennoiseries, *pies*, sandwichs baguettes, quiches, gâteaux et macarons (à tomber !). Une halte agréable le samedi quand on arpente le marché.

### À proximité de l'Opéra et du Royal Botanic Garden

**Café at The Art Gallery** *(zoom 2 détachable, E4,* ***104****) :* voir plus haut dans « Où prendre un petit déj ? Où manger ? ».

### Surry Hills

**Bourke Street Bakery** *(plan Surry Hills, B2,* ***120****) :* voir plus haut « Où prendre un petit déj ? Où manger ? ».

**Messina** *(plan Surry Hills, A-B1,* ***141****) : 389 Crown St. ☎ (02) 9332-1191. Tlj 12h-22h (22h30 ven-sam).* Glacier ultrapopulaire à Surry Hills et dans une bonne partie de l'Australie, qui propose une quarantaine de parfums au choix et des gâteaux glacés aux formes bizarroïdes. Ça se bouscule au portillon jusque tard le soir. Cornets bien remplis et accueil souriant. On a beaucoup aimé la *dulce de leche* (sorte de caramel), la mangue, la noisette... Autres adresses (notamment) à **Circular Quay** *(plan centre détachable, D3,* ***142*** *; Gateway Plaza, 1 Macquarie Pl),* **Darlinghurst** *(zoom 2 détachable, F5,* ***143*** *; 241 Victoria St)* et **Newtown** *(plan Newtown, B1,* ***144*** *; 262 King St). Mêmes horaires dans ts les cas.*

### Darlinghurst

☕ **Bills** *(zoom 2 détachable, F5, **110**) :* voir plus haut dans « Où prendre un petit déj ? Où manger ? ».

### Kings Cross et Potts Point

☕ Voir le **Gypsy Espresso** *(zoom 2 détachable, F4, **81**)*, décrit plus haut dans « Où prendre un petit déj ? Où manger ? ».

### Paddington

☕ ***Paddington Alimentari*** *(plan centre détachable, G6, **131**)*, décrit plus haut dans « Où prendre un petit déj ? Où manger ? ».

### Newtown

☕ ***Campos*** *(plan Newton, B1, **145**) : 193 Missenden Rd. ☎ (02) 9516-3361. Tlj 7h-16h.* Dans ce pays devenu *addict* à la caféine, Campos fait figure de leader des cafés de qualité avec son *blend* crémeux aux arômes intenses de caramel et de chocolat, combinant crus éthiopiens, kenyans et colombiens. C'est ici, à Newtown, que tout a commencé, il y a 20 ans. Autant dire qu'on y prend son café au sérieux, autant devant que derrière le comptoir, où s'anime une armée de *baristas* sur le qui-vive. N'imaginez même pas grignoter quelque chose. Ici, c'est café, rien que café.

☕ ***Black Star Pastry*** *(plan Newtown, A2, **146**) : 325 King St. Tlj 8h-16h30. Pâtisserie env 9 $.* On vient ici pour déguster (ou emporter) de merveilleuses pâtisseries, goûteuses et crémeuses, très inspirées. Souvent la queue les samedi et dimanche, et ce n'est pas un hasard. Figure de proue de la vitrine, le *strawberry watermelon cake* (à tomber !) et le *zen cheesecake* (au look de jardin japonais !), qui, sans faire offense au *chocolate mirage*, se hisse aussi sur le podium. L'été, le must reste l'incroyable *mango cake* !

## Où boire un verre ? Où sortir ?

Si le Covid a mis sous le boisseau la vie sociale des Sydneysiders pendant près de 2 ans, entraînant nombre de fermetures d'établissements, la scène festive locale reprend déjà du poil de la bête. Du vieux pub au bar branché, de la taverne sans âge à la boîte tendance, il y a toujours un lieu pour s'amuser, quel que soit son âge et son style. Particularité anglo-saxonne, on se met volontiers à danser le week-end dans les bars après une certaine heure.

En 2016, pour limiter la violence liée à l'abus d'alcool, les autorités locales ont introduit une loi dite de *lockout*, interdisant d'entrer dans les établissements de nuit après 1h30 et fixant l'heure du dernier verre à 3h. Son efficacité mitigée et la crise du Covid l'ont vue abrogée au printemps 2021. Restent les contrôles stricts à l'entrée, avec présentation obligatoire d'une pièce d'identité (souvent scannée) et éventuelle prise de photo en prime ! Mieux vaut ne pas chatouiller les videurs, ils n'ont aucun sens de l'humour et la mauvaise habitude de sélectionner à la gueule du client... Il arrive, dans certaines boîtes, que ceux qui ont un accent ne soient pas les bienvenus.

### The Rocks

Plusieurs adresses encore dans leur jus, presque aussi anciennes que le quartier, tranchent ici de vrais morceaux d'histoire.

🍷 ♪ ***The Hero of Waterloo Hotel*** *(plan centre détachable, C2, **154**) : 81 Lower Fort St. ☎ (02) 9252-4553. • heroofwaterloo.com.au • Tlj sauf lun 12h-23h (minuit jeu-sam, 22h dim).* Quasiment aussi vieux que la ville elle-même (1843 !), le *Hero of Waterloo* est un lieu chargé d'histoire et de légendes. C'est un pub irlandais typique, avec mobilier en bois verni, piano droit au fond de la salle (groupes de musique folk et *old time jazz* le week-end) et large choix de bières (dont la « brassée maison » : la *Duke of Wellington*). L'établissement cache au sous-sol un tunnel qui a fait sa renommée. Au XIXᵉ s, alors que la marine marchande était en mal de volontaires, il servait de « cellule » de recrutement (forcé) aux armateurs (on ne visite pas) !

**Fortune of War** *(zoom 1 détachable, **91**)* **:** *137 George St.* ☎ *(02) 9247-2714.* • *fortuneofwar.com.au* • *Tlj 10h-minuit (plus tard jeu-sam).* Live music *jeu soir et ven-dim à 12h ou 14h et 17h ou 19h.* Record battu : 1828 ! Bulle d'authenticité dans un quartier de plus en plus aseptisé, la porte du plus vieux pub de la ville s'ouvre sur un bar central en U aux flancs nappés de céramique, cerné d'une moquette éculée (pas d'époque !) et de photos en noir et blanc d'un Sydney révolu. C'est là que les soldats qui partaient en mer venaient boire leur dernière bière... là qu'ils vidaient leur 1re chopine au retour, s'ils revenaient. Un classique chaleureux de la tournée des pubs, où l'on communique bien vite avec ses voisins de comptoir, tandis qu'*old-timers* ou jeunes espoirs talentueux se démènent sur scène. Pour les affamés, bonne carte de pub, un peu chère (voir « Où prendre un petit déj ? Où manger ? »).

**The Lord Nelson Brewery Hotel** *(plan centre détachable, C2, **42**)* **:** *19 Kent St.* ☎ *(02) 9251-4044. Lun-sam 11h-23h, dim 12h-22h.* Le plus vieil hôtel de Sydney (1841) renferme un pub joliment patiné, avec bar central, tonneau au plafond, tableau de Nelson trônant au-dessus de la cheminée et large choix de bières pression (principalement australiennes) et d'*ales* brassées sur place. De quoi oublier que les bagnards ont taillé ses pierres jusqu'à épuisement... À l'extérieur, on s'accoude aux tonneaux qui font office de table. Ambiance gentiment bruyante le midi et en début de soirée.

**The Argyle** *(zoom 1 détachable, **156**)* **:** *18 Argyle St.* ☎ *(02) 9247-5500.* • *theargylerocks.com* • *Tlj sauf lun-mar à partir de 17h.* Live music *ou DJ ts les soirs.* Happy hours *mer-dim 17h-20h. Ven-sam,* cover charge, *variable selon l'heure d'arrivée : min 15 $...* La courette pavée et le vaste entrepôt de brique et de bois, où l'on entreposait vivres et matériaux, ramène à la fin du XIXe s. Aujourd'hui on y descend des hectolitres de bière, à l'un des... 6 bars du rez-de-chaussée ou de l'étage. Face à l'entrée, le *Club Tropicana* se la joue tiki bar... une vraie jungle là d'dans, sous un ciel de boules disco ! Si c'est trop bruyant, la cour vous tend ses tonneaux. Organise souvent des soirées assez déjantées et costumées. Le reste du temps : house, R'n'B et Top 40, sans oublier la salsa du mercredi. Attention, videurs patibulaires, venez lookés (vêtement de sport et tennis refoulés d'emblée).

**The Glenmore** *(zoom 1 détachable, **93**)* **:** *96 Cumberland St.* ☎ *(02) 9247-4794. Pour y accéder, remonter légèrement Argyle St et juste avt de passer sous le pont, grimper les escaliers sur la droite (Argyle Stairs), puis à gauche. Tlj 11h-minuit (1h ven-sam).* Dans une rue qui surplombe le quartier, ce bar centenaire prend tout son sens lorsqu'on grimpe sur la terrasse *(rooftop).* Elle offre l'une des vues les plus chouettes sur l'Opéra. Une belle adresse pour une bière en fin d'après-midi, mais vous ne serez pas seul, d'autant que le lieu est aussi fort recommandable pour sa table (voir « Où manger ? »). Pas mal de costards-cravates.

## Autour de l'Opéra

**Opera Bar** *(plan centre détachable, D2, **160**)* **:** *Lower Concourse Level, Opera House.* ☎ *(02) 8587-5900. Tlj 11h30 (11h w-e)-23h (0h30 ven-sam). Musique live tlj.* Épousant le quai menant à l'Opéra, la vaste terrasse rafraîchie par des brumisateurs attire foule le soir et plus encore le week-end. Il s'agit de dénicher une place aux tables hautes ou sur la banquette en béton dominant la baie – à moins de rester debout en sifflant sa bière. Certains se la jouent plus chic, cocktail ou verre de vin en main, picorant huîtres, snacks ou part de pizza, en évitant de se faire détrousser par les goélands... voraces ! Un rendez-vous obligatoire en fin d'après-midi pour sentir les vibrations de la ville, le nez sur le va-et-vient des ferrys. Musique live tous les jours, toute la journée le week-end, dès midi. Service plus pressé que précis.

### Central Business District (CBD)

On ne s'y attend pas forcément, mais le CBD regorge de bars – à cocktails notamment –, souvent planqués dans des sous-sols ou des ruelles anonymes où on oserait à peine mettre le pied en temps normal. « Vivons cachés pour vivre heureux », dit la maxime...

🍸 ♪ ***Marble Bar*** *(plan centre détachable, C4,* ***161****)* **:** *488 George St.* ☎ *(02) 9266-2000. Au sous-sol, côté gauche de l'entrée du* Hilton Hotel. *Tlj sauf dim-lun 17h-minuit (1h ven-sam).* Live band *tlj à partir de 19h ou 20h. Tennis, shorts et T-shirts interdits.* Cet incroyable bar a été bâti en 1893 « *as a gentlemen club* » pour boire et fumer le cigare entre hommes, comme en témoigne la couleur du plafond... Il fut soigneusement démonté en 1968 pour être réinstallé ici. Sacré décor : piliers de marbre (100 t !), double comptoir de chaque côté de la salle, plafond de plâtre gaufré, panneaux en bois de cèdre et une douzaine de toiles Art nouveau sous une splendide galerie à vitraux. À fréquenter sans modération, en faisant juste un peu attention à sa tenue. Toujours de bonnes vibrations le soir, entre rock, jazz et pop live ; R'n'B avec DJ les vendredi et samedi.

🍸 ♪ ***The Baxter Inn*** *(plan centre détachable, C4,* ***101****)* **:** *152-156 Clarence St.* ☎ *(02) 9266-2000. Tlj 16h-3h.* Blues session *dim 19h.* Il flotte un peu du parfum du secret dans cette adresse planquée au bas d'une volée de marches, au fond d'une impasse en T, polissant ses vieilles briques, ses vieux bois et ses photos en noir et blanc. Tout semble avoir de la bouteille ici et surtout les centaines de whiskies (et whiskeys !) dont la maison s'est fait une spécialité. Ajoutez des cocktails bien troussés *(whisky-based)*, quelques vins et bière pour faire diversion et des concerts de blues dominicaux pour bien achever la semaine. Pendant qu'on y est, mentionnons, en surface, l'excellent voisin (à droite en fond d'impasse), répondant au nom bien *British* de ***Duke of Clarence*** : un pub chaleureux au décor de bibliothèque, où l'on ne fait pas que dévorer saucisses et purée (voir « Où manger ? »). On y boit bien, aussi.

🍸 ***Old Mate's Place*** *(plan centre détachable, C4,* ***163****)* **:** *199 Clarence St, level 4. Tlj sauf lun 16h (14h ven-dim)-2h.* L'ascenseur ou les 102 marches ? À vous de voir. La 2de option a le mérite de pouvoir prononcer haut et fort : après l'effort, le réconfort. Le bois sombre, le cuir patiné, les rayonnages de livres et les collections de plantes vertes dessinent une sorte de discrète bibliothèque de la mixologie. Même si le vin et la bière existent, ici les cocktails sont rois. Malgré leur nœud pap' négligemment desserré – de rigueur –, les *bartenders* y mettent tout leur sérieux. Un rideau de plantes plus loin, la lumière jaillit. Le *rooftop* dessine son alcôve entre les buildings, la Sydney Tower dans le viseur. Alléluia.

🍸 ***Grandma's*** *(plan centre détachable, C4,* ***164****)* **:** *275 Clarence St.* ☎ *(02) 9264-3004. Tlj sauf dim-lun 15h (17h sam)-minuit (ou 0h30). Cocktails 18-23 $.* Le CBD semble avoir développé une passion pour les *speakeasies* et autres adresses cachées. En sous-sol, *Grandma's* ne déroge pas à la règle. Grand comme un mouchoir de poche, le bar, tout sombre, offre pour unique point de vue un coup d'œil sur les chevilles des passant(e)s remontant Clarence St... Les mixologistes maison, très amateurs de rhum, ont une spécialité peu commune : la piña colada au beurre de cacahuète !

🍸 ***Cantina OK !*** *(plan centre détachable, C4,* ***166****)* **:** *Council Pl. Tlj 16h-2h.* Pas de numéro ? Ben, pourquoi voudriez-vous qu'une place de parking ait un numéro ? Discrètement niché au fond d'une allée, le plus petit bar de Sydney, grand comme une voiture volée, a dressé un autel au mezcal et à la tequila. Du cousu main, du précieusement sélectionné, donnant les meilleurs margaritas de la ville, dans une folle déclinaison de goûts et de couleurs. On ne peut pas s'asseoir ? Et alors, un homme vrai se tient debout.

🍸 ⛱ ***Ash St. Cellar*** *(plan centre détachable, C3,* ***102****)* **:** *1 Ash St.* ☎ *(02) 9114-7302. Lun-ven 7h30-22h30 ; fermé w-e et j. fériés. Vins au verre*

*14-40 $ ; bouteilles à partir de 65 $ ; cocktails 19-24 $.* Dans une petite rue piétonne, un chouette bar à vins doté d'une carte bien fournie. On y compte un bon demi-millier de bouteilles, piochées dans les vignobles du monde entier (Australie, France, Italie, Espagne, Liban...). Pour accompagner tout cela (voir aussi « Où prendre un petit déj ? Où manger ? »), planches de charcuterie ou de fromage et quelques plats chauds. Un côté bistrot chic qu'on apprécie bien. Terrasse chauffée.

🍸 ***Ryan's Bar*** *(plan centre détachable, C3,* ***165****) : Australia Sq, 264-278 George St. ☎ (02) 9252-4369. Dans la cour, au pied de la tour. Lun-ven à partir de 12h.* Les jeunes loups du business se retrouvent le soir après le bureau dans ce bar extérieur posé au pied d'une vilaine tour ronde pour une bière entre potes et collègues et un coup d'œil sur les écrans les soirs de match. C'est vite noir de monde ! Une expérience sociologique avant tout, surtout compte tenu des prix... Encore plus dorée, la clientèle du ***O's Lounge Bar*** *(mar-mer et dim à partir de 17h, jeu-sam dès 12h ; fermé lun),* situé au 47e étage (tournant) de l'immeuble voisin. Là-haut, une remarquable vue panoramique sur la ville vous attend devant les baies vitrées géantes. Canapés confortables et ambiance finalement pas si guindée que ça. Boissons vraiment chères mais originales, comme le martini à la poudre d'or ou les cocktails fumants à l'azote *(24-38 $)* !

🍸 ***The Scary Canary*** *(plan centre détachable, C5,* ***45****) : 469 Kent St. ☎ (02) 9267-7087. Tlj 11h (16h w-e)-3h.* Le plus célèbre oiseau jaune du CBD, mascotte de tous les *backpackers,* a pris un bon coup sur le bec avec le Covid. D'ici à ce que vous lisiez ces lignes, peut-être que les folles soirées à thème, point fort du lieu (*silent disco, wet Wednesdays, foam parties,* etc.) et leurs animations scéniques recherchées, auront fait leur retour en force, comme avant. Mieux vaut être sobre et bien looké pour avoir une chance d'entrer... Soyez prévenu, les videurs n'ont pas bonne réputation, ici.

## Surry Hills

🍸 ***Keg & Brew*** *(plan Surry Hills, A1,* ***121****) : 26 Foveaux St (angle Commonwealth St). ☎ (02) 9212-1740. Tlj de 10h jusque tard.* Happy hours *lun-jeu 17h-19h.* Typique ! C'est le terme qui vient à l'esprit quand on découvre ce vieux pub de quartier ouvert en 1936. Façade de céramique, intérieur de bois, grosses têtes d'élan et de bison qui vous accueillent... Une chouette adresse d'un classicisme bon teint, assidûment fréquentée par les habitants du quartier, qui ont fait du trottoir une annexe du bar ! Petite entorse aux habitudes, le vin est désormais à l'honneur ici (grand choix au verre). En prime : un vaste *rooftop* où l'on avale une pizza maison en descendant un pichet de cocktail et en regardant les matchs sur écran géant. Le mercredi, venez vous creuser la tête pour les *Trivia Wednesdays.*

🍸 ***Tokyo Bird*** *(plan Surry Hills, A1,* ***181****) : 226-228 Commonwealth St (entrée sur Belmore Lane). ☎ (02) 8880-9971. Tlj sauf dim 16h-23h (minuit ven-sam).* En manque d'exotisme ? Cet oiseau rare, résumé à un long bar encagé de brique et de verre, fusionne bar à cocktails façon Ginza (le quartier branché de Tokyo) et *yakitori-ya* japonaise. Résultat : on y grignote des brochettes de poulet ou d'aubergine au miso en picorant parmi l'élégante sélection de whiskies nippons, sakés et *umeshu* (vins de prunes). À moins que... une *Echigo Koshihikari rice lager* ?

🍸 ***The Clock*** *(plan Surry Hills, B1-2,* ***182****) : 470 Crown St. ☎ (02) 9331-5333. Tlj 12h-minuit.* Un des classiques du quartier, où l'on se rassemble avec plaisir sur le large balcon du 1er étage de cette maison victorienne, une bière à la main, un rayon de soleil dans l'œil. Au rez-de-chaussée, un mur d'horloges justifie le nom du lieu et un joli zinc ondule – face à quelques *afterworks* cravatés qui ondulent également après 2 bières... Clientèle *beautiful people* nappée de quelques branchés. On prétend que c'est aussi un haut lieu de la drague et des amoureux à Sydney...

🍸 Voir aussi ***The Winery*** *(zoom 2 détachable, D6,* ***98****),* décrit dans « Où prendre un petit déj ? Où manger ? ».

## Darlinghurst

**Darlo Bar** *(zoom 2 détachable, E5,* ***57****)* **:** *306 Liverpool St (entrée sur Darlinghurst Rd). ☎ (02) 8587-4800. Tlj 12h-minuit (22h dim). Happy hours lun-ven 16h-18h.* Un des chouettes bars du quartier, à fréquenter dans l'après-midi pour un moment tranquille ou le soir dans une atmosphère plus bourdonnante. On se sent bien dans cette institution locale aux canapés et chaises de récup, installés autour de tables années 1950, sous une tête de bison et une bouche en néon. Billard. La musique pop rock est de qualité, mais un peu envahissante... Petit bar-terrasse (entouré de murs) à l'étage, accueillant la *vinyl session* le dimanche (15h-19h) et les DJs les vendredi et samedi soir. Étroit et *packé* ! Cerise sur le *Darlo* : on peut même y dormir ! (voir « Où dormir ? »).

**Shady Pines Saloon** *(zoom 2 détachable, E5,* ***169****)* **:** *256 Crown St. Tlj à partir de 16h.* Si le thème *underground* semble inépuisable (pas facile à trouver, l'animal !), pour le décor, en revanche, on déploie ses ailes : direction le Deep South et le Wild West, quelque part entre Nashville et Coyote City – entre saloon et *honkytonk.* Parmi l'arche de Noé empaillée qui sert de décor, pas de kangourou, mais des bestioles à cornes, façon wapiti. Original. Ici, les cacahuètes sont encore des arachides (à décortiquer) et les whiskeys s'écrivent avec un « e ». Des cocktails ? bien sûr. Mais pour une fois : *no beer on tap.* Une marque distinctive.

## Kings Cross et Potts Point

Longtemps au cœur de l'action, Kings Cross n'a pas retrouvé son entrain, largement cassé par la crise du Covid.

**Kings Cross Hotel** *(zoom 2 détachable, F5,* ***151****)* **:** *244-248 William St. ☎ (02) 9331-9900. • kingscrosshotel.com.au • Tlj 10h (12h dim)-2h (3h30 ven-sam, minuit dim). Happy hours lun-ven 16h-18h.* Réparti sur 5 étages, le *Kings Cross Hotel* est un incontournable de KC et sa réputation va même au-delà. Plus de chambres depuis belle lurette ici, mais un pub classique au rez-de-chaussée, avec tête de bison, table de billard et matchs diffusés sur les écrans ; une grande terrasse-balcon ouverte sur la rue, à l'étage, face à l'emblématique panneau lumineux *Coca-Cola* ; une discothèque au 3e *(sam soir seulement)* et un *rooftop* au 5e *(ouv ven-dim)* ! Les longs bars en bois patiné et les banquettes en cuir sont souvent pris d'assaut dès l'ouverture de l'*happy hour*. Volume sonore élevé et vibrations au top. Dommage que les boissons soient aussi chères.

**The Bourbon Hotel** *(zoom 2 détachable, F4-5,* ***153****)* **:** *22 Darlinghurst Rd. ☎ (02) 9035-8888. Tlj 10h (9h w-e)-4h (6h ven-sam).* Plus classique, cet autre ancien hôtel réinventé en pub s'annonce par une large terrasse sur rue bien appréciée d'une clientèle entre 2 âges en fin d'après-midi. Le soir, ça rajeunit et ça file dans la grande salle sombre et plutôt élégante. Un classique du parcours nocturne, mais on n'y passe pas toute une soirée.

**Jangling Jack's** *(zoom 2 détachable, F5,* ***152****)* **:** *175 Victoria St. Tlj sauf lun 16h-23h (minuit jeu, 1h ven-sam, 22h dim).* Un *long bar,* des *long drinks* (cocktails), décidément, la recette semble intangible. À cela près que Jack « cliquetis », shaker en main, accompagne ses breuvages d'un joli burger (miam !) et de *tunes bluesy* et soul qui apaisent autant l'estomac que l'âme. Le dimanche, les musiciens de jazz colonisent un recoin cerné de vieilles photos et pochettes rendant hommage à Miles Davis et Muddy Waters.

## Paddington

Si vous voulez faire local, dites « Paddo » plutôt que Paddington !

**Royal Hotel Paddington** *(plan centre détachable, G6,* ***185****)* **:** *237 Glenmore Rd. ☎ (02) 9331-2604. Tlj 12h-21h (21h30 ven-sam, 20h30 dim).* Ce bar chic, dallé en noir et blanc au rez-de-chaussée, se pose sur un minuscule rond-point au cœur du quartier. C'est à l'étage supérieur, accoudé au balcon de fer forgé, que l'on commence à sentir la classe du lieu. Puis on continue à grimper pour accéder à la terrasse de poche, nappée de bois blanc et turquoise, d'où l'on embrasse une vue remarquable sur Sydney et sa baie en sifflant un chaaardooonnaaaaayyy.

**Paddo Inn** *(hors plan centre détachable par G6,* ***186****) : 338 Oxford St (angle William St). ☎ (02) 9380-5913. Tlj 12h-minuit (1h ven-sam, 22h dim).* L'une des très belles adresses du quartier ! Le pub existe depuis 1814, évoluant année après année dans ses concepts. C'est aujourd'hui un bar à cocktails à la carte plutôt innovante, où l'on trouve aussi une carte des vins et un large choix de bières. Affamé ? On peut commander les plats de pâtes fraîches d'*Il Baretto,* installé juste à l'arrière, et les manger au pub !

### *Newtown*

Le quartier alternatif par excellence...

**Courthouse Hotel** *(plan Newtown, A1,* ***187****) : 202 Australia St. ☎ (02) 9519-8273. Tlj 12h (11h ven)-minuit (22h dim).* Happy hours *lun-ven 16h-18h.* Les habitués l'appellent *Courty*. Accoudez-vous au grand bar ou attablez-vous aux tables en bois du *beergarden* végétalisé de cette institution locale, toujours pleine comme un œuf en fin de semaine. Et ça dure depuis... 1859 ! En cas de petit creux, quelques assiettes copieuses à défaut d'être raffinées.

**The Union Hotel** *(plan Newtown, A3,* ***189****) : 576 King St. ☎ (02) 9557-2989. Tlj 12h-22h (23h mer, minuit ven-sam).* Happy hours *lun-ven 16h-18h.* On aime beaucoup ce beau bar tout en longueur rythmé de cycas en pots. Dans les verres : 22 bonnes bières australiennes à la pression (!), par rotation. Dans l'année, il en passe ainsi plus de 400 ! En prime : une bonne dizaine de dates en *live* de chouettes groupes du cru. Seul le billard est américain.

**Young Henry's** *(hors plan Newtown par A2,* ***190****) : 76 Wilford St. Tlj 12h-19h.* En 2012, 2 hipsters barbus donnent naissance à une brasserie dans une ruelle de Newtown. Une décennie plus tard, elle coule à flots dans les bars de la ville et jusqu'au fin fond du désert. La *Newtowner,* une *pale ale,* s'est même classée 4e au classement des 100 meilleures bières australiennes 2 ans de suite ! Pour vous faire une idée, offrez-vous une dégustation au *tasting bar.* Pas de mauvaise conscience : tout fonctionne à l'énergie solaire...

**Newtown Hotel** *(plan Newtown, B1,* ***191****) : 174 King St. ☎ (02) 8080-7035. Tlj de 12h jusque tard.* Happy hours *tlj 17h-19h.* Et encore un de ces innombrables hôtels sans chambre... Ce vieux rade de quartier aux vénérables murs de brique est entré dans une nouvelle ère. C'est aujourd'hui un haut lieu queer, qui débute gentiment la semaine avec un *trivia quiz* (le lundi) pour terminer par un grand *drag show* le samedi (entrée libre). Contraste !

**Earl's Juke Joint** *(plan Newtown, A2,* ***188****) : 407 King St. Tlj sauf lun 18h-minuit.* En vitrine, le panneau *Betta Meats* rappelle la vocation bouchère du lieu. On a conservé l'enseigne. Mais le long bar de bois, les murs ornés de photos de musiciens de jazz et l'ambiance amicale ne tromperont personne, on est bien dans un troquet ! Nombreux cocktails et musique éclectique, cool l'après-midi, plus turbulente le soir, entre *moods* jazzy, *bluesy* et hip-hop.

## À voir. À faire

Dans le sillage du Covid, de nombreux musée de Sydney ont appliqué la gratuité, renouvelée tous les 6 mois. Si jamais elle cessait de s'appliquer, on pourrait à nouveau s'intéresser à la ***iVenture Card.*** *• iventurecard.com/us/sydney • En vente en ligne ou dans les* Visitor Centres.

### *THE ROCKS ET HARBOUR BRIDGE*

*(plan centre et zoom 1 détachables, C-D2)*

Ceux qui souhaitent avoir un regard historique plus large sur le quartier, incluant l'histoire des Aborigènes, pourront participer à l'intéressante visite organisée par cette agence :

■ ***The Rocks Aboriginal Dreaming Tour :*** *☎ (02) 8394-9940. • dreamtimesouthernx.com.au • Tour tlj à 10h30. Durée : 1h30. Compter 59 $ (33 $ 5-15 ans, 13 $ 3-4 ans).* Tenue par Margret, cette agence organise depuis plus de 15 ans une visite du quartier The Rocks sous l'angle de vue aborigène. On vous donnera des éléments de compréhension sur la philosophie des 1ers habitants, leur lien à la nature, la manière d'en tirer parti dans le respect du vivant. Vraiment intéressant. D'autres expériences sont proposées, notamment pour saisir toute l'importance du Dreamtime.

## Histoire d'un tas de cailloux...

Comprendre Sydney implique de commencer l'exploration de la ville par ce quartier, aux racines de toute chose. Si le tourisme a largement modifié sa physionomie, il n'en a pas moins conservé un ensemble de bâtisses anciennes, entrepôts, hôtels et vieux pubs.

Si les navires anglais de la *First Fleet* jettent l'ancre au creux de la Sydney Cove (où s'étire aujourd'hui Circular Quay), les 1ers colons s'installent ici, sur le flanc ouest de la baie, au pied d'un énorme rocher de grès qui donnera bientôt son nom au quartier. Exit les Aborigènes. Le développement de The Rocks est fulgurant. On bâtit des entrepôts au bord de l'eau, des maisons de brique et de bois, puis on taille la pierre pour élever hôtels, dispensaire, garnison, étables... Des bars et des pubs, des bordels aussi, car il y a alors beaucoup plus d'hommes que de femmes. Rapidement la butte de grès prend la tournure d'un gros village, puis d'une petite bourgade.

### RELÉGATION

*Autrefois, les petites peines étaient cumulatives. Victor Hugo dénonça ce système qui valut à Jean Valjean de se retrouver au bagne pour avoir volé du pain 2 ou 3 fois ! C'est ainsi que de modestes voleurs anglais furent envoyés au bagne en Australie. Ce système de cumul de peines variées existe toujours dans certains États américains.*

Au début du XXe s la ville s'étend encore, se modernise. The Rocks est alors un quartier vieillissant, qui n'est plus à la mesure des ambitions d'une cité moderne. La construction du Harbour Bridge (1932) voit détruire une centaine de vénérables demeures pour faire passer la large *highway* qui mène au pont – et change pour toujours la physionomie des lieux. Mais le vrai combat débute à la fin des années 1960, quand l'appétit des promoteurs immobiliers, peu soucieux d'histoire, pousse les associations locales à s'engager dans la *Battle to save The Rocks.* Une opération victorieuse : en 1973, le quartier est classé, préservant pour toujours le plus vieux morceau d'histoire du pays. Comme quoi, l'argent n'a pas toujours raison.

***Cadman's Cottage*** *(zoom 1 détachable) : Circular Quay West ou 110 George St (ne se visite pas).* Cette modeste maison blanche d'un étage est l'un des 3 plus vieux édifices de la ville encore debout. Elle fut élevée en 1816 pour le surintendant du port, qui gérait l'arrivée et le départ des bateaux. Avant la construction de Circular

### ASCENSEUR SOCIAL

*John Cadman, qui a donné son nom à la plus ancienne maison de Sydney encore debout, fut condamné pour vol de chevaux en Angleterre et déporté en Australie en 1798. Homme dégourdi et responsable, le bagnard se vit confier une cargaison de bois. Consciencieux, il finit amnistié et le gouverneur le nomma capitaine de son vaisseau personnel. Il emménagea finalement dans cette demeure, où il vécut jusqu'en 1845 avec sa femme – condamnée, quant à elle, pour le vol d'une brosse à cheveux.*

Quay, les flots venaient lécher les abords du cottage ! Juste à côté, une statue (moche !) de William Bligh, 4e gouverneur d'Australie, nommé à ce poste en 1805 – plus connu comme l'odieux capitaine de la *Bounty,* rendue célèbre par la mutinerie de son équipage, en 1789 (ah ! Marlon Brando dans le rôle de Christian Fletcher !).

George St est bordée de plusieurs intéressantes demeures, notamment la ***Sailors' Home*** *(au n° 106),* bâtie en 1864. C'était une sorte de foyer salvateur, organisé en dortoirs, où les matelots pouvaient échapper aux hôtels borgnes, pubs sordides et bordels qui foisonnaient dans ce quartier interlope. Restée en activité jusqu'en... 1980, elle abrite aujourd'hui la *Billich Gallery.* Juste un peu plus haut dans la rue *(au n° 100),* le ***Rawson Institute for Seamen*** avait la même vocation – après avoir accueilli une église pour marins. L'***ASN C° Building*** voisin (1885) ne manque pas d'allure avec son fronton à la hollandaise et sa tour aux faux airs de château.

***Campbell's Storehouses*** *(zoom 1 détachable)* **:** *Hickson Rd.* Au bord de Campbells Cove s'étire une série d'entrepôts de pierre édifiés en 1850-1861. On peut toujours voir les immenses fenêtres à l'étage supérieur, par lesquelles entraient les denrées par un système de poulies. Thé et sucre provenant du commerce avec les Indes et alcools anglais étaient entreposés ici avant d'être revendus aux petits commerçants. Délaissés au cours du XXe s, ces entrepôts échappèrent à la démolition dans les années 1970 et abritent aujourd'hui plusieurs restos avec terrasse.

## RUM FOR MONEY

*Marquée par les pénuries, la colonie, à ses débuts, manquait aussi bien de marchandises que de numéraire. La 1re monnaie d'échange qui s'imposa fut tout naturellement le rhum, importé d'Inde et des Antilles... Les soldats du régiment affecté à la défense de Sydney s'en arrogèrent le monopole, y gagnant le surnom de « Rum Corps » ! Certains importèrent même des alambics pour distiller leur propre monnaie... Le manège dura près de 20 ans jusqu'à ce que le gouverneur Macquarie mette tout le monde au pas.*

***Autour de George St et Playfair St*** *(zoom 1 détachable)* **:** surplombant le rivage dans sa longueur, George St est la partie la plus ancienne de The Rocks, et la colonne vertébrale du quartier. Quelques édifices des années 1840 à 1880, en brique ou en grès, y côtoient des constructions plus récentes. Au niveau du n° 101, on remarque l'étroite ***Suez Canal,*** une ruelle de 1 m de large à peine, surnommée *Sewer's Canal* (« le canal de l'égout »), où dévalaient les ordures des nantis habitant plus haut à la moindre pluie... Ici se dressait le 1er hôpital...
Juste derrière George, en parallèle, s'étire ***Playfair St*** avec, un peu avant l'angle de George, une sculpture illustrant les 3 types de colons qui fondèrent la ville : bagnard, soldat et colon. Ces 2 rues s'animent particulièrement les samedi et dimanche lors du sympathique *Rocks Market (10h-17h),* entre artisanat et *street food.*

Grimpez ensuite par les quelques rues et ruelles perpendiculaires vers les hauteurs, où l'on découvre quelques édifices parmi les plus anciens de la ville – notamment sur Gloucester St. Plus l'on monte, plus jolies sont les percées sur la baie et l'Opéra.

***The Rocks Discovery Museum*** *(zoom 1 détachable)* **:** *2-8 Kendall Lane (étroite ruelle qui démarre sur Argyle St).* ☎ *(02) 9240-8680.* • *rocksdiscovery museum.com* • *Tlj 10h-17h sauf Vendredi saint et Noël. GRATUIT.* Ce petit musée un peu daté retrace en quelques salles l'histoire du quartier : ses 1ers habitants

LES NEW SOUTH WALES

(Aborigènes), l'arrivée de la *First Fleet,* la colonisation, le développement rapide du port et des routes commerciales au XIXe s, jusqu'à la construction du Harbour Bridge et la *Battle to save The Rocks,* qui raconte le combat acharné des résidents du quartier pour le sauver des griffes des promoteurs dans les années 1960... Vieilles images, photos et écrans interactifs rythment le parcours, parallèlement à quelques vies étonnantes mises en exergue – souvent de vraies épopées, entre sordide et extraordinaire, qui aident à saisir le caractère bien trempé des Australiens ! Un exemple ? George Cribb, condamné à 14 ans pour avoir possédé un billet de 1 £ contrefait, qui devint boucher à Sydney, puis s'enrichit avant de tout perdre. Pas grand-chose de spectaculaire à voir en termes d'objets, si ce n'est un exemplaire rare d'un flipper de 1935.

## DE LA TRAPPE À LA SOUTE

*Au XVIIIe s, les méthodes de recrutement des marins étaient souvent expéditives. Manque de main-d'œuvre ? Un* press gang *mandaté par les autorités s'empressait de saouler quelques pauvres bougres pour leur faire signer un engagement. Du sous-sol du pub* Hero of Waterloo, *à The Rocks, part un tunnel par lequel les malheureux étaient directement emmenés sur Circular Quay, puis balancés à fond de cale, inconscients ou enchaînés. Au réveil, déjà en haute mer, ces « volontaires » n'avaient plus guère le choix...*

**Museum of Contemporary Art** *(MCA ; zoom 1 détachable)* **:** *140 George St. ☎ (02) 9245-2400. • mca.com.au • Tlj sauf lun 10h-17h (21h ven). Visites guidées. GRATUIT.*
Au cœur du quartier de The Rocks, le grand édifice du MCA, mi-moderne mi-moderniste, consacre l'essentiel de ses salles aux expositions temporaires (roulement tous les 3 mois environ). Seul le 2e niveau accueille des œuvres issues de la collection permanente – et encore, par roulement. Qui dit art contemporain dit multiplicité des supports : vidéos, photos, peintures, sculptures, installations et même tapisseries ! S'y côtoient des œuvres d'artistes influencés par les arts premiers et des créations plus contemporaines, voire iconoclastes. À noter, chaque année (généralement entre novembre et février), le musée accueille un(e) artiste d'envergure internationale pour LA grosse expo de la saison (souvent payante). Sont déjà passés au MCA, entre autres, Yoko Ono, Anish Kapoor, Callum Innes ou encore Bridget Riley.

***MCA Cafe*** **:** *sur le rooftop ; mêmes horaires que le musée. Salades 16 $ ; plats 18-24 $.* On y vient avant tout pour la superbe terrasse offrant une vue imprenable sur la baie et l'opéra, mais rien n'interdit d'y manger un morceau (choix réduit).

**Harbour Bridge** *(plan centre détachable, D1)* **:** *directement dans le prolongement de Bradfield Hwy.* Seul pont (routier et ferroviaire) à enjamber la baie en son cœur, il jette son armature métallique entre The Rocks et Milsons Point. Inauguré en 1932, ce grand pont d'acier de 1 149 m de long, 134 m de haut et 48,80 m de large (record du monde) constituait pour l'époque une prouesse d'ingénierie. Il est soutenu par 4 gros piliers de pierre qui maintiennent d'épais

## NICKNAMES !

*Les Australiens adorent donner des petits noms aux édifices ou à certains quartiers. On appelle Paddington « Paddo », Central Business District, « CBD », etc. Si l'Opéra n'a pas de surnom, le célèbre Harbour Bridge est appelé le « Coat hanger » (le Cintre), en raison de sa forme. Et toute la partie est de Circular Quay, bordée d'immeubles chics, est surnommée « The Toaster » pour son côté anonyme, froid et fonctionnel !*

câbles d'acier. À l'instar de son homologue de San Francisco, des peintres se relaient en permanence pour le peindre, le repeindre et le rerepeindre. Malgré les dizaines de milliers de voitures qui l'empruntent chaque jour, il est aussi possible de le traverser à pied (trottoir dédié). Il offre en fin d'après-midi une vue remarquable sur l'Opéra.

– ***Climb the Bridge :*** *accès au 3 Cumberland St. ☎ 1-300-908-057. • bridgeclimb.com • Tlj sauf mar-mer. Min 8 ans et 1,20 m. Compter 248-394 $/pers selon l'heure ! Appareils photo et téléphones interdits.* Dûment harnaché, vous voici parti pour une balade de 2h30 à 3h30 qui consiste à grimper par des marches (1 332 marches !) jusqu'au plus haut point du pont. La version *Ultimate* permet même de le traverser entièrement. Pour les photos, ne vous inquiétez pas, on vous les vendra après coup !

## CIRCULAR QUAY, L'OPÉRA ET LE ROYAL BOTANIC GARDEN *(plan centre détachable, C-D-E1-2-3-4)*

**Circular Quay** *(plan centre détachable, D2)* **:** épousant les flancs de Sydney Cove, où débarquèrent les 11 navires de la *First Fleet* en 1788, c'est aujourd'hui le plus grand carrefour des transports de la ville (bus, train, ferries), situé à la pointe nord du CBD, à l'est de The Rocks. Tous les ferries desservant les différents points de la baie en partent (dont la plage de Manly). La partie est de Circular Quay (alias *Writer's Walk*), toisée par d'affreux édifices bâtis dans les années 1990, aux loyers hors de prix, mène directement au pied de l'***Opéra.*** Difficile de résister à la tentation de faire une pause à l'*Opera Bar* (voir « Où boire un verre ? Où sortir ? »).

➢ ***Balades en ferry dans la baie*** *(plan centre détachable, D2)* **:** il faut absolument profiter des ***ferries publics*** partant du Circular Quay pour s'offrir une croisière à (tout) petits prix à travers la baie de Sydney. Des 5 pontons partent pas moins de 9 lignes desservant plages, quartiers et villages (de grands panneaux électroniques précisent quai de départ et horaires). *Compter 7,60-9,40 $ selon la distance. Avec l'Opal Card ou une CB sans contact, les tarifs sont ramenés à 6,21-7,74 $. Pour un A/R, c'est le double. • transportnsw.info •* Si la destination favorite des familles est la plage de Manly, on peut explorer de nombreux autres coins de la baie, certains moins fréquentés par les touristes :

– ***Darling Harbour/Pyrmont Bay*** *(F4)* **:** ttes les 20-30 mn, 6h10 (8h10 w-e et j. fériés)-22h40, puis un dernier à 23h40 ; traversée en 27 mn. Notre balade préférée ! On passe sous le Harbour Bridge, on fait escale à Milsons Point et on contourne le quartier The Rocks avec un arrêt à Barangaroo (au pied du nouveau *Crown Sydney*), puis au Musée maritime. Vue extra sur l'Opéra au début de la traversée. Un grand plaisir pour pas cher, encore mieux au coucher du soleil.

– ***Manly*** *(F1)* **:** ttes les 20-30 mn, 5h30 (6h10 sam, 6h40 dim)-23h50 (0h20 ven-sam et j. fériés); traversée en 22 mn. Au bout : la chouette plage de Manly, où l'on passe aisément une demi-journée (voir le texte consacré à ce quartier).

– ***Watsons Bay*** *(F9)* **:** ttes les 30 mn, 9h45-15h45 lun-ven, 7h45-23h45 w-e et j. fériés. Une agréable balade jusqu'à cette pointe sauvage d'où démarre un sentier le long des falaises qui mène jusqu'à Bondi *(Coastal Cliff Walk).* On peut aussi gagner Bondi depuis Watsons Bay en prenant le bus n° 380 qui descend la côte.

– ***Taronga Zoo*** *(F2)* **:** ttes les 30 mn env, 6h45 (8h50 w-e et j. fériés)-18h45 ; dernier retour vers 19h. Pas besoin de prendre le bus pour se rendre au célèbre zoo de Sydney, un ferry vous dépose juste devant.

➢ ***Observation des baleines*** *(plan centre détachable, D2)* **:** une poignée de compagnies proposent cette excursion depuis le Circular Quay (quai est) entre mi-mai et fin novembre. Parmi celles-ci :

■ ***Whale Watching Sydney :*** *Wharf 6, Circular Quay. ☎ 1-800-326-822. • whalewatchingsydney.com.au • Excursion de 2h ou 3h. Prix : 59-89 $,*

LES NEW SOUTH WALES

*39-59 $ enfants (4-15 ans). En général, réduc quand on réserve sur Internet.* Une agréable virée à l'extérieur de la baie à la recherche des baleines à bosse qui descendent vers le sud (au printemps) ou qui remontent vers le nord (à l'automne). Départs de Darling Harbour aussi.

♲ ☙☙☙ 👪 ***Sydney Opera House*** *(plan centre détachable, D-E2)* **:** *Bennelong Point, à la pointe de Circular Quay East.* ☎ *(02) 9250-7250 (visites).* • *sydneyoperahouse.com* • *Visite guidée (durée : 1h) 3-4 fois/j. au moins, la fréquence devant réaugmenter en 2022-2023, en versions classique et « architecturale ». Billets à acheter sur Internet (- 10 %) ou sur place, au* Welcome Centre *(tlj sauf Noël et Nouvel An 8h45-17h), sous les grands escaliers : 43 $ ; réduc.* ***À savoir :*** *des 6 salles de l'Opéra, seules 2 sont intéressantes et surtout la plus grande (Concert Hall), assurez-vous qu'elle soit au programme lors de votre venue. Renseignez-vous en outre pour savoir si des visites en français ont été reprogrammées.* Photos interdites à l'intérieur des théâtres.

## DE LA HUTTE À L'OPÉRA

*Rares sont les Aborigènes passés à la postérité. Bennelong fut de ceux-là. Un temps proche du gouverneur Phillip malgré la complexité de leur relation, il joua tour à tour un rôle d'interprète, de résistant et de négociateur. On l'envoya même à Londres pour parfaire sa « culture » anglaise. Il fut logé dans une petite hutte à la pointe de la baie, qui prit plus tard le nom de Bennelong Point – pointe sur laquelle s'élève aujourd'hui le fameux Opéra de Sydney.*

*La construction de l'Opéra, une tragédie moderne*

Qui aurait pu imaginer que la figure emblématique de la ville, voire du pays (ex æquo avec les kangourous et les koalas) soit un opéra ? Tout commence en 1955, avec le lancement d'un concours pour l'édification d'un édifice culturel à Sydney. 220 cabinets originaires de 32 pays répondent à l'appel. C'est le projet le plus audacieux, le plus aérien qui est choisi, proposé par un jeune Danois inconnu de 38 ans, Jørn Utzon. Sur son dessin, 3 ensembles de coquilles en arcs brisés s'emboîtent légèrement les unes dans les autres. La maquette, incroyablement séduisante, fait penser à un ensemble de voiles légères et aériennes, prêtes à prendre le large, entre ouvertures et caractère enveloppant. Où l'édifier ? Bennelong Point, occupée par un vieux dépôt de tramways délaissé, s'impose. Un site idéal, face à la baie, pour ce grand vaisseau prêt à larguer les amarres.

Les initiateurs du concours ont négligé un important détail : les règles demandaient un design et non des plans achevés. Les ingénieurs s'arrachent les cheveux : comment faire tenir debout, dans la pratique, cet ambitieux projet ? C'est finalement Utzon lui-même qui, au bout de 3 ans, trouve une solution concrète, en travaillant à partir d'une sphère découpée en petites tranches (illustration en photos au niveau de l'*Information Desk*). En 1963, les voiles sont enfin coulées, utilisant 4 fois plus d'acier que le Harbour Bridge pointant en contrepoint. 2 ans plus tard, le nouveau gouvernement des NSW entre en conflit avec l'architecte, qui rend son tablier en 1966 avec pertes et fracas et regagne son Danemark natal ! Les enveloppes extérieures sont terminées, certes, mais il reste à aménager l'intérieur de ces coquilles... vides. 3 nouveaux architectes et 6 ans de

## INFLATION GALOPANTE

*Le budget initial de la construction de l'Opéra de Sydney est fixé à 7 millions de dollars australiens. Grosse erreur. Il en coûte déjà davantage rien que pour consolider les fondations, plantées dans les eaux sablonneuses du fond de la baie, et entamer le rez-de-chaussée... Très vite, les frais explosent et le coût final ressort à près de 102 millions ! Soit près de 15 fois plus que prévu.*

travaux sont encore nécessaires. Enfin, 16 ans après avoir été initié, l'Opéra est inauguré par la reine Elizabeth II, en 1973. Le caractère peu fonctionnel de l'édifice apparaît rapidement... Ironie du sort, c'est Utzon qui se recolle à sa planche à dessin, en 1999, pour en améliorer la structure interne... mais sans jamais remettre les pieds dans le pays, comme il se l'était juré ! C'est aujourd'hui son fils qui dirige les derniers travaux en cours – notamment la modernisation du grand *Concert Hall* (ajout de la clim !), qui devrait s'achever fin 2022. Délicat dans un édifice classé au Patrimoine mondial !

*L'extérieur*

En longeant l'édifice, on s'aperçoit qu'il est recouvert de carreaux de céramique de 2 nuances différentes (fabriqués en Suède), apparaissant tantôt crème, tantôt beige, tantôt gris en fonction de la lumière – histoire de donner du relief à l'édifice sous le soleil, alors que le blanc l'aurait écrasé. Cet ensemble de voiles imbriquées les unes dans les autres offre une variété étonnante de figures, selon les angles d'observation. On distingue en réalité 2 jeux de 3 grandes voiles (ou de coquilles, comme on voudra) côte baie, légèrement asymétriques, et un autre plus petit côté terre – qui abrite l'un des plus fameux (et dispendieux) restos de la ville, *Bennelong.*

*L'intérieur*

C'est en pénétrant dans l'enceinte que l'on comprend qu'une coquille de bois est incluse dans une enveloppe de béton couverte de céramique. Des poupées russes en quelque sorte. S'il ne devait à l'origine y avoir que 2 grandes salles, il y en a finalement 5, accueillant un total d'environ 300 représentations par an. Les 3 du rez-de-chaussée (300-500 places) n'ont pas d'intérêt particulier, même si elles sont en partie incluses dans la visite... Ce que l'on vient voir, en fait, c'est le grand *Concert Hall* (2 679 places), siège du *Sydney Symphony Orchestra,* doté du plus grand orgue mécanique du monde (plus de 10 000 tuyaux !). Le béton du plafond devient ici aérien, léger, et la chaleur ambiante est donnée par les murs de bois. Le *Joan Sutherland Theater,* maison d'*Opera Australia* et de l'*Australian Ballet,* abrite la 2e plus grande salle (1 507 sièges), tout en bois peint en noir. Ces 2 salles sont indéniablement les clous de la visite mais sachez qu'on n'y passe guère que 15-20 mn en tout, les 40 mn précédentes n'étant pas vraiment passionnantes... Autre temps fort : la vue sur le Harbour Bridge, la baie et le ballet des ferries, à travers les immenses baies vitrées du foyer. En fait, compte tenu du prix de la visite, on vous conseillerait plutôt de chercher une place pour un des spectacles en dernière minute... ça pourrait bien vous revenir moins cher si vous n'êtes pas trop difficile ! Assurez-vous juste qu'il se joue bien dans l'une ou l'autre des 2 grandes salles.

– Face à l'Opéra, en bas des marches, le parapet de l'***ancien quai*** construit par les bagnards entre 1837 et 1844 forme aujourd'hui le remblai nord du Royal Botanic Garden.

### UN OPÉRA À TOUT FAIRE

*L'Opéra n'est en fait qu'un nom. Avec ses 5 salles, il aurait presque pu s'appeler Centre multiculturel polyvalent – moins glamour, certes. Si opéras et concerts symphoniques y sont donnés, réalisme financier oblige, il accueille aussi matchs de boxe, championnats du monde de musculation, cirque, stand-up et autres business meetings... Une conférence par écran interposé avec Julian Assange (Australien, ne l'oublions pas), le leader de WikiLeaks, y a même été organisée !*

***Royal Botanic Garden*** *(plan centre détachable, D-E-F2-3)* **:** *juste au sud de la grande esplanade de l'Opéra.* • *rbgsyd.nsw.gov.au* • *Tlj de 7h jusqu'à la tombée de la nuit (17h-20h selon la saison). GRATUIT. Visites guidées jeu-dim à 10h30 (durée : 1h30), sur donation ; réserver au* Visitor Centre *(proche de la Palmeraie) ou par mail à l'adresse* • *tours.info@botanicgardens.nsw.gov.au* •

Ce vaste jardin botanique de toute beauté, véritable poumon vert de la ville, s'étend des rivages de la baie de Sydney jusqu'aux flancs orientaux du Central Business District. À peine débarqués, les colons défrichent le secteur pour y planter blé, orge, maïs et café : les cultures, peu adaptées au climat, y poussent mal, mais l'anse qui borde le littoral y gagne le nom de Farm Cove. Débarqué en 1810, le gouverneur Macquarie s'arroge le secteur contigu du ***Domain*** pour y établir sa résidence (en faisant déménager moulin et boulanger !), puis fait clôturer le tout d'un mur de pierre (en partie conservé). Les 1<sup>res</sup> plantations d'arbres (notamment fruitiers) et vignes sont réalisées. En 1817, le soldat-jardinier Charles Fraser devient *Colonial Botanist,* puis surintendant du Jardin, qui se développe au gré d'échanges et des plantations d'espèces exotiques rapportées par les botanistes qui explorent alors l'Australie et le Pacifique. Peu à peu, les 30 ha, sans perdre leur vocation encyclopédique, sont transformés en jardins, pelouses et miniforêts. Aujourd'hui, le Royal Botanical Garden forme la plus ancienne institution scientifique d'Australie !
On distingue le ***Domain,*** au sud et au nord-est, devenu un parc urbain boisé ouvert sur la ville, partiellement accessible en voiture (notamment Mrs Macquarie's Point), du ***Royal Botanic Garden*** clos, au nord, regroupant les plus belles plantations. Faisant écho aux espaces à l'anglaise plantés de vénérables banyans, s'étendent jardins de succulentes, camélias, bégonias, roses, plantes sud-africaines, australiennes bien sûr, aromatiques aussi, sans oublier plusieurs mares à canard autour desquelles déambulent de nombreux ibis et aboient les cacatoès... Un vrai pan de nature en pleine ville ! Les 2 plus beaux ensembles sont, à notre avis, formés par la palmeraie, créée au milieu du XIX<sup>e</sup> s et qui regroupe plus de 180 variétés, et la *Fernery* voisine, grouillant de grandes fougères arborescentes. Agrément, recherche et étude des plantes, tel est, aujourd'hui comme hier, la vocation du Royal Botanical Garden, au sommet duquel on embrasse un remarquable panorama sur le centre financier. Les habitants de Sydney adorent leur parc. Ils y courent, y pique-niquent, s'y baladent main dans la main. Les businessmen viennent même y piquer un somme à l'heure du déjeuner. Et beaucoup viennent aussi acheter des plantes pour leur propre jardin.
Tout au nord, près de l'Opéra, se trouve la ***Government House,*** une demeure (très) néogothique édifiée en 1837-1843, qui reste la résidence officielle du gouverneur. Bien logé, le bougre !
⇐ Au nord-est du parc, ***Mrs Macquarie's Point,*** plantée d'une collection de grands et beaux banyans, offre l'un des plus beaux points de vue sur l'Opéra (belle lumière le matin). Côté Woolloomooloo Bay, on peut voir la *Mrs Macquarie's chair,* un siège taillé dans le roc par des bagnards pour que la femme du gouverneur puisse faire une halte durant sa promenade. Au moins, personne n'allait le lui voler ! Elle regarde les navires de guerre.

### TERRE ET PAIX

*À l'entrée du parc The Domain, on peut lire : « S'il vous plaît, marchez sur l'herbe. Nous vous invitons aussi à embrasser les arbres, pique-niquer sur l'herbe et parler aux oiseaux (mais ne les nourrissez pas !). »* No comment !

***Art Gallery of New South Wales*** *(plan centre et zoom 2 détachables, E4) : Art Gallery Rd, dans le parc The Domain, prolongement sud du Royal Botanic Garden. ☎ 1-800-679-278. • artgallery.nsw.gov.au • Tlj 10h-17h (21h mer), sauf Vendredi saint et Noël. GRATUIT. Expos temporaires payantes. Visites guidées gratuites tlj à 12h et 14h (plus 17h30 mer). Café et resto.*
Derrière la façade classique à colonnades de l'ancienne Académie des beaux-arts (1872), protégée par 2 fiers cavaliers de bronze et ultérieurement agrandie, l'*Art Gallery of NSW* forme l'un des plus grands musées du pays. Ouvert dès le XIX<sup>e</sup> s, il abrite, dans ses vastes salles aérées, la collection d'art australien la plus complète du pays, mais aussi des sections d'art européen (depuis le XV<sup>e</sup> s),

asiatique et aborigène. À cela s'ajoutent toujours plusieurs expositions temporaires de grand intérêt (aux niveaux inférieurs).
– ***Rez-de-chaussée, à droite : les 2 galeries du centre se consacrent à l'art australien des XIX^e^ et XX^e^ s.*** Il s'agit sans doute de la partie la plus intéressante, car elle témoigne du regard que portaient les 1^ers^ artistes sur ce nouveau territoire. Les toiles de paysages intouchés reflètent bien l'importance de la nature chez Eugene von Guérard, William Piguenit *(The food in the Darling),* Conrad Martens (vues de Sydney Cove) et Henry James Johnstone *(A billabong of the Goulburn),* notamment. Les naturalistes, eux aussi, explorent les thèmes locaux : chercheurs d'or de Julian Ashton, chasseurs de baleines d'Oswald Brierly, etc. Puis les grands courants internationaux s'invitent naturellement en Australie : influences impressionnistes chez E. Phillips Fox et John Russel par exemple, influences Art nouveau chez Sydney Long.
– ***Rez-de-chaussée, à droite : les galeries latérales se consacrent à l'art européen,*** entre Renaissance italienne du XV^e^ s et début du XX^e^ s. Elles réunissent un peu en vrac 1 ou 2 toiles de la plupart des grands maîtres du Vieux Continent, mais aussi beaucoup d'œuvres académiques des XVIII^e^-XIX^e^ s, au milieu desquelles surgissent sculptures de marbre et de bronze, plus quelques pièces contemporaines ! Ceux qui ont fréquenté assidûment le Louvre ne s'y attarderont pas trop. Parmi les pièces les plus remarquables, citons ce *Vive l'Empereur !* (pour sa taille) d'Édouard Detaille, un très beau Vlaminck *(Bateaux à voile à Chatou),* une *Tête de paysans* attribuée à Van Gogh (vraiment ?) et ces *Bords de Marne* de Cézanne achetés une petite fortune en 2008 (16,2 millions !).
– ***Rez-de-chaussée, à gauche : l'art aborigène.*** Panneaux d'écorces peintes, œuvres sur bois, toiles aux motifs géométriques et entrelacs, totems funéraires décorés, œuvres contemporaines, l'art aborigène traverse le temps et les modes d'expression... Point commun à cet art : le lien avec la nature et la terre. Formes, couleurs et motifs renvoient toujours aux éléments premiers.
– ***Lower Level 1 :*** outre le sympathique café (voir « Où manger ? »), on trouve à ce niveau une grande section consacrée à l'***art asiatique*** à travers d'intéressantes expos temporaires.
– ***Lower Level 2 :*** ce niveau est dédié aux expos temporaires d'***art moderne et contemporain,*** mais il est probable qu'elles déménagent vers le *Sydney Modern,* la nouvelle aile en construction dessinée par le cabinet Sanaa, qui sera dédiée à l'art contemporain d'ici à fin 2022-début 2023 – avec un jardin de sculptures.

## CENTRAL BUSINESS DISTRICT
*(CBD ; plan centre détachable, C-D3-4-5)*

CBD ! Vous entendrez souvent ce terme. C'est le quartier d'affaires de la cité, son cœur économique, griffé de dizaines de buildings et gratte-ciel. Quelques sérieux ratés architecturaux des années 1970 vérolent l'ensemble et une boulimie de construction continue de percer le ciel, pas toujours pour le meilleur... Au milieu émergent pourtant encore quelques nobles édifices de grès blond de la fin du XIX^e^ s, souvent néoclassiques, de rares exemples Art déco des années 1930 mêlant le fer et la pierre et, au milieu de tout ce fouillis, un maquis de ruelles et culs-de-sac dissimulant bars (souvent en sous-sol) et restaurants, que l'on ne soupçonne pas au 1^er^ regard.
La colonne vertébrale du CBD est Pitt St, qui court sur un axe nord-sud. Entre King St et Market St, elle prend le nom de *Mall* dans sa partie piétonne. Boutiques de mode et internationales s'y concentrent (on a les mêmes à la maison), avec les grands *département stores* à quelques pas, sur Market St (perpendiculaire).

**Macquarie St** *(plan centre détachable, D3-4) :* longeant le flanc ouest du Royal Botanic Garden, cette large artère, tracée en 1810 par le gouverneur Macquarie à son arrivée, voit se succéder, au sud de Shakespeare Place, plusieurs édifices historiques du XIX^e^ s – chapelet de bâtisses administratives encore en fonction pour la plupart. Un héritage architectural d'une grande cohérence.

Du nord vers le sud de la rue :

– ***State Library of New South Wales :*** *1 Shakespeare Pl. ☎ (02) 9273-1414. • sl.nsw.gov.au • Expos tlj 9h-17h. GRATUIT (sauf certaines expos).* Si elle ne brille pas par son originalité, elle en impose cette Bibliothèque « nationale », avec son majestueux portique en grès de style néoclassique tardif (1910). La grande salle sous verrière ne manque pas d'allure avec ses 3 étages de livres superposés. Le lieu accueille généralement plusieurs expos temporaires en parallèle, souvent de grande qualité.

– ***Parliament House :*** *6 Macquarie St. ☎ (02) 9230-2111 (infos) ou 9230-3444 (résa). • parliament.nsw.gov.au • Lun-ven 10h-16h (visite libre) ; fermé w-e. Visite guidée (sur résa) lun et ven à 13h30 (durée : 1h). GRATUIT.* La longue façade à galeries superposées fut celle du 1er hôpital de Sydney (1816), avant de voir débarquer les 1ers parlementaires du pays dans les années 1830. Le Parlement de la Nouvelle-Galles du Sud y siège toujours, dans un édifice agrandi de 2 ailes néo-gothiques et d'une autre, moderne, à l'arrière. Contrôle de sécurité passé, on se promène librement au rez-de-chaussée (!), entre salons anciens, expo de portraits des 1ers ministres, grande toile illustrant la découverte de l'Australie et, si elle n'est pas occupée, la *Legislative Council Chamber* (salle des débats) aux bancs de cuir rouge. Petites expos d'art, souvenirs des visites royales et même un bureau de poste avec son propre tampon ! Si vous vous posez la question, sachez que le gouvernement des NSW gère notamment l'éducation, les transports et la santé.

– ***Sydney Hospital :*** *8 Macquarie St.* Le 1er hôpital de la ville, dont l'ex-aile nord abrite aujourd'hui le Parlement, est encore debout et toujours en activité (urgence 24h/24) ! Le sanglier devant a été offert par l'Italie. Comme pour son alter ego de Florence, lui toucher le groin porte chance...

– ***The Mint :*** *10 Macquarie St. Lun-ven 9h-17h ; fermé w-e. GRATUIT.* Élégant et modeste, avec sa double colonnade et sa balustrade en fer forgé, le plus vieil édifice du centre (1811-1816) abrita d'abord l'aile sud du *Rum Hospital,* dévolue au personnel. Visez un peu les colonnes : elles ne sont ni droites ni alignées ! En 1854, dans le sillage de la ruée vers l'or de la Nouvelle-Galles du Sud, on y installa la 1re monnaie en dehors d'Angleterre. Quelque 150 millions de souverains d'or (acceptés dans tout l'Empire) y ont été frappés, à raison de 63 pièces par minute grâce à une machine à vapeur. Pas grand-chose à voir, mais le lieu est ouvert au public – avec une mini-boutique dans l'ancienne salle des coffres !

– Juste en face, dans l'axe du Mint, l'***église anglicane St James*** *(173 King St)* fut bâtie en 1824 par le gouverneur

### THE SYDNEY SLAUGHTERHOUSE (L'ABATTOIR !)

*Il y eut d'abord un hôpital sous tente, où étaient soignés les bagnards malades. Puis vint le* Rum Hospital, *voulu par Macquarie. La Couronne refusant de le financer, le gouverneur dut déléguer le projet à 3 hommes (dont le chef chirurgien !) en leur octroyant une main-d'œuvre gratuite de bagnards et... le monopole sur le rhum pour financer les matériaux ! L'entreprise n'étant pas aussi rentable qu'espérée, le trio mégota sur leur qualité comme sur celle des soins, valant au lieu le surnom de* Slaughterhouse *(L'Abattoir) ! L'édifice, qui menaça longtemps ruine, a été renforcé en 1980.*

### À EN PERDRE LA TÊTE

*Outre la perte de sa liberté et la sujection aux travaux forcés et à diverses brimades, le condamné au bagne abandonnait aussi un droit fondamental : pas celui de voter, il n'existait pas, mais celui de disposer de son propre corps ! Après leurs morts, les bagnards étaient envoyés à la salle de dissection bâtie à l'écart de l'hôpital...*

Macquarie comme cour de justice. Son successeur en décida autrement. C'est la plus ancienne d'Australie. Voir la belle tribune en bois aux courbes élégantes et les nombreuses plaques dédicatoires du XIXe s. Devant, une statue de Victoria – et Albert de l'autre côté de l'avenue.

**Hyde Park Barracks Museum** *(plan centre détachable, D4)* **:** *Queens Sq, au bout de Macquarie St, angle Prince Albert Rd (face à Hyde Park). ☎ (02) 8239-2211. • hydeparkbarracks.sydneylivingmuseums.com.au • Tlj 10h-17h. Entrée : 24 $ ; 5-15 ans 16 $ ; billet familial : 64 $ ; réduc. GRATUIT le w-e. Audioguide inclus (extra et pédagogique !).*
Dortoir pour bagnards, prison pour délinquants, refuge pour veuves et orphelins irlandais, résidence pour femmes célibataires, maison pour indigents, cour de justice... les *Barracks* sont sans doute l'édifice qui a vu passer le plus grand nombre de laissés-pour-compte durant les 1res décennies de la colonie. Voilà une visite indispensable pour comprendre les tout 1ers pas des Australiens. Classé au Patrimoine mondial, le long édifice de brique, entouré de grilles, fut le ***principal pénitencier de la colonie de 1819 à 1848*** – période durant laquelle 50 000 *convicts* y transitèrent. Soumis de jour aux travaux forcés, voire « prêtés » à des entrepreneurs privés pour développer la colonie, ils étaient enfermés ici le soir. D'abord entassés par 70 dans des dortoirs aux hamacs installés à touche-touche, ils s'y retrouvèrent bientôt à 140, les moins bien lotis dormant à même le sol, au milieu des rats... Le parcours à travers le bâtiment fait ressortir les conditions de vie de ces hommes et femmes, les punitions, les règles (boissons et jeu interdits, tabac autorisé), mais aussi leurs talents d'artisans et leur rôle central dans l'émergence de la ville, à travers quelques objets et saynètes. L'exposition permet de se rendre compte qu'avec le temps l'espoir d'être libéré et réintégré dans la société laissa place à une désespérance due au durcissement des conditions de vie et à la raréfaction des pardons. Puis on termine avec les femmes irlandaises fuyant la famine, débarquées après 1848. Des milliers d'entre elles passèrent encore ici durant les 4 décennies suivantes – où elles cohabitèrent avec les mêmes rats...



**Hyde Park** *(plan centre détachable, D4-5)* **:** ce grand parc tout en longueur, encadré à l'ouest par Elizabeth St et à l'est par College St, fut le 1er hippodrome de la ville, d'où sa forme ovale. Sa longue allée centrale, bordée de majestueux banyans, butte au sud sur l'*Anzac Memorial,* dédié aux soldats australiens et néo-zélandais tombés durant la Première Guerre mondiale et au nord sur la grande *Archibald Memorial Fountain* (1932). En vis-à-vis, côté est : la ***St Mary's Cathedral,*** catholique et néogothique.

**Museum of Sydney** *(plan centre détachable, D3)* **:** *angle Phillip St et Bridge St. ☎ (02) 9251-5988. • sydneylivingmuseums.com.au/museum-of-sydney • Tlj 10h-17h (20h ven), sauf Noël et Nouvel An. Horaire transitoire post-Covid : jeu et w-e 10h-17h, ven 10h-20h. Entrée : 15 $ ; réduc ; gratuit ven 17h-20h.* Ce musée un peu fourre-tout se situe à l'emplacement exact où s'élevait en 1788 la 1re maison du gouverneur de la colonie naissante, le capitaine Phillip. Au rez-de-chaussée et au 1er étage est évoqué le développement de la ville, avec notamment des maquettes de la *First Government House* et des vaisseaux de la *First Fleet.* Une petite salle aborde l'arrivée des Anglais du point de vue aborigène, mais le plus intéressant est le film très bien fait (40 mn) détaillant les 1ers contacts entre Anglais et Gadigals. D'autres petits films (8-20 mn) sont projetés à tour de rôle au *Warrane Theatre,* dont un sur la construction du Harbour Bridge et un autre sur celui de l'Opéra. Un peu cher, vu qu'on en fait vite le tour...

**Australian Museum** *(plan centre et zoom 2 détachables, D5)* **:** *1 William St (angle College St). ☎ (02) 9320-6000. • australian.museum • Tlj 10h-17h (21h jeu), sauf Noël. Entrée : 15 $ ; gratuit moins de 16 ans et jeu soir. Café-terrasse sur le toit. Travaux de réorganisation toujours en cours en 2022.*
C'est le plus vieux musée d'Australie, ouvert en 1827 avec, pour mission, de réunir « de nombreux spécimens d'histoire naturelle, rares et curieux » ! Un beau

bâtiment mêlant intelligemment la structure initiale de 1857 (néo-classique) et une partie résolument moderne.

– ***Rez-de-chaussée, à droite : Westpac Long Gallery.*** La plus belle section à notre avis, réunissant, dans la superbe galerie de 1857, les 200 trésors du musée – le meilleur des réserves, parmi 18 millions d'objets ! Une sorte de ***cabinet de curiosités*** géant : le 1er billet de banque du pays, une pépite de 10,7 kg, les flacons du naturaliste de l'*Endeavour* Joseph Banks, un tapis en peaux d'ornithorynques de 1883 (75 bestioles massacrées...), des boucliers aborigènes du cap York, des masques, coiffes et sculptures papous, une rare et splendide armure de Kiribati avec son sabre en dents de requin (!), des casse-tête maoris en *pounamu* (jadéite), la cape en plumes offerte au capitaine Cook par le grand chef d'Hawai'i Kalani'opu'u, mais encore des objets d'art asiatiques, africains, américains... Oh ! et ce bout de squelette de pliosaure transformé en opale ! Au-dessus (escalier), des vitrines dédiées aux monnaies traditionnelles des îles du Pacifique, avec une rare monnaie géante de l'île de Yap (Micronésie), grande comme une roue de camion.

## QUAND L'AUSTRALIE DEMANDE PARDON

*Le 13 février 2008, conformément à sa promesse de campagne, le 1er ministre travailliste fraîchement élu, Kevin Rudd, prononce un discours historique au Parlement australien, intitulé « *Apology to the Stolen Generations* » (copie dans la section aborigène de l'Australian Museum). Reconnaissant la maltraitance et les souffrances subies par les 1ers peuples d'Australie, notamment la séparation des enfants de leurs parents (les « *lost generations* »), il demande pardon, au nom de l'institution. Mieux vaut tard...*

– ***En mezzanine, une galerie d'histoire naturelle*** assez classique, ramenant aux origines du musée.

– ***Derrière, au fond, les First Nations Galleries :*** consacrées aux peuples aborigènes et du détroit de Torrès (face à la Papouasie), elles adoptent une approche avant tout thématique – autour de la pêche, de l'eau, des croyances, etc. Collection de peintures sur écorce, boomerangs, armes, didgeridoos, vannerie... Dans la 2de salle, voir la carte d'Australie avec les 250 peuples aborigènes du pays.

– ***Level 1, à gauche : galerie de minéraux.***

– ***Level 2 :*** là, ça commence à dater davantage. Vous y trouverez tour à tour une galerie d'oiseaux empaillés, une longue salle consacrée aux dinosaures (rien que des moulages) et 2 autres à la mégafaune australienne – visez le wombat géant coincé dans son présentoir ! La section *Pacific Spirit* expose un bel ensemble d'œuvres principalement papoues – des masques d'argile des hautes terres, des sculptures malangan de Nouvelle-Irlande, mais aussi des tambours à fente en fougères arborescentes de Vanuatu.

***Sydney Tower Eye*** *(plan centre détachable, D4)* **:** *108 Market St. • sydneytowereye.com.au • Consulter le site, horaires variables : 10h ou 11h à 17h-20h (dernier accès 1h avt) ; fermé mar-mer hors vac scol. Accès à l'Observation Deck : 31,50 $ ; Skywalk 82 $ (durée : 1h30). Réduc, notamment de 20 % sur le site internet.* Au cœur du CBD, on ne pourra échapper à cette tour de 309 m élevée dans les années 1970. Si son intérêt esthétique est discutable, la vue de là-haut ne l'est pas. Un rapide ascenseur vous propulsera jusqu'à la plateforme d'observation, d'où vous embrasserez un panorama époustouflant à 360° sur la ville, la baie (Harbour Bridge) et les environs. Un petit film en 4D sur la ville, avec vent et bruine (!), précède la montée. Les amateurs de sensations pourront s'offrir en plus une promenade encadrée à l'air libre (en combinaison), à 268 m au-dessus du sol, sur une plateforme en verre...

***The Strand Arcade*** *(plan centre détachable, C4)* **:** *412 George St ou 193 Pitt St. ☎ (02) 9265-6800. Ouv 9h (11h dim-lun)-17h30 (16h sam-lun, 20h jeu).* Non, on ne vous incite pas à faire du shopping, mais à venir admirer cette belle galerie commerciale de 1891 coiffée d'une verrière. Sur 3 niveaux dotés de balustrades en fer forgé, les vieilles boutiques alignent devantures en bois et mosaïques de verre à la Tiffany's.

**Queen Victoria Building** *(plan centre détachable, C4) : entre George St et York St, Market St et Druitt St. Ouv 9h (11h dim-lun)-18h (17h dim-lun, 21h jeu).* Appelé QVB, cet énorme édifice de grès blond long de 190 m (pour seulement 30 m de large), inauguré en 1898 dans un style aussi pompeux que victorien, fut longtemps l'un des plus grands temples modernes de la consommation, à l'époque où la ville se développait frénétiquement. Il a failli finir rasé avant d'être restauré et de retrouver sa vocation 1re, à la mode du jour. Structure métallique, grande verrière, dôme central tout en vitraux, mosaïque de carrelages, longue coursive de fer forgé, l'ensemble ne manque pas d'allure. Sans oublier les 2 incroyables horloges suspendues (notre préférée : celle surmontée d'un château fort !). Tout autour, sur 5 niveaux, des boutiques ultrachics, un chocolatier, 2 salons de thé... Au sous-sol (LG2), on trouve même un mini-*food court.* Et au 2e étage, sous le dôme, à un angle, la minuscule vitrine contenant *The Queen's Letter* (voir encadré).

– Au sud du QVB, à l'angle de George et Druitt St, trône une imposante ***sculpture de bronze de la reine Victoria,*** de facture particulièrement classique (comme elle). Cette statue, autrefois installée devant le Parlement irlandais, fut « enlevée » en 1947. Retrouvée 36 ans plus tard, elle fut offerte à la ville de Sydney.

### LETTRE MYSTÉRIEUSE

*Au 2e étage du Queen Victoria Building, dans un angle du dôme, une vitrine abrite une surprenante et taquine missive rédigée par la reine Elizabeth II herself en 1985. Elle est dédiée aux habitants de Sydney et ne devra être ouverte qu'en... 2085 ! Nul ne sait ce qu'elle contient. Un mot d'amour ? Un canular ? L'avenir le dira.*

***Le quartier de Barangaroo*** *(plan centre détachable, B-C2-3) :* en pleine restructuration, le secteur, au nord-ouest du CBD (près de The Rocks), va contribuer à changer la donne commerciale et économique du CBD et de la zone portuaire à l'horizon 2024. Sydney n'a de cesse d'aller de l'avant ! On peut déjà y découvrir les lignes élégantes du ***Crown Sydney,*** désormais le plus haut gratte-ciel de la ville (271,30 m), regroupant hôtel, casino et logements de luxe, qui évoque 3 pétales légèrement torsadées qui fusionnent. Enfin un bel édifice contemporain ! Il a d'ailleurs décroché le *Skyscraper Award* en 2021 (une récompense internationale). On le voit très bien depuis le ferry qui relie Circular Quay à Pyrmont Bay.

## DARLING HARBOUR ET SYDNEY FISH MARKET
*(plan centre détachable, A-B-C4-5)*

Il y eu d'abord un port commercial niché dans le tréfonds d'une baie étroite (Cockle Bay) et un dépôt des chemins de fer, survolés par une affreuse autoroute. À la fin des années 1980, le secteur, plus ou moins à l'abandon, a été réinventé en zone commerciale et de loisirs. Les promoteurs n'y sont pas allés avec le dos de la pelleteuse ! Ils y ont élevé de bien vilains hôtels, le gigantesque *Harbourside Shopping Centre* (côté ouest), des *malls* à n'en plus finir, puis ajouté diverses attractions populaires – *Sea Life Sydney Aquarium, Wild Life Sydney Zoo* et l'intéressant *Maritime Museum.* L'autoroute est toujours là, mais on passe facilement d'un côté à l'autre de la baie grâce au Pyrmont Bridge, qui la coupe par le milieu. Sinon, pour déjeuner dans une joyeuse ambiance et en prendre plein les yeux (et les narines), allez faire un tour au *Sydney Fish Market,* un peu plus à l'ouest, dans le quartier de Pyrmont (desservi par le tram).

➢ ***Balade en ferry de/vers Darling Harbour :*** on vous en parlait à Circular Quay, ne l'oubliez pas ! Un ferry assure la liaison entre Circular Quay et Darling

LES NEW SOUTH WALES

Harbour (au pied du Musée maritime). C'est le moyen le moins cher de faire une belle balade dans la baie en passant sous le Harbour Bridge. Un bon plan à ne pas manquer !

***Sea Life Sydney Aquarium*** *(plan centre détachable, B-C4) :* *1-5 Wheat Rd (sur Darling Harbour).* • *visitsealife.com* • *Tlj sauf mar-mer 10h-16h en sem, 9h30-17h ou 18h w-e et vac scol (sous réserve de changements post-Covid). Entrée : 49 $ (!) ; 36 $ 3-15 ans ; réduc de 20 % pour résa en ligne les j. de sem, hors vac scol. Tarifs groupés avec* Wild Life Sydney Zoo *et/ou* Sydney Tower Eye *58-70 $, mais dans ce cas-là il faut réserver des créneaux horaires de visite… pas très pratique.*

Installé au bord de l'eau, au cœur de Darling Harbour, cet aquarium affiche un prix d'entrée scandaleusement élevé, surtout compte tenu de son caractère assez vieillot et mal entretenu…. Aux heures d'affluence (10h-15h), vous risquez de piétiner un moment avant d'accéder aux salles, notamment aux 2 tunnels de verre (longues passerelles en colimaçon assez mal fichues). Sans vous décrire par le menu les 12 000 résidents du lieu (!), en voici les hôtes principaux, ceux qu'il serait dommage de louper.

– ***Dugong Island :*** dans ce grand bassin auquel on accède via un long tunnel de verre, les dugongs (de gros cousins des lamantins) déplacent leur masse impressionnante (une demi-tonne chacun !) avec une nonchalance fidèle à leur surnom de « vache des mers », qui fait référence aussi à leur régime alimentaire, exclusivement végétarien. Une espèce particulièrement menacée : ils seraient à peine plus de 85 000 aujourd'hui dans le monde…

– ***Shark Valley :*** autre ambiance dans le 2e grand bassin de l'aquarium, qu'on traverse également via un tunnel de verre. On se retrouve face à face avec des requins-citrons qui nous scrutent de leur yeux jaunes (gloups !), tandis qu'un imposant ballet de requins-nourrices tournoie au-dessus de nos têtes !

– En sortant, petit arrêt au ***Discovery Rockpool,*** où les enfants peuvent toucher oursins, étoiles de mer et concombres de mer.

– ***Day and Night on the Reef,*** la grande barrière de corail : véritable feu d'artifice de couleurs, orchestré par les poissons-clowns, les demoiselles azur, *Orange Basslets* et autres anémones rouge carmin. Une belle séance de rattrapage pour les routards qui n'auront pas la chance d'aller voir, en vrai, le grand récif corallien australien.

– ***Reef Theater :*** on pourrait rester des heures face à cette immense baie vitrée derrière laquelle défilent requins-léopards, murènes, mérous patibulaires et autres requins-scies. Grandiose.

– ***Penguin Expedition Boat Ride :*** entre aquarium et parc d'attractions, on s'approche des manchots empereurs et papous en petit bateau gonflable… Compris dans l'entrée générale.

### DUGONG, LA SIRÈNE DU PIRATE

*À l'époque des 1ers vaisseaux croisant dans les eaux australes, les pirates prenaient les dugongs, proches du lamantin, pour des… sirènes. Pourtant, avec leur seule et unique dent et leur pif de boxeur, on ne peut pas dire que les dugongs ressemblent à des cover-girls. Les effets du rhum peut-être, et du manque de femmes sans doute !*

***Wild Life Sydney Zoo*** *(plan centre détachable, B-C4) :* *1-5 Wheat Rd (sur Darling Harbour).* • *wildlifesydney.com.au* • *Tlj sauf mar-mer 10h-16h, 9h30-17h certains w-e, j. fériés et pdt vac scol. Entrée : 46 $ (!) ; 34 $ 3-15 ans ; réduc de 20 % pour résa en ligne les j. de sem, hors vac scol. Tarifs groupés avec* Sea Life Sydney Aquarium *et/ou* Sydney Tower Eye *58-70 $ (voir plus haut). Visites guidées thématiques tlj sur les kangourous, koalas et crocodiles.*

Bon, soyons clairs : on ne vient pas ici si on part ensuite visiter l'Australie sauvage. Ni même si on a le temps d'aller au zoo de Taronga, au nord de la baie de Sydney

(voir plus loin). On vient ici si on est de passage en Australie et qu'on veut voir de près de près les animaux emblématiques de la faune australienne – ni très nombreux, ni très heureux, semble-t-il, dans leurs petits enclos au sol en béton. Pas le droit de les toucher (encore heureux !) mais on peut se faire prendre en photo avec (payant, naturellement). Très mercantile.
Le parcours débute avec la ***serre tropicale,*** *Butterfly Tropics,* qui renferme des centaines de papillons, des grenouilles, tortues et un superbe python. Puis vient l'enclos des diables de Tasmanie. La *Gum Tree Valley* accueille toute une famille de koalas, qu'on observe aussi depuis le *Koala Rooftop. Wallaby Cliffs* et *Kangaroo Walkabout* permettent de se balader au milieu des kangourous gris, wallabies, et autres échidnés (qui évoquent un peu le hérisson). Ne pas manquer de faire un tour dans la section *Daintree Forest,* pour y croiser le fameux casoar, ce grand oiseau à tête bleue ornée d'un casque, dont les pattes sont agrémentées d'une griffe aussi tranchante qu'un poignard. À voir aussi : les ornithorynques et les crocodiles.

***Australian National Maritime Museum*** *(plan centre détachable, B4) : 2 Murray St, sur le quai ouest de Darling Harbour. ☎ (02) 9298-3777. • sea.museum • Tlj sauf Noël 9h30-17h (dernier accès aux bateaux 50 mn avt). Musée GRATUIT. Accès aux bateaux payant : 25 $ ; 15 $ 4-14 ans ; réduc. De grands travaux de réaménagement sont en cours en 2022. Attention, la visite des bateaux est interdite aux enfants de moins de 90 cm.*
Ce musée de la mer se compose de 2 sections complémentaires. D'un côté des salles plutôt classiques sur 2 niveaux, présentant des expositions temporaires plus quelques sections permanentes. De l'autre d'authentiques navires à quai dont on peut (généralement) explorer l'intérieur : un destroyer, un navire de surveillance, un sous-marin, un 3-mâts, une réplique d'un navire du XVIIe s et, si on a de la chance, celle de l'*Endeavour* du capitaine Cook ! On peut les explorer librement mais des visites guidées sont aussi proposées.
– ***Le musée proprement dit :*** en cours de réaménagement, il se compose actuellement d'une juxtaposition un peu désorganisée de sections plus ou moins intéressantes. On y trouve notamment une galerie consacrée aux débuts de la navigation dans la région et une section qui se penche sur l'immigration en Australie par voie maritime – séparées par une collection d'œuvres d'art aborigène contemporaines à thème marin. Ajoutons au niveau inférieur la *Navy Gallery* (histoire maritime militaire), une salle dédiée au *Wildlife Photographer of the Year* et une autre à un artiste. Au passage, coup d'œil au *Spirit of Australia,* le bateau le plus rapide du monde (511,12 km/h) et à la figure de proue du *HMS Nelson* (1814).
– ***Le sous-marin Onslow :*** le clou de la visite. Ce sous-marin navigua entre 1969 et 1999, dans les eaux chaudes du Pacifique, en pleine guerre froide. Long de 90 m, large de 8 m (5 m dans la pratique !), il accueillait jusqu'à 68 membres d'équipage, dont 9 officiers. On y pénètre directement par la salle des torpilles, où des couchettes se nichent jusqu'entre les armements ! Puis on s'enquille le boyau du couloir central, sur les flancs duquel se répartissent salon, cuisine, autres couchettes à l'effroyable étroitesse, quartiers du capitaine (les seuls à peu près tolérables), w-c et douches dans lesquels il faut baisser la tête (!), mini-labo photo, mais aussi bien sûr salles des commandes et des machines, avec une incroyable collection de manettes, valves et tuyaux ! Étonnant : les combinaisons de sortie qui permettaient d'expulser les marins jusqu'à la surface en cas de naufrage, sans souffrir de la pression.
– ***Le destroyer Vampire :*** en service de 1956 à 1986, il mesure 118 m et accueillait jusqu'à 245 marins. On explore la cuisine, l'infirmerie, les douches, la cabine du capitaine et celles des officiers, leurs salons, le poste de commandement et les 2 salles des armements (une à chaque bout du navire). On se croirait dans *Octobre rouge* !
– ***L'Advance :*** moins impressionnant, ce patrouilleur surveillait les eaux australiennes et contrôlait la pêche illégale.
– ***Le Duyfken :*** cette réplique de navire du début du XVIIe s, utilisé pour l'exploration et le commerce des épices en Asie du Sud-Est, permet de se rendre compte

de l'inconfort à bord à l'époque... Pas de barre comme on les connaît aujourd'hui (en forme de volant), mais un simple manche qui obligeait le pilote à se tenir debout en tout temps ! La « cabine » du capitaine se résume à un écritoire, des petits coffres et une étroite banquette nichés à la proue. Des balades à bord sont organisées. • *sea.museum/sail-duyfken* •

– ***L'Endeavour :*** généralement amarré face au ***vieux phare*** (1874), c'est la copie du 3-mâts carré à bord duquel le capitaine Cook explora le Pacifique Sud entre 1768 et 1771. Il prend régulièrement la mer pour commémorer diverses dates anniversaire et traverse parfois même encore les océans (on l'a vu à Hawaii) !

– ***Le James Craig :*** *accès 10h30-15h seulement (vérifier).* Ce grand 3-mâts de 53 m et 670 t a été construit en 1874 en Angleterre. Il appartenait au clan McLeod (qui lui donna d'abord son nom) ! Après 23 passages du cap Horn, il reprit du service comme transporteur de charbon et de bois entre l'Australie et la Nouvelle-Zélande. Il n'en restait pas grand-chose quand son épave fut renflouée et rapportée de Tasmanie. Sa restauration a pris 20 ans !

***Sydney Fish Market*** *(plan centre détachable, A4) :* *Bank St, au bord de la Blackwattle Bay.* • *sydneyfishmarket.com.au* • *Tlj sauf Noël 7h-16h.* Voici le 2e plus grand marché aux poissons d'Asie-Pacifique après celui de Tokyo. Sydney a de la chance : les bateaux de pêche arrivent directement au port où se situe la criée ! Voilà pourquoi la plupart des restos de la ville proposent à leur carte des poissons variés et hyper frais. On ne peut pas assister à la criée, qui se déroule selon la méthode de la *dutch auction* : les prix commencent haut et descendent au fur et à mesure, en silence. Les acheteurs potentiels appuient sur un bouton quand le prix leur convient. Sous le plus grand hangar, on pourra faire le plein de poissons et fruits de mer. Un vrai plaisir pour les yeux... et l'estomac (voir « Où manger ? »).

### *MADONNA'S BRA*

*Depuis le quai du Fish Market, on embrasse une vue générale sur l'ANZAC Bridge (Australian and New Zealand Army Corps) rappelant que les 2 pays unirent leurs forces militaires en 1915 durant la Première Guerre mondiale. Plus légèrement, les habitants surnomment ce pont « le soutien-gorge de Madonna », évoquant la forme du bustier dessiné par Jean-Paul Gaultier pour la chanteuse dans les années 1990. Taquins, ces Australiens !*



## *CHINATOWN ET HAYMARKET*
*(plan centre détachable, B-C5-6)*

Situé entre Darling Harbour et Central Station, ce petit – tout petit – Chinatown *(plan centre détachable, C5)* porte sans doute un peu abusivement son nom. C'est dans la moitié sud de Dixon St, une ruelle très animée, entre Paddy's Market et Goulburn St, que bat le cœur chinois de Sydney. Cette artère piétonne est assez jolie, avec ses grands arbres touffus, ses 2 *paifangs* aux extrémités (portes ornées d'une tête de dragon) et ses auvents rappelant les toits des pagodes aux tuiles vernissées. Les Chinois débarquèrent en nombre en Australie à l'époque de la ruée vers l'or et certains ne repartirent jamais malgré les fortes discriminations dont ils furent longtemps victimes. Aujourd'hui, leurs descendants, renforcés par des vagues d'immigration plus récentes, forment la principale minorité non Européenne d'Australie, représentant 3,6 % de la population – soit légèrement plus que les Aborigènes. Si on trouve dans le quartier petits restos et épiceries asiatiques, c'est surtout lors du Nouvel An chinois (fin janvier-début février) que le secteur prend vie, avec ses défilés de dragons, orchestres et parades colorées.

***Chinese Garden of Friendship*** *(plan centre détachable, C5) :* *angle Day et Pier St ; face à l'Exhibition Center de Darling Harbour.* ☎ *(02) 9240-8888. Tlj* *sauf Vendredi saint et Noël 10h-17h (dernier accès 15 mn avt). Entrée : 8 $ ; réduc. Visite guidée à 12h.* Entouré de murs, ce jardin chinois est un havre de tranquillité, bien caché... Inspiré des jardins privés de la dynastie Ming, conçus sur l'équilibre entre yin et yang, il joue l'harmonie entre les 4 éléments : l'eau, la terre, le bois et la pierre. Quelques ibis et de nombreux iguanes s'y ébattent entre le grand bassin central dominé par une pagode à 3 niveaux, les pins, les grands cycas, les saules pleureurs et plusieurs petits pavillons – dont une maison de thé traditionnelle où l'on peut goûter (et même apprendre à confectionner) diverses sortes de raviolis. Une bulle d'oxygène en plein cœur de Sydney ! Ne pas manquer le spectacle des carpes *koi* nourries tous les jours à 11h30 au *Lenient Jade Pavilion.*

**Paddy's Market** *(plan centre détachable, C6) : entrées sur Hay St, Thomas St, Ultimo Rd et Quay St. Mer-dim 10h-18h.* Au pied de Dixon St, ce grand bâtiment de brique rouge abrite un centre commercial à l'étage et le principal marché de la ville au rez-de-chaussée. Rien de spectaculaire, mais on y trouve (côté Thomas St) une vaste halle aux fruits et légumes proposant des espèces pas courantes sous nos latitudes – fruits du dragon, nashis et autres durians (les gros fruits ovales qui puent !). En prime : fringues, électronique et bibelots touristiques divers.

**Powerhouse Museum** *(plan centre détachable, B5-6) : 500 Harris St. ☎ (02) 9217-0222. ● maas.museum/powerhouse-museum ● Tlj 10h-17h (21h jeu), sauf Noël. GRATUIT jusqu'à nouvel ordre.*

Branche du musée des Arts appliqués et des Sciences de Sydney, ce grand bâtiment aux allures de gare se divise en expositions temporaires et permanentes réparties sur 3 niveaux, balayant toutes sortes de sujets – technologiques, mais aussi culturels et artistiques.

– ***Level 3 :*** c'est par là que l'on entre. En vis-à-vis : la 1re locomotive à vapeur à avoir circulé en NSW (1855), aux wagons de bois verni. Derrière se succèdent une énorme machine à vapeur Boulton & Watt, puis la *Strasbourg Clock Model,* une réplique en taille réduite de l'horloge de la cathédrale de Strasbourg, réalisée en 1887-1889 par un horloger de Sydney, avant sa restauration – et donc différente de celle que l'on voit actuellement en Alsace. Toutes les heures, son mécanisme se met en route pendant 10 mn... Impressionnant !

– ***Level 2 :*** à cet étage, la principale exposition permanente, intitulée *The Steam Revolution,* collectionne tout ce qui peut marcher à la vapeur : presse d'imprimerie, métier à tisser, manège à chevaux, moulin à farine, tracteur, véhicule de pompiers... bref, tout ce qui a permis de révolutionner la vie et l'industrie au XIXe s.

– ***Level 1 :*** c'est là que l'on trouve les sections les plus nombreuses et intéressantes. La grande salle *Transport* regroupe 5 avions, une autre loco, un vieux tramway, une diligence et une rigolote collection de *microcars* (certains à 3 roues !). Derrière, c'est l'espace *(Space)* qui vous attend, avec une fusée expérimentale de 1928, ancêtre des fusées modernes, la réplique d'une partie du satellite *Spoutnik 1* (1er au monde en 1957), des tenues d'astronautes et cosmonautes et un bout de station spatiale reconstituée. La promesse d'y ressentir la perte de gravité ne nous a guère convaincu... Dommage. Dernière section du *Level 1, Experimentations* regroupe divers ateliers interactifs invitant à comprendre les mystères de la science. On vous y invite même à vous asseoir sur une chaise électrique...

## SURRY HILLS *(plan Surry Hills)*

Zone d'entrepôts, d'entreprises et de petites fabriques qui connut un grand développement au XIXe s, Surry Hills s'est réinventé en quartier résidentiel et (relativement) festif, avec de nombreux restos et bars – notamment le long de Crown St, son axe central. Si, du côté du CBD, les immeubles dominent encore, plus on s'éloigne vers le sud-est, plus les arbres et les maisons individuelles (à 2 étages) prennent de l'importance. L'occasion de voir quelques belles brochettes de demeures victoriennes, avec leurs balustrades en fer forgé typiques. Quelques boutiques *trendy* et œuvres de *street art*, de-ci de-là, ajoutent au plaisir de la promenade, avant de profiter de l'animation vespérale.

***Brett Whiteley Studio*** *(plan Surry Hills, B2)* **:** *2 Raper St. ☎ (02) 9225-1740. • artgallery.nsw.gov.au/visit/brett-whiteley-studio • Jeu-dim 10h-16h. GRATUIT.* Au cœur de Surry Hills, voici l'atelier de l'un des plus célèbres peintres contemporains australiens, Brett Whiteley (1939-1992). Méconnu sur la scène internationale, l'artiste vécut les 5 dernières années de sa vie dans cet entrepôt reconverti en atelier. La visite permet de se plonger dans l'atmosphère du peintre, et l'on peut encore voir son matériel, quelques toiles inachevées ainsi que ses livres de référence. Photos et objets personnels contribuent à rendre le lieu vivant, comme si l'artiste venait tout juste de quitter le studio. Une galerie présente certaines de ses œuvres, qui tournent régulièrement.

## KINGS CROSS ET POTTS POINT
*(zoom 2 détachable, G5-6)*

À environ 2 km à l'est du CBD, ***Kings Cross*** (alias *The Cross*) fut longtemps le coin des théâtres et des bordels, fréquenté par la pègre locale, avant de se muer en authentique quartier chaud durant la Seconde Guerre mondiale – en raison de la présence d'une multitude de GIs sur la proche base militaire de Garden Island, gardant l'entrée de la baie de Woolloomooloo. Rebelote durant la guerre du Vietnam. Les hommes étant des hommes, le quartier répondit rapidement à la demande : bars à filles, à strip-tease et hôtels borgnes virent le jour (ou plutôt la nuit) tout le long de Darlinghurst Rd. Il en reste encore quelques-uns aujourd'hui... C'est par là que défile le *Sydney Gay and Lesbian Mardi Gras* en février. Mais l'ambiance festive a pris un coup de massue, d'abord avec l'imposition des *lockouts* (abandonnés), puis avec le Covid.

Juste au nord, ***Potts Point,*** autrement plus résidentiel, conserve quelques vénérables demeures de style géorgien (années 1830), de superbes enfilades de *terrace houses* victoriennes très bien restaurées où on poserait volontiers ses bagages et même le bel ensemble d'édifices Art déco de Sydney. L'ambiance y est assurément plus souriante qu'à Kings Cross, avec pas mal de restos chics, mais les prix y sont aussi bien plus élevés ! Parmi les plus belles rues du quartier, on arpentera avec plaisir ***Victoria St*** (la bien nommée), ***Macleay St*** et leurs perpendiculaires ***Orwell St, Hughes St*** et encore ***Challis St.*** En se dirigeant vers ***Elizabeth Bay*** (vers l'est), quelques somptueuses demeures nichées dans la verdure (comme la ***Elizabeth Bay House*** sur Onslow Ave) montrent que le quartier a su conserver toute sa classe. Elle se visite le dimanche *(résa préférable sur • sydneylivingmuseums.com.au • ; dim 10h-16h ; entrée : 15 $ ; réduc).*

***Sydney Jewish Museum*** *(zoom 2 détachable, E5-6)* **:** *148 Darlinghurst Rd, Darlinghurst (au sud de Kings Cross). ☎ (02) 9360-7999. • sydneyjewishmuseum.com.au • Tlj sauf ven-sam 10h-16h (16h30 dim). Entrée : 15 $ ; réduc. Visites guidées conduites par des survivants de l'Holocauste (dim surtout).* Ce musée met en relief l'histoire de la communauté juive d'Australie depuis les 1ers arrivés (ils étaient 16, bagnards, à bord de la *First Fleet*) – au rez-de-chaussée notamment. Avec la montée de l'antisémitisme dans les années 1930, beaucoup de juifs d'Allemagne, d'Europe centrale et de l'Est émigrèrent en Australie, puis de nombreux autres à nouveau après l'Holocauste. Malgré les barrières légales, avec l'aide de la communauté déjà installée, l'Australie fut au final le pays qui, après Israël, accueillit le plus de juifs survivants des camps. Ce sont eux qui ont conçu le musée, en particulier les sections, aux 1er et 2e étages, qui évoquent toute cette période sombre – de l'émergence des 1ers mouvements antisémites à la libération des camps, en passant par la création des ghettos et la résistance – à travers documents, cartes, photos, journaux, archives sonores et nombreux objets personnels. L'ensemble est clair, concis, bien fait. Expos temporaires.

## PADDINGTON *(plan centre détachable, G6)*

À environ 2 km au sud-est du CBD, passé Kings Cross, ce quartier chic et résidentiel (alias *Paddo*) plaira aux amateurs de balades urbaines, qui y découvriront un ***superbe ensemble de demeures victoriennes*** de la fin du XIXe s. Parfaits exemples de *terrace houses*, toutes similaires et accolées les unes aux autres, ces maisons, petites et soignées, ont été joliment ripolinées. La plupart sont précédées d'un étroit perron carrelé avec plantes en pots, parfois d'un micro-jardin. S'extirpant de la très passante et peu charmante Oxford St, on arpente volontiers *William St* (la plus commerciale) et les ruelles calmes qui quadrillent le quartier, telles *Hargrave St, Duxford St, Stafford St, Cascade St, Norfolk St* et *Suffolk St*. Le léger vallonnement du quartier offre de-ci de-là de jolies percées sur le reste de la ville. *Paddington St* présente, quant à elle, une belle allée de platanes qui l'ombrage presque totalement. Venez de préférence à Paddo le samedi pour le célèbre Paddington Market.

**Paddington Market** *(hors plan centre détachable par G6 ; plan détachable La baie de Sydney)* **:** 395 Oxford St, dans la cour de la Paddington Public School. • paddingtonmarkets.com.au • Sam 10h-16h. Destination populaire, on y trouve des vêtements de stylistes locaux (mode féminine surtout), de la peinture, des sacs à main, luminaires... Rien à voir avec un marché aux puces, mais c'est l'un des rendez-vous du samedi très prisé des Sydneysiders.



## NEWTOWN *(plan Newtown)*

Newtown est à Sydney ce que Fitzroy est à Melbourne : une sorte de village dans la ville, où les barbes des hipsters disent ô combien on est cool par ici. Facilement accessible par le train (station : Newtown), King St, sa colonne vertébrale, est bien représentative de la ***philosophie alternative*** du quartier... Artistes, geeks, *skaters*, musiciens, pubards, queers, cheveux bleus et verts et quelques hippies qui se sont gourés d'époque déambulent au milieu des boutiques de fringues vintage ou d'occasion, des magasins de disques, *bookstores*, échoppes de tatoueurs, barbiers et coiffeurs à gogo, brocanteurs, créateurs, *coffee-shops*, restos alternatifs ou ethniques et autres bars marjos... Le quartier aurait pu être beatnik dans d'autres temps, rasta ou punk. La couleur du moment est hype, manière comme une autre pour dire son progressisme, son militantisme écologiste (circuits courts, légumes bio, *vegan food*, recyclage, bourses d'échanges...), sa volonté de partage et son envie de vivre sur un autre rythme. Une ambiance dont on aime s'imprégner, une couleur du temps à saisir, une tolérance qui flotte dans l'air.

### UN COCHON EN OTAGE

*Jusqu'à sa récente retraite, la petite ferme du restaurant* The Grounds *(voir « Où prendre un petit déj ? Où manger ? ») donnait asile au cochon Kevin Bacon. L'animal est devenu célèbre en 2013 après qu'il fut enlevé et une rançon de 5 000 $ réclamée... Terrible émoi dans la population, largement relayé par les chaînes de télévision locales. Devant le désarroi populaire et pliant sous la pression médiatique, les ravisseurs relâchèrent la bête (ouf !) sans exiger la rançon. Kevin n'eut même pas besoin d'assistance psychologique et coule aujourd'hui des jours heureux.*

La partie de King St la plus animée, entre Missenden Rd (au nord) et Lord St (au sud), est bordée de petits édifices à un étage aux façades souvent défraîchies, de maisons ouvrières et mitoyennes de style victorien, avec souvent de jolis balcons de fer forgé, et de quelques édifices aux accents Art déco. Il y a 2 décennies, Newtown était encore majoritairement habité par des travailleurs pauvres. À l'extrémité sud du quartier, on voit encore 4 hautes cheminées, tout ce qui reste des usines où l'on cuisait autrefois des briques. Une certaine gentrification a suivi l'installation dans le coin d'une population artiste et alternative et les prix ont grimpé, mais les habitants tiennent à conserver une mixité sociale, évidente quand on s'y balade. Bref, Newtown offre l'occasion d'une balade dans un Sydney différent. On peut y venir en milieu d'après-midi pour faire les boutiques, puis dîner dans l'une des chouettes adresses que l'on vous a dégotées, écumer quelques bars et enfin planter sa pinte au comptoir de celui où se produit un groupe live. Un bon moment en perspective, *off the beaten track* (hors des sentiers battus).

## AU NORD DE LA BAIE

***Taronga Zoo*** *(plan détachable La baie de Sydney)* **:** *Bradleys Head Rd. ☎ (02) 9969-2777. • taronga.org.au • Tlj 9h30-17h. Entrée : 44,10 $ ; 4-15 ans 26,10 $ ; réduc.* ***Achat du billet obligatoire en ligne !*** Animal encounters *et autres activités payantes en sus...* Parmi les plus grands (28 ha) du monde, le zoo de Taronga, ouvert en 1916, a su se moderniser régulièrement et répondre aux nouvelles exigences de bien-être de ses quelque 2 600 pensionnaires. Il tente de rendre compte de manière la plus exhaustive possible de la richesse animale de la planète, tout en reproduisant au plus près (pas facile !) l'environnement traditionnel de chaque espèce – présentée par répartition géographique. Outre les grands classiques, on découvrira en priorité les espèces australiennes, kangourous et koalas bien sûr, mais aussi le curieux wombat avec son gros nez, les émeus, le kangourou arboricole, le diable de Tasmanie et le bilby (bandicoot-lapin), dont vous n'aviez sans doute pas entendu parler avant de venir ! Dans l'eau, l'ornithorynque, au faciès pas possible, et les célèbres petits pingouins qui résident dans les environs de Sydney font figure de vedettes. De nombreuses animations rythment la vie du zoo (repas, présentation, etc.) qui, installé sur une colline, offre en outre de superbes points de vue sur la baie et la ville. Le prix d'entrée étant évidemment un large frein, prenez au moins votre temps !

### BÊTE HYBRIDE

*L'ornithorynque est un animal bizarre : il possède un bec de canard et une queue de castor. C'est le seul mammifère semi-aquatique qui pond des œufs. On ne déconne pas avec lui : ses pattes arrière sont dotées d'un aiguillon venimeux.*

## Marchés

– ***Paddington Market :*** *395 Oxford St, à Paddington. • paddigtonmarkets.com.au • Sam 10h-16h.* Fringues de designers locaux, artisanat, poterie, *street food.*

– ***Paddy's Market :*** *à Haymarket, face à Chinatown. • paddysmarket.com.au • Mer-dim 10h-18h.* Pour le coup d'œil à la section fruits et légumes surtout et pour des souvenirs de pacotille. Parfois quelques trouvailles mais il faut savoir... chiner.

– ***The Rocks Market :*** *George St et Playfair St, quartier The Rocks. • therocks.com • Le w-e 10h-17h.* Créateurs d'objets en tout genre *made in Australia* et de bons stands de nourriture.

– ***Kings Cross Saturday Market :*** *Fitzroy Gardens, Kings Cross. Sam 9h-14h.* Un marché populaire qui rappelle les nôtres : produits frais et bio, préparations culinaires, pâtisseries, *street food*, etc. Toute la *crowd* bobo de Sydney est là.

– ***Eveleigh Farmers' Market :*** *245 Wilson St, Carriage Works, quartier d'Eveleigh. Sam 8h-13h.* Marché de produits frais. Stands tenus par des producteurs locaux, large choix de produits bio.

– **Glebe Market :** *Glebe Point Rd et Derby Pl, quartier de Glebe.* • *glebemarkets.com.au* • *Sam 10h-16h.* Dans la cour d'une école, plein de produits exotiques et des objets tendance ou new age. Musique live et petits spectacles. Une ambiance différente.
– **Sydney Fish Market :** *Bank St, au bord de la Blackwattle Bay, quartier de Pyrmont.* • *sydneyfishmarket.com.au* • *Tlj sauf Noël 7h-16h.* Le plus grand marché au poisson du pays, ultrafrais évidemment. Chouette visite (lire « À voir. À faire »).

## Fêtes et manifestations

– **Sydney Festival :** *3 sem en janv.* • *sydneyfestival.org.au* • Des semaines de festivités artistiques tout autour de la ville. Spectacles vivants, cabaret, concerts, comédies musicales, expositions, danse avec des artistes australiens et internationaux et plus encore.
– **Chinese Lunar New Year :** *de fin janv à mi-fév.* • *sydneychinesenewyear.com* • Grande parade à Haymarket, danses du lion quotidiennes, spectacles dans les rues et *food market* pendant 2 semaines. C'est le moment où cette communauté plutôt discrète se met dans tous ses états !
– **Mardi Gras :** *fév-mars.* • *mardigras.org.au* • Tous les ans depuis 1978, la communauté LGBTQIA+ se rassemble pour 15 jours de festivités : pique-nique géant du *Fair Day* au Victoria Park (80 000 personnes !), pool parties XXL, bal, comédie, jusqu'à l'immense parade sur Oxford St, vraiment débridée. La soirée après parade l'est encore plus !
– **Handa Opera on Sydney Harbour :** *mars-avr.* • *opera.org.au* • Tous les ans, durant 3 semaines, une immense production d'un opéra classique est donnée en plein air et sur l'eau, aux portes des Royal Botanic Gardens, avec pour arrière-plan l'Opéra et le Harbour Bridge *(Carmen, Madame Butterfly, West Side Story, La Traviata, Le Fantôme de l'Opéra...).*
– **Vivid Festival :** *3 sem en mai-juin.* • *vividsydney.com* • Festival des lumières. Les plus emblématiques monuments de Sydney sont éclairés par des œuvres monumentales projetées sur leurs façades. En parallèle : débats parfois provocateurs et show musicaux innovants.
– **Bastille Festival Sydney :** *mi-juil.* • *bastillefestival.com.au* • Cocorico ! Les *Frenchies* d'Australie sont à l'honneur durant ce festival organisé à Circular Quay et The Rocks. Au programme : cinéma, concerts, célébration de la cuisine et du vin, marché de Noël pour célébrer la culture tricolore.
– **City to Surf :** *2e dim d'août.* • *city2surf.com.au* • Des dizaines de milliers de coureurs (et marcheurs) parcourent les 14 km qui séparent Hyde Park, dans le centre de Sydney, de la plage de Bondi. Une tradition depuis un demi-siècle.
– **The Sydney Fringe :** *nov.* • *sydneyfringe.com* • Le plus grand festival d'art indépendant de la région de Sydney (organisé par une *team* 100 % féminine) aligne plus de 450 événements sur 1 mois, dans 70 lieux différents ! Musique, théâtre, cabaret, comédie, arts visuels, etc., entre inattendu et alternatif.
– **Sculpture by the Sea :** *oct-nov.* • *sculpturebythesea.com/bondi* • Un musée en plein air temporaire, avec 100 sculptures géantes positionnées sur les 2 km de la promenade côtière entre Bondi Beach et Tamarama.
– **Head On Photo Festival :** *en nov.* • *headon.com.au* • Entre expositions physiques (à Paddington et Bondi) et virtuelles, *Head On* reste, malgré les changements dus au Covid, l'un des plus importants festivals de photographie au monde, avec plus de 700 artistes sélectionnés. On peut participer à des conférences et ateliers avec des photographes de renommée internationale.
– **Newtown Festival :** *début nov.* Populaire et gratuit, musical essentiellement, il se déroule dans un grand parc du quartier de Newtown et Tout-Sydney s'y donne rendez-vous. De super groupes à écouter, une ambiance du tonnerre... et même un *dog show* !
– **Sydney to Hobart Yacht Race :** *26 déc.* • *rolexsydneyhobart.com* • Tous les ans, pour *Boxing Day,* 100 à 150 bateaux s'élancent du Sydney Harbour

pour rejoindre Hobart, en Tasmanie. Une des courses les plus palpitantes au monde, dans des eaux réputées pour leur traîtrise.
– ***New Year's Eve Fireworks :*** *31 déc.* • *sydneynewyearseve.com* • Sydney est l'une des 1res villes à changer d'année dans le monde. Ses feux d'artifice sur le Harbour Bridge, les eaux de la baie et autour de l'Opéra attirent généralement plus de 1 million de spectateurs !

# SYDNEY, CÔTÉ PLAGES

## *BONDI BEACH*

Bondi Beach (prononcer « Bondaï », comme « bonsaï ») forme une station balnéaire à part entière, presque indépendante de la ville. Une station qui prend la vie du bon côté, festive et jeune – étape incontournable des *backpackers.* À 7 km à l'est du CBD, la plus célèbre des plages australiennes déroule une anse magnifique, au sable clair et fin, enveloppée d'une large pelouse et encadrée de collines verdoyantes gentiment urbanisées. Tout du long, se déroule une généreuse promenade le long de laquelle défilent familles, baigneurs et joggeurs – prolongée de part et d'autre par un chemin littoral offrant de réjouissants panoramas marins. Mais on vient avant tout à Bondi pour pratiquer le surf ! Et ça dure depuis un bon siècle... Facile d'accès, bénéficiant d'une houle régulière toute l'année, le spot est l'un des meilleurs de la région. Les jours de *big swell,* c'est souvent la cohue ! La baignade est elle aussi très encadrées : on se trempe entre les drapeaux rouge et jaune, au centre de la plage ou à son extrémité nord – les autres zones, sujettes à de dangereux courants de retour, étant réservées aux surfeurs.

### *Black Sunday in Bondi*

Le dimanche 6 février 1938, jour de canicule, 6 énormes vagues s'abattent en rafale sur Bondi, alors que 35 000 personnes sont sur la plage et près d'un millier dans l'eau, tentant de se rafraîchir. Une sorte de mini-tsunami. La panique est totale. Près de 250 baigneurs et surfeurs, aspirés au large par le courant de retour, sont en détresse. Les barques des *lifeguards* sont lancées à l'eau, les surfeurs les plus aguerris en aident d'autres... On ne déplorera finalement que 5 morts, échappant sans conteste à une catastrophe d'une tout autre ampleur. On se souvient de ce jour comme du *Black Sunday.*

> ***SURF LIFE SAVING***
>
> *C'est à Bondi, en 1907, que fut fondé le tout 1er club de sauveteurs en mer bénévoles* (lifesavers). *Ce fut le point de départ d'un grand mouvement mondial, dans des milliers de villes balnéaires.* Le Surf Bathers Life Saving Club *de Bondi peut s'enorgueillir de mettre hors de danger des centaines de surfeurs et nageurs par an !*

### Bondi mode d'emploi

Pratiquer le surf (ou essayer !) est l'une des activités les plus prisées par les jeunes visiteurs de Sydney. Pour ce faire : rendez-vous à Bondi ! Les grandes qualités de sa plage ne doivent rien au hasard : c'est la plage océanique la plus proche du centre, les vagues sont d'une grande régularité, pas trop puissantes et bien exposées, et la baignade est surveillée 365 jours par an. Dans la partie sud de la plage, place aux planches en fibre *(hard boards)* et aux initiés (débutants s'abstenir !). Vers le nord, partie protégée de la forte houle, place aux planches en mousse, idéales pour débuter. Et ne vous avisez pas d'aller surfer là où vous n'avez rien à faire, vous risqueriez de vous faire des copains ! Chacun son secteur, et les vagues seront bien gardées. Avis de connaisseurs : les meilleures vagues se forment à mi-marée montante, par vent de sud.

## Comment y aller ?

➢ ***En bus ou en train :*** le plus simple est de prendre le bus nº 333 depuis Circular Quay ou Hyde Park (Elizabeth ou Liverpool St), direct jusqu'à Bondi Beach (env 30-35 mn). Autre option : le tram (T4) jusqu'à Bondi Junction, puis le bus nº 380.

## Où dormir ?

### Backpacker (auberge de jeunesse)

***Wake Up! Bondi Beach*** *(plan Bondi Beach, A1, **12**) : 110 Campbell Parade. ☎ (02) 9130-4660. • wakeup.com.au/bondibeach • Dortoirs (3-8 lits) 42-50 $/pers ; doubles avec sdb communes env 100-135 $.* La meilleure adresse du coin dans cette catégorie, de loin ! Juste face à la plage, ce *backpacker* offre des chambres distribuées sur 3 étages, toutes avec fenêtre et coffres privatifs (mais sanitaires partagés pour tous). Certains dortoirs ont même vue sur la mer (+ 2 $) ! Cuisine à l'ancienne avec sa grande table carrée, laverie et, bonne nouvelle, prêt de planches de surf (mais pas de la combinaison) ! Animations gratuites plusieurs fois par semaine : yoga sur le *rooftop* avec vue à couper le souffle sur la mer et les environs, karaoké, BBQ le jeudi soir *(5 $), wine & cheese night* le vendredi, pancakes gratuits le dimanche...

### De prix moyens à un peu plus chic

Les prix augmentent largement le week-end. Venez en semaine !

***Ultimate Apartments Bondi Beach*** *(hors plan Bondi Beach par A1, **13**) : 59 O'Brien St. ☎ (02) 9365-7969. • apartmentsbondibeach.com • Studios 130-220 $ pour 2 ; apparts pour 4-6 pers également. Bons tarifs à la sem ou long terme en résa directe.* On pense à une sorte de motel américain, avec 44 appartements organisés sur 2 étages autour d'une courette au milieu de laquelle se serre un petit bout de piscine sans charme. Calmes, à moins de 10 mn de la plage, les studios sont simples et plutôt bien tenus, avec sanitaires, petit bout de cuisine et coin salon, mais la déco ramène plutôt à la fin du XXᵉ s ! Laverie, possibilité d'étendre son linge sur la terrasse et... parking inclus ! Au final, un bon rapport qualité-prix malgré l'accueil taciturne.

### Plus chic

***Bondi Beach House*** *(plan Bondi Beach, A2, **14**) : 28 Sir Thomas Mitchell Rd. ☎ (02) 9300-0369 ou 📱 0417-336-444. • bondibeachhouse.com.au • Doubles env 275-450 $ (50 $/pers supplémentaire). Parking... 50 $ (sur résa) !* En haut des escaliers, on est accueilli par une jolie petite terrasse ombragée, précédant une bien charmante maison bleu pétrole cernée de verdure. Pour accueillir les envies d'oasis, 5 suites vous attendent, toutes avec salle de bains et kitchenette (mais pas de clim). Elles sont spacieuses, coquettes, lumineuses, déclinent parquets, tapis, pièces de mobilier ancien ou rétro, et quelques œuvres d'art aux murs. Bref, on y est bien. Notre préférée ? La *Palm View Suite,* à l'étage, superbe, dominant les quelques palmiers du jardinet.

***Adina Apartment Hotel Bondi Beach*** *(plan Bondi Beach, A1, **15**) : 69-73 Hall St. ☎ (02) 9356-5062 (résa). • adinahotels.com • Studios env 215-560 $ ; apparts jusqu'à plus de 1 000 $.* En plein cœur de l'animation et à 250 m de la plage, voilà des studios et appartements douillets, parfaitement équipés (jusqu'à 3 chambres dans les plus

LES NEW SOUTH WALES

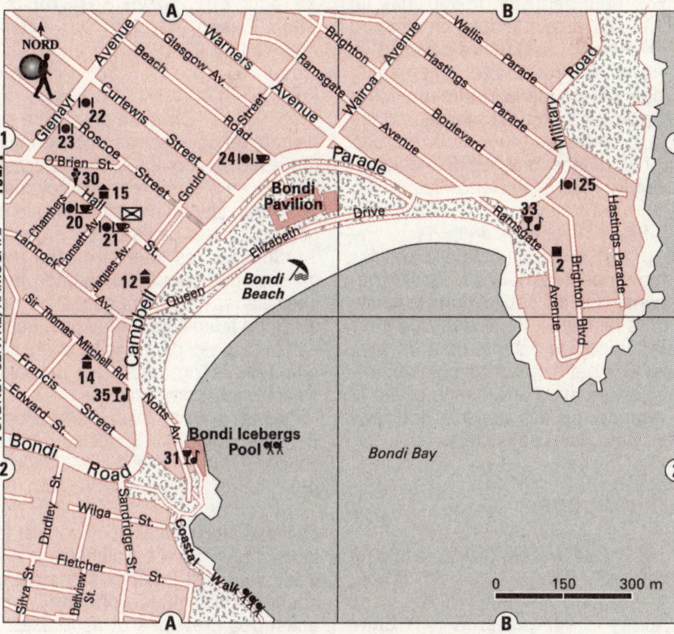


## SYDNEY – Bondi Beach

**Adresse utile**

- **2** Let's Go Surfing (B1)

**Où dormir ?**

- **12** Wake Up! Bondi Beach (A1)
- **13** Ultimate Apartments Bondi Beach (hors plan par A1)
- **14** Bondi Beach House (A2)
- **15** Adina Apartment Hotel Bondi Beach (A1)

**Où prendre un petit déj ? Où manger ?**

- **20** Gertrude & Alice (A1)
- **21** Le Paris Go Café (A1)
- **22** Lox, Stock & Barrel (A1)
- **23** Bonditony's et Funky Pies (A1)
- **24** Macelleria (A1)
- **25** Bondi's Best (B1)

**Où s'offrir une glace ?**

- **30** Messina (A1)

**Où boire un verre ? Où sortir ?**

- **31** Bondi Icebergs Club (A2)
- **33** North Bondi RSL Club (B1)
- **35** Bar 34 BONDI (A2)

grands). Tous disposent d'un balcon privé. Piscine couverte, spa et salle de gym. Accueil pro et bienveillant. Au pied : *Bills* pour le petit déj et le glacier *Messina* pour ceux qui ont le dent sucrée (voir « Où s'offrir une glace ? »). À éviter quand même quand les tarifs grimpent trop...

## Où prendre un petit déj ? Où manger ?

### Bon marché

***Gertrude & Alice*** *(plan Bondi Beach, A1,* ***20****) : 46 Hall St. ☎ (02) 9130-5155. Tlj 6h15 (7h dim)-16h. Petits déj et petits plats 12-18,50 $.* Est-ce une librairie dans un café, ou un café dans une librairie ? Le lieu est original pour déguster un bon *latte,* un petit déjeuner tout simple, un *wrap* ou un *roll* le midi. Les 3 tables-banquettes en terrasse étant vite colonisées, il vous faudra sans doute dénicher une place à l'intérieur, sur les tables en bois, entre les murs de livres. Une super ambiance, baignée de musique.

**Funky Pies** *(plan Bondi Beach, A1,* **23***) : 144-148 Glenyar Ave. 0451-944-404. Tlj 8h30 (10h w-e)-20h30. Pie 8 $ ; plat 16 $.* Ici, on fait des *pies,* des sortes de petites tourtes salées, végétariennes. On les choisit dans la vitrine et on s'installe à l'une des quelques tables bricolées dans le bout de salle (c'est tout petit) ou sur un coin de trottoir. Servies avec une bonne purée et un légume, on est rassasié pour pas cher ! Smoothies et jus frais.

## Prix moyens

**Le Paris Go Café** *(plan Bondi Beach, A1,* **21***) : 38 Hall St. (02) 9130-6753. Tlj 7h-16h (23h ven-sam). Petits déj 15-24 $ ; plats 18-32 $.* Entre vieux rade parisien et *coffee-shop*-resto californien, le *Paris Go* a fait sauter les murs et les portes, côté cuisine comme côté rue ! On s'installe sur le divan ou à l'une des grandes tables en bois empiétant sur le trottoir pour profiter d'un copieux petit déj à l'australienne (rien de bien français) ou, le midi, de salades fraîches, burgers, sandwichs, plats et pâtes aux notes asiatiques. Ambiance conviviale et décontractée, beaucoup d'habitués.

**Bonditony's** *(plan Bondi Beach, A1,* **23***) : 144-148 Glenayr Ave. 0410-893-003. Tlj 12h (17h lun)-21h. Burger avec frites 19-25 $.* Populaire, abordable, voici LE spécialiste du burger en ville, juteux comme il faut et avec frites incluses. Ils portent tous des noms bizarres *(Classic Cog, Trippin Zeahorse, Just a Jezabel...),* qui rendent hommage aux groupes de musique pour lesquels Tony (le boss) fut le manager. Ça explique le côté *arty* et rock du lieu – notamment ces caisses à instruments utilisées comme tables basses. Si ces *bands* étaient aussi talentueux que les burgers sont bons, on n'a qu'une chose à dire : « *Play it again, Sam !* »

**Lox, Stock & Barrel** *(plan Bondi Beach, A1,* **22***) : 140 Glenayr Ave. (02) 9300-0368. Tlj 7h-14h30, plus mer-sam de 17h30 jusque tard. Petit déj et déj 15-22 $ ; le soir, plats jusqu'à 36 $.* On aime son allure cool de café de quartier, grand ouvert sur la rue, avec son comptoir central divisant la salle en 2 et sa terrasse colonisant le trottoir. Dans l'assiette, en quantité généreuse, des petits déj servis jusqu'à 14h30 pour les lève-tard, des pains maison, des bagels au saumon fumé, des salades (très composées) ou... une omelette au foie pour changer ! Le soir, l'ambiance vire plus chic (et cher), entre cocktails et produits frais de saison sans trop de complications.

**Bondi's Best** *(plan Bondi Beach, B1,* **25***) : 39-53 Campbell Parade. (02) 9300-9886. En face du Campbell Parade Terminus. Tlj 15h (12h ven-dim)-20h. Plats 12,50-28 $.* Envie de *fish & chips* ? Ici, le poisson est toujours d'une grande fraîcheur, préparé à la minute, et le choix est laaaarge : snapper, barramundi, johndorry... mais aussi des crevettes et *fish cakes.* Ils sont frits avec la peau et en taille XXL (1 portion pour 2 peut suffire). Compte tenu de l'hygiène limite, on ne vous conseille pas forcément les sushis et sashimis... La cuisine ouverte occupe les 2/3 de la salle et la plupart des clients emportent leur commande, sinon on s'installe au comptoir donnant sur la rue ou sur les 2 tables à son pied... Parfait pour le déjeuner après un cours de surf à *Let's Go Surfing,* situé à 2 pas.

## De prix moyens à chic

**Macelleria** *(plan Bondi Beach, A1,* **24***) : 180 Campbell Parade. 0473-947-834. Tlj 11h-21h30. Burgers 13-22 $ ; plats 15-46 $.* Voici une excellente adresse qui risque de mettre l'eau à la bouche des routards amateurs de bonne viande. Ici, la barbaque, c'est tout un art ! D'ailleurs Peter, le patron, se présente lui-même comme un « viandologiste », c'est dire. Dans une vitrine (comme chez le boucher), on choisit sa viande (faux-filet, pavé, onglet, etc.), le poids et la cuisson, avant d'aller s'installer à l'une des tables en bois, les narines déjà frémissantes. En plus de ces bons morceaux de viande (bœuf d'Australie et de Tasmanie principalement), le chef prépare d'excellents burgers à prix doux. Salades fraîches, pommes de terre aux herbes ou frites en accompagnement. Miam !

## Où s'offrir une glace ?

**Messina** *(plan Bondi Beach, A1, **30**) : 61 Hall St.* ☎ *(02) 9130-2877. Tlj 12h-22h (22h30 ven-sam).* Cette chaîne de glaciers propose de goûteux sorbets et glaces, pleins d'originalité (orange sanguine, panna cotta, *dulce de leche*...).

## Où boire un verre ? Où sortir ?

**Bondi Icebergs Club** *(plan Bondi Beach, A2, **31**) : 1 Notts Ave.* ☎ *(02) 9130-3120. Tlj 11h-22h (21h dim), voire plus tard.* Au-dessus de la piscine du club, cet édifice moderne, cubique, aux larges baies vitrées, est longé par une étroite terrasse offrant une vue remarquable sur la plage et l'océan. Parfait pour un verre de vin en fin d'après-midi et pour admirer le coucher de soleil, *of course !* Attention, c'est un « club privé », et si vous n'êtes pas membre, on vous demandera votre pièce d'identité. On peut aussi y manger, mais on ne vous le conseille pas forcément. La plupart des soirées à thème ont été suspendues depuis le Covid (*trivia night* le mercredi).

**North Bondi RSL Club** *(plan Bondi Beach, B1, **33**) : 118-120 Ramsgate Ave.* ☎ *(02) 9130-3152. Face au* Campbell Parade Terminus. *Tlj 12h-22h (23h sam). Il y a l'Icebergs au sud de la plage et le RSL au nord.* Perché à l'étage, avec sa salle lumineuse face à l'océan, le *Rathouse,* comme on le surnomme (souvenir de soldats de la Seconde Guerre mondiale), ne manque pas d'arguments. Il faut l'admettre : attablé à la terrasse, une mousse à la main, on s'y sent plutôt bien. Les plats de pub ne nous ont pas plus convaincus que ça (grande queue néanmoins), mais on vient volontiers le samedi pour la séance de musique live et l'ambiance festive. Le soir, les tenues de plage sont en théorie prohibées.

**Bar 34 BONDI** *(plan Bondi Beach, A2, **35**) : 34 Campbell Parade.* 📱 *0405-899-852. Tlj sauf lun 17h30 (14h30 w-e)-minuit.* Live bands *mer-dim.* Happy hours *jusqu'à 19h30 (16h-21h le lun !).* « *The Home of Live Music in Bondi Beach* » : le ton est donné dès l'entrée ! Ambiance et déco surf et rock pour ce rade chaleureux doublé d'un resto au rez-de-chaussée. À part le mardi *(open mic),* chanteurs et groupes se produisent tous les soirs, à l'étage ou dans la petite salle du sous-sol. Au programme : soul acoustique, reggae, R'n'B, rock classique le samedi et même « *beach rock* »... Ce serait parfait si les videurs étaient toujours cool...

LES NEW SOUTH WALES

# À faire

**Bondi Beach** *(plan Bondi Beach, A-B1-2) :* longue d'un bon kilomètre, elle est prise d'assaut le week-end. Si vous avez le choix, venez en semaine. On y trouve des douches et, au centre, juste au-dessus de la grande promenade, l'élégant *Bondi Pavilion,* un grand édifice de 1928 abritant vestiaires, toilettes et quelques bars (rénovations en cours en 2022). On peut faire du snorkelling dans la partie nord de la plage, quand la mer est calme. L'occasion d'observer des *Port Jackson sharks* (requins-dormeurs, pas dangereux mais impressionnants) ou des *wobbegong sharks,* très colorés – appelés requins-tapis en français car ils se tapissent dans le sable.

> **REQUINS OU PAS REQUINS ?**
>
> *À Bondi comme sur toute la côte, les requins sont présents. Filets de sécurité et surveillance rapprochée font qu'on les voit très rarement en bord de plage... mais ils sont là. Rassurez-vous, il n'y a eu que 2 attaques mortelles à Bondi en un siècle : en 1930 et... en février 2022. Ne jamais oublier que surfer en Australie relève de la responsabilité de chacun. Le contrat que vous signez avant de prendre un cours de surf le stipule noir sur blanc !*

➢ **Coastal Walk de Bondi à Coogee** (plan Bondi Beach, A2) : *6 km ; compter 1h30-2h. Pour le retour à Sydney depuis Coogee, bus n° 373 (jusqu'à Hyde Park) ou n° 374 (jusqu'à Central Station).* Cette chouette balade le long de la côte, à ne pas manquer, débute au *Bondi Icebergs Club* (voir « Où boire un verre ? Où sortir ? ») par un escalier qui descend le long de la petite falaise. On contourne une pointe, puis on passe par les plages de Tamarama et de Bronte, buts alternatifs plus courts (30-45 mn/sens). Si l'essentiel du littoral est construit, avec parfois de superbes villas panoramiques à flanc de falaise, on découvre aussi quelques coins sauvages et, toujours, de remarquables points de vue sur l'océan. La promenade est la plupart du temps en site propre, et emprunte parfois un trottoir longeant la route côtière. Très fréquentée le week-end et le soir par les promeneurs, joggeurs et pique-niqueurs.

## Activités nautiques

■ **Bondi Icebergs Pool** (plan Bondi Beach, A2) : *1 Notts Ave, à l'extrémité sud de la plage. ☎ (02) 9130-4804. Tlj sauf jeu 6h (6h30 w-e)-18h30. Entrée : 9 $ (5 $ si on ne nage pas) ; réduc. Loc de serviettes (4 $) et casiers (3 $).* Parmi ces piscines de bord de plage, très courantes en Australie, celle de Bondi est l'une des plus fameuses. Ce bassin olympique d'eau de mer (50 m) absolument génial a été aménagé dans les rochers littoraux. Quand la mer est forte, les vagues viennent le remplir par le dessus ! On adore l'effet graphique qu'offrent la plage et la piscine en alignement depuis le parapet supérieur. Étonnamment, entrée pas si chère et pas tant de monde que ça ! Une expérience extra.

■ **Let's Go Surfing** (plan Bondi Beach, B1, **2**) : *128 Ramsgate Ave. ☎ (02) 9365-1800. ● letsgosurfing.com.au ● Tlj 9h-17h (6h-19h en été). Cours d'introduction (2h) : 100 $ en petit groupe de 5 pers ; compter 265-420 $ pour 3 ou 5 leçons. Loc de paddle 60 $/j., planche 80 $/j. ou 160 €/sem. Autre club à* ***Maroubra,*** *au sud de Bondi (tarifs 25 % plus bas).* Cette école de surf réputée propose d'excellents cours de tous niveaux, certains spécifiques pour les filles. En petits groupes, ils se déroulent sur des *longboards* en mousse, parfaits pour débuter. Demandez si un instructeur francophone est disponible. Cours particuliers sur demande.

■ **Abyss Scuba Diving** (hors plan Bondi Beach par A2) : *278 Rocky Point Rd, à* ***Ramsgate.*** *☎ (02) 9583-9662. ● abyss.com.au ● Tlj 8h-17h, sauf ven 9h-16h.* Ce club est implanté un peu au sud de Bondi et de Coogee, au fond de Botany Bay. Surtout pour les initiés, qui iront plonger du côté de Maroubra Beach pour voir les requins-nourrices. Simple baptême, *Open Water,* cours spécifiques plongées profondes ou sur épaves, plongée en apnée, Padi Pro, tout est possible !

## MANLY

À 22 mn de ferry de Circular Quay, Manly est l'un des plus agréables quartiers nord de Sydney et l'une des destinations favorites des familles pour passer une journée à la plage – plus adaptée à la baignade que Bondi, notamment. C'est une vraie petite station balnéaire, dont la particularité est de posséder 2 plages qui se tournent le dos, prenant le centre-ville en sandwich. On débarque devant la 1re, une jolie plagette aux eaux tranquilles située à l'intérieur de la baie, pour déboucher 5 mn plus tard, par le Corso piéton, sur une superbe étendue de sable clair ourlée d'araucarias centenaires et de vagues qui semblent avoir été dessinées tout exprès pour les surfeurs ! Manly est l'un des spots historiques du développement balnéaire et de la glisse en Australie : la baignade – longtemps jugée indécente – y a été autorisée dès 1902 et le 1er film de surf y a été tourné dès 1909 ! On vient aujourd'hui s'y essayer (bonne école), ou juste profiter de l'agréable atmosphère de vacances, toute tournée vers la décontraction. Quelques *backpackers,* petits hôtels et bons restos permettent de prolonger un peu cette chouette escapade. Et puis c'est tellement facile d'y aller grâce au ferry !

## Comment y aller ?

***Public ferry*** (ligne F1) de Circular Quay, ttes les 20-30 mn, 5h30 (6h10 sam, 6h40 dim)-23h50 (0h20 ven-sam et j. fériés). Durée : 22 mn. Dernier retour à 0h20 (0h50 sam et j. fériés, 23h50 dim). Trajet simple : 7,60 $. • *transport.nsw.gov.au* •

***En bus :*** moins simple et plus long que le ferry !

➢ ***En voiture,*** le trajet est assez enquiquinant, avec des embouteillages aux heures de transhumance. Sur place, on peut se garer 2h gratuitement au *Whistle Street Carpark (plan Manly, A2),* 6h30-19h, mais après ça grimpe vite *(11 $ + 2h, 14 $ + 3h, 46 $ + 5h).* Dans les rues résidentielles non payantes, le stationnement est aussi généralement limité à 2h pour les non-résidents. Face à la plage il en coûte 8-10 $/h (!) entre 8h30 et 18h (max 2h là aussi).

## Adresses utiles

***Hello Manly Booking & Information Centre*** *(plan Manly, A2) : sur le parvis du terminal du ferry. ☎ (02) 9976-1430. • hellomanly.com.au • Tlj 10h-16h.* Cartes, brochures, listes des hébergements et excellent accueil ! On y loue même des vélos.

■ ***Location de vélos : Manly Bike Tours*** *(plan Manly, A2,* ***1****), 54 West Esplanade, à 100 m du ferry. ☎ (04) 6874-3848. • manlybikes.com.au • Tlj 9h-17h. Compter 35-80 $/j. selon le type de vélo (notamment les électriques).* Bon accueil.

## Où dormir ?

### Backpacker (auberge de jeunesse)

***Manly Bunkhouse*** *(hors plan Manly par A1,* ***10****) : 35 Pine St. ☎ (02) 9976-0472 ou 0431-154-061. • bunkhouse.com.au • À environ 800 m au nord du centre (15 mn du ferry) ou bus n° 199 jusqu'à l'angle de Pittwater Rd et Pine St. Réception 10h-13h (12h30 w-e) et 14h-17h30 (16h30 dim). Dortoirs (4-6 lits) 36-41 $/pers ; doubles 85-108 $. Supplément 4 $ en dortoir et 10 $ en chambre pour 1 seule nuit.* Le lieu a l'air un peu excentré quand on arrive en ferry mais, en fait, la plage et l'école de surf ne sont qu'à 400 m ! Installé dans un quartier résidentiel calme, cette AJ très cool a tout ce qu'il faut : des dortoirs et chambres simples mais propres, tous avec sanitaires et kitchenette (!), cuisine et salon communs, plus une courette au fond avec un BBQ et des cordes pour étendre son linge. Attention, en décembre, vu l'affluence, il faut payer d'avance et les conditions sont strictes.

### De prix moyens à très chic

***Manly's Hidden Gem*** *(hors plan Manly par A1,* ***12****) : 5 Smith St. 0449-541-195. • manlyshiddengem.com.*

LES NEW SOUTH WALES

*au ● Du ferry, bus n° 199. Doubles sans sdb env 140-150 $ ; studios et apparts 2 pers 225-350 $. Min 2 nuits à certaines périodes.* Cette jolie maison de brique blanc et rouge, avec élégant pignon et marquise, se pose dans un quartier résidentiel tranquille (chiens exceptés), au nord du centre. Un bout de jardin coquet l'épouse, avec son petit moulin... Les 7 chambres, studios et apparts, bien équipés, se partagent entre rez-de-chaussée et étage. On s'y sent un peu comme à la maison. Les 2 moins chères sont vraiment petites et avec salle de bains à partager, mais elles ont une kitchenette. Laverie.

**101 Addison Road B & B** *(hors plan Manly par B2,* ***11****) : 101 Addison Rd. 0401-018-989. ● 101addison.com. au ● Double 185 $ (170 $ dès 3 nuits), petit déj inclus (en libre-service).* Édifiée en 1880, cette magnifique maison victorienne est précédée d'une galerie couverte en fer forgé du plus bel effet. Jill, la sympathique propriétaire, ne loue jamais qu'à 1 ou 2 personnes à la fois : le scénario idéal pour profiter pleinement d'une chambre ultra-cosy et confortable, avec salon et balcon ouvrant sur le jardin... Il y a même un piano à queue laissé à vos doigts experts ! Petits gâteaux et *pot of tea* à l'arrivée, peignoirs douillets, parapluies en prêt, Jill a vraiment pensé à tout.

## Où prendre un petit déj ? Où manger ?

LES NEW SOUTH WALES

### De bon marché à prix moyens

**Pure Wholefoods** *(plan Manly, B2,* ***20****) : 10 Darley Rd. ☎ (02) 8966-9377. Tlj 8h (9h dim-lun)-14h30 (15h w-e). Petit déj et lunch 11-22 $.* Le menu est 100 % *vegan* et bio, avec options *gluten- free, dairy-free* et *sugar-free* (mais que reste-t-il ?). Il décline les classiques de ce type de café : *bircher* (muesli), pancakes et *big brekkie* au tofu le matin, *wraps, yogi bowls* et autres burgers de lentilles, tofu ou halloumi le midi. C'est assurément sain, mais pas très copieux. Ni très rapide. Ni très propre, d'ailleurs...

**Benbry Burgers** *(plan Manly, B1,* ***21****) : 5 Sydney Rd. ☎ (02) 9977-6055. Tlj 10h30 (9h30 ven-dim)-20h (17h30 mer, 20h30 jeu-sam). Lun-ven, formule burger-frites-boisson 15 $ ; burgers 13-18 $.* Minuscule fast-food local (pas une chaîne !), où les burgers (agneau, bœuf ou poulet) remplissent la panse comme il faut ! Un bon plan pour une petite faim sur le pouce. Pas les meilleurs qu'on ait jamais mangés, mais les prix sont bons et l'accueil très sympa.

**The Bower** *(hors plan Manly par B2,* ***25****) : 7 Marine Parade. ☎ 0451-343-339. Tlj 8h-15h (16h ven-lun). Petits déj 14-25 $.* Quelle incroyable situation ! Posé à 2 m de l'océan, sur la promenade piétonne reliant la grande plage de Manly de la petite Shell Beach, ce café sert petits déj et *lunches* assez classiques, appuyés sur des produits locaux de saison. Rien de complexe (et parfois même quelques fausses notes) mais l'essentiel est vraiment devant les yeux !

### De prix moyens à chic

**Yok Thai Restaurant** *(plan Manly, B2,* ***22****) : 11-21 Wentworth St. ☎ (02) 9976-6488. Tlj sauf lun-mar 11h30 (12h ven-dim)-21h (19h ven, 20h dim).* BYO *(vin seulement). Plats 19-33 $.* Sous un habillage lumineux de baies vitrées se cache un resto thaï de qualité, à la cuisine copieuse et goûteuse. Les spécialités maison ? Les curries. Les *stir-fries.* Les salades pleines d'herbes et de chaleur. Et surtout le porc au vin de riz et 5 épices, braisé durant 5h (cher !).

**The Pantry** *(plan Manly, B1,* ***23****) : Ocean Promenade, N Steyne. ☎ (02) 9977-0566. Tlj de 8h à tard. Tapas 9-28 $ ; plats 28-46 $.* Sa situation est imbattable : le resto occupe le seul pavillon planté sur la promenade littorale, pile-poil face à la plage. Pour déjeuner le bleu dans les yeux, mieux vaut réserver, évidemment. Sinon vous aurez droit aux *confy* et au mur de bouteilles... pas pire. L'accueil (souvent francophone) est sympathique et la cuisine, tendance fusion, aux

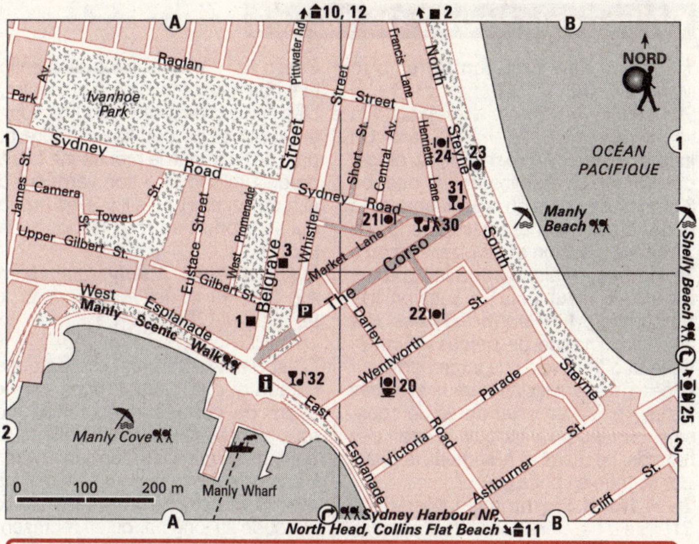


## SYDNEY – Manly

**Adresses utiles**

- Hello Manly Booking & Information Centre (A2)
- 1 Manly Bike Tours (A2)
- 2 Manly Surf School (hors plan par B1)
- 3 Dive Center Manly (A1)

**Où dormir ?**

- 10 Manly Bunkhouse (hors plan par A1)
- 11 101 Addison Road B & B (hors plan par B2)
- 12 Manly's Hidden Gem (hors plan par A1)

**Où prendre un petit déj ? Où manger ?**

- 20 Pure Wholefoods (B2)
- 21 Benbry Burgers (B1)
- 22 Yok Thai Restaurant (B2)
- 23 The Pantry (B1)
- 24 Hemingway's (B1)
- 25 The Bower (hors plan par B2)

**Où boire un verre ? Où sortir ?**

- 30 New Brighton Hotel (B1)
- 31 Hotel Steyne (B1)
- 32 4 Pines Manly (A2)

influences françaises, espagnoles et un peu asiatiques, est de qualité – avec beaucoup de produits frais de saison. Bien sûr, on paie aussi l'emplacement. Un bémol : dommage que les odeurs de cuisine envahissent la salle.

***Hemingway's*** *(plan Manly, B1,* ***24****)* **:** *48 N Steyne. ☎ (02) 9976-3030. Fermé lun-mer. Jeu-dim 8h-14h (15h w-e), 18h-22h (sauf dim soir). Plats 21-39 $ le midi, 31-45 $ le soir.* Après avoir conquis une étoile au *Michelin* avec leur resto *Le Montana* à Val-Thorens, Sonia et Emmanuel se sont lancés dans la grande aventure australienne, reprenant cette belle adresse (qui existe depuis 1980) à 2 pas de la plage. Ils y ont insufflé leur savoir-faire et proposent une cuisine d'inspiration française parfaitement exécutée : tartare, joue de bœuf confite, filet d'agneau en croûte d'herbes... Sans oublier une belle planche de fromages et une crème brûlée de compétition. Côté déco : des sols en damier noir et blanc, une grande bibliothèque et de nombreux objets chinés, le tout baignant dans des lumières tamisées. Quelques tables en terrasse. Accueil charmant.

## Où boire un verre ? Où sortir ?

***New Brighton Hotel*** *(plan Manly, B1,* ***30****)* **:** *71 The Corso. ☎ (02) 9977-3305. Tlj 10h (9h w-e)-minuit (3h ven-sam). Fait boîte mar et sam.* Un incontournable ! Proche de la plage, cet immense établissement occupe 3 étages. Les bars du rez-de-chaussée et de l'étage nourrissent leur monde de 32 bières pression et de pizzas jusqu'à 3 plombes, mais manquent d'âme, on trouve (sauf pour la session live du samedi). Le *Rooftop Garden Bar (ven-dim),* nappé de pelouse synthétique et offrant une vue imprenable sur l'océan, séduira les amoureux avec ses petits « nids » en osier dotés de coussins, parfaits pour trinquer à l'abri des regards. Le mardi et le samedi, le *Shark Bar* se mue en boîte de nuit.

***Hotel Steyne*** *(plan Manly, B1,* ***31****)* **:** *75 The Corso, angle N Steyne. ☎ (02) 9977-4977. Tlj 9h-3h (6h ven-sam, minuit dim).* Lui aussi retapé de frais, ce grand complexe en brique occupant tout un pâté de maisons (assez impressionnant !) se scinde en plusieurs bars – manquant eux aussi un peu d'âme. À choisir, on préfère le *Beach Bar* côté mer, avec sa cheminée et sa banquette surélevée au centre, et bien sûr le *rooftop (jeu-dim)* caracolant au sommet de l'édifice, encore plus près de l'eau que le précédent. Le vendredi (18h), on lève son verre sur des airs de saxo. Et puis il y a les groupes qui se produisent tous les jours dans la cour.

***4 Pines Manly*** *(plan Manly, A2,* ***32****)* **:** *43-45 E Esplanade. ☎ (02) 9977-5287. Tlj de 12h à tard.* Happy hours *lun-ven 15h-17h, sauf j. fériés.* C'est dans cette brasserie parquée à l'étage que la bière *4 Pines* est née, avant de conquérir le monde – ou, tout au moins, l'Australie (elle appartient désormais au Japonais *Asahi*). L'endroit est parfait pour se familiariser avec la dizaine de breuvages maison, accoudé au long bar ou en représentation en terrasse. Un doute ? Demandez un *tasting plate.* Tout le monde y vient, familles, minettes, papys en goguette ! En bonus : une bonne bouffe et des sessions de musique live plusieurs fois par semaine.

## À voir. À faire

***Manly Cove*** *(plan Manly, A2)* **:** attenante au débarcadère du ferry, cette courte plage vaut surtout d'être mentionnée car quelques petits pingouins, les plus petits de la création, y ont élu domicile ! On peut parfois les observer, de mai à février, lorsqu'ils rentrent de la pêche, à la nuit tombante.

***Manly Beach*** *(plan Manly, B1-2)* **:** superbe et en forme de croissant, bordée par une longue et large promenade plantée d'araucarias, elle est à la fois idéale pour la baignade (entre les drapeaux) et parfaite pour le surf (dans les endroits surveillés). Les Sydneysiders, fidèles, y viennent dès qu'ils peuvent avec leur pique-nique, en famille ou entre potes. Côté pratique : douches, terrains de volley, tables, fontaines à eau à disposition...

***Shelly Beach*** *(hors plan Manly par B2)* **:** *à env 20 mn à pied de Manly Beach, par une promenade littorale.* Située à la pointe sud de la baie de Manly, cette petite plage, retirée du brouhaha et encadrée de verdure, est extra pour le *snorkel* et la baignade, notamment avec des enfants (sous surveillance !). Il y a même une sympathique piscine d'eau de mer aménagée dans les rochers le long de la promenade. Le soir, il n'est pas rare, ici aussi, de voir débouler des *little penguins,* qui nichent dans le secteur.

➢ ***Manly Scenic Walk*** *(plan Manly, A2)* **:** une superbe balade ! L'office de tourisme, à la sortie du ferry, vous fournira la carte. Cette chouette rando de 10 km aller longe la côte jusqu'à Spit Bridge (environ 2h30) ; à l'arrivée, retour vers Manly par le bus n° 144 (toutes les 10 mn environ). On peut également traverser le Spit Bridge à pied et prendre un bus juste de l'autre côté pour regagner le centre de Sydney (station Town Hall ou Central).

➢ **North Head Walk et le Sydney Harbour National Park** *(hors plan Manly par B2)* **:** North Head, c'est cette péninsule à grosse tête qui protège Manly Cove de l'océan. Ses flancs bardés de falaises font partie d'un parc national qui a malheureusement souffert de graves incendies ces dernières années. En attendant que ça repousse du côté de la pointe de North Head (panorama sur Sydney), on vous conseille de descendre à la délicieuse ***Collins Flat Beach,*** une crique sauvage noyée dans une végétation luxuriante où s'écoule une petite cascade aux eaux rouille, lorsqu'il pleut. Des petits pingouins vivent ici aussi, mais l'accès est interdit de nuit. On y passe par le *North Head Walk,* qui dessine une boucle de 9 km depuis Manly Beach, via Shelly Beach et North Head (environ 2h30). Si vous êtes en voiture, attention aux bandicoots (rats marsupiaux) ! Des panneaux vous rappellent leur présence, d'ailleurs.

## Activités nautiques

■ ***Manly Surf School*** *(hors plan Manly par B1,* ***2****)* **:** *93-95 North Steyne Rd (côté plage). ☎ (02) 9932-7000. • manlysurfschool.com • Tlj 9h-18h. Leçon de 1h30 75 $ ; prix dégressifs au-delà.* Si vous descendez du ferry avec une furieuse envie d'aller surfer, voici *the place to go* ! Équipe sympa et bureau les pieds dans le sable. On peut aussi réserver au *Hello Manly,* le bureau de l'office de tourisme installé devant l'embarcadère. Si vous voulez juste louer du matos, ça se passe chez ***Dripping Wet,*** juste de l'autre côté de la rue *(☎ (02) 9977-3549 ; • drippingwetsurf.com • ; tlj 7h30-18h ; compter 25 $/h ou 100 €/j. pour une planche, 10 $/h ou 30 $/j. pour une combi).*

■ ***Dive Center Manly*** *(plan Manly, A1,* ***3****)* **:** *10 Belgrave St. ☎ (02) 9977-4355. • divesydney.com.au • Tlj 8h30 (8h w-e)-17h.* Manly est l'un des coins de la baie les plus propices pour la plongée (avec la réserve marine de Cabbage Tree Bay). Excellente école proposant plusieurs formules intéressantes, du baptême aux formations techniques.



# DANS LES ENVIRONS DE SYDNEY

***Royal National Park :*** *à 35 km au sud de Sydney, le long de la côte, près de la ville de Cronulla. Les entrées principales du parc se situent sur des perpendiculaires à Princes Hwy (en empruntant Farnell Ave à Loftus, Lady Wakehurst Dr à Otford ou McKell Ave à Waterfall). • nationalparks.nsw.gov.au • Tlj 7h-20h30. Entrée : 12 $/véhicule.*

– *Visitor Centre : 2 Lady Carrington Dr,* ***Audley.*** *☎ (02) 9542-0648. Tlj sauf Noël 8h30-16h30.*

Fondé en 1879, il est le 2e plus ancien parc national au monde (après le Yellowstone aux États-Unis). Appelé le *Nasho,* ce vaste parc (150 km²) en forme de triangle longe la côte au sud de la ville et s'ouvre sur l'embouchure de la Hacking River. On y trouve 2 campings (*Bonnie Vale Campground* et *North Era Campground*).

– S'il fallait faire un choix parmi les nombreuses randos, on conseillerait sans hésiter le ***Coast Walk,*** à la pointe nord-est du parc, à la liaison de l'embouchure de la rivière et de la côte océanique. Il se poursuit par le *Jibbon Point Trail* qui rentre à l'intérieur des terres.

– Une autre balade intéressante : ***Bundeena Drive to Marley Walk.*** Un parcours de 3,5 km (aller), sans difficulté, que l'on couvre en 1h-1h15. On traverse des paysages très variés.

– Longeant la côte au plus près, le ***Coastal Track*** est une grande randonnée de 26 km que les passionnés réalisent en 2 jours, de Bundeena à Otford (avec un

stop à North Era pour camper). Il est aussi possible de n'en faire qu'une section. Superbe escapade qui offre des points de vue époustouflants sur l'océan du haut de majestueuses falaises et escarpements, ce qui permet d'observer les baleines au large (ou tout près), entre mai et novembre.
***Attention :*** ne jamais s'approcher du bord des falaises, souvent friables ! Possibilité de se baigner à *Garie Beach* et à *North Era Beach.* Si vous comptez le faire en 2 jours, un permis de camping (au *North Era Camping*) est nécessaire, à prendre au *park office* : *résas 2 j. avt min,* ☎ *1-300-072-757 ou sur Internet.* Certainement le plus beau parcours du parc.
– Possibilité de circuler à VTT sur les sentiers et les pistes coupe-feu.

***Ku-Ring-Gai Chase National Park :*** *Bobbin Head Rd, à env 25 km au nord de Sydney.* ☎ *(02) 9472-8949.* • *nationalparks.nsw.gov.au* • *Ouv du lever au coucher du soleil. Entrée : 12 $/véhicule.*
Grand parc de 150 km², créé en 1894, situé à l'embouchure de la Hawkesbury River. Une bonne halte pour les amoureux de la nature, pour se relaxer une journée, entre petites randos dans la Duffys Forest et les Terrey Hills, baignades et balades en kayak ou *paddle.* De par son environnement (forêts, rivières et plans d'eau), il propose de larges possibilités de loisirs. Des dizaines de sentiers de randonnée parfaitement balisés, mais aussi de jolies petites plages tranquilles en bord de rivière.
Parmi les lieux à explorer, on peut citer ***Bobbin Head*** (possibilité de louer un kayak à la petite marina et longer une jolie mangrove). Autre randonnée intéressante, l'***Aboriginal Heritage Walk,*** une boucle de 4,5 km (compter environ 2h), globalement facile. En cours de balade, on pourra observer des gravures de l'ethnie guringai. Non loin, la *Red Hands Cave,* une toute petite promenade qui permet d'admirer d'autres gravures et des peintures aborigènes. Pour pique-niquer, on conseille ***The Basin,*** où l'on trouve également un camping (le seul dans le parc).
Signalons encore le ***West Head,*** la pointe nord-est du parc, offrant de bien jolis points de vue.

LES NEW SOUTH WALES

# QUITTER SYDNEY

## En bus

Pour explorer la côte australienne ou l'intérieur des terres, c'est sans doute le meilleur moyen de transport, en tout cas le plus prisé des *backpackers.* 3 compagnies sortent du lot : *Greyhound* et *Premier,* et dans une moindre mesure *FireFly Express.* Les départs, fréquents avant le Covid, le sont nettement moins, avec souvent 1 seule liaison par jour (voire 2-3/semaine).

***Greyhound Australia*** *(plan centre détachable, C6, **2**) : départ depuis Central Station, Forecourt, Coach Bay 5.* ☎ *1-300-473-946.* • *greyhound.com.au* • Dessert quasiment tout le pays et surtout la côte est, aussi bien vers le nord (jusqu'à ***Cairns***) que vers le sud (vers ***Canberra*** et ***Melbourne***). On recommande les *Whimit Passes,* avec lesquels on achète des jours consécutifs de voyage (de 15 à 120 j. pour des tarifs allant de 349 à 749 $). Il existe aussi une version spécifique côte est, valable de Melbourne à Cairns (valide 7 à 30 j., 249-389 $). Des forfaits pratiques pour se déplacer dans l'ensemble du réseau en toute flexibilité.

***Premier Motor Service*** *(plan centre détachable, C6, **2**) : 488 Pitt St.* ☎ *(02) 4423-5233 ou 133-410.* • *premierms.com.au* • Dessert la ***côte est*** vers le nord jusqu'à Cairns et la ***côte sud*** jusqu'à Eden.

***FireFly Express*** *(plan centre détachable, C6, **2**) : 488 Pitt St.* ☎ *1-300-730-740.* • *fireflyexpress.com.au* • Dessert ***Adelaide*** depuis Sydney en passant par ***Melbourne.***

***Murrays*** *(plan centre détachable, C6, **2**) : 486 Pitt St.* ☎ *132-251.*

• *murrays.com.au* • Dessert ***Canberra,*** tlj, ttes les 1h, 8h-19h. Trajet : 3h30. Au moment d'écrire ces lignes, le *Melbourne Express* était encore suspendu.

## En avion

✈ **Aéroport** *(hors plan centre détachable par E6)* **:** *à env 7 km au sud de la ville. Voir aussi « Arrivée à l'aéroport » au début du chapitre Sydney.* En Australie, on prend l'avion comme ailleurs on prend le bus. 2 grandes compagnies régulières et plusieurs *low-cost* assurent les liaisons.

➢ Liaisons aériennes avec tout le pays ou presque...

– ***Qantas :*** ☎ *131-313 (24h/24).* • *qantas.com.au* • Va vraiment partout dans le pays. Dessert même les petites villes. Départ du T3 (terminal spécifique à *Qantas*).

– ***Virgin Australia :*** ☎ *136-789.* • *virginaustralia.com* • Une compagnie qu'on qualifiera de *middle-cost.* Dessert une bonne trentaine d'aéroports à travers l'Australie. Départ du T2.

– ***Rex (Regional Express) :*** ☎ *131-713 ou (02) 6393-5550.* • *rex.com.au* • Une compagnie qui dessert les plus petites agglomérations avec de petits avions depuis les centres régionaux. Départ du T2.

– ***Jetstar :*** ☎ *131-538.* • *jetstar.com* • Liaisons avec les grandes villes du pays, la Nouvelle-Zélande, l'Asie du Sud-Est et le Pacifique. Départ du T2.



# BLUE MOUNTAINS NATIONAL PARK

• Carte *p. 269* • Plan Katoomba et Leura *p. 270-271*

**À une centaine de kilomètres à l'ouest de Sydney, on plonge dans d'étonnantes forêts, épaisses et profondes : les Blue Mountains. Oscillant entre 600 et 1 200 m d'altitude pour sa partie haute, ce superbe chapelet de vieilles montagnes verdoyantes se creuse d'impressionnantes gorges. Il fait partie intégrante de l'immense Cordillère australienne qui, à distance du littoral, forme une barrière vers l'intérieur des terres – marquant ainsi la ligne de partage des eaux. C'est l'un des sites de montagnes parmi les plus impressionnants d'Australie.**

**Une partie non négligeable du massif est protégée par le Blue Mountains National Park, regroupant 6 secteurs plus ou moins contigus s'étendant, en tout, sur 2 680 km². Il a lui-même été intégré dans un site du Patrimoine mondial plus large, la *Greater Blue Mountains Area,* étendu pour sa part sur 10 326 km².**

**Sous leur apparence de jungle inextricable, les Blue Mountains sont facilement accessibles grâce à une double voie venant de Sydney, le long de laquelle s'agrippe une succession de bourgades animées développées dès le XIXᵉ s, où les colons venaient prendre le frais – Wentworth Falls, Leura, Katoomba (secteur le plus visité), Blackheath... De là, on explore des centaines de sentiers de randonnée, on s'adonne à l'escalade, au canyoning, au VTT... Bref, les Blue Mountains forment un immense terrain de jeu pour les amoureux de nature, les sportifs et les familles de Sydney qui s'y pressent le week-end. Venez donc en semaine, les hôtels sont bien moins chers !**

## UNE BARRIÈRE INFRANCHISSABLE

Infranchissables ! Voilà comment les Blue Mountains paraissent aux 1ers colons. Il faut attendre 1813 pour que 3 d'entre eux, explorant le territoire des Aborigènes dharug – décimés par la variole – parviennent à trouver un passage. En ligne de mire : de nouveaux espaces de pâture. L'élevage des moutons (notamment) peut alors se développer, mais aussi les cultures, sur les pentes douces à l'ouest du massif. Le gouverneur Macquarie ordonne la percée d'une route, puis de nouvelles voies sont dessinées à l'époque de la ruée vers l'or en direction de Windsor, puis de Bathurst. Dans les années 1860-1870, le chemin de fer gagne Wentworth Falls, puis Katoomba. La fin du XIXe s est marquée à la fois par l'ouverture de mines de charbon et d'hôtels destinés aux urbains en mal de fraîcheur. Après la Seconde Guerre mondiale, ce n'est plus l'exploitation du sous-sol qui fait vivre la région, mais le tourisme ! Le Blue Mountains National Park, imaginé dès les années 1930, est finalement formé en 1959.

## UNE NATURE PROFUSE

Au 1er coup d'œil, on se demande ce qui leur est passé par la tête, aux Australiens... Ces montagnes sont vertes, pas bleues ! Vues de près, oui. Vues de loin, c'est une autre histoire. Du côté de Sydney, quand on regarde vers l'ouest, les sommets apparaissent souvent à demi-gommés par une brume bleutée - brume de chaleur, mais aussi émanations des essences d'eucalyptus sous le soleil...

Les Blue Mountains, c'est un fait, sont particulièrement réputées pour leurs forêts d'eucalyptus *(gum tree).* On en a recensé pas moins de 91 espèces, adaptées aux différentes conditions météorologiques - plus sèches et venteuses sur les hauteurs, où s'étendent aussi des landes, humides au fond des vallées, où prospèrent les superbes fougères arborescentes (dont la *rough tree fern,* qui atteint 20 m !). Parmi l'enchevêtrement d'arbres, on découvrira aussi le *coachwood,* le *cedar wattle* (cèdre acacia), le *yellow bloodwood* (un cousin de l'eucalyptus) et des dizaines d'autres essences. La diversité végétale est assurément grande. Si grande qu'on a découvert, en 1994, une espèce d'araucaria (au look de fougère !) totalement inconnue, baptisée pin de Wollemi. Un parc national de ce nom a été créé mais leur localisation demeure inconnue, pour mieux assurer leur protection. Seule existe une centaine d'arbres !

Les terribles ***feux de brousse*** qui ont endeuillé l'Australie durant plusieurs mois, en 2019-2020, ont bien failli avoir raison des derniers pins de Wollemi, mais ils ont été sauvés grâce à une intervention majeure réunissant Canadairs, produits retardants et pompiers spécialisés hélitreuillés dans la gorge où ils se trouvent ! Au-delà, les 2/3 des Blue Mountains ont été touchés par les incendies, avec 10 000 km$^2$ de forêts parties en fumée dans la zone Unesco. Si le secteur touristique de Wentworth Falls et de Katoomba, plus accessible, y a échappé en grande partie, les régions ouest et sud du massif ont été très fortement impactées. Une vraie catastrophe écologique, qui a notablement réduit la diversité génétique des plantes et animaux dans ces coins - la recolonisation s'avérant lente compte tenu de la faible proportion de zones épargnées.

## Blue Mountains mode d'emploi

Venant de Sydney, la *Western Motorway* s'enfonce dans le secteur le plus accessible des Blue Mountains à partir de Glenbrook. C'est entre Wentworth Falls et Blackheath, sur une vingtaine de kilomètres, que se regroupent les principaux points de vue et les randonnées les plus intéressantes à faire. Au cœur de toutes choses, le gros village de ***Katoomba*** et son voisin calme et résidentiel, ***Leura*** (2 km à l'est), concentrent la plupart des hébergements, de nombreux restos et une gentille vie de moyenne montagne. On aime bien ce dernier, avec ses rues bordées de cerisiers et ses boutiques un peu chic de déco, de fringues et d'arts

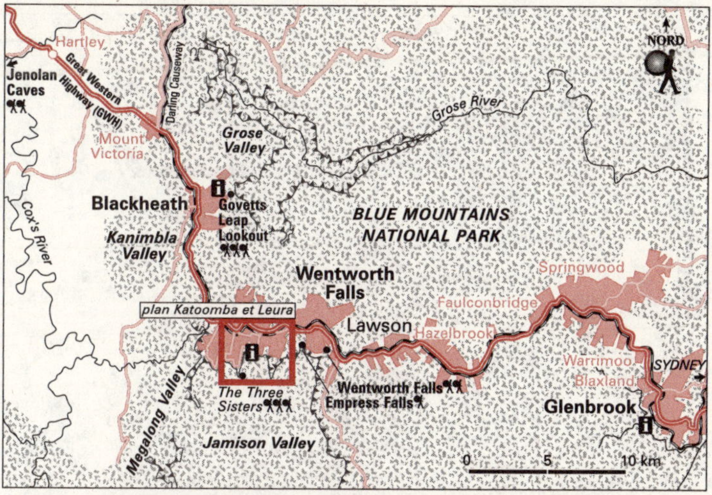


# BLUE MOUNTAINS NATIONAL PARK



ménagers. À 12 km au nord, ***Blackheath*** leur ressemble, en version réduite, avec les mêmes secteurs résidentiels noyés dans la végétation. Dans les 3 cas, l'accès en transports en commun est simple : la gare est située à l'orée de la grande rue commerçante de Leura comme de Katoomba et Blackheath ! Au-delà, des bus locaux mènent aux différents belvédères.

Pour finir, une ***mise en garde*** : l'intérêt des Blue Mountains résidant avant tout dans ses beaux panoramas de montagne, inutile de venir si le temps est trop couvert (la brume n'est pas rare ici). Si vous êtes randonneur, c'est moins grave, mais bon, quand même...

## Comment y aller ? Comment circuler sur place ?

### Liaisons depuis Sydney

➢ ***En train :*** • *transportnsw.info* • Depuis Central Station, la *Blue Mountains Line* (T1) dessert Wentworth Falls, Leura, Katoomba (env 2h) et Blackheath ttes les 30-60 mn, 4h20-0h20. Pratique et pas cher : compter 6,30-9,20 $ selon l'heure.

➢ ***En excursion avec un backpacker de Sydney :*** cette option devrait être à nouveau proposée par les *backpackers* de Sydney au fur et à mesure que le tourisme reprend. Une bonne solution pour ceux qui ne sont pas véhiculés, car ce n'est pas si cher et on fait halte dans les principaux sites. Évidemment, on doit suivre le groupe !

### Transports sur place

***Bus publics :*** à ***Katoomba***, les nos 686 et 696 relient la gare à Echo Point ; le 1er, beaucoup plus fréquent, poursuit jusqu'à Scenic World : ttes les 30 mn (10 mn w-e et vac scol), 9h30-17h. Prix : 2,30 $. De Katoomba, Leura ou de la gare de ***Wentworth Falls,*** le no 685 mène aux chutes du même nom (ttes les 30 mn à 2h lun-ven, 4/j. le sam, 2 le dim). Le no 698, lui, relie Katoomba à ***Blackheath*** et au *Visitor Centre* du parc national, en passant par la gare de Blackheath (ttes les 1-2h lun-ven, 4 le sam, 2 le dim).

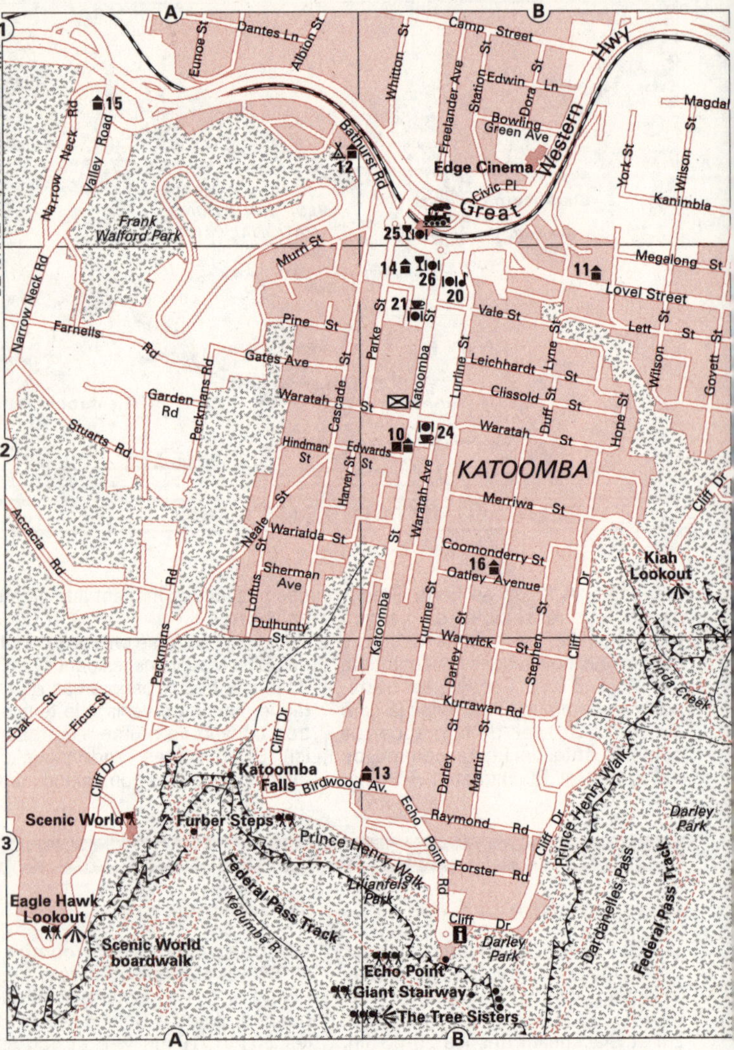


## Adresses et infos utiles

**Echo Point Visitor Centre** (plan Katoomba et Leura, B3) : *à Echo Point, au niveau du belvédère, 2,4 km au sud de la gare de* ***Katoomba.*** *☎ (02) 4780-5794.* • *bmcc.nsw.gov.au* • *Tlj sauf Noël 9h-16h.* Au fond de la boutique de souvenirs, un petit bureau d'informations, tenu par une employée

## Adresses utiles

- Echo Point Visitor Centre (B3)
- **10** High and Wild (B2)

## Où dormir ?

- **10** Blue Mountains YHA (B2)
- **11** N°14 Lovel St (B2)
- **12** The Flying Fox Backpackers (A1)
- **13** 3 Sisters Motel (B3)
- **14** The Carrington Hotel (B2)
- **15** Sky Rider Motor Inn (A1)
- **16** Kurrara Historic Guest House (B2)
- **17** The Greens of Leura Bed and Breakfast (C2)

## Où prendre un petit déj ?
## Où manger ?
## Où boire un verre ?

- **20** Avalon (B2)
- **21** Pomegranate (B2)
- **22** Red Door Café et The Wayzgoose Diner (C2)
- **23** Leura Garage (C2)
- **24** The Yellow Deli (B2)
- **25** Station Bar + Woodfired Pizza (B2)
- **26** The Old City Bank Bar & Brasserie (B2)



# KATOOMBA ET LEURA

très impliquée, fournit plein d'infos sur les randonnées et une carte sommaire de Katoomba et des environs. Pour les nombreux petits guides sur les randos alentour, en revanche, c'est payant (3-6 $).

**Glenbrook Information Centre** *(carte Blue Mountains NP)* **:** *à* ***Glenbrook,*** *sur la M4, env 40 km avt Katoomba quand on vient de Sydney. Bien fléché. ☎ 1-300-653-408. • bmcc.nsw.gov.au • Jeu-dim*

*8h30-15h (horaires Covid).* Surtout utile pour ceux qui viennent de Sydney et arriveront trop tard à Katoomba. Brochures, cartes, infos sur les balades...

**Blue Mountains Heritage Centre** *(carte Blue Mountains NP)* **:** *à* **Blackheath,** *13 km au nord de Katoomba, au bout de Govetts Leap Rd (nº 270), un peu avt le belvédère.* ☎ *(02) 4787-8877. Tlj 9h-16h30.* Infos sur les balades et les randos du secteur.

**Distributeurs :** pas de bureau de change à **Katoomba,** mais distributeurs *(ATM)* sur Katoomba St, la rue principale.

– **Parking :** à Katoomba, le stationnement est payant, cher et limité à 1h au centre... Attention, on a beau être en altitude, les amendes poussent très bien ! Bon plan : sur Edwards St, à côté de la *Blue Mountains YHA (plan Katoomba et Leura, A-B2)*, c'est gratuit !

## Où dormir ?

Fréquentées toute l'année, les Blue Mountains le sont encore plus en fin de semaine. Les hôtels sont donc bien plus chers le week-end. *Conseil avisé :* venez en semaine (on sait, on l'a déjà dit !).

### À Katoomba

#### Backpackers (auberges de jeunesse)

**Blue Mountains YHA** *(plan Katoomba et Leura, B2,* **10***)* **:** *207 Katoomba St.* ☎ *(02) 4782-1416. • yha.com.au • Réception 9h-10h30, 16h30-19h30 (horaires Covid). Dortoirs (4-8 lits) 27-39 $/pers ; doubles sans ou avec sanitaires 80-135 $ ; family rooms (4 pers) également, à prix intéressants.* Le vieux et grand building tout en brique de 1921, aux 3 étages bien rénovés, abrite plus de 200 lits divisés en dortoirs hyper propres et fonctionnels (liseuse, prise électrique, coffre individuels...) et en chambres doubles, toutes avec larges fenêtres et TV, dignes d'un bon hôtel 2 étoiles. Généreuses parties communes avec billard et baby-foot, grand salon, cuisine moderne et très spacieuse, laverie et, le must, un agréable jardinet avec son BBQ, ses tables de pique-nique et son jeu d'échecs géant... Une AJ de luxe ! On peut y louer des vélos auprès de *Blue Mountain Bikes* et s'intéresser aux excursions de *High & Wild* (voir « À voir. À faire »), tous 2 implantés sur place.

**Nº 14 Lovel St** *(plan Katoomba et Leura, B2,* **11***)* **:** *14 Lovel St.* ☎ *(02) 4782-7104. • 14lovelst.com • À 550 m à l'est de la gare. Min 2 nuits le w-e. Dortoirs (5 lits) 25-31 $/pers ; doubles sans ou avec sdb privée env 65-100 $.* Cette sympathique maison jaune tout en bois de 1913 est veillée par un grand pin, au bord d'une rue un peu passante mais tranquille le soir (ça monte et ça descend pour s'y rendre !). À l'intérieur, tout boisé également, on se sent comme à la maison : atmosphère chaleureuse, cheminée, canapés en cuir. On choisit entre les 2 dortoirs pour 5 personnes et les 9 chambres, plus ou moins petites, spartiates et fonctionnelles. Sanitaires communs au rez-de-chaussée pour tous, impeccables. Véranda et petite terrasse le nez dans le vert.

**The Flying Fox Backpackers** *(plan Katoomba et Leura, A1,* **12***)* **:** *190 Bathurst Rd.* ☎ *(02) 4782-4226. • theflyingfox.com.au • À 5 mn à pied de la gare. Camping env 21 $ pour 2. Dortoirs (7-8 lits) 29-32 $/pers ; doubles 78-82 $ ; petit déj inclus.* L'entretien de la maison n'est pas terrible-terrible et les dortoirs sont plutôt fatigués. On s'y entasse avec des *long-term residents* qui ont pris leurs aises. Sanitaires communs et grand salon raccord, c'est-à-dire vieillots eux aussi. Cuisine et laverie. On peut camper sur une mini-terrasse dominant un bout de forêt, à l'arrière. Malgré cet ensemble en demi-teinte, certains aiment le feeling du lieu. Pour nous, c'est plutôt du dépannage.

#### Prix moyens

**Sky Rider Motor Inn** *(plan Katoomba et Leura, A1,* **15***)* **:** *302 Bathurst Rd.* ☎ *(02) 4782-1600. • skyridermotorinn.com.au • Doubles env*

*100-115 $, petit déj continental inclus le w-e.* À 2 mn en voiture du centre, ce motel posé sur une petite butte arborée, près de la double voie, abrite des chambres parfaites pour passer une nuit : bien propres, bien équipées (clim, micro-ondes, cafetière). Demandez-en de préférence une située au bout du bâtiment, bien au calme. Il y a même une petite piscine et des BBQ à disposition. Bon accueil.

**3 Sisters Motel** *(plan Katoomba et Leura, B3,* ***13****) : 348 Katoomba St. ☎ (02) 4782-2911. • 3sistersmotel.com • Doubles env 110-150 $ ; family rooms (pour 4 pers) 150-220 $. Parking gratuit.* Ce motel familial des années 1960, tout en brique, est soigné. Il offre une vingtaine de petites chambres guillerettes, blanches avec une pointe de turquoise, décorées de toiles modernes. Elles sont toutes disposées autour d'une cour où l'on se gare. Très rétro, très au calme et on est à 5 mn à pied du site des Three Sisters. Accueil adorable.

## Plus chic

**The Carrington Hotel** *(plan Katoomba et Leura, B2,* ***14****) : 15-47 Katoomba St. ☎ (02) 4782-1111. • thecarrington.com.au • Traditional rooms 145-165 $ (sdb commune), Colonial rooms 215-255 $ (sdb privée), catégorie Premium (moderne) 240-325 € ; petit déj-buffet compris. Légère réduc à partir de 2 nuits. Parking privé gratuit.* Dominant la rue principale de Katoomba, au fond d'un jardin arboré, on découvre un superbe édifice de 1880, symbole vivant du chic victorien ponctué de touches Art nouveau – à commencer par cette délicieuse véranda aux baies arrondies. L'établissement appartient à la même famille depuis toujours ! La soixantaine de chambres du bâtiment principal, vastes et confortables, dégagent un caractère désuet qu'on apprécie bien, avec leur moquette épaisse, leur salle de bains à l'ancienne et (dans certaines) leurs fenêtres en mosaïque de verre sablé. Tout n'est pas impeccable, mais le charme opère ! Quant à l'ascenseur, il date de 1909, alors allez-y doucement... Les chambres *traditional,* avec salles de bains partagées, sont les moins demandées ; quant aux *Premium,* elles sont très confortables mais forcément moins rétro. A contrario, les salons cossus et la salle de billard sont, eux, un enchantement. Du chic, qu'on vous dit, fleurant bon le doux parfum de la nostalgie dans laquelle on aime à se complaire. Le petit déjeuner est servi dans le grand salon à colonnes.

**Kurrara Historic Guest House** *(plan Katoomba et Leura, B2,* ***16****) : 17 Coomonderry St. ☎ (02) 4782-6058 ou 1-300-724-439. • kurraraguesthouse.com.au • Min 2 nuits. Doubles et suites 185-300 $, petit déj et afternoon tea compris !* Voilà une autre option pour surfer sur les nostalgies coloniales... Bâtie en 1902, cette vaste maison de bois très bien restaurée, nichée dans un quartier résidentiel calme, abrite 8 chambres et suites cosy et joliment décorées. Toutes portent le nom de fleurs populaires à l'époque victorienne. Les moins chères sont plus petites, mais possèdent leur propre salle de bains. A contrario, les plus chères déclinent lit à baldaquin, lustres, baignoire balnéo, voire frigo ! Attention, supplément de 35 $ pour les arrivées après 19h. En option, pour s'immerger dans la sérénité du lieu : les cours de yoga matinaux (35 $).

## À Leura

**The Greens of Leura Bed & Breakfast** *(plan Katoomba et Leura, C2,* ***17****) : 24-26 Grose St. ☎ (02) 4784-3241. • thegreensleura.com.au • Min 2 nuits (sauf dispos). Doubles 210-255 $, superbe petit déj inclus.* Discrètement nichée derrière son paravent de verdure, dans un quartier résidentiel calme, la maison (en bois) est précédée d'une véranda doucement rétro. S'y nichent tout juste 3 chambres spacieuses aux noms d'écrivains, dont une (la « Browning ») ouvre directement sur le jardin. Le petit déj, ici, tient du mémorable. Mieux vaut réserver longtemps à l'avance ! Pour poursuivre votre voyage dans le temps, vous pourrez pousser la porte du *Bygone Beauty's Tearooms,* à 20 m, un drôle d'ovni entre salon de thé et... cafet', abritant la plus grande collection de théières au monde (11 000, si, si !). Dommage que les scones déçoivent.

### À Blackheath

**Secrets Hideaway :** *173 Evans Lookout Rd. ☎ (02) 4787-8453. • secretshideaway.com • À 3 km au sud-est du « centre ». Studios 170-230 $, panier petit déj compris.* Ce n'est presque plus un quartier résidentiel et déjà presque la forêt. Cachés derrière près de 1 ha de frondaison, 3 studios indépendants avec kitchenette et poêle à bois vous attendent, avec tout ce qu'il faut pour se sentir chez soi. Ah, ces azalées, ces rhododendrons, ces fougères arborescentes, ces oiseaux qui pépient, ces poules qui pondent les œufs du petit déj... VTT en prêt et excellent accueil.

## Où prendre un petit déj ? Où manger ? Où boire un verre ?

### À Katoomba

#### De bon marché à prix moyens

***The Yellow Deli*** (plan Katoomba et Leura, B2, **24**) : *214 Katoomba St. ☎ (02) 4782-9744. Tlj sauf sam 10h-20h (15h ven). Plats 8-12,50 $.* Notre tanière préférée à Katoomba ! Ambiance chalet de montagne avec cheminée qui crépite et petites alcôves intimes, sur 2 niveaux. Le lieu est tenu par une communauté d'inspiration chrétienne, dont les membres partagent toutes les tâches au quotidien, de manière égalitaire. Sourire de rigueur, mais ne soyez pas pressés, ici, le temps est biblique ! On y sert des salades, des soupes et des sandwichs (à composer soi-même aussi), issus d'une démarche « saine et bio », à des tarifs remontant à la conquête de l'Australie (ou presque) ! Tout est fait maison. Petit déjeuner servi toute la journée. Terrasse sur le carrefour.

***Pomegranate*** (plan Katoomba et Leura, B2, **21**) : *49 Katoomba St. 0452-199-708. Tlj sauf lun-mar 7h30-16h. Petit déj et lunch 10-22,50 $. CB refusées.* Le lieu est tout petit mais cosy, propret, avec une poignée de tables devant et sur le flanc de la cuisine ouverte, du parquet, un mur en brique et des touches violines pour rappeler la grenade. Aux fourneaux, tout le monde est vietnamien et, dans l'assiette, la cuisine est 100 % australienne ! Bagels, muffins et scones du jour, muesli à la banane caramélisée et fleurs de capucine, sandwichs et *bowls* le midi. Le tout très joliment présenté et servi gentiment, par un personnel attentionné.

#### De prix moyens à chic

***Station Bar + Woodfired Pizza*** (plan Katoomba et Leura, B1-2, **25**) : *287 Bathurst Rd. ☎ (02) 4782-4782. Tlj de 12h à tard. Pizzas 19-26 $.* Où sont les jeunes ? Ils sont là, contre la gare ! Éclusant l'une des nombreuses *microbrews* australiennes proposées. Dévorant l'une des 24 pizzas du menu, cuites au feu de bois. Envie d'exotisme ? Vous allez être servi(e) : il y en a une au kangourou et une autre au croco d'estuaire (sale bête !). En prime : petit choix de vins au verre et cocktails pour se glisser dans la bonne humeur contagieuse. Revers de la médaille : c'est bruyant, forcément...

***The Old City Bank Bar & Brasserie*** (plan Katoomba et Leura, B2, **26**) : *47 Katoomba St. ☎ (02) 4782-1111. Tlj 12h-21h. Plats 14-28 $.* Midi et soir, on sert dans ce pub plutôt élégant, géré par le *Carrington Hotel*, des plats simples et revigorants : salades, *poke bowl*, burgers, *beef and ale pie*, viandes... Également un des bars les plus sympa pour une petite bière le soir.

***Avalon*** (plan Katoomba et Leura, B2, **20**) : *18 Katoomba St, au 1er étage. ☎ (02) 4782-5532. Tlj sauf mar à partir de 17h30-20h, plus*

*12h-14h w-e. Plats 32-39 $.* À l'étage de l'ancien théâtre Art déco, cet élégant resto à la salle parquetée, décoré de vieux objets oscillant entre rétro et poussiéreux, donne par de généreuses baies vitrées sur la forêt. Joli cadre ! La bande-son nostalgique et les cocktails accompagnent, dans l'assiette, une bonne cuisine aux influences contrastées, qui ose l'originalité. La spécialité : le canard poêle au jus de liqueur d'orange et purée carotte-gingembre. Des produits de qualité et un service au top. Chaque fin de semaine, le lieu accueille des musiciens du coin, soit au resto (vendredi), soit dans les salles du bas (DJ vendredi, jazz samedi).

### À Leura

## De bon marché à prix moyens

***The Wayzgoose Diner*** *(plan Katoomba et Leura, C2,* ***22****) : 174 Leura Mall. ☎ (02) 4784-1973. Plats 10-22 $.* Tout est rose ici : l'enseigne, la porte, le comptoir, les gâteaux derrière leur vitrine (enfin, pas tous quand même), les verres (en plastique), le menu, les *booths* bonbon-turquoise... On n'a pas résisté à vous l'indiquer ! Le *Wayzgoose* fait dans la *comfort food* : gaufres, burgers, *fish & chips*, lasagne. Bref, du costaud. Sans oublier les gâteaux et les scones... cuits et présentés dans des (mini) pots de fleurs !

***Red Door Café*** *(plan Katoomba et Leura, C2,* ***22****) : 134 Leura Mall. ☎ (02) 4784-1328. Tlj 7h (8h w-e)-15h. Petit déj 11,50 $ ; lunches 16-26 $.* Adresse populaire, souvent bondée dès l'ouverture, à l'heure où les locaux viennent prendre leur *breakfast* en lisant le journal du matin. Salle toute simple, tables en bois, ventilo-hélice d'avion au plafond, 2 plantes qui dégoulinent et un bout de terrasse sur le côté. Petit déj copieux (choix de thés) et muffins faits maison à tomber. Quand vous vous serez relevé, demandez une tranche de *banana bread.* Et là, hop, on retombe ! Également quelques sandwichs et salades pour le déjeuner.

***Leura Garage*** *(plan Katoomba et Leura, C2,* ***23****) : 84 Railway Parade. ☎ (02) 4784-3391. Tlj 12h-15h, puis à partir de 17h. Horaires Covid : tlj de 18h (12h ven-dim) à tard. Plats 21-40 $.* On est dans un ancien garage et le proprio précédent semble avoir oublié quelques trucs : pneus, pots d'échappement... Étonnant. La carte est très australienne : elle pêche à tous les râteliers, avec un goût plus prononcé pour les produits de saison et les élans méditerranéens. L'agneau, notamment, fait recette, avec un menu spécial (à 80 $...) taillé rien que pour lui ! La carte des vins s'oriente vers les « hautes terres » des NSW ; dommage que le choix au verre soit limité.



# À voir. À faire à Katoomba et dans les environs

L'activité principale consiste, ici, à collectionner les belvédères offrant des points de vue dominants sur les vallées noyées de forêt. À Katoomba, mais aussi, dans le prolongement, à Leura et Wentworth Falls (à l'est). D'autres se découvrent encore à Blackheath, à 12 km au nord. Et, partout, de super randonnées, courtes ou longues, permettent d'explorer ces beaux coins de nature.

### À Katoomba

Si vous ne venez dans les Blue Mountains qu'une seule journée, mieux vaut privilégier Katoomba, surtout si vous vous déplacez en transports en commun. Là se concentrent la plupart des points de vue et sites intéressants les plus accessibles, éparpillés au fil d'une longue falaise, à environ 2 km au sud du centre. Sous vos yeux : la belle ***Jamison Valley*** est sa forêt néo-tropicale. Malgré la proximité de la double voie, Katoomba est une petite ville plutôt agréable, qui a gardé quelque chose de son ambiance rétro de station de « montagne », saupoudrée d'un peu de *street art.*

**Echo Point et les Three Sisters** *(plan Katoomba et Leura, B3) : à 2,4 km au sud de la gare de Katoomba.* C'est LE point de vue emblématique des Blue Mountains, reproduit à l'infini sur les cartes postales. Depuis ce large balcon perché à 900 m d'altitude, on découvre l'immensité des montagnes, ciselées de plateaux et de gorges et couvertes d'un dense tapis végétal. C'est la *rainforest,* forêt humide, tout droit sortie de la période jurassique, où domine l'eucalyptus. Sur la gauche, les célèbres *Three Sisters :* 3 pinacles de grès rouge ciselés par l'érosion, dressés au flanc d'une échine rocheuse dominant la vallée. Essayez de venir tôt le matin ou en fin d'après-midi : vous aurez droit à des lumières splendides et, surtout, vous éviterez la foule qui se presse dès 10h du matin !

## TROIS SŒURS, UN LOUP-GAROU ET UNE LÉGENDE

*Les Three Sisters, selon la légende, étaient déjà vénérées par les Aborigènes qui leur donnèrent des noms : Meehni, Wimlah et Gunnedoo. 3 sœurs que leur père décida de transformer en pitons de pierre afin de les protéger d'un loup-garou...*

**Randonnées depuis Echo Point :** les options sont nombreuses, voici les principales !

➢ La ***Three Sisters Walk*** se contente de rejoindre, en 400 m (aller), le point de vue d'Oreades, puis celui de Lady Game (marches), proches des pinacles des Trois Sœurs.

➢ En poursuivant au-delà, on descend jusqu'au Honeymoon Bridge, au fond de la vallée, par le ***Giant Stairway*** (998 marches !), inauguré en 1922. Compter environ 15 mn de torture.

➢ Vous aimeriez bien une balade un peu plus longue mais vous avez mal aux genoux ? D'Echo Point, la ***Prince Henry Cliff Walk*** rejoint en 30 mn environ les ***Katoomba Falls*** (vers l'ouest), en longeant la falaise par le haut (au-delà, les ***Furber Steps*** descendent aussi vers le fond de la vallée). Dans le sens opposé, d'Echo Point, la même *Prince Henry Cliff Walk* permet de rejoindre les ***Leura Cascades,*** via le *Kiah Lookout* (45 mn environ).

➢ Les plus en forme peuvent combiner tout ce qui précède pour dessiner un ***parcours en boucle*** enchaînant le sentier en bord de falaise, les escaliers, puis le *boardwalk* en fond de vallée *(Federal Pass Walking Track),* avant de remonter. Compter environ 3h côté Katoomba Falls, 3h30 côté Leura Cascades et 6h-7h pour le tout (l'essentiel par le *Dardanelles Pass Loop Walking Track*). Sachez que certaines marches sont parfois bien raides et que, par temps de pluie, ça glisse ! Par le fond de la vallée, on peut rejoindre Scenic World (voir ci-après), mais il faut payer le pass à 50 $ pour pouvoir remonter par leur funiculaire ou téléphérique... D'autres sentiers permettent de pénétrer encore plus loin dans la forêt d'eucalyptus, par exemple jusqu'à la vieille crête érodée du ***Ruined Castle*** (difficile).

➢ Autre option pour ceux qui ne veulent pas descendre : continuer au-delà des Leura Falls jusqu'au ***Gordon Falls Lookout.*** Le chemin, fermé début 2022 après que plusieurs ponts ont été emportés par les pluies, devrait rouvrir début 2023.

**Scenic World** *(plan Katoomba et Leura, A3) : à 2 km à l'ouest d'Echo Point. ☎ (02) 4780-0200. • scenicworld.com.au • Le w-e et pdt vac scol, tlj 9h-17h, sinon tlj sauf mar-mer 10h-16h ; dernier accès 1h15 avt.* Unlimited Discovery Scenic Pass, *le ticket unique pour les 3 modes de transport (à volonté le même j.) : 50 $ en sem ; réduc.* Bon, on vous le dit d'emblée : on n'a pas été séduits, surtout au regard des tarifs pratiqués... Scenic World, c'est un coin entier de la Jamison Valley et le rebord du plateau qui la domine, où ont été aménagés 3 « moyens de transport » – attractions, dont aucun ne dure plus de 2 mn ! Le *Skyway* est un téléphérique à fond de verre, le plus haut d'Australie, suspendu à 270 m du sol, qui traverse une petite gorge au-dessus des Katoomba Falls. Le *Cableway,* un autre grand téléphérique, descend rapidement de la falaise au fond de la vallée. Le *Railway,* vendu comme le funiculaire le plus pentu du monde (52° !), fait de même. Impressionnant mais très court, là encore, il a succédé à un vieux funiculaire utilisé pour remonter le charbon de la mine située sur les flancs de la falaise, fermée après la Seconde Guerre mondiale. En bas, l'agréable *walkway,* une passerelle de bois aménagée, sinue dans la forêt sur 2,4 km. On passe devant l'un des boyaux de l'ancienne mine de charbon.

**Eagle Hawk Lookout :** *400 m après Scenic World, par Cliff Dr.* Ici, le point de vue sur la vallée est gratuit et spectaculaire ! On est enveloppé dans l'odeur entêtante des eucalyptus.

– ***Canyoning et descente en rappel :*** *avec* **High and Wild** *(plan Katoomba et Leura, B2,* ***10*** *; situé dans la* YHA, *au 207 Katoomba St ; ☎ (02) 4782-6224 ; • highandwild.com.au •).* Cette agence propose une découverte du massif des Blue Mountains en canyoning ou en *abseiling* (rappel). Il faut dire que la région offre plus de 1 000 canyons ! L'agence en explore une dizaine et il y en a pour tous les niveaux (débutants inclus). *Compter env 270-340 $ la journée selon les canyons.* Pour le rappel, plusieurs options à partir d'une demi-journée *(150-285 $).* L'*Empress Canyon* *(275 $ la journée)* combine canyoning et descente en rappel. Également des programmes d'escalade (plusieurs superbes spots dans la région) et... de survie dans le bush ! Parfait pour les survivalistes.

– ***The Edge Cinema*** *(plan Katoomba et Leura, B1)* **:** *225 Great Western Hwy, à 500 m à l'est de Katoomba en allant vers Sydney. Ticket : 16,50 $ ; réduc.* On signale ce cinéma parce qu'il abrite l'un des plus gigantesques écrans qui soit ! Tous les blockbusters du moment y passent (pour les journées pluvieuses...).

## À Leura et Wentworth Falls

À 2 km à l'est de Katoomba, ***Leura*** est une charmante bourgade encore plus tranquille que Katoomba. Sa gentille rue centrale, *Leura Mall,* est bordée de cerisiers, de coquettes boutiques et de quelques restos et cafés propres sur eux.

**Leura Cascades** *(plan Katoomba et Leura, B-C2)* **:** *à pied, prendre Leura Mall vers le sud sur env 700 m, Malvern St à droite et, au bout de celle-ci, le chemin qui part vers la gauche (distance totale : 1,3 km).* En fait, différents sentiers dans le secteur mènent à ces petites chutes. Pas les plus belles, mais une bonne option lorsque l'on n'a pas beaucoup de temps.

**Wentworth Falls :** *à 6 km à l'est de Leura, au sud de l'agglomération du même nom. À pied, à env 45 mn au sud de la gare de Wentworth Falls par la* Darwin's Walk *(temporairement fermée début 2022).* On découvre déjà ces belles chutes et la vallée depuis les *Jamison Lookout* (parking), près duquel se trouve une agréable aire de pique-nique, puis du *Wentworth Falls Lookout,* à quelques minutes à pied. Entre les 2, un embranchement dévale vers le *Princes Rock Lookout* (marches ; 20 mn aller-retour), pour un panorama canon sur les chutes. Les marcheurs découvriront, au-delà, un réseau de sentiers permettant de longer la vallée à mi-hauteur (depuis Princes Rock Lookout), ou carrément de basculer au fond, depuis les abords immédiats des Wentworth Falls (escaliers taillés à même la falaise). Boucle possible en remontant/descendant par les ***Empress Falls,*** plus à l'ouest (on y trempe les pieds).

## À Blackheath

À 12 km au nord de Katoomba par la Great Western Hwy, ce village n'est pas sans lui ressembler, en plus petit. Le secteur, réputé auprès des fans d'escalade et des parapentistes, offre encore un joli duo de balades, de chutes et de panoramas.

🚶🚶🚶 ⇚ ***Govetts Leap Lookout :*** *à 3,3 km de la gare de Blackhealth, par Govetts Leap Rd.* Voici l'un des plus impressionnants points de vue des Blue Mountains. Vertigineux à souhait, il embrasse toute la Grose Valley avec, en vis-à-vis, le gendarme de roche de Pulpit Rock. Lorsqu'il pleut, les falaises, tombant à la verticale vers le fond de la vallée, se couvrent de cascades.

➢ 🚶🚶🚶 Ⓒ En longeant la falaise vers l'ouest par le *Cliff Top Track,* on rejoint, en 15-20 mn environ, le sommet des ***Bridal Veil Falls,*** une grande cascade que l'on découvre du *Barrow Lookout,* un belvédère situé un peu au-delà, sur la rive opposée (pont de singe). Ça descend pas mal à l'aller... puis ça remonte si on revient par le même chemin, à travers une zone qui a pâti des incendies. Les eucalyptus y montrent d'ailleurs une incroyable capacité de régénération, avec leurs troncs calcinés d'où partent de nouvelles branches !

➢ 🚶🚶🚶 Grand randonneur ? Des Bridal Veil Falls, le *Cliff Top Track* continue jusqu'à l'***Evans Lookout*** (environ 1h30), un autre point de vue remarquable, puis rejoint l'orée du Grand Canyon. On y bascule vers le fond de la vallée, où il faut choisir. Côté nord, le ***Grand Canyon Track*** dessine une boucle de 3h de difficulté moyenne qui se repique sur le *Cliff Top Track.* Côté sud, on longe Greaves Creek, puis d'autres ruisseaux aux eaux brunes de tanin, avant de remonter hardiment vers le Govetts Leap Lookout (vue sur Horseshoe Falls à droite au passage). Compter 5-6h en tout avec, malheureusement, une section de forêt brûlée au centre de la vallée.

## *Vers les Jenolan Caves*

🚶🚶 ***Jenolan Caves :*** *4655 Jenolan Caves Rd, quelques km après* ***Hampton.*** *☎ (02) 6359-3911 ou 1-300-763-311. • jenolancaves.org.au • À env 100 km (1h30) au sud-ouest de Katoomba suite à la fermeture de Jenolan Caves Rd après un glissement de terrain (60 km quand elle rouvrira). Tlj 9h-17h (22h ven-sam pour les visites de nuit). Résa conseillée. Visite guidée obligatoire : 42-55 $ selon grottes visitées ; réduc.* Pour visiter les Jenolan Caves, il faut avoir une voiture ! Attention, au fur et à mesure que l'on approche, la route se fait de plus en plus étroite. Une dizaine de grottes sont ouvertes à la visite, mais il faut choisir celle que l'on veut voir – en fonction de la difficulté d'accès... et de sa forme ! Constituées il y a plus de 300 millions d'années, les Jenolan Caves font partie des plus importants réseaux au monde. L'histoire raconte qu'elles furent découvertes en 1838 par un éleveur de bétail parti à la recherche d'un forçat évadé. Quelle que soit la grotte visitée, on découvre un étonnant réseau de concrétions calcaires, stalactites, stalagmites et lacs souterrains aux eaux remarquablement transparentes. Le judicieux éclairage contribue à mettre en valeur les formations calcaires. L'un des plus beaux sites de la région, à ne pas manquer si vous avez du temps !

# HUNTER VALLEY

• Carte *p. 281*

**🚶🚶🚶 Petite par son rendement (128 vignobles et seulement 2 % de la production nationale), mais remarquable par sa taille et son prestige, la Hunter Valley constitue une bonne halte pour les amateurs de vin (munis d'un portefeuille bien garni) et de paysages bucoliques. Pas vraiment de centre dans cette vallée éclatée qui s'étire sur une cinquantaine de kilomètres entre**

**Pokolbin, Wollombi, Broke et Cessnock, même si ce dernier village est le seul à disposer d'un véritable cœur (Vincent St), où l'on trouve commerces, banques et restos ouverts le soir.**
**Alors certes, on roule beaucoup, naviguant à travers les collines et les vignes bordées d'eucalyptus, s'arrêtant ici et là pour déguster sémillon, chardonnay (prononcez chardonnaaaïïïee) ou syrah *(shiraz)*, mais les balades le long des petits vignobles bien peignés dégagent un vrai charme et offrent un beau moment de sérénité. À la tombée du jour, lorsque le rose du ciel rencontre le vert des prairies, la Hunter Valley prend même des allures de Toscane australienne. À la seule différence qu'ici ce ne sont pas des lapins que l'on voit gambader dans les champs, mais de sympathiques kangourous sautillant gentiment.**
**Très prisée par les habitants aisés de Sydney qui viennent y passer leurs week-ends et remplir leur cave à vins, la Hunter Valley n'est pas franchement une région bon marché (euphémisme !), même si l'on trouve quelques *backpackers* et des cafés pour les budgets plus serrés. Mais en calculant bien son coup (son coût ?), notamment en venant en semaine, on peut s'en tirer honorablement. En revanche, pour les routards sans véhicule, la visite de la vallée risque de s'avérer compliquée. Toutefois, des *backpackers* de Sydney et de Newcastle organisent des journées de découverte de la vallée à prix dociles. Une bonne solution. Et pour ceux qui conduisent, n'oubliez pas de « déguster » avec modération.**



## UN VIGNOBLE, DES VINS

Figure emblématique du vignoble australien, la Hunter Valley est la toute 1re région à avoir planté de la vigne, dès le début du XIXe s. Le cépage ***sémillon*** (*semillon* en anglais), qui règne en maître sur ces terres, donne des blancs fruités et fleuris, d'une grande fraîcheur, à la bonne capacité d'évolution (s'ils sont bien vinifiés !). Les meilleurs possèdent même une étonnante capacité de garde (20 à 30 ans). Le ***chardonnay*** est le 2d cépage blanc à s'être implanté avec réussite sur ce terroir. En rouge, on trouve le passe-partout (solide et fiable) ***cabernet sauvignon,*** mais c'est surtout la ***syrah*** qui a fait souche. Le soleil, la terre et la main de l'homme lui offrent ici de quoi s'exprimer au mieux. Bien travaillée, elle possède une bonne capacité de garde. Certaines maisons parviennent à faire vieillir ces vins près d'un demi-siècle. Cela dit, ils font merveille, même jeunes, sur de belles pièces de viande grillées (une fois que les tanins sont fondus). Concernant le travail de la vigne, on est dans l'hémisphère Sud, et les vendanges se déroulent en janvier. Par ailleurs, saviez-vous que les viticulteurs ont le droit d'arroser les vignes en cas de déficit pluviométrique ? En revanche, chaptalisation interdite ! Il faut dire qu'avec autant de soleil nul besoin d'ajouter du sucre, l'alcool est toujours au rendez-vous !

### BOUCHON EN LIÈGE OU CAPSULE À VIS ?

*En Australie, avant 2005, toutes les bouteilles étaient fermées par des bouchons en liège. Mais cette année-là, les bouchons furent contaminés durant le transport. Résultat, près de la moitié de la production fut inutilisable. Devant un tel désastre, l'Australie se convertit pour 80 % à la capsule à vis ! L'Afrique du Sud, le Chili et l'Argentine s'y mettent... La France sera-t-elle prête un jour à renoncer au tire-bouchon ? Pas sûr !*

## Comment y aller depuis Sydney et Newcastle ?

➢ ***En voiture :*** située à 1h de route de Newcastle et le double de Sydney, la Hunter Valley n'est pas aisément accessible en transports en commun.

Le mieux est vraiment d'avoir son véhicule. De l'une de ces 2 villes, on peut parfaitement se grouper pour louer un véhicule à 4 pour 1 ou 2 journées (ce qui suffit pour visiter le coin).

➢ ***En train :*** possibilité de prendre un train depuis Newcastle ou Sydney. Descendre à Maitland (à 30 km tout de même de Cessnock), puis bus nº 164 pour cette dernière avec la compagnie *Rover Coaches* (☎ (02) 4990-1699 ; ● rovercoaches.com.au ●). Possibilité de payer le bus avec l'*Opal Card*. Problème : une fois qu'on est à Cessnock à pied, on fait quoi ?

➢ ***En excursion avec un backpacker de Sydney ou Newcastle :*** comme pour les Blue Mountains, les routards non véhiculés peuvent profiter d'une excursion à la journée, organisée par certains *backpackers* depuis Sydney ou Newcastle. On élimine les problèmes de conduite et on visite en général 4 ou 5 domaines viticoles dans la journée (dégustations incluses dans le prix). Apportez votre pique-nique.

## Circuler dans la Hunter Valley

➢ ***En voiture :*** le meilleur moyen pour explorer la vallée. Une seule contrainte : déguster avec modération. Autre solution, partir avec un(e) ami(e) qui ne boit pas !

➢ ***À vélo :*** à la *YHA* (voir « Où dormir ? »), possibilité de louer un vélo. Une bonne solution mais avoir le mollet bien galbé, car c'est vallonné !

LES NEW SOUTH WALES

## Adresses utiles

ℹ ***Hunter Valley Visitor Centre*** *(carte B3) : 455 Wine Country Dr (non loin du grand rond-point avec Broke Rd), à* ***Pokolbin.*** *☎ (02) 4993-6700. ● huntervalleyvisitorcentre.com.au ● Tlj 9h-17h (16h dim et j. fériés).* Avant tout une grande boutique de souvenirs, doublée d'un bureau d'informations, mais il ne faut pas trop leur en demander. Ah si ! on peut récupérer le *Hunter Valley Magazine* (bourré de pubs) qui renferme une bonne carte de la région avec le positionnement de tous les domaines. Pratique.

■ ***Distributeur :*** *à* ***Cessnock,*** *dans Vincent St, la rue principale.*

## Où dormir ?

Par nature, l'hébergement dans la Hunter Valley est très dispersé. Il n'y a qu'une seule vraie agglomération, ***Cessnock,*** qui concentre quelques

**Adresse utile**

ℹ Hunter Valley Visitor Centre (B3)

**Où dormir ?**

- **10** Hunter Valley YHA (B3)
- **12** Royal Oak Hotel (B3)
- **13** Potters Hotel (B3)
- **14** Elfin Hill Guest House (A3)
- **15** Bluebush Estate (B2)
- **16** Mercure Resort Hunter Valley Gardens (A2)

**Où manger ? Où boire un verre ?**

- **12** Royal Oak Hotel et 221 Restaurant (B3)
- **20** Hunter Valley Cheese Factory (A2)
- **22** Log Press Café (A3)
- **23** Enzo (A2)

**Où acheter du chocolat ?**

- **40** Hunter Valley Chocolate Company (B2)

**Domaines viticoles**

- **20** McGuigan Wines (A2)
- **22** Drayton's Family Wines (A3)
- **30** Tyrrell's Wines (A2)
- **31** Lake's Folly (B2)
- **32** Lindeman's – Ben Ean (A3)
- **33** Mount Pleasant (A3)

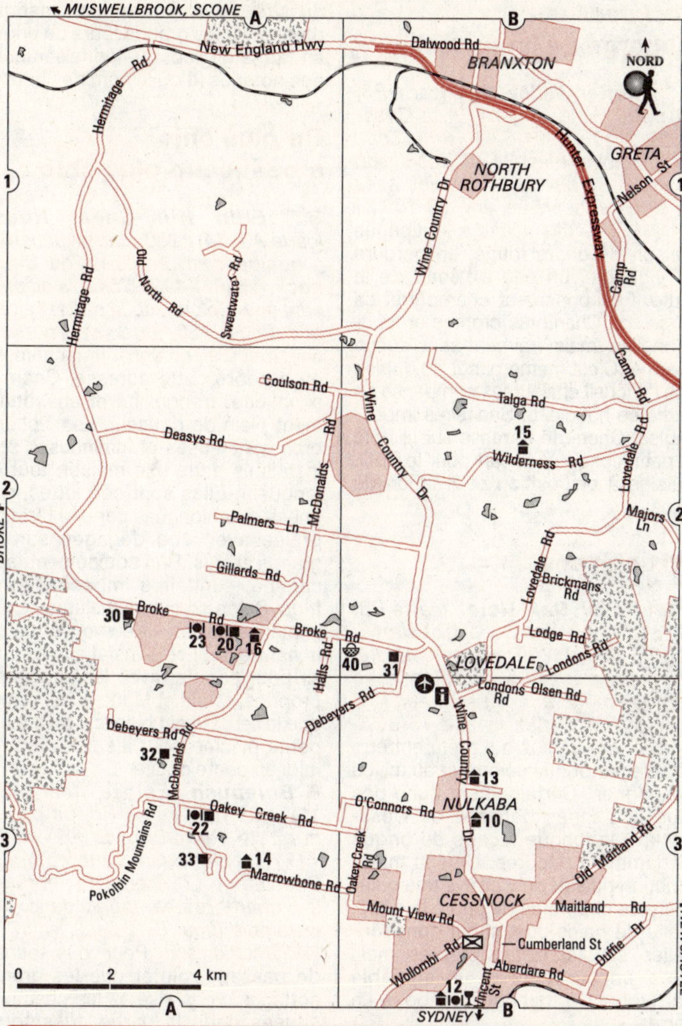


HUNTER VALLEY



boutiques, banques, restos et même un hôtel. Point commun à toute la vallée : tout est hyper cher ! Si on a les moyens, on choisira un chouette *B & B,* au cœur des vignobles. Sinon, reste la *YHA,* située dans un environnement bucolique. On rappelle que les prix grimpent méchamment le week-end. Venez en semaine si vous ne voulez pas jeter votre argent par la fenêtre !

## Backpacker (auberge de jeunesse)

**Hunter Valley YHA** (carte B3, **10**) : *100 Wine Country Dr, à **Cessnock.** ☎ (02) 4991-3278. • yha.com.au • Dortoirs (4 lits) 34-40 $/pers (sdb commune) ; quelques doubles sans ou avec sdb privée env 80-105 $ ; familiales. 2 nuits min le w-e.* Longue maison de cèdre rouge, en bordure de vignoble, un peu à l'écart de la route. Environnement champêtre, ça va de soi. Chambres propres et fonctionnelles, mais vraiment sans aucun charme. C'est même plutôt froid, bien que l'accueil chaleureux compense en partie ce handicap. Sanitaires impeccables. Chouette terrasse sur le côté et petit kiosque à l'écart pour le BBQ. Cuisine à disposition et location de vélos.

## Prix moyens

**Royal Oak Hotel** (carte B3, **12**) : *221 Vincent St, à **Cessnock.** ☎ (02) 4991-3700. • royaloakhotelcessnock.com.au • Doubles avec sdb commune 95 $ en sem et 110 $ le w-e. Resto midi et soir 15-30 $.* Conviendra à ceux qui préfèrent être en ville plutôt que séjourner au milieu des vignes. Certainement l'une des plus anciennes bâtisses de Cessnock, à la longue façade de brique élégamment décorée. Un lieu multifonction puisqu'on y trouve une quinzaine de chambres de pub à bon prix (salle de bains commune), fonctionnelles, simples et très propres, mais aussi un bar-resto et un agréable bar (voir « Où manger ? Où boire un verre ? »).

**Potters Hotel** (carte B3, **13**) : *Wine Country Dr, sur la route de Cessnock, à **Nulkaba.** ☎ (02) 4991-7922. • pottershbr.com.au • Doubles standard 115-260 $ selon saison.* Une soixantaine de chambres bien tenues et réparties dans de petits cottages de brique, toutes avec salle de bains, clim et kitchenette. Certaines avec terrasse individuelle. Terrain de tennis, grande piscine et spa à disposition. Simple et efficace. À l'entrée du site, vous n'aurez pas manqué d'observer les grands fours de brique en forme d'igloo, où l'on faisait cuire des poteries (d'où le nom de l'hôtel).

## De plus chic à beaucoup plus chic

**Elfin Hill Guest House** (carte A3, **14**) : *250 Marrowbone Rd, à quelques km à l'ouest de **Cessnock.** ☎ (02) 4998-7543. • elfinhill.com.au • Selon j. de la sem, doubles et cottages 180-300 $ (2 nuits min le w-e), petit déj compris.* Franchement, on a adoré cette adresse. Charme, simplicité, tranquillité et environnement plein de douceur. Les 7 chambres généreuses et lumineuses sont installées dans une maison tout en longueur. Elles sont coquettes, soignées et prolongées par une terrasse privée avec vue dégagée sur les grands arbres. Bon équipement, coin canapé, sanitaires impeccables et frigo. Salon commun chaleureux, aux immenses baies vitrées ouvertes sur la nature, où l'on s'installe avec plaisir pour papoter avec les charmants proprios, Marie et Mark, aussi sympa que le lieu. On est bien ici ! Même une petite piscine pour les fins d'après-midi en pente douce.

**Bluebush Estate** (carte B2, **15**) : *196 Wilderness Rd, un peu au nord de **Pokolbin.** ☎ (02) 4930-7177. • bluebushestate.com.au • Double env 175 $ en sem ; cottages 2-5 chambres, à louer dans leur ensemble (pour 6-12 pers), env 370-800 $/nuit en sem.* Pour vous, touriste de passage, plutôt que les grands cottages, vous viserez les chambres situées dans la partie *guesthouse* de l'établissement (même si elles sont parfois louées à la semaine). Confortables, spacieuses et bien équipées, elles sont parfaitement abordables en semaine. L'environnement se compose de pelouses et de vignobles, d'une piscine et même d'un terrain de volley.

**Mercure Resort Hunter Valley Gardens** (carte A2, **16**) : *2090 Broke Rd, à **Pokolbin.** ☎ (02) 4998-2000. • mercurehuntervalley.com.*

au ● *Studios 190-300 $ (les moins chères) ;* superior *et* deluxe *env 220-460 $.* Cet hôtel de chaîne a su rester discret quant à son architecture. Sans être charmantes (faut pas exagérer !), ses chambres dégagent une certaine personnalité et proposent un excellent confort. Elles sont réparties dans 9 unités sur 2 niveaux. Sur l'arrière des parties communes, très soignées, à l'image de ce salon chaleureux, on trouve une pelouse, un spa, une piscine et quelques transats. Même si l'on préfère les *B & B,* c'est une adresse à ne pas négliger. Situation stratégique car on trouve dans le secteur une bonne concentration des meilleurs producteurs.

## Où manger ? Où boire un verre ?

On ne va pas se raconter des histoires, les restos dans la vallée sont la plupart du temps hors de prix. De vrais chefs sont au piano de bien des maisons de renom, mais il faut avoir les moyens. Voici quelques adresses de bonne tenue, qui vous permettront de limiter la casse. Attention, nombre de restos n'ouvrent pas le soir ! Ou seulement les plus chers. Apportez vos provisions de Sydney ou de Newcastle et prévoyez un pique-nique nocturne !

### Bon marché

**|●| *Hunter Valley Cheese Factory*** *(carte A2,* ***20****) :* *juste à droite de la* McGuigan Wines, *au 447 McDonalds (angle Broke Rd), à* ***Pokolbin.*** ☎ *(02) 4998-7744. Tlj 9h-17h30.* Five cheeses testing *env 8 $.* Pourquoi ne pas profiter de la visite du domaine voisin pour faire halte dans cette fabrique de fromage à base de lait de chèvre (pasteurisé !) et s'offrir une petite planche de 5 fromages (sur les 10 que l'on y produit) ? Pas cher et ça cale !

**|●| *Log Press Café*** *(carte A3,* ***22****) : 555 Oakey Creek Rd (fait partie de la* Drayton's Family Winery*), à* ***Pokolbin.*** ☎ *(02) 4998-7513. Tlj sauf lun 9h-14h30. Plats 18-25 $.* Petit resto à la déco minimaliste où l'on sert quelques plats sans chichis (burgers, sandwichs, *wraps,* salades thaïes, etc.) à prix adorables. Également une sélection de gâteaux faits maison et de bons milk-shakes, parfaits pour se refaire le palais entre 2 dégustations.

### Prix moyens

**|●| *Enzo*** *(carte A2,* ***23****) : sur Broke Rd, angle Ekerts Rd, à* ***Pokolbin.*** ☎ *(02) 4998-7233. Tlj 8h-16h (17h ven-sam). Plats 23-38 $.* Dans la *David Hook Wines,* au fond de la propriété. Style bistrot, dans une champêtre maison en pierre. Quelques plats de saison bien tournés et des salades fraîches comme tout. Pas donné malheureusement.

**|●| 🍸 *Royal Oak Hotel*** *(carte B3,* ***12****) : 221 Vincent St, à* ***Cessnock.*** ☎ *(02) 4991-3700. Tlj 12h-22h. Compter 15-30 $.* Ce chouette hôtel (voir « Où dormir ? ») est également un bar-resto agréable, à la carte éclectique, un peu passe-partout, mais dont l'honnête cuisine de pub à prix doux permet de se rassasier dans un cadre agréable. Au fond, une vraie salle de resto, ***221 Restaurant,*** assez chic, avec une carte plus élaborée *(entrées 22 $, plats 35 $).* C'est aussi un agréable bar où l'on vient descendre sa bière autour du comptoir ou confortablement installé dans le lobby (canapés en cuir cosy). Au bar, *live music* le samedi.

## Où acheter du chocolat ?

🧺 ***Hunter Valley Chocolate Company*** *(carte B2,* ***40****) : 2320 Broke Rd, à* ***Pokolbin.*** ☎ *(02) 4998-6999. Tlj 9h-17h.* Fabrique artisanale de chocolat et de fudges. Des fudges à toutes les sauces (cappuccino, *lemon meringue, bubble gum...*).

## Visites des domaines viticoles

Vous êtes venu pour ça ! Parmi les 128 domaines viticoles qui exploitent le vignoble de la vallée, certains proposent des dégustations, quelques-uns la visite du domaine. La plupart du temps, le *wine testing* est payant (environ 5 $, souvent remboursable si achat), sauf quelques exceptions où on vous l'offre. Possibilité d'acheter du vin directement à la propriété. Attention, il y en a à tous les prix et globalement c'est assez cher. Voici une petite sélection de bonnes maisons, qui proposent toutes quelques jeunes cuvées à prix doux.

■ ***Tyrrell's Wines*** *(carte A2,* ***30****) :* *1838 Broke Rd, à* ***Pokolbin.*** *☎ (02) 4993-7028. ● tyrrells.com.au ● Lun-sam 9h-17h, dim et j. fériés 10h-16h. Dégustation : 5 $/pers. Visite guidée du domaine tlj à 10h30 ; prix : 10 $ ; durée : 1h.* Dans la même famille depuis 1858, on travaille ici le chardonnay et le sémillon avec beaucoup de finesse. Shiraz et pinot noir pour les rouges. Si vous devez faire une visite d'une propriété, celle-ci est la bonne.

■ ***McGuigan Wines*** *(carte A2,* ***20****) :* *angle Broke et McDonalds Rd, à* ***Pokolbin.*** *☎ (02) 4998-4111. ● mcguiganwines.com.au ● Tlj 10h-17h.* Winery tour *(tour du domaine) tlj à 12h ; prix : 10 $ avec dégustation ; durée : 45 mn.* Des vins bien vinifiés, aussi bien en rouge qu'en blanc. Seul inconvénient : beaucoup de monde, notamment de grands groupes (essayer de venir assez tôt le matin). Juste à côté, fabrique de fromage (voir aussi « Où manger ? Où boire un verre ? »).

■ ***Lake's Folly*** *(carte B2,* ***31****) :* *4416 Broke Rd, à* ***Pokolbin.*** *☎ (02) 4998-7507. ● lakesfolly.wine ● Avr-déc tlj 10h-16h. Dégustation : 5 $/pers (remboursable si achat).* Un petit domaine, une affaire familiale et des vins à l'excellente réputation. 2 chardonnays de très bonne tenue et un assemblage cabernet-merlot-petit verdot-shiraz pour le rouge de bon aloi.

■ ***Lindeman's – Ben Ean*** *(carte A3,* ***32****) :* *119 McDonalds Rd, au sud-ouest du carrefour de* ***Pokolbin.*** *☎ (02) 4993-3700. ● lindemans.com.au ● benean.com.au ● Lun-ven 9h-17h, w-e 10h-16h. Dégustation à partir de 5 $/pers (remboursable si achat).* Du bon travail depuis fort longtemps, dont la régularité est le maître mot. Sans conteste, les meilleurs crus sont à piocher dans la *Gentleman's Collection*.

■ ***Drayton's Family Wines*** *(carte A3,* ***22****) :* *555 Oakey Creek Rd, à l'ouest de* ***Cessnock.*** *☎ (02) 4998-7513. ● draytonswines.com.au ● Ouv tlj 8h (10h w-e et j. fériés)-17h. Dégustation : 5 $/pers (remboursable si achat). Pas de visite guidée.* Encore une histoire de famille ! 6 générations se sont succédé ici, toujours avec le même souci de qualité. On y réalise 58 vins, mais en toute subjectivité, voici nos préférences : Suzanne Semillon, William Shiraz et Joseph Shiraz ! C'est dit.

■ ***Mount Pleasant*** *(carte A3,* ***33****) :* *401 Marrowbone Rd, à l'ouest de* ***Cessnock.*** *☎ (02) 4998-7505. ● mountpleasantwines.com.au ● Ouv tlj 10h-16h. Dégustation à partir de 5 $/pers (remboursable si achat).* Estate tour *(visite du domaine) tlj à 10h30 ; prix : 5 $ en sem, gratuit le w-e ; résa obligatoire.* Une autre adresse de renom. Bon accueil et dégustation autour de 3 rouges et 3 blancs.

## Fêtes et manifestations

La Hunter Valley se révèle d'un étonnant dynamisme. Les plus grands domaines organisent régulièrement des manifestations et concerts d'envergure, annoncés sur de grands panneaux publicitaires plantés au bord des vignes. Des opéras sont montés et de grands concerts de jazz complètent l'affiche (liste des manifestations dans le *Hunter Valley Magazine*). Bref, de grosses pointures pour des vignobles où l'on brasse beaucoup d'argent. Voici les manifestations les plus notables.

– ***Lovedale Long Lunch :*** *un w-e mi-mai.* • *lovedalelonglunch.com.au* • *Cher : env 170 $ pour le w-e ; seulement sam 124 $ ; dim 74 $.* Grand et long banquet durant lequel on fait le tour de quelques domaines, et où l'on mange à chaque fois, évidemment.
– ***Festival of the Flowers :*** *sept. GRATUIT.* Des fleurs partout dans les vignobles.
– ***Sculpture in the Vineyards :*** *de fin oct à mi-nov.* • *sculptureinthevineyards.com.au* • Entre les sillons, au bout des sillons, devant les domaines, le vignoble devient une vaste galerie où s'exposent des centaines de sculptures. Bel effet.

## LA PACIFIC HIGHWAY

**Contrairement à ce que son nom laisse entendre, cette voie rapide (environ 1 000 km) reliant Sydney à Brisbane ne longe pas la côte au plus près mais circule légèrement à l'intérieur des terres, traversant de remarquables paysages vallonnés, bordés de denses forêts où l'eucalyptus géant est roi. Régulièrement, des ponts enjambent de vastes embouchures de rivières, ouvrant le panorama sur une nature luxuriante et sauvage. On est loin des images d'Épinal de l'Australie et de sa terre brûlée par le soleil : le long de la Pacific Hwy, c'est le vert qui domine. Sur cet axe très fréquenté – notamment par les énormes *trucks* –, la vitesse maximale autorisée varie entre 80 et 100 km/h. Radars et contrôles mobiles sont légion. Prudence, donc.**
**Entre les 2 villes côtières, quelques haltes notables permettent de fractionner agréablement le long parcours. Nos préférées s'appellent Newcastle, Port Stephens, Port Macquarie, Coffs Harbour et la fameuse Byron Bay. Newcastle, ville industrielle et balnéaire tout à la fois, ne manque pas d'intérêt grâce à sa vie artistique et à ses excellents spots de surf. Port Stephens, un peu plus au nord, offre plusieurs pôles d'attractions touristiques qui attirent les familles. Port Macquarie et Coffs Harbour sont des escales tout en plages et soleil, idéales pour s'imprégner en douceur de l'*Australian way of life* (vous verrez, on s'y fait vite !). Enfin, l'arrêt à Byron Bay, Mecque des surfeurs et autres membres émérites de la coolitude australienne, est selon nous obligatoire. Prévoir 3 jours dans ce qu'on peut considérer comme la plus chouette ville de la côte.**



## NEWCASTLE

360 000 hab.

• Plan *p. 288-289*

**Ville industrielle et industrieuse, Newcastle, à 160 km de Sydney, semble a priori un peu à court d'arguments pour attirer les *backpackers* dans ses filets. Pourtant, passé la 1re impression, on découvre une cité active, ouverte sur son port hyperactif, fière de son histoire, pleine d'une jeunesse estudiantine particulièrement vivante, notamment sur le plan artistique (nombreuses galeries d'art). À 2 pas du centre-ville, des plages extraordinaires, et de l'autre côté de l'estuaire de la rivière, l'immense Stockton Beach.**
**Les environs ne manquent pas d'intérêt, avec, du côté de Port Stephens, d'étonnantes Sand Dunes (« dunes de sable »), et à Nelson Bay (à 1h au nord de Newcastle), l'un des meilleurs coins de la côte pour observer les dauphins. Vers l'intérieur des terres, la Hunter Valley n'est qu'à 1h de route. Newcastle, 2e ville des New South Wales (et 7e du pays), peut constituer sans rougir une**

**1re halte sur la route vers le nord. Darby St et son chapelet de restos et bars tendance est l'endroit idéal pour passer une bonne soirée un peu funky, à la découverte d'une Australie côté coulisses.**

## UN PEU D'HISTOIRE

La ville fut fondée en 1804, pour installer les *convicts* les plus difficiles, ceux qui ne pouvaient s'intégrer à la 1re colonie de Sydney. La rapide découverte de charbon dans le sous-sol de la vallée de Hunter, et son facile transport par la Hunter River jusqu'à l'océan, favorisa le développement de la cité. Newcastle devint un grand port commercial international d'où partaient des bateaux-cargos vers les plus grandes capitales du monde. D'autres industries firent souche au cours du XIXe s, telle la production d'acier. Cité ouvrière hier, ville industrielle aujourd'hui, largement adoucie par son caractère balnéaire, Newcastle a une double facette : elle respire la fierté propre aux lieux de lutte ouvrière et une certaine insouciance distillée par sa turbulente jeunesse (beaucoup d'étudiants), qui profite de remarquables spots de surf.



### Arriver – Quitter

➢ ***En voiture :*** à 2h de route de Sydney, vers le nord.

➢ ***En bus :*** avec la compagnie *Greyhound* au départ de Wright Lane, devant le Newcastle Museum. Env 3 liaisons/j. vers le sud et 2/j. vers le nord.

➢ ***En train :*** de Sydney Central, prendre un train (1/h) pour Hamilton (grande banlieue). Durée : 2h40 ! Puis, de la gare, bus nº 110 (toutes les 15 mn env) pour le centre de Newcastle (arrivée à l'ancienne gare). Bref, vraiment lent et compliqué.

### Adresse utile

ℹ ***Newcastle Shop Visitor Centre*** *(plan A1-2) :* *6 Workshop Way, dans le Newcastle Museum. ☎ (02) 4974-2109. • visitnewcastle.com.au • Tlj 9h-17h.* Bonne carte de la ville et infos générales à glaner.

### Où dormir ?

#### *Backpackers (auberges de jeunesse)*

⌂ ***Newcastle Beach YHA*** *(plan B-C2,* ***10****) :* *30 Pacific St. ☎ (02) 4925-3544. • yha.com.au • Dortoirs (4-10 lits) 35-40 $/pers ; double env 93 $.* Sans doute l'adresse la plus sympathique de la ville, à 2 pas des plages et du centre-ville, nichée dans un secteur au calme, dans une maison de 1911, ancien *Businessmen's Club* (comprenez un lieu sans femmes où l'on buvait des alcools forts en fumant le cigare), et qui a conservé de cette époque quelques vestiges. Grand salon commun avec canapés Chesterfield, billard, piano (désaccordé), cheminée... Dortoirs propres et spacieux, les plus grands avec salle de bains. Chambres doubles dans le même esprit tranquille, avec sanitaires communs. Nombreuses activités proposées par l'AJ, dont un *free BBQ* le jeudi et une sortie au pub le mardi. Prêt de surfs et de bodyboards (sympa !). Organise également un chouette tour à la journée de la Hunter Valley pour un prix raisonnable. Une bonne solution pour découvrir cette région quand on n'est pas véhiculé.

⌂ ***Backpackers Newcastle*** *(hors plan par A2,* ***11****) :* *42-44 Denison St. ☎ (02) 4969-3436. • backpackersnewcastle.com.au • Dortoirs (4-6 lits) 35-40 $/pers ; doubles sans sdb 80-100 $.* 2 maisons en bois, l'une orange, l'autre blanche, qui abritent une soixantaine de lits, principalement en dortoirs. Les chambres ont un peu vécu certes, mais l'ensemble reste globalement bien tenu. Sympathique petite piscine à l'arrière, avec BBQ à dispo. Navette gratuite jusqu'à la gare, laverie, leçons de surf et visites de la Hunter Valley à la journée. Accueil vraiment sympa des proprios, toujours prêts à vous filer plein de (bons) tuyaux sur le coin.

### De prix moyens à un peu plus chic

**_Hamilton Heritage B & B_** *(hors plan par A2,* ***12****) : 178 Denison St. ☎ (02) 4961-1242. • accommodationinnewcastle.com.au • Chambres 140-190 $, petit déj inclus.* Un peu à l'écart du centre, ce *B & B* conviendra surtout à ceux qui sont véhiculés. Maison en bois jaune et vert du début du XXe s, à la déco gentiment désuète. 3 chambres seulement (de taille variable, d'où la différence de prix), toutes avec TV, frigo et de quoi faire le café. Photos de famille dans le couloir, salon à l'ancienne... Au fond de la maison, salle-véranda où l'on prend le petit déj et qui donne sur une courette. BBQ à disposition.

**_Crown on Darby_** *(plan A2,* ***13****) : 101 Darby St. ☎ (02) 4941-6777. • crownondarby.com.au • Studios env 200-230 $ ; prix dégressif pour plusieurs nuits.* Ensemble d'une quinzaine de studios pour 2 personnes, tout neufs et bien équipés (avec kitchenette), situé au cœur de la rue qui bouge le plus en ville. À cheval entre l'hôtel et la location d'appartements. Également quelques logements plus grands, pour les petits groupes.



## Où prendre un petit déj ? Où manger ?

On trouve quelques adresses au cœur de la ville, mais les restos les plus sympa se concentrent sur Darby St, un peu à l'écart du centre, entre Queen St et Bull St. Cuisine chinoise, italienne, thaïe... et de chouettes *coffee-shops*.

### De bon marché à prix moyens

**_Ground Floor Café_** *(plan B2,* ***21****) : 103 Hunter St (angle Newcome St). ☎ (02) 4906-1798. Tlj sauf dim 7h-17h. Super petits déj env 18-25 $.* Comptoir ouvert sur la rue, terrasse sur le trottoir, menu sur de grands tableaux noirs au-dessus du bar, musique lounge, serveurs cool... Parfait pour déguster un copieux *chili bacon breakie*, un *corn fritter* ou un *big breakfast* pour les gros appétits. Beaux sandwichs également, réalisés avec un pain de qualité. En dessert, la *luscious lemon* nous a fait de l'œil.

### Prix moyens

**_Goldbergs_** *(plan A2,* ***22****) : 137 Darby St. ☎ (02) 4929-3122. Tlj 7h-minuit. Plats 15-20 $.* Tables en bois verni, vieux parquet et grand lustre en fer forgé au plafond, ce resto à l'atmosphère « saloon » est l'un des plus vieux établissements de la ville. On y sert une cuisine des plus éclectique (viande argentine, salade vietnamienne, pâtes italiennes...) à des prix plus qu'abordables. Le soir, on installe les chandeliers sur les tables et l'ambiance se fait plus cosy, mais conserve son côté cow-boy. Terrasse à l'arrière et carte des vins bien fournie.

**_Delucas Pizza_** *(plan A2,* ***23****) : 159 Darby St. ☎ (02) 4929-3555. Tlj sauf lun 18h-22h (21h dim). Plats 17-26 $.* Très réputé pour ses pizzas et ses pâtes, ce petit resto italien, tout en longueur et sans apprêt, régale les habitués du quartier depuis de nombreuses années. Cuissons parfaites pour les pâtes, *al dente* comme il se doit. Goûteux risotto également et lasagnes moelleuses. Accueil selon l'humeur du jour.

### Plus chic

**_Bocados Spanish Kitchen_** *(plan B2,* ***24****) : 25 King St (angle Watt St). ☎ (02) 4925-2801. Tlj 17h-21h30 (22h ven-sam) plus ven-sam 12h-14h30.*

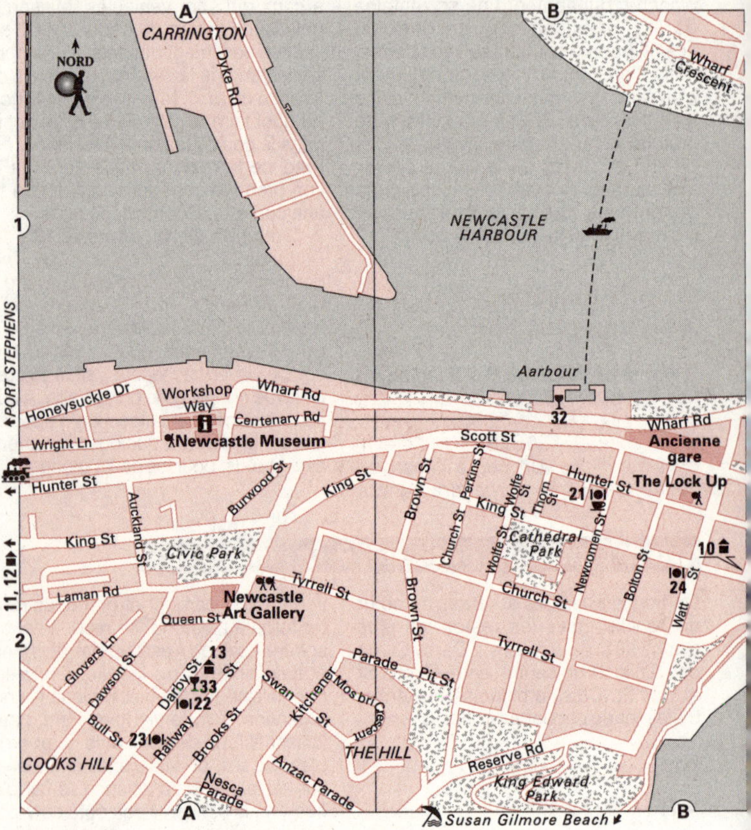


*Tapas 17-32 $.* Suffisamment rare pour être signalé, voici un resto espagnol, qui sert une cuisine de qualité, 100 % ibérique, sous forme de *raciones* ou de tapas, que l'on peut aisément partager à 2 pour les 1ers, ou grignoter avec un verre de vin australien... ou espagnol pendant qu'on y est. On choisira parmi *mejillones, pollo asado, bocados paella, albondigas* ou *Spanish tortilla.* Pour changer de la classique nourriture de pub !

## Où boire un verre ? Où sortir ?

**The Grain Store** (plan C2, **31**) : *64-66 Scott St. ☎ (02) 4023-2707. Tlj sauf lun 11h-23h (22h mar-jeu, 21h30 dim).* Grand bar avec sol à damier, plantes vertes aux 4 coins et grands piliers en bois au milieu de la salle. On aime l'ambiance animée et, surtout, le très large choix de bières (21 manches à pression au garde-à-vous derrière le bar !). Musique live les samedi et dimanche en début de soirée.

**Queens Wharf Hotel** (plan B1-2, **32**) : *150 Wharf Rd. ☎ (02) 4929-6333. Tlj 10h30-22h (23h jeu, minuit ven-sam).* Ce bar d'aspect banal doit

NEWCASTLE

son succès à sa situation directement sur le port. On fréquente l'endroit en fin d'après-midi, au moment des *happy hours* (lun-ven 15h-18h), où, depuis la terrasse du 1er étage, une bière locale à la main, on profitera d'une jolie vue sur l'embouchure de la rivière, le phare perché sur la colline et le quartier résidentiel de l'autre côté de la baie.

🍷 ***5 Sawyers*** *(plan A2,* ***33****)* **:** *115 Darby St. ☎ (02) 4927-0070. Mer-dim de 16h (15h w-e) jusque tard.* Un des rendez-vous classiques des soirées en ville. Canapés Chesterfield, parfait pour déguster l'une des nombreuses *craft beers* de qualité (bières produites localement), à partager entre *mates* (copains). Bonnes vibrations en fin de semaine, notamment pendant les *happy hours* (ven 17h-19h).

## À voir. À faire

***Newcastle Art Gallery*** *(plan A2)* **:** *1 Laman St (angle Hunter St). ☎ (02) 4974-5100. ● nag.org.au ● Tlj sauf lun 10h-17h (20h dernier ven du mois sauf déc).*

*GRATUIT.* Si vous êtes intéressé par l'art pictural australien des XIXe et XXe s, une visite dans ce musée-galerie est recommandée. On y expose, dans des espaces trop restreints, les plus grands peintres des siècles passés, ainsi que des artistes contemporains. L'art aborigène a également toute sa place. Expos temporaires intéressantes.

**Newcastle Museum** *(plan A1-2)* **:** *6 Workshop Way.* ☎ *(02) 4974-1400.* • *newcastlemuseum.com.au* • *Tlj (sauf lun hors vac scol) 10h-17h. GRATUIT (collections permanentes).* Musée principalement consacré à l'histoire de la ville. Dans les sections permanentes : *A Newcastle Story* et *Fire and Earth* proposent plusieurs galeries de photos, costumes d'époque et textes relatant l'évolution de la cité, notamment son essor industriel au XIXe s. *Supernova* n'a pas grand-chose à voir avec la ville et s'adresse surtout aux enfants (plein de petits ateliers scientifiques, générateur de tornades, électromagnétisme, etc.). Puis, *Kuueeyung,* une section sur les canots traditionnellement construits par les Aborigènes avec l'écorce de l'arbre Punnah. 5 ou 6 expos temporaires par an, sur des sujets (très) divers. L'ensemble manque un peu de cohérence mais n'est pas dénué d'intérêt.

**The Lock Up** *(plan B2)* **:** *90 Hunter St.* ☎ *(02) 4925-2265.* • *thelockup.org.au* • *Mer-sam 10h-16h, dim 11h-15h. GRATUIT.* Une ancienne *Police Station* (d'où le nom du lieu qui veut dire « emprisonnement »), qui accueillit les malfrats de 1890 à 1982, judicieusement transformée en lieu d'expos d'art contemporain et performances diverses. Les accrochages, vidéos et autres installations sont disposés dans les 7 vieilles geôles, les salles communes, la cour (couverte par des barreaux) et l'étrange salle capitonnée. On y expose les travaux d'artistes et de *performers* australiens de tous horizons. Toujours d'intéressantes créations, parfois bien décoiffantes.

**Fort Scratchley** *(plan C1-2)* **:** *1-3 Nobbys Rd, à la pointe est de la ville. Tlj sauf mar 10h-16h. GRATUIT.* Pour accéder à ce vieux fort planté au sommet d'une colline, on peut partir du port et suivre la jolie promenade piétonne jusqu'au bout. Compter environ 30 mn. Depuis le fort, belle vue sur l'océan. Édifié au XIXe s, il conserve quelques vestiges au milieu d'un grand parc soigné.

– On peut ensuite poursuivre la balade jusqu'à la pointe, à la **Nobbys Lighthouse** *(plan D1),* le phare situé sur un promontoire.

***Plages :*** la ville compte plusieurs plages à 2 pas du centre. On va volontiers à ***Nobbys Beach*** *(plan D1),* tout au bout de Newcastle East, juste dos à l'embouchure du port. Longue et belle plage, aussi bien pour la baignade que pour le surf. À peine plus au sud, on tombe sur les **Ocean Baths** *(plan C2),* une extraordinaire piscine d'eau de mer longue de... 100 m. La piscine est ouverte à tous et c'est un vrai régal pour qui ne souhaite pas affronter les eaux de l'océan. À 2 pas, ***Newcastle Beach*** *(plan C2),* elle aussi fréquentée par les surfeurs.

De là, toujours en longeant la côte, une longue promenade se transforme en sentier côtier qui mène à ***Susan Gilmore Beach*** *(hors plan par B2)* et se poursuit bien plus au sud. Points de vue extra sur la côte. Cette promenade est dédiée aux soldats de la région tombés durant la Première Guerre mondiale en Europe. Qui se souvient en effet que de jeunes Australiens ont combattu notamment dans la Somme, en France, si loin de leur terre natale ? Toute cette côte, proche du centre-ville et du port si industrieux, offre un étonnant visage bucolique, résidentiel et verdoyant.

**Stockton Beach** *(hors plan par C1)* **:** *du port, prendre le ferry qui traverse la rivière ttes les 20-30 mn (2,25 $ avec l'Opal Card) en 5 mn. De là, 10 mn de marche. Liaison aussi par la route (bus no 55N) en contournant l'estuaire.* En voilà, de la plage ! Les amateurs de grands espaces apprécieront ces 32 km de sable blond, bordés d'une frange de verdure. Pas grand monde dès que l'on s'éloigne un peu de l'estuaire de la rivière et c'est totalement sauvage. En remontant vers le nord, la plage rejoint les célèbres Sand Dunes (« dunes de sable ») d'Anna Bay.

# PORT STEPHENS

• Carte p. 293

**À moins de 1h de route de Newcastle en suivant la côte nord, on parvient à une région connue sous le nom de Port Stephens. Pas une ville ni un port d'ailleurs, simplement une péninsule, un secteur géographique assez éclaté offrant plusieurs centres d'intérêt qui valent le coup d'œil, et une petite station balnéaire (mais chère). Il est nécessaire d'être véhiculé pour profiter pleinement du coin. Du côté d'Anna Bay, on trouve la magnifique One Mile Beach, sans doute le secteur le plus agréable pour se loger.**
**À 2 pas de là, se situe l'attraction la plus courue de la région, les célèbres Sand Dunes *(Worimi Conservations Lands)*, étonnantes dunes qui s'étirent à la pointe nord de Stockton Beach (voir à Newcastle). Non loin, on trouve la très touristique et balnéaire station de Nelson Bay, dont le port est le point de départ pour aller voir les baleines (mai-novembre) et les dauphins (toute l'année).**

## Adresse utile

ℹ ***Visitor Information*** *(plan B1) : 60 Victoria Parade. ☎ 1-800-808-900. • portstephens.org.au • Tlj 9h-16h.* Cartes, brochures et infos sur les sorties baleines et dauphins depuis le port.

## Où dormir dans la région de Port Stephens ?

### Backpacker (auberge de jeunesse)

***Samurai Beach Bungalows YHA*** *(plan A2, **10**) : sur Frost Rd, angle Robert Connell Close, à 10 mn à pied de **One Mile Beach.** ☎ (02) 4982-1921. • samuraiportstephens.com.au • Dortoirs (5 lits) env 31-50 $/pers selon saison et si membre ou non ; doubles sans ou avec sdb 105-200 $.* Un endroit qu'on aime bien. En pleine forêt, des cabanes en bois extra, sur pilotis et agrémentées d'une terrasse, avec une sympathique déco asiatique. Charmante petite piscine, elle aussi au milieu des arbres, et quelques transats. Que ce soit dans les dortoirs, simples, propres et chaleureux (dont 2 se partagent un bloc sanitaire central), ou dans les cabanes privées (frigo, micro-ondes, bouilloire, terrasse...), on se sent bien dans ce lieu tenu avec amour par les charmants proprios, Sandy et Mark, sans oublier Bo, l'adorable toutou. Chouette cuisine dans une cabane à l'écart, ouverte aux 4 vents. Quelquefois, des koalas viennent voir ce qu'il y a à manger. Dans une sorte de petit hangar, billard, TV, vieux juke-box et flipper sans âge. Prêt de body-boards, location de vélos.

### De prix moyens à un peu plus chic

***Wanderers Retreat*** *(plan A2, **11**) : 7 Koala Pl, à 500 m de la plage de **One Mile Beach.** ☎ (02) 4982-1702. • wanderersretreat.com • Cottages pour 2 pers 240-350 $ (env 25 $/pers supplémentaire).* Tranquillement niché dans un sous-bois, non loin de la plage, une poignée de lodges en bois, soigneusement équipés, avec cuisine, clim, coin salon, terrasse extérieure, BBQ à gaz... Et pour tout le monde, une charmante petite piscine cernée par la végétation. Les logements, un peu abusivement appelés *tree houses,* sont simplement des lodges perchés sur pilotis et adossés à des arbres, mais n'apportent rien de plus. Les cabanes au ras du sol constituent un excellent rapport qualité-prix.

**Nelson Bay B & B** *(plan B1,* ***12****)* **:** *81 Stockton St, à* ***Nelson Bay.*** *☎ (02) 4984-3655. • nelsonbaybandb.com. au • Chambres 140-300 $ selon confort et j. de la sem, petit déj compris.* Votre charmante hôtesse, Trish, tient sa jolie maison blanche avec soin. Perché sur une hauteur, à 10 mn à pied du port de Nelson Bay, les chambres, dans les tons blanc et bleu, disposent toutes d'une salle de bains. Salon coquet et BBQ à disposition. Bien agréable pour une petite halte.

## Où prendre un petit déj ?
## Où manger dans la région de Port Stephens ?

**Swell Beach Kiosk** *(plan A2,* ***20****)* **:** *10 Hannah Parade, sur le parking d'accès à* ***One Mile Beach.*** *Tlj 7h30-18h30 (19h ven-dim). Compter 12-20 $ pour le petit déj ou le déj.* Une terrasse sur l'avant, une autre sur l'arrière, quelques canapés d'extérieur et une nourriture de plage, sans finesse mais qui tombe bien quand on est affamé et qu'on n'a pas envie de faire des kilomètres après le surf ou la baignade pour reprendre des forces. Service à l'avenant.

**Crest** *(plan A2,* ***21****)* **:** *73 James Paterson St,* ***Birubi Point.*** *☎ (02) 4919-0446. Juste avt d'arriver au parking des Sand Dunes, sur la gauche. Tlj 8h-16h. Petits déj 13-21 $ ; plats 20-24 $.* Après une balade sur les dunes, on s'installe sur la terrasse avec vue imprenable sur l'immense Stockton Beach et sa mer de sable pour boire un coup ou manger un morceau. Cuisine sans grande imagination (salades, burgers, sandwichs, *nachos*, etc.), mais plutôt bien exécutée.

# À voir. À faire

**One Mile Beach** *(plan A2)* **:** *dans le secteur d'****Anna Bay.*** Inutile de vous préciser que la plage fait 1 mile de long, vous l'aviez compris. Ce qu'on peut ajouter en revanche, c'est qu'elle est absolument superbe, sauvage, en arc de cercle, et qu'elle est réputée dans toute la région pour la qualité de ses vagues, aussi bien pour les débutants que pour les initiés en surf. Possibilité de s'y baigner (entre les drapeaux). S'il n'y a pas de surveillance, se renseigner auprès des locaux. S'il n'y a personne dans l'eau, abstenez-vous.
Sur le parking, on trouve en principe la camionnette de la ***Port Stephens Surf School*** *(📱 0411-419-576 ; • portstephenssurfschool.com • ; loc de surf et cours collectif de 1h30 env 65 $).*

Non loin de One Mile Beach, ***Samurai Beach*** *(plan A-B2),* où l'on se retrouve non pas en costume de samouraï... mais plutôt en tenue d'Ève et d'Adam !

**Sand Dunes** *(plan A2)* **:** *juste à l'ouest d'****Anna Bay,*** *bien indiqué. Pour y accéder, prendre Gangan Rd puis James Patterson St et c'est tt au bout.*
À 2 pas d'Anna Bay débute un incroyable ensemble de dunes, qui occupe l'extrême nord de l'immense Stockton Beach. Elles courent sur 34 km de long et leur largeur oscille entre 1 et 3,5 km. Ce sont les plus grandes dunes mouvantes de tout l'hémisphère Sud. Hautement vénérées par les Aborigènes worimi, à qui elles ont été restituées officiellement en 2006 – une grande partie des dunes est classée en parc national et protégée à ce titre. Certains secteurs sont hautement sacrés et inaccessibles aux non-Aborigènes, et des cérémonies s'y déroulent régulièrement. En revanche, la partie la plus au nord des dunes (la plus accessible), à partir du grand parking, a été louée à des concessionnaires touristiques pour être exploitée à qui mieux mieux (voir plus loin).

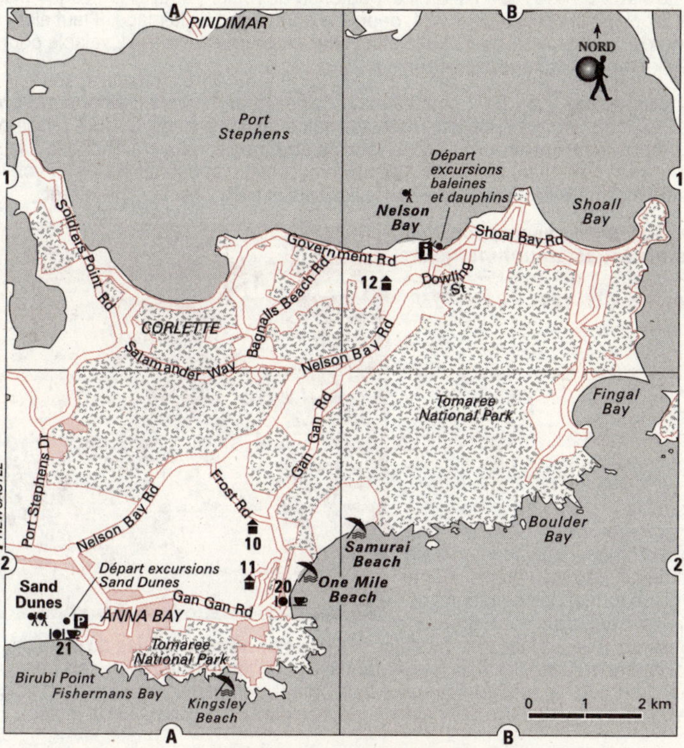


PORT STEPHENS

■ **Adresse utile**

🅸 Visitor Information (B1)

**Où dormir ?**

**10** Samurai Beach Bungalows YHA (A2)
**11** Wanderers Retreat (A2)
**12** Nelson Bay B & B (B1)

**Où prendre un petit déj ? Où manger ?**

**20** Swell Beach Kiosk (A2)
**21** Crest (A2)

À noter que les dunes sont tellement vastes que l'on peut difficilement s'y balader seul et à pied, même si ce n'est pas interdit. La plupart des touristes les visitent par le biais d'une attraction ou une autre. Sur le parking, l'exploitation des dunes bat son plein.

➢ ***Activités ludiques sur les dunes :*** tout autour du parking, on trouve plusieurs kiosques proposant plus ou moins les mêmes activités : *camel rides,* quad, *horse ride,* tour en 4x4 et *sand board.* On peut aussi essayer d'accéder à pied, mais vous n'irez pas bien loin compte tenu des distances (c'est vraiment immense) et de la fatigue (on marche dans le sable !). À notre avis, le truc le plus marrant à faire est le ***sand board*** *(plus ou moins 25 $ selon les compagnies).* On vous emmène en 4x4, on vous donne quelques explications et on procède à d'improbables et hilarantes glissades sur les dunes. On peut rester le temps qu'on veut et on reprend l'une des navettes de la compagnie qui passent régulièrement toute la journée.

➢ ***Balade en 4x4 :*** sachez qu'il est autorisé de rouler sur la gigantesque plage de Stockton si vous avez un 4x4, depuis la partie nord de la plage. Il faut alors se rendre à la station *BP* à proximité et acheter un ***permis*** *(env 10 $),* valable pour le week-end ou pour une journée en semaine.

***Nelson Bay*** *(plan B1)* **:** petite station balnéaire et marina ultramoderne, avec sa litanie d'attractions, de bars et restos aux tarifs surévalués. Surtout prisée par les visiteurs australiens, mais où le touriste étranger n'a pas grand-chose à faire. On y vient seulement si l'on veut faire une excursion en bateau pour aller voir les dauphins ou les baleines. Éviter de manger sur le port. Cher et sans intérêt.

➢ ***Sorties d'observation des baleines et dauphins*** *(plan B1)* **:** *départ du port de* ***Nelson Bay,*** *Dock C.* ☎ *(02) 4984-9388.* • *moonshadow.com.au* • Booking office *juste au début de la jetée, sur la droite.* Dolphin Tour *(tte l'année) : 3 départs/j. en été (2 en hiver) ; prix : 25-31 $, réduc ; durée : 1h30-2h.* Whale Watching Tour *(de mi-mai à début nov) : 2 départs/j. ; prix : 65 $, réduc ; durée : 2h15-3h.* Les compagnies *Imagine* et *Moon Shadows* partent du même quai et le *booking office* fait les réservations. Même type de tour et de commentaires. Si les dauphins sont toujours présents et assez facilement visibles, les baleines ne sont visibles qu'entre mai et novembre et ne font que passer. Autant savoir qu'il est assez rare (mais possible) qu'on les voie de près. Mention spéciale pour la compagnie *Imagine* qui propose l'excursion à bord d'un catamaran (parfois en partie à la voile selon la météo).

### BALEINES À BOSSE, ROUTARDES DE LA MER

*La côte est de l'Australie voit transiter chaque année plusieurs milliers de baleines à bosse* (humpback whales), *qui remontent vers l'équateur à partir de mai pour mettre bas et se reproduire dans les eaux chaudes, puis redescendent vers juillet pour aller chercher les eaux froides du Grand Sud. Pesant jusqu'à 25 t pour une longueur de 12 à 16 m – il n'est pas rare qu'un petit groupe fasse halte devant votre bateau, pour un spectacle époustouflant et magique.*

## PORT MACQUARIE

39 000 hab.

• Plan *p. 297*

**Ville-étape sur la route vers le nord ? Il est de bon ton de cantonner Port Macquarie à ce rôle. C'est un jugement sans doute un peu hâtif et assurément restrictif. Du vert et du bleu... voici les couleurs qui dominent dans cette station balnéaire populaire, qui s'étire entre l'océan Pacifique et plusieurs dizaines d'hectares de forêt tropicale.**
**Un centre-ville sans charme particulier (essentiellement autour de Clarence St),**

### SOS KOALAS

*C'est dans la région de Port Macquarie que l'on trouve la plus grande concentration de koalas de toute la côte australienne. Ils doivent faire face à un double danger : les voitures et surtout les morsures de chien quand ils se baladent en ville, qui voient sans doute dans ces grosses peluches grises une concurrence déloyale... Aussi, vous croiserez sans doute des* Koalas Ambulances *qui patrouillent en ville à la recherche de koalas blessés !*

LES NEW SOUTH WALES

**mais une côte remarquable, avec un long chapelet de plages, toutes aussi fréquentables les unes que les autres.**
**Nombreux hébergements d'excellent niveau et des restos de qualité. La chouette balade le long de la côte ravira les flâneurs, tandis que les amateurs de verdure iront se promener à l'ombre des grands arbres de la *rainforest*... Et puis, c'est dans cette région que l'on trouve la plus grande concentration de koalas de toute la côte. Enfin, surfeurs, débutants ou aguerris, trouveront à Port Macquarie de quoi s'en mettre plein la planche.**

## UNE POPULATION IRRÉCUPÉRABLE (!)

C'est le gouverneur Lachlan Macquarie, l'un de ceux qui marqua le plus la colonie naissante, qui établit ce *penal settlement* en 1821, colonie pénitentiaire, en vue d'y placer récidivistes et irrécupérables, à savoir ceux qui, en tant que bagnards à Sydney, récidivaient sur place. De fait, dès 1830, on y intégra des *free settlers,* citoyens libres, qui se mêlèrent au fur et à mesure aux bagnards. En 1847, les derniers forçats quittèrent Port Macquarie, qui s'intégra naturellement au reste de la colonie.

## Arriver – Quitter

### En bus

***Coach Terminal*** *(zoom) : sur Gordon St.* Pas de bureau, seulement un arrêt. Pour les 2 compagnies ci-dessous, acheter son billet avant le départ sur Internet.

■ ***Greyhound et Premier :*** *☎ 1-300-473-946. ● greyhound.com.au ● et ☎ 133-410. ● premierms.com.au ●* 1 bus/j. vers le nord, un autre vers le sud pour les 2 compagnies.

### En train

La station la plus proche est située à env 20 km à l'ouest de Port Macquarie, à ***Wauchope.*** *Infos trains : ☎ 132-232.* 3 trains/j. vers le sud et vers le nord. Attention, si vous venez du nord, pas de connexion en bus pour Port Macquarie. Si vous venez du sud, sur les 3 trains, un seul est connecté avec un bus pour Port Macquarie à l'arrivée du train (bien se renseigner). Bref, d'où que vous veniez, pas pratique du tout !

## Adresses utiles

ℹ ***Visitor Information Centre*** *(zoom) : dans la Glasshouse, angle Clarence et Hay St. ☎ (02) 6581-800 ou 1-300-303-155. ● portmacquarieinfo.com.au ● Au rdc de la superbe maison de verre. Tlj 9h-17h30 (16h w-e).* Brochures et magazine *Port Macquarie Discover* et *Eat See Do*, bien faits. Carte de la ville et de la région.

■ ***Location de vélos : Graham Seers Cyclery*** *(zoom, **1**), unit 18, 11-19 Bellbowrie St. ☎ (02) 6583-2333. ● grahamseerscyclery.com.au ● Tlj sauf dim 9h-17h (13h30 sam). Compter 50 $/j.* Location de vélos et réparations.

## Où dormir ?

### *Backpackers (auberges de jeunesse)*

***Port Macquarie Backpackers*** *(zoom, **10**) : 2 Hastings River Dr. ☎ (02) 6583-1791. ● portbackpackers.com.au ● Dortoirs (4-10 lits) 28-40 $/pers ; doubles 75-100 $. Parking gratuit.* À peine une cinquantaine de lits dans cette petite AJ, nichée dans une jolie maison crème tout en bois de la fin du XIX^e s, repérable à sa grande mappemonde extérieure, à l'angle de 2 rues assez passantes (calmes le soir). Si la maison est ancienne, les dortoirs sont impeccables et modernes, les matelas confortables et la cuisine parfaitement équipée. Même un bout de piscine dans une courette sur l'arrière, avec hamacs et quelques palmiers. Plusieurs activités proposées certains soirs. Prêt de vélos, bodyboards, et même du matériel de pêche.

**Beachside Backpackers** (zoom, **11**) **:** *40 Church St. ☎ (02) 6583-5512. • beachsidebackpacker.com.au • Dortoirs (4-6 lits) 30-36 $/pers ; chambres avec sdb partagée 80-90 $.* Une maison de bois gris et vert, à 5 mn à pied de Town Beach. Les 5 dortoirs et les 2 chambres ne sont pas immenses, mais l'ensemble est bien tenu. Grande salle commune aux murs peints avec des couleurs chaudes, billard et canapés bien moelleux. À l'arrière, petit jardin et salon à l'orientale, tout en tapis et coussins. Ambiance festive (pas de couvre-feu obligatoire) et clientèle jeune... mais pas trop non plus : les enfants de moins de 12 ans ne sont pas acceptés !

**Ozzie Pozzie Backpackers YHA** (zoom, **12**) **:** *36 Waugh St. ☎ (02) 6583-8133. • ozziepozzie.com • Dortoirs (4-10 lits) 31-37 $/pers ; doubles standard 85-120 $.* Au bout d'une impasse, dans un quartier calme, cette grande maison de bois bleu propose une soixantaine de lits, dont la plupart en dortoirs (un poil exigus) et une poignée en chambres privatives (avec ou sans salle de bains). Ambiance tranquille, avec planches de surf aux murs et tongs clouées sur les poutres de bois. Jolie piscine à l'arrière, transats et hamacs à disposition pour se la couler douce. Location de surfs, de vélos et activités locales. Une bonne adresse.

**Flynns Beach Caravan Park** (plan B1, **13**) **:** *22 Ocean St. ☎ (02) 6583-5754. • flynnsbeachcaravanpark.com.au • Selon saison, tentes (2 pers) 30-50 $, vans 35-65 $, studio-cabins (pour 2) 90-175 $.* À 5 mn de la plage, entouré d'arbres, c'est une bonne solution pour les campeurs. Emplacements agréables pour camper, sous les arbres. Les *cabins* (de 2 à 6 personnes) sont bien équipées, sagement rangées le long d'une allée, et parfaitement arborées. Sanitaires très propres, petite piscine et BBQ à disposition.

## Prix moyens

**Aston Hill Motor Lodge** (zoom, **14**) **:** *15 Mort St. ☎ 1-800-235-232. • astonhill.com.au • Doubles 130-240 $ ; petit déj continental 5 $. Bonnes promos sur Internet.* Motel d'une vingtaine de chambres, un poil à l'écart du centre mais pas tant que ça, légèrement en surplomb. Chambres simples et sans chichis. Une adresse pratique et correcte, propre et sans charme particulier.

**El Paso Motor Inn** (zoom, **15**) **:** *29 Clarence St. ☎ (02) 6583-1944. • elpasomotorinn.com.au • Doubles 160-210 $ tte l'année, petit déj inclus.* Un motel central et tout propre, tranquille, bien équipé et à prix doux. Une cinquantaine de chambres avec clim et petite piscine. Du classique sans mystère. Une adresse fonctionnelle.

## Plus chic

**Waters Edge** (zoom, **16**) **:** *1 Buller St. ☎ (02) 6583-2955. • watersedgeportmacquarie.com.au • Doubles 140-235 $ selon j. de la sem et saison ; petit déj-buffet en plus.* Façade quelconque certes, et même plutôt assez moche, mais l'hôtel se révèle charmant dès que l'on passe le hall d'entrée, car sur l'arrière il donne sur Hastings River. Chambres spacieuses, distribuées sur 3 niveaux, modernes, vraiment confortables, avec petit balcon ou terrasse. La plupart d'entre elles donnent côté piscine, sur pelouse plantée de palmiers, sur la grande terrasse en bois et le bras de rivière. Bon accueil. Un bon rapport qualité-prix, parfaitement bien situé.

**Ibis Styles Port Macquarie** (plan A-B1, **17**) **:** *1 Stewart St. ☎ (02) 6583-1200. • ibisstylespm.com.au • Doubles sans ou avec vue 160-400 $ selon saison ; petit déj en plus.* Sur le front de mer, à 2 pas de Town Beach (la plus grande plage de la ville). Excellent confort général. Une quarantaine de chambres modernes, fort bien équipées (bons matelas) et distribuées sur

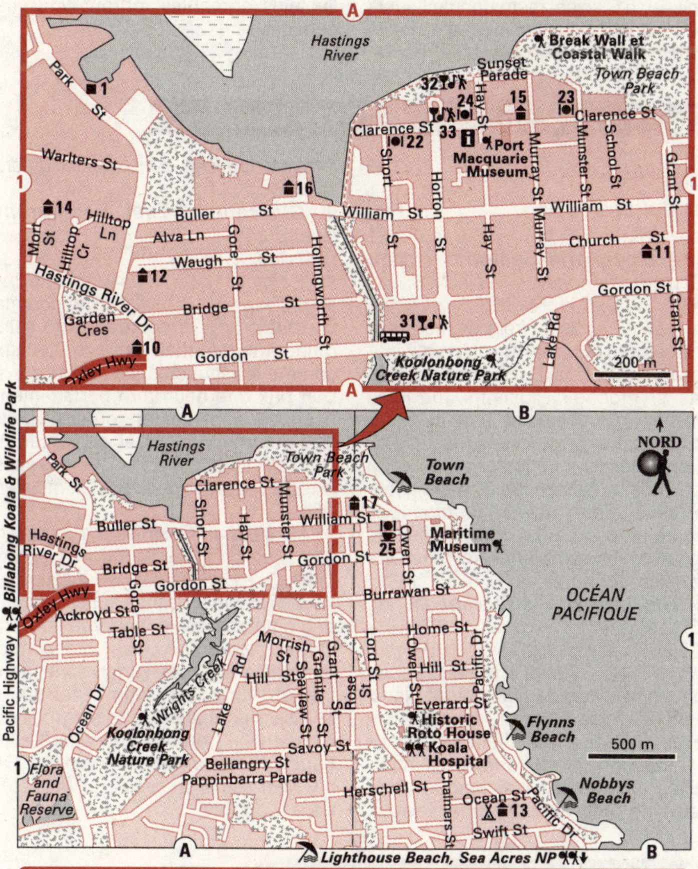


## PORT MACQUARIE

### Adresses utiles

- Visitor Information Centre (zoom)
- 1 Graham Seers Cyclery (zoom)

### Où dormir ?

- 10 Port Macquarie Backpackers (zoom)
- 11 Beachside Backpackers (zoom)
- 12 Ozzie Pozzie Backpackers YHA (zoom)
- 13 Flynns Beach Caravan Park (B1)
- 14 Aston Hill Motor Lodge (zoom)
- 15 El Paso Motor Inn (zoom)
- 16 Waters Edge (zoom)
- 17 Ibis Style Port Macquarie (A-B1)

### Où prendre un petit déj ? Où manger ?

- 22 Macquarie Seafoods (zoom)
- 23 The Corner Restaurant (zoom)
- 24 Glasshouse Thai Restaurant (zoom)
- 25 Milkbar Town Beach (B1)

### Où boire un verre ? Où sortir ?

- 31 Finnian's Tavern (zoom)
- 32 The Beach House (zoom)
- 33 Port Macquarie Hotel (zoom)

3 niveaux. Piscine, resto donnant sur la mer. Demander si possible les « River » ou les « Ocean Beach », au 2e étage, les plus agréables, offrant une vue dégagée.

## Où prendre un petit déj ? Où manger ?

### De bon marché à prix moyens

🍽 ⛱ ***Macquarie Seafoods*** *(zoom,* ***22****) : 68 Clarence St. ☎ (02) 6583-8476. Tlj 11h-20h. Formule* fish & chips *env 15 $.* À 2 pas du front de mer, voilà une gargote populaire qui fleurerait bon l'océan si le lieu en lui-même n'était pas si moche ! Plusieurs formules vraiment pas chères et large choix de poissons (très frais et cuits à la minute). À emporter ou à déguster sur place, à l'une des modestes tables de la petite terrasse. Enfin un *fish & chips* pas gras et copieux pour une poignée de dollars ! Suffisamment rare pour être signalé.

🍽 ***The Corner Restaurant*** *(zoom,* ***23****) : 11 Clarence St. ☎ (02) 6583-3300. Tlj 7h-20h30 (14h30 dim-mar). Plats 18-42 $.* Resto à la déco sobre, tout en nuances de gris, noir et blanc, avec une large baie vitrée ouverte sur la rue. Cuisine assez raffinée (rouleaux de saumon fumé, *antipasti*, mini-tartes au potiron...) et longue carte des vins pour accompagner le tout. Lumière tamisée, propice aux dîners en amoureux.

🍽 ***Glasshouse Thai Restaurant*** *(zoom,* ***24****) : 37 Clarence St (juste en face de la Glasshouse). ☎ (02) 6583-9043. Tlj 17h-22h, plus lun-ven 12h-14h. Compter 15-28 $.* Pleine comme un œuf le soir, la bourdonnante salle rouge à motifs thaïs attire les locaux comme les touristes. Ils y trouvent à bon prix une nourriture parfaitement élaborée, copieuse et goûteuse. Plusieurs *curry pots* (super *green curry*), *nam tok* et plats au wok, dégustés sous le regard royal, impassible. Un must en ville.

☕ 🍽 ***Milkbar Town Beach*** *(plan B1,* ***25****) : 2/38 William St. ☎ (02) 6583-2700. Tlj 7h30-15h (12h w-e). Compter 15 $.* Vilainement située sous les arcades d'un immeuble moderne abritant l'hôtel *Mantra The Observatory*, voici une adresse où les surfeurs viennent prendre un copieux petit déj après leur session matinale (de surf, pas de macramé !). Bon café, *banana bread*, bagels, *coconut bircher muesli*... On n'y vient pas exprès, mais si vous êtes dans le coin...

## Où boire un verre ? Où sortir ?

🍸 ♪ 🕺 ⛱ ***Finnian's Tavern*** *(zoom,* ***31****) : 97 Gordon St. ☎ (02) 6583-4646. • finnians.com.au • Tlj 11h-minuit (22h dim).* Un pub irlandais taille maousse, qui sent bon la mousse et la friture. Terrasse couverte à l'entrée, grand bar central et petite scène sous les écrans branchés en continu sur les chaînes de sport. Les vendredi et samedi soir, les musicos locaux sortent les guitares et la température grimpe vite sur le *dance floor* ! Un vrai morceau d'Australie typique, baigné dans une ambiance familiale.

🍸 ♪ 🕺 ⛱ ***The Beach House*** *(zoom,* ***32****) : 1 Horton St. ☎ (02) 6584-6011. • thebeachhouse.net.au • Tlj 10h-minuit.* Grand bar sur le front de mer, au rez-de-chaussée d'un bel immeuble colonial. Vaut surtout le déplacement pour sa terrasse face à l'océan. Le soir, à partir de 20h, les locaux investissent les lieux et l'ambiance se réchauffe gentiment, surtout le week-end (*live music* sur la terrasse le samedi soir).

🍸 ♪ 🕺 ***Port Macquarie Hotel*** *(zoom,* ***33****) : 8 Horton St (angle Clarence). Tlj 10h (9h sam)-minuit (2h mer-sam, lockout 1h).* Le bar classique, animé essentiellement en fin de semaine. DJ ou *live band* selon les soirs.

# À voir

⭑ ***Port Macquarie Museum*** (zoom) : *22 Clarence St, à 2 pas de la Glasshouse. • portmuseum.org.au • Lun-sam 9h30-16h30 ; plus 1er dim du mois 11h-15h (gratuit). Entrée : 7 $ ; réduc.* Judicieusement situé dans une des plus anciennes bâtisses de la ville (1836), le musée sur l'histoire de la ville narre (assez modestement) l'histoire des *convicts* les plus coriaces que le gouverneur Macquarie installa dans la région. On découvre que le choix du site fut déterminé par la présence d'importantes forêts dans la région, l'objectif étant de faire bosser les prisonniers à la coupe et au traitement du bois nécessaires au développement de la colonie (maisons, bateaux, etc.).

⭑⭑ ***Koala Hospital*** (plan B1) : *Lord St. • koalahospital.org.au • Tlj 8h-16h30. Tour guidé à 15h (en anglais). GRATUIT.* Fondé en 1973, cet hôpital récupère les koalas blessés par des voitures ou mordus par des chiens. Ils y sont soignés avant de retourner à la vie sauvage. Entre 200 et 300 animaux font un passage par l'hôpital chaque année. On peut observer une vingtaine de koalas à la fois, endormis ou en train de prendre leur repas. Au menu, eucalyptus, eucalyptus et eucalyptus. C'est le matin qu'ils sont le plus actifs, entre 8 et 10h. Noter la manière adorable dont ils se mettent en boule quand ils dorment. Craquant. Ceux qui veulent « adopter » un koala pourront le faire ici (il s'agit de faire un don, pas de le ramener chez soi !).

⭑ ***Historic Roto House*** (plan B1) : *2 Roto Pl, juste à côté du Koala Hospital. ☎ (02) 6588-5555. Tlj 10h-16h30. GRATUIT (donation possible).* C'est l'une des plus anciennes maisons en bois de la ville, ayant appartenu à une grande famille locale. Elle a conservé sa structure et son mobilier du XIXe s (chambres à coucher, salon, bureau...).

⭑ ***Maritime Museum*** (plan B1) : *6 William St. • maritimemuseumcottages.org.au • Tlj 10h-16h. Entrée : 5 $ ; réduc.* Histoire maritime de la ville dans 2 cottages et un garage à bateaux. Photos, gravures anciennes, quelques maquettes et instruments de marine pour décorer les modestes vitrines, complété par de petites fouilles d'épaves. À l'extérieur, ancres, mines...

⭑⭑ ***Sea Acres National Park*** (hors plan par B1) : *entrée au 159 Pacific Dr, juste au sud de Shelly Beach (fléché). ☎ (02) 6582-3355. Tlj 9h-16h30. Accès au boardwalk : 9 $ ; réduc. Parking. Cafétéria en terrasse.* Voici un petit parc national qui couvre 78 ha d'une superbe forêt humide, que l'on peut sillonner grâce à un *boardwalk,* promenade surélevée de 1,3 km, en boucle. Les amoureux de la nature ne manqueront pas cette balade instructive au milieu des multiples essences bien décrites tout le long par des panneaux. On y rencontre *strangling fig, brush cap berry, stringy bark pine, bangalow palm, giant pepper vine...* Des arbres impressionnants, inconnus sous nos contrées.

⭑ ***Koolonbung Creek Nature Park*** (plan A1 et zoom) : *entrée par Gordon St (face à la station de bus). Ouv en permanence.* Pour les amateurs de nature policée, ce vaste parc (plan à l'entrée), avec son grand lac central, propose 2 sentiers de randonnée (25 et 40 mn), qui permettent de longer un bout de mangrove et des zones humides. Le reste du parc est plus policé. Avec un peu de chance, vous verrez peut-être un koala en promenade. Pour apercevoir des kangourous, se rendre au terrain de golf ***Park Macquarie,*** sur Lindfield Park Rd. Ils y viennent régulièrement après 17h.

⭑⭑ ***Billabong Koala & Wildlife Park*** (hors plan par A1) : *61 Billabong Dr, à env 10 km du centre de Port Macquarie, en direction de Wauchope. • billabongkoala.com.au • Tlj 9h-17h. Entrée : 34 $ ; 19 $ enfants ; réduc. Présentation des animaux ttes les 30 mn env.* Petit zoo, au bord de la route (on entend les voitures...), où l'on trouve la plupart des vedettes du bestiaire australien : kangourous que l'on peut nourrir dans un parc ouvert, koalas, wombats, dingos ou encore un énorme crocodile d'eau salée, qu'on n'aimerait pas trop croiser hors de son enclos. Zoo sympathique, bien qu'un peu à l'ancienne. L'occasion en tout cas d'approcher les kangourous et koalas, en compagnie des soigneurs. Reste le prix, tout de même très élevé.

### ORGANES GÉNIALITAUX !

*Les organes génitaux des kangourous sont particulièrement complexes. Alors que le mâle possède un pénis biscornu, se séparant en 2, la femelle abrite 3 vagins et 2 utérus, elle peut ainsi être constamment pleine.*

## À faire

➢ ***Break Wall et Coastal Walk*** *(zoom)* **:** *sur le front de mer, dans le centre, tt au bout de Munster St.* Voici une promenade dont la digue, composée de gros blocs de pierre, a été peinte par les habitants. Si vous voyez une pierre vierge, apportez donc pinceaux et peinture, et ajoutez votre touche ! Possibilité d'emprunter la ***Coastal Walk*** (promenade) jusqu'au sud de la ville, vers Lighthouse Beach.

***Baignade et surf à Port Macquarie :*** plusieurs endroits pour surfer et nager à proximité du centre. On en indique 3, la plupart du temps surveillés en été, et en tout cas durant toutes les vacances scolaires. Ne se baigner (ou surfer) que dans les lieux où se trouve un *lifeguard,* et demander conseil aux locaux avant de vous mettre à l'eau. ***Town Beach*** *(plan B1)* est bien pratique car très proche du centre-ville, face au nord. Bien pour les surfeurs débutants. Toujours pour les novices, ***Flynns Beach*** *(plan B1)* constitue un autre bon choix. ***Lighthouse Beach,*** à 7 km au sud de la ville, est sans doute la plus réputée car elle fait face au sud, d'où vient le vent dominant, mais il faut être véhiculé.

■ ***Port Macquarie Surf School :*** *46 Pacific Dr. • portmacquariesurfschool.com.au • Si c'est fermé, les proprios du club habitent la maison juste au-dessus. Cours en groupe (max 6 pers) : 2h et 45 $/pers ; cours particulier : 1h30 et 70 $.* Une équipe sérieuse, un club réputé.

## COFFS HARBOUR

27 000 hab.

• Plan *p. 302-303*

**À l'embouchure de la rivière Coffs, voici une bien curieuse ville. Coffs Harbour semble tourner le dos à la mer. Ici, pas de chapelet de restaurants et de bars le long de l'océan, ni d'ailleurs, de véritable centre-ville. Complètement éclatée, décousue même, elle possède 3 zones d'animation, séparées de 1 ou 2 km les unes des autres (avoir un véhicule ou au moins un vélo).**
**On apprécie Coffs Harbour pour son panel d'activités nautiques en tout genre : surf évidemment, sur la longue plage de Park Beach, canoë et *paddle* sur l'adorable Coffs Creek, rivière sauvage qui traverse la ville, baignade ou plongée sous-marine dans les eaux calmes du Solitary Islands Marine Park... À cela, ajoutez un beau jardin botanique, un petit port animé et vous obtenez de quoi remplir 1 journée ou 2 d'escale, bienvenues sur la route de Byron Bay.**

## TOPOGRAPHIE

Pour comprendre un peu comment la ville fonctionne, quelques infos sont nécessaires. La Pacific Hwy (qui prend le nom de Grafton St à proximité du centre) est bordée de motels sans intérêt (secteur à éviter). Sa perpendiculaire, au tout début de Harbour Dr, est le secteur appelé un peu abusivement CBD (Central Business District), avec large *mall, shopping center,* boutiques, banques... Plus loin, toujours sur Harbour Dr, on trouve la partie la plus agréable de la ville, appelé aussi Jetty, où se concentrent les restos. Notre coin préféré, qui se prolonge par un petit port bordé par une agréable promenade. Un peu plus au nord, en suivant la côte, une autre section longe la gigantesque Park Beach, séparée de la route par un grand rideau végétal. On y trouve une litanie d'hôtels plutôt chers et un chapelet d'appartements de luxe, mais aussi un chouette *backpacker,* jouxtant l'un des bars les plus animés de la ville.

## Arriver – Quitter

***Station de bus*** *(plan A2)* **:** *pas de station proprement dite, juste un arrêt situé entre Pacific Hwy et Elizabeth St (parallèle), à côté de l'agence immobilière* Langlands, *entre McLean St et Combine St.* À noter que la *Aussitel Backpackers* (voir « Où dormir ? ») vous emmène à la station de bus gratuitement.

■ ***Greyhound* :** ☎ *1-300-473-946.* 3 bus/j. vers le nord et autant vers le sud.

■ ***Premier* :** ☎ *133-410.* 1 bus/j. dans les 2 directions.

***Gare ferroviaire*** *(plan C3)* **:** *en plein centre, bien située, dans le quartier de Jetty Harbour.* Pour Sydney, 3 trains/j. Durée insupportable (9h !). Vers le nord (Brisbane), 3 trains/j. également. Durée : 5h30.

## Adresse utile

***Coffs Coast Visitor Information Centre*** *(plan A2)* **:** *dans le centre commercial* Coffs Central, *35-61 Harbour Dr.* ☎ *(02) 5622-8900. Tlj sauf dim 9h-17h (15h sam). Autre centre d'infos au* Dolphin Marine Conservation Park *(plan C2) :* ☎ *(02) 6659-1900. Tlj 9h-15h.* • *coffscoast.com.au* • Offices qui délivrent brochures et cartes concernant une bonne partie de la côte.

## Où dormir ?

### Backpackers (auberges de jeunesse)

***Aussitel Backpackers*** *(plan B3,* ***10****)* **:** *312 Harbour Dr.* ☎ *(02) 6651-1871.* • *aussitel.com.au* • *Dortoirs (6-8 lits) 27-30 $/pers ; doubles sans sdb 65-80 $.* Cette maison de brique, dissimulée derrière une barrière orange flashy, est l'une de nos adresses préférées. Ses points forts ? Une dizaine de petits dortoirs et 3 chambres privatives, une belle piscine, un jardin avec hamacs et, surtout, un hangar rempli de matériel prêté gratuitement (surfs, *paddles,* kayaks, bodyboards, etc.). Tout un tas d'activités proposées par les jeunes proprios (tournois de ping-pong, sorties à la plage, virées sur la rivière Coffs Creek située à 2 mn à pied...), qui font leur maximum pour favoriser les rencontres et les échanges. Et ils font ça bien !

***The Hoey Moey Backpackers and Park Beach Hotel and Motel*** *(plan C1,* ***11****)* **:** *84 Ocean Parade.* ☎ *(02) 6652-3833.* • *hoeymoey.com.au* • *Navette gratuite de la gare et la station de bus. Dortoirs (4-6 lits) 26-30 $/pers ; doubles 75-95 $.* Juste derrière la longue Park Beach, voici un lieu multifonction,

LES NEW SOUTH WALES

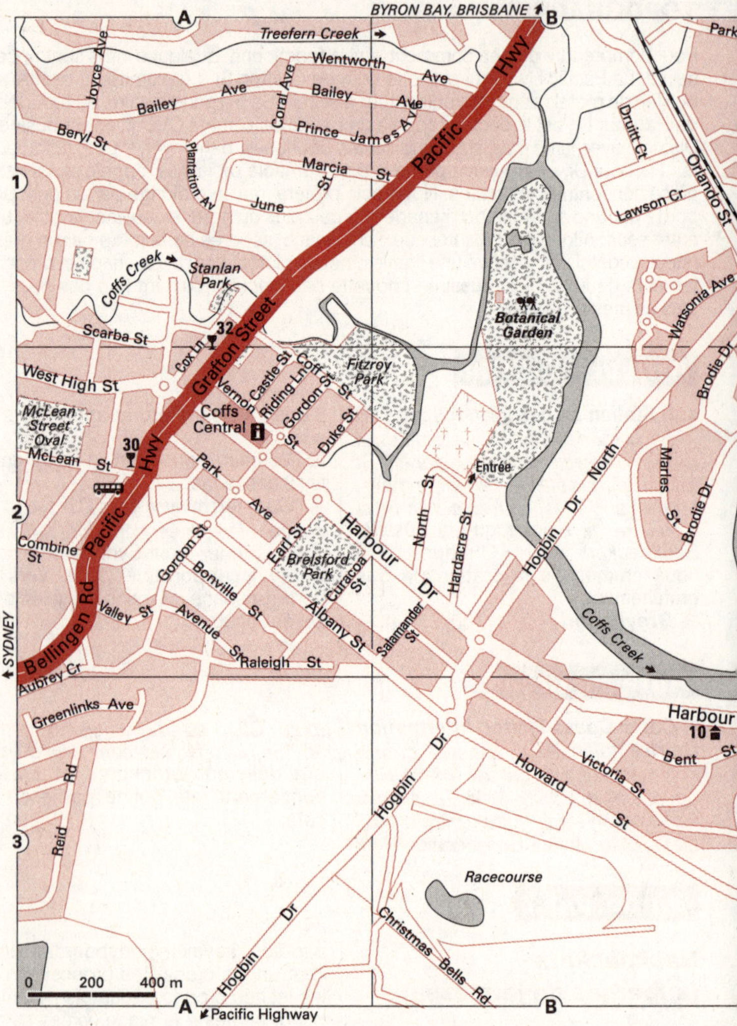




### Adresse utile

Coffs Coast Visitor Information Centre (plan A2)

### Où dormir ?

**10** Aussitel Backpackers (B3)
**11** The Hoey Moey Backpackers and Park Beach Hotel and Motel (C1)
**12** Coffs Harbour YHA Backpacker Resort (C2)
**13** Caribbean Motel (C2)
**14** Coffs Jetty B & B (C2)
**15** Ocean Parade Motel (C1)

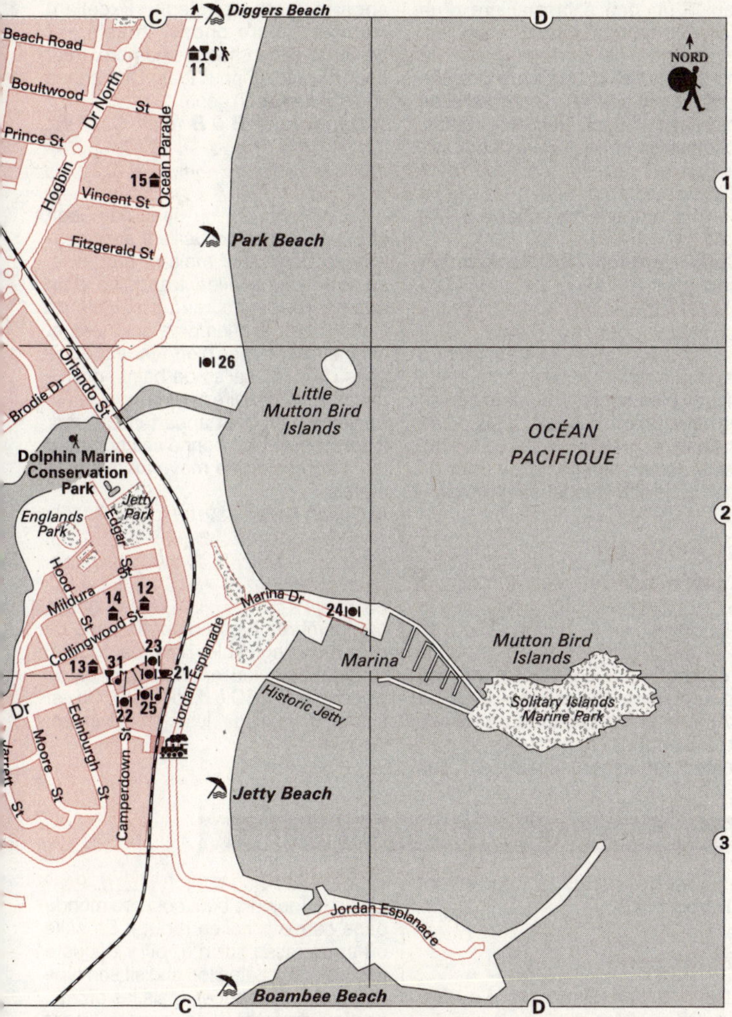


## COFFS HARBOUR

**Où prendre un petit déj ? Où manger ?**

**21** Urban Espresso Lounge (C2-3)
**22** Maria's (C2-3)
**23** Tahruah Thai and Vietnamese (C2)
**24** Fishermen's Co-op (C2)
**25** Element Bar (C2-3)
**26** Surf Club Restaurant & Bar (C2)

**Où boire un verre ? Où sortir ?**

**11** The Hoey Moey (C1)
**30** The Coast Hotel (A2)
**31** Pier Hotel (C2-3)
**32** The Plantation Hotel (A1-2)

organisé un peu à la manière d'un motel avec un *beer garden* au milieu. Une poignée de dortoirs (salle de bains commune) et une autre poignée de chambres doubles (avec salle de bains privée et frigo). Elles sont petites, fonctionnelles et pas chères hors saison. Bonne nouvelle : on vous prête bodyboard et équipement de pêche et on vous propose des repas à 5 $ au bistro !

**Coffs Harbour YHA Backpacker Resort** (plan C2, **12**) : *51 Collingwood St. ☎ (02) 6652-6462. • yha.com.au • Selon saison, dortoirs (4-6 lits) 27-33 $/pers, doubles 90-95 $.* Très grande maison à la déco un peu froide (murs couleur « bleu hôpital » et carrelage au sol) et au confort basique, mais dotée d'une belle et grande piscine à l'arrière. Cuisine commune spacieuse, prêt de planches de surf et location de vélos.



## Prix moyens

**Caribbean Motel** (plan C2, **13**) : *353 Harbour Dr. ☎ 1-800-987-140. • caribbeanmotel.com.au • Doubles env 160-205 $ ; apparts 4 pers env 185-230 $.* Un sympathique petit hôtel arrangé un peu comme une maison, avec de bien belles chambres (une vingtaine), toutes blanches, lumineuses et parfaitement équipées. Également des appartements spacieux. Excellent matelas, micro-ondes, toaster et bouilloire dans chaque chambre. Petit bout de piscine pour tous. Une bonne adresse dans son genre.

**Coffs Jetty B & B** (plan C2, **14**) : *1/41A Collingwood St. ☎ (02) 6651-4587. • coffsjetty.com.au • Doubles standard 135-200 $ selon saison, petit déj continental inclus.* Tenu par Geoff et Sue, qui vous accueillent avec gentillesse dans leur maison moderne, au fond d'une allée tranquille d'un quartier résidentiel, et à proximité de Coffs Creek. 3 chambres soignées et lumineuses, hyper bien tenues, équipées de jolies salles de bains, micro-ondes et nécessaire pour faire le café... Également un petit appartement pour 2 personnes. Une bonne solution pour qui n'apprécie que moyennement les motels.

**Ocean Parade Motel** (plan C1, **15**) : *41 Ocean Parade. ☎ (02) 6652-6733. • oceanparade.com.au • Doubles standard 85-95 $ ; 125-160 $ pour 4 pers ; petit déj en sus. Parking.* Une vingtaine de chambres bien équipées dans ce petit motel agréable, presque coquet. Un bout de pelouse, un échantillon de piscine et un BBQ à disposition. On est à 2 mn de la plage, juste en traversant la route.

# Où prendre un petit déj ? Où manger ?

La plupart des restos se concentrent sur Harbour Dr.

## Prix moyens

**Urban Espresso Lounge** (plan C2-3, **21**) : *382 Harbour Dr. ☎ (02) 6651-1989. Tlj 7h-15h. Petits déj 10-19 $.* On vient ici pour goûter l'un des nombreux cafés de la maison (expresso, *macchiato,* cappuccino...) et choisir parmi les généreuses formules du menu *breakfast.* Petite terrasse au soleil bien plus sympa que la salle, grande et un peu froide, avec ses nuances de gris et de rouge. Très bons smoothies et jus pressés maison.

**Maria's** (plan C2-3, **22**) : *368 Harbour Dr (Coffs Harbour Jetty). ☎ (02) 6651-3000. Tlj 17h-21h. Plats 17-38 $.* Toujours beaucoup de monde dans ce resto italien réputé. En salle ou en terrasse sur rue, on y déguste d'excellentes pâtes (on choisit son type de pâtes et sa sauce), mais les pizzas, particulièrement bien garnies, sont également très tentantes. Quelques plats plus originaux, typiques de la péninsule (*chicken saltimbocca, fried veal scalopini,* lasagnes maison...). Une excellente adresse.

**Tahruah Thai and Vietnamese** (plan C2, **23**) : *388 Harbour Dr (Coffs Harbour Jetty). ☎ (02) 6651-1978. Tlj sauf lun 17h30-21h. Plats 18-25 $.* La carte fait un large tour d'horizon des différentes cultures culinaires des 2 pays, et ce avec bonheur. On navigue à travers les *pad thaï, tom yam, thaï fish cake, choo chee* et plusieurs currys accommodés de différentes manières. C'est tout simplement bon. Service discret.

**Fishermen's Co-op** (plan C2, **24**) : 69 Marina Dr, sur le port (parking), juste avt le sentier piéton. ☎ (02) 6652-2811. Tlj de 10h au début de soirée, selon saison. Seafood pack menu pour 2 pers env 13-30 $. Une poissonnerie-*fish & chips* où l'on vend et prépare le poisson sous vos yeux. *Flat head, swordfish, sea perch...* on retrouve sur l'étal tous les poissons locaux. Préférer les poissons inscrits sur le tableau à droite et à gauche du comptoir, qui sont frais du jour. Quelques tables à l'extérieur, mais surtout de la vente à emporter.

**Element Bar** (plan C2-3, **25**) : 380 Harbour Dr. ☎ (02) 6651-6655. Tlj 12h-23h (2h ven-sam). Plats 15-30 $. Murs de brique, éclairage tamisé, parquet flambant neuf... ce grand bar-resto à la déco moderne fait aussi bien l'affaire pour manger un morceau que pour boire un verre. Côté cuisine, large choix de tapas (*antipasti, arancini,* etc.), quelques pizzas et toujours un plat du jour (risotto, *chicken wings...*). Pour s'humecter le gosier, grand bar en zinc au fond de la salle, avec un très large choix de bières en bouteille. Et pour l'ambiance, concerts acoustiques en fin de semaine (jeu-dim), à l'heure de l'apéro.

**Surf Club Restaurant & Bar** (plan C2, **26**) : 23 Surf Club Rd. ☎ (02) 6652-9870. Tlj 7h-14h30. Compter 15-30 $. Au 1er étage de cet édifice sans charme niché dans la partie sud de Park Beach, on découvre une vaste salle dont les murs rendent hommage aux sauveteurs en mer (intéressantes photos anciennes) et aux plus grands surfeurs locaux, puis à l'extérieur une terrasse dominant la plage, où l'on pourra déguster d'excellentes salades (vraiment copieuses), mais aussi un honnête *fish & chips,* burgers, *wraps,* etc. Une carte éclectique donc, mais c'est globalement réussi et le service, jeune et souriant, est vraiment plaisant.

## Où boire un verre ? Où sortir ?

**The Hoey Moey** (plan C1, **11**) : 84 Ocean Parade. ☎ (02) 6652-3833. Tlj 10h-minuit. Un vaste pub-bar-club aux dimensions aussi impressionnantes que son volume sonore. Clientèle jeune et festive qui se déchaîne (avec plus ou moins d'équilibre) sur le *dance floor* (DJ sam, groupes live jeu-dim), dans une salle chauffée à blanc. Pour faire court, certains soirs, c'est tout ce que Coffs Harbour compte de fêtards qui est agglutiné ici. Avis aux amateurs !

**The Coast Hotel** (plan A2, **30**) : 2 Moonee St, sur la Pacific Hwy (angle McLean St). • coasthotel.com.au • Ferme assez tôt en sem, pas avt minuit le w-e. Bar animé et agréable, où l'on se retrouve avec plaisir en fin de semaine, notamment quand il y a des groupes.

**Pier Hotel** (plan C2-3, **31**) : 356 Harbour Dr (angle Camper Down St). • pierhotelcoffs.com.au • Tlj 10h-minuit, mais c'est le soir qu'on y vient. Une autre adresse populaire pour le soir (c'est un pub banal dans la journée), où l'on vient pour écouter de la musique live (jeu 18h-20h, ven-sam 20h-23h). On y danse même quand l'ambiance prend.

**The Plantation Hotel** (plan A1-2, **32**) : 88 Grafton St, sur Pacific Hwy. • plantationhotel.com.au • Tlj 10h (11h dim)-minuit. Une autre adresse populaire auprès des locaux, mal située le long de la Pacific Hwy, mais une fois à l'intérieur, on oublie tout.

# À voir. À faire

**Dolphin Marine Conservation Park** (plan C2) : 65 Orlando St. ☎ (02) 6659-1900. • dolphinmarineconservation.com.au • Parc ouv tlj 9h-15h. Entrée : 38 $ ;

*réduc. Spectacles tlj de dauphins et sea lions. Possibilité de nager avec les dauphins (sur résa tte l'année, mais ça coûte une fortune !).* Un agréable petit *Marineland,* où dauphins, *Australian sea lion, little blue penguin,* tortues de la côte *(green sea turtles)* s'ébattent dans des bassins d'eau salée et naturelle. 3 grandes piscines, dont une où l'on soigne les tortues blessées avant de les remettre à l'eau.

**Botanical Garden** *(plan B1-2)* **:** *Hardacre St (angle Coff St). ☎ (02) 6648-4188. • coffsbotanicgarden.com.au • Tlj 9h-17h. GRATUIT.* Magnifique jardin botanique d'une vingtaine d'hectares qui s'enroule autour de la rivière Coffs Creek. Majestueux et méconnu des touristes, on y découvre une incroyable diversité d'essences, provenant des 5 continents. Les arbres des New South Wales sont à l'honneur, ceux du reste du pays également, mais l'Afrique et l'Asie sont aussi bien représentées. Mangrove (que l'on longe grâce à une passerelle de bois), bouquet de superbes bambous, acacias, eucalyptus, jardin japonais et parcelle de *rainforest* (forêt humide)... Une balade extra dans un espace parfaitement entretenu, qui a su pourtant conserver un certain caractère sauvage.

***Spots de surf à Coffs Harbour : Park Beach*** *(plan C1)* est idéale pour les débutants, mais les initiés y trouvent également leur compte. De manière générale, la partie sud de la plage est surveillée. Au nord de Park Beach, ***Diggers Beach*** *(hors plan par C1)* s'adresse plutôt aux bons surfeurs, mais attention, pas de sauveteurs. ***Boambee Beach*** *(plan C3),* au sud du *jetty* (ou Harbour), est réservée aux surfeurs expérimentés (pas mal de rochers).

***Plages :*** propice à la baignade en plein centre, ***Jetty Beach*** *(plan C3)* est un endroit agréable et tranquille. Vous verrez certains courageux sauter du vieux ponton. Sympa et fun. La partie sud de ***Park Beach*** *(plan C1)* est également un bon spot. Eaux translucides superbes. Nager impérativement entre les drapeaux qui indiquent la partie surveillée, la moins sujette aux courants.



## Activités nautiques à Coffs Harbour et aux environs

– ***Canoë-kayak sur la Coffs Creek :*** *si vous séjournez au* Aussitel Backpackers, *on vous prête le matériel. Sinon, loc de canoë pour 15-25 $/h.* Une balade extra dans la mangrove, tout au long de la Coffs Creek, qui sillonne la ville, accompagné par le cri des oiseaux. À ne pas manquer.

– ***Whale Watching :*** *avec* **Pacific Explorer.** *☎ (02) 9524-8288 (on appelle pour réserver). • pacificexplorer.com.au •* Comme sur une bonne partie de cette côte, possibilité d'aller voir les baleines à bosse qui passent au large.

– ***Plongée sous-marine :*** *avec* **Jetty Dive,** *398 Harbour Dr. ☎ (02) 6651-1611. • jettydive.com.au • Tlj 7h30-17h. Env 85 $/pers (matériel inclus).* Pour plonger, on peut profiter du superbe site de *Solitary Islands Marine Park (plan B3),* à 2 pas de la ville. Un site protégé où l'on peut observer de beaux *grey nurse sharks* et des tortues notamment. Réserver à l'avance.

– ***White Water Rafting :*** *avec* **Exodus Adventures.** *☎ (04) 1040-4078.* Possibilité de faire du raft sur les rivières alentour, notamment sur la Nymboida River, à la journée. Conseillé de passer par un opérateur. Pratique et pas si cher.

– ***Sky Diving (parachute) :*** *avec* **Coffs Sky Divers,** *65 Albany St. ☎ (02) 6651-1167.* Plusieurs opérateurs proposent cette activité bien chère, mais c'est le seul endroit de la côte où l'on peut atterrir directement sur la plage.

# LA ROUTE DE BALLINA À BYRON BAY

***Ballina*** **est une petite bourgade sans charme, gentiment assoupie, avec ses rues tirées au cordeau. Ce n'est certes pas la destination la plus rock'n'roll de**

la côte, mais l'embouchure de la North Creek (rivière) et ses grandes plages à proximité en font un joli point de départ de la Route 30, une *Tourist Drive* qui vous mènera à Byron Bay, route alternative bien plus sympathique que la Pacific Hwy. Ce joli ruban d'asphalte traverse des paysages verdoyants, de grandes prairies et des bouts de forêt, mais elle n'est que rarement en liaison directe avec la côte. Il faut pour cela prendre les petites routes perpendiculaires, qui mènent au bord de mer. Parfois de magnifiques points de vue sur les plages immenses.
La 1re portion de route longe la côte et passe par *Lennox Head,* une pointe perchée sur une colline qui offre un panorama remarquable sur la baie *(Pat Morton Lookout).* En redescendant, on parvient à un petit centre urbain dans la partie sud de la plage, calme et familial, perdu dans la verdure. On reprend la Coastal Rd vers le nord pour aboutir à *Broken Head,* une autre petite station balnéaire de poche et familiale. Plage à l'infini là encore. Quelques kilomètres plus au nord, bienvenue à Byron Bay !

## BYRON BAY

6 000 hab.

• Plan général *p. 309* • Zoom *p. 311*

Avec son phare situé au point le plus à l'est du continent australien, Byron Bay, véritable « Mecque » des surfeurs, a la réputation d'être « *the coolest place in Australia* ». Et c'est vrai que l'ambiance est particulièrement relax. Pas un seul feu rouge en ville, aucun édifice de plus de 3 étages, pas de restos de chaînes... Byron Bay fait l'unanimité auprès de tous les *backpackers,* comme auprès des possesseurs de *Working Holiday Visa,* qui sont nombreux à venir y passer du bon temps (tout en travaillant de temps en temps !).

### « DON'T SPOIL US, WE WILL SPOIL YOU ! »

*Cool, Byron Bay l'est indéniablement. Pourtant, elle n'aime pas qu'on lui marche sur les pieds. Pour preuve, son slogan : il utilise le verbe « to spoil » avec un double sens. Il signifie « gâter », mais aussi « pourrir ». « Ne nous pourrissez pas la vie [dans le sens respectez-nous], et nous vous gâterons ! » Même la cool attitude a ses règles de savoir-vivre.*

*The meeting place,* comme on la surnomme, distille une ambiance du tonnerre, des plages superbes, des vagues idéales pour les surfeurs, des hôtels à tous les prix, des restos de qualité et des bars sages... et d'autres beaucoup moins sages.
Il règne ici une atmosphère tranquille et amicale, un sentiment de bien-être, un savant mélange d'esprit new age, hipster et baba cool de la grande époque, si bien qu'on y passe facilement 3 jours, voire plus. Byron Bay attire en conséquence pas mal de touristes étrangers et beaucoup de visiteurs australiens en été.

### ALCOHOL-FREE AREA

*À Byron Bay, comme dans d'autres villes d'ailleurs, on voit régulièrement ce panneau dans la rue. Non, ça ne signifie pas que l'alcool est gratuit dans la zone donnée, mais plutôt que le fait de boire de l'alcool dans ce secteur est formellement interdit ! Pas d'inquiétude, on a trouvé des rues sans panneau.*

**Entre moments relax, observation des baleines et activités sportives, une halte à Byron Bay permet à chacun, selon son rythme, de goûter au mode de vie à l'australienne. Plus qu'ailleurs, les habitants terminent toutes leurs phrases par « *No worries !* ».**

## UN PEU D'HISTOIRE

Byron Bay est un étonnant mélange de richesses naturelles et de beauté environnementale. Côté jardin, des terres volcaniques idéales pour la culture maraîchère et côté mer, des vagues de classe internationale, situées au point le plus oriental du continent.
Ce n'est pas un hasard si les ***Aborigènes arakwal*** s'installent sur ce site il y a plusieurs milliers d'années, profitant de sa beauté et de ses généreuses ressources. *Cavvanbah,* c'est le nom qu'ils donnent à la baie, devient le point de rencontre de nombreux groupes ethniques des environs. Ils vivent, pêchent, cultivent les bonnes terres et se sentent bien dans ce cadre enchanteur. Et c'est à l'évidence le même sentiment qui imprègne les habitants du temps présent.

### Et les Anglais débarquent...



Ce n'est pas la beauté des lieux qui pousse les Anglais à prendre possession de ce finistère, mais la ***richesse des matières premières.*** James Cook y passe en 1770 avec son vaisseau *Endeavour* et rebaptise le secteur « Cape Byron », en hommage au célèbre navigateur John Byron (grand-père du poète lord Byron), mais il faudra attendre le début du XIX$^{e}$ s pour que les 1$^{ers}$ *settlers* s'installent véritablement. On y exploite les forêts primaires pour la qualité du ***bois*** (notamment le cèdre), on y extrait le ***sable,*** d'importantes ***fermes d'élevage*** voient le jour dans les prairies constituées par les coupes de bois (grosse production laitière et de viandes), mais il faudra attendre 1860 pour qu'une ville se constitue véritablement, qui prendra le nom de Byron Bay seulement en 1894. En 1901, un phare est dressé sur la colline, au point le plus oriental du pays. Au début des années 1950, Byron Bay, du fait de son avancée dans l'océan, devient une ***station de chasse à la baleine,*** mais sa vocation est de courte durée (une dizaine d'années à peine).

### Retour aux sources

Il faut attendre l'après-guerre pour que les habitants de Byron Bay renversent complètement la vapeur quant à leur mode de vie. Fin des ***années 1950, les 1$^{ers}$ surfeurs*** pointent le bout de leur planche, suivis quelque temps plus tard par une sympathique communauté hippie (qui fera souche au début des années 1970 à ***Nimbin,*** un village des environs). Les *good vibes* de Byron Bay en font la Mecque de la glisse et de la coolitude à l'australienne. La préservation de l'environnement s'inscrit comme l'un des objectifs majeurs du *council* (mairie). On ne chasse plus les baleines, on vient désormais les observer avec le ***whale watching,*** activité qui prend son essor sur toute la côte de la NSW. Dans les champs, on évite les pesticides et la culture intensive est passée de mode.
Par ailleurs, Byron Bay entre délibérément dans une approche alternative de la vie de la cité et du respect de la nature. Les habitants sont parmi les 1$^{ers}$ à remettre la ***préoccupation environnementale*** au centre du débat, pratiquant l'écologie sociale bien avant que le développement durable ne soit à la mode.
Le ***boom touristique,*** survenu seulement au milieu des années 1980 (mais qui s'accélère ces dernières années), risque en revanche de venir quelque peu troubler l'équilibre, par essence fragile, de ce site pas comme les autres.

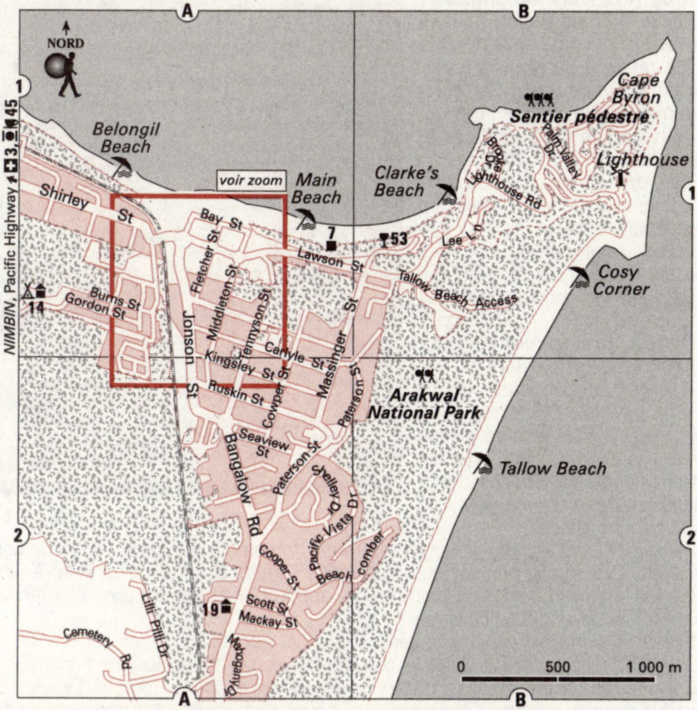


BYRON BAY – Plan général

| | |
|---|---|
| **Adresses utiles**<br>3 Byron Central Hospital (hors plan par A1)<br>7 Go Sea Kayak (A1) | **Où prendre un petit déj ? Où manger ?**<br>45 Three Blue Ducks (hors plan par A1) |
| **Où dormir ?**<br>14 Arts Factory Backpackers Lodge (A1)<br>19 Byron Sunseeker Motel (A2) | **Où boire un verre ? Où sortir ?**<br>53 Beach Byron Bay (B1) |

## PETIT LEXIQUE À L'USAGE DU SURFEUR DÉBUTANT

Si vous profitez de votre séjour en Australie pour vous initier au « sport le plus cool du monde », voici quelques expressions à connaître avant de vous jeter à l'eau. Et même si vous n'avez pas l'intention de tâter de la planche, ce petit lexique pourrait vous servir à donner le change en cas de discussion avec un surfeur (ou une surfeuse)... Un cas de figure qui risque sans doute de vous arriver, tôt ou tard, spécialement à Byron Bay !

– ***Left/right (gauche/droite) :*** « Là-bas, la gauche est vraiment super ! » Non, il ne s'agit pas de politique, mais du sens de déferlement de la vague, lorsqu'on tourne le dos à l'océan. C'est important, parce que si vous partez du mauvais côté, vous n'irez pas bien loin.

– ***Tube* (« *barrel* » *en anglais*) :** se caler bien au chaud dans le creux de la vague qui déroule et se referme quasiment entièrement sur vous, avant d'en sortir comme une fusée... Comme pour le musicien, le tube est LE graal absolu du surfeur.

– ***Take off* :** sans lui, pas de surf ! C'est le mouvement – pression des avant-bras et flexion des genoux – qui permet de vous mettre debout sur la planche. L'une des 1res choses que vous apprendrez.

– ***Beach break/reef break* :** sujet de fond, au sens propre du terme. Ici, on parle de ce que vous trouverez sous votre planche, à savoir du sable *(beach breaks)* ou des rochers, voire du corail *(reef break)*. Pour les débutants, les *beach break* sont très fortement conseillés !

### NE PAS FAIRE TROP DE VAGUES

« Get out ! », « Move ! You're dropping in ! »... *Si on vous adresse ce genre de politesse alors que vous êtes sur votre surf, c'est que vous êtes certainement au mauvais endroit. Car si la plupart des surfeurs australiens sont cool à terre, sur l'eau ce sont des tueurs ! Les locaux ont leurs territoires et voient d'un mauvais œil l'arrivée d'un inconnu, surtout s'il n'a pas le niveau... Vous n'auriez pas l'idée de vous pointer avec votre 4L sur un circuit de Formule 1, non ? Alors amis débutants, renseignez-vous sur les zones qui vous sont réservées, vous éviterez les problèmes. Quant aux surfeurs accomplis, n'oubliez pas de vous comporter avec l'humilité que confère votre statut d'invité...*

– **« *Regular* » *ou* « *goofy* » :** vous appartenez forcément à l'un ou l'autre de ces groupes. Les *regular* placent leur pied droit à l'arrière de la planche, c'est-à-dire leur pied fort (celui avec lequel vous prenez appui pour sauter, par exemple), tandis que pour les *goofy*, c'est l'inverse.

– Sinon, un bon ***spot*** est un coin réputé pour ses vagues. La ***leash*** est le nom du cordon qui relie la cheville à la planche. Un ***break*** (ou barre) désigne l'endroit où les vagues se brisent, qu'il faut passer pour accéder au *line-up* (ou pic). Le ***line-up*** se situe derrière la barre, l'endroit où les vagues se forment (et où les surfeurs se rassemblent).



**Adresses utiles**

- Visitor Centre (A2)
- 1 Byron Foreign Exchange (A1)
- 2 Live Life Pharmacy (A1)
- 4 Byron Bay Surf & Bike Hire (B1)
- 5 Whale Watching Byron Bay et Byron Bay Dive Centre (B2)
- 6 Let's Go Surfing (A1)

**Où dormir ?**

- 10 Glen Villa Resort and Caravan Park (A2)
- 11 Aquarius Backpackers (B1)
- 12 Cape Byron YHA (B1)
- 13 Byron Bay YHA (B2)
- 15 Holiday Village Backpackers (A-B2)
- 16 Nomads Byron Bay (B1)
- 17 Lord Byron Resort (A-B2)
- 18 Wollongbar Motel (A1)

**Où prendre un petit déj ? Où manger ?**

- 30 Bayleaf (B2)
- 31 Taco Joes (B1)
- 33 Fundies Organics (A-B2)
- 34 Orgasmic Foods (B1)
- 35 Bay Ger (A1)
- 36 The Cardamon Pod (B1)
- 37 Fishheads (B1)
- 39 Miss Margarita (A-B1)
- 41 Byron Fresh Café (B1)
- 42 The Balcony Bar & Oyster Co (A1)

**Où boire un verre ? Où sortir ?**

- 42 The Balcony Bar & Oyster Co (A1)
- 50 Jonson St (B1)
- 51 Beach Hotel (B1)
- 52 The Northern (A1)
- 54 Woody's Surf Shack (A2)
- 55 The Railway Friendly Bar (A2)
- 56 Cheeky Monkey (B2)

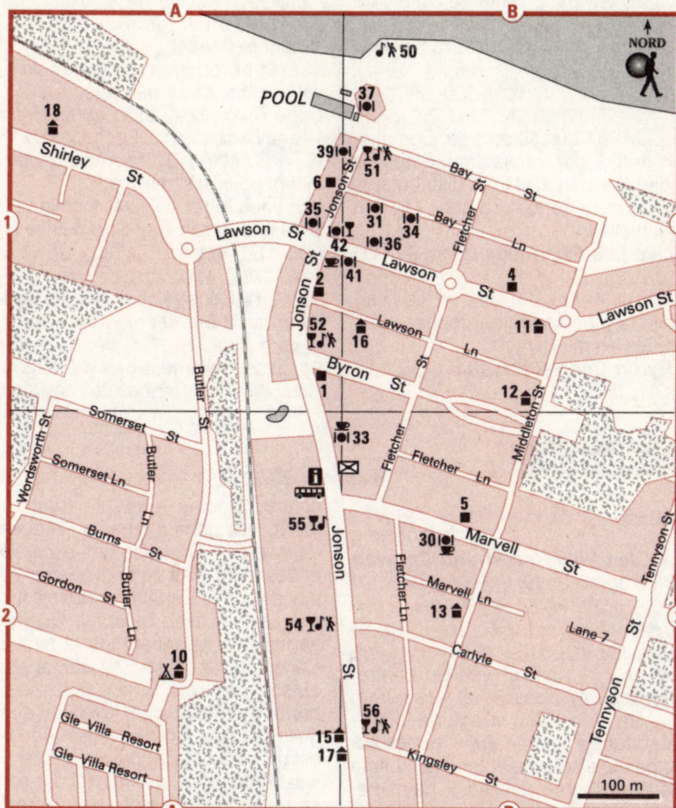


BYRON BAY – Zoom



## Arriver – Quitter

**Station de bus** (zoom A2) **:** *pas vraiment de station de bus, seulement un arrêt en plein centre, juste devant le* Visitor Centre, *au 84 Jonson St.*

➢ ***Greyhound et Premier :*** les 2 compagnies font halte au même endroit. Pour *Greyhound,* 4 bus vers le nord et 2 vers le sud. *Premier* assure 2 liaisons dans les 2 sens. Achats des billets sur Internet.

➢ ***En train :*** plus de gare dans le centre depuis déjà une décennie. La plus proche est à *Varsity Lakes,* à env 1h30 de bus vers le nord. Il y en a une autre à *Casino,* à 1h30 de bus vers le sud. Bref, pas le bon plan.

## Adresses et info utiles

**Visitor Centre** (zoom A2) **:** *80 Jonson St. ☎ (02) 6680-8558. • visitbyronbay.com • Lun-ven 10h-16h, sam 10h30-15h ; fermé dim.* Brochures, résa d'hôtels et de *backpackers,* infos sur toutes les activités dans les environs, vente de tickets de *shuttle bus*.

■ ***Change et distributeurs :*** **Byron Foreign Exchange** *(zoom A1, 1), 47 Byron St (shop 4). ☎ 1-300-261-090. Lun-ven 9h-17h, sam 10h-16h ; fermé dim.* Le seul bureau en ville. Commission de 5 $ par transaction. Sinon, la plupart des banques avec distributeurs se situent sur Jonson St, entre Lawson et Marvell St.

■ ***Live Life Pharmacy*** *(zoom A1,* ***2****) :* *31 Jonson St (angle Lawson Lane). ☎ (02) 6685-6274. Tlj 8h-20h.* La pharmacie la plus centrale, proposant les horaires les plus larges.

✚ ***Byron Central Hospital*** *(hors plan par A1,* ***3****) : 54 Ewingsdale Rd (sur la route de la Pacific Hwy), juste en face de The Farms. ☎ (02) 6639-9400. Urgences 24h/24.*

■ ***Prêt et location de vélos :*** prêt de vélos pour ceux qui séjournent à la *Cape Byron YHA*, ainsi qu'au *Holiday Village Backpackers*. La *Byron Bay YHA* et l'*Arts Factory Backpackers Lodge* en louent pour pas très cher.

– Si vous logez ailleurs, location possible à la ***Byron Bay Surf & Bike Hire*** *(zoom B1,* ***4****) : 1/31 Lawson St. ☎ (02) 6680-7066. ● byronbaysurfandbikehire.com.au ●* Bons vélos à partir de 20 $/j.

– ***Farmer's Market :*** *jeu 7h-11h, dans le parc Butler St Reserve, 3 Somerset St.* Essentiellement des produits bio, issus de petites fermes des environs.

## Où dormir ?

### Camping et *caravan park*

⛺ 🏠 ***Glen Villa Resort and Caravan Park*** *(zoom A2,* ***10****) : 80-86 Butler St. ☎ (02) 6685-7382. ● glenvillaresort.com.au ● Tente et van (2 pers) 35-45 $ ; cabins (2 pers) 115-200 $ selon type et saison.* À 5 mn à pied du centre, ensemble impeccable et au calme, organisé en un petit village de lodges préfabriqués bien équipés, posés sur une pelouse soignée et tondue comme il faut, entourée de beaux palmiers. Verdoyant, familial et tranquille. Sanitaires très propres, compris dans le prix. Petite piscine (bof !). Pas de resto.

### *Backpackers* (auberges de jeunesse)

🏠 🍸 ***Aquarius Backpackers*** *(zoom B1,* ***11****) : 16 Lawson St. ☎ (02) 6685-7663. ● aquariusbyronbay.com.au ● Dortoirs (8-10 lits) 31-36 $/pers ; double 80 $ ; partie motel 160-190 $ selon saison. En été (oct-avr), le dîner est inclus dans le prix. Navette gratuite depuis la station de bus. Parking.* Bien joli *backpacker* en brique rouge, particulièrement bien tenu et animé (plein d'activités organisées presque chaque soir). En fait, ce fut le tout 1er motel de la ville, ouvert en 1985. Espaces communs très complets : bar, espace billard, piscine agréable (pour une fois !) avec grande terrasse, et agence de voyages. Organise des excursions et des tours. Prêt de bodyboards (mais pas de surfs). Certains dortoirs sont en mezzanine, avec balcons. Quelques hamacs se balancent sur la terrasse. Cerise sur le gâteau, en été, le repas du soir est inclus. Sinon, super cuisine parfaitement équipée, laverie et consigne (gratuite). À côté, le resto *Aquarius* est un lieu agréable pour grignoter une salade ou un burger le midi. Le soir, il se transforme en resto plus formel et presque chic.

🏠 ***Cape Byron YHA*** *(zoom B1,* ***12****) : angle Byron et Middleton St (entrée par cette dernière). ☎ (02) 6685-8788. ● yha.com.au ● Dortoirs (5-10 lits) 34-50 $/pers ; doubles 115-170 $ (sdb à partager) selon saison.* On la repère de loin avec son habillage rouge et blanc ! 2 édifices de brique, organisés comme un hôtel, sur un étage, autour de 2 courettes dont l'une est occupée par une piscine entourée de quelques palmiers. Une oasis à l'atmosphère très *caliente*. L'ensemble comporte environ 120 lits, la plupart en dortoirs impeccables, comme toujours dans les *YHA*. Cuisine nickel (équipement très complet). On vient vous chercher à l'arrêt du bus. Cerise sur le pompon, prêt de vélos et de bodyboards.

Club de plongée *Sundive* juste à côté. Concernant les animations propres à l'AJ : BBQ *(mar et ven, 5 $)*, *wine and cheese* *(mer, GRATUIT)*, tour guidé de la ville et du phare *(à 15h30 lun, mar et ven, durée : 2-3h, GRATUIT)*.

***Byron Bay YHA*** *(zoom B2, **13**) : 7 Carlyle St (entrée à l'angle de Middletown St). ☎ (02) 6685-8853. • yha.com.au • Dortoirs (4-10 lits) 33-56 $/pers ; doubles 145-185 $ ; petit déj 5 $.* Bonne tenue générale pour cet énième *backpacker*, propre et sympathique, bien qu'un peu conventionnel. 2 grandes terrasses surplombent la piscine (taille honorable), grandes tables de bois, gros coussins, hamacs et salons avec lits de repos. Dortoirs bien entretenus, cuisine à disposition. Organise de nombreuses activités pour les hôtes (petit cours de surf, tour en kayak...). Prêt de bodyboards et location de vélos et de surfs. Chouette *BBQ night* les mardi et vendredi et bonne atmosphère générale.

***Arts Factory Backpackers Lodge*** *(plan A1, **14**) : 1 Skinners Shoot Rd. ☎ (02) 6685-7709. • nomadsworld.com/australia/arts-factory-lodge • Camping 18-20 $/pers. Dortoirs (4-10 lits) 34-50 $/pers ; doubles (sdb commune) 80-110 $. Parking.* Une grosse affaire qui tourne ! À l'écart du centre (à 10 mn à pied), l'*Arts Factory* fonctionne presque comme un village (il a été créé dans les années 1970 par des hippies et des artistes), avec un ensemble d'hébergements assez hétéroclite, allant du camping en passant par de petits dortoirs sous toiles (que l'on gagne par des passerelles de bois), d'autres sous tipis ou encore dans des cubes, disposés en arc de cercle, aux chambres plus classiques, dans de petits édifices de béton. Bref, un peu de tout sur un vaste espace, avec comme point commun une ambiance débridée, un gentil boxon et un entretien général où domine le laisser-aller. Snack sur place (sandwichs) et resto juste à côté, *The Brewery* (voir « Où prendre un petit déj ? Où manger ? »). Grand bar, petite piscine, billards, une sorte de salon agrémenté de canapés défoncés (il n'y a pas que les canapés !), un terrain de volley et presque tous les soirs des animations (mardi *talent show*, mercredi *trivia* ou *open mic*, etc.). Mais aussi cours de yoga, de didgeridoo et percussions africaines... Agence de voyages sur place. Location de vélos (10 $) ainsi que de surfs et bodyboards pour moitié moins. Les routards du monde entier semblent adorer ce lieu de rencontre, bien au-delà d'une simple AJ.

***Holiday Village Backpackers*** *(zoom A-B2, **15**) : 116 Jonson St. ☎ (02) 6685-8888. • byronbaybackpackers.com.au • Selon saison, dortoirs (4-8 lits) 23-45 $/pers, doubles sans ou avec sdb 60-150 $.* Un *hostel* organisé à la façon d'un motel américain, avec ses dortoirs alignés côte à côte le long d'un bâtiment de brique de plain-pied. Chambres pas très grandes, mais lumineuses et assez bien tenues. Ambiance conviviale dans la cour au centre du « motel ». Grandes tables en bois, idéales pour l'apéro. *BBQ night* le samedi, avec un DJ qui fait monter la sauce (du BBQ !) pour mettre l'ambiance. Ensuite, tout le monde se retrouve au bar, juste en face. Prêt de vélos, surfs, bodyboards et petite piscine à l'arrière, à côté du terrain de basket, à l'ombre des palmiers.

***Nomads Byron Bay*** *(zoom B1, **16**) : 1 Lateen Lane. ☎ (02) 6680-7966. • nomadsworld.com • Selon saison, dortoirs (4-10 lits) 30-52 $/pers, doubles sans ou avec sdb 150-180 $ (résa conseillée).* Situé à 2 mn à pied de la plage et au cœur du quartier animé, ce grand bâtiment à la blancheur pas vraiment éclatante abrite l'une des plus grosses machines à *backpackers* de la ville (plus de 200 lits). Chambres et sanitaires basiques, déco un poil tristounette, mais peu importe, on vient ici pour l'ambiance, très « club de vacances ». Pléthore d'activités (quiz, sorties en boîte, soirées déguisées, etc.) et clientèle de bons vivants. Vous l'aurez compris, ceux qui recherchent du calme et de l'intimité passeront leur chemin. Les autres iront faire la fête dans la grande cour centrale du 1er étage, avec ses hamacs, ses tables en bois et ses 2... jacuzzis ! Une adresse sans grand charme, mais hyper efficace.

### De chic à plus chic

**Lord Byron Resort** *(zoom A-B2, **17**) : 120 Jonson St. ☎ (02) 6680-8297. • thelordbyron.com.au • Doubles 180-300 $ ; apparts (2 chambres, pour 4 pers) 300-500 $. Parking.* Un hôtel semi-chic, offrant une trentaine de chambres donnant soit côté rue, soit côté piscine (les demander en priorité). Spa, sauna et tennis gratuits. Structure moderne, proposant des chambres de qualité, lumineuses et bien équipées, avec salles de bains spacieuses. Frigo, bouilloire, micro-ondes, etc. Jolie piscine sur l'arrière, entourée de palmiers. Dans les apparts, cuisine et machine à laver.

**Byron Sunseeker Motel** *(plan A2, **19**) : 100 Bangalow Rd. ☎ (02) 6685-7369. • byronsun.com.au • Doubles 150-180 $ selon j. de la sem, 200-300 $ en été. Parking.* À l'écart du centre, à 400 m de Tallows Beach, un ensemble tout en brique, composé de maisonnettes à touche-touche, plongées au milieu d'un superbe jardin bien entretenu (plein de beaux palmiers). Au centre, la jolie piscine avec transats. Les chambres (toutes avec clim, machine à café...), particulièrement au calme, s'avèrent impeccables, décorées agréablement, suffisamment spacieuses et prolongées par une petite terrasse (ou balcon à l'étage). Dans le fond, quelques chouettes cottages pour 4 personnes. Laverie commune. Un bon rapport qualité-prix en basse et moyenne saisons surtout.

**Wollongbar Motel** *(zoom A1, **18**) : 19-21 Shirley St. ☎ (02) 6685-8200. • wollongbar.com • Doubles 170-270 $ selon saison ; pas de petit déj. Parking.* Motel tout en longueur, perpendiculaire à la route, en pierre jaune, toit vert et balcon en fer forgé blanc, qui lui donnent de faux airs de grande maison louisianaise. Une vingtaine de chambres, spacieuses et lumineuses, dans les tons bleu et blanc, avec clim, frigo et micro-ondes, cafetière... Petite piscine. Accès privé à la plage. C'est propre et sans bavure, mais sans charme particulier. Bon accueil et calme total. Pas de restaurant. Une bonne adresse dans son genre, surtout hors saison.



## Où prendre un petit déj ? Où manger ?

Plein de chouettes restos d'horizons divers et à tous les prix. En prime, nombre d'adresses se fournissent majoritairement chez les producteurs locaux et favorisent les produits bio.
La Jonson St (entre le petit rond-point et le bord de mer) ainsi que les ruelles adjacentes bruissent de restos et bars qui attirent tous les soirs une importante clientèle de *backpackers* de tous pays.

### De bon marché à prix moyens

**Bayleaf** *(zoom B2, **30**) : 2 Marvell St, angle Fletcher Lane. Tlj 7h-14h. Petit déj et déj 10-20 $.* Jolie maison ouverte avec terrasse surélevée, offrant de copieux et originaux petits déjeuners. Délicieux muffins (amande, pomme, myrtilles, etc.) et de super jus aux mélanges inattendus, particulièrement revigorants. Côté solide, *coconut and quinoa porridge, home made banana bread, breakfast burritos,* sandwichs variés. Du solide et goûteux tout à la fois, doublé d'un service de qualité. Souvent pris d'assaut le midi, venir tôt ! Sinon, vente à emporter.

**Fundies Organics** *(zoom A-B2, **33**) : 61 Jonson St. ☎ (02) 6685-6429. Lun-ven 7h30-18h, sam 8h-18h et dim 9h-16h. Petits déj et snacks env 8-15 $.* Un petit air de Nimbin (voir plus loin) pour cette adresse *greenfood,* fréquentée par la communauté « alter » de Byron Bay ! Une terrasse toute simple où l'on déguste de bons produits *vegan*. On retrouve en vitrine samoussas, *wraps, tofu pockets, banana bread,* tartes et autres superbes salades que l'on choisit au comptoir. Également des chocolats chauds et smoothies extra. Que du frais, et uniquement des produits locaux de qualité. À côté, boutique de produits bio.

|●| ***Orgasmic Foods*** *(zoom B1,* ***34****) : 11 Bay Lane. ☎ (02) 6680-7778. Tlj 11h-20h30. Plats env 16-30 $.* Ce petit resto méditerranéen ouvert sur la rue sent bon le soleil et le Moyen-Orient : du grand classique libanais (falafels, *mezze, kefta,* agneau mariné, houmous, etc.), que l'on déguste dans des sandwichs copieux appelés « *pocket* » ou en assiettes. Options *vegan* et sans gluten. Une bonne adresse pour manger sur le pouce.

|●| ***Miss Margarita*** *(zoom A-B1,* ***39****) : 2 Jonson St. ☎ (02) 6685-6828. Tlj à partir de midi. Plats env 16-28 $.* Une cantine mexicaine populaire et toujours bondée, ouverte sur la rue. Tacos, burritos, *nachos* et *tutti quantos* occupent la longue carte. C'est copieux et pas trop cher. Pour faire descendre le tout, une seule solution : un margarita ! Fait aussi vente à emporter.

|●| ***Bay Ger*** *(zoom A1,* ***35****) : shop 1, 8 Jonson St (angle Lawson St). ☎ (02) 6685-7157. Tlj 11h-21h (21h30 le w-e). Compter 10-16 $.* Un petit *take-away* (à emporter) populaire, ouvert sur rue, où l'on commande au comptoir de bons burgers et *wraps,* avec aussi quelques options pour les végétariens. Bon plan pour les fauchés-affamés.

|●| ***The Cardamon Pod*** *(zoom B1,* ***36****) : 7/8 Lawson St (dans la petite arcade commerciale). 📱 0451-491-521. Tlj 11h-17h. Plats env 13-20 $.* Voilà une petite adresse bien planquée et très fréquentée par les locaux, qui sent bon l'encens et le curry ! Cithare en fond sonore, porte tapissée d'annonces de cours de yoga, taï-chi et compagnie... Vous l'aurez compris, ici on « cool » gentiment dans le baba ! 5 ou 6 plats chauds au choix, typiques d'Inde du Nord (*paneer, dahl,* samoussa, etc.), ou de bonnes salades (produits bio) présentées en vitrine. Pâtisseries et desserts à tomber (ah, le *raw cake* !). Cuisine fraîche et bien exécutée, idéale pour manger léger le midi, installé sur la petite terrasse dans le passage abrité.

|●| ***Fishheads*** *(zoom B1,* ***37****) : 1 Jonson St. ☎ (02) 6680-7632. Tlj 8h-21h. Plats env 15-30 $.* Un *fish & chips* au pied de la plage et juste à côté de la *Byron Bay Memorial Pool,* qui propose des formules à emporter, ainsi qu'une poignée de salades et de super jus de fruits frais. Attention, les tarifs sont plus élevés si vous vous installez en salle. Autant déguster ses frites et son poisson sur le front de mer en regardant les vagues ! Super petit déj aussi, à prendre sur la terrasse.

## Prix moyens

|●| ***Taco Joes*** *(zoom B1,* ***31****) : 4 Bay Lane (ruelle piétonne qui donne dans Jonson St). ☎ (02) 6680-8787. Tlj 17h-21h45, jusqu'à 22h30 ven-sam. Compter 18-25 $.* Salle ouverte sur la ruelle, avec quelques tables sur le trottoir. Toute la gamme de cuisine mexicaine (*quesadilla, burrito, fajitas,* etc.), fraîche et copieuse, avec les incontournables tacos, à déguster avec un large choix de tequilas ou cocktails !

☕ |●| ***Byron Fresh Cafe*** *(zoom B1,* ***41****) : 7 Jonson St. ☎ (02) 6685-7810. Ouv 7h30-15h, jeu-sam jusqu'à 22h. Plats env 15-30 $.* Du brunch au plat du soir en passant par la salade du midi, la carte de cette brasserie plutôt classe mixe les cuisines avec talent (osso-buco, porc mariné, magret de canard, etc.). Tarifs très honnêtes, déco soignée au look Caraïbes et service efficace. Quelques tables sur le trottoir. Une valeur sûre dans cette catégorie.

## Plus chic

|●| ***The Balcony Bar & Oyster Co*** *(zoom A1,* ***42****) : 7/3 Lawson St (angle Jonson St). ☎ (02) 6680-9666. Tlj 12h-23h. Compter 25-45 $.* À l'étage d'une bien jolie maison cernée par un large balcon (on s'en doutait), le *Balcony* est l'un des incontournables de Byron. Outre la sélection d'huîtres et fruits de mer, nourriture de saison gentiment éclectique, avec un petit côté exotique qui sent bon les îles et la mer ! À déguster dans une agréable salle où dominent le bois et les ventilos. Brunch le week-end. On prolonge avec plaisir la soirée dans la partie bar lounge, avec canapés et coussins, toujours sur le balcon (voir « Où boire un verre ? Où sortir ? »).

## Où prendre un petit déj ?
## Où manger dans les environs ?

**Three Blue Ducks** *(hors plan par A1,* ***45****)* **:** *11 Ewingsdale Rd, à 5 km à l'ouest du centre de Byron Bay, sur la route qui rejoint la Pacific Hwy. ☎ (02) 6190-8966. Tlj 7h30-15h, plus 16h-19h30 ven-dim. Live music ven-dim. Petits déj env 20-25 $ ; repas 25-40 $.* Une authentique ferme en activité, où l'on élève des animaux (poules, cochons et vaches), où l'on plante, on cueille et on cuisine des légumes et des herbes pour le plus grand plaisir des clients qui se pressent sur cette vaste terrasse de bois, avec vue ouverte sur les champs. Avec un vrai caractère écolo, comme en témoignent les bières et vins proposés à la tirette (pour éviter les bouteilles). Du développement durable pur et dur (pas d'herbicides ni d'insecticides) ! Pour preuve, sous le grand hangar, c'est un vrai marché, avec de beaux légumes et fruits de saison. Délicieuse carte assez *world* (plats proposés en *small* ou *big*), où se côtoient une délicieuse *pork terrine,* un *Sri Lankan style vegetable curry* et de superbes gâteaux maison. En prime, bons cafés, excellents thés et personnel adorable. Dans une cabane à côté, *donuts,* smoothies, bagels, etc., en vente à emporter.

## Où boire un verre ? Où sortir ?

Pour faire la fête, il y en a pour tous les goûts : bars lounge de début de soirée, troquets traditionnels où l'on descend la bière aussi vite qu'on la tire, lieux de concert et boîtes à l'atmosphère particulièrement débridée certains soirs. Ambiance bon enfant d'une manière générale, mais qui peut légèrement s'échauffer au fur et à mesure de la nuit.

À la tombée de la nuit, à défaut de coucher de soleil (on est situé à l'est !), on se retrouve tout au bout de **Jonson St** *(zoom B1,* ***50****),* juste à l'intersection de Main Beach et Belongil Beach. On apporte quelques bières, certains viennent avec leur instrument de musique et on profite de l'atmosphère dans une ambiance très relax. L'été, et surtout les vendredi et samedi soir, la fête s'étire sur les pelouses voisines. Jongleurs, cracheurs de feu et autres acrobates animent l'espace dans une ambiance bohème.

**The Balcony Bar & Oyster Co** *(zoom A1,* ***42****)* **:** *7/3 Lawson St (angle Jonson St). ☎ (02) 6680-9666. Tlj jusqu'à minuit. Happy hours 16h-18h.* Le bar de ce resto assez chic se situe à l'étage, sur une partie du généreux balcon dont les ventilos rafraîchissent l'air. Parfait pour un cocktail de début de soirée, installé sur l'un des confortables canapés pour observer l'animation de la rue.

**The Northern** *(zoom A1,* ***52****)* **:** *35-43 Jonson St. ☎ (02) 6685-6454. Tlj 12h-1h (3h w-e). Entrée libre sauf pour les têtes d'affiche.* De prime abord, le *Northern* a des allures de pub assez classique, presque froid, avec son sol carrelé, sa façade de céramique et son éclairage un peu blafard. On se croirait presque dans un hall de gare ! Mais tout l'intérêt du lieu se trouve dans l'arrière-cuisine ! Là, on tombe sur une grande salle de concert où, chaque vendredi et samedi, les groupes et les DJs se succèdent jusque tard dans la nuit. Le reste de la semaine, des live plus calmes sur la petite scène du pub, devant le long comptoir en zinc. Belle programmation variée et de qualité.

**Beach Byron Bay** *(plan B1,* ***53****)* **:** *2 Massinger St, surplombe la Clarke's Beach (parking). Tlj 7h30-15h, ainsi que le soir en été (jeu-sam).* Resto assez chic et plutôt cher, mais parfait pour un verre de vin ou une boisson chaude depuis la grande terrasse en admirant la plage en contrebas.

**Beach Hotel** *(zoom B1,* ***51****)* **:** *1 Bay St. ☎ (02) 6685-6402. • beachhotel.com.au • Tlj jusqu'à minuit.* Au cœur d'un *resort,* vaste bar et grande terrasse sous un haut pin, des écrans larges un peu partout (retransmission de matchs), quelques billards et une scène où se produisent de bons groupes locaux. Après les concerts, le DJ assure la programmation musicale, et en fin de semaine, tout le monde termine sur le *dance floor* !

***Woody's Surf Shack*** *(zoom A2,* ***54****)* ***:*** *shop 9-10, The Plaza (au fond de la plateforme commerciale), 90-96 Jonson St.* ☎ *(02) 6680-7677. Lun-sam 21h-3h.* Lockout *1h30. Payant mer, ven et sam 5-10 $.* Une sorte de hangar, intérieur tout en bois, billard, coin canapé, quelques photos, surfs au plafond... *Bands* les jeudi ou vendredi à partir de 22h, puis DJ pour passer à une ambiance club. C'est petit et ça chauffe vite en fin de semaine. Pas de *dress code* mais videurs vraiment pas commodes si on les titille un peu !

***The Railway Friendly Bar*** *(zoom A2,* ***55****)* ***:*** *86 Jonson St, derrière l'office de tourisme, au fond du parking.* ☎ *(02) 6685-7662. Tlj jusqu'à minuit. Groupes live ts les soirs.* Plus connu sous le nom de *The Rails,* ce grand bar et sa généreuse terrasse avec ses tables de bois, fait couler la bière à flots et les *live bands* distillent de bien jolis sons. On commande directement au bar, dans la salle du fond. L'un de nos lieux préférés à Byron Bay avec son ambiance chaleureuse et bon enfant (manque plus que le feu de bois !).

***Cheeky Monkey*** *(zoom B2,* ***56****)* ***:*** *115 Jonson St.* ☎ *(02) 6685-5886. Tlj sauf dim 19h-2h.* Lockout *1h.* Happy hours *20h-22h. Entrée gratuite avt 22h, puis 10 $.* Si vous logez dans un *backpacker* et que vous ne vous retrouvez pas un soir au *Cheeky Monkey,* c'est que vous êtes soit sourd, soit aveugle, car la plupart y organisent une soirée ! Le lieu n'est pas bien grand, la déco super datée (avec d'improbables compartiments), ce n'est pas la plus classe des adresses, mais c'est indéniablement la plus fréquentée et la plus chaude. Les tables font office de podiums et tout le monde danse la tête collée au plafond. Programme bien chargé chaque semaine : lundi, DJ et compét' de billard ; mardi, *trivia* ; mercredi, *hospo night* (pour ceux qui bossent dans l'industrie du service) ; jeudi, *wet & wild* (avec de l'argent à gagner !) ; vendredi, concours de peinture sur corps ; samedi *ladies night.* Ouf ! Venir tôt, la file d'attente s'allonge dès 21h.



## À voir. À faire à Byron Bay et dans les proches environs

➢ Sur Jonson St, face à Marvell St *(zoom A2),* concentration de petites agences de voyages qui proposent toutes sortes d'***excursions à la journée et activités sportives variées.*** *Horse ride, snorkel tour, surf lesson* (cours de surf) et pour ceux qui ont une bourse bien remplie, *skydive over Byron,* saut en parachute au-dessus de Byron... On vous propose aussi une excursion à la journée à Nimbin (*Nimbin Day Trip* ; voir « Dans les environs de Byron Bay »).

***Plages :*** Byron Bay offre un chapelet de plages superbes, aux différentes expositions, ce qui permet de profiter en permanence d'un surf de qualité. La partie est de ***Main Beach*** *(plan A1),* axée au nord, est prisée par les surfeurs débutants. C'est aussi une bonne solution pour la baignade (nager entre les drapeaux !) car c'est l'une des plus surveillées l'été, de même que ***Belongil Beach*** (*plan A1* ; prolongement vers l'ouest de Main Beach). ***Clarke's Beach*** *(plan B1)* a également ses adeptes (à l'est de Main Beach).
À l'est de la péninsule, ***Cosy Corner*** *(plan B1)* est une plage de qualité mais attention, elle est sujette aux courants. Plutôt pour les initiés, donc. Toujours pour les bons surfeurs véhiculés, direction ***Broken Head,*** une plage à environ 15 mn au sud de la ville. On s'y retrouve entre connaisseurs.

– ***Byron Bay Memorial Pool*** *(zoom A-B1)* ***:*** *1-2 Jonson St.* ☎ *(02) 6685-6011. Ouv sept-début mai lun-ven 6h-18h, w-e et j. fériés 8h-17h. Entrée : 4,60 $ ; réduc.* Superbe piscine extérieure de 50 m (non chauffée), à 2 pas de la plage. Si les vagues sont trop fortes, on peut se rabattre sur ce beau plan d'eau.

➢ ★★★ ***Balade vers Cape Byron et le phare*** *(lighthouse ; plan B1)* **:** balade à ne pas manquer évidemment, qui vous mènera à la pointe la plus à l'est du continent australien. Une randonnée classique, que tout bon visiteur se doit d'entreprendre. Si vous avez de la chance, vous pourrez peut-être voir le ***passage d'un petit groupe de baleines à bosse ou de dauphins au large.*** La colline est dominée par un phare emblématique, dressé sur sa pointe depuis 1901. Pour s'y rendre, si vous êtes en voiture, se garer à l'un des parkings sur Lighthouse Rd (plusieurs parkings payants). De là, 2 sentiers contournent par l'est et par l'ouest la colline pour gagner le phare *(env 30-45 mn).* On préfère le sentier qui longe la partie ouest de la péninsule, car il est plus bucolique (il ne suit pas la route). On peut aussi accéder au phare en voiture *(petit parking tt en haut, 8 $ ! pour 1h max).* De là-haut, panorama extraordinaire sur le point le plus oriental du pays. Toilettes, petit café et, dans la maison à côté du phare, modeste expo sur la faune et la flore *(tlj 10h-16h).*

★★ ***Arakwal National Park*** *(plan B2)* **:** *à env 3,5 km au sud de Byron Bay. Accès libre en permanence. Infos : • nationalparks.nsw.gov.au/visit-a-park •* Tout le long de la côte, en retrait de l'immense Tallow Beach, ce parc créé en 2001 est un territoire géré conjointement par le gouvernement des New South Wales et la population arakwal. On peut l'explorer en profitant de sa vaste plage (baignade possible), mais aussi en sillonnant des sentiers de randonnée bien tracés.

– ***Sorties d'observation des baleines*** **:** *avec* **Whale Watching Byron Bay** *(zoom B2,* ***5****), 9 Marvell St. ☎ (02) 6685-8333. • byronbaywhalewatching.com.au •* Autre compagnie : ***Blue Bay Whale Watching,*** *☎ 1-800-858-155. • bluebaywhalewatching.com.au • 2-3 départs/j. Compter 85-89 $ ; réduc. Durée : env 3h.* De juin à octobre, on part à la recherche des baleines à bosse qui longent la côte, soit vers le nord, soit vers le sud, dans le secteur de Cape Byron Marine Park.

– ***Cours de surf*** **:** *avec* **Let's Go Surfing** *(zoom A1,* ***6****), Wreck Surf Shop, 6/4 Cavanbah Arcade, Jonson St ; au fond du petit passage commercial, face à Bay Lane. ☎ (02) 6680-9443. • letsgosurfing.com.au • Tte l'année, tlj 9h-17h. Leçon de groupes (2h 65 $, 3 x 2h 165 $, équipement inclus).* On retrouve ici l'excellent club de Bondi (à Sydney), avec le même sérieux et la même qualité pédagogique. Parfois un instructeur parlant le français.

– ***Sorties en kayak*** **:** *avec* **Go Sea Kayak** *(plan A1,* ***7****). Camionnette devant le 56 Lawson St, entre la plage et la route. 📱 0416-222-344. • goseakayakbyronbay.com.au •* Propose des tours guidés de 3h en kayak *(75 $ ; réduc)* ; départs à 9h30 et 14h. Si vous avez de la chance, des dauphins, des baleines ou des tortues de mer croiseront votre chemin. Une balade vraiment sympa.

– ***Plongée sous-marine et snorkelling*** **:** *avec* **Byron Bay Dive Centre** *(zoom B2,* ***5****), 9 Marvell St. ☎ (02) 6685-8333. • byronbaydivecentre.com.au • Tlj 9h-17h. Env 110 $ (avec équipement).* Un club sérieux pour plonger sur des sites intéressants, que l'on soit débutant ou initié. On explore la *Julian Rocks Marine Reserve,* un endroit superbe et tranquille, qui possède la particularité d'abriter aussi bien des espèces des grands fonds que des poissons tropicaux présents sur la Grande Barrière de corail. Tortues ; superbes raies, notamment des mantas *(déc-mai)* ; *loggerhead turtle* ; *grey nurse shark* ou requin-nourrice *(mai-nov)* ; requin léopard *(déc-mai)* et toute une faune de poissons aussi tropicaux que colorés. Propose également des ***sorties snorkelling*** 3 fois/jour *(compter 75 $).*

– ***Vols en ULM*** **:** *avec* **Byron Bay Microlights.** *Départ de l'aérodrome de Ballina/Byron Gateway. Infos et résas : 📱 0407-281-687. • byronbaymicrolights.com.au • À partir de 100 $ les 15 mn, 305 $/h, transfert en navette depuis votre hôtel (en sus).* Sorties en tandem vraiment spectaculaires.

## Fêtes et manifestations

– ***Byron Bay Surf Festival :*** *mi-fév.* • *byronbaysurffestival.com.au* •
– ***Byron Bay Bluesfest Festival :*** *mi-avr.* • *bluesfest.com.au* • Le plus grand festival de blues et de musique *roots* en Australie avec près de 200 concerts et performances durant 4 jours.
– ***Byron Bay Writers Festival :*** *1er ou 2e w-e d'août.* • *byronbaywritersfestival.com* •

# DANS LES ENVIRONS DE BYRON BAY

## *NIMBIN*

*À env 1h de route de Byron Bay (70 km – attention, ça tourne pas mal, virages parfois assez serrés !). Sinon, excursion organisée à la journée avec la compagnie* Grasshoppers : • *grasshoppers.com.au* • *Compter 79 $/pers. Le tour inclut une halte dans un parc voisin, où l'on se baigne dans des bassins d'eau douce.*
Nimbin est un village tranquille où un groupe de hippies fit souche au début des années 1970, un peu noyé dans un gros nuage de fumée. En 1973, en accord avec les Aborigènes et en vue d'expérimenter un mode de vie alternatif, ils organisent le 1er *Aquarius Festival,* qui réunira hippies et étudiants venus de la capitale. Thème : arts libres, expériences variées et bon temps. Une réussite ! À l'issue du festival, des dizaines de couples et libres penseurs ne repartiront pas. Ils s'installent sur ces terres pour produire et vivre autrement. Un mélange de Larzac et de San Francisco. Après des hauts et des babas, ceux d'hier ont été rejoints à la fin du siècle dernier par les *networkers* de la nouvelle économie, plus connectés sur le monde extérieur que les pionniers, mais liés entre eux par un défi commun : vivre bien dans une économie durable, dans le respect de l'autre et de la planète. Une vieille idée dite avec des mots nouveaux.
Si le village est toujours sympathique, son atmosphère a évidemment bien changé et on ne retrouve plus vraiment le feeling qui fit les beaux jours de Nimbin. Les boutiques de la rue principale ne sont qu'un décorum pour touristes pressés. Pas grave, c'est toujours un village agréable, qui se revendique comme la « capitale non officielle de la vie alternative », et qui l'est toujours, à bien des égards, même si ça ne se voit pas à l'œil nu. Reste que le T-shirt « *I love weed* » ou le foulard made in Bénarès se vend au prix de l'or. Les marchands du temple n'ont pas perdu la clé du coffre. Pour ressentir l'atmosphère de ce village, on vous conseille toutefois d'y séjourner, les tours en bus à la journée ne donnant qu'un aperçu superficiel (et très commercial).

### Adresses utiles

***Nimbin Visitor Information Centre :*** *3/46 Cullen St.* ☎ *(02) 6689-1388.* • *visitnimbin.com.au* • *Tlj 10h-16h.* Brochures, dépliants sur l'histoire de la ville, résa d'hôtels et de *backpackers,* infos sur toutes les activités dans les environs. Accueil charmant.
***Centre de santé :*** *35 Cullen St.* ☎ *(02) 6689-1410.* Urgences et médecine généraliste.

### Où dormir ? Où manger ?

***Teretre Cabins :*** *5 High St.* ☎ *(02) 6689-1908.* *0427-891-626.* • *teretre.com.au* • *Juste à la sortie de la ville, après l'office de tourisme. Ouv tte l'année. Chalets pour 2 pers env 150-160 $/nuit, 550 €/sem. Parking.* 4 chalets avec terrasse, au milieu de la nature, tous parfaitement équipés (baignoire, cuisine, frigo, clim, etc.). Le site produit sa propre électricité grâce à des panneaux solaires. Un endroit vraiment reposant. Et n'oubliez pas de saluer la statue nichée dans l'arbre creux à l'entrée !

**Nimbin Oasis Hub & Café :** *80 Cullen St. 0457-634-787. Tlj sauf lun-mar hors saison, 8h30-19h.* L'auberge espagnole de Nimbin où se retrouvent hippies, personnages hauts en couleur de tous âges. Un toit en tôle ondulée, quelques tables, des guitares et des bonnes ondes... Et on se surprend à y rester un bon moment ! Côté cuisine, café, thé, smoothies, burgers, bagels, pâtisseries, etc. à des prix riquiqui ! Simple et bon. Un endroit charmant avec ce petit supplément d'âme qui réchauffe le cœur.

**Nimbin Bush Theatre Café :** *2 Blue Knob Rd. ☎ (02) 6689-1111. Tlj 9h-15h. Compter 15-25 $.* On est tombés sous le charme de ce lieu insolite et alternatif, lové dans l'ancienne fabrique de beurre de la ville (qui jouxte le *Bush Theatre* et *The Candle Factory*). Cuisine maison *healthy* – maître mot du lieu – succulente et aux portions généreuses. On se pose sur une des tables en bois au bord de la rivière, au milieu des coqs et des poules, et on profite des concerts l'après-midi, chaque week-end. Symboles *peace & love* et emblèmes « rouge, jaune, vert » à foison. Petite boutique de disques et de vinyles (et autres accessoires fumeux, euh... fameux !).

## À voir

**Nimbin Candle Factory :** *2 Blue Knob Rd. ☎ (02) 6689-1010. • nimbincandles.com.au • Lun-ven 9h-17h, w-e 11h (10h sam)-16h. GRATUIT.* Située dans l'ancienne fabrique de beurre, la *Candle Factory* est la petite fierté de Nimbin ! On peut voir les différentes étapes de fabrication des bougies et on déambule librement dans l'usine. Instructif. Superbes réalisations que vous pourrez acheter à la sortie.

## Fêtes et manifestations

– **Nimbin Mardigrass :** *1er w-e de mai. • nimbinmardigrass.com •* Un festival endiablé, dont l'existence est régulièrement menacée. Durant le *Mardigrass* (visez le jeu de mot !), ce n'est que parades, défilés, concerts, ateliers new age et cuisines du monde (bio et/ou *vegan*), le tout au milieu d'un sympathique nuage de fumée... Des ***happenings*** complètent le tableau. Plein de doux dingues s'y donnent rendez-vous. Tout au long de l'année, le **Hemp Bar** *(51 Cullen St ; ☎ (02) 6689-1842 ; juste à côté du* Nimbin Hemp Embassy *et de ses produits... en tt genre !)* est un lieu interlope au décor psychédélique, qui devient le QG des organisateurs du *Mardigrass*.
– **Mimbin Market :** *au Nimbin Community Centre, 81 Cullen St. Les 2 derniers dim du mois 8h-15h.* Marché très coloré d'art local et de nourriture bio.
– **Nimbin Farmers Market :** *au 39 Cullen St. Mer 15h-18h.* Vente de produits des fermes de la région.

# LA ROUTE DE BYRON BAY À LA GOLD COAST

**De Byron Bay à la Gold Coast, il est possible d'éviter la Pacific Hwy sur une partie du trajet.**
**Prendre la Pacific Hwy sur une vingtaine de kilomètres, puis récupérer la *Tourist Drive 38* qui longe la côte. Bouts de forêt traversés de champs de canne à sucre, grandes prairies et cultures maraîchères. La petite route suit la côte**

**au plus près, toujours masquée par une fine frange végétale. La plage s'étire en un gigantesque ruban jusqu'à l'infini (on a bien dit à l'infini).**
**Quelques mini-stations balnéaires familiales jalonnent le parcours, comme *Pottsville, Hastings Point* et *Bogangar* (superbe *Cabarita Beach*), toutes avec leurs lots de *caravan parks, beach appartments* et motels. C'est une région particulièrement prisée par les familles pour les vacances d'été, bien plus tranquille que le secteur de Surfers Paradise. Et si l'on veut être seul pour de grandes balades sur la plage, il y a des kilomètres de sable doré jusqu'à Chinderah, où la Gold Coast Hwy (Route 2) reprend ses droits.**
**Pour la *baignade,* quelques petits bras de rivière ou des lagunes tranquilles pour ceux qui ne veulent pas affronter l'océan. Mais toujours se renseigner sur place sur les zones de baignade !**

# LE QUEENSLAND

● Carte *p. 323*

**Surnommé « Sunshine State », le Queensland attire les foules de *backpackers* avec ses 2 500 km de côte. De la frontière avec le New South Wales à Cape York tout au nord, on compte une grande ville : Brisbane, d'innombrables plages et stations balnéaires, des îles paradisiaques et des parcs nationaux. Zones tempérée au sud et tropicale au nord se partagent le territoire, et on profite du soleil et de températures douces toute l'année.**

**En revanche, sur les plages, bronzette ne rime pas forcément avec trempette. D'octobre à mai et parfois à d'autres périodes, les méduses empêchent les baigneurs de barboter à leur gré et seuls quelques spots restent hors de portée de leurs tentacules. Côté glisse, les vagues sont moins coriaces et les planches de surf laissent plutôt place aux bodyboards.**

**Mais pour découvrir la plus belle des richesses du Queensland, il faudra plutôt chausser vos palmes ! La Grande Barrière de corail s'étend sur plus de 2 600 km à quelques encablures de la côte et abrite un véritable paradis pour la faune et la flore australiennes. Mais que vous soyez plongeur, accro à la glisse, randonneur ou simplement amateur de farniente, vous trouverez forcément chaussure à votre pied dans le Queensland !**

## LA GOLD COAST

### LA GOLD COAST ET SURFERS PARADISE

env 540 000 hab.

**La Gold Coast est au bling-bling et au mercantilisme ce que Byron Bay est à l'écologie et à un mode de vie responsable. On distingue la Gold Coast (côte dorée), qui est une sorte de conurbation (ensemble de plusieurs localités qui s'étirent et se rejoignent pour n'en former plus qu'une) de Surfers Paradise, qui constitue le cœur de cet ensemble (là où il y a les plus hauts buildings).**

#### *SCHOOLIES* OU *WINTER BREAK* !

*Vers la mi-décembre, en Australie, c'est la fin de l'année scolaire. Pour fêter la réussite aux examens (l'équivalent du bac), des milliers de jeunes organisent quelques jours de festivités à Surfers Paradise. On déboule par groupes de 50 ou 100 ! Certains parlent de grande beuverie collective. Doux euphémisme.*

# LE QUEENSLAND

**Avant d'arriver, vous serez surpris par ce champ de gratte-ciel qui borde une plage de rêve. Pour comprendre la recette, prenez une pincée de Miami (plein de canaux à l'arrière), un soupçon de Las Vegas (la ville continue de s'étendre !) et une bonne grosse dose de mauvais goût. Mélangez le tout et vous obtiendrez Surfers Paradise. Ou plutôt « Consumers Paradise », tant le surf et tout ce qui fait la beauté des plages australiennes semblent ici loin des préoccupations des visiteurs. Saturée de buildings et de centres commerciaux, boîtes de nuit et autres chaînes de restauration rapide, le tourisme de masse règne en maître sur la Gold Coast.**
**Au programme : journées à la plage ou dans l'un des innombrables parcs à thème (hyper chers !) qui encerclent la ville, soirées et nuits dans les bars et discothèques qui rivalisent d'arguments (*happy hours,* barmaids sexy et autres concours de bikinis) pour appâter le gogo, le tout entrecoupé de pauses burgers, kebabs ou pizzas pour éponger l'alcool de la veille. Voici l'équation – simplissime – de Surfers Paradise ! Elle tentera sans doute quelques noctambules en quête de fiesta... et les étudiants en sociologie. Pour les autres, passez votre chemin !**

## Arriver – Quitter

À 75 km au sud de Brisbane par la Pacific Hwy.
**Station de bus :** *10 Beach Rd, Surfers Paradise. ☎ 1-300-473-946.* 2 à 5 liaisons/j. vers le nord (Brisbane, Cairns) et le sud (Byron Bay, Coffs Harbour, Port Macquarie, Newcastle, Sydney...) avec la compagnie *Greyhound.* • *greyhound.com.au* •
**Gare :** la plus proche est à 30 mn de là, à Nerang. Puis bus nº 740 jusqu'à Surfers Paradise.

## Adresses utiles

**Visitor Centre :** *2 Cavill Ave. ☎ 1-300-309-440.* • *destinationgoldcoast.com* • *Tlj 9h-17h (16h dim).*
**Banques et change :** plusieurs banques sur Cavill Ave, toutes avec distributeur. Également un bureau de change : ***Paradise Currency Exchange,*** *18-20 Orchid Ave (rue perpendiculaire à Cavill Ave). Tlj sauf dim 9h30-17h30.*

## Où dormir ? Où manger ?

### De bon marché à prix moyens

**Backpackers in Paradise :** *40 Peninsular Dr. ☎ (07) 5538-4344.* • *backpackersinparadise.com* • *Dortoirs (4-20 lits) env 24-30 $/pers selon taille et saison ; doubles 75-85 $.* Dans un quartier calme, à l'écart des buildings, cette grande maison à la façade recouverte d'une fresque (de surfeurs, évidemment) abrite plus de 150 lits, principalement répartis en dortoirs (mixtes ou séparés), dont certains franchement gigantesques. Chambres avec parquet pour la plupart, plutôt bien tenues dans l'ensemble. Bar, épicerie et café qui sert les petits déj. Également une jolie piscine à l'arrière. Location de surfs, virées dans les boîtes de la ville et transferts gratuits dans leur *party bus.* Quant à l'ambiance, un panneau à l'entrée annonce la couleur : « *The party starts here !* » De toute façon, vous êtes là pour ça, non ?
**Maxmee Resort :** *2837 Gold Coast Hwy. ☎ (07) 5592-4677.* • *maxmeeresort.com.au* • *Selon saison, dortoirs (4-8 lits) env 25-35 $/pers, doubles avec cuisine et sdb 75-90 $.* Édifice de brique blonde, installé autour d'une courette de béton où, le soir, on joue au volley. Petite piscine avec terrasse de bois. Chambres et dortoirs

impeccables, atmosphère décontractée. Espaces communs avec billard, ping-pong, cuisine et BBQ. Laverie et sauna gratuits, prêt de bodyboards. Nombreuses activités organisées : soirées en boîte, *whale watching,* etc. Bon, le mauvais point est que l'AJ est située le long d'une large artère vraiment vilaine... mais la plage est proche.

**La Porchetta :** *18-22 Orchid Ave. ☎ (07) 5561-0811. Tlj 11h30-21h30. Compter 15-30 $.* Il ne paie pas de mine ce petit resto d'une chaîne italienne, et pourtant les pâtes et pizzas à toutes les sauces se révèlent fort bien préparées et les assiettes copieuses. Quelques tables sur le trottoir. Pour le midi, un bon plan pas cher.

### Plus chic

**Vibe Hotel :** *42 Ferny Ave. ☎ (07) 5539-0444. • vibehotels.com.au • Doubles env 180-310 $ selon saison et confort ; petit déj-buffet en sus. Parking payant.* Parmi les hautes tours de la ville, celle-ci (une vingtaine d'étages tout de même), pas plus moche que les autres, abrite de jolies chambres confortables et avec balcon. Choisir celles donnant sur l'arrière, offrant une vue dégagée sur les canaux. Grande piscine extérieure, au bord du large canal.

## Où sortir jusqu'au bout de la nuit ?

Si ce n'est pas pour faire la fête, on ne voit vraiment pas ce que vous faites ici ! Sachez que tous les ***backpackers*** organisent plusieurs fois par semaine un grand tour en minibus dans 3 ou 4 boîtes de la ville, les plus courues en fonction des soirs. Comptez 35-40 $ par personne. Avantage : on va là où ça bouge le plus et on est délivré du problème des transports, car la Gold Coast est très étendue. Les jeunes Australiens viennent ici en bande, avec pour objectif de s'éclater jusqu'à plus soif, et les étudiants s'y retrouvent régulièrement pour des compétitions sportives ou autres (pas frais, les sportifs au petit matin !).

À Surfers Paradise, malgré un large choix de boîtes, c'est souvent les mêmes noms que l'on retrouve sur le parcours (chancelant) des fêtards. Citons le ***Beergarden*** (sur Cavill Ave) pour le début de soirée, puis, à partir de minuit, direction les clubs, la plupart regroupés sur Orchid Ave. Il y en a pour tous les goûts : « hot » comme le ***Bedroom Lounge Bar*** et le ***Sin City,*** ou bien tout simplement gigantesque, tel le ***Cocktails Nightclub.*** Toutes ces boîtes sont généralement payantes à partir de 22h *(env 10-15 $).* Tenue correcte exigée pour la plupart (à l'entrée ; à la sortie c'est une autre affaire !), et fermeture aux petites heures du jour. *Have fun mates !*

## À voir. À faire

***Plages :*** le développement de cette station est évidemment dû à ses plages infinies qui courent tout le long de la côte. Mais franchement, elles ne sont pas plus belles qu'ailleurs et dans le centre, les gratte-ciel font de l'ombre sur la plage ! Si bien qu'on est obligé de déplacer sa serviette régulièrement.

***Attractions :*** comme il n'y a pas grand-chose à faire dans la journée, une quantité de parcs d'attractions gigantesques se sont installés dans les proches environs : ***Sea World, Wet'n'Wild, Currumbin Wildlife Sanctuary, Dreamworld, Warner Bros Movie World,*** un improbable ***Wax Museum*** et on en passe... Une manière comme une autre de faire sauter le compte en banque le jour, après l'avoir asséché la nuit. Bon, franchement, pas notre tasse de thé, surtout que les tarifs sont très élevés.

LE QUEENSLAND

# BRISBANE ET SES ENVIRONS

## BRISBANE

2 028 000 hab.

• Plan *p. 328-329*

**« Brisneyland » ou « Brisvegas », il aura fallu du temps à cette ville pour se défaire de sa réputation de ville-casino, où l'on s'arrête pour une nuit de jeu et de divertissement avant de s'enfuir vers les plages voisines. Brisbane a aussi souffert de sa situation géographique : une ville sans intérêt, coincée entre la Gold Coast et la Sunshine Coast.**

**30 ans plus tard, Brisbane a repris son destin en main en construisant à tour de bras : des tours, justement, mais aussi des musées, espaces verts, restos, bars et salles de spectacle. Certes, elle n'est pas au bord de l'océan, contrairement à ses grandes rivales, mais « The River City » mise sur son atout principal, la Brisbane River, dont les rives sont aménagées de manière ultramoderne. Résultat : une ville du XXIe s dans un environnement tropical. Bon, on ne séjourne pas à Brisbane, mais on s'y arrête volontiers 1 ou 2 jours, soit parce que l'on y atterrit, soit pour goûter son animation avant de filer sur la côte. Devenue la 3e ville du pays grâce à ses industries (pétrochimie, métallurgie, agroalimentaire), Brisbane reste à taille humaine et on peut sans problème la parcourir à pied ou à vélo (attention, ça grimpe parfois !).**

**Dans le très vertical *Central Business District,* costumes et tailleurs forment un ballet incessant au pied des grandes tours de bureaux. Enjambez la rivière en empruntant le pont piéton de Goodwill Bridge et vous arrivez dans un monde horizontal : le South Bank et son quartier animé de West End. Lagon artificiel où faire trempette, espaces verts et dizaines de cafés et restaurants s'y mélangent. Enfin, Fortitude Valley enchante les fêtards en alignant bars et boîtes sur ses trottoirs.**

**En résumé : dormez dans le CBD, mangez et enivrez-vous à West End et dans la Valley !**



### UN PEU D'HISTOIRE

Bien avant l'arrivée des Européens, les Aborigènes turrbal et yuggera avaient implanté leurs campements dans cet « endroit pointu » (*Mian-Jin,* son 1er nom), le long de la très poissonneuse Brisbane River.

En 1824, l'administration pénitentiaire décide d'envoyer les bagnards les plus récalcitrants de Nouvelle-Galles du Sud à Redcliffe, à 28 km de l'actuel centre-ville. La colonie est ensuite déplacée en amont du fleuve et Brisbane n'est plus qu'une prison où personne n'a le droit de s'installer. Après la fermeture du centre pénitentiaire, les 1ers colons libres commencent à affluer en 1842, et la ville se développe. Le 6 juin 1859, la région se scinde en 2, avec les New South Wales d'un côté et le Queensland de l'autre, dont Brisbane (du nom du gouverneur de l'époque) devient la capitale. Ce jour est fêté chaque année comme le *Queensland Day.* Pendant la Seconde Guerre mondiale, la ville sert de QG au général MacArthur et aux forces alliées du sud-ouest du Pacifique.

## Arriver – Quitter

### En bus

La gare routière *(plan B2)* se trouve à côté de la gare ferroviaire centrale, sur Roma St. Les 2 compagnies principales, *Premier* et *Greyhound,* relient Brisbane à Cairns en passant par les villes de la Sunshine Coast. *Premier (☎ 133-410 ; ● premierms.com.au ●)* est la compagnie la moins chère mais elle n'assure qu'un seul bus par jour, alors pensez à réserver ! *Greyhound (☎ 1-300-473-946 ; ● greyhound.com.au ●)* est plus chère mais propose plus de liaisons.

***Vers le nord***

➢ ***Mooloolaba :*** 1 bus/j. Trajet : env 1h30-2h.
➢ ***Noosa :*** 6 bus/j. Trajet : 2h20-2h40.
➢ ***Rainbow Beach :*** 3 bus/j. Trajet : env 5h-5h30.
➢ ***Hervey Bay :*** 5 bus/j. Trajet : env 6-7h.
➢ ***Agnes Water :*** 3 bus/j. Trajet : env 8 à 12h selon les bus. Optez plutôt pour *Greyhound* car *Premier* vous dépose à 25 km du centre (navette à 20 $).
➢ ***Rockhampton :*** 3 bus/j. Trajet : env 12-13h.
➢ ***Airlie Beach :*** 3 bus/j. Trajet : env 19-20h.
➢ ***Townsville :*** 3 bus/j. Trajet : env 24-25h.
➢ ***Mission Beach :*** 2 bus/j. Trajet : env 27-29h.
➢ ***Cairns :*** 2 bus/j. Trajet : env 29-31h.

***Vers le sud***

➢ ***Surfers Paradise :*** env 7 bus/j. Trajet : env 1h30.
➢ ***Sydney :*** env 4 bus/j. Trajet : env 17h.

### En avion

✈ ***Brisbane Airport*** *(hors plan par D1) : à 15 km au nord-est de la ville. ☎ (07) 3406-3000. ● bne.com.au ●* Les compagnies *Qantas, Jetstar Airways, Tigerair* et *Virgin Australia* assurent les liaisons directes avec les principales villes de la côte est.
➢ ***Sydney :*** env 25 liaisons/j. Trajet : 2h35.
➢ ***Melbourne :*** env 35 liaisons/j. Trajet : 3h20.
➢ ***Townsville :*** env 9 liaisons/j. Trajet : 1h55.
➢ ***Cairns :*** env 12 liaisons/j. Trajet : 2h20.

LE QUEENSLAND

**■ Adresses utiles**

- 1 Visitor Information Centre (C2)
- 2 South Bank Visitor Centre (B3)
- 4 CBD Medical Centre (B2)
- 5 Police (B2)
- 6 Supermarché Woolworths (C2)

**Où dormir ?**

- 10 Brisbane City YHA (A2)
- 11 Summer House Backpackers (A2)
- 12 Annie's Shandon Inn (B2)
- 13 Acacia Inner City Inn (B1-2)
- 14 Kookaburra Inn (C1)
- 15 Punthill (C1-2)
- 16 Adina Apartment Hotel Brisbane Anzac Square (C2)
- 17 Brisbane Backpackers Resort (A3)
- 18 BUNK Backpackers (C1)
- 19 Central Brunswick (D1)
- 20 TRYP Hotel (C-D1)
- 21 Aussie Way Backpackers (A1-2)

**Où prendre un petit déj ? Où manger ?**

- 30 Jan Powers Farmers Market – Powerhouse (hors plan par D1)
- 31 Felix for Goodness (B2)
- 32 Pancake Manor (B2)
- 33 Steamed (B2)
- 34 Fat Noodle (B2)
- 36 Boundary Street Markets (A3)
- 37 The Gunshop Cafe (A3)
- 38 West End Coffee House (A3)
- 39 Zeus Street Greek (B3)
- 40 Ben's Burger (C-D1)
- 43 Spoon Deli Café New Farm et CRU Bar & Cellar (D1)

**Où boire un verre ? Où sortir ?**

- 35 Down Under Bar (B2)
- 41 Archive Beer Boutique (A3)
- 43 CRU Bar & Cellar (D1)
- 44 Alfred & Constance (C1)
- 45 Birdees (C-D1)

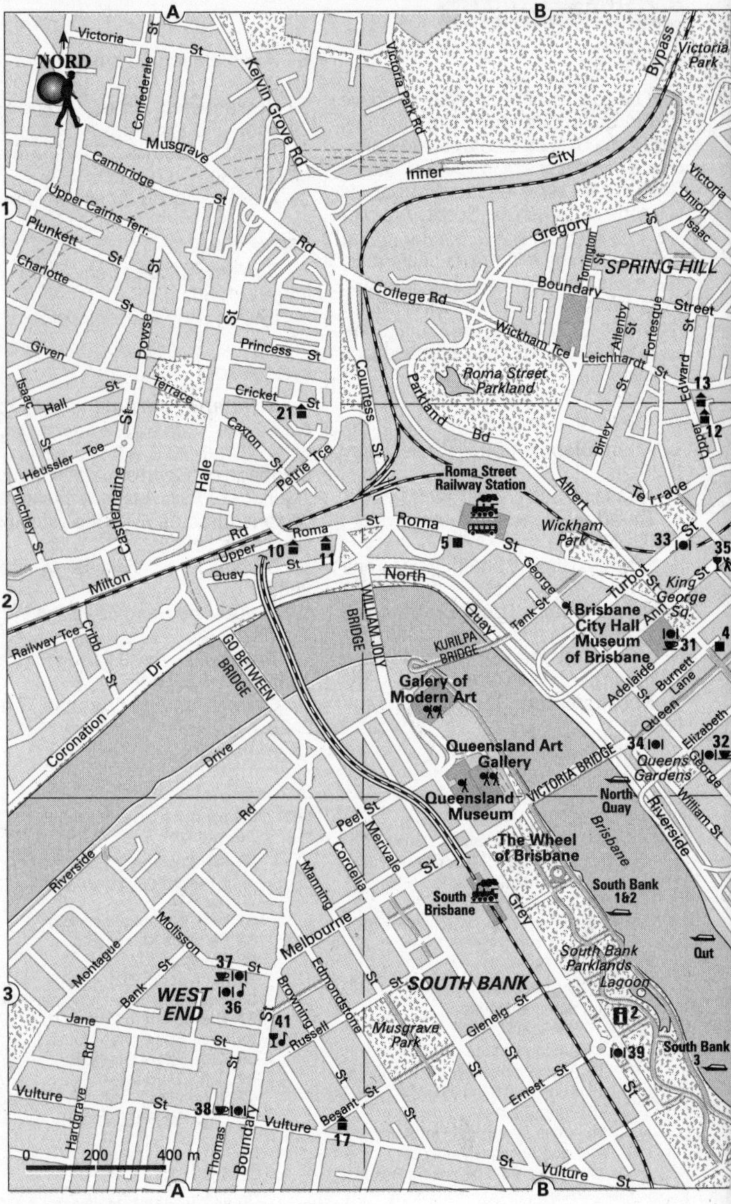


LE QUEENSLAND

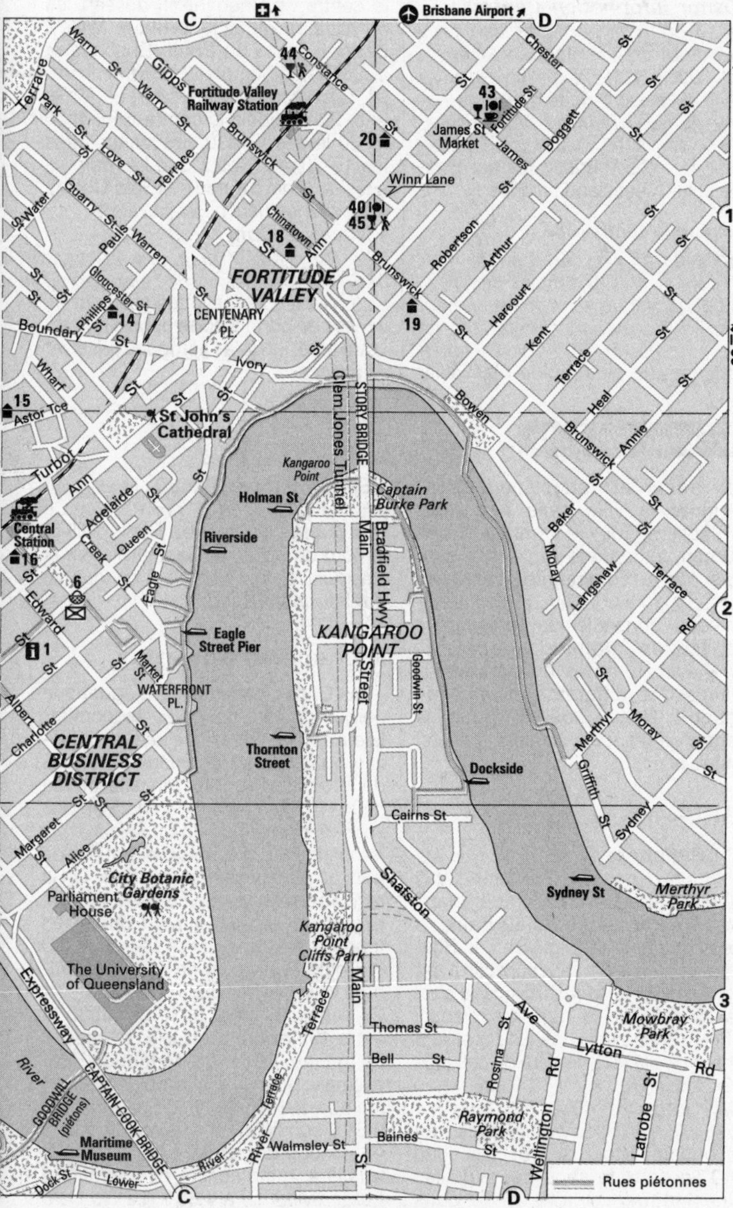

C
D
Brisbane Airport
Fortitude Valley Railway Station
James St Market
Winn Lane
Chinatown
FORTITUDE VALLEY
CENTENARY PL.
Ivory St
St John's Cathedral
STORY BRIDGE
Clem Jones Tunnel
Kangaroo Point
Captain Burke Park
Holman St
Riverside
Central Station
Eagle Street Pier
WATERFRONT PL.
KANGAROO POINT
Thornton Street
Dockside
CENTRAL BUSINESS DISTRICT
Cairns St
Shafston Ave
Sydney St
Merthyr Park
City Botanic Gardens
Parliament House
The University of Queensland
Kangaroo Point Cliffs Park
Thomas St
Bell St
Mowbray Park
Lytton Rd
Raymond Park
Baines St
Walmsley St
Wellington Rd
Latrobe St
Expressway
River
GOODWILL BRIDGE (piétons)
CAPTAIN COOK BRIDGE
Maritime Museum
Dock St
Lower River Terrace
Rues piétonnes


BRISBANE

**Visitor Information Centres :** *au niveau 1 du terminal domestique, près des comptoirs de* Jetstar Airways. *☎ (07) 3068-6611. Tlj 7h-19h. Un autre bureau au niveau 2 du terminal international, au niveau du hall des arrivées. ☎ (07) 3406-3190. Ouv tlj selon arrivée des vols.* Infos touristiques sur Brisbane et le Queensland en général.

***Rejoindre le centre-ville***

– ***Airtrain :*** *☎ (07) 3216-3308. • airtrain.com.au • Aller simple : env 19 $. A/R : 36 $. Réduc sur Internet. Sinon, les billets s'achètent directement en gare, au plus tôt 2h avt votre trajet.* Le train est le plus rapide pour relier le centre de Brisbane. Il dessert les principales gares : Fortitude Valley, Central, Roma St, South Brisbane et South Bank. Compter 25-35 mn de trajet. Circule depuis l'aéroport 5h (6h le w-e)-22h. Depuis le centre-ville, 4h30 (5h30 le w-e)-21h30. Fréquence : ttes les 15-30 mn. Notez que l'*Airtrain* va aussi à Surfers Paradise (Gold Coast), avec changement à Helensvale.

– ***Navette Con-X-ion :*** *☎ 1-300-920-914. • con-x-ion.com • Compter 25 $ pour une liaison de l'aéroport au centre-ville.* Ces navettes assurent un service de porte à porte depuis ou vers votre hôtel jusqu'à l'aéroport. Réserver à l'avance.

## Circuler en ville

Bus, trains et ferrys permettent d'écumer la ville sans trop user ses souliers. Tous les transports en commun, excepté le *CityCycle,* sont gérés par la compagnie ***TransLink*** *(☎ 13-12-30 ; • translink.com.au •).* On vous conseille de télécharger l'application gratuite *• MyTransLink •* avec tous les horaires et itinéraires des différents moyens de transport. Bonne nouvelle pour les budgets serrés, certains sont gratuits, profitez-en !

### Transports gratuits

***CityHopper :*** *circule tlj, ttes les 30 mn, 6h-minuit env.* De North Quay à Sydney St, ce ferry rouge et blanc dessert entre autres South Bank, le Musée maritime et Eagle St. Les Brisbanites l'utilisent beaucoup car il est plus agréable et tranquille que le bus. À la tombée de la nuit, c'est aussi s'offrir, à frais zéro, une jolie croisière à l'heure où la ville se pare de ses plus belles lumières...

– ***City Loop nos 40 et 50 :*** *ttes les 10 mn, 7h-18h.* Ces ***bus rouges*** font une boucle autour du CBD. La ligne n° 40 va dans le sens des aiguilles d'une montre, la ligne n° 50 dans le sens opposé. Elles desservent notamment Central Station, Eagle St Pier, Botanic Gardens et Queen St Mall.

– ***Spring Hill Loop n° 30 :*** *seulement lun-ven, ttes les 10-20 mn, 6h-19h.* Ce ***bus jaune*** circule entre Spring Hill et le nord du CBD, via Central Station et Post Office Sq. Pratique si on loge au nord du centre-ville.

### Transports payants

– ***Go Card :*** cette carte magnétique permet de faire de vraies économies. Elle s'achète dans les épiceries *7-Eleven* ou les *News agencies* (kiosques de presse). La carte en elle-même coûte 10 $ (enfants 5-14 ans 5 $), que vous récupérez à la fin du séjour en la retournant aux guichets des stations de train ou aux offices de tourisme. On la recharge dans les mêmes commerces. Les prix d'un aller simple varient en fonction des zones traversées. Le CBD et South Bank sont en zone 1 ; Fortitude Valley en zone 2.

En semaine, entre 8h30 et 15h30 et entre 19h et 6h, c'est le « *off peak* » : on gagne 20 % de réduction. Par exemple, pour un aller simple en zone 1 (en bus, train ou ferry), on paie environ 2,65 $ son billet en *off peak* et 3,31 $ en période de pointe. Le billet papier à l'unité, qui s'achète directement à bord, revient lui à 4,80 $. La *Go Card* permet d'économiser en moyenne 30 % sur le prix d'un ticket.

***Trains :*** *ttes les 15-30 mn en sem 4h-23h30 (1h ven), ttes les 30 mn*

LE QUEENSLAND

*le w-e 5h30-23h30 (1h sam).* Les trains permettent de relier très rapidement les principales gares du centre de Brisbane : South Bank, South Brisbane, Roma St, Brisbane Central et Fortitude Valley. Toutes les lignes du réseau ferroviaire du sud-est du Queensland traversent le centre-ville de Brisbane, aussi vous pouvez grimper dans chacune d'elles indifféremment.

***CityCat :*** *tlj, ttes les 10-30 mn, 5h30-minuit (1h w-e).* Ces ferries desservent les principaux arrêts du centre-ville : North Quay, South Bank, QUT Gardens Point et Riverside. Le Cross River Ferry permet, lui, de relier Kangaroo Point au CBD.

– ***BUZ*** *(Bus Upgrade Zone)* **:** *tlj, ttes les 10-15 mn, 6h-23h30.* Excellent réseau de bus. La majorité des lignes passe par Adelaide St, en plein cœur du CBD. Quelques ***bus de nuit*** vont de Fortitude Valley (le quartier des boîtes de nuit) à South Bank, en passant par le CBD. Les lignes n[os] 100, 111 et 130 passent toutes par Brunswick St (Fortitude Valley), Eagle St et George St (dans le CBD), et rejoignent ensuite South Bank. Fréquence : 1 bus/h et par ligne.

– ***CityCycle :*** les vélos en libre-service peuvent être un moyen sympa de découvrir la ville, surtout South Bank avec ses promenades le long de la Brisbane River. Les mollets risquent en revanche de chauffer pour rejoindre Fortitude Valley : Brisbane n'est pas un plat pays. Pour utiliser ces vélos, il faut avoir 17 ans minimum et s'enregistrer en ligne sur • *citycycle.com.au* • L'abonnement pour 24h coûte 2 $ et les 30 premières minutes sont gratuites. Passé ce délai, comptez 2 $ pour les premières 30 mn supplémentaires puis 5 $ toutes les 30 mn. Conclusion : pour pédaler toute la journée gratuitement, assurez-vous que chacun de vos trajets n'excède pas 30 mn ! Pour retirer son vélo, renseigner son numéro d'utilisateur dans n'importe laquelle des 150 stations de la ville. Un bon point : le casque est fourni et c'est obligatoire de le porter ! L'application gratuite • *AllBikesNow* • permet de se repérer plus facilement et de localiser les stations alentour.

## Adresses utiles

### Infos touristiques

**i** ***Visitor Information Centre*** *(plan C2,* ***1****)* **:** *167 Queen St.* ☎ *(07) 3006-6290.* • *visitbrisbane.com.au* • *Tlj 9h (10h dim)-17h30 (19h ven, 17h w-e).* Équipe nombreuse très accueillante et documentation fournie sur la ville mais aussi toute la Gold Coast. Dispose aussi d'un comptoir *Translink* très utile pour tous les transports et fait agence de voyages. *Free tour* en ville chaque jour à 10h30 (env 2h). N'oubliez pas de jeter un œil à l'arrière de l'office, où s'érigeait dans les années 1920 le *Regent Theatre,* un splendide cinéma. Seuls vestiges, un magnifique escalier, des mezzanines en marbre sculpté et un impressionnant plafond voûté.

**i** ***South Bank Visitor Centre*** *(plan B3,* ***2****)* **:** *Stanley St Plaza.* ☎ *(07) 3029-1797. Tlj 9h-17h.* Annexe de l'office principal.

### Argent, change

■ ***Agences bancaires et distributeurs de billets :*** on en trouve sans problème dans toute la ville, en particulier dans les très commerçantes Adelaide St, Queen St et Edward St.

■ ***Bureaux de change :*** *ouv tlj (horaires réduits le w-e).* On en trouve beaucoup dans le centre, notamment autour de Queen St *(plan B-C2).* On ne vous en indique aucun en particulier car les taux de change varient de l'un à l'autre et selon le montant que vous voulez changer.

### Santé, urgences

✚ ***Royal Brisbane & Women's Hospital*** *(hors plan par C1)* **:** *Butterfield St, Herston.* ☎ *(07) 3646-8111. À 1,5 km de la station de train Fortitude Valley. Urgences 24h/24.*

■ ***CBD Medical Centre*** *(plan B2,* ***4****) : 245 Albert St, 1er étage. ☎ (07) 3211-3611. • cbdmedical.com.au • Lun-ven 7h-19h, sam 8h30-17h, dim 9h-17h.* Centre médical spécialisé dans la vaccination de voyage mais vous pouvez aussi y consulter des médecins anglophones. Compter tout de même 90-100 $ la consultation de 20 mn et 140-150 $ jusqu'à 40 mn.

■ ***Police*** *(plan B2,* ***5****) : 200 Roma St. ☎ 13-14-44 ou 000 (nº d'urgence).* C'est le commissariat central.

## Divers

***Supermarché Woolworths*** *(plan C2,* ***6****) : 259 Queen St. Dans le centre commercial* MacArthur *au sous-sol. Lun-sam 7h-21h, dim 9h-18h.* L'un des plus grands supermarchés du centre-ville.

# Où dormir ?

## *Central Business District (CBD)*

Le CBD ne brille pas par son offre culturelle touristique mais abrite la majorité des hébergements. De l'auberge à l'hôtel de luxe, il y en a pour tous les budgets. Et si ce n'est pas le quartier le plus sympa, il a le mérite d'être hypercentral. La plupart des auberges de jeunesse se trouvent dans Upper Roma St.



### *Backpackers (auberges de jeunesse)*

***Brisbane City YHA*** *(plan A2,* ***10****) : 392 Upper Roma St. ☎ (07) 3236-1004. • yha.com.au • Dortoirs (3-6 lits) 32-38 $/pers ; doubles sans ou avec sdb 90-120 $. Réduc si résa sur Internet.* De loin la meilleure auberge de Brisbane. Moderne, lumineuse et régulièrement entretenue (c'est son grand plus par rapport à ses voisines), elle peut accueillir près de 400 voyageurs. La maison privilégie des dortoirs confortables pour 3 ou 6, pas plus. Également des chambres privées très agréables avec baies vitrées et vue sur la ville. Au dernier étage, une cuisine immense (avec casier individuel) s'ouvre sur un *rooftop* avec une petite piscine. Des tas de services (*travel agent,* salle TV, salle de jeux, etc.), dont certains payants (parking, petit déj, laverie, consigne). Le staff amical organise aussi des animations gratuites comme des visites de la ville et du marché de West End, et des soirées quiz, film ou encore *beer pong* sur le *rooftop.* Excellent accueil.

***Aussie Way Backpackers*** *(plan A1-2,* ***21****) : 34 Cricket St. ☎ (07) 3369-0711. • aussiewaybackpackers.com • Dortoirs (4-5 lits) 26 $/pers ; double 70 $ ; quelques familiales.* À quelques rues des gares routière et ferroviaire de Roma St. Cette petite AJ, perchée à flanc de colline dans un quartier résidentiel, est installée dans une élégante maison en bois de 1871, ce qui change un peu des AJ en béton de Upper Roma St. Bon, il ne faut pas rêver non plus, la jolie façade à colonnettes et balcons en fer forgé abrite des dortoirs et des chambres privées au confort correct, mais simple. Sanitaires communs. Cuisine et laverie. Parking gratuit dans la rue. Ambiance presque familiale.

***Summer House Backpackers*** *(plan A2,* ***11****) : 350 Upper Roma St. ☎ (07) 3236-5007. • staysummerhouse.com/brisbane • Dortoirs (4-20 lits) 22-32 $/pers, petit déj (basique) inclus ; réduc à partir de 3 nuits.* Une AJ colorée proposant des dortoirs corrects avec lits superposés métalliques, casiers et clim. En principe, le ménage est fait chaque jour. Cela dit, quelques problèmes d'humidité sur les murs et dans les salles de bains. Cuisine avec casiers personnels, mais c'est un peu l'embouteillage aux heures de pointe... Terrasse sur le toit. Animations et repas gratuits (consulter le tableau). Comptoir pour les transports et les excursions.

En dépannage, si nos adresses affichent complet, vous pouvez toujours vous rabattre sur les AJ voisines de Upper Roma St, comme ***City Backpackers HQ*** (mais évitez leur annexe appelée *Joe's Place*) ou encore ***Chill Backpackers.***

## Bon marché

***Annie's Shandon Inn*** *(plan B2,* ***12****) : 405 Upper Edward St. ☎ (07) 3831-8684. • anniesbrisbane.com • Doubles sans ou avec sdb env 80-100 $. Parking gratuit (4 places).* Si vous aimez le rétro et que vous n'êtes pas trop regardant sur le confort ni sur l'insonorisation (murs épais comme du papier à cigarettes !), vous aimerez cette jolie maison rose et bleu posée tel le village d'Astérix au cœur du CBD. Étonnant décor de plantes en plastique et papier peint fleuri, mais surtout des photos illustrant l'immigration australienne de cette gentille famille irlandaise, qui accueille les visiteurs avec le sourire depuis 3 générations. Confort un peu léger pour le prix, mais on a le coup de cœur ou on ne l'a pas ! Attention, les chambres avec salle de bains privée sont au sous-sol. Petit déjeuner (léger) servi dans la salle à manger aux airs de maison de poupée. Petite cuisine commune.

***Acacia Inner City Inn*** *(plan B1-2,* ***13****) : 413 Upper Edward St. ☎ (07) 3832-1663. • acaciainn.com • Doubles env 80-110 $, petit déj continental inclus.* Ne vous fiez pas à la façade peu engageante, ce motel est une aubaine dans le quartier. Les chambres, très classiques côté déco, sont confortables et disposent de salles de bains modernes. Plusieurs cuisines communes pour se faire son frichti.

***Kookaburra Inn*** *(plan C1,* ***14****) : 41 Phillips St. ☎ (07) 3832-1303. • kookaburra-inn.com.au • Doubles env 80-90 $.* À mi-chemin entre l'AJ et l'hôtel, cette adresse conviendra aux couples au budget serré. Les 20 chambres sont simples mais propres, parfois avec un frigidaire ou un bureau. On se partage ici les 4 salles de bains et la cuisine, comme à l'*hostel.* Café et thé offerts. Bon accueil, et le centre n'est qu'à 10 mn à pied.

## De prix moyens à plus chic

***Punthill*** *(plan C1-2,* ***15****) : 40 Astor Terrace. ☎ (07) 3055-5700. • punthill.com.au • Doubles 160-220 $ ; réduc sur Internet.* Confort et design définissent les chambres ultraspacieuses de cet hôtel moderne. Préférez celles dans les étages pour la vue. La sobriété du large mobilier contemporain est égayée de papier peint couvert de dessins d'enfants et de peintures réalisées par des artistes de 5 ans ! Ajoutez quelques coussins graphiques et colorés et des lampes au style industriel, la combinaison est réussie. Balcon, petite cuisine et salle de bains moderne complètent la panoplie. Vaste terrasse avec piscine, salle de gym et BBQ. Café au rez-de-chaussée. Un hôtel luxueux avec de la personnalité !

***Adina Apartment Hotels Brisbane Anzac Square*** *(plan C2,* ***16****) : 255 Ann St. ☎ (07) 3001-9888. • tfehotels.com • Doubles env 170-260 $ ; réduc sur Internet. Pas de petit déj sur place. Parking 35 $/j.* Bonne surprise que cet hôtel chic dont les prix sont raisonnables malgré sa situation idéale, en face de la gare centrale et d'Anzac Sq. Les chambres et appartements, de toutes tailles, affichent une déco contemporaine et cosy. L'ensemble a un certain cachet. Certains disposent d'une cuisine, d'une salle à manger et d'un salon. Accueil pro.

### *South Bank*

Aïe, difficile de loger de ce côté de la ville, à part une auberge et une poignée d'hôtels hors de prix...

***Brisbane Backpackers Resort*** *(plan A3,* ***17****) : 110 Vulture St. ☎ (07) 3844-9956. • brisbanebackpacker.com.au • Dortoirs (4-10 lits) env 23-31 $/pers ; doubles 90-120 $ ; petit déj inclus. Parking gratuit.* La seule option économique et correcte pour loger côté South Bank. Chaque dortoir a sa propre salle de bains et un petit balcon donnant sur le bar et la piscine. Si l'ensemble est plutôt propre, un bon rafraîchissement ne ferait pas de mal, surtout dans les chambres privées, assez datées... Sinon, on est à 15 mn à pied de la Brisbane River et du lagon artificiel. La navette gratuite de l'auberge peut vous déposer en centre-ville sur demande, jusqu'à 19h. Côté services : laverie, billard, ping-pong, plus des réducs sur certaines excursions.

### Fortitude Valley

Pour les fêtards, les vrais, qui veulent faire la tournée des bars et des boîtes jusqu'au petit matin. Évitez le coin si vous souhaitez dormir tranquille !

### Backpacker (auberge de jeunesse)

**BUNK Backpackers** *(plan C1, **18**) : 11 Gipps St. ☎ (07) 3257-3644. • bunkbrisbane.com.au • Dortoirs (8-20 lits) sans sdb 25-35 $/pers ; dortoirs (4-12 lits) avec sdb 30-40 $/pers ; doubles sans ou avec sdb 90-140 $.* Seul *hostel* de Fortitude Valley, cette auberge, dotée d'une jolie réception en bois, est le point de chute idéal pour les oiseaux de nuit. Tous les bars et les boîtes s'égrènent à moins de 5 mn à pied, et le plus proche, le populaire *Birdees* (voir plus loin), se trouve au rez-de-chaussée ! Dortoirs cloisonnés et dotés de casiers, avec ou sans clim. Bon plan : le transport gratuit pour aller à Roma St *(9h-16h)*. Agence de voyages, piscine, petit déj gratuit, le *Bunk* a reçu le *Golden Backpacks* plusieurs années de suite, et c'est mérité.

### De prix moyens à très chic

**Central Brunswick** *(plan D1, **19**) : 455 Brunswick St. ☎ (07) 3852-1411. • centralbrunswickhotel.com.au • Entrée par le petit centre commercial. Doubles 100-150 $.* Dans Fortitude Valley, cet hôtel est l'un des rares à correspondre aux budgets moyens. Si les studios ne dégagent aucun charme particulier, ils ont tout le confort nécessaire pour un séjour tranquille. Bureau, balcon pour certains et coin salon-salle à manger avec micro-ondes et bouilloire. La situation est idéale : à quelques enjambées de tous les bars et boîtes, mais assez éloigné pour ne pas subir les basses jusqu'à 4h du mat. Pratique : une borne automatique de taxi à la réception.

**TRYP Hotel** *(plan C-D1, **20**) : 14-20 Constance St. ☎ (07) 3319-7888. • trypbrisbane.com • Bar ouv le soir jeu-dim. Doubles 170-300 $.* Construite dans les années 1950, la bâtisse en brique accueille aujourd'hui un hôtel *street art*. Atypique, il a conservé les graffitis aux murs et les vieilles pierres en y ajoutant néons, meubles colorés et design, plus œuvres d'art contemporaines. Les chambres ont du style, de la personnalité et offrent tout le confort et le luxe attendus. Le *rooftop* nous en met lui aussi plein la vue !

## Où prendre un petit déj ? Où manger ?

Rappelons que l'Australien est féru de *coffee-shops* : vous en trouverez donc à tous les coins de rue... ou presque !

### Central Business District (CBD)

On peut aussi se balader le soir dans les populaires et touristiques Queen St et Albert St, assez fréquentées.

**Felix for Goodness** *(plan B2, **31**) : 50 Burnett Lane. ☎ (07) 3161-7966. Lun-ven 7h-15h, sam 8h-14h. Fermé dim. Plats 10-25 $.* Une de nos meilleures adresses ! *Felix,* qui ne désemplit pas, attire une foule de jeunes tendance bio *friendly.* À la carte : des produits locaux pour des plats savoureux, sains et vitaminés, avec des influences latines ou moyen-orientales. Le cadre suit la tendance du moment : murs de brique, poutres métalliques et grand comptoir carrelé. En 2 mots : chaleureux et branché.

**Steamed** *(plan B2, **33**) : 95 Turbot St. 📱 0425-125-900. Lun-ven 10h30-15h. Dim sum env 6-10 $ (4-8 pièces).*

On se rue sur ce resto de poche situé sous un pont, où l'on savoure les meilleurs *dumplings* de la ville ! Servies dans des paniers vapeur, ces ravioles chinoises, au porc, au poulet ou végétariennes, méritent leur réputation. Délicieux et vraiment pas cher.

**Pancake Manor** *(plan B2,* ***32****)* **:** *18 Charlotte St. ☎ (07) 3221-6433. Ouv 24h/24. Compter 10-15 $.* On n'y fait pas une cure diététique de produits bio, assurément, mais cette adresse dépannera les couche-tard comme les lève-tôt, qui viennent ici à toute heure se remplir l'estomac de gros pancakes recouverts de saucisses et d'œufs, de sirop, de crème ou de glace. Détail amusant, on s'attable dans une ancienne église anglicane.

**Fat Noodle** *(plan B2,* ***34****)* **:** *dans le* Treasury Casino Hotel, *angle George St et Queen St. ☎ (07) 3306-8888. Attention, consigne obligatoire pour les sacs à dos (5 $ !). Tlj 11h-22h (23h ven-sam). Plats env 12-30 $.* Curieusement abrité au sein d'un casino, ce restaurant asiatique affiche une ambiance contemporaine tamisée avec de jolis luminaires constitués de woks et de baguettes. À la carte, des plats chinois, singapouriens, indonésiens ou de Hainan. Wok, *noodles* et riz en tout genre garnissent des assiettes généreuses, préparées avec des produits de qualité.

## South Bank

Concentration de restos avec terrasses aux abords des South Bank Parklands, ces espaces piétonniers modernes qui longent la rivière et remportent les faveurs des Brisbanites de la classe moyenne. Le soir, préférez le quartier de ***West End,*** autour de la très populaire Boundary St, où s'égrènent boutiques, bars et cafés branchés à l'atmosphère plus cool.

**Boundary Street Markets** *(plan A3,* ***36****)* **:** *36 Russell St (angle Boundary St). ● boundarystreetmarkets.com.au ● Bus n° 199. Ven-sam 16h-22h, dim 9h-15h (ou 12h-20h selon événement).* Caravanes, gargotes et autres étalages rendent hommage à la *street food* dans ce marché considéré comme le plus hipster de la ville. *Vegan market* le vendredi. On y donne aussi des concerts le soir. À tester absolument !

**The Gunshop Cafe** *(plan A3,* ***37****)* **:** *53 Mollison St. ☎ (07) 3844-2241. Tlj 7h-15h (env 21h mer-sam). Petits déj et plats 10-27 $.* Charmant café dont les murs de brique, le parquet ancien et les vieux ventilos dégagent un certain cachet. Au fait, pourquoi *gunshop* ? Les murs abritaient autrefois une armurerie. Pan ! C'est parti pour un bon petit déjeuner : saumon fumé, bacon, œufs accompagnés de salades et toasts. Côté plats, la carte à base de produits locaux change au fil du marché, tant mieux, c'est un gage de fraîcheur. À la terrasse, préférez l'arrière-cour, bien plus calme.

**West End Coffee House** *(plan A3,* ***38****)* **:** *80 Vulture St. 📱 0478-891-364. Tlj 6h30 (7h30 w-e)-16h (15h dim). Petits déj et plats env 10-16 $.* Un *coffee-shop* très fréquenté par les locaux, toujours bondé, servant des petits déj et des plats style *world food* de bonne facture, avec une nette influence thaïe le midi. Sympa, bordélique, bref, très animé !

**Zeus Street Greek** *(plan B3,* ***39****)* **:** *13-14 Little Stanley St. ☎ (07) 3846-0200. Tlj 11h30-21h (21h30 ven). Pitas env 12-14 $.* Un kebab dans le quartier moderne de South Bank Parklands. Oui, mais dans un vaste décor contemporain. Bien plus animé le soir que le midi. Les pitas sont garnies de viande grillée sous vos yeux, de tzatziki maison, d'halloumi ou d'aubergines fumées. Quelques formules avec boisson et salade ou frites. Grande terrasse.

## Fortitude Valley

Perdez-vous dans les impasses de la Valley pour dégoter quelques bonnes adresses de bouche. Pour le plaisir des yeux, faites un tour au ***James Street Market.*** Marché frais et épicerie, on a envie de tout dévorer, mais le porte-monnaie nous freine ! Le soir, pas besoin de chercher, bars et boîtes s'alignent sur les trottoirs. Attention aux débordements le samedi.

**Jan Powers Farmers Markets – Powerhouse** (hors plan par D1, **30**) : *au Brisbane Powerhouse, 119 Lamington St. Infos : • janpowersfarmersmarkets.com.au • Ts les sam 6h-12h.* Fruits tropicaux, légumes, mais aussi pains, pâtisseries, noix en tout genre, cuisine du monde, on aime arpenter les allées de ce marché populaire où l'on peut manger sur le pouce pour quelques dollars.

**Ben's Burgers** (plan C-D1, **40**) : *5B Winn Lane. ☎ (07) 3195-3094. Tlj 11h-22h (14h lun, 21h mar et dim, 23h ven-sam). Menu déj avec frites et boisson 20 $ ; sinon, burger env 12 $.* Planquée dans une minuscule impasse remplie de jeunes créateurs branchés, cette adresse de poche est un must dans le quartier pour les amateurs de burgers juteux avec fromage dégoulinant et frites croustillantes.

**Spoon Deli Café New Farm** (plan D1, **43**) : *22 James St. ☎ (07) 3257-1750. Tlj 6h30-17h. Petits déj 13-27 $ ; déj 14-29 $.* Dans ce quartier chic, *Spoon* suit la tendance brisbanite d'une cuisine fraîche et saine, dans un décor qui hésite entre cafétéria et épicerie. Quiches, soupes et friands du jour s'exposent en vitrine, à côté de plats du jour ou de salades composées. Alléchantes pâtisseries. Honnête rapport qualité-prix.

**CRU Bar & Cellar** (plan D1, **43**) : *22 James St. ☎ (07) 3252-2400. Tlj 11h-minuit (23h dim-mar). Share plates 11-28 $ ; plats 36-40 $.* Pour ceux qui recherchent un peu de branchitude, ce vaste lounge au goût du jour assure une excellente animation le soir. Comme son nom l'indique, on vient y boire les vins du cru, à accompagner d'une assiette à partager (fromages, saumon, houmous, etc.) ou d'un plat plus solide. Le tout est de bonne qualité mais pas vraiment donné, qui l'eût cru ?



## Où boire un verre ? Où sortir ?

La tendance est aux ***rooftops,*** de belles terrasses avec vue sur la ville où l'on consomme des cocktails pas vraiment bon marché en compagnie de *beautiful people* du coin. Dans le CBD, le ***Lennon's Restaurant & Bar*** *(72 Queen St, niveau 2 ; plan B2)* propose un plouf dans une piscine avec vue.
À Fortitude Valley, le ***Limes Hotel Bar*** *(142 Constance St ; plan C1)* projette aussi des films ; quant à l'***Eleven Rooftop Bar*** *(757 Ann St ; plan C-D1),* il offre l'un des plus beaux points de vue sur la ville.
À South Bank, le ***Dandy's Rooftop Bar*** *(Fox Hotel, 71 Melbourne St ; plan B3)* est l'un des plus colorés et des plus branchés, tout comme le chic ***Eagles Nest*** *(21 Lambert St ; ouv seulement ven-dim à partir de 15h),* situé à Kangaroo Point.

### Central Business District (CBD)

**Down Under Bar** (plan B2, **35**) : *308 Edward St. ☎ (07) 3002-5740. Tlj jusqu'à 3h (5h ven-sam).* Impossible de le rater, le bar de l'auberge *Nomads* ameute les foules de *backpackers* chaque week-end. C'est LE rendez-vous des 20-30 ans. Soirées à thème délurées chaque jour, comme le show de drag-queens le mardi et les soirées karaoké vendredi et dimanche. Mais l'événement de la semaine a lieu le mercredi, avec le concours de tee-shirts mouillés ; à la clé, 300 $ au show le plus chaud.

### South Bank

**Archive Beer Boutique** (plan A3, **41**) : *100 Boundary St. ☎ (07) 3846-6680. • archivebeerboutique.com.au • Tlj de 11h jusqu'à 1h env (2h ven-sam).* Dans la rue la plus animée de West End, vaste bar populaire fréquenté par une clientèle festive d'habitués. Installé à l'une des tables en bois, on vient en bande pour écluser quelques bières, spécialité de la maison. Les concerts, du mercredi au samedi soir, font le plein (consulter leur site pour connaître la programmation). Billard gratuit le lundi, payant les autres jours. Fait aussi resto.

### Fortitude Valley

**CRU Bar & Cellar** (plan D1, **43**) est le lieu idéal pour un verre de vin dans un cadre *trendy* (voir « Où manger ? »).

**Birdees** (plan C-D1, **45**) : *608 Ann St. ☎ (07) 3852-5000. Tlj 12h (15h dim-mer)-minuit (3h jeu-sam).* Lieu phare pour les kids de passage, le bar de l'auberge *BUNK* fait le plein presque tous les soirs. 3 bars, une piscine et un *biergarten* plantent le décor de ces soirées enfiévrées. Billards et soirées à thème de qualité inégale, dont la délirante *uni party* du jeudi, inratable rendez-vous des oiseaux de nuit.

**Alfred & Constance** (plan C1, **44**) : *angle Alfred et Constance St. ☎ (07) 3252-5990. Lun-sam de 7h jusque tard (3h lun).* Plantée tel un ovni au cœur d'une marée de buildings, cette jolie maison en bois attire les têtes festives de la Valley. C'est un lieu mythique, un arrêt obligatoire dans la tournée des bars. Ici, pas 1 mais 3 bars, à la déco de récup aussi déjantée que pleine d'idées.

## À voir. À faire

➢ **Brisbane Greeters :** *● visitbrisbane.com.au/brisbane-greeters ● Résa sur Internet min 7 j. à l'avance. Durée : 2-4h. GRATUIT.* Quelle meilleure façon de découvrir la ville qu'à travers les yeux de ses habitants ? Sport, art contemporain, héritage aborigène, à vous de choisir le thème. Votre guide vous fera alors découvrir « sa » ville, en fonction de vos centres d'intérêt. Super initiative pour sortir des sentiers touristiques et pour rencontrer des locaux. Si la visite est gratuite, on vous conseille de faire un don à votre guide bénévole. Les groupes ne comptent pas plus de 6 personnes, profitez-en !

### Central Business District (CBD)

**Brisbane City Hall – Museum of Brisbane** (plan B2) : *64 Adelaide St. ● museumofbrisbane.com.au ● Au 3e étage ; accès par l'ascenseur du café* Shingle Inn. *Tlj 10h-17h (19h ven). GRATUIT. Billet pour la tour de l'horloge à retirer au musée ; visite ttes les 15 mn 10h15-16h45 et sur le principe « 1er arrivé, 1er servi ».* Construite dans les années 1920, la mairie arbore une sobre façade néoclassique à colonnes. Le musée de la ville abrite des expos temporaires ou semi-permanentes nous présentant Brisbane, ses origines, sa rivière, ses habitants... Vite vu quand même ! On peut grimper la *Clock Tower,* via un vieil ascenseur à manivelle, pour s'offrir un petit point de vue sur le CBD. Notez la petite Albert Street Church du XIXe s, noyée au milieu des buildings... Si vous êtes là un mardi à 12h pétantes *(fév-nov),* ne manquez pas le concert gratuit dans le splendide auditorium (avec orgues).

**St John's Cathedral** (plan C2) : *373 Ann St. ● stjohnscathedral.com.au ● Tlj 9h30-16h30. Donation suggérée : 5 $.* Si la 1re pierre a été posée en 1901, cette cathédrale anglicane a été achevée en... 2009, ce qui en fait le dernier édifice néo-gothique en date dans le monde ! Plutôt croquignolette au milieu des buildings, elle fut construite selon les plans de l'architecte anglais John Loughborough Pearson. Outre sa fonction religieuse, elle sert aussi de galerie d'art, d'espace de jeux pour les enfants (!) et de salle de concerts de musique classique, parfois gratuits. Surveillez la programmation sur le site internet.

**City Botanic Gardens** (plan C3) : *☎ (07) 3403-2535. Tlj 24h/24. Visites guidées gratuites tlj sauf dim à 11h et 13h ; rdv devant la rotonde ; durée : env 1h.* Créés dans les années 1820, ces jardins servaient de terrains cultivés par les bagnards pour nourrir les populations carcérales. Incroyable poumon vert au cœur du CBD, ce jardin offre une parenthèse de calme. Plans d'eau, pelouse, palmiers et forêt de bambous s'étendent sur près de 20 ha. On y croise de gros lézards pas farouches du tout.

## South Bank

**Queensland Museum & SparkLab ScienCentre** *(plan B2-3)* **:** *angle Grey St et Melbourne St. ☎ (07) 3840-7555. • qm.qld.gov.au • ♿ Tlj 9h30-17h. GRATUIT (sauf le SparkLab : 15,50 $ ; réduc).* Des animaux préhistoriques à la Grande Barrière de corail en passant par la culture aborigène et la Première Guerre mondiale, toute l'histoire et le patrimoine du Queensland sont dévoilés ici au travers d'expositions permanentes ou temporaires. Les plus jeunes apprécieront l'*Energex Playasauraus Place* (reproductions de dinosaures et toutes les explications qui vont avec) et les expos *Lost Creatures* et *Wild State,* consacrées aux espèces disparues et à l'environnement. Les plus âgés, eux, s'intéresseront à l'*Anzac Legacy Gallery,* qui évoque la Première Guerre mondiale dans le Queensland. On attend avec impatience le retour de l'expo consacrée à la culture aborigène, prévue d'ici quelque temps... Enfin, pour amuser encore les bambins, le *SparkLab ScienCentre,* payant, propose une quarantaine d'attractions interactives et scientifiques. Pour connaître les expos en cours, consulter le site internet.

**Queensland Art Gallery & Gallery of Modern Art** *(QAGoMA ; plan B2-3 et B2)* **:** *Stanley Pl, Cultural Precinct. • qagoma.qld.gov.au • ♿ Tlj 10h-17h. GRATUIT. Visite guidée tlj à 12h.* Ces 2 bâtiments aux beaux volumes, regroupés sous une même entité, s'imposent comme une institution dans l'art contemporain australien, asiatique et pacifique. La Triennale d'art contemporain d'Asie-Pacifique, organisée depuis 1993, présente l'une des collections d'art contemporain les plus importantes de cette partie du monde. Impossible de décrire les expos, la seule qui soit permanente étant l'*Australian Gallery.* Artistes ou simples curieux se plairont à découvrir l'art aborigène revisité, les peintres australiens méconnus et des œuvres asiatiques. La *GoMa* organise aussi des projections cinéma, souvent gratuites. Documentaires, films : suivez la programmation en ligne !

Un peu avant le **Kurilpa Bridge,** cette passerelle piétonne qui ressemble à des haubans de bateaux, on trouve plusieurs cafés logés dans le dédale du complexe muséal. Citons notamment le **Cafe Muse,** le **Library Cafe** ou encore le **GOMA Cafe.** Agréable pour un petit noir, un verre ou un grignotage entre 2 visites.

➢ **River City Cruises :** *0428-278-473. • rivercitycruises.com.au • Départ tlj de la jetée A de South Bank (en face de la grande roue) à 10h30 et 12h30, plus à 14h30 ven-sam. Tarif : env 29 $ ; réduc. Achat du billet en ligne ou à bord.* Ce petit bateau avec toit ouvert vous embarque pour 1h30 de croisière guidée sur la Brisbane River. Du South Bank, on longe le CBD puis Kangaroo Point pour continuer vers le Story Bridge (Fortitude Valley) et New Farm, jusqu'à Albion, où se trouve le *Breakfast Creek Hotel,* l'un des restos les plus anciens (et les plus touristiques !) de la région, édifié en 1889. On peut y déjeuner (spécialité de steaks) ou y boire un verre avec l'option « *hop-off* » de la croisière du matin, on repart alors 2h plus tard avec le bateau de l'après-midi.

**The Wheel of Brisbane :** *☎ (07) 3844-3464. • thewheelofbrisbane.com.au • Tlj 10h-22h (23h ven-sam). Tarif : 21 $ ; réduc (notamment de 5 % en ligne).* Située sur les rives de la Brisbane River, la grande roue offre un joli panorama sur la *skyline.* On vous conseille de grimper à 60 m de haut à la tombée de la nuit, Brisbane illuminée se reflète dans sa rivière et le spectacle est encore plus beau.

## DANS LES ENVIRONS DE BRISBANE

**Mount Coot-tha :** *à* ***Toowong,*** *à 9 km à l'ouest du centre-ville. Panorama tlj 24h/24. Jardins tlj 8h-18h (17h avr-août). GRATUIT. Visites guidées* *gratuites lun-sam à 11h et 13h.* Cette colline mérite un détour de quelques heures. Une fois qu'on a grimpé les 287 m, le ***Mount Coot-tha Lookout*** offre un joli panorama sur la ville et sur Moreton Bay Islands les jours de beau temps. En bas de la colline, on trouve le ***Brisbane Botanic Gardens Mount Coot-tha.*** Le plus impressionnant jardin botanique subtropical du Queensland accueille une maison aux cactus et une pour les bonsaïs, une forêt de bambous, un jardin japonais et des hectares d'herbe pour s'étendre et profiter de l'environnement.

***Lone Pine Koala Sanctuary :*** *708 Jesmond Rd, à* ***Fig Tree Pocket.*** *☎ (07) 3378-1366. • koala.net • Au sud-ouest du centre. Depuis Brisbane, bus nº 430 depuis Queen St ou nº 445 depuis Adelaide St ; env 45 mn de trajet et 5,80 $ l'aller (env 4 $ avec la Go Card). Liaisons également avec les bateaux* Mirimar, *qui combinent croisière sur la River Bank et visite du parc ; • mirimar cruises.com.au • ; compter 90 $ pour l'A/R en bateau et l'entrée au parc ; réduc. Tlj 9h-17h. Tarif : 42 $ ; réduc.* Plus grand parc de koalas du monde, ce zoo en accueille environ 130 spécimens, mais on découvre aussi la faune australienne comme le curieux casoar, le wombat, le dingo ou l'insolite ornithorynque. On peut nourrir des kangourous pour 2 $ ou, moyennant quand même 25 $, se faire photographier avec un koala dans les bras... Évitez les jours de pluie (ambiance tristounette et kangourous mouillés...).

***Glass House Mountains National Park :*** *à env 65 km au nord de Brisbane et 15 km au sud de Beerwah. Infos et doc au* Glass House Mountains Visitor Centre, *à l'angle de Bruce Parade et Reed St. ☎ (07) 5458-8848. Tlj 9h-16h.* C'est l'occasion d'une jolie balade nature, pourquoi pas avant la visite de l'Australia Zoo, non loin de là (lire ci-après)... Partir un jour de météo clémente (sinon, on ne voit rien) et assez tôt le matin pour avoir des chances de voir des kangourous gambader. Au *Glass House Mountains Lookout,* joli point de vue sur les monts environnants comme le Mount Beerwah, le Mount Ngungun ou encore le Mount Beerburrum, dont les noms évoquent la culture aborigène locale. Quelques panneaux explicatifs détaillent le paysage d'origine volcanique, la faune et la flore. C'est l'explorateur James Cook qui a donné son nom aux monts car ceux-ci lui auraient rappelé les fourneaux de son Yorkshire natal ! Se procurer la carte des balades de 1h à 3h à faire dans le coin, soit au *Visitor Centre,* soit au café suivant :

***Lookout Cafe :*** *182 Glass House Woodford Rd, un peu avt le Lookout. 0498-471-232. Tlj 9h-15h (16h w-e). Petit déj et plats env 10-20 $.* L'endroit idéal en pleine nature pour un petit déj, un verre ou un grignotage à midi. Jolie terrasse avec vue. Bons café, gâteaux maison (*carrot cake, banana cake,* etc.) et petits plats. Bon accueil.

***Glass House Mountains Eco-lodge :*** *198 Barrs Rd. ☎ (07) 5493-0008. • glasshouseecolodge.com • Doubles env 128-260 $, sans le petit déj.* Pour ceux qui rêveraient de se poser au vert, voici une élégante et confortable maison en bois. Certaines chambres sont logées dans une ancienne chapelle. Également des bungalows avec cuisine. Environnement calme, verdoyant et giboyant, avec un verger. Fruits, café et vin maison. Centre équestre à proximité. Excellent accueil.

***Australia Zoo :*** *1638 Steve Irwin Way, à* ***Beerwah,*** *à 1h de route au nord. ☎ (07) 5436-2000. • australiazoo.com.au • Depuis Central Station, min 2 trains/j. jusqu'à la gare de Beerwah ; de là, navettes gratuites jusqu'au zoo (A/R). Également 1 ou 2 bus Greyhound/j. depuis Central Station ; compter 1h15 de trajet. Tlj 9h-17h. Entrée : 59 $ ; réduc.* Steve Irwin, ça vous parle ? Non ? Alors *Crocodile Hunter* ? Le chasseur de crocos, et sa mémorable tenue kaki, est devenu célèbre dans le monde entier avec ses shows télévisés où il tenait tête aux plus grands des reptiles, la faune australienne se dévoilait alors au grand public. En 1992, Irwin reprit les rênes de ce zoo créé par ses parents... avant d'être tué par une raie pastenague en 2006 au large de Port Douglas. Aujourd'hui, le parc animalier le plus couru d'Australie compte quelque 1 200 spécimens. D'une cabane dans les arbres où l'on observe les lémuriens à la plaine africaine et son lot de rhinos, girafes et zèbres, en passant par le mythique show des crocos, on y passe bien une demi-journée.

# LA SUNSHINE COAST

**Au nord de Brisbane, à seulement 1h de route, la Sunshine Coast s'étend de Caloundra à Noosa. Les stations balnéaires s'égrènent sur plus de 60 km et attirent les touristes sur cette côte d'Australie où, comme son nom l'indique, le soleil brille (quasiment) toute l'année. Au programme, baignade (surveillée ou sous conditions), surf et innombrables sorties en mer (mais pas toujours données).**

## MOOLOOLABA

8 200 hab.

**Petite station balnéaire, Mooloolaba se résume à sa plage interminable et son esplanade bondée de cafés et de restaurants. Cet étalage de gratte-ciel sur le front de l'océan rebutera les voyageurs en quête de grands espaces et de villes moins américanisées. Pourtant, le temps semble s'y écouler doucement et elle reste épargnée du tourisme de masse. De bon matin, les joggeurs investissent la promenade face à l'océan, avant de profiter d'un petit déjeuner en terrasse et de se baigner dans les rouleaux de la superbe plage. Bref, un rythme cool qu'on a vite fait d'adopter !**



### Arriver – Quitter

#### En avion

✈ ***Sunshine Coast Airport :*** *Mudjimba, à 15 km au nord de la ville.* ☎ *1-300-993-543.* • *sunshinecoastairport.com.au* • Les compagnies *Qantas, Jetstar Airways* et *Virgin Australia* assurent 5-6 liaisons/j. avec ***Sydney*** et ***Melbourne.***

#### En bus

L'arrêt de bus se trouve sur Brisbane Rd, juste devant l'AJ *Beach Hostel Mooloolaba,* qui d'ailleurs vend les tickets de bus (voir « Où dormir ? »). Compagnies *Premier* *(☎ 133-410 ; • premierms.com.au •)* et *Greyhound* *(☎ 1-300-473-946 ; • greyhound.com.au •).*

➢ ***Brisbane et l'aéroport :*** 4 bus/j. dont 1 bus *Greyhound* pour l'aéroport. Trajet : respectivement 1h30 et 2h15.

➢ ***Noosa :*** 3 bus/j. mais nombreux bus locaux via Maroochydore. Trajet : 1h.

➢ ***Rainbow Beach :*** 2 bus/j. Trajet : env 3h30.

➢ ***Hervey Bay :*** 2 bus/j. Trajet : env 4-5h.

➢ ***Agnes Water :*** 2 bus/j. Trajet : env 10-12h. Optez plutôt pour *Greyhound* car *Premier* vous dépose à 25 km du centre (navette à 20 $).

➢ ***Rockhampton :*** 2 bus/j. Trajet : env 10-13h selon la compagnie.

➢ ***Airlie Beach :*** 2 bus/j. Trajet : env 19-20h.

➢ ***Townsville :*** 2 bus/j. Trajet : env 24-25h.

➢ ***Mission Beach :*** 2 bus/j. Trajet : env 28h.

➢ ***Cairns :*** 2 bus/j. Trajet : env 30-31h.

## Adresse utile

**Visitor Information Centre :** *à l'aéroport du Sunshine Coast, à Mudjimba. ☎ (07) 5448-9088. • mooloolabatourism.com.au • visitsunshinecoast.com • Tlj 9h-15h. Brochures et écrans d'informations en libre-service 24h/24.* Infos sur la ville et la région (résas d'hébergements et événements).

## Où dormir ?

Pour vous loger, oubliez le front de mer ou alors à condition de casser votre tirelire ! N'ayez pas peur de vous éloigner un peu, le centre-ville est petit et la plage toujours accessible à pied.

### Backpacker (auberge de jeunesse)

**Beach Hostel Mooloolaba :** *75 Brisbane Rd. ☎ (07) 5444-3399. • beachhostelmooloolaba.com.au • Dortoirs (4 lits) env 35 $/pers ; double 90 $.* La seule auberge de la ville. Les 3 édifices aux couleurs pimpantes abritent des dortoirs avec salles de bains privées, une cuisine et une terrasse à chaque étage. Certes, l'ensemble est un peu daté, mais l'ambiance est cool et l'auberge propose de nombreux services : prêt de surf-boards et de *paddles,* petit déj offert et BBQ gratuit 1 fois par semaine. Enfin, l'essentiel : la plage est à 10 mn à pied ! On y vend aussi des tickets de bus et on peut même vous trouver un job dans une ferme.

### De bon marché à prix moyens

**Central Motel :** *73 Brisbane Rd. ☎ (07) 5444-3855. • centralmotelmooloolaba.com.au • Doubles env 100-150 $.* Une vingtaine de chambres offrant presque tout le confort espéré, si l'on excepte la minuscule cuisine commune et la petite piscine côté route. Cela dit, côté charme, vous repasserez, c'est juste fonctionnel. Mais à ce prix-là et à 400 m de la plage, c'est presque une aubaine pour le coin.



## Où prendre un petit déj ? Où manger ? Où boire un verre ?

Les cafés s'alignent sur *The Esplanade,* vous avez l'embarras du choix pour prendre votre petit déj et déjeuner face à la mer. La plupart des adresses ferment vers 16h.

### Prix moyens

**De Ja Vu :** *47-51 The Esplanade. ☎ (07) 5477-5581. Tlj 5h30-16h30 (17h ven-dim). Petit déj et plats env 18-30 $.* Cette terrasse a son petit succès dès le matin et on se réveille doucement avec un bon cappuccino, des toasts bien garnis ou des gâteaux maison. Au déjeuner, la carte suit la tendance avec des plats simples et colorés, même si c'est parfois un peu *déjà vu...*

**Taps :** *angle Brisbane Rd et l'Esplanade. ☎ (07) 5477-7222. Tlj 12h-1h.* Les *backpackers* viennent ici descendre quelques mousses artisanales autour de jeux (vidéo ou de société), d'une assiette de tapas ou d'une tireuse à bière en libre-service. Les concerts du jeudi au dimanche font le plein. Ensuite, tout ce petit monde migre vers d'autres lieux plus nocturnes comme *The Dock* ou la boîte de nuit de la *Wharf Tavern,* située à côté du Sea Life Aquarium.

## À voir. À faire

***Mooloolaba Beach :*** immense, cette plage est connue comme l'une des plus sûres de la Sunshine Coast. Elle est surveillée en permanence par des sauveteurs, on le répète : baignez-vous entre les drapeaux ! Pas de drapeau : pas de baignade.

***Sea Life Aquarium*** *(ex-Underwater World) :* *Parkyn Parade.* ☎ *(07) 5458-6226.* • *sealifesunshinecoast.com.au* • *Tlj 9h-17h (15h hors vac scol). Tarif : 45 $ ; réduc (notamment en ligne).* Du sanctuaire des hippocampes à la faune de la Grande Barrière de corail, ses anémones, coraux et poissons-clowns, tout le *Monde de Nemo* est représenté (eh oui, le dessin animé se passe en Australie !). On plonge ensuite sous l'eau, ou plutôt dans un tunnel sous-marin, où les requins-scies et les raies léopards nous passent au-dessus de la tête. Les otaries et lions de mer assurent ensuite le show, sous l'eau ou sur scène. La visite se termine en beauté par le royaume des méduses. Amusante, la méduse *upside-down* vit la tête en bas et les tentacules en l'air ! Une belle découverte, un peu cher payée, pour ceux qui n'auraient pas l'occasion d'explorer les fonds marins.

– ***Surf :*** *avec* ***XL Surfing Academy.*** *0423-039-505.* • *xlsurf.com.au* • *À partir de 50 $/h. Résa en ligne ou par tél. Les cours ont lieu à Mooloolaba ou sur la plage voisine d'Alexandra Headland.* Robbie Sherwell est une figure du surf dans le Queensland. Cours collectifs ou privés, sessions de 3 jours ou à la semaine, c'est l'école de surf la plus réputée de la ville.



# NOOSA

15 000 hab.

• Plan *p. 344-345*

**Huppée, branchée, parfois bling-bling, Noosa est estampillée capitale jet-set de la Sunshine Coast. Pourtant, derrière ses vitrines de luxe et ses immeubles modernes immaculés, elle se révèle assez décontractée et sauvage, et mérite qu'on y pose son sac. Pour la comprendre et découvrir ses différentes facettes, il faut étudier sa morphologie. À l'ouest, le long de la Noosa River, s'étend *Noosaville* et le quartier très animé de *Gympie Terrace.* En plein cœur de la ville, *Hastings St* concentre les adresses les plus chics et le quartier vit du matin au soir. Enfin, *Noosa Heads,* à l'est, accueille le parc national, des kilomètres de plage et le quartier jeune des *backpackers* autour de Duke St. Plage, surf, kayak, sorties, shopping, randonnée, Noosa a tout pour plaire !**

## Arriver – Quitter

### En bus

La station de bus se trouve à ***Noosa Junction*** *(plan C2),* entre les quartiers de Noosaville et Noosa Heads. Compagnies : *Premier* *(☎ 133-410 ; • premierms.com.au •)* et *Greyhound* *(☎ 1-300-473-946 ; • greyhound.com.au •).*

➢ ***Brisbane et l'aéroport :*** 4 bus/j. dont 1 bus *Greyhound* pour l'aéroport. Trajet : respectivement 2h15 et 3h. Également des *airport shuttles* privés : consulter le *Visitor Information Centre.*

➢ ***Mooloolaba :*** 1 bus/j., mais nombreux bus locaux via Maroochydore. Trajet : 1h.

➢ ***Rainbow Beach :*** 2 bus/j. Trajet : env 2h30.

➢ ***Hervey Bay :*** 2 bus/j. Trajet : env 4h20.
➢ ***Agnes Water :*** 2 bus/j. Trajet : env 8h. Optez pour *Greyhound* car *Premier* vous dépose à 25 km du centre (navette à 20 $).
➢ ***Rockhampton :*** 2 bus/j. Trajet : env 11h.
➢ ***Airlie Beach :*** 1 bus/j. Trajet : env 18h.
➢ ***Townsville :*** 1 bus/j. Trajet : env 22-23h.
➢ ***Mission Beach :*** 1 bus/j. Trajet : env 26h.
➢ ***Cairns :*** 1 bus/j. Trajet : env 28h.

## Adresses utiles

**i *Noosa Visitor Information Centre*** *(plan C1,* ***1****) : 61 Hastings St.* ☎ *(07) 5430-5000.* • *visitnoosa.com.au* • *Tlj 9h-17h.* Très bonne documentation sur la ville, le parc national et toute la région. Peut réserver sorties et activités diverses.

**i *Noosa National Park Information Centre*** *(plan C1,* ***2****) : à l'entrée du parc national par Park Rd.* ☎ *(07) 5447-3522.* • *noosaparks.org.au* • *Tlj 8h45-16h15.* Excellent centre d'information tenu par la *Noosa Parks Association.* On s'y procure notamment les plans des sentiers.

## Où dormir ?

### Backpackers (auberges de jeunesse)

⌂ ***Flashpackers*** *(plan C2,* ***10****) : 102 Pacific Ave.* ☎ *(07) 5455-4088.* • *flashpackersnoosa.com* • *Dortoirs (4-6 lits) sans ou avec sdb env 38-50 $/pers ; doubles sans ou avec sdb 130-1450 $. Parking gratuit.* Sans doute la meilleure auberge de Noosa, hyper moderne et bien tenue, mais pas la moins chère. On mixe ici matériaux bruts et couleurs vives, dans un style industriel plutôt réussi. Les dortoirs se défendent bien et les chambres doubles offrent le même confort qu'un hôtel (clim et terrasse verdoyante). Prêt de surf-boards et bodyboards, petit déj offert et dîners thématiques (*wine & cheese* offert, *free BBQ, all you can eat pizza,* etc.) permettent d'économiser quelques dollars. Petit bémol : la situation un peu loin de la plage, mais il y a une navette gratuite, plus une petite piscine sur place pour compenser.

⌂ ***Halse Lodge YHA*** *(plan C1,* ***11****) : 2 Halse Lane.* ☎ *(07) 5447-3377.* • *halselodge.com.au* • *yha.com.au* • *Sous le nom de* Noosa Heads *sur le site YHA. Appelez avt pour qu'on vienne vous chercher à la station de bus. Dortoirs (4-16 lits) sans sdb 36-45 $/pers ; double env 140 $.* À 200 m de Main Beach et du parc national, l'auberge du réseau *YHA* squatte l'une des plus vieilles maisons de Noosa. De la vaste salle commune à la terrasse en grimpant dans les étages, la structure tout en bois, les vitraux et la déco ancienne apportent un cachet du tonnerre. Dortoirs bien tenus, mais pas donnés et assez bruyants si vous vous retrouvez côté bar-resto. Sanitaires correctement entretenus dans l'ensemble. En revanche, la cuisine est vraiment petite et sous-équipée quand l'auberge est pleine. Prêt de surf-boards pour dompter les vagues voisines et accueil amical.

⌂ ***Dolphins Beach House*** *(plan D2,* ***12****) : 14-16 Duke St.* ☎ *(07) 5447-2100.* • *dolphinsbeachhouse.com* • *Dortoirs (5 lits) sans sdb env 34-40 $/pers ; doubles sans ou avec sdb 80-90 $.* Du rose vif du sol au plafond, du turquoise aussi et des carrelages multicolores. L'auberge la plus colorée de ce morceau de côte, avec hamacs, poufs, piscine et jardins, invite à la détente. Cela dit, si les chambres privées sont accueillantes, les dortoirs sont vraiment basiques et l'insonorisation n'est pas terrible. Pas notre 1er choix, donc, mais on apprécie les tarifs assez bas, les 6 cuisines (vous avez bien lu), la navette gratuite pour le centre-ville et la proximité de Sunrise Beach.

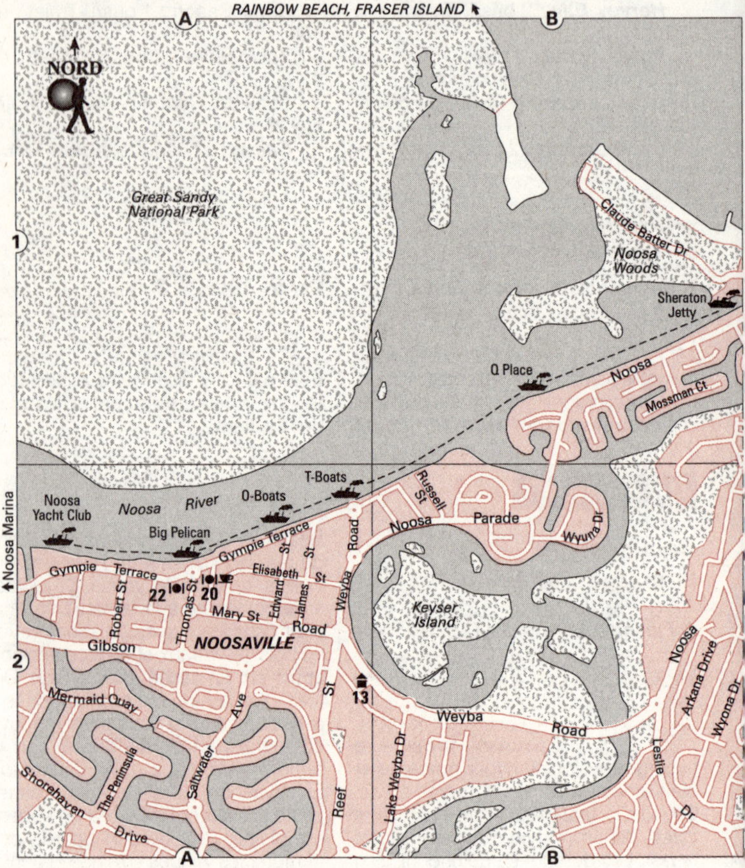


| ■ Adresses utiles | Où dormir ? |
|---|---|
| 1 Noosa Visitor Information Centre (C1) | 10 Flashpackers (C2) |
| 2 Noosa National Park Information Centre (C1) | 11 Halse Lodge YHA (C1) |
| | 12 Dolphins Beach House (D2) |
| | 13 Anchor Motel (A2) |

## Prix moyens

**Anchor Motel** *(plan A2,* ***13****) :* *223 Weyba Rd. ☎ (07) 5449-8055. • anchormotelnoosa.com.au • Doubles 160-210 $.* Pour jeter l'ancre, ce motel offre l'un des meilleurs rapports qualité-prix-accueil de la ville. Les chambres sont spacieuses, propres et dotées d'un balcon, la plupart donnant sur la chouette piscine. Si la déco manque un peu de chaleur, l'équipe compense tout ça avec un accueil hyper souriant et de bons conseils pour profiter de la région ou sortir le soir. Ça tombe bien, vous êtes à 10 mn à

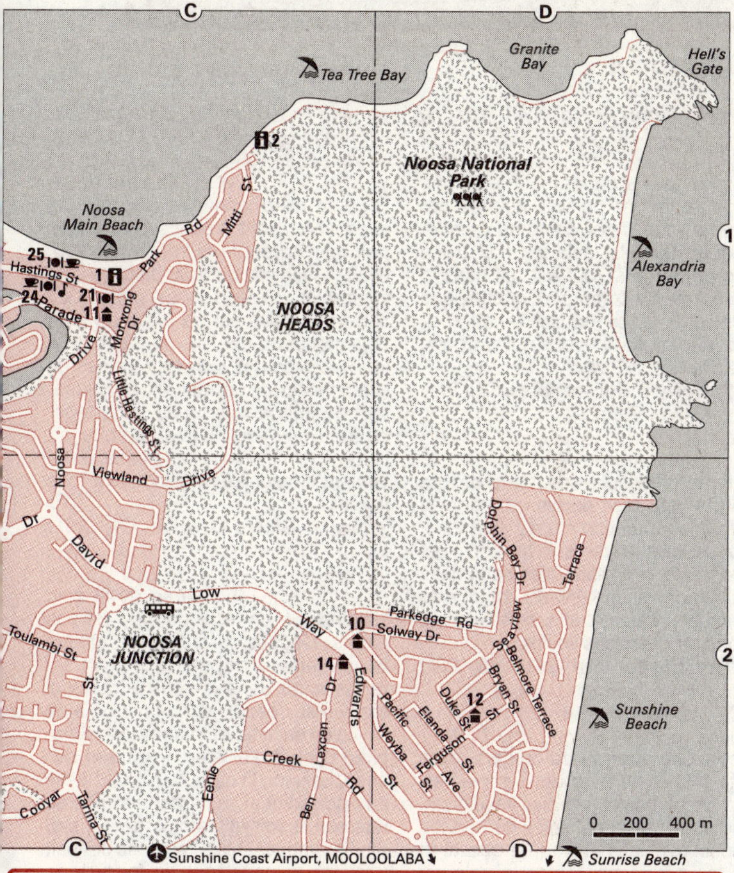


## NOOSA

| | |
|---|---|
| **14** Chez Noosa Resort Motel (C2) | **21** Betty's Burger (C1) |
| **Où manger ? Où boire un verre ? Où sortir ?** | **22** The Burger Bar (A2) |
| | **24** 10 Hastings Cafe (C1) |
| **20** Jimmy Fox (A2) | **25** Bistro C (C1) |

pied de Gympie Terrace et de tous ses restos.

**_Chez Noosa Resort Motel_** *(plan C2,* ***14****)* **:** *263 Edwards St. ☎ (07) 5447-2027. ● cheznoosa.com.au ● Apparts 2 pers 130-170 $.* Cachés dans un jardin de palmiers, les appartements, rénovés, se révèlent confortables et fonctionnels. Ils disposent tous d'un coin salon-salle à manger, d'une cuisine et d'un balcon. Préférez ceux côté piscine (et jacuzzi) pour éviter le bruit de la route en journée. Soyez tranquille, pas un chat n'y passe la nuit. Un bon plan entre la station de bus et la longue plage de Sunshine Beach.

## Où manger ? Où boire un verre ? Où sortir ?

### Bon marché

***Jimmy Fox*** (plan A2, **20**) : *703 Gympie Terrace. 0457-287-437. Tlj 7h-14h. Burgers et plats env 12-17 $.* Outre les petits déj de bonne facture, on goûte ici une cuisine inspirée par la *street food* des 4 coins du monde. Taboulé, falafels, salades aux fruits secs ou burgers, tout est fait maison et présenté au comptoir. Squattez une table sur la petite terrasse ou attrapez votre sac et posez-vous sur un banc face à la Noosa River.

***Betty's Burger*** (plan C1, **21**) : *50 Hastings St. ☎ (07) 5455-4378. Tlj 10h-20h30 (21h ven-sam). Burgers 11-17 $.* La terrasse aux airs fifties de Betty ne désemplit pas. On y dévore des burgers, bien garnis, abordables et dont la réputation n'est plus à faire. Côté dessert, la star de la maison c'est la *concrete,* une glace bien riche dans laquelle on rajoute *M&M's,* beurre de cacahuète, caramel et autres bombes caloriques selon ses envies.

***The Burger Bar*** (plan A2, **22**) : *shop 4, 187 Thomas St. ☎ (07) 5474-4189. Lun-jeu 11h-15h, 17h-20h30 ; en continu ven-dim. Burgers env 14-18 $.* Encore une adresse de burgers, mais cette fois-ci du côté de Gympie Terrace. Bœuf, poulet, agneau, végétarien, avec ou sans gluten, *spicy* ou non, on mise ici sur de la viande de qualité et des légumes frais. Même le pain est maison. Les burgers sont bien dodus, les portions de frites copieuses, et on s'en lèche les babines !

### De prix moyens à chic

***10 Hastings Cafe*** (plan C1, **24**) : *10 Hastings St. ☎ (07) 5455-3350. Tlj 7h30-12h, 16h-jusque tard. Petit déj et plats env 15-35 $.* On aime beaucoup ce resto tendance, décontracté et convivial, dont la salle est prolongée par une agréable terrasse sur rue. Grandes tablées de bois, d'autres plus intimes, et une déco contemporaine. La carte très saine est un régal, du petit déjeuner au dîner. On commence la journée avec des assiettes pleines de vitamines et on la poursuit en dégustant de délicieuses tapas, à partager ou à dévorer seul ! Il faut dire que, du jeudi au dimanche, la carte est exclusivement espagnole. Musique live tous les soirs.

***Bistro C*** (plan C1, **25**) : *49 Hastings St. ☎ (07) 5447-2855. Tlj 11h-minuit. Plats 25-40 $ le midi, 39-48 $ le soir.* En retrait de la chic Hastings St, un resto qui ne l'est pas moins. L'accès se fait par la galerie ou carrément depuis la plage ! En terrasse ou dans la salle vitrée, qui s'ouvre aux beaux jours, on profite de la vue en se régalant d'une cuisine inspirée d'ici et d'ailleurs, fraîche et raffinée. Le midi, la carte fait la part belle aux poissons et fruits de mer. Elle se restreint le soir et les prix font un peu plus de vagues. Mais l'adresse connaît un franc succès tout au long de la journée et ce, dès le petit déjeuner (à l'avenant).

## À voir. À faire

***Noosa National Park*** (plan C-D1) : *à l'est de la ville, accessible à pied depuis le centre. Carte au bureau du parc (plan C1, **2**) ou consulter le site ● parks.des.qld.gov.au/parks/noosa ●* Le parc national s'étend sur 2 883 ha. Avec l'urbanisation de Noosa, il est devenu un lieu de préservation de la faune et de la flore. On peut y croiser des espèces menacées comme le cacatoès de Latham ou le koala. Renseignez-vous au bureau d'entrée ou auprès des autres visiteurs, levez la tête et ouvrez grand les yeux pour avoir la chance d'observer l'adorable marsupial ! Le parc compte 5 sentiers de randonnée, de niveau facile à modéré, débouchant sur Tea Tree Bay, Granite Bay, Hell's Gate ou encore Alexandria Bay. On a bien aimé le *Coastal Track,* qui slalome entre océan et forêt d'eucalyptus. Il mène aux plages les plus sauvages et offre des panoramas splendides.

Pour bronzer ou pour surfer, sur des plages immenses ou des criques isolées, la ville offre une belle variété de spots.
En plein centre, ***Noosa Main Beach*** *(plan B-C1)* attire les familles et ceux qui veulent barboter tranquilles dans des vagues pas bien méchantes. Elle est surveillée à l'année.
Les plages du parc national sont accessibles seulement à pied et sont non surveillées. ***Tea Tree Bay*** *(plan C-D1)* fait le plein de surfeurs aguerris, tandis que les randonneurs reposent leurs guiboles à ***Alexandria Bay*** *(plan D1)* pour une pause pique-nique (attention, la baignade y est déconseillée à cause des courants sous-marins). À l'est de la ville, ***Sunshine Beach*** et ***Sunrise Beach*** (*plan D2* et *hors plan par D2*) s'étendent sur 15 km et restent l'un des spots favoris des écoles de surf et pros de la glisse. Elles possèdent aussi chacune une aire de baignade surveillée. Idem pour ***Peregian Beach*** et ***Coolum Beach,*** plus au sud...

## Activités nautiques

***Surf :*** pour débuter, se perfectionner ou louer du matériel de surf, voici 2 adresses. On trouve les écoles de surf à Noosa Woods, dans Claude Batten Dr qui prolonge Hastings St.

■ ***Learn to Surf :*** *beach access 14, Claude Batten Dr.* *0418-787-577.* *• learntosurf.com.au • Env 70 $ pour un cours de surf collectif (2h), 200 $ pour un cours privé (250 $ pour 2 pers).* 2 fois champion de surf d'Australie, Merrick Davis a mis sur pied une école encadrée par de vrais pros. Cours de surf pour enfants et adultes, leçons de *paddle* ou excursions en kayak au programme, également de la location de matériel.

■ ***Noosa Surf Lessons :*** *beach access 11, Claude Batten Dr.* *0400-182-614.* *• noosasurflessons.com.au • Compter 75 $ pour 2h de cours collectif et 180 $ le cours privé de 1h (200 $ pour 2 pers).* Une école sérieuse qui appartient au même groupe que la précédente : *Go Ride a Wave.* Propose aussi des packages intéressants.

***Kayak et paddle :*** *avec* ***Boardwalk Boats,*** *Sofitel Jetty, Noosa Heads.* *☎ (07) 5455-3755. • noosaheadsboathire.com.au • Loc de kayaks et paddles 40-45 $ pour 2h et 60-75 $ la journée. Excursions en kayak : env 60-95 $/pers.* Une option sympa pour pagayer autour des îlots (ou arpenter la Noosa River, mais son embouchure est fréquentée par les jetskis). En solo, louez un kayak ou un *paddle* pour naviguer à votre rythme. En groupe, les excursions à Frying Pan Island, à Weyba Creek, à la rencontre des dauphins ou au coucher du soleil offrent de bons souvenirs. Pour une belle balade dans les Everglades, adressez-vous à ***Kanu Kapers*** : *Elanda Point Canoe, ☎ (07) 5485-3328. • kanukapersaustralia.com • Excursions en kayak, seul ou guidé : 110-195 $/pers pour une ½ journée (5h) à 1 j. (8h30-15h). Également des forfaits 2-3 j. avec bivouac.* Enfin, pour tenter de voir des dauphins, contactez **Dolphin View Kayak** : *0408-738-192. Comptez 150 $ la journée (6h).*

***Croisière et excursion dans les Everglades :*** *avec* ***Everglades EcoSafaris,*** *☎ (07) 5485-3165. • evergladesecosafaris.com.au • Excursions 79-145 $/pers ; réduc enfants.* Une superbe excursion en bateau de croisière puis en canoë sur la Noosa River, au fil de l'eau, des lacs et de leurs jeux de miroirs, pour observer la faune et la flore des Everglades et du Cooloola National Park. *Morning tea* dans un ancien camp de bûcherons et déjeuner au *Coothara Bar* du camp écolo *Habitat Noosa,* situé au bord du lac (*• habitatnoosa.com.au •*).

***Traversée en ferry :*** *avec* ***Noosa Ferry,*** *☎ (07) 5449-8442. • noosaferry.com • Départs tlj depuis la jetée derrière le Sofitel. 6 départs/j. 9h-18h. All day pass : 25 $ ; réduc.* Ce petit ferry navigue entre Hastings St à l'est de la ville et Noosa Marina à l'ouest. Depuis le large, on s'offre un joli panorama sur la ville, encore plus beau au coucher de soleil. Un conseil : faites la croisière un dimanche, le bateau vous emmène jusqu'au marché très couru de Noosa Marina (le dimanche matin). Le *All day pass* permet d'embarquer et de débarquer où l'on veut toute la journée.

# GREAT BARRIER REEF (LA GRANDE BARRIÈRE DE CORAIL)

**De Hervey Bay à Port Douglas, la Grande Barrière de corail égrène ses quelque 900 îles et ses milliers de récifs coralliens sur près de 2 600 km, le long de la côte du Queensland. On y accède depuis le continent, en survolant ses eaux qui arborent toute la palette des bleus ou en naviguant de plage paradisiaque en îlot inhabité. Chaque étape le long de la côte est une porte d'entrée à ce paradis, à condition d'y mettre le prix. Excursion organisée à la journée, croisière de 3 jours ou camping sauvage, à chacun sa façon de découvrir la Grande Barrière. Depuis Hervey Bay, aller fouler les sentiers de Fraser Island, la plus grande île de sable au monde. À Airlie Beach, embarquer pour les Whitsunday Islands, réputées pour leurs plages immaculées, puis remonter vers les Wet Tropics of Queensland et le Daintree National Park, un itinéraire ponctué d'îlots et de sites naturels propices à la plongée. Entre 2 virées au large, on ne délaisse pas le continent où plages, villes animées, parcs nationaux et petits producteurs complètent le parcours, entre terre et mer.**



## HERVEY BAY

54 600 hab.

• Plan *p. 350-351*

**Porte d'entrée de l'immanquable Fraser Island (avec Rainbow Beach), Hervey Bay est un passage obligatoire pour tout *backpacker* qui écume la côte est. De fin juillet à début novembre, c'est surtout le meilleur site d'observation des baleines à bosse ! Les croisières vous emmènent au plus près de ces cétacés, connus pour leurs impressionnants plongeons hors de l'eau. Enfin, les budgets aisés s'offriront une excursion à Lady Elliot Island où des milliers de tortues vertes et de tortues caouannes voient le jour entre janvier et avril. Au sud de la Grande Barrière de corail, l'île est un véritable joyau turquoise, où raies mantas, poissons et coraux régalent le visiteur.**
**Si Hervey Bay offre tant de possibilités d'excursions, la ville elle-même ne présente pas un grand intérêt touristique. Elle s'étend sur plus de 7 km face à l'océan et il n'y a pas de point où se concentre l'animation. D'est en ouest, on trouve la marina dans le quartier d'Urangan, puis on traverse Torquay et Scarness où l'on trouve les auberges de jeunesse et les adresses les plus sympa, enfin, tout à l'ouest, le quartier de Pialba n'est qu'une immense zone commerciale, où se trouve la station de bus. Un conseil : logez à Torquay ou Scarness, plus centraux, sinon, chaussez vos meilleures baskets pour arpenter l'interminable Esplanade.**

## Arriver – Quitter

### En avion

✈ ***Fraser Coast Airport*** *(hors plan par C2)* **:** *Don Adams Dr, à 5 km au sud-est de la ville. ☎ (07) 4194-8100. • frasercoastairport.com.au •* Liaisons quotidiennes avec **Sydney** et **Brisbane** avec les compagnies *Qantas* et *Virgin Australia*.

### En bus

🚌 ***Coach Terminal*** *(plan A1-2)* **:** *Central Ave, Pialba. ☎ (07) 4124-4000. L'arrêt de bus se trouve dans le quartier de Pialba, à 2 km du quartier Scarness, où sont la majorité des auberges. Un immense panneau « Stockland » vous aidera à repérer l'arrêt.* Compagnies : *Premier (☎ 133-410 ; • premierms.com.au •)* et *Greyhound (☎ 1-300-473-946 ; • greyhound.com.au •).*

➢ ***Brisbane et l'aéroport :*** 5 bus/j. dont 1 bus *Greyhound* pour l'aéroport. Trajet : respectivement 5-7h et 8h.

➢ ***Rainbow Beach :*** 3 bus/j. Trajet : env 2h.

➢ ***Noosa :*** 2 bus/j. Trajet : env 4h30.

➢ ***Mooloolaba :*** 3 bus/j. Trajet : 5-6h.

➢ ***Agnes Water :*** 2 bus/j. Trajet : env 4h. Optez pour *Greyhound* car *Premier* vous dépose à 25 km du centre (navette à 20 $).

➢ ***Rockhampton :*** 2 bus/j. Trajet : env 5h30-7h.

➢ ***Airlie Beach :*** 3 bus/j. Trajet : env 13-15h.

➢ ***Townsville :*** 3 bus/j. Trajet : env 18h.

➢ ***Mission Beach :*** 2 bus/j. Trajet : env 21h.

➢ ***Cairns :*** 2 bus/j. Trajet : env 24h.

## Adresses utiles

ℹ ***Visitor Information Centre*** *(hors plan par A1,* ***1****)* **:** *227 Maryborough-Hervey Bay Rd. ☎ 1-800-811-728. • visitfrasercoast.com • Tlj 9h-17h.* Documentation très complète sur Hervey Bay et l'ensemble du Queensland. Peut également vous réserver des excursions à Fraser Island, Lady Elliot et Lady Musgrave.

ℹ ***Tourist Centre*** *(plan D2,* ***2****)* **:** *shop 1, Buccaneer Dr, à la marina. ☎ (07) 4128-9800. • herveybaytouristcentre.com.au • Tlj 7h-17h30.* Un bureau privé auprès duquel on peut réserver ses excursions pour Fraser Island ou pour l'observation des baleines.

🧺 On trouve de grands ***supermarchés*** dans le quartier de Pialba, entre Main St et Taylor St *(plan A1).* Bien plus économiques et variés que les petits commerces du centre-ville.

## Où dormir ?

### *Backpackers (auberges de jeunesse)*

🏠 ***The Woolshed Backpackers*** *(plan B1,* ***10****)* **:** *181 Torquay Rd. ☎ (07) 4124-0677. • woolshedbackpackers.com.au • Dortoirs (4-6 lits) env 25-30 $/pers ; doubles sans ou avec sdb 58-75 $.* Cette agréable structure en bois séduit par son calme et ses airs de campagne : jardin bien vert, hamacs, BBQ, on s'y sent bien ! Dortoirs et chambres doubles sont impeccables, les plus chères ont leur propre salle de bains et tiennent plus du motel que de l'auberge de jeunesse. Agréable salle commune avec cuisine en tôle et gros canapés sur lesquels s'avachir. Bon accueil et excellents conseils de la fine équipe pour choisir vos excursions ou vos restos. Réductions intéressantes sur les excursions, notamment pour voir les baleines.

🏠 ***Mango Tourist Hostel*** *(plan A1,* ***12****)* **:** *110 Torquay Rd. ☎ (07) 4124-2832. Dortoir (4 lits) 20-25 $/pers ; doubles sans sdb à partir de 45 $.* Cette maison particulière abrite seulement 2 chambres doubles et une à 4 lits. En fait,

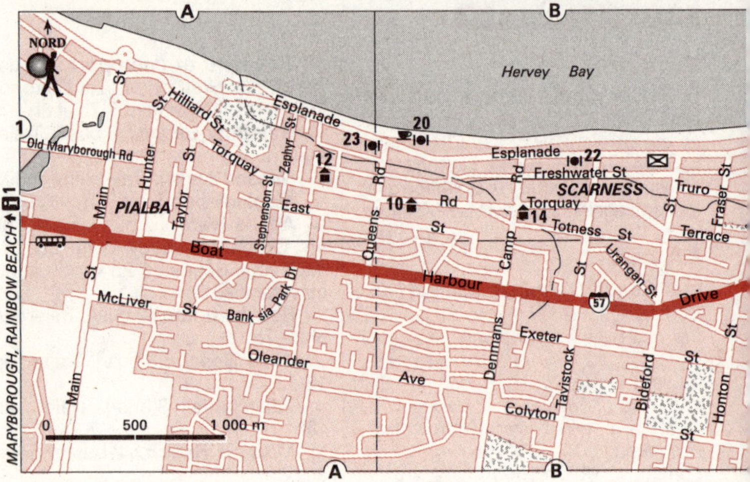


| | |
|---|---|
| ■ **Adresses utiles** | 11 Hervey Bay YHA Colonial Village (D2) |
| 1 Visitor Information Centre (hors plan par A1) | 12 Mango Tourist Hostel (A1) |
| 2 Tourist Centre (D2) | 14 Flashpackers (B1) |
| **Où dormir ?** | 15 The Beachside Barracks (C-D1) |
| 10 The Woolshed Backpackers (B1) | |

on loge chez Phil, le proprio tendance baba, très fier de sa petite activité familiale qui tient tête au tourisme de masse. Du perron noyé dans la verdure au salon cosy, on apprécie le charme et le calme de cette adresse très bien tenue. Profitez des conseils du patron, qui aime faire découvrir la face cachée de la région à ses hôtes.

**Flashpackers** (plan B1, **14**) **:** *195 Torquay Terrace. ☎ (07) 4124-1366. • flashpackersherveybay.com • Dortoirs (4-7 lits) avec sdb 24-32 $/pers ; double avec sdb env 85 $ ; petit déj inclus. Navette gratuite depuis la station de bus.* Moins artisanale que les autres, cette auberge propose des dortoirs et des chambres privées plutôt coquettes, le tout parfaitement tenu, avec salles de bains modernes. Chaque lit a sa propre lampe de chevet et sa prise électrique. Grande cuisine nickel, donnant sur l'agréable pièce commune. Piscine. Soirées thématiques et ambiance plus festive que chez les voisins.

***Hervey Bay YHA Colonial Village*** (plan D2, **11**) **:** *820 Boat Harbour Dr. ☎ (07) 4125-1844. • yha.com.au • Compter 24-32 $ pour 2 pers pour camper. Dortoirs (4-6 lits) 25-28 $/pers ; doubles sans ou avec sdb 54-90 $.* Pas notre AJ préférée car elle est excentrée et un peu vieillissante, mais on a aimé l'environnement verdoyant et on a rarement vu des dortoirs aussi bien décorés, avec des couleurs pimpantes et des tableaux d'animaux. En revanche, les chambres économiques sont des cages à lapins ! Préférez celles avec salle de bains et terrasse ou celles avec cuisine dans la *Villa*. Côté *facilities*, 2 cuisines, un snack-bar, un billard, une piscine, un spa, un tennis, une agence de voyages et une navette gratuite pour aller « en ville ». Petite colonie de tortues et de paons, plus un poulailler.

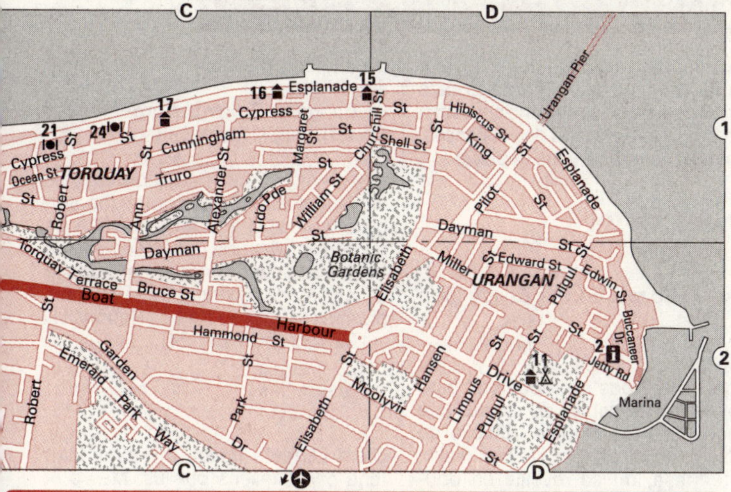


# HERVEY BAY

| | |
|---|---|
| **16** Shelly Beach Motel (C1) | **21** Badger & Brown's Burgerie (C1) |
| **17** Hervey Bay Colonial Lodge (C1) | **22** Maddigan's (B1) |
| **Où prendre un petit déj ? Où manger ?** | **23** Beach House Hotel (A-B1) |
| **20** Enzo's on the Beach (B1) | **24** Santini (C1) |

## De bon marché à prix moyens

***The Beachside Barracks*** *(plan C-D1,* ***15****) : 535 Esplanade. 0406-799-985. • five3five.com.au • Apparts 4-6 pers 100-150 $.* Énorme coup de cœur pour ces grands appartements, tout de bois vêtus, face à l'océan. De 60 à 100 m², les 6 apparts possèdent 2 ou 3 chambres, une salle de bains, un salon, une terrasse, une cuisine entièrement équipée et une salle à manger. On adore la déco, mêlant le noir contemporain au mobilier asiatique et aux plantes tropicales : un esprit de jungle flotte dans l'air. On vous prête aussi vélos, kayaks, cannes à pêche et planches de surf. À plusieurs, on s'en sort pour le même prix qu'en auberge de jeunesse, le luxe et le confort en plus, alors foncez !

***Shelly Beach Motel*** *(plan C1,* ***16****) : 510 Esplanade. ☎ (07) 4128-9888. • shellybeachmotel.com.au • Doubles env 130-150 $.* Ce motel tout en brique a son charme, avec sa pelouse à l'arrière et sa douzaine de chambres, spacieuses et très confortables, dotées de salles de bains modernes. Un bon rapport qualité-prix, au calme qui plus est.

***Hervey Bay Colonial Lodge*** *(plan C1,* ***17****) : 94 Cypress St. ☎ (07) 4125-1073. • herveybaycoloniallodge.com.au • Apparts 2-4 pers env 130-160 $.* Dans un bâtiment en brique assez sympa, une douzaine d'appartements, la plupart avec 2 chambres, parfaitement tenus et au confort indiscutable. Bonne literie, cuisine équipée, salon et coin salle à manger, salle de bains pas immense, mais nickel. Déco impersonnelle, en revanche. Une bonne option si l'on voyage entre copains et que l'on a envie d'un peu d'intimité, car la nuit ne revient pas plus cher qu'en auberge. Petite piscine. Accueil au top ; on se fera un plaisir de vous recommander restos et activités.

## Où prendre un petit déj ? Où manger ?

Attention, pas mal de restos n'ouvrent que du mercredi au dimanche, sans compter que la cuisine ferme souvent à 20h-21h... Compte tenu des distances, téléphonez avant de vous déplacer !

### De bon marché à prix moyens

☕ 🍴 ⛱ ***Enzo's on the Beach*** *(plan B1,* ***20****)* **:** *351A Esplanade. ☎ (07) 4124-6375. Tlj env 6h30-17h (22h jeu-dim). Petit déj et plats env 10-30 $.* La plage à vos pieds avec poufs et banquettes sur le sable, de la musique douce dans les oreilles, difficile de planter plus joli décor... De bon matin, en terrasse, on se réveille en douceur avec le ressac de l'océan et une assiette fraîchement préparée. Pancakes, des œufs sous toutes les formes, salades, sandwichs ou encore le burger du jour, on s'y régale du petit déj au dîner, sans modération.

🍴 ***Maddigan's*** *(plan B1,* ***22****)* **:** *401 Esplanade. ☎ (07) 4128-4202. Tlj 8h-20h. Fish & chips env 10-16,50 $.* Pas de déco, pas de fioritures, pas de tables (ou vite prises d'assaut), mais surtout pas de coup de bambou ! On trouve ici plusieurs propositions de *fish & chips* à base de poisson frais et d'un bon rapport qualité-prix. Également des burgers. À avaler sur les tables de la pelouse en face ou alors dans le joli décor vintage du *Cody's Coffee Shack* voisin *(tlj 5h30-12h30)*, à condition d'y boire un coup, bien sûr.

🍴 ***Badger & Brown's Burgerie*** *(plan C1,* ***21****)* **:** *449 Esplanade. ☎ (07) 4125-6576. Tlj sauf lun-mar 11h-19h30. Burgers 12,50-17,50 $.* Cadre de *dinner* américain. On accompagne son généreux burger à base de bœuf Angus ou poulet (plus une option *veggie*), de frites classiques ou de patate douce et autres *onions rings,* trempés dans diverses sauces au choix... Roboratif !

🍴 ***Santini*** *(plan C1,* ***24****)* **:** *470 Esplanade. ☎ (07) 4125-5880. Tlj sauf lun-mar 11h30-13h30, 17h-21h (dernier service). Résa obligatoire. Pizzas et pâtes env 11-28 $.* BYO *(vin).* C'est LE resto italien d'Hervey Bay, tenu par 2 Italiens pur jus, Mauro et Paola. Pizzas savoureuses servies en 3 tailles, pâtes et risotto de rigueur pour les autres. Bien sûr, en dessert, on trouve le tiramisù ou même les profiteroles mais la maison se targue aussi de fabriquer ses propres glaces. *Eccellentissimo !*

🍴 ***Beach House Hotel*** *(plan A-B1,* ***23****)* **:** *344 Esplanade. ☎ (07) 4196-9366. Tlj 11h30-20h30 (21h ven-sam). Pizzas et plats env 15-45 $.* Ce grand bloc blanc à l'allure chic et au style ultramoderne abrite un resto tout aussi immaculé mais, bonne surprise, la carte s'avère tout à fait abordable et le lieu assez populaire chez les familles du coin. Pâtes, pizzas au feu de bois, bons steaks, c'est un peu la cantine du coin, version améliorée.



## À voir. À faire

Même si on vient plutôt ici pour les baleines, sachez qu'on aperçoit souvent des ***kangourous*** sur les pelouses du golf local...

🏃🏃🏃 ***Observation des baleines à bosse* :** la grande attraction locale, c'est donc l'observation des baleines à bosse de fin juillet à début novembre.

### La baleine à bosse : une acrobate...

Si elles ne sont pas les plus grosses, elles appartiennent au groupe des « grandes ». De 12 à 15 m de long et de 40 à 60 t en moyenne. En tout cas, ce sont les plus joueuses de toutes les espèces (surtout les mâles), ce qui vous donne de sérieuses chances de les voir sauter...

Quelques traits physiques : corps noir ou gris foncé avec des taches blanches sur les nageoires. Sur le museau et le menton, des *nodules,* sortes de protubérances de la taille d'une orange. Pas de dents, bien sûr, mais des centaines de lames élastiques en corne, appelées « fanons », qui retiennent la nourriture.
Pour séduire, ces baleines sont capables d'effectuer des sauts époustouflants et de chanter de façon très mélodieuse. Dans *Moby Dick,* Herman Melville s'extasie de leur tempérament joueur. Une des figures les plus populaires : le saut (ou la parade). Le mâle sort comme une fusée, le corps souvent entièrement hors de l'eau et les nageoires tendues comme un avion (beau splash au retour). Record porté au *Guinness Book,* un jeune a effectué 135 sauts en 1h15 (!). Une autre figure que cette baleine adore : le *flippering,* rotation du corps à l'horizontale, en faisant claquer 1 ou 2 nageoires. Et bien d'autres, comme le *spyhop,* qui consiste à émerger doucement à la verticale comme un périscope et à redescendre de la même manière.

## ... mais aussi une grande chanteuse !

Le commandant Cousteau l'appelait le « Caruso des profondeurs ». Seul le mâle pousse la chansonnette (la femelle est plus humble, elle n'émet que des sons de basse fréquence pour communiquer). La chanson peut être captée par une autre baleine à une distance de plus de 20 km. Elle se compose de « phrases » et de « thèmes » ; c'est la plus complète du monde animal, dit-on ! Un thème se compose de plusieurs phrases, les mêmes pour les baleines d'une même région et toujours chantées dans le même ordre. Ce qui fait donc la différence entre baleines, c'est la capacité de certaines à chanter plus longtemps dans l'eau, si elles n'ont pas à remonter aussi souvent que les autres.
Autre phénomène curieux : les mâles démarrent toujours une saison de reproduction avec la chanson de l'année précédente. Puis les « paroles » changent progressivement, adoptées au fur et à mesure par tous les mâles ! C'est probablement pour les mâles le moyen de commencer leur jeu de séduction auprès des belles, et de marquer leur territoire vis-à-vis de leurs rivaux. Ce qui n'empêchera pas les acrobaties amoureuses, ni les durs « coups de boule » avec un dangereux rival.

### MÉLODIE EN SOUS-SOL

*La baleine à bosse peut produire des sons flirtant avec les 170 décibels. En comparaison : un boeing 737 en vol atteint 165 décibels ! Quand elle ne chante pas, elle peut aussi retenir sa respiration pendant 40 mn.*

## ... et une sacrée gloutonne !

Le bébé baleine pèse 1 t et mesure déjà 3 à 4 m. Il prend à sa maman plus de... 180 l de lait par jour (contenant 50 % de graisse) et grossit de... 45 kg quotidiennement (près de 2 kg à l'heure !). Quant à la mère, qui met bas tous les 2 ans, elle ingurgite près de 1 t de petits poissons et krills (crevettes) par jour. Un chiffre incroyable : lors de sa migration annuelle depuis et vers l'Antarctique, elle parcourt plus de 10 000 km, et si elle pèse par exemple 40 t elle peut en perdre au moins 8 !

## Agences de voyages

À Hervey Bay, la plupart des compagnies alternent 2 saisons. Elles proposent des excursions sur Fraser Island de novembre à juin (même si on peut s'y rendre presque toute l'année), puis se lancent dans la saison d'observation des baleines de juillet à début novembre. Possibilité de combiner les 2 également. Toutes sont situées à la marina Great Sandy Straits sur Buccaneer Dr, d'où partent les bateaux. Prenez le temps de bien les comparer car si certains bateaux prennent 25 passagers à bord, d'autres en embarquent jusqu'à 100, alors certes on économise 20-30 $, mais ça se bouscule pour approcher l'eau. Les prix varient de 100 à 170 $ par personne selon la durée de la sortie et les prestations incluses ou non (transfert depuis votre hôtel, boissons chaudes, déjeuner ou non, etc.).

■ ***Pacific Whale Foundation :*** *à la marina, shop 4. ☎ 1-800-454-310. • pacificwhale.com.au • En principe, départs à 7h, 11h et 14h30. Compter 99 $ (6-14 ans 69 $) pour 3h d'excursion.* C'est la sortie la moins chère mais aussi la plus courte. Cela dit, 3h suffisent généralement à observer les baleines tranquillement. L'autre petit plus, c'est l'aspect scientifique de l'excursion et le fait que les bénéfices servent à financer la recherche. Bateau de 40 places avec hydrophone pour entendre le chant des mâles.

■ ***Whalesong Cruises :*** *à la marina, shop 2. ☎ (07) 4125-6222. • whalesong.com.au • En principe, départs à 8h et à 14h. Compter 110-130 $ la ½ journée ; réduc.* Pas le plus petit des bateaux, ni le plus gros (60 personnes maximum), mais on aime bien sa démarche *eco-friendly*. Ici, pas de vaisselle en plastique mais de la porcelaine pour limiter les déchets et un navire respectueux de l'environnement. L'excursion du matin est plus chère car elle inclut le déjeuner.

■ ***Blue Dolphin Marine Tours :*** *à la marina, poste d'amarrage B7. ☎ (07) 4124-9600. • bluedolphintours.com.au • En principe, départ à 7h30 et retour vers 15h30-16h30. Compter 170 $ (réduc) la journée, déj compris.* Un joli catamaran qui n'accueille que 24 personnes maximum à son bord. L'excursion prend la journée car à la voile on navigue forcément moins vite. Une belle excursion pour ceux qui ont le pied marin.

■ ***Tasman Venture :*** *à la marina. ☎ (07) 4124-3222. • tasmanventure.com.1au • En principe, départs à 8h30 et 13h30. Compter 130 $ (4-14 ans 65 $) la ½ journée.* Une bonne sortie baleines de 4h sur un bateau à moteurs équipé d'un hydrophone pour écouter leur chant intrigant et mélodieux. Documentaire sur DVD offert.

■ ***Freedom Whale Watch :*** *☎ (07) 4125-1996. • freedomwhalewatch.com.au • En principe, départ à 9h30 et retour à 15h30. Compter 150 $ (réduc) la ½ journée, déj compris.* Le *Freedom III* est un petit bateau sur lequel peuvent embarquer 45 personnes maximum.

## DANS LES ENVIRONS DE HERVEY BAY

### LADY ELLIOT ISLAND

À 120 km au large de Hervey Bay vers le nord-est, c'est l'île la plus au sud de la Grande Barrière de corail. Malgré sa taille riquiqui : 40 ha, soit 0,4 km² (on en fait le tour en 45 mn !), elle fascine les plongeurs et les amateurs de snorkelling de toute la côte. Pour cause, ce n'est pas sur terre mais bien sous l'eau que tout se passe. La vie sous-marine y est exceptionnelle : les tortues, raies mantas et tout le casting du *Monde de Nemo* y nagent paisiblement dans des eaux d'un bleu extraordinaire, sublimées par les coraux. Des souvenirs mémorables, à condition d'y mettre le prix car l'île n'est accessible qu'en avion !

■ ⌂ Le ***Lady Elliot Eco Resort*** *(☎ (07) 5536-3644 ; • ladyelliot.com.au •)* assure des vols depuis Bundaberg, Brisbane, la Gold Coast et Hervey Bay. Depuis l'aérodrome de Hervey Bay, compter 385 $/pers l'A/R (enfant 260 $). Le vol dure environ 40 mn. Le *resort* organise aussi des excursions à la journée avec vol, déjeuner et équipement de snorkelling compris. Pour prolonger le plaisir, on peut réserver une chambre *(à partir de 225 $/pers).*

# RAINBOW BEACH

1 200 hab.

**Au sud de la géante Hervey Bay se cache la bien plus discrète station balnéaire de Rainbow Beach. Minuscule, l'animation s'y concentre dans la rue principale : Rainbow Beach Rd, et on y croise peu de touristes. Charmante et assez authentique. On avoue un vrai coup de cœur pour cette bourgade où le temps s'écoule au ralenti. À vous la plage de 23 km, les vagues et le surf, les randos dans le parc national Great Sandy et l'excursion obligatoire à Fraser Island... juste en face.**

## Arriver – Quitter

### En bus

La ***station de bus*** se trouve sur Spectrum St, en face du *Freedom Rainbow Beach Backpackers.* Compagnies *Premier* (☎ 133-410 ; • premierms.com.au •) et *Greyhound* (☎ 1-300-473-946 ; • greyhound.com.au •).

➢ ***Noosa :*** 2 bus/j. Trajet : env 2h45.
➢ ***Mooloolaba :*** 2 bus/j. Trajet : 3h30.
➢ ***Brisbane et l'aéroport :*** 3 bus/j. dont 1 pour l'aéroport. Trajet : respectivement 5h30 et 6h.
➢ ***Hervey Bay :*** 3 bus/j. Trajet : env 2h.
➢ ***Agnes Water :*** 2 bus/j. Trajet : env 5h30. Opter pour *Greyhound* car *Premier* vous dépose à 25 km du centre (20 $ de navette à prévoir).
➢ ***Rockhampton :*** 2 bus/j. Trajet : env 8h.
➢ ***Airlie Beach :*** 2 bus/j. Trajet : env 15h.
➢ ***Townsville :*** 1 bus/j. Trajet : env 19h-20h.
➢ ***Mission Beach :*** 2 bus/j. Trajet : env 23-25h.
➢ ***Cairns :*** 2 bus/j. Trajet : env 24-28h.

## Adresse utile

ℹ ***Rainbow Beach Tourist Centre :*** *6 Rainbow Beach Rd.* ☎ *(07) 5486-3227.* • *rainbowbeachinfo.com.au* • *Tlj 7h-17h30.* Une boutique de souvenirs qui fait aussi office de tourisme. On peut y acheter un ticket de bus *Premier* et surtout réserver une excursion pour Fraser Island, s'y procurer les permis de conduire et de camper pour l'île, et les horaires des marées (important !). Conseille aussi les excursions des plus beaux sites alentour, voir plus loin dans la rubrique « À voir. À faire ».

## Où dormir ?

### *Backpackers (auberges de jeunesse)*

***Freedom Rainbow Backpackers :*** *20 Spectrum St.* ☎ *(07) 5401-5550.* • *dingosfraser.com* • *Emplacement van 18 $/pers, dortoir (4-10 lits) env 40 $/pers, double env 120 $ et familiale 140 $ ; petit déj compris. Dîner env 10 $.* Une grande auberge qui se rapproche plus du club de vacances que d'une structure familiale. Dortoirs basiques, chambres un peu mieux, ainsi que des familiales avec cuisine dans un bâtiment à part. 2 piscines, bar, hamacs, plus 2 cuisines et un BBQ à disposition. Petit déj gratuit et dîner économique et thématique chaque soir. Toutes sortes de soirées musicales ou à thème : l'ambiance est à la fête et à l'esprit de groupe ! Également une agence de voyages qui organise des excursions à Fraser Island et vente de tickets de bus *Greyhound.*

***Pippies Beach House :*** *22 Spectrum St. ☎ (07) 5486-8503. • pippiesbeachhouse.com.au • Dortoirs (4-6 lits) 30-32 $/pers ; double 89 $. Sdb communes.* Plantée de palmiers, plus petite et tenue avec gentillesse, cette auberge d'une soixantaine de lits satisfera ceux qui sont en quête d'une adresse moins usine à *backpackers.* Quelques huttes toilées abritent les lits les moins chers tandis que les dortoirs thématiques et colorés s'avèrent plus modernes et lumineux. Hollywood, surf, princesses, on apprécie beaucoup l'effort de déco... Cela dit, l'insonorisation n'est pas au top et, quand l'auberge est pleine, c'est parfois un peu juste côté sanitaires et dans la cuisine. Petite piscine, billard, grand bar ouvert sur le jardin et hamacs pour roupiller au chant des oiseaux.

### De prix moyens à très chic

***Debbie's Place :*** *32 Kurana St. ☎ (07) 5486-3506. • rainbowbeachaccommodation.com.au • Apparts (2-6 pers) 150-350 $ ; prix dégressif à partir de 2 nuits.* Une adresse confortable dans un petit quartier résidentiel. La pimpante Debbie reçoit ses hôtes gaiement. La douzaine d'appartements, bien entretenue, offre tout le confort standard. Les chambres, comme les terrasses, sont grandes, les salles de bains sont modernes et la déco arbore de jolis tons bleus. Le tout est noyé dans les plantes vertes, la grande passion de Debbie !

## Où prendre un petit déj ? Où manger ? Où boire un verre ?

LE QUEENSLAND

### De bon marché à prix moyens

***Rainbow Beach Hotel :*** *1 Rainbow Beach Rd. ☎ (07) 5486-3008. Repérable à sa grande enseigne* Great Northern. *Tlj 11h30-minuit en saison (19h45 hors saison). Sandwichs et plats env 15-20 $ à midi ; plats 20-35 $ le soir.* Cet « hôtel » (qui est donc un resto !) est un bon QG animé pour boire l'apéro, manger un morceau et pourquoi pas faire un p'tit billard. Grande salle avec des écrans et une ambiance de PMU australien, un zinc et une vitrine remplie de morceaux pour carnivores (*rump, rib fillet,* etc.). On a craqué pour la viande, délicieuse et servie saignante à la demande. Pour les budgets serrés, le choix est classique, mais honorable : sandwichs, pizzas, burgers, pâtes et plats de pub. Et puis, à chaque jour de la semaine sa promo à 15 $ : *fish & chips, pie & mash, steak night* ou encore *Sunday roast* le... dimanche. À arroser d'une bière ou d'un bon verre de vin.

***Rainbow Beach SLSC :*** *Wide Bay Esplanade. ☎ (07) 5486-3249. Tlj 10h (8h dim)-20h (21h ven-sam). Plats env 15-30 $.* Bar, resto, loto, machines à sous, le *Surf Life Saving Club* fait le plein d'habitués toute la journée. Cela dit, on préfère y venir à midi pour profiter de la vue magnifique sur l'océan depuis les grandes baies vitrées. Le soir, ça fait plutôt cafétéria tristounette... Côté assiette, salades, burgers, grillades ou fruits de mer se défendent, mais rien d'extraordinaire.

## À voir. À faire

La grande excursion, ici, c'est bien sûr **Fraser Island** qui n'est qu'à 10 mn de bateau de Rainbow Beach (contre 30 à 45 mn depuis Hervey Bay). Reportez-vous au chapitre suivant pour les modalités et prix d'accès.

***Carlo Sandblow :*** *à env 1 km du centre-ville. Derrière le rond-point final, un petit parking discret est aménagé sous les arbres. Point de départ du sentier.*

Une courte balade de 600 m à travers les bois d'eucalyptus mène au sommet de cette dune de 15 ha qui surplombe des falaises aux sables multicolores. Elle porte le nom d'un membre d'équipage de James Cook. On imagine la vue qu'ils ont eue en arrivant ici, la nôtre étant tout simplement grandiose, peut-être même l'une des plus belles du Queensland, alors imaginez le spectacle au lever et au coucher du soleil... La descendre un peu pour admirer le panorama à 360° qui permet d'embrasser l'océan jusqu'à Fraser Island.

Pas moins de 23 km de ***plage,*** on n'est donc jamais à touche-touche avec le voisin ! Elle s'étend du sableux Inskip Point au nord au rocheux Double Island Point au sud. Le sud est plus sûr que le nord, les vagues y sont riquiqui et les courants moins puissants. Dans tous les cas, prudence, baignez-vous vraiment entre les drapeaux, là où la baignade est surveillée.

■ ***Surf & Sand Safaris :*** *1 Karoonda Rd.* ☎ *(07) 5486-3131.* • *surfandsandsafaris.com* • *Départ le mat ou l'ap-m selon marées. Visite guidée de ½ journée 99 $ (moins de 14 ans 70 $).* Cette excursion en 4x4 vous emmène à la découverte des superbes falaises Coloured Sands, avec leurs 40 nuances de couleurs différentes, et au phare de Double Island que l'on grimpe pour s'offrir un panorama splendide. Vous traverserez aussi la forêt tropicale du Great Sandy National Park et roulerez sur des kilomètres de plage, magnifique !

■ ***Epic Ocean Adventures :*** *shop 1/6, Rainbow Beach Rd.* ☎ *(07) 5372-8066.* • *epicoceanadventures.com.au* • *Compter 135 $ la journée (6h), matériel fourni.* Club professionnel qui vous emmène surfer à Double Island Point, à quelques kilomètres par la plage au sud de Rainbow Beach. La semaine, le site est désert et le week-end, seuls quelques surfeurs pointent le bout de leur planche. Les vagues ne sont pas bien méchantes, c'est un spot parfait pour débuter. Également une sortie en kayak à la journée *(env 6h ; 145 $)* pour aller observer les dauphins, les tortues (et les baleines en saison).



# FRASER ISLAND

190 hab.

• Carte *p. 359*

**La plus grande île de sable au monde, rien que ça ! Des millions d'années pour sculpter le paysage : le vent, les vagues et les courants ont charrié chaque grain de sable depuis le sud-est de l'Australie jusqu'ici. Une petite colline, datant d'une activité volcanique, vieille de plusieurs millions d'années, leur a fait barrage. Vents, vagues et courants ont donc sculpté leur œuvre commune contre cet obstacle. Et voilà le résultat ! Avec ses 122 km de long et sa célèbre 75 Mile Beach s'étalant sur... 120 km, Fraser a de gros atouts dans sa besace pour attirer les touristes. Lacs d'eau douce, ruisseaux, dunes immenses, dense forêt humide (la seule au monde à pousser sur le sable) et plages interminables en font une destination courue. Pas moins de 350 000 visiteurs y débarquent chaque année. Pour éviter la foule, les files de 4x4 et les spots de baignade aux airs de piscine municipale bondée, suivez le guide !**

**On y passe volontiers 2 ou 3 jours pour arpenter les chemins de rando, pêcher, se baigner dans les lacs et se la jouer Robinson Crusoé dans un cadre d'exception. L'Unesco a classé l'île à son Patrimoine mondial en 1992.**

## Mode d'emploi

### Seul ou avec une agence ?

En solo, sans aucun doute ! Avoir son propre véhicule permet de sortir des sentiers les plus fréquentés et de se rendre aux sites incontournables avant ou après le passage des tours organisés. Les lacs, falaises et épaves retrouvent tout le charme et la magie d'une île déserte quand les cars ont déserté. Cette option demande un minimum de moyens, d'organisation et de débrouillardise : il faut louer son 4x4 et son matériel de camping, s'orienter avec une carte et savoir conduire son véhicule dans des conditions particulières... mais ces difficultés valent le coup. On peut alors découvrir l'île, sauvage et superbe, loin des sites surpeuplés.

Les excursions organisées conviendront aux voyageurs au timing restreint et aux routards en solo pour qui la location d'un 4x4 coûterait beaucoup trop cher. Mais on vous prévient, l'île paradisiaque, ses plages désertes et ses eaux turquoise vous paraîtront beaucoup moins idylliques avec des dizaines, voire des centaines de personnes autour de vous.



### Quel budget ?

Comme toutes les îles, Fraser entamera votre budget. Pour une excursion organisée, il faut compter par personne entre 200 et 350 $ la journée avec le transfert depuis l'hôtel, le ferry et le repas compris, et 400 à 480 $ les 2 jours, avec une nuit d'hôtel. À plusieurs, organiser son voyage revient moins cher et on est indépendant. À titre d'exemple, pour un séjour de 2 jours pour 4 personnes, compter :

- environ 450 $ pour la location du 4x4 auprès d'un loueur indépendant ;
- environ 25 $/personne par jour pour l'équipement complet de camping comprenant tente, réchaud, vaisselle, lampe de poche, etc. (tout sauf le sac de couchage le plus souvent). Les agences proposent aussi des packages location de 4x4 et matériel de camping qui peuvent être intéressants ;
- Env 130 $ pour la traversée (A/R) en ferry pour 4 personnes et le véhicule depuis Inskip Point (Rainbow Beach) et 200-230 $ selon saison depuis River Heads (à 20 mn au sud de Hervey Bay) ;
- environ 7 $/personne par nuit pour le *camping permit* dont chaque campeur doit s'acquitter ;
- environ 52 $ pour le *vehicle permit* que l'on doit obtenir pour le 4x4 (un seul permis est nécessaire pour le groupe) ;
- environ 120 $ d'essence ;
- environ 30 $/personne par jour d'eau et de nourriture.

Pour trouver une agence ou un loueur de 4x4, se reporter à la rubrique « Adresses utiles » un peu plus loin.

### Quelques conseils de conduite

On ne peut se déplacer à Fraser Island qu'en 4x4, sur des pistes sablonneuses... Et malgré tout, on peut se retrouver parfois dans des situations délicates ! Chaque année, on relève de nombreux accidents de voiture sur l'immense 75 Mile Beach qui s'étend sur la côte est de l'île. Voici quelques conseils pratiques pour une conduite sûre.

- Attention aux ***marées*** ! Renseignez-vous bien auprès de votre loueur de voiture ou procurez-vous les horaires des marées à l'office de tourisme. Très important pour conduire sur la plage sans risque, donc à marée basse. Tous les horaires sont aussi disponibles sur le site du ***Bureau of Meteorology*** : • *bom.gov.au* • Par ailleurs, ne vous rapprochez pas de l'eau, les vagues peuvent vite immerger vos roues.
- Rouler doucement : la vitesse est limitée à 30 km/h sur les sentiers et 80 km/h sur la plage, mais on vous encourage à rouler plus doucement sur les longues bandes de sable occupées par les campeurs, pêcheurs et promeneurs.

# FRASER ISLAND

– Une plage apparemment lisse peut cacher des dangers. Soyez attentif aux fossés, rochers et gouffres d'eau, peu visibles de loin. Et surtout ne conduisez pas la nuit !
– En cas d'urgence : ☎ *000 ou* ☎ *112 (sans réseau).*

### Gare aux dingos !

Les dingos, principaux habitants de l'île, sont des chiens sauvages. Habitués à la présence de l'homme, ils se montrent rarement agressifs mais il est recommandé de ne surtout pas les approcher, encore moins de les nourrir. Lors de vos balades, marchez en groupe et ne laissez pas les enfants s'éloigner de vous. Si un dingo s'approche, ne l'excitez pas en gesticulant ou en courant. Les campeurs penseront aussi à conserver leurs vivres dans des caisses ou des glacières et pour pique-niquer, préférez les aires aménagées.

## Arriver – Quitter

### En ferry

Mieux vaut ***acheter vos billets à l'avance en ligne,*** mais les retardataires pourront toujours s'en procurer au kiosque de River Heads (pour les ferrys partant de Hervey Bay). *Tlj 6h30-13h, 13h45-16h.* Arriver au moins 30 mn avt le départ.

➢ ***Depuis Hervey Bay :*** *départ de River Heads, à 20 km au sud de Hervey Bay, avec* ***Fraser Island Barges.*** ☎ *(07) 4194-9300.* • *fraserislandferry.com.au* • 2 options s'offrent à vous depuis River Heads. Le ferry ***Fraser Venture Barge*** vous emmène en 30 mn à Wanggoolba Creek, sur la côte ouest de l'île. 3 A/R par jour. Le ***Kingsfisher Bay Ferry*** part du même point mais dépose ses passagers au *Kingsfisher Bay Resort,* un peu plus haut que Wanggoolba Creek. 4 A/R par jour et 45 mn de traversée. Dans les 2 cas, compter 205-230 $ l'A/R pour un 4x4 standard selon saison, chauffeur inclus, plus 7 $/personne supplémentaire. Les tour-opérateurs débarquent à Kingsfisher Bay, donc vous serez plus tranquilles en accostant à Wanggoolba Creek.

➢ ***Depuis Rainbow Beach :*** ***Manta Ray Barge Office,*** ☎ *(07) 5486-3935.* • *mantarayfraserislandbarge.com.au* • Le ***Manta Ray*** est le seul à partir de Rainbow Beach, il dessert toute la journée, en 10 mn, Hook Point (à la pointe sud de l'île). Départs environ toutes les 30 mn entre 6h et 17h15. Tarif : 130 $ A/R pour la voiture et ses passagers. C'est donc moins cher et moins long qu'un départ depuis Hervey Bay.

### En avion

✈ ***Air Fraser Island :*** ☎ *1-300-172-706.* • *airfraserisland.com.au* • *Vol A/R à partir de 100 $ ; formules avec loc de 4x4 et/ou nuit sur place 350-650 $/pers.* Au départ de Hervey Bay ou de la Sunshine Coast, cette compagnie vous embarque à bord de ses coucous pour un survol de l'île. L'atterrissage sur 75 Mile Beach est, paraît-il, mémorable ! Si vous êtes déjà sur place, vous pouvez également vous offrir un petit vol pour environ 100 $.

## Adresses utiles

### Infos touristiques

ℹ ***Queensland Parks & Wildlife Service – QPWS :*** *angle Alice et Lennox St, à* ***Maryborough.*** ☎ *13-74-68.* • *parks.des.qld.gov.au* • Le département des parcs nationaux délivre les permis de camper *(camping permit)* et de conduire *(vehicle permit),* obligatoires si vous plantez votre tente sur l'île et arrivez en 4x4. Il faut se procurer ces permis avant de débarquer sur place, sauf si vous passez par un loueur ou une agence qui s'en chargeront.
– Pour toute information ou pour acheter le *camping permit* et le *vehicle*

*permit,* on peut également s'adresser au ***Visitor Information Centre*** de Hervey Bay (voir les « Adresses utiles » de ce chapitre) et au ***Mantaray Barge Office*** (voir plus haut dans « Arriver – Quitter »).

## Agences de voyages

■ ***Fraser Explorer Tours :*** *☎ (07) 4194-9222. ● fraserexplorertours.com.au ● Excursion à la journée env 240 $, 240-275 $ pour l'option premium en petit groupe de 18 pers ; excursion de 2 j. avec ts les repas et nuit comprise à* K'Gari Beach Resort *600 $. Départ de Hervey Bay ou Rainbow Beach respectivement vers 8h et 9h ; retour autour de 17h30-18h le lendemain. Transfert compris de votre logement au ferry.* Ce tour-opérateur fait découvrir les principaux sites de l'île en bus de 18 ou 40 personnes (selon le tarif choisi). L'excursion à la journée vous emmène du lac McKenzie aux Pinnacles Coloured Sands (falaises de sable coloré) en passant par Eli Creek, avec un déjeuner à *K'Gari Beach Resort.* L'excursion de 2 jours permet d'aller plus au nord jusqu'à Champagne Pools, où de petites piscines naturelles offrent le seul spot de baignade en eaux salées de l'île. On a aussi l'occasion de faire trempette au lac Wabby et de profiter de la beauté de chaque site un peu plus longtemps.

■ Excursions possibles depuis Brisbane, Noosa et Rainbow Beach avec le tour-opérateur ***Sightseeing Tours Australia*** *(● fraserislandtoursaustralia.com.au ●)* ou départ de Hervey Bay avec ***Fraser Tours*** *(● fraser-tours.com ●).*

## Location de 4x4

Évidemment, si vous avez loué un 4x4 pour votre périple australien, la question est vite réglée, il ne vous reste plus qu'à payer le ferry et les frais de circulation et de camping (voir le détail plus haut). Sinon, le moins cher est de s'adresser à un loueur indépendant :

■ ***Rainbow Beach 4x4 Hire :*** *23 Karoonda Rd, à* ***Rainbow Beach.*** *0488-500-917. ● rainbowbeach4x4hire.com.au ●* Compter 400 $ pour 2 jours, auxquels il faut ajouter tous les frais annexes, soit à l'arrivée un total de 650 $, hors assurance (10-35 $/j. selon couverture choisie) et hors carburant. Sinon, forfait 4 personnes tout inclus pour 2 jours et 1 nuit en camping à 800 $ (hors assurance et carburant), prix incluant également une leçon de conduite sur le sable, ce qui n'est pas inutile !

■ ***Aussie Trax :*** *8/38 Southern Cross Circuit, à l'aéroport de* ***Hervey Bay.*** *☎ 1-800-062-275. ● fraserisland4wd.com.au ●* Loueur recommandé par les offices de tourisme privés de Rainbow Beach et Hervey Bay, mais c'est plus cher. Pour un séjour de 2 jours pour 4 personnes, compter environ 915 $ pour la location du 4x4, tarif incluant la traversée en ferry aller-retour et le permis de circuler sur l'île.

# Où dormir ? Où manger ?

## Campings

⛺ On compte ***une trentaine d'aires de camping sur l'île,*** la majorité sur la côte est. Au moment de réserver votre permis de camper, vous devez renseigner la zone ou l'aire où vous souhaitez vous installer et les jours auxquels vous y serez. La police patrouille et veille à la bonne organisation des installations. On vous conseille de ***réserver le plus tôt possible, au moins 3 mois à l'avance,*** car les places peuvent vite s'envoler, surtout en pleine saison. On peut même réserver 6 mois avant sa date d'arrivée.

Du plus sauvage des sites aux véritables aires aménagées avec eau courante, BBQ au gaz, toilettes et douches (prévoir des pièces de 1 $ pour les utiliser), à vous de choisir. Les aires de camping sur la plage sont nombreuses sur la côte est avec des emplacements derrière les dunes mais sans aucune infrastructure. Interdiction de s'installer à moins de 50 m du rivage. Les aires de

LE QUEENSLAND

l'ouest demeurent bien plus sauvages car la plupart sont accessibles seulement à pied. On y croise beaucoup moins de monde et le site garantit une expérience à la Robinson Crusoé !
Les campeurs en quête d'un minimum de confort, et les familles, s'installeront plutôt dans les véritables sites aménagés avec sanitaires. On en compte par exemple 5 avec douches mais seulement 3 avec eau chaude !

**Cathedrals on Fraser :** *Lot 53, Fraser Island Rd. ☎ (07) 4127-9177. • cathedralsonfraser.com.au • Emplacements pour 2 pers sans ou avec électricité 30-50 $ ; tentes 3-5 pers avec lits 65-95 $ ; cabins 2-6 pers à partir de 190-210 $.* Ici, on peut planter la tente sans *camping permit,* bien sûr (vu le tarif, encore heureux !). À 400 m de 75 Mile Beach, on apprécie son ambiance familiale et ses espaces bien tenus. Également des tentes toilées avec de vrais lits et des mobile homes tout équipés à plusieurs chambres. Épicerie, laverie, cuisine et même des douches avec de l'eau chaude. Le camping version confortable a cependant un prix, un peu surévalué selon nous.

## De prix moyens à plus chic

**Yidney Rocks :** *Yidney Rocks, 75 Mile Beach Rd. ☎ (07) 4127-9167. • yidneyrocks.com.au • Apparts 2-8 pers 230-390 $.* Loin des *resorts* impersonnels, cette poignée d'appartements offre le plus beau des emplacements. En surplomb de l'immense 75 Mile Beach ; seuls les palmiers se dressent entre l'océan et vous. Si la vue est superbe, les appartements ne brillent pas par leur charme mais restent fonctionnels et super économiques pour les petites troupes. Cuisine équipée, petite terrasse et BBQ pour tous.

**Kingfisher Bay Resort :** *Kingsfisher Bay. ☎ (07) 4120-3333. • kingfisherbay.com • Doubles à partir de 190 $ ; villas 2-6 pers à partir de 280 $.* Ce *resort* offre un éventail d'hébergements très large et tous les budgets devraient s'y retrouver. Les chambres la jouent classique côté déco mais s'avèrent lumineuses et tout à fait confortables, on aime les grandes baies vitrées avec vue sur l'océan. Les familles et les bandes de potes opteront plutôt pour une villa, avec cuisine équipée et jolie terrasse. Dommage que la déco manque de peps et d'exotisme, heureusement le cadre rattrape le coup. On trouve 2 restos et 3 bars sur place, et bien sûr une piscine.

Les fins gourmets ne trouveront pas leur bonheur à Fraser. Les *resorts* possèdent plusieurs restos, en formule buffet pour certains, mais la qualité n'est pas vraiment au rendez-vous. Raison de plus pour venir en autonomie, avec ses vivres...

# À voir. À faire

***75 Mile Beach :*** 120 km de plage s'offrent à vous ! Rouler sur cette infinie bande de sable offre une sensation vivifiante de liberté et un paysage époustouflant. Tous les tours passent par là. En chemin, vous croiserez l'épave du *SS Moheno,* un paquebot néo-zélandais échoué ici en 1935 après un cyclone, vous lèverez les yeux sur les *Pinnacles,* des falaises déployant une palette de sables de plus de 70 couleurs différentes et vous vous tremperez les pieds dans l'eau limpide d'Eli Creek (voir plus loin).

***Lake McKenzie :*** la plus belle des cartes postales... si vous faites abstraction de la foule en saison. Eau turquoise, sable blanc aussi fin que de la farine, ce lac entouré d'arbres est devenu un symbole paradisiaque de l'île. Venir le matin avant 10h, car les tour-opérateurs y débarquent vers 10h30 et le parfum d'éden se volatilise alors rapidement.
Voir aussi les ***lacs Boomanjin, Garawongera*** et ***Birrabeen,*** plus sauvages et hors des circuits organisés.

LE QUEENSLAND

**Lake Wabby :** d'un vert profond, ce lac est bordé par la dune de Hammerstone où l'on se plaît à étaler son paréo. Le sable glisse tout doucement dans l'eau salée et finira par disparaître d'ici un siècle, ça vous laisse le temps de faire trempette.

**Eli Creek :** une promenade en bois surplombe ce joli ruisseau dont les eaux claires s'écoulent au cœur de la végétation. Escale de toutes les agences de voyages, le site se transforme vite en piscine municipale en pleine saison. Allez-y tôt le matin ou après 16h pour apprécier la quiétude des lieux.

➢ **Randonnées :** des sentiers pédestres bien balisés sillonnent l'île. De nombreuses routes partent de Central Station, le cœur historique de Fraser Island, pour relier les principaux sites. De la petite marche de 30 mn à la vraie rando de 8h, procurez-vous la ***Fraser Island Great Walk topographic map*** sur : *• parks.des.qld.gov.au/experiences/great-walks/topographic-maps.html •* ou dans les offices de tourisme et bureaux QPWS. La marche peut parfois s'avérer difficile et fatigante ; pensez aussi à prendre de bonnes cargaisons d'eau.
Les plus sportifs s'attaqueront au ***Fraser Island Great Walk,*** un trail de 90 km qui relie Dilli Village à Happy Valley en... 6 à 8 jours. Sacré trek !

# AGNES WATER ET TOWN OF 1770

2 900 hab.

**Pas bien grandes, ces 2 villes voisines n'en demeurent pas moins parmi nos chouchoutes sur cette partie du littoral. Agnes Water se résume à quelques commerces et 6 km au nord, Town of 1770 (dites juste « 1770 » comme les locaux) se limite à sa marina. Pourtant, on apprécie leur douceur de vivre, loin des grosses stations balnéaires surpeuplées. En outre, c'est une des portes d'entrée vers la Grande Barrière de corail. Au fait, pourquoi 1770 ? Car James Cook débarqua la 1re fois au Queensland le 24 mai 1770.**

## Arriver – Quitter

### En bus

*Station de bus à la station-service* Caltex, *dans le centre-ville d'Agnes Water.* On vous indique la fréquence des bus *Greyhound (☎ 1-300-473-946 ; • ggreyhound.com.au •)* car la compagnie *Premier* dépose à 25 km du centre-ville (navette à 20 $).

➢ ***Hervey Bay :*** 1 bus/j. Trajet : 3h45.
➢ ***Rainbow Beach :*** 1 bus/j. Trajet : 5h30.
➢ ***Noosa :*** 1 bus/j. Trajet : 8h15.
➢ ***Brisbane et l'aéroport :*** 2 bus/j. dont 1 pour l'aéroport. Trajet : 8-12h30 selon le bus.
➢ ***Rockhampton :*** 1bus/j. Trajet : 3h.
➢ ***Airlie Beach :*** 1 bus/j. Trajet : env 9-10h30.
➢ ***Townsville :*** 1 bus/j. Trajet : env 15h.

## Adresses utiles

***Visitor Information Centre :*** *71 Springs Rd. ☎ (07) 4902-1533. • gladstoneregion.info • Lun-ven 9h-16h30, sam jusqu'à 16h et 13h dim.* Un peu excentré, mais on y trouve la documentation sur les 2 villes et la région de Gladstone.

***Discover 1770 :*** *1 Captain Cook Dr, à côté de la station-service Caltex. ☎ (07) 4974-7557. • discover1770.com.au • Tlj 9h-17h.* Cette boutique fait aussi agence de voyages et point information.

## Où dormir ?

### Backpackers (auberges de jeunesse)

**Backpackers @ 1770 :** *22 Grahame Colyer. 0408-533-851. • backpackers1770.com.au • Dortoirs (10 lits) sans ou avec clim 25-30 $/pers ; doubles 75-85 $.* Une auberge sympa et bien tenue en plein centre d'Agnes Water. L'architecture en bois et en tôle rappelle une grande maison de vacances en bord de mer, ça tombe bien, la plage s'étend à quelques mètres de là. Le staff est accueillant, les parties communes sont joliment colorées et les dortoirs (dont un réservé aux filles) sont nickel, tous avec salle de bains. Cuisine commune, BBQ, plus toutes les petites animations habituelles. Location de vélos et de planches de surf. Un bon plan, dans une bonne atmosphère.

**1770 Southern Cross Backpackers :** *2694 Round Hill Rd. ☎ (07) 4974-7225. • 1770southerncross.com • Dortoirs (4-6 lits) 25-35 $/pers ; double env 120 $ ; petit déj basique inclus.* Excentrée (mais il y a une navette gratuite), cette AJ plaira à ceux qui aiment l'espace, la verdure et ne sont pas trop regardants sur le confort. Vaste terrain où l'on peut planter la tente, avec un beau jardin, une piscine, un resto doté d'une grande terrasse, un four à pizzas, un barbecue, un bar tout court, billard et ping-pong. Dortoirs simples dans des bungalows en bois, dont certains réservés aux filles, avec salle de bains et terrasse. Quelques doubles et familiales. Cuisine commune. Soirées à thème. Ambiance très cool, même si ça s'en ressent parfois dans l'entretien et le service. À vous de relever le niveau : on peut parfois y travailler quelques heures par jour contre un lit et un petit déj...

### De prix moyens à très chic

**1770 Beach Shacks :** *578 Captain Cook Dr. 0488-032-645. • 1770beachshacks.com • Doubles à partir de 250 $ ; appart (jusqu'à 5-6 pers) à partir de 270 $.* Cachés dans une végétation luxuriante, cette poignée de superbes bungalows, en bois et en bambou, feront rêver les aventuriers. Vue splendide sur la baie, terrasse dominant les palmiers, on profite d'un cadre à la Robinson Crusoé, le confort en plus. Amusante salle de bains en tôle, cuisine entièrement équipée, accueil charmant et, en prime, l'un des plus beaux couchers de soleil de la côte... surtout depuis le dernier studio tout en haut ! Si ce n'est pas le paradis, on s'en rapproche ! Excellent accueil.

**1770 Getaway :** *303 Bicentennial Dr. ☎ (07) 4974-9323. • 1770getaway.com.au • Doubles 190-350 $.* Dans un magnifique jardin tropical agrémenté d'une piscine, où se niche l'une de nos meilleures adresses pour le petit déj ou le *lunch* (voir « Où manger ? Où boire un verre ? »). Un peu à part, une poignée de bungalows impeccables et tout confort, avec salon, cuisine, salle de bains, machine à laver, terrasse et BBQ. Un peu cher en saison, mais ce sont les tarifs par ici...

## Où manger ? Où boire un verre ?

### Prix moyens

**Codie's Place :** *7 Agnes St. ☎ (07) 4974-7004. Tlj 8h-21h. Petits déj 10-20 $ ; plats 16-25 $.* Bénéficiant d'une situation stratégique à 2 coups de palmes de la mer, ce petit resto à l'allure de cabane de surfeurs se révèle une délicieuse surprise. On aime beaucoup sa déco peps et moderne... La carte, en harmonie, propose une cuisine fraîche, créative et pleine de saveurs, du bon petit déj au poisson du jour le soir en passant par la pizza

LE QUEENSLAND

à la mangue et le burger du midi. Un très bon plan, y compris pour siroter un cocktail !

**1770 Getaway Garden Café :** *303 Bicentennial Dr. ☎ (07) 4974-9323. Tlj sauf sam 8h-15h ; mer et dim soir, sur résa, soirées pizzas au feu de bois et agneau rôti. Petits déj 14-26 $ ; plats autour de 20 $.* Un avant-goût de paradis. Au cœur d'un jardin tropical se cache un café ouvert dont la terrasse s'avance sur une élégante mare-cascade aux accents balinais. On s'y régale d'*eggs Benedict,* délicieux, ou de gâteaux spectaculaires (très sucrés !) comme le moelleux coco-orange ou le *carrot cake.* Très bon café. Un incontournable.

**1770 Beach Hotel – The Tree Restaurant :** *576 Captain Cook Dr. ☎ (07) 4974-7446. Tlj 10h45-20h30. Plats env 18-35 $.* On y vient surtout pour sa jolie situation face à la mer, malgré les arbres. À gauche, le bar pour commander sa p'tite mousse, à droite le resto pour manger un morceau. À la carte, salades, *fish & chips* et burgers le midi, pâtes et steaks au dîner. Cuisine honorable, mais rien d'exceptionnel.

## À voir. À faire

**Agnes Water Beach :** la plage s'étend sur 6 km et une zone de baignade délimitée est surveillée. On vient y apprendre à surfer dans des vagues pas bien effrayantes.

■ **Reef 2 Beach Surf School :** *shop 1, Agnes Water Shopping Center. ☎ (07) 4974-9072. • reef2beachsurf.com.au • Compter 35 $ pour 3h de cours (2-20 pers), 120 $ pour 1h de cours particulier ; équipement inclus.* Pour surfer à prix très léger. Attention, en pleine saison, les cours sont bondés.

■ **Lazy Lizard Surf School :** *7 Agnes St. 0488-177-000. • lazylizardsurfschool.com.au • Compter 50-85 $ pour 1 à 2h de cours collectif (max 8 pers).* Une autre école pour débutants à prix plutôt raisonnable et le staff est vraiment sympa.

■ **1770 Sup Hire :** *sur la plage, en face du 1770 Beach Hotel – The Tree. 0421-026-255. • 1770sup.com.au • Loc de paddles 25-50 $ pour 1h à 4h, initiation incluse.* Chris, un champion de surf, loue des *paddles* classiques mais aussi d'autres... à pédales et avec un guidon *(35 $ pour 30 mn, 50 $ pour 1h)* !

➢ **Excursions :** *avec* ***1770 Liquid Adventures,*** *Captain Cook Dr, à la marina. 0428-956-630. • 1770liquidadventures.com.au • Loc de kayaks pour 1 pers 20 $, 2-3 pers 30 $ puis 10 $ chaque heure supplémentaire ; sorties en famille 2h 35 $/pers, nature ou sunset tour 2h30 60 $/pers.* Cette agence organise des excursions au coucher du soleil et des *eco tours* pour découvrir la faune et la flore. On peut aussi louer son embarcation à l'heure.

Procurez-vous la carte de l'office de tourisme afin de visualiser les différents circuits. Commencez donc par le ***Headland Lookout,*** une très courte balade qui conduit de l'entrée de la marina de 1770 à la pointe de la péninsule. Suivez le ***Round Hill Creek Walking Trail,*** qui longe les eaux de la ***Bustard Bay*** pour s'enfoncer dans le ***Joseph Banks Conservation Park*** à travers une végétation sauvage. Au passage, vous croiserez le ***Cook's Monument,*** qui symbolise le débarquement de l'explorateur James Cook sur les terres du Queensland le 24 mai 1770. Aventurez-vous dans les petites criques battues par les vents, avant de rejoindre le ***Round Hill Lookout,*** point de vue superbe à l'extrémité de la péninsule. Un grand bol d'air vivifiant !
Un conseil : faites la balade en fin de journée et attendez ensuite le coucher de soleil sur les rochers, en face des quelques restos de 1770. Le soleil flamboyant se reflète sur l'eau et finit englouti dans la baie...

# DANS LES ENVIRONS D'AGNES WATER ET TOWN OF 1770

## *LADY MUSGRAVE ISLAND*

À 60 km au large de 1770 est posée la paradisiaque Lady Musgrave Island. Encerclée par un récif corallien de 10 km, cette île inhabitée de 15 ha possède un lagon aux eaux turquoise où l'on peut se baigner sans danger toute l'année. Celui-ci héberge 1 300 espèces de poissons tropicaux et 350 espèces de coraux. C'est aussi l'île la plus au sud du *Capricornia Cays National Park.* Le seul moyen de vous rendre sur ce paradis perdu est de passer par la compagnie *1770 Reef,* qui organise des sorties à la journée. Pour jouer à Robinson Crusoé, vous pouvez prolonger l'excursion en campant sur place (voir plus loin).

■ ***1770 Reef :*** *535 Captain Cook Dr, à la marina de 1770. ☎ (07) 4972-7222. • 1770reef.com.au • Départ tlj entre 6h et 11h ; retour vers 17h. Tarif : env 220 $/adulte, déj compris ; réduc enfants et avec une carte d'étudiant.* En principe, pas plus de 40 personnes à bord. Au programme, snorkelling, promenade en bateau à fond de verre sur le lagon et visite guidée de l'île.

***Camping :*** il est autorisé seulement du début des vacances de Pâques à la fin des vacances d'été en janvier. Acheter son permis de camper auprès du *Departments of National Parks, Sports and Racing* *(☎ 13-74-68 ; • parks.des.qld.gov.au •).* Compter 7 $/personne la nuit. Le nombre de campeurs étant limité à 40 par nuit, vérifiez les disponibilités des permis avant de réserver votre transfert en bateau. Aucune infrastructure sur place, à part des toilettes sèches, emportez avec vous 5 l d'eau par jour par personne ainsi qu'un réchaud à gaz car les feux sont interdits.



# ROCKHAMPTON

66 000 hab.

**Rockhampton, fondée en 1858 et surnommée Rocky, est vite devenue un eldorado pour les mineurs et les éleveurs du Queensland. Aujourd'hui, les mines ont fermé et la capitale australienne du bœuf, comme elle s'autodéfinit, peine à attirer les Australiens, sans parler des touristes. Seule la *Beef Week,* qui a lieu tous les 3 ans en mai, accueille des visiteurs du monde entier. En ce qui nous concerne, on s'y arrête uniquement pour faire une pause-déjeuner, histoire de couper la route interminable entre Hervey Bay et Airlie Beach.**

## Arriver – Quitter

### En avion

✈ ***Rockhampton Airport :*** *Canoona Rd ; à 4 km à l'ouest du centre-ville. • rockhamptonregion.qld.gov.au •* Très peu de vols directs depuis ou vers Rockhampton. Seules ***Brisbane*** et ***Mackay*** sont desservies par *Qantas* et *Virgin Australia,* avec 1 à 5 liaisons directes/j.

➢ ***Liaisons avec l'aéroport :*** le bus n° 20 relie le centre-ville à l'aéroport en 10 mn (env 13 bus/j. en sem, et seulement 6 sam et aucun dim).

### En bus

🚌 *Station de bus au niveau de la station-service* Puma, *sur George St.* Compagnies *Premier (☎ 133-410 ; • premierms.com.au •)* et *Greyhound (☎ 1-300-473-946 ; • greyhound.com.au •).*

➢ ***Agnes Water :*** 2 bus/j. Trajet : env 2h45. Préférer *Greyhound* car *Premier* dépose à 25 km du centre-ville (navette à 20 $).
➢ ***Hervey Bay :*** 2 bus/j. Trajet : 5h30-7h.
➢ ***Rainbow Beach :*** 2 bus/j. Trajet : env 8h.
➢ ***Noosa :*** 2 bus/j. Trajet : 10-11h.
➢ ***Mooloolaba :*** 1 bus/j. Trajet : 11h. Liaison avec *Greyhound* seulement sur résa.
➢ ***Brisbane :*** 2 bus/j. Trajet : 12-13h.
➢ ***Airlie Beach :*** 2 bus/j. Trajet : 6h15.
➢ ***Townsville :*** 2 bus/j. Trajet : env 11h.
➢ ***Mission Beach :*** 2 bus/j. Trajet : env 15h.
➢ ***Cairns :*** 2 bus/j. Trajet : env 17h.

## Adresse utile

***Tropic of Capricorn Spire Visitor Information Centre :*** *176 Gladstone Rd. ☎ (07) 4936-8000. • advancerockhampton.com.au • Tlj 9h-17h (15h dim).* Bonne documentation sur la ville et la côte du Capricorne. Dommage que l'office soit si excentré. Amusant, on peut y enjamber le tropique du Capricorne.

## Où dormir ?

### Backpacker (auberge de jeunesse)

***Rockhampton YHA :*** *60 McFarlane St. ☎ (07) 4927-5288. • yha.com.au • Dortoir (6-8 lits) sans sdb env 25 $/pers ; double avec ou sans sdb env 65 $.* Une auberge vieillissante, excentrée et dans un environnement vraiment pas fifou, mais on n'a rien trouvé de mieux en ville. Les bus *Greyhound* et *Premier* arrivant souvent au milieu de la nuit, il faut soit se payer un taxi à 12 $, soit marcher 2,5 km ! Dortoirs basiques. Les cabines pour 2 personnes avec salle de bains privées sont un peu mieux. Cuisine et laverie. Petite piscine. Point barre !

### Prix moyens

***Citywalk Motor Inn :*** *129 William St. ☎ (07) 4922-6009. • citywalkmotorinn.com.au • Doubles 120-150 $.* À quelques rues du centre, ce motel repeint en rouge et blanc abrite des chambres modernes et tenues avec beaucoup de soin. Toutes possèdent salle de bains, petit frigo, clim et micro-ondes. Accueil aimable.

## Où prendre un petit déj ? Où manger ? Où boire un verre ?

Qu'est-ce qu'on mange dans une ville d'éleveurs à votre avis ? De la viande, quelle question ! On trouve ici des *steakhouses* à tous les coins de rue, ce qui ne veut pas dire que la viande soit toujours bien préparée...

### De bon marché à chic

***The Two Professors :*** *49 William St. ☎ (07) 4927-2301. Lun-ven 5h30-15h, sam 6h30-14h, dim 6h-12h. Petit déj et plats 12-22 $.* Le café de quartier où se croisent policiers, ouvriers et businessmen. Muffins, *banana bread* et café fumant le matin, burgers, salades composées et bagels au déjeuner. Pas de quoi prendre des leçons de cuisine, mais ça cale toute la famille.

***Bush Inn Bar & Grill Steak House :*** *150 Quay St. ☎ (07) 4922-1225. Sam-jeu 11h30-21h, ven 14h15-23h. Plats env 18-45 $.* C'est une incursion dans le Queensland profond, plutôt qu'une aventure gastronomique. Dans une sorte de pub typiquement

LE QUEENSLAND

vieille Australie, on fait la queue pour commander sa pièce de boucher frisant les 50 $ avant de patienter à sa table pendant un quiz désuet ou un match de cricket. Copieux et reconstituant. En revanche, évitez les légumes, ça n'est pas leur fort ! Bien aussi pour une pinte de bière.

**Ribs and Rumps :** *5 East St. ☎ (07) 3055-2201. Tlj 17h-22h (22h ven-sam). Burgers env 17-25 $ ; viandes 25-55 $.* Le décor et l'ambiance sont à l'opposé du précédent : une vaste terrasse ouverte sur le quai dans un décor furieusement contemporain où domine le rouge sang. Spécialité de viandes, on s'en doutait, pour autant on n'a pas sauté au plafond là non plus. Préférer les *ribs* (porc, agneau, bœuf), mieux faits que les *rumps,* ou alors un simple burger. Ambiance souvent joyeuse. Plus distrayant que réellement gastronomique, en somme.

## À voir. À faire

**Riverwalk :** les promeneurs du dimanche se retrouvent le long de la Fitzroy River, où une balade est aménagée. Levez les yeux vers les bâtiments longeant la route, leur architecture coloniale vous surprendra.

**Capricorn Spire :** *Gladstone Rd, devant l'office de tourisme.* Cette flèche s'érigeant vers le ciel symbolise le passage ici du tropique du Capricorne. En un pas, on passe de la zone tempérée à la zone tropicale. Enjamber un tropique, ça n'arrive pas tous les jours !

**Botanic Gardens & Zoo :** *100 Spencer St, à 1,5 km à l'ouest de l'office de tourisme.* Une belle escapade si vous passez une journée à Rocky. On se plaît à se balader dans ces jardins tropicaux, au pied d'arbres bientôt bicentenaires. Le zoo *(tlj 10h-16h ; GRATUIT)* accueille quelques spécimens du continent comme des kangourous, des émeus, des casoars à casque, des wombats et autres bestioles à plumes, à poils ou à écailles. Ne venez pas jusqu'ici juste pour le zoo, vous risqueriez de repartir déçu, mais en complément d'un bol d'air dans les jardins, votre après-midi sera réussi.



## DANS LES ENVIRONS DE ROCKHAMPTON

**Great Keppel Island :** *avec* ***Keppel Konnections.*** *0484-241-505. • keppelkonnections.com.au •. Traversée en 30 mn depuis la* red jetty *de Yeppoon à 40 km au nord-est : tlj à 7h30, 9h et 15h, plus 17h45 le ven et 7h30 le w-e ; retour à 10h, 14h et 16h, plus 18h20 le ven. Billet : 50 $ (5-14 ans 30 $) l'A/R ; parfois des réducs sur Internet.* Étant donné les tarifs des excursions organisées sur la Grande Barrière de corail, cette petite île (15 km², soit la plus grande de cet archipel de 18 îles) est un bon compromis pour les petits budgets. Plusieurs spots accessibles directement depuis les plages pour observer les poissons multicolores. D'ailleurs, le bateau dépose ses passagers à même le sable (pas de jetée !). La compagnie loue également du matériel de snorkelling.
À Yeppoon, possibilité de loger à partir de 155 $ la nuit au *Rosslyn Bay Resort (34 Vin E. Jones Dr, ☎ (07) 4933-6333, • rosslynbayresort.com.au •).*

**Broken River – Eungella National Park :** *à* ***Eungella,*** *à 400 km au nord de Rockhampton. Visitor Centres à Sarina et Mackay.* Pour ceux qui auraient une journée à y consacrer, voire plus, voici une belle balade dans un coin de nature peu éloigné de la côte. La plupart des visiteurs se rendent à Broken River : c'est là que l'on peut observer tranquillement des ornithorynques (*platypus,* en anglais) qui batifolent librement dans la rivière. Mieux vaut venir assez tôt le matin ou, au contraire, en fin de journée. Possibilité de grignoter au *Platypus Lodge & Café (534 Eungella Dam Rd, tlj sauf lun-mar 10h-15h).*

Le vaste *Eungella National Park* propose un choix de balades et de randos presque illimité ainsi qu'un grand nombre d'aires de camping pour profiter de la *rainforest.* Se procurer la carte du secteur et consulter les sites : • *parks.des.qld.gov.au/parks/eungella* • *qpws.usedirect.com/qpws* •

# AIRLIE BEACH

9 000 hab.

• Plan *p. 370-371*

**Destination phare des *backpackers,* Airlie Beach est la porte d'entrée des paradisiaques Whitsunday Islands. On s'y pose entre *mates* (potes) quelques jours pour écumer les bars et se dorer la pilule au bord du lagon artificiel, et on profite de la baignade toute l'année (sans méduses !). Toute l'animation se concentre le long de la rue principale : Shute Harbour Dr, qui, schématisée, donnerait ceci : un bar, une AJ, une agence de voyages, un resto, une AJ, une agence, un bar et ainsi de suite ! Si la ville en soi ne propose pas une grande offre touristique, Airlie reste un point de rendez-vous incontournable des moins de 30 ans.**
**Le soir, les bars, *beer gardens* et boîtes de nuit voient déferler tout ce beau monde, un peu éméché. L'ambiance reste plutôt bon enfant, et Airlie se révèle une escale assez agréable en journée et festive en soirée.**

## Arriver – Quitter

### En avion

✈ ***Proserpine Whitsunday Coast Airport*** *(hors plan par C3)* **:** *Lascelles Ave, à* ***Gunyarra*** *; à 40 km au sud-ouest de la ville.* ☎ *(07) 4945-0480.* • *whitsundaycoastairport.com.au* •
➢ ***Brisbane :*** 1 à 3 liaisons/j. avec *Jetstar, Virgin Australia* et *Qantas.*
➢ ***Sydney :*** env 1-3 liaisons/j. avec *Jetstar, Virgin Australia* et *Qantas.*

### En bus

🚌 ***Station de bus*** *(plan C3)* **:** *au port d'Airlie, à l'est de la ville.* Le centre-ville est à 15-20 mn à pied par la promenade qui longe l'océan. Sinon, compter 10 $ en taxi. Compagnies : *Premier* (☎ *133-410 ;* • *premierms.com.au* •) et *Greyhound* (☎ *1-300-473-946 ;* • *greyhound.com.au* •).
➢ ***Townsville :*** 1 à 2 bus/j. Trajet : env 4h30.
➢ ***Mission Beach :*** 2 bus/j. Trajet : env 8h-8h30.
➢ ***Cairns :*** 3 bus/j. Trajet : env 10h30.
➢ ***Rockhampton :*** 1 à 2 bus/j. Trajet : env 6h30.
➢ ***Agnes Water :*** env 2 bus/j. Trajet : env 9h30. Opter plutôt pour *Greyhound* car *Premier* vous dépose à 25 km du centre (navette à 20 $).
➢ ***Hervey Bay :*** 1 à 2 bus/j. Trajet : 12-13h30.
➢ ***Rainbow Beach :*** 1 à 2 bus/j. Trajet : env 15h.
➢ ***Noosa :*** 2 bus/j. Trajet : env 18h.
➢ ***Mooloolaba :*** 1 bus/j. Trajet : env 18h. Liaison avec *Greyhound* seulement sur résa.

## Adresses utiles

ℹ ***AirlieBeach.com*** *(plan B2,* ***1****)* **:** *259 Shute Harbour Rd.* ☎ *(07) 4813-9003.* • *airliebeach.com* • *Tlj 10h-17h.* Cette agence de voyages est une référence pour les infos touristiques de la ville, les Whitsunday Islands et même

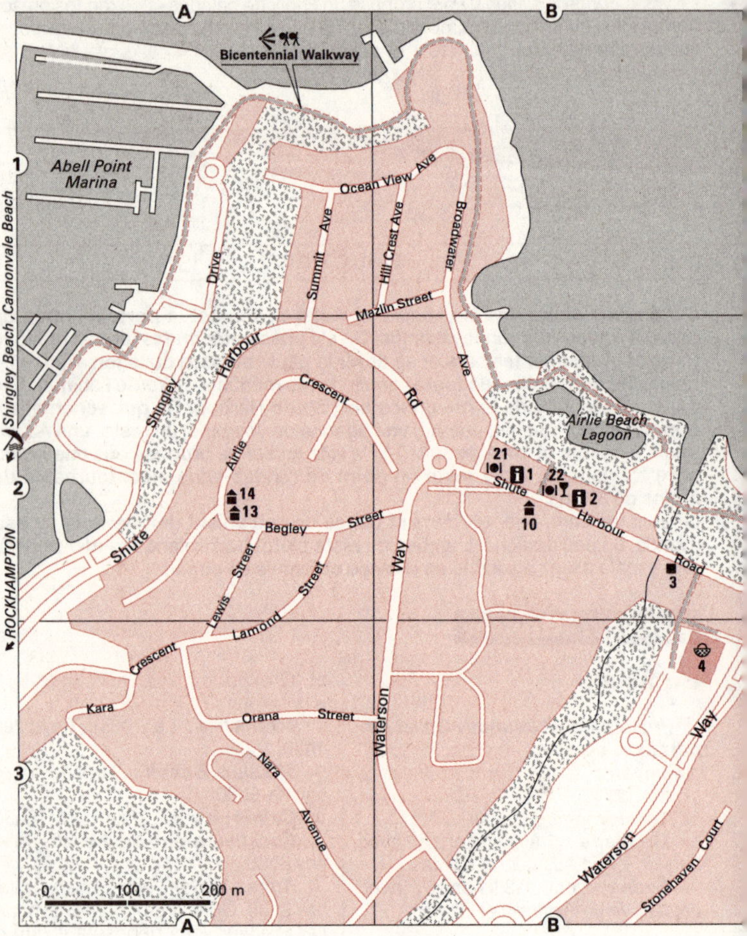




au-delà. Résa d'hébergements, restos, excursions, etc. Les patrons sont français et vous donneront d'excellents conseils.

**Whitsundays Bookings** *(plan B2,* ***2****)* **:** *5/263 Shute Harbour Rd. ☎ (07) 4948-2201. • whitsundaybookings.com.au • Tlj 8h-18h.* Une autre agence de voyages qui vous détaillera les principales excursions vers les Whitsunday Islands et peut s'occuper des réservations (petite commission).

**Pharmacie** *(plan B2,* ***3****)* **:** *366 Shute Harbour Rd. ☎ (07) 4946-7000. Tlj 8h-19h.* Centrale, on y vend aussi des accessoires de plage.

**Woolworths Supermarket** *(plan B3,* ***4****)* **:** *sur Waterson Way (angle Shute Harbour Rd). Tlj 8h (9h dim)-21h (18h w-e).* Le principal supermarché du centre-ville.

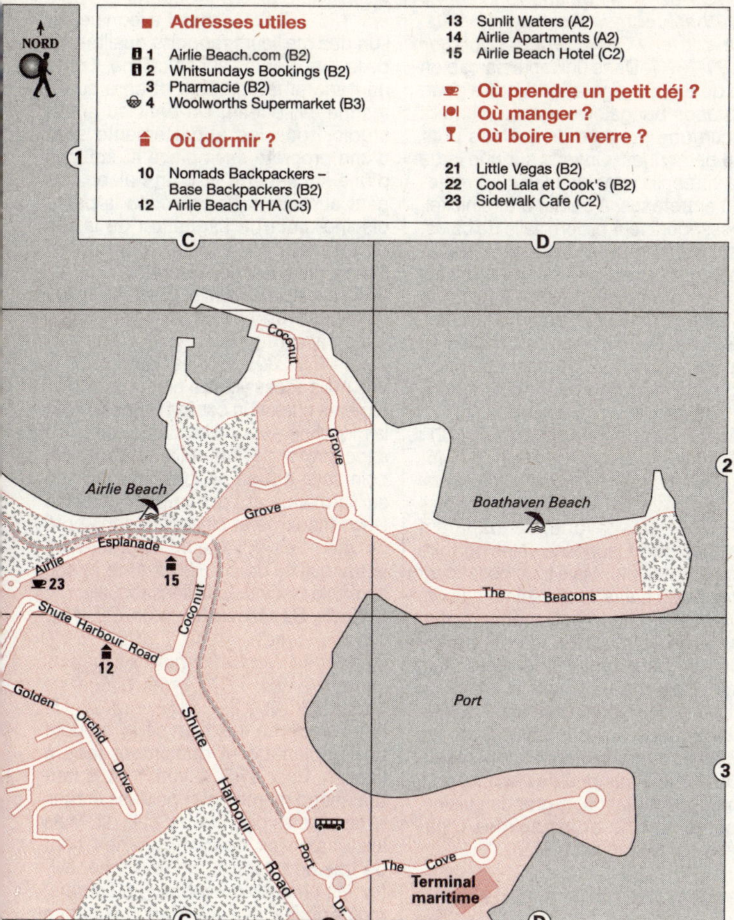


AIRLIE BEACH



## Où dormir ?

Les auberges de jeunesse se trouvent presque toutes sur l'axe principal, entre les bars, les restos et les boutiques de fringues, en plein cœur de l'animation. Seuls quelques hôtels, perchés sur les hauteurs, offrent une parenthèse de tranquillité.

### Backpackers (auberges de jeunesse)

**_Nomads Backpackers – Base Backpackers_** *(plan B2,* ***10****) :* *336-354 Shute Harbour Rd.* ☎ *(07) 4948-2000* *ou 4999-6600. • nomadsworld.com • stayatbase.com • Dortoirs (4-8 lits) avec sdb env 30-45 $/pers ; doubles env 90-130 $.* Dans un vaste parc, bien trop dénué de végétation à notre goût, de grands bungalows en bois abritent chacun une poignée de dortoirs pour 4 à 8 personnes. Ouverts sur une large baie vitrée, ils sont lumineux, correctement entretenus, à défaut d'être nickel, et possèdent leur propre salle de bains, parfois même avec 2 douches séparées. *Nomads* et *Base* se partagent les lieux, on profite du coup de 2 fois plus d'infrastructures : 2 cuisines, 2 laveries, 2 piscines, des dizaines de hamacs où roupiller au calme. Également un camping et un *caravan park.* Pour l'intimité, en revanche, vous repasserez !

**Airlie Beach YHA** *(plan C3,* ***12****) : 394 Shute Harbour Rd. ☎ (07) 4946-6312. • yha.com.au • Dortoirs (6-8 lits) avec sdb env 30-36 $/pers ; doubles 80-110 $.* On l'avoue, le bâtiment n'est pas de 1re jeunesse et les dortoirs semblent vieillots. Mais tous possèdent leur salle de bains, la clim et un balcon, et s'avèrent correctement tenus. L'auberge jouit aussi d'une bonne situation, dans la rue principale mais assez éloignée des bars et donc du bruit. Les chambres doubles, riquiqui, partagent une salle de bains avec les voisins et ne présentent aucun intérêt. Si l'ensemble manque de charme, on a apprécié la situation, la grande cuisine, la petite piscine et les soirées organisées par le staff accueillant.

## De bon marché à plus chic

**Sunlit Waters** *(plan A2,* ***13****) : 20 Airlie Crescent. ☎ (07) 4946-6352. • sunlitwaters.com • Apparts 2-5 pers env 135-155 $.* Ce motel avec vue est l'un des meilleurs rapports qualité-prix de la ville. Perché sur sa colline, il offre un panorama agréable et aéré sur la marina et l'océan. Du petit au grand studio, tous les appartements sont d'une propreté exemplaire et équipés d'une kitchenette et d'un balcon. On peut aussi se rafraîchir dans la petite piscine. Loin de l'agitation de la rue principale, on y accède pourtant en 5 mn à pied. Accueil discret.

**Airlie Apartments** *(plan A2,* ***14****) : 22 Airlie Crescent. ☎ (07) 4946-6222. • airlieapartments.com.au • Apparts 2 pers 150-280 $.* Sur les hauteurs de la ville mais accessibles à pied, ces appartements offrent un confort au-dessus de la moyenne. Grande cuisine, large salon avec profonds fauteuils et canapés, coin salle à manger, balcon avec vue sur la marina et l'océan pour certains. Déco moderne et claire, aux tons bord de mer. Les voyageurs apprécieront la tranquillité de ce pied-à-terre et son agréable piscine. Excellent accueil.

**Airlie Beach Hotel** *(plan C2,* ***15****) : 16 Esplanade. ☎ (07) 4964-1999. • airliebeachhotel.com.au • Doubles « motel » env 170 $, vue village ou océan 230-360 $. Parking gratuit.* Un hôtel moderne très bien situé, au bout de l'esplanade et quasiment face à l'océan. Pour avoir la vue, il vous faudra quand même opter pour les étages et les prix les plus élevés, cela dit. Mais les chambres contemporaines sont de très bon confort. En revanche, évitez les chambres « motel », à l'arrière, moins chères mais sans aucun charme ni rapport avec le standing de l'établissement. Bon buffet du petit déj.

# Où prendre un petit déj ? Où manger ? Où boire un verre ?

## Prix moyens

**Sidewalk Cafe** *(plan C2,* ***23****) : 2 Airlie Esplanade. ☎ (07) 4946-6425. Tlj 6h30-21h (21h30 w-e). Petits déj env 15-25 $.* Ce café s'active dès les 1res lueurs de l'aube. En terrasse, on s'offre un réveil tonique à base de muesli, salade de fruits, bacon, œufs et montagne de pancakes. Fait aussi resto jusqu'au soir mais on préfère nettement les adresses suivantes...

**Little Vegas** *(plan B2,* ***21****) : 3/259 Shute Harbour Rd. ☎ (07) 4948-2853. Tlj sauf lun et mar midi 12h-15h, 17h-21h. Burgers 18-24 $.* Avocat, bacon, œuf, *onion rings,* pickles, cheddar : difficile de caser plus d'ingrédients entre 2 tranches de pain ! On s'en met plein les doigts et plein la bouche en avalant ces burgers bien garnis dont la réputation tient la route. Les *nachos* et les hot-dogs contenteront les appétits les plus coriaces. Dans ce décor noir façon hipster, Marilyn et Elvis donnent la note finale à ce resto *made in USA.*

**Cool LaLa** *(plan B2,* ***22****) : 7/265 Shute Harbour Rd, en retrait de la rue. 0484-220-777. Tlj sauf lun 15h (17h30 mar)-21h, à partir de 12h le w-e. Plats env 15-30 $.* Dans un décor de manga rougeoyant, une petite cantine asiatique où l'on avale avec plaisir des nems croustillants et des raviolis fraîchement préparés, ou encore la spécialité taïwanaise maison, le *braised beef cheek* (joue de bœuf braisée, cuite pendant 8h, fondante). Sinon, généreuses assiettes de riz, garnies de viandes et légumes. Pas de desserts, mais on peut se rafraîchir d'un *bubble tea* fruité, l'autre spécialité maison.

Toute l'animation nocturne se concentre dans *Shute Harbour Rd.* Pour boire un verre, assister à un concert ou simplement rencontrer du monde, les bars des AJ sont un bon plan.

## À voir. À faire

On le rappelle, il n'est pas conseillé de se baigner dans ces eaux à cause des méduses, surtout de novembre à mai. Mais même en dehors de cette période, évitez de vous baigner sans combinaison et sans vous être renseigné au préalable. On compte 4 plages à Airlie Beach. À l'est, au port d'Airlie, la plage artificielle de ***Boathaven Beach*** *(plan D2)* créée en 2011 et qui reste ensablée malgré les marées. Un filet de protection y est installé pendant la saison des méduses, si bien qu'on peut profiter de cette belle eau turquoise. ***Airlie Beach*** *(plan C2)* est la plus centrale, on peut y bronzer tranquille ou y sommeiller à l'ombre d'un palmier, y pique-niquer et même y préparer son barbecue. Le samedi matin, la plage accueille le marché. À l'ouest, ***Shingley Beach*** est accessible par le *Bicentennial Walkway* (voir plus bas), on y croise souvent des *paddles* ou des kayaks. Encore plus à l'ouest, ***Cannonvale Beach*** est beaucoup moins fréquentée car vraiment excentrée. Un filet de protection contre les méduses est normalement installé en saison et on y rencontre plutôt les familles.

Si la ville compte autant de plages, le seul moyen de se baigner sans risque est de barboter dans le lagon. La baignade y est surveillée mais en pleine saison, c'est la foule !

***Bicentennial Walkway :*** cette promenade de 4 km relie le lagon d'Airlie Beach à la plage de Cannonvale à l'ouest. Tout en bois, le parcours de planches longe l'océan et offre des paysages splendides. Du très animé et populaire lagon, on se réfugie peu à peu vers le calme de la station voisine plus huppée. Scrutez les belles maisons, les adorables plages, les criques sauvages et la végétation folle. Loin de l'effervescence d'Airlie, c'est un vrai bol d'air, au naturel. Arrivé à Abell Point Marina, petite pause rafraîchissante face aux voiliers. Puis le chemin conduit jusqu'à l'agréable Cannonvale Beach (voir plus haut).

# L'ARCHIPEL DES WHITSUNDAY ISLANDS 2 300 hab.

• Carte *p. 375*

**En avion ou en bateau, elles apparaissent comme des paradis terrestres au milieu de la mer de Corail. Les 74 îles de l'archipel étendent leur plage de**

**sable blanc le long des eaux limpides et turquoise avec, en arrière-plan, une végétation luxuriante de palmiers et plantes tropicales. Ce décor idyllique attire quand même chaque année près de 700 000 visiteurs. Malgré la foule, seules 8 îles sont occupées par des hôtels, souvent très chics et très chers. Le meilleur moyen de s'offrir le paradis à petits prix est d'embarquer sa tente et de dormir sur une île inhabitée, en tête à tête avec les étoiles. Les pressés opteront pour une excursion à la journée et les budgets plus larges pourront embarquer pour une croisière en voilier de 2 ou 3 jours dans un décor de carte postale.**

## Les Whitsunday, mode d'emploi

### Quand y aller ?

Toute l'année, l'archipel profite d'un climat tropical adouci par l'air marin. 25 °C en moyenne dans l'eau et dans l'air. Si les températures permettent d'étaler sa serviette quand on veut, les méduses rendent la baignade dangereuse d'octobre à mai. Et même en dehors de cette période, on conseille de porter une combinaison. Moins dangereuses et plus majestueuses, les baleines longent les îles entre juillet et septembre. C'est l'occasion ou jamais de les observer sauter hors de l'eau. Dernier tuyau : privilégiez le mois d'août si vous le pouvez, les Australiens n'ayant pas de vacances à cette période, vous serez bien plus tranquille sur votre île déserte !

### Quelle île choisir ?

De la plus sauvage pour planter sa tente à la plus chic avec villa à 4 000 $ la nuit, chaque île a son standing, ses atouts et ses faiblesses. Si les plus connues (Whitsunday, Hook et Hamilton, entre autres) disposent d'hôtels et de restaurants, ce sont aussi les plus fréquentées par les agences de voyages et elles perdent parfois leur charme, envahies en pleine saison. D'un autre côté, opter pour une petite île revient parfois à tirer un trait sur son confort – à vous de peser le pour et le contre. Le mieux est de faire marcher le bouche-à-oreille et d'écouter les bons plans des voyageurs. On vous donne la description, très succincte, des principales îles ; pour les 69 restantes, à vous de décider !

### Seul ou avec une agence ?

On vous conseille de préparer votre excursion tout seul en réservant plusieurs mois à l'avance votre bateau et votre zone de camping. Vous pourrez alors accéder à des plages et des îles oubliées des tour-opérateurs. La sensation d'aventure et le sentiment d'être seul au monde n'en seront que plus forts.
Si votre emploi du temps ne permet pas de prévoir un voyage si longtemps à l'avance, piochez parmi les dizaines d'excursions à la journée ou sur 2 ou 3 jours vendues à Airlie Beach. Mais on vous prévient : vous ne serez pas tout seul à bord et encore moins sur le sable.

### Quel budget ?

Les excursions à la journée varient entre 170 et 210 $, celles de 2 et 3 jours entre 400 et 750 $ tout compris (si vous choisissez une version plus luxueuse). Mais restez à l'affût des promos de dernière minute.
Sans tour-opérateur, il faut compter 7 $/personne par nuit pour camper et entre 75 et 175 $ pour un aller-retour en bateau selon votre destination. Compter aussi env 100 $ de location de matériel de camping si vous n'avez pas le vôtre.

### Camping

– Une fois le bateau réservé, il faut se procurer le ***camping permit obligatoire*** pour planter sa tente sur les Whitsunday. Il coûte environ 7 $/personne par nuit. Résa en ligne sur le site des

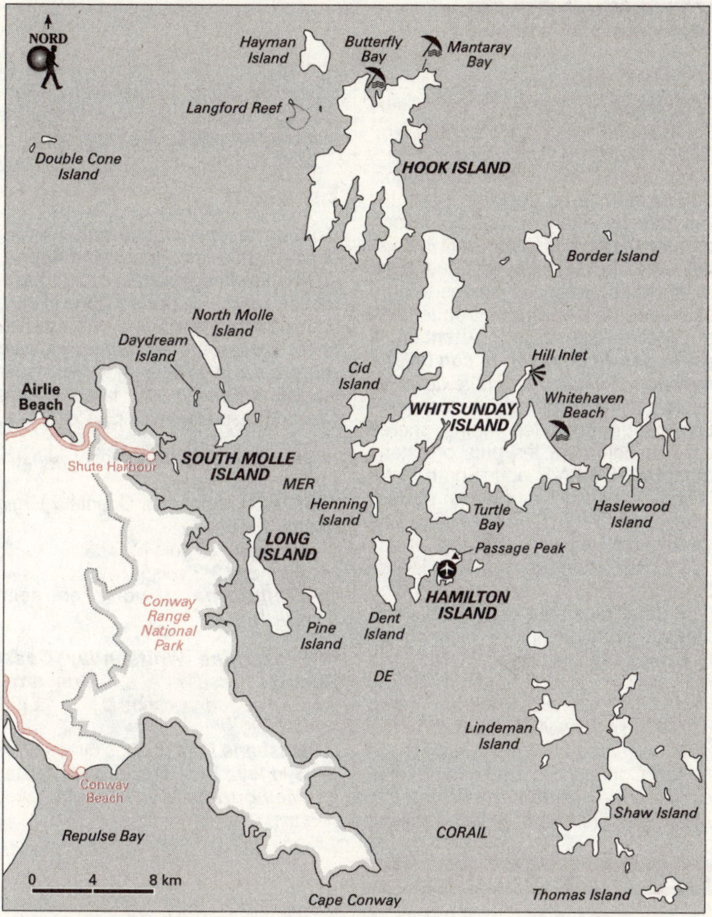


L'ARCHIPEL DES WHITSUNDAY ISLANDS

parcs nationaux (voir « Adresses et infos utiles »). On vous conseille de vous procurer votre billet de bateau avant d'acheter le permis de camper car tous les sites ne sont pas desservis au quotidien.

– Sur place, ***emporter tout le matériel nécessaire.*** Les aires de camping comprennent – au mieux – des toilettes, un container d'eau de pluie et des tables de pique-nique. Il est conseillé d'avoir ***5 l d'eau/personne par jour.***

– Attention, les ***feux de camp*** sont ***interdits.***

– ***Location de matériel :*** le bateau-taxi *Scamper* (voir « Arriver – Quitter ») propose un kit complet pour 2 personnnes à environ 100 $ la 1re nuit puis 35 $ à partir de la 2e nuit, incluant notamment : tente, tapis de sol et sacs de couchage, brûleur à gaz, glacière, vaisselle, torche, etc. Tout ce matériel est louable à l'unité, ainsi que du matériel de snorkelling.

## Arriver – Quitter

### En bateau

■ ***Scamper :*** *0487-226-737. • whitsundaycamping.com.au • Départ de Shute Harbour. A/R 75-175 $/pers selon trajet.* C'est la seule compagnie qui permet de se déplacer entre les îles, mêmes inhabitées, et qui dessert tous les campings ! Leur petit bateau fait donc le plein de voyageurs qui rêvent d'accoster sur les îles encore sauvages et bien moins fréquentées que celles des *resorts.* Attention, ***il est impératif de réserver son billet à l'avance*** et il faut un nombre de voyageurs minimum pour assurer le trajet. Les destinations les moins chères sont évidemment les plus proches : compter 75 $ l'A/R pour South Molle Island et ses voisines Planton et Denman, env 115-170 $ pour les plages de Whitsunday et Henning Islang, et env 175 $ pour débarquer sur Hook Island. Loue aussi du matériel de camping (voir détail plus haut dans « Les Whitsunday, mode d'emploi – Camping »).

■ ***Cruise Whitsundays :*** *24 The Cove Rd, au port d'Airlie Beach. ☎ (07) 4846-7000. • cruisewhitsundays.com • Résa conseillée. Aller simple env 40-84 $ selon trajet ; réduc.* Le service *Resort Connections* de la compagnie circule entre l'aéroport de Proserpine, Airlie Beach (à Port of Airlie), la marina et l'aéroport de Hamilton Island et *Daydream Island.* Ce service conviendra aux clients des *resorts* qui ne s'aventurent pas sur les petites îles.

### En avion

L'option la plus simple est d'arriver directement à ***Hamilton Island Airport,*** où des navettes gratuites *(7h-23h)* assurent un service de porte à porte jusqu'à votre hébergement. Sinon, on peut atterrir au ***Proserpine Whitsunday Coast Airport,*** sur la côte, et rejoindre ensuite les îles en bateau avec la compagnie *Cruise Whitsundays* (voir plus loin).

✈ ***Hamilton Island Airport :*** *• hamiltonisland.com.au •*
Avec les compagnies *Quantas, Virgin Australia* et *Jetstar.*
➢ ***Brisbane :*** 2 vols/j.
➢ ***Sydney :*** 2-3 vols/j.
➢ ***Melbourne :*** 1 vol/j. en sem, 2 vols/j. le w-e.

✈ ***Proserpine Whitsunday Coast Airport :*** *Lascelles Ave, à* ***Gunyarra*** *; à 40 km au sud-ouest de la ville. ☎ (07) 4945-0200.*
➢ ***Brisbane :*** 1-4 liaisons directes/j.
➢ ***Sydney :*** 1 vol direct/j. avec *Jetstar.*
➢ ***Melbourne :*** 1 vol direct/j. avec *Jetstar.*

## Adresses et infos utiles

### Infos touristiques

**i** Sur le site des parcs nationaux : *• parks.des.qld.gov.au/parks/whitsunday-islands •* Toutes les infos sur les Whitsunday Islands et les possibilités de camping, avec permis obligatoire pour les îles.

### Bateau rapide ou voilier ?

À Airlie Beach, sur Shute Harbour Dr, 1 porte sur 2 abrite un tour-opérateur et les autres portes sont celles des AJ, qui font aussi agence de voyages. Ne passez pas la journée à comparer les prix, ils s'alignent à peu près tous suivant leur catégorie respective. Cependant, voici quelques tuyaux à essayer sur place :
- Les AJ offrent parfois des réductions à leurs clients. Essayer l'agence de votre *backpacker* avant d'aller chez le voisin...
- Les offres de dernière minute permettent d'économiser pas mal de dollars. Mais tentez le coup seulement si vous avez du temps devant vous car les dates sont fixes et ne correspondront pas forcément à votre timing s'il est serré. En pleine saison (décembre et janvier), réservez vos excursions plusieurs semaines à l'avance, surtout pour les sorties de 2 ou 3 jours car les bateaux sont vite pleins.

– Négocier les prix. Et pourquoi pas ? Si c'est moins cher chez le voisin, faites-le savoir et peut-être que votre interlocuteur baissera son prix.
Nous vous indiquons une liste d'agences et d'excursions ci-dessous. Non exhaustive, évidemment. En fait, à nos yeux, le vrai choix, c'est entre bateau rapide et voilier. Le 1er est généralement plein de *backpackers* ou de familles à bord, avec une ambiance « à l'américaine », commentaires et bonne humeur de rigueur... Bon, vous l'avez compris, on est plutôt favorable au voilier, un transport plus lent et un peu plus cher, certes, mais plus écologique, plus calme et qui permet souvent de se rendre sur des îles et des plages moins fréquentées et de se restaurer de meilleure façon. Évidemment, on passe un peu plus de temps à bord que dans l'eau ou sur la plage.

***En voilier***

■ ***Eco Tall Ship Adventures – Derwent Hunter :*** *Coral Sea Marina. ☎ 1-800-334-773. • tallshipadventures.com.au • Excursion à la journée env 179 $ (4-15 ans 119 $), transferts et repas compris. Départ à 8h de Coral Sea Marina, retour vers 16h30.* Beau voilier traditionnel en bois de Tasmanie (fabriqué là-bas en 1945) avec une prestation de haute tenue, largement primée et reconnue depuis un bail. Au programme, plusieurs arrêts snorkelling, notamment sur l'atoll de Langford Island, d'où l'on accède directement au récif de corail. La cerise sur le gâteau, c'est la nourriture, d'excellente qualité, du *morning tea* à l'*afternoon tea* en passant par le superbe *smorgasbord lunch.* Combinaisons et équipement de snorkelling fournis. Équipage adorable.

■ ***Cruise Whitsundays – Camira Sailing Adventure :*** *☎ (07) 4846-7000. • cruisewhitsundays.com • Excursion à la journée 229 $ (moins de 14 ans 197 $), repas compris. Départ à 8h15 de Port of Airlie, retour vers 17h30.* À bord du catamaran *Camira,* on rallie l'incontournable Whitehaven Beach (balade jusqu'au Hill Inlet Lookout) et divers spots de snorkelling. Déjeuner de qualité avec boissons incluses, tout comme les collations du matin et de l'après-midi.

■ ***Explore Whitsundays :*** *1/4 Airlie Esplanade. ☎ (07) 4967-7555. • explorewhitsundays.com • Excursion à la journée env 179 $ (3-14 ans 135 $), repas compris. Départ à 9h de Coral Sea Marina, retour vers 17h. Excursion 2 j. et 1 nuit env 410 $, repas inclus.* L'excursion à la journée passe par Tongue Bay, d'où l'on se rend à Hill Inlet pour la carte postale avant de déjeuner à Whitehaven Beach. L'après-midi, arrêt snorkelling et retour à la marina. L'excursion de 2 jours passe par les mêmes endroits mais permet plus de snorkelling et 1 nuit à bord.

■ ***Whitsundays Sailing Adventures – Kiana Sail & Dive :*** *☎ (07) 4940-2000. • whitsundayssailingadventures.com.au • Excursion 3 j. et 2 nuits. Départ seulement les lun et ven à 8h de Coral Sea Marina ; retour les mer et dim vers 16h. Compter 749 $/pers, repas compris ; 1 seule plongée incluse, la 2e à 80 $ puis tarif dégressif.* L'excursion préférée des plongeurs, car c'est le seul voilier à proposer de la plongée et l'un des rares à se rendre jusqu'à la Barrière de corail (sous réserve de bonne météo), en passant par les plus beaux spots de plongée comme Blue Pearl Bay sur Hayman Island et Mantara Bay sur Hook Island. Escale à Whitehaven Beach, *of course.* Maximum 14 personnes à bord, plus 3 équipiers. Salon et cabines climatisées.

***En bateau rapide***

■ ***Ocean Rafting :*** *☎ (07) 4946-6848. • oceanrafting.com.au • Excursion à la journée 174 $ (enfant 112 $), transferts inclus, mais combinaison et repas en sus (respectivement 8 $ et 17 $). Départ à 8h45 et 10h de Coral Sea Marina, à côté du resto Sorrento, et retour vers 15h30 et 16h30.* Le petit chouchou des *backpackers.* Cette compagnie de Zodiac propose 2 itinéraires au choix : le *Northern Exposure* passe au nord de Hook Island, pour filer vers Hill Inlet Beach. Le tour *Southern Lights* vous emmènera à Border Island ou Dumbell Island, Hill Inlet et l'immanquable Whitehaven Beach.
– Plein d'autres compagnies « festives » prisées des *backpackers* comme ***Thundercat*** et ***Habibi*** (croisières de 2 jours seulement).

■ ***GSL Marine :*** ☎ *(07) 4946-9097.* • *gslmarine.com.au* • *Excursion à la journée 189 $ (3-14 ans 139 $), déj compris, combinaison, masque et tuba fournis. Départ de Coral Sea Marina à 9h, retour vers 18h.* Un autre bateau rapide, mais moins *backpackers* que le précédent. L'excursion *Whitsunday Island Adventure* inclut : les transferts, 1h de jetski, farniente à Whitehaven Beach, *paddle board,* et la balade jusqu'au superbe panorama de South Whitehaven Lookout.

## HAMILTON ISLAND

Par voie aérienne, c'est ici que vous atterrirez, sur l'île la plus développée de l'archipel. Luxueuse et splendide, Hamilton offre une belle escapade à la journée pour qui voudrait goûter des eaux limpides et arpenter des chemins de randonnée vallonnés, au cœur d'une végétation humide. Certains partent de l'arrière du *Reef View Hotel* ; de là, grimpez jusqu'à ***Passage Peak*** pour un panorama époustouflant sur l'île. On aime l'animation de la marina le soir, où toute l'île se retrouve autour des terrasses (assez chics elles aussi). On recense 1 000 habitants permanents, un golf et une école, mais aucun camping. À moins d'une excursion à la journée, le logement vous coûtera très cher. Consulter le site • *hamiltonisland.com.au* •

## WHITSUNDAY ISLAND

La plage de ***Whitehaven Beach*** s'apparente pour certains à la plus belle plage du monde, c'est pourquoi Whitsunday Island est devenue une escale quasi obligatoire pour tous les voyageurs qui naviguent dans la mer de Corail. L'île est aussi la plus grande de l'archipel. La plupart des circuits vous feront grimper jusqu'à Hill Inlet, où, malgré le monde, le panorama sur la plage vaut toutes les cartes postales. Ici, les eaux turquoise sillonnent dans les bancs de sable immaculé, créant un décor idyllique. Malgré le passage de tous les tour-opérateurs, le plus grande des îles de l'archipel reste propre et joliment conservée.

⛺ Aucun hôtel sur ces terres, seuls les campeurs peuvent passer la nuit ici. L'île compte une poignée d'***aires de camping,*** dont la plus populaire (et fréquentée) se trouve sur Whitehaven Beach. On vous conseille de vous éloigner un peu vers les plages de Dugong, Cairn, Nari's, Joe's et Chance Bay.

## HOOK ISLAND

C'est la 2e île de l'archipel par sa taille et aussi un point de passage de nombreux tour-opérateurs. Et pour cause, l'île offre de magnifiques spots de plongée et de snorkelling comme à ***Mantaray Bay, Langford Reef*** et ***Butterfly Bay.*** Allez-y le matin de préférence.

⛺ L'île compte 4 ***aires de camping,*** concentrées pour la quasi-totalité au nord.

## LONG ISLAND

À peine 10 km de long et moins de 500 m de large, cette île tout en longueur est sillonnée de sentiers pédestres où les marcheurs apprécieront la forêt tropicale. Côté mer, l'île possède des plages immaculées aux eaux turquoise et un récif corallien où l'on découvre la vie sous-marine avec enthousiasme. Long Island combine donc plages paradisiaques, snorkelling et randonnées sur un petit territoire, c'est une bonne option pour les voyageurs à l'emploi du temps serré.

**Palm Bay Resort :** *☎ 1-300-655-126. ● palmbayresort.com.au ● À partir de 275-475 $ pour 2 pers.* De la mignonne cabane améliorée au bord de l'eau à la villa de luxe, ce *resort* offre un joli choix d'hébergements, à des prix plutôt justifiés vu le cadre et la qualité des prestations.

## SOUTH MOLLE ISLAND

Avec ses petits 4 km², c'est la plus grande des îles Molle. On y trouve de beaux chemins de randonnée à emprunter à pied ou à vélo à travers les collines verdoyantes. L'île est aussi un petit paradis pour les oiseaux, tel le loriquet arc-en-ciel.
L'île compte 2 ***aires de camping*** : *Sandy Bay* au sud et *Paddle Bay* au nord.

# TOWNSVILLE

env 193 000 hab.

**Fondée en 1864, c'est aujourd'hui la capitale du Northern Queensland et l'un des plus grands ports du pays. À part quelques bâtiments coloniaux dans le centre, c'est surtout Flinders St qui égaye la ville avec une série de restos, bars et boîtes de nuit, fréquentés par les militaires de la base. Le Strand, bordant la plage et la marina, est l'occasion d'une petite promenade le long d'un jardin tropical, et la Kissing Point Rock Pool, piscine-lagon aménagée, permet de piquer une tête à l'abri des *stingers* (méduses) en saison.**
**Bref, on ne s'attarde pas à Townsville, et on vous conseille même de sauter directement dans un bateau pour rejoindre les plages tranquilles de la séduisante Magnetic Island, à 12 km au large et seulement 30 mn de navigation.**

## Arriver – Quitter

### En avion

✈ ***Aéroport :*** *à 5 km à l'ouest du centre-ville. ☎ (07) 4727-3211. ● townsvilleairport.com.au ●* Vols directs quotidiens vers ***Cairns, Mackay, Brisbane, Melbourne, Sydney*** et ***Darwin.*** Connexions vers Rockhampton et la Gold Coast.

➢ Liaisons directes en bus vers le *Breakwater Terminal* (ferry pour Magnetic Island), proche du centre : env 16 $/pers. En taxi, compter 10-15 mn et 25 $.

### En bus

***Station de bus :*** *Breakwater Terminal.* Pratique, les bus s'arrêtent directement à l'embarcadère pour Magnetic Island. On peut y prendre aussi la connexion vers Alice Springs (NT).

Compagnies : *Premier* (*☎ 133-410 ; ● premierms.com.au ●*) et *Greyhound* (*☎ 1-300-473-946 ; ● greyhound.com.au ●*).

➢ ***Mission Beach :*** 3 bus/j. Trajet : 3h30-4h.

➢ ***Cairns :*** 3 bus/j. Trajet : 5h30-6h.

➢ ***Airlie Beach :*** 2 bus/j. Trajet : 4h-4h30.

➢ ***Rockhampton :*** 2 bus/j. Trajet : env 11h30.

➢ ***Agnes Water :*** 1 à 2 bus/j. Trajet : env 13h30-14h. Choisissez *Greyhound* car *Premier* vous dépose à 25 km du centre (navette à 20 $).

➢ ***Hervey Bay :*** 1 bus/j. Trajet : env 18h.

➢ ***Rainbow Beach :*** 1 à 2 bus/j. Trajet : 18h30-19h30.

➢ ***Noosa :*** 2 bus/j. Trajet : 21-23h.

➢ ***Mooloolaba :*** 1 bus/j. Trajet : env 22h. Liaison avec *Greyhound* seulement sur résa.

➢ ***Brisbane :*** 2 bus/j. Trajet : 24-25h.

## Adresses utiles

**Visitor Information Centre :** *280 Flinders St. ☎ (07) 4721-3660. • townsvillenorthqueensland.com.au • Tlj 9h-17h (13h w-e).* Documentation fournie sur la ville et Magnetic Island. Comptoir de vente des billets *Fantasea* et *Sealink*.

**Banques, distributeurs de billets :** on en trouve sans problème dans le centre-ville et à l'embarcadère pour Magnetic Island.

**Townsville Hospital :** *100 Angus Smith Dr, à* ***Douglas,*** *au sud de Townsville. ☎ (07) 4433-1111.* Urgences 24h/24.

## Où dormir ? Où manger ? Où boire un verre ?

Une poignée d'adresses dans le centre, mais on vous conseille d'opter plutôt pour une nuit à Magnetic Island, toute proche !

**Rambutan :** *113-119 Flinders St. ☎ (07) 4771-6915. • rambutantownsville.com.au • Doubles env 130-160 $.* Vaste structure idéalement située et très bien entretenue. Véritable *resort* avec une quarantaine de chambres privatives ou familiales, et même une villa de 4 chambres, chic et tout confort. Belle piscine posée sur le toit, avec bar et animation le week-end. Jolie vue sur la rivière. Cuisine, laverie, resto. Possibilité de réserver le ferry pour Magnetic Island et toutes sortes d'activités.

**The Balcony Restaurant :** *287 Flinders St. ☎ (07) 4771-2255. Tlj 8h (6h30 mer-ven)-14h. Petit déj et plats env 19-32 $.* Dans une jolie maison coloniale orangée, on grimpe à l'étage et même au balcon (en fer forgé) et, côté assiette, presque au rideau tant c'est bon et bien préparé. Idéal pour un petit déj ou un *lunch* léger avec *eggs Benedict,* salades, currys, risotto, steak... Le tout servi dans une salle climatisée aux tons marron par un personnel souriant.

L'animation se concentre dans le CBD, de part et d'autre du Victoria Bridge, dans Flinders St, Flinders St East et Palmer St. On y trouve tous les hôtels, restos, bars, etc. On a retenu notamment ***The Australian Hotel*** *(11 Palmer St ; tlj 10h-minuit),* un authentique bar de locaux avec quelques tables en terrasse, une grande salle ouverte sur la rue et un long comptoir pris d'assaut presque tous les soirs. Salle de resto à l'arrière pour une cuisine de pub. Bons concerts live en fin de semaine.

Dans la même rue, le ***Cactus Jack's*** *(21 Palmer St ; tlj 17h-22h)* offre un cadre soigné et chaleureux pour siroter un cocktail. Au menu, copieuse et honnête cuisine tex-mex.

# MAGNETIC ISLAND

env 2 500 hab.

• Carte *p. 383*

**À quelques encablures de Townsville, Magnetic Island – ainsi nommée par le capitaine James Cook car sa boussole perdit le nord à ses abords – porte vraiment bien son nom. Cette île de 52 km², peuplée de près de 2 500 habitants, aimante à juste titre le visiteur en quête de détente, de plages et de balades nature. Elle est couverte de forêts d'eucalyptus et les 2/3 sont classés parc national, abritant 166 espèces d'animaux, notamment de nombreux wallabies, pas si farouches... Mais la raison essentielle de venir ici, ce sont les 900 koalas de l'île, soit l'une des plus grandes colonies du nord de l'Australie !**

**Les sentiers côtiers aménagés tout autour permettent d'explorer l'île. Avec pas moins de 23 baies et plages propices à la baignade et aux activités nautiques (kayak, snorkelling, plongée, etc.), Magnetic Island est une destination prisée le week-end. On y trouve un grand nombre de maisons et gîtes en location, ainsi que des *backpackers*, qui investissent l'île notamment pour des *full moon parties* endiablées... Magnétique, on vous dit.**

## Arriver – Quitter

Liaisons en bateau pour les piétons avec *Sealink* et pour les véhicules avec *Fantasea*. Infos et billets en vente à l'office de tourisme et aux 2 embarcadères (attention à ne pas les confondre !).

Sur l'île, arrivée et départ à ***Nelly Bay.*** *Transports en navette avec Sunbus, tlj ttes les 45 mn-1h env, 5h30-22h30 (23h30). Ticket : 3 $,* daily pass *8 $. Infos : ☎ (07) 4771-9800.*

■ ***Sealink Queensland :*** *Breakwater Terminal, Sir Leslie Thiess Dr. ☎ (07) 4726-0800. • sealinkqld.com.au •* Bateau rapide (pas de véhicule à bord). Env 17 liaisons/j. A/R. Compter 20 mn et env 36 $/pers l'A/R ; réduc, notamment en ligne.

■ ***Magnetic Island Ferries :*** *Ross St, de l'autre côté de la rivière et du Breakwater Terminal. ☎ (07) 4796-9300. • magneticislandferries.com.au • Résa obligatoire pour les véhicules ; sinon parking surveillé (5 $/j.).* Env 8 liaisons/j. en sem et 6 le w-e dans les 2 sens. Compter 40 mn de traversée et env 32 $/pers l'A/R (réduc) ; véhicule 246 $ (jusqu'à 6 pers).

## Adresse utile

■ ***Station-service :*** ***Arcadia Store*** *(carte, **11**), juste derrière l'Arcadia Beach Guest House, à **Arcadia.** Tlj 8h-18h.* Si vous n'avez pas fait le plein avant de venir avec votre véhicule...

## Où dormir ? Où manger ? Où boire un verre ?

***Bungalow Bay Koala Village*** *(carte, **10**) : 40 Horseshoe Bay Rd, à **Horseshoe Bay.** ☎ (07) 4778-5577. • bungalowbay.com.au • Liaisons avec Sunbus depuis Nelly Bay (env 15 mn et 3 $). Camping 20-25 $/pers ; dortoirs (3-8 lits) 30-35 $/pers ; bungalows privatifs avec sdb commune 55-155 $ ; doubles avec sdb privée 110-230 $* Sans conteste la meilleure adresse de l'île, soit un ensemble de jolis bungalows en bois répartis au cœur d'un sanctuaire de koalas (lire plus loin dans « À voir ») ! Toutes les options possibles : emplacements pour les campeurs et les vans, dortoirs nickel, chambres privées coquettes, bungalows plus rudimentaires mais avec clim, frigo et petite terrasse. Grande piscine, hamacs et transats pour buller tranquillement, bar, pizzas et *deck bar* pour des soirées animées. Activités quotidiennes, notamment à la découverte de la faune environnante, sorties plongée, etc. Le personnel est formidable et l'ambiance est au diapason. Un véritable paradis pour *backpackers* et même l'une des adresses les plus authentiques de toute la côte.

***Arcadia Beach Guest House*** *(carte, **11**) : 27 Marine Parade, à **Arcadia.** ☎ (07) 4778-5668. • arcadiabeachguesthouse.com.au • Dortoirs env 38-50 $/pers ; safari tent 70 $ ; doubles 85-185 $.* Ne vous arrêtez pas à la Rolls garée devant cette jolie maison bleue face à la mer, l'adresse est tout à fait abordable. On y trouve des dortoirs pour 2 à 4 personnes, une *safari tent* originale et quelques chambres très agréables pour tous les budgets. Joli jardin et beaux espaces communs, avec piscine, bar, cuisine et BBQ. Location de 4x4. Bon accueil.

***True North B & B** (carte, **12**) : 48 Horseshoe Bay Rd, à **Horseshoe Bay.** 0400-564-430. • truenorthbnb.com. au • Double env 179 $.* Juste à côté de notre AJ préférée, ce *B & B* logé dans une charmante maison en bois propose 4 chambres coquettes et d'excellent confort, toutes avec beau parquet, salle de bains et micro-ondes. Elles donnent sur un balcon en bois protégé par un rideau de bambous. Salon et cuisine commune en libre accès. Petite piscine. Bon accueil.

***Man Friday** (carte, **13**) : 37 Warboys St, à **Nelly Bay.** ☎ (07) 4778-5658. Tlj sauf mar 18h-20h. Résa conseillée. Plats env 25-37 $.* On était bien contents de trouver cette maisonnette colorée et son charmant jardin, cachés dans une ruelle de Nelly Bay, dont le nom rend hommage à Vendredi et à son fameux Robinson. Outre qu'on y dîne en compagnie de quelques gourmands opossums, on y déguste, et ça change un peu, une cuisine tex-mex vraiment réussie. À la carte, tous les classiques, *nachos, burritos, enchiladas, chili, ribs,* et les *specials* du jour. S'il vous reste de la place, les desserts sont aussi fameux.

Pour boire un café ou un verre face à la plage, on vous conseille de traîner vos guêtres à Horseshoe Bay, où l'on trouve quelques cafés-restos comme ***Noodies on the Beach, Marlin Bar Tavern*** ou encore ***Sandi's*** *(live music le w-e en saison).*

# À voir. À faire

Se procurer la carte *Wildlife and Trails Guide Magnetic Island* éditée par la compagnie *Sealink,* ou le *Magnetic Island Guide,* tous 2 gratuits et disponibles presque partout.

***Plages, balades, koalas et wallabies :*** la plus belle partie de l'île est le secteur nord-est. On vous conseille la jolie ***balade jusqu'au fort.*** Au départ du parking situé sur Horseshoe Bay Rd, à peu près à mi-chemin d'Arcadia et Horseshoe Bay, compter 4 km de piste aller-retour (1h30 à 2h) jusqu'au sommet des ruines du fort, où trône... une antenne de télécommunications. Mais le panorama est très beau et beaucoup y viennent au coucher du soleil. Surtout, en chemin, on croise assez facilement des koalas sauvages perchés sur leurs eucalyptus (magique !).

Du même parking de départ, une petite route goudronnée mène à ***Arthur Bay*** (700 m) et ***Florence Bay*** (1,8 km), sympa pour faire du snorkelling (en combinaison de novembre à mai) au milieu des *cauliflower corals,* puis elle devient plus chaotique (4x4 ou SUV nécessaire) jusqu'à ***Radical Bay*** (3 km), qui cohabite avec ***Balding Bay.*** Enfin, belle et vaste plage à ***Horseshoe Bay,*** au nord, la seule où l'on est sûr de bénéficier d'un filet antiméduses à partir de novembre.

Côté ouest, ***Cockle Bay,*** à marée basse, permet d'observer une belle épave rouillée dans laquelle a poussé une miniforêt. Plus à l'ouest, des kilomètres de plage et de végétation tropicale...

***Koala Sanctuary :*** *au sein de l'YHA Bungalow Bay Koala Village, 40 Horseshoe Bay Rd, **Horseshoe Bay.** ☎ (07) 4778-5577. • bungalowbay.com.au • Visite guidée à 10h30 et 12h30. Entrée : 34 $ ; 5-15 ans 20 $.* On n'est pas vraiment fan des zoos et autres attractions scénarisées mais ici, on visite le sanctuaire des koalas en compagnie d'un(e) *ranger,* de manière vivante et très didactique. Vous saurez tout – ou presque – sur cet adorable animal, mais aussi sur ses colocataires, tortues, lézards (à langue bleue, « à 2 têtes »), wombat, etc. Certes, la photo avec un koala accroché à son cou est un peu mercantile, mais on vous défie de ne pas être ému en plein câlin. Dans un autre style, on peut également prendre un gros serpent dans ses bras et s'en faire une écharpe... Enfin, après la dernière visite (vers 16h), ne manquez pas le nourrissage des perroquets et perruches multicolores : une vraie cacophonie !

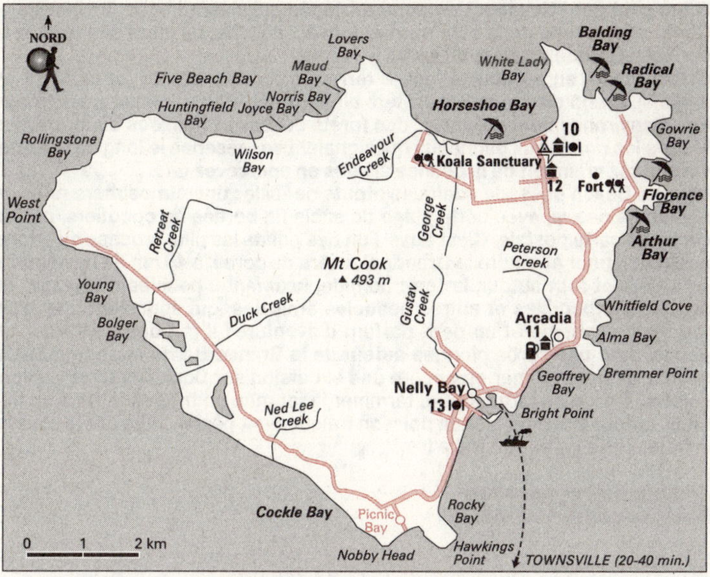


## MAGNETIC ISLAND

**Adresse utile**

**11** Station-service Arcadia Store

**Où dormir ? Où manger ?**

**Où boire un verre ?**

**10** Bungalow Bay Koala Village
**11** Arcadia Beach Guest House
**12** True North B & B
**13** Man Friday



# MISSION BEACH

env 750 hab.

• Plan *p. 385*

**Situé à mi-chemin entre Townsville et Cairns. Pas facile d'appréhender ce village au 1er abord. Il est constitué d'un ensemble de hameaux, Bingil Bay, Mission Beach Village, Wongaling, et South Mission Beach, disséminés sur près de 14 km de littoral et enfouis au cœur de la végétation tropicale. Le site fait partie des *Wet Tropics of Queensland*, ensemble de parcs nationaux et de 700 autres parcs classés au Patrimoine mondial de**

> **ILLUSTRE ANCÊTRE**
>
> *Les Wet Tropics ont une importance majeure pour la richesse et le caractère exceptionnel de leur biodiversité. C'est aussi un témoignage inédit de l'évolution de la faune et de la flore australiennes, car cette zone de près de 900 000 ha renferme les vestiges de la grande forêt du Gondwana, qui recouvrait le pays et une partie du continent antarctique il y a 50 à 100 millions d'années... Un véritable sanctuaire naturel.*

l'humanité par l'Unesco. Une zone protégée qui s'étend entre Townsville et Cooktown, le long de la côte nord-est, avec, en face, un autre site classé, la fameuse Grande Barrière de corail !
Cette région, en particulier, est le territoire du rare casoar (*cassowary* en anglais), grand oiseau insolite à tête bleue ornée d'un « casque », qui trouve ici un environnement préservé, des forêts denses et humides où se cacher. Malgré les nombreux panneaux qui signalent sa présence le long de la route, vous aurez vraiment de la chance si vous en apercevez un...
Mission Beach possède quelques atouts de taille : une atmosphère relax de station balnéaire, avec cette plage de sable fin bordée de cocotiers, parfait cliché de carte postale. C'est aussi l'un des points les plus proches du littoral australien pour atteindre la Grande Barrière de corail, à 45 mn de navigation. À l'arrière et tout autour, la forêt humide, luxuriante, peuplée d'oiseaux, de serpents, crocodiles et autres bestioles amicales, qui apportent une vraie touche d'exotisme et un petit parfum d'aventure ! Il fait bon s'attarder un peu ici pour une sortie plongée autour de la Grande Barrière, un tour sur le sentier de bord de mer ou encore une excursion sur Dunk Island et les îlots voisins, à 4 km au large. Enfin, terminer la journée en trinquant dans un bar local, autour d'un bon plat de poisson fraîchement pêché... Les petits plaisirs simples de la vie en Australie !



## Arriver – Quitter

### En bus

*La station des bus (plan A3) est située à Wongaling.* Compagnies : *Premier (☎ 133-410 ; ● premierms.com.au ●)* et *Greyhound (☎ 1-300-473-946 ; ● greyhound.com.au ●).*
➢ ***Cairns :*** 3 bus/j. Trajet : 2h.
➢ ***Townsville :*** 3 bus/j. Trajet : env 4h.
➢ ***Airlie Beach :*** 2 bus/j. Trajet : env 8h.
➢ ***Rockhampton :*** 2 bus/j. Trajet : env 14-15h.
➢ ***Agnes Water :*** 2 bus/j. Trajet : env 18h. *Premier* assure le seul bus « direct » mais vous dépose à 25 km du centre (navette à 20 $).
➢ ***Hervey Bay :*** 2 bus/j. Trajet : env 21h.
➢ ***Rainbow Beach :*** 2 bus/j. Trajet : 22-24h.
➢ ***Noosa :*** 2 bus/j. Trajet : 25-26h.

## Adresses utiles

***Visitor Information Centre*** *(plan B1) : 55 Porter Promenade, à Mission Beach Village (indiqué). ☎ (07) 4068-7099. ● missionbeachtourism.com ● Lun-sam 9h-17h, dim 10h-14h.* Plan de Mission Beach et de la région, possibilité de résas d'hébergements et excursions.
■ ***Banque :*** ***Bendigo Bank*** *(plan A3, **1**), à Wongaling. Juste à côté du supermarché. Lun-ven 9h30-12h30, 13h30-17h.* Change aux heures d'ouverture et distributeur accessible 24h/24.
***Supermarché :*** ***Woolworths*** *(plan A3, **1**), à Wongaling. Tlj sauf dim 8h-21h (18h sam).* Le grand supermarché du coin.
– On trouve tous les services dans le même périmètre : ***station-service, pharmacie,*** etc.

## Où dormir ?

### Backpackers (auberges de jeunesse)

***Jackaroo Treehouse Rainforest Retreat*** (hors plan par B1, ***11***) : *13 Frizelle Rd, à Bingil Bay. ☎ (07) 4210-6008. ● jackarootreehouse.com ● Transfert gratuit depuis/vers la station de bus à Wongaling. Camping 15 $/pers. Dortoir mixte ou séparé (6 lits) env 30 $/pers ; double avec sdb commune*

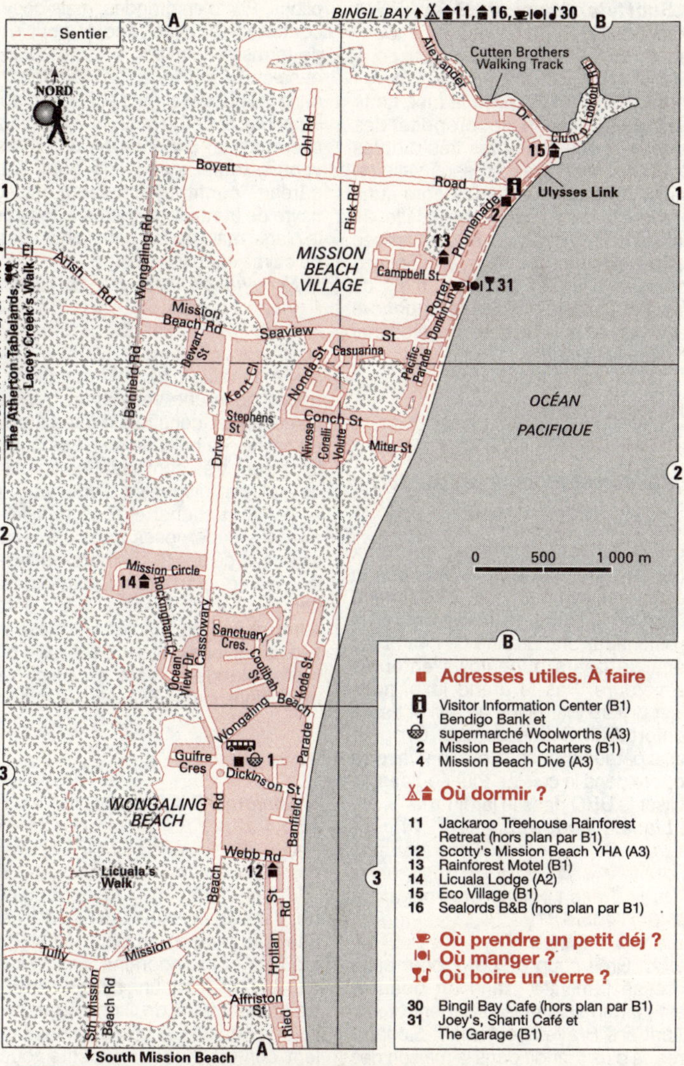


MISSION BEACH



*78 $ ; petit déj inclus.* Attention, perle rare ! Cette auberge de jeunesse est installée dans une belle et vaste maison en bois, au cœur d'un grand jardin tropical. Dortoirs et chambres clairs et fonctionnels, sanitaires impeccables. Espaces communs très relax. La maison domine une piscine et une belle pelouse qui dévale jusqu'aux abords de la forêt. Hamacs dans le jardin. Activités nature organisées tous les jours et, bien sûr, tous les services habituels : cuisine, BBQ, bar, laverie, etc. Un vrai havre de paix pour les *backpackers*.

**Scotty's Mission Beach YHA** (*plan A3,* **12**) *: 76 Holland St, à Wongaling. ☎ (07) 4068-8676. • yha.com.au • Dortoir (4-6 lits) env 30 $/pers ; double 75 $.* À 100 m de la mer, cette auberge de jeunesse propose des dortoirs et des chambres très propres (draps fournis), avec ou sans salle de bains. Agréables espaces communs (grande cuisine, salon, bar, salle de jeux). Piscine, BBQ, navette à l'arrivée des bus, location de vélos, etc. Soirées spéciales toute la semaine, mais ce n'est pas la fiesta tous les soirs, donc le calme est en général assuré. Personnel efficace et sympa.

## De prix moyens à plus chic

**Rainforest Motel** (*plan B1,* **13**) *: 9 Endeavour Ave, à Mission Beach Village. ☎ (07) 4088-6787. Doubles env 90-115 $.* Bon rapport qualité-prix pour ce motel tout simple, tenu par un couple très sympathique. À seulement 200 m de la plage, en retrait de Porter Promenade. Une dizaine de chambres dans de petits bungalows entourés de verdure. Pas le grand luxe, mais c'est propre (carrelage au sol) et assez confortable. Calme garanti. On peut aussi patauger dans la piscine, faire sa popote dans la cuisine tout équipée ou utiliser le BBQ dans le jardin.

**Licuala Lodge** (*plan A2,* **14**) *: 11 Mission Circle ; petite rue qui grimpe à droite sur la route de Tully, entre Mission Beach Village et Wongaling. ☎ (07) 4068-8194. • licualalodge.com.au • Doubles 170-190 $, petit déj inclus.* Gros coup de cœur pour cette adresse familiale, dans un beau et vaste jardin soigneusement entretenu. Esprit *B & B* avec seulement 5 chambres, la plus grande dans la maison des proprios, Sue et Mick, d'origine britannique ; les 4 autres dans un bâtiment à part, maison en bois montée sur pilotis. Pas bien grandes, mais cosy et confortables, avec frigo et petit bout de terrasse à l'avant. Cuisine équipée et salon TV à disposition. Jolie piscine dans le jardin, vraiment super agréable. En prime, superbe petit déj à l'anglaise, avec tout un choix de produits frais : yaourt, œufs, salade de fruits frais, gâteau, confitures maison, etc. Un havre de tranquillité, certes à l'écart de la plage, mais parfait pour les amateurs de calme et de verdure.

**Eco Village** (*plan B1,* **15**) *: Clump Point Lookout Rd, à Mission Beach Village. ☎ (07) 4068-7534. • ecovillage.com.au • Doubles env 130-180 $.* À la sortie du village, ce petit complexe se cache dans une végétation tropicale luxuriante et bénéficie d'une situation au calme, en bord de mer. Les bungalows sont très confortables, spacieux et la plupart disposent d'une vraie cuisine (ou kitchenette). Les familiales, avec lits superposés dans un espace séparé et/ou une 2e chambre, entourent la piscine, parfaitement intégrée à l'environnement, tandis que d'autres sont un peu plus isolés. Terrasse privée et équipée. La déco est celle d'un motel standard mais on profite du magnifique jardin. Excellent accueil.

## Très chic

**Sealords B & B** (*hors plan par B1,* **16**) *: 4 James Rd, au nord de Mission Beach. ☎ (07) 4088-6444. • sealords.com.au • Doubles et appart env 300-330 $, petit déj inclus.* Au nord du centre, dans un environnement verdoyant, une jolie maison en bois rénovée de manière contemporaine. On y trouve 2 chambres (dont une avec un spa !) et un appartement de 2 chambres avec cuisine équipée et grand salon. Excellent confort, avec une petite touche de charme, et propreté impeccable. Piscine. Plage à 50 m. Accueil charmant de Tim.

## Où prendre un petit déj ? Où manger ? Où boire un verre ?

Mission Beach est très étendue mais c'est le *Village Green*, un pâté de maisons verdoyant non loin de la mer, qui regroupe le plus d'adresses et d'animation.

### De bon marché à prix moyens

**Bingil Bay Cafe** *(hors plan par B1,* ***30****) : 29 Bingil Bay Rd, à Bingil Bay. ☎ (07) 4068-7146. Tlj sauf lun 7h-20h (20h30 ven-sam et 15h dim). Plats env 17-35 $.* Un peu excentrée, dans un jardin tropical très soigné, une sorte de grande case créole violette, agréable terrasse à l'avant et salle très chaleureuse, avec un joli vitrail, des banquettes rouges et plein d'objets colorés. Non seulement on se sent bien ici, mais on y mange divinement ! Heureuses surprises que ces formules petit déj copieuses et originales, ces pizzas croustillantes, ces salades fraîches, burgers, snacks et autres desserts, fameux, à accompagner d'une p'tite bière allemande. Musique live le vendredi.

**Joey's** *(plan B1,* ***31****) : 2/42 Donkin Lane, à Village Green. 0402-005-624. Tlj 6h-12h30. Petit déj, snacks et plats 6-24 $.* C'est le bon plan du Village Green, une petite cabane bleue avec un bout de terrasse. On s'y réconforte dès 6h du mat d'un bon café et d'un excellent gâteau comme le *banana bread*, servi tiède avec beurre et myrtilles ! À partir de 7h, on peut commander toasts, snacks puis des salades et des burgers de bonne facture.

**Shanti Café** *(plan B1,* ***31****) : 37 Porter Parade, à Village Green. 0467-584-017. Tlj 7h-14h (13h30 w-e). Petit déj, snacks et plats env 13-20 $.* À Village Green, c'est le café zen du coin. Agréable terrasse où l'on avale tranquillement petit déj, snacks, salades, tartines aux légumes et jus frais. Bref, du végétarien et du *vegan* de bonne qualité qui conviendra aux petits budgets et aux lève-tard.

**The Garage** *(plan B1,* ***31****) : 41 Donkin Lane, à Village Green. ☎ (07) 4088-6280. Seulement jeu-dim 15h-22h.* C'est le bar le plus animé en soirée à Village Green, sympa pour boire un verre et faire des rencontres. On peut aussi y grignoter une pizza presque à toute heure.

## À voir. À faire à Mission Beach et dans les environs

Plusieurs **sentiers de balade** à vous indiquer. D'abord, l'***Ulysses Link*** *(plan B1-2)*, un agréable sentier océanique (2 km) longeant la plage à l'ombre des arbres. Prudence toutefois, il est possible de croiser la route d'un *salty*, crocodile marin qui fréquente aussi le coin ! Le ***Licuala's Walk*** *(plan A3)*, avec son *children's walk* (350 m !) et son *rainforest walk* (1,2 km), permet de se balader à l'ombre avec le secret espoir d'apercevoir un casoar... mais il faut vraiment avoir la chance avec soi. Idem pour le ***Lacey Creek's Walk*** *(hors plan par A1)*. Notez qu'il est possible de relier les 2 derniers si on est un bon marcheur.

***Plage :*** immense et quasi déserte... Près de 14 km de sable fin, ça devrait suffire pour trouver un coin tranquille où poser votre serviette ! Filets antiméduses *(stingers)* de novembre à mai, à Mission Beach Village, devant le *Castaways Resort*, et à South Mission Beach, devant le poste de secours du *Beachcomber Caravan Park*.

### Activités nautiques

■ ***Mission Beach Charters*** *(plan A1,* ***2****) : 55 Porter Promenade. 0475-885-205. • missionbeachcharters.com.au •* Sorties à la demi-journée ou à la journée en petits bateaux. Pique-nique sur Dunk Island, snorkelling, pêche, observation des baleines en saison, etc. Location de matériel de camping et toutes les infos sur les possibilités de camper sur les îles environnantes. Très sympa.

■ ***Coral Sea Kayaking :*** *0484-791-829. • coralseakayaking.com •* Location de kayaks et *paddles*. Propose de belles expéditions accompagnées de 3 jours en kayak vers les archipels de Family Island et de Barnard Island,

LE QUEENSLAND

dans le parc national de la Grande Barrière, ou de 7 jours vers la superbe Hinchinbrook Island. Prix élevés mais prestations très pro, incluant guide, repas et équipement complet.

■ ***Mission Beach Dive*** *(plan A3, **4**) : 71 Banfield Parade, à Wongaling. ☎ (07) 4068-8240. • missionbeachdive.com* • École de plongée PADI, très pro. Sorties vers la Grande Barrière de corail et tous les îlots au large de Mission, notamment Dunk Island.

■ ***Raging Thunder Adventures :*** *☎ (07) 4031-3460. • ragingthunder.com.au* • Ce prestataire basé à Cairns propose une superbe descente de rafting sur la Tully River, dans la *rainforest* à l'ouest de Mission Beach.

***Dunk Island :*** *liaisons en bateau (10 mn de traversée), avec* Mission Beach Charters *et* Mission Beach Dive, *avec pique-nique et snorkelling en options. Sinon, apporter son casse-croûte et de l'eau, il n'y a rien sur place !* Petite île tropicale paradisiaque, au cœur de la Grande Barrière de corail, à 4 km au large de Mission Beach. Un *resort* y était établi avant d'avoir été entièrement détruit par un cyclone en février 2011. En outre, les 3/4 de l'île, d'une longueur de 6 km sur 2 km, sont protégés et classés parc national. On peut ainsi l'explorer en suivant des sentiers au cœur de la forêt tropicale, et grimper au sommet du mont Kootaloo, point le plus élevé qui offre une superbe vue panoramique.

# THE ATHERTON TABLELANDS

• Carte *p. 389*



**À condition d'éviter la route côtière n° 1 et de suivre exclusivement les petites routes, ce circuit nord qui relie Mission Beach à Cairns par le chemin des écoliers permet de vivre une jolie parenthèse verte à l'intérieur des terres. Entre paysages de canne à sucre et bananeraies, vieilles lignes de chemin de fer et usine sucrière (South Johnstone), le tout sur fond de végétation tropicale évoquant parfois l'ambiance des Antilles françaises, on rejoint bien vite The Atherton Tablelands.**

**Sur ce vaste plateau fertile se concentre une grande variété de petits sites intéressants à visiter, de producteurs locaux (thé, café, glaces, distillerie, etc.) et de cafés-restos-épiceries où l'on se restaure à bon compte. Prévoir au minimum une journée bien remplie !**

**On trouve un office de tourisme dans chaque localité : du sud vers le nord, Malanda, Yungaburra, Atherton, Herberton, Mareeba et Kuranda.**

## UNE PETITE FOLIE TROPICALE

Débarqué de sa Catalogne en 1911, José Paronella fait fortune dans la canne à sucre. Il tombe en pamoison devant Mena Creek et décide d'y bâtir un château pour Matilda, la femme de sa vie. De retour au pays, il constate... qu'elle s'est déjà mariée. Qu'à cela ne tienne, il convainc Margarita, la jeune sœur, de partir avec lui. Fidèle à son rêve, il lui bâtit un manoir, un domaine de 7 000 arbres, une usine hydro-électrique, une salle de bal et même un cinéma. En 1979, soit 31 ans après sa mort, un incendie détruit la propriété. Aujourd'hui, le lieu est un parc d'attractions, le *Paronella Park,* soit des ruines désuètes sorties d'un conte de fées tropical.

***Mamu Tropical Skywalk :*** *Palmerston Hwy, à **Innisfail** ; à 27 km après l'embranchement sur la Bruce Hwy, env 1h de route de Mission Beach. ☎ (07) 4064-5294. • mamutropicalskywalk.com.au • Tlj 9h30-16h30 (dernier accès 1h*

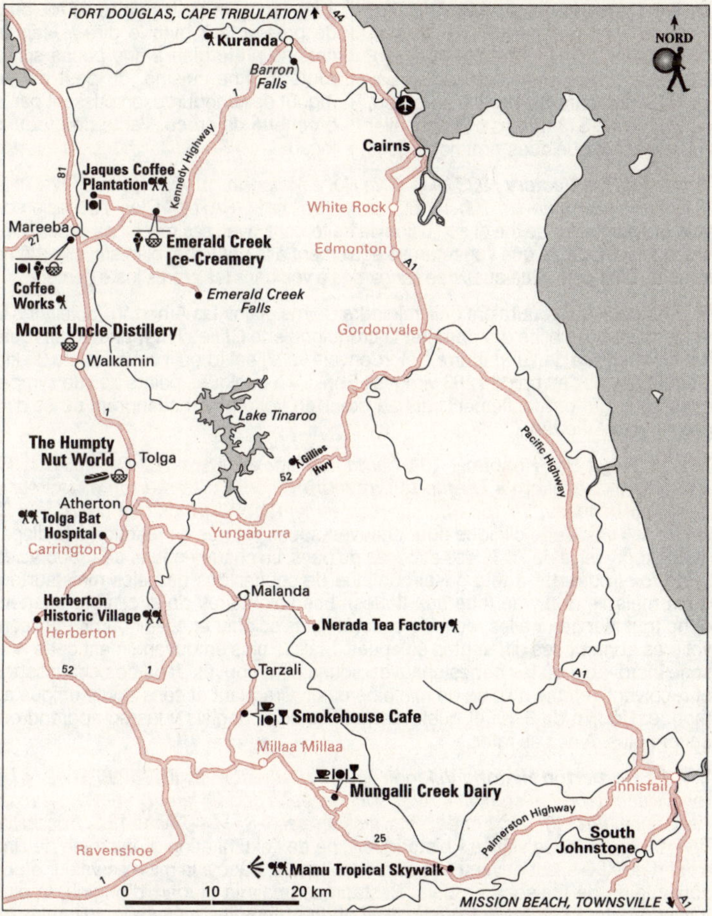


## THE ATHERTON TABLELANDS



*avt). Tarif : 28 $ ; 5-14 ans 17 $.* Une plongée au cœur du Wooroonooran National Park, qui fait partie des Wet Tropics. Site aménagé de sentiers accessibles à tous, avec panneaux explicatifs sur la flore locale. Pont suspendu au niveau de la canopée (à 15 m de hauteur), passerelle et tour d'observation (37 m de haut), offrent un panorama spectaculaire – et assez vertigineux ! – sur la North Johnstone River Gorge et les montagnes couvertes de végétation.

***Mungalli Creek Dairy :*** *254 Brooks Rd, à* ***Ellinjaa.*** *De Mamu Tropical Skywalk, continuer la Route 25 jusqu'au panneau indiquant les Mungalli Falls et prendre à droite la route qui forme une boucle. ☎ (07) 4097-2232. • mungallicreekdairy.com.au • Tlj sauf j. fériés 10h-16h. Fermé en fév.* En pleine campagne, un charmant salon de thé-épicerie établi dans une ferme laitière. On y déguste les produits maison et locaux, fromages (*quark, havarti,* cheddar, ricotta), yaourts, bananes, thé, gâteaux, œufs et petits plats. Bon et sympa.

***Smokehouse Cafe :*** *912 Millaa Millaa Malanda Rd, à **Tarzali.** ☎ (07) 4097-2713. Mer-dim 10h-16h. Fermé lun-mar. Sandwichs et plats env 15-25 $.* Un café au bord d'un étang, où l'on paie 9 $ (3-12 ans 6 $) pour aller voir barboter quelques ornithorynques *(platypus).* On ne les voit pas toujours de près, il faut bien le dire... Mais le café se prête bien à une pause sur la route. Bonne cuisine, du petit déj au ragoût de kangourou, en passant par la brochette de croco. Vente de produits locaux.

***Nerada Tea Factory :*** *933 Glen Allyn Rd, à **Malanda.** ☎ (07) 4096-8328. • neradatea.com.au • Mer-dim 10h-16h30 ; fermé lun-mar. GRATUIT.* C'est l'occasion de voir une plantation de thé et son usine de traitement, avec ses machines et ses bonnes odeurs. Odeurs que l'on retrouve également à la boutique, bien sûr, elle-même doublée d'un café. Quelques *tree kangaroos* à voir dans les arbres juste derrière.

Pour ceux qui voudraient déjà rejoindre Cairns et finir les Atherton Tablelands le lendemain, possibilité d'emprunter la croquignolette ***Gillies Hwy,*** une petite route de 45 km qui va de Yungaburra à Gordonvale vers l'est (d'où il vous restera 25 km jusqu'à Cairns), au prix de 263 virages ! Bon, il y a quelques points de vue sympa, mais ceux qui ont facilement mal au cœur en voiture s'abstiendront ou se dirigeront vers Atherton...

***Tolga Bat Hospital :*** *134 Carrington Rd, **Atherton.** ☎ (07) 4091-2683. • tolgabathospital.org • D'Atherton, prendre la route d'Herberton et tourner à droite au panneau. Tlj 15h-18h sur résa seulement. Visite guidée de 1h : 20 $ ; 5-15 ans 10 $.* Cette clinique pour chauves-souris est née en réaction à la disparition progressive de 75 % des espèces du pays. La chauve-souris dite *spectacled flying fox* (roussette à tête grise) continue de souffrir des barbelés mais surtout de la maladie de Lyme (due aux tiques). Les volontaires de la clinique mettent donc tout leur cœur à les recueillir en forêt, à les soigner et à les nourrir. Plusieurs volières abritent ces différentes éclopées. Mais le plus émouvant, c'est cette nurserie incroyable où les bébés chauves-souris sont couvés dans des chaussettes et reçoivent la tétée à l'aide de minibiberons... Craquant et sans doute unique au monde. Un film de 8 mn et quelques panneaux en anglais vous en apprendront encore plus. À ne pas rater.



***Herberton Historic Village :*** *au sud d'Atherton. ☎ (07) 4096-2002. • historicvillageherberton.com.au • Avr-début oct et fin déc-fin janv, tlj 9h-17h ; le reste de l'année, tlj 9h30-16h. Entrée : 35 $ (ticket valable 3 j.) ; 4-14 ans 19 $. Possibilité de visite guidée.* Ce village « historique », né de l'exploitation d'une mine de zinc à la fin du XIXe s, est devenu une attraction locale grâce à la mise en valeur d'une soixantaine de maisons en bois. Restaurées (mais la plupart d'origine, la plus ancienne étant l'*Elderslie House*), elles abritent tous les métiers imaginables en vigueur à l'époque : ici, la maison de maître, celle de l'évêque, là l'école, et puis le garage, la poste, le dispensaire, la banque, la forge, l'épicerie, la boucherie, le temple maçonnique, la gare... Bien sûr, c'est animé et mis en scène à l'américaine, mais le site vaut le coup d'œil et ça fera plaisir aux enfants.

***The Humpy Nut World :*** *1 Kennedy Hwy, à **Tolga,** à la sortie nord d'Atherton en direction de Mareeba. ☎ (07) 4095-4102. Tlj 9h-17h.* Une petite épicerie locale qui propose quantité de produits régionaux pour se faire un bon casse-croûte ou rapporter quelques souvenirs alimentaires : fruits, légumes, toutes sortes de noix, thé, café, confiture, etc.

***Mount Uncle Distillery :*** *1819 Chewko Rd, à **Walkamin.** ☎ (07) 4086-8008. À 20 km au nord d'Atherton et 10 km avt Mareeba sur la gauche. Tlj 10h-16h. Dégustation : env 5-30 $ pour 1-10 petits verres.* Cette propriété entourée de bananeraies et égayée de paons, oies, chèvres et alpagas, abrite une distillerie de qualité produisant plusieurs types d'alcool. Le plus connu (et le plus vendu) est le rhum *Iridium* (4 ans d'âge), en vente dans tout le pays, mais on peut également goûter le whiskey, la vodka, le gin et 2 liqueurs maison (café ou marshmallow !).

**Coffee Works :** *136 Mason St, à* ***Mareeba.*** *☎ 1-800-355-526. Tlj 6h (8h w-e)-15h. Entrée du musée : 19 $ ; réduc ; dégustation de café incluse.* Logé dans un hangar, le musée présente une belle collection de plusieurs centaines de machines, cafetières et moulins à café, la plupart assez anciens. Sympa si vous êtes curieux et pas trop serré côté budget. Notez que l'on peut assister à la torréfaction du café les lundi et jeudi matin. Dégustation de différents crus. Également une belle boutique de cadeaux et un café-resto. Vente de chocolats et de glaces.

**Jaques Coffee Plantation :** *137 Leotta Rd, à* ***Mareeba.*** *Sur la route de Kuranda (Route 1), à gauche. ☎ (07) 4093-3284. Mer-dim 10h-16h. Fermé lun-mar. Plats env 20-30 $. Visite : 15 ou 75 $ selon formule ; réduc.* C'est par « l'avenue des termites », ponctuée de belles termitières, que l'on accède à cette plantation de café réputée. Possibilité de visite en autonomie (avec visionnage d'un film, dégustation de café et de liqueur de café) ou en version « safari », soit un tour de la propriété guidé en 1h (avec un paquet de café de 500 g offert). Le lieu fait resto avec une jolie terrasse pour avaler des burgers mais surtout quelques bonnes salades, certaines parsemées de citrouille locale. Finir par un bon café, pardi !

**Emerald Creek Ice-Creamery :** *3946 Kennedy Hwy, à* ***Mareeba.*** *☎ (07) 4093-3373. À env 5 km de la plantation Jaques en direction de Kuranda (Route 1). Tlj sauf mer 10h (12h lun-mar)-16h30.* Le meilleur glacier de la région mérite une pause gourmande. Dans une maison moderne égayée de panneaux humoristiques, de délicieuses glaces et sorbets maison, dont la variété s'étend du cappuccino au fruit du dragon. Miam ! Également de bonnes tartelettes aux pommes à accompagner d'un café de la plantation *Jaques.* Vente de produits régionaux et de souvenirs. Excellent accueil.

**Kuranda :** *dernière étape possible avt Cairns, à 30 km par la Route 1. De Cairns, liaisons avec les bus* Trans North, *3 départs/j. (5 le w-e) 7h-15h30, devant le* Central Shopping Center *; dernier retour à 16h10. Env 45 mn de trajet et 7 $ ; réduc. Ou shuttle avec les agences et* backpackers *de Cairns. Office de tourisme sur la pl. principale (tlj 10h-16h).* Ces montagnes qui entourent la baie de Cairns furent exploitées au XIXe s pour leurs ressources en or, puis en étain. Avec l'épuisement rapide des filons, les terres furent défrichées pour l'élevage, la culture de céréales, de tabac et de café. Établie au cœur de la forêt tropicale, c'est une étape souvent combinée avec le trajet en *Skyrail* et/ou sur le *Scenic Railway* (voir « À voir. À faire à Cairns et dans les environs »). Aujourd'hui, cette ancienne ville minière s'est reconvertie dans le tourisme. Le centre est envahi de boutiques, marchés artisanaux et attractions pour petits et grands : l'***Australian Butterfly Sanctuary*** enchantera les amateurs avec plus de 1 500 variétés de papillons exotiques, le ***Birdworld Kuranda*** abrite plus de 75 espèces d'oiseaux et le ***Koala Gardens...*** bon, vous avez compris ! *Tlj 10h-14h. Possibilité de billet combiné pour ces 3 sites (Kuranda Wildlife Experience) : 53,50 $ ; enfants 29,50 $.*

## CAIRNS

env 167 000 hab.

• Plan *p. 393*

**À l'origine, la région était habitée par les Aborigènes irukandji. Les 1ers colons blancs ont débarqué vers 1870, attirés par la découverte de filons d'or et d'étain dans la région. Cairns fut fondée officiellement en 1876, baptisée en l'honneur du gouverneur de l'État, sir William Cairns. La ville a rapidement décliné avec l'épuisement des filons, avant de connaître un nouvel essor au XXe s, grâce à la culture de la canne et au**

**développement de la pêche commerciale. L'ouverture de l'aéroport international, en 1984, a entraîné un véritable boom touristique.**
**Aujourd'hui, Cairns est une grande ville moderne et dynamique, l'une des plus importantes du Queensland. On y trouve une concentration d'hôtels, de restos, bars, boutiques et d'agences touristiques proposant toutes sortes d'excursions vers la Grande Barrière de corail... Alignés le long de l'Esplanade, une avenue aménagée au bord de la mer, et dans les rues adjacentes du CBD, vous aurez l'embarras du choix. Mais, disons-le tout net : inutile de s'attarder ici à moins d'être amateur de soirées festives pour jeunes de 20-30 ans. Car c'est la cible principale de Cairns, qui concentre un nombre incroyable d'auberges de jeunesse avec soirées à thème et bars à *happy hours.***
**En outre, la seule possibilité de baignade à Cairns même est le lagon artificiel, au bout de l'Esplanade, certes agréable en été, mais pas franchement dépaysant...**
**Néanmoins, c'est une étape envisageable dans ce coin du Northern Queensland. Pour prendre un avion – certes – mais surtout pour explorer les sites des environs, notamment le magnifique plateau des Atherton Tablelands à l'ouest et les plages du nord, le long de la Captain Cook Hwy, superbe route côtière qui mène à Port Douglas à seulement 70 km.**

### *LITTLE CHINATOWN*

*Les migrants d'origine chinoise arrivèrent très nombreux à Cairns entre 1876 et 1920, pour travailler dans les mines puis dans l'agriculture. Ils jouèrent un rôle majeur dans le développement économique de la région et représentaient près de 30 % de la population de la ville en 1886. Ils s'installèrent dans le centre, autour de Grafton St... aussi connue sous le nom de Chinatown !*



## Arriver – Quitter

### En avion

✈ ***Cairns international Airport*** *(hors plan par A1)* **:** à env 7,5 km au nord du centre-ville. ☎ (07) 4080-6703. ● cairnsairport.com.au ● Un des aéroports les plus importants du Queensland. Très nombreux vols quotidiens vers les principales villes du pays. Vols internationaux vers la Nouvelle-Zélande, l'Asie du Sud-Est et les Émirats arabes. Tous les services sur place : change, location de véhicules, etc.

➢ ***Brisbane, Sydney*** et ***Melbourne* :** nombreuses liaisons quotidiennes avec *Qantas, Jetstar* et *Virgin Australia.*

➢ ***Alice Springs et Ayers Rock*** *(Yulara)* **:** liaisons avec *Qantas* et *Jetstar.*

➢ ***Townsville* :** liaisons avec *Qantas* et *Rex Airlines.*

➢ ***Rockhampton* :** liaisons avec *Qantas, Jetstar* et *Virgin Australia.*

➢ ***Hamilton Island*** *(Whitsunday Islands)* **:** liaisons avec *Qantas* et *Virgin Australia.*

➢ ***Adelaide* :** liaisons avec *Jetstar* et *Virgin Australia.*

➢ ***Darwin* :** liaisons avec *Jetstar.*

➢ ***Perth* :** liaisons avec *Jetstar.*

#### *Rejoindre le centre-ville (CBD)*

– ***Shuttle*** *(navette)* **:** la plupart des AJ pour *backpackers* assurent un service de navette économique de/vers l'aéroport. Sinon, depuis le terminal international, **Excellence Coaches** (☎ (07) 4183-1400 ; ● excellencecoaches.com ●). Depuis le terminal domestique, c'est **Cairns Bus Charters** (☎ (07) 4049-2255 ; ● cairnsbuscharters.com ●). Départs tlj, ttes les heures env, 7h30-18h30. Compter 18 $ le trajet (réduc enfants 2-12 ans). Se rendre au *shuttle bus counter* dans le terminal international ou au point de rencontre

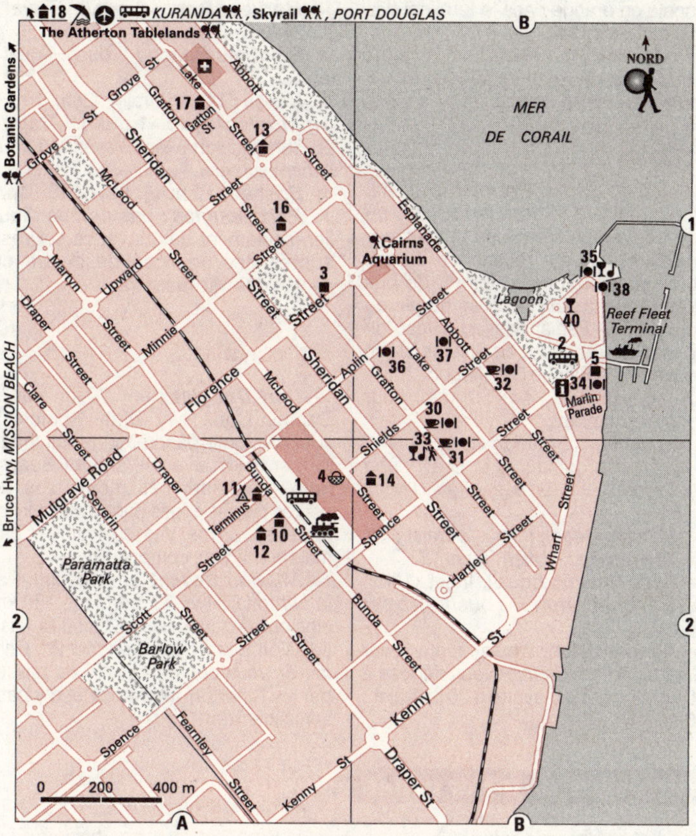


# CAIRNS

## Adresses utiles

- Reef Information Centre (B1)
- **1** Premier et Translink/ Sunbus (A2)
- **2** Greyhound (B1)
- **3** Ramsay Pharmacy (A1)
- **4** Cairns Central Shopping Centre (A2)

## Où dormir ?

- **10** Dreamtime Travellers Rest (A2)
- **11** Gecko's Backpackers (A2)
- **12** Travellers Oasis (A2)
- **13** Globetrotters International (A1)
- **14** Cairns Central YHA (B2)
- **16** Tropical Heritage Cairns (A1)
- **17** Bay Village Tropical Retreat (A1)
- **18** Reef Palms Motel (hors plan par A1)

## Où prendre un petit déj ?
## Où manger ?
## Où boire un verre ? Où sortir ?

- **30** Caffiend (B1)
- **31** Lillipad Café (B1-2)
- **32** Perrotta's (B1)
- **33** Gilligan's (B1-2)
- **34** Ochre (B1)
- **35** Salt House (B1)
- **36** Burger Cafe (B1)
- **37** Night Market (B1)
- **38** Prawn Star (B1)
- **40** The Pier Bar (B1)

## À faire

- **5** Great Adventures (B1)

signalé en orange dans le terminal des vols domestiques.
– **Taxi :** ☎ (07) 4048-8333. • cairns taxis.com.au • Comptez 20-30 $ pour le centre-ville selon votre point de chute.

## En bus

L'arrêt de bus **Premier** (plan A2, **1**) se trouve à la gare ferroviaire, où l'on trouve également les bus **Translink/Sunbus,** qui relient les plages et les sites régionaux. L'arrêt de bus **Greyhound** (plan B1, **2**) se trouve au bout de The Esplanade, au niveau de Spence St. Au début de Shields St, on trouve une boutique *Greyhound* (7h30-17h en sem, 8h-14h30 le w-e) pour acheter son billet.
Compagnies : *Premier* (☎ 133-410 ; • premierms.com.au •) et *Greyhound* (☎ 1-300-473-946 ; • greyhound.com.au •).
➢ ***Mission Beach :*** 3 bus/j. Trajet : 2h.
➢ ***Townsville :*** 3 bus/j. Trajet : 6h.
➢ ***Airlie Beach :*** 2 bus/j. Trajet : 10h.
➢ ***Rockhampton :*** 2 bus/j. Trajet : 16h30.
➢ ***Agnes Water :*** 2 bus/j. Opter pour *Greyhound* car *Premier* vous dépose à 25 km du centre (navette à 20 $).Trajet : 20h.
➢ ***Hervey Bay :*** 2 bus/j. Trajet : 23-24h.
➢ ***Rainbow Beach :*** 2 bus/j. Trajet : 24-26h.
➢ ***Noosa :*** 1 bus/j. Trajet : 28h.
➢ ***Mooloolaba :*** 1 bus/j. Trajet : 28-30h. Liaison avec *Greyhound* seulement sur résa.
➢ ***Brisbane :*** 2 bus/j. Trajet : 29-31h.
➢ ***Port Douglas :*** pas de bus régulier, seulement des navettes sur résa auprès des agences du centre ou auprès des *backpackers.*

## En voiture

➢ ***Port Douglas :*** env 70 km par la Captain Cook Hwy (State Route 44), superbe route panoramique qui longe la mer. 6 km avant Wangetti Beach, notez côté mer ces monticules de petites pierres érigés par les visiteurs et appelés... *cairns.* Vitesse limitée et pas mal de virages ; compter 1h.
➢ ***Mission Beach :*** env 140 km. Par la National Hwy A1 pendant 120 km env, puis à gauche au niveau d'El Arish (Mission Beach Rd). Compter 2h. Cela dit, on vous conseille plutôt de passer par les Atherton Tablelands et d'y passer la journée.



# Adresses et infos utiles

## Infos touristiques

L'office de tourisme ayant fermé ses portes, adressez-vous aux ***agences de voyages*** qui pullulent sur The Esplanade et dans les rues adjacentes. Citons par exemple ***Reef Information Centre*** (plan B1), au 59 Esplanade. ☎ (07) 4041-1511. Tlj 8h-21h. Bonnes infos, plein de brochures, vente de tickets de bus (petite commission) et d'excursions.
– Pour des infos en ligne, consulter la page • queensland.com/Explore-Queensland/Tropical-North-Queensland •

## Argent, change

■ ***Banques*** (plan A-B1) **:** *plusieurs agences dans le centre, en particulier dans le périmètre entre Sheridan St et The Esplanade, dans le CBD.* Change et distributeurs automatiques.

## Santé, urgences

■ ***Ramsay Pharmacy*** (plan A1, **3**) **:** *156-160 Grafton St, angle Florence St.* ☎ *(07) 4031-8411. Tlj 7h-23h.*
✚ ***Cairns Hospital*** (plan A1) **:** *165 The Esplanade.* ☎ *(07) 4226-0000.* Service d'urgences 24h/24.

## Divers

***Cairns Central Shopping Centre*** (plan A2, **4**) **:** *1-21 McLeod St ; derrière la gare. Tlj 9h (10h30 dim)-17h30 (21h jeu, 16h dim).* Vaste centre commercial en plein centre-ville. Supermarché et boutiques en tout genre.

– **Marché** *(plan B2)* **:** ***Rusty's Markets,*** *dans Sheridan St, entre Shields et Spence St. Ouv seulement ven-dim 5h-18h (15h dim).* Produits locaux (fruits et légumes bio, produits exotiques), stands de bouffe, artisanat, bijoux, fringues, etc.

## Où dormir ?

### Backpackers (auberges de jeunesse)

**Travellers Oasis** *(plan A2,* ***12****)* **:** *8 Scott St. ☎ (07) 4052-1377. • travellersoasis.com.au • Dortoirs (3-6 lits) env 30-95 $/pers ; doubles env 100-150 $ selon confort.* Voici l'une des meilleures auberges de jeunesse de la ville, voire au-delà (elle a même été classée parmi les meilleures au monde !). Plébiscitée pour son ambiance relax, son cadre coloré hyper *fun* avec de belles palissades égayées de fleurs peintes, une jolie Coccinelle dans la cour, et des prestations de qualité. Dortoirs clairs et assez spacieux, parquet au sol, draps et serviettes fournis. 2 cuisines communes, coin salon et bibliothèque, laverie, belle piscine, terrasse et hamacs... Également un *Tour & Information desk,* pour les résas d'excursions. Personnel adorable et efficace.

**Globetrotters International** *(plan A1,* ***13****)* **:** *154 Lake St (angle Upward St). 0419-744-431. Résa conseillée. Dortoirs (3-8 lits) 25-40 $/pers ; doubles env 80-100 $ ; petit déj inclus.* On aime bien cette AJ un peu à l'écart du centre, dans le quartier des grands hôtels, tout au bout de The Esplanade. Dortoirs (dont 1 réservé aux filles) et chambres nickel du sol au plafond (parquet, murs, literie) ; c'est clair, spacieux, climatisé et très propre. Coin salon dans l'entrée, petite piscine et un bout de jardin à l'arrière avec quelques tables sous les palmiers, histoire de faire connaissance entre *backpackers.* Emplacements pour les camping-cars. À l'heure des repas, tout le monde s'active dans l'une des 3 cuisines communes, dans un esprit très convivial. Repas (souvent un BBQ) gratuit 2 fois par semaine. Personnel très serviable. L'une de nos meilleures adresses routardes.

**Dreamtime Travellers Rest** *(plan A2,* ***10****)* **:** *4 Terminus St. ☎ (07) 4000-0467. • dreamtimehostel.com • Dortoir (3-7 lits) env 40 $/pers ; doubles env 60-120 $.* Proche de la gare routière et ferroviaire, dans le quartier des auberges de jeunesse, cette adresse se démarque par le dynamisme de ses gérants et l'excellente tenue générale. Atmosphère très cool dans la petite cour centrale où trône un van, entouré de quelques bâtiments en bois de style cabane tropicale. Dortoirs pour 3 ou 4 personnes avec sanitaires communs, les plus grands (6-7 lits) avec salle de bains privée. Les chambres pour 1 ou 2 personnes sont un bon plan, certaines dotées de tout le confort. L'ensemble est coloré et très agréable. Piscine. Soirées à thème régulièrement. Petite agence de voyages sur place, pour toutes les excursions et activités dans le coin ou la résa d'un *shuttle* vers l'aéroport.

**Gecko's Backpackers** *(plan A2,* ***11****)* **:** *187 Bunda St. ☎ (07) 4031-1344. • geckosbackpackers.com • Dortoirs (4 lits) env 40-50 $/pers ; doubles env 90-120 $. Parking.* On retrouve le même esprit bohème très cool et la même clientèle jeune et festive. Chambres et dortoirs répartis dans un bâtiment de style case créole, avec couloirs blancs et persiennes. Petite piscine ombragée et innombrables services à dispo : laverie, cuisine, soirées à thème, résa de transports et excursions, etc. Emplacement à l'arrière pour les tentes et les voyageurs en van. Supermarché à proximité. Le soir, tout ce joyeux monde se mélange allègrement dans une ambiance très conviviale !

**Cairns Central YHA** *(plan B2,* ***14****)* **:** *20-26 McLeod St. ☎ (07) 4051-0772. • yha.com.au • Dortoirs (4-10 lits) env 30-40 $/pers.* Grosse structure moderne de chaîne, bien située, à 10 mn à pied (max) de l'esplanade, en face du *Shopping Center* et à 50 m de la gare. Diverses options d'hébergement, dortoirs mixtes ou séparés, chambres privatives pour 1 à 4 personnes. C'est un peu l'usine et les chambres sont un poil tristounettes, mais l'ensemble est correctement tenu. Petite piscine. Diverses animations tout au long de la semaine et un grand comptoir à l'entrée pour toutes les réservations de transport (navette aéroport), hébergement en *YHA* et activités dans la région. Pas notre adresse préférée, mais ça reste fréquentable.

## Prix moyens

Dans cette catégorie, on trouve toute une série d'hôtels chic ou de chaîne, le long de The Esplanade. Immeubles modernes avec chambres et apparts donnant sur la mer. Prix intéressants en réservant à l'avance sur Internet.

*🏠 **Reef Palms Motel** (hors plan par A1, **18**) : 41-47 Digger St. ☎ (07) 4051-2599. • reefpalms.com.au • Doubles 125-155 $, petit déj en sus. Parking.* Un poil excentré, mais pas loin de l'Esplanade, voici l'un des meilleurs rapports qualité-prix de la ville. Ce motel tout blanc, égayé de quelques dentelles et cerné de palmiers, abrite des chambres vraiment pas chères pour Cairns. Toutes sont propres et coquettes, dans un style contemporain, avec clim, TV, coffre, une vraie kitchenette et un balcon. Quelques familiales pour 5 personnes. Petite piscine et coin BBQ. Bon accueil.

*🏠 **Tropical Heritage Cairns** (plan A1, **16**) : 8 Minnie St. ☎ (07) 4051-1211. • heritagecairns.com.au • Doubles 130-180 $. Parking.* Cerné par 2 églises et un temple maçonnique, cet hôtel moderne sans véritable charme propose néanmoins des chambres tout confort, propres et sans surprise. Un bon plan pour les familles : les chambres quadruples, immenses, certaines avec micro-ondes et frigo, d'un bon rapport qualité-prix.

## Plus chic

*🏠 **Bay Village Tropical Retreat** (plan A1, **17**) : angle Lake St et Gatton St. ☎ (07) 4051-4622. • bayvillage.com.au • Apparts env 140-185 $ (2 pers), 190-295 $ (4 pers). Parking.* Celui-ci, on vous l'indique uniquement pour ses appartements situés en face de l'hôtel, car ils sont récents et fonctionnels. En attendant que les chambres et studios bénéficient d'une bonne rénovation ! Agréable aussi, la petite piscine au centre du petit patio verdoyant et le resto de qualité, proposant des spécialités balinaises.



# Où prendre un petit déj ? Où manger ? Où boire un verre ? Où sortir ?

## De bon marché à prix moyens

*☕ 🍽 **Caffiend** (plan B1, **30**) : 72 Grafton St. ☎ (07) 4051-5522. Tlj sauf mar 7h (8h dim)-14h30 (14h w-e). Formules petit déj ou lunch env 14-24 $.* Esprit très bobo-hipster dans cette cafét' au cadre contemporain, lumineux, très agréable, avec un bout de terrasse. L'adresse est réputée pour son café, décliné sous toutes les formes, ainsi que pour ses excellentes formules petit déj, à base de produits bio et locaux : œufs, *sourdough toast* et *homemade jam,* salades fraîches et originales. Un petit coup de cœur.

*☕ 🍽 **Lillipad Café** (plan B1-2, **31**) : 72 Grafton St. ☎ (07) 4051-9565. Tlj sauf dim soir 7h-15h, 17h-21h. Plats 15-30 $.* Petite cafétéria néo-baba cool, toute en longueur et décorée de couleurs vives, avec quelques tables dans la rue. Carte à rallonge de petits déj, salés et sucrés, plus un *Turkish breakfast.* Délicieux cocktails de jus de fruits frais, gâteaux et muesli maison. Bien aussi pour la pause déjeuner, avec des plats tendance *world food* (salade grecque, *burrito*...). Sympa.

*🍽 ⛱ **Burger Cafe** (plan B1, **36**) : 15 Aplin St. ☎ (07) 4041-4492. Mar-sam 9h30 (10h sam)-14h, 17h30-20h30. Fermé dim-lun. Burgers env 14-28 $.* Pour ceux qui cherchent une petite

adresse simple et bon marché, ce burger de quartier fera très bien l'affaire. Les burgers sont de bonne qualité et le patron est hyper sympa, que demander de plus ? Terrasse.

**Night Market** (plan B1, **37**) : *54-60 Abbott St. Tlj 16h30-22h30. Env 10-20 $.* Au rez-de-chaussée d'un petit centre commercial, quelques stands de fast-foods asiatiques pour se nourrir copieusement et pour pas cher. Également des massages et de l'artisanat *(made in China !)*.

**Gilligan's** (plan B1-2, **33**) : *57-89 Grafton St. ☎ (07) 4041-6566. • gilligans.com.au • Tlj 12h-5h.* C'est LE bar-boîte de nuit des *backpackers*, comme ça, une fois sur place, vous n'aurez plus qu'à suivre le flot pour découvrir les autres lieux animés du centre ! En fait, pas moins de 3 bars avec soirées à thème, concerts, DJs tous les soirs.

## De prix moyens à chic

**Perrotta's** (plan B1, **32**) : *38 Abbott St (angle Shields St). ☎ (07) 4031-5899. Jouxtant la Cairns Art Gallery. Tlj 6h30-21h. Plats env 15-40 $.* Dans un bâtiment historique des années 1930. Carte classique de petits déj, salades, spécialités italiennes mais aussi sandwichs, burgers et tacos. À déguster sur la grande terrasse en bois, donnant sur la rue. Accueil charmant et service efficace.

**Ochre** (plan B1, **34**) : *1 Marlin Parade. ☎ (07) 4051-0100. Tlj 11h30-21h30. Plats env 25-45 $.* Un resto de nouvelle cuisine australienne, qui fait l'unanimité en ville. Grande salle à la déco contemporaine et vaste terrasse. Cadre sympa pour goûter toute la variété de produits locaux et nationaux, des viandes aux poissons en passant par les fruits exotiques et la cuisine du bush. Attention, l'addition grimpe vite...

**The Pier Bar** (plan B1, **40**) : *1 Pierpoint Rd. ☎ (07) 4031-4677. Tlj 11h30-3h.* Notre bar préféré se trouve tout près de la marina. Immense salle contemporaine, fort élégante et très animée à l'heure de l'apéro et même après... Vaste terrasse couverte et belle collection de bouteilles empilées au-dessus du bar illuminé. Parfait pour faire des rencontres. Possibilité de se restaurer (jusqu'à 21h).

**Salt House** (plan B1, **35**) : *6/2 Pierpoint Rd. ☎ (07) 4041-7733. Tlj de 12h30 jusque tard.* Stratégiquement situé au bout de l'Esplanade, à côté du *Yacht Club*. Élégante terrasse en bois pour admirer la mer et les bateaux sur fond de musique lounge. Lieu de rendez-vous incontournable pour prendre l'apéro à l'heure du coucher de soleil. Possibilité de partager une *small* ou une *large plate*. Musique live le week-end.

## Plus chic

**Prawn Star** (plan B1, **38**) : *Marlin Marina, ponton E31. 0409-007-225. Juste à droite de Salt House. Tlj 11h-21h. Plateaux env 35-1200 $.* Une formule très rigolote : 3 adorables petits chalutiers sont amarrés au ponton. On monte à bord et on s'attable, souvent en compagnie d'autres clients, pour partager des plateaux de crevettes, saumon, huîtres ou encore du crabe (mais là le portefeuille en prend un coup !). Le tout bercé par le clapotis. Bref, si vous n'êtes pas trop serré côté budget, une dînette de la mer goûteuse et amusante.

# À voir. À faire à Cairns et dans les environs

**Botanic Gardens** (hors plan par A1) : *accès par Collins Ave ou Edge Hill ; à env 5 km au nord-ouest du centre-ville. ☎ (07) 4032-6650. • cairns.qld.gov.au/cbg • Bus n° 121 (direction Redlynch) depuis Sheridan St (et Lily St), au bout de l'Esplanade. Tlj 7h30-17h30. GRATUIT.* Ces vastes jardins botaniques, fondés en 1876, constituent un véritable havre de verdure. Plusieurs espaces thématiques afin de découvrir la flore et l'écosystème du nord Queensland. Des sentiers permettent d'explorer tranquillement le site. Balades le long de la *rainforest boardwalk*, au cœur de la forêt tropicale, ou en suivant la *mangrove boardwalk* ; petite pause bucolique au bord des 2 lacs *Freshwater* (eau douce) et *Saltwater* (eau salée), détour par le *Gondwanan Heritage Garden,* conservatoire de la flore des Wet Tropics. Collection de bambous, jardin de plantes aborigènes et petit musée didactique avec expo interactive. Une bonne introduction à la visite de Cape Tribulation – Daintree National Park.

Sur place, ***Visitor Centre, boutique*** et ***cafétéria*** *(tlj 8h30-16h – 14h w-e).*

***Cairns Aquarium*** *(plan B1)* **:** *5 Florence St. ☎ (07) 4044-7300. • cairnsaquarium.com.au • Tlj 10h-15h ; dernière entrée à 14h. Entrée : 45 $ ; 3-14 ans 29 $.* Quoiqu'un peu cher, ce tout nouvel aquarium occupera les bambins un petit moment. Au sous-sol, grands aquariums et tunnel sous l'eau remplis de belles raies et de petits requins. Section *tropical rainforest* avec poissons de mangrove, tortues, serpents, lézards et insectes. Enfin, jolie section *Coral Cays* mettant les coraux à l'honneur, plus quelques étoiles de mer à toucher pour les petits. Un peu vite vu quand même pour le prix.

***Plages*** *(hors plan par A1)* **:** *bus local* Translink *vers les plages du nord ; départs au niveau de la gare ferroviaire et de Lake St (entre Shields et Aplin St) ; ticket env 3 $.* Aucune possibilité de baignade dans le centre de Cairns, excepté le joli lagon artificiel au bout de The Esplanade. Il faut prendre la route vers le nord pour trouver les 1res plages, à environ 15-20 mn en voiture. En commençant par ***Clifton Beach,*** puis ***Palm Cove*** et ***Ellis Beach,*** belles plages de sable fin, juste en face de 2 îlots (Double Island et Haycock Island), ou la petite plage de ***Oak Beach,*** plus au nord sur la route de Port Douglas.

➢ Pour les amateurs de sensations fortes, diverses ***activités sportives*** dans les environs. ***Saut à l'élastique, rafting, VTT,*** etc. Infos et résas auprès des agences et *backpackers* de Cairns.

***Kuranda Scenic Railway*** *(hors plan par A1)* **:** *☎ 1-800-577-245. • ksr.com.au • Départ de la gare de Cairns (plan A2) tte l'année tlj à 9h30 ; départs de Kuranda à 14h et 15h30. Tarif : aller simple (avec retour en navette depuis Smithfield terminal, point d'arrivée du Skyrail) env 50 $ (réduc). Forfaits famille, options* Gold Class *et* Royale Class*. Billets combinés avec le transfert en bus et/ou le* Scenic Railway*.* Cette ligne de chemin de fer fut initiée en 1882 pour rallier les mines d'or de la région montagneuse des Atherton Tablelands à Cairns, au bord de la mer. Près de 10 ans de travaux périlleux et difficiles, avec la construction de 15 tunnels et 37 ponts sur tout le parcours. Le trajet, de près de 2h au départ de Cairns, permet de plonger au cœur du Barron Gorge National Park. Vues spectaculaires sur les montagnes à la végétation luxuriante, couvertes de forêt tropicale humide. Arrêt de 10 mn à la petite station de *Barron Falls.* Grande passerelle pour admirer ces superbes cascades… On finit à la petite gare croquignolette de Kuranda, à proximité du *Skyrail.*

***Skyrail Rainforest Cableway*** *(hors plan par A1)* **:** *départ au Smithfield Terminal, à la jonction de Captain Cook Hwy et Cairns Western Arterial Rd ; à env 12 km au nord du centre. ☎ (07) 4038-5555. • skyrail.com.au • Tlj 8h30-15h30 ; ttes les 15 mn env. Résa conseillée. Tarifs : 59 $ aller, 89 $ A/R ; ½ tarif 4-14 ans. Billets combinés avec le transfert en bus et/ou le* Scenic Railway*.*
L'attraction la plus populaire de la région ! Un parcours en téléphérique de 7,5 km au-dessus de la forêt humide du Barron Gorge National Park. Un must pour observer la baie de Cairns et les montagnes environnantes. 2 cabines au choix : la *standard* (classique télécabine de 6 places) et la *Diamond View,* avec supplément, entièrement vitrée (vertigineux !).
1er arrêt à *Red Peak,* où l'on trouve une petite passerelle avec panneaux explicatifs, ainsi que le bureau des rangers, qui assurent des balades guidées. 2e arrêt à *Barron Falls,* pour admirer les chutes d'eau (260 m) depuis des pontons aménagés.

LE QUEENSLAND

Petit centre d'interprétation et superbe vue panoramique. Le parcours se poursuit au-dessus de la Barron River, avant d'arriver au village de *Kuranda*.
Compter 1h30 en tout si vous prenez le temps de faire une étape à chaque arrêt (environ 20 mn). Une excursion extra pour avoir un bel aperçu des Wet Tropics.

## Excursions en bateau et sorties plongée

De très nombreuses agences proposent des excursions vers la ***Grande Barrière de corail.*** Diverses sorties plongée ou snorkelling, navigation en voilier ou en vedette, excursion à la journée ou croisière de plusieurs jours, de quoi satisfaire tout le monde, de 7 à 77 ans ! Prévoir cependant un bon budget, explorer la Barrière de corail reste un vrai petit luxe.
On peut opter pour une sortie vers l'***Outer Reef,*** au grand large, mais il faut compter environ 2h de navigation, ou se contenter d'une sortie à la journée sur les très populaires îles de ***Green Island*** et *Fitzroy Island,* à moins de 1h de la côte. 2 sites de toute beauté, classés parc national, îlots coralliens bordés de plages au sable fin et entourés d'une eau turquoise. Conséquence de leur proximité avec Cairns, beaucoup de monde sur ces 2 spots en saison, avec un quota de plus de 2 000 visiteurs par jour... On peut choisir d'y séjourner (lodge luxueux sur Green Island et plusieurs options sur Fitzroy), histoire de profiter de la quiétude des lieux une fois la foule partie en fin de journée.
Départ des bateaux depuis le ***Reef Fleet Terminal*** *(plan B1),* au bout de The Esplanade. On vous mentionne une agence qui a fait ses preuves, labellisée « *Advanced Ecotourism* », mais il y en a plein à Cairns, de qualité, sans compter tous les *backpackers* qui assurent directement la réservation d'excursions et de sorties plongée.

■ ***Great Adventures*** *(plan B1,* ***5****)* **:** *1 Spence St. ☎ (07) 4044-9944. • greatadventures.com.au • Pour Green Island, différentes formules ; départs tlj à 8h30 et 10h30. Tarifs : 92-132 $ ; réduc enfants et forfait famille. Sortie snorkelling env 55 $ ; baptême de plongée 185 $.* Sorties quotidiennes vers Green Island et l'Outer Reef. Transport à bord de vedettes rapides. Tout l'équipement fourni et les repas inclus.

🍴🍴 🚶 ***Green Island :*** *à 27 km au large de Cairns. Bateaux depuis le Reef Fleet Terminal (plan B1).* Cette petite île corallienne, située au cœur de la Grande Barrière de corail, est la plus facilement accessible depuis Cairns, à environ 45 mn de navigation. Sa superficie est de 12 ha et sa formation est estimée à près de 6 000 ans. C'est aujourd'hui un parc national que l'on peut explorer au cours d'excursions à la journée ou en prolongeant l'étape dans le resort *Ecolodge,* haut de gamme. Superbes balades sur cet atoll couvert de forêt tropicale et entouré de plages de rêve, sable fin et eaux turquoise. Beaucoup de monde cependant en saison, d'où le privilège d'y passer la nuit pour profiter de l'île aux heures calmes.

### L'ÎLE VERTE ?

*On peut penser que Green Island porte ce nom en référence à la végétation tropicale qui couvre toute l'île. Il n'en est rien ! L'île fut ainsi baptisée en hommage à l'astronome Charles Green, qui se trouvait à bord lors du 1er voyage de découverte de l'Australie, en 1770.*

🍴🍴 🚶 ***Fitzroy Island :*** *à env 30 km au large de Cairns. Liaisons tlj depuis le Reef Fleet Terminal (plan B1).* Une autre perle de la Grande Barrière de corail, superbe île de 325 ha classée parc national, bordée de récifs qui abritent d'innombrables poissons multicolores. Agréable journée d'escapade à sillonner les sentiers en pleine forêt tropicale, à se baigner sur les plages de sable blanc ou à faire du snorkelling dans des eaux translucides. Diverses possibilités d'hébergement, du camping au lodge tout confort.

# PORT DOUGLAS

env 3 600 hab.

• Plan *p. 401*

**Très jolie station balnéaire située à 70 km au nord de Cairns, jouissant d'un environnement superbe, avec une immense plage de sable fin, la *Four Mile Beach.* Alors que Cairns rappelle davantage Miami, avec son côté clinquant et fêtard, Port Douglas évoque plutôt un village des Antilles, avec ses allées bordées de palmiers, ses belles maisons de style créole et sa petite marina où mouillent voiliers et yachts.**

**Fondée en 1877 après la découverte d'un filon d'or à proximité, dans la Hodgkinson River, la ville accueille rapidement 12 000 habitants ! Mais l'ouverture du chemin de fer dès 1891 marque le déclin de Port Douglas, qui sombre dans l'oubli, au profit de sa voisine Cairns. Frappée par un violent cyclone en 1911, elle est totalement détruite, à l'exception de 2 bâtiments.**

**En 1960, Port Douglas a l'aspect d'un petit village de pêcheurs, qui compte une centaine d'âmes. 20 ans plus tard, ce cadre tropical, totalement préservé, ne manque pas de taper dans l'œil d'un promoteur avisé. L'ouverture du *Resort Sheraton,* à la fin des années 1980, entraîne un boom touristique. Aujourd'hui, la ville affiche un visage coquet et assez chic, qui cultive la coolitude d'une station balnéaire. Après une balade ou un bain de mer, on prend plaisir à déambuler dans ses ruelles bordées de végétation tropicale, qui abritent oiseaux exotiques et chauves-souris. Les familles apprécient son calme et les retraités y coulent des jours heureux, tandis que les jeunes surfeurs et *backpackers,* attirés par la fameuse *Four Mile Beach,* assurent un peu d'animation en saison. Un mélange de générations qui crée ici une belle ambiance. Pour ne rien gâcher, Port Douglas est le point de départ de superbes excursions dans le parc national de Cape Tribulation – Daintree et, au large, à la découverte de la Grande Barrière de corail, particulièrement réputée pour la clarté de ses eaux dans cette partie du nord Queensland. 2 sites classés au Patrimoine mondial de l'Unesco.**

### ELLE BAT TOUS LES RECORDS !

*Avec 2 300 km de longueur, la Grande Barrière de corail est le plus grand organisme vivant de la planète. Son âge est estimé à plus de 20 millions d'années ! Composée d'une centaine d'îlots et de près de 600 variétés de coraux différents, c'est un véritable aquarium. On y recense 6 espèces de tortues marines différentes et plus de 1 500 variétés de poissons. Un sanctuaire naturel d'une grande richesse, visible depuis l'espace.*

LE QUEENSLAND

## Arriver – Quitter

### En bus

Uniquement des *shuttles* ou navettes privées. Infos et résas auprès des agences touristiques de Port Douglas, dans Macrossan St. Pour les liaisons avec ***Cairns,*** se reporter au chapitre « Arriver – Quitter » de cette ville.

## Adresses et infos utiles

– Infos complètes sur sur la ville et la région, ainsi que les excursions et toutes les agences pour des sorties plongée sur le site : • *infoportdouglas.com.au* •

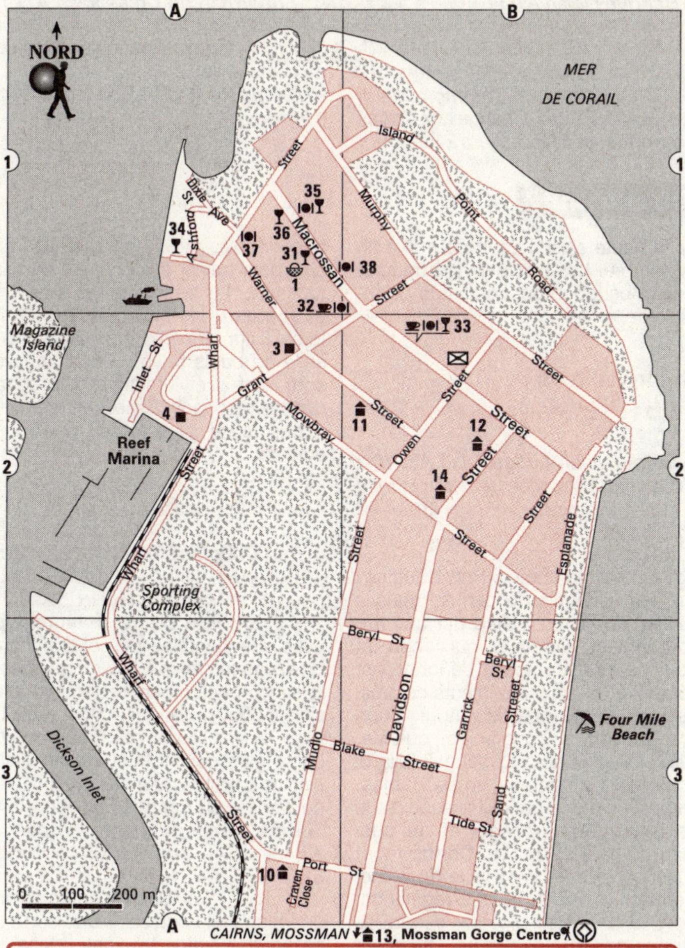


# PORT DOUGLAS

## Adresse utile

1 Supermarché Coles (A1)

## Où dormir ?

**10** Coral Beach Lodge (A3)
**11** Port Douglas Backpackers (B2)
**12** Port Douglas Motel (B2)
**13** Pink Flamingo (hors plan par B3)
**14** Meridian (B2)

## Où prendre un petit déj ? Où manger ? Où boire un verre ?

**31** Fresco Juice Bar (A1)
**32** Cafe Fresq (A-B1)
**33** The Little Larder (B2)
**34** Tin Shed (A1)
**35** Paddy's Irish Pub & Grill (A1)
**36** Iron Bar (A1)
**37** Salsa Bar & Grill (A1)
**38** N17 Burger Co. (A-B1)

## À faire

**3** Calypso Reef Charters (A2)
**4** Poseidon Cruises (A2)

■ ***Banques*** *(plan A1) : plusieurs agences dans la rue principale (Macrossan St), comme **ANZ Bank** (lun-ven 9h30-16h – 17h ven), **Bendigo** (lun-ven 10h-12h30, 13h30-16h) et **Commonwealth** (lun-ven 9h30-13h).* Change aux heures d'ouverture et distributeurs 24h/24.

***Supermarché Coles*** *(plan A1, **1**) : 11-17 Macrossan St, Shopping Center. Tlj 7h-21h.* Le plus grand supermarché du centre-ville.

– ***Marché local*** *(plan A1) : dim 8h-14h, à l'Anzac Park.*

## Où dormir ?

Ici, la haute saison court de mai à fin septembre. Les prix peuvent doubler à cette période, tout comme la population de la ville !

### Backpackers (auberges de jeunesse)

***Coral Beach Lodge*** *(plan A3, **10**) : 7 Craven Close ; réception dans Wharf St. ☎ (07) 4099-5422. • coralbeachlodge.com • Dortoirs (4-6 lits) env 30-39 $/pers ; doubles 115-135 $.* Notre coup de cœur à Port Douglas ! Un peu à l'écart du centre, mais à seulement 10 mn à pied par une rue coquette et tranquille, qui longe un bout de forêt tropicale. Le lodge est composé de petits bâtiments colorés, de plain-pied, répartis autour d'une grande cour avec piscine, cuisine, salon TV, table de ping-pong et billard. Toutes les chambres, impeccables, disposent d'une petite terrasse, salle de bains, frigo, *lockers* et de quoi faire du café et du thé. Dortoirs tout aussi agréables, avec salle de bains. L'ensemble est entouré de végétation, avec le bruit des oiseaux exotiques pour toute pollution sonore... Infos sur les meilleurs plans de sorties et petite agence efficace pour la réservation d'excursions dans la région. Accueil charmant. Une excellente adresse, de loin la meilleure dans cette catégorie.

***Port Douglas Backpackers*** *(plan B2, **11**) : 37 Warner St. ☎ (07) 4099-5011. • portdouglasbackpackers.com.au • Dortoirs (4-8 lits) env 24-36 $/pers ; doubles avec sdb 90-115 $. Parking.* En plein centre et à quelques enjambées de la plage. Une grande AJ avec snack-bar et terrasse à l'avant, laverie, location de vélos, résa d'excursions, etc. Piscine à l'arrière, de taille raisonnable, avec coussins et transats pour traîner à la cool les jours de canicule. Le bâtiment est moderne et spacieux, les plus grands dortoirs (6 ou 8 lits, séparés ou mixtes) avec salle de bains privée. Les chambres sont vastes et lumineuses, presque dépouillées, correctement entretenues. Accueil jeune et chaleureux. Une bonne adresse.

### De prix moyens à chic

***Port Douglas Motel*** *(plan B2, **12**) : 9 Davidson St. ☎ (07) 4099-5248. • portdouglasmotel.com.au • Doubles 125-215 $.* En plein centre, le motel type avec une vingtaine de petites chambres simples mais joliment colorées à la sauce contemporaine. Toutes avec salle de bains, canapé rouge, clim, TV, frigo et micro-ondes. Évidemment, on se gare devant la chambre. Petite piscine au milieu du motel. Coin cuisine pour se faire la popote. Bon accueil.

***Pink Flamingo*** *(hors plan par B3, **13**) : 115 Davidson St. ☎ (07) 4099-6622. Studios 135-160 $ et garden villas 160-210 $.* Dans le genre coloré, une bien belle adresse ! Une sorte de petit *riad* version tropicale, dans les tons bleu roi, jaune citron, vert anis et rose fuchsia. Une dizaine de petites « villas » indépendantes, à l'arrière, entourées de végétation. Beaucoup de charme et d'espace, de grandes chambres décorées dans l'esprit des *Mille et Une Nuits,* belle salle de bains, cuisine équipée, salon et jardinet privatif avec hamacs et jacuzzi... 2 studios à l'avant, avec kitchenette et bout de terrasse. Jolie piscine couverte de mosaïque (chauffée les mois d'hiver), vrai coin bar à disposition des hôtes, table de ping-pong, billard, petite bibliothèque et prêt de vélos.

**Meridian** (plan B2, **14**) : *15-17 Davidson St.* ☎ *(07) 4084-2400.* • *portdouglasmeridian.com* • *Doubles 270-420 $ ; min 3 nuits. Parking.* Un établissement moderne sur 2 niveaux, autour d'une belle piscine. Ensemble lumineux et pas mal de végétation dans les espaces communs. Studios avec kitchenette (frigo et micro-ondes) et apparts avec cuisine, clim, etc. Le must, ce sont ceux situés au rez-de-chaussée, avec un petit ponton privé qui donne un accès direct à la piscine... pour piquer une tête dès le saut du lit ! Également un jacuzzi. Bon accueil.

## Où prendre un petit déj ? Où manger ? Où boire un verre ?

Port Douglas est réputée dans la région pour la qualité de son offre gastronomique, avec quelques restaurants haut de gamme pour un dîner romantique et d'agréables *coffee-shops* pour une pause en journée. Côté vie nocturne, en revanche, pas beaucoup de possibilités dans le centre. Les *backpackers* sont pour la plupart situés à l'écart et disposent d'un bar qui assure l'animation.

### Bon marché

**Fresco Juice Bar** (plan A1, **31**) : *kiosque 2, 11-17 Macrossan St, devant le Shopping Center. Tlj 9h-17h.* Petit kiosque ouvert sur la rue, distillant jus de fruits frais, smoothies et milk-shakes. Parfait pour faire le plein de vitamines.

**Cafe Fresq** (plan A-B1, **32**) : *27 Macrossan St.* ☎ *(07) 4099-6111. Tlj sauf mar 7h-14h. Petit déj (jusqu'à 11h30) et plats env 10-25 $.* Une adresse beaucoup plus classique pour prendre un petit déj, un sandwich bon marché ou une salade le midi. Pas de la grande cuisine, mais c'est assez copieux. Tables en terrasse uniquement.

**N17 Burger Co.** (plan A-B1, **38**) : *22 Macrossan St.* ☎ *(07) 4223-4704. Tlj 11h-20h (22h jeu-sam). Burgers env 11-17 $, plus 6-8 $ pour les frites.* Un burger comme on les aime, de bonne qualité, simple et convivial. On mange au comptoir ou en terrasse.

### Prix moyens

**The Little Larder** (plan B2, **33**) : *2/40 Macrossan St.* ☎ *(07) 4099-6450. Tlj sauf mer-jeu 7h30-15h. Petit déj (jusqu'à 11h30) et plats env 13-24 $.* Un vrai coup de cœur ! Ce café branché et relax à la fois offre quelques tables sur la rue et sur la mini-terrasse en hauteur, sans oublier la petite salle climatisée. Pas vraiment donné, mais la cuisine est vraiment étudiée et le rapport qualité-prix exceptionnel, que ce soit le petit déj (*eggs Benedict,* tartines, gâteaux), sans doute le meilleur de la ville, ou les plats du midi (salades, burger, sandwichs, etc.). Délicieux jus de fruits frais et smoothies pour une pause sucrée.

**Tin Shed** (plan A1, **34**) : *7 Ashford Ave.* ☎ *(07) 4099-5553. Tlj sauf ven 10h-22h.* Cette fausse « cabane en tôle » est en réalité une grande terrasse surélevée au-dessus de l'eau, installée dans le bâtiment moderne de la marina, spot idéal pour prendre un verre au coucher du soleil. En revanche, on ne vous conseille pas d'y manger.

**Paddy's Irish Pub & Grill** (plan A1, **35**) : *8 Macrossan St.* ☎ *(07) 4099-5997. Tlj 12h-23h. Plats 15-28 $.* Un pub irlandais pur jus, très chaleureux. Billard, écrans, soirées à thème et petits concerts en saison. En prime, une carte proposant un large choix de plats de pub classiques, copieux et très corrects pour le prix. Un des rares lieux animés le soir !

**Iron Bar** (plan A1, **36**) : *5 Macrossan St.* ☎ *(07) 4099-4776. Tlj 10h-23h45.* Juste en face du *Paddy's,* pour passer de l'Irlande au Far West ! Un bar façon saloon, avec parquet, lambris, box en bois et déco à l'avenant. Amusant, mais très touristique. Et puis, à vrai dire, on apprécie avec davantage de plaisir la belle façade en tôles rouillées... depuis le *Paddy's,* juste en face !

## Plus chic

**Salsa Bar & Grill** *(plan A1,* ***37****)* **:** *26 Wharf St. ☎ (07) 4099-4922. Lun 12h-23h30, jeu 17h30-23h30, ven 12h-22h, sam 12h-21h et dim 12h-2h. Fermé mar-mer. Résa vivement conseillée ! Plats env 25-48 $.* Sur le front de mer, une vaste salle toute blanche avec des persiennes ouvertes aux 4 vents, dans l'esprit des varangues typiques de l'architecture créole. Cadre chic, pas intimidant pour autant, propice à un dîner raffiné. Point de salsa ici, ni de tacos et autres plats latinos, le chef concocte une nouvelle cuisine australienne, détonnante ! Riz créole jambalaya, huîtres, barramundi sauvage et toute la variété de produits de la mer, d'une grande fraîcheur, filets de kangourou à se damner... Tout est finement préparé, savamment accompagné et joliment présenté. Bons cocktails et carte des vins longue comme le bras, l'occasion aussi de goûter quelques grands crus australiens. Une adresse qui fait l'unanimité à Port Douglas et dans toute la région.

# À voir. À faire

**Four Mile Beach** *(plan B2-3)* **:** cette bien nommée plage s'étire dans un cadre idyllique sur près de 6,5 km... De quoi trouver un coin tranquille pour poser sa serviette ! Superbe, l'eau y est claire et propice à la baignade. Sable fin et cocotiers pour parfaire le cliché. Une petite section, côté nord, est surveillée et dispose d'un filet anti-***méduses,*** lesquelles sévissent en saison, ***de novembre à juin*** environ... À cette période, la baignade est fortement déconseillée, à moins de se cantonner à la zone protégée. Et encore, certaines méduses passent à travers les mailles du filet... En général, seuls les irréductibles, vêtus d'une combinaison intégrale, se risquent à piquer une tête ou à surfer les vagues. Mieux vaut se contenter d'une belle balade (à pied ou à vélo) en longeant la mer, histoire d'admirer le paysage de carte postale, en particulier tôt le matin ou à l'heure du coucher de soleil... C'est un moment privilégié par les *backpackers* du coin, qui se retrouvent sur la plage pour prendre une bière et gratter la guitare dans une ambiance très baba cool.



## Excursions en bateau et sorties plongée

Certes, passer du temps à déambuler sur Four Mile Beach ou à goûter la douceur de vivre de Port Douglas pourrait suffire à votre bonheur, mais une des attractions majeures de cette petite station balnéaire reste la ***Grande Barrière de corail*** !
Le récif au large de Port Douglas est particulièrement réputé pour la richesse de son écosystème et ses eaux translucides. Seul désavantage : beaucoup de bateaux venus de Cairns y font étape avant de prendre le large, ce qui veut dire qu'on navigue souvent à plein. En revanche, partir directement de Port Douglas vous fait arriver plus vite sur les sites de la Grande Barrière, puisque c'est un des points les plus proches de la côte est. Et en privilégiant une compagnie locale plutôt que les bateaux venus de Cairns, on a l'avantage de partir en petit groupe, en ayant un peu plus de temps sur le site. Un élément non négligeable si vous programmez une sortie à la journée.
On vous cite 2 agences expérimentées, mais vous en trouverez d'autres, tout aussi valables, sur le site officiel de Port Douglas ou en vous renseignant directement auprès des *backpackers,* qui assurent en général la réservation des excursions dans la région.

■ **Calypso Reef Charters** *(plan A2,* ***3****)* **:** *21-23 Warner St, angle Grant St. ☎ (07) 4099-6999. • calypsoreefcruises.com • Kiosques également à la Chrystalbrook Superyacht Marina et au* Port Village Shopping Center. *Sortie snorkelling à 275 $ ; réduc.* Sorties à la demi-journée ou journée en petits bateaux.

■ ***Poseidon Cruises*** *(plan A2, **4**)* **:** *Reef Marina, 44 Wharf St. ☎ (07) 4087-2100. • poseidon-cruises.com.au • Possibilité de transfert de/vers Cairns.* Un club de plongée très pro, certifié PADI, pour explorer différents sites au large de Port Douglas. Niveaux débutant ou initié. Plongée entre mai et août, sorties plongée pour approcher les baleines. Sinon, sorties snorkelling toute l'année, une fois par jour. Équipement complet fourni, guide et instructeur à bord ; petit déj, copieux buffet et collation inclus. *Départ à 8h30, retour à 16h30. Compter 255 $ ; 181 $ 4-14 ans.*

## DANS LES ENVIRONS DE PORT DOUGLAS

***Mossman Gorge Centre*** *(hors plan par B3)* **:** *à* ***Mossman.*** *☎ (07) 4099-7000. • mossmangorge.com.au • À 22 km au nord par la Captain Cook Hwy ; sinon, transfert ou excursion avec une agence. Possibilité de visite guidée sur résa. Emporter son maillot de bain !* Gérée par la ***communauté aborigène Kuku Yalanji,*** cette visite éminemment familiale permet de faire une courte balade dans la forêt tropicale humide de la Daintree et une pause-baignade. Des passerelles métalliques longent la rivière, où un grand nombre de visiteurs font trempette, et aboutissent à un pont suspendu. De là, on emprunte un sentier de 2 km qui permet de se baigner dans des coins moins fréquentés et de découvrir des arbres magnifiques, notamment les *red tulip oaks* et les figuiers géants. Également des panneaux détaillant un peu la culture locale aborigène.



# CAPE TRIBULATION ET DAINTREE NATIONAL PARK

• Carte *p. 407*

**La forêt tropicale humide de la Daintree *(Daintree Rainforest)* s'étend sur près de 1 200 km² au nord de Mossman et Cairns. Elle est considérée comme l'une des 3 plus anciennes forêts primaires au monde, abritant une incroyable variété d'arbres et d'animaux, en particulier un très grand nombre d'espèces d'oiseaux, dont le fameux casoar casqué. Un véritable paradis pour les amoureux de la nature ! L'ensemble fait partie des Wet Tropics, site classé au Patrimoine mondial de l'Unesco depuis 1988.**

**Au bout de la route, le bac qui traverse la rivière en 5 mn plante tout de suite le décor, d'autant que des panneaux vous avertissent que les crocodiles fréquentent aussi le secteur... Une fois sur l'autre rive, on se plonge au cœur de la forêt humide alimentée par la rivière *Daintree,* tout en se dirigeant tout doucement vers *Cape Tribulation,* un hameau au bord de la mer à 40 km au nord. Entre les 2, pas mal de petites balades aménagées dans la forêt et des plages, mais il vaut mieux oublier la baignade à cause des méduses et, on vous le rappelle, des éventuels crocos. Ceux qui veulent approcher ces derniers choisiront donc le classique tour en bateau sur la rivière, c'est plus prudent. Également pas mal de logements, de restos et diverses possibilités d'excursions guidées en forêt ou en mer. Bref, on a beaucoup aimé ce petit bout du monde au parfum d'aventure, malgré une certaine affluence touristique en saison. L'idéal est d'y passer au minimum 1 ou 2 nuits pour profiter pleinement du site.**

## Comment y aller ?

Accès ***seulement en voiture*** ou en ***excursion avec une agence.*** À env 40 km au nord de Port Douglas et 115 km de Cairns. Prendre la Captain Cook Hwy, traverser Mossman et à l'embranchement pour Daintree Village, prendre à droite.
Au bout de la route, prendre le ***bac,*** tlj 5h-minuit. Tarif : 45 $ l'A/R. Durée : 5 mn (mais prévoir un peu d'attente en hte saison). Se procurer la *Cape Tribulation Map*, disponible gratuitement un peu partout.
Pour ceux qui auraient oublié de faire le plein, il y a une ***station-service*** *(carte,* ***1****)* à environ 15 km au nord du bac, à côté du *Rainforest Village.*

## Où dormir ? Où manger ? Où s'offrir une glace ?

### Entre le bac et Cape Tribulation Village

***Noah Beach Campsite*** *(carte,* ***10****) : à 28 km du bac et 8 km avt Cape Tribulation. Résa en ligne obligatoire sur ● parks.des.qld.gov.au ● Emplacement (4-8 pers) 7 $/pers.* À 50 m de la plage, une quinzaine d'emplacements sous les arbres avec toilettes sèches.

***Epiphyte B & B*** *(carte,* ***11****) : 73 Silkwood Rd. 0435-082-423. ● rainforestbb.com ● À env 15 km du bac ; tourner à droite vers Cow Bay et, 3 km plus loin, encore à droite au panneau. Single 90 $, double 140 $, familiale 160 $, cottage 4 pers 190 $. Résa 2 nuits min.* Un de nos coups de cœur. Totalement au calme, comme à la campagne, des chambres simples et charmantes dans une maison avec terrasse ouverte sur un beau jardin (et un cheval qui passe se nourrir à l'occasion...). Quelle sérénité ! Également 2 cottages indépendants, situés en aval, avec jardin et cuisine pour les familles. Très bon accueil.

***Daintree Rainforest Retreat & Motel*** *(carte,* ***12****) : 1437 Cape Tribulation Rd. ☎ (07) 4098-9101. ● daintreeretreat.com.au ● À env 15 km du bac, sur la gauche. Doubles 170-240 $.* Un motel propre et simple proposant une dizaine de chambres avec ou sans kitchenette (micro-ondes et frigo seulement, mais accès à un BBQ). Pelouse centrale et piscine. Pub en face pour ceux qui cherchent un peu d'animation.

***Daintree Ice Cream*** *(carte,* ***13****) : 1819 Cape Tribulation Rd. ☎ (07) 4098-9114. À env 10 km du bac, sur la gauche, face au Cow Bay Hotel. Tlj 11h-17h.* Une adresse à ne pas manquer pour les amateurs de glaces ! Elles sont absolument délicieuses car fabriquées sur place à partir des fruits du verger (que l'on peut d'ailleurs visiter librement, muni du petit plan maison). Chaque jour, des parfums différents.

### À Cape Tribulation Village

***Cape Trib Camping*** *(carte,* ***14****) : 3812 Cape Tribulation Rd. ☎ (07) 4098-0077. ● capetribcamping.com.au ● Ouv seulement avr-fin janv. Camping env 25-35 $/adulte, enfants 5 $.* Sur un terrain en longueur et en 2 parties, où cohabitent tentes, vans et caravanes. Bien tenu. On y trouve

LE QUEENSLAND

**Adresse utile**

1 Station-service

**Où dormir ? Où manger ? Où s'offrir une glace ?**

10 Noah Beach Campsite
11 Epiphyte B & B
12 Daintree Rainforest Retreat & Motel
13 Daintree Ice Cream
14 Cape Trib Camping
15 PK's Jungle Village
16 Ferntree Rainforest Hotel
17 Cape Trib Farm
18 Mason's Café
19 Whet

**À voir**

17 Cape Trib Farm

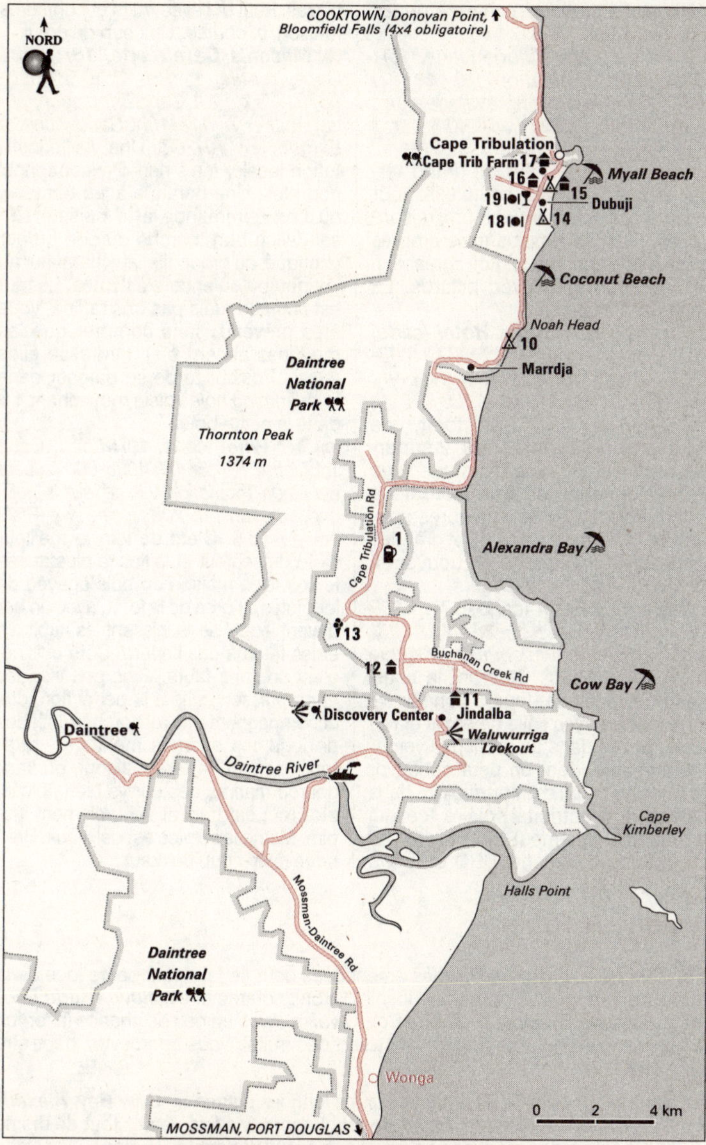


## CAPE TRIBULATION ET DAINTREE NATIONAL PARK

également 2 cuisines, un four à pizzas et un resto-bar.

**PK's Jungle Village** (carte, **15**) : *3910 Cape Tribulation Rd. ☎ (07) 4098-0040. • pksjunglevillage.com.au • Camping à partir de 40 $/pers ; lit en dortoir (5-8 lits) env 30 $/pers ; doubles 80-150 $.* Sur un grand terrain arboré, un petit complexe pour se loger correctement et à prix raisonnables. Dortoirs simples mais propres et chambres privées plutôt agréables. Piscine. Bar-resto avec billards. La plage est à 2 pas.

**Ferntree Rainforest Hotel** (carte, **16**) : *36 Camelot Close. ☎ (07) 4098-0000. • ferntreerainforesthotel.com.au • Double 160 $ ; cabin 180 $. Petit déj-buffet env 25 $.* Côté forêt, une belle propriété dotée de 2 superbes piscines. On loge dans une série de maisonnettes couleur kaki, sous les arbres, dotées de chambres spacieuses, avec salle de bains et grandes baies vitrées. Certaines se trouvent à l'étage. Une bonne adresse.

**Cape Trib Farm** (carte, **17**) : *3939 Cape Tribulation Rd. ☎ (07) 4098-0042. • capetribfarm.com.au • Double 240 $ ; min 2 nuits.* Merran, la charmante propriétaire, loue 5 bungalows impeccables avec salle de bains et terrasse, posés dans un immense verger très agréable, dont on peut découvrir les fruits au cours d'un *tasting* (lire dans « À voir »). Électricité solaire (ce qui est malheureusement plutôt rare par ici). Cuisine commune, BBQ et four à pizzas. Petit déj avec fruits et confitures maison, *of course*. Un coup de cœur.

**Mason's Café** (carte, **18**) : *3781 Cape Tribulation Rd. ☎ (07) 4098-0070. À 3 km avt Cape Tribulation, sur la gauche. Tlj 11h-15h. Sandwichs et burgers env 10-20 $.* Une vieille institution locale, mais rien d'exceptionnel non plus. Une baraque avec terrasse, où l'on commande à la cuisine son sandwich bon marché ou son burger exotique, au crocodile, au chameau, au kangourou ou encore à l'émeu. Le tout est costaud mais pas très raffiné, vous êtes prévenu, sans compter que les mouches aiment bien l'adresse elles aussi ! Possibilité de se baigner dans le *swimming hole* voisin moyennant 1 $ dans la petite boîte.

**Whet** (carte, **19**) : *Lot 1, Cape Tribulation Rd. ☎ (07) 4098-0007. Juste avt Cape Tribulation Village, sur la gauche. Lun-ven 11h-20h ; fermé w-e. Plats env 17-35 $.* C'est de loin le meilleur resto du secteur et le lieu le plus animé le soir. Une maison en bois égayée de loupiotes à l'orée de la forêt, avec un bar devant lequel se réunissent les habitués et les fêtards dès l'apéro. Côté cuisine, c'est un sans-faute, avec des viandes et du poisson cuits à la perfection, des accompagnements recherchés (salades de légumes et fruits mélangés, ratatouille, sauce tartare maison), du kangourou mariné, des currys bien épicés, etc. Tout est frais et véritablement inspiré. Même le service est délicieux. Bref, notre resto coup de cœur !

## À voir. À faire

Côté forêt, plusieurs balades aménagées pour se faire une petite idée de la faune, de la flore et de la culture locale. Citons notamment ***Waluwurrigga Lookout, Jindalba, Marrdja*** et ***Dubuji Boardwalks.*** Avec un peu de chance (a fortiori si vous venez d'octobre à mars, la saison des fruits), vous apercevrez peut-être un casoar...

Côté mer, possibilité de balades sur les longues plages de ***Cow Bay, Alexandra Bay, Coconut Beach*** et ***Myall Beach.*** Encore une fois, restez tout de même prudent à cause des méduses en été et des éventuels crocos (surtout à la saison humide, de janvier à mars). Sinon, on peut se baigner dans le joli *swimming hole* du café *Mason's* (voir « Où dormir ? Où manger ? »).

**Cape Trib Farm** (carte, **17**) : *3939 Cape Tribulation Rd, tt au nord. ☎ (07) 4098-0042. • capetribfarm.com.au • Tasting en saison à 14h sur résa ; env 45 $/pers (4-14 ans 30 $).* Magnifique propriété de 88 hectares, où s'épanouit un verger produisant 70 sortes de fruits différents. On vous conseille de faire le *tasting* (durée : 1h30), très intéressant, avec dégustation d'une dizaine de fruits du moment (mais pas de papayes ni de mangues, absolument pas considérés comme exotiques par ici !). Vous découvrirez aussi les plus petites abeilles du monde, vraiment minuscules, qui produisent un onéreux nectar en très faible quantité.

**Daintree Discovery Center :** *Cape Tribulation Rd, à env 10 km du débarcadère du ferry. ☎ (07) 4098-9171. • discoverthedaintree.com • Tlj 8h30-17h. Billet (valable 1 sem) : 37 $ ; 5-17 ans 18 $. Audioguide en français et livret explicatif très complet.* Un parcours de découverte de la Daintree Rainforest avec des passerelles sur presque 1 km, une tour d'observation (23 m de haut) au niveau de la canopée, de petites nacelles et plateformes en bois pour faire une pause en pleine nature, un centre d'interprétation et des bornes interactives tout au long du parcours. Ça ne vaut pas une vraie balade dans la forêt mais c'est pédagogique et ludique à la fois. Quelques reproductions d'animaux préhistoriques pour les petits.

Côté activités, on a sélectionné la ***demi-journée sur la Grande Barrière de corail*** avec *Ocean Safari (☎ (07) 4098-0006 ; • oceansafari.com.au •)*, la ***balade d'observation des crocodiles*** de *Solar Whisper (☎ (07) 4098-7131 ; • solarwhisper.com •)*, avec une *croc-cam* (!) à bord, les ***balades à cheval sur la plage*** avec *Cape Trib Horse Rides (☎ 1-800-111-124 ; • capetribhorserides.com.au •)*, ou encore la ***balade de nuit*** du *Crocodylus Village (📱 0402-735-124 ; • daintreecrocodylus.com.au •)*. Évidemment, il y en a d'autres mais on ne peut pas citer tout le monde...

***Daintree Village*** *(carte) : à 10 km du croisement pour Cape Tribulation.* Pour ceux qui se poseraient la question, ce village au bord de la rivière éponyme, aux faux airs de village western, possède un camping (***Riverview Van Park,*** *15 $/pers*), quelques cafés-restos et des prestataires touristiques proposant par exemple un tour de 1h sur la rivière pour voir les crocos *(Crocodile Express)*, des balades dans la forêt, etc. Sympa, mais pas forcément indispensable.

# LE NORTHERN TERRITORY

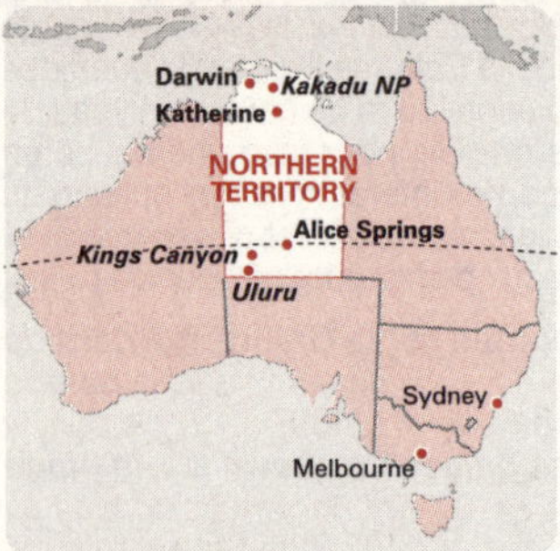


**S'il est un coin d'Australie qui incarne les grands espaces, c'est bien celui-ci. Avec son bush et sa steppe semi-désertique à perte de vue, ses lignes droites interminables (notre record : 42 km, ferez-vous mieux ?), ses termitières tenant lieu de bornes, ses ranchs parfois situés à plusieurs centaines de kilomètres des agglomérations, le Territoire du Nord (NT) ne cesse d'affirmer son format XXL. La population se réduit ici à environ 250 000 habitants, éparpillés sur un territoire grand comme près de 3 fois la France (1,35 million de km²) ! Soit plus de 5 km² par tête de pipe... Seul le Groenland est moins peuplé.**

**Si la région pèche par le vide intersidéral qui sépare ses principaux centres d'attraction, elle compense largement par leur ampleur. Qu'il s'agisse du parc national de Kakadu et de ses crocodiles d'estuaire géants (5,5 m en moyenne), ou du mythique inselberg d'Uluru (Ayers Rock), on parle ici de lieux empreints de démesure et de magie. Les Aborigènes, habitants traditionnels de ces territoires, ont d'ailleurs développé une cosmogonie d'une grande richesse, puisant aux mythes fondateurs du « Temps du rêve » qui inscrivent l'homme, les animaux et les plantes dans un grand tout, intuitivement écologiste.**

## Quand y aller ?

En novembre, dans le Top End, débute ***the wet,*** la ***saison des pluies,*** marquée par des orages dantesques et une ***mousson*** diluvienne. Le pire est atteint en plein été (janvier-février), avec davantage de précipitations en 2 mois à Darwin qu'à Paris en un an. Si le reste de l'Australie rayonne alors sous le soleil, ce n'est pas le bon moment pour visiter le secteur. Les routes sont souvent coupées par les ***inondations*** et les gués infranchissables.

Il vaut mieux venir durant l'hiver austral, ***the dry,*** entre mai et mi-octobre. Les journées sont alors ensoleillées, chaudes mais pas étouffantes dans le Top End (28-32 °C), plus tempérées dans le Red Centre (18-24 °C), avec même des nuits frisquettes (4-10 °C).

## Itinéraires

Ceux qui s'offrent un grand tour de l'Australie arriveront tôt ou tard dans le Territoire du Nord. Pour les autres, quel itinéraire prévoir ? Dans le Top End, l'option la plus classique, à laquelle on peut consacrer une bonne semaine, consiste, depuis Darwin, à emprunter le ***Nature's Way,*** qui dessine une « boucle » de près de 1 000 km via Kakadu (l'escale la plus longue), Katherine/Nitmiluk et Litchfield, les 3 grands parcs nationaux de la région. Dans le Red Centre, une autre boucle un peu plus longue (1 200-1 300 km), le ***Red Centre Way,*** permet, depuis Alice Springs, de rejoindre Uluru, puis de revenir via les parcs nationaux de Watarrka-King's Canyon et West MacDonnell (ou vice versa) – avec l'option d'un crochet

par Hermannsburg et la très belle Finke Gorge (accessible en 4x4 seulement). Il se parcourt généralement en 5-6 jours.
Rien n'interdit, bien sûr, de faire d'une pierre 2 coups en reliant Darwin à Alice Springs et même Uluru (soit 2 000 km en ligne droite et plutôt 3 000 km avec les détours vers les différents sites, dont Kakadu). Et pourquoi ne pas continuer la ***traversée du continent*** jusqu'à Adelaide (1 600 km), via la ville de l'opale, Coober Pedy ?

# LE TOP END

• Carte *p. 413*

**Le Top End, c'est, comme son nom l'indique, le bout du Northern Territory, sa pointe boréale, dessinant une large bande de 250 000 à 400 000 km² selon les estimations. Aucune frontière ne le délimite : le Top End désigne avant tout cette région humide soumise aux pluies de mousson, qui s'avance vers l'Asie entre mer d'Arafura (à l'ouest) et golfe de Carpentaria (à l'est) – par opposition au Red Centre désertique. De vastes plaines inondables et savanes s'étirent ici au pied de (très) vieux affleurements rochers, ciselés de gorges où, en saison sèche, se concentrent l'eau, les animaux et la végétation. Quelques grandes rivières traversent ce pays cher aux Aborigènes, dont la Mary River et la mal nommée Alligator River... en fait infestée de crocodiles d'estuaire !**

## DARWIN

env 146 000 hab. IND. TÉL. : 08

• Plan *p. 415*

**Point de départ (ou terminus) de la *Stuart Hwy,* porte de l'Asie, Darwin offre un autre visage de l'Australie. Tropicale et soumise au cycle des moussons, la ville, très étendue, s'épanche sur la mer de Timor – réputée pour sa haute teneur en requins et la récurrence de ses typhons... D'ailleurs, la ville a été ravagée à 3 reprises : en 1897, 1937 et 1974 – sans compter un 4ᵉ anéantissement dû aux raids aériens japonais en février 1942.**
**Vous l'aurez compris, Darwin n'est pas une ville que l'on visite pour ses monuments. Ce n'est d'ailleurs pas vraiment une destination touristique. Plutôt une base, essentielle où l'on stocke vivres et services avant de s'enfoncer dans les le parc national de Kakadu et l'*outback.* Mais que cela ne vous empêche pas de profiter de ses vastes parcs, de ses pubs, de ses marchés de quartier très animés, où l'on goûte l'incontournable *laksa* (soupe de nouilles indo-malaise). Malgré le coût de la vie plus élevé et le manque d'opportunités pour la jeunesse, Darwin est vivante et agréable à vivre. Pas mal d'Australiens viennent d'ailleurs s'y installer quelques années, attirés par l'idée de vivre sous les tropiques.**

### Arriver – Quitter

#### En avion

✈ ***Darwin International Airport*** *(hors plan par A1)* **:** *Henry Wrigley Dr, à Marrara, 13 km au nord-est du Central Business District (CBD, centre-ville).* • *darwinairport.com.au* • Sur place : change, distributeurs de billets, location de véhicules, mais pas d'office de tourisme.

➢ ***Liaisons avec le centre :*** pas de bus direct pour le CBD, il faut prendre le nº 3 sur Charles Eaton Dr, à 500 m de l'aérogare, jusqu'au terminal de Casuarina (7 bus/j. lun-ven, 5-6 le w-e), puis changer pour le nº 10 ou OL2 *(• nt.gov.au/publictransport •).* Plus simple avec le *Shuttle Bus (☎ 8980-3755 ; • bluetaxi.com.au • ; env 10 $/pers ; forfait famille)* ; qui assure un service porte à porte aux arrivées et départs des vols. Cela dit, à partir de 2 pers, le taxi est abordable (env 25-30 $ jusqu'au centre).

➢ Darwin est desservie par vol direct depuis la plupart des ***grandes villes australiennes*** (Sydney, Brisbane, Melbourne, Adelaide, Alice Springs, Perth...) par *Qantas, Virgin Australia* et *Jetstar. Air North* dessert plutôt les petites villes.

➢ ***Singapour :*** tlj avec *Singapour Airlines* et/ou *Jetstar.* Un des meilleurs moyens de rejoindre l'Australie sans se ruiner !

➢ ***Bali :*** 4-5 vols/sem avec *Jetstar* (tte l'année) et *Virgin* (avr-oct).

## En bus

🚌 ***Gare routière*** *(Darwin Bus Interchange ; plan B1) :* *Harry Chan Ave.* C'est la gare routière urbaine, mais ***Greyhound*** part de là (Bay A). *☎ 1-300-473-946. • greyhound.com.au •*

➢ 1 à 2 départs/j. vers ***Katherine*** *(trajet env 4h),* ***Mataranka*** *(6h45)* et ***Alice Springs*** *(21h30).* Correspondance dans la foulée à Alice pour Adelaide.

➢ Liaisons tlj sauf mar, jeu et dim vers ***Jabiru*** *(Kakadu ; 3h45)* avec *Katherine Coaches • katherinecoaches.com.au •*

➢ ***Broome*** *(WA ; env 24h) :* tlj sauf ven à 15h20, via Katherine, Kununurra et les Kimberleys.

🚌 Pour un prix à peine supérieur au trajet en *Greyhound,* plusieurs agences proposent, des *tours* ***Darwin-Alice Springs*** sur 3 jours, avec visite en chemin des Edith Falls (Nitmiluk), sources chaudes de Mataranka, Devil's Marbles... Infos auprès de l'office de tourisme.

## En train

🚂 ***The Ghan*** assure l'unique liaison ferroviaire au départ de Darwin, vers Alice Springs et Adelaide (3 000 km), à bord du mythique (et affreusement cher) *Ghan. ☎ 1-800-703-357 ou (08) 8213-4401 depuis l'étranger. • journeybeyondrail.com.au •* Si la ligne a été inaugurée en 1929, elle n'a atteint Darwin qu'en 2004 ! Les wagons passagers classiques ont été remplacés par des classes touristes très chics et très chères, incluant diverses excursions en chemin : à partir de 1 725 $ pour Alice Springs et 2 635 $ pour Adelaide en basse saison *(env 3 départs/sem tte l'année, sauf déc-janv).*

# Circuler en ville

■ ***Bus :*** *avec* ***Darwin Bus,*** *depuis le Bus Interchange, Harry Chan Ave (plan B1). ☎ 8924-7666. • nt.gov.au • Compter 3 $/trajet, 7 $/j. ou 20 $/sem.* La ligne nº 4, qui relie le CBD (centre) au quartier de Casuarina par la côte, via les Botanic Gardens (Mindil Beach), le Museum of NT et Nightcliff (marché), est la plus utile pour les visiteurs. Le jeudi soir, le nº 15 relie le terminal au Mindil Beach Market directement, ttes les 20 mn, 16h40-22h (dernier retour 22h10).

■ ***Vélo :*** plus de 70 km de pistes cyclables se déroulent en ville, notamment sur le littoral vers Mindil Beach et East Point Reserve, les quartiers de Parap et Nightcliff et même en parallèle de la Stuart Hwy (en direction des campings).

– Vélos en libre-service ***Spin Way*** *(• spinwaynt.com.au •),* à prendre notamment devant le *Palms City Resort* ou l'office de tourisme. *Compter 14 $/h, 44 $/24h ou 99 $ les 3 j.*

■ ***Parking :*** dans la rue, il en coûte en général 2-2,50 $/h. Heureusement, pas mal d'hôtels et AJ ont un parking gratuit. Sinon, dirigez-vous vers celui du Convention Centre (33 $/24h).

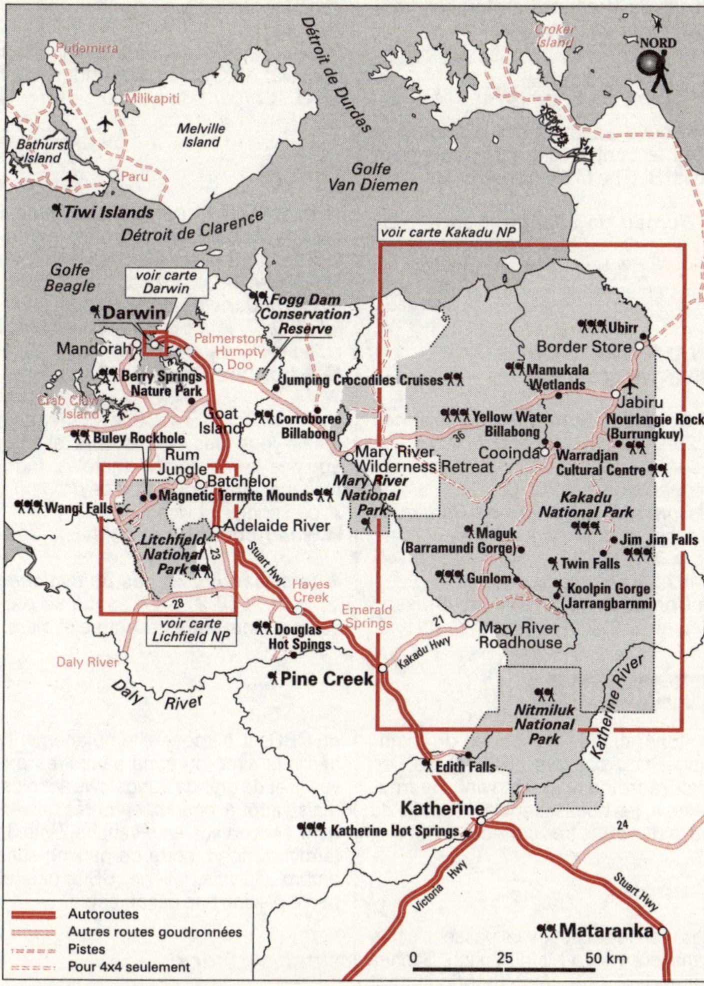


LE TOP END

## Adresses et infos utiles

### Infos touristiques

**i** ***Top End Travel & Information Centre*** *(plan B2)* : *6, Bennett St, angle Smith St.* ☎ *8980-6000 ou 1-300-138-886.* • *tourismtopend.com.au* • *Lun-ven 9h-16h30, w-e 10h-14h.* Infos complètes et brochures sur tout le Top End, le Red Centre et au-delà, plan de la ville, résa gratuite d'excursions ou d'hébergements, infos sur l'état des routes et les transports, etc.

– Plein d'infos également sur le site

LE NORTHERN TERRITORY

officiel du Northern Territory (en français) : ● *northernterritory.com* ●

## Banques, change

On trouve aisément des distributeurs dans le centre-ville, notamment sur Smith St (The Mall ; *plan A-B1*).

■ ***Bureau de change*** *(plan A1,* ***2****)* ***:*** *Galleria Complex, Smith St. Lun-ven 9h-17h ; fermé le w-e.* Change les euros en espèces (bon taux).

## Représentations diplomatiques

■ ***Consulat honoraire de France :*** *3/23, Harvey St.* ☎ *6001-6018.* ● *consul.darwin@ambafrance-au.org* ● *Permanence mar 9h-13h.*
■ ***Consulat honoraire de Belgique :*** *Mitchell Center (level 9) ; 59, Mitchell St.* 📱 *0418-897-534.* ● *tmorgan@hwle.com.au* ● *Sur rdv.*
■ ***Consulat honoraire de Suisse :*** *Charles Darwin Center (level 20) ; 19, The Mall* ☎ *8982-5435.* ● *darwin@honrep.ch* ●
■ Les Canadiens s'adresseront à leur consulat de Sydney, dont dépendent le NT *(☎ (02) 9364-3000 ; ● international.gc.ca ●).*

## Divers

@ Le ***wifi*** est disponible gratuitement sur The Mall, à l'aéroport, ainsi que sur le *waterfront* et au marché de nuit de Mindil Beach.
✚ ***Royal Darwin Hospital :*** *105, Rocklands Dr, Tiwi.* ☎ *8922-8888. À 15 km au nord du centre.*
■ ***Adventure Rentals NT :*** ☎ *7918-7844 et 1-800-274-473.* ● *adventurerentals.com.au* ● Cette compagnie locale loue des 4x4 récents et bien équipés (tente de toit, matelas, frigo, réchaud, etc.). Possibilité de *drop off* à Alice Springs (et vice versa).
■ ***Road conditions :*** ☎ *1-800-246-199.*
■ ***Informations en cas de cyclone :*** ☎ *1-300-659-211.* Le risque se présente surtout entre décembre et mars.



# Où dormir ?

Soyons clairs : le choix de campings, *backpackers* et *B & B* n'a rien d'extraordinaire à Darwin. Heureusement, les hôtels tirent leur épingle du jeu, à des tarifs très corrects.

## Camping

Pas mal de *backpackers* passent la nuit dans leur van, à Mindil Beach. Sachez cependant que c'est théoriquement interdit...

⛺ ***Hidden Valley Holiday Park*** *(hors plan par A1,* ***10****)* ***:*** *25, Hidden Valley Rd, à* ***Berrimah.*** ☎ *8984-2888.* ● *hiddenvalleyholidaypark.com.au* ● *À 11 km à l'est du centre de Darwin. Réception tlj 7h-19h (8h-18h* wet season*). Emplacements env 45-55 $ ; chambres et bungalows 100-190 $.* Parmi la brochette de campings semés entre Winnelie et Palmerston, celui-ci nous semble offrir le meilleur rapport qualité-situation, tout en n'étant pas trop éloigné du CBD. Il dispose d'emplacements herbeux avec ou sans sanitaires privés (!) et de grands bungalows accolés, mais plutôt avenants, entourés de verdure. Mieux vaut, en revanche, éviter le terrain du fond, sorte de parking sans ombre. Cuisine, laverie, BBQ, café et petite piscine pas désagréable.

## *Backpackers* (auberge de jeunesse)

🏠 ***Darwin YHA – Melaleuca on Mitchell*** *(plan A1,* ***11****)* ***:*** *7/52, Mitchell St.* ☎ *8989-2979.* ● *yha.com.au* ● *Lits en dortoir 33-39 $ ; doubles env 105-145 $.* Cette AJ peut accueillir plus de 500 personnes en même temps : une vraie usine ! Installée au cœur du quartier des bars, elle se partage entre grands dortoirs (4-6 lits, clim, avec ou sans salle de bains) d'un côté et chambres privées au *Value Inn* voisin, appartenant aux mêmes

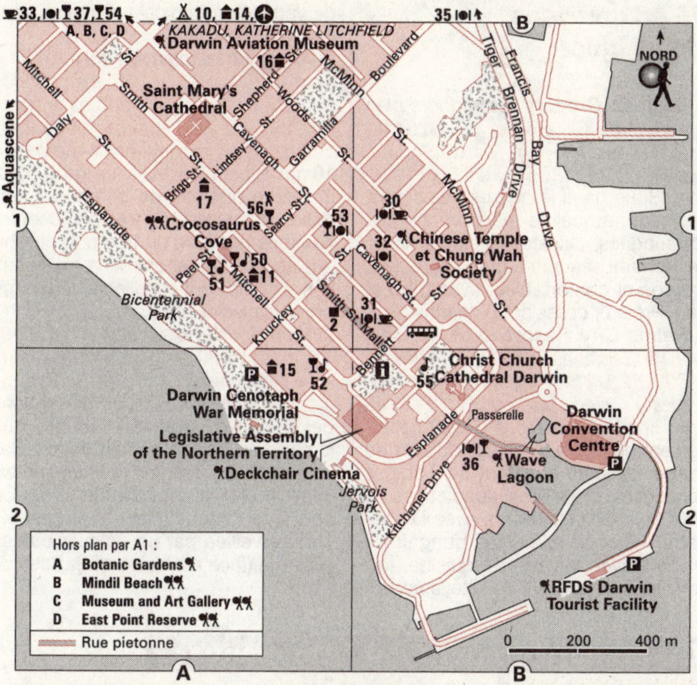


# DARWIN



**Adresses utiles**

- Top End Travel & Information Centre (B2)
- **2** Bureau de change (A1)

**Où dormir ?**

- **10** Hidden Valley Holiday Park (hors plan par A1)
- **11** Darwin YHA – Melaleuca on Mitchell (A1)
- **14** Casa on Gregory Motel (hors plan par A1)
- **15** Palms City Resort (A2)
- **16** Argus Hotel (A1)
- **17** H on Smith Hotel (A1)

**Où prendre un petit déj ? Où manger ?**

- **30** Ben's Bakehouse (B1)
- **31** Four Birds Café (B1)
- **32** Sari Rasa (B1)
- **33** Eva's Café (hors plan par A1)
- **35** Frying Nemo (hors plan par B1)
- **36** Chow ! (B2)
- **37** Pee Wee's at the Point (hors plan par A1)
- **53** Stone House Wine Bar & Kitchen (A1)

**Où boire un verre ? Où sortir ?**

- **50** Tap on Mitchell (A1)
- **51** Shenanigan's (A1)
- **52** Hotel Darwin (A2)
- **53** Stone House Wine Bar & Kitchen (A1)
- **54** The Darwin Sailing Club (hors plan par A1)
- **55** Browns Mart Courtyard (B2)
- **56** Throbe (A1)

proprios. L'ensemble est tout juste correct, certaines piaules sombres et cafardeuses (surtout au rez-de-chaussée). Mais c'est plutôt mieux que dans les autres AJ de Darwin !

Et ceux qui cherchent de la compagnie en trouveront à revendre autour des BBQ, de la piscine et du bar, ouverts 24h/24 ! Autant dire qu'on dort peu ici...

## De prix moyens à plus chic

**Casa on Gregory Motel** *(hors plan par A1, **14**)* : *52, Gregory St. 0448-882-961. • casaongregory.com.au • Doubles 159 $ (129 $ durant la wet season).* Situé dans le quartier résidentiel de Parap, au calme mais proche des commodités, cet établissement abrite des chambres plus que correctes, propres et confortables, avec frigo et clim. Préférer celles côté « jardin ».

**Palms City Resort** *(plan A2, **15**)* : *64 The Esplanade. ☎ 8982-9200 ou 1-800-829-211. • palmscityresort.com • Doubles à partir de 310 $ en saison (125 $ wet season).* C'est l'hébergement au cadre le plus séduisant du centre. Un petit bâtiment de 2 étages abrite des chambres spacieuses et bien équipées (*superiors* avec kitchenette). À côté, plein de bungalows en bois avec terrasse et cuisine, fort agréables malgré leur densité, entourés de végétation tropicale. Certains donnent sur la piscine.

**Argus Hotel** *(plan A1, **16**)* : *13, Shepherd St. ☎ 8941-8300. • argusaccommodation.com.au • Doubles à partir de 280 $ (120 $ wet season), petit déj inclus. Parking payant.* À moins de 10 mn à pied du Mall, ce gros hôtel moderne dispose de chambres carrelées spacieuses de très bon confort, aux tons grisés, d'un très bon rapport qualité-prix en dehors de la haute saison. Les lits sont excellents, le service pro et la piscine fort jolie.

**H on Smith Hotel** *(plan A1, **17**)* : *81 Smith St. ☎ 8942-5555. • hhotel.com.au • Doubles env 160-360 $, petit déj inclus. Parking gratuit.* Ce grand hôtel de 10 étages, argenté et rouge, joue la carte du design contemporain. Ses près de 200 chambres sont élégantes, impeccables et ultraconfortables. On apprécie l'accueil pro et l'agréable piscine veillée par un palmier dattier, côté rue (face au restaurant). Salle de sport.

# Où prendre un petit déj ? Où manger ?

À la belle saison, n'hésitez pas à vous balader sur les ***marchés*** des différents quartiers, où abondent les stands de cuisines du monde à bon prix (10-15 $). Celui de ***Mindil Beach,*** qui se tient les jeudi et dimanche de fin avril à fin octobre, est incontournable. Le secteur de ***Nightcliff,*** plus au nord, est aussi réputé pour ses *food trucks.*

## De bon marché à prix moyens

**Ben's Bakehouse** *(plan B1, **30**)* : *2/26 Knuckey St. ☎ 8942-2955. Lun-ven 6h-15h ; fermé le w-e. Env 10-15 $.* C'est avant tout une boulangerie où l'on trouvera sandwichs (grand choix), mini-*pies* et quiches pour un en-cas bon marché, à accompagner éventuellement du *salad bar.* Également des plats chauds. Beaucoup de monde le midi et peu de places assises.

**Four Birds Café** *(plan B1, **31**)* : *2/32 Smith St, Darwin Mall. 0451-821-807. Lun-ven 7h-14h, sam 8h-13h ; fermé dim. Petits déj et snacks 15-25 $.* Le café est excellent et la courette où l'on s'installe, au pied d'un arbre, est toute mignonne – même si les places sont prisées. Au menu : muesli et fruits frais, *toasties, rolls,* smoothies, jolis sandwichs sur pain de mie complet et burgers.

**Sari Rasa** *(plan B1, **32**)* : *6/24 Cavenagh St. 0421-347-535. Lun-ven 11h30-14h30 ; fermé le w-e. Compter 12-15 $.* Les habitués font la queue, au déjeuner, pour choisir parmi les différents curries parfumés de ce self indonésien, tenu par 3 générations de femmes. On vous conseille le poulet ou l'agneau, à accompagner de riz (au coco) ou de nouilles. Également des options *veggie* et *vegan.* Pour faire glisser le tout : bon thé au gingembre.

**Eva's Café** *(hors plan par A1, **33**)* : *à l'entrée des George Brown Botanic Gardens. 0447-474-776. Tlj 8h (7h w-e)-15h.* Le cottage en bois installé dans ces jardins botaniques est tout mignon pour prendre un thé, un scone ou un café. Pour le reste, rien qui ne justifie vraiment l'attente.

## Prix moyens

🍽 ***Frying Nemo*** *(hors plan par B1,* ***35****) : shop 10, 90 Frances Bay Dr, Tipperary Waters Marina. ☎ 8981-2281. À env 1,5 km au nord du CBD par Tiger Brennan Dr. Tlj sauf lun 17h (12h ven-dim)-21h. Plats env 15-20 $.* On y vient pour le *fish & chips,* qui a sa réputation sans trop malmener le portefeuille. Pas de poisson-clown au menu (ouf, Nemo est sauf !), mais uniquement des espèces du coin : barramundi, *jewfish* (maigre), *Spanish mackerel* (un maquereau géant) et même... du requin à pointes noires ! Attention, les frites se commandent séparément.

🍽 🍸 ⛱ ***Chow !*** *(plan B2,* ***36****) : 19 Kitchener Dr, au waterfront. ☎ 8941-7625. Tlj sauf lun 11h30-14h, 17h30-21h. Plats 10-20 $ le midi, 18-35 $ le soir.* Bénéficiant d'une vaste terrasse sur la grande place piétonne annonçant le *waterfront,* ce resto vietnamien a ajouté à sa carte des classiques empruntés à ses voisins asiatiques – dont le *laksa* (soupe de nouilles) et même quelques plats indiens, plus ou moins réussis. Les *banh mi* (sandwichs baguettes vietnamiens) le midi et les phôs tiennent la route, mais on aime moins les rouleaux de printemps. Autre regret : pas de nouilles sautées et beaucoup de viandes.

🍽 Voir aussi l'excellent ***Stone House Wine Bar & Kitchen*** *(plan A1,* ***53****),* dans « Où boire un verre ? Où sortir ? ».

## Très chic

🍽 🍸 ***Pee Wee's at the Point*** *(hors plan par A1,* ***37****) : Alec Fong Lim Dr, East Point Reserve. ☎ 8981-6868. Tlj sauf dim-lun 16h (apéro et small bites)-23h. Résa conseillée. Plats env 48-55 $.* Côté cadre, c'est imbattable : le resto, entièrement vitré au verso, s'ouvre sur un coin de plage et sur la mer par de vastes baies. La cuisine n'est pas en reste : elle met à l'honneur d'excellents produits locaux (ou non) préparés par un vrai chef qui connaît le fenouil et les salicornes, et invite volontiers à sa table légumes, huîtres et influences asiatiques. Bon choix de vins australiens au verre (pas donnés, cela dit). Côté lounge, quelques tapas raffinées pour accompagner l'apéro.

## Où boire un verre ? Où sortir ?

🍸 ♩ ***Mitchell St*** regroupe l'essentiel des bars musicaux. Ceux qui sont *on a liquid diet* (« au régime liquide » comme on dit ici !), apprécient le très classique ***Tap on Mitchell*** *(plan A1,* ***50****),* à la longue salle ouverte plantée d'un arbre au centre, proposant une douzaine de bières pression. Juste en face, le ***Shenanigan's*** *(plan A1,* ***51****)* ne désemplit pas : beaucoup de jeunes routards en font leur QG.

Autre incontournable, à l'autre bout de la rue : le vieil ***Hotel Darwin*** *(plan A2,* ***52****),* avec ses 3 ambiances complémentaires (beau bar central en acajou avec véranda sur rue, courette du *biergarten* et *sports bar* pour un billard ou un pari sur une course de chevaux).

🍸 🍽 ***Stone House Wine Bar & Kitchen*** *(plan A1,* ***53****) : 33 Cavenagh St. Tlj sauf lun 16h (15h ven)-22h (minuit ven-sam et 21h dim).* Voici notre bar préféré à Darwin, entre bâtiment *heritage* aux vieux murs décrépis et courette plus calme au fond. Un lieu hyper populaire, animé et bon enfant, proposant l'une des plus belles *wine lists* d'Australie : 300 références à la bouteille ! Les choix au verre ne manquent pas non plus et varient tous les mois. Pour les accompagner : de jolis et bons petits plats à partager.

🍸 ***The Darwin Sailing Club*** *(hors plan par A1,* ***54****) : 8 Atkins Dr, Fannie Bay. Tlj 10h30-22h30 (23h30 ven-dim).* C'est un club privé, mais on a droit à une adhésion temporaire sur présentation de son passeport (les Australiens scannent leur carte d'identité !). Les locaux adorent y emmener leurs invités pour qu'ils s'imprègnent de l'atmosphère locale, à la fois chic et décontractée.

On y contemple le coucher du soleil sur la mer, bien installé sur la bande de gazon, un verre à la main (ou en dînant).

♪ ***Browns Mart Courtyard*** *(plan B2,* ***55****) : Smith St. • brownsmart.com.au •* Chaque vendredi (16h30-19h) de mai à octobre, la cour du vieux théâtre en brique accueille un concert gratuit. Également des *jam sessions (Happy Yess)* les vendredi et samedi soir.

***Throbe*** *(plan A1,* ***56****) : 64, Smith St. Ven-sam 23h-4h.* Ce club gay est ouvert à tout le monde, et fréquenté notamment pour ses *drinks* très abordables et son *dragshow* très populaire (vers minuit).

## À voir. À faire

Au cœur du *CBD (Central Business District),* tout tourne autour de Smith St, en partie piétonne sous le nom de « The Mall ». Mitchell St, parallèle, aligne les bars. Les bâtiments officiels se regroupent à leur extrémité sud : ***Assemblée*** du Territoire du Nord *(plan A-B2),* Cour suprême et ***Christ Church Cathedral,*** octogonale et entièrement vitrée *(plan B2).* De là, des escaliers descendent vers le *Jervois Park* d'un côté et le ***waterfront*** de l'autre, avec sa très populaire piscine à vagues.

***Crocosaurus Cove*** *(plan A1) : 58 Mitchell St. ☎ 8981-7522. • crocosauruscove.com • Tlj sauf Noël 9h-18h. Entrée : 38 $ ; réduc.* C'est l'attraction phare de Darwin : un parc à thème croco en plein centre-ville. Pas vraiment écolo : les bestiaux (impressionnants) sont enfermés dans des bassins en béton vieillots, pas bien grands, et les gens font la queue pour une photo-souvenir avec un bébé saurien dans les bras, avant la sortie vers la boutique... On peut même s'immerger dans la *cage of death* (180 $ !) en verre, au plus près des monstres (plus de 5 m de long). En prime : le crâne d'Old Charlie, le plus gros *Crocodylus porosus* jamais attrapé (6,2 m pour plus de 1 tonne), des aquariums avec les poissons du coin et un vivarium. Enfin, possibilité de faire trempette (gratuitement) dans un petit bassin sécurisé, attenant à un plus grand où pataugent des dizaines de crocodiles.

### LARMES DE CROCODILES

*On entend toutes sortes de chiffres circuler, mais le plus gros crocodile d'estuaire jamais capturé (et officiellement mesuré) ne dépassait pas 6,2 m – ce qui est déjà beaucoup ! La chasse a été interdite en 1971, à une époque où il menaçait de disparaître. La protection a été efficace : on compte aujourd'hui plus de 100 000* salties *dans le nord de l'Australie ! Quelque 1 200 permis de chasse sont encore délivrés chaque année pour contrôler leur population dans les zones sensibles.*

***Chinese Temple and Chung Wah Society*** *(plan B1) : 25 Woods St. • chungwahnt.asn.au • Temple tlj 8h-16h, GRATUIT. Musée ouv seulement sur rdv (4 $).* En 1885, 3 500 Chinois habitaient dans le Territoire du Nord, pour seulement 600 Européens ! La proche Cavenagh St était alors surnommée Chinatown, mais il n'en reste guère que ce discret petit temple taoïste, fondé par des immigrants venus du sud de la Chine. Le musée associatif conte leur histoire.

***Waterfront*** *(plan B2) : accès par la passerelle au bout de Smith St et un ascenseur (ou par des escaliers).* Ses pelouses, ses bâtiments au carré et ses restaurants avec terrasse délimitent un quartier plutôt agréable, construit de toutes pièces autour de l'ancien port militaire, qui encadre une petite anse artificielle et la ***Wave Lagoon*** *(tlj 10h-18h ; accès : 8 $, réduc),* une piscine à vagues très appréciée des jeunes. Bouées, frites et boogies en prêt pour patauger dans les vagues déferlant toutes les 10 mn environ.

**PEARL HARBOUR BIS**

*Peu de gens le savent mais, le 19 février 1942, les Japonais ont attaqué Darwin de la même manière qu'ils avaient attaqué Pearl Harbour, 2 mois plus tôt. Le bombardement, mené par le même commandant avec 188 avions, se solda par la mort de 235 soldats alliés et plus de 300 blessés. Durant la Seconde Guerre mondiale, la ville subit une soixantaine de raids aériens nippons.*

***Royal Flying Doctor Service Darwin Tourist Facility*** *(plan B2)* **:** *Stocks Hill Wharf. ☎ 8983-5700. • rfdsdarwin.com.au • Tlj 9h-17h (10h-15h j. fériés) ; dernière entrée 1h avt. Entrée : 28 $ ; réduc.* Presque au bout du quai, l'antenne locale des médecins volants a aménagé ce centre dans un grand hangar pour contribuer à son financement (d'où le prix élevé).
Bien conçu, il présente en parallèle l'action du RFDS en faveur des malades résidant dans des zones isolées et le bombardement de Darwin par les Japonais le 19 février 1942 – ce qui n'a pas grand-chose à voir ! Dans un cas comme dans l'autre, à l'exception d'une copie de Zéro et d'un authentique Pilatus PC12 utilisé pour les évacuations sanitaires, la visite repose très largement sur la réalité virtuelle et les hologrammes. On peut, par exemple, « monter à bord » d'un avion en tant que patient ou pilote. Pour les commentaires, mieux vaut bien parler l'anglais.

***Deckchair Cinema*** *(plan A2)* **:** *Jervois Rd, au waterfront. ☎ 8981-0700. • deckchaircinema.com • Tlj, de mi-avr à mi-nov. Entrée : 11-17 $ selon séance ; réduc.* Attraction incontournable de Darwin, le cinéma en plein air ne fonctionne qu'à la saison sèche, avec une séance quotidienne à 19h30 et une 2de à 21h30 les vendredi et samedi. Une belle sélection internationale avec pas mal de films indépendants ou de vieux classiques.

***Aquascene*** *(hors plan par A1)* **:** *28 Doctors Gully Rd. ☎ 8981-7837. • aquascene.com.au • Tlj, à marée haute (horaires sur le site). Entrée : 15 $ ; réduc.* Gros mulets, poissons-lait, poissons-chats et autres raies viennent manger le pain que les visiteurs leur tendent depuis les marches... On en voit encore plus lors des grandes marées, particulièrement entre décembre et août. Cela dit, ça fait cher pour voir des poissons !

***George Brown Darwin Botanic Gardens*** *(hors plan par A1,* ***A****)* **:** *Gardens Rd. ☎ 8999-4418. Tlj 7h-19h. GRATUIT.* À environ 2 km au nord et 20 mn à pied du centre-ville, ce joli jardin botanique, fondé en 1886, invite à une promenade sereine entre forêt tropicale aux grands arbres (petite boucle *rainforest*) et vestiges de mangrove du littoral (juste au nord de Mindil Beach).
Pour un café : l'***Eva's Café,*** à l'entrée (voir « Où prendre un petit déj ? Où manger ? »).

***Mindil Beach*** *(hors plan par A1,* ***B****)* **:** *• mindil.com.au •* Adossée à une courte dune, la plus belle plage de Darwin, au sable brun, est bien jolie à regarder, mais ne pensez pas vous y baigner... ici rôdent les *salties* (crocodiles d'estuaire) ! À la saison sèche, du dernier jeudi d'avril au dernier jeudi d'octobre, toute la ville y converge pour le ***Mindil Beach Sunset Market,*** marché de nuit organisé 2 fois par semaine (jeudi et dimanche, à partir de 16h) de fin avril à fin octobre. Un moment privilégié, très bon enfant, entre *food stands* à gogo, artistes de rue et vendeurs de ceintures en cuir de croco...
– D'autres ***marchés*** se tiennent dans les différents quartiers de la ville, notamment à Parap *(sam, tte l'année)* et Nightcliff *(dim, tte l'année).*

***Museum and Art Gallery of the Northern Territory*** *(hors plan par A1,* ***C****)* **:** *19 Conacher St, The Gardens. ☎ 8999-8264. • magnt.net.au • Tlj sauf certains j. fériés, 10h-16h. GRATUIT.*

Ce vaste complexe culturel, amarré juste au nord de Mindil Beach, est essentiel pour une bonne approche du Northern Territory. Une grande partie est consacrée aux ***expositions temporaires*** ; généralement de qualité, autour de thèmes faisant écho à la culture locale (notamment aborigène). La ***galerie de sciences naturelles,*** très joliment mise en lumière, expose (de façon permanente) des spécimens impressionnants de coquillages géants, oie du Miocène, éponge géante et autre termitière XXL (tout est hors norme ici !).
Une petite section est consacrée aux effets dévastateurs du ***cyclone Tracy*** qui rasa une bonne partie de la ville en 1974, tandis que, à l'arrière, on rejoint la ***Maritime Gallery,*** où sont exposées toutes sortes d'embarcations, du vieux perlier australien aux différentes pirogues des îles Salomon ou d'Indonésie.
Avant de repartir, n'oubliez pas de saluer Sweetheart, le crocodile de 5,10 m qui aimait – un peu trop – les hors-bords, capturé et naturalisé en 1979 après une série d'attaques.

***East Point Reserve*** *(hors plan par A1,* ***D****) : Alec Fong Lim Dr, à env 7 km au nord du CBD.* Certains y vont à vélo, d'autres en voiture, notamment à l'aube ou au crépuscule, lorsque surgissent des fourrés des dizaines de wallabies tout mignons.
La réserve, occupant une péninsule, abrite le ***Darwin Military Museum*** : *☎ 8981-9702. • darwinmilitarymuseum.com.au • Lun-sam 9h30-16h, 10h-15h dim et j. fériés (sauf fêtes de fin d'année). Entrée : 20 $ ; réduc.* Il évoque principalement la Seconde Guerre mondiale à Darwin et les attaques japonaises, retraçant dans un film de 12 mn les terribles bombardements du 19 février 1942. À l'extérieur : armes et véhicules.
C'est ici que l'on trouve aussi le très réputé restaurant ***Pee Wee's*** (voir « Où prendre un petit déj ? Où manger ? »).

***Darwin Aviation Museum*** *(hors plan par A1) : 557 Stuart Hwy, à* ***Winnellie,*** *env 8 km à l'est du CBD, passé l'aéroport. ☎ 8947-2145. • darwinaviationmuseum.com.au • Bus n° 8. Tlj 9h-17h. Entrée : 16 $ ; réduc.* La pièce maîtresse du musée ? Le seul bombardier B52 de tout l'hémisphère Sud (colossal !). On peut aussi y voir un Zéro japonais abattu pendant la Seconde Guerre mondiale et quelques autres appareils, essentiellement militaires (plus un biplan).

LE NORTHERN TERRITORY

## Manifestations

- ***Territory Day :*** *1er juil.* Grands feux d'artifice. On a même le droit d'allumer les siens ce jour-là !
- ***Beer Can Regatta :*** *2e dim de juil. • beercanregatta.org.au •* Emblématique de l'état d'esprit local, cette régate oppose des bateaux de fortune construits à base de... canettes de bière. Certains coulent à peine lancés !
- ***Fringe Festival :*** *en juil. • darwinfringe.org.au •* Festival d'arts tous azimuts.
- ***Darwin Festival :*** *3 sem en août. • darwinfestival.org.au •* Concerts, danse, théâtre, cabaret, etc. autour d'artistes locaux, nationaux et internationaux.

## DANS LES ENVIRONS DE DARWIN

***Tiwi Islands :*** à 80 km au large de Darwin, là où les eaux de la mer de Timor rencontrent celles de la mer d'Arafura, l'archipel des Tiwi se compose principalement de 2 grosses îles : ***Melville*** (5 786 km$^2$) et ***Bathurst*** (2 600 km$^2$), séparées par un large chenal. Habitées presque exclusivement par les Aborigènes tiwi (environ 2 500, grands amateurs de foot australien !), elles n'abritent que quelques rares

lodges isolés attirant les pêcheurs. Venir de préférence en mars pour assister à la finale de *footie* et à la grande vente annuelle d'art qui se tient en même temps.
– On peut s'y rendre en petit avion en 30 mn ou en ferry depuis Darwin en 2h30 *(● sealinknt.com.au ● ; jeu et ven à 8h, retour à 15h15, plus certains lun juin-août ; 120 $ A/R, réduc).* On débarque alors à Wurrumiyanga, où se regroupent une mission catholique, un musée et 3 centres artistiques – les locaux sont réputés pour leurs sculptures et tissus.
– L'accès au reste des îles est soumis à un permis et les excursions organisées coûtent une petite fortune *(min 300 $ la journée, ferry inclus).*

***Berry Springs Nature Park :*** *à env 50 km au sud de Darwin, par la Stuart Hwy, puis la B34. Infos (ranger station) : ☎ 8988-6310. ● nt.gov.au ● Tlj 8h-18h30 ; baignade interdite pdt la saison des pluies (oct-mars). GRATUIT.* Trop chaud ? Filez jusqu'à ce sympathique parc public aménagé autour d'une succession de pelouses et de 2 bassins naturels enfouis dans la végétation, où l'on se baigne avec délectation (l'eau oscille entre 26 °C et 28 °C). Les crocos sont retirés après les crues, mais attention aux écrevisses... ça pince ! Sur place : tables de pique-nique et kiosque (ouvert durant la saison sèche).

***Berry Springs Tavern :*** *795 Cox Peninsula Rd, env 1 km avt la bifurcation vers le parc en venant de Darwin. ☎ 8988-6186. Tlj de 10h (8h30 dim) jusque tard. Musique live sam soir et dim midi. Plats env 18-40 $.* Salades, *megaburgers* (vraiment méga), pizzas... le midi ; les plats sont copieux à défaut d'être très fins. Le soir, menu plus élaboré avec huîtres, poissons et viandes. On peut aussi se contenter d'y prendre un verre.

***Territory Wildlife Park :*** *Cox Peninsula Rd. ☎ 8988-7200. ● territorywildlifepark.com.au ● Juste après le parc de Berry Springs. Tlj sauf Noël 9h-16h (15h oct-mars). Entrée : 37 $ ; réduc.* Étendu sur 400 ha de bush et de plans d'eau naturels, ce zoo très amélioré permet de rencontrer toute la faune du Top End, qui y vit en semi-liberté – notamment des wallabies et wallaroos peu craintifs. Diverses présentations rythment la journée au fil d'une jolie boucle de 4 km, à parcourir à pied ou en petit train (inclus).
On trouve aussi sur place une *nocturnal house,* des volières où l'on peut entrer et un grand aquarium avec tunnel vitré recréant le cours d'une rivière.
➢ De là, il est facile de rejoindre le ***Litchfield National Park*** en suivant la B34 vers l'ouest, puis la 30 vers le sud (6 km de piste).

***Fogg Dam Conservation Reserve :*** *à env 60 km de Darwin, en direction de Kakadu, prendre à gauche sur 8 km (fléché). ☎ 8988-8009. ● nt.gov.au ● GRATUIT.* Occupant d'anciennes rizières abandonnées, voici l'un des *billabongs* (zones humides) les plus accessibles et les plus riches du Territoire du Nord. Le lieu est le refuge de ***nombreuses espèces d'oiseaux,*** mais aussi d'un tas de ***crocodiles*** : les panneaux interdisant de sortir du véhicule à certains endroits ne sont pas là pour rigoler !
C'est le matin tôt ou en fin d'après-midi, à la saison sèche, que l'on a le plus de chances d'observer les quelque 250 espèces qui fréquentent les lieux, en particulier autour de la digue : aigrettes, cormorans, spatules, jacanas, ibis, palmipèdes et autres migrateurs durant l'hiver austral, etc. Les marais abritent aussi plein de tortues et de pythons d'eau, qui s'enterrent d'août à octobre en attendant les pluies.
Outre les points de vue de la digue, on vous conseille la belle balade ***Woodlands to water lilies*** (2,2 km A/R), qui mène à travers bois jusqu'à 3 plateformes successives – la dernière survolant les eaux et les champs de lotus, en fleur de décembre à juin-juillet.

***Jumping crocodiles :*** la rivière Adelaide abrite ***l'une des plus fortes concentrations de crocodiles d'estuaire d'Australie.*** Certains dépassent les

5 m ! Plusieurs opérateurs se sont fait une spécialité d'emmener les touristes au plus près, en petit bateau, appâtant les monstres avec des abats de poulet... On ne peut pas dire que l'expérience soit éco-responsable, mais elle reste très impressionnante !
Pas moins de 5 compagnies proposent des excursions entre mai et septembre-octobre. La majorité sont basées au niveau du pont sur l'Adelaide River, sur la Route 36.
Citons ***Adelaide River Cruises*** *(☎ 8983-3224 ; ● adelaiderivercruises.com.au ● ; tlj à 9h, 11h, 13h et 15h ; compter 50 $/adulte ; réduc et forfait famille),* qui part près de 10 km en aval, avec de plus petits bateaux – on accède à l'embarcadère par une piste après Fogg Dam (fléché, voir ci-dessus).

### HELI-PUB CRAWL

*Le pub crawl, c'est la tournée des bars. Mais comme les Australiens ne font rien comme tout le monde, ici, on peut s'enquiller plusieurs troquets paumés dans le bush... en hélico ! Parmi eux, le Goat Island Lodge, en amont de l'Adelaide River, que l'on peut joindre uniquement par les airs ou en bateau, à travers des eaux infestées de crocos. Bon, autant vous dire que ça coûte une fortune et que le principe même n'est pas du tout écolo !*

***Corroboree Billabong :*** *à env 85 km de Darwin, prendre à gauche à Corroboree (fléché), puis 21 km (dont 4 km de piste). ☎ 8985-5855. ● wetlandcruises.com.au ● Navette 30 mn avt chaque excursion depuis la* Corroboree Park Tavern *(10 $ l'A/R), sur résa. Mars-oct, croisières 6h45-16h30 (durée : 1h-2h30), 65-80 $/adulte, réduc.* Cet autre *billabong* très sauvage, étendu aux portes du *Mary River National Park* (voir ci-après) regorge de vie : crocodiles d'estuaire et oiseaux en nombre.

***Mary River National Park :*** *à env 110 km de Darwin sur la route de Kakadu. ☎ 8978-8986. ● nt.gov.au ● Pistes souvent inaccessibles nov-avr en raison des crues. GRATUIT.*
Si la plupart des visiteurs filent vers Kakadu, rien n'interdit de s'octroyer quelques détours en chemin pour explorer ce vaste parc aux plaines inondables, enserrant le cours de la Mary River.
Pour un aperçu, le ***Bird Billabong Track*** (4,5 km A/R), accessible par une bonne piste (7 km après l'entrée du parc, à gauche), mène à un lac où se concentrent souvent les oiseaux.
Plus avant sur la Route 36, une autre piste en bon état (à gauche), la Point Stuart Rd (prolongée par la Rockhole Rd), mène en 18 km jusqu'à ***Couzens Lookout*** (beau panorama sauvage).
Plus au nord par Point Stuart Rd, on atteint *Brian Creek Monsoon Forest,* pour une jolie balade dans la forêt inondée (2 km), puis ***Mistake Billabong,*** particulièrement intéressant à la fin de la saison sèche, car c'est toujours l'un des derniers points d'eau du secteur, autour duquel se regroupe la faune.

2 campings basiques dans le parc, à ***Couzens Lookout*** et à ***Shady Camp,*** accessibles uniquement en 4x4 *(compter 4 $/adulte, 10 $/famille ; résa obligatoire sur le site des parcs nationaux : ● parkbookings.nt.gov.au ●).*

***Mary River Wilderness Retreat & Caravan Park :*** *32 km avt le parc de Kakadu, sur la Mary River. ☎ 8978-8877. ● maryriverretreat.com.au ● Emplacements env 45-60 $ ;* safari tents *et bungalows 180-280 $.* On aime bien cet endroit planté en plein milieu de nulle part, façon oasis. Dès l'arrivée, des wallabies vous accueillent, broutant le gazon... On s'y installe sous les grands arbres du vaste camping, à moins de préférer une des *safari tents* (avec lits) ou un des bungalows (préfabriqués), un peu chers pour la qualité, mais bien au calme. Certains entourent leur propre piscine. En prime : une cafétéria (d'avril à novembre), une piscine pour tous les autres et des proprios très accueillants. Location de VTT et de bateaux pour aller pêcher.

# LITCHFIELD NATIONAL PARK

IND. TÉL. : 08

• Carte *p. 425*

**Moins connu que Kakadu, le vaste parc national de Litchfield (1 500 km²), situé à 1h30 (120 km) au sud de Darwin, n'en mérite pas moins une escale. Si certains y vont pour la journée, on vous conseille plutôt de dormir sur place, les options ne manquant pas, tant côté camping que dans la gentille bourgade de Batchelor. Au programme : une fantastique collection de termitières géantes, des sources et de belles cascades s'écoulant dans de délicieux bassins naturels entourés de végétation tropicale, où l'on se baigne en toute sécurité (les crocos en sont retirés chaque année après les inondations de la mousson !).**

## Arriver – Quitter

– ***Accès :*** aucun transport en commun ne dessert le parc.
– ***En voiture :*** de Darwin, par la Stuart Hwy, puis la Route 30 via Batchelor (120 km), ou par les Routes 34 et 30 via Berry Springs (quelques passages de piste) en saison sèche (140 km). Cette dernière mène plus vite aux Wangi Falls, situées à 69 km à l'ouest de Batchelor. On peut aussi faire une boucle par la Route 30, ce qui évite de revenir sur ses pas.
– ***4x4 :*** quelques pistes sont réservées aux 4x4, notamment celle menant à la Lost City.

## Adresses et infos utiles

### Infos générales

– ***Informations :*** *☎ 8976-0282. • nt.gov.au/parks • litchfieldnationalpark.com •*
– ***Horaires et tarifs :*** *ouv 24h/24. GRATUIT.*
– ***Station-service :*** *à* ***Batchelor,*** *à une trentaine de km à l'est.*
– Wi-Fi gratuit aux Wangi Falls.

### Agences

■ ***Ethical Adventures :*** *0488-442-269. • ethicaladventures.com.au •* Cet opérateur, impliqué dans le tourisme durable, propose un *day tour* en petit groupe *(10 pers max)* incluant Berry Springs, le petit musée de Batchelor et le parc de Litchfield.

■ ***Litchfield Tours :*** *☎ 1-800-813-269. • litchfieldtours.com.au •* Compter 155 $/adulte pour une grande excursion à la journée comprenant les crocodiles de l'Adelaide River puis les principaux bassins et chutes de Litchfield. La même option est proposée par ***Wallaroo Tours*** *(☎ 8981-6670 ; • wallarootours.com •),* mais plus chère (230 $).

## Où dormir ?

On trouve 6 campings ***à l'intérieur du parc,*** dont 2 accessibles seulement en 4x4, plus quelques autres hébergements à ***Rum Jungle*** et ***Batchelor,*** à 20-30 km à l'est.

## *Dans le parc*

### Campings

Pour les campings à l'intérieur du parc, résa en ligne conseillée sur le site officiel des parcs nationaux du Northern Territory : • *parkbookings.nt.gov.au* •

⛺ ***Wangi Falls Campground :*** *dans l'ouest du parc.* ☎ *8976-0282. Compter 12 $/adulte, 6 $/enfant ou 30 $/ famille* (self-registration). La trentaine d'emplacements, assez proches, se répartissent au gré de 3 petites boucles, avec l'indispensable BBQ au centre. On peut installer sa tente sur les petites aires sablonneuses nues, à l'entrée, plus susceptibles d'avoir de la place. Sinon, il faut souvent se rabattre sur le *Safari Camp,* à 5 km au nord. Kiosque et douches chaudes.

⛺ ***Florence Falls Campgrounds :*** *au centre du parc.* ☎ *8976-0282. Compter 12 $/adulte, 6 $/enfant ou 30 $/ famille.* Il y a 2 campings à proximité l'un de l'autre. Le *2WD Campground* a les emplacements les plus spacieux et des douches. L'*Old 4WD Campground* est en fait tout à fait accessible avec un véhicule normal ; les sites n'y sont pas très grands et certains n'ont pas d'ombre, mais il est souvent plus facile d'y trouver un emplacement en saison.

## *En dehors du parc*

### Campings

⛺ 🏠 **Batchelor Holiday Park :** *37 Rum Jungle Rd, à* ***Batchelor.*** ☎ *8976-0166 ou 1-800-188-343.* • *batchelorholidaypark.com.au* • *Emplacements env 30-60 $ ; bungalows 80-230 $ (2-6 pers), draps et serviettes inclus.* On ne manque pas de choix ici : les emplacements de camping, éparpillés sur un vaste terrain planté de petits palmiers, sont avec ou sans électricité, ombragés ou non, avec toit protecteur ou même sanitaires privés ! Côté bungalows, c'est pareil, il y a de tout, depuis la cahute étroite avec sanitaires partagés (mais clim) au minichalet familial avec douche et kitchenette. Petite piscine, laverie, cuisine et même un mini-minigolf. Chaque matin et soir, le boss nourrit les oiseaux : l'occasion de voir les jolis *red collar lorikeets,* de petits perroquets (loriquets, de leur vrai nom) bleu-orange-vert !

⛺ 🏠 🍴 ***Litchfield Tourist Park :*** *à* ***Rum Jungle.*** ☎ *8976-0070.* • *litchfieldtouristpark.com.au* • *Café ouv avr-sept seulement. Emplacements env 28-42 $ ; bungalows 100-260 $.* C'est le camping privé le plus proche du parc. Le terrain est immense, avec les emplacements (sans électricité) les plus agréables tout au fond, à côté de l'Upper Finnis River. Certes, de là, le bloc sanitaire n'est pas tout proche... S'il pleut, on peut choisir les piaules étroites du *bunkhouse* avec sanitaires partagés, les sympathiques *Drover's Cabins* aux faux airs de maisonnette balinaise (nos préférées), avec tout le confort sauf les sanitaires, ou les très confortables *Ringers Cabins,* avec douche extérieure. Agréable piscine dans son coin de verdure.

### De prix moyens à plus chic

🏠 🍴 ***Batchelor Butterfly Farm :*** *8 Meneling Rd, à* ***Batchelor.*** ☎ *8976-0110.* • *butterflyfarm.net.au* • *Bungalows env 160-200 $. Plats 26-40 $.* Chaleureux, déjanté, enthousiaste, Chris, le boss, a beaucoup voyagé, notamment en Asie, et vécu en Irlande et en Grande-Bretagne. En plus de la (petite) serre à papillons, les (jeunes) enfants adorent entrer dans les cages des cochons et des lapins de son mini-zoo pour les caresser, tout comme les ours en peluche du salon plein de bric et de broc... Un cadre détonnant pour une pause en chemin ou un dîner aux élans très asiatiques (madame est philippine). Pour ce qui est du logement, on est plus réservés : les bungalows sont à touche-touche et plus utilitaires que charmants. En revanche, ceux qui dorment ici ont l'accès gratuit à la « ferme » (sinon 20 $).

🏠 ***Rum Jungle Bungalows :*** *10 Meneling Rd, à* ***Batchelor.*** ☎ *8976-0555.* • *rumjunglebungalows.com.au* • *Double env 220 $, petit déj inclus.* Cernés par la végétation tropicale, les

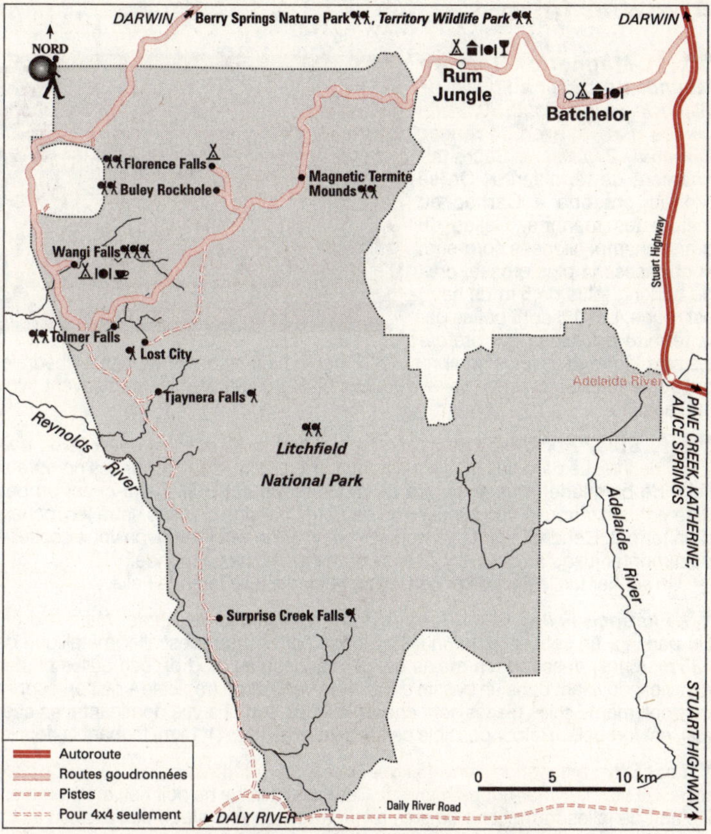


LITCHFIELD NATIONAL PARK



6 bungalows ont quelque chose d'un peu balinais avec leur mobilier en partie en rotin. Verts, rouges ou ocre, ils ne sont pas géants, mais cosy et de bon confort, avec kitchenette et clim. La piscine au fond du jardin, elle aussi entourée de verdure, est fort séduisante. Bon accueil et bons conseils de Sue.

## Où manger ? Où boire un verre ?

***Wangi Falls Café :*** *au parking des Wangi Falls. ☎ 8978-2077. Tlj 11h30-13h30.* C'est plus une cafét' qu'un café, mais on est content d'y trouver un *latte* pour se réveiller, un burger ou un sandwich pour se requinquer, même si c'est pas donné. Y'a aussi des glaces pour les enfants. Dans le même genre, à 5 km au nord sur la Route 30, le *Litchfield Café (tlj 10h-16h en saison),* plus hangar que café, a un peu plus de choix (assiettes froides, cheesecake à la mangue).

Voir aussi le café-resto de la ***Batchelor Butterfly Farm*** dans « Où dormir ? ».

## À voir. À faire

**Magnetic Termite Mounds :** *à 33 km à l'ouest de Batchelor, sur la Route 30. Visite guidée gratuite avec un ranger, juin-août, 2 fois/sem.* Sacré alignement de termitières ! On se croirait presque à Carnac au milieu des menhirs. Celles du grand champ, alignées nord-sud, sont grises ; la plus grosse, près du parking (plus de 5 m de haut) est rouge. Les 1[res] sont bâties par la termite boussole, qui préfère les sols inondables (plus sombres), la 2[de] par la bien nommée termite cathédrale, qui adore les sols drainés, de latérite. Les plus grosses termitières peuvent avoir 100 ans.

### TERMITIÈRES CLIMATISÉES

*Particulièrement hautes et nombreuses au parc national de Litchfield, les termitières y ont en outre l'étrange habitude de s'aligner sur un axe nord-sud. Pourquoi ? Pour pouvoir mieux combattre les effets du climat. Quand il fait froid, elles migrent côté sud de l'édifice, là où tape le soleil et, quand il fait trop chaud, elles vont se réfugier au frais côté nord !*

**Buley Rockhole :** *bifurcation à env 40 km à l'ouest de Batchelor, puis 2 km (fléché).* Le parc de Litchfield est particulièrement réputé pour ses nombreux lieux de baignade (tous avec aire de pique-nique et BBQ). Celui-ci est un peu différent : on y trouve une succession de petits bassins creusés entre les rochers d'un torrent. L'endroit étant très populaire (surtout le week-end), on vous conseille de remonter jusqu'au bout, il y a souvent un peu moins de monde.
➢ Un sentier facile de 1,6 km permet de rejoindre les Florence Falls.

**Florence Falls :** *même route d'accès que Buley Rockhole, mais tt droit.* Du parking, un sentier goudronné, prolongé par un grand escalier métallique de 135 marches, descend (en moins de 10 mn) jusqu'au pied de ces belles chutes jumelles, dévalant dans un bassin entouré de végétation tropicale – où l'on peut se tremper, même si les places sont chères le week-end ! La vue dominante, en chemin, est fort belle. Retour possible par un sentier de terre (1,1 km) fermant la boucle.

**Lost City :** *bifurcation à env 45 km à l'ouest de Batchelor, puis 10,5 km de piste réservée aux 4x4 (mai-nov seulement).* Cette cité perdue ne doit rien aux hommes. Il s'agit de jolies formations de grès ruiniformes, dernier stade de l'érosion avant disparition ! Un circuit permet d'en faire le tour en 15-20 mn.

**Tolmer Falls :** *à env 55 km à l'ouest de Batchelor (fléché).* À 5 mn à pied du parking, on découvre un point de vue plongeant sur une gorge profonde où dévale une chute bien fournie. Des chauves-souris y habitent. Mieux vaut venir en fin de journée, quand le soleil est dans le bon axe.

**Sandy Creek (Tjaynera) Falls :** *bifurcation à env 60 km à l'ouest de Batchelor, puis 9 km de piste réservée aux 4x4, avec gués (mai-nov seulement, selon météo).* On remonte le long de la rivière pendant 20-25 mn (1,7 km) pour rejoindre le bassin entouré de forêt de cette jolie petite cascade. La baignade est très rafraîchissante. Camping plutôt agréable (douches). À 19 km au sud par la même piste, les ***Surprise Creek Falls*** sont encore plus tranquilles, mais mieux vaut être un (très) bon conducteur pour s'y rendre. Les chutes s'y déversent dans un petit bassin tout rond taillé dans le rocher, surplombant la rivière.

**Wangi Falls :** *à 64 km à l'ouest de Batchelor. Oct-mai, baignade interdite (les crocodiles d'estuaire débarquent). Juin-août, balade guidée (gratuite) par un ranger 1 fois/sem.*
Aucun doute, elles sont les plus belles : une toute petite chute contorsionniste et une grosse, plus puissante, plus haute, déferlant dans un bassin grand comme plusieurs piscines olympiques, où la baignade est un délice.

LE NORTHERN TERRITORY

Une épaisse végétation tropicale dessine son écrin, des guêpiers volettent au-dessus de l'eau et de discrets petits crocodiles de Johnston (sans danger) y vivent. Un sentier fait le tour complet du bassin en 1,7 km, grimpant sur les hauteurs de la chute, mais on n'en voit rien, ni même le bassin. En revanche, on vous conseille de le suivre sur 200-300 m de chaque côté, là où il traverse la superbe forêt de palmiers carpentarias, où nichent de nombreuses roussettes (de grosses chauves-souris frugivores). En saison humide, les fleurs violettes du curcuma local abondent.

## KAKADU NATIONAL PARK

IND. TÉL. : 08

• Carte *p. 429*

**C'est avant tout pour lui que l'on vient dans le Top End. Cet immense territoire de près de 20 000 km² est classé au Patrimoine mondial pour sa richesse tant naturelle que culturelle. Il a été façonné depuis 50 000 ans (65 000 ans disent certains) par les peuples aborigènes, comme en témoignent les grands sites de peintures rupestres d'Ubirr et de Nourlangie, qui ont conservé leur caractère sacré (à l'origine de diverses interdictions). Aujourd'hui encore, les Bininj et les Mungguy pratiquent les brûlis pour contrôler la végétation, en gestion conjointe avec le service des parcs nationaux australiens, et possèdent la plupart des établissements hôteliers et agences d'excursions.**
**Kakadu, c'est avant tout une mosaïque d'écosystèmes interdépendants, intimement liés au cycle de la mousson. Lorsque, en tout début d'année, les pluies s'intensifient, l'eau envahit les immenses plaines inondables, coupant les pistes et certaines routes. Les crocodiles d'estuaire en profitent pour remonter loin dans l'intérieur des terres. Sur les franges des zones humides, se développe la forêt de mousson, tropicale, d'une grande richesse. L'arrière-pays, lui, est dominé par une succession d'escarpements, creusés au fil du temps de gorges par l'érosion.**
**La flore (plus de 2 000 espèces répertoriées) et la faune sont d'une richesse remarquable. Les *salties* seraient à eux seuls plus de 10 000 à Kakadu. On les voit de près lors d'excursions en bateau sur les rivières et les *billabongs* (bras morts), de même qu'une très riche avifaune. Autre temps fort : la baignade, dans l'arrière-pays, dans les bassins naturels formés au fond des gorges, généralement atteints par des pistes – pour certaines praticables uniquement en 4x4. C'est là, aussi, que réside l'âme de Kakadu. Là que l'on campe au plus près de la nature.**

### LE BAL DES (6) SAISONS

Les Bininj de Kakadu ne comptent pas comme tout le monde... Tropiques obligent, pas de printemps, d'été, d'automne ni d'hiver, ici, mais 6 saisons retraçant fidèlement les cycles naturels. L'année commence avec la mousson *(gudjewg)*, principalement en janvier-février, précédant une période marquée par de courts orages violents (surnommés *knockem' downs* !) entre mars et mai *(banggerreng)*, puis une autre, courte, déjà plus fraîche mais encore humide *(yegge)*. À l'hiver *(wurrgeng)*, étendu entre juin et août, succède le cœur de la saison sèche et chaude *(gurrung)*, d'août à début octobre. Ensuite débute *gunumeleng*, la saison des (innombrables) orages secs annonciateurs de la nouvelle mousson.

## PAS DE FUMÉE SANS FEU

Au début de l'été austral, la vision de nuages de fumée survolant le bush est quotidienne. Surprise : ces feux ne sont pas naturels, ni accidentels, mais allumés par l'homme. Traditionnellement, les Aborigènes ont appris à déclencher de petits feux en début de saison sèche pour brûler les hautes herbes sans trop endommager les arbres et éviter, ainsi, que de grands feux allumés par les puissants orages annonciateurs de la saison des pluies ne ravagent des pans entiers de territoire. La pratique, un temps tombée en désuétude, est à nouveau à l'ordre du jour, cette fois avec la bénédiction de Parks Australia. Des études scientifiques tendent en effet à montrer qu'elle permet de réduire de moitié les émanations de $CO_2$.
Le feu a d'autres usages pratiques : il améliore très notablement la chasse (notamment au goanna) et favorise l'augmentation de la population de kangourous en créant des savanes. D'ailleurs, certains paléontologues et archéologues pensent que les feux auraient modifié le paysage au point de faire disparaître la mégafaune qui peuplait l'Australie il y a environ 100 000 ans. À moins que ce ne soit sa disparition naturelle qui, accroissant le stock de végétation, ait favorisé l'augmentation des feux naturels, poussant les Aborigènes à adopter cette technique.

## Arriver – Quitter

À la saison sèche, *Greyhound* (☎ *1-300-473-946 ;* ● *greyhound.com.au* ●) assure une liaison bihebdomadaire entre ***Darwin*** et ***Jabiru,*** théoriquement les lundi et vendredi en début d'après-midi (durée : 3h30). C'est la seule option pour ceux qui ne sont pas véhiculés mais, une fois sur place, on est coincé et les excursions coûtent très cher...



## Quand y aller ?

➢ 95 % des visiteurs privilégient la ***saison sèche, entre mai et octobre.*** On peut alors accéder à la plupart des sites. On peut aussi se baigner sans crainte dans les zones désignées : les crocodiles d'estuaire qui seraient parvenus jusque dans les bassins naturels à la faveur des inondations sont capturés avant le début de la période touristique ! Un bémol : c'est à cette période que le secteur connaît le plus grand nombre de feux.

➢ Les ***pluies de l'été austral*** compliquent sacrément les déplacements et les animaux sont alors beaucoup plus difficiles à observer, crocos inclus, mais tout est très vert, et les sites et hébergements sont souvent déserts. On peut toujours accéder aux peintures rupestres de Nourlangie et s'offrir un vol panoramique pour voir les Jim Jim Falls de haut ! En tout état de cause, l'arrière-pays reste généralement accessible en décembre, voire jusqu'à début janvier.

## Comment se déplacer ?

➢ Seuls ceux qui viennent en voiture pourront pleinement profiter de Kakadu. Cela dit, tout dépend de la saison. ***Durant la mousson,*** les pistes sont impraticables (même en 4x4) et les routes goudronnées sont souvent coupées, avec des gués à franchir (peu rassurant pour les novices...). Au niveau de chacun, une échelle graduée indique la profondeur, généralement jusqu'à 1,40 m... Infranchissable sans 4x4 avec tuba et une grande expérience pour ne pas risquer l'accident. Beaucoup de gués restent en eaux jusqu'en mai, juin, voire juillet.

➢ ***En saison sèche,*** si quelques pistes sont accessibles aux véhicules

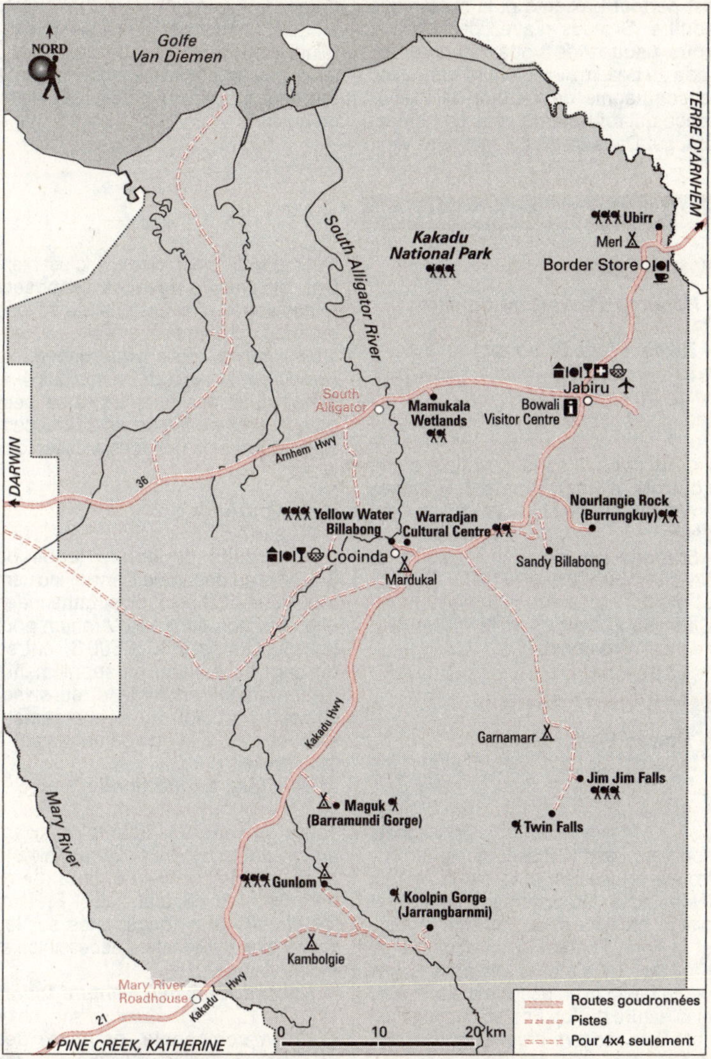


KAKADU NATIONAL PARK

de tourisme (vers Gunlom Plunge Pool par exemple), d'autres sont réservées aux 4x4, notamment celles menant à Jim Jim Falls et Twin Falls. L'accès à ces dernières, de plus en plus compliqué au fil des années en raison d'un gué profond qui s'affaisse, est généralement impossible avant mi-juillet et à réserver aux très bons conducteurs expérimentés.

➢ ***Ne prenez pas de risques inconsidérés.*** Sur les pistes, la tôle ondulée est partout présente et la mécanique souffre. Si vous n'avez pas de 4x4, vous risquez de vous retrouver en rade au beau milieu de nulle part, avec la compagnie de location et l'assurance qui refusent de vous prendre en charge. Dans ce cas, il faut faire venir *Katherine Towing* (☎ 8972-2822) avec, à la clé, une facture de plusieurs centaines de dollars... si vous réussissez à les contacter, car le téléphone ne passe pas dans bon nombre d'endroits isolés du bush.

## Adresses et infos utiles

### Infos générales

– ***Horaires d'ouverture du parc :*** *ouv 24h/24.*
– ***Tarifs d'accès au parc :*** *avr-oct 40 $/pers, 20 $ 5-15 ans ; nov-mars respectivement 25 $ et 12,50 $ ; réduc. Achat au centre d'information de Bowali. Le park pass est valide 7 j.* Attention, il est susceptible d'être contrôlé à tout moment (grosses amendes à la clé pour ceux qui ne l'ont pas).
– ***Stations-service :*** Puma, *Leichhardt St, à **Jabiru.** Tlj 6h30-20h30. Épicerie et atelier mécanique. Également au **Cooinda Lodge,** tlj 8h-21h (19h wet season).* Pas donné !



### Infos touristiques

🛈 ***Bowali Visitor Center :*** *à 3 km de Jabiru, sur la route de Katherine (1 km par un sentier). ☎ 8938-1100. • parksaustralia.gov.au/kakadu • Tlj sauf Noël et 1er janv 8h30-17h.* On y achète son *park pass* (CB acceptées) et on y trouve toutes les infos sur la météo, les balades, les ouvertures de sites et pistes, etc. Une expo présente la faune et la flore, l'habitat et la géologie de Kakadu ; il y a même des films et une petite biblio avec des livres sur le parc et la nature du Top End en consultation libre. Les *rangers* organisent des randos guidées gratuites de mi-mai à mi-novembre : demandez le programme. Café, boutique-galerie et point de recharge électrique.

### Agences d'excursions

Évitez les *day tours* depuis Darwin : vous ferez beaucoup de route et n'aurez rien le temps de voir ! Passer 2 jours sur place est un strict minimum ; 3, c'est mieux, 4, c'est bien. Des dizaines d'agences proposent toutes sortes d'excursions, du voyage organisé qui s'en tient aux sites accessibles par la route goudronnée, au *camping trip* bien rodé en minibus 4x4. Même avec ces derniers, il se peut qu'aucun site *off-road* ne soit accessible à certaines périodes à cause des pluies.

■ ***Wayoutback :*** *☎ 8300-4900 ou 1-300-551-510. • wayoutback.com.au •* Circuits de bonne tenue de 3-5 jours au départ de Darwin, incluant Kakadu et Litchfield, plus Katherine et une incursion en terre d'Arnhem pour les plus longs (600-1 500 $, entrée du parc de Kakadu en supplément). Hébergement en tente et/ou *swag*. Chacun participe au déchargement des voitures, à la corvée de bois et à la vaisselle !

■ ***Territory Expeditions :*** *☎ 8988-3222. • territoryexpeditions.com.au •* Tours « aventure » (camping/*swag*) en 4x4 de 2 à 5 jours axés sur Kakadu, avec options Litchfield et terre d'Arnhem (630-1 250 $, tout inclus). Préférer les circuits plus longs, axés sur les zones plus difficilement accessibles et moins visitées.

■ ***Kakadu Tourism Adventure Tours :*** *☎ 8979-1500. • kakadutourism.com •* C'est la compagnie, propriété des Aborigènes, qui gère l'essentiel des hébergements du parc. Excursions à la journée en 4x4 dans les zones difficiles d'accès, y compris durant la saison des pluies (219-229 $).

■ ***Animal Tracks Safari :*** *📱 0429-676-194. • animaltracks.com.au • Départ tlj du Cooinda Lodge à 13h. Durée : 7h30. Tarif : 220 $/adulte, 110 $/enfant ; réduc.* Une excursion là encore fort chère mais 100 % aborigène, pour découvrir en prenant son temps *bush tucker* (nourriture du bush) et plantes médicinales, et apprendre à faire du feu à l'ancienne. De mi-juillet à septembre, on profite de l'accès exclusif à un plan d'eau où se regroupent d'innombrables oies.

## Argent, change

■ ***Westpak Bank :*** *à côté du supermarché Foodland, Town Plaza, à **Jabiru**. Lun-mar et jeu-ven 10h-14h.* Distributeur. Change les euros en espèces (commission correcte).

■ On trouve aussi un ***distributeur*** à la station-service *Puma* et un autre à la réception du *Cooinda Lodge* (retrait limité à 200 $).

## Urgences

■ ***Health Centre :*** *à **Jabiru**. ☎ 8979-2018. Lun-ven 8h30 (9h lun et mer)-12h, 13h-16h, sauf jeu ap-m ; fermé w-e et j. fériés, sauf urgences (téléphoner dans ce cas).*

■ ***Police :*** *☎ 8979-2122.*

## Divers

■ ***Supermarché :*** ***Foodland,*** *Town Plaza, à **Jabiru**. Tlj 9h-17h30 (15h sam, 13h dim).* C'est le seul supermarché du parc, on y trouve à peu près tout, y compris un petit rayon pharmacie et un coin pour s'asseoir et pique-niquer sur place. Bouteilles d'eau à environ 4 $ (6 $ ailleurs dans le parc), contre 1 $ à Katherine !

■ On trouve aussi une épicerie au ***Cooinda Lodge*** *(tlj 8h-21h – 19h wet season),* mais les prix sont nettement plus élevés et les produits frais sont souvent en rupture de stock dès la mi-journée (ni fruits ni légumes ici).

# Où dormir ?

Pour rayonner dans le parc, le mieux est de s'installer à Jabiru ou Cooinda. Attention, les options sont limitées et les places encore plus en saison ! D'où des tarifs assez exorbitants...

## Campings

On ne compte pas moins d'une vingtaine de campings à travers le parc, certains primitifs (et gratuits) situés dans des secteurs très isolés, inaccessibles en saison humide, d'autres bénéficiant juste d'infrastructures minimales (toilettes sèches, barbecues), et l'on verse son écot dans une *honesty box* *(6 $/adulte, 3 $/enfant, 15 $/famille).* Seulement 5 ont des sanitaires complets avec douches *(12 $/adulte, 6 $/enfant, 30 $/famille),* mais il arrive, en saison sèche, que les robinets soient à sec ! Aucune résa possible. Infos : *☎ 8938-1120. • kakadunationalpark@environment.gov.au •*

▲ ***Mardukal Campground :*** *Kakadu Hwy, 2 km au sud de la bifurcation du Cooinda Lodge.* On le trouve aussi écrit « Mardugal ». Parfaitement situé pour rayonner dans l'ensemble du parc, il comprend en fait 2 campings voisins. On préfère nettement le n° 2, avec ses emplacements dispersés dans la nature, au bout de petits chemins. Sanitaires impeccables avec douches. Sympa : la balade du *Mardugal Billabong.*

▲ ***Gunlom Campground :*** *à 129 km au sud de Cooinda par la Kakadu Hwy, dont 37 km de piste à la fin ; accessible aux véhicules standard en saison sèche.* Voilà l'un des campings les plus agréables de Kakadu, à 2 pas de la vaste piscine naturelle de Gunlom. Si certains emplacements sont au soleil, d'autres bénéficient de l'ombre de grands arbres. Douches solaires. Si jamais c'était plein, il y a le *Kambolgie Campground,* après, petit, rustique et peu arboré (avec juste des w-c secs)...

▲ ***Merl Campground :*** *à env 35 km au nord de Jabiru.* Aisément accessible par une route goudronnée, celui-là est parfait pour explorer le nord du parc et surtout le site d'Ubirr, à 6 km de là. Les emplacements sont bien isolés. Douches.

▲ Ceux qui partent en 4x4 vers les Jim Jim Falls planteront la tente au ***Garnamarr Campground*** : petits emplacements plus ou moins ombragés, douches parfaitement tenues.

Le camping semi-primitif de ***Maguk,*** très boisé, est l'un des plus agréables du genre, aux emplacements bien espacés (w-c secs seulement). Accès réservé aux 4x4.

## De prix moyens à plus chic

***À Jabiru***

***Anbinik Kakadu Resort :*** *27, Lakeside Dr. ☎ 8979-3144. • anbinik.com.au • Emplacement env 45 $ ; bungalows 130-260 $.* Pas d'emplacement pour tente sans électricité ici ; d'ailleurs, chacun dispose de ses sanitaires privés ! Pour le reste, le complexe dispose de 6 chambres doubles (avec clim et frigo) partageant une grande cuisine, plus 3 types de bungalows plus ou moins jolis et confortables semés à travers une végétation plus ou moins dense. Chaque *love shack,* façon tente safari sur plateforme (avec ventilo), partage ses sanitaires avec le voisin immédiat. Les *cabins* (assez basiques, mais propres) ont les leurs, mais extérieurs, le mieux restant les *suites,* pas bien grandes malgré leur nom (et un poil sombres), mais cosy et mignonnes avec leur douche ouverte entourée de bananiers et leur petite véranda où s'alanguit un divan. Piscine. Gros avantage : le *resort* abrite le meilleur resto de Jabiru (voir « Où manger ? »).

***Kakadu Lodge & Caravan Park :*** *Jabiru Dr. ☎ 8979-2422 ou 1-800-811-154. • auroraresorts.com.au • Resto tlj 17h-21h. Emplacement 55 $ avec électricité, sinon 20 $/pers (gratuit jusqu'à 11 ans) ; doubles env 120-280 $.* Pas moins de 400 emplacements de camping se répartissent de manière concentrique autour d'une belle piscine centrale (avec resto-bar et anneau de verdure). Certains profitent de l'ombre des quelques grands arbres, mais les tentes sont déportées aux marges, en plein soleil ou contre le grillage... Côté hébergement en dur, les doubles, carrelées, étroites, avec sanitaires partagés (tout juste corrects), ne valent pas leur prix ; elles n'ont *aucun* charme. À choisir, mieux vaut les sortes de mobile homes avec petite terrasse et salle de bains même si, là encore, rien n'est de 1re jeunesse. Au resto : un choix réduit de grands classiques à l'ardoise, chers.

***Mercure Kakadu Crocodile Hotel :*** *1, Flinders St. ☎ 8979-9000. • kakadutourism.com • Doubles env 140-390 $.* Vu d'avion, l'hôtel prend la forme d'un croco ! Cette particularité mise à part, le seul « grand » hôtel de Jabiru, géré par le groupe *Accor,* manque singulièrement d'originalité et de convivialité. Très fréquenté par les groupes, il dispose de chambres certes spacieuses et de bon confort, mais sans âme et pas de 1re jeunesse – ce qui passe mal vu les tarifs pratiqués en pleine saison ! Le resto est caverneux et juste correct. Côtés positifs : un bon accueil et une piscine.

***À Cooinda***

***Cooinda Lodge Kakadu :*** *à 56 km au sud de Jabiru. ☎ 8979-1500. • kakadutourism.com • Emplacements 35-60 $ ; doubles env 110-420 $.* C'est l'adresse à tout faire du centre du parc : vaste camping (beaucoup de monde en saison), glamping, hôtel géré par le groupe *Accor,* bar-resto, épicerie, essence... Côté hébergement, on aime bien les bungalows récemment refaits, avec petite terrasse, frigo, doubles rideaux occultant et lits très confortables aux oreillers douillets. Bien aussi : les tentes safari de luxe *(HomeBillabong),* avec baie vitrée, grande terrasse et même l'air conditionné ! Ajoutons à cela 2 piscines (agréables), le très fréquenté *Barra Bar* et un *food truck* en saison (voir « Où manger ? »). Les croisières (immanquables) sur le Yellow Water Billabong partent à 5 mn de là.

## Où manger ? Où faire une pause ? Où boire un verre ?

Quelques options à Jabiru, une unique adresse à Cooinda, une dernière près d'Ubirr et voilà toutes les options. Faites donc vos courses au *Foodland* de Jabiru avant de décoller !

## De prix moyens à chic

*Anbinik Restaurant :* *à l'Anbinik Kakadu Resort à* ***Jabiru.*** *☎ 8979-3173. De mi-avr à fin nov, tlj 7h-21h. Plats 25-35 $ le soir.* C'est, à n'en pas douter, la bonne adresse de Jabiru. Certes, les prix des plats sont assez élevés le soir, mais ceux-ci sont très copieux et vraiment bons. Au menu : de la cuisine thaïe (!) : *fried rice, stir-fry* et *pad thai.* Il y a aussi de petites quiches, des pâtisseries, donuts et autres muffins pour une pause légère en journée ou le midi, à dévorer sur la vaste terrasse accolée à la piscine.

***Jabiru Sports and Social Club :*** *Lakeside Dr. ☎ 8979-2326. Resto tlj sauf lun et dim soir, 18h-20h30 tte l'année plus 12h30-14h en saison sèche ; bar tlj jusqu'à 23h.* Plutôt fréquenté par les travailleurs saisonniers et les Aborigènes du coin, ce pub sans prétention sert de groooos burgers, des steaks (à moitié-prix le mardi !) et, avec un peu de chance, un bon barramundi tout juste pêché. Bon choix de bières.

***Border Store :*** *4 km avt* ***Ubirr,*** *au croisement de la route de la terre d'Arnhem. ☎ 8979-2474. Théoriquement ouv tlj 8h30-20h en saison sèche (parfois fermé plus tôt). Plat env 25 $.* Émanation de l'*Anbinik,* le *Border Store* sert la même bonne cuisine thaïlandaise très copieuse. On peut aussi juste s'y arrêter pour un café et un gâteau du jour.

***Barra Bar :*** *au Cooinda Lodge, à 56 km au sud de Jabiru (voir « Où dormir ? »). ☎ 8979-1500. Tlj 6h30-21h. Plats env 25-40 $.* Il y a toujours foule au *Barra Bar.* On commande au comptoir de cette sorte de cafét', sous l'auvent, avant d'aller attendre sur les grosses tables en bois semées à l'extérieur, buzzer en main (si on réussit à en trouver une !). Certains piochent parmi les classiques de la carte, d'autres préfèrent le buffet. Le tout est correct, sans génie mais copieux et, logiquement, assez cher. Assez bon choix de vins au verre. En saison, s'ajoute un camion à *fish & chips* et burgers.

# À voir. À faire

Les sites sont présentés ici géographiquement, dans l'ordre dans lequel la plupart des visiteurs les découvrent, en arrivant de Darwin et en continuant vers Katherine.

***Mamukala :*** *à 34 km à l'ouest de Jabiru, dans les plaines inondables de la South Alligator River. Accès libre.* Du parking, on rejoint rapidement un affût donnant sur les marais, parmi les meilleurs postes d'observation du parc pour les amoureux des oiseaux. Si vous avez de la chance, vous verrez ibis falcinelle, cormorans, jacanas à crête, pluviers et autres échasses, sans compter divers palmipèdes migrateurs. Vers la fin du mois d'août, des dizaines de milliers d'oies sauvages *(magpies)* se regroupent ici en quête de châtaignes d'eau, dans un concert assourdissant de cacardements. Une jolie balade en boucle de 3 km *(wetlands walk),* entre grands pandanus et palmiers, mène à un lieu où elles se regroupent en très grand nombre.

***Ubirr :*** *à 42 km au nord de Jabiru. Tlj dès 8h30 mai-nov, à partir de 14h seulement déc-avr, jusqu'au coucher du soleil.* Incontournable, le site forme l'une des 2 principales « galeries » d'art rupestre aborigène de Kakadu. Un sentier en boucle de 1 km permet d'approcher les principales parois couvertes de dessins réalisés à l'ocre, à l'ocre rouge et à la craie, dépeignant certains des animaux que les Aborigènes chassaient – une manière de leur rendre hommage et de s'assurer de chasses fructueuses à l'avenir. Beaucoup sont représentés façon « rayons X », révélant leur squelette interne ! Des scènes montrent également des personnages importants du Temps des rêves, des créatures mythiques (comme le Serpent arc-en-ciel) ou illustrent des légendes. Grimpez ensuite les rochers jusqu'au ***Nadab Lookout,*** d'où se déroule un panorama fantastique sur la plaine inondable – un rendez-vous classique au coucher du soleil.

**Guluyambi Cultural Cruise :** *à env 4 km d'Ubirr et 38 km de Jabiru. ☎ 1-800-525-238. • kakaduculturaltours.com.au • Départs mai-nov tlj à 9h, 11h, 13h et 15h. Durée : 1h45. Compter 82 $/adulte, 54 $ 4-14 ans.* 2 sortes de croisières sont possibles à Kakadu : soit sur le spectaculaire Yellow Water Billabong (voir plus loin), soit ici, sur l'East Alligator River – où ne vit aucun alligator, mais où l'on rencontre de très nombreux (et gros) crocodiles d'estuaire ! Plutôt que de se consacrer à la seule faune, ici, le guide, aborigène, propose une introduction à sa propre culture. On débarque d'ailleurs un moment en terre d'Arnhem (la rivière fait la frontière) pour une démonstration de méthodes de chasse et de survie traditionnelles.

### BE CROCKWISE

*Vous croiserez souvent des panneaux portant ce message. Le propos ? Inspirer aux visiteurs une saine frayeur des crocodiles d'estuaire. Mais tout le monde ne prend pas la recommandation avec assez de sérieux. Aux portes d'Ubirr, la route pénétrant en terre d'Arnhem traverse l'East Alligator River par un large gué semi-aménagé (Cahill's Crossing), très dangereux en cas de crue. Beaucoup s'y sont déjà retrouvés coincés, alors qu'une bonne centaine de crocos hante le secteur immédiat... Ils se postent sur la chaussée semi-immergée pour pêcher !*

➢ **Bardedjiliji Walk :** *départ du parking situé un peu avt l'embarcadère de Guluyambi.* La balade en boucle (2,5 km) révèle de jolies formations rocheuses très érodées et quelques peintures aborigènes. En mai-juin, la partie longeant l'East Alligator River au retour est encore souvent inondée, une bretelle plus courte permet alors de revenir au point de départ. Prolongation possible par la *Badbong Wodjmeng sandstone river walk* (6,5 km). Attention aux buffles et aux crocodiles !

**Nourlangie (Burrungkuy) Rock Art Site :** *Nourlangie Trail, à 39 km au sud de Jabiru (bifurcation à 23 km). Tlj de 8h au coucher du soleil.* L'autre grand site d'art rupestre de Kakadu se révèle au gré d'un sentier en boucle de 1,5 km, glissant par endroits joliment entre les courtes falaises. On y découvre l'abri sous roche d'Anbangbang, où les Aborigènes s'abritaient de la mousson, et la « galerie » principale Anbangbang, où sont notamment représentés les ancêtres créateurs Namondjok et Namarrgon (l'Homme foudre). Les dessins sont ici plus variés qu'à Ubirr, mais sans doute plus récents : pas mal de kangourous, des scènes de chasse, de danse, des légendes... En saison sèche, un *ranger* conduit d'intéressantes visites guidées (gratuites) le matin en semaine ; cela dit, vu la foule, si on ne les suit pas, on profite du site plus tranquillement ! La balade se termine au Kunwarddewardde Lookout, offrant une vue panoramique sur les falaises. Juste avant débute la sympathique (mais ardue) ***Barrk Walk,*** qui fait le tour complet de Nourlangie Rock en 10,5 km (environ 5h), franchissant l'escarpement et traversant un dédale de roches érodées. En prime : de vastes vues sur les plaines inondables et un autre site de peintures rupestres peu fréquenté, Nanguluwur.

➢ Juste 1 km avant d'atteindre Nourlangie par la route, une bifurcation mène à l'***Anbangbang Billabong,*** un grand plan d'eau où se regroupent cormorans, canards, jacanas et autres pélicans. Un lieu bien agréable pour un pique-nique.

**Warradjan Aboriginal Cultural Centre :** *1 km avt le Cooinda Lodge. Tlj 9h-16h45 (parfois plus tôt nov-avr). GRATUIT.* La culture des Aborigènes bininj, maîtres des lieux, est présentée par petites touches : chasse et cueillette, vannerie, importance du feu, organisation sociale, lieux sacrés... vous saurez tout sur l'adaptation de ce peuple au milieu naturel de Kakadu, où il vit depuis au moins 50 000 ans. Quelques objets et vidéos illustrent le propos. Des démonstrations de vannerie sont généralement organisées le matin en saison sèche.

***Yellow Water Billabong** (Ngurrungurrudjba) : à 1 km du Cooinda Lodge (navette gratuite). ☎ 8979-1500. • kakadutourism.com • Tlj 3-6 départs/j., 6h45-16h30, tte l'année (durée : 1h30-2h). Compter 86-104 $/adulte, réduc enfants 5-15 ans.*
Immanquable, le *billabong* de Yellow Water, entouré par les plaines inondables de la South Alligator River, dessine un réseau de bras morts aux eaux très calmes regorgeant de faune. De l'embarcadère, une passerelle métallique permet de s'en approcher et d'observer assez facilement, entre les grands niaoulis et les pandanus, parmi les tapis de grands nénuphars roses, les jacanas, aigrettes, cormorans et emblématiques jabirus – ces grandes cigognes asiatiques à la tête et au cou noir (plus timides). Plus du tiers des espèces d'oiseaux australiennes ont été recensées ici.
Cela dit, pour profiter pleinement des lieux, rien ne vaut une ***croisière.*** On est alors sûr de multiplier les rencontres avec les crocodiles d'estuaire (certains géants) et on augmente ses chances de voir, aussi, des buffles sauvages. Sur les berges, en saison sèche, s'agglutinent des centaines, des milliers de canards et canaroies semi-palmées (la fameuse *magpie*). Même si elles sont plus chères, on vous conseille de privilégier les croisières de l'aube ou de la fin d'après-midi. La lumière est alors beaucoup plus belle et les oiseaux plus nombreux et actifs.

***Maguk** (Barramundi Gorge) : à 47 km au sud de l'embranchement de Cooinda, puis piste de 10 km réservée aux 4x4, accessible en saison sèche seulement. Camping agréable (voir « Où dormir ? »).* De grandes termitières bordent la piste d'accès. Au bout, la balade (2-3 km A/R) est agréable : on progresse à travers une forêt assez dense d'eucalyptus et de pandanus géants, entre de courtes falaises, jusqu'à une succession de petits bassins creusés dans le lit de la Barramundi Creek, où l'on peut se baigner en début de saison sèche (après, les eaux deviennent troubles).

***Gunlom Plunge Pool** : à 129 km au sud de Cooinda, dont 37 km de piste à la fin ; accessible aux véhicules standard en saison sèche. Accès fermé à ts nov-avr en général. Agréable camping (voir « Où dormir ? »).* Il faut s'avaler un peu de tôle ondulée pour arriver jusqu'ici, mais vous ne le regretterez pas. La *plunge pool* en question est un très grand bassin naturel délimité par une corolle de falaises où dévale une cascade saisonnière, rendue célèbre par le film *Crocodile Dundee.* Un lieu idéal pour la baignade en famille malgré les eaux fraîches. Les plus actifs grimperont, eux, aux ***Gunlom Summit Pools,*** perchées en chapelet sur les hauteurs (environ 30 mn de marche), en belvédère, façon piscines à débordement ! Un lieu assez extraordinaire dominant le territoire loin à la ronde.

➢ Du camping, un sentier facile mène rapidement au ***Murrill Billabong*** (1 km A/R), où se regroupent les oiseaux.

***Koolpin Gorge** (Jarrangbarnmi) : à env 30 km à l'est de Gunlom, par une piste **(4x4 obligatoire), uniquement en saison sèche.** Il faut un **permis pour accéder au site,** le demander min 2 sem à l'avance : • kakadu.permits@environment.gov.au •* Ciselé dans l'escarpement, le site, sacré pour les Aborigènes, abrite une enfilade de grandes piscines naturelles cachées entre les rochers. On les rejoint par un sentier de 2 km A/R. Attention aux zones interdites.

***Jim Jim Falls** : accessible **en saison sèche seulement.** De la Kakadu Hwy, 6 km au nord de la bifurcation de Cooinda, prendre la piste (4x4 uniquement) sur 55 km. Compter 1h jusqu'au camping de Karnamarr, puis 20-30 mn pour les 8,5 km finaux, comprenant des zones de sable mou.* Les amateurs de 4x4 vont adorer. Sans être trop difficile, la piste, sur sa partie finale, se fait étroite et joueuse, sinuant entre les arbres et franchissant de petits gués. Au bout : une superbe balade (3,2 km A/R) vers une grande piscine naturelle aux berges sablonneuses, cachée au fond d'une gorge où dévalent les Jim Jim Falls,

hautes de 200 m ! Si elles sont réduites à un simple filet d'eau en saison sèche, la baignade n'en reste pas moins délicieuse (mais très fraîche !).
Pour une bonne suée, on peut aussi grimper au sommet des chutes par la ***Barrk Marlam Walk*** (6 km A/R). En période de mousson, des survols sont organisés pour pouvoir observer les chutes à leur débit maximal.

***Twin Falls :*** ***accès de juin-juil à oct-nov, en 4x4,*** *avec haute garde au sol et tuba. La route est fermée si le gué sur la Jim Jim Creek est (comme souvent) infranchissable. Après 10 km, on rejoint le parking, où l'on embarque sur un bateau navette (ttes les 15 mn, 7h30-16h30 ; 12,50 $, gratuit moins de 16 ans).* Attention, venir jusqu'ici est l'une des aventures les plus risquées de Kakadu pour ceux qui n'ont pas assez d'expérience ! On remonte la gorge en bateau, entre les hautes falaises de grès rouge, pour rejoindre le sentier qui mène à la cascade, haute de 150 m. En hiver, il arrive qu'elle soit asséchée.

## Manifestation

– ***Mahbilil Festival :*** *fin août, à* ***Jabiru.*** • *mahbililfestival.com* • Spectacles, musique, expos d'art aborigène, démonstrations de peinture et d'artisanats de la terre d'Arnhem, concours de lances. Le must : les danses traditionnelles des groupes locaux. En prime, vous pourrez goûter la *bushfood* : barramundi, buffle et oie sauvage, préparés dans de grands fours à bois !

# PINE CREEK

330 hab. IND. TÉL. : 08



**Au carrefour de la Kakadu Hwy et de la Stuart Hwy, cette bourgade pionnière a vu le jour dans les années 1870 lors d'une ruée vers l'or. C'est en creusant pour planter un poteau du télégraphe que les ouvriers tombèrent sur une pépite ! La halte n'est pas désagréable.**

### Arriver – Quitter

***Greyhound*** dessert Pine Creek 1-2 fois/j. sur la ligne Darwin – Katherine (et Alice Springs).

■ Distributeur de billets au *Pine Creek Hotel*.

### Où dormir ? Où manger ?

***Lazy Lizard Caravan Park & Tavern :*** *299 Millar Terrace.* ☎ *8976-1019.* • *lazylizardpinecreek.com.au* • *Après 18h, check-in au bar. Resto tte l'année 18h-20h, plus avr-oct 12h-15h ; pizzas non-stop. Emplacements 18-30 $ ;* *bunkhouse 70 $ (single) ; bungalows 120-155 $ (2-4 pers).* Le camping est un poil étroit, les sanitaires un poil datés, mais rien de grave. Ceux qui voyagent seuls loueront une chambrette au *bunkhouse,* type préfabriqué (avec douche et frigo), les autres un des 6 bungalows-mobile homes spacieux, avec salle de bains, cuisine et porche doté de fauteuils. L'ensemble n'est pas de 1re jeunesse, mais bien tenu. Snacks tous gras à l'épicerie *(tlj 6h-18h)* et *bar food* à la taverne... bâtie en brique de termitière !

***Mayse's Cafe :*** *Moule St, à côté du Pine Creek Hotel.* ☎ *8976-1288. Tlj 8h-15h (9h-14h dim). Plats env 8-20 $.* Le voyage dans le temps se poursuit autour des 2 banquettes en moleskine et des posters d'Elvis et de Marilyn.

L'arrêt est réputé pour le petit déj, servi toute la journée, et pour ses gâteaux. La *lemon coconut pie* est bonne mais pas légère-légère ; on lui préfère la *macadamia pecan pie.* Le midi : burgers, sandwichs, *fish & chips* et autres *gyros,* taille XXL.

## À voir. À faire à Pine Creek et au-delà

**Pine Creek Museum – 1889 Railway Station :** *à l'entrée nord du village. Tlj 10h-14h en saison sèche. Entrée : 2 $ ; gratuit moins de 12 ans.* Sous son auvent, la loco NF5, fabriquée à Manchester en 1877 (et partie en retraite en 1945), rappelle l'histoire de la ligne transcontinentale imaginée aux plus beaux jours de l'Empire britannique. On peut grimper à bord, voir la chaudière et le wagon aux banquettes en cuir. À côté, la petite gare (1889) expose vieilles photos et objets contant l'histoire du projet et de la bourgade à l'époque de la ruée vers l'or.

### THE LINE TO NOWHERE

*C'est le surnom de cette folle entreprise qui, dans les années 1870, vit certains responsables britanniques imaginer une ligne de chemin de fer entre Londres et... l'Australie ! En 1889, la voie reliait déjà Darwin à Pine Creek, mais buta vite sur une réalité : le manque d'usagers. Les travaux ne reprirent qu'avec la Première Guerre mondiale, jusqu'à Katherine. Quant à la ligne transcontinentale, elle ne fut terminée qu'en... 2004 !*

**Douglas (Tjuwaliyn) Hot Springs :** *à 100 km au nord-ouest de Pine Creek, dont 7 km de piste à la fin ; accès par la Stuart Hwy, la Dorat Rd (à gauche) puis la Ooloo Rd (encore à gauche). ☎ 8976-0282. • nt.gov.au/leisure • Accès parfois fermé oct-avr. GRATUIT.* On s'offre ce (gros) détour pour une baignade bien méritée dans les eaux chaudes et peu profondes de la rivière Douglas, aux berges boisées. Attention, elles dépassent 50 °C près de la source (inaccessible car sacrée) ! Camping sur place ou au *Douglas Daly Tourist Park,* à 7 km au sud.

## Manifestation

– **Gold Rush Festival :** *le 1er w-e de juin.*

# KATHERINE

6 300 hab. IND. TÉL. : 08

• Plan *p. 439*

**Ça ne saute pas vraiment aux yeux, mais Katherine est la 4e plus grande ville du Territoire du Nord ! Elle s'amarre sur les berges de la rivière Katherine, en aval de son passage dans les gorges du même nom (au parc national de Nitmiluk) – raison première d'une escale dans le secteur. La ville en elle-même est peu attrayante et même un peu glauque. Mais on y trouve de super sources chaudes...**

## Arriver – Quitter

### En bus

**Gare routière** *(Katherine Transit Centre ; plan A3)* : *Stuart Hwy.* ☎ *1-300-473-946.* • *greyhound.com.au* • Consignes.

➢ ***Darwin*** *(3h45)* : tlj à 5h55 (sauf lun) et 12h55.

➢ ***Mataranka*** et ***Alice Springs*** : tlj vers 17h15. Correspondance à Alice pour Adelaide. Trajet : respectivement 1h30 et 16h.

➢ ***Broome*** : tlj sauf ven vers 20h10.

➢ Une fois sur place, pas de bus pour rejoindre le parc national de Nitmiluk, mais *Travel North* (• *travelnorth.com.au* •) propose des transferts à la demande vers les gorges (50 $) et vers Edith Falls (75 $), terminus du Jatbula Trail.

## Adresses utiles

**Visitor Info Center** *(plan B3)* : *angle Lindsay St et Katherine Terrace.* ☎ *8972-2650 ou 1-800-653-142.* • *visitkatherine.com.au* • *Tlj 8h30-17h ; w-e oct-mars et j. fériés 10h-14h.* Toutes les infos et brochures sur Katherine, le Top End, le Red Center et au-delà.

■ On trouve **banques** et **distributeurs** dans la rue principale (Stuart Hwy).

**Supermarché Woolworth's** *(plan A-B3,* **1***)* : *5 Katherine Terrace. Tlj 7h-22h (21h dim, 20h j. fériés).* C'est le plus gros supermarché du coin, parfait pour faire du stock ! Boulangerie dans la galerie.

**Hospital** *(hors plan par B1)* : *1939 Gorge Rd, à 2 km au nord en direction du parc de Nitmiluk.* ☎ *8973-9211.*

## Où dormir à Katherine et dans le parc national de Nitmiluk ?



### Campings

**Nitmiluk Chalets and Campground** : *Gorge Rd, dans le* ***parc national de Nitmiluk.*** ☎ *8971-1022 ou 1-300-146-743.* • *nitmiluktours.com.au* • *Camping 15-30 $/adulte, réduc enfants ; tentes prémontées avec lit env 120-165 $ (2-3 pers) ; bungalows 195-255 $ pour 2.* Difficile d'être mieux situé pour visiter les gorges : on est là à 200 m du *Visitor Centre.* Le terrain est vaste, arboré, avec une belle piscine et un kiosque au milieu (le *Jatti Poolside Bistro*). Mieux vaut choisir un site *unpowered,* plus naturel. Les tentes sont hors de prix vu le confort (un lit et basta) et les « chalets », bien que propres (avec cuisine et clim), sont vieillissants et tiennent plus du mobile home que de l'hébergement de charme. Leur porche couvert est agréable. Autre plus : les wallabies qui fréquentent assidûment le terrain matin et soir !

**Shady Lane Tourist Park** *(hors plan par B1,* **10***)* : *257 Gorge Rd, à env 6 km au nord de Katherine, sur la route de Nitmiluk.* ☎ *1-800-043-043.* • *shadylanetouristpark.com.au* • *Camping fermé déc-fév, bungalows ouv tte l'année. Emplacements env 40-50 $ ; bungalows 155-260 $ (2-5 pers).* Les emplacements, pour la plupart ombragés par de petits palmiers et manguiers, ont tous l'électricité, d'où leur prix assez élevé ; dotés d'une plateforme bétonnée, ils s'adressent

---

**Adresses utiles**
- Visitor Info Center (B3)
- 1 Supermarché Woolworth's (A-B3)

**Où dormir ?**
- 10 Shady Lane Tourist Park (hors plan par B1)
- 11 Coco's (A3)
- 12 Palm Court Backpackers (B2)
- 13 Beagle Motor Inn (B2-3)

**Où manger ?**
**Où sortir ?**
- 13 Stormy's Bar & Bistro (B2-3)
- 20 The Finch Café et The Coffee Club (A3)
- 21 The Black Russian Caravan Bar (B3)
- 22 Pop Rocket Café (A4)

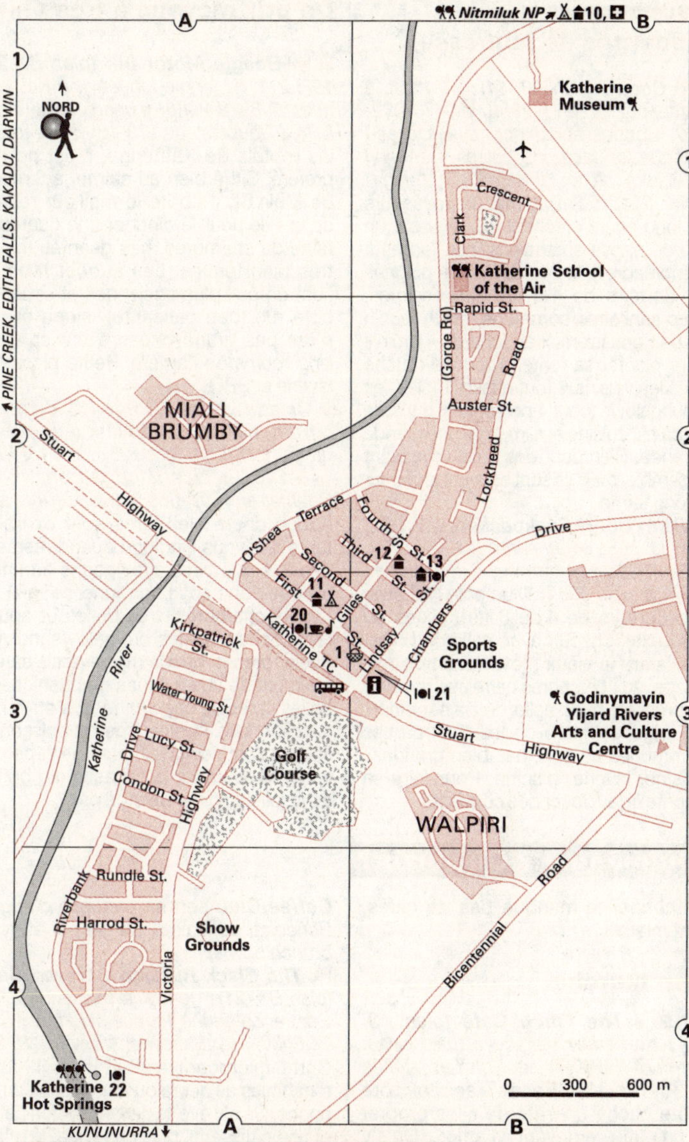


**KATHERINE**



plutôt aux vans et camping-cars. Les infrastructures (sanitaires, cuisine, piscine, laverie, BBQ...) sont impeccables. Le campement dispose aussi d'une quinzaine de beaux bungalows, la plupart perchés sur de hauts pilotis ; évitez juste les 2 chambres attenantes à la réception.

## Backpackers (auberges de jeunesse)

⛺ 🏠 ***Coco's*** *(plan A3,* ***11****)* **:** *21 1st St, à Katherine. ☎ 8971-2889. 📱 0470-032-810. • cocos-house.com.au • Un peu planqué, en face d'Equalitea. Camping 20 $/pers ; lit en dortoir 35 $ ; bungalows 125-145 $.* Pas mal de voyageurs au long cours crèchent ici. Tenu par un trio de papys australiens (pas faciles à comprendre !), le lieu abrite une poignée de dortoirs de 4-5 lits, simplissimes, avec sanitaires communs, et un recoin un peu poussiéreux au fond du « jardin » pour planter sa tente, à touche-touche avec les voisins... Tout aussi simples, les 2 bungalows (pour 4 personnes) ont salle de bains, cuisine et clim, plus une grande véranda. Bien pour des amis voyageant ensemble, mais ils sont souvent loués sur le long terme.

🏠 ***Palm Court Backpackers*** *(plan B2,* ***12****)* **:** *11 3rd St, à Katherine. ☎ 8972-2722. À 10 mn du bus terminal. Lit en dortoir 35 $ ; double 100 $.* D'un côté l'AJ avec ses dortoirs de 4 ou 8 lits (mixtes ou par sexe), chacun avec salle de bains. De l'autre le vieux motel, pas trop mal retapé, aux chambres carrelées, simples et propres, avec salle de bains refaite, TV, frigo et micro-ondes. Les parties communes ne sont pas bien grandes : cuisine, laverie, piscine. Pour faire sa popote, il faut louer des couverts !

## De prix moyens à très chic

🏠 🍽 ***Beagle Motor Inn*** *(plan B2-3,* ***13****)* **:** *2 4th St (angle Lindsay), à Katherine. ☎ 8972-3998. • beaglemotorinn.com • Doubles env 120-160 $.* De tous les motels de Katherine, c'est notre préféré. Situé bien au calme, à 3 rues de Main St, il abrite le meilleur resto de la ville pour le dîner et une quarantaine de chambres, pas géantes mais très bien tenues. Les *budget rooms* sont un poil plus anciennes et situées côté rue (peu passante), sinon elles n'ont pas grand-chose à envier aux *king rooms* de l'arrière. Petite piscine, laverie et BBQ.

🏠 ***Cicada Lodge*** **:** *Gorge Rd, dans le* ***parc national de Nitmiluk*** *(à l'entrée du camping). ☎ 8971-0877 ou 1-300-146-743. • cicadalodge.com.au • Doubles env 450-660 $, petit déj inclus.* Aucun doute : les tarifs sont exorbitants. On vous l'indique quand même, des fois que vous ayez gagné au loto ou que vous soyez en lune de miel... Les 18 chambres, très belles et épurées, occupent des bungalows individuels tournés vers la rivière (mais sans vraiment de vue à cause du bush). Les belles salles de bains, vitrées, s'ouvrent sur l'îlot du lit. Des canapés et boissons (inclus) sont servis à l'heure de l'apéro, avant le dîner sur la terrasse, au bord de la jolie piscine. Service pro.

## Où manger ? Où sortir ?

Katherine ne manque pas de cafés, tant mieux !

### Bon marché

🍽 ☕ ♩ ***The Finch Café*** *(plan A3,* ***20****)* **:** *Katherine Terrace (Stuart Hwy). ☎ 8972-1990. Tlj sauf dim et j. fériés 7h30-14h.* L'affreuse façade côté route cache un café de filles propret et un patio verdoyant à l'arrière. On s'y arrête pour un bon café, pour le petit déj, une part de gâteau, une salade ou un *toastie*. De petites choses simples, tendance bio et local. Musique live (et pizza) le vendredi soir, souvent.

☕ 🍽 Si l'urbanité et les graines de chia vous manquent, juste à côté, ***The Coffee Club*** sert sa panoplie d'*eggs Benedict*, pancakes, burgers et autres *brunch bowls.*

🍽 ***The Black Russian Caravan Bar*** *(plan B3,* ***21****)* **:** *contre le Katherine Info Centre, Katherine Terrace et Lindsay St. Tlj 6h30-14h. Sandwichs env 10-15 $.* Cette microcaravane attire son flot d'habitués à l'heure où blanchit la campagne. On s'y éveille devant un bon café et une pâtisserie, puis on revient le midi pour piocher parmi la liste de sandwichs – plus intéressants que la moyenne. Tabourets bas et tables de fortune.

🍽 ***Pop Rocket Café*** *(plan A4,* ***22****)* **:** *Riverbank Dr. 📱 0427-348-915. Jeu-dim 6h30-14h ; fermé lun-mer. Plat env 15 $.* C'est encore un *food truck*, celui-ci garé aux abords des sources chaudes. L'accueil est sympa et les *poke bowls* (3 options), préparés à base de produits frais, sont bons. On a particulièrement aimé celui au saumon fumé et avocat. Sinon, en semaine, il y a le plat du jour (genre curry de mouton).

### Prix moyens

**Stormys Bar & Bistro** *(plan B2-3, 13) : au Beagle Motor Inn (voir « Où dormir ? »). ☎ 8972-3998. Tlj sauf dim soir. Plats env 20-35 $.* Si vous dormez à Katherine, ne cherchez pas ailleurs : c'est le seul bon resto ouvert le soir ! On ne peut pas vous jurer ce qui sera au menu, celui-ci variant en fonction du cuistot, qui change au rythme des *Working Holiday Visas,* mais les steaks sont de compét', les produits frais (certains locaux), les assiettes copieuses et le plateau de fruits de mer XXL ! Si vous êtes chanceux, il y aura du cheesecake mangue-macadamia.

# À voir. À faire

## À Katherine

**Katherine Hot Springs** *(plan A4) : Murray St, à env 2 km au sud du centre (direction Kununurra). Ouv avr-nov. GRATUIT.* Génial ! Sourdant de terre à 32 °C dans un 1er bassin assez profond, l'eau forme une minirivière très calme et limpide, sinuant discrètement sous les grands pandanus. Les abords ont été un peu aménagés et un *Visitor Centre* était récemment en construction. Un petit creux ? Le *Pop Rocket Café,* à côté du parking, est très bien (voir « Où manger ? »).

### PANIQUE À KATHERINE

*En 1998, de terribles inondations liées au cyclone* Les *ont touché Katherine. Une situation difficile, aggravée par... une invasion de salties ! C'est ainsi que les employés du supermarché* Woolworth's *se retrouvèrent contraints de chasser un croco de bonne taille qui campait au rayon boucherie.*

**Godinymayin Yijard Rivers Arts and Culture Centre** *(plan B3) : Stuart Hwy. ☎ 8972-3751. • gyracc.org.au • À 1,5 km à l'est du centre. Mar-ven 10h-17h, sam 10h-15h ; fermé dim-lun et j. fériés. GRATUIT.* Expositions temporaires d'art principalement aborigène (expo-vente).

**Katherine School of the Air** *(plan B1) : 101, Giles St. ☎ 8972-1833. • ksa.nt.edu.au • Visites fin avr-fin sept, lun-ven (horaires variables). Entrée : 20 $ ; gratuit jusqu'à 12 ans.* « L'école des airs » dispense son enseignement auprès de 180 élèves résidant pour la plupart dans des ranchs isolés ou des bourgades aborigènes sans prof, à travers tout le Top End et au-delà (sur 800 000 km$^2$ !). À l'origine, tout se passait par courrier et par radio ; aujourd'hui, les cours sont donnés en temps réel grâce à Internet. La visite vous donnera l'occasion de comprendre le fonctionnement et même d'assister à un cours. On peut aussi visiter une School of the Air à Alice Springs.

**Katherine Museum** *(plan B1) : Gorge Rd, à 3 km au nord du centre en direction du parc de Nitmiluk. ☎ 8972-3945. • katherinemuseum.com.au • Lun-ven 9h-16h, fermé w-e ; saison humide, horaires réduits. Entrée : 12 $ ; gratuit jusqu'à 8 ans.* Occupant un terminal aérien de la Seconde Guerre mondiale, il décrit par le menu l'histoire locale : débuts modestes grâce à l'Overland Telegraph et aux conducteurs de bétail, immigration russe des années 1920 (beaucoup devinrent... planteurs de cacahuètes !), bombardements japonais de 1942 qui virent Katherine évacuée et transformée en base alliée, inondations de 1988 (vidéo). Une foule de menus objets fait écho aux propos, mais le plus intéressant reste les panneaux décrivant la vie de personnages emblématiques de la région (comme Bill Tapp, le « *cattle king* »). Dans un hangar, à côté : l'avion De Havilland Gipsy Moth du 1er médecin volant, le docteur Clyde Fenton. Le soir, on voit facilement des wallabies dans le parc voisin !

**Katherine Outback Experience** *(hors plan par B3)* **:** *115 Collins Rd, Uralla. 0428-301-580. • katherineoutbackexperience.com.au • À 7 km à l'est du centre, par la Stuart Hwy. Spectacles avr-oct, les lun, mar, ven et sam. Tarif : 65 $ ; réduc.* Tom Curtain est à la fois chanteur de country (réputé) et éleveur de bétail. Son « show » est à son image et à celle de Katherine : il présente la vie à la ferme, ses occupants, le dressage des chevaux et des chiens, le tout pimenté d'anecdotes.

## Au Nitmiluk National Park

*À 28 km au nord de Katherine. ☎ 8973-8821 ou 8975-4852 (Edith Falls). • nt.gov.au/leisure • Visitor Center tlj 7h-17h30 (expo). GRATUIT.* C'est ici, sur un plateau bosselé de grès orangé, que naît et grandit la Katherine River. Au fil des crues, souvent magistrales, elle s'est taillée un chemin au fil de 13 gorges – certaines longues et hautes (aux falaises atteignant 70 m), d'autres courtes et peu marquées. Des sentiers s'enfoncent dans ce pays vide d'hommes, découvrant points de vue et peintures rupestres. On peut aussi s'offrir une croisière, une sortie en kayak, voire un survol en hélico, mais tout cela est très cher – à l'image de l'hébergement dans le parc.

### Randonnées

➢ La **Baruwei Loop Walk,** partant de l'embarcadère, rejoint en 15-20 mn un belvédère offrant un superbe point de vue sur la 1re gorge et le pays qui s'étend au-delà. Une belle balade au soleil couchant, même si ça grimpe sévère et que le canyon est alors plongé dans l'ombre. La boucle complète (4,8 km) fait revenir par le plateau supérieur, moins intéressant.

➢ Les **Southern Walks** désignent les sentiers plutôt ardus permettant de remonter jusqu'à la 8e gorge, avec détour possible par la Jawoyn Valley (peintures rupestres). On y accède depuis la Baruwei Loop Walk. Compter 2-3 jours pour 39 km minimum *(permis obligatoire à obtenir au Visitor Centre, tlj 7h-13h).* La plus spectaculaire (*Waleka Walk)* est très difficile – à éviter entre septembre et avril.

➢ Parmi les plus célèbres sentiers du Northern Territory, le **Jatbula Trail** relie en 62 km les gorges de Nitmiluk aux Edith Falls (Leliyn) et leur vaste bassin naturel propice à la baignade. Une randonnée de 5-6 jours, à réserver le plus tôt possible, à partir du 1er novembre, pour l'année à venir (15 personnes/jour autorisées). En dehors de la période conseillée (juin-septembre), un permis spécial doit être demandé en plus. Attention, il faut traverser la rivière Katherine au début de la randonnée et le ferry doit être réservé auprès de *Nitmiluk Tours (tlj à 7h ou 9h ; 12 $/pers).* Pour les transferts vers Nitmiluk et retour d'Edith Falls, voir avec *Travel North* (voir « Arriver – Quitter ») ou *Gecko Canoeing & Trekking (• jatbulatrail.com.au •).*

### Autres activités

➢ Les **balades en bateau** de *Nitmiluk Tours* permettent de remonter au choix jusqu'à la 2e ou la 3e gorge. La 1re option (durée : 2h) est proposée toute l'année, à raison de 2-3 départs par jour, la 2de d'avril à septembre seulement, à 9h le matin (durée : 4h). Compter 95-140 $ ; moitié prix 6-15 ans. Attention, il faut débarquer au bout de chaque gorge et suivre un chemin aménagé avant de réembarquer sur la suivante. La croisière permet de bien observer les crocodiles de Johnson se dorant sur les plages sableuses et de bénéficier de bonnes explications du guide, mais les tarifs nous paraissent tout de même bien élevés.

➢ Les **sorties en canoë** *(juin-nov seulement, selon météo)* ne sont pas moins chères *(72-170 $/pers)* ! 3 options sont proposées : demi-journée (départ à 9h ou

13h) dans les 2e et 3e gorges (les plus impressionnantes), journée complète jusqu'à la 5e gorge ou petite expédition de 2 jours jusqu'à la 7e gorge, avec nuit en camping (à réserver par soi-même). Dans tous les cas, c'est en bateau que la sortie débute, le canoë vous attendant au début de la 2e gorge. Attention, il faut le porter entre chaque gorge sur des distances variables – jusqu'à 1h par endroits en fin de saison sèche ! Emportez donc de bonnes chaussures... Enfants autorisés à partir de 6 ans.

➢ *Nitmiluk Tours* propose aussi des ***survols en hélico,*** chers *(108-855 $, 10 mn à 3h)* et franchement pas écolos...

➢ Ceux qui voudraient juste s'offrir une bonne baignade aux ***Edith Falls*** peuvent les rejoindre par la route depuis la *Stuart Hwy,* à 42 km au nord-ouest de Katherine, puis 20 km. Sur place : grandes pelouses pour pique-niquer, vaste camping *(12 $/adulte, 6 $ 5-15 ans, 30 $/famille)* et snack. Attention, l'accueil ferme dès que c'est complet (parfois dès 13-14h). Du parking, le ***Leliyn Trail*** conduit à une série d'autres bassins naturels et chutes en amont (boucle de 2,6 km) ; les amateurs de tranquillité pourront poursuivre par la ***Sweetwater Pool Walk*** (8,6 km A/R) et camper au bout (permis à demander au kiosque).

## Manifestations

– ***Katherine Junk Arts Festival :*** *début juin.* L'idée ? Transmuter les déchets en objets d'art. En parallèle : musique, théâtre, etc.

– ***Katherine Show :*** *mi-juil.* Cette grande foire agricole est l'occasion d'un rodéo musclé !

# MATARANKA

350 hab. IND. TÉL. : 08

**Pourquoi faire halte dans cette bourgade de bord de route, à 1h au sud de Katherine ? Si le *Never Never Museum,* revenant sur l'histoire du best-seller de Jeannie Gunn (mettant en scène la vie dans une ferme du coin dans les années 1900), intéresse surtout les Australiens, la termitière géante postée en bord de route, sculptée d'une représentation de buffle, a de quoi faire freiner n'importe qui ! Mais c'est avant tout pour les sources chaudes que l'on s'arrête. C'est bien simple : on les adore.**

### DES TERMITIÈRES À LA MODE

*De Darwin à Tennant Creek, les termitières sont partout, ou presque, le long de la Stuart Hwy. Des petites, des grandes, des maigres, des grosses... Les automobilistes australiens, taquins, ont pris l'habitude de les habiller. Arrêt sur le bas-côté et, hop, la termitière se retrouve affublée d'un T-shirt trop ample pour elle (ou trop étroit), d'un gilet fluo, d'un chapeau, de lunettes de soleil ou même parfois d'un soutien-gorge. Pour le fun. En décembre, les Pères Noël font leur apparition.*

## Arriver – Quitter

*Greyhound* *(● greyhound.com.au ●)* dessert Mataranka chaque jour sur le trajet Darwin-Alice Springs. Départ dans les 2 sens vers 20h15 (de la station-service *United*). Pratique : on peut aussi monter/descendre à *Mataranka Homestead.*

## Adresses utiles

Le ***Never Never Museum,*** installé dans la bibliothèque, le long de la Stuart Hwy, fait aussi poste et office de tourisme *(lun-ven 9h-12h30, 13h30-16h30 ; musée jusqu'à 16h).*

***Mataranka Supermarket :*** *à côté du musée. Lun-ven 8h-18h, sam 9h-15h.* On y trouve un distributeur de billets.

***Stations-service :*** il y en a 2. À partir d'ici, l'essence commence à augmenter sérieusement (+ 15 %).

## Où dormir ? Où manger ?

***Jalmurark Campground :*** *dans le parc national d'Elsey, au bout de John Hauser Dr, à 12 km de la Stuart Hwy (par Homestead Rd). ☎ 8975-4560. Tarif : 6,60 $/adulte, 3,30 $/enfant, 15,40 $/famille.* Emplacements (tous sans électricité) peu spacieux et peu ombragés, caillouteux, assez proches les uns des autres... pas de quoi être bluffé. Pas de douches.

***Territory Manor Motel & Caravan Park :*** *51, Martin Rd. ☎ 8975-4516. • matarankamotel.com • Resto tlj 12h-14h, 17h-20h. Emplacements 20-30 $ ; double 120 $. Plats 10-20 $ le midi, 17-38 $ le soir (pizzas ven-dim).* Le camping est vaste et assez bien ombragé, mais plus loin que les autres des sources chaudes. On y apprécie l'accueil, les wallabies qui se baladent sans peur, l'étang où l'on peut nourrir les barramundis (à 9h30 et 13h30) et les bons scones du matin (qui partent vite). Il y a aussi des chambres aménagées dans un bâtiment bâti en... brique de termitière ! Il paraît que ça isole. Assez lambda, carrelées, elles ont toutefois tout le nécessaire. Les quadruples ont un lit double et un superposé. Côté resto, rien d'extraordinaire, surtout pour le prix (tout frit !).

***Bitter Springs Cabins & Camping :*** *255 Martin Rd, près des sources de Bitter Springs. ☎ 8975-4838. • bitterspringscabins.com.au • Emplacements 30-35 $ pour 2 ; bungalow 130 $.* Sa situation est parfaite pour aller se baigner à l'aube ou au crépuscule – et pour ceux qui aiment les termitières (il y en a des tas). On choisit soi-même parmi les nombreux emplacements, mais ils sont assez denses. Préférer les *unpowered,* au fond, plus tranquilles et entourés de verdure. Sanitaires en tôle ondulée, peu nombreux, à peine corrects. Location masque et tuba (15 $ !). Laverie.

***Mataranka Roadhouse & Cabins :*** *Stuart Hwy. ☎ 8975-4571. Double 99 $.* Les bungalows sont coincés entre la station-essence, la route et un recoin de jardin parfumé au diesel. Une fois à l'intérieur, c'est mieux. Petit, oui, mais bien tenu, avec cuisine, TV et *bunk* dans les familiales.



## À voir. À faire

***Elsey National Park :*** *aux portes de Mataranka. ☎ 8975-4560. • nt.gov.au/leisure • Accès 24h/24 ; bassins inaccessibles entre nov et avr en raison des crues. GRATUIT.*

Pour les Australiens, Elsey est attaché au souvenir de *We of the Never Never,* le roman autobiographique de Jeannie Gunn, 1re femme blanche à avoir emménagé dans la région, en 1902 ; on peut d'ailleurs voir une réplique de sa ferme à l'entrée du camping *Mataranka Homestead,* à 8 km au sud-est de la bourgade.

Pour les étrangers, le parc est avant tout synonyme de baignade dans des **sources chaudes.** 2 sites s'y prêtent divinement bien. Derrière le *Mataranka Homestead* (se garer à l'entrée), justement, la ***Mataranka Thermal Pool,*** bien aménagée, se creuse au beau milieu d'une forêt de palmiers dense, où vivent des chauves-souris. L'eau est limpide, chaude, délicieuse, mais les 2 bassins

accessibles sont petits et souvent noirs de monde. Mieux vaut venir à l'aube ; en saison sèche, les eaux fument dans l'air matinal frais...
Plus près de Mataranka (3 km), les ***Bitter Springs (Korran)*** sont un peu différentes : ici, les sources chaudes alimentent une petite rivière sinuant au milieu de la végétation tropicale. On se laisse doucement porter par le (faible) courant, dérivant entre les palmiers, les eucalyptus et les roseaux... puis on recommence, encore et encore. Les habitués chevauchent consciencieusement leur frite. L'eau est ici plus trouble, faites attention aux branches immergées.

## DE MATARANKA À TENNANT CREEK

**Passé Mataranka, on s'attaque au vif du sujet : l'*outback*, le vrai, avec ses lignes droites interminables. Alice Springs est à 1 075 km, Tennant Creek, possible étape, à 568 km. Quelques *roadhouses*, isolées de tout, offrent des haltes, de loin en loin. Certaines sont devenues presque légendaires.**

***Larrimah Pink Panther Hotel :*** *Mahony St, à **Larrimah,** 75 km au sud de Mataranka. ☎ 8975-9931. • larrimahwaysideinn.wordpress.com • Camping 20-30 $ pour 2 ; doubles 99-139 $. Plats 11-25 $.* Facile à repérer : il est tout rose ! On aime bien les 3 panthères (roses) qui pédalent dans la courette, les vieux objets accumulés, la cuisine simple mais pas ruineuse, et aussi Penny et Winny, les gentils wallabies qui se laissent facilement caresser. Bon, on est un peu triste pour Sneeky Sam, le croco encagé... On peut planter la tente (terrain poussiéreux) ou passer la nuit dans l'une des 9 chambres simples, avec (ou sans) salle de bains, clim et frigo. Si les abords ont tout du bush, l'intérieur est propre. Petits concerts très réguliers le soir, en saison, pour accompagner votre burger de croco, kangourou ou buffle. Le boss a souvent un peu d'essence en stock pour les urgences.

***Daly Waters Pub :*** *à **Daly Waters,** 168 km au sud de Mataranka. ☎ 8975-9927. • dalywaterspub.com • Tlj 7h-23h. Camping 20-32 $ pour 2 ; doubles 80-175 $.* Fondé en 1930, le pub a accueilli pendant 35 ans les escales techniques des vols *Qantas* reliant Sydney à Singapour et Londres. On y joue à fond la carte des souvenirs laissés par les voyageurs-voyageuses : casquettes, soutifs (!) et tête d'orignal au-dessus du bar, buffle et croco empaillés, badges de police et plaques de bagnole... Le fantôme réputé hanter les lieux doit bien se demander quand faire *boo,* vu l'animation continue... On vous déconseille le camping-parking (cailloux et peu d'ombre) et les chambres avec salle de bains partagée accolées au bar (bruit), en revanche le motel (bâti en 2018, étroit mais impec) et les *cabins* sont très bien (surtout les nos 15, 16 et 17, avec cuisine). Besoin d'essence ? Il y en a aussi (à + 20 %). Ouf.



## TENNANT CREEK

2 990 hab. IND. TÉL. : 08

**Moche. Il n'y a pas d'autre mot pour décrire Tennant Creek. Cette *welfare city* (qui ne vit que d'aides sociales) a pourtant connu un passé prospère : on y trouvait dans les années 1930 l'une des plus riches mines d'or d'Australie. Le site, muséifié, en témoigne encore. Pour le reste, on fait le plein, on avale un morceau et on repart.**

### Arriver – Quitter

***Greyhound :*** *216, Paterson St (Stuart Hwy), à la station BP (sortie nord). ☎ 1-300-473-946. • greyhound.com.au •*

➢ ***Alice Springs** (env 6h)* **:** 1 bus/j., au beau milieu de la nuit... Idem, dans le sens opposé, pour ***Mataranka*** (7h15), ***Katherine*** (8h25) et ***Darwin*** (14h).

➢ ***Townsville, QS** (19h30)* **:** le jeu seulement, vers 4h du mat !

## Adresses et info utiles

**i *Tennant Creek Visitor Information Centre :*** *Peko Rd, à 1,5 km à l'est du centre, au* Battery Hill Mining Centre. *☎ 8962-1281. • barklytourism.com.au • Tlj 9h-17h oct-avr ; w-e le mat seulement en sept, puis fermé dim d'oct à avr-mai.*

■ *Supermarché IGA : Paterson St. Tlj 7h-19h (18h w-e).*

✚ ***Hospital :*** *Memorial Dr, en sortant de la ville vers le sud. ☎ 8962-4399.*

■ ***Emergency Roadside Assistance :*** *☎ 131-111.*

## Où dormir ?

L'endroit est tout désigné pour une halte nocturne : Katherine est à 6h30 au nord (675 km), Alice Springs à 4h30 (509 km). Cela dit, les tarifs sont plutôt chérots dans le coin...

### Campings

***Tennant Creek Caravan & Cabin Park :*** *à l'entrée nord. ☎ 8962-2325. • tennantcreekcaravanpark.com.au • Emplacements 32-35 $ pour 2 ; cabins 100-175 $.* Des 2 campings de la ville, celui-ci a l'avantage d'être situé à côté de l'arrêt *Greyhound* (à la station *BP*) et d'adapter l'heure de son *check-out* aux départs des bus. Il dispose de sites herbeux au fond, au calme, avec un peu d'ombre, plus laverie, cuisine et petite piscine. Les bungalows ont tous une kitchenette, mais les moins chers partagent les sanitaires communs (bien tenus).

***Outback Caravan Park :*** *71 Peko Rd, sur la route de la mine. ☎ 8962-2459. • outbacktennantcreek.com.au • Emplacements 30-39 $ ; bungalows 99-169 $.* Appartenant aux mêmes proprios que le *Pink Panther* de Larrimah, cet immense camping (pas trop ombragé) ne manque pas d'options : petite piaule basique pour voyageur solo ou en couple (avec douche) et *cabins* plus confortables avec cuisine pouvant accueillir toute une famille pour les plus grandes d'entre elles. Épicerie à l'accueil et musique live le soir (16h30-18h30).

### Prix moyens

***Eldorado Motor Inn :*** *195 Paterson St (Stuart Hwy). ☎ 8962-2402. • eldoradomotorinn.com.au • Doubles 150-165 $. Plats 10-25 $.* Repris par une famille chinoise plutôt accueillante, ce motel abrite une grosse poignée de chambres disposées autour d'une piscine de poche (encadrée de grilles). Rien de folichon pour le prix, mais c'est confortable, spacieux et refait récemment, sur une touche un peu kitsch qui fait sourire ! Bon point : le resto attenant est le seul en ville à être ouvert le dimanche soir (carte pléthorique typiquement chinoise).

***Goldfields Hotel Motel :*** *113 Paterson St. ☎ 8962-2030. • goldfieldshotel.com.au • Double 140 $. Resto lun-sam soir ; fermé dim.* C'est le motel-resto-bar-*bottle store* local, pas trop reluisant au 1er abord, mais l'accueil est sympa et les chambres, situées à l'arrière, sont plus que correctes (carrelées, propres, avec petite salle de bains et micro-ondes). Les familiales sont étroites, avec des lits superposés, mais pas beaucoup plus chères.

## Où manger ?

***Top of Town Café :*** *163 Paterson St. ☎ 8962-1295. Lun-mer 7h-14h, jeu-sam 7h-16h ; fermé dim. Plats env 8-23 $.* Bon *latte, pies* maison, muffins

LE NORTHERN TERRITORY

frais, sandwichs, *fish burger* et même du barra, on est content de l'avoir trouvé ! L'accueil est très gentil. Satisfait ? Sonnez la cloche en sortant.

**Wok's Up :** *108 Paterson St. ☎ 8991-0183. Lun-sam 17h-21h.* Heureusement qu'il y a une (petite) communauté chinoise à Tennant Creek ! L'adresse est réputée être la meilleure de la ville : qualité constante et assiettes bien remplies. Aux murs : des injonctions au bonheur, à l'amour et à la volonté.

Au cas où tout serait fermé, la ***station-service BP***, à l'entrée nord de la ville, fait aussi café, 24h/24.

Voir aussi le resto du ***Eldorado Motor Inn*** dans « Où dormir ? ».

## À voir. À faire

***Battery Hill Mining Centre :*** *Peko Rd, à 1,5 km à l'est du centre. ☎ 8962-1281. Mai-sept, tlj 9h-17h ; oct-avr, lun-ven 9h-17h, sam 9h-12h. Entrée : 12 $ musée, 30-36 $ avec la visite guidée (juin-août, tlj à 9h30 et 11h, plus 14h30 lun-ven ; avr-mai et sept-oct selon météo), réduc.* Pas bien loin, Nobles Nob fut, un temps, « la mine d'or la plus importante du Commonwealth », jusqu'à son effondrement en 1967. Celle de Battery Hill a, elle, été fermée en 2008, filon tari. Restent le grand concasseur et toutes sortes de wagonnets et outils. Pas de pépites ici, mais de la magnétite très dense qu'il fallait écraser pour pouvoir récupérer la poudre d'or. Le musée, plutôt intéressant, raconte cette histoire et la vie quotidienne des mineurs et de leurs familles dans ce coin reculé. Une autre section expose une jolie collection de minéraux et une 3e se penche sur l'histoire héroïque d'un habitant du coin, Albert Borella, monté de Tennant Creek à Darwin à pied et à cheval pour s'engager en 1914 ! Une visite guidée d'une galerie de la mine est en outre proposée. Conduite par un ancien mineur, elle s'avère toutefois très technique et pas très spectaculaire.

***Tennant Creek Telegraph Station :*** *à env 12 km au nord. Clé à récupérer à l'office de tourisme, au* Battery Hill Mining Centre *(caution de 20 $). GRATUIT.* C'est la station locale du télégraphe, bâtie en 1872, en plein bush. On peut se contenter de jeter un coup d'œil en passant, sans y entrer.

***Nyinkka Nyunyu Art and Culture Centre :*** *Paterson St, à la sortie sud de la ville. ☎ 7903-6021. • nyinkkanyunyu.org.au • Lun-ven 8h30-14h30 ; fermé déc-janv.* L'expo permanente, plutôt intéressante, évoque l'histoire et le mode de vie des Warumungu, les Aborigènes du coin, au travers de petits dioramas, avec quelques jolis objets en contrepoint.

## Manifestation

– ***Barkly Gold Rush Campdraft :*** *fin sept-début oct.* Rodéo, *barrel racing, stockman's challenge...* c'est le grand moment des éleveurs sortis de leur bush.

# SUR LA ROUTE D'ALICE SPRINGS

***Karlu Karlu*** *(Devil's Marbles)* **:** *à 102 km au sud de Tennant Creek, par la Stuart Hwy. Accès libre.* Surgissant de l'austère plateau de Barkly, les gros rochers de granit, arrondis par l'érosion, évoquent des billes géantes – certaines en équilibre instable. Une bien jolie vision au coucher du soleil, lorsque la lumière déclinante les nappe d'or.

On peut ***camper*** sur place, au pied des rochers. Quelques emplacements ont même droit à un arbre ! Plateformes pour pique-niquer et toilettes sèches. On peut faire un feu de camp et il y a même le wifi ! *Compter 3,30 $/adulte, 1,65 $/enfant, 7,70 $/famille* (honesty box).

**Devils Marbles Hotel :** *Stuart Hwy, à 10 km au sud de Devil's Marbles. ☎ 8964-1963. • devilsmarbleshotel.com.au • Camping 10-30 $ pour 2 ; single 70 $ ; doubles et cabins 135-160 $.* Le camping est souvent plein dès la mi-journée, mais les proprios autorisent de passer la nuit devant en payant juste pour l'accès aux douches. Sympa, mais il y a beaucoup de monde aux sanitaires du coup, d'autant qu'ils sont aussi utilisés par les occupants des *singles* (avec lits superposés, clim et frigo) – qui peuvent en fait accueillir jusqu'à 2 personnes, à l'étroit. Le chef Bernie a sa réputation, qui a valu à la maison le trophée australien du *best wayside inn dinner.* Les influences sont très croisées : italiennes, philippines... Essence.

**Barrow Creek Hotel :** *Stuart Hwy, à 225 km au sud de Tennant Creek et 283 km au nord d'Alice Springs. ☎ 8956-9753. Emplacement de camping avec électricité 15 $, gratuit pour les autres (on paie juste la douche, 5 $) ! Double 70 $ ; familiale 120 $.* Installé à côté d'une vieille station du télégraphe, cet authentique *bush pub* baigne dans son jus. On y croise souvent de drôles d'oiseaux : broussards, voyageurs au long cours, aborigènes venus faire une course. Le bar n'a guère changé depuis son inauguration en 1932, même si, depuis, billets de banque, cartes de visite, bocaux de serpents et autres curiosités s'y sont empilés ! À l'arrière, des *singles* elles aussi ultra-vintage (genre voyage dans le temps) et, dans la courette, un quadrilatère de chambres moins anciennes mais réduites à leur plus simple expression (1 lit, 2 tables de chevet). Les familiales, plus classiques, ont leur propre salle de bains. Le « camping » est juste un terrain poussiéreux sur le côté.

# LE RED CENTRE

• Carte *p. 450-451*

**Les routards voyageant en 4x4 s'offriront l'intégralité du *Red Centre Way* (1 200-1 300 km), d'Alice Springs à Uluru et retour par les parcs nationaux de Kings Canyon (Watarrka) et des West MacDonnell Ranges, via la piste cassante du *Mereenie Loop.* Les autres pourront rejoindre l'essentiel des sites par le goudron, au prix de quelques détours et sans pouvoir accéder à la fantastique vallée secrète de Finke Gorge. Il existe aussi des tours organisés de 3-4 jours au départ d'Alice Springs, en version luxe (hôtels) ou plus routarde (*bush camps* et *swags*). Quelle émotion de parcourir ces paysages de plaines semi-désertiques couvertes par endroits de sable, ponctuées çà et là de montagnes arides et érodées, d'arbustes aux troncs calcinés et de petites termitières. Un harmonieux mélange de couleurs primaires, le rouge de la terre, le jaune des spinifex et du soleil ardent, et le bleu du ciel, si pur, qui se couvre d'un manteau d'étoiles à la tombée du jour... Cette nature largement indomptée a toujours inspiré les légendes et l'art des Aborigènes, qui vivent en symbiose avec cette terre ancestrale depuis des dizaines de milliers d'années. Un voyage à l'« origine du monde », en quelque sorte !**

## ALICE SPRINGS

env 23 700 hab. IND. TÉL. : 08

• Plan *p. 453*

**Son nom, « les sources d'Alice », est joliment évocateur... Pourtant rien de bien bucolique dans cette ville moderne de l'*outback,* quadrillée à**

l'américaine, dont la banlieue s'étend vers le désert et les montagnes alentour. Fondée sur le territoire des Aborigènes arrernte (Aranda) autour de la 1re station du télégraphe (1872), c'est aujourd'hui la seule agglomération d'importance du Red Centre, nœud de communications à proximité très relative d'Uluru (470 km quand même !). L'or et l'élevage ont cédé la place au tourisme, mais Alice est plutôt en berne depuis l'inauguration de l'aéroport de Yulara, à Uluru même... Le centre (CBD, Central Business District) se résume à une poignée de rues commerçantes autour de Todd St, en partie piétonne, où s'alignent galeries aborigènes et magasins de souvenirs. Juste à l'est, la Todd River trace son lit, asséché la majeure partie de l'année. Quelques intéressants musées et attractions pourront agrémenter votre séjour ici, mais Alice est avant tout une ville-étape ouvrant la porte du Red Centre.

## Arriver – Quitter

### En avion

✈ ***Alice Springs Airport*** *(hors plan par A2) : à 14 km au sud, par la Hwy 87. ☎ 8951-1211. • alicespringsairport.com.au •* Bureaux de *Qantas* et *Virgin Australia,* agences de location de voitures *(Avis, Budget, Europcar, Hertz, Thrifty),* infos touristiques en libre-service et distributeur.
➢ ***Adelaide :*** 1-2 vols/j. avec *Qantas* et *Virgin.*
➢ ***Ayers Rock*** *(Yulara)* ***:*** 1 vol/j. avec *Qantas.*
➢ ***Darwin :*** 3 vols/j. (2 le w-e) avec *Qantas* et *Virgin.*
➢ Également des vols quotidiens vers **Melbourne** et **Sydney** avec *Qantas,* plus **Perth** le w-e.

***Pour rejoindre le centre (CBD)***

– ***Shuttles :*** *avec* ***Alice Wanderer*** *(☎ 8953-7057 ; • alicewanderer.com.au •) ou* ***Emu Run*** *(• alicespringsairportshuttle.com.au •). Compter 16,50 $/pers.* Service porte à porte desservant tous les vols de/vers Alice vers l'hébergement de votre choix. À 2 ou 3, mieux vaut prendre un ***taxi*** (env 35-40 $ en temps normal).
– Sinon, la plupart des hôtels d'Alice (notamment les *backpackers*) assurent un service de ***navette*** de/vers l'aéroport (sur résa).

### En bus

🚌 Liaisons avec ***Greyhound*** *(• greyhound.com.au •).*
➢ ***Darwin*** par ***Tennant Creek, Mataranka*** et ***Katherine :*** tlj à 5h30. Trajet : env 16h.
➢ ***Adelaide :*** tlj à 10h30. Trajet : env 20h. Dessert en chemin ***Coober Pedy*** (la ville de l'opale).

🚌 La plupart des agences d'excursions (voir « Adresses et infos utiles ») proposent des transferts (sur résa) entre Alice Springs et Uluru. *Env 150 $/pers.*

### En train

🚂 ***Alice Springs Train Station*** *(hors plan par A2) : George Crescent, à 2 km au nord-ouest du centre (env 15-20 $ en taxi). Guichet ouv 2h avt le départ.* Alice Springs est l'étape centrale sur le trajet mythique du train transcontinental ***The Ghan,*** qui traverse le pays d'Adelaide à Darwin. Depuis quelques années, seuls des trains touristiques très chics circulent sur la ligne : le grand luxe, à des prix... astronomiques. On peut choisir de n'effectuer que le trajet entre Alice Springs et Adelaide (1 559 km), ou entre Alice Springs et Darwin (ou vice versa) – préférable à notre avis car, pour le même prix, une excursion à Nitmiluk est incluse. *Infos et résa : ☎ 1-800-703-357. • journeybeyondrail.com.au •*

### Par la route

➢ ***Uluru-Kata Tjuta National Park*** *(Yulara)* ***:*** compter 446 km et 5h30 de route par la Stuart Hwy (87), puis la Lasseter Hwy (4).
➢ ***Kings Canyon / Watarrka National Park :*** compter 475 km jusqu'au

Route goudronnée
Piste
Sentier
National park
Sites inscrits au Patrimoine mondial de l'Unesco
Papunya
Glen Helen
Tropique du Capricorne
Mt Razorback
Idirriki Range
MacDonnell Ranges
Tylers Pass Lookout
Mereenie Loop Rd
Tnorala (Gosse Bluff)
Gardiner Range
Middle Range
WATTARKA NP
Kings Canyon Resort
Kings Canyon
Kathleen Springs
Petermann Range
Kings Creek Station
Luritja Road
Liddle Hills
Luritja Road
Kernot Range
carte Uluru-Kata Tjuta NP
Connellan Airport
Lasseter Highway
Lasseter Highway
Yulara
Kata Tjuta
ULURU-KATA TJUTA NP
Curtin Springs
Kata Tjuta Road
Uluru (Ayers Rock)

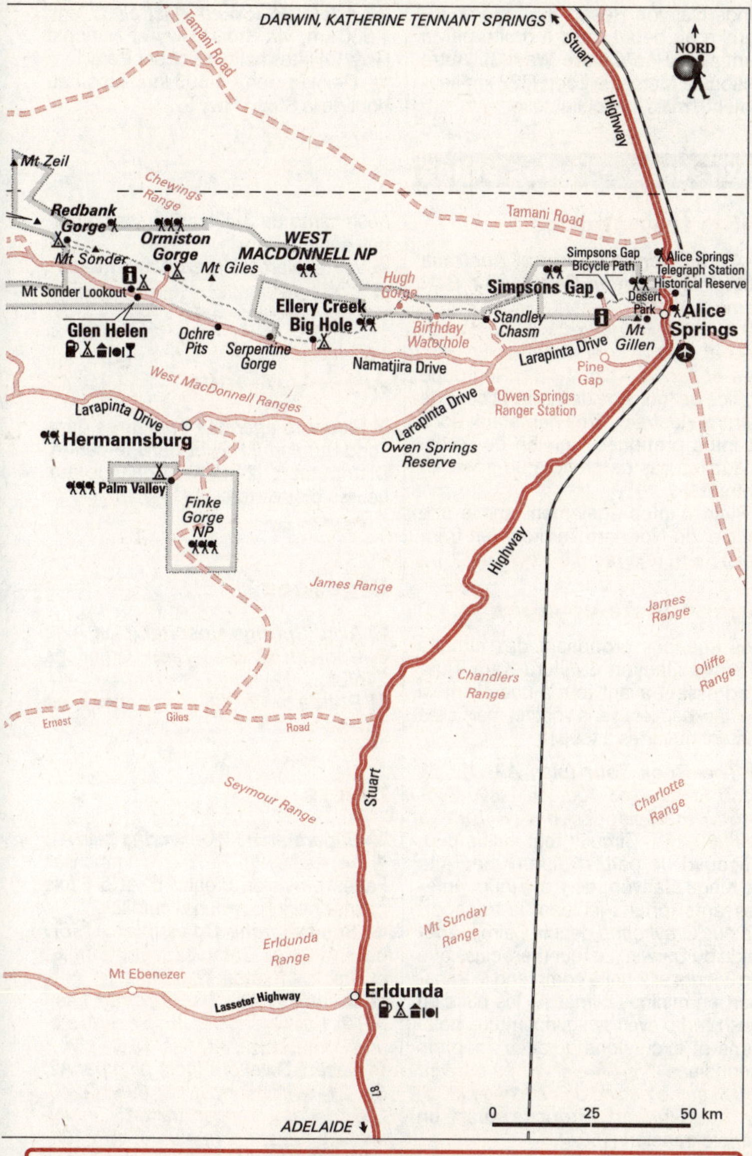


LE RED CENTRE

Kings Canyon Resort (6h), même itinéraire au début, puis à droite par la Luritja Rd/Red Centre Way (3). Autre option, la Mereenie Loop (322 km seulement), mais 4x4 obligatoire.

➢ ***Adelaide*** *(South Australia)* **:** env 1 530 km, via Stuart Hwy et National Hwy 1. Faites halte à Coober Pedy !

➢ ***Darwin* :** env 1 500 km, jusqu'au bout de la Stuart Hwy !

## Adresses et infos utiles

### Infos touristiques

***Alice Springs & Central Australia Visitor Information Centre*** *(plan B1)* **:** *angle Todd et Parsons St.* ☎ *8952-5800 ou 1-800-645-199.* • *discovercentralaustralia.com* • *Lun-ven 8h-17h, w-e et vac scol 9h30-16h.* Regroupe l'office de tourisme de la ville et celui de *Central Australia.* Très nombreux docs et infos pratiques, service de résas. N'oubliez pas de prendre un ticket en entrant !

– Plein d'infos également sur le site officiel du Northern Territory (en français) : • *northernterritory.com* •

### Agences de voyages

Les agences proposant des circuits à Kings Canyon et Uluru-Kata Tjuta s'adressent avant tout à une clientèle de *backpackers* sans voiture, mais elles restent ouvertes à tous !

■ ***The Rock Tour*** *(plan A2,* **1***)* **:** *78 Todd St.* ☎ *8953-1008 ou 1-800-246-345.* • *therocktour.com.au* • *Bureau tlj 8h30-19h.* Circuits tout inclus pour découvrir le parc d'Uluru-Kata Tjuta et Kings Canyon, de 2 à 4 jours. Intéressants forfaits incluant le transport en bus *Greyhound* depuis Cairns, Adelaide ou Darwin. Le tour (très) classique de 3 jours et 2 nuits comprend le transport en minibus climatisé, les nuits en *bush camp* avec *swag,* nourriture, boissons et excursions guidées ; départs quotidiens *(555 $/pers, entrée du parc (38 $) et loc du sac de couchage (20 $) en supplément).* Propose aussi un simple transfert (150 $).

■ ***Mulgas Adventures*** *(hors plan par A2,* **3***)* **:** *54 Elder St.* ☎ *8952-1545 ou 1-800-359-089.* • *mulgasadventures.com.au* • *Circuit 3 j. à 555 $.* Une autre agence qui a fait ses preuves et jouit d'une excellente réputation auprès des *backpackers* pour ses tours en *bush camp* de 3-4 jours et ses combinés de/vers Darwin.

■ Voir également avec ***Wayoutback*** : ☎ *8300-4900 ou 1-300-551-510.* • *wayoutback.com.au* •

### Argent, change

■ Plusieurs ***agences bancaires*** dans Todd St *(plan B1-2)* et dans le centre. Distributeurs (24h/24) et change aux heures d'ouverture. *Lun-ven 9h30-13h (16h max).*

### Urgences

***Alice Springs Hospital*** *(plan A2)* **:** *6, Gap Rd.* ☎ *8951-7989.* Urgences 24h/24.

■ ***Police* :** ☎ *000 (urgences) ou 131-444.*

### Divers

***Supermarché Woolworths*** *(plan A1,* **4***)* **:** *40 Hartley St. Tlj 7h-22h.* Immense ! Faites provision d'eau : c'est 5-6 fois moins cher ici que dans l'*outback.*

***Supermarché Coles*** *(plan A1,* **5***)* **:** *dans le* Coles Complex, *entre Bath St et Gregory Terrace. Tlj 6h-22h.*

■ ***Laverie* :** ***Alice Laundromat*** *(plan A1,* **2***), Railway Terrace, à côté de la station* Puma, *derrière* Coles. *Tlj 6h-23h.*

■ ***Desert Dwellers*** *(hors plan par A2,* **3***)* **:** *21, Wilkinson St.* ☎ *8953-2240. C'est un gros hangar orange. Lun-ven 9h-17,h jusqu'à 14h sam et dim 10h-14h. If we don't have it, you don't need it,* dit le slogan ! Plus grand magasin *outdoors* du NT, il croule sous les tentes (dès 90 $) et tentes de toit, matelas gonflables, jerricans, glacières, plaques de désensablement et autres joyeusetés pour aventuriers.

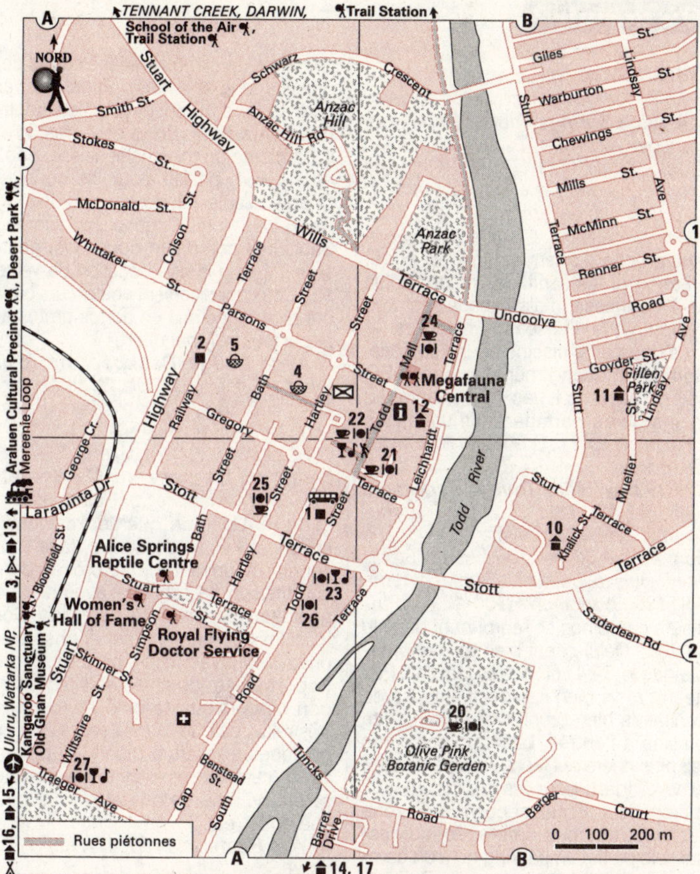


# ALICE SPRINGS

**Adresses utiles**

- Alice Springs & Central Australia Visitor Information Centre (B1)
- 1 The Rock Tour (A2)
- 2 Alice Laundromat (A1)
- 3 Mulgas Adventures et Desert Dwellers (hors plan par A2)
- 4 Supermarché Woolworths (A1)
- 5 Supermarché Coles (A1)

**Où dormir ?**

- 10 Alice's Secret Traveller's Inn (B2)
- 11 Alice Lodge Backpackers (B1)
- 12 YHA Hostel (B1)
- 13 Alice Springs Tourist Park (hors plan par A2)
- 14 Desert Palms Resort (hors plan par A2)
- 15 Squeaky Windmill B & B (hors plan par A2)
- 16 G'Day Mate Tourist Park (hors plan par A2)
- 17 DoubleTree by Hilton (hors plan par A2)

**Où prendre un petit déj ?**
**Où manger ?**
**Où sortir ?**

- 20 The Bean Tree Café (B2)
- 21 Page 27 (B2)
- 22 Epilogue Lounge (A-B1-2)
- 23 Monte's Lounge (A2)
- 24 The Goods Coffee Shop (B1)
- 25 House of Tallulah (A2)
- 26 Teashrine (A2)
- 27 Jump Inn Bar & Restaurant (A2)

## Où dormir ?

### Campings

⛺ 🏠 ***Alice Springs Tourist Park*** *(hors plan par A2,* ***13****) : 70, Larapinta Dr. ☎ 8952-2547 ou 1-300-823-404. • alicespringstouristpark.com.au • À 3 km à l'ouest. Emplacements 35-40 ; bungalows 100-175 $.* C'est le camping le plus proche du centre. On y est plutôt à l'étroit et les sanitaires ne sont plus de 1re jeunesse, mais l'accueil est très sympathique, l'ensemble bien tenu et il y a une petite piscine et une épicerie. Dommage quand même que les BBQ soient payants ! Les bungalows les moins chers partagent les sanitaires avec le camping ; là encore, ils sont un peu datés.

⛺ 🏠 ***G'Day Mate Tourist Park*** *(hors plan par A2,* ***16****) : 31, Palm Circuit. ☎ 8952-9589. • gdaymatetouristpark.com.au • À 5 km au sud par la Stuart Hwy, puis à gauche. Emplacements 35-50 $ ; bungalows 100-120 $.* Plusieurs campings se regroupent dans le secteur. Celui-ci est bien plus abordable que le *Big4* voisin (très familial). Pas géant, mais bien équipé, il dispose de sanitaires bien propres et d'une petite piscine à l'entrée. Les emplacements les plus chers ont leurs propres douche et w-c. Idem pour les *cabins,* mais... à l'extérieur. Évitez si possible la zone du fond, très peu ombragée, qui ressemble plus à un parking qu'à un camping (!). Soif ? L'*Alice Springs Brewery Company* est juste à côté !

### Backpackers (auberges de jeunesse)

🏠 ***Alice's Secret Traveller's Inn*** *(plan B2,* ***10****) : 6 Khalick St. ☎ 8952-8686. • asecret.com.au • Dortoir (3-6 lits) env 30 $/pers ; doubles 80-110 $. Réduc avec la carte* HI. C'est vrai qu'elle est un peu secrète, cette adresse, planquée dans une petite rue résidentielle à l'écart du centre, mais c'est de loin l'auberge la plus sympa d'Alice ! Au calme et à taille humaine, elle regroupe quelques dortoirs tout simples et une poignée de chambres privatives, bien tenus (avec chauffage et clim), aménagés dans des Algécos, des caravanes ou dans le van garé au fond du petit jardin fleuri (notre préféré : le *Betty Boop Bus,* très 50's). Il y a même un minichalet suisse, *Seb's Alpine Hut,* parfait pour les couples. Chaque piaule, ici, décline une déco un peu barrée : forêt vierge, océan, licorne... Sanitaires communs pour tous, petite salle TV, coin laverie, location de vélos, etc. Ceux qui réservent une excursion ici ont droit à une nuit en dortoir gratos au retour (ou un *fly net* offert) !

🏠 ***Alice Lodge Backpackers*** *(plan B1,* ***11****) : 4 Mueller St. ☎ 8953-1975 ou 1-800-351-925. • alicelodge.com.au • Réception 8h30-14h15, 16h30-19h. Dortoirs (4-6 lits) env 35-46 $/pers ; doubles env 90-115 $ ; petit déj (continental) inclus. Réduc avec la carte* HI. Dans un quartier résidentiel un peu à l'écart du centre, face à un square verdoyant, on se croirait dans une maison de banlieue, avec piscine, petits palmiers et carré de gazon. Dortoirs (mixtes ou séparés) et chambres privatives (avec frigo), propres et pas trop étriqués (douches solaires), d'un bon rapport qualité-prix. Atmosphère très relax, ça bulle dans l'eau ou sur les quelques transats à dispo. En prime : petite cuisine très bien tenue, laverie, salon TV, résa de bus et *shuttle* pour l'aéroport, etc.

🏠 ***YHA Hostel*** *(plan B1,* ***12****) : angle Parsons St et Leichhardt Terrace. ☎ (08) 8952-8855. • yha.com.au • Dortoirs (4-16 lits) 32-43 $/pers ; double 105 $.* En plein centre, cette grande structure regroupe chambres et dortoirs autour d'une minipiscine. Pas le grand luxe, mais c'est propre et les dortoirs de 16 lits sont plutôt bien fichus, avec pas mal de recoins, et les chambres vitrées sont très lumineuses. Salles de bains, grande cuisine et salon bien tenus. Coin laverie. BBQ dans la cour. Toutes les infos sur les excursions dans la région.

### De plus chic à très chic

🏠 ⛱ ***Desert Palms Resort*** *(hors plan par A2,* ***14****) : 74 Barrett Dr. ☎ 8952-5977 ou 1-800-678-037.*

● *desertpalms.com.au* ● *Doubles et familiales (5 pers) env 200-260 $.* Plusieurs établissements plus haut de gamme se regroupent à 10-15 mn à pied de Todd St, de l'autre côté de la « rivière ». Le bien nommé *Desert Palms* est un petit complexe de bungalows individuels encadrés de vieux palmiers. Alignés comme à la parade, ils sont propres, fonctionnels et confortables, avec kitchenette, bonne literie et petite terrasse en bois à l'avant. En prime, une belle piscine et une aire de jeux pour les enfants.

***Squeaky Windmill B & B*** *(hors plan par A2,* ***15****) : 971 Ilparpa Rd. 0414-885-034.* ● *squeakywindmill.com* ● *Doubles 200-220 $, petit déj inclus. Dîner 25-70 $ pour 2.* Difficile de faire plus australien : on dort ici dans une grande tente safari très confortable (et même luxueuse), avec sanitaires privés et belle terrasse pour admirer le coucher du soleil sur les roches rouges et les wallabies qui gambadent. Michelle, la proprio, vous apportera à la demande un panier avec viande de kangourou, bœuf et chameau pour le BBQ du soir, épis de maïs, fraises et pot de crème glacée... Prévoyez une bonne bouteille de vin !

***DoubleTree by Hilton*** *(hors plan par A2,* ***17****) : 82 Barrett Dr. ☎ 8950-8000.* ● *doubletree3.hilton.com* ● *Doubles à partir de 190 $, jusqu'à 350 $ en saison.* Parmi les plus chics d'Alice, ce vaste hôtel moderne avec pelouse taillée au cordeau abrite des chambres spacieuses et lumineuses, irréprochables, avec baies vitrées et petite terrasse sur le jardin ou vue sur les MacDonnell Ranges. Grande piscine, idéale pour faire ses longueurs. L'adresse est aussi réputée pour son restaurant asiatique, *Hanuman,* qui dispense une excellente cuisine indienne et thaïe, toutefois cher payée...

## Où prendre un petit déj ? Où manger ? Où sortir ?

– ***À savoir :*** Alice Springs est une ***dry zone,*** appliquant une loi stricte sur la vente d'alcool. Achat possible (dans les *bottle shops*) seulement du lundi au vendredi de 14h à 21h, samedi et jours fériés à partir de 10h, dimanche à partir de midi.
– De fin février à mi-décembre, un petit marché artisanal, le ***Todd Mall Market,*** a lieu dans Todd St, 1 dimanche sur 2 (9h à 13-14h). Pas très folichon, mais plusieurs stands de nourriture pour prendre un repas sur le pouce à moindres frais.

### Bon marché

***The Goods Coffee Shop*** *(plan B1,* ***24****) : 13-11 Todd St. Lun 7h-12h, mar-ven 7h-14h, sam 8h-12h ; fermé dim. Env 10-15 $.* Beaucoup d'habitués filent le matin vers ce café de filles, très urbain, où l'on commande – ça change ! – une tartine salée ou sucrée, nappée de ricotta-sirop d'érable-figue-noisettes, ou olive-féta-citron. C'est un peu petit, mais excellent. Autres options : un porridge bien riche, des muffins du jour et un bon café.

***House of Tallulah*** *(plan A2,* ***25****) : 64 Hartley St. 0434-053-091. Lun-ven 7h30-14h, sam 9h-12h ; fermé dim. Env 10-15 $.* Une Vierge et un jésus en plâtre veillent sur cette maisonnette en bois bleue, tenue par une Tchèque. L'accueil est sympathique, le granola magnifique – avec ses framboises et myrtilles fraîches (en saison) – et il y a des *toasties* pour la pause-déjeuner. En bonus : un fond de musique cool et une caisse de jouets pour les enfants. On s'installe dehors.

***Teashrine*** *(plan A2,* ***26****) : 113 Todd St. ☎ 8952-4339. Tlj sauf dim 9h-16h. Petits plats env 10-14 $.* Il flotte un air d'Asie ici, de la carte végétarienne/*vegan* à la musique en fond sonore, en passant par les *Bouddha bowls* à bon prix. Un menu différent est proposé chaque jour, avec plusieurs options. Pour faire glisser le tout : un *bubble tea,* bien sûr. Rapide et copieux.

### De bon marché à prix moyens

***Page 27*** *(plan B2,* ***21****) : 89 Todd Mall. 0429-003-874. Tlj 7h (7h30 w-e)-14h.* Dans une petite galerie à l'entrée de la partie piétonne de Todd St, voilà un café à la grande salle conviviale, avec comptoir à l'avant où l'on passe sa commande, meubles rétro, tables basses, magazines et bouquins à dispo, dans un mélange réussi de coolitude et de branchitude. Au menu, toutes sortes de cafés, smoothies, formules *breakfast*, sandwichs, salades, etc.

***The Bean Tree Café*** (plan B2, **20**) : *Olive Pink Botanic Garden, Tuncks Rd. 0447-270-949. Mer-dim 8h-15h ; fermé lun-mar. Petits déj env 12-25 $.* Ce joli café s'est installé dans le jardin botanique. En terrasse, on dévore pancakes, muesli, petit déj *vegan* ou, à midi, *Buddha bowls* et burgers. Gâteaux et autres cookies (avec ou sans gluten) pour la pause-goûter. On en profite pour arpenter le jardin et grimper sur le Annie Myers Hill, qui offre une vue panoramique sur la ville et les MacDonnell Ranges.

***Epilogue Lounge*** (plan A-B1-2, **22**) : *1/58 Todd St. 0429-003-874. Tlj sauf lun 7h (7h30 w-e)-minuit (2h ven-sam, 14h30 dim et mar). Petits plats à partager env 15 $, sinon 20-26 $.* Tables en terrasse sur la rue piétonne, comptoir ouvert ou grande salle pour ce resto-bar populaire : on a le choix. Dans l'assiette, c'est pareil, les options ne manquent pas, des tapas aux burgers en passant par les formules fraîches et copieuses du petit déj et les salades composées, originales et parfumées, comme la thaïe, bien épicée. Musique qui pulse, service jeune et très bonne ambiance, en particulier les soirs de concert (droit d'entrée en général) sur le *rooftop* qui accueille aussi des DJs (piste de danse). Un des principaux lieux de rendez-vous nocturnes à Alice !

***Monte's Lounge*** (plan A2, **23**) : *angle Corner St et Stott Terrace. ☎ 8952-4336. Seulement jeu-dim 15h-minuit.* C'est d'abord un chouette bar à cocktails, avec une grande terrasse en plein air envahie en fin de journée, encadrée de tables surélevées. L'atmosphère est très conviviale, chaleureuse, les cocktails excellents (mais chers) et la sélection de bières (pression ou bouteille) importante. Pour garder le cap, des burgers, de bonnes pizzas et le classique *pub grub*. Le week-end, petits concerts (parfois payants) et soirées à thème avec DJ. L'autre hotspot d'Alice avec *Epilogue*.

***Jump Inn Bar & Restaurant*** (plan A2, **27**) : *41, Traeger Ave. ☎ 8929-1609. Tlj 11h-22h ou 23h (cuisine jusqu'à 20h30-21h). Plats env 15-25 $.* Les tapas, à partager en puisant dans l'inépuisable choix de bières artisanales, font écho aux *baos*, des « burgers » taïwanais (comme le boss) au pain vapeur. Musique live très régulièrement et cours de swing 1 dimanche sur 2 !

## À voir. À faire à Alice Springs et dans les environs

***Megafauna Central*** (plan B1) : *Todd Mall. ☎ 8951-1113, ext 89. Tlj 10h-16h. GRATUIT.* Un important gisement de fossiles d'animaux géants (près de 3 000 !), vieux de 8 millions d'années, a été mis au jour à Alcoota, à 180 km au nord-est d'Alice Springs. Ce joli petit musée revient sur cette découverte rare, qui vous donnera l'occasion de voir de près un squelette (réplique) de wombat grand comme un buffle et un *Dromornis stirtoni*, le plus grand oiseau à avoir jamais existé, sorte d'émeu de 3,20 m pour une demi-tonne – un herbivore, ouf ! Au passage, coup d'œil sur le labo où œuvrent les paléontologues.

***Alice Springs Reptile Centre*** (plan A2) : *9 Stuart Terrace. ☎ 8952-8900. • reptilecentre.com.au • Tlj sauf Noël et Jour de l'an 9h30-17h ; spectacles à 11h, 13h et 15h30. Tarif : 20 $ ; 12 $ enfants.* Toute la variété de reptiles vivant dans le Red Centre se côtoie ici : énormes varans Perenti (jusqu'à 2,50 m de long), impressionnant lézard à collerette, *thorny devils* (alias *Moloch horridus*) couverts de piquants et emblématiques de la région, pythons en tout genre et serpents très venimeux. Dans un registre plus mignon : une petite grotte dévolue aux geckos. Certains animaux peuvent être manipulés. Un tunnel permet en outre d'observer sous l'eau la mascotte du centre, Terry, un gros crocodile marin ! Bon, c'est cher et un peu vieillot quand même...

***Royal Flying Doctor Service*** *(plan A2)* **:** *8-10 Stuart Terrace, en face du Reptile Center. ☎ 8958-8411. ● rfdsalicesprings.com.au ● Tlj 9h30 (13h dim et j. fériés)-17h. Visites guidées ttes les 30 mn jusqu'à 16h. Tarif : 19 $ ; réduc.* On y découvre l'histoire des *flying doctors,* un service d'urgences médicales en avion lancé en 1928 pour secourir ceux qui vivent isolés dans l'*outback.* On peut s'asseoir dans le cockpit d'une réplique de *Pilatus PC12,* admirer les maquettes d'avion et, surtout, suivre la visite guidée par John Flynn, fondateur du *Royal Flying Doctor Service...* reproduit en hologramme ! Des casques de réalité virtuelle permettent aussi de vivre une évacuation en tant que pilote ou malade...

***Women's Hall of Fame*** *(plan A2)* **:** *2 Stuart Terrace, à côté du* RFDS. *☎ 8952-9006. ● pioneerwomen.com.au ● Tlj sauf sam 10h-15h. Entrée : 16,50 $ ; réduc.* Ce musée, dédié aux femmes en général et à celles qui ont accompagné l'époque des pionniers en particulier, s'est installé dans une ancienne prison. Ce pourrait être anecdotique, à cela près que les cellules ont été conservés en l'état. Des récits audio d'ex-prisonniers et gardiens retracent leur quotidien. L'occasion d'apprendre que, aujourd'hui encore, en Australie, les Aborigènes sont enfermés dans des blocs séparés des autres... Rigolo : les toilettes remises en fonction !

***Araluen Cultural Precinct*** *(hors plan par A2)* **:** *61 Larapinta Dr, à env 2 km à l'ouest du centre. ☎ 8951-1122. ● araluenartscentre.nt.gov.au ● Bus n$^{os}$ 400 et 401 tlj sauf dim, jusqu'à l'arrêt Larapinta Dr (ttes les 1h-2h45 lun-ven, 4/j. sam). Tlj 10h-16h (fermé dim et ouv jusqu'à 14h sam nov-fév). Tarif : 8 $ pour le* Museum of Central Australia *et 8 $ pour l'*Araluen Arts Centre *et le* Central Australian Aviation Museum *; réduc.*
Ce vaste centre culturel regroupe plusieurs espaces dédiés à l'histoire, à l'environnement et à la culture du Red Centre. Le plus intéressant, à notre avis, est le ***Museum of Central Australia,*** qui abrite, au sous-sol, une collection d'histoire naturelle regroupant squelettes, mammifères, oiseaux et reptiles naturalisés. Le plus étonnant : la section consacrée à l'astrogéologie, présentant météorites et cratères météoritiques d'Australie centrale. L'étage accueille de belles expos temporaires.
Derrière, le ***Central Australian Aviation Museum*** *(à partir de 11h le w-e)* présente une collection d'avions dans l'ancien hangar de la *Connellan Airways,* une ancienne compagnie aérienne locale. On peut notamment y voir un de ses DC3 et grimper à bord, ainsi qu'un avion du *Royal Flying Doctor Service.*
L'***Araluen Arts Centre*** présente, lui, principalement, des expos temporaires d'art contemporain aborigène – mis à part quelques aquarelles d'Albert Namatjira, 1$^{er}$ peintre aborigène d'Australie reconnu, dans les années 1930-1940. En septembre-octobre, la galerie accueille une grande expo-vente, *Desert Mob.* Coup d'œil possible, en plus, à la petite galerie du ***Central Craft,*** où sont présentés les travaux des artistes en résidence.

***Desert Park*** *(hors plan par A2)* **:** *Larapinta Dr, à 7 km à l'ouest du CBD. ☎ 8951-8788. ● alicespringsdesertpark.com.au ● Tlj 7h30-18h (dernier accès à 16h30), sauf Noël. Entrée : 37 $ ; visite guidée nocturne lun-ven 30 $ ; combiné 57 $ ; moitié prix 5-16 ans ; réduc.* Géré par le gouvernement du Northern Territory, le Desert Park est une sorte de mutant, mariant parc naturel, zoo et parc d'attractions soft. Il englobe un grand pan de désert (clos) où l'on peut partir, avec un guide, en quête des habitants des lieux les plus rares à la nuit tombée (échidnés, bandicoots lapins et autres rats-kangourous). En journée, on visite la *Nocturnal* *house* (les mêmes en cage), les kangourous et dingos dans leurs enclos, et on assiste à différentes présentations (10-40 mn) – notamment une, très populaire, consacrée à la survie dans le désert.

**Alice Springs School of the Air** (hors plan par A1) : *80, Head St. ☎ 8951-6834. • assoa.nt.edu.au • Bus n^os 100 ou 101. Lun-ven 9h-15h, 13h30-16h30 sam et j. fériés, 11h30-16h30 dim. Visite : 12,50 $ ; réduc. Durée : 30-45 mn.* C'est le même principe qu'à Katherine : l'école dispense un enseignement à distance, par Internet, à quelque 120 élèves éparpillés sur un territoire grand comme plus de 2 fois la France ! Les plus isolés vivent à 700 km de piste (impraticables pendant la mousson)... Après la présentation générale, on assiste aux leçons en direct. Le service, créé en 1944, a essaimé et compte aujourd'hui 18 antennes à travers le pays. Les élèves ont de 4 à 15 ans ; après, la spécialisation les oblige à rejoindre des internats. Attention, mieux vaut bien comprendre l'anglais pour cette visite.

**Trail Station** (hors plan par A1 ou B1) : *Telegraph Station Historical Reserve ; à 3 km au nord du CBD. ☎ 8952-3993. • alicespringstelegraphstation.com.au • Visites guidées à 9h30 et 11h30 mars-nov. Tarif : 15 $ ; réduc ; gratuit moins de 6 ans.* C'est l'ancienne station de télégraphe d'Alice Springs, datant de 1872. On peut la rejoindre par la ***Riverside Walk,*** un sentier de 3,6 km longeant la Todd River (généralement asséchée). Une balade à faire de préférence au lever du jour, pour avoir la chance d'apercevoir des wallabies et des euros (wallaroos). Sur place : café, location de VTT.

**Old Ghan Museum** (hors plan par A2) : *92 Norris Bell Dr, à 10 km au sud d'Alice Springs, en allant vers l'aéroport. ☎ 8952-7161. • roadtransporthall.com • Lun-ven 9h-17h, jusqu'à 15h le w-e. Entrée : 25 $ ; réduc.* Rétro, pour ne pas dire nostalgique, ce vieux musée se penche sur l'histoire du célèbre Ghan, le train qui relie Darwin à Adelaide via Alice Springs. Beaucoup de vieux objets, photos anciennes et maquettes, plus, à l'extérieur, une authentique loco à vapeur Lou Marks et 2 wagons : bar et restaurant.

**The Kangaroo Sanctuary** (hors plan par A2) : *à 15 km au sud d'Alice Springs. ☎ 8965-0038. • kangaroosanctuary.com • Résa obligatoire :* guided sunset tour *mar-ven tte l'année sauf déc-janv et fermetures aléatoires. Env 2h30, transfert A/R inclus. Tarif : 85 $ ; 65 $ 7-17 ans, incluant le transfert (obligatoire) depuis Alice.* Brolga, star de la série documentaire *Kangaroo Dundee* diffusée par la BBC et National Geographic, a créé ce centre de soins pour recueillir et soigner les kangourous du Red Centre. Une visite guidée à la tombée du jour est l'occasion de les observer nombreux et de près, dans une réserve de 36 ha.

➢ Pour ***Simpsons Gap,*** voir la section consacrée au parc national des West MacDonnell, à la fin de ce chapitre.

## Fêtes et manifestations

– ***Parrtjima :*** *début avr (3-12 avr 2020). • parrtjimaaustralia.com.au •* C'est la grande fête des lumières aborigène, version show à l'anglo-saxonne.
– ***Territory Day :*** *1^er juil. • territoryday.nt.gov.au •* Grand feu d'artifice célébrant la création du Northern Territory en 1978.
– ***Camel Cup :*** *mi-juil. • cameltracks.com/camel-cup •* LA course de dromadaires de l'année, au Pioneer Park.
– ***Henley-on-Todd Regatta :*** *le 3^e sam d'août. • henleyontodd.com.au •* Pas d'eau dans la Todd River ? Pas grave. La régate a lieu en courant, à travers le fond percé de parodies de bateaux ! En prime : parade, jeux, etc. En 1993, la course dut être annulée car la rivière coulait, pour une fois...
– ***Desert Festival :*** *de fin août à mi-oct. • desfest.com •* Un des événements les plus importants de la région. Festival d'art, musique, théâtre, parade, etc.

# ULURU-KATA TJUTA NATIONAL PARK (AYERS ROCK)

IND. TÉL. : 08

• Carte *p. 461*

**Le parc national d'Uluru-Kata Tjuta s'étend sur près de 1 325 km² d'*outback* et abrite l'une des formations naturelles les plus iconiques de la planète : Uluru, ou Ayers Rock. Culminant à 348 m d'altitude, ce dôme rocheux (inselberg), constitué d'un seul bloc de grès, s'élève au milieu de plaines de sable rouge ponctuées de broussailles. Il fait de l'ombre aux non moins spectaculaires dômes de Kata Tjuta (monts Olga), situés 50 km à l'ouest. Le parc est l'un des rares lieux au monde à être doublement inscrit sur la liste du Patrimoine mondial de l'Unesco, tant naturel que culturel.**
**Le territoire reste en effet intimement lié aux Aborigènes anangu, à qui il appartient et qui veillent sur ses sites sacrés (Uluru inclus) comme sur la prunelle de leurs yeux. Résultat : il n'y a aucun hébergement ni service dans le parc, en dehors d'un centre des visiteurs. Tout se concentre dans le « village » touristique de *Yulara – Ayers Rock Resort,* à 4 km de l'entrée du parc, au beau milieu de cet environnement désertique. Vous serez forcément amené à faire étape ici. Prévoyez cependant un budget confortable, car une visite du parc d'Uluru coûte cher, les prix de l'hébergement, de la nourriture et des activités proposées étant plus élevés ici qu'ailleurs (voire très élevés pour les hôtels).**

## UN PEU D'HISTOIRE

Le site d'Uluru a été officiellement « découvert » en 1873 par William Christie Gosse, qui fut le 1er Européen à grimper au sommet du rocher, après un trek de 3 mois en caravane de dromadaires. Il nomma le site Ayers Rock en hommage à sir Henry Ayers, futur gouverneur de l'État de South Australia.
Les 1ers touristes arrivèrent dans les années 1950, lorsque Ayers Rock devint parc national, intégrant bientôt les monts Olga. Len Tuit, un habitant d'Alice Springs, créa en 1957 la 1re excursion hebdomadaire et aménagea un camp de base sur le flanc ouest d'Uluru. En 1970, l'*Aboriginal Land Council* obtint le déplacement des 1ers hôtels et motels établis au pied même du rocher sacré, favorisant, dans les années 1980, le développement du centre touristique de Yulara. C'est alors que le territoire du

### RESTITUTION

*Le 26 octobre 1985, date du* handback, *marque un tournant dans l'histoire du droit des Aborigènes. Ce jour-là, le gouverneur général d'Australie remit les titres de propriété du parc d'Uluru-Kata Tjuta aux Aborigènes anangu, après une lutte de 35 ans pour qu'on les reconnaisse comme les propriétaires « originels » de ces terres sacrées. Le même jour, les Anangu signèrent un bail de 99 ans avec le service des parcs nationaux pour assurer la gestion du territoire.*

### BZZZZZ

*Attention durant les mois chauds (à partir d'octobre) à l'invasion de mouches ! Les* bush flies *sont si tenaces et agaçantes qu'un chapeau à moustiquaire – ou* fly net *– est indispensable.*

parc fut officiellement rendu aux Aborigènes et une double dénomination adoptée pour le site, désormais appelé par son nom anglais et aborigène. Aujourd'hui, ce dernier tend à s'imposer.

## Quand y aller ?

Uluru est situé au cœur d'un désert semi-aride et le climat dans la région est extrême.

***En hiver*** (juin-août), les journées sont douces, mais la nuit il peut geler, particulièrement en juillet. De mai à octobre, couvrez-vous bien pour profiter des 1res lueurs de l'aube.

***En été*** (décembre-janvier), les températures peuvent dépasser 40 °C (!). Des restrictions sont alors appliquées sur certains sentiers, fermés au public dès 9h ou 11h si la température excède 36 °C. C'est la saison « creuse » pour le parc.

Si vous avez le choix, il vaut mieux opter pour le ***printemps*** ou l'***automne,*** mais vous ne serez pas seul à ce moment-là. Et c'est sans compter sur la présence des mouches (oui !), qui abondent d'octobre à mai et ont la fâcheuse manie de vous tourner autour. L'achat d'un *fly net* (« filet à mouches ») se révèle alors bien utile, même si ça ne vous fera pas gagner le 1er prix de beauté.

## Arriver – Quitter

### En avion

✈ ***Ayers Rock Connellan Airport :*** *à 6 km d'*Ayers Rock Resort. Les compagnies *Qantas, Jetstar* et *Virgin Australia* assurent des liaisons directes de/vers ***Sydney*** (tlj), ***Melbourne*** (tlj), ***Cairns*** (tlj), ***Alice Springs*** (tlj), ***Brisbane*** (3/sem) ***Adelaide*** (2/sem) et ***Darwin*** (2/sem). Pas d'infos touristiques à l'aéroport. En revanche, on y trouve les loueurs de voitures *(Avis, Hertz, Thrifty)* et quelques représentants d'agences proposant des excursions dans le parc. Transfert gratuit pour tous ceux qui ont réservé dans un des hébergements du *Ayers Rock Resort.*

### En bus

Pas de liaisons régulières en bus. En revanche, de nombreuses agences d'Alice Springs proposent des transferts vers *Ayers Rock Resort* (et/ou l'aéroport), chers et peu utiles au final. Voir « Arriver – Quitter. En bus » dans les introductions de la ville.

– Les *backpackers* qui n'ont pas de véhicule pourront s'adresser à ces mêmes agences, qui proposent toutes des ***circuits au départ d'Alice Springs.*** Même *Greyhound* s'y est mis ! Voir la rubrique « Adresses et infos utiles » à Alice Springs.

### Par la route

Pour pénétrer dans le parc, une seule entrée située à environ 10 km de l'aéroport de Yulara, 4 km après *Ayers Rock Resort.*

➢ ***Darwin*** *(NT)* **:** env 1 950 km via les National Hwys 1 et 87 (Stuart Hwy), puis la State Route 4 (Lasseter Hwy).

➢ ***Alice Springs*** *(NT)* **:** 450 km et env 5h30 de route. Même itinéraire.

➢ ***Adelaide*** *(South Australia)* **:** env 1 590 km via Stuart Hwy et Lasseter Hwy.

## Comment visiter le parc ?

– Une *navette gratuite* dessert les établissements du *resort* et la *Camel Farm.* Liaisons ttes les 20 mn env, tlj 10h30-0h30.

– ***Aucune ligne publique de bus ne circule dans le parc.*** À moins de louer une voiture à Alice Springs ou à l'aéroport de Yulara, la meilleure option est d'utiliser les navettes d'***Uluru Hop On Hop Off*** *(☎ 8956-2019 ;*

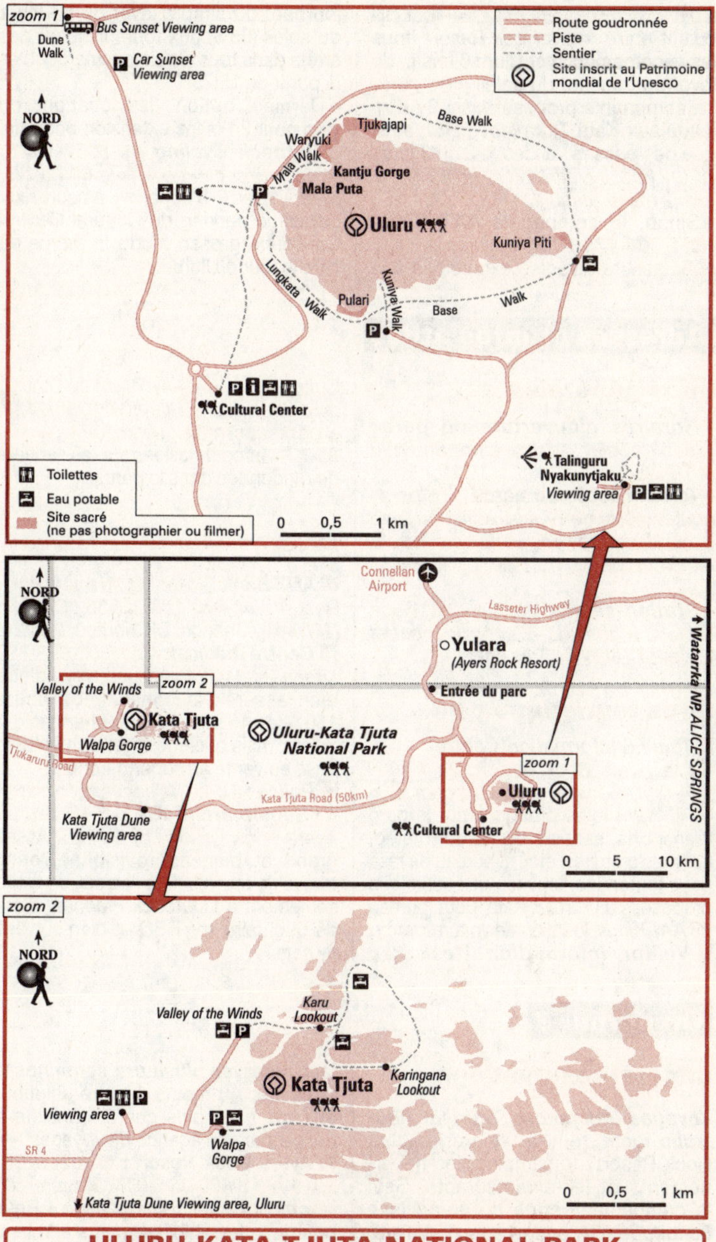


## ULURU-KATA TJUTA NATIONAL PARK

● *uluruhoponhopoff.com.au* ●), qui circulent entre *Ayers Rock Resort* (tous les hébergements) et Uluru 6 fois/j., du lever au coucher du soleil *(49 $ A/R)*. La compagnie propose aussi 2 A/R/j. jusqu'aux Kata Tjuta *(env 95 $)*, ainsi que des ***passes*** valides 1, 2 ou 3 jours *(120-210 $, incluant Uluru en illimité et 1 ou 2 trajets jusqu'aux Kata Tjuta)*.
– Sinon, la compagnie ***AAT Kings*** *(☎ 1-300-228-546 ; ● aatkings.com.au ●)* assure diverses excursions à la journée, du simple lever ou coucher du soleil (55 $) aux tours incluant des arrêts dans tous les sites remarquables (à partir de 155 $).
– Dernière option : les locations de vélo pour 3h (sans extension possible) d'***Outback Cycling*** *(☎ 8952-1541 ; ● outbackcycling.com ● ; 60 $/pers, réduc)*, avec 2-3 départs/j. à heure fixe, depuis le parking du Cultural Centre. Ça donne grosso modo le temps de faire le tour d'Uluru...

## Adresses et infos utiles

### Infos générales

– ***Horaires d'ouverture du parc :*** *variables selon saison, entre 5h-6h30 et 19h30-21h.*
– ***Tarifs d'accès au parc :*** *38 $/pers ; gratuit moins de 17 ans. Achat en ligne ou au kiosque à l'entrée du parc. Le billet est valide 3 j. Au-delà, billet annuel 50 $.*
– ***Station-service :*** *au* Ayers Rock Resort, *à côté de l'*Outback Pioneer Lodge. *Tlj 6h-21h.* Très cher !

### Infos touristiques

**ℹ *Tours & Information Centre :*** *Town Sq, à* Ayers Rock Resort. *☎ 1-300-134-044. ● ayersrockresort.com.au ● Tlj 8h-19h.* Infos pratiques sur le parc (transports, sentiers de rando, météo, activités gratuites, etc.) et bureau de résa pour toutes les activités et excursions proposées à Uluru et Kata Tjuta (bureau de *AAT Kings*, location de voitures, etc.).
**ℹ *Visitor Information Desk :*** *au Cultural Centre, à env 13 km de l'entrée du parc, à côté d'Uluru. ☎ 8956-1128. ● parksaustralia.gov.au/uluru ● Tlj 8h-17h.* Infos détaillées sur les sentiers de randonnée dans le parc.

### Divers

■ ***ANZ Bank :*** *Town Sq, au* Ayers Rock Resort. *Lun-ven 10h-12h30, 13h-15h (16h ven).* Change. Distributeur 24h/24.
✚ ***Centre médical :*** *☎ 1-800-022-222 (urgences 24h/24).* Assurez-vous d'être bien assuré : la consultation coûte 150 $ les 15 mn ! Pas de pharmacie à Yulara, mais quelques médicaments de base en vente au supermarché.
■ ***Police :*** *à côté du centre médical.*
***Supermarché IGA :*** *Town Sq, au* Ayers Rock Resort. *Tlj 8h-21h.* Assez grand et bien approvisionné, on y trouve de tout (sauf de l'alcool, en vente seulement à l'*Outback Pioneer Bar*), de quoi faire son BBQ et bien sûr des *fly nets* !



## Où dormir ?

### Infos et réservations

***Voyages Indigenous Tourism Australia*** gère tout à Yulara – Ayers Rock Resort : le camping, les hébergements et leurs restaurants. Seul le campement-lodge de grand luxe *Longitude 131,* aux portes de Yulara, est indépendant. En saison, tout est pris d'assaut. Pour avoir une chance de trouver une place disponible, il faut ***réserver plusieurs semaines à l'avance.*** Au moins. L'autre solution, efficace mais plus chère, consiste à passer par une agence de voyages.
■ ***Ayers Rock Resort :*** *☎ (02) 8296-8010 ou 1-300-134-044. ● ayersrockresort.com.au/accommodation ●* Résa pour tous les établissements à Yulara. Dans tous les cas, les prix baissent assez nettement à partir de 2 ou 3 nuits.

## Camping

⛺ ***Ayers Rock Campground :*** *☎ 8957-7001. Résa par Internet seulement. Emplacements env 40-65 $ pour 2 ; cabins (1-6 pers) env 195 $.* C'est le seul camping du *resort,* très très demandé toute l'année malgré ses quelque 418 emplacements ! En haute saison, il est généralement plein 1 mois à l'avance. Les tentes trouveront des espaces gazonnés non délimités et pas trop ombragés, à choisir de préférence en retrait des allées, où passent sans cesse des véhicules. Également une quinzaine de *cabins* avec clim, 2 petites chambres, kitchenette, coin salon et TV, mais sanitaires en commun – pas toujours très propres vu l'affluence. Divers services sur place : cuisine, laverie, aire de jeux pour les enfants, terrain de tennis, piscine, etc.

## De bon marché à plus chic

🏠 ***Outback Pioneer Hotel & Lodge :*** *dortoirs (4 ou 20 lits) 45-95 $/pers (!) ;* budget rooms *sans ou avec sdb (jusqu'à 4 pers) 195-290 $. Dans la partie hôtel, doubles env 350-400 $ (dès 260 $ à partir de 3 nuits).* C'est là que se retrouvent les *backpackers* et les routards au budget moyen. Les dortoirs, mixtes ou séparés, occupent de petits bâtiments de plain-pied, avec sanitaires communs nickel, salon TV, laverie, cuisine et réfectoire. Les chambres privatives, carrelées, avec clim centralisée, avec ou sans salle de bains, sont bien plus fonctionnelles que charmantes (!) ; les plus chères ont la TV et de quoi faire du thé et du café. La partie hôtel, elle, s'apparente davantage à un motel. L'ensemble est rustique pour le prix (tout ça date de 20 ans), mais bien tenu, et on profite de la piscine, du billard et de l'atmosphère conviviale autour du bar et du BBQ (voir « Où manger ? »).

🏠 ***The Lost Camel Hotel :*** *doubles 390-460 $ ; dès 260 $ à partir de 3 nuits.* Un peu caché contre le Town Sq, cet hôtel d'entrée à milieu de gamme (à ce prix ? Si, si !) aligne une centaine de chambres pas géantes, avec clim centralisée, encadrant sur 2 étages une jolie piscine avec terrasse. Assez récemment refaites, décorées d'une moquette aux motifs aborigènes, avec douche et w-c séparés, elles sont assez confortables. Quelques-unes ont un lit-canapé pour une 3ᵉ personne. Laverie gratuite. Attention, les départs d'excursion se font du *Sails* voisin.

## Très chic

🏠 ⛱ ***Emu Walk Apartments :*** *compter 490-600 $ pour 1 chambre (jusqu'à 4 pers) ; dégressif à partir de 3 nuits.* Si vous restez un minimum de 3 nuits, c'est sans doute le « meilleur » rapport qualité-prix des hôtels d'*Ayers Rock Resort,* notamment pour les familles. Ces vastes appartements avec 1 ou 2 chambres (jusqu'à 6 personnes) sont superbes et très confortables, avec salle de bains élégante, salon (canapé-lit)-salle à manger, grande cuisine tout équipée, machine à laver et séchoir. L'ensemble a été rénové en 2015 dans un esprit contemporain très réussi, incorporant des motifs aborigènes pas envahissants (coussins, moquette) et une grande peinture au mur. Petite terrasse privative. Le ménage est fait tous les jours, sauf la vaisselle (faut pas pousser !). Pas de piscine, mais accès libre à celles du *Desert Gardens* voisin.

🏠 ⛱ ✈ ***Desert Gardens Hotel :*** *doubles env 490-650 $ selon catégorie (réduc à partir de 2 nuits).* C'est l'hôtel le plus ancien du *Resort,* vaste, avec plus de 200 chambres réparties dans un ensemble de bâtiments de 2 étages semés dans un coin de bush à peu près apprivoisé. Les standard, un peu moins exorbitantes, sont à privilégier : déjà assez spacieuses, avec terrasse, joliment décorées sur des touches aborigènes, dans l'esprit des appartements du *Emu Walk.* Les 25 *Rock view rooms* ont un balcon privatif avec vue sur Uluru au loin, un must à l'heure du coucher du soleil mais il faut les réserver des mois à l'avance !

🏠 ⛱ ***Sails in the Desert :*** *doubles superior 650-780 $ (dès 450 $ à partir de 3 nuits).* C'est l'adresse la plus haut de gamme du *resort,* aux prix en conséquence... Cela étant, la dernière rénovation remonte à 2012-2015 et certaines chambres commencent à dater un peu. On leur préfère, à prix inférieur, celles des *Emu Walk Apartments* et du *Desert Gardens*. Grande piscine, la plus belle du *resort*.

## Où dormir sur la route d'Uluru ?

Compte tenu des tarifs exorbitants pratiqués à *Ayers Rock Resort* et de la difficulté à y trouver une chambre, ou même un emplacement de camping, on peut se rabattre sur les adresses suivantes, sachant qu'elles ne sont pas tout près !

***Erldunda Roadhouse :*** *au carrefour de la Stuart Hwy et de la Lasseter Hwy, 200 km au sud d'Alice Springs et 247 km à l'est d'Ayers Rock Resort. ☎ 8956-0984. • erldundaroadhouse.com • Emplacements 15-30 $ ; douche 5 $ ; doubles 165-250 $. Plats env 16-35 $.* On ne s'y arrête pas pour son charme, mais pour sa situation stratégique, pour un petit déj en chemin, pour faire le plein (essence à + 50 % !), pour son épicerie... Le grand camping compte nettement plus de cailloux que d'arbres, mais il a pour lui une sacrée batterie de douches et w-c ! Les chambres du motel sont bien tenues, avec frigo, clim un peu datée, petite piscine à l'entrée avec son carré de gazon et même un petit court de tennis. En bonus : une ferme d'émeus et de kangourous, plus un resto-bar au *pub grub* très viandard et copieux. Un billard, un flipper peut-être et ça repart.

***Curtin Springs :*** *85 km à l'est de Yulara, sur la Lasseter Hwy. ☎ 8956-2906. • curtinsprings.com • Emplacement avec électricité 55 $, sans électricité GRATUIT (douche 5 $) ; doubles env 120-260 $.* C'est l'hébergement le plus proche d'Uluru en dehors d'*Ayers Rock Resort*. À la base, il y a un ranch, grand comme un département français (4 164 km² !), devenu *wayside inn* avec l'essor du tourisme. Au menu : des volières, de l'essence (chère), un camping aux emplacements assez poussiéreux et proches, plus un motel donnant sur une pelouse presque miraculeuse. On choisit entre les minichambres plus anciennes avec salle de bains partagée et les (un peu) plus récentes avec sanitaires privés. En prime : bœuf et saucisse maison dans l'assiette, une boutique on l'on achète le papier fabriqué sur place à base de plantes locales et des balades exclusives vers le mont Conner, que l'on confond généralement avec Uluru la 1re fois qu'on le voit. Sympathique.

## Où prendre un petit déj ? Où manger ?
## Où boire un verre ?

Pour les adresses chics, réservez le soir, sinon vous risquez de vous retrouver le bec dans l'eau, surtout en haute saison. À noter, le *Resort* propose également des dîners raffinés au grand air, avec vue sur Uluru *(Sounds of Silence)* ou sur une dune isolée *(Tali Wiru)*. Compter minimum 250 $/personne...

### De bon marché à prix moyens

***Outback Pioneer Kitchen, BBQ & Bar :*** *à l'Outback Pioneer Hotel & Lodge. Kitchen tlj 11h30-15h, 18h-21h (plats 15-24,50 $) ; BBQ 17h30-21h30 (salad bar à volonté 22 $, viandes à griller env 30-35 $).* On y mange le soir dans une ambiance conviviale, avec souvent de petits concerts qui font danser la foule, dans un esprit très bon enfant. La *Kitchen* est en fait un comptoir façon fast-food, qui sert burgers, salades et pizzas. De quoi éponger la bière éclusée au bar d'en face, qui fait aussi office de *Bottle Shop* pour tout le *resort*. Le plus sympa, c'est le kiosque de boucher et les BBQ à dispo juste à côté : on achète sa viande et on la fait griller soi-même dans la foulée ! Pour le fun : croco et kangourou. Le buffet de salades et légumes, inclus quand on prend de la viande, n'offre pas un choix fou. Pour une ambiance plus formelle, cap sur le *Bough House Restaurant*.

**Kulata Academy Cafe :** *au Town Sq. Tlj 7h30-17h. Sandwichs (à partir de 10h) 10-15 $.* Cette petite cafétéria informelle est parfaite pour prendre un bon café, un petit déj (yaourt, smoothies, etc.), un sandwich frais, une *pie,* une salade ou un goûter sans se ruiner. On s'installe dans la petite salle climatisée ou en terrasse, partiellement ombragée. Le service est assuré par les stagiaires d'un programme de formation communautaire mis en place avec les Aborigènes.

**Gecko's Café :** *au Town Sq. Tlj 7h30-10h, 11h30-14h30, 18h-21h. Salades env 16-25 $ ; plats 20-30 $.* L'adresse familiale par excellence, très achalandée, bonne option entre les snacks basiques et les restos chics du *resort.* On commande au comptoir pâtes, pizzas, burgers ou *crocodile ribs,* mais aussi des salades et soupe du jour. Les plus aventureux peuvent se laisser tenter par la pizza *outback,* aux lamelles de kangourou fumé et émeu, champignons et poivrons grillés. Rustique en diable !

**Ayers Wok Noodle Bar :** *au Town Sq. Tlj 12h-14h, 17h-20h30. Plat env 20 $.* Ce n'est pas un resto, plutôt un comptoir on l'où commande son *stir fry* à la carte : nouilles ou riz, viandes, crevettes ou tofu au choix, sauce *al gusto.* Demandez au cuistot d'y aller léger sur la sauce, souvent très salée. Une fois livré (dans une boîte en carton), on va squatter les tables de la place.

### De prix moyens à plus chic

**Mangata Bistro & Bar :** *au* Desert Gardens Hotel. *Tlj. Petit déj-buffet 45 $. Un bon plan : en demandant un voucher à la réception, on ne le paie que 30 $ !* Si le resto ne mérite pas qu'on se ruine, le copieux buffet du petit déj fait exception, avec un large choix de pains, viennoiseries, plats salés et sucrés. Il y a foule vers 8h-8h30, lorsque tout le monde revient de la traditionnelle sortie matinale pour admirer le lever du soleil.

**Walpa Lobby Bar :** *au* Sails in the Desert. *Tlj en continu env 11h-22h30 (dernière commande à 21h45). Plats env 20-30 $.* On aime bien ce bar (aux quelques tables) situé dans le hall du *Sails in the Desert,* agréable et très lumineux. Une bonne alternative aux cafétérias du *resort,* qui sert en continu salades fraîches et snacks. C'est bon et l'accueil est agréable.

**Pira Pool Bar :** *au* Sails in the Desert. *Tlj 11h-21h.* Là, ça se passe en terrasse, au bord de la piscine. Le midi, le menu est identique à celui du *Walpa Lobby Bar.* Le soir (nettement plus populaire), les tapas font leur entrée avec assiettes d'*antipasti,* de charcuterie ou de fromage, et une belle carte de cocktails. Prix encore raisonnables.

**Ilkari Restaurant :** *au* Sails in the Desert. *☎ 8957-7888. Tlj 6h-10h (petit déj-buffet) et 18h-22h. Petit déj 45 $ ; buffet dîner 75 $.* C'est l'un des restos les plus chics du *resort.* Le buffet du petit déj est très bien, mais pas franchement donné ! Au dîner, c'est buffet obligatoire, mais de qualité, avec une station grillades – cela dit, tous les plats ne se valent pas. Cadre contemporain élégant, tout de bois et couleurs chaudes.

**Arnguli Grill & Restaurant :** *au* Desert Gardens Hotel. *☎ 8957-7714. Tlj, le soir. Plats 35-65 $.* L'*arnguli,* c'est le petit fruit rouge du bois de santal australien, utilisé par les Aborigènes. Si vous avez prévu un dîner en amoureux, c'est ici qu'il faut venir. Le cadre est séduisant, élégant, aéré, les tables bien mises et bien espacées, le service pro et précis. Pas de buffet ici, mais une vraie carte, qui fait honneur aux herbes et viandes d'Australie – kangourou (parfaitement cuit) et wallaby notamment. La carte des vins ne démérite pas, à des prix encore raisonnables.



## À voir. À faire

### ULURU-KATA TJUTA NATIONAL PARK

Il vous faudra 2 jours pour visiter les sites majeurs du parc et profiter de la lumière à toute heure, du lever au coucher du soleil. Outre les quelques randonnées possibles, pas mal d'activités sont organisées par *Ayers Rock Resort,* pour petits et grands. Quelques-unes sont gratuites (astronomie, *bush food,* présentation de didgeridoo, etc.), la plupart sont payantes et chères (voir « Activités dans le parc », plus loin).

– ***Important :*** le climat dans cette région désertique implique de véritables ***risques de déshydratation,*** en particulier en randonnée (ombre rare), aux heures chaudes de la journée. Il est recommandé de boire 1 l d'eau par heure (à petites gorgées) et de porter des vêtements couvrant les épaules, chapeau ou casquette. On trouve un certain nombre de points d'eau, signalés sur les plans, mais mieux vaut prendre ses précautions.

– ***Bon plan :*** le site du parc met à disposition 2 applications gratuites. Le *Visitor guide,* très complet, avec infos culturelles et géologiques, sentiers, etc. ; ainsi qu'une *Bird App,* qui s'adresse aux ornithologues amateurs. Téléchargement sur : • *parksaustralia.gov.au/uluru/pub/visitor-guide.pdf* • On peut acheter la version papier au centre d'information (2 $).

– ***Sunset et Sunrise Viewing areas :*** 5 aires de stationnement, dûment signalées sur le plan officiel du parc, ont été aménagées pour profiter du lever et du coucher du soleil, activités phares ici (3 à Uluru, dont une réservée aux bus, 2 aux Kata Tjuta). On s'y retrouve un peu comme des moutons, en attendant l'heure fatidique, certains postés sur le toit de leur voiture pour prendre LE cliché mémorable, d'autres confortablement installés avec chaises de pique-nique et glacière. Pour éviter la foule, on peut se poster aux *Sunset Viewing areas* à l'aube, et inversement...

## *Le site d'Uluru (Ayers Rock) et alentour*
*(carte zoom 1)*

**Cultural Centre – Kutu Warara Pitjama :** *à 17 km d'Ayers Rock Resort (fléché), près d'Uluru. Tlj 7h-18h. GRATUIT. Photos et vidéos interdites.* La petite expo, aux textes traduits en français, présente l'histoire du site, la culture et la mythologie des Aborigènes pitjantjatjara et yankunitjatjara (« rassemblés » sous le terme « Anangu »), pour qui Uluru est sacré depuis des millénaires. Des panneaux thématiques présentent le *Tjukurpa* (la « loi de la Terre »), ainsi que les principales divinités, l'importance de la transmission par les ancêtres, les rites de passage propres aux hommes et aux femmes, mais aussi les animaux et les méthodes de chasse. Un petit film montre le *Handback Day,* qui vit la restitution d'Uluru aux Aborigènes en 1985.

On trouve sur place le ***bureau d'infos du parc*** *(tlj 8h-17h),* une galerie d'art, une petite boutique d'artisanat et de souvenirs, ainsi qu'une ***cafétéria*** *(9h-17h ; sandwichs, snacks et quelques plats chauds env 10-15 $).*

***Uluru*** *(Ayers Rock)* **:** *à env 20 km d'Ayers Rock Resort.* ***Important : il est strictement interdit d'effectuer l'ascension du rocher d'Uluru*** et de prendre en photo ou de filmer certaines « sections » du site, sacrées pour les Aborigènes – signalées sur le plan du parc *(« culturally sensitive site »).* Idem, si on fait le tour d'Uluru en voiture, il est interdit de stationner sur certaines portions de la route.

Quittant Yulara, « the Rock » s'imprime déjà sur le proche horizon, naviguant au-dessus d'une plaine mi-sablonneuse mi-broussailleuse brûlée par le soleil. Au petit matin, parfois, un kangourou roux ou un wallaby passe. Malgré la foule qui se presse vers l'icône, l'émotion reste intacte. Et le mirage prend toute sa dimension lorsque, parvenu à sa base, on réalise sa masse colossale : 3,5 km de long, 9,4 km de circonférence.

Sa roche orangée, homogène, polie par l'érosion, dresse sous les yeux des falaises parfaites, que délimitent des anfractuosités, des grottes, des plis, des replis.

**LE SOMMET DE L'*INSELBERG***

*En terme géologique, le rocher d'Uluru est un* inselberg, *une « montagne-île », ultime vestige très homogène d'une formation née tout au fond des mers, il y a 550 à 600 millions d'années. Composé d'arkose (une forme de grès), il culmine à 348 m au-dessus du désert, mais sa base se trouverait en fait à plus de 500 m sous terre... Certains évoquent même 2,5 km !*

Durant l'été austral, lorsque le ciel veut bien libérer un peu d'eau, de fantastiques cascades se forment par moments sur ses flancs, dévalant vers des bassins grouillant alors de vie. Un moment rare, précieux, magique. Mais seul le *Mutitjulu waterhole* résiste à la saison sèche. S'il n'est pas sacré dans son ensemble, ce site naturel spectaculaire abrite une multitude de lieux rituels pour les Anangu, dont témoignent de nombreuses peintures rupestres. On les découvre au gré de plusieurs balades, aussi courtes que faciles.

– ***Mala Walk :*** *départ du Mala carpark (eau et w-c à proximité). Sentier bitumé facile, 2 km A/R. Promenade guidée par un ranger (gratuite) tlj, mai-sept à 10h, oct-avr à 8h ; durée : 1h30.* C'est sans doute la plus jolie balade d'Uluru, entre roches orangées, grotte, peintures rupestres et gommiers (eucalyptus), jusqu'au réduit de la belle Kantju Gorge, aux parois verticales. Là, en été et en automne, se creuse un bassin gargouillant et croassant. On vous conseille d'y venir au coucher du soleil : il n'y a alors presque personne (tout le monde est aux points de vue) et les parois flamboient. La balade guidée permet d'en savoir plus sur les Mala, ancêtres plus ou moins mythiques des Anangu. Un vrai bon plan quand on sait que les tours guidés d'une demi-journée organisés par les agences coûtent en moyenne 150 $ par adulte !

– ***Kuniya Walk :*** *départ du Kuniya carpark, 1 km A/R.* Le sentier, facile, mène en 15-20 mn au *Mutitjulu Waterhole,* un bassin plus ou moins rempli selon la saison, creusé au pied des parois, derrière les troncs des gommiers. Superbe. Pour les Aborigènes, c'est là que vit *Wanampi,* le grand Serpent arc-en-ciel. Les grottes et rochers jouxtant le site abriteraient l'esprit de *Kuniya,* la femme python, et de Liru, l'homme serpent venimeux.

– ***Uluru Base Walk :*** le tour complet du rocher en 10,6 km (2h30-3h30), intégrant la *Mala Walk* et la *Lungkata Walk,* qui relie les *Mala* et *Kuniya carparks* (2 km). Point d'eau au pied du *Kuniya Piti,* à mi-parcours. Certains trouveront cette marche assez monotone, d'autant qu'on peut aussi faire le tour en voiture...

**Talinguru Nyakunytjaku :** *au sud-est d'Uluru, après le Cultural Centre. W-c et eau.* Cette colline sableuse est un lieu prisé des visiteurs pour assister au lever du soleil. 2 petits **sentiers** (1 et 1,5 km A/R), ponctués de panneaux décrivant respectivement les rôles traditionnels des hommes et des femmes anangu, mènent à des plateformes panoramiques.

## Le site de Kata Tjuta (carte zoom 2)

**Kata Tjuta** (The Olgas) **:** *à 50 km à l'ouest d'Uluru (45 mn en voiture depuis l'entrée du parc).* Pour les Pitjantjatjara, Kata Tjuta signifie « beaucoup de têtes ». Une allusion aux 36 dômes qui composent ce spectaculaire massif émergeant du désert, au grès constitué d'un conglomérat de rochers, cailloux et graviers amalgamés par la boue et le sable. Étendu sur 21,5 km² et culminant 546 m au-dessus du sol, il est entaillé de grands canyons déclinant toute la palette d'oranges et d'ocres, tranchant avec le bleu intense du ciel. Encore plus sacré qu'Uluru pour les Aborigènes, qui y conduisent certaines cérémonies, le site fut « découvert » en 1872 par Ernest Giles, qui le baptisa du nom d'Olga, en l'honneur de la reine Olga de Wurtemberg, fille du tsar Nicolas Ier... Un vrai coup de cœur, qui mérite autant d'attention que son prestigieux voisin Uluru ! Outre les 2 points de vue à découvrir au lever ou au coucher du soleil (w-c, points d'eau), 2 ***sentiers*** permettent de pénétrer dans l'intimité du massif :

– ***Walpa Gorge Walk :*** *départ du Walpa carpark (point d'eau), 2,6 km A/R (max 1h).* Ce sentier, à faire plutôt l'après-midi, quand le soleil s'y engouffre, s'immisce le long d'une petite rivière (souvent asséchée) le long de la Walpa Gorge, entre 2 très hautes parois flamboyant au moment du *sunset.*

– ***Valley of the Winds Walk :*** *départ du Valley of the Winds carpark (point d'eau). Boucle de 7,4 km (env 2h30-3h).* Le sentier grimpe d'abord doucement vers le flanc nord du massif, jusqu'au ***Karu Lookout*** (1,1 km). En été, l'accès est interdit au-delà, passé 11h, si le mercure atteint 36 °C. Dommage, car c'est ensuite que ça devient beau. Le sentier, caillouteux, descend jusqu'à un point d'eau potable, puis remonte, à même le rocher, dans une sorte d'oasis entourée de toutes parts par de hautes parois. Juste après les pluies, des cascades dévalent un peu partout ! Un lieu magique, que l'on découvre du haut depuis le ***Karingana Lookout*** (belle grimpette). On peut ensuite rebrousser chemin (5,4 km A/R) ou terminer la boucle en contournant le massif. Partir de préférence tôt le matin et prévoir bonnes chaussures, chapeau, beaucoup d'eau et... votre *fly net* en saison.

### SOURCE DE VIES

*Le parc national d'Uluru-Kata Tjuta abrite une faune et une flore étonnamment riches vu l'environnement semi-désertique : plus de 400 variétés de plantes – beaucoup utilisées par les Aborigènes pour se nourrir ou confectionner des remèdes –, 178 espèces d'oiseaux, 21 de mammifères (dont le kangourou roux) et 73 de reptiles (dont l'impressionnant* Moloch horridus, *un lézard hérissé d'épines, un des symboles du parc).*

### CAMEL TROPHY

*Introduits en Australie en 1866 par les colons britanniques pour approvisionner les ranchs isolés, les postes du télégraphe et faciliter l'exploration de l'outback, les dromadaires australiens abondent aujourd'hui. On estime leur nombre à 1-1,2 million dans tout le pays ! À tel point que le pays en exporte désormais vers le Moyen-Orient... principalement pour leur viande.*



## Activités dans le parc

Certaines sont gérées par l'*Ayers Rock Resort,* d'autres par des agences indépendantes. On réserve à l'avance, ou au ***Tours & Information Centre*** (voir plus haut « Adresses et infos utiles »). Prévoir un bon budget car les prix sont élevés. Parmi les plus intéressantes ou emblématiques :

■ ***Camel Farm et Uluru Camel Tours :*** *à proximité d'Ayers Rock Resort. ☎ 8956-3333. • uluruca meltours.com.au • Desservi par la navette. Tte l'année, tlj 9h-15h (13h nov-mars). Visite GRATUITE. Courte balade à dos de dromadaire (10 mn) : 15 $ adulte, 10 $ enfants (dès 5 ans) ; balades 45 mn-1h, en journée ou au lever/coucher du soleil 80-132 $.* Eh oui, les dromadaires se sont épanouis ici comme des... poissons dans l'eau ! Cette « ferme », qui en héberge une soixantaine, ravira les routards en herbe, qui peuvent les approcher de très près, voir la sellerie, une vieille diligence et même leur grimper dessus. Présentation de reptiles du désert *(tlj sauf dim à 10h et 13h).* Si vous êtes là fin mai, ne ratez pas la *Uluru Camel Cup* (voir la rubrique « Fêtes et manifestations » plus loin).

■ ***SEIT Outback Australia :*** *☎ 8956-3156. • seitoutbackaustralia.com.au • À partir de 70 $ pour le coucher du soleil et 132 $ le tour de 3h à Uluru ;*

*réduc jusqu'à 15 ans.* Une dizaine de sorties au choix, en petits groupes (de 2 à 12 personnes) et à vocation plutôt culturelle, sur les sites d'Uluru et Kata Tjuta. Guides passionnés qui évoquent l'histoire des Aborigènes, la faune et la flore locales, etc.

■ ***Outback Sky Journeys :*** *☎ 8957-7324. Début avr-fin oct. À partir de 52 $ ; gratuit jusqu'à 15 ans avec 1 adulte payant.* Le *resort* dispose d'un *Astro Hub* avec astronome résident. Le ciel d'Uluru se prête merveilleusement à l'observation des étoiles... Séances de 1h (axée famille) ou 1h15 (plus pointue), au choix. Également des présentations diurnes *(tlj)* et des observations du soleil *(lun, mer et ven à la mi-journée),* gratuites.

■ ***Professional Helicopter Services :*** *☎ 8956-2003. • phs.com.au • À partir de 150 $ les 15 mn (survol d'Uluru), 255-320 $ les 25-35 mn (Uluru et Kata Tjuta) ; réduc jusqu'à 13 ans si min 2 enfants.* Également des sorties de plusieurs heures, jusqu'à Kings Canyon et au-delà (très chères).

■ ***Skydive Tours :*** *📱 0450-337-951. ☎ 1-300-727-037. • skydiveuluru.com.au • Min 403 $/pers (!).* Avis aux amateurs de sensations fortes, vous pouvez vous offrir le grand saut en tandem, avec vue à 360° sur le parc...

■ ***Uluru Motorcycle Tours :*** *☎ 8956-2019. • ulurumotorcycles.com.au • À partir de 140 $/pers pour 30 mn, 230 $ pour 1h30.* Si vous avez toujours rêvé de chevaucher une *Harley* ou un trike dans le désert... Sorties accompagnées seulement (comme passager, à l'arrière), et c'est cher...

## Fêtes et manifestations

Voir : *• ayersrockresort.com.au/events •*

– ***Field of Light Uluru :*** *jusqu'à fin déc 2020, tlj, après le coucher du soleil (3 départs), sur résa auprès d'Ayers Rock Resort ; tarif (transfert inclus) : 43 $.* Une installation de *land art* par l'artiste britannique Bruce Munro. Plus de 50 000 loupiotes installées en plein désert, à admirer sous le ciel étoilé...

– ***Uluru Camel Cup :*** *2 j. fin mai, à la Camel Farm. • ulurucamelracingclub.com •* Courses de dromadaires attirant des spectateurs sur leur trente-et-un (façon Ascot), animations et grand bal à la belle étoile avec BBQ pour clore les festivités.

– ***Outback Marathon :*** *fin juil. • australianoutbackmarathon.com •* Eh oui, quelqu'un a eu l'idée un peu folle d'organiser un marathon en plein *outback...* De fait, à cette période les températures sont assez clémentes.



# WATARRKA NATIONAL PARK (KINGS CANYON)

IND. TÉL. : 08

**Quittant Uluru vers l'est, puis le nord, les *Lasseter* et *Luritja Hwy* (goudronnées) traversent longuement l'*outback,* sans âme qui vive, à l'exception de quelques wallabies et kangourous roux qui se laissent parfois apercevoir à l'aube ou au couchant... Après 300 km de ce régime, voilà Kings Canyon : une balafre sur le flanc sud du Gardiner Range, dont les vieux sommets dénudés dominent la plaine desséchée. Dans ce décor évoquant l'Ouest américain, un sentier fabuleux (mais ardu) se hisse jusqu'à un plateau tapissé de dômes aux vieilles roches stratifiées, où se cachent, dans les anfractuosités, de petites oasis où prospèrent gommiers et cycas géants. Comme un voyage au temps des dinosaures – les dinosaures en moins.**

## Arriver – Quitter

### En bus

En l'absence de liaisons régulières, seul *AAT Kings (☎ 1-300-134-044 ; ● aat kings.com.au ●)* assure des transferts quotidiens à Kings Canyon – sur résa – de/vers ***Alice Springs*** et de/vers ***Yulara*** (***Uluru*** ; à partir de 135 $). Ses navettes partent et arrivent au *Kings Canyon Resort,* principal lieu d'hébergement du coin, situé à... 9,5 km du départ des sentiers. Sachant qu'il est interdit de camper dans le parc, on est donc obligé de prendre en plus leur excursion de 3h30.

– Une meilleure option possible pour les *backpackers* : les ***circuits au départ d'Alice Springs.*** Se reporter à la rubrique « Adresses et infos utiles » à Alice Springs.

### Par la route

➢ ***Yulara – Ayers Rock Resort :*** 305 km (env 3h), par la Lasseter Hwy (State Route 4) sur 135 km, puis la Luritja Rd/Red Centre Way (State Route 3). Il y a 2 stations-service sur le trajet, à Curtin Springs et Kings Creek Station, tout aussi chères...

➢ ***Alice Springs :*** compter 475 km (env 5h30) via la National Hwy 87 (Stuart Hwy), puis la Luritja Rd/Red Centre Way. Le *Mereenie Loop,* par Hermannsburg, est beaucoup plus court (322 km), mais comporte 135 km de piste cahoteuse réservée aux 4x4 (en tout cas, pour être couvert par l'assurance !).

## Adresses utiles

Il n'existe aucun centre d'information sur place. On peut consulter les panneaux mis en place au début des sentiers, ou le site ● *nt.gov.au/leisure* ●

***Watarrka Ranger Station :*** *Luritja Rd ; env 2 km à l'est de l'embranchement pour Kings Canyon carpark. ☎ 8956-7460.* À contacter uniquement en cas d'urgence, pas pour des infos.

■ ***Distributeur (ATM) :*** *à la réception du Kings Canyon Resort.* Accepte toutes les cartes mais petite commission.

■ ***Station-service :*** *au camping du Kings Canyon Resort. Tlj 7h-19h. Également à la Kings Creek Station (mêmes horaires).*

***Supérette :*** *à la station-service de la Kings Creek Station.* Boissons et snacks surtout.

## Où dormir ? Où manger ? Où boire un verre ?

Le camping est strictement interdit dans le parc. Seules possibilités d'hébergement à proximité : *Kings Canyon Resort,* qui offre tous les services (station-service, supérette, resto, bar, etc.) et, à 39 km à l'est, la rustique *Kings Creek Station.* Les routards voyageant en van ou avec une tente trouveront des emplacements dans la région (superbes, mais souvent sommaires et sans eau) en utilisant l'application *WikiCamps.*

***Kings Canyon Resort :*** *Luritja Rd, 9,5 km à l'ouest du Watarrka National Park. ☎ 8956-7442 et 1-800-837-168. ● kingscanyonresort.com.au ● Camping 40-50 $ pour 2 (125 $ avec sanitaires privés !). Dortoir mixte (4 lits) env 47 $/pers ;* budget rooms *140-155 $ pour 2 (151-169 $ pour 4). Dans la partie hôtel, doubles et* glamping tents *env 270-540 $.* Perdu en plein milieu de nulle part, aux portes du parc, ce complexe touristique regroupe un ensemble de petits bâtiments bas façon grand motel, alignés comme à la parade, avec parking devant la porte et baies vitrées ouvrant sur la verdure à l'arrière. Le confort est bon, avec clim, petite terrasse privée, TV, frigo, thé et café à dispo, etc. Les plus chères, très spacieuses, disposent d'un jacuzzi. Quelques tentes safari de luxe (avec clim réversible) ont été ajoutées près de la petite piscine, mais ça manque un peu de végétation autour... Terrain de tennis. De l'autre côté de la route se regroupent le camping (pas très ombragé) et le « lodge », aux chambres très simples mais propres, façon dortoirs (2-4 lits), avec clim, frigo et sanitaires communs. Pour manger, plusieurs choix s'offrent : le *Desert Oaks Bistro* fait *lunch* (11h-14h), le bar (avec billard) sert des pizzas toute la journée, mais l'*Outback BBQ & Grill* (hte saison seulement, 17h30-20h30 ; plats 29-52 $, salad bar 25 $), dans un grand hangar aux tables communes où ont lieu de petits concerts chaque soir, est plus convivial. On choisit viande, poisson et accompagnements et le cuistot fait griller tout ça. Autre option encore, côté hôtel : le *Carmichael's,* le resto « chic » du *resort* (petit déj 6h-10h, 35 $ ; dîner 17h30-20h30 sur résa, plats 24-40 $). Dans un autre registre, des dîners romantiques à la belle étoile sont organisés 5 soirs par semaine, d'avril à octobre. Diverses excursions sont proposées.

**Kings Creek Station :** *Luritja Rd, 37 km à l'est de Kings Canyon. ☎ 8956-7474. • kingscreekstation.com.au • Café 7h-19h (dernière commande à 18h30). Camping 44-51 $ pour 2 ; bungalow toilé 216 $, petit déj inclus. Burger 17 $.* L'accueil est assez brut de décoffrage, le camping plutôt poussiéreux et les « tentes » sans charme et vraiment chères pour le confort (2 petits lits, micro-ondes, frigo et BBQ, sanitaires communs). Le mieux est encore le café, où tout le monde s'arrête pour l'exotisme du burger de dromadaire maison (les animaux sont élevés juste à côté)...

## À voir. À faire

### WATARRKA NATIONAL PARK

– **Accès au parc :** GRATUIT. Préférer la période d'avr à sept, hors canicules. ☎ 8951-8250. • nt.gov.au/leisure •

– **Important :** attention au **risque de déshydratation,** en particulier durant l'été austral. Il est recommandé de boire 1 l d'eau/h (à petites gorgées) et de porter des vêtements couvrants (ainsi qu'un *fly net* pour se protéger des nuées de mouches).

**Kings Canyon :** accès au Kings Canyon carpark par Luritja Rd, puis embranchement (fléché), à 6 km à l'est du Kings Canyon Resort. Nous voici dans le lieu le plus célèbre du parc national Watarrka (1 052 km²), territoire ancestral des Aborigènes luritja. Ceux-ci nommèrent la région en référence aux nombreux *watarrka* (en anglais *umbrella bushes*), de petits acacias que l'on trouve en abondance dans cette partie du Red Centre. La formation du canyon a commencé il y a près de 400 millions d'années ! Situé à l'extrémité sud-ouest des MacDonnell Ranges, il a été patiemment creusé dans le grès rouge par l'érosion, qui a façonné des parois hautes de 100 à 150 m. Au fond s'écoule, de temps en temps, une rivière temporaire, que l'on peut suivre par un sentier aménagé. Mais le plus beau est au-dessus, accessible par la *Rim Walk* : d'incroyables bassins *(waterholes)* semi-permanents, creusés au fil du temps dans le rocher, autour desquels se sont formées de petite oasis de verdure. La faune et la flore locales y trouvent un refuge inespéré dans ce territoire semi-désertique.

#### Balades et randonnées

On trouve toilettes, tables de pique-nique et point d'eau potable au **Kings Canyon carpark** et au **Kathleen Springs carpark,** points de départ des sentiers. Idem à la *Sunset Viewing area,* 2 km avant le Kings Canyon, eau en moins et BBQ en plus.

➢ **Kings Creek Walk :** *départ du Kings Canyon carpark. 2 km A/R (balisage rouge), env 30-40 mn.* Cette balade accessible à tous longe Kings Creek, un ruisseau asséché en hiver. Arrivé au pied de la falaise, une plateforme permet de prendre de la hauteur.

➢ ★★★ ⇐ ***Kings Canyon Rim Walk :*** *départ du Kings Canyon carpark. Boucle de 6 km (balisage bleu), env 2-3h.* ***Attention :*** *accès fermé à partir de 9h si la température excède 36 °C.* C'est LE grand classique de Kings Canyon, la rando à ne rater sous aucun prétexte. Le sentier débute (sur le flan de Kings Creek Walk) par une longue série de marches sculptées dans la roche... Hardi les mollets ! On est déjà récompensé, au sommet, par une vue plongeant sur le canyon, superbe au lever du jour, avec au loin les plaines de l'*outback* qui s'éveillent. Le sentier se poursuit le long des crêtes, au milieu d'étranges formations rocheuses érodées, qui leur ont valu le nom de *Lost City.* Puis une série d'escaliers en bois dévale vers le fantastique – et bien nommé – *Garden of Eden,* avec un détour possible de 1,2 km A/R menant à un chapelet de bassins plus ou moins permanents autour desquels s'est développée une végétation luxuriante de grands eucalyptus et de splendides cycas géants. En été, lorsqu'il pleut davantage, c'est une véritable oasis, bruissante de vie. Étonnant de constater, dans ce paysage rocailleux, la présence de quelque 750 espèces de plantes, dont une soixantaine, rares, sont des reliques de l'évolution. On rejoint ensuite un 2^e^ point d'eau, saisonnier celui-là (autres cycas), avant de redescendre progressivement vers le parking.

➢ ★ ***Kathleen Springs Walk :*** *départ de Kathleen Springs carpark (Luritja Rd), à env 22 km du Kings Canyon Resort et 17 km de Kings Creek Station. 2,6 km A/R (30-45 mn).* Un sentier bitumé mène au cœur de la (petite) Kathleen Gorge, jusqu'à un point d'eau alimenté par une source, un coin de verdure où se développent les flore et faune locales. Pas inoubliable.

➢ ★ ***The Giles Track :*** *départ de Kings Canyon ou Kathleen Springs carpark. 22,4 km (balisage orange) ; compter 2 j. de marche (à éviter entre nov et mars).* Reliant Kings Canyon à Kathleen Springs, cette randonnée s'adresse aux marcheurs expérimentés et bien équipés pour passer une nuit en bivouac (carte topographique, tente, nourriture, eau en quantité, etc.). On peut camper n'importe où entre les km 3 et km 20 du sentier, mais il est conseillé de faire halte à mi-chemin, au niveau de *Reedy Creek.* On peut aussi se contenter d'une balade à la journée depuis le *Lilla carpak,* situé à mi-chemin. En tout état de cause, mieux vaut aimer les paysages austères et solitaires !



## LA MEREENIE LOOP : DE KINGS CANYON À ALICE SPRINGS

➢ ★★ **La *Mereenie Loop Rd* permet aux heureux possesseurs de 4x4 de dessiner une boucle Alice-Uluru-Kings Canyon-West MacDonnell National Park-Alice, sans avoir à revenir sur leurs pas. Petit à petit, le goudron progresse, mais il reste encore 137 km de piste, qui débute 14 km après Kings Canyon et s'achève au carrefour de Larapinta Dr et Namatjira Dr (qui mène aux monts West MacDonnell). Pas vraiment une promenade de santé, mais un parfum d'aventure qui permet de découvrir l'*outback* dans toute sa dimension ! La piste traverse un territoire presque vierge, propriété des Aborigènes, au cœur de plaines semi-désertiques parfois traversées par des dromadaires et des *brumbies* (chevaux sauvages). Certains trouveront le coin grandiose (dans son néant), d'autres plutôt monotone.**

– ***À savoir :*** à moins de faire le circuit avec une agence, cette piste s'adresse uniquement aux possesseurs d'un ***véhicule 4x4.*** Les 2x4 peuvent passer en saison sèche, mais les compagnies de location leur interdisent d'emprunter cet itinéraire.

– Les terres traversées appartenant aux Aborigènes, il faut acheter un ***permis*** (Mereenie Tour Pass *: 6,50 $)* à la station-service du *Kings Canyon Resort* ou au *Glen Helen Resort.*

– Large, la Mereenie Loop est à la fois un peu cassante, un peu sableuse et soulignée de tôle ondulée sur une bonne partie du trajet. Les ***risques de crevaison*** étant importants, mieux vaut rouler à faible vitesse (même en 4x4, oui).
– ***Précautions :*** dégonflez légèrement les pneus, vérifiez la roue de secours, faites le plein (stations à Kings Canyon, Glen Helen et Hermannsburg), emportez beaucoup d'eau et des vivres, au cas où. Même si le trajet est assez court entre 2 lieux de vie, il faut parer à la situation en cas de panne ou de double crevaison !
– Une règle d'or ***en cas de pépin*** : rester à proximité du véhicule et attendre le passage d'une autre voiture. La solidarité est de mise dans la région – et dans le pays. Tout le monde s'arrête pour filer un coup de main. En outre, il y a pas mal de passage.
– Pendant la saison des pluies, la région subit des épisodes d'inondations qui voient la piste parfois fermée.
– ***État des routes :*** ☎ *1-800-246-199.*

## TNORALA (GOSSE BLUFF) CONSERVATION RESERVE

– ***Accès :*** *tte l'année, 24h/24. GRATUIT. La piste d'accès (6 km), sableuse, est réservée aux 4x4. Elle débute 10 km au nord du croisement de Larapinta Dr et Namatjira Dr, à 60 km au sud-ouest du* Glen Helen Lodge. *Site de pique-nique, w-c secs.*

Étonnant ***Tnorala*** : le lieu, révéré par les Aborigènes aranda, a été formé par la chute d'une météorite ! La piste pénètre ainsi dans une sorte de corolle presque parfaite de petits sommets rocheux formés lors de l'impact, de 5 km de diamètre.

## TJORITJA – WEST MACDONNELL NATIONAL PARK

– ***Accès au parc :*** *tte l'année, 24h/24. GRATUIT. Préférer la période d'avr à sept, pour éviter la canicule. Attention, certaines routes et pistes sont coupées après de fortes pluies.*
Territoire des Aborigènes aranda (Arrernte), la chaîne des MacDonnell s'étend sur 650 km de long, de part et d'autre d'Alice Springs. Formée de plusieurs massifs parallèles, culminant à 1 531 m au mont Zeil, cette formation est estimée à plus de 340 millions d'années. Le parc national des West MacDonnell – les West Macs comme on les appelle – s'étend, lui, sur 160 km, de la Redbank Gorge, à l'ouest, au Mount Gillen, à l'est, aux portes d'Alice Springs. Divers sentiers de randonnée permettent d'explorer les gorges de Redbank, Glen Helen, Ormiston et Simpsons Gap, pour la plupart propices à la baignade (en eaux fraîches), tout comme le bassin d'Ellery Creek. Le tout ponctué de superbes et insolites formations rocheuses.

LE NORTHERN TERRITORY

### Adresses utiles

***Parks & Wildlife Commission of the Northern Territory :*** *à Alice Springs.* ☎ *8951-8250. • nt.gov.au/leisure •* C'est l'organisme en charge de la gestion de ce parc national.

■ ***Ormiston Gorge Ranger Station :*** *Namatjira Dr, à 8 km du site d'Ormiston Gorge (indiqué).* ☎ *8956-7799.* En cas d'urgence.

■ ***Simpsons Gap Ranger Station :*** *sur la route de Simpsons Gap (6 km avt).* ☎ *8955-0310.*

### Où dormir ? Où manger ? Où boire un verre ?

***Campings :*** *• nt.gov.au/leisure • Ts, sauf un, disposent seulement de tables de pique-nique et toilettes sèches. Compter 5 $/adulte, 2,50 $/*

*enfant, 12,50 $/famille, sauf Ormiston Gorge, 10 $/adulte, 5 $/enfant, 25 $/famille ; paiement par* honesty box. Le parc des West MacDonnell possède 6 aires de camping, assez peu aménagées, accessibles sur le principe du « 1er arrivé, 1er servi ». Les voici d'ouest en est. À Redbank Gorge, on trouve d'abord le *Ridgetop Campground,* sur une terrasse naturelle panoramique, dans un environnement très sec, avec très peu d'ombre. En contrebas, le *Woodland Campground* dispose d'emplacements plus vastes et espacés, mais reste poussiéreux et assez peu ombragé. Plus à l'est, le camping d'*Ormiston Gorge,* avec douches et w-c, est le mieux équipé, mais pas très grand et donc souvent plein (pas d'intimité ici). Quant au *2 Mile Camping,* il n'est accessible qu'aux 4x4. Plus loin, passé les Ochre Pits, *Serpentine Chalet* est à éviter : le « camping », sans aucune infrastructure, s'éparpille dans une zone ravagée par le feu. Reste l'*Ellery Campground,* pas géant mais relativement ombragé, avec BBQ à gaz, vraies toilettes et tables de pique-nique, dans un cadre plutôt agréable, entre 2 bras de la rivière Ellery.

***Glen Helen Lodge :*** *Namatjira Dr, à* **Glen Helen.** *☎ 8956-7489. • glenhelenlodge.com.au • Emplacements 14-30 $ ; chambres 2-4 pers 180-215 $. Petit déj 28 $ ; plats le midi 10-20 $, le soir 18-37 $.* Ce campement, fondé en 1905 au bord de la Finke River, juste avant qu'elle ne s'engouffre dans la gorge de Glen Helen (un sentier y mène), est le seul de toute la région. Essence, bar, resto, hébergement, boissons et chips pour la route, c'est l'escale incontournable ! Le camping est très poussiéreux et le motel, aux 3 bâtiments bas disposés en triangle, n'a rien d'inoubliable. On y trouve des chambres doubles et des familiales avec lits superposés, toutes assez étroites. Évitez absolument celles dos au générateur (nos 8 à 17), qui fonctionne toute la nuit, et essayez d'en obtenir une donnant sur la « pelouse » glissant vers la rivière – où l'on peut se baigner aux beaux jours. La carte du midi présente un assez bon rapport qualité-prix, ce qui est nettement moins vrai le soir... Les 2 salles du resto, très rétro, aux murs chaulés et tables en formica, sont décorées de quelques toiles d'Albert Namatjira, un aquarelliste aborigène (du coin) des années 1930.

## À voir. À faire

### *Balades et randonnées*

En dehors du *Larapinta Trail* (voir plus loin), la plupart des balades sont ici assez courtes et mènent vers des gorges et des points d'eau où l'on peut souvent se baigner. Voici les principaux sites d'ouest en est, le long de Namatjira, puis Larapinta Dr.

**Redbank Gorge :** *à l'extrémité ouest du parc, à 154 km d'Alice Springs. Point de départ des sections 11 et 12 du Larapinta Trail.* Au pied du mont Sonder, la *Redbank Gorge Walk* (2,4 km A/R, 45 mn à 1h), non balisée, remonte le cours généralement asséché de la rivière jusqu'à un bassin d'eau douce *(waterhole)* où l'on peut se baigner jusqu'en début d'hiver ; après, l'eau devient trop trouble.

**Ormiston Gorge :** *à 11 km à l'est de Glen Helen (par Namatjira Dr) et 135 km à l'ouest d'Alice Springs. Point de départ des sections 9 et 10 du Larapinta Trail. Snack (mars-nov 10h-16h).* La gorge d'Ormiston est agrémentée, à son débouché, d'un grand bassin d'eau quasi permanent, aux berges sableuses, qui atteint jusqu'à 14 m de profondeur... Une belle piscine naturelle (glaciale !), entourée d'énormes et superbes gommiers.

➢ ***Ghost Gum Walk :*** *boucle de 2,5 km (pas très balisée), env 45 mn.* Partant du parking, on grimpe d'abord par des escaliers jusqu'au ***Ghost Gum***

***Lookout*** (10-15 mn), une plateforme avec vue plongeante sur le bassin. Puis on redescend doucement vers le fond de la gorge pour revenir par le lit généralement asséché de la rivière jusqu'au *waterhole.* Dommage que le secteur ait connu des incendies récemment. Attention, en fonction de la saison, il arrive, au retour, de devoir franchir des trous d'eau à la nage (oui !) – ou au moins les pieds dans l'eau très froide.

➢ ***Pound Walk :*** *boucle de 7 km, env 3-4h.* Si on revient, là aussi, par la gorge et le principal *waterhole,* le sentier part dans le sens contraire, en grimpant d'abord vers le Pound, un plateau rocheux sans ombre.

***Ellery Creek Big Hole :*** *à 45 km à l'est de Glen Helen et 90 km à l'ouest d'Alice Springs (piste facile sur les 2 derniers km).* Ce grand bassin, très fréquenté en saison, s'est formé sur le cours de la rivière temporaire, dans la gorge Ellery. Un bien joli décor piqueté de grands eucalyptus se mirant dans l'eau, de roches rouges, de cycas accrochés aux parois. Certains se baignent, mais l'eau est là aussi très froide et un peu vaseuse durant l'hiver austral. Attention aux risques d'hypothermie, surtout en été !

***Simpsons Gap :*** *fléché depuis Larapinta Dr ; à seulement 19 km à l'ouest d'Alice Springs (piste cyclable de 17 km partant de Flynn's Grave, sur Larapinta Dr, à 7 km à l'ouest du centre). Accès 5h-20h. W-c, aire de pique-nique (BBQ) et point d'eau. Point de départ des sections 1 et 2 du Larapinta Trail.* Site le plus visité du parc, le Gap est un autre point d'eau quasi permanent, formé au pied d'une brèche dans les roches rouges des monts MacDonnell. C'est un lieu sacré pour les Aborigènes aranda. On y vient avant tout dans l'espoir de voir les wallabies des rochers, qui se montrent un peu avant le coucher du soleil. Gardez l'œil ouvert, ils se confondent avec les éboulis dans lesquels ils vivent !

➢ ***Larapinta Trail :*** ce sentier parmi les plus célèbres d'Australie traverse l'ensemble des West MacDonnell Ranges, sur 231 km, de l'ancienne station de télégraphe d'Alice Springs, à l'est, au mont Sonder, à l'ouest. Réparti en 12 sections, il passe par tous les sites mentionnés ! Beaucoup choisissent de n'en parcourir qu'une ou 2 (les étapes 3, 11 et 12 sont les plus belles). Si vous envisagez de faire la totale, compter 10 à 14 jours de marche.



## HERMANNSBURG

Cette bourgade à majorité aborigène, posée sur le flanc de Larapinta Dr, à 127 km à l'ouest d'Alice Springs, a connu une histoire peu banale. 1er point de contact entre explorateurs européens et Aranda, elle a vu la fondation, en 1877, de la 1re mission du Territoire du Nord. Une mission luthérienne, qui ne parvint d'abord à convertir aucun Aborigène, avant qu'un pasteur allemand, Carl Strehlow, y consacre toute son énergie ! L'ensemble des bâtiments érigés entre les années 1880 et 1930 a été conservé : un charmant saut dans le temps.

### Comment y aller ?

➢ Le ***Bush Bus*** *(• centrebusbush.com •)* dessert Hermannsburg lun et jeu depuis Alice Springs, départ à 7h, arrivée 10h ; retour le même jour à 13h45 (65-70 $/trajet).

### Où manger ?

***Kata Anga Tea Rooms :*** *dans le Hermannsburg Historic Precinct. Tlj 9h-16h.* Ceux qui visitent le vieux Hermannsburg feront escale dans cet adorable café fleurant bon le temps passé. On s'installe dans l'une ou

l'autre des pièces de l'ancienne maison du pasteur Strehlow pour grignoter une tarte, un scone, un crumble pomme-rhubarbe, un sandwich ou, mieux encore, le célèbre *strudel* maison, héritage allemand oblige.
– Si c'est fermé, il ne vous restera que la ***supérette Ntaria*** *(lun-ven 8h30-17h, w-e 9h-15h).*

## À voir

***Hermannsburg Historic Precinct :*** *tlj 9h-16h, sauf Vendredi saint et Noël. Entrée : 12 $ ; enfants gratuits (CB acceptées).* Tout est encore là : l'ancien abattoir et la tannerie destinés à financer la communauté, l'école, les maisons d'habitation où résidaient les travailleurs blancs. Au centre, sur la terre battue, l'église (1896) veille, sa cloche accrochée dans un eucalyptus... La demeure du pasteur a, elle, été transformée en un adorable salon de thé (voir ci-dessus). Vieilles photos en noir et blanc et nombreux panneaux (certains en français) émaillent la visite. Les messes ont déménagé dans l'église moderne, en dehors de l'enceinte. Plus aucun descendant des missionnaires n'habite à Hermannsburg, mais des volontaires venus d'autres régions d'Australie continuent de faire vivre la mémoire de leurs prédécesseurs.

## *FINKE GORGE NATIONAL PARK – PALM VALLEY*

– ***Accès au parc :*** *tte l'année, 24h/24. GRATUIT. Accès par une piste réservée aux 4x4 (20 km) depuis la sortie ouest d'Hermannsburg. Elle est coupée après de fortes pluies : l'accès se fait en grande partie dans le lit de la rivière !*
Quel endroit extraordinaire ! Loin du tourisme de masse, cette vallée un peu secrète révèle, dans un joli parfum d'aventure, une oasis XXL où prospèrent de grands *carpentaria palms* – espèce plus habituellement rencontrée dans le Top End. Vestige d'une époque où l'Australie était plus humide ? Forêt née de graines déposées par les oiseaux ? Mystère.



### Adresses utiles

***Parks & Wildlife Commission of the Northern Territory :*** *à Alice Springs. ☎ 8951-8250. ● nt.gov.au/leisure ●*
■ ***Ranger Station :*** *☎ 8956-7401.* En cas d'urgence.
■ Si vous n'avez pas de 4x4, plusieurs agences d'Alice organisent des excursions à la journée dans la Palm Valley, dont ***AAT Kings*** *(● aatkings.com.au ● ; à partir de 139 $).*

### Où dormir ?

***Camping :*** *compter 7 $/adulte.* Croyez-le ou non, il y a même des douches dans ce camping aux emplacements assez bien ombragés ! Si ça déborde, on est autorisé à s'installer à la *picnic area,* mais c'est moins agréable. W-c, BBQ, eau non potable.

## À voir. À faire

***Palm Valley :*** *4 km après le camping, par une piste qui testera vos compétences off-road (gués, passages rocheux) ; sinon, se garer et terminer à pied, en emportant assez d'eau.* 2 sentiers en boucle, de 2 et 5 km, progressent tous les 2 dans le lit de la rivière, pour revenir plus ou moins rapidement au point de départ par le plateau supérieur. La vue du haut n'étant que partielle, on vous conseillerait plutôt de rester au fond et de revenir sur vos pas. C'est bien là qu'est la magie, dans cette vallée rocailleuse aux multiples points d'eau, où s'est formée une palmeraie sauvage splendide. Des cycas géants y poussent aussi. Des *brumbies* fréquentent le secteur et on peut voir des kangourous et wallabies en fin de journée.

# HOMMES, CULTURE, ENVIRONNEMENT

## ABORIGÈNES

L'histoire de l'Australie ne commence pas avec l'arrivée du capitaine Cook et des bagnards. Il y a plus de 50 000 ans, les 1ers *Homo sapiens* débarquaient sur l'île-continent, profitant de l'ère glaciaire pour traverser les océans depuis l'Asie. Arrivés par le nord, ils se sont dispersés sur tout le territoire, posant les fondations d'une multitude de communautés. Il serait abusif et réducteur de parler d'un seul peuple aborigène, d'une seule culture tant les écarts géographiques, les différences de climat, de milieux sont importants. Néanmoins, des similitudes existent dans la plupart des langues, les modes de vie et les mythes grâce aux échanges entre ces clans.

Semi-nomades, les Aborigènes se sont toujours déplacés au gré des saisons et des ressources, dessinant au fil du temps une carte mentale précise de leur territoire – illustrée et transmise, de génération en génération, par le biais des mythes du Dreamtime, le « Temps du rêve ». Fondé sur les réalités de l'environnement, celui-ci n'appartient pas au passé, mais à une dimension parallèle à la nôtre. Une période sans début ni fin, hors du temps, avec laquelle il est possible d'entrer en communication.

Les ancêtres, sous forme de géants, vivaient dans cette dimension, se déplaçaient, s'affrontaient et marquaient ainsi le monde qui les entourait. Ils créèrent les vallées, les montagnes, les rivières, se changèrent en animaux, en arbres, en étoiles... Ils façonnèrent le paysage, mais aussi les êtres qui y habitent, et définirent la façon dont ils doivent se comporter. Ils donnèrent un sens à chaque chose. Les animaux, les végétaux et les interactions entre humains furent codifiés dans ces mythes. En fait, un Aborigène ne fait pas la distinction entre la religion et la vie séculaire : il vit sa mythologie au quotidien.

### SONGLINES

*Un Aborigène qui découvre pour la 1re fois un territoire lointain en connaît généralement déjà la physionomie. Comment ? Parce que les chants traditionnels transmettent des sortes de cartes mentales des paysages, permettant de se repérer et de s'orienter dans les immensités désolées du bush. Une garantie de survie pour ces peuples soumis aux rudesses du climat.*

Chaque Aborigène possède 2 identités : celle d'un mortel et une autre, immortelle, émanant du mythe – ou totem – auquel il est relié via son clan. Selon sa naissance, sa vie et son cheminement, il aura ou non le droit de devenir un initié et de connaître les « secrets » reliés à son Rêve. Cette transmission se fait le plus souvent lors d'une cérémonie rejouant un épisode mythologique. Ces secrets seraient si puissants que la présence d'un non-initié sur un site sacré est une véritable source d'inquiétude, car elle est considérée comme pouvant engendrer de violentes catastrophes. Mais ne vous y trompez pas : les Aborigènes d'aujourd'hui portent des jeans, utilisent des smartphones et certains sont même acteurs de cinéma ! Une autre réalité parallèle.

Cette passation du rêve des anciens aux plus jeunes est une obligation implicite. Elle se fait par la parole, par les cérémonies, mais aussi par l'intermédiaire des arts : le chant, la danse, la peinture sur corps et l'iconographie. La peinture

aborigène est l'illustration la plus pertinente de ce qu'est aujourd'hui la réalité de ce peuple : une culture millénaire, considérée comme la plus ancienne encore en activité, isolée depuis des dizaines de milliers d'années. Les principaux sujets concernent toujours les mêmes mythes : Bajame, le 1er être, « père de toutes choses », maître de vie et de mort ; le grand Serpent arc-en-ciel, qui modèle rivières et montagnes et que certains considèrent comme la croyance religieuse active la plus ancienne, etc. Le peintre devient alors maître de cérémonie et participe au mythe en reproduisant ces épisodes. La peinture est donc intrinsèquement sacrée, son sens nécessairement en partie caché à l'acheteur. Reproduire un dessin est donc par extension sacrilège. Le gouvernement, en émettant jadis des billets de banque reproduisant des œuvres aborigènes, n'a pas respecté le caractère sacré de ces représentations.
En effet, seul celui qui appartient à un totem détient le droit de représenter le Rêve auquel il est associé, peignant ainsi inlassablement les mêmes histoires tout au long de sa vie, en ne faisant varier que son style. Tout n'est pas noir dans cette cohabitation : les nouveaux matériaux et supports ont permis d'utiliser des couleurs jusqu'alors inconnues pour les peuples aborigènes, ainsi que de meilleurs fixateurs. Certains artistes ont intégré avec talent de nouvelles influences et les mouvements artistiques occidentaux à leurs œuvres.
Aujourd'hui, les traditions sont de plus en plus menacées. Des quelque 800 langues sans doute parlées à l'origine, seule une centaine subsiste. Et si la violence envers les indigènes n'est plus institutionnalisée comme elle le fut, les différences de traitement restent une réalité. Un Aborigène possède une espérance de vie de 10 ans inférieure à celle d'un autre Australien ! Résultat de cette misère, les Aborigènes représentent environ 3 % de la population du pays, mais 29 % des prisonniers (et près des 2/3 chez les juvéniles !)... L'Australie est d'ailleurs un des très rares pays plaçant la responsabilité pénale des délinquants à... 10 ans (l'ONU demande au moins 14 ans) !
Le programme *Closing the Gap,* destiné à réduire les écarts, lancé en 2008 sous le gouvernement travailliste de Kevin Rudd, n'a permis que quelques timides avancées. Si le taux de mortalité infantile a baissé, si le pourcentage d'enfants inscrits en maternelle et le taux de réussite au bac ont bien progressé, il n'en va pas de même pour ce qui touche le taux de scolarisation, le niveau des connaissances, le taux de chômage et l'espérance de vie. Une conséquence, notamment, de coupes budgétaires drastiques.
Pour plus de détails sur cette difficile cohabitation, voir plus loin la rubrique « Histoire ».

# BOISSONS

Aucun doute : les Australiens ont une bonne descente. Les statistiques révèlent même qu'ils sont les champions du monde des cuites : 27 en moyenne par habitant et par an ! Désespoir ou simple ennui, les confinements à répétition durant la crise du Covid ont d'ailleurs vu la consommation d'alcool augmenter encore de 3 % !

## L'eau

Elle est potable au robinet partout dans le pays. Dans le bush et l'*outback,* pensez à faire des réserves au supermarché : ailleurs, la moindre bouteille d'eau est vendue au moins 5 $ l'unité !

## La bière

C'est la boisson nationale. Si la consommation a baissé de 50 % au fil du temps, elle atteint encore, selon les dernières statistiques disponibles, 87,6 litres par an et par adulte (pour 28,3 litres de vin), ce qui n'est pas peu ! Les plus consommées sont les bières blondes (dites *lager*) et peu alcoolisées (entre 3,5 et 5,5 %). Certains auront l'impression de boire un panaché, mais elles s'avèrent très rafraîchissantes lorsqu'il fait chaud. Parmi les marques les plus prisées : *Foster, Coopers, Victoria Bitter, Cascade* ou encore *XXXX* (« Four X »).

### CRAFT BEERS

*Les Australiens apprécient particulièrement les* craft beers, *les bières artisanales. Chaque région, chaque ville et chaque quartier des grandes villes, ou presque, abritent une ou plusieurs microbrasseries. Comme dit le proverbe : « Buvez local, pissez local ! »*

Dans les bars, on commande des *schooners* ou des *pints* de 42,5 cl ou 56,8 cl (les appellations varient en fonction des États). Ne soyez pas surpris de voir la bière parfois servie en carafe *(jug)*. Pour les plus petites soifs, demandez un *middy* ou un *pot* de 28,5 cl.

À côté des quelque 300 brasseries indépendantes répertoriées, les ***microbrasseries*** sont omniprésentes, avec pas mal de pubs qui produisent leur propre bière en petite quantité. Le succès est indéniable même si, d'un lieu à l'autre, la qualité est assez fluctuante !

## Le vin

En à peine 2 siècles, l'Australie est devenue l'une des plus grandes nations productrices de vin au monde (la 6e, précisément). Beaucoup d'exploitations *(wineries)* vendent leur production en direct et/ou proposent des dégustations gratuites. Certains bars proposent même du vin à la tireuse, servi comme de la bière (mais ce sont rarement les meilleurs crus !). Globalement, les vins sont souvent de qualité, les vignobles profitant d'un climat (très) favorable.

### COMME À LA MAISON

*Le* Bring Your Own *(abrégé* BYO *ou* BYOW*) est une pratique répandue dans les restos australiens. Le principe ? Vous apportez et consommez votre propre bouteille de vin (ou de bière) ! Cette pratique existe notamment dans les établissements qui n'ont pas la licence pour vendre de l'alcool. Dans les restaurants avec licence, seules les bouteilles de vin sont autorisées en* BYO. *Un supplément est alors demandé, par personne et par bouteille : ce qu'on appelle le* corkage fee *(droit de bouchon).*

Voici parmi les plus réputés, classés par grandes régions viticoles.

– ***New South Wales :*** la Hunter Valley est la plus ancienne région productrice de vins d'Australie (début XIXe s). Elle est réputée pour ses vins blancs, charpentés et légers. Principales spécialités : le chardonnay, le sémillon, le cabernet sauvignon et la syrah (vin rouge corsé). De plus en plus de petits vignobles dans la région de Canberra également.

– ***Victoria :*** on trouve la plus grande concentration de vignobles au kilomètre carré dans la péninsule de Mornington, près de Port Phillip, au cœur des grandes étendues de bush. Des dizaines de domaines viticoles aussi dans les collines de Yarra Valley, au nord-est de Melbourne. On y produit des cépages de climats frais comme le pinot noir, le pinot gris, le chardonnay, le cabernet sauvignon. Quelques mousseux également.

– ***Australie du Sud :*** importante production destinée notamment au marché international. Parmi les vignobles incontournables : ceux de la Barossa Valley (la plus ancienne région viticole du pays pour la syrah), de la McLaren Vale (syrah, également), de la Clara Valley (rieslings, sémillons, syrah) et de Coonawarra (cabernet sauvignon).

– ***Australie-Occidentale :*** c'est dans la région viticole de Margaret River, au sud de Perth, que l'on élabore, sans doute, les meilleurs vins du pays : des cabernets et des chardonnays, entre autres. Non loin de là, les domaines des villes de Pemberton et de Mount Barker aussi ont le vent en poupe depuis quelques années (merlot, pinot noir, sauvignon, syrah).
– ***Tasmanie :*** production de sauvignon blanc et de pinot noir notamment dans le Nord à Tamar Valley et dans le Sud autour de Richmond.

### Le café

Les Australiens en consomment énormément : pour 6 milliards de dollars par an ! Faut dire qu'il n'est pas donné, le café, par ici : 4,50-5 $ à Sydney ou Melbourne... Pour autant, les Aussies lui vouent une véritable passion, disséquant interminablement les mérites comparés des différents crus importés des 4 coins de la planète, des méthodes de torréfaction et bien entendu de préparation. Il est assurément différent du nôtre, ce café australien, plus crémeux, plus dense, plus riche, souvent plus aromatique. Si on identifie facilement l'*espresso,* on hésite d'abord un peu face au *long black* (2 shots d'expresso, un peu allongé) et à l'emblématique *flat white* (le même, avec mousse de lait). Le *latte* (lait au café !), on connaît mieux. Les Australiens sont si difficiles en la matière que Starbucks a dû fermer les 2/3 de ses magasins dans le pays avant de commencer à comprendre la mentalité locale ! Dans les grandes villes, Sydney et plus encore Melbourne, les *baristas*-stars, experts de l'art de préparer le café, sont aussi tendance que les « mixologues » portant aux nues l'art du cocktail (il y a même des écoles reconnues qui proposent des formations de *barista*). Le plus rigolo, c'est que ce sont les immigrés russes qui ont lancé le café en Australie, dans les années 1920. Les Italiens ont pris la suite en important les 1ers percolateurs dans les années 1950-1960.

#### FORT DE CAFÉ

*Les Australiens sont très attachés aux* coffee-shops *dont le proprio choisit ses récoltes, torréfie lui-même ses grains et prépare le café comme il l'aime. Ils n'apprécient que modérément les chaînes anonymes qui servent le même jus dans le monde entier. Ainsi* Starbucks, *après avoir ouvert jusqu'à 90 échoppes au début des années 2000, a dû en fermer les 2/3, déficitaires (elle est depuis remontée à une soixantaine).*

## CINÉMA

Malgré son isolement géographique, l'Australie a été l'une des pionnières de l'industrie cinématographique. La 1re projection publique en octobre 1896 (1 an après la 1re mondiale à Paris) et le 1er long-métrage de l'histoire du cinéma y a été produit (***The Story of the Kelly Gang,*** 1906). Le film, bien dans la tradition du pays puisqu'il relate les aventures du hors-la-loi Ned Kelly, le Robin des Bois local, est inscrit depuis 2007 à titre d'héritage documentaire/mémoire du monde au Patrimoine de l'Unesco. Depuis, pas moins de 6 films (dont un avec Mick Jagger dans le rôle-titre !) ont repris l'histoire du légendaire bandit.
En 1910, l'Australie passe à la vitesse supérieure et produit un nombre considérable de films pour l'époque : jusqu'à une cinquantaine par an. La majorité d'entre eux célébrait le courage des pionniers. La figure mythique et romantique du bushman domestiquant la nature et bravant l'enfer de l'*outback* est alors incarnée au cinéma. Les cinéastes s'accordent beaucoup de fantaisie, avec l'introduction de personnages typiques des comédies australiennes populaires, se permettant toutes les vulgarités et pieds de nez à la bien-pensance. Mais la guerre stoppe les ambitions du pays.

Les diffuseurs bouderont ensuite les productions locales au profit de celles venues des États-Unis, bien moins chères. Dès 1923, ces dernières représentent 94 % des films diffusés en Australie...
Il faut attendre les années 1960 pour voir l'industrie cinématographique reprendre son envol avec des initiatives politiques encourageantes, qui conduisent à la « Ozploitation », un genre exacerbant les particularités locales. Les années 1980 voient l'apparition de l'un des cinéastes phares du pays et de son jeune poulain : ***George Miller*** et ***Mel Gibson.*** Avec *Mad Max* (1979), le monde entier découvre les paysages de l'*outback,* et la stupéfiante mise en scène du cinéaste marque les esprits. Plus tard, ses personnages de héros abîmés allant à l'encontre des codes de la société se retrouvent dans des œuvres plus intimistes, notamment *Lorenzo* (1992). En 2015, le 4e épisode des aventures de *Mad Max* : *Fury Road,* sorti 30 ans après le 3e volet, a fait l'unanimité.
Si les réalisateurs ont plus de mal à percer, les acteurs australiens sont quant à eux très reconnus à Hollywood depuis l'avènement d'Errol Flynn : ***Naomi Watts, Nicole Kidman, Russel Crowe, Hugh Jackman, Cate Blanchett, Geoffrey Rush*** sont considérés comme « bankables ».

## Filmographie

– ***Walkabout,*** de Nicolas Roeg (1971). Après un coup de folie de son mari, une adolescente et son jeune frère se retrouvent à vivre au milieu de l'*outback.* Seuls dans cet environnement extrême, ils sont rejoints par un Aborigène, qui leur apprendra les rudiments de la survie. Le titre fait référence à un rite initiatique, où les jeunes hommes de 13 ans devaient survivre 6 mois au milieu de nulle part. Ce film marque le début d'une grande carrière pour David Gulpilil, la star aborigène.
– ***Wake in Fright,*** de Ted Kotcheff (1971). Adapté du livre de Kenneth Cook. Un enseignant vivant dans l'*outback* retourne à Sydney pour les fêtes de fin d'année. À la suite d'un pari, il se retrouve sans le sou, incapable de repartir d'un patelin isolé, et va progressivement tomber dans un enfer brûlant et dégoulinant de bière... Une scène de chasse au kangourou très cruelle fit scandale à l'époque. Beaucoup d'idées de mise en scène se retrouveront dans le film plus connu du réalisateur... *Rambo* !
– ***Pique-nique à Hanging Rock,*** de Peter Weir (1975). Grand classique de la nouvelle vague australienne, ce film relate la disparition d'un groupe de jeunes filles dans un haut lieu de la culture aborigène. Un drame mystique et ésotérique du plus bel effet, à voir notamment pour la mise en scène et la sublime lumière de Russell Boyd.
– ***Saga Mad Max,*** de George Miller (1979-2015). Véritable monument de la culture pop, les aventures de Max Rockatansky font partie des films cultes des réalisateurs Guillermo Del Toro, David Fincher ou James Cameron. « Max le fou » vit à la marge, dans un monde dévasté où l'essence est devenue denrée rare et objet de convoitise de pillards sanguinaires. Cette « saga » résume tous les thèmes du cinéma du pays : conscience écologique, héros solitaire, violence et grain de folie.

### SA PLACE EST DANS UN MUSÉE !

*Les fans de* Mad Max *les plus motivés ne manqueront pas d'aller visiter le Mad Max Museum de Silverton, à l'ouest des New South Wales. Dans un amas de tôles froissées, à 2 pas des lieux de tournage du 2e épisode, y sont exposés costumes, accessoires, véhicules, des milliers de photos... Un musée tout récent qui attire déjà les foules !*

– ***Gallipoli,*** de Peter Weir (1981). Retour sur le 1er choc du pays, considéré par beaucoup comme fondateur de l'esprit de fraternité, le *mateship.* Film de guerre, il retrace de manière brillante et cruelle l'engagement des soldats de l'ANZAC en

Turquie, la bataille de Gallipoli, commémorée le 25 avril. Retraçant les horreurs de la guerre, il fait à l'époque un écho fulgurant avec le conflit vietnamien, où l'Australie s'était engagée.

– ***Crocodile Dundee,*** de Peter Faiman (1986). Difficile de faire l'impasse sur l'un des personnages emblématiques de l'Australie... Inspiré par l'histoire de Rodney Ansell, le film est une comédie efficace où un bushman particulièrement viril se retrouve propulsé dans la vie citadine de New York. Paul Hogan, qui tient le 1er rôle, fut souvent assimilé à Steve Irwin, véritable *crocodile hunter,* dingue de ces reptiles et animateur de l'émission éponyme.

– ***Dead Calm,*** de Phillip Noyce (1989). Le périple d'un couple (Sam Neil et Nicole Kidman) en croisière. Hughie (Billy Zane), rescapé d'un naufrage, rejoint le navire et leur apprend que son équipage a été décimé. Le mari décide d'aller voir, laissant sa femme seule avec lui... C'est le début d'un huis clos à ciel ouvert, en pleine barrière de corail.

– ***Romper Stomper,*** de Geoffrey Wright (1992). Un autre visage de l'Australie. Une bande de néonazis pas très futés (pléonasme) terrifient les immigrés vietnamiens de Melbourne. Les victimes décident de se rebeller et la situation s'inverse petit à petit... Une plongée au cœur du racisme aveugle et violent. Une réalité subie encore par une certaine partie de la population en Australie... Un comble dans une nation issue de l'immigration !

– ***Priscilla, folle du désert,*** de Stephan Elliott (1994). L'histoire de 2 drag-queens et d'un transsexuel partis sur les routes de l'*outback* jouer un numéro de cabaret à Alice Springs. Le film a reçu un accueil mitigé, mais a cependant permis d'ouvrir le débat sur les droits des homosexuels. Si aujourd'hui l'Australie est l'un des pays les plus *gay-friendly* de la planète, ce film n'y est sûrement pas pour rien. Il a aussi lancé la carrière de Terence Stamp.

– ***Rabbit-Proof Fence,*** de Phillip Noyce (2002). Film majeur sur l'histoire aborigène et l'épisode dramatique des « générations volées ». Adapté du livre de Doris Pilkington Garimara, l'histoire vraie de 3 enfants enlevés de leur famille et placés dans un des « camps de rééducation ».

– ***The Dish,*** de Rob Sitch (2002). La preuve – si nécessaire – que les Australiens ont un grand sens de l'autodérision. Basé sur des faits réels, ce film raconte l'histoire d'une petite ville dans les New South Wales, qui voit sa tranquillité troublée par... la NASA et Neil Armstrong ! Énorme succès à sa sortie.

– ***Le Monde de Nemo,*** d'Andrew Stanton et Lee Unkrich (2003). Nemo, petit poisson-clown à la nageoire atrophiée, habite la Grande Barrière de corail. Il est capturé pour finir dans l'aquarium d'un dentiste de Sydney, et son père part à l'aventure pour le sauver. Très drôle et jamais ennuyeux, ce film d'animation des studios Pixar est une belle fable pour toute la famille !

– ***10 canoës, 150 lances et 3 épouses,*** de Rolf de Heer et Peter Djigirr (2006). Dayindi, jeune Aborigène de la terre d'Arnhem, n'a d'yeux que pour l'une des 3 femmes du vieux Ridjimiraril. Le sage Minygululu tente alors de le remettre sur le droit chemin, en lui racontant une légende mêlant amours interdites, sorcellerie et représailles entre clans opposés. Prix spécial du jury « Un certain regard » à Cannes.

– ***Australia,*** de Baz Luhrmann (2008). Fresque épique sur une jeune veuve britannique (Nicole Kidman) qui se retrouve, en 1939, au fin fond de l'*outback,* en charge du ranch de son défunt mari. Elle va faire connaissance avec le « Drover » (Hugh Jackman), cow-boy à la sauce australienne. Aidés par des Aborigènes, ils vont traverser les déserts arides en direction de Darwin, alors pilonnée par l'armée japonaise...

– ***Animal Kingdom,*** de David Michôd (2010). Un film qui comporte sa dose d'hémoglobine ! Le jeune Josh a 17 ans et la malchance d'être issu d'une famille criminelle de Melbourne. Un inspecteur de police va se démener pour le sortir de cet enfer...

– ***Redfern Now*** (2012). Série TV qui retrace le quotidien du quartier de Redfern, à Sydney, en majorité aborigène. Chaque épisode est indépendant et décrit une tranche de vie de cette population encore stigmatisée. Si vous voulez avoir un bel et émouvant aperçu de la situation, il faut se plonger dans les 6 épisodes qui composent chaque saison.

– ***Tracks,*** de John Curran (2014). L'histoire incroyable mais vraie de Robyn Davidson, qui décida, en 1977, de se lancer dans un trek de 2 700 km, d'Uluru à la côte ouest. L'Australie aime les héroïnes aux tempéraments de feu et ce film leur rend un bel hommage !

– ***Charlie's Country,*** de Rolf de Heer (2014). Charlie est un Aborigène qui vit en terre d'Arnhem, à l'extrémité du Northern Territory. Bien intégré, plutôt rigolard, il se voit un jour confisquer son fusil, puis sa lance. Charlie décide alors de se retirer dans le bush, mais cette retraite ne sera pas de tout repos... Un beau film sur la cohabitation parfois difficile entre la culture aborigène et occidentale.

– ***Lion,*** de Garth Davis (2017). Révélé dans *Slumdog Millionaire* (de Danny Boyle), Dev Patel interprète le rôle de Saroo, un petit garçon indien qui, arraché à sa famille, doit apprendre à survivre seul à Calcutta. Recueilli dans un orphelinat, il est ensuite adopté par un couple Australien. 25 ans plus tard, tourmenté par les souvenirs de son enfance, il se lance à la recherche de sa famille biologique. Un biopic bouleversant mêlant 2 cultures que tout oppose.

## CUISINE

L'Australie n'a pas des centaines d'années de traditions culinaires derrière elle. À l'époque de la colonisation, les cuisines anglo-saxonnes (anglaise, écossaise, irlandaise) dominaient. Puis vinrent celles des autres immigrations, italienne, grecque, juive, asiatique... C'est ainsi que s'est développée une scène culinaire à 2, ou plutôt 3 vitesses : les bons ***vieux classiques de pub*** (burgers, *bangers & mash, pies* diverses...) ; les ***adresses ethniques*** en ville ; et une ***nouvelle tendance culinaire plus fusionnelle*** (largement urbaine), qui puise de l'inspiration dans les différentes traditions et dans la corne d'abondance des produits locaux. Une bonne façon de dépoussiérer les vieilles recettes. Dans les grandes villes, on a notamment vu apparaître une cuisine panasiatique qui ratisse large, de l'Inde à la Corée en passant par le Vietnam ! On n'y va pas pour l'authenticité, mais pour ressentir la force du grand chaudron australien. Le végétarisme et le véganisme connaissent parallèlement un essor formidable dans les grandes villes, parallèlement au développement des *Farmers Markets,* du bio et du *gluten-free.* Le consommateur australien est désormais d'une exigence absolue sur la qualité des produits.
Sachez que les Australiens mangent tôt et que la majorité des restos ferment vers 21h (voire 20h dans les plus petites villes).

### Viandes et poissons

– ***BBQ :*** une vraie religion en Australie ! Il ne s'agit pas de griller bêtement du poulet, du bœuf, du porc ou des saucisses *(snags),* mais surtout de partager un bon moment entre potes ou en famille.

– ***Kangourou :*** le fait d'en voir autant morts, écrasés sur le bord des routes, nous avait un peu coupé l'appétit... Heureusement, on y a goûté quand même et on a aimé. C'est une viande très rouge, riche en protéines et faible en calories, qui rappelle le bœuf quand elle est bien préparée et davantage la venaison dans le cas contraire ! Le kangourou se mange *rare* (bleu). C'est écrit sur les cartes de certains restos : « Nous ne le servons que *rare.* »

– ***Crocodile :*** on en trouve surtout au Nord. C'est une viande blanche assez ferme (pas mal en marinade, mais souvent servie en hamburger). Meilleur morceau : la queue !

– ***Émeu :*** un petit cousin de l'autruche. Curieusement, les Australiens ne semblent pas en raffoler et préfèrent l'exporter.

– ***Dromadaire :*** un petit exotisme de l'*outback*... Le dromadaire a du goût, pas mal de goût même.

– ***Burger :*** en ville, qualité de la viande, fraîcheur des ingrédients, originalité des assemblages, cuisson attentive s'imposent (attendez-vous à trouver de la

betterave dans votre burger). Ailleurs, c'est (nettement) plus incertain. On trouve aussi parfois des burgers de kangourou, de croco, d'émeu...
– ***Meat pie :*** cette tourte à la viande d'une quinzaine de centimètres de large, recouverte de sauce tomate et accompagnée de frites, est indémodable. On en trouve aussi à la pomme de terre et aux *mushy peas* (pois cassés).
– ***Sausage roll :*** petit cousin de la *meat pie,* viande hachée enroulée dans une pâte feuilletée.
– ***Barramundi :*** le poisson le plus populaire sur les tables, cousin de la perche, qui navigue entre rivières et océan. Sa chair est ferme et largement dépourvue d'arêtes, chouette ! On en trouve partout au Nord. Le ***flathead*** partage son succès.
– ***Fish & chips :*** héritage de la cuisine anglaise, le bon vieux *fish & chips* n'a pas pris une ride.
– ***Fruits de mer :*** une chance, toutes les grandes villes donnent sur la mer, c'est meilleur pour la fraîcheur ! Les huîtres de Kangaroo Island sont plutôt réputées.
– ***Chicken parmigiana :*** impossible de lui échapper. Ce poulet pané est recouvert de sauce tomate, fromage et jambon ou bacon. Bon ? À vous de voir ce que vous en pensez.

## Desserts et sucreries

– ***Vegemite :*** voilà un produit vraiment australien ! À base de levure de bière, il a été inventé par un docteur du pays pour vitaminer les enfants. Ça se présente sous la forme d'une pâte à tartiner presque noire, au goût évoquant à la fois le bouillon cube et la sauce soja... Déconcertant. Pour faire ça bien, tartinez d'abord du beurre sur un toast (assez généreusement), puis un peu de *vegemite* (et surtout pas l'inverse...).
– ***Anzac biscuit :*** prononcer « biss-kit ». C'est un héritage de la Première Guerre mondiale : supportant très bien les longs voyages, il accompagna les pioupious australiens en Europe. Ce biscuit composé de flocons d'avoine, mélasse et noix de coco rappelle un peu le spéculoos, en moins croustillant.
– ***Banana bread :*** gâteau à la banane, un genre de cake auquel on peut ajouter du miel et des noix. Se retrouve souvent au petit déjeuner, toasté et beurré. On a la pêche après, paraît-il !
– ***Carrot cake :*** un autre classique du petit déj ou de la pause-café, souvent savoureux.
– ***Pêche Melba :*** ah, vous ne saviez pas qu'elle était australienne ! Comme l'était la grande chanteuse d'opéra Nellie Melba pour qui elle fut créée en 1894 à Londres, lors de l'une de ses tournées triomphales...
– ***Pavlova :*** croustillante et fondante tout à la fois, cette grosse meringue à la crème fouettée, recouverte de tranches de fruits rouges, a été inventée dans les années 1920 en l'honneur de la grande danseuse russe Pavlova. Les Néo-Zélandais en revendiquent aussi la paternité.
– ***Lamington :*** portant le nom d'un gouverneur du Queensland de la fin du XIX$^{e}$ s, cette génoise taillée en parts cubiques est trempée dans le chocolat et recouverte de poudre de noix de coco. Tellement australien que le 21 juillet a été décrété *National Lamington Day.*
– ***Cupcake :*** typiquement anglo-saxon, de toutes les couleurs, même rose, jaune ou vert fluo. Génoise recouverte de crème fouettée colorée donc.

## Pains et fromages

– ***Damper :*** originaire du bush, ce pain rustique était cuit sur des pierres chaudes ou sur les braises des feux de camp par les voyageurs et les cow-boys.
– ***Fairy bread :*** le favori des goûters d'anniversaire... Une tranche de pain de mie beurrée, saupoudrée de *sprinkles* multicolores, qu'on coupe en 2 pour faire 2 triangles. Ensuite, on peut faire des dessins, des assemblages amusants.
– ***Fromages :*** l'Australie, l'autre pays du fromage ! Il suffit de visiter la fromagerie d'Allansford (Victoria) pour s'en convaincre. Ne rentrez pas sans avoir goûté au *Creamy Colby,* au *Vintage Cheddar,* au *Tarago River* ou au *Shaw River Buffalo Cheese.*

## CURIEUX, NON ?

– Dans les ***bars ou restos,*** on vous abordera très facilement pour un brin de papote. Votre interlocuteur, homme ou femme, sera sincèrement curieux, dans un authentique et débonnaire souci d'échange, autour d'un verre.
– Cafés, bars, troquets, salles de concert, boîtes... voire chambres à l'étage, ***ces lieux font souvent tout à la fois.*** C'est l'heure à laquelle on les fréquente qui crée l'atmosphère. Propice à un brunch en fin de matinée, tranquille à 16h, bourdonnant de musique à l'heure de l'apéro, on pousse les tables vers 22h pour laisser la place à un groupe local et improviser une piste de danse.
– Le ***bar véritable,*** c'est-à-dire qui ne fait ni resto ni hébergement, est appelé ici... ***hotel*** !
– Sur les longs trajets dans l'*outback,* tout bon Australien s'offre une halte au ***bush pub*** le plus proche. Des tas de souvenirs de voyageurs s'y empilent généralement dans une ambiance de capharnaüm hétéroclite. Pour se distinguer, certains adoptent une déco à thème : extra-terrestres ou Schtroumpfs par exemple...
– Pour le reste, cap sur le ***bottle shop...*** Dans certains États et/ou villes, les supermarchés n'ont pas le droit de vendre de l'alcool. C'est donc uniquement dans ces lieux, généralement attenants à un bar, que l'on peut acheter les boissons alcoolisées.
– ***Puritains et débridés,*** les Australiens sont les 2 à la fois ! Il suffit de faire un tour dans les bars pour assister à des *wet T-shirt contests, topless waitresses nights* et autres *bikini contests,* dans une ambiance totalement relâchée. Mais attention, dès que la fête est finie, tout le monde reprend ses esprits.
– Machines à sous dans les cafés, paris sportifs et courses de lévriers, les Australiens sont les plus gros ***parieurs*** de la planète.
– S'il est une réalité bien australienne, c'est le ***barbecue*** ! Toutes les plages du pays disposent d'une ou de plusieurs plaques à gaz en libre-service. Une brosse est là pour nettoyer après utilisation et on ne s'incruste pas plus qu'il ne faut, dans un esprit de civisme et de partage.
– Un grand nombre d'Australiens terminent la conversation par un « ***No worries*** » de bon aloi. Histoire de dire que tout va bien, tout va s'arranger ou que rien n'a vraiment d'importance... Une formule conforme à la vie australienne.
– L'Australien est par essence honnête. La multiplicité des ***honesty boxes,*** où l'on place son paiement sans aucun contrôle, le prouve. Les stands de bord de route adoptent majoritairement cette méthode, tout comme les campings publics.
– Votre Internet rame en Australie ? Rien d'étonnant ! Au classement des meilleures connexions Internet dans le monde, l'Australie est classée... 57$^{e}$ ! Derrière la Jordanie... Et encore, c'est mieux qu'il y a quelques années.
– Ici on a un ***sens civique*** ou un ***sens de la discipline,*** remarquablement développé... Personne ne s'avise de traverser au feu vert, même si aucune voiture ne se présente à l'horizon !
– Amis fumeurs, ne vous étonnez pas si, alors que vous tirez sur votre clope à l'extérieur d'un bar, on vous invite à vous éloigner de quelques pas. La ***zone non-fumeurs*** s'étend légalement sur 4 m autour de la porte d'un établissement public.
– Certains ***supermarchés*** affichent à l'entrée du magasin un infamant tableau avec les photos des « *shop lifters of the week* » (« voleurs à la tire de la semaine »)...
– Le pays est réputé pour ses curieuses ***espèces endémiques*** et ses animaux étranges : ornithorynques, araignées géantes, méduses à la piqûre mortelle... Mais que dire des lombrics géants du Victoria *(Gippsland earthworm),* plus gros vers de terre au monde, qui peuvent mesurer jusqu'à 3 m ?!
– Tout le long de la côte est australienne, le ***koala*** est roi. On trouve même des *koala ambulances* qui patrouillent sur les routes à la recherche d'animaux blessés.

– Il y aurait près de 1,2 million de ***dromadaires*** dans le désert australien, actuellement : c'est le pays où l'on en trouve le plus au monde ! L'Australie les exporte même au Moyen-Orient.
– Les crottes des ***wombats*** sont en forme de cube. Oui, oui, vous pourrez vérifier par vous-même...

## DROITS HUMAINS

Terre de migrants, l'Australie n'est plus aussi accueillante que par le passé. Sa politique spectaculaire de refus systématique de tout navire de migrants, de cantonnement offshore – sur des îlots perdus au large du pays – et des migrants interceptés, est dénoncée par la communauté internationale depuis presque 15 ans.
En effet, pour tenter de décourager les candidats à l'asile, l'Australie n'a de cesse de parquer les migrants interceptés au large de ses côtes, loin des regards. Ce fut d'abord le cas sur l'île de Christmas (2008-2018), un bout de terre perdue entre le littoral et la Tasmanie. Puis le gouvernement australien passa un accord avec celui de Papouasie-Nouvelle-Guinée, pour implanter sur l'île de Manus, un centre de détention. Pourtant ***non conforme au droit international*** et jugé illégal par la Cour suprême papoue, l'Australie a continué à y déporter des réfugiés jusqu'à fin 2021. Mais une autre île prison, Nauru, est toujours utilisée par le pouvoir. Le loyer versé par le gouvernement australien à cette ancienne colonie de 10 000 habitants constitue plus de la moitié de son revenu annuel. Et, à chaque nouvel épisode, sur chaque île, Haut Commissariat aux réfugiés et ONG dénoncent des ***conditions indignes de détention,*** des tentatives de suicide, des auto-mutilations et l'impossibilité pour les migrants hissés au statut de réfugiés de vivre et travailler sur le sol australien. Concrètement, c'est souvent grâce à l'accueil de rares pays, comme le Costa-Rica, la Nouvelle-Zélande ou le Cambodge, jouant la carte de la solidarité internationale, que le sort de ces demandeurs d'asile se dénoue.
Cette ***politique de tolérance zéro*** a une implication directe en Australie, où les discours d'intolérance fleurissent. Ainsi, la 1re femme musulmane à avoir été élue au Sénat en 2013 dénoncait déjà le racisme latent au sein du Parlement. En août 2018, un de ses collègues avait évoqué l'hypothèse d'un référendum pour proposer une « solution finale » contre l'immigration d'origine musulmane.
Les ONG mettent également en avant les ***discriminations*** que continuent de subir les ***populations aborigènes.*** D'un niveau social généralement inférieur aux autres habitants, ils sont, rapporte depuis plusieurs années *Amnesty International,* anormalement surreprésentés au sein des prisons australiennes. Le risque d'incarcération des populations d'origine autochtone est 15 fois supérieur à celui du reste de la population. En 2020 et 2021, 3 mineurs incarcérés sur 5 sont des aborigènes. L'organisation s'inquiète de la situation de ces derniers, qui subissent des mauvais traitements, particulièrement dans les territoires du Nord. Le gouvernement n'a d'ailleurs toujours pas adopté de plan national garantissant le respect de ses obligations en termes de protection des droits des enfants autochtones (éducation, santé, prévention de la délinquance, etc.). En 2019, on comptait 600 mineurs de moins de 14 ans derrière les barreaux (dont 70 % d'Aborigènes). Le Comité des Nations unies sur les droits de l'enfant avait demandé à l'Australie d'augmenter l'âge de la responsabilité pénale. Elle reste toutefois fixée à 10 ans, alors que la moyenne dans le monde est de 14 ans. Par ailleurs, en dépit de l'émergence de figures aborigènes, ces derniers doivent toujours faire face à un racisme largement répandu au sein de la société.

N'oublions pas qu'en France aussi les organisations de défense des Droits de l'homme continuent de se battre contre les discriminations, le racisme et en faveur de l'intégration des plus démunis. Pour plus d'informations, consulter les sites :

- ***Amnesty International :*** *• amnesty.fr •*
- ***Fédération internationale des Droits de l'homme (FIDH) :*** *• fidh.org •*

# ÉCONOMIE

L'économie florissante de l'Australie a de quoi faire rêver ! Voilà plus de 25 ans que le pays affiche une croissance quasi ininterrompue (3,2 % en moyenne par an) en dehors d'une brève période de quelques mois durant la crise du Covid. Elle s'enorgueillit aussi de l'un des niveaux de vie les plus élevés de la planète (8e en 2021 pour son développement humain). Le taux de chômage est bas (4 % au printemps 2022) et les salaires sont supérieurs à la plupart des pays d'Europe (le SMIC horaire australien est 24 % plus élevé qu'en France).

## Réformes et rigueur budgétaires

Dans son histoire, l'Australie a connu des périodes de boom et d'autres, de forte dépression, notamment dans les années 1960-1970. Le pays s'est adapté aux crises économiques des 30 dernières années en adoptant une politique très libérale. Déréglementation, mondialisation et flexibilité en sont les lignes directrices. Le gouvernement australien a supprimé l'indexation des salaires sur les prix, privatisé diverses entreprises publiques, baissé les droits de douane... Les New South Wales, le Victoria et le Queensland génèrent à eux seuls près de 80 % du PIB.

## À votre service !

Le secteur tertiaire représentait 66,3 % du PIB du pays début 2022 (contre 25,5 % pour l'industrie et 2 % pour l'agriculture). Le tourisme, en pleine croissance jusqu'au Covid, a contribué à booster l'économie du pays durant la dernière décennie. Il représentait en 2019 plus de 3 % du PIB et employait 5 % de la population active. Si les 2/3 des recettes proviennent des Australiens eux-mêmes (qui voyagent beaucoup chez eux), en 2018-2019, le pays a aussi accueilli plus de 8,5 millions de visiteurs étrangers (les Chinois étant désormais les plus nombreux)... Reste désormais à les voir revenir.

## Au champ et à la mine

Souvent présentée par les économistes comme « la ferme du monde », l'Australie exporte beaucoup de laine, coton, viande et blé (notamment), mais l'agriculture n'emploie guère que 2,5 % de la population active, principalement dans les NSW et dans l'État du Victoria. C'est en fait le secteur minier qui est central : par sa contribution au PIB (11,1 % à lui seul en 2019-2020), mais aussi comme moteur du pays – ce qui le rend, du coup, assez vulnérable à l'évolution de la croissance mondiale et donc, des cours. L'Australie fait partie du top 10 des producteurs et exportateurs dans ce domaine : elle exploite 19 sortes de minerais dans 350 mines actives et possède les plus grandes réserves mondiales de nombreuses ressources stratégiques (comme l'uranium, dont elle détient environ 30 % !). L'or, dont elle est le 2e producteur mondial, a fait la fortune du pays. L'Australie recèle enfin d'énormes réserves de gaz et de pétrole de schiste...

## Une dame de fer sur le déclin...

L'industrie a connu un développement industriel spectaculaire à partir de 1945, notamment dans le domaine des industries lourdes et agroalimentaires. Elles valorisent et transforment ce que produit le pays, à savoir les matières premières agricoles et minières (abattoirs, sucreries, textiles, sidérurgie, aluminium...). Même s'il représente toujours près de ¼ du PIB, le secteur est en perte de vitesse. À l'image des autres pays développés, l'Australie poursuit son lent chemin vers la désindustrialisation...

## Un des 1ers pays exportateurs au monde

Le commerce extérieur est l'une des principales forces de l'Australie. Près des 2/3 des exportations, totalisant 253 milliards d'euros en 2021, reposent sur des produits miniers et agricoles : fer et bauxite, charbon (14 % des réserves mondiales), gaz naturel et pétrole, or et pierres précieuses, viande, produits chimiques, céréales, etc. – par ordre d'importance. Le dernier tiers concerne les services et machines-outils. Principaux clients : la Chine (28,8 % !) et, loin derrière, les États-Unis (9,2 %), le Japon (9,1 %), la Corée du Sud (4,5 %), la Grande-Bretagne (4,2 %), Singapour (3,6 %)... L'Australie se tourne d'ailleurs de plus en plus vers les pays asiatiques pour son commerce extérieur (62,5 % du total), en accélérant son intégration à la zone Asie-Pacifique au gré de divers traités de libre-échange – dont un avec la Chine depuis 2015.

## Des défis à relever

Riche de ses ressources naturelles, forte d'une croissance soutenue depuis longtemps, l'Australie a vu son niveau de vie largement augmenter, pour atteindre en 2021 un PIB de 48 700 US$/habitant (42 000 $ en France). Mais derrière ce constat enviable, plusieurs défis pour l'avenir se posent. 1er souci d'envergure : la dépendance du pays envers la Chine, vers laquelle les exportations de matières premières se sont envolées en 10 ans, représentant désormais une part importante du PIB de l'Australie. Mais l'économie chinoise étant volatile, la prudence est de mise face aux lendemains qui déchantent... d'autant que l'entente cordiale d'hier a cédé la place à une méfiance accrue compte tenu des ambitions chinoises en Asie-Pacifique.
Autre casse-tête de taille : celui des retraites. Au début des années 1990, le pays s'est engagé en faveur d'un système par capitalisation pour garantir l'équilibre des comptes publics. Mais, outre les effets sociaux néfastes induits, les chiffres montrent aujourd'hui que les ménages n'épargnent pas assez pour leur retraite... La consommation en bénéficie dans le court et moyen terme, mais, dans le long terme, les futurs seniors devront réduire leur train de vie, ce qui pèsera in fine sur la croissance. Le fort niveau d'endettement est certain de produire le même effet : lorsque les particuliers accumulent trop de dettes à rembourser, la consommation finit aussi forcément par flancher. Les feux verts pourraient donc, dans les années à venir, passer à l'orange.

# ENVIRONNEMENT

L'Australie est un pays fait de contradictions, fier de sa terre, de ses paysages, de la richesse de sa faune et de ses fonds marins. Le territoire fait cependant face à de multiples menaces environnementales, imputables à l'activité humaine.

## Le réchauffement climatique

L'Australie est sans doute ***l'un des pays développés les plus touchés par le réchauffement climatique,*** dont les effets sont ici amplifiés par le phénomène El

Niño : incendies catastrophiques à répétition durant l'été austral (10 millions d'hectares partis en fumée, 28 décès et près d'un milliard d'animaux tués selon une étude sérieuse en 2019-2020), sécheresses et vagues de chaleur de plus en plus longues et intenses (48,1 °C à Sydney en janvier 2020, 50,7 °C en Australie occidentale en janvier 2022, record absolu égalé !), crues spectaculaires, cyclones plus fréquents, productivité agricole en déclin, hausse des risques de maladies comme la dengue ou la malaria, cancers de la peau touchant près de la moitié de la population âgée, etc. 700 000 foyers pourraient être affectés par une forte montée des eaux, avec des dégâts estimés à 150 milliards de dollars.

### ADIEU AU MELOMYS RUBICOLA

*Cette grosse souris qui vivait sur l'île Bramble, sur la Grande Barrière de corail, a été officiellement désignée comme disparue par le gouvernement australien en février 2019. Elle est, à ce titre, la 1re espèce de mammifère au monde victime du réchauffement climatique, en raison de la montée du niveau des mers, responsable de submersions plus fréquentes de cette île très basse.*

## La Grande Barrière pourrait disparaître

La Grande Barrière de corail, icône majeure du pays inscrite au Patrimoine mondial de l'Unesco, a déjà vu mourir la moitié de ses coraux, au fil de plusieurs épisodes de blanchissement, provoqués par une forte hausse des températures de la mer – en 1998, 2002, puis à nouveau très fortement en 2016-2017 et 2020. Une étude australienne affirme que 91 % des récifs étudiés (!) présentent des signes de blanchissement et que la Grande Barrière pourrait disparaître purement et simplement à terme. En cause : le réchauffement climatique, mais aussi les activités humaines directes, qui modifient l'acidité des eaux et réduisent leur taux en aragonite – minéral dont les coraux construisent leur squelette. Seule lueur d'espoir : une récente étude publiée dans la revue britannique *Nature Climate Change,* souligne que le corail, massivement touché en 2016, a mieux résisté en 2017, alors même que les températures de l'océan étaient encore plus élevées cette année-là. Faut-il en conclure que la Grande Barrière pourrait, peut-être, réussir à s'adapter au réchauffement ? Rien n'est gagné, d'autant qu'un autre problème se greffe : la prolifération des acanthasters (« couronnes d'épines »), des étoiles de mer venimeuses mangeuses de corail. Très vivaces, elles se sont multipliées dangereusement à la faveur du réchauffement des eaux et du déversement de produits phytosanitaires. Pour essayer d'en venir à bout, les scientifiques ont mis au point en 2018 un robot tueur, baptisé RangerBot !

## Écologie contre économie

Pour ne rien arranger, les Australiens ont été jusqu'à récemment les plus grands émetteurs de gaz à effet de serre au monde, par tête de pipe. Quelques progrès ont été réalisés quand une taxe carbone a été instaurée par le gouvernement travailliste en 2012, mais elle a été supprimée dès 2014 par leurs successeurs de la coalition libérale-nationale... Depuis, les émissions de $CO_2$ australiennes n'ont cessé de croître et la folle course à l'urbanisation que connaît le pays n'arrange rien. L'OCDE et l'ONU ont toutes 2 attiré l'attention du gouvernement actuel sur sa « sortie des clous » des termes de l'accord de Paris, mais celui-ci (climatosceptique) affirme contre vents et marées qu'il tiendra ses engagements – alors même que son *Climate Solutions Package* annoncé en février 2019 renie l'essentiel des efforts en tentant de réduire artificiellement l'empreinte australienne par le transfert de droits à polluer hérités de l'ancien accord de Kyoto...

Plus largement, l'importance de l'industrie minière est responsable de la dévastation de vastes pans de territoire. L'Australie compte pas moins de 60 000 mines abandonnées (!), qu'une loi récente oblige à réhabiliter pour permettre à la nature de se réinstaller. Mais l'opération coûte (très) cher et beaucoup traînent les pieds.

## Accros au charbon

La réticence du pouvoir politique s'explique notamment par l'apport massif du charbon à l'économie australienne. Avec 393 millions de tonnes exportées pour 507 extraites en 2019, le pays se place au ***1er rang des exportateurs mondiaux,*** squattant 39,5 % du marché à lui seul (69,6 milliards de dollars australiens !), loin devant l'Indonésie, la Russie et les États-Unis... ***Le charbon demeure la principale source d'énergie de l'Australie,*** alimentant 54 % des centrales électriques ! Le gaz naturel, tout aussi fossile et non renouvelable, en fait carburer 20 %, le pétrole 2 % : les 3/4 de l'électricité produite proviennent donc d'énergies fossiles ! Énorme, mais c'était pourtant encore pire il y a quelques années ! Et le pays est glouton : un Australien consomme 50 % d'énergie en plus qu'un Français...
Emblématique de la priorité accordée au tout-charbon, le ***Galilee Basin,*** dans l'*outback* du Queensland, fait l'objet depuis une bonne décennie de convoitises tous azimuts. Et pour cause : plus grande réserve non exploitée au monde, il contient de quoi doubler les exportations australiennes – l'équivalent d'un train de charbon de 2,5 millions de kilomètres de long ! Pas moins de 13 mines sont envisagées dans cette région pourtant reconnue comme appartenant aux Aborigènes wangan et jagalingou. Mais le *Native Title Act* n'assure le contrôle d'un territoire que dans la mesure où celui-ci ne possède pas de ressources spécifiques... auquel cas les propriétaires traditionnels sont tenus par la loi de négocier un accord avec les futurs exploitants, à défaut de quoi ces derniers se voient autoriser l'exploitation sans autre forme de procès ! Le couteau sous la gorge, en d'autres termes...
La plus grande des mines, Carmichael, aux mains d'un consortium australo-indien, doit s'étendre à terme sur pas moins de 260 $km^2$ ! Abandonné en 2018-2019 suite à la chute des cours du charbon, le projet est ressorti des tiroirs à la faveur de la reprise économique post-Covid et des tensions internationales. Au printemps 2022, la voie de chemin de fer devant relier la mine au littoral (à 400 km) est achevée et la production a démarré – quoique sur une plus petite échelle qu'anticipé à l'origine. Quid de la biodiversité, de l'exploitation à outrance des ressources en eau de cette région sèche, de l'opposition vent debout des Aborigènes et des associations écologistes et des dégâts liés à la création, au terminus, d'un port charbonnier taillé en pleine Grande Barrière... ? Sans doute le résultat des élections générales australiennes de mai 2022 décidera-t-il de la continuation, ou non, du soutien de l'État au tout-charbon, ou d'une diversification accentuée en faveur des énergies renouvelables. La taille et le fort ensoleillement du pays permettraient de développer bien plus fortement énergies solaire, éolienne et hydro-éolienne.
• *galileebasin.org* •
En attendant, depuis le printemps 2021, le charbon sert même à... produire de l'hydrogène ! Ou comment faire du propre avec du sale !

## Le gaz de schiste

Comme si le charbon ne suffisait pas, les Australiens sont aussi confrontés au problème du gaz de schiste. Le gouvernement libéral y est favorable et plusieurs États l'autorisent, à commencer par le Queensland où, en 2016, le député écologiste Jeremy Buckingham a réussi à mettre le feu à la rivière Condamine, avec un simple allume-gaz... preuve irréfutable de l'importance des rejets de méthane dans l'environnement. Malgré cela et malgré une forte opposition locale, en 2018, le Northern Territory a levé le moratoire sur la fracturation hydraulique, ouvrant la voie à l'exploitation sur... 51 % des terres de la région. Dans le viseur : l'espoir d'un boom économique similaire à celui connu par les États-Unis grâce aux gaz et pétrole de schiste.

## L'or bleu

L'Australie forme le continent le plus sec de la planète, à l'exception de l'Antarctique : 94 % des précipitations s'y évaporent, 35 % du territoire est désertique et 70 % aride ou semi-aride. L'eau douce est donc un enjeu majeur ici.
La principale région agricole du pays est le bassin de Murray-Darling, qui englobe l'essentiel de l'intérieur du Victoria et des New South Wales, plus le sud du Queensland : on y trouve 42 % des terres cultivables. Une situation qui n'a rien de naturel : le réseau hydrographique de la région a été détourné au profit de l'homme, à grands renforts de barrages sur les rivières Murray et Darling. Près de 1/3 du cheptel du pays et la moitié de ses ovins et porcs se concentrent dans cette zone. Mais les techniques agricoles modernes combinées à une déforestation massive ont conduit à un appauvrissement et même à la « salinisation » des sols : les rivières se chargent en sels divers, rendant les terres stériles. Le processus de purification est long et coûteux.
Plus globalement, l'agriculture utilise 60 % des ressources en eaux du pays. Lors des sécheresses, le secteur rentre donc dans de graves épisodes de crise économique. Les plus pessimistes estiment que l'agriculture, qui représente aujourd'hui moins de 2,5 % du PIB, va progressivement disparaître de ces régions.

## Préserver les espèces endémiques

Une immense partie de la flore et de la faune australiennes est endémique (unique au continent) : 83 % des mammifères, 89 % des reptiles et jusqu'à 93 % des amphibiens ! Un bestiaire fabuleux, mais menacé. Depuis l'arrivée de l'homme sur l'île il y a 50 000 ans (et plus encore depuis celle des 1ers Européens), plusieurs centaines d'espèces ont disparu. Aujourd'hui 1 animal endémique sur 3 est plus ou moins gravement menacé. Plusieurs facteurs rentrent en jeu : pollution, réchauffement climatique, urbanisation, mais, surtout, l'introduction de nouvelles espèces, qui dérèglent l'équilibre des différents écosystèmes.

### SAUVEZ WILLY !

*Les Australiens restent d'éternels amoureux de leur* wildlife. *En juin 2005, lorsque 140 orques s'échouèrent sur les plages de Geographe Bay, 1 500 volontaires accoururent et bataillèrent pour remettre les cétacés à l'eau. Un seul d'entre eux périt.*

Pas mal d'animaux ont été introduits en Australie au fil du temps : dingo arrivé il y a environ 5 000 ans, dromadaires importés au XIXe s pour servir d'animaux de bât dans le Red Centre, chats, renards (pour la chasse à courre !) et autres lapins, considérés comme une source de nourriture pratique et facile à multiplier. Si facile qu'ils ont depuis envahi le pays, causant des dommages considérables à la flore native, si fragile. Les dromadaires, pour leur part, dévorent 80 % des plantes qui les entourent, fragilisant l'*outback*, les chats s'en prennent aux oiseaux et petits marsupiaux endémiques, et les crapauds-buffles, introduits en 1935 pour contrôler les coléoptères qui ravageaient les plantations de canne à sucre, se reproduisent à vitesse grand V, et sécrètent une toxine extrêmement nocive pour leurs prédateurs !
Pour lutter contre ces invasions, le gouvernement a mis en place tout un tas de mesures, dont certaines peuvent choquer. Dans les années 1880, une grande barrière a été construite sur plus de 5 600 km (!) pour empêcher les dingos de s'attaquer aux moutons dans le sud-est du pays. Résultat : les kangourous et les lapins s'y sont multipliés à l'excès. Entre 1901 et 1907, d'autres clôtures furent

dressées sur 3 250 km, cette fois pour contenir l'expansion des lapins... Peine perdue. On introduisit alors sciemment la myxomatose ! Là encore, échec cuisant. Les dromadaires peuplant des lieux inaccessibles et peu habités, on les chasse au fusil à lunette à bord d'hélicoptères ! Et pour limiter la population de renards (très nombreux dans le Victoria), une récompense de 10 $ par queue rapportée a été mise en place en 2002... Les chats redevenus sauvages (estimés entre 2 et 6 millions) sont abattus ou empoisonnés. En ligne de mire : la sauvegarde des espèces endémiques, jugée absolument prioritaire.
Notons enfin une particularité du lien des Australiens à la nature : elle est si immense, ici, que prévaut encore assez largement une impression de puits sans fond. La nature australienne semble intarissable. Et les Australiens montrent souvent à son sujet un lien assez « utilitaire ». On exhibe les crocodiles dans des parcs bétonnés sans se soucier trop de leur confort, on vous en colle de petits dans les mains pour la photo... Et on a inventé des sortes de parcs à mi-chemin du zoo, de la réserve et du parc d'attractions. Une autre vision de la protection de la nature...

# FAUNE ET FLORE

La nature et la vie sauvage en Australie semblent tout droit sorties d'une photo prise en grand-angle : les couleurs, les contrastes, l'impression d'immensité, tout est plus extrême, plus intense et surprenant. La faune s'est adaptée aux exigences du climat et du terrain. Du requin blanc, véritable seigneur des mers, en passant par la redoutable araignée *redback*, les crocodiles marins (pouvant atteindre plus de 6 m de long !), l'insolite ornithorynque ou les emblématiques kangourous et koalas ; ici, la nature s'exprime dans toute sa variété !

### MOUTONS SOUS SURVEILLANCE

*L'Australie manque de bergers ! Ou plutôt, les fermes australiennes sont si vastes, que les bergers ne peuvent visiter certains endroits que 1 ou 2 fois par an. Un centre de recherche de Sydney a donc conçu des machines autonomes capables de garder les animaux groupés ! Ces « bergers robots », alimentés par l'énergie solaire, sont équipés de capteurs thermiques et optiques pour repérer les bêtes isolées. Ingénieux !*

## FLORE

Plus de 24 000 variétés de plantes sont dénombrées en Australie, dont 91 % d'espèces natives du pays !
L'***eucalyptus*** reste la plus emblématique. Elle représente 65 % des arbres en Australie. Sa capacité d'adaptation est impressionnante et on en trouve sur tout le territoire, malgré les conditions extrêmes. Lors de gros incendies, il tire aussi son épingle du « feu », car sa graine est protégée par une coque qui s'ouvre après l'incendie. Le sol cendreux et riche convient particulièrement à cette plante, d'autant plus fertile.
Les ***acacias*** sont eux aussi très présents en Australie. Sur les 1 500 espèces connues, 1 000 sont endémiques.

### LES MAINS D'OR

*En 2013, des chercheurs australiens ont découvert de l'or dans le feuillage d'eucalyptus, en très faible quantité. Il s'avère que cet arbre est capable d'extraire le précieux métal jusqu'à 35 m de profondeur, qui remonte à la surface avec la sève et exsude au travers de ses feuilles ! L'eucalyptus pourrait ainsi servir à détecter des filons d'or...*

# FAUNE

## Quelques conseils

Beaucoup de voyageurs viennent en Australie pour observer sa nature et ses paysages uniques au monde : il serait dommage de repartir sans en avoir profité un maximum ! Voici quelques conseils pour favoriser les rencontres.

**MÉGA-PAYS, MÉGA-FAUNE**

*Avant l'arrivée des 1ers hommes, l'Australie était peuplée de géants : des kangourous de 3 m de hauteur côtoyaient des varans de 7 m de longueur et des canards grands comme des chevaux !*

– ***Connaître le bon moment :*** tout comme nous, les animaux ont leur période de prédilection pour mettre leur museau dehors. En général, ils n'apprécient guère la chaleur accablante de l'été australien et s'activent à l'aube, au crépuscule ou bien souvent la nuit : un aller-retour éclair en pleine journée dans un parc se soldera souvent par un échec.

– Ne vous mettez pas dos au vent, mais face à lui. Beaucoup d'animaux ont un ***odorat très développé*** et risquent de se terrer en sentant votre présence. Évitez aussi de vous parfumer.

– Les animaux sont ***sensibles au bruit.*** Le silence est d'or si vous ne voulez pas les faire fuir. Évitez aussi de porter des vêtements clairs ou voyants, tout comme des chaussures qui couinent ou un imperméable qui se froisse à chaque mouvement...

– ***Rester à distance :*** il peut être tentant de caresser ce wombat venu quémander son petit déjeuner. Certains, mêmes sauvages, pourront apprécier, quand d'autres y verront un signe d'agression ou de domination. Il s'agit avant tout de respecter la nature. On le répète souvent : le danger existe, même si les rencontres mortelles sont rares. Ce n'est pas une raison pour agir de manière inconsciente ! En cas de rencontre avec un crocodile par exemple (c'est possible dans le Queensland), cherchez à fuir plutôt qu'à prendre une photo ! Et sachez qu'une morsure de *redback* ne sera fatale que pour un organisme affaibli, mais les effets du venin sont longs et franchement désagréables...

Un site internet pour les passionnés : *The Atlas of Living Australia* ● *ala.org.au* ● Une mine d'infos à l'initiative du gouvernement australien, avec notamment une base de données des différentes observations faites par les volontaires (vous pouvez aussi y contribuer).

## Mammifères terrestres

### *Dingo*

L'une des plus vieilles espèces introduites en Australie, il y a presque 5 000 ans depuis le Sud-Est asiatique. Il ressemble à un chien sauvage, au pelage blond-marron. Le dingo vit en communauté, mais se nourrit le plus souvent seul. Il n'aboie pas, son cri s'apparente au hurlement du loup et résonne souvent dans la nuit de l'*outback* ! Domestiqué par les Aborigènes, c'était un compagnon de chasse. En Australie, il n'a pas d'ennemi naturel à part l'homme. Il est considéré comme un nuisible, qui décime notamment les troupeaux de moutons ; une barrière, la plus longue du monde, a été construite pour protéger les élevages des New South Wales et du Victoria. Chassé par l'homme et voyant son environnement restreint, le dingo est aujourd'hui en voie d'extinction.

– ***Où ?*** À Fraser Island, dans le Red Centre et dans la région du Kimberley, en Australie-Occidentale. Il reste assez répandu ailleurs, à l'exception des environs de Melbourne.

– ***Quand ?*** En fin d'après-midi et la nuit. On l'observe toute l'année, avec un pic d'avril à juin.

– ***Habitat :*** il n'est pas rare d'en croiser sur le bord d'une route, cherchant une carcasse, mais le dingo affectionne les déserts, les prairies et les lisières de forêt. Il utilise souvent un terrier de lapin abandonné, proche d'un point d'eau.

***Flying Fox***

Littéralement « renard volant », cette impressionnante chauve-souris évolue un peu partout sur le littoral australien, même en plein centre de Sydney ! Inoffensives, d'une envergure pouvant atteindre 1,50 m, elles vivent en groupe, par centaines, voire plusieurs dizaines de milliers de spécimens. Assister à leur envol est une expérience à ne pas manquer ! Malheureusement, 75 % des espèces du pays ont disparu. Certaines initiatives locales, comme dans les Atherton Tablelands (où l'on trouve même une nurserie !), contribue à sauver les chauves-souris blessées par les barbelés ou atteintes par la maladie de Lyme due aux tiques.

- ***Où ?*** Sur toutes les côtes du pays, à l'exception de l'Australie-Méridionale et du sud de l'Australie-Occidentale. La roussette à tête grise, la plus grande, vit sur la côte est, de Rockhampton à Melbourne.
- ***Quand ?*** Toute l'année, avec un pic de janvier à mai.
- ***Habitat :*** forêts humides et tropicales, mangroves, marécages, et parfois dans les jardins botaniques des villes. Observez la cime des arbres.

***Kangourou, wallaroo et wallaby***

L'animal le plus emblématique d'Australie ! 40 espèces différentes sont regroupées sous ces dénominations. Le kangourou est le plus grand, le wallaroo de taille intermédiaire, le wallaby le plus petit. Le plus connu est le kangourou roux, le plus imposant d'entre tous : il peut faire jusqu'à 1,80 m pour 90 kg ! Sa queue colossale lui sert de balancier en pleine course, il peut alors atteindre les 70 km/h. La gestation du bébé kangourou est relativement courte, de 30 à 40 jours, et il ne mesure que quelques centimètres à sa naissance. Le bébé va ensuite poursuivre sa croissance dans la poche ventrale de la femelle, pendant environ 240 jours, avant de devenir autonome. Les Australiens appellent ce petit le « Joey ». À l'instar des camélidés, le kangourou roux est parfaitement équipé pour la vie dans l'*outback,* son habitat de prédilection. Il peut s'abstenir de boire pendant plusieurs semaines, retenant l'eau de son corps et abaissant sa température en se léchant la peau. Il passe ses journées à l'ombre et s'active de nuit. Son cousin, le kangourou gris, privilégie les régions semi-arides et les forêts subtropicales. Nettement plus petit, il peut mesurer 1,40 m et peser 55 kg.

Caractéristique insolite, le kangourou est le seul grand animal à se déplacer en sautant. Économe en calories, ce mode de déplacement lui permet de couvrir de larges distances... sans trop se fatiguer. Malin ! Une idée reçue voudrait que cela l'empêche de reculer. En tant qu'emblème du pays, il ne pourrait qu'aller de l'avant. Il n'en est rien ! Même s'il ne le fait que très rarement... Sur votre route, vous croiserez avant tout des wallabies. Ils font bien partie de l'espèce des kangourous, mais sont bien plus petits.

**UN BON CROCHET DU GAUCHE**

*Si vous devez affronter un kangourou en combat de boxe, vous serez content de savoir que ce marsupial est gaucher !*

L'Australie abrite aujourd'hui 40 millions de kangourous, presque le double de la population humaine ! Ils ont peu de prédateurs et l'homme demeure son principal régulateur (on croise un nombre incroyable de kangourous écrasés sur le bord des routes...). 6 espèces se sont éteintes depuis l'arrivée des Européens en Australie.

- ***Où ?*** Partout ! Kangourous roux dans le centre, l'*outback* et l'Australie-Occidentale ; le gris ne se trouve que sur la côte est, dans le Victoria et le sud du pays ; et les wallabies sur la côte est et nord.

– ***Quand ?*** Il n'aime pas la chaleur et se cache dans la végétation dense en journée et s'active au crépuscule et la nuit. Le kangourou gris s'observe facilement de février à mai, son cousin le roux tout au long de l'année.
– ***Habitat :*** le kangourou gris préfère vivre dans les forêts, le roux apprécie davantage les plaines, brousses et déserts. Quant au wallaby, il apprécie particulièrement les marécages.

***Koala***

À l'instar du kangourou, ce marsupial connaît une gestation courte, avant de passer 6 à 7 mois dans la poche avant de sa mère. Il naît aveugle et par conséquent très exposé aux prédateurs.
Le koala passe la plupart de son temps à manger et à digérer des feuilles d'eucalyptus, digestion qui peut prendre jusqu'à 8 jours... C'est peut-être ce qui lui donne cet air fatigué, tellement craquant. De fait, un koala peut dormir jusqu'à 20h par jour ! Entre sa longue sieste et un très long transit, il ne lui reste que très peu de temps pour socialiser avec ses pairs. On estime ces interactions à 15 mn par jour. Il est assez rare de le croiser dans son milieu naturel, aussi n'hésitez pas à visiter l'un des nombreux sanctuaires de protection de l'espèce. Cela dit, une île comme Magnetic Island (Queensland) offre les 2 options. Après avoir été chassé pour sa fourrure, le koala est malheureusement menacé aujourd'hui par le réchauffement climatique, l'urbanisation et certaines maladies qui dégradent particulièrement son biotope. Au regard de l'affection portée à cet animal totalement craquant, les Australiens prennent ce problème particulièrement à cœur !
– ***Où ?*** Dans les forêts près des côtes, sur Magnetic Island (Queensland) et le long de la Great Ocean Road. Le koala est absent du Northern Territory et de l'Australie-Occidentale.
– ***Quand ?*** Actif toute l'année ; son pic d'activité se situe à la tombée du jour.
– ***Habitat :*** les koalas passent l'écrasante majorité de leur vie dans les arbres et la canopée. Alors, levez la tête !

***Opossum***

Plusieurs espèces en Australie. La plus répandue, le phalanger renard, est un petit marsupial aux tons gris-marron, aux grandes oreilles, à la queue touffue et allongée. Un opossum apeuré fera le mort, d'où l'expression « *playing possum* » ! Les Australiens sont habitués à les voir régulièrement visiter leur maison pour voler de quoi manger, du coup il a mauvaise réputation !
– ***Où ?*** Sur toute la côte est, au nord et à l'ouest, dans la région de Perth.
– ***Quand ?*** Animal nocturne, on peut l'observer toute l'année, en particulier de novembre à mai.
– ***Habitat :*** ils apprécient la vie en hauteur, dans les arbres ou sur les toits des maisons.

***Ornithorynque (platypus)***

Encore un sacré loustic ! Lors de sa découverte par les colons européens, on a cru à un canular : l'animal semblait composé d'un bec de canard sur un corps de castor ! Il possède un sens extrêmement rare, « l'électroperception », qui lui permet de capter les variations électriques dans son environnement. Il est d'ailleurs doté de 2 dards pouvant injecter un poison virulent. Mais il ne l'utilisera que contre ses rivaux, pendant la saison des amours, ou en cas d'extrême danger.
– ***Où ?*** Tout le long de la côte est (par exemple à Broken River, dans l'Eungella National Park, Queensland).
– ***Quand ?*** Parfois actif en journée si les températures sont fraîches, il sort avant tout à l'aube et au crépuscule. De fin mai à début septembre, l'ornithorynque peut rentrer dans des phases de torpeur (simili-hibernation).

– ***Habitat :*** dans les points d'eau douce, à très faible courant. Il est plus facile de l'observer à proximité des lacs ou des étangs en forêt. Il est semi-aquatique : son nid est sur la terre ferme, mais il chasse sous l'eau, pas moins de 12h par jour !

***Wombat***

Un autre marsupial coqueluche des touristes ! Cette grosse boule de poils, le plus proche cousin du koala, est assez craintive et peut, si vous l'effrayez, s'enfuir à plus de 40 km/h ! Ses déjections sont très facilement reconnaissables... elles sont cubiques ! Autre marsupial à poche, celle-ci est orientée vers l'arrière, pour lui permettre de pouvoir creuser la terre sans gêner le nouveau-né (!). Le wombat est une des proies favorites du dingo. C'est aujourd'hui une espèce protégée.
– ***Où ?*** Le wombat commun vit en Tasmanie, le long des côtes du Victoria et dans le bush des New South Wales.
– ***Quand ?*** C'est un animal principalement nocturne. Il sort de son terrier en fin d'après-midi, quand l'air se rafraîchit. Il ne supporte pas les températures supérieures à 25 °C. On peut l'observer toute l'année, en particulier de mars à juillet.
– ***Habitat :*** si vous repérez un terrier – souvent énorme – à la lisière d'une forêt, c'est que vous êtes en territoire wombat ! Une bonne stratégie pour l'observer : se poster dans le coin en fin de journée, à bonne distance, face au vent... et patienter !

***Les animaux introduits***

On n'y pense pas toujours en venant en Australie, mais les espèces introduites sont assez nombreuses... et terriblement prolifiques. Outre les lapins et les renards (voir « Écologie »), le Red Centre subit les ravages des dromadaires devenus trop nombreux et des *brumbies,* ces chevaux retournés à l'état sauvage, dont la population est estimée à environ 400 000 animaux (augmentant de 20 % l'an lorsqu'il pleut...).

## Animaux marins

***Baleine à bosse***

La plus courante en Australie. Et quel spécimen ! C'est la plus mélomane d'entre toutes. Son chant intrigue toujours les scientifiques, car personne ne semble lui trouver une fonction précise. Chanteraient-elles juste pour le plaisir ?
Les baleines viennent mettre bas en général durant l'hiver australien, de mai à octobre, le long de la côte pacifique est : Whitsundays, Fraser Island, Byron Bay...
– ***Où ?*** Dans le Queensland et au nord des New South Wales, autour de Byron Bay.
– ***Quand ?*** D'août à novembre.
– ***Habitat :*** eaux profondes et océans.

***Box jellyfish (cubozoa) et jellyfish irukandji (malo kingi)***

Ces 2-là font partie des animaux les plus dangereux de la planète. Le venin de la *box jellyfish* s'attaque à la fois au cœur, au système nerveux et à l'épiderme, lui permettant de tuer instantanément ses proies (avant tout des petits poissons ou des crevettes). On la reconnaît à la forme de son ombrelle, cubique, d'où l'appellation de « méduse-boîte ». Attention : on estime à 3 mn l'espérance de vie d'un homme piqué par une *box jellyfish* ! Elle est responsable de plus d'accidents mortels que

**UNE TRÈS VIEILLE DAME**

*Les méduses sont apparues il y a 650 millions d'années, ce qui en fait une des plus vieilles espèces animales sur Terre. Le tout, sans posséder de cerveau... Voilà de quoi redonner de l'espoir à certains !*

les serpents, requins et crocodiles réunis. La *jellyfish irukandji,* que l'on a curieusement baptisée d'un nom aborigène, est tout aussi dangereuse et, qui plus est, ne fait guère plus de 2 ou 3 $cm^3$, ce qui la rend malheureusement très peu visible... Outre l'utilisation rapide d'un sérum antivenimeux (appeler les secours d'urgence), les 1ers soins consistent à asperger la piqûre avec du vinaigre, avant et après avoir retiré le tentacule (à l'aide d'une serviette ou d'un gant pour éviter des piqûres supplémentaires !).
- ***Où ?*** Sur la côte nord-est de l'Australie, près de la Grande Barrière de corail.
- ***Quand ?*** Surtout de novembre à mai, jour et nuit.
- ***Habitat*** : eaux peu profondes ou océans.

***Grand dauphin (Tursiop)***

L'intelligence des dauphins est légendaire. En Australie, ils utilisent les éponges marines comme outils pour protéger le bout de leur museau lorsqu'ils chassent les poissons dans les coraux, tout en coordonnant leurs actions à l'aide d'un langage très sophistiqué. Chaque individu possède un son qui lui est propre, tel un nom, lui permettant de se signaler au reste du groupe. Il ne peut pas respirer sous l'eau, mais a une bonne apnée de 7 mn. Cette disposition l'empêche de s'endormir complètement, ayant toujours l'un des hémisphères de son cerveau actif pour lui rappeler de remonter à la surface !
Le dauphin est un animal sociable, qui n'hésitera pas à jouer avec les humains s'il en croise. En Australie, le dauphin n'est pas en voie de disparition, mais les menaces sont de plus en plus nombreuses : pêche intensive, pollution, maladies...
- ***Où ?*** Le long des côtes australiennes et plus particulièrement Shark Bay, Port Phillip Bay à Melbourne et sur la pointe de Bight, près de Yalata, en Australie-Méridionale.
- ***Quand ?*** Tout au long de l'année, jour ou nuit.
- ***Habitat :*** océans, bras de mer, ports...

***Poisson-clown***

Nemo ! Bien connu des enfants, ce petit poisson vit en symbiose avec une anémone. Comme il est insensible à son poison, elle lui sert de refuge contre les prédateurs. Une relation gagnant-gagnant car il débarrasse l'anémone des vestiges de ses repas !
- ***Où ?*** Dans la Grande Barrière de corail.
- ***Quand ?*** Toute l'année.
- ***Habitat :*** les anémones de la Grande Barrière.

***Requin blanc***

Le roi des océans ! Ce super régulateur n'a pour prédateur que de courageuses orques et... les humains. Avec le requin-bouledogue et le requin-tigre, le littoral australien a le privilège d'être fréquenté par les 3 spécimens les plus dangereux au monde. Conséquence d'une forte concentration de la population sur les côtes et de la pratique – ancrée dans la culture locale – d'activités nautiques (surf, plongée, etc.), il règne en Australie une certaine psychose autour du requin blanc, démesurée au regard du nombre d'attaques fatales pour l'homme. Et si les requins vous effraient toujours, sachez qu'il y a plus de morts accidentelles par selfies que par attaque de squale !

**REQUIN'ROLL**

*Certains clubs de plongée qui proposent de nager en cage au milieu des requins blancs ont fait une découverte pour le moins étonnante. Pour attirer les squales et amuser les touristes, ils diffusent sous l'eau un best-of d'AC/DC ! Les requins seraient irrésistiblement attirés par des tubes comme* Back in Black *et* You Shook Me All Night Long.

– ***Où ?*** Le grand blanc vit surtout sur la côte sud du pays, de Exmouth à Airlie Beach.
– ***Quand ?*** Toute l'année.
– ***Habitat :*** au large des plages et dans les eaux profondes.

***10 conseils pour éviter une mauvaise rencontre avec un requin (!)***

**1.** Fréquenter les plages surveillées. Outre la sécurité des baigneurs, les sauveteurs sont chargés d'actionner une puissante alarme si un squale arrive à passer outre les filets de protection.
**2.** Éviter de porter des couleurs claires ou voyantes et préférer les combinaisons sombres, histoire de passer inaperçu aux yeux du requin qui voit en nuances de gris. Enlever aussi tout bijou clinquant, qui peut être confondu avec des écailles !
**3.** Certains lieux de baignade sont connus pour leur dangerosité, comme la côte de Kangaroo Island. Alors si vous êtes le seul à vous baigner, méfiance...
**4.** Les eaux troubles, même d'eau douce, sont à éviter de manière générale.
**5.** Ne vous baignez pas après une tempête ou de fortes pluies : l'eau est remuée et les proies du requin remontent à la surface, à vos côtés !
**6.** Ne pas nager près des estuaires ou lorsque la profondeur du plancher sous-marin chute brutalement, terrain de chasse privilégié des requins.
**7.** Si les poissons autour de vous se regroupent en banc, si les dauphins ou les phoques déguerpissent, c'est signe de danger... Rejoignez rapidement le rivage.
**8.** Préférer la pleine journée aux baignades de nuit, à l'aube ou au crépuscule. Ce sont leurs heures de chasse favorites.
**9.** Sur un bateau en pleine mer, observer la surface de l'eau avant de plonger.
**10.** Enfin, si malgré tout, un requin décide de vous attaquer, sachez que ses points sensibles sont le museau et les yeux. Peu de chance toutefois de gagner au corps à corps... Et si le requin ne fait que nager près de vous, évitez de vous agiter, au risque qu'il prenne peur et cherche alors à se défendre...

## Oiseaux

***Casoar***

Très rare à observer, ce grand oiseau incapable de voler est reconnaissable à son long cou et à sa tête bleue, surmontée d'un casque vert-brun. Le casoar est très utile à son environnement, car il rejette les graines des aliments qu'il ingère, les dispersant ensuite dans l'environnement. On le croise surtout dans les forêts tropicales du Queensland. Il est inoffensif mais peut devenir très dangereux s'il se sent menacé, a fortiori avec sa progéniture, alors gare à ne pas l'effrayer, car ses griffes sont redoutables ! Il fait aujourd'hui partie des espèces en danger, ayant pris la mauvaise habitude de s'aventurer au bord des routes.
– ***Où ?*** Dans les forêts tropicales du nord du Queensland, plus particulièrement autour de Mission Beach, à Cape Tribulation et Kuranda.
– ***Quand ?*** Toute l'année, au crépuscule ou à l'aube. Cela dit, on a un peu plus de chances d'octobre à mars, la saison des fruits, quand il cherche à se nourrir.
– ***Habitat :*** difficile à observer, il vit au cœur des forêts tropicales.

### CASOAR DE VIVRE

*Chez les casoars, c'est madame qui décide : elle choisit son reproducteur, pond les œufs dans le nid que monsieur lui a fabriqué et s'en va... se chercher un nouveau mâle, du moins de juin à octobre, la saison des amours. Pendant ce temps, monsieur est d'astreinte : il couve les œufs pendant 40 jours, sans bouger, ni boire, ni manger !*

***Émeu australien***

C'est le 2e plus grand oiseau au monde derrière l'autruche, sa lointaine cousine. Il figure, avec le kangourou, sur les armoiries du pays, c'est dire son importance dans le cœur des Aussies.
– ***Où ?*** Un peu partout en Australie (sauf en Tasmanie).
– ***Quand ?*** Toute l'année, mais surtout d'août à octobre.
– ***Habitat :*** les plaines semi-arides et les bois clairs un peu humides.

***Ibis***

Véritable pigeon local ! Avec son long bec noir, cet oiseau au plumage blanc et noir a délaissé son habitat naturel pour s'installer en ville. Impossible en tout cas de ne pas être amusé lorsque vous verrez ces oiseaux insolites piétiner à vos côtés sur les trottoirs de Sydney !
– ***Où ?*** Partout en Australie, à l'exception du Red Centre et du sud de l'Australie.
– ***Quand ?*** Toute l'année, c'est un oiseau diurne qui se fait plus rare en hiver.
– ***Habitat :*** parcs des villes, marais, pâturages...

***Pélican australien***

Il se nourrit d'une quantité impressionnante de poissons, de canards, voire de... petits chiens (oui, oui !). Son jeu favori, le rase-mottes au-dessus de l'eau, se finit par un amerrissage des plus cocasse !
– ***Où ?*** Partout, à l'exception du Red Center, sur toutes les côtes et dans les ports de pêche.
– ***Quand ?*** Animal diurne ; on l'observe toute l'année, un peu moins en hiver.
– ***Habitat :*** marais, lacs, rivières, bords de mer.

## Reptiles

***Brown snake***

On reconnaît ce serpent à sa couleur, du jaune au brun foncé. Il est réputé pour être particulièrement teigneux et c'est l'un des plus répandus en Australie... prudence donc ! Il peut tolérer un contact accidentel, mais devient agressif s'il est provoqué, allant jusqu'à pourchasser son agresseur !
– ***Où ?*** Partout dans le pays.
– ***Quand ?*** Actif la journée si les températures sont basses, il est surtout nocturne.
– ***Habitat :*** il s'abrite en journée dans les crevasses, les troncs d'arbres, les nids abandonnés, les herbes hautes... Un peu partout donc, sauf en ville.

***Crocodiles***

2 grandes familles de crocos peuplent le nord de l'Australie. Le ***crocodile marin*** (appelé *salty* en Aussie) est le plus remarquable. Il peut mesurer plus de 6 m (record connu : 6,40 m) et peser plus d'une tonne... ce qui en fait le plus gros reptile vivant sur terre ! Ce véritable dinosaure est capable de passer plusieurs mois sans manger en ralentissant son métabolisme sur commande, jusqu'à 3 battements de cœur par minute. Particulièrement dangereux, c'est un prédateur opportuniste, qui peut s'attaquer à l'homme ou à des proies de taille imposante, comme une vache ou un buffle. Sa puissante mâchoire, son ouïe et sa vision nocturne en font un redoutable chasseur. Son cousin, le ***crocodile d'eau douce,*** est moins imposant : il ne mesure que 3 m. Son comportement est beaucoup moins agressif, mais ce n'est pas une raison pour aller le taquiner !
– ***Où ?*** Sur le littoral nord-est du pays, à partir de Brisbane jusqu'à Broome.
– ***Quand ?*** Toute l'année.
– ***Habitat :*** dans les estuaires à la saison sèche (mai à octobre) ; dans les marécages et les *billabongs* (bras morts) à la saison des pluies (novembre à avril) pour le crocodile marin. Il peut toutefois approcher les plages en empruntant les

estuaires... Des panneaux signalent leur présence dans les zones particulièrement fréquentées. Le croco d'eau douce, en revanche, vit toute l'année dans le même milieu : rivières, *billabongs*, marécages...

***Vipère de la mort (death adder)***

Son venin est redoutable et sa technique de chasse remarquable : elle se camoufle dans son environnement et peut attendre plusieurs heures – voire plusieurs jours ! – jusqu'à ce que sa victime vienne à sa rencontre, attirée par l'extrémité fine de sa queue qu'elle agite près de sa gueule.
– ***Où ?*** Sur toute la côte est du pays et profondément dans le bush jusqu'au fin fond du Northern Territory.
– ***Quand ?*** Toute l'année, le plus souvent la nuit.
– ***Habitat :*** on trouve des sous-espèces dans toutes sortes d'environnement. Elles se camouflent dans les végétaux.

## Araignées

***Avis aux campeurs :*** si vous avez laissé vos chaussures la nuit à l'air libre, secouez-les avant de les enfiler !

***Sydney funnel-web***

En voilà un affreux jojo ! Mesurant pas plus de 5 à 7 cm, cette araignée est la plus dangereuse d'Australie, et la 2e plus venimeuse de la planète. Elle ressemble à une mygale : un abdomen noir et luisant, de jolis crocs pouvant transpercer un vêtement et de belles pattes poilues ! Le mâle, plus petit, est aussi plus agressif que la femelle. Mais pas de panique, les araignées n'ont tué personne en Australie depuis 1979 !
– ***Où ?*** Dans la région de Sydney, jusqu'aux Blue Mountains.
– ***Quand ?*** Les *Atrax robustus* sont actives toute l'année. Elles sont nocturnes. Après de fortes pluies, leurs nids sont souvent inondés, ce qui les pousse à sortir. Le mâle est particulièrement actif en été et en automne, période de reproduction.
– ***Habitat :*** elles affectionnent les cavités ou tout orifice, de préférence dans une crevasse ou sous un rocher.

### DES VOLONTAIRES ?

*Chaque année, l'Australian Reptile Park, au nord de Sydney, demande aux courageux bénévoles de capturer des funnel-webs. Le venin de cette araignée est extrait toutes les semaines, puis injecté dans des lapins. Leurs anticorps serviront par la suite à produire de l'antivenin...*

***Huntsman***

L'une des araignées les plus répandues en Australie. Ses longues pattes (jusqu'à 30 cm) lui permettent de se déplacer très rapidement. Elle chasse sans tisser de toile, étant capable de sauter sur ses proies. Malgré son aspect et sa taille impressionnante, elle est inoffensive pour l'homme ! Certains Australiens apprécient d'ailleurs sa présence dans leur foyer, car elle les débarrasse des petits insectes nuisibles. Sa morsure engendre quand même des douleurs locales et de petites enflures. Mais l'araignée *huntsman* n'est pas du tout agressive et ne mordra que si elle se sent en danger.
– ***Où ?*** Sur toute la côte est, de Cairns à Melbourne.
– ***Quand ?*** Toute l'année, l'adulte hiberne toutefois en hiver.
– ***Habitat :*** dans les forêts, les troncs creux, et parfois dans les maisons...

***Redback***

Autre bestiole emblématique de l'Australie, cette petite araignée mesure seulement... 1 cm ! Plus connue sous le nom de « Veuve noire », elle tisse sa toile sous une chaise ou une table et n'attaquera que si elle sent que son territoire

est en danger. Attention : la morsure d'une femelle (qui est la seule à arborer une tache rouge sur l'abdomen) est dangereuse pour l'homme. Cependant, son venin, bien que très douloureux, n'est plus un danger fatal depuis la commercialisation d'un antivenin très efficace, facilement disponible en pharmacie. À savoir : l'usage d'un garrot ne ferait qu'accélérer la propagation du venin dans le système sanguin. L'application de froid soulage les symptômes, ainsi qu'une hydratation intense, et si vous en avez sous le coude, un antihistaminique.
– ***Où ?*** Partout en Australie, y compris dans les zones urbaines.
– ***Quand ?*** À toute heure de la journée. La *redback* supporte bien le froid et reste active en hiver.
– ***Habitat :*** les endroits secs et discrets. Sous un siège d'autobus, une table de jardin, dans les boîtes aux lettres... Attention où vous mettez les doigts !

# GÉOGRAPHIE

Avec 7 692 300 km² (14 fois la France), 3 200 km à vol d'oiseau du nord au sud (la distance de Nantes à Moscou !) et 4 000 km d'est en ouest, de l'océan Indien au Pacifique, l'Australie est assurément un graaand pays. C'est à la fois le plus petit continent et la plus grande île du monde... elle-même escortée par une flottille de 8 222 autres îles, dont une dizaine couvrent plus de 1 000 km². On recense à travers cet immense territoire pas moins de 500 parcs nationaux (record du monde) couvrant quelque 280 000 km²... soit en fait moins de 4 % du pays !

L'Australie s'est formée sans événement tectonique majeur. C'est d'ailleurs le seul continent à ne pas avoir de volcans actifs, et celui qui compte le moins de chaînes de montagnes. Le point culminant du pays, le Mawson Peak (2 745 m), se trouve sur la petite île subantarctique de Heard, à 2 400 km de l'Australie... Sur le continent même, c'est le mont Kosciuszko qui remporte la palme, avec 2 248 m, dans les Alpes australiennes (NSW).

***BEACH PARTY***

*Si vous envisagiez de découvrir une plage australienne par jour, il vous faudrait pas moins de 27 ans pour toutes les visiter !*

Seuls la latitude, le régime des pluies et les climats déterminent les différents écosystèmes. Pas moins de 70 % du territoire est considéré comme aride ou semi-aride, avec moins de 350 mm de pluie par an. L'Antarctique mis à part, c'est le pays le plus aride de la planète ! On y compte 10 déserts, dont l'impressionnant Grand Désert de Victoria, recouvrant 4,5 % du pays, soit presque la taille de l'Allemagne ! Seul le littoral (37 000 km de côtes !) est épargné par la sécheresse, et abrite une grande variété de paysages et de vie sauvage. Pas étonnant donc que la majorité des grandes villes s'y concentrent : 85 % de la population australienne habite à moins de 50 km des côtes, en particulier à l'est du pays. À l'inverse, certaines régions de l'extrême nord du Queensland dépassent parfois les 8 m de précipitations annuelles.

## Victoria

Situé à la pointe sud-est de l'Australie, l'État de Victoria a pour capitale Melbourne, la ville la plus européenne du pays, qui concentre à elle seule 77 % des habitants du Victoria ! C'est le plus petit État du pays (hors Tasmanie), avec pourtant une grande variété de paysages : des montagnes de la Cordillère australienne au nord, aux côtes brumeuses de la Great Ocean Road, où vous pourrez admirer l'étonnante formation des Twelve Apostles (falaises érodées en aiguilles rocheuses). Si vous vous posez la question, ici, c'est encore l'océan Indien !

## New South Wales

Le 1er et plus vieil État australien est aussi le plus peuplé : Sydney et sa périphérie concentrent près de 8,2 millions d'habitants, soit 1/3 de la population du pays. Au sud-est, bordé par le Queensland au nord, l'Australie-Méridionale à l'ouest et le Victoria au sud, il entoure le Territoire de Canberra, et est longé par la mer de Tasman. La Cordillère australienne *(Great Dividing Range)* traverse l'État du nord au sud. Les points culminants de ce massif montagneux sont les Snowy Mountains, et le mont Kosciuszko (2 248 m). Fait étonnant, les « Alpes » australiennes reçoivent de fait plus de neige par an que les Alpes suisses ! On y skie en hiver.

### TERRES DE DISSIDENCE

*En 1981, 3 adolescents fondaient l'Empire of Atlantium, un « néo-État » fantaisiste, installé en 1990 dans une ferme, qui édite ses propres timbres et monnaie ! Comptant 1 200 « citoyens » originaires de 90 pays, il se fait l'avocat d'un choix de citoyenneté libre, supranationale. D'autres micro-États de ce type ont existé en Australie : le Bumbunga, créé par un fervent royaliste britannique (dissous en 1999 lorsqu'il quitta le pays) et le royaume Gay et Lesbien de la mer de Corail (dissous après l'adoption du mariage gay par le Queensland en 2017) !*

## Queensland

Vaste, le Queensland est le 2e État du pays avec une superficie de 1 730 648 km², soit la taille de la France et de l'Allemagne réunies ! Il est traversé par la Cordillère australienne, étirée sur un axe nord-sud. C'est au large du Queensland que l'on trouve la Grande Barrière de corail, la plus grande au monde, plus grande structure existante composée d'organismes vivants (menacée). C'est la principale attraction touristique de la région. Le long des côtes, flottent d'innombrables et superbes îles baignées par la bien nommée mer de Corail... Limiter le Queensland à ces paysages de carte postale serait toutefois réducteur, car le nord de l'État abrite aussi d'importants parcs nationaux et espaces vierges préservés, couverts de végétation tropicale. Une partie du territoire, les Wet Tropics, est classée au Patrimoine de l'Unesco, à l'instar du parc national de Daintree, situé à l'extrême nord de l'État, dont la forêt date de plus de 110 millions d'années. Dans les terres, notamment dans les Atherton Tablelands entre Mission Beach et Cairns, on se balade entre bananeraies, champs de canne à sucre et plantations de thé et de café.

Comme partout en Australie, la population est concentrée majoritairement sur les côtes (principalement de Brisbane à Cairns), avec un vaste *outback* vide d'habitants. Le Queensland est le 3e État le plus peuplé du pays, avec près de 5,3 millions de résidents, mais c'est aussi celui dont la population croît le plus rapidement, avec un nouvel arrivant toutes les 9 mn !

## Northern Territory

Voici – de loin – la région la moins peuplée d'Australie : avec seulement 246 000 habitants sur 1,35 million de km² (dont 30,3 % d'Aborigènes), le Northern Territory est l'une des régions les plus vides d'humains au monde !

2 régions principales le composent. Tout au nord, bordé par les mers de Timor et d'Arafura (face à l'Indonésie), le ***Top End,*** tropical, inclut la région de Darwin, le parc national de Kakadu et l'immense terre d'Arnhem (97 000 km²), zone aborigène à l'accès réglementé. Seules 2 villes d'importance s'implantent dans le secteur : Darwin, la capitale (147 000 habitants), en bord de mer, prolongée par la vaste conurbation de Palmerston, et Katherine, dans les terres

(20 900 habitants). Au-delà débute le ***bush*** (aux bourgades éparses), où n'arrivent plus guère les inondations de la mousson, puis, moins peuplé encore, l'***outback,*** cet immense no man's land occupant le centre de l'Australie. Après 2 jours de route, on rejoint le ***Red Centre (Cœur Rouge),*** aux interminables plaines désertiques ou semi-arides, entrecoupées de rivières qui ne s'écoulent que quelques jours par an, après les plus violents orages. Seule ville de la région, Alice Springs (environ 39 400 habitants) est à 470 km de l'iconique Uluru (alias Ayers Rock), et 50 km de plus des dômes de Kata Tjuta, aussi classés au Patrimoine de l'Unesco.

# HISTOIRE

## Préhistoire australienne

Il y a ***150 millions d'années,*** l'Australie faisait partie du ***Gondwana,*** le supercontinent composé de l'Antarctique, de l'Amérique du Sud, de l'Afrique, de l'Inde, de Madagascar et de la Nouvelle-Zélande. Elle se détacha 80 millions d'années plus tard. N'ayant connu aucune activité volcanique et très peu d'événements tectoniques majeurs, l'Australie géologique telle que nous pouvons l'admirer aujourd'hui est la même qu'à l'époque préhistorique. Le pays est ainsi remarquablement plat, à quelques exceptions près.

### DINO-MINUS

*Le plus vieux fossile jamais retrouvé à ce jour se trouve en Australie-Occidentale. Estimé à 3,5 milliards d'années, il est cependant loin d'être aussi impressionnant que ce bon vieux tyrannosaure : il s'agit en effet d'organismes microscopiques, composés d'une seule et unique cellule.*

On estime que ***les 1ers hommes y ont posé le pied il y a près de 50 000 ans,*** à une époque où la Nouvelle-Guinée au nord et la Tasmanie au sud faisaient encore partie intégrante du continent. Plusieurs vagues migratoires eurent lieu, profitant de la baisse du niveau des eaux. Aussi, on distingue 2 grands groupes d'indigènes : les Aborigènes et les Indigènes du détroit de Torrès, dont la culture se rapproche plus de ceux des peuples mélanésiens. Ils pratiquaient notamment l'agriculture et les voyages maritimes avant l'arrivée de colons européens. Il est très compliqué d'estimer leur nombre sans aucune trace écrite, mais les dernières études estiment qu'ils étaient entre ***700 000*** et ***1 million,*** pour environ 500 clans. Pour plus de détails, se référer au chapitre « Aborigènes ».

### PAUSE-PIPI MIRACULEUSE !

*Parti se « soulager » en pleine nature pour cause d'envie pressante, un Australien s'est retrouvé face à une source entourée de peintures rupestres... Un site historique qui n'avait jamais été découvert et qui date de 49 000 ans ! Il s'agit là des plus anciennes traces du peuple aborigène dans le pays.*

## Les 1ers colons européens

Une théorie très controversée attribue la découverte européenne de l'Australie au Portugais ***Cristóvão de Mendonça*** en 1522. L'un des vestiges de son passage se cacherait aux environs de Warrnambool (Victoria), sous la forme d'une épave de caravelle. L'explorateur aurait été secrètement mandaté pour explorer ce territoire à la recherche d'or. Il devait rester discret car il aurait emprunté

des eaux appartenant alors à l'Espagne. Aujourd'hui encore, la recherche de cette caravelle continue d'occuper beaucoup de passionnés, en vain...
Le 1er mouillage identifié d'un Européen en Australie intervient en 1606 avec le Hollandais ***Willem Janszoon,*** sur les rives de la Pennefather River, à l'extrême pointe du Queensland. Le navigateur surnomme cette terre « Nouvelle-Hollande » mais, la trouvant hostile, il n'y pose pas le pied.
Le Français ***Melchisédech Thévenot*** réalise en 1664 une 1re carte de l'Australie-Occidentale.

## Au service de Sa Majesté

Le 29 avril 1770, ***James Cook,*** mandaté par George III, débarque à *Botany Bay.* À son retour, il vante les mérites de cette terre accueillante et peu habitée et, 17 ans plus tard, la Grande-Bretagne décide d'y établir une colonie pénitentiaire. 775 détenus sont envoyés sur place, escortés d'officiels et de leurs familles. Cette « ***First Fleet*** » est composée de 11 navires s'embarquant pour un voyage aux antipodes de 9 mois... Le 26 janvier 1788, les Britanniques, dirigés par le capitaine Arthur Phillip, débarquent à ***Port Jackson.*** Un toast est porté au roi, et l'on tire des coups de canon. Cette date marque le jour de la fête nationale australienne. Un événement à double tranchant, car pour les Aborigènes il sonne aussi le début du massacre et des persécutions : l'***Invasion Day.***

## Un déménagement compliqué

Les conditions de vie sont particulièrement dures pour les nouveaux venus, en but aux maladies et surtout à la famine. Ils ne sont pas non plus très tendres entre eux, pratiquant la pendaison à tour de bras, ainsi que l'esclavagisme à peine déguisé des forçats. Les Aborigènes, accueillants au 1er abord, s'opposent bientôt aux colons, violemment ou pacifiquement. 1er d'entre eux à parler et écrire l'anglais, ***Bennelong*** est cependant l'exemple parfait d'une entente possible entre les 2 groupes : vivant dans une hutte à l'emplacement actuel de l'Opéra de Sydney, d'abord dans la lutte puis dans l'échange avec le gouverneur Arthur Phillip, il fait même le voyage jusqu'en Angleterre où il rencontre, selon certains, le roi George III.

### FLIC ET VOYOU

*La 1re force de police australienne fut créée en 1789, pour patrouiller la nuit dans la nouvelle colonie. Elle était constituée d'un groupe de 8* convicts *(bagnards), qui furent sélectionnés pour leur bonne conduite en prison.*

## Une longue phase d'expansion terrestre

Le XIXe s est placé sous le signe de la découverte du territoire et de l'expansion. En 1801, ***Matthew Flinders*** prend la barre de l'*Investigator* et effectue le 1er tour du continent. Il suggère un nom, ***Australie,*** qui remplace officiellement la « Nouvelle-Hollande » en 1817. L'exploration sur terre est plus complexe : les Blue Mountains dressent leur barrière naturelle, que d'aucuns jugent infranchissable – même si un prisonnier du nom de John Wilson y parvient. En 1813, ***Gregory Blaxland, William Lawson*** et ***William Charles Wentworth*** sont les « 1ers » explorateurs officiels de la région.
En 1824, Hamilton Hume et William Hovell ouvrent la route vers l'actuelle Melbourne, quand, en 1828, Charles Sturt entreprend de suivre le cours des rivières de Sydney jusqu'à l'Australie-Méridionale. Les ***colonies*** commencent à pousser

comme des champignons : la Tasmanie en 1804, dans un véritable bain de sang pour la population aborigène ; Brisbane en 1824 ; Perth en 1829 ; Melbourne en 1835. L'Australie-Méridionale est créée en 1836, devenant la 1re colonie sans *convicts*.
Parti d'Adelaide, ***Edward John Eyre,*** courageux fermier, décide en 1840 de traverser d'ouest en est la terrible plaine du Nullarbor, où ne pousse quasiment aucun arbre !

### UNE RÉBELLION (DÉ)CULOTTÉE !

*En 1832, 300 prisonnières montrent leur mécontentement au gouverneur de Tasmanie en exhibant fièrement leur postérieur ! Cet événement est considéré comme la 1re* flash mob *(= mobilisation éclair) de l'histoire moderne. Plus tard, l'Australie sera aussi le berceau du 1er selfie...*

## Ruée vers l'or

En 1851, des ***filons aurifères*** sont découverts près de Bathurst et de Bendigo. L'Australie enchaîne les ruées. Des villes entières naissent et disparaissent. C'est la période du rêve australien, marquée par une grande vague d'immigration.
En 1859, le gouvernement australien décide de construire un télégraphe partant d'Adelaide vers la côte nord. Une récompense de 2 000 £ est promise à qui traversera le continent du nord au sud. Une expédition menée par le vaillant ***John McDouall Stuart*** s'engage dans l'*outback*, avec succès.
L'Australie entre ensuite dans une période de prospérité éclatante : en 1880, Melbourne est la ville la plus riche du monde.

## Une unité de façade

L'Australie subit de plein fouet la terrible crise économique de 1890. C'est pourtant à cette époque que naît l'embryon de l'unité australienne. En ***1901,*** les 6 colonies qui la constituent décident de devenir ***une seule et même nation.*** Si les points de discorde sont nombreux, elles s'accordent toutes sur un sujet : l'Australie doit rester sous forte influence britannique.

### HONNEUR AUX DAMES

*L'Australie a accordé le droit de vote aux femmes en 1902, juste après la Nouvelle-Zélande, l'île de Man et l'État du Wyoming aux États-Unis. En France, c'était en 1944 !*

Cette unité cache une réalité plus contrastée. À peine mis en place, le gouvernement fédéral adopte la « ***White Australia Policy*** », une immigration choisie selon des critères raciaux. L'Australie « blanche » va ainsi rester presque exclusivement britannique jusqu'à la fin de la Seconde Guerre mondiale. Les Aborigènes n'échappent bien entendu pas à cette ségrégation : parqués dans des réserves, ils subissent la pression missionnaire, et restent extrêmement limités dans leurs actions.
Jusqu'en 1910, l'Australie n'a pas de parti politique dominant, jonglant allégrement entre les majorités au pouvoir : 5 Premiers ministres se succèdent au pouvoir entre 1901 et 1910 ! Les choses s'éclaircissent ensuite, avec 2 partis majeurs encore à l'œuvre aujourd'hui : « Labor » (gauche) et « Liberals » (droite).

## La Grande Guerre, Down Under

Lorsque le Royaume-Uni entre en guerre en 1914, les Australiens suivent promptement. Le pays engage 331 781 hommes dans le conflit, soit environ 75 % de ses militaires. 60 000 Australiens vont périr et 137 000 rentrer au pays marqués dans leur chair. Le coût économique est énorme. L'***Anzac Day*** commémore depuis la campagne en Turquie des forces australo/néo-zélandaises à ***Gallipoli,*** le ***25 avril 1915.*** Malgré l'échec cuisant, ce jour sombre, qui réalisa de fait l'unité de tout le peuple australien, est vécu par beaucoup comme la véritable fête nationale...

À la fin de la guerre, l'Australie voit arriver 300 000 migrants. La mythique compagnie aérienne australienne, la ***Qantas,*** est fondée en 1920 ; les vols intérieurs facilitent les échanges. L'iconique ***Harbour Bridge,*** devenu symbole de persévérance et d'entraide, voit sa construction démarrer à Sydney en 1923, pour 8 années de labeur marquées par la mort de 16 ouvriers.

En 1931, subissant comme le reste du monde les effets de la crise économique, 1/3 du pays se retrouve au chômage. En prime, la Grande-Bretagne réclame le remboursement de ses prêts. On dort dans les parcs publics, sous des tentes, et les *swagmen,* vagabonds trimbalant leur baluchon pour trouver du travail, pullulent sur les routes. L'économie finit par retrouver des couleurs vers 1937, juste avant la plongée dans la Seconde Guerre mondiale. À cette période, le rejet complet de la population aborigène se change en une volonté « d'assimilation » – comprendre, de conversion au mode de vie occidental.

### T'AS LE *SWAG* !

*En Australie, les* swagmen *ne sont pas des citadins particulièrement tendance et branchés, mais des travailleurs itinérants traversant la crise des années 1930 un swag sur le dos. Il s'agit d'un léger sac de couchage leur permettant de dormir à la belle étoile, au gré des petits boulots. Cette figure inspira l'une des plus célèbres chansons australiennes, considérée comme l'hymne officieux du pays :* Waltzing Matilda.

## Menacée pour la 1re fois

Si la Première Guerre fut sanglante pour l'Australie, elle n'a jamais menacé ses propres terres. La ***Seconde Guerre mondiale*** change la donne. En 1942, Broome, Darwin et Townsville subissent de violents ***bombardements japonais,*** et plus tard dans l'année, 2 sous-marins espions pénètrent dans la baie de Sydney. Les Britanniques demandent un plus grand effort de guerre aux Australiens, mais pour la 1re fois, le pays s'émancipe et refuse. La menace venant du Pacifique est bien trop pressante et la nation refuse d'envoyer plus d'hommes vers la lointaine Europe. Ce changement majeur dans la politique extérieure marque le début d'une longue alliance avec l'Amérique : 250 000 marines sont envoyés en Australie, au nom de l'alliance ***ANZUS.*** L'Australie est profondément marquée par ce conflit, la conscription touchant tous les hommes du pays. Sur un million partis au front, 34 000 ne sont pas rentrés.

## Une ouverture massive

L'immigration reprend de plus belle à la fin du conflit, motivée par l'économie florissante. Le pays élargit sa politique migratoire à l'Europe entière. Dans les 20 années qui suivent la fin de la Seconde Guerre mondiale, 2 millions d'immigrés posent leur baluchon sur le sol australien. En 1958, le test de langue anglaise est aboli et les frontières ouvertes au reste du monde : Grecs, Turcs, Libanais, Thaïlandais, Chinois, Vietnamiens débarquent alors. L'accès à la citoyenneté reste cependant long et complexe pour les non-Européens. Symbole de cette prospérité économique, on lance alors le pharaonique (et chaotique !) chantier de l'***Opéra de Sydney*** en 1950. Chantier qui va durer 15 ans et coûter près de 15 fois son budget initial !

1949 voit ***Robert Menzies*** occuper le siège de 1er ministre ; il ne le quittera pas pendant 18 ans. Le boom d'après-guerre, la demande internationale pour les matières premières australiennes et sa politique libérale déterminent une période de prospérité folle pour le pays. Menzies est réélu 8 fois malgré sa décision d'engager l'Australie dans la guerre de Corée et contre l'insurrection communiste malaisienne. Mais le choix de soutenir les États-Unis au Vietnam (1er conflit où l'Australie s'allie à un autre pays que le Royaume-Uni) provoque sa chute.

## L'influence américaine et la maturité

Depuis la fin de la Seconde Guerre mondiale, le pays échange beaucoup avec son cousin d'outre-Pacifique. Il récolte aussi son vent de révolte des années 1960. Les villes australiennes sont alors le théâtre de démonstrations pacifiques, et les jeunes se rebellent ouvertement contre la conscription.
Le peuple aborigène commence à revendiquer ses droits. En 1967, suite à une longue campagne, les ***lois et textes discriminatoires sont abolis.*** En 1971, ***Neville Bonner,*** membre du Parti libéral, est le 1er Aborigène à intégrer le Parlement fédéral – il n'y en aura pas d'autres avant 1999. Le travail de ***Vincent Lingiari,*** militant aborigène, aboutit en 1972, lorsque le 1er ministre Gough Whitlam verse dans sa main une poignée de terre, symbolisant la ***restitution progressive des terres.*** En 1976, c'est au tour de Malcolm Fraser de décréter l'***Aboriginal Land Rights Act,*** et moins de 10 ans plus tard, en 1984, les titres de propriété d'Ayers Rock et de ses environs sont officiellement remis à la tribu Pitjantjatjara. La dénomination officielle du gros rocher intègre alors « Uluru » (prioritaire depuis 2002).
En 1992, suite au fameux procès Mabo, la Haute Cour abroge la doctrine de la « ***Terra Nullius*** », qui prétendait que l'Australie était inoccupée au moment où les Britanniques y ont planté leur drapeau. Le ***Native Title Act*** est établi, qui permet aux Aborigènes de récupérer une terre lorsque la communauté peut prouver qu'elle l'a occupée de manière ininterrompue.

## Les « générations volées »

Les guerres mondiales ont éclipsé une bien triste réalité. Entre 1909 et 1969, les enfants nés de métissages blanc/aborigène étaient retirés à leur famille pour être placés dans des foyers le plus souvent très isolés et gérés par des religieux. Idéal pour les tenir à l'écart du reste de la population… Cecil Cook déclarait alors : « Toutes les caractéristiques indigènes de l'Aborigène australien sont généralement éradiquées à la 5e génération, et le sont invariablement à la 6e. Le problème de nos métis sera rapidement éliminé par la disparition complète de la race noire, et par la submersion rapide de sa progéniture au sein de la blanche. » Beaucoup parlent aujourd'hui de tentative de génocide et de « ***générations volées*** ».
En 2008, après des années de déni de l'ex-1er ministre John Howard, le travailliste ***Kevin Rudd*** s'excuse au nom de la nation pour cette sombre page de l'histoire de l'Australie. C'est l'***Apology Speech.*** La situation reste cependant complexe. En mai 2017, 250 chefs Aborigènes ont demandé la création d'un organisme représentatif qui leur garantirait de se voir accorder un droit de parole par la Constitution australienne. Une requête balayée net par le 1er ministre, Malcom Turnbull. La raison ? Il jugeait cette revendication trop « radicale ».

## Et aujourd'hui ?

Forte de ses ressources naturelles, l'Australie traverse la crise économique de 2008 sans grand dommage. Le boom minier et l'appétit sans fin de la Chine en énergie lui valent longtemps une croissance insolente, attirant de plus en plus de migrants. Mais après une longue période d'ouverture, l'Australie se crispe et l'ouverture des frontières fait place à une sélection draconienne – avec, un temps,

déportation et enfermement des migrants illégaux sur les îles de Christmas et de Nauru (dénoncés par les ONG).
Malgré l'adoption du ***mariage homosexuel en 2017*** (l'homosexualité était encore un délit en 1997 !), l'heure est plutôt à la crispation. Crispation durant la ***crise du Covid*** d'abord, qui a vu les États australiens imposer des restrictions draconiennes à leurs citoyens – avec notamment près de 270 jours de confinements cumulés à Melbourne (dont 111 jours d'affilée) ! Crispations internationales aussi, alors que la politique d'amitié solide avec la Chine s'est muée ces dernières années en une méfiance croissante, compte tenu de la volonté de celle-ci de s'imposer dans la région Indo-Pacifique – dernièrement, encore, avec son installation dans les proches îles Salomon, chasse gardée australienne. C'est dans ce cadre que l'Australie a intégré en 2021 l'***alliance stratégique et militaire AUKUS*** aux côtés des États-Unis et du Royaume-Uni (à l'origine de l'annulation d'une commande de sous-marins français).
Un enjeu, néanmoins, surpasse tous les autres : le ***réchauffement climatique,*** à l'origine de sévères épisodes de sécheresse, feux de forêt et inondations entre 2019 et 2022. En débat : la ***dépendance massive de l'Australie aux énergies fossiles.*** Le sujet structure désormais la politique nationale en filigrane, opposant grosso modo le Labour Party pro-environnement à la Liberal-National Coalition (Libs-Nats) pro-business et à tendance fortement climato-sceptique – dont nombre d'élus entretiennent des liens d'intérêt avec l'industrie... Le vice-1er ministre Michael McCormack, qui a pourtant déclaré que le réchauffement climatique n'est qu'une « préoccupation des tarés de gauche des centres urbains », a d'ailleurs été saqué en juin 2021 par ses pairs pour n'avoir pas montré assez d'hostilité à l'adoption éventuelle de politiques pro-environnement ! Résultat : aux élections de mai 2022, les Libs-Nats ont subi une défaite cuisante, ouvrant la voie à la formation d'un ***gouvernement majoritaire labour mené par Anthony Albanese*** – le 1er Premier ministre australien d'origine non anglo-saxonne. A contrario de la décennie conservatrice précédente, dans les centres urbains, de nombreux candidats pro-écologie et féministes ont été élus – notamment au Sénat, renouvelé partiellement en même temps. D'emblée, le nouveau gouvernement s'est engagé à atteindre la neutralité carbone en 2050.

### CADEAU DE L'ESPACE

*En 2016, 2 géologues ont enfin mis la main sur une météorite dont le crash avait été enregistré par plusieurs caméras. Ils ont dû faire preuve de patience car elle était enfouie dans un trou de... 42 cm ! Cette météorite de 1,7 kg aurait le même âge que la Terre, soit 4,5 milliards d'années. Une découverte de (petite) taille !*

## MÉDIAS

Les Australiens ne sont pas de gros « consommateurs » de médias. Radio, TV et presse écrite servent surtout à relayer les informations locales, de la ville ou de l'État. Ce sont les événements sportifs (rugby, tennis, football notamment) et les émissions de téléréalité qui récoltent le plus d'audimat. Dans les rayons des kiosques à journaux, beaucoup, beaucoup de tabloïds, de magazines people ou sportifs et quelques quotidiens d'information... En 2021, l'Australie est classée au 39e rang mondial de la liberté de la presse (selon RSF), lorsque sa voisine, la Nouvelle-Zélande, est 11e (et la France 26e).

### Rupert Murdoch, magnat des médias

Né à Melbourne en 1931, Rupert Murdoch démarre sa carrière dans sa ville natale, héritant d'une entreprise de presse familiale, fondée dans les années 1920. Année après année, il construit un empire médiatique à l'étranger, devenant l'un des Australiens les plus influents au monde. Du *Times* de Londres au *Wall Street Journal* de New York, de *Fox News* à *Sky TV*, entre Sydney et Los Angeles, Amsterdam ou Hong Kong, plus d'un milliard de personnes regardent, lisent, écoutent ses médias au quotidien. Des médias qui font l'objet de critiques, affichant pour beaucoup une ligne éditoriale ultra-conservatrice. Rupert Murdoch a été au centre de scandales : abus de pouvoir, menaces, corruption des services publics, viol de la vie privée... Toutefois, si le navire a souvent été chahuté, il n'a jamais coulé. Classé il y a encore quelques années parmi les personnalités les plus puissantes du monde, il est à la tête d'une fortune estimée à plus de 13 milliards de dollars.

## Presse écrite

Constat de taille : l'Australie ne possède qu'un seul quotidien national généraliste, *The Australian* (aussi appelé *The Oz*). Fondé en 1964 et édité par la *News Corporation* de Rupert Murdoch, il est l'un des journaux les plus influents du pays, lu par environ 2,4 millions de personnes (politiques et hommes d'affaires notamment). Cela étant, les Australiens s'intéressent surtout à l'actualité locale, de leur ville ou de leur région. Chaque grande agglomération possède plusieurs quotidiens : *The Daily Telegraph* ou *The Sydney Morning Herald* à Sydney (4,2 millions de lecteurs), *The Age* ou *The Herald Sun* à Melbourne (2,8 millions chacun) ou encore *The Sunday Mail* et *The Courier-Mail* à Brisbane. Certains titres se rapprochent du contenu des tabloïds anglais, avec des articles souvent racoleurs, faisant la part belle aux faits divers, aux potins et à l'actualité sportive.

## TV et radio

2 grands diffuseurs publics, subventionnés par le gouvernement australien, se partagent l'offre télé et radio en Australie : *Australian Broadcasting Corporation (ABC)* et *Special Broadcasting Service (SBS)*. Le groupe *ABC*, fondé en 1929, diffuse 50 stations de radio dont 46 locales, une radio nationale spécialisée « infos en continu » *(ABC NewsRadio)*, une destinée aux jeunes *(Triple J)*, une consacrée à la musique classique *(ABC Classique FM)* et une généraliste *(ABC Radio National)*. À l'exception d'*ABC Classique FM*, les radios nationales d'*ABC* se déclinent aussi version télé : *ABC News 24* (chaîne d'infos), *ABC 2* (enfants et cinéma) et *ABC TV* (chaîne de télé nationale, où certains programmes, comme les journaux télévisés, varient selon les villes). Quant à *SBS*, le « multiculturalisme » est au cœur de sa charte éditoriale. Les programmes de *SBS Radio* sont diffusés en 70 langues (dont le français) et destinés notamment aux expatriés, aux communautés aborigènes et à celles issues de l'immigration. Côté TV, 5 chaînes au total dont *SBS 1* et *World Movies* (les plus célèbres), qui diffusent des films étrangers en v.o. sous-titrée et des journaux télévisés du monde entier (comme celui de France 2, le matin, et celui de France 24, l'après-midi).

> **ONDES *GAY-FRIENDLY***
>
> *Réjouissons-nous, car l'Australie est très largement* gay-friendly. *Le pays a vu naître en 1993* Joy Radio, *la 1re radio gay au monde.*

Autres chaînes de télé (privées) assez suivies en Australie : *Channel 7, Channel 9* et *Channel 10*. Elles diffusent surtout des séries américaines, des reportages et des programmes de téléréalité, notamment *Masterchef* (l'une des émissions les plus populaires dans le pays).
Enfin, côté stations de radio, un conseil : parcourez de long en large la bande FM locale. On trouve parfois de petites pépites, comme des radios 100 % country, rock 90's ou blues. Une bande-son idéale pour votre road trip dans le pays !

## Médias aborigènes

Les Aborigènes ont développé leur propre réseau de médias dans le pays : au total, il existe plus d'une centaine de chaînes de télévision, stations de radio et journaux, certains ne diffusant qu'en langue locale. L'histoire du peuple aborigène étant surtout orale, ces différents médias représentent aujourd'hui le vecteur idéal pour la transmission des savoirs et des informations. Les programmes sont accessibles aussi bien en ville que dans certaines régions ou communautés rurales isolées. Parmi les chaînes de télévision aborigènes incontournables : *Imparja TV* et *NITV (National Indigenous Television).* Depuis 30 ans, la station de radio *CAAMA (Central Australian Aboriginal Media Association)* diffuse aussi la parole et la musique des Aborigènes. Elle est basée à Alice Springs.

## Votre TV en français : TV5MONDE, la 1re chaîne culturelle francophone mondiale

Avec ses 11 chaînes et ses 14 langues de sous-titrage, TV5MONDE s'adresse à 370 millions de foyers dans 198 pays par câble, satellite et sur IPTV et est présent dans plus de 3 millions de chambres d'hôtels. Vous y retrouverez de l'information, du cinéma, du divertissement, du sport, des documentaires...
Préparez votre séjour grâce à son site voyage ● *voyage.tv5monde.com* ●, et sur place, restez connecté avec les applications et le site ● *tv5monde.com* ● Demandez à votre hôtel le canal de diffusion de TV5MONDE et contactez ● *tv5monde.com/contact* ● pour toutes remarques.

# MUSIQUE

Se plonger dans la culture musicale australienne, c'est découvrir la bande-son idéale pour un voyage en plein *outback* : une musique « *roots, rock & folk* ». Ici, on respire l'histoire australienne... jusque dans les oreilles ! Celle des pionniers du bush, des Aborigènes et des surfeurs de la côte est. La musique australienne, c'est un savoureux mélange entre les influences cosmopolites du pays et ses racines millénaires... Pas étonnant que le rock, le folk et la musique aborigène fassent partie des styles musicaux les plus écoutés par les Australiens, tenant fièrement tête à une variété internationale, plutôt fade, diffusée en boucle sur la bande FM.

– ***Rock :*** intimement lié au surf, le rock est ancré dans la culture populaire australienne. Pour se faire repérer et connaître du grand public, les groupes investissent les nombreux pubs ou clubs du pays, véritables viviers de talents à l'état brut. Foncez-y pour y découvrir les pépites de demain ! C'est à Sydney, par exemple, que se sont formés 3 groupes devenus des icônes mondiales : ***AC/DC*** et son hard rock rageur (auteur du 2e album le plus vendu de tous les temps : *Back In Black,* 50 millions d'exemplaires écoulés), ***Midnight Oil*** et son rock engagé et politisé (en faveur de l'écologie et des Aborigènes d'Australie), ou encore les ***INXS,*** rockers à la fois explosifs et romantiques.
Parmi les autres grands noms de l'histoire de la scène rock australienne : Nick Cave and The Bad Seeds, Jet, Silverchair, The Go-Betweens, Radio Birdman ou encore The Church.
Plus récemment, ***Wolfmother, Airbourne*** et ***Tame Impala*** rencontrent un joli succès auprès du public, avec leur rock tapageur et psychédélique. ***The Faim,*** tout aussi énergique, s'est fait une place dans le milieu avec un rock plus mélodique.

– ***Folk et musique country :*** 2 styles de musique qui vous accompagneront à n'en pas douter lors de vos déplacements à travers le pays ! Indémodable et très populaire, la musique country est largement diffusée à la radio (plusieurs stations lui sont consacrées). Attention toutefois à ne pas la confondre avec sa grande sœur américaine. La country australienne tire ses influences des

traditions du pays, notamment les *bush ballads* (popularisées par les poètes australiens) et les balades folkloriques celtiques.
Pour vous familiariser avec le genre, parcourez l'œuvre de ***Slim Dusty*** (1927-2003), l'homme aux 100 albums et 50 ans de carrière, surnommé « The King of Australian Country Music ». On peut ensuite citer pêle-mêle : le groupe Tex, Don and Charlie et les chanteurs Lee Kernaghan, Keith Urban et John Williamson.
Davantage orientés folk, les artistes ***Paul Kelly, Pete Murray, Angus and Julia Stone*** et ***John Butler Trio*** sont très populaires en Australie et s'exportent aussi bien en Europe et aux États-Unis.
– ***Disco, pop et électro :*** on a tendance à l'oublier, mais les ***Bee Gees*** sont un groupe australo-britannique ! Ils ont débuté dans le Queensland, en 1958... jusqu'à réussir à imposer leurs pattes d'éph' et leur son disco dans les années 1960 et 1970, en pleine émergence de la scène rock ! Résultat : un succès planétaire et 220 millions d'albums vendus au cours de leur carrière.
***Kylie Minogue*** est elle aussi devenue une star planétaire. Surnommée la « princesse de la pop music », la native de Melbourne affiche déjà plus de 35 ans de carrière ! Sa petite sœur, ***Dannii,*** est également une artiste reconnue même si elle n'a pas rencontré le même succès international. Autres chanteuses populaires de la culture pop : les jumelles de *The Veronicas, Delta Goodrem* ou encore ***Tina Arena,*** qui a connu un certain succès en France dans les années 2000. Le duo électro-pop ***Empire of the Sun*** s'est – lui aussi – forgé une solide réputation. Plusieurs de ses chansons ont été reprises pour des publicités de grandes marques en Europe. Plus récemment, le chanteur et rappeur ***The Kid Laroi*** a rencontré un succès international et multiplie les collaborations. Il est le plus jeune artiste australien à avoir atteint les sommets des charts avec l'album *F*ck Love* en 2020. Mais sa compatriote ***Iggy Azalea,*** originaire de Sydney, n'a pas à rougir : elle caracole aussi en tête de la scène musicale internationale, mêlant rap et électro.
Les fans d'***électro*** pur surveilleront de près les sorties du label *Future Classic,* basé à Redfern, le quartier aborigène de Sydney. Il a révélé tous les grands noms de la nouvelle scène techno australienne de ces dernières années : ***Flume, Flight Facilities*** ou encore ***Chet Faker.*** Mais là, point de « boum boum » martelant vos oreilles : on est dans la coolitude, à la limite de la musique psychédélique. Encore une bande-son idéale pour parcourir les grands espaces ! Enfin, peu connus en France, les ***Midnight Juggernauts*** sont considérés comme les Daft Punk australiens... Ce n'est pas pour rien d'ailleurs que le duo français fait partie de leurs plus grands fans.
– ***Opéra :*** si l'***Opera Australia*** (la compagnie nationale) jouit d'une telle réputation sur la scène internationale, c'est grâce notamment à la diva ***Joan Sutherland*** (1926-2010). Superstar dans le pays, elle est surnommée « la Stupenda » – en raison de son timbre de voix et de sa technique exceptionnelle. Autre grande dame de l'opéra australien : ***Nellie Melba*** (1861-1931). Pour la petite histoire, c'est elle qui inspira au chef cuisinier Auguste Escoffier la création du dessert appelé « pêche Melba », en 1893.
Aujourd'hui, la relève est assurée notamment par ***Deborah Cheetham,*** célèbre soprano aborigène. Si vous en avez la possibilité, assistez à une représentation à l'Opéra de Sydney ou de Melbourne : frissons garantis !
– ***Musique aborigène :*** difficile de séjourner en Australie sans entendre les douces vibrations de ces sonorités ancestrales. Avec le chant, elle a toujours joué un rôle prépondérant dans la culture aborigène pour la transmission des savoirs et l'éducation. La plupart d'entre elles contiennent des paroles aux connotations sacrées. La musique aborigène a été popularisée à travers le monde avec la pratique du ***didgeridoo,*** instrument le plus représentatif de cet art. Mais elle a évolué au fil des années en s'imprégnant de la musique populaire occidentale, mêlant des influences rock, hip-hop ou reggae. De nombreux musiciens aborigènes connaissent aujourd'hui un succès commercial. Reconnu comme le fondateur du rock

aborigène, le groupe ***Yothu Yindi*** est très populaire en Australie. Quelques références dans les registres pop et folk : ***Jimmy Little, Christine Anu, Lionel Rose*** ou encore ***Archie Roach.***

– On signalera, pour les plus francophones d'entre nous, l'excellent album du chanteur français ***CharlÉlie Couture,*** *Melbourne Aussie,* directement inspiré de ses nombreuses années passées en Australie. Un disque qui rend hommage aux grands espaces australiens et à Melbourne.

### DU SOUFFLE, BON SANG !

*Représentatif des Aborigènes, le didgeridoo est l'un des plus anciens instruments à vent du monde (utilisé depuis l'âge de pierre, il y a environ 20 000 ans). Principalement fabriqué dans un tronc d'eucalyptus, il varie en longueur de 1 m à 1,80 m. Pour jouer du didgeridoo, il faut faire vibrer ses lèvres (un peu comme avec une trompette) tout en soufflant, encore, encore et encore... La technique du souffle continu ou respiration circulaire permet de jouer sans s'arrêter ! Pas évident.*

# PERSONNAGES

## Histoire, politique, médias

– ***Ned Kelly*** *(1854-1880)* **:** célèbre *bushranger* (hors-la-loi vivant dans le bush), Ned Kelly est l'un des héros du folklore populaire australien et une icône nationale, représentant le combat de l'opprimé contre les autorités. Pour certains, c'était un Robin des Bois des temps modernes et un symbole de la résistance contre l'Empire britannique, pour d'autres, un cruel assassin de policiers. Il a sévi dans le pays pendant plus d'une dizaine d'années, avant d'être arrêté et condamné à mort en 1880.

### AMOUR DINGUE

*Éperdument épris de la reine Victoria, Thomas Edward Jones s'introduisit dès l'âge de 14 ans (en 1838) à Buckingham Palace pour tenter de lui chiper des sous-vêtements féminins. À la 3e tentative, on l'envoya en Australie pour l'éloigner définitivement de la reine.*

– ***David Unaipon*** *(1872-1967)* **:** surnommé le « Léonard de Vinci australien ». D'origine aborigène, cet inventeur était aussi un prédicateur, un écrivain et un philosophe reconnu. Il est représenté sur les billets de 50 dollars australiens.

– ***Helena Rubinstein*** *(1872-1965)* **:** née en Pologne, elle émigra en Australie où gagna sa vie avec des petits métiers peu valorisants. Constatant les dégâts du soleil sur la peau, elle imagina une crème hydratante à base de lanoline qu'elle vendit au porte-à-porte. Elle s'appelait alors « Valaze » (don du ciel en hongrois). Bien vu puisqu'elle fit fortune et partit plus tard s'établir aux états-Unis.

– ***John Flynn*** *(1880-1951)* **:** pasteur presbytérien et aviateur australien. Après la Grande Dépression, il a fondé en 1934 le *Royal Flying Doctor Service,* 1er service d'ambulances aériennes au monde. Son effigie orne le billet de 20 dollars.

– ***Rupert Murdoch*** *(1931)* **:** l'un des magnats de la presse les plus influents au monde. Au fil des années, il a construit un véritable empire médiatique : du *Wall Street Journal* de New York au *Times* de Londres, en passant par les chaînes de TV *Fox News* ou *Sky TV.* Plus d'un milliard de personnes regardent, lisent, écoutent ses supports quotidiennement. En 2015, sa fortune était estimée à plus de 13 milliards de dollars.

– ***Eddie « Koiki » Mabo*** *(1936-1992)* **:** indigène issu du détroit de Torrès, Eddie Mabo est jardinier à l'université de Townsville lorsqu'il entame un jour une conversation avec 2 professeurs. Il apprend alors que la terre sur laquelle il est né n'appartient pas à son peuple, mais à la Couronne britannique. C'est le début du long combat de « Koiki ». 18 ans de lutte, pour qu'en 1992, 5 mois après sa mort, la Cour suprême annule le principe de *Terra Nullius*. Les effets de cette décision, hautement symbolique, sont toutefois à relativiser. Les Aborigènes ne peuvent réclamer des terres déjà occupées par les colons (soit un peu moins de 0,1 % des New South Wales !).

– ***Kevin Rudd*** *(1957)* **:** ex-chef du Parti travailliste australien et 2 fois 1er ministre du pays, il a marqué les esprits en signant le protocole du traité de Kyoto et surtout en prononçant, le 13 février 2008, l'*Apology Speech*. Il a présenté des excuses, au nom du peuple australien, pour la politique des « générations volées », consistant à replacer les enfants aborigènes dans des familles blanches, de 1869 à 1969. Discours hautement symbolique, salué pour les 2 communautés et dans le monde entier.

– ***Julia Gillard*** *(1961)* **:** avocate de formation, elle entame une carrière politique au sein du Parti travailliste australien et connaît un parcours quasi sans faute : membre du Parlement, ministre de l'Éducation, vice-1re ministre. C'est la 1re femme à accéder au poste de 1er ministre, en 2010. Réputée pour son esprit combatif, son habileté à négocier et ses attaques féroces contre le chef de l'opposition, Julia Gillard s'est fait quelques ennemis. En juin 2013, elle a été désavouée par son propre parti et contrainte de démissionner de son poste.

– ***Julian Assange*** *(1971)* **:** le fondateur de WikiLeaks, de son vrai nom Julian Paul Hawkins, affirme être né sur Magnetic Island (Queensland), tandis qu'Interpol prétend qu'il est né à Townsville... juste en face. La guerre médiatique fait rage autour de ce personnage controversé qui a fait fuiter des documents confidentiels sur l'armée américaine en Irak et des courriels défavorables à Hillary Clinton pendant sa campagne de 2016. Lanceur d'alerte pour les uns, traître pour la majorité des dirigeants nord-américains, il est accusé de « viol mineur » en Suède juste après les 1res fuites de 2010 et se réfugie en 2012 à l'ambassade d'Équateur, à Londres, où il « vit » jusqu'en avril 2019. Naturalisé citoyen équatorien, puis déchu de sa citoyenneté par le nouveau président Lenín Moreno, il est arrêté dans la foulée par la police britannique. Au printemps 2022, il s'apprête à être extradé aux États-Unis, où il risque jusqu'à 175 ans de prison.

## Cinéma, musique

– ***Errol Flynn*** *(1909-1959)* **:** originaire de Hobart en Tasmanie, il est devenu une superstar à Hollywood dans les années 1930 et 1940 pour ses rôles dans les films d'aventure de Michael Curtiz, comme *Capitaine Blood* ou *Les Aventures de Robin des Bois* ; ou encore ceux de Raoul Walsh *(La Charge fantastique, Gentleman Jim)*. Il a incarné aussi l'image du séducteur, multipliant les conquêtes tout au long de sa vie.

– ***Slim Dusty*** *(1927-2003)* **:** « *The King of Australian Country Music* » est le plus grand chanteur de country australienne et l'artiste solo qui a vendu le plus de disques dans le pays. Une longue carrière qui a débuté dans les années 1940, avec aujourd'hui plus de 100 albums à son répertoire... Il est réputé aussi pour ses tournées marathon, 10 mois par an et près de 50 000 km sur les

### L'ERROL DE SA VIE D'AVANT

*Avant d'être une star, Errol Flynn fut une tête brûlée. Il fugue à 7 ans et se fait renvoyer de tous les collèges. Après divers boulots hasardeux, il devient capitaine de bateau pour un documentaire sur les chasseurs de tête du fleuve Sepik, qui s'avère être une opération d'espionnage. Il échoue à trouver de l'or en Nouvelle-Guinée et participe à des trafics douteux au cours desquels il tue un indigène. Blanchi, il contracte la variole noire. Malade, il doit se résoudre à être simple aide-vétérinaire et à « castrer les moutons avec les dents » ! Finalement repéré par un producteur australien, il s'envole à Londres puis Hollywood... où la gloire l'attend.*

routes, à parcourir toute l'Australie. Il s'est produit aussi bien dans des campements isolés de l'*outback* qu'à l'Opéra de Sydney.

– ***Peter Weir*** *(1944)* **:** sans aucun doute l'un des plus célèbres réalisateurs australiens. On lui doit notamment *Witness, Le Cercle des poètes disparus, Green Card* ou encore *The Truman Show.* Nommé 6 fois aux oscars, il a reçu plus de 20 récompenses depuis le début de sa carrière.

– ***George Miller*** *(1945)* **:** Miller travaille comme médecin urgentiste lorsqu'il entame la réalisation du 1er *Mad Max.* En créant des paysages ravagés par une catastrophe écologique, il est le 1er à poser les codes visuels du film de genre postapocalyptique. Réalisateur, scénariste et producteur, on lui doit récemment le 4e opus de *Mad Max* : *Fury Road,* qui a connu un immense succès public et critique. Il est considéré aujourd'hui comme un metteur en scène visionnaire, l'un des plus grands du cinéma contemporain.

– ***David Gulpilil*** *(1953-2021)* **:** la superstar aborigène du cinéma australien ! Danseur et acteur, il a reçu une éducation traditionnelle avant de se lancer un peu par hasard dans le métier, avec un 1er rôle dans le film *Walkabout,* de Nicolas Roeg. Sans délaisser sa passion pour la danse tribale et les obligations au sein de son clan, il a tourné dans de gros succès : *L'Étoffe des héros, The Tracker, Ten Canoes, Australia, Rabbit-Proof Fence* et récemment *Charlie's Country.*

– ***Nicole Kidman*** *(1967)* **:** l'actrice australienne la plus célèbre (ou plus précisément : australo-américaine, car elle est née à Honolulu). Elle a reçu 3 Golden Globes et marqué les esprits pour l'intensité dramatique de ses compositions. Elle alterne judicieusement entre cinéma indépendant et films à grand succès : *Eyes Wide Shut, Moulin Rouge !, Les Autres, The Hours, Dogville, Australia...* Plus récemment, elle a produit et joué dans la série TV *Big Little Lies.*

– ***Hugh Jackman*** *(1968)* **:** sans doute la célébrité préférée des Australiens... et des Australiennes ! Acteur célèbre notamment pour ses rôles dans des superproductions américaines comme *X-Men* ou *Wolverine,* il est aussi reconnu pour ses talents musicaux et notamment pour son rôle de Peter Allen dans la comédie musicale *The Boy from Oz.*

– ***AC/DC*** *(fondé en 1973)* **:** l'un des groupes de hard rock ou heavy metal les plus populaires au monde, emmené par le chanteur charismatique Brian Johnson (d'origine britannique) et les célèbres frères Young (Angus et Malcolm, ce dernier étant décédé en 2017) à la guitare. Ils ont écoulé au cours de leur carrière plus de 200 millions d'albums. Leur opus *Back in Black,* 2e album le plus vendu de tous les temps, est incontournable !

– Parmi d'autres acteurs célèbres citons encore ***Russel Crowe*** et ***Naomi Watts*** ; pour les stars de la musique, voir le chapitre « Musique »...

## Littérature

– ***Andrew Barton Paterson*** *(1864-1941)* **:** considéré comme l'un des plus grands poètes et écrivains d'Australie. Il est l'auteur de *The Man from Snowy River,* poème folklorique le plus populaire du pays. Son effigie figure sur le billet de 10 dollars australiens.

– ***Patrick White*** *(1912-1990)* **:** Prix Nobel de littérature en 1973, il reste le plus grand romancier australien. Certaines de ses positions politiques (notamment celles contre la guerre du Vietnam et ses vives critiques contre les conservateurs) l'ont cependant privé d'estime dans son pays natal. Il est surtout connu à l'étranger. Ses romans les plus célèbres sont : *Des morts et des vivants, Le Mystérieux Mandala, Les Incarnations d'Eddie Twyborn* et *Défauts dans le miroir.*

– ***Colleen McCullough*** *(1937-2015)* **:** avant de devenir une écrivaine à succès, Colleen McCullough était médecin, spécialiste en neurosciences. Son 1er roman, *Tim,* paraît en 1974, puis *Les oiseaux se cachent pour mourir,* en 1977, un des grands succès populaires du XXe s. Elle a écrit ensuite toutes sortes de romans et nouvelles à l'eau de rose, policiers, historiques...

– ***Richard Flanagan*** *(1961)* **:** un des écrivains contemporains les plus lus d'Australie. Il a remporté de nombreux prix et récompenses et on lui doit notamment *Le Livre de Gould, La Route étroite vers le Nord lointain* et *La Fureur et l'Ennui.* Né en Tasmanie, les paysages de son île natale sont l'une de ses principales sources d'inspiration.
– ***Steve Toltz*** *(1972)* **:** installé désormais aux États-Unis, Toltz est le nouveau romancier à succès en Australie. Né à Sydney, il est notamment connu pour *Une partie de tout* (2008) et *Vivant, où est ta victoire ?* (2016).
– ***Markus Zusak*** *(1975)* **:** ce romancier pour jeunes adultes, très célèbre dans l'île, connaît, depuis le milieu des années 2000 un succès international. Parmi ses best-sellers : *La Voleuse de livres, Combat de frères, When Dogs Cry* ou encore *The Messenger.*

## Sports

– ***Donald Bradman*** *(1908-2001)* **:** ancien capitaine de l'équipe nationale de cricket. Considéré comme le meilleur batteur de l'histoire de ce sport en Australie. Il a fini sa carrière sportive avec une moyenne de 99,94 *runs* marqués par manche. Personne ne l'a jamais égalé ni même approché !
– ***Cathy Freeman*** *(1973)* **:** championne olympique (2000) et double championne du monde (1997 et 1998) d'athlétisme. Elle est la 1re athlète australienne d'origine aborigène à avoir remporté une médaille d'or lors d'une compétition internationale. Lors des J.O. de Sydney en 2000, après sa victoire dans l'épreuve du 400 m, Cathy Freeman a fait un tour d'honneur avec les drapeaux australien et aborigène. Un geste symbolique qui a été exceptionnellement accepté par le Comité international olympique, qui interdit pourtant tout autre drapeau que les drapeaux nationaux.
– ***Mick Fanning*** *(1981)* **:** champion du monde de surf en 2007, 2009 et 2013, il est considéré comme l'un des meilleurs dans cette discipline. Le seul, selon les spécialistes, à pouvoir remettre en cause la suprématie de Kelly Slater, légende vivante du surf aux États-Unis !
– ***Ian Thorpe*** *(1982)* **:** 11 fois champion du monde en grand bassin, « Thorpedo » détient le record du plus grand nombre de médailles d'or (5 !) remportées par un athlète australien aux J.O.

# POPULATION

## No man's land

Près de 3 fois moins d'habitants que la France (26,6 millions) pour un territoire 14 fois plus grand : en Australie, difficile de se sentir à l'étroit (3,5 hab./km² contre 118 hab./km² chez nous) ! Pour autant, les Aussies évitent l'enfer de l'*outback* et vivent à 90 % en ville, principalement sur la côte est, entre Brisbane et Melbourne. Le Victoria est de très loin l'État le plus densément peuplé du pays, avec près de 28 hab./km², à cause de sa faible superficie (relative) combinée à la forte population de l'agglomération de Melbourne, 2e ville du pays. À l'autre extrémité du spectre, l'Australie-Occidentale semble bien vide : moins de 1 hab./km² pour cet espace qui représente pourtant 1/3 du territoire, soit 20 fois la taille de l'Angleterre !

### UN SACRÉ BOND DANS LES RECENSEMENTS

*Si les kangourous étaient inclus dans le calcul de la population, celle-ci ferait plus que doubler ! Selon les statistiques et les années, l'île en compte entre 20 et 50 millions !*

## Une population urbanisée

Le pays compte 2 gigantesques mégalopoles : Sydney et Melbourne. Car ne vous y trompez pas : derrière cette image de grands déserts et de paysages sauvages, l'Australie est l'un des pays dont la population est la plus urbanisée de la planète.

Les villes sont construites dans la tradition anglo-saxonne : un CBD (centre d'affaires) au centre-ville, fourmillant d'activité et de costards-cravates en journée, se précipitant dans les immenses buildings de verre et d'acier ; cerné d'immenses banlieues confortables, où l'on ne se marche pas les uns sur les autres. Les maisons s'y ressemblent souvent, et l'on profite de l'espace disponible pour se construire un agréable jardin avec l'indispensable piscine pour survivre aux étés brûlants. Le CBD et la banlieue sont reliés par de grandes autoroutes et des réseaux de transports en commun efficaces.

Pour vous donner une petite idée, Sydney et Melbourne comptent chacune un peu plus de 5 millions d'habitants. Aux États-Unis, seules New York et sa banlieue dépassent ce chiffre, Los Angeles n'alignant « que » 4 millions d'habitants... Ces monstres de béton contrastent très (mais alors très !) fortement avec les microscopiques mais tout aussi sympathiques bourgs du bush et de l'*outback*, bien souvent composés d'une route principale, d'une épicerie, de l'indispensable station-service, de quelques maisons... et c'est tout !

### JUGEMENT DE SALOMON

*Une vieille rivalité existe entre Melbourne la branchée et Sydney l'exubérante. La manifestation la plus visible de ces chamailleries est sans doute Canberra, capitale du pays : faute d'avoir pu départager les 2 villes qui se disputaient le statut, on choisit Canberra pour ne heurter ni l'une ni l'autre.*

## Une population issue de l'immigration

Près de 20 % de la population actuelle de l'Australie est issue des fameux *convicts*, les 1ers prisonniers des colonies australiennes. À cette époque, l'immigration était libre, et il suffisait de se rendre en Australie pour devenir citoyen. Entre 85 % et 92 % des Aussies ont des origines européennes, pour seulement 3 % d'Aborigènes et insulaires du détroit de Torrès, les natifs du continent. La présence de ces derniers ne vous marquera pas vraiment en ville, car ceux qui y vivent, peu nombreux, ont adopté un mode de vie à l'occidentale. En revanche, ils composent plus de 30 % de la population du Northern Territory et y possèdent 49 % des terres. Les Aborigènes des communautés plus isolées ont conservé une bonne partie de leurs traditions ancestrales, mais ces groupes restent assez peu accessibles aux étrangers. Dans les villes plus petites se situant en territoire traditionnellement aborigène, comme à Alice Springs, la drogue et surtout l'alcool font de véritables ravages. Ne vous laissez pas marquer par cette image, et creusez un peu pour découvrir cette culture fascinante.

### FAUT PAS LES PRENDRE POUR DES *POHM*

*L'Australie pense de plus en plus à son indépendance, mais cette prise de distance avec la mère patrie ne date pas d'hier. Depuis longtemps, les* British *sont surnommés* « Pohm » *pour* Prisoners of Her Majesty *!*

Aujourd'hui, 30 % des habitants du pays sont nés à l'étranger – un chiffre en hausse. Étonnamment, ce sont toujours les Britanniques qui dominent, suivis des Indiens et des Chinois. Mais l'Australie est un vrai melting-pot : on y parle 225 langues différentes ! Les origines ont pas mal évolué avec le temps : Anglais et Irlandais ont été suivis à partir des années 1930 (et surtout 1950-1960) par juifs, Italiens, Maltais et Grecs – Melbourne fut ainsi longtemps la 2e plus grande ville hellénique au monde derrière Athènes ! Aujourd'hui, les nouveaux arrivants sont en majorité asiatiques. Comme beaucoup de métropoles anglo-saxonnes, les villes australiennes ont vu se former des quartiers (et parfois, disons-le, des ghettos) en fonction des origines. Mais rien n'est figé et tout évolue avec les nouvelles vagues d'arrivées. En tout cas, grâce à l'immigration, l'Australie affiche l'une des plus fortes croissances démographiques du monde occidental !

### Et demain ?

Les déserts démographiques australiens divisent les politiques. Les partisans d'une plus grande ouverture à l'immigration arguent que le pays est largement sous-peuplé, et qu'il pourrait bénéficier de la jeunesse des candidats migrants. Un argument qui prend tout son sens lorsque l'on sait que la population de plus de 65 ans aura doublé d'ici à 2045, et que le taux de natalité du pays ne cesse de baisser.
En face, les détracteurs estiment que les infrastructures du pays sont insuffisantes pour accueillir plus de personnes. Le problème de l'eau potable est souvent invoqué, jugeant impossible l'installation de larges populations dans les zones très sèches du pays.

## SAVOIR-VIVRE ET COUTUMES

### *Mateship* et coolitude...

« *We're just a bunch of convicts, mate !* » (« On est juste une bande de bagnards, mon pote ! ») : voilà qui résume bien la philosophie et l'art de vivre des Australiens. Un sens de l'autodérision certain, tout *British* qu'ils sont, mélangé à une culture du surf, de la plage, du « cool », que le pays a contribué à diffuser. Les Australiens ont un petit grain de folie, une touche d'excentricité qui contraste avec la sophistication et la gentrification de leurs grandes villes.
Ce mélange détonnant se ressent dans les relations humaines. Les hiérarchies sociales existent bien, mais elles sont plus poreuses qu'ailleurs. Personne ici ne sera heurté si vous vous adressez à votre supérieur d'un franc et chaleureux « *mate* » (« mon pote ! »). Il est aussi courant de voir un journaliste malmener un politique avec une familiarité déconcertante, même en s'adressant au 1er ministre. En Australie, pas de chichis, même à la 1re rencontre, on s'appelle par le prénom. Le côté très relax des Aussies se traduit d'ailleurs par leur expression favorite, que vous aurez vite fait d'adopter : « *No worries.* »
Cette simplicité et ce franc-parler se ressentent dans la vie de tous les jours, et en tant que touriste apprêtez-vous à vous faire constamment aborder pour savoir d'où vous venez, où vous allez, les raisons de votre voyage à l'autre bout du monde... Le *mateship* est un mode de vie, l'idée de placer l'amitié (ou plutôt, « l'amicalité ») au-dessus du reste. Il fut même question, en 1999, d'inscrire

#### RECETTE AUSTRALIENNE OU *WELCOME DRINK*

*Prendre une pleine poignée de joueurs de cricket, ajouter des amateurs de rugby, de surf ou de* footy, *saupoudrer de musiciens rock. Parsemer de quelques éclats de rire, arroser de bière locale et couvrir le tout d'une planche de surf. Placer l'ensemble dans un pub, secouer fort. Servir spontanément dans de grands verres glacés et boire sans retenue.* Welcome in Australia !

cette valeur dans la Constitution australienne ! Le 1er ministre John Howard proposait que le terme y figure comme un principe fondamental du peuple australien. On s'entraide, dans la tradition des 1ers explorateurs et colons venus sur le territoire. En tout cas, une fois ami avec un Australien, c'est à la vie, à la mort, et on exagère à peine !

### CHILL OUT MATE

*Ici, on ne rigole pas avec le mateship ! Ce concept bien australien, que l'on pourrait traduire par « franche camaraderie », est inscrit dans l'ADN, à tel point que lorsque le Parlement de Canberra essaya d'interdire à ses gardes d'utiliser le terme* mate *pour s'adresser aux parlementaires en 2005, la sanction dura... une journée !*

## *Healthy life* (vie saine)

L'Australie n'est pas née avec le surf dans le sang : sa pratique fut démocratisée à l'occasion des J.O. de Melbourne (1956), lorsqu'on décida d'équiper les sauveteurs en mer de ces planches, pratiques pour récupérer un nageur en perdition. Depuis, les Australiens pratiquent le surf comme un art de vivre : le matin avant d'aller travailler, le midi à la pause-déjeuner, le soir pour se défouler. Il est rare de croiser sur le littoral un Australien n'ayant jamais posé le pied sur une planche...
De manière générale, la pratique du sport est largement répandue dans le pays. Les parcs municipaux sont remplis de coureurs et sportifs de tout poil, accompagnés de coaches professionnels. Ici, on aime prendre soin de son organisme. Toutefois, à l'instar des États-Unis, ce culte du corps et d'une bonne hygiène de vie n'est pas valable pour l'ensemble de la population, loin de là. Une étude montre que ¼ de la population infantile et 67 % des adultes sont en surpoids, ces chiffres ne cessant d'augmenter. Mais allez, soyons optimistes ! Car le pays sait corriger ses mauvaises habitudes. En 1977, les fumeurs représentaient 40 % de la population contre seulement 16 % actuellement. Les taxes sur le tabac ont bien joué leur rôle. Les cigarettes sont hors de prix en Australie (environ 30 $ le paquet) et les conditionnements anonymes. Par ailleurs, jeter son mégot sur la voie publique ou fumer dans les zones non-fumeurs (la majorité des plages, sa propre voiture lorsque des enfants sont à bord) est interdit et sanctionné par une amende de 100 à 338 $...

## Pas de gorges sèches !

S'il y a bien une chose à laquelle les Australiens ne sont pas près de renoncer, c'est la bière : même si la consommation a pas mal baissé depuis le pic des années 1960-1970, chaque Australien en absorbe encore en moyenne environ 70 litres/an ! C'est beaucoup, mais 2 fois moins que les Tchèques... Et si les habitudes de consommation évoluent, c'est aussi en faveur du vin et des alcools forts... Ainsi, aujourd'hui, chaque Aussie de plus de 15 ans avale en moyenne 9,4 litres d'alcool pur par an... Une bière fraîche accompagne traditionnellement les discussions autour d'un barbecue, ou fait partie du rituel entre collègues au pub, à la sortie des bureaux. Ces pubs sont si populaires qu'en terme de superficie totale dans le pays ils surpassent celle des mines – pourtant immenses – d'Australie ! Détail important : si un Australien vous offre une bière, il est très mal vu de la refuser : c'est avant tout une invitation au copinage et à la discussion. Libre à vous de commander une autre boisson sans alcool. Enfin, messieurs, sachez qu'ici se soulager sur la voie publique après une soirée arrosée est sévèrement sanctionné : de 200 à 500 $ !

### SANTÉ !

*Bob Hawke est inscrit dans le* Guinness des records *comme l'un des buveurs de bière le plus rapide au monde : 1,4 l en seulement 11 s... Sacrée descente. Près de 30 ans plus tard, en 1983, il est devenu 1er ministre du pays !*

### *Sea, steak and sun*

Voilà bien une tradition qui mérite le détour ici, celle du BBQ ! Sur un bord de plage, dans les parcs nationaux ou en plein milieu de ronds-points, vous trouverez un barbecue électrique (ou à gaz) – *barbie* – prêt à l'usage et en libre-service. On attend son tour en papotant, on fait griller saucisses, steaks et autres burgers, puis on nettoie derrière soi (prévoir éponge et grattoir) pour laisser l'espace propre pour le suivant. Un moyen extra d'entrer en contact avec les autochtones, une bière dans une main et une pique à saucisses dans l'autre !
Il s'agit d'une véritable institution, et, bien souvent, lorsqu'un Australien vous invitera à manger chez lui, ce sera pour un bon *barbie* entre amis. Attention, il y a tout de même quelques règles de savoir-vivre à respecter. Par exemple, il n'est pas rare de devoir apporter l'alcool que vous allez consommer. Il est même possible que l'on vous demande d'apporter de la viande. Par ailleurs, il est de très (mais alors très) mauvais goût d'arriver en retard. Pas plus d'un quart d'heure, à moins d'avoir une bonne excuse.

## SITES INSCRITS AU PATRIMOINE MONDIAL DE L'UNESCO

UNESCO
Organisation des Nations Unies pour l'éducation, la science et la culture
En coopération avec le Centre du patrimoine mondial

Pour figurer sur la liste du Patrimoine mondial, les sites doivent avoir une valeur universelle exceptionnelle et satisfaire à au moins un des 10 critères de sélection. La protection, la gestion, l'authenticité et l'intégrité des biens sont également des considérations importantes.
Le patrimoine est l'héritage du passé dont nous profitons aujourd'hui et que nous transmettons aux générations à venir. Nos patrimoines culturel et naturel sont 2 sources irremplaçables de vie et d'inspiration. Ces sites appartiennent à tous les peuples du monde, sans tenir compte du territoire sur lequel ils sont situés. Pour plus d'informations : • *whc.unesco.org* •
Parmi les 20 sites australiens inscrits au Patrimoine de l'Unesco sont traités dans ce guide :
– ***Great Barrier Reef*** (1981), la Grande Barrière de corail, qui longe la côte nord-est ;
– ***Tropiques humides du Queensland*** (1988), sur la côte nord-est ;
– ***Parc National d'Uluru-Kata Tjuta*** (1987), dans le Red Centre ;
– ***Île Fraser*** (1992), dans le Queensland ;
– ***Région des montagnes Bleues*** (2000), dans les environs de Sydney, dans l'État des New South Wales ;
– ***Royal Exhibition Building & Carlton Gardens*** (2004), à Melbourne ;
– ***Sydney Opera House*** (2007), à Sydney !

## SPORTS ET LOISIRS

La pratique du sport est ancrée dans la culture du pays et tient une place centrale dans la vie des Australiens. Bien plus qu'une activité physique, il est perçu comme un élément de développement individuel et d'apprentissage de la vie en groupe. Grands amateurs de sports collectifs (football, rugby, cricket), les Australiens se passionnent aussi pour les activités nautiques et le sacro-saint surf. Et lorsqu'ils ne se rendent pas au stade pour encourager leur équipe favorite, ils se retrouvent dans les bars ou les pubs pour suivre les compétitions à la télé.
– ***Football australien* (footy) *:*** plus qu'un sport l'***Australian Rules Football*** est une véritable religion en Australie ! Il n'y a qu'à voir le nombre de pages consacrées à cette discipline dans les journaux pour s'en rendre compte. Créé en 1857,

le foot australien est un mélange de football et de rugby opposant 2 équipes de 18 joueurs sur un terrain ovale ou un terrain de cricket. L'objectif est d'inscrire le plus de buts possible entre 2 poteaux. Âmes sensibles s'abstenir ! Le *footy* est un sport violent. Les chocs entre joueurs sont impressionnants, les blessures fréquentes et des bagarres éclatent parfois. Comme diraient les Australiens : « Ça fait partie du spectacle ! » Observez aussi les arbitres agiter leurs bras dans tous les sens lors des fautes... Vraiment cocasse. Dans tous les cas, si vous en avez l'occasion, ne manquez pas d'assister à un match. L'ambiance dans les stades est exceptionnelle (notamment à l'ANZ de Sydney, avec ses 84 000 spectateurs déchaînés !). Retransmission régulière des rencontres dans les bars et les pubs où le public aime parier sur son équipe favorite. Le *footy* est également très populaire chez les Aborigènes, notamment aux Tiwi Islands.

### FOOT HYBRIDE

*Le football australien, ou footy, est bien particulier, car il se joue sur un terrain ovale, comme le ballon avec lequel on joue. Les équipes portent des shorts courts et des maillots sans manches. Sexy !*

– ***Football :*** depuis une vingtaine d'années, le ***soccer*** (le foot que l'on connaît) a le vent en poupe. Conséquence des bons résultats de l'équipe nationale australienne (les *Socceroos*) et de la création de la Ligue A professionnelle en 2005 (championnat à 8 équipes). Un championnat qui attire de plus en plus de joueurs étrangers de renom (Alessandro Del Piero, Pablo Contreras, Romario, Robbie Fowler ou encore les Français William Gallas et Matthieu Delpierre). Les *Socceroos* se sont qualifiés en 2022 pour la Coupe du monde.

– ***Rugby :*** moins connu en Europe que le rugby à XV, le rugby à XIII est un sport très populaire en Australie. Dans cette configuration, 2 postes de 3e ligne sont supprimés : cela crée des espaces supplémentaires sur le terrain, rendant ce sport encore plus impressionnant. Les 2 sports comportent leurs propres règles. Traditionnellement, le rugby à XIII est présenté comme le sport de la classe ouvrière et le rugby à XV (très pratiqué également dans le pays) comme celui des couches moyennes et aisées. Les « Kangaroos » – l'équipe nationale de rugby à XIII – dominent les compétitions internationales tandis que les « Wallabies », pour le rugby à XV, font partie des meilleures formations mondiales depuis les années 1990.

– ***Netball :*** ce dérivé du basket-ball oppose 2 équipes de 7 joueurs. C'est le principal sport collectif féminin dans le pays. Il existe aussi des compétitions mixtes. L'Australie, avec 11 médailles d'or au Championnat du monde, fait partie des 2 meilleures équipes au monde, avec la Nouvelle-Zélande, son éternelle rivale.

– ***Cricket :*** le cricket est à l'Australie ce que le base-ball est aux États-Unis. Ce sport collectif de batte, qui se joue sur un terrain ovale gazonné, est l'une des activités les plus suivies et pratiquées dans le pays ! Un sport qui allie tactique d'équipe et précision individuelle. 6 équipes, représentant chacune un État australien, s'affrontent lors des compétitions nationales. Les matchs peuvent parfois durer de longues heures, et même, plusieurs jours ! Préférez les matchs de la *Big Bash League,* un tournoi de cricket Twenty 20 (la version la plus courte du jeu). Les jeux durent 3h maximum. Et puis rien ne vous empêche de pratiquer le cricket lors de vos loisirs : les Australiens prendront plaisir à vous expliquer les règles (assez simples) et à vous faire participer à un match amateur.

– ***Surf :*** l'image du surfeur australien scrutant la vague depuis la plage, sa planche sous le bras, n'est pas un mythe. Le surf s'impose comme sport national par excellence. Il fait partie de la culture du pays. Certains disent même que les enfants savent tenir sur une planche avant de savoir marcher ! Voir les surfeurs dompter les rouleaux est un spectacle à lui tout seul. On trouve beaucoup de spots de réputation mondiale dans le pays : ceux de la Gold Coast dans le Queensland (le paradis incontesté des surfeurs), Byron Bay, Bondi Beach et Newcastle dans les New South Wales ou encore Bells Beach dans le Victoria (la compétition *Rip Curl Pro* s'y déroule chaque année). La période idéale pour surfer en Australie est l'hiver (de mai à septembre). Et si vous avez envie de vous initier au plaisir de la glisse, de nombreuses écoles de surf existent dans tout le pays.

– ***Natation :*** l'Australie est une nation de nageurs. Pas étonnant donc de trouver, même à 2 pas de la mer, des piscines couvertes ou en plein air (la plus célèbre – la Bondi Icebergs Club – se trouve à Bondi Beach, Sydney). Immense piscine d'eau douce à Cairns également – le *Cairns Esplanade Swimming Lagoon* – située en bord de mer et très appréciée des locaux. Dans la plupart des grandes villes, on peut même dénicher des bassins extérieurs pour nager au dernier étage des immeubles de bureau ou d'habitation. Et entre 2 réunions : hop, un petit plouf dans l'eau !

Il existe dans tout le pays des ***compétitions de sauvetage sportif.*** Un sport né en Australie, inspiré du sauvetage côtier professionnel. Ludique et physique, c'est avant tout une activité citoyenne, très répandue dans les écoles du pays. Les épreuves se déroulent aussi bien dans la mer (remorquer un mannequin à la surface, nager en évitant des obstacles, atteindre une bouée avec sa planche de surf) que sur la plage (course dans le sable). Plus d'infos auprès de la *Surf Life Saving Australia* : ● sls.com.au/ ●

– ***Tennis :*** l'Open d'Australie se déroule chaque année à Melbourne, au mois de janvier. Il fait partie des 4 tournois du Grand Chelem (avec Roland-Garros, Wimbledon et l'US Open). Quelques jours avant se tient une autre épreuve du circuit masculin ATP et féminin WTA : le tournoi de Sydney.

– ***Sports d'hiver :*** eh oui, même en Australie, on peut pratiquer des sports de glisse... d'hiver ! Notamment le ski alpin, le snowboard et le ski de fond. Nombreux domaines skiables dans le Victoria et les New South Wales (avec les bien nommées Snowy Mountains), où la neige tombe en abondance.

– ***Boulingrin :*** vient de *bowling green* et s'apparente à l'ancienne boule bretonne ou lyonnaise. Ce jeu de boules fait désormais partie de la culture populaire. Pratiqué surtout par la population senior, mais on trouve de plus en plus d'adeptes chez les jeunes. Le boulingrin se joue sur une surface gazonnée, souvent en extérieur. Même principe qu'à la pétanque : il faut lancer des boules le plus près possible d'une cible.

– ***Courses hippiques :*** un des loisirs favoris des Australiens. Ils adorent parier. Le prix d'entrée aux champs de courses (nombreux dans le pays) est vraiment très abordable et l'ambiance, survoltée, vaut le détour. La course à ne pas rater ? La *Melbourne Cup,* une des plus grandes épreuves hippiques au monde qui se déroule le 1er mardi de novembre... À cette occasion, la journée est fériée dans l'État du Victoria. Chaque année, plus de 100 000 personnes se rendent à l'hippodrome de Flemington de Melbourne pour y assister. En parallèle, un carnaval haut en couleur et un concours de chapeaux (renommé) sont organisés dans la ville.

Dans un autre registre, vous pouvez assister aussi à des ***courses de lévriers*** (très prisées) dans le sud du pays.

– ***Pokies :*** ce sont les machines à sous australiennes, ou « bandits manchots ». Il y en a plus de 200 000 dans le pays ! On en trouve en accès libre dans de nombreux établissements (notamment les pubs). De fait, il y a un véritable engouement des Australiens pour le jeu : casino, turf, paris sportifs... Le ***poker*** a d'ailleurs été popularisé en Australie bien avant l'Europe, avec notamment le champion du monde Joe Hachem, qui a remporté les *World Series of Poker* en 2005.

## FAITES VOS JEUX

*Les Australiens adorent jouer... et parier ! Ils dépensent autant (voire plus) en jeux qu'en habillement, essence ou alcool. En Australie, les revenus de l'industrie du jeu pèsent plus de 11 milliards de dollars par an. Les loteries, casinos et clubs emploient près de 300 000 personnes, de manière directe ou indirecte. Autre chiffre qui donne le vertige : 20 % des machines à sous en activité dans le monde se trouvent en Australie.*

# les ROUTARDS sur la FRANCE 2023-2024

(dates de parution sur • routard.com •)

## Découpage de la FRANCE par le ROUTARD

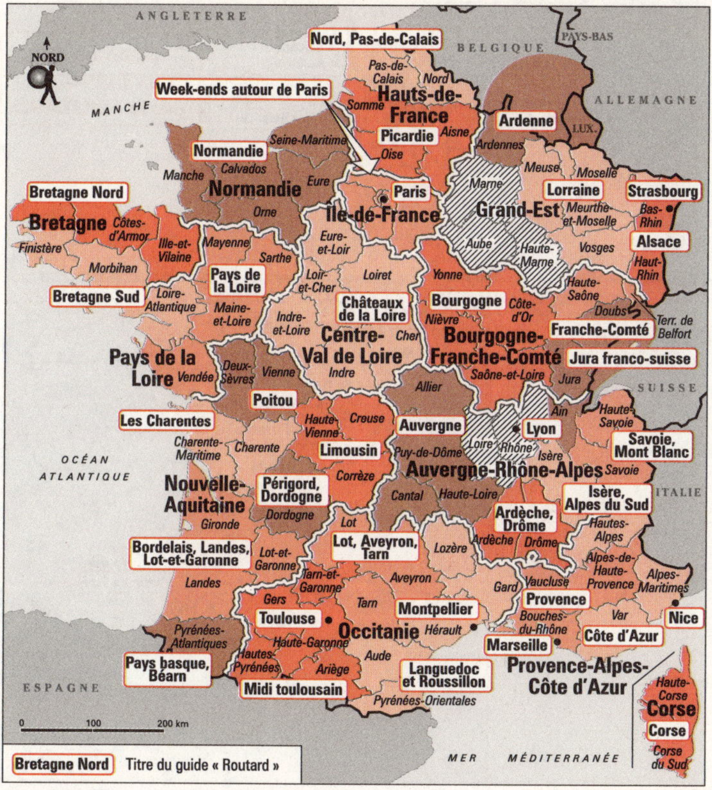


## Autres guides sur la France

- Nos meilleurs campings en France
- Nos meilleures chambres d'hôtes en France

## Autres guides sur Paris

- Paris
- Paris balades
- Restos et bistrots de Paris
- Le Routard des amoureux à Paris
- Week-ends autour de Paris

## Le Routard à vélo

- EuroVelo6
- La Bourgogne du Sud à vélo
- La Flow Vélo
- La Loire à Vélo
- La Vélo Francette
- La Vélodyssée (Roscoff-Hendaye)
- Le Canal des 2 mers à vélo
- Paris Île-de-France à vélo
- ViaRhôna
- Les plus belles escapades à vélo en France

# les ROUTARDS sur l'ÉTRANGER 2023-2024

(dates de parution sur • **routard.com** •)

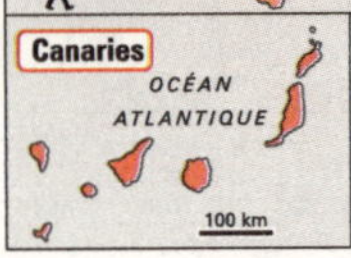


**Découpage de l'ESPAGNE par le ROUTARD**

**Découpage de l'ITALIE par le ROUTARD**

## Autres pays européens

- Allemagne
- Angleterre, Pays de Galles
- Autriche
- Belgique
- Bulgarie
- Crète
- Croatie
- Danemark, Suède
- Écosse
- Finlande
- Grèce continentale
- Hongrie
- Îles grecques et Athènes
- Irlande
- Islande
- Madère
- Malte
- Norvège
- Pays baltes : Tallinn, Riga, Vilnius
- Pologne
- Portugal
- République tchèque, Slovaquie
- Roumanie
- Suisse

## Villes européennes

- Amsterdam
- Berlin
- Bruxelles
- Budapest
- Copenhague
- Dublin
- Lisbonne
- Londres
- Moscou
- Naples
- Porto
- Prague
- Saint-Pétersbourg
- Stockholm
- Vienne

# les ROUTARDS sur l'ÉTRANGER 2023-2024

(dates de parution sur • **routard.com** •)

## Découpage des ÉTATS-UNIS par le ROUTARD

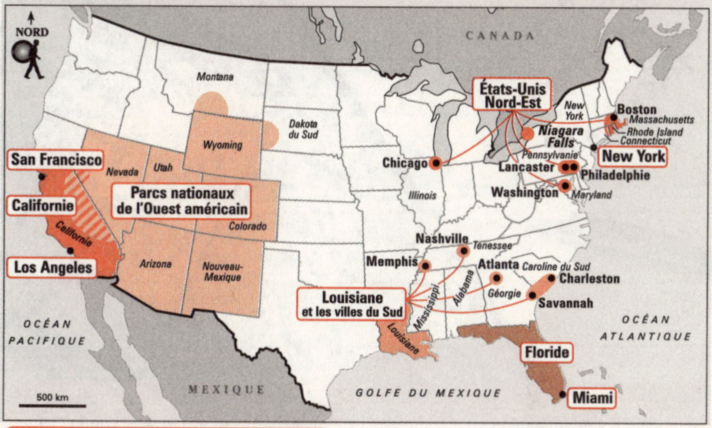


## Autres pays d'Amérique

- Argentine
- Brésil
- Canada Ouest
- Chili et île de Pâques
- Colombie
- Costa Rica
- Équateur et les îles Galápagos
- Guatemala, Belize
- Mexique
- Montréal
- Pérou, Bolivie
- Québec et Ontario

## Asie et Océanie

- Australie côtes est et nord + Red Centre
- Bali, Lombok
- Bangkok
- Birmanie (Myanmar)
- Cambodge, Laos
- Chine
- Hong Kong, Macao, Canton
- Inde du Nord
- Inde du Sud
- Israël et Palestine
- Istanbul
- Jordanie
- Malaisie, Singapour
- Népal
- Shanghai
- Sri Lanka (Ceylan)
- Thaïlande
- Tokyo, Kyoto et environs
- Turquie
- Vietnam

## Afrique

- Afrique du Sud
- Égypte
- Kenya, Tanzanie et Zanzibar
- Maroc
- Marrakech
- Sénégal
- Tunisie

## Îles Caraïbes et océan Indien

- Cuba
- Guadeloupe, Saint-Martin, Saint-Barth
- Île Maurice, Rodrigues
- Madagascar
- Martinique
- République dominicaine (Saint-Domingue)
- Réunion

## Guides de conversation

- Allemand
- Anglais
- Arabe du Maghreb
- Arabe du Proche-Orient
- Chinois
- Croate
- Espagnol
- Grec
- Italien
- Japonais
- Portugais
- Russe
- G'palémo (conversation par l'image)

## Livres-photos/Livres-cadeaux

- 50 voyages à faire dans sa vie (**nouveauté**)
- 52 escapades nature en France
- 52 villes coups de cœur en Europe (city trips)
- 52 week-ends coups de cœur en France
- 120 coins secrets en Europe
- 1 200 coups de cœur en France
- 1 200 coups de cœur dans le monde
- Cahier de vacances du Routard
- Expériences et micro-aventures en France (**nouveauté**)
- La France de Stéphane Bern
- La France à vélo (**nouveauté**)
- Nos plus belles balades et randos en France
- Road Trips Monde
- Road Trips en France
- Sacré : les 100 plus beaux sites de la planète
- Voyages
- Voyages : États-Unis
- Voyages : France
- Voyages : Italie

Visa
Guide
Médocs
Passeport
Assurance
AVi

# INDEX GÉNÉRAL

## LISTE DES CARTES ET PLAN



INDEX GÉNÉRAL

### « OSONS LE PAS DE CÔTÉ »

**Le surtourisme ?** Tous concernés. Et pourtant, à l'écart des grands flux touristiques, il existe plein de pépites méconnues, souvent oubliées des circuits trop encombrés. Ici un site ignoré ; là un quartier secret ; plus loin un village caché au charme discret, avec un troquet d'une autre époque. Il existe une infinité de lieux peinards que l'on a envie de mettre en avant avec ce pictogramme. Un vagabondage enfin calme favorisé aussi par les **visites aux heures creuses.** Vive le *slow trip !*

**#osonslepasdecote**

### IMPORTANT : DERNIÈRE MINUTE

Entre deux parutions du *Routard,* des événements fortuits (conditions sanitaires, catastrophes naturelles, mais aussi formalités, taux de change, conditions d'accès aux sites, fermetures inopinées, etc.) peuvent modifier vos projets de voyage. Pour éviter les déconvenues, nous vous recommandons de consulter la rubrique « Guide » par pays de notre site • ***routard.com*** • et plus particulièrement les dernières ***Actus voyageurs.***

## Remarque importante aux hôteliers et restaurateurs

Les enquêteurs du *Routard* travaillent dans le plus strict anonymat. Aucune réduction, aucun avantage quelconque, aucune rétribution n'est jamais demandé en contrepartie. Face aux aigrefins, la loi autorise les hôteliers et restaurateurs à porter plainte.

## Avis aux lecteurs

Le *Routard,* ce n'est pas comme le bon vin, il vieillit mal. On ne veut pas pousser à la consommation, mais évitez de partir avec une édition ancienne. Les modifications sont souvent importantes.
Les réductions accordées à nos lecteurs ne sont jamais demandées par nos rédacteurs afin de préserver leur indépendance. Les hôteliers et restaurateurs sont sollicités par une société de mailing, totalement indépendante de la rédaction, qui reste donc libre de ses choix. De même pour les autocollants et plaques émaillées.

## Avec routard.com, choisissez, organisez, réservez et partagez vos voyages !

✓ Rejoignez la plus grande communauté francophone de voyageurs : **plusieurs millions d'internautes.**

✓ Échangez avec les routarnautes : forums, photos, avis d'hôtels.

✓ Retrouvez aussi toutes les informations actualisées pour choisir et préparer vos voyages : près de 300 guides destinations, une centaine de dossiers pratiques et un magazine en ligne pour découvrir tous les secrets de votre destination.

✓ Enfin, comparez les offres pour organiser et réserver votre voyage au meilleur prix.

## *Les* **Routards** *parlent aux* **Routards**

**Faites-nous part de vos expériences, de vos découvertes, de vos tuyaux et de vos coups de cœur. Aidez-nous à remettre l'ouvrage à jour. Indiquez-nous les renseignements périmés. Faites profiter les autres de vos adresses nouvelles, combines géniales... On adresse un exemplaire gratuit de la prochaine édition à ceux qui nous envoient les meilleurs courriers, pour la qualité et la pertinence des informations.**
**Quelques conseils cependant :**
**– Envoyez-nous votre courrier le plus tôt possible afin que l'on puisse insérer vos tuyaux sur la prochaine édition.**
**– N'oubliez pas de préciser l'ouvrage que vous désirez recevoir, ainsi que votre adresse postale.**
**– Vérifiez que vos remarques concernent l'édition en cours et notez les pages du guide concernées par vos observations.**
**– Quand vous indiquez des hôtels ou des restaurants, pensez à signaler leur adresse précise et, pour les grandes villes, les moyens de transport pour y aller. Si vous le pouvez, joignez la carte de visite de l'hôtel ou du resto décrit.**
**En tout état de cause, merci pour vos nombreux mails.**

**122, rue du Moulin-des-Prés, 75013 Paris**

• ***guide@routard.com*** • ***routard.com*** •

## **Routard Assurance** *2023*

**Enrichie au fil des années par les retours des lecteurs, *Routard Assurance* reste l'assurance voyage référence des globe-trotters. Tout y est inclus, même la Covid : frais médicaux, assistance rapatriement, bagages, responsabilité civile… Avant votre départ, contactez *AVI* pour un conseil personnalisé. À la recherche d'une attestation Covid ? Vous la recevrez automatiquement après chaque souscription. Besoin d'un avis médical, d'une prise en charge dans un hôpital ? Le plateau d'Assistance *AVI* dispose d'un vaste réseau médical à travers le monde disponible 24h/24 pour une réponse en temps réel. De simples frais de santé en voyage ? Téléchargez vos factures depuis l'espace assuré *AVI*, ils vous remboursent sous une semaine.** *Le Colisée Gardens, 10, av. de l'Arche, CS 70126, 92419 Courbevoie Cedex. ☎ 01-44-63-51-00.* • *avi-international.com* • Ⓜ *La Défense.*

Édité par Hachette Livre (58, rue Jean-Bleuzen, CS 70007, 92178 Vanves Cedex, France)
Photocomposé par Luminess SAS (561, rue Saint-Léonard, CS 40003, 53101 Mayenne Cedex, France)
Imprimé par Lego SPA Plant (via Galileo Galilei, 11, 38015 Lavis, Italie)
Achevé d'imprimer : novembre 2022
Collection n° 13 - Édition n° 01
55/7185/9
I.S.B.N. 978-2-01-713053-6
Dépôt légal : novembre 2022

PAPIER À BASE DE FIBRES CERTIFIÉES